Vera Schauber / Hanns Michael Schindler
Heilige und Namenspatrone im Jahreslauf

FIDES
MVND
S ET OVES
ΣΥ ΒΟΣ

Vera Schauber
Hanns Michael Schindler

Heilige und Namenspatrone im Jahreslauf

Pattloch Verlag

Mit kirchlicher Druckerlaubnis
München, 12.6.1992
GV Nr. 4618/92/17
Dr. Robert Simon, Generalvikar

Die Deutsche Bibliothek – CIP-Einheitsaufnahme

Ein Titeldatensatz für diese Publikation ist bei
Der Deutschen Bibliothek erhältlich.

Frontispiz:
Der Hauptaltar in der Ostapsis von St. Peter in Rom mit Berninis Bronzebaldachin
(errichtet zwischen 1624 und 1632) über dem Grab des hl. Petrus.
Zwischen den Säulen sieht man im Hintergrund die „Kathedra Petri" den „Stuhl Petri".

Gedruckt auf chlorfrei gebleichtem Papier.

Aktualisierte Neuauflage

Satz: Hesz Satz Repro, Augsburg
Umschlaggestaltung: Atelier Höpfner-Thoma, München
unter Verwendung des Motives
„Die heilige Cäcilia" von Raffael
Neubearbeitung: Daniela Meyer, Pattloch Verlag
Druck und Bindung: DELO-TISKARNA, Ljubljana
Printed in Slovenia

ISBN 3-629-01642-1

Der Inhalt

Zum Geleit

von Notker Wolf OSB
Erzabt von St. Ottilien

Heilige üben eine eigenartige Faszination aus. Anspruchslosigkeit und Selbstlosigkeit machen sie liebenswert, eigenwillige asketische Übungen und hohe Gebetsleistungen nötigen uns zu Respekt, stoßen aber eher ab. Heiligkeit scheint nur für Vollkommene oder Sonderlinge bestimmt zu sein.

Dabei hat der heilige Paulus die Christen allgemein als Heilige bezeichnet, obwohl er um die menschliche Schwachheit wußte, seine eigene mit eingeschlossen. Heilige sind die Adressaten der Briefe an die Römer, die Korinther, die Epheser und Kolosser. Heilige sind die Christen der Gemeinde von Jerusalem, denen Paulus in ihrer Armut Sammelgelder aus Mazedonien und Achia überbringt (vgl. Röm 15, 25–26). Heilige sind wir nach Paulus nicht, weil wir besonders vollkommene Menschen wären, sondern weil wir von Gott berufen sind, weil Gott sich uns in Jesus Christus offenbart und uns den Glauben an ihn geschenkt hat. Heilige sind wir, weil Gott uns geliebt hat, durch seinen Geist in uns wohnt und uns zur Liebe befähigt. Heiligkeit ist eine Frucht der Befreiung von der Sünde. Unserer Heiligkeit geht die Liebe Gottes voraus; unser Leben soll demnach eine Antwort auf diese Liebe sein, ein Leben, das der Berufung und der von Gott geschenkten Heiligkeit entspricht.

Jesus hat sich für uns geheiligt, damit auch wir in der Wahrheit geheiligt sind (Jo 17,19); Heiligkeit ist die Eigenschaft Gottes schlechthin. Göttlich zu sein, bedeutet, heilig zu sein. Gott wurde Mensch, um den Menschen an seinem Leben und seiner Herrlichkeit teilhaben zu lassen, ihn sozusagen zu vergöttlichen und zu heiligen. Das macht die eigentliche Menschenwürde aus.

Heilig hat natürlich auch mit vollkommen zu tun; denn wir sollen vollkommen sein wie unser himmlischer Vater (Mt 5,48), allerdings auch barmherzig wie er (Lk 6,36). Denn Gott ist die Liebe; seine Heiligkeit manifestiert sich in seiner Liebe zu uns Menschen, und der Gradmesser der Heiligkeit ist eben die Liebe, wie der heilige Paulus im Hohen Lied der Liebe (1 Kor 13) mahnend wie hymnisch hervorhebt.

Aller moralischer Appell und alles Bewußtsein um unsere Schwachheit ändern aber nichts an der Tatsache, daß wir als Glaubende und Getaufte Heilige sind, weil Gott durch seinen Geist in uns Wohnung genommen hat. Die Vielfalt der Heiligen kommt dadurch zustande, daß dieses Haus, in dem Gott „Wohnung nimmt", eben sehr unterschiedlicher Natur sein kann. Der Charakter ist das Material, aus dem der Heilige geformt wird, und jeder Mensch hat nun einmal seine individuellen Charakterzüge. Diese Vielgestaltigkeit ist kein Hindernis, sondern läßt erst den Reichtum der Liebe Gottes aufscheinen. Die Blumenpracht einer frei belassenen Wiese ist viel schöner als die Monokultur eines Treibhauses.

Jeder Christ hat die Sendung mitbekommen, die Liebe Gottes zu bezeugen, die in ihm wohnt. Dieses Zeugnis wird nicht nur je nach Charakter anders ausfallen, sondern auch je nach den Herausforderungen, die auf den Menschen einer bestimmten Zeit oder Epoche zukommen. Wir können Heilige nicht einfach imitieren, sondern sind aufgerufen, Heilige unserer Zeit zu sein.

Deshalb finde ich es anregend, daß in dieses Werk auch markante Persönlichkeiten unserer Tage aufgenommen wurden, die nicht oder noch nicht heiliggesprochen sind. Eine Heiligsprechung macht ja den Heiligen nicht zum Heiligen, sondern ist eine öffentliche Anerkennung des Wirkens Gottes in einem Menschen. Es gibt unendlich viel mehr Heilige als diejenigen, die nach oft langem Prozeß kirchlich anerkannt sind. Die Kirche wäre trotz der großen Zahl ihrer offiziellen Heiligen arm geblieben in ihrer Geschichte, wenn die Heiligkeit sich auf diese Menschen beschränkt hätte. Die namentlichen Heiligen waren und sind herausragende Gestalten, mit besonderer Verantwortung, an bevorzugter Stellung. Die Kirche wird aber getragen auch durch die vielen ungenannten und unbekannten Heiligen, die von Gott berufen sind und diesem Ruf in ihrem Leben folgen – eine Ermunterung für uns, wenn wir an unsere Unzulänglichkeiten und Grenzen stoßen.

Jedenfalls wird dieses Werk nicht nur dem Nachschlagen dienen. Es ist ein erneutes Zeugnis der großen und vielfältigen Liebe Gottes zu uns Menschen. Ich bin überzeugt, daß viele Leser daraus Freude und Zuversicht schöpfen.

Das Kirchenjahr

von Hans J. Limburg MSC

Das Erleben der Zeit setzt für den Menschen bereits in seiner vorgeburtlichen Phase ein, bedingt durch den tagtäglichen Wechsel von menschlichem Wachsein und Schlafen, von Dunkel und Licht, von Tag und Nacht. Es sind die kosmischen Rhythmen, das „Kommen“ und „Gehen“ der Sonne und des Mondes, die vom Menschen wahrgenommen werden und seine Zeit regulieren.

Aus dieser Abhängigkeit der Zeiterfahrung an „von außen“ kommende Prozesse erwächst eine gewisse Stetigkeit im Umgang des Menschen mit seiner Zeit. Gerade die zyklisch wiederkehrenden Phasen von Sonne und Mond sind es, die ihm die Zeit nachprüfbar machen: Zeit läßt sich einteilen, vorausschauen, planen. Erst mit der Aufeinanderfolge, Aneinanderreihung der kosmischen Lichtzyklen von Sonne und Mond läßt sich eine Vergangenheit und eine Gegenwart auch „objektiv“ datieren und eine Zukunft präzise angeben: Ein Zeitpfeil entsteht und eröffnet dem Menschen die Möglichkeit „kalendarischer Festlegungen“.

In der abendländischen Kultur hat sich schon früh ein lunisolarer (d.h. zum Teil vom Mond, weitgehend aber von der Sonne bestimmter) Kalender entwickelt, in dem verschiedene Zeit-Kreise sich überlagern. Dabei ist charakteristisch für den jüdisch-christlichen Kalender, daß nicht alle seine Festlegungen kosmische Ursachen haben – etwa die Einrichtung der Woche oder die Feier des Sabbats bzw. des Sonntags: sie sind frühe, religiös motivierte „soziale Errungenschaften“.

Grundbaustein des abendländischen Kalenders ist, wie gesagt, der *Tag* bzw. das Gefüge Tag und Nacht. Es entsteht aus der Drehung der Erde – „im Angesicht der Sonne“ - um sich selbst. Seine Erlebnisqualitäten sind also auch kosmisch gebunden; sie führen allerdings zu verschiedenen „Stunden“: als frühe Morgenstunde, die vom Menschen anders erlebt wird als der späte Abend, als Nacht, die der Mensch gefühlsmäßig oft mehr zu spüren hat als ein heller Mittag! Sodann lassen sich die aufeinanderfolgenden Tage „einteilen“: Es gibt (so regelt es der christliche Kalender) einfache Wochentage und den Sonntag, es gibt Gedenktage und es gibt Feste!

In einer reihenden Wiederholung kommen diese Tage „in die *Jahre*“. Jahre kommen durch den Lauf der Erde um die Sonne zustande. Im christlichen Kalender ist nun, von den aufeinanderfolgenden Tagen her gesehen, der wöchentlich wiederkehrende *Sonntag* ihr Grundbaustein. Aus der Sicht der Jahreszyklen heraus ist in ihnen das *Osterfest* der Tag der Tage bzw. ihre Achse. Um diese beiden Pole – *Sonntag* und *Ostern* – hat nun der christliche Kalender sein „Kirchenjahr“ organisiert; um sie herum kommt es zu jährlich wiederkehrenden Wochentagen und Festen (Weihnachten, Epiphanie u.a.), zu Festkreisen und „Geprägten Zeiten“, zu Quatember und Bittagen, und – schon sehr früh in der Kirche – zu einem eigenen Jahr der Heiligen.

Seit dem letzten Jahrhundert ist es zu einer weitverbreiteten Geringschätzung der zyklischen Grundlagen unseres Kalenders und des christlichen Kirchenjahrs gekommen. Neuzeitliche Umformungen im Gesamtbereich der geistigen und kulturellen Lebensäußerungen (kulturmorphologische Entwicklungen) – man denke etwa an die Programme von Entmythologisierung und Säkularisierung – haben zu einer häufigen Mißachtung und Herabminderung der das irdische Leben (mit)bestimmenden zyklischen Rhythmen geführt. In zahlreichen Umweltkrisen sind die Folgen inzwischen unübersehbar geworden.

Schon zeichnet sich eine weitere Bedrohung des ursprünglichen Zeit-Erlebens und der menschlichen Zeit-Gestaltung ab: Kosmische und traditionell organisierte Abläufe von Zeit, selbst ihre biologischen Rhythmen (zum Beispiel der Wechsel von Wachsein und Schlafen) werden in unserer westlichen Zivilisation bereits häufig „überspielt“ (nivelliert): Die Verschiedenheit von Tag und Nacht, oder die Klimaverschiebungen innerhalb der sogenannten Jahreszeiten, machen dem modernen Leben, etwa in Wirtschaft, Industrie oder Freizeitkultur, keine Probleme mehr; sie brauchen immer weniger beachtet zu werden. Zugleich werden fast alle Zeiten ständig verfügbar und stehen für Interessenten gleichsam auf Abruf bereit – so im nördlichen Winter die Ferienreise in den Sommer der Karibik, so der künstliche Schnee, den man manchenorts aus sportlichen und ökonomischen Gründen selbst im Frühling benötigt...

Wenn inzwischen aber kritische Beobachter der Lebenswelt von heute bereits Tendenzen ausmachen, die solchen Einebnungsversuchen von Zeit wieder entgegensteuern – etwa die „Feierfreude der Jugend“ (Angelus A. Häußling OSB) -, dann wird darin eigentlich nur ein altes Alltagswissen aktiviert: Die Zeit bedarf, um von uns Menschen erlebt werden zu können, der zyklisch-kosmischen und der sozialen Gliederung – als Fest und Feier, als Werktag und Sonntag, oder als Morgen und Abend, als Tag und Nacht! So soll die folgende Zusammenstellung einen kleinen Zeitweiser durch das Jahr der Kirche darstellen, angefangen mit den Tagen des Advent, bis hin zum letzten Sonntag des Kirchenjahres, dem Christkönigsfest.*)

***) Neben den authentischen Ausgaben der liturgischen Bücher und kirchlichen Dokumente nehmen die hier zusammengetragenen Beschreibungen insbesondere folgende Schriften zum Ausgangspunkt:**
Adolf ADAM, Das Kirchenjahr mitfeiern, Freiburg/Br. 1979. Hansjörg AUF DER MAUR, Feiern im Rhythmus der Zeit I. (Gottesdienst der Kirche, Teil 5), Regensburg 1983. Eckhard BIEGER, Das Kirchenjahr zum Nachschlagen, München, 2. Aufl. 1985. Karl-Heinz BIERITZ, Das Kirchenjahr, München 1987. Klaus-Peter JÖRNS – Karl-Heinz BIERITZ, Kirchenjahr, in: Theologische Realenzyklopädie, Bd. XVIII (Berlin 1989) 575-599.

I. Der Advent und die weihnachtliche Festzeit

Entsprechend der Feier von Ostern ist im Kirchenjahr seit dem 4. Jahrhundert als zweite Geprägte Zeit der Weihnachtsfestkreis ausgebildet worden. Er beginnt mit dem Ersten Adventssonntag und endet mit dem Fest der Taufe des Herrn. Anders als der Osterfestkreis hat dieser zweite Festkreis kein jüdisches Vorbild. Die Hochfeste in ihm, Weihnachten am 25. Dezember und Erscheinung des Herrn (Epiphanie) am 6. Januar, haben ein festes Datum, unabhängig vom Wochentag. Dem Weihnachtsfestkreis liegen die Berechnungen des Sonnenjahrs zugrunde; und das Weihnachtsfest ist wahrscheinlich in Absetzung von altrömischen Winterkulten zu Ehren der unbesiegbaren Sonne entstanden. Doch ist auch der Weihnachtsfestkreis der österlichen Mitte des Kirchenjahres zugeordnet – dem Ostergeheimnis oder dem Pascha-Mysterium (wie das Zweite Vatikanische Konzil sagt) als der Grundlage aller christlichen Feste. Der Weihnachtsfestkreis selbst ist in diesem Ablauf „eine Art ‚Vorstellung‘ der Person des Christus Jesus, dessen Erlösertat die Welt retten wird“ (Henri Jenny).

Bis heute zeigt eine Fülle volkstümlichen Brauchtums in Advent und Weihnachtszeit die große Popularität dieses zweiten Festkreises. Neben der einen oder anderen Ausprägung von kirchlichem Brauchtum, haben die meisten Bräuche dieser Zeit die Wintersonnenwende zum Ausgangspunkt und sind oft nur sekundär mit bestimmten Festen oder Heiligentagen verbunden. Wohl in Parallele zum Weihnachtsbaum ist in der Zeit zwischen den beiden Weltkriegen in der evangelischen Jugendarbeit der Brauch des Adventskranzes entstanden. Seit 1978 enthält das Deutsche Benediktionale einen Vorschlag für eine gottesdienstliche Feier, in der zu Beginn des Advent der Adventskranz gesegnet werden kann. Auch die zahlreichen Bräuche, die mit einer Reihe von Heiligentagen im Advent verbunden sind, haben sich vom Winterbrauchtum her entwickelt. Aus dem kirchlichen Advent kommen Adventssingen, Herbergssuche und Frauentragen (vergleiche auch GOTTESLOB 102).

Der Advent

„Die Adventszeit hat einen doppelten Charakter: sie ist einerseits Vorbereitungszeit auf die weihnachtlichen Hochfeste mit ihrem Gedächtnis des ersten Kommens des Gottessohnes zu den Menschen. Andererseits lenkt die Adventszeit zugleich durch dieses Gedenken die Herzen hin zur Erwartung der zweiten Ankunft Christi am Ende der Zeiten. Unter beiden Gesichtspunkten ist die Adventszeit eine Zeit hingebender und freudiger Erwartung“ (Grundordnung des Kirchenjahres 1969, Nr. 39). Der Advent wird nur in den Westkirchen gefeiert (vergleiche GOTTESLOB 102).

Die Adventssonntage

„Der erste Sonntag im Advent ist in seinen (gottesdienstlichen) Texten geprägt von der Wiederkunft Christi am Letzten Tag. Am zweiten und dritten Sonntag steht die Gestalt Johannes des Täufers vor uns, der 4. Sonntag stellt uns Maria vor Augen, die Mutter und Jungfrau, die uns Christus geboren hat“ (GOTTESLOB 102).

Die Werktage im Advent

An den Werktagen in der Adventszeit ist die erste Lesung der Meßfeier regelmäßig alttestamentlichen Prophetentexten entnommen. Zu Beginn wird ausschließlich Jesaja, der älteste der Großen Propheten, gelesen. Die Evangelienabschnitte sind darauf abgestimmt. In der 2. Adventswoche beginnen am Donnerstag die Evangelien über Johannes den Täufer, und ab dem 17. Dezember werden die Begebenheiten vorgelesen, die der Geburt Jesu unmittelbar vorausgingen.

Die Marienvotivmesse am Samstag in der Adventszeit (seit dem Missale Romanum von 1570) wurde vielerorts auch an weiteren Werktagen gefeiert und erhielt im deutschen Sprachgebiet den Namen **Rorate-Messe** (auch Engelmesse oder Goldene Messe). Sie kann weiterhin an den Wochentagen des Advents, bis einschließlich 16. Dezember, gefeiert werden. Im Deutschen Meßbuch 1975 steht sie bei den Communetexten für Marienmessen (Nummer 4), in der „Sammlung von Marienmessen 1990“ findet sie sich als zweites Formular.

Die Quatembertage

Die vier Quatembertermine sind im Zusammenhang mit der römischen

Einteilung der Feldarbeit entstanden (etwa seit dem 5. Jahrhundert). Für den Advent wurde 1971 von der Deutschen und der Österreichischen Bischofskonferenz die erste Woche als Quatembertage festgelegt. In der Schweiz bleibt die terminliche Festlegung den einzelnen Pfarreien überlassen. (Vergleiche auch „St. Luzia"!)

Die Woche vor Weihnachten: 17. bis 24. Dezember

Am 17. Dezember beginnen die letzten acht Tage vor Weihnachten. Sie wollen in besonderer Weise das Geburtsfest des Herrn vorbereiten. Ausgezeichnet sind sie durch eigene Meßtexte und im Stundengebet durch die sogenannten O-Antiphonen zum Magnifikat (vergleiche GOTTESLOB 112 und 772, 1-7).

Das Hochfest der ohne Erbsünde empfangenen Jungfrau und Gottesmutter Maria (8. Dezember)

Auch Maria, die Mutter Jesu, ist auf natürlichem Wege als Kind ihrer Eltern geboren worden und hat alle Gnade durch Jesus Christus empfangen. Doch ist sie, wie schon in der alten Kirche und im Mittelalter gelehrt und 1854 durch Papst Pius IX. feierlich als Glaubenssatz der Kirche verkündet wurde, vor jedem Makel der Erbsünde bewahrt geblieben. Bereits im siebenten Jahrhundert feierten östliche Christen ein Fest **Empfängnis der heiligen Anna**, das 1476 unter Papst Sixtus IV. als Fest **Empfängnis der unbefleckten Jungfrau Maria** für die Westkirche übernommen wurde. Seit 1708 ist das Hochfest der ohne Erbsünde empfangenen Jungfrau und Gottesmutter Maria „Mariä Empfängnis" ein Fest der ganzen Kirche.

Die Heiligentage im Advent

Einige ältere Heiligengedächtnisse im November und Dezember haben ihres Brauchtums wegen, das teilweise bis heute mit diesen Tagen verbunden wird, für den Advent eine gewisse Bedeutung bekommen.

Martin von Tours (11. November)

Seit dem 4. Jahrhundert gab es in Gallien und Spanien eine vorweihnachtliche Fastenzeit, die vom 11. November bis zum Fest Erscheinung des Herrn (6. Januar) dauerte. Da bis in die Neuzeit hinein um Martini gleichzeitig das Wirtschaftsjahr zu Ende ging, wurde der Martinstag zu einem gesellschaftlich bedeutsamen Termin, an dem Abgaben fällig, neue Verträge geschlossen und Märkte abgehalten wurden. So sah man im 11. November vielfach auch den Abschluß des alten und den Beginn des neuen Kirchenjahrs. – Für evangelische Christen ist der 11. November als Tauftag Martin Luthers bedeutsam.

Apostel Andreas (30. November)

Der Andreastag ist seit dem 6. Jahrhundert in allen Kalendarien enthalten. Bis in unser Jahrhundert hinein hat ihn „seine Stellung am Anfang des Advent ... zu einem Sammelpunkt des Aberglaubens werden lassen" (Hanns Koren).

Barbara (4. Dezember)

Der kahle Kirschzweig, der am 4. Dezember als Barbarazweig aufgestellt wird, hat ursprünglich wohl mit der germanischen Lebensrute zu tun. In der geheizten Wohnung soll er treiben und am Weihnachtsfest blühen: „Der Zweig präludiert zum Lied ‚Es ist ein Reis entsprungen'" (Eckhard Bieger).

Nikolaus (6. Dezember)

Bis nach dem Zweiten Weltkrieg war der Nikolaustag in einigen katholischen Gegenden Deutschlands der „weihnachtliche" Geschenktag. Von diesem Brauch sind allenfalls Reste übrig geblieben.

Luzia (13. Dezember)

Unter Papst Gregor VII. wurden 1078 die Adventsquatember auf den Mittwoch, Freitag und Samstag nach dem Fest der hl. Luzia festgelegt: In der alten römischen Kirche, der die Quatembertage entstammen, und im Mittelalter fiel somit bis zur Gregorianischen Kalenderreform der Luziatag in etwa mit dem Beginn des Winters zusammen.

Apostel Thomas (früher 21.12.; jetzt 3.7.)

Das Festdatum vom 21. Dezember kommt im Sacramentarium Gregorianum vor (7. Jahrhundert); da im Advent die Tage vom 17. bis 24. Dezember besonders hervorgehoben werden, wurde 1969 in der katholischen Kirche der Thomastag auf den 3. Juli verlegt, an dem seine Reliquien nach Edessa übertragen wurden. Die Evangelische Kirche hat den 21. Dezember als den Tag des hl. Thomas festgehalten. Mit diesem Tag beginnen die längsten Nächte des Jahres, um die sich unzählige Formen winterlichen Brauchtums ranken.

Weihnachten

Den frühesten Beleg für die Feier des Weihnachtsfestes am 25. Dezember bietet der Chronograph von 354, ein für die Bevölkerung Roms bestimmtes Kalenderwerk und Staatshandbuch. Als Festtermin übernahm die Kirche den Geburtstag des unbesiegbaren Sonnengottes, den 275 Kaiser Aurelian eingeführt hatte: Am Tag des heidnischen Sonnengottes feiert die Kirche den Geburtstag Jesu Christi, der wahren und unbesiegbaren Sonne, der der Welt in seiner Geburt als „Sonne der Gerechtigkeit" (Mal 3,20) aufgeleuchtet ist. – Zunächst, noch zu Beginn des 4. Jahrhunderts, scheint das Fest nur in der damals neu errichteten Petrusbasilika gefeiert worden zu sein. Doch breitete sich seine Feier sehr rasch in Afrika und im Abendland aus. Vom ausgehenden 4. Jahrhundert an übernahmen selbst die Ostkirchen das Weihnachtsfest als Fest „Theophanie".

Aus der römischen Papstliturgie kommt auch der **Brauch der drei Weihnachtsmessen:** Seit dem 5. Jahrhundert wird um Mitternacht in der Kirche Santa Maria Maggiore, in der sich eine Nachbildung der Geburtsgrotte von Bethlehem befand, das Engelamt gefeiert; und seit dem 6. Jahrhundert wird bei Tagesanbruch in Santa Anastasia, der Kirche der Griechen in Rom, das Hirtenamt gefeiert. Am Tag selbst wird sodann in der Petersbasilika die älteste und ursprünglich einzige Papstmesse gefeiert; sie wird bereits durch Bischof Ambrosius von Mailand und Papst Coelestin I. bezeugt. Im 8. Jahrhundert verbreitete sich der Brauch der drei Weihnachtsmessen zunächst im gallisch-fränkischen Raum und von dort aus in der gesamten westlichen Kirche.

Im 6. Jahrhundert wird für Weihnachten eine **Vigilfeier** bezeugt. Auch nach dem neuen Meßbuch beginnt Weihnachten mit einer Vigilmesse am Vorabend (vor oder nach der Vesper). In den Gemeinden des deutschen Sprachgebiets fällt sie wegen der ersten Weihnachtsmesse „in der Heiligen Nacht" fast stets aus.

Eine bedeutende Rolle spielt bis heute das weihnachtliche **Volksbrauchtum**, das zu einer weitgehenden Historisierung und Romantisierung des Weihnachtsfestes beigetragen hat. Seit dem 7. Jahrhundert wird eine Holzkrippe in der römischen Kirche Santa Maria Maggiore verehrt. 1223 begeht Franz von Assisi eine Krippenfeier in Greccio. Auch gibt es seit dem 13. Jahrhundert in Italien figürliche Darstellungen der Weihnachtsgeschichte, die Krippen genannt werden. Sie werden seit dem 16. Jahrhundert vor allem in Kirchen aufgestellt. Da Kaiser Joseph II. von Österreich in seinen Ländern diesen Brauch verbot, trug er damit zu seiner Umwandlung in einen bis heute weitverbreiteten Familienbrauch bei. – Erste Zeugnisse eines Weihnachtsbaumes gehen bis ins frühe 16. Jahrhundert zurück. Bei ihm handelt es sich um ein ausgesprochenes Winterbrauchtum (wie auch bei den Barbarazweigen). Zum allgemeinen Familienbrauch wird der Weihnachts- oder Christbaum aber erst im 19. Jahrhundert. – Das gegenseitige Bescheren an Heiligabend (seltener am Weihnachtsmorgen) geht auf die Kinderbescherung am Nikolaustag zurück, die bereits von Martin Luther auf den Weihnachtstag verschoben wurde. Aus dem Christkind, das nach dem Glauben der Kinder die Weihnachtsgeschenke bringt, ist in der Kommerzialisierung von Advent und Weihnachten heute der „Weihnachtsmann" geworden (vergleiche auch NIKOLAUS).

Die Weihnachtszeit

Die kirchliche Hochschätzung von Weihnachten zeigt sich bis heute auch in der liturgischen Festwoche, die sich an das Fest vom 25. Dezember als **Oktav** anschließt. Nur Weihnachten und Ostern haben eine Oktav. Zur Weihnachtsoktav gehören nach der neuen Grundordnung des Kirchenjahres am Sonntag in der Oktav das Fest der Heiligen Familie, die altkirchlichen Feste der heiligen Stephanus und Johannes und der Unschuldigen Kinder, sowie die Oktavtage 29.–31. Dezember. Der Oktavtag selbst am 1. Januar fällt mit dem Beginn des bürgerlichen Kalenders zusammen.

Heilige der Weihnachtszeit

Der Erzmärtyrer Stephanus, der Apostel und Evangelist Johannes sowie die unschuldig ermordeten Kinder von Bethlehem, deren Feste im Anschluß an das Weihnachtsfest bereits die ältesten kirchlichen Kalender kennen, wurden vom Mittelalter als das Ehrengefolge des Christkindes angesehen und bis heute als Gefährten (Comites) Christi verehrt. – Nichtgebotene Gedenktage ohne Bezug zur Weihnachtsoktav sind die Gedächtnisse des hl. Thomas Becket († 1170) am 29. und des hl. Silvester († 335) am 31. Dezember.

Stephanus

Während im süddeutschen Raum und in Österreich der 26. Dezember als Stefanitag gefeiert wird, gilt er in West- und Norddeutschland weithin als „Zweiter Weihnachtstag". In seiner Liturgie ist der Tag jedoch nicht weihnachtlich geprägt, sondern wird seit dem 4. Jahrhundert im Osten und seit dem 5. Jahrhundert auch im Westen als Märtyrerfest gefeiert.

Johannes

Das Fest des heiligen Apostels und Evangelisten Johannes, das bis ins 4. Jahrhundert zurückreicht, ist seit dem Mittelalter mit dem Brauch einer Weinsegnung verbunden. Die Sitte des „Gedächtnistrinkens" an diesem oder an anderen Tagen geht auf vorchristliche Vorbilder zurück.

Unschuldige Kinder

Das Fest der Unschuldigen Kinder, dessen Termin sicherlich vom Weihnachtsgeschehen her beeinflußt ist, wird zum erstenmal 505 im Kalender der nordafrikanischen Stadt Karthago erwähnt. – Das mittelalterliche Kinderfest an diesem Tag in Schulen und Klöstern mit der Wahl eines Kinderabtes oder Kinderbischofs und der Umkehrung der Machtverhältnisse geht letztlich auf die römischen Bräuche an den Saturnalien zurück.

Heilige Familie

Zur Weihnachtsoktav gehört seit der Neuordnung des kirchlichen Kalenders 1969 das Fest der Heiligen Familie am Sonntag nach Weihnachten; ist der 25. Dezember ein Sonntag, wird es am 30. Dezember gefeiert.

Weihnachtsoktav (Gottesmutter Maria): 1. Januar

„Am 1. Januar, dem Oktavtag von Weihnachten, ist das Hochfest der Gottesmutter Maria und das Gedächtnis des Tages, an dem der Erlöser den Namen Jesus erhielt": So die Grundordnung des Kirchenjahres von 1969. Eine besondere Rolle erhielt der 1. Januar bereits im römischen Kalender, wo er seit dem 2. Jahrhundert vor Christus nach und nach zum Jahresbeginn wurde (offiziell seit 46 v. Chr.). Liturgisch wird er durch einige Elemente berücksichtigt. – In der römischen Kirche wurde bis zum 7. Jahrhundert am 1. Januar der Gedenktag der Gottesmutter gefeiert. Doch dann wurde er bei der Übernahme der ostkirchlichen Feste Mariä Verkündigung und Mariä Himmelfahrt durch die Feier des Oktavtages von Weihnachten ersetzt. – In der altgallischen Kirche wurde am 1. Januar seit dem 6. Jahrhundert das Fest der Beschneidung des Herrn begangen (nach Lk 2,21); im 13. Jahrhundert wurde es von Rom übernommen. – Im Regionalkalender des deutschen Sprachgebiets hat der 1. Januar mehrere Bezeichnungen erhalten: „Neujahr, Oktavtag von Weihnachten, Namengebung des Herrn, Hochfest der Gottesmutter Maria“.

Zweiter Sonntag nach Weihnachten

Fällt in die Zeit vom 2. bis zum 5. Januar ein Sonntag, wird er als 2. Sonntag nach Weihnachten gefeiert.

Epiphanie

Seit dem 3./4. Jahrhundert haben ägyptische Christen den 6. Januar als Tag der Taufe und als Geburtstag des Herrn gefeiert; hinzu kam später das Gedächtnis des ersten Wunders Jesu auf der Hochzeit zu Kana. Allgemein wurde das Fest als Epiphania bezeichnet. In der zweiten Hälfte des 4. Jahrhunderts breitete sich dieser Feiertag sowohl in der Ost- wie auch in der Westkirche aus. Dadurch kam es in der Christenheit zum Austausch der beiden Geburtsfeste vom 25. Dezember und vom 6. Januar.

Doch deutet die Vielfalt der Festinhalte, die am 6. Januar vor allem im Osten gefeiert werden, auf eine Verschmelzung verschiedener liturgischer Überlieferungen hin. In Rom wurde die Anbetung durch die Magier seit dem 5. Jahrhundert zum alleinigen Festinhalt. Nur im Stundengebet blieb das Gedächtnis der dreifachen Erscheinung des Herrn erhalten. In der Grundordnung des Kirchenjahres von 1969 wird Epiphanie als Gedächtnisfeier des „offenbarenden Erscheinens“ des Herrn bezeichnet. Wo dieses Hochfest kein gebotener Feiertag ist, wird es auf den Sonntag zwischen dem 2. und 8. Januar gelegt.

In der Volksfrömmigkeit treten die Heiligen Drei Könige in den Vordergrund. Seit der Überführung ihrer vermeintlichen Reliquien nach Köln im Jahre 1164 wird aus dem Fest Epiphanie im Volkmund das Dreikönigsfest oder einfach Dreikönige. Während sich im Mittelalter **liturgische Dreikönigsspiele** herausbildeten, kam es seit dem 15./16. Jahrhundert zum **Sternsingen** als Heischebrauch. Im 20. Jahrhundert erlebte es unter Kindern und Ministranten, verbunden mit der Segnung des Hauses bzw. der Wohnung, eine Wiederbelebung zugunsten der katholischen Missionen. – Andere Bräuche in der Zeit um den 6. Januar (lärmende Umzüge; Wahl des Bohnenkönigs) sind Winterbrauchtum.

Nach alter Gewohnheit gehört zum 6. Januar die **Verkündigung** des Ostertermines und weiterer wichtiger Kirchenjahrestermine.

Auch eine Reihe von volkstümlichen Segnungen sind mit Epiphanie verbunden worden: So seit dem Ende des Mittelalters **der Haussegen**, bei dem die Segensformel 19-C-M-B-93 (usw.) auf einen Türpfosten geschrieben wird. Volkstümlich wird sie als Caspar – Melchior – Balthasar gedeutet, heute jedoch meist als Christus mansionem benedicat interpretiert, das heißt: Christus segne das Haus.

Die Taufe des Herrn

Seit 1921 wurde am 1. Sonntag nach Epiphanie das Fest der Heiligen Familie gefeiert. Mit der Grundordnung für das Kirchenjahr 1969 wurde es in die Zeit nach Weihnachten verlegt, so daß der Sonntag nach Epiphanie zum ersten Sonntag im Jahreskreis wurde, verbunden aber mit dem Fest der Taufe des Herrn. Es übernahm den Inhalt des bisherigen Oktavtages von Epiphanie. Mit dem Sonntag nach Epiphanie beginnt die Reihe der 34 Sonntage im Jahreskreis, die mit dem Sonntag vor Beginn der österlichen Bußzeit (Fastenzeit) unterbrochen und in fortlaufender Zählung nach Pfingsten fortgesetzt wird.

II. Die Zeit im Jahreskreis

Die allgemeine Kirchenjahreszeit I

Tage und Feste des Herrn

Die Sonntage im Jahreskreis

In unserer westlichen Gesellschaft ist der Sonntag, zusammen mit dem Samstag meist als „Wochenende“ bezeichnet, der wöchentliche Feiertag, wenn er auch inzwischen für mehr als vier Millionen Menschen in Deutschland zum Arbeitstag geworden ist. Seine Einrichtung verdankt er dem Christentum. Der Sonntag entfaltet seinen Vollsinn in Verbindung mit seiner kirchlichen Herkunft. Die „Grundordnung des Kirchenjahres“ von 1969 sagt:

„Am ersten Tag jeder Woche, der Tag des Herrn oder Sonntag genannt wird, feiert die Kirche gemäß apostolischer Überlieferung, die auf den Auferstehungstag Christi selbst zurückgeht, das Pascha-Mysterium. Deshalb gilt der Herrentag als der Urfeiertag“ (Nr. 4).

So entsteht Jahr für Jahr eine Kette von Sonntagen. Zugleich aber sprengen sie diesen jährlichen Zyklus und schreiten gleichsam Schritt für Schritt in die Zukunft hinein. Jeder Sonntag ist für den Christen ein wöchentliches Osterfest, der Gedächtnistag des Todes und der Auferstehung Jesu Christi. Als Tag des Herrn ist er aber zugleich der Tag der kirchlichen Gemeinschaft. Seine Mitte findet er in der Feier des eucharistischen Mahles. In ihm begeht die Kirche das Gedenken an den wahrhaft lebendigen Gott, an den in der Geschichte der Völker und im Leben des einzelnen wirksamen Gott: „Mit Israel preist die Kirche Gott in der Liturgie als Schöpfer, der jeden Tag aufs neue am Werk ist, und als Gott des Bundes, der seit der Errettung Israels aus Ägypten für immer der Gott der Freiheit ist. Vor allem preist die Kirche Gott als den Vater Jesu Christi, in dessen Auferstehung nach christlicher Überzeugung Gottes Handeln gipfelt. [...] In der Feier des Sonntages sammelt der Auferstandene die Seinen um sich, um lebendig in ihrer Mitte zu sein und sie, mit seinem Geist erfüllt, als Zeugen in den Alltag zu senden. So bricht Gott neu in das Leben der Menschen ein und öffnet es für die Begegnung mit ihm und den Dienst in der Welt" (Zukunft des christl. Sonntags in d. modernen Gesellschaft. Dokumentation, hg. vom Zentralkomitee der deutschen Katholiken 1987).

Wie ein Kranz umgeben weitere Gottesdienste die eucharistische Zentralfeier des Sonntags: so die Tagzeitenliturgie, insbesondere Laudes (Morgenlob) und Vesper [ab dem 3./4. Jahrhundert sind im Osten wie im Westen *die* sonntäglichen Gottesdienste die Eucharistiefeier am Morgen und die Vesper am Abend]. Weiter gehört die sogenannte deutsche „Andacht", eine meist nachmittägliche Frömmigkeitsform (vgl. GOTTESLOB 771), bis heute in geistlichen Gemeinschaften und vereinzelt auch in Gemeinden zum Sonntag. Auch Taufen werden immer wieder sonntags gefeiert. Als selbständiges gottesdienstliches Element kommt im Zusammenhang mit der Meßfeier das Taufgedächtnis vor, die Besprengung der versammelten Gläubigen mit Weihwasser (das „Asperges"; vergleiche GOTTESLOB 424), als Brauch wird sie erstmals 858 erwähnt. Am Samstagabend gibt es vereinzelt noch die früher weit verbreitete „Salve-Andacht", ein Gruß an die Gottesmutter. Fast überall wird der Sonntag aber mit den Kirchenglocken eingeläutet. Von Anfang an gehört auch die Hinwendung zum Mitmenschen zum Sonntag – als Kollekte für die Bedürftigen und Armen in der Meßfeier, als Krankenkommunion im Anschluß daran, als Besuch von kranken und alleinstehenden Menschen. Schließlich ist seit 321 nach Christus die Arbeitsruhe ein wesentliches Kriterium der christlichen Sonntagsheiligung geworden. In der Vielfalt dieser gottesdienstlichen Formen und Elemente wird deutlich, daß das christliche Grundzeichen des Sonntags die (Ver)Sammlung der Gemeinde ist, selbst dann, wenn sie ohne Priester zusammenkommt (auch im sogenannten „Sonntags[wort]gottesdienst ohne Priester").

Als sonntagsspezifische Elemente der Meßfeier selbst gelten die bereits erwähnte Besprengung mit Weihwasser, der Hymnus „Gloria in excelsis Deo" im Eröffnungsteil der Messe, das „Credo" zum Abschluß des Wortgottesdienstes, sowie die sonntagseigenen Meßformulare (Amtsgebete; Lesungen). Letztere wurden durch die neuen liturgischen Bücher gründlich erneuert. Die Gebetstexte wurden neu zusammengestellt. Für die Lesungen wurde ein Dreijahreszyklus geschaffen zu je drei Lesungen am Sonntag (eine alttestamentliche und eine neutestamentlich-nichtevangelische Lesung, das Evangelium), das heißt: „dieselben Texte kehren nunmehr nur in jedem vierten Jahr wieder. Die drei Lesejahre werden mit den Buchstaben A, B und C bezeichnet. [...] So heißt und ist das erste Lesejahr das Matthäus-Jahr, das zweite und dritte aber das Markus- bzw. Lukas-Jahr. Die Lesejahre werden wie folgt bestimmt: Das Lesejahr C wird in den Jahren verwendet, deren Zahl durch drei teilbar ist" (Past. Einf. in das Meßlektionar, Nr. 66,2).

Die alttestamentlichen Lesungen sind thematisch auf das jeweilige Evangelium bezogen. Von dieser Zuordnung unabhängig werden die nichtevangelisch-neutestamentlichen Lesungen als fortlaufende „Bahnlesung" gelesen, im 1. allgemeinen Teil des Kirchenjahrs sind es fast ausschließlich Abschnitte aus dem 1. Brief des Apostels Paulus an die Korinther.

Der erste Hinweis auf eine Zählung der Sonntage findet sich bei den johanneischen Gemeinden Kleinasiens aufgrund der Floskel in Joh 20,26; vom „zweiten" christlichen Sonntag heißt es dort: „acht Tage darauf"! In den ersten nachapostolischen Dokumenten wird zwar von der regelmäßig am Sonntag gefeierten Eucharistie berichtet, etwa für Syrien in der Didache, der sog. „Zwölfapostellehre" über die Zeit von 80 bis 130 nach Christus, oder für Rom in der Apologie des Justin (1. Hälfte des 2. Jahrhunderts), doch lassen sich keine Gliederungsprinzipien erkennen. Erst nach der Herausbildung des Oster- und Weihnachtsfestkreises kommt es zu einer Zählung von Sonntagen „nach Erscheinung" und Sonntagen „nach Pfingsten" (bzw. „nach Dreifaltigkeit"). In der Grundordnung des Kirchenjahres von 1969 werden diese Zeiträume aufgegeben; sie werden zusammengefaßt als „die Zeit im Jahreskreis" (Tempus per annum). Die Sonntage werden nach ihrer Reihenfolge gezählt, insgesamt 34 (bzw. 33) Sonntage. Unterbrochen wird die Reihe durch den Osterfestkreis. Da aber Pfingsten als 50. Tag nach Ostern zum Osterfestkreis gehört, schließt mit dem sogenannten Pfingstmontag normalerweise jene Woche an, die der (vor der Fastenzeit) abgebrochenen Woche folgt. Enthält die „Zeit im Jahreskreis" nur 33 Sonntage, wird die erste Woche, die nach Pfingsten folgen würde, fortgelassen. In die allgemeine Kirchenjahreszeit I fallen vier (zum Beispiel im Jahr 2008 u.ö.) bis neun Sonntage (zum Beispiel im Jahr 2000 u. ö.).

Herrenfeste

„Die Kirche feiert im Verlauf des Jahres das ganze Mysterium Christi: von der Menschwerdung bis Pfingsten und zur Erwartung der Wiederkunft des Herrn" (Grundordnung des Kirchenjahrs, Nr. 17). So spiegeln sich die Urfeiern des Pascha-Mysteriums – das heißt Sonntag und Ostern – in zahlreichen weiteren Festen und Tagen wieder. Weihnachten und Epiphanie sind die bedeutsamsten Beispiele hierfür, aber auch eine Reihe im Vergleich dazu „kleinerer" Herrenfeste bleibt im Horizont des ein für allemal von Gott geschenkten Pascha-Mysteriums.

Taufe des Herrn

Siehe: Seite XI

Darstellung des Herrn (2. Februar)

Bereits um die Mitte des 5. Jahrhunderts wird der vierzigste Tag nach der Geburt Jesu (vgl. Lk 2,22-39) in Jerusalem am 14. Februar und in Rom am 2. Februar als Fest der Begegnung (Hypapante bzw. Tag des hl. Simeon) gefeiert. Unabhängig von diesem Fest kennt man um diese Zeit in Rom eine Lichterprozession als christliche Umwandlung des Amburbale, einer heidnischen Reinigungsprozession. Die Segnung der für die Prozession benötigten Kerzen läßt sich seit dem

10. Jahrhundert nachweisen. – Obwohl das Fest vom Ursprung her ein Herrenfest war, wurde es später als Marienfest (Mariä Reinigung) verstanden – auch im Römischen Meßbuch von 1570. Das marianische Verständnis des Festes kommt bis heute noch in seinem deutschen Namen „Mariä Lichtmeß" zum Ausdruck. Der römische Generalkalender bestimmte 1969: „Der Name dieses Festes wird geändert. Er heißt Darstellung des Herrn. So wird deutlich, daß es sich um ein Herrenfest handelt".

Die Meßfeier dieses nachweihnachtlichen Festes beginnt, wie gemäß den liturgischen Büchern und Dokumenten jede Meßfeier anfängt, mit der Eröffnungsprozession, an diesem Fest mit der Möglichkeit ihrer feierlichen Ausgestaltung: Die Gemeinde selbst *kann*, brennende Kerzen in den Händen tragend – die Kerzen werden zuvor gesegnet -, an der Eröffnungsprozession teilnehmen (sogenannte „Erste Form" im Meßbuch).

Verkündigung des Herrn (25. März)
Siehe: Seite XVII

Die Wochentage

„Die Tage nach jedem Sonntag werden als Wochentage bezeichnet" (Grundordnung des Kirchenjahres, Nr. 16). Ihre Gottesdienste waren in der Frühzeit der Kirche das Morgen- und das Abendlob (Laudes und Vesper). Die tägliche Eucharistiefeier wird ab dem 4. Jahrhundert erstmals in Afrika und Konstantinopel bezeugt, vom 6. Jahrhundert an auch in Gallien und ab dem 9. Jahrhundert in Rom.

Seit der nachvatikanischen Neuordnung gibt es für die einzelnen Wochentage keine besonderen liturgischen Zuordnungen mehr. Wohl wurde für die Meßfeiern an Wochentagen erstmals eine systematische Leseordnung geschaffen: „Jede Messe hat zwei Lesungen: Die Erste Lesung ist aus dem Alten Testament, aus den Apostelbriefen, aus der Offenbarung, in der österlichen Zeit aber aus der Apostelgeschichte. Die zweite Lesung ist aus dem Evangelium" (Past. Einf. in das Meßlektionar, Nr. 69,1). Dabei werden in der 1. bis 9. Woche Abschnitte aus dem Markus-Evangelium, mit Ausnahme von zwei Perikopen aus dem 6. Kapitel gelesen. Für die Erste Lesung gibt es zwei Reihen: in der ersten Reihe (für die ungeraden Kalenderjahre) wird in der 1.–4. Woche der Hebräerbrief gelesen, in der 5. und 6. Woche Genesis 1–11; in der zweiten Reihe (für die geraden Kalenderjahre) wird von der 1. bis zur 5. Woche 1 Samuel, 2 Samuel und 1 Könige 1–16 gelesen.

Ein hervorragender Wochentag ist bis heute in etwa der Freitag geblieben als der Todestag Jesu. Zum Zeitpunkt seines Todes, das ist 15.00 Uhr, wird in vielen Kirchen geläutet.

Gebetstage

In fast allen christlichen Kirchen findet sich immer wieder das Bestreben, vor allem seit der Zeit der Aufklärung, Ideen und Aufgaben (etwa die „heilige Familie", das Werk der Mission), gesellschaftliche Anliegen (etwa die „Themen" des Friedens, der Umwelt), aber auch industriell-zivilisatorisch arrangierte Lebensrhythmen (etwa den „Jahresurlaub", das sogenannte „freie Wochenende") nicht nur in Einzelelementen der Gottesdienste zu Wort kommen zu lassen, sondern auch datumsmäßig als „Tag", als „Sonntag" oder als „Woche" im Jahresgefüge festzuhalten.

Ein v. a. neuzeitliches Phänomen stellen die häufig so genannten „Zweck(sonn)tage" dar, bei denen über Predigt, Gebet und Fürbitte, über Plakatwerbung in und außerhalb der Kirche, durch vorausgehende Ankündigungen, zweckgebundene Kollekten, Ausstellungen und zusätzliche Veranstaltungen „eine Überlagerung des Gottesdienst mit pädagogischen Zielen" geschieht (Eckhard BIEGER). -

Es gibt allgemeinkirchliche und regional oder pfarrlich bedingte „Zweck(sonn)tage".

Weltfriedenstag (1. Januar oder ein anderes Januar-Datum)

Seitdem das Zweite Vatikanische Konzil den 1. Januar unter den Gedanken des Weltfriedens gestellt hat, erscheint jedes Jahr zu diesem Tag eine besondere Papstbotschaft. In der Feier der Gottesdienste soll der Appell zum Frieden berücksichtigt werden.

Inzwischen ist die Deutsche Bischofskonferenz, aufgrund der augenscheinlichen Schwierigkeiten, ausgerechnet am 1. Januar sich mit Friedenspolitik zu befassen, dazu übergegangen, den Weltfriedenstag in manchen Jahren auf einen späteren Termin im Januar zu verlegen.

Gebetswoche für die Einheit der Christen (18.–25. Januar)

Die Idee, unter Christen in ökumenischer Gemeinsamkeit für die „Wiedervereinigung im Glauben" zu beten, kam erstmals in England auf, etwa durch die 1857 gegründete „Association for the Promotion of the Unity of Christendom".

Ihre Intentionen griff katholischerseits Papst Leo XIII. (1878–1903) auf und bestimmte die Tage zwischen Christi Himmelfahrt und Pfingsten als Gebetsnovene für die Einheit der Christen.

Auch die „Bewegung für Glaube und Kirchenverfassung", die 1910 begann, lud ab 1915 dazu ein, am Sonntag nach Christi Himmelfahrt einen Gottesdienst für die christliche Einheit (v. a. durch besondere Gebete und die Predigt) zu feiern.

Seit 1908 gab es in den USA in manchen christlichen Gemeinden eine Gebetswoche, die vom 18. Januar (damals Fest Petri Stuhlfeier zu Rom) bis zum 25. Januar (Bekehrung des Apostels Paulus) reichte. Hierzu war die Anregung von Paul J. F. WATTSON (1863–1940) ausgegangen, einem anglikanischen Priester. 1918 rief erstmals auch die „Bewegung für Glaube und Kirchenverfassung" zur Abhaltung dieser neuen Gebetswoche auf (die Gebetsnovene vor Pfingsten ist seit 1941 mit ihr zusammengelegt).

Vorkämpfer der Gebetswoche in Frankreich wurde der katholische Priester Paul-Irénée COUTURIER (1881–1953); sein „geistlicher Ökumenismus" hatte Einfluß auf die Anfänge der Communauté de Taizé, nahe bei Cluny in Burgund.

Heute wird die Gebetswoche für die Einheit der Christen in ca. 70 Ländern im ganzen christlichen Erdenkreis begangen.

Weltgebetstag der Frauen (Erster Freitag im März)

1887 forderte in Amerika die Presbyterianerin Mrs. Darwin James erstmals zu einem Gebetstag für die sogenannte „innere Mission“ auf; 1890 begründeten die Baptistinnen Mrs. Henry Peadoby und Mrs. Hellen Barrett Montgomery einen Gebetstag für die sogenannte „äußere Mission“. 1919/20 wurden beide Tage zusammengelegt und ihr Datum auf den ersten Freitag in der Passionszeit bzw. der (katholischen) fünften Fastenwoche festgesetzt. Seit 1927 wird dieser Gebetstag als Weltgebetstag gefeiert. 1941 ging die Verantwortung auf die ökumenische Frauenorganisation „Church Women United“ (N.Y.) über, 1967 auf das Internationale Komitee in Völling/Schweden. Seit diesem Jahr hat der Weltgebetstag der Frauen den ersten Freitag im März als festen Termin.

Marianische Gedenktage

Seit dem 5. Jahrhundert gab es in den östlichen Kirchen ein allgemeines Marienfest, ähnlich dem Gedächtnis der Märtyrer. Weitere Mariengedenktage entwickelten sich zur selben Zeit in Konstantinopel zum 26. Dezember, in Jerusalem zum 15. August, anderswo zum Sonntag vor Weihnachten, in Antiochien und in Gallien zum 18. Januar, etwas später dann auch Mariä Lichtmeß zum 2. Februar. Diese und weitere Marienfeste des Ostens fanden nach und nach Eingang in die römische Liturgie.

Seit der Neuordnung des Kirchenjahres 1969 gibt es im ersten Teil der allgemeinen Kirchenjahrszeit, das heißt in der Zeit zwischen dem Weihnachts- und Osterfestkreis, kein Marien-Fest mehr.

Mariä Vermählung (23. Januar)

Seit Anfang des 15. Jahrhunderts in Chartres begangen, wurde das Fest 1725 unter Papst Benedikt XIII. für die ganze Kirche eingeführt. Heute findet es sich noch als *Namenstagstermin* für den Mädchennamen „Sponsata“ im katholischen „Namenstagskalender“.

Unsere Liebe Frau von Lourdes (11. Februar)

Ähnlich wie beim Fest Mariä Namen (12. September) oder beim Fest Unsere Liebe Frau vom Rosenkranz (7. Oktober) führte 1908 ein besonderer Anlaß, die 50-Jahr-Feier der ersten Erscheinung Mariens in Lourdes (11. Februar 1858), zu dem neuen Marien-Fest „Erscheinung der unbefleckten Jungfrau Maria“. Hintergrund war zum einen die Bedeutung der Visionen von Bernadette Soubirous (Gedenktag 16. April) für die neuzeitliche Frömmigkeit und zum anderen die feierliche Verkündigung der Glaubensüberzeugung von der unbefleckten Empfängnis Mariens (Hochfest 8. Dezember) im Jahre 1854. – In der nachvatikanischen Neuordnung wurde dieses Titelfest als „*Gedenktag* Unserer Lieben Frau von Lourdes“ in den Kalender aufgenommen.

Brauchtum

Der Blasiussegen (3. Februar)

Zu den Traditionen im deutschen Sprachgebiet gehört der sogenannte „Blasiussegen“ (das römische Benediktionale kennt ihn nicht). Er erinnert an die Fürbitte der Märtyrer auch in „Krankheit und Schaden in diesem zeitlichen Leben“ (Deutsches Benediktionale). Beim Blasiussegen hält der Spender (bis heute herkömmlich der Priester) mit der linken Hand zwei gekreuzte Kerzen vor den Hals des Gläubigen, spricht den Segenswunsch und macht mit der Rechten ein Kreuzzeichen.

Die Brotsegnung an St. Agatha (5. Februar)

In einigen Regionen des deutschen Sprachgebiets wird am Gedenktag der heiligen Agatha das Brot gesegnet. Dieser Segen ist zugleich Lobpreis auf den Schöpfer und Bitte um seine Gaben, heute auch Mahnung zum geschwisterlichen Teilen. Hierzu wird die Fürsprache der heiligen Agatha angerufen. Sie gilt unter anderem auch als Patronin der Bergleute.

Der Tag der Liebes- und Brautleute an St. Valentin (14. Februar)

Heutzutage ist der Valentinstag, früher oft volkstümlich „Veltenstag“ genannt und in Deutschland weitverbreitet, nach dem Zweiten Weltkrieg unter dem Einfluß von Geschenkbräuchen in Frankreich, England und den USA zu einem Termin geworden, um einander kleine Aufmerksamkeiten („Valentine Greetings“) zu erweisen, v. a. aber Blumen zu schenken (von Floristen und Gärtnern wurde der Tag deshalb schon in den 50er Jahren als „Tag der offenen Herzen“ propagiert). Möglicherweise erinnert das Brauchtum des Tages an den ostkirchlichen Termin der „Darstellung des Herrn“, da in Gallien zeitweise der Geburtstag Jesu mit den Ostkirchen am 6. Januar, und deshalb der vierzigste Tag danach am 14. Februar gefeiert wurde.

Die Fastnacht

Ursprünglich ist die Fastnacht der Vorabend von Aschermittwoch; seit dem 13. Jahrhundert werden auch die Tage vorher (u. a. vom sogenannten „Fetten Donnerstag“ vor Aschermittwoch an) dazugezählt, in Köln gehört seit etwa 1830 als Höhepunkt der Fastnacht der „Rosenmontag“ dazu. – Die Fastnacht betraf früher einen wichtigen Einschnitt in das persönliche und gesellschaftliche Leben. Die Bräuche dieser Vorfastenzeit entwickelten sich weitgehend im städtischen Umfeld.

III. Ostern – die Feier der 40 und 50 Tage

Die österliche Bußzeit (Fastenzeit)

Seit dem 4. Jahrhundert gibt es in der Kirche die 40tägige Vorbereitungszeit auf Ostern. Ihre Elemente sind das Fasten und verschiedene gottesdienstliche Feiern. Da es bereits im Alten Testament die Übung des 40tägigen Fastens gab, und selbst Jesus zu Beginn seines öffentlichen Auftretens 40 Tage und 40 Nächte gefastet hat, ist auch die kirchliche Festlegung auf 40 österliche Vorbereitungstage von dieser Praxis her zu sehen. Gefastet wurde vor dem Osterfest bereits sehr früh; im 2. Jahrhundert gab es ein Osterfasten am Karfreitag und Karsamstag; im 3. Jahrhundert dehnte sich das Fasten auf die Karwoche aus und im 4. Jahrhundert wurden es dann drei bzw. vier Wochen.

Seit dem 4. Jahrhundert werden die Christwerdung in der Taufe und die Beendigung der öffentlichen Kirchenbuße auf Ostern bezogen, so daß für beide Vollzüge die 40 Vorbereitungstage vor Ostern zu einer besonderen, geprägten Zeit wurden. Für die Taufbewerber waren sie die letzte Phase ihres Katechumenats, als sogenannter Photizomenat. Im 5. bis 7. Jahrhundert sind beide Einrichtungen fest miteinander verbunden. Im 5. Jahrhundert wurden die 40 österlichen Vorbereitungstage auch zur letzten Prüfzeit der öffentlichen Sünder; ihre Aussöhnung mit der Kirche geschah schließlich am Gründonnerstag.

Den Grundsinn der österlichen Bußzeit hat die Liturgie-Konstitution des Zweiten Vatikanischen Konzils so ausgedrückt: „Die vierzigtägige Fastenzeit hat die doppelte Aufgabe, vor allem einerseits durch Tauferinnerung oder Taufvorbereitung, andererseits durch Buße die Gläubigen, die in dieser Zeit mit größerem Eifer das Wort Gottes hören und dem Gebet obliegen sollen, auf die Feier des Pascha-Mysteriums vorzubereiten." (LK 109)

Aschermittwoch

Seinen Namen erhielt der Aschermittwoch vom Aschenritus an diesem Tag, dem Segnen und Auflegen von Asche. Regino von Prüm († 915 in Trier) erwähnt diesen Brauch erstmals. Zunächst nur für öffentliche Büßer gedacht, wurde er 1091 von Papst Urban II. für alle Gläubigen empfohlen. Im 12. Jahrhundert wird verlangt, für die Gewinnung der Bußasche die Palm- und Ölzweige des vergangenen Jahres zu verbrennen. 1570 stellte das Missale Romanum den Aschenritus an den Beginn der Meßfeier. Seit der nachvatikanischen Neuordnung der Liturgie wird die Asche nach dem Evangelium gesegnet und an die Gemeinde ausgeteilt.

„Mit dem Aschermittwoch beginnt die vierzigtägige Bußzeit zur Vorbereitung auf die Osterfeier" (GOTTESLOB 159). Ihr „Programm" wird im Tagesevangelium der Messe aufgestellt: in der Nachfolge Christi Almosen zu geben, zu beten und zu fasten! So ist bis heute auch der Aschermittwoch gebotener Fast- und Abstinenztag geblieben. Daß die Vorbereitungszeit auf Ostern mitten in der Woche beginnt, hat seinen Grund in der Zählweise der 40 Tage. In Rom fing die Vorbereitungszeit Ende des 4. Jahrhunderts am 6. Sonntag vor Ostern an und endete am Gründonnerstag (= 40 Tage). Da aber im 5. Jahrhundert das Fasten in den Vordergrund trat, und an Sonntagen nicht gefastet wurde, mußten die 40 Tage vor Ostern neu gezählt werden. Und so ergab sich nach und nach der Zeitraum vom Mittwoch vor dem Ersten Fastensonntag bis zum Karsamstag. Im Missale Romanum von 1570 wurde diese Entwicklung bestätigt. Da heute nach der Grundordnung des Kirchenjahres von 1969 die österliche Bußzeit wieder am Gründonnerstag endet (Nr. 28), ist dadurch die Zählung der 40 Tage erneut unklar geworden.

In manchen Bischofsstädten und alten kirchlichen Zentren hat sich als moderner Brauch der „Aschermittwoch der Künstler" entwickelt. Im Vorkriegsfrankreich entstanden, wurde er in Deutschland erstmals 1950 in Köln begangen. Früher waren mit der Fastnacht, dem Tag vor Aschermittwoch, Karneval und Fasching beendet; doch blieben die Übergänge, auch aufgrund des unterschiedlichen Verharrens beim vorgregorianischen Kalender, manchmal fließend (Fastnachtsbegraben am Aschermittwoch und Frühlingsbrauchtum in den ersten Tagen der Fastenzeit). In unserer Zeit haben sich einige eher gastronomische Usancen entwickelt (gemeinsame Heringsessen).

Die 5 Fastensonntage

Während die katholische Kirche vom Ersten bis zum Fünften Fastensonntag oder vom Ersten bis zum Fünften Sonntag in der österlichen Bußzeit zählt, heißen diese Sonntage in der Lutherischen Kirche Erster bis Fünfter (bzw. Sechster) Passionssonntag; zusätzlich tragen sie noch die Anfangsworte der alten Eröffnungsantiphonen: Invokavit; Reminiszere; Okuli; Lätare; Judika; (bzw. Palmarum). Da heute die Sonntage faktisch zum einzig möglichen Versammlungstag in den Gemeinden geworden sind, enthält die erneuerte Meßliturgie der Fastensonntage die Hauptakzente in der Verkündigung dieser 40 Tage.

Zu Beginn des 4. Jahrhunderts wurde die Osternacht zur großen Taufnacht der Kirche. Dadurch kam es zu einer festen Verbindung zwischen der österlichen Vorbereitungszeit und der Taufvorbereitung (Katechumenat). In der liturgischen Erneuerung nach dem Zweiten Vatikanischen Konzil ist dieser Zusammenhalt wieder sichtbar gemacht worden: Am 3. Fastensonntag begann einst die Reihe der Skrutinien, den letzten „Prüfungen" vor der Taufe. In der Liturgie hörten die Taufbewerber an den Skrutiniensonntagen Berichte aus dem Johannes-Evangelium – am 3. Fastensonntag die Begegnung Jesu mit der Samariterin am Jakobsbrunnen, am 4. Fastensonntag die Heilung des Blindgeborenen und am 5. Fastensonntag die Auferweckung des Lazarus durch Jesus. Diese Taufperikopen wurden wieder in die Meßliturgie aufgenommen (3.–5. Fastensonntag, Lesejahr A); sie können aus pastoralen Gründen auch in den Lesejahren B und C gelesen werden.

Obwohl den fünf Fastensonntagen, auf drei Lesejahre (A, B und C) verteilt, verschiedene Schriftlesungen zugewiesen wurden, haben sie jedes Jahr eine thematisch gleiche oder ähnliche Ausrichtung. Am 1. und 2. Fastensonntag werden Jahr für Jahr die verschiedenen Abschnitte von der Versuchung und der Verklärung Jesu gelesen. Dieses Evangelium von Jesus Christus, dem „wahren Menschen und wahren Gott", eröffnet, gleichsam in zwei festen Pfosten eines Eingangstors, die Verkündigung der Fastenzeit. Die Evangelien der Sonntage III bis V dienen im Lesejahr A, wie angedeutet, der Taufvorbereitung und Tauferinnerung; das Lesejahr B verkündet Jesus Christus den Erlöser; das Lesejahr C schließlich ruft zu Buße und Umkehr auf.

Von den Evangelien unabhängig gestaltet sich die alttestamentliche Schriftverkündigung an den fünf Fastensonntagen. In ihr geben Lektorinnen und Lektoren „einen Durchblick durch die Heilsgeschichte: die Schöpfung, die Erwählung und Führung des Gottesvolkes und die Ankündigung des Heils durch die Propheten" (GOTTESLOB 159). Eine heilsgeschichtliche Reihung kennen auch die alttestamentlichen Lesungen der Osternacht. – Die neutestamentliche, nichtevangelische „Zweite Lesung" ordnet sich an den Fastensonntagen dem Evangelium oder der alttestamentlichen Lesung zu.

Am 1. Fastensonntag wird in unserer Zeit meist ein Fastenhirtenbrief des Diözesanbischofs verlesen. Für den 4. Fastensonntag (Lätare) wird im 16. Jahrhundert erstmals der Brauch berichtet, in der Meßfeier Gewänder in der Farbe Rosa zu tragen. Die (heute freigestellte) Verhüllung der Kirchenkreuze vom 5. Fastensonntag, auch Passionssonntag (Judika) genannt, bis zum Ende der Karfreitagsliturgie kennt man seit dem 13. Jahrhundert.

Die Werktage der Fastenzeit

Außer an den Sonntagen kamen im 4. und 5. Jahrhundert die römischen Christen am Mittwoch und Freitag der Fastenzeit zu einem Wortgottesdienst zusammen. Im 5. Jahrhundert wurden Montag, Dienstag und Samstag (außer dem Samstag der 5. Fastenwoche) hinzugenommen. Erst im 6. Jahrhundert fingen die römischen Christen an, in der Fastenzeit werktags die hl. Messe zu feiern. Nach 700 kam die Meßfeier am Donnerstag hinzu. Im Römischen Meßbuch von 1970 haben alle Werktage der Fastenzeit ein eigenes, meist neubearbeitetes Meßformular erhalten. Die Schriftlesungen der Messe werden im jährlichen Rhythmus wiederholt; in der 1. bis 3. Woche sollen sie an die Taufe erinnern und zur Buße aufrufen; in der 4. und 5. Woche kommt es zu einer Bahnlesung aus dem Evangelium nach Johannes (Joh 5–11).

Besondere Frömmigkeitsformen der Fastenzeit waren in früheren Jahren vor allem – etwa an Freitagen – die **Fastenpredigt** (bekannt seit dem 15. Jahrhundert) und die **Kreuzwegandacht** (im Mittelalter entstanden). In der Nachkriegszeit entstand manchenorts der **Kreuzweg der Jugend,** eine neuzeitliche Weiterentwicklung der Sieben Fußfälle. In größeren Gemeinden und Städten werden vor allem während der Fastenzeit zur Mittagsstunde oder im Übergang zum Feierabend („Fünf nach Fünf") **kurze Meditationsgottesdienste** in Kirchen an der Fußgängerzone angeboten. Eher katechetischen Intentionen verdanken die neuzeitlichen **Hungertücher** (etwa die von der Bischöflichen Aktion MISEREOR angebotenen) ihre derzeit große Verbreitung. Zu einem regelmäßigen Gemeindegottesdienst zur Vorbereitung auf Ostern ist in der nachkonziliaren Zeit die **Bußandacht** geworden.

Die Quatembertage in der Fastenzeit

Als letzte Quatember entstanden in Rom vor 600 die Frühjahrs-Quatember; ursprünglich waren sie unabhängig von der Liturgie der 40 Tage. In Deutschland, Österreich und Luxemburg werden sie heute wie in alter Zeit während der ersten Fastenwoche begangen. Sie sollen der „geistlichen Erneuerung der Gemeinde" dienen.

Heiligengedächtnisse in der Fastenzeit

In der nachvatikanischen „Grundordnung des Kirchenjahres" heißt es: „Damit die Kirchenjahreszeiten deutlich hervortreten und Heiligenfeste nicht ständig verschoben werden müssen, sollen Tage, die meist innerhalb der österlichen Bußzeit und der Osteroktav liegen, [...] von Eigenfeiern frei bleiben. Ausnahmen sind: nichtgebotene Gedenktage und Feste [...], die nicht verlegt werden können" (Nr. 56 f). Diese Regelung gilt zunächst für den Zeitraum vom 5. Februar, dem derzeit frühestmöglichen Termin für den Aschermittwoch (zum Beispiel im Jahr 2008) bis zum 24. April als dem letztmöglichen Termin für den Karsamstag (zum Beispiel im Jahr 2038), sodann für die Woche von Ostern mit ihrem derzeit frühestmöglichen Beginn am 23. März und ihrem letztmöglichen Beginn am 25. April.

Feste und Gedenktage, die 1969/1973 verlegt worden sind

6. 2.:	Titus	> 26. Januar
7. 2.:	Romuald	> 19. Juni
9. 2.:	Cyrill von Alexandrien	> 27. Juni
12. 2.:	Serviten-Gründer	> 17. Februar
23. 2.:	Petrus Damiani	> 21. Februar
6. 3.:	Perpetua und Felicitas	> 7. März
7. 3.:	Gregor der Große	> 3. September
21. 3.:	Benedikt von Nursia	> 11. Juli
24. 3.:	Erzengel Gabriel	> 29. September
27. 3.:	Johannes von Damaskus	> 4. Dezember
28. 3.:	Johannes von Capestrano	> 23. Oktober
11. 4.:	Leo der Große	> 10. November
14. 4.:	Justin	> 1. Juni
25. 4.:	Der Große Bittag	> Entfällt
28. 4.:	Paul vom Kreuz	> 19. Oktober
30. 4.:	Katharina von Siena	> 29. April

Der 12. März, der ursprüngliche Festtag des hl. Papstes Gregors I., wurde seit dem Mittelalter oft als Schulbeginn gefeiert; manchenorts wurden schulische Auszeichnungen oder akademische Grade an diesem Tag verliehen. Die Gedenktage des hl. Gregor und des hl. Benedikt wurden verlegt, weil der 12. und der 21. März immer in die Fastenzeit fallen. Der ursprüngliche Gedenktag des hl. Thomas von Aquin (7. März) fiel oft in die Fastenzeit und wurde deshalb verlegt.

Das Fest „Kathedra Petri" (22. Februar)

Zum Ende des vorjulianischen Jahres wurde im alten Rom vom 13. bis zum 21. Februar ein neuntägiges Totengedächtnis begangen, die Parentalien. Am 22. Februar trafen sich alle Verwandten, die daran teilgenommen hatten, zu einem gemeinsamen Mahl, bei dem für bestimmte Verstorbene ein Sessel, eine Kathedra, freigehalten wurde. Da die römischen Christen an diesem Tag auch des Apostels Petrus gedachten, entwickelte sich daraus das Fest „Kathedra Petri", das für Rom bereits in der Mitte des 4. Jahrhunderts bezeugt ist.

Fest des Apostels Matthias (24. Februar)

Im römischen Generalkalender von 1969/70 wurde das Fest des heiligen Apostels Matthias auf den 14. Mai verlegt, damit es außerhalb der Fastenzeit, und zwar um Christi Himmelfahrt, gefeiert werden könne. Das Fest entstand um die Jahrtausendwende und wurde in Deutschland stets am 24. Februar gefeiert. Deshalb wurde im Regionalkalender für das deutsche Sprachgebiet (1972) am Termin 24. Februar festgehalten.

Hochfest des heiligen Joseph (19. März)

Möglicherweise steht der Festtermin 19. März in Bezug zum 25. März, dem Tag der Menschwerdung Jesu. Als erster Mensch erfuhr Joseph nach der Verkündigung an Maria, daß ihre Schwangerschaft gottgewollt war. Im Martyrologium von Reichenau wird das Fest um 850 erstmals erwähnt. 1870 erklärte Papst Pius IX. den heiligen Joseph zum Schutzpatron der Kirche. Im neuen Kalender gilt sein Tag als Hochfest. Es fällt fast immer in die Fastenzeit.

Verkündigung des Herrn (25. März)

Ähnlich dem Weihnachtsdatum, das in der Nähe der Wintersommerwende liegt, ist der 25. März der Frühlings-Tag- und Nachtgleiche benachbart. In Nordafrika und Rom wurde er um die Wende vom 2. zum 3. Jahrhundert als Todestag Jesu angesehen. Bei Augustinus († 430) galt er dann als Tag der Menschwerdung und des Todes Jesu zugleich. Zum Fest wurde der 25. März Mitte des 6. Jahrhunderts in Konstantinopel; im 7. Jahrhundert feierten Rom und einige Westkirchen es als Fest der „Verkündigung des Herrn“. Im erneuerten Kalender nimmt es den Rang eines Hochfestes ein. Mit der Fastenzeit steht es in keinem Bezug. Fällt es in die Kar- oder Osterwoche, wird es auf den Montag nach dem Weißen Sonntag verlegt. Trifft es mit einem Fastensonntag zusammen, wird es am darauffolgenden Montag gefeiert.

Die Karwoche

Vom 2. Jahrhundert an ist ein mehrtägiges Osterfasten bekannt, das der gottesdienstlichen Osterfeier vorausging. Gegen Ende des 4. Jahrhunderts weitete es sich einerseits zum Ostertriduum aus und andererseits zur Karwoche oder Heiligen Woche. Papst Leo I. bezeugt für Rom, daß am Palmsonntag, am Mittwoch und Freitag der Karwoche und in der Osternacht die vier Passionsberichte der Evangelisten gelesen wurden. Ursprünglich stand auch bei der Entwicklung einer eigenen Karwoche das Gedenken der Erlösertat Gottes im Leiden, Sterben und in der Auferstehung Jesu Christi im Vordergrund. Doch kam es immer mehr dazu, die einzelnen, von den Evangelisten benannten Stationen des Leidens Jesu geschichtsgetreu nachzuzeichnen und zu feiern. Die Impulse hierzu kamen vor allem aus Jerusalem. Heute sagt die nachvatikanische Grundordnung des Kirchenjahres wieder: „Die Karwoche dient dem Gedächtnis des Leidens Christi, das mit seinem messianischen Einzug in Jerusalem beginnt“ (Nr. 31). Vorbereitet wurde diese Sicht bereits in den Umstrukturierungen und zahlreichen Neuakzentuierungen der Karwoche 1956 durch Papst Pius XII.

Der Palmsonntag

Der Palmsonntag wird im neuen Meßbuch als „Vorwegfeier“ von Ostern bezeichnet. Er und die drei folgenden Kartage sind der Abschluß der österlichen Vorbereitungszeit, in der wir „hinaufziehen nach Jerusalem“. Seine liturgische Gestalt gewinnt der Palmsonntag durch eine Statio, in der Palmzweige gesegnet werden, der anschließenden Prozession zur Kirche und der dort gefeierten Eucharistie. Die altrömische Feier hatte einzig aus einer Meßfeier bestanden, in der die ganze Leidensgeschichte des Herrn (meist nach Matthäus) gelesen wurde. In anderen westlichen Kirchen standen Jesu Salbung in Bethanien und sein Einzug in Jerusalem im Vordergrund. Wie im Jerusalem des 4. Jahrhunderts führten diese Perikopen zu Dramatisierungen (Statio; Prozession mit figürlichen oder symbolischen Darstellungen Christi, auch mit dem eucharistischen Brot; Eucharistie). Zwischen dem 8. und 13. Jahrhundert breitete sich diese Ausgestaltung der Palmsonntagsliturgie in der ganzen Westkirche aus. Das Missale von 1570 schließlich verlagerte den liturgischen Hauptakzent auf die Segnung der Palmzweige, was dann im Volksglauben zu manchen verdinglichten Formen und abergläubischen Ausprägungen des Palmsonntagsgeschehens führte. Bis heute haben sich einzelne Sonderformen in der Palmsonntagsliturgie erhalten.

Der Montag, Dienstag und Mittwoch in der Karwoche

Bis ins 5. Jahrhundert hinein wurde an den ersten Tagen der Karwoche ein Wortgottesdienst gefeiert. Heute darf in der Karwoche die Tagesmesse durch keine andere verdrängt werden. Als alttestamentliche Lesungen haben diese Meßfeiern und die Karfreitagsliturgie die Gottesknechtlieder I-IV aus Jesaja; in den Evangelien werden letzte Ereignisse vor dem Tod Jesu berichtet.

Ostern

Wie verschiedene Hinweise aus dem Neuen Testament zu erkennen geben, wurde bereits jährlich in der Kirche in apostolischer Zeit das Osterfest begangen. Erste Berichte gibt es indessen erst ab dem 2. Jahrhundert. Danach feiern die Kirchen Kleinasiens Ostern am 14. Nisan, dem Tag des jüdischen Osterfestes (Quartodezimanischer Ostertermin). Alle großen Bischofskirchen jedoch feiern es am Sonntag nach dem 14. Nisan. Dieser Sonntagstermin setzte sich ab dem 3. Jahrhundert durch und wurde durch das Konzil von Nizäa endgültig bestätigt. Die Feier selbst wird als Pascha bezeichnet, als Feier von Leiden, Tod und Auferstehung des Herrn. Sie besteht aus einer Nachtwache sowie der sich anschließenden Eucharistie und einem Agapemahl.

Die altchristliche Feier begann sich im 4. und 5. Jahrhundert weiter zu entfalten. Bereits Ende des 4. Jahrhunderts werden Karfreitag, Karsamstag und Ostersonntag als die Tage des Leidens, der Grabesruhe und der Auferstehung des Herrn bezeichnet. Der Paschatag wurde somit zum dritten Tag in einem Triduum. Vor die Feier der Osternacht trat ein Gottesdienst am Karfreitag, und an sie anschließend ein zweiter Ostergottesdienst. Selbst die Vorstellung von einer Karwoche zeichnete sich ab. Der Pilgerbericht der Egeria von 383 bietet schließlich die voll entfaltete Kar- und Osterliturgie der alten Kirche (am Beispiel Jerusalems). Zur gleichen Zeit entwickelten sich die Osteroktav und die Feier der 50 Ostertage. Die Festtermine Christi Himmelfahrt und Pfingsten reichen sogar bis ins beginnende 4. Jahrhundert zurück. Die Entwicklung der vierzigtägigen Vorbereitungszeit auf Ostern und die Ausfaltung der Osternachtfeier zur großen Taufnacht seit dem 4. Jahrhundert hängt, von zahlreichen weiteren Ansätzen einmal abgesehen, vor allem mit dem altkirchlichen Katechumenat zusammen. Etwa um 500 begannen die österlichen Feiern, zeitlich „nach vorne" zu wandern. Schon im 6. Jahrhundert wurde die Vigilfeier zu einer „Karsamstagsliturgie". Im 9. Jahrhundert fing sie zur Mittagszeit dieses Tages an, und vom 14. Jahrhundert an wurde sie bis 1950 am frühen Morgen des Karsamstags gefeiert. Im Missale Romanum 1570 wurde diese Regelung zur Vorschrift; Meßfeiern am Abend und zur Mitternacht waren verboten. Auch die Gottesdienste von Gründonnerstag und Karfreitag wurden morgens gefeiert. Erst 1951 erlaubte Papst Pius XII., die Ostervigil wieder in der Osternacht zu feiern; 1955 kam es dann zur liturgischen Neuordnung der ganzen Karwoche.

Das Ostertriduum

In den nachvatikanischen Reformen wurde die Osterfeier wieder zum Zentrum und Höhepunkt des Kirchenjahres. Sie besteht aus dem Ostertriduum, das ist die dreitägige Feier von Leiden, Tod und Auferstehung unseres Herrn Jesus Christus. Ihren Mittelpunkt haben diese Feiern in der Osternacht. Die sich anschließenden 50 Ostertage werden als ein einziger Tag gefeiert, „als der große Tag des Herrn" (Grundordnung des Kalenders, Nr. 22).

Gründonnerstagabend und Karfreitag

Der Name Gründonnerstag kommt möglicherweise von „greinen", das wäre „weinen" und würde auf die Tränen der Büßer verweisen, die in der alten Kirche an diesem Tag nach beendeter Kirchenbuße wieder in die kirchliche Gemeinschaft aufgenommen wurden. Mit dem Gründonnerstag endet heute die 40tägige Vorbereitungszeit auf Ostern.

In Kathedralkirchen findet in den Tagen vor dem Gründonnerstag die Chrisammesse statt, in der das Krankenöl, das Katechumenenöl und der Chrisam durch den Bischof für die ganze Diözese geweiht werden.

Die Abendmahlsfeier des Gründonnerstag eröffnet die Feier der drei Österlichen Tage vom Leiden, vom Tod und von der Auferstehung des Herrn. Bis zur Osternacht wird, nach einem letzten Gebrauch beim „Gloria", auf Glocken und Orgel verzichtet. Hölzerne Klanginstrumente bleiben vielfach jedoch in Gebrauch. Nach dem Evangelium (und der Homilie) hat manchenorts die Fußwaschung ihren Platz wieder bekommen. In Spanien war sie seit 694, in Rom seit dem 12. Jahrhundert für die Gründonnerstagsmesse bekannt. Nach dem Schlußgebet des Priesters werden die für die Karfreitagsliturgie vorauskonsekrierten Gaben in ein Seitenschiff oder eine Nebenkapelle übertragen. Dort soll den Gläubigen eine Anbetung bis Mitternacht ermöglicht werden. Im katholischen Brauchtum wird sie oft als Ölbergstunde bezeichnet. Seltener findet man in den Gemeinden den Brauch eines Liebesmahls nach der Gründonnerstagsliturgie.

Der Name **Karfreitag** hängt mit dem althochdeutschen Wort „kara", das heißt Trauer, Klage, zusammen. Neben dem Aschermittwoch ist dieser Tag bis heute Fast- und Abstinenztag geblieben. Die Feier des Leidens und Sterbens Christi soll gegen 15 Uhr beginnen. Sie besteht aus einem Wortgottesdienst, zu dem in der römischen Liturgie seit alter Zeit das Lesen oder Singen der Johannes-Passion gehört. Auf den Wortgottesdienst folgt die Verehrung des Kreuzes; daran schließt sich eine kurze Kommunionfeier an. Die liturgische Farbe ist Rot.

Für evangelische Christen ist der Karfreitag vielfach der höchste Feiertag des Kirchenjahres und ein wichtiger Abendmahlstag.

Erstmals wird im England des 10. Jahrhunderts von dem Brauch des Begräbnisses Christi berichtet. Seit dieser Zeit gab es auch zwei Formen der Grablege: das Niederlegen eines Kreuzes und das Aufstellen einer konsekrierten Hostie in einem vorbereiteten, geschmückten Grab. Aus der Wache am Heiligen Grab entwickelte sich das 40stündige Gebet. Zur Frömmigkeit des Karfreitags gehört bis heute die Kreuzweg-Andacht. Vielfach hat sich der Karfreitag auch als Beichttag vor Ostern erhalten.

Karsamstag

An diesem Tag verweilt die Kirche am Grab des Herrn und betrachtet sein Leiden und seinen Tod. Außer der Tagzeitenliturgie (Stundengebet) gibt es am Karsamstag keine Gottesdienste. Allerdings gibt es in manchen Regionen an diesem Tag bereits die österlichen Speisensegnungen. Die Kommunion kann heute nur als Wegzehrung (Viaticum) gereicht werden.

Osternacht

In der Osternacht, der ‚Mutter aller Vigilien' [Augustinus] „erwartet die Kirche nächtlich wachehaltend die Auferstehung des Herrn und feiert sie in heiligen Zeichen" (Grundordnung des Kirchenjahres, Nr. 21).

Die Liturgie der Osternacht besteht heute aus vier Teilen
– dem Luzernar (Lichtfeier),
– dem Wortgottesdienst,
– der Tauffeier bzw. der Tauferneuerung,
– der Eucharistiefeier.

Das Luzernar (Lichtfeier)

Vor der Kirche wird ein Holzfeuer gesegnet, das heißt es wird über das in der Osternacht neu entzündete Licht ein Lob- und Dankgebet gesprochen. Dann wird eine neue Osterkerze entzündet. Es folgt die Prozession der Gemeinde in die dunkle Kirche. Dieser Einzug wird dreimal angehalten, um den Ruf „Lumen Christi" (Licht von Christus) anzustimmen und vom Licht der Osterkerze die Kerzen der versammelten Gemeinde anzuzünden. In der Apsis der Kirche erhält die Osterkerze einen besonderen Platz. Sie wird inzensiert, und der Diakon (Priester, Kantor) stimmt das „Exsultet" an, das große Osterlob.

Der Wortgottesdienst

Der Wortgottesdienst der Osternacht besteht in seiner vollen Form aus sieben alttestamentlichen Lesungen und zwei neutestamentlichen Lesungen (Röm 6 und dem Auferstehungsbericht, je nach Lesejahr aus Matthäus, Markus oder Lukas). Die alttestamentlichen Lesungen haben eine heilsgeschichtliche Reihung; sie beginnen mit der Erschaffung der Welt durch Gott, der Berufung Abrahams zum Glauben, dem Durchzug Israels durch das Rote Meer, bis zur Verheißung des neuen, ewigen Bundes durch die Propheten. Zum „Gloria", das nach den alttestamentlichen Lesungen angestimmt wird, erklingen Orgel, Musikinstrumente und Glokken, wenn sie während der Kartage verstummt waren, wieder zum erstenmal. Nach der ersten neutestamentlichen Lesung wird das (herkömmlich oft dreifach gesteigerte) österliche Halleluja angestimmt.

Die Tauffeier bzw. die Tauferneuerung

In zahlreichen christlichen Kirchen, insbesondere auch in den Missionsländern, werden in dieser Nacht Frauen, Männer und Kinder in die Gemeinde der Christen aufgenommen. Die volle Initiation (Eingliederung) umfaßt in der Vorbereitung den Katechumenat, sodann die sakramentalen Feiern der Taufe, Firmung und Eucharistie. Hierzulande bleibt es vielfach bei der Spendung der Taufe (an Kinder, seltener an Erwachsene). Die Tauffeier schließt mit der Tauferneuerung aller Versammelten. – Wird in der Osternacht niemand getauft, kann der Zelebrant Weihwasser segnen, die Gemeinde zur Tauferneuerung aufrufen, sie mit dem Weihwasser besprengen.

Die Eucharistiefeier

Die Eucharistiefeier beginnt mit der Gabenbereitung. Ein dreigliedriger Schlußsegen und ein feierlicher Entlassungsruf, dem ein doppeltes Halleluja angefügt wird, beendet die Feier der Osternacht.

Im Mittelalter wurden Elemente der Osterliturgie dramatisiert oder dramatisch weiterentwickelt. Der **Osterhymnus** „Victimae paschali laudes" („Singt das Lob dem Osterlamme„; vgl. GOTTESLOB 215–216), der bis heute als Sequenz in der Meßfeier des ersten Ostertags gesungen wird, ist davon ein letztes Zeugnis. Die zahlreichen **Auferstehungs- und Osterspiele**, die erstmals in England 970 erwähnt werden und im Verlaufe des Mittelalters aus der Liturgie auswanderten, brachen im 16. Jahrhundert ab. Zur gleichen Zeit gab es manchenorts österliche Ballspiele und Tänze in den Kirchen.

Auch die **Segnung von Speisen** – als Brauch altes jüdisches Erbe und im Zusammenhang mit der christlichen Tauffeier bereits für das 3. Jahrhundert bezeugt – verbindet sich seit dem 10. Jahrhundert mit der Osterliturgie. Die Segnung von Eiern wird im 12. Jahrhundert bezeugt. Ihre Verbreitung als Ostersymbol förderte vor allem das Entrichten der zu Ostern anfallenden Zins- und Steuerschulden in Form von Eiern. Manchenorts hat es sich noch im österlichen Eiereinsammeln der Ministranten erhalten (etwa am Karsamstag). Die Vorstellung vom Hasen als österlichen Eierbringer ist erstmals im 17. Jahrhundert an Neckar, Rhein und Saar belegt. Da Hase und Eier sowohl Osterzins wie Osterspeise waren, beide seit dem Mittelalter aber auch als Lebens- und Auferstehungssymbole galten, kommt ihre Verknüpfung möglicherweise aus dem gleichen Zinstermin. Daß es sich im Osterbrauchtum vielfach um ursprüngliches Frühlingsbrauchtum handelt, zeigen die in manchen Regionen bis heute üblichen Feuerbräuche an Ostern.

Bis in unsere Zeit hinein wurde das Leben der Menschen weithin von Formen des Brauchtums in den Rhythmus der Osterliturgie hineingenommen. Die lateinische Klerusliturgie der Kar- und Ostertage blieb bis zu den Reformen Papst Pius XII. den meisten Menschen verschlossen. Da das Brauchtum in seiner Entwicklung oft andere Akzente setzte als die kirchliche Liturgie, leben zahlreiche Formen des Osterbrauchtums bis heute weiter.

Die 50 Ostertage

„Die Zeit der fünfzig Tage vom Sonntag der Auferstehung bis Pfingstsonntag wird als ein einziger Festtag gefeiert, als ‚der große Tag des Herrn' [Athanasius]. In diesen Tagen vor allem wird das Halleluja gesungen" (Grundordnung des Kirchenjahrs, Nr. 22). Die Osterkerze brennt in allen Gottesdiensten dieser Zeit – Zeichen für die Gegenwart des Auferstandenen in seiner Gemeinde!

Eine eigene Osteroktav ist seitdem im 4. Jahrhundert belegt. Zum Festinhalt des 50. Tages wurde seit Ende dieses Jahrhunderts die Sendung des Heiligen Geistes (nach Apostelgeschichte 2).

Die 7 Ostersonntage

Wo Ostern als ein einziger großer Festtag von 50 Tagen verstanden wird, ist es konsequent, die Sonntage dieser Zeit Ostersonntage zu nennen und „als 2., 3., 4., 5., 6. und 7. Ostersonntag" zu feiern – so die Grundordnung des Kirchenjahrs von 1969 (Nr. 23); für die Liturgie hat sich die Bezeichnung „Sonntage der Osterzeit" durchgesetzt. Von wenigen Ausnahmen abgesehen, wird in den Meßfeiern der Ostersonntage aus dem Johannes-Evangelium gelesen, während die Erste Lesung stets der Apostelgeschichte entnommen ist: Denn es ist das Wirken des auferstandenen Herrn, daß sich das Wort Gottes bis an die Grenzen der Erde ausbreitete (vgl. Apg 1,8)!

Der „2. Sonntag der Osterzeit" trägt noch von früher her den Namen „Weißer Sonntag". Seit dem 17./18. Jahrhundert wurde es in der katholischen Kirche Sitte, am Weißen Sonntag Kinder erstmals in voller Form an der Eucharistiefeier teilnehmen zu lassen („Erstkommunion").

Mit dem Aufkommen von „Zwecksonntagen" in der Neuzeit wurden der 4. Sonntag der Osterzeit als „Tag der geistlichen Berufe" und der 7. Sonntag der Osterzeit als „Welttag der sozialen Kommunikationsmittel" bestimmt. – Am zweiten Sonntag im Mai wird auf Anregung der Amerikanerin Ann Jarvis († 1948) zu Ehren der Mütter der Muttertag begangen, weithin ein Geschenkfest. In den USA seit 1909 gefeiert – am 8. Mai 1914 erklärte der amerikanische Kongreß den Tag zum Staatsfeiertag –, in Deutschland seit 1922, in der Schweiz seit 1930, liegen seine Wurzeln wahrscheinlich in dem seit dem 17. Jahrhundert für England bezeugten „Mothering sunday“ am 4. Fastensonntag „Lätare“.

Die Werktage in der Osterzeit

Die Wochentage von der 2. bis zur 6. Osterwoche nehmen als durchgehende Lesungen (Bahnlesung) für die Meßfeier die Apostelgeschichte und das Johannes-Evangelium.

Die Bittage

Obwohl die Einführung der Bittage (Rogationes) am Montag, Dienstag und Mittwoch vor Christi Himmelfahrt Bischof Mamertus von Vienne zugeschrieben wird (um 470), sind sie älteren Ursprungs: Ihr Termin in der Zeit der heidnischen Ambarvalia (das waren altrömische Mai-Riten zur Entsühnung der Felder) dürfte kein Zweifel sein! – Den sogenannten „Großen Bittag“ am 25. April kennt der erneuerte Kalender nicht mehr.

Heilige in der Osterzeit

Wenigstens teilweise in die Osterzeit fallen **die Maiandachten** als besondere Form der Verehrung der Gottesmutter Maria. Meist als abendliche Gebetsstunden gestaltet, verbreiteten sie sich im 18. Jahrhundert von Italien aus. – Da es Mitte Mai nördlich der Alpen oft zu Kälteeinbrüchen kommt, werden in der Volksfrömmigkeit die Heiligen vom 12. bis zum 14. Mai, Pankratius, Servatius und Bonifatius, als **Eisheilige** verehrt.

Christi Himmelfahrt

Am Donnerstag zwischen dem 6. und 7. Sonntag der Osterzeit, „am 40. Tag nach Ostern wird Christi Himmelfahrt gefeiert“ (Grundordnung des Kirchenjahrs, Nr. 25). Erst im 4. Jahrhundert hatten einzelne christliche Kirchen damit begonnen, gemäß der Chronologie des Evangelisten Lukas Christi Himmelfahrt als besonderes Fest zu feiern. – „In neuerer Zeit erhält der Tag [...] durch alkoholselige ‚Herrenpartien‘ ein geradezu karnevalistisches Gepräge“ (K.-H. Bieritz).

Die Pfingst-Novene

Nach der neuen Grundordnung des Kirchenjahres sollen die Wochentage nach Christi Himmelfahrt bis zum Samstag vor Pfingsten der Vorbereitung des Pfingstgeschehens dienen. Entsprechend der Schilderung in der Apostelgeschichte, daß die Apostel „mit den Frauen und mit Maria, der Mutter Jesu, und mit seinen Brüdern“ (Apg 1,14) von der Himmelfahrt Jesu an neun Tage lang im Gebet verharrten, wird diese Zeit Pfingst-Novene genannt. Da in diesen Tagen zur Evangelienverkündigung das Hohepriesterliche Gebet Jesu gehört, mit seiner Bitte um die Einheit der Christen, wird auch von vielen Gemeinden während der Pfingstnovene um die Einheit der Christen gebetet. Zur Feier der Messe gehört bis zum Pfingstfest auch die brennende Osterkerze.

Die Quatembertage in der Osterzeit

Unabhängig von der Osterliturgie entstanden, waren die Sommer-Quatember im ersten Jahrtausend zeitlich nicht genau fixiert. 1078 wies Papst Gregor VII. sie der Pfingstoktav zu. 1971 wurden sie in Deutschland, Österreich und Luxemburg auf die letzten acht Tage der Osterzeit gelegt.

Pfingsten

Bei der Herausbildung der 50 Ostertage im 4. Jahrhundert war der fünfzigste Tag zunächst nichts weiter als der feierliche Abschluß der Osterzeit. Erst Ende des 4. Jahrhunderts setzte sich Pfingsten als eigenständiges Fest der Geistsendung durch. Die Kirche begeht dieses Fest als ihren „Geburtstag“. Mit der Meßliturgie blieb bis heute das „veni sancte spiritus“ („Komm herab, o Heiliger Geist“; vergleiche GOTTESLOB 243-244), die „goldene Sequenz“ des Stephan Langton († 1228), obligatorisch verbunden. Auch die rote Paramentenfarbe hat sich bei diesem Fest bis heute erhalten.

In Deutschland, Österreich und einigen Kantonen der Schweiz ist der Pfingstmontag (staatlich) gebotener Feiertag.

Österlicher Ausklang

In der Liturgiewissenschaft werden die nachösterlichen Feste Dreifaltigkeit, Fronleichnam, Herz Jesu und Christkönig, die in den letzten 1000 Jahren entstanden sind, als Ideenfeste bezeichnet. Sie sind nicht in direktem Sinn Gedächtnis eines geschichtlichen Heilsereignisses, sondern Ausdruck eines geschichtlich gewachsenen Bekenntnisses

> zum Geheimnis des lebendigen, dreifaltig-einen Gottes,
> zum Geheimnis der Gegenwart Jesu Christi in Brot und Wein,
> zum Geheimnis der Erlöserliebe und Sühne im Herzen Jesu,
> zum Geheimnis der Königsherrschaft Jesu Christi über das All.

Diese Feste haben in Zeiten der Zersplitterung des christlichen Glaubensgutes und des Aufkommens und Verabsolutierens von Neben- und Seitensträngen in der mittelalterlichen und neuzeitlichen Frömmigkeit der westlichen Kirche eine konzentrierende und sammelnde Wirkung gehabt. Durch die Liturgiereform des 2. Vatikanischen Konzils mit ihrer Hervorhebung des Pascha-Mysteriums ist ihre Sinnhaftigkeit und Notwendigkeit als kirchlich-allgemein verbindlicher Feste in die Diskussion gekommen.

Dreifaltigkeit

Um 996/1030 ist das Fest erstmals in Cluny (Burgund) bezeugt. 1334 wurde es von Papst Johannes XXII. für die ganze Kirche vorgeschrieben. Sein Termin – am 1. Sonntag nach Pfingsten – war bereits im 12. Jahrhundert bekannt, hat sich aber erst im 18. Jahrhundert allgemein durchgesetzt. Als ältestes Amtsgebet der Meßliturgie gilt die Dreifaltigkeitspräfation, deren Text in der Zeit Papst Leos I. († 461) entstanden sein dürfte, und die 1759 von Rom für alle Sonntage der festfreien Zeit und des Advents vorgeschrieben wurde; (im neuen Meßbuch gibt es acht spezifische Sonntagspräfationen.)

Im evangelischen Kalender erfolgt die Zählung der Sonntage zwischen Pfingsten und Advent als „Sonntage nach Trinitatis“.

Fronleichnam

Im Meßbuch von 1970 steht es als „Hochfest des Leibes und Blutes Christi". Es geht zurück auf ein besonderes Fest der Eucharistie in Lüttich 1247, das auf Visionen der heiligen Juliana von Lüttich († 1258) beruht. 1264 wurde das Fest für die ganze Kirche vorgeschrieben und auf den Donnerstag nach dem Dreifaltigkeitssonntag gelegt. Allgemein verbreitete es sich aber erst seit dem 14. Jahrhundert. Ob die Meßtexte von Thomas von Aquin († 1274) zusammengestellt und verfaßt wurden, ist bis heute nicht geklärt. Sicher stammt von ihm die Sequenz „Lauda Sion" („Lobe Zion", vergleiche GOTTESLOB 545), die im Mittelteil zu einem dogmatischen Lehrstück geraten ist.

Seine Popularität verdankt das Fest bis in unsere Zeit vor allem der Sakramentsprozession, von der an diesem Tag erstmals in Köln 1277 und Benediktbeuern 1286 die Rede ist. In deutschsprachigen Gebieten ist sie meist mit dem Typ des nachösterlichen Flurumgangs verschmolzen. Nach dem Konzil von Trient wurde die Prozession zur Demonstration katholischer Glaubensfreude. Heute steht sie manchmal in Gefahr, ins Folkloristische abzugleiten, zum anderen drängen die religiösen Erfahrungen unserer Zeit oft nach neuen, anderen Formen als den bisherigen.

Herz-Jesu-Fest

Das Herz-Jesu-Fest ist aus der mittelalterlichen Christusfrömmigkeit erwachsen. Verwandt ist sie mit der mystischen Anrede Jesu als Frau oder Mädchen und anderen Ausprägungen mittelalterlicher Christusminne. Die Herz-Jesu-Frömmigkeit konzentrierte sich auf das Herz des Erlösers. 1672 erhielt Jean Eudes CJM (1601–1680) die Erlaubnis, in seiner Priesterkongregation das Herz-Jesu-Fest zu feiern. Entsprechend den Visionen der Nonne Margareta-Maria Alacoque (1647–1690) wurde es auf den Freitag nach der Fronleichnams-Oktav gelegt. 1856 wurde es zum Fest der ganzen Kirche. Im römischen Meßbuch von 1970 steht es als Hochfest.

Die neuzeitliche Herz-Jesu-Frömmigkeit war immer auch mit der Verehrung der Gottesmutter verbunden. Schon 1646 feierte Jean Eudes CJM mit seiner Gemeinschaft ein Herz-Mariä-Fest; es ist heute ein nichtgebotener Gedenktag am Samstag nach dem Herz-Jesu-Fest. Jules Chevalier MSC (1824–1907) begründete im 19. Jahrhundert die Verehrung Unserer Lieben Frau vom Herzen Jesu; ihr Gedenktag ist der letzte Samstag im Mai.

Christkönig

1925 führte Papst Pius XI. das Christkönigsfest, das den Gedanken der Königsherrschaft Christi möglichst weit verbreiten sollte, ein. Festtermin wurde der letzte Sonntag im Oktober. Im Zuge der nachvatikanischen Kalenderordnung wurde das Fest auf den letzten Sonntag im Jahreskreis verlegt. Im deutschen Meßbuch von 1975 wird es als „Christkönigssonntag" bezeichnet.

Das Christkönigsfest war in der Zeit vor und nach dem Zweiten Weltkrieg der Bekenntnistag der Jugend. Heute ist dieser Sonntag meist bekannter als „Totensonntag", in Anlehnung an den evangelischen „Ewigkeitssonntag" am letzten Sonntag des Kirchenjahres.

IV. Die Zeit im Jahreskreis

Die allgemeine Kirchenjahreszeit II Tage des Herrn

Sonntage und Wochen

Die Sonntage 6/11 bis 34

„Die Zeit im Jahreskreis [...] beginnt wieder mit dem Montag nach Pfingsten und endet vor der 1. Vesper des 1. Adventssonntages" (Grundordnung des Kirchenjahrs, 1969, Nr. 44). Der erste Sonntag in diesem zweiten Teil des Kirchenjahrs kann frühestens der 6. Sonntag sein (zum Beispiel 2008), spätestens der 11. Sonntag (zum Beispiel 2011). Der Zeitraum schwankt also in diesem zweiten Teil zwischen 24 und 28 Wochen. Eine stark eschatologische Ausrichtung haben die letzten Sonntage des Kirchenjahrs, da im Wortgottesdienst der Meßfeiern die Eschatologiereden Jesu gelesen werden. Der 34. Sonntag hat eine Neuorientierung erfahren; in der Grundordnung des Kirchenjahrs heißt es dazu: „Am letzten Sonntag des Kirchenjahres ist das Hochfest Christus, König der Welt" (Nr. 6 d).

In der evangelischen Kirche werden die Sonntage nach dem Osterfestkreis vom Dreifaltigkeitssonntag her gezählt als „Sonntage nach Trinitatis". Die letzten Sonntage heißen „Drittletzter", „Vorletzter" und „Letzter Sonntag des Kirchenjahrs (Ewigkeitssonntag, Totensonntag)".

In Deutschland wird nach dem bürgerlichen Kalender der vorletzte Sonntag als „Volkstrauertag" begangen.

Die Wochentage

Die zentralen Gottesdienste der Wochen- oder Ferialtage im Kirchenjahr sind Messe und Tagzeitenliturgie; weitere liturgische Feiern werden ihnen zeit- und situationsbedingt zugefügt.

Bei der Meßfeier wiederholen sich im Wortgottesdienst die Evangelienperikopen Jahr für Jahr. Sie sind den synoptischen Evangelien Markus (1.–9. Woche), Matthäus (10.–21. Woche) und Lukas (22.–24. Woche) entnommen. Die nichtevangelische Lesung, die ihre Stelle im Wortgottesdienst vor dem Evangelium hat, folgt einer Zweijahres-Ordnung. Die Reihe I wird in den ungeraden, die Reihe II in den geraden Kalenderjahren gelesen. Die nichtevangelische Lesung wechselt ständig zwischen Altem und Neuem Testament; in der ersten Reihe: Sirach, Tobias (7.–9. Woche), 2 Korinther (10.–11. Woche), Genesis 12–50, Exodus, Levitikus, Numeri, Deuteronomium, Josua, Richter, Rut (12.–20. Woche), 1 Thessalonicher, Kolosser, 1 Timotheus (21.–24. Woche), Esra, Haggai, Sacharja, Nehemia, Baruch, Jona, Maleachi, Joel (25.–27. Woche), Römer (28.–31. Woche), Weisheit, 1 und 2 Makkabäer, Daniel (32.–34. Woche), in der zweiten Reihe: Jakobus, 1 Petrus, Judas, 2 Petrus, 2 Timotheus, (6.–9. Woche), 1 Könige 17–22, 2 Könige, Klagelieder, Amos, Hosea, Jesaja, Micha, Jeremia, Nahum, Habakuk, Ezechiel (10.–20.

Woche), 2 Thessalonicher, 1 Korinther (21.–24. Woche), Sprichwörter, Prediger, Ijob (25.–26. Woche), Galater, Epheser, Philipper, Titus, Philemon, 2 und 3 Johannes, Offenbarung (27.–34. Woche). Auch bei Heiligengedächtnissen soll der „Bahnlesung" der biblischen Bücher der Vorzug vor den anlaßbedingten Perikopen gegeben werden.

Herrenfeste

Allgemeinkirchliche Feste
Verklärung des Herrn (6. August)

Älteste Zeugnisse des Festes stammen aus den Kirchen des Ostens, um 500 aus Ostsyrien, um 900 aus Konstantinopel. Im Westen verbreitete es sich seit dem 10./11. Jahrhundert. 1457 wurde das Fest als „Gedächtnis des Sieges über die Türken" am 22. Juli 1456 in den allgemeinen Kalender der Kirche aufgenommen. Möglicherweise war das Fest ursprünglich das Weihefest der Kirche auf dem Berg Tabor, nach den synoptischen Evangelien der Ort der Verklärung Jesu (Mt 17, 1–8 par). Diese Evangelien-Perikope hat jährlich einen zweiten liturgischen Ort in der Meßfeier des 2. Fastensonntags.

Kreuzerhöhung (14. September)

Die Verehrung des Kreuzes, an dem Jesus auf Golgata gestorben war, wird bereits im 4. Jahrhundert erwähnt; 415 nach Christus wird in Jerusalem am 14. September bereits das Weihefest der Martyriums- oder Kreuzkirche gefeiert, um 530 nach Christus liegt der Hauptakzent seiner Feier bereits bei der Auffindung und Erhöhung des Kreuzes. Im 7. Jahrhundert wurde das Fest in Rom übernommen. Bis heute ist es mancherorts mit der Verehrung von Kreuzreliquien verbunden; (in Deutschland befinden sich bedeutende Kreuzreliquien in Donauwörth, Köln, Limburg, Maria Laach, Scheyern, Trier-St. Matthias, Wiblingen u.a.).

Partikularfeste

Dorngekröntes Haupt Jesu Christi
(Montag nach dem 5. Fastensonntag)

In der Klagenfurter Stadtpfarrkirche St. Egid Fest des Gnadenbildes vom dorngekrönten Haupt.

Hl. Lanze und Nägel
(Freitag nach dem 2. Ostersonntag)

Aus dem Fest von 1353 zu Ehren der Leidenswerkzeuge des Herrn entstanden, wird dieser Gedenktag der Erzdiözese Bamberg vor allem in Nürnberg gefeiert, dem früheren Aufbewahrungsort eines Teils der Kroninsignien des Hl. Römischen Reichs.

Hl. Rock
(Freitag nach dem 2. Ostersonntag)

Um 1060 wird die Heilig-Rock-Reliquie erstmals für Trier erwähnt. Der Heilige Rock gilt als Symbol der christlichen Einheit.

Kirchweihtag

Weihetag der Basilika Santa Maria Maggiore in Rom – Mariä Schnee (5. August)

Wie eine mittelalterliche Legende berichtet, habe Schneefall im Sommer auf dem Esquilin den Bauplatz für eine Kirche angezeigt. Sie wurde bereits im 4. Jahrhundert errichtet, nach dem Konzil von Ephesus 431 von Papst Sixtus III. an einem 5. August zu einer Marienkirche geweiht.

Weihe der Lateranbasilika
(9. November)

Die Palastanlage des Lateran wurde 324 von Kaiser Konstantin dem Großen zur Basilika zu Ehren des Erlösers umgebaut. Im 10. Jahrhundert wurde sie außerdem Johannes dem Täufer und Johannes dem Evangelisten geweiht. Sie gilt als „Mutter und Haupt aller Kirchen der Hauptstadt und des Erdkreises".

Weihetag der Basiliken St. Peter und St. Paul zu Rom (18. November)

Seit dem 12. Jahrhundert gilt unverändert der 18. November als Weihetag der beiden römischen Apostelkirchen.

Weihetag der Kathedralkirche

Da die gottesdienstlichen Feiern eines Bistums als Aufgliederung und Aufteilung der Kathedralliturgie gelten, wird der Weihetag der Kathedrale in allen Kirchen eines Bistums als Eigenfest und in der Kathedrale selbst als Hochfest gefeiert.

Kirchweihfest

Der Weihetag jeder Kirche wird in ihr selbst als Hochfest gefeiert. – Für die Kirchen, die ihren Weihetag nicht mehr kennen, ist in den österreichischen Diözesen und in Bozen-Brixen einheitlich der Samstag vor dem dritten Oktobersonntag festgesetzt worden. Die Schweiz und Deutschland haben zwar auch Herbsttermine, doch kam ein gemeinsamer Termin nicht zustande.

Feste und Gedenktage der Gottesmutter Maria

Allgemeinkirchliche Feste

Mariä Heimsuchung (2. Juli)
Fest

Nach dem römischen Kalender wird das Fest am 31. Mai gefeiert. Der Regionalkalender des deutschen Sprachgebiets indessen hielt, mit „Rücksicht auf die tiefe Verwurzelung in der Volksfrömmigkeit (Wallfahrt, Kirchentitel)", am Termin des 2. Juli fest, den die Franziskaner 1263 als Oktavtag zum Geburtstag Johannes' des Täufers (24. Juni) eingeführt hatten. Das Fest, das aus dem Orient stammt, feiert den Besuch Marias bei ihren Verwandten Elisabeth nach Lk 1, 39–56.

Mariä Aufnahme in den Himmel
(15. August)
Hochfest

Mitte des 5. Jahrhunderts erstmals in Jerusalem als „der Tag der Gottesmutter Maria" bezeugt, wird das Fest seit dem 6./7. Jahrhundert auch in den Westkirchen gefeiert. Es ist das bedeutendste Marienfest der Kirche. Durch die feierliche Verkündigung des Glaubens an die leibliche Aufnahme Marias in die Herrlichkeit Gottes am 1. November 1950 bekam das Fest eine noch größere Bedeutung.

Mariä Geburt (8. September)
Fest

Das Datum dieses Festes hängt mit der Weihe einer Annakirche in Jerusalem zusammen, die im 5. Jahrhundert am vermeintlichen Geburtsort ihrer Tochter Maria gebaut worden war. In Rom ist das Fest seit dem 7. Jahrhundert bekannt.

Regionale und diözesane Feste

Maria, Trösterin der Betrübten
(Samstag nach dem 4. Ostersonntag)
Hochfest in Luxemburg

Seit 1688 wird in der orthodoxen Kirche Rußlands ein Fest zu Ehren der „Trösterin aller Betrübten" gefeiert. Schon gegen Ende des 16. Jahrhunderts war aber in Luxemburg für eine kleine Marienstatue eine Kapelle, später eine Kirche gebaut worden, die als Maria, Trösterin der Betrübten, verehrt wird. Sie ist die Hauptpatronin der Stadt und des Landes Luxemburg. – 1642 kam eine Abbildung des Luxemburger Gnadenbildes nach Kevelaer.

Maria, Schutzfrau Bayerns (1. Mai)
Hochfest in Bayern

Im Zusammenhang mit dem Gedenktag Mariä Namen, der als Mariä-Schutz-Fest entstanden ist, steht auch das Hochfest, das die bayerischen Diözesen am 1. Mai feiern. Der von Herzog Maximilian I. 1616 geprägte Ehrentitel „Patrona Bavariae" wurde 1916 als Fest für das Königreich Bayern eingeführt; der ursprüngliche Termin 14. Mai wurde bei der nachvatikanischen Neuordnung der Diözesen-Kalender auf den 1. Mai verlegt.

Unsere Liebe Frau von Einsiedeln
(11. Mai)
Hochfest in Einsiedeln

Maria ist, als Unsere Liebe Frau von Einsiedeln, die Hauptpatronin des Ortes Einsiedeln.

Maria, Mutter vom guten Rat
(11. Oktober)
Hochfest in Essen

Als Fest 1727 für Genazzano nachgewiesen – dort befindet sich das 1682 gekrönte Gnadenbild Unsere Liebe Frau vom guten Rat -, wird es seit 1789 im Augustinerorden am 26. April gefeiert. Das Bistum Essen begeht das Hochfest „Maria vom guten Rat" als Patronatsfest am 11. Oktober.

Allgemeinkirchliche Gedenktage

Herz Mariä
(Samstag nach dem Herz-Jesu-Fest)
Siehe: Seite XXI

Unsere Liebe Frau auf dem Berge Karmel (16. Juli)

Zunächst in englischen Karmelitenklöstern am 17. Juli gefeiert, stammt die erste Bezeugung des Festes von 1386. Außerhalb des Ordens wird es erstmals 1595 von der Ritenkongregation erwähnt. Da nach karmelitischer Ordenstradition die Gottesmutter 1251 dem Ordensgeneral Simon Stock erschienen sei und ihm ein Skapulier überreicht habe (das ist ein langes Schulterkleid, wie es im Orden als Teil der Ordenstracht getragen wird) heißt das Fest auch Skapulierfest. Im römischen Generalkalender ist es als Gedenktag verzeichnet.

Maria Königin (22. August)

Die einheitliche Feier des Festes Maria Königin, die 1954 Papst Pius XII. einführte, hat verschiedene Wurzeln. 1845 wurde es als Fest „zu Ehren der Königin aller Heiligen" in Ancona (Italien) gefeiert; 1870 erhielten Spanien und die meisten Diözesen Lateinamerikas die Erlaubnis, das Fest zu begehen. Der römische Generalkalender verlegte es 1969 als Gedenktag auf den 22. August, den Oktavtag von Mariä Himmelfahrt. – Das Fest ist zu unterscheiden von dem in manchen religiösen Gemeinschaften gefeierten Fest „Maria, Königin der Apostel". – Von Papst Pius XII. war 1942 das Herz-Mariä-Fest, das auf Jean Eudes zurückgeht, auf den 22. August verlegt worden.

Mariä Namen (12. September)

Seit 1513 wurde das Fest in der Diözese Cuenca gefeiert. 1683 dehnte Papst Innozenz XI. es als „Siegestag" der Befreiung Wiens (12. September 1683) auf die ganze Kirche aus. In Österreich wird es aus historischen Gründen auch heute noch als Fest begangen, in den anderen Ländern des deutschen Sprachgebiets gilt es als Gedenktag; im römischen Generalkalender findet sich der Tag nicht mehr.

Schmerzen Mariä (15. September)

Bis zur Kalenderreform gab es zwei Feste zum Gedächtnis der Sieben Schmerzen Mariens. Eine erste Anregung war 1423 von der Provinzialsynode in Köln ausgegangen; in der ganzen Kirche wurde das Fest seit 1727 am Freitag vor dem Palmsonntag gefeiert. Das zweite Fest der Sieben Schmerzen Mariens am 15. September war seit 1668 ein Partikularfest der Serviten, das 1814 auf die ganze Kirche ausgedehnt wurde. Der römische Generalkalender legte beide Feste zu einem Gedenktag am 15. September zusammen.

Unsere Liebe Frau vom Rosenkranz
(7. Oktober)

Im Jahre 1571 als „Gedächtnis Unserer Lieben Frau vom Siege" eingeführt (zum Dank für den Seesieg der Christen bei Lepanto), wurde bereits 1573 daraus ein „Fest zu Ehren Unserer Lieben Frau vom Rosenkranz".

Unsere Liebe Frau in Jerusalem
(21. November)

Ursprünglich Gedenktag der am 21. November 543 in Jerusalem erfolgten Kirchweihe „Sancta Maria Nova" in der Nähe des jüdischen Tempels, wird das Fest im 8. Jahrhundert für Konstantinopel bereits als Mariengedenktag bezeugt. Seit dem 11. Jahrhundert auch im Abendland bekannt, führte Papst Sixtus IV. es 1472 für die ganze Kirche ein. Der Generalkalender von 1969 führt es als Gedenktag.

Anhang
„Marianische" Namenstage

Annunziata (25. März)

Aus der ältesten Festbezeichnung „Verkündigung der Gottesmutter" (lateinisch „annuntiatio") entwickelte sich im Italienischen der Frauenname „Annunziata„; Namenstag ist der 25. März.

Consuelo (26. April)

Der Titel des Bildes „Unsere Liebe Frau vom Guten Rat“ führte nicht nur zu dem Fest am 26. April – in der Diözese Essen am 11. Oktober –, sondern in Spanien auch zu dem weiblichen Vornamen „Consuelo“.

Auxilia (24. Mai)

Die Anrufung und Verehrung Marias als „Hilfe (auxilia) der Christen“ führte unter Papst Pius VII. zu einem Fest gleichen Namens. Daraus abgeleitet ist der Frauenname „Auxilia“.

Grazia (9. Juni)

Aus dem Englischen, allerdings in italienischer Schreibweise, wurde der Frauenname „Grazia“ (Verkleinerungsform „Graziella“) übernommen. Er geht auf das Fest „Maria, Mutter der Gnade“ (Mater gratiae) zurück, das am 9. Juni in Maria Maggiore zu Rom gefeiert wurde.

Lätizia (5. Juli)

Die Aufzählung von sieben Freuden Marias, analog zu ihren sieben Schmerzen, gehört zu den katechetischen Merkreihen im Mittelalter. Daraus abgeleitet ist der weibliche Vorname „Lätizia“. Ein Fest zu Ehren der sieben Freuden Marias führte für den 5. Juli 1906 Papst Pius X. ein.

Carmen (16. Juli)

Durch die Oper „Carmen“ von Georges Bizet (1838-1875) wurde dieser Vorname weltweit bekannt. Ihm liegt die spanische Bezeichnung des Skapulierfestes „Virgen del Carmen“ („Jungfrau vom Berge Karmel“) zugrunde.

Portiunkula (2. August)

Der Name geht auf den Weihetag der Portiunkulakirche zurück, einer kleinen Kirche in Assisi (Portiunkula = Teilchen, kleiner Acker), die Franz von Assisi am 2. August 1216 als Kirche zu Ehren Unserer Lieben Frau von den Engeln konsekrieren ließ. Mit dem Kirchlein ist die Entstehung des sogenannten Toties-Quoties-Ablasses verbunden.

Assunta (15. August)

Die lateinische Bezeichnung des Hochfestes von der Aufnahme Marias in den Himmel (in assumptione) führte zu ihrem italienischen Beinamen „Assunta“; er wurde zum Rufnamen.

Regina (22. August)

Als christlicher Name geht „Regina“ auf den Marientitel „Maria, Königin (regina) des Himmels“ zurück. Der Gedenktag wird seit der nachvatikanischen Kalenderreform am 22. August begangen.

Stella (12. September)

Zu den „Namen“ Marias – Gedenktag ist der 12. September – gehört auch die mittelalterliche Anrufung „Meeresstern“ (Stella maris).

Dolores (15. September)

Dieser spanische Beiname Marias ist eine Verkürzung aus dem spanischen Festtitel von den „sieben Schmerzen Marias“ (Nuestra Senora de los Dolores).

Mercedes (24. September)

Der ursprünglich spanische Frauenname ist dem Titel des Festes „Maria vom Loskauf der Gefangenen“ (Maria de mercede redemptionis captivorum) entlehnt.

Rosaria, Rosa (7. Oktober)

Der Titel des Rosenkranzfestes (Festum sacratissimi Rosarii) ließ den weiblichen Vornamen „Rosaria“ aufkommen; vielfach wird auch der Name „Rosa“ mit der Rosenkranzkönigin in Verbindung gebracht.

Viktoria (7. Oktober)

„Maria vom Siege“ (de victoria) ist ein in zahlreichen Kirchen und Diözesen gefeiertes Fest, das im römischen Martyrologium dem Rosenkranzfest als Kommenmoration beigegeben war.

Pilár (12. Oktober)

Die Verehrung „Unserer Lieben Frau von der Säule“ (spanisch „pilár“) verselbständigte sich zum Frauennamen „Pilár“. In den sechziger Jahren fand er auch im deutschen Sprachgebiet eine gewisse Verbreitung.

Concepcion (8. Dezember)

Der Festtitel von der „Unbefleckten Empfängnis Marias“ (de conceptione immaculata) führte im Spanischen zum Frauennamen „Concepcion“.

Die „Marienmonate“

Der Monat Mai

Die Vorliebe mancher Zeiten, christliche Gebetsübungen von leicht erkennbaren Zahl-Symbolen her zu strukturieren, hat im Mittelalter u. a. zum sogenannten „Dreißiger“, einem dreißigtägigen Gebet, geführt. Beliebt war vor allem der „Frauendreißiger“ zwischen dem 15. August und dem 14. September. Möglicherweise hat dieser „Dreißiger“ für einen Brauch in der Barockzeit Pate gestanden: einen vollen Monat der Gottesmutter zu weihen. Zum bevorzugten Monat wurde hierfür Anfang des 19. Jahrhunderts der Mai (Maiandacht). Historisch gesehen lassen sich erste Anhaltspunkte, besonders im Mai Maria zu verehren, schon bei König Alfons X. von Kastilien (1221-1284) nachweisen. Überhaupt den Mai als Frühlingsmonat hervorzuheben und zu feiern, reicht bis in die antike Welt zurück. Im Mittelalter wurde der Mai durch geistliche Interpretation zum Ausgang einer am Kreuz Christi orientierten Passionsfrömmigkeit; in sie einbezogen war das römische Fest „Kreuzauffindung“ am 3. Mai.

Der „Rosenkranzmonat“ Oktober

Papst Leo XIII. (1810-1903) ordnete 1884 an, im Oktobermonat in allen Pfarrkirchen täglich den Rosenkranz zu beten. Diese Bestimmung wurde 1958 aufgehoben. Papst Paul VI. (1897-1978) empfahl in seinem Schreiben „Marialis Cultus“ von 1974 das Rosenkranzgebet als Familiengebet. Seine Zuordnung an den Oktober findet sich bis heute in diözesanen und bischöflichen Verlautbarungen.

Der Samstag

Von den verschiedenen Versuchen, seit dem frühen Mittelalter die Wochentage liturgisch als thematischen Zyklus zu gestalten, wurde die Reihe des Römischen Meßbuchs von 1570 prägend. Dort erhielt der Samstag die Marienvotivmesse zugesprochen. Das nachvatikanische Meßbuch hat zwar grundsätzlich die Zuordnung von Votivmessen und Wochentagen aufgehoben bzw. freigestellt, doch können die Marienmessen des Commune-Teils im Meßbuch immer noch „für das Gedächtnis der seligen Jungfrau Maria am Samstag [...] genommen" werden (Deutsches Meßbuch. Kleinausgabe, 2. Aufl. 1988, Seite 868). – Bis zum Aufkommen der Vorabendmessen gehörte seit dem späten Mittelalter in zahlreichen Gemeinden die „Salve-Andacht" zur gottesdienstlichen Ausgestaltung des Samstags.

Patrone und Heilige

Patrozinium, Patronatsfest

Seit dem 4. Jahrhundert entstand der Brauch, eine Kirchengemeinde und ihre Kirche unter den Schutz Jesu Christi, der Gottesmutter oder eines Heiligen zu stellen, manchmal auch nach einem Glaubensgeheimnis (Dreifaltigkeit, Fronleichnam, Heiligkreuz usw.) zu benennen. So wird der Gedenktag des Kirchenpatrons bzw. das entsprechende Herren- oder Titularfest als Patrozinium, das heißt als Patronatsfest der Kirche begangen. Es gilt nach dem neuen Kalender als „Eigen-Hochfest" der jeweiligen Kirche.

Obwohl in der Theologie der Heiligen die Herausstellung von Heiligenpatronaten nur einen untergeordneten Gesichtspunkt darstellt (weniger zu bestimmten Zeiten, im Leben und Glauben der Menschen), ist der Glaube daran oft angegriffen, vielfach auch mißverstanden worden.

Pfarrfest

Oft wird im Zusammenhang mit dem Patrozinium oder auch dem Weihetag einer Kirche in fast allen Gemeinden ein eigenes „Pfarrfest" gefeiert; vielfach wird es auf ein sogenanntes „Wochenende" im Sommer gelegt. Heute steht das Pfarrfest oft in Konkurrenz zu zahlreichen sonstigen Festterminen und Feieranlässen (Sommerfest, Vereinsfest, Straßenfest, Stadtteilfest, Kindergartenfest, Schulfest, usw.).

Segensfeiern an Festen und Heiligentagen

„Die Segnungen im Leben der Pfarrgemeinde können in besonderer Weise den gemeinsamen Glauben wecken und stärken", heißt es in der pastoralen Einführung zum deutschen „Benediktionale", dem Segensbuch der Kirche: „Eine besondere Bedeutung haben die mit dem Kirchenjahr verbundenen Segnungen." Eine Auswahl davon soll hier geboten werden.

Markus (25. April)

„In den meisten Gegenden, vor allem in den ländlichen Gemeinden, wird vom Fest des heiligen Markus (25. April) bis zum Fest Kreuzerhöhung (14. September) für das Gedeihen der Feldfrüchte gebetet" (Benediktionale). Das geschieht meistens in den Fürbitten der Messe; an bestimmten Tagen aber, zu denen nach örtlichem Brauch auch der Markus-Tag gehören kann, wird zur Messe als feierlicher Schlußsegen der sogenannte „*Wettersegen*" gegeben. Denn angesichts der großen und oft unlöslich erscheinenden ökologischen Probleme von heute ist die Sorge des Menschen um das Lebensnotwendige nicht geringer geworden als in früheren Tagen.

Florian (4. Mai)

Zu den Segensfeiern im Leben einer Gemeinde gehören vielfach noch *Segnungen bei der Feuerwehr* (Segnung von Fahrzeugen, Geräten, eines Gebäudes). Dem Segensgebet des deutschen Benediktionale ist auch das Tagesgebet vom Gedenktag des hl. Florian, des Schutzpatrons der Feuerwehrleute beigefügt. Diese Verknüpfung der Segensfeier mit einem Element der Tagesliturgie des hl. Florian legt es nahe, die Segnungen selbst auf diesen Gedenktag zu legen, zumal manchenorts die katholischen Feuerwehrleute am Florianstag (oder am nächsten Sonntag) als eigene Gruppe in Feuerwehr-Uniform an der Meßfeier teilnehmen und teilweise liturgische Dienste übernehmen (Ministranten-, Lektoren-, Kantorendienst u. a.).

Johannes der Täufer (24. Juni)

Das Brauchtum des Johannestages beruht großenteils auf der Sonnenwende am 22. Juni. In zahlreichen Ländern und Regionen Europas gibt es das Abbrennen von sogenannten Johannes- oder Sonnenwendfeuern Manchenorts sind sie zu Folkloredarbietungen von Fremdenverkehrsgemeinden abgesunken.

Im deutschen Benediktionale findet sich ein *Feuersegen*, der am Johannestag verwendet werden kann. Schließlich gehört „das Feuer [...] zu den elementarsten Voraussetzungen des menschlichen Lebens".

Peter und Paul (29. Juni)

Daß manchenorts die *Segnung des Feuers* auch am Hochfest Peter und Paul üblich ist, darauf weist das deutsche Benediktionale hin.

Christophorus (24. Juli)

Verkehrsmittel sind, wie es im deutschen Benediktionale heißt, „zu einem unentbehrlichen Bestandteil im Leben des Menschen und der Gesellschaft geworden". Für die *Segnung von Kraftfahrzeugen,* heißt es weiter, sind „besonders geeignete Termine [...] der Tag der Verkehrssicherheit, der Ferienbeginn, der Christophorustag oder der 1. Mai". Dieser Hinweis zeigt, daß sich feste Termine gerade für diese Segensfeier bewährt haben, in manchen Regionen Deutschlands, vor allem aber in Österreich ist es der Christophorustag bzw. der folgende Sonntag.

Neben dem hl. Christophorus werden in den Heiligenrufen als Hinführung zu den Fürbitten der Segensfeier noch angerufen die Apostel Paulus (29.6.) und Jakobus (25.7.), der Erzengel Rafael (29.9.) sowie die heiligen Schutzengel (2.10.).

Für die *Segnung von Plaketten (Medaillen)* mit dem Bild des hl. Christophorus enthält das deutsche Benediktionale ein eigenes Formular.

Mariä Himmelfahrt (15. August)

Seit über 1000 Jahren werden am 15. August von den Gläubigen Wild- und Heilkräuter (als *„Kraut- oder Würzwisch“*) zur Meßfeier mitgebracht und am Ende des Wortgottesdienstes oder im Zusammenhang mit dem Schlußsegen gesegnet. „Die Heilkraft der Kräuter soll durch die Fürbitte der Kirche dem ganzen Menschen zum Heil dienen. Dieses Heil ist an Maria besonders deutlich geworden. [...] Mit den Blumen bringen wir die Schönheit der Schöpfung in den Gottesdienst, der so zu einem sommerlichen Fest der Freude wird“ (Benediktionale). In einigen Bundesländern ist dieses Fest staatlicher Feiertag.

Kreuzerhöhung (14. September)

„Das Kreuz des Herrn ist Höhepunkt allen Lobpreises, die Quelle allen Segens und die Ursache aller Gnade“ (Benediktionale). Aus diesem Grund ist das Kreuz-Zeichen zur christlichen Segensgeste schlechthin geworden und wird mit den Worten der Segensgebete verbunden. Das Kreuzzeichen soll bei keiner Segnung fehlen.

Das Kreuz als Glaubenssymbol nun, ob gemalt oder aus Holz, Stein oder Metall gefertigt, erinnert an den Segen, der von der Erlösung Jesu Christi ausgeht, und an die Kirche, die aus der geöffneten Seite des gekreuzigten Herrn hervorgegangen ist. Auch diese „Kreuze“ werden in eigenen Feiern gesegnet. So gibt es im deutschen Benediktionale sowohl eine „einfache“ *Segnung von Kreuzen* als auch die „feierliche Kreuzweihe“ für Weg- und Bergkreuze, die Segnung des Sterbekreuzes wie die „Weihe eines Kreuzweges“, die dem Diözesanbischof vorbehalten bleibt. Es ist „sinnvoll, die Segnung in der Fastenzeit oder am Fest Kreuzerhöhung vorzunehmen“ (Benediktionale).

Allerheiligen / Allerseelen (1./2. November)

Seit dem ausgehenden Mittelalter gab es die Praxis, sonntags in Prozession über den Kirchhof zu gehen und die Gräber mit Weihwasser zu besprengen. Seit 1500 liegen auch Zeugnisse für solche Segnungsprozessionen am Allerseelentag vor. Zu einer Neubelebung dieser Gräbersegnung, die später vermehrt auf den Nachmittag des Allerheiligentages gelegt wurde, ist es seit dem 1. Weltkrieg gekommen. Inzwischen ist sie allgemein verbreitet. 1978 fand die *„Segnung der Gräber* an Allerheiligen/Allerseelen“ im deutschen Benediktionale erstmals Aufnahme.

Leonhard (6. November)

Gottes Schöpfung ist bevölkert von vielen Lebewesen, die Himmel, Erde und Wasser bewohnen. In der Arche wurden sie mit dem Menschen vor der Sintflut bewahrt und sind in den Bund Gottes mit Noah eingeschlossen. Mit dem Menschen bilden sie eine Schicksalsgemeinschaft und werden von ihm in ihrer Existenz gefördert oder bedroht. So stehen sie dem Menschen sehr nahe und werden mit ihm an der Erlösung durch Jesus Christus teilhaben (vgl. Röm 8,19–21).

Gottes Segen auf Mensch und Tier herabrufen heißt deshalb: Wir loben Gott als Schöpfer, sagen ihm Dank für die Gemeinschaft, die Freude und den Nutzen, welche die Tiere dem Menschen geben, und bitten um einen vertrauensvollen Umgang mit der belebten Schöpfung Gottes. Im deutschen Benediktionale geschieht die Segensbitte über Tier und Mensch „auf die Fürbitte des heiligen N.“; das heißt, für den Segen werden auch die Heiligen angerufen, die in einer besonderen Beziehung zu Tieren gesehen werden. So empfiehlt es sich denn auch, an ihren Gedenktagen *Tiersegnungen* vorzunehmen bzw. mit dem Brauchtum dieser Gedenktage (Umritte, Prozessionen u. a.) zu verbinden.

Einer der bis heute beliebten Viehpatrone ist der heilige Leonhard, zu dessen Ehren in Süddeutschland und Österreich zahlreiche Kirchen errichtet worden sind, und um die herum ein oft vielfältiges Brauchtum sich erhalten hat.

Martin von Tours (11. November)

„Der Martinszug der Kinder mit den Lichtern ist ein Teil der Lichtsymbolik, die an Allerseelen beginnt und über Advent und Weihnachten bis Lichtmeß führt“ (Benediktionale). Manchenorts werden vor Beginn des Umzugs *die Kinder gesegnet:* „Herr Jesus Christus, schau auf diese Kinder, die ihre Lampen in Händen tragen; segne sie, damit sie bereit sind, nach dem Vorbild des heiligen Martin anderen zu helfen und zu teilen, was sie besitzen“.

Kalendarisches in der katholischen Kirche

Das Martyrologium

Das *Martyrologium* stellt das Verzeichnis jener Heiligen und Seligen dar, sowie einer Reihe anderer Kalenderdaten (Kirchweih u. a.), die (derzeit!) in der Kirche und für die Kirche bedeutsam sind. Die Zusammenstellung erfolgt in der kalendarischen Reihung der Sterbetage (seltener der Geburtstage oder anderer Termine). An einfachen Wochentagen der allgemeinen Kirchenjahrszeit kann für die Feier der heiligen Messe von einem der „Heiligen, die an diesem Tag im Martyrologium eingetragen sind“ (Allgemeine Einführung in das Römische Meßbuch, Nr. 316 b), das hierzu geeignete Meßformular gewählt werden. Ein nach dem Zweiten Vatikanischen Konzil erneuertes Römisches Martyrologium steht noch aus.

1. Januar

Clarus

Abt OSB
geboren: um 590
gestorben: 1. Januar 660 in Vienne, Frankreich
Patron der Schneider; gegen Augenleiden

Clarus wird vor allem in Frankreich sehr verehrt, viele Kirchen sind nach ihm benannt. Der Abt des Benediktinerklosters St-Marcel in Vienne, südlich von Lyon, stand seiner Abtei bis zu seinem Tod am 1. Januar 660 vier Jahrzehnte lang vor. Der Clarus-Kult wurde 1903 approbiert.

Euphrosyne von Alexandrien

Jungfrau
geboren: um 415 in Alexandrien, Ägypten
gestorben: um 470 in Alexandrien

Nach der Legende soll Euphrosyne unter dem Namen „Smaragdus" fast vier Jahrzehnte lang in Männerkleidung in einem Mönchskloster in Alexandrien gelebt haben, um ihre Jungfräulichkeit zu bewahren. Erst kurz vor ihrem Tod um das Jahr 470 entdeckte man Euphrosynes wahres Geschlecht.

Verehrung/Brauchtum: Seit ein großer Teil der Euphrosyne-Reliquien nach Beaulieu bei Compiègne (Frankreich) gekommen sind, wird dort der Gedenktag mit einem großen Fest begangen.

Darstellung: Vor allem viele Kupferstecher haben sich der Darstellung der Euphrosyne angenommen; das beliebteste Motiv war dabei die Entdeckung des wahren Geschlechtes des „Klosterbruders Smaragdus".

Frodobert

Abt OSB
geboren: um 600 in Troyes, Frankreich
gestorben: an einem 1. Januar um 673

Frodobert, im berühmten Kloster Luxeuil dem Benediktinerorden beigetreten, gründete um das Jahr 655 bei Troyes das Kloster Moûtier-la-Celle und wurde dessen erster Abt. Rund 200 Jahre nach seinem Tod wurden Frodoberts Gebeine erhoben. Reliquien gelangten Ende des 18. Jh. in die Pfarrkirche von Moûtier-la-Celle.

Verehrung/Brauchtum: Das Fest des Frodobert wird manchmal auch am 8. Januar, dem Tag der Erhebung der Gebeine, gefeiert.

Fulgentius von Ruspe

Bischof
geboren: um 467 in Telepte, Nordafrika
gestorben: 1. Januar 532 in Ruspe, Nordafrika

Fulgentius wurde um das Jahr 467 als Sohn einer einflußreichen Familie in Telepte in Nordafrika geboren. Nach einer hervorragenden Ausbildung, während der er die griechische und die lateinische Sprache erlernte, trat er in ein Kloster ein, wo er bald Abt wurde. Obwohl er mehrfach ablehnte, erhielt er um das Jahr 508 die Ernennung zum Bischof von Ruspe, einer nordafrikanischen Stadt am Mittelmeer. Zweimal mußte er sich in den darauffolgenden Jahren ins Exil auf die Insel Sardinien zurückziehen. Vor allem die Arianer, die er heftig bekämpfte, machten ihm das Leben schwer und vertrieben ihn 519 das zweite Mal auf die Insel im Mittelmeer. 523 konnte er dann aber endgültig in die Heimat zurückkehren. Am 1. Januar 532 starb Bischof Fulgentius in Ruspe.

Daß der Nachwelt alle Einzelheiten aus dem Leben dieses begnadeten und hochgebildeten Kirchenmannes überliefert werden konnten, ist unter anderem dem Diakon Ferrandus aus Karthago zu verdanken, der neben anderen bedeutenden Kirchenwerken nach dem Tod von Fulgentius dessen Lebensgeschichte niedergeschrieben hat. Von den Schriften und Büchern des Fulgentius sind viele noch heute erhalten.

Verehrung/Brauchtum: In Algier und auf der Insel Sardinien gedenkt man Fulgentius am 2. Januar.

Darstellung: Als Einsiedler betend, in oder vor seiner Höhle, wird Fulgentius oft dargestellt; manchmal ist er aber auch in feierlichen Bischofsgewändern abgebildet.

Gregor von Nazianz der Ältere

Bischof
geboren: um 280 in Arianz, heute Nenisi, Türkei
gestorben: 374 in Arianz

Gregor von Nazianz der Ältere, geboren um das Jahr 280 in Arianz bei Nazianz, dem heutigen Nenisi in der Türkei, war der Vater des großen Kirchenlehrers Gregor von Nazianz dem Jüngeren, dessen Gedenktag am 2. Januar begangen wird. Gregor der Ältere wurde durch seine Frau zum Christentum bekehrt, nachdem er zuvor einer Sekte angehört hatte. Nur vier Jahre später wurde er zum Bischof von Nazianz ernannt. Aus der bis dahin unruhigen Gemeinde machte Gregor in kürzester Zeit eine Insel des Friedens. In Nazianz ließ er eine Kathedrale in Oktogonform erbauen, die große Bedeutung erlangte. Bischof Gregor starb im Jahr 374, zwei Jahre, nachdem sein Sohn Gregor ebenfalls zum Bischof ernannt worden war.

Gregor von Nazianz der Ältere, einer der drei Hierarchen. Russische Ikone aus dem frühen 18. Jh.

Heinrich von Clairvaux

Kardinal-Bischof OCist
geboren: 12. Jh. in Marcy, Frankreich
gestorben: 1. Januar 1189

Der Zisterzienser Heinrich wurde 1160 Abt des Klosters Hautecombe und 1176 Abt der berühmten Zisterzienserabtei Clairvaux, beide in Frankreich. Im Jahr 1179 dann erhielt er die Ernennung zum Kardinal-Bischof von Albano südöstlich von Rom. Heinrich zeichnete sich durch herausragendes Diplomatiegeschick aus, mit Hilfe dessen er auf vielen Ebenen Gutes bewirkte. So gewann er 1188 Kaiser Friedrich I. Barbarossa, Philipp II. von Frankreich und Heinrich II. von England zur Teilnahme an einem Kreuzzug ins Heilige Land. Beigesetzt wurde Heinrich in Clairvaux.

Verehrung/Brauchtum: Im Zisterzienserorden wird der Gedenktag Heinrichs jedes Jahr am 14. Juli begangen.

Hugolinus von Gualdo Cattaneo

Klostergründer, Einsiedler(?)
geboren: 12. Jh. (?)
gestorben: 1. Januar 1260(?) in Gualdo Cattaneo, Italien

Hugolinus soll in dem Ort Gualdo Cattaneo in Umbrien im Jahr 1258 ein Kloster gegründet haben. Möglicherweise ist seine Person aber auch identisch mit Hugolinus Michaelis von Bevagna, der Jahre später lebte. Bestätigung des Kultes: 12. März 1919.

Darstellung: Hugolinus wird meist als Augustiner-Eremit abgebildet.

Vinzenz Maria Strambi, Bischof von Macerata-Tolentino.

Josef Maria Tomasi

Kardinal OTheat
geboren: 12. September 1649 in Licata auf Sizilien, Italien
gestorben: 1. Januar 1713 in Rom, Italien

Johannes Paul II. sprach am 12. Oktober 1986 den Kardinal von Rom und Theatinermönch Josef Maria Tomasi heilig (Seligsprechung: 1803). Der Papst würdigte damit nicht nur das seelsorgerische Wirken Tomasis, sondern auch seine Bedeutung auf liturgischem Gebiet. Heiligsprechung 12. Oktober 1986.

Vinzenz Maria Strambi

Bischof CP
geboren: 1. Januar 1745 in Civitavecchia bei Rom, Italien
gestorben: 1. Januar 1824 in Rom

Papst Pius XII. sprach am 11. Juni 1950 einen Kirchenmann heilig, der sich Zeit seines Lebens um die Verbreitung des christlichen Glaubens und um den Priesternachwuchs verdient gemacht hat: Vinzenz Maria Strambi. Gegen seinen Willen war Strambi, seit 1768 Mitglied des Passionistenordens, von Papst Pius VII. im Jahr 1801 zum Bischof von Macerata-Tolentino in Italien ernannt worden. In diesem Amt wirkte er unermüdlich für das Wohl der Kirche. Weil er den Treueeid verweigerte, wurde Vinzenz Maria Strambi von 1804 bis 1814 von Napoleon I. nach Mailand und Novara verbannt. Im Jahr 1823 legte er dann sein Amt nieder, kurz danach starb er. Der Leichnam des Heiligen ruht in der Kirche SS. Giovanni e Paolo in Rom.

Wilhelm von St-Bénigne

Abt OSB
geboren: 962 auf der Insel Giuglio, Italien
gestorben: 1. Januar 1031 in Fécamp, Frankreich

Wilhelm war der Sohn von Graf Robert von Volpiano, weshalb er manchmal auch Wilhelm von Volpiano genannt wird. Seine Taufpaten waren das Kaiserpaar Otto der Große und Adelheid. Im Jahr 978 ging Wilhelm, der schon siebenjährig Oblate in einem Benediktinerkloster war, nach Cluny und schloß sich den Klosterreformern an. 990 wurde er Abt der völlig verfallenen Abtei St-Bénigne in Dijon in Frankreich – daher oft auch der Name Wilhelm von Dijon –, die er in den folgenden Jahren zu höchster Blüte brachte und zum Mittelpunkt einer Reform machte. Deutsche Klöster, die sich der sogenannten „Fruttuaria"-Reform Wilhelms anschlossen, waren St. Blasien im Schwarzwald und Siegburg bei Köln. Im Volk war Wilhelm wegen seiner übergroßen Mildtätigkeit beliebt, für umherziehende Künstler gründete er eine „Bruderschaft der Jongleure".

Darstellung: Wilhelm von Bénigne wird als Mönch mit einem Stab abgebildet.

2. Januar

Adalhard

Abt OSB
geboren: um 751
gestorben: 2. Januar 826
Patron der Gärtner; gegen Infektionskrankheiten, Fieber, Typhus

Adalhard war ein Vetter von Karl dem Großen. Gemeinsam mit seinem Bruder Wala gründete er die Benediktinerabtei Corvey (=Nova Corbeia) bei Höxter an der Weser sowie das Frauenstift Herford. Die Erhebung der Gebeine Adalhards erfolgte 1040. Reliquien befinden sich in St-Achieul bei Amiens in Frankreich.

Darstellung: Adalhard wird als Benediktiner dargestellt, oft mit einem Korb, aus dem er Almosen verteilt; manchmal ist er auch als Gärtner oder ein Kreuz tragend abgebildet.

Basilius der Große

Erzbischof, Kirchenlehrer
geboren: um 330 in Cäsarea, Kappadokien, heute Kayseri, Türkei
gestorben: 1. Januar 379 in Cäsarea
Patron des morgenländischen Mönchtums

Unerbittlicher Kämpfer für den Frieden innerhalb der Kirche, überragender Theologe, Vater des östlichen Mönchslebens, der Größte unter den drei Kappadokern (sein Bruder Gregor von Nyssa sowie Gregor von

Nazianz sind die anderen beiden), beeindruckender Prediger... Dies ist nur ein Teil all der Beinamen, die Basilius der Große im Lauf seines Lebens und nach seinem Tod erhalten hat. Unbestreitbar zählt er zu den größten Gestalten der Kirchengeschichte überhaupt.

Geboren wurde Basilius um das Jahr 330 in Cäsarea, dem heutigen Kayseri in der Türkei. Neben seinen Eltern sind auch drei seiner neun Geschwister unter den Heiligen zu finden. Während seiner Studienjahre in Athen lernte er Gregor von Nazianz den Jüngeren kennen und schloß mit ihm enge Freundschaft. Nach Cäsarea zurückgekehrt, empfing Basilius 356 die Taufe und lebte danach zusammen mit Gregor von Nazianz mehrere Jahre zurückgezogen als Mönch. Zuvor hatte er noch sein gesamtes Vermögen verschenkt. In der Einsamkeit erarbeitete Basilius zusammen mit Gregor die Regeln für die Basilianermönche.

Um das Jahr 364 empfing Basilius von Erzbischof Eusebius von Cäsarea die Priesterweihe; nach dessen Tod 370 wurde er zu seinem Nachfolger auf dem Bischofsstuhl ernannt. Zu seinen größten Aufgaben machte sich Basilius die Bekämpfung der Arianer und die Förderung des Zusammenhaltes unter den Bischöfen.

Am 1. Januar 379 starb Basilius der Große in Cäsarea, wo er auch beigesetzt wurde. Zahlreiche Schriften und Abhandlungen beweisen die Größe dieses begnadeten Theologen des 4. Jh.

Verehrung/Brauchtum: Auch der 14. Juni (Bischofsweihe) und der 30. Januar sind nach anderen Kalendern Gedenktage des Basilius.

Darstellung: Basilius wird auf mannigfaltige Weise dargestellt: als Mönch oder als Bischof, manchmal auch als Einsiedler; als Attribute sind ihm Bücher, Kirchenmodell, Taube oder Totenkopf beigegeben, hin und wieder wird er auch mit einem Feuer neben sich abgebildet. Eine Statue im Dom von Meißen zeigt Basilius in Meßkleidung mit Stab und Mitra, einen knienden Stifter an der Hand haltend.

Dietmar

1. Bischof von Prag
geboren: 10. Jh. in Sachsen
gestorben: 983 in Prag, Tschechei

Basilius der Große, Erzbischof von Cäsarea und Kirchenlehrer. Mosaik in der Cappella Palatina im Normannenpalast in Palermo auf der italienischen Insel Sizilien.

Gregor von Nazianz der Jüngere

Bischof, Kirchenlehrer
geboren: um 330 in Arianz, heute Nenisi, Türkei
gestorben: 390 in Arianz
Patron der Dichter; für eine gute Ernte

Eng verbunden mit dem Leben von Basilius dem Großen ist das von Gregor von Nazianz, der zur Unterscheidung von seinem Vater „der Jüngere" genannt wird. Gregor wurde 330 in Arianz bei Nazianz (heute Nenisi in der Türkei) geboren. Während eines rund zehnjährigen Studiums in Athen lernte er Basilius kennen. Beide wurden enge Freunde. Auch Gregor empfing erst nach der Rückkehr in die Heimat, um das Jahr 360, die Taufe. Nach einigen Jahren in der Einsamkeit, wo er zusammen mit Basilius die Regeln für den Orden der Basilianermönche verfaßte, empfing er die Priesterweihe und wurde 372 von Basilius, inzwischen Erzbischof von Cäsarea, zum Bischof von Sasima ernannt. Gregor trat dieses Amt jedoch nie an, da er die neugeschaffene Bischofsgemeinde für „ein Fuhrmannsdorf" hielt.

Nachdem sein Vater, Bischof Gregor von Nazianz, 374 gestorben war, verwaltete Gregor der Jüngere einige Zeit die verwaiste Diözese, wollte jedoch nicht Bischof werden. Das Amt des Bischofs von Konstantinopel wurde ihm 381 auf der Synode angetragen. Dieses Mal nahm er an, kapitulierte jedoch kurze Zeit später bereits wegen Angriffen gegen seine Person und verschiedener Intrigen.

Nachdem Gregor noch einmal einige Zeit die Diözese von Nazianz verwaltet hatte, zog er sich endgültig nach Arianz zurück und widmete sich seinen Schriften, Gedichten und Briefen, unter anderem an Hieronymus, die viel Aufschluß über das Leben des Schreibers geben. Gregors Werke zeugen von hoher Intelligenz und Begeisterungsfähigkeit, besonders aber von großem christlichen Humanismus. Seine Reden gelten bis in die heutige Zeit als Meisterwerke.

Verehrung/Brauchtum: Als weitere Verehrungstage für Gregor von Nazianz den Jüngeren werden auch der 9. Mai sowie in der Ostkirche der 19. und der 25. Januar angegeben.

Darstellung: Auf Abbildungen sieht man Gregor oft an einem Schreibpult mit einer Taube als Symbol für den Heiligen Geist.

Makarios der Jüngere von Alexandria

Einsiedler
geboren: 4. Jh.
gestorben: um 394 in Alexandria, Ägypten

Darstellung: Abgebildet wird Makarios als Einsiedler, umgeben von wilden Tieren, mit langem Bart, manchmal mit einer Laterne.

Odino (Otteno)

Abt OPraem
geboren: 12. Jh.
gestorben: 1182 in Rot, Bayern

Odino soll der erste Abt des 1126 gegründeten Prämonstratenserstiftes Rot an der Rot unweit von Memmingen (Allgäu) gewesen sein.

Ortolana (Hortulana)

Nonne OSCI
geboren: 12. Jh. in Assisi, Italien
gestorben: vor 1238 in Assisi

Ortolana war die Mutter der heiligen Klara von Assisi, der Weggefährtin von Franz von Assisi. Nachdem ihr Ehemann gestorben war, trat sie in das Kloster S. Damiano bei Assisi ein.

Stephana Quinzani

Klostergründerin OP
geboren: 5. Februar 1457 in Orcinuovi bei Brescia, Italien
gestorben: 2. Januar 1530 in Soncino, Italien

Vier Jahrzehnte lang erlebte die Dominikanernonne Stephana Quinzani jeden Freitag in der Ekstase die Passion Jesu Christi. An Händen und Füßen trug sie die Wundmale des Gekreuzigten. Die Leiden waren qualvoll, aber Stephana ertrug Schmerz und Pein im festen Glauben, daß sie von Gott als Büßerin ausersehen war.

Stephana Quinzani war 1457 in dem kleinen Ort Orcinuovi in der Nähe von Brescia zur Welt gekommen und trat als junges Mädchen zunächst den Dominikaner-Terziarinnen in der nahegelegenen Stadt Crema bei. In dem wenige Kilometer östlich liegenden Ort Soncino, heute ein quirliges kleines Städtchen, gründete Stephana dann um das Jahr 1485 ein Kloster des Dritten Ordens vom heiligen Dominikus, das sie leitete. Etwa zur selben Zeit begannen die freitäglichen Ekstasen, die bis zu Stephanas Tod am 2. Januar 1530 anhielten.

Vision des Ezechiel. Buchmalerei zu den Homilien (Predigten) von Gregor dem Jüngeren von Nazianz, entstanden um 880 (heute in der Nationalbibliothek in Paris).

Verehrung/Brauchtum: Verehrt wird die Dominikanerin, deren Kult 1740 bestätigt wurde, bis heute in der Kirche S. Giacomo in Soncino, wo in einer der rechten Seitenkapellen zwei schöne Porträts von ihr zu sehen sind.

3. Januar

Genovefa

Nonne
geboren: um 422 in Nanterre, Frankreich
gestorben: 3. Januar 502 in Paris, Frankreich

Patronin von Paris; der Genovefaner; Frauen; Hirten, Winzer, Hutmacher; wird angerufen gegen Krieg, Trockenheit, Pest, Fieber, Augenleiden

Grabmal der Genovefa, der Schutzpatronin von Paris, in der Kirche St-Etienne-du-Mont in Paris. Stich von Willemsens-Roland aus dem 19. Jh. (aus Le Monde illustré, 1873).

Jeder Reisende, der heute Paris besucht, hat einen Abstecher zum Place du Panthéon und einen Besuch im Panthéon, dem wohl berühmtesten Pariser Bauwerk des 18. Jh., eingeplant. Von Interesse ist der riesige Ehrentempel für Besucher wegen der 60 berühmten Franzosen, die hier beigesetzt sind, so Pasteur, Zola, Voltaire und Rousseau. Im Inneren des an seiner höchsten Stelle 117 Meter hohen Baues fällt dem Besucher jedoch bald etwas anderes auf: Wandgemälde mit Szenen aus dem Leben der heiligen Genovefa. Er beginnt, sich zu erinnern...

Genovefa, später als Schutzpatronin von Paris verehrt, wurde um das Jahr 422 in Nanterre, unweit von Paris, geboren. Nachdem ihre Eltern gestorben waren, zog das Mädchen in die Hauptstadt und verschrieb sich vollkommen dem Gebet und wohltätigen Werken. Als sich Hunnenkönig Attila im Jahr 451 mit seinen Horden auf Paris zubewegte, soll Genovefa, so erzählt es die Legende, durch Fürbitten erreicht haben, daß die Krieger an Paris vorbei und nach Orléans zogen. Die von ihrer Umgebung bis dahin als Schwärmerin und Heuchlerin verurteilte junge Frau wurde von nun an bewundert und verehrt.

Während einer späteren Belagerung der Stadt Paris durch die Franken soll Genovefa den Ring durchbrochen und eingeschlossene Bürger mit Lebensmitteln versorgt haben. Ihre große Verehrung für den Märtyrer Dionysius veranlaßte die Christin, in der Nähe von Paris die Kirche Saint-Denis zu stiften.

Nachdem Genovefa am 3. Januar 502 gestorben war, ließ König Chlodwig I. über ihrem Grab eine Kirche errichten. Das mehrfach umgebaute und erneuerte Gotteshaus wurde im Jahr 1791 profaniert und in das „Panthéon", einen Ehrentempel, umgewandelt. Die Reliquien von Genovefa und der kostbare Schrein fielen bald danach der Zerstörungswut in der Französischen Revolution zum Opfer.

Genovefa in Meditation. Nach einem Stich von Mellan (17. Jh.).

Verehrung/Brauchtum: Nachdem die alte Genovefa-Kirche in Paris 1803 abgerissen war, verlagerte sich der Mittelpunkt der Verehrung für die Heilige in die Kirche Saint-Etienne-du-Mont, wenige Schritte neben dem Panthéon. Dort steht bis heute ein Glassarg, der noch Teile des Original-Sarkophages von Genovefa enthält. Vor allem während des Mittelalters gehörte Genovefa in Frankreich zu den volkstümlichsten Heiligen.

Darstellung: Die wohl berühmteste Darstellung Genovefas ist in den Fresken von Puvis de Chavannes im Pariser Panthéon zu finden; sie zeigen Szenen aus dem Leben Genovefas sowie ihre Wunder. In der Kirche Notre-Dame in Paris ist eine Genovefa-Statue zu sehen, die sie als Patronin von Paris zeigt. Abgebildet wird Genovefa als Hirtin oder als Jungfrau mit Engel und Teufel, mit einer Kerze oder einem Licht, manchmal auch mit zwei Schlüsseln.

Kyriakus Elias Chavara

Ordensgründer
geboren: 10. Februar 1805 in Indien
gestorben: 3. Januar 1871 in Koonammavu, Indien

Der Inder Kyriakus Elias Chavara gründete zwei Orden für Männer und Frauen und ein Priesterseminar. Johannes Paul II. sprach ihn am 8. Februar 1986 selig.

4. Januar

Angela von Foligno

Gründerin, Mystikerin OFM
geboren: 1248 in Foligno, Italien
gestorben: 4. Januar 1309 in Foligno

In der Franziskanerkirche von Foligno, dem lebhaften umbrischen Städtchen in der Provinz Perugia unweit von Assisi, ist Angela beigesetzt, die bekannte Mystikerin des ausgehenden 13. und beginnenden 14. Jh. Bis zu ihrem 40. Lebensjahr hatte Angela, die 1248 in Foligno zur Welt gekommen war, ein normales Familienleben geführt. Sie war verheiratet und Mutter mehrerer Kinder. Nachdem sie in sich gegangen und in seelischer Not immer häufiger ins Gebet zum heiligen Franz von Assisi geflüchtet war, beschloß Angela, ihrem bisherigen Leben zu entsagen und sich ganz Gott zu weihen. Sie wurde Terziarin bei den Franziskanern und rief in ihrer Heimatstadt Foligno eine Gemeinschaft des Dritten Ordens ins Leben. Bis zu ihrem Tod am 4. Januar 1309 wurden der Büßerin zahlreiche göttliche Gnadenbeweise zuteil. Krankheiten und Schmerzen ertrug sie mit übergroßer Geduld. Angela von Foligno wurde im Jahr 1693 seliggesprochen.

Darstellung: Abgebildet wird Angela von Foligno als Franziskaner-Terziarin mit dem Satan an der Kette.

Angela von Foligno. Nach einem Holzschnitt aus dem Jahr 1521.

Christiana von Lucca

Klostergründerin, Mystikerin
geboren: 1240 in S. Croce, Italien
gestorben: 4. Januar 1310 in S. Croce

Christiana gründete an ihrem Heimatort S. Croce ein Kloster nach der Augustinerregel. Sie vollbrachte Wunder und hatte die Gabe der Weissagung. Christiana starb 1310, ihr Leib blieb bis 1515 unverwest. Der Kult Christianas wurde 1776 bestätigt.

Elisabeth Anna Bayley Seton

Ordensgründerin
geboren: 28. August 1774 in New York, USA
gestorben: 4. Januar 1821 in Emmitsbourg, USA

Die „Sisters of Charity", die Schwestern der Barmherzigkeit, sind eine Gemeinschaft, die heute in den Vereinigten Staaten von Amerika weit verbreitet ist. Die Gründung der Kongregation geht auf Elisabeth Anna Bayley zurück, die am 28. August 1774 in New York als Tochter eines Arztes zur Welt gekommen war. Im Alter von 19 Jahren heiratete Elisabeth, die Mitglied der Episkopalkirche war, und gebar in den folgenden Jahren fünf Kinder. Als ihr Ehemann schon sehr früh starb, trat die junge Witwe zum katholischen Glauben über und rief wenige Jahre später die Schwesternschaft „Sisters of Charity" ins Leben, die die Regel des Vinzenz von Paul zum Vorbild nahm.

Elisabeth Anna Bayley Seton. Die Gründerin der „Sisters of Charity" wurde 1975 heiliggesprochen.

Fast ein Jahrzehnt hatte sie das Amt der ersten Generaloberin inne.

Elisabeth Anna Bayley, verwitwete Seton, die sich durch übergroße Hilfsbereitschaft gegenüber Armen und Notleidenden auszeichnete, starb am 4. Januar 1821 mit erst 46 Jahren. Ihre Seligsprechung erfolgte im Jahr 1963 durch Papst Johannes XXIII., die Heiligsprechung am 14. September 1975 durch Papst Paul VI. Elisabeth Anna Bayley war die erste Heilige der USA, die auch aus den Vereinigten Staaten stammte.

Rigobert von Reims

Erzbischof von Reims OSB
geboren: 7. Jh. in Frankreich
gestorben: um 740 Gernicourt, Frankreich

5. Januar

Eduard von England

Bekenner, König
geboren: 1003 in England
gestorben: 5. Januar 1066 in England
Patron von England; der englischen Könige

König Eduard, der im Jahr 1003 als Sohn von König Ethelred II. und Emma von der Normandie zur Welt gekommen war, förderte das kirchliche Leben, wo und wie immer er konnte. Er ließ die Benediktinerabtei St. Peter, die heutige Westminster Abbey in London, erbauen. Dorthin ließ Thomas Becket 1163 auch die Gebeine des am 5. Januar 1066 verstorbenen, letzten angelsächsischen Königs überführen. 1161 war Eduard heiliggesprochen worden.

Darstellung: In der ihm geweihten Kapelle in der Westminster Abbey in London zeigen 14 Reliefs aus dem 15. Jh. Szenen aus dem Leben des heiligen Eduard. Abgebildet wird Eduard häufig, wie er einen kranken Mann trägt, so bei Hans Burgkmair in einem Holzschnitt und bei Ludwig Seitz; diese Darstellung geht auf die Erzählung zurück, Eduard habe einen Kranken dadurch wieder gesund gemacht, daß er ihn in die Kirche getragen hat. Auf Eduards besondere Wohltätigkeit eingehend, zeigen ihn Abbildungen auch, wie er einem Pilger einen Ring schenkt.

Eduard, König von England, genannt „der Bekenner“. Zeichnung von Ludwig Seitz aus dem 19. Jh. Eduard ist auf Abbildungen oft dargestellt, wie er einen Kranken auf dem Rükken trägt; dies geht auf die Legende zurück, daß der König einmal einen gichtkranken Mann geheilt hat.

Gerlach von Houthem

Einsiedler
geboren: um 1100 in Valkenburg, Niederlande
gestorben: 5. Januar 1172 (oder 1177?) in Houthem, Niederlande
Patron gegen Viehseuchen

Gerlach soll, nachdem er mehrere Jahre in Jerusalem Kranke und Sterbende gepflegt hatte, in seiner Heimat 14 Jahre lang als Einsiedler in einem hohlen Baum gelebt haben.

Johannes Nepomuk Neumann

Bischof CSSR
geboren: 28. März 1811 in Prachatitz, Böhmen, Tschechische Republik
gestorben: 5. Januar 1860 in Philadelphia, USA

Zu den Heiligen, deren Kanonisationsprozeß erst in jüngeren Jahren abgeschlossen wurde, gehört auch Johannes Nepomuk Neumann. Papst Paul VI. war es, der den Bischof von Philadelphia, gebürtig aus Böhmen, am 19. Juni 1977 heiligsprach. Vorausgegangen waren über 100 Jahre andauernde, unermüdliche Bestrebungen seiner Diözese sowie seines Ordens, den Akt der Heiligsprechung zu erwirken.

Johannes Nepomuk Neumann kam am 28. März 1811 als Sohn einer tschechischen Mutter und eines deutschen Vaters in Prachatitz im Böhmerwald zur Welt. Nach Studienjahren in Budweis und Prag entschloß sich Neumann, der acht Sprachen beherrschte und sich besonders für Botanik und Astronomie interessierte, in der Mission in Nordamerika zu arbeiten. Nachdem er vom New Yorker Bischof John Dubois zum Priester geweiht worden war, wirkte der gelehrte Mann aus Böhmen, inzwischen 25 Jahre alt, mehrere Jahre unter deutschsprachigen Immigranten bei den Niagarafällen. 1840 trat Johannes Nepomuk Neumann dann dem von Alfons di Liguori 1732 gegründeten Redemptoristen-Orden bei. In Anerkennung seines herausragenden pastoralen Wirkens wurde er bereits 1852, mit 41 Jahren, zum Bischof von Philadelphia ernannt.

Nachdem Neumann über 100 Kirchen sowie 80 Schulen gegründet und unermüdlich seine große Diözese bereist hatte, brach er nach nur acht Jahren Amtszeit völlig ausgezehrt am 5. Januar 1860 auf einer Straße in Philadelphia tot zusammen. Beigesetzt wurde der in seinem Orden stark verehrte Kirchenmann in der Redemptoristenkirche St. Peter in Philadelphia.

Johannes Nepomuk Neumann, Bischof von Philadelphia. Papst Paul VI. sprach den Redemptoristen am 19. Juni 1977 heilig.

Roger von Todi

Mönch OFM
geboren: um 1180 in Todi, Italien
gestorben: 5. Januar 1237 in Todi
1751 Approbation des Kultes

6. Januar

Andreas Corsini

Bischof OCarm
geboren: 1301 (?) in Florenz, Italien
gestorben: 6. Januar 1374 in Fiesole bei Florenz

Der Karmeliter Andreas Corsini war 1349 zum Bischof von Fiesole bei Florenz ernannt worden. Der Leichnam des Kirchenmannes, der in der Kirche S. Maria del Carmine in Florenz beigesetzt ist, blieb bis heute unverwest. Andreas Corsini wurde 1629 heiliggesprochen.

Darstellung: Auf Abbildungen sieht man Andreas Corsini als Karmelitermönch, oft auch als Bischof mit einem Wolf oder einem Schaf bei sich.

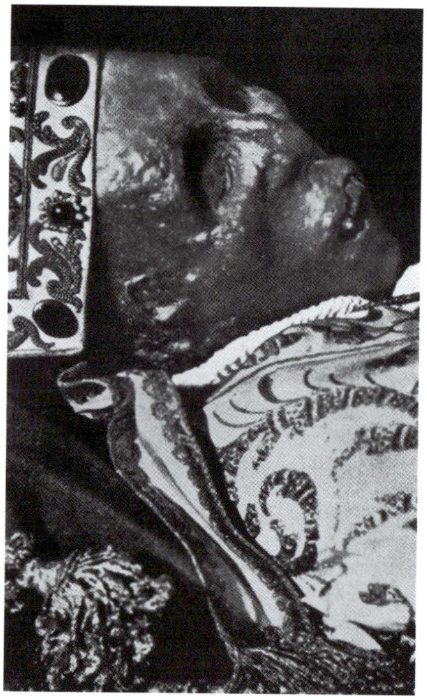

Der mumifizierte Kopf von Andreas Corsini.

Gertrud von Oosten

Begine, Mystikerin
geboren: um 1300 in Voorburg, Niederlande
gestorben: 6. Januar 1358 in Delft, Niederlande

Gertrud hat ihren Beinamen von dem ihr zugeschriebenen Lied „Het daghet in den oosten". Getrud, die in Delft als Begine lebte, hatte die Gabe der Weissagung und trug die Wundmale Christi.

Darstellung: Gertrud von Oosten wird als Klosterfrau mit den Wundmalen an den Händen abgebildet.

Heilige Drei Könige

Patrone von Köln; der Reisenden, Pilger; der Kürschner, Spielkartenhersteller; gegen Unwetter; werden angerufen gegen Epilepsie

Die Weisen aus dem Morgenland werden sie genannt, die drei Heiligen, deren Fest am 6. Januar gefeiert wird und das zu den höchsten im kirchlichen Jahreslauf gehört. Kaspar, Melchior und Balthasar heißen sie, die Heiligen Drei Könige, um die sich zahlreiche Legenden und Erklärungsversuche ranken.

„Wo ist der neugeborene König der Juden? Wir haben seinen Stern gesehen und sind gekommen, ihn anzubeten." So steht es geschrieben bei Matthäus dem Evangelisten (2,1). Der wunderbar glänzende Stern hatte den drei Weisen den Weg vom Morgenland nach Betlehem gezeigt, er hatte sie unbeschadet über alle Hindernisse hinweg zu dem neugeborenen Jesuskind geführt. Als sie den Sohn Gottes erblickten, fielen die Männer auf die Knie und huldigten dem Kind und seiner Mutter Maria. Dann brachten sie ihre mitgeführten Geschenke dar: Gold, Weihrauch und Myrrhen. Das Gold sollte die Weisheit eines Königs symbolisieren, der Weihrauch Gebet und Opfer, die Myrrhen galten als Zeichen der Selbstbeherrschung. Um dem Zorn von König Herodes zu entgehen – eine himmlische Eingebung hatte sie gewarnt –, zogen Kaspar, Melchior und Balthasar dann auf einem geheimen Weg ins Morgenland zurück.

Die weitere Lebensgeschichte der Drei Könige ist ebenfalls nur durch die Legende überliefert. So sollen die drei von Apostel Thomas zu Bischöfen geweiht worden sein und Jahre später, nach großen missionarischen Erfolgen, nur wenige Tage nacheinander gestorben sein. Angeblich wurden sie in einem gemeinsamen Grab beigesetzt.

Ein wunderbarer Goldschrein im Kölner Dom aus der Werkstatt von Nikolaus von Verdun, einem der berühmtesten Goldschmiede des Mittelalters, sowie ein riesiger römischer Sarkophag in der Mailänder Kirche S. Eustorgio sind heute die sichtbaren Beweise für die Verehrung der Heiligen Drei Könige. Die Legende erzählt, daß Kaiserin Helena die Gebeine von Kaspar, Melchior und Balthasar erhoben und sie später, auf dessen Bitten, Bischof Eustorgio von Mailand geschenkt habe. Protasius, der Nachfolger Eustorgios auf dem Mailänder Bischofsstuhl, ließ die kostbaren Reliquien dann in einen Steinsarkophag aufnehmen, der über der Grabstätte Eustorgios aufgestellt wurde. In der baulich interessanten Kirche S. Eustorgio an der gleichnamigen Piazza im Süden des Mailänder Stadtzentrums kann der heute leere Sarkophag in der Kapelle der Heiligen Drei Könige, rechts vom Presbyterium, besichtigt werden. Der relativ flache Kirchenbau mit seinem schlanken Turm, einer der bedeutendsten der Renaissance, wurde im 13. Jh. neu geschaffen, nachdem Barbarossa das ursprüngliche Gotteshaus 1164 bei der Unterwerfung Mailands hatte zerstören lassen. Sein Kanzler, der berühmte Rainald von

Ein Detail vom Dreikönigenschrein im Kölner Dom. In dem Schrein ruhen die Gebeine der drei Weisen sowie die Reliquien von Felix, Nabor und Gregor von Spoleto.

Anbetung der Heiligen Drei Könige. Nach einem Holzschnitt von Albrecht Dürer aus dem Jahr 1511.

Dassel, brachte die begehrten Reliquien von Kaspar, Melchior und Balthasar danach in die Domstadt Köln am Rhein, wo seither der Tag der Translatio, der 23. Juli, feierlich begangen wird. 1904 erhielt S. Eustorgio einige Reliquien wieder zurück.

Im Inneren des unvergleichlichen Dreikönigenschreins hinter dem Hochaltar des Kölner Domes ruhen bis heute die Gebeine der drei Weisen aus dem Morgenland sowie die der Heiligen Felix, Nabor und Gregor von Spoleto. Interessant sind auf der Stirnseite des Schreins drei Steine, die die Lage der Häupter der Drei Könige anzeigen.

Verehrung/Brauchtum: Bis ins 18. Jh. hinein waren die Reliquien der Heiligen Drei Könige Ziel einer der bedeutendsten Wallfahrten des Abendlandes. Auch bis in die heutige Zeit hinein rankt sich um die drei Weisen so mancher Volksglaube. So soll der Segen der Heiligen Drei Könige Unheil von Wohnhaus oder Hof fernhalten; vor allem auf dem Land ist es noch immer üblich, daß der Hausherr am Vorabend des 6. Januar die Anfangsbuchstaben der Könige und die jeweilige Jahreszahl (z. B. 19+C+M+B+92) auf den Haustürbalken schreibt (die Buchstaben C, M, B werden auf den Segensspruch „Christus Mansionem benedicat", Christus segne die Wohnung, zurückgeführt); die Hausfrau wiederum räuchert vielerorts gleichzeitig alle Wohnräume aus. Viele Gasthausnamen sind auf die drei Heiligen zurückzuführen: Mohr, Stern, Krone. Bis in die Städte hinein hat sich der Brauch der Sternsinger erhalten, die von Haus zu Haus ziehen und um eine Gabe bitten. Um Unwetter abzuhalten, tragen in vielen Kirchen Glocken die Buchstaben der Drei Könige.

Das Zentrum der Dreikönig-Verehrung war und ist die Stadt Köln; außer für die Stadt am Rhein wurde der Kult der Drei Könige als Heilige nie offiziell anerkannt.

Darstellung: Abbildungen der Drei Könige gibt es, der starken Verehrung entsprechend, vor allem im Kölner Raum; Darstellungen oder symbolische Zeichen befinden sich dort unter anderem an Stadttoren, an wichtigen Gebäuden, auf Stadtsiegeln, in Wappen und sogar auf der Bürgermeisteramtskette. Auf Stadtansichten sind die Könige in Wolken über der Stadt Köln schwebend zu sehen. In bildlichen Darstellungen huldigen die drei Könige oft, mit Geschenken beladen, dem Jesuskind in der Krippe. Einer der drei ist meist von schwarzer Hautfarbe.

Erminold

Abt OSB
geboren: um 1035
gestorben: 6. Januar 1121 in Prüfening/Regensburg, Bayern

Erminold, Mönch der Benediktinerabtei Hirsau im Schwarzwald, wurde von Bischof Otto von Bamberg 1114 zum ersten Abt des neugegründeten Klosters Prüfening bei Regensburg ernannt. Als einmal der exkommunizierte Kaiser Heinrich V. das Kloster besichtigen wollte, verweigerte ihm Erminold dies. Von einem Mitbruder wurde der Abt daraufhin so geschlagen, daß er den Verletzungen am nächsten Tag, dem 6. Januar 1121, erlag. Erminolds Gebeine wurden 1283 erhoben.

Verehrung/Brauchtum: Sehenswert ist in der Regensburger Benediktinerklosterkirche St. Georg (in Prüfening) das 1283 vom sogenannten Erminold-Meister geschaffene Hochgrab des Erminold. Am Grab des Abtes ließen sich früher Kranke wiegen und opferten dann, ihrem Gewicht entsprechend, Wachs, den Abt damit um Hilfe bittend.

Johannes de Ribera (Rivera)

Erzbischof, Gründer
geboren: 20. März 1533(?) in Sevilla, Spanien
gestorben: 6. Januar 1611 in Valencia, Spanien

Johannes wurde 1568 zum Erzbischof von Valencia, später auch zum Vizekönig ernannt. Er hielt mehrere Synoden ab, um die Durchführung der Beschlüsse des Trienter Konzils durchzusetzen. Darüber hinaus gründete Johannes in Valencia ein Kolleg für Weltpriester. Die Seligsprechung erfolgte 1796, die Heiligsprechung am 12. Juni 1960.

Karl von Sezze

Mystiker OFM
geboren: 19. Oktober 1613 in Sezze, Italien
gestorben: 6. Januar 1670 in Rom, Italien

Karl von Sezze war Franziskaner-Laienbruder der römischen Ordensprovinz. Er hatte ein ausgeprägt starkes mystisches Erleben. Die Seligsprechung Karls erfolgte 1882, die Heiligsprechung am 12. April 1959.

Makarius der Schotte

Abt
geboren: vor 1100 in Schottland (Irland?)
gestorben: 6. Januar 1153 in Würzburg, Bayern

Makarius der Schotte, der bereits zu Lebzeiten als heiligmäßig lebender Mönch galt, wurde 1139 der erste Abt des neugegründeten Jakobsklosters in Würzburg. Er starb am 6. Januar 1153, seine Gebeine wurden 1615 erhoben. Die Reliquien befinden sich seit 1818 in der Würzburger Marienkapelle am Marktplatz.

Verehrung/Brauchtum: Vor allem im Fränkischen genoß Makarius große Verehrung. Im Jahr 1731 wurde sogar eine Makarius-Bruderschaft gegründet.

Raphaela Maria vom Heiligen Herzen

Gründerin
geboren: 1. März 1850 in Pedro-Abad, Spanien
gestorben: 6. Januar 1925 in Rom, Italien

Raphaela, die am 1. März 1850 in dem Ort Pedro-Abad in der spanischen Diözese Cordoba als zehntes von 13 Geschwistern zur Welt gekommen war, verlor früh Vater und Mutter und legte das Gelübde der Jungfräulichkeit ab. Gemeinsam mit ihrer Schwester gründete die 27jährige 1877 in Madrid das Institut der „Dienerinnen des Heiligen Herzens Jesu“ und gab ihm die Regel des Ignatius von Loyola. Einige Jahre später, 1886, wurde die Gründung approbiert. Raphaela wurde die erste Generaloberin (bis 1892). Danach ging sie nach Rom, gründete ebenfalls ein Ordenshaus und lebte dort bis zu ihrem Tod am 6. Januar 1925. Raphaelas Seligsprechung erfolgte bereits 1952, ihre Heiligsprechung am 23. Januar 1977.

Wiltrud von Bergen

Klostergründerin, Äbtissin OSB
geboren: 10. Jh.
gestorben: an einem 6. Januar um 995 in Bergen, Bayern

Die Gründung des Benediktinerinnenklosters Bergen bei Neuburg an der Donau geht auf Wiltrud zurück. Sie war mit Herzog Berthold von Bayern verheiratet, verlor nach dessen Tod ihren ganzen Besitz und gründete nach der Rückgabe ihrer Güter durch Kaiser Otto II. das Kloster, dessen erste Äbtissin sie wurde. An einem 6. Januar um 995 starb Wiltrud von Bergen, die auch „Pia“, die Fromme, genannt wurde.

Darstellung: Wiltrud wird abgebildet als Äbtissin mit abgelegter Krone, mit einer Taube und mit Kreuzerscheinung.

7. Januar

Gaubald

Bischof von Regensburg
geboren: um 700
gestorben: 761 in Regensburg, Bayern

Knud Lavard

König
geboren: 1096 in Roskilde, Dänemark
gestorben: 7. Januar 1131 in Dänemark

Der dänische Herzog und König – er war 1096 in Roskilde westlich von Kopenhagen zur Welt gekommen – setzte sich mit allen Kräften für die Ausbreitung des Christentums und der europäischen Kultur im Norden ein. Von einem eifersüchtigen Neffen wurde er am 7. Januar 1131 in einem Wald ermordet. Knuds Heiligsprechung erfolgte 1169.

Darstellung: Der heilige Knud wird mit den königlichen Insignien abgebildet, oft auch mit einer Keule oder einer Axt; neben ihm ist manchmal eine Quelle zu sehen.

Maria Theresia Haze

Ordensgründerin FrC
geboren: 27. Februar 1782 in Lüttich, Belgien
gestorben: 7. Januar 1876 in Lüttich

Maria Theresia Haze, die mit Taufnamen Johanna hieß, ist die Gründerin der Kongregation der „Töchter vom heiligen Kreuz“, die 1833 in Lüttich ihre Tätigkeit aufnahm. Vikar Johann Wilhelm Habets verfaßte die ersten Statuten, denen die Augustinerregel mit den Satzungen von Ignatius von Loyola, dem Gründer

Maria Theresia Haze, Gründerin der Kongregation der „Töchter vom Heiligen Kreuz“.

des Jesuitenordens, zugrunde lag. Die Genossenschaft widmete sich der Sorge um Schulen und Waisenhäuser sowie um weibliche Gefangene in Lüttich; daraus ging in den folgenden Jahren ein Asyl für Büßerinnen hervor. Papst Pius IX. bestätigte die Kongregation 1851. Oberin Maria Theresia Haze starb knapp 94jährig am 7. Januar 1876. Die Ordensgründerin wurde am 21. April 1991 seliggesprochen.

Raimund von Peñafort

Ordensgeneral OP
geboren: um 1175 bei Barcelona, Spanien
gestorben: 6. Januar 1275 in Barcelona
Patron von Barcelona; der Kirchenrechtsgelehrten

Auf Schloß Peñafort, nahe bei Barcelona, der katalanischen Hauptstadt an der spanischen Mittelmeerküste, wurde Raimund um 1175 geboren. Seine Familie war verwandt mit den Königen von Aragon und den Grafen von Barcelona. Nach vorzüglicher Ausbildung in Barcelona und in Bologna kehrte Raimund von Peñafort nach Barcelona zurück und erhielt die Priesterweihe. Im Jahr 1222 trat er dem Dominikanerorden bei, der 1216 bestätigt worden war, und verfaßte noch im selben Jahr die Statuten für den neuen Orden der Mercedarier, nach dem Mitbegründer Petrus Nolaskus auch Nolasker genannt. Im Jahr 1230 rief Papst Gregor IX. Raimund als Beichtvater und Berater nach Rom.

In den folgenden Jahren verfaßte der gelehrte Kirchenmann aus Katalonien zahlreiche wichtige Schriften, die in der damaligen Zeit großen Einfluß hatten und klare Richtlinien beispielsweise für Beichtväter enthielten. Um die Bekehrung der Juden und Mauren in Spanien voranzutreiben, gründete Raimund zahlreiche Schulen für orientalische Sprachen. In die Geschichte des Dominikanerordens ging er als dessen dritter Ordensgeneral ein. In den drei Jahren seiner Amtszeit überarbeitete er die Regeln dieser Ordensgemeinschaft völlig neu. Im hohen Alter von etwa 100 Jahren – das Geburtsdatum kann nicht genau festgelegt werden – starb Raimund von Peñafort am 6. Januar 1275 in Barcelona. Seine Heiligsprechung erfolgte im Jahr 1601.

Raimund von Peñafort, Ordensgeneral der Dominikaner.

Diese Abbildung des heiligen Raimund von Peñafort gibt die berühmte Mantel-Legende wieder; danach hatte der Ordensmann den amtierenden König von Aragonien, Jakob I., öfters wegen seines sittenlosen Lebens getadelt und sich schließlich entschlossen, den Herrscher zu verlassen. Daraufhin verbot Jakob I. allen unter Todesstrafe, Raimund über das Meer zu bringen. Da soll der Mönch seinen Mantel ausgebreitet und über ihm das Kreuzzeichen gemacht haben und danach auf dem Kleidungsstück über das Meer geglitten sein.

Verehrung/Brauchtum: Die Verehrung für den heiligen Raimund von Peñafort konzentriert sich heute auf die Kapelle San Raimundo in der Kathedrale Santa Eulalia in Barcelona; dort steht der gotische Marmorsarkophag des Heiligen.

Darstellung: Abgebildet wird Raimund im Habit der Dominikaner, wie er über das Meer fährt; dabei ist entweder sein Mantel das Segel des Bootes, oder er gleitet auf dem Mantel selbst über das Wasser. Eine schöne Darstellung zu dieser Szene gibt es in der Kirche S. Domenico in Bologna: „Die wunderbare Meerfahrt" von Lodovico Carracci (1610). Ein Fresko von Tommaso da Modena im Kapitelsaal des ehemaligen Dominikanerklosters in Treviso gehört zu den frühen Darstellungen des Heiligen.

Reinold (Reinhold) von Köln

Mönch
geboren: 10. Jh.(?)
gestorben: 960(?) in Köln, Nordrhein-Westfalen
Patron von Dortmund; der Maurer, Steinmetze, Bildhauer; gegen die Pest

Die Lebensgeschichte des Reinold von Köln beruht auf einer Legende. Danach soll er im 10 Jh. als Mönch in der Abtei St. Pantaleon in Köln gelebt haben. Seine Aufgabe war die Überwachung der Steinmetze bei der Arbeit. Er selbst arbeitete, so die Erzählung, überaus fleißig mit und wurde schließlich eines Tages wegen seiner übergroßen Genauigkeit und seines Einsatzes von mißtrauischen, wütenden Handwerkern erschlagen.

Verehrung/Brauchtum: Natürlich wird Reinold in Dortmund, dessen Stadtpatron er ist und wohin der größte Teil seiner Reliquien übertragen wurde (Reinoldikirche), ganz besonders verehrt. Doch auch im Bergischen Land zählt er zu den besonderen Patronen: Im Ort Lindlar gedenkt die Gilde der Steinhauer bis heute jedes Jahr ihres Zunftpatrons Reinold; Messe, Umtrunk und weitere Festlichkeiten beweisen, wie lebendig hier das Reinold-Gedenken geblieben ist. Reliquien findet man außer in Dortmund in Köln und im spanischen Toledo.

Darstellung: Abgebildet wird Reinold als Ritter oder Mönch mit Hammer oder Maurerkelle.

Valentin von Rätien in seiner Einsiedelei bei Meran.

Valentin von Rätien

Bischof
geboren: um 400
gestorben: 7. Januar um 475
Patron des Bistums Passau; gegen Viehseuchen, Gicht, Epilepsie, Krämpfe

Über das Leben des Bistumspatrons von Passau ist nur wenig überliefert. Die Legende sagt, Valentin sei Bischof in Rätien und Passau gewesen. In Passau soll er nach den Worten auf einer Tafel, die man 1120 bei der Erhebung seiner Gebeine fand, dreimal zu wirken versucht haben, dreimal sei er dabei vertrieben worden. Danach habe er sich über die Alpen begeben, wo er um 475 gestorben sein soll. Beigesetzt wurde er zunächst in der Kirche Zenoburg bei Meran (Südtirol), um 764 dann ließ Herzog Tassilo III. den Leib in den Stephansdom zu Passau übertragen. Oft wird Valentin von Rätien auch mit Valentin von Terni verwechselt.

Verehrung/Brauchtum: Außer in Passau wird Valentin auch in Südtirol und in Chur in der Schweiz verehrt.

Darstellung: Auf Abbildungen ist Valentin von Rätien als Bischof dargestellt, wie er zu Heiden predigt. Aufgrund der Verwechslung mit Valentin von Terni ist er auch mit Krüppeln oder Epileptikern abgebildet.

8. Januar

Erhard von Regensburg

Bischof
geboren: vor 700 in Frankreich(?)
gestorben: nach 700 in Frankreich(?)
Patron des Viehs; der Schuhmacher, Schmiede und Bäcker; Nebenpatron der Diözese Regensburg (Pestpatron)

Erhard war wahrscheinlich Missionsbischof am Hof der Agilolfingerherzöge in Regensburg. Über seine Herkunft weiß man kaum etwas, möglicherweise stammte er aus Südfrankreich. Im Elsaß soll Erhard während seiner aufopferungsvollen Missionstätigkeit mehrere Klöster gegründet haben. Es heißt auch, daß er es gewesen ist, der der von Geburt an blinden elsässischen Herzogstochter Odilia das Augenlicht wiedergegeben hat. Das Sterbedatum des Bischofs ist nicht exakt bekannt, beigesetzt wurde er in der Niedermünsterkirche in Regensburg.

Verehrung/Brauchtum: Vor allem im Mittelalter genoß Erhard im Elsaß ausgeprägte Verehrung, zahlreiche Spitäler wurden dort nach ihm benannt. In Österreich und Niederbayern wurde Erhard gern als Viehpatron angerufen. Der wohl bedeutendste Wallfahrtsort seit dem Mittelalter bis zum heutigen Tag ist St. Erhard in der Steiermark (Österreich). Auch in dem Dorf Attaching bei Freising wird Erhard verehrt: Im Hochaltar der dortigen Pfarrkirche befindet sich ein schöner Reliquienschrein mit einer Armreliquie des Bischofs; sie war den Attachingern 1720 von Fürstbischof Johann Franz Eckher geschenkt worden.

Darstellung: Abgebildet wird Erhard fast immer im Bischofsornat; oft hat er ein Buch bei sich, auf dem zwei Augen liegen in Anlehnung an die Überlieferung, er habe Odilia von ihrer Blindheit geheilt. Manchmal sieht man ihn auch, wie er Odilia tauft. Ein schönes Altarbild sowie eine Säulenfigur in der steiermärkischen St.-Erhard-Kirche stellen Erhard gut dar.

Dieser Reliquienschrein mit Gebeinen des Erhard von Regensburg steht auf dem Hochaltar der kleinen Pfarrkirche in Attaching bei Freising. Fürstbischof Johann Franz Eckher hatte den Attachingern am 5. Januar 1720 eine Armreliquie Erhards geschenkt. In einer Bestandsaufnahme von 1733 heißt es: „tabernakhl mit ainen gitter und cardoneen fyrhangl, Worin dieser woll geschnizlete und best bildtnuß versilbert, uf einen verguldten postament undin selbem ein schönes H gebain von selben H Erhardo aufbehalten wird."

Gudula

Büßerin
geboren: in Merchtem(?), Belgien
gestorben: 712 in Moorsel, Belgien
Patronin von Brüssel

Gudula baute sich eine Zelle, in welcher sie bis zu ihrem Tod ein strenges Bußleben führte. Die Gebeine der Patronin von Brüssel ruhen in der Ste-Gudule-Kirche in Brüssel.

Laurentius Giustiniani Patriarch von Venedig. Ausschnitt aus einem Gemälde von Gentile Bellini (1465), heute in der Accademia in Venedig.

Laurentius Giustiniani

Patriarch
geboren: 1. Juli 1381 in Venedig, Italien
gestorben: 8. Januar 1455 in Venedig

In der Kirche S. Giorgio in Venedig hat der erste Patriarch der Stadt, Laurentius Giustiniani, seine letzte Ruhestätte gefunden. Der große Wohltäter einfacher Menschen und Bedürftiger, geboren 1381 in der Lagunenstadt, war 1451 Bischof und Patriarch von Venedig geworden. Sein Leben zeichnete sich aus durch überdurchschnittliche Frömmigkeit und große Liebe zum Nächsten. Laurentius Giustiniani starb am 8. Januar des Jahres 1455, seine Heiligsprechung erfolgte 1690.

Severin von Norikum

Mönch
geboren: um 400 im Orient
gestorben: 8. Januar 482 in Favianis (Mautern), Österreich
Patron von Bayern; der Winzer, Leinweber; Gefangenen; der Weinstöcke; zweiter Diözesanpatron von Linz

Von Severin, einem Mönch aus dem Orient, wird überliefert, daß er während der Völkerwanderung nach dem Tod Attilas (453) nach Norikum, der damals römischen Provinz (heute größtenteils Österreich) gekommen sei. Unermüdlich soll er sich bis an sein Lebensende um die notleidende Bevölkerung gekümmert haben. Darüber hinaus galt er als Führer der unter den Arianern lebenden katholischen Minderheit, immer wieder vermittelte er zwischen beiden Lagern, so daß ein friedliches Nebeneinander möglich war. In die Geschichte ging Severin außerdem als Gründer mehrerer Klöster ein, so in Favianis (Mautern), in Lorch/Enns und in Passau. Die Reliquien des am 8. Januar 482 Verstorbenen gelangten 1807 in die Pfarrkirche von Frattamaggiore bei Aversa (Kampanien, Italien). Bei der St.-Severin-Kirche in Passau wird noch heute eine Zelle gezeigt, wo Severin gelebt haben soll.

Darstellung: Eine der neuesten Abbildungen Severins ist auf einem Bronzetor (1971) an der Basilika von Lorch zu sehen; es zeigt Szenen aus dem Leben des Heiligen. Als Pilger mit Stab zeigen ihn Statuen in der Kirche St. Severin in Passau (1470) und im Passauer Dom (1520).

9. Januar

Maria Theresia von Jesus

Ordensgründerin
geboren: 2. Februar 1576 in Remiremont, Frankreich
gestorben: 9. Januar 1622 in Nancy, Frankreich

Maria Theresia von Jesus, die mit bürgerlichem Namen Alix Le Clerc hieß, gründete zusammen mit Petrus Fourier den Lehrorden der „Chorfrauen U.L.F." (Chorfrauen Unserer Lieben Frau), dessen Schwestern sich um die Ausbildung und die christliche Erziehung junger Mädchen kümmerten. Sie errichtete unter der Leitung ihres Seelenführers Fourier in Nancy das Mutterhaus des Ordens und wurde selbst die erste Oberin. Unermüdlich wirkte sie, kannte nur ihre Arbeit und war ihren Schwestern ein großes Vorbild an Einsatz und Tugendhaftigkeit. Die Ordensgründerin leitete ihr Haus bis 1621, dann fühlte sie ihre Kräfte erlahmen und legte die Verantwortung in jüngere Hände. Am 9. Januar 1622 starb Maria Theresia von Jesus; sie war 46 Jahre alt. Papst Pius XII. sprach die Ordensfrau am 4. Mai 1947 selig.

Petrus von Sebaste

Bischof
geboren: vor 349 in Cäsarea, heute Kayseri, Türkei
gestorben: 392 in Sebaste, Türkei

Petrus entstammte einer berühmten Familie: Seine älteren Brüder waren der berühmte Basilius der Große und Gregor von Nyssa. Nach dem frühen Tod der Eltern erhielt Petrus seine Erziehung von seiner Schwester Makrina, die später ebenfalls heiliggesprochen wurde. Von seinem Bruder Basilius, inzwischen Erzbischof von Cäsarea, empfing Petrus im Jahr 370, etwa 25 Jahre alt, die Priesterweihe. Etwa ein Jahrzehnt später wurde er zum Bischof von Sebaste in Armenien, dem heutigen Sivas im türkischen Anatolien, ernannt. Nach rund zehnjähriger Amtszeit starb er.

10. Januar

Agatho

Papst (678 bis 681)
geboren: 7. Jh. auf Sizilien, Italien
gestorben: 10. Januar 681 in Rom, Italien

Franziska Salesia Leonie Aviat

Ordensgründerin
geboren: 16. September 1844 in Sézanne, Frankreich
gestorben: 10. Januar 1914 in Italien

Mit ihrer Aufnahme in den Kreis der Heiligen würdigte Papst Johannes Paul II. am 25. November 2001 das Wirken von Schwester Franziska Salesia Aviat. Die Französin aus Sézanne hatte am 30. Oktober 1868 die Kongregation der „Oblatinnen des heiligen Franz von Sales" mit ins Leben gerufen.

Als Mädchen hatte Leonie Aviat, so ihr Geburtsname, in einer Brillenfabrik gesehen, in welch unwürdigen Verhältnissen die Frauen und Mädchen ihrer Arbeit nachgehen mußten. Ihr Entschluß stand fest: Hier wollte sie helfen. Das Mädchen mußte aber warten, bis es volljährig war, um den Wunsch verwirklichen zu können: Im Alter von 22 Jahren lernte Leonie Pater Alois Brisson kennen, der sich fürsorglich um arbeitende Mädchen kümmerte; sofort arbeitete sie bei ihm mit. Und zwei Jahre später rief Leonie mit Brisson und einer Gefährtin die „Oblatinnen des heiligen Franz von Sales" ins Leben. Die Kongregation gründete Heime, Schulen und Internate für Fabrikarbeiterinnen, im Laufe der Jahre verbreiteten sich die Oblatinnen über die halbe Welt. Seligsprechung 27. September 1992.

Franziska Salesia Leonie Aviat. Der Orden der „Oblatinnen des heiligen Franz von Sales" geht auf sie zurück.

Gregor X.

Papst
geboren: 1210 in Piacenza, Italien
gestorben: 10. Januar 1276 in Arezzo, Italien

Gregor X. kam als Tedaldo Visconti im Jahr 1210 in der oberitalienischen Stadt Piacenza zur Welt. Über Kindheit, Jugend und die Jahrzehnte bis zur Papsternennung ist nicht viel bekannt. Nachdem der päpstliche Stuhl nach dem Tod von Papst Clemens IV. im November 1268 über zweieinhalb Jahre verwaist war und sich die zerstrittenen italienischen und französischen Kardinäle nicht auf einen gemeinsamen Kandidaten einigen konnten, gelang es dem Franziskanergeneral Bonaventura, das in der italienischen Stadt Viterbo tagende Wahlkomitee auf einen Kompromißkandidaten einzuschwören: Gewählt wurde 1271 Tedaldo Visconti, inzwischen Archidiakon in Lüttich und gerade als Kreuzfahrer im Heiligen Land unterwegs.

Der neue Papst rief 1274 das Konzil von Lyon zusammen, das einen weiteren Kreuzzug zum Thema hatte, eine Idee, die das Wirken von Gregor X. stark beeinflußte. Der frühe Tod des Papstes aber machte alle Pläne zunichte. Die Einigung mit den Griechen war für Gregor ebenfalls ein beherrschendes Thema. Kurzzeitig waren in dieser Richtung sogar Erfolge zu verzeichnen, die jedoch nicht lange anhielten. Um den rücksichtslosen Eroberungszügen durch Karl I. von Anjou Einhalt zu gebieten, erkannte der Papst Rudolf von Habsburg als deutschen König an. Bevor Rudolf allerdings zum Kaiser gewählt werden konnte, starb Gregor X. am 10. Januar 1276 in Arezzo.

Der Dom S. Maria in Aquileja, im 8. Jh. Sitz des Patriarchen Paulinus.

Nikanor

Diakon, Märtyrer
geboren: um Christi Geburt
gestorben: um 76 auf Zypern

Nikanor war einer der Diakone, die von den Aposteln im Sozialdienst bei den griechisch sprechenden Christen eingesetzt wurden. Er soll um 76 auf Zypern zu Tode gefoltert worden sein.

Verehrung/Brauchtum: Die Griechen begehen das Fest Nikanors an den Tagen 6. Mai, 28. Juli oder 28. Dezember.

Petrus Orseolo

Mönch OSB
geboren: 928 in Venedig, Italien
gestorben: 10. Januar 987 in Cuxá, Spanien

Der Doge Petrus (Pietro) Orseolo, der sich um Venedig sehr verdient gemacht hat – unter anderem ließ er den zerstörten Markusdom und den Dogenpalast aus eigenen Mitteln wieder herstellen und baute zahlreiche Spitäler –, verließ etwa 50jährig

Familie und Venedig, um den Rest seines Lebens als Benediktinermönch in einem Kloster in Cuxá in den Pyrenäen zu verbringen. Vor seinem Tod lebte er als Rekluse. Approbation des Kultes: 1731.

11. Januar

Paulinus von Aquileja

Patriarch
geboren: vor 750 in Aquileja, Italien
gestorben: 11. Januar 802 in Aquileja

Paulinus, vor 750 in Aquileja an der Adria zwischen Venedig und Triest geboren, war einer der berühmtesten Grammatiker seiner Zeit und als Lehrer hochgeschätzt. Kaiser Karl der Große war vom Geist und von der Begabung des Paulinus so angetan, daß er ihn um das Jahr 776 an seinen Hof nach Aachen holte, wo der Gelehrte in der Folge an der Palastschule unterrichtete. In dieser Zeit entwickelte sich die berühmte Freundschaft zwischen Paulinus und Alkuin, der den Kaiser sowie dessen ganze Familie unterrichtete und im Mittelpunkt des Geisteslebens der damaligen Zeit stand. Paulinus und Alkuin machten sich während ihrer Freundschaft beide als Dichter einen Namen.

Im Jahr 787 ernannte Karl der Große den von ihm über alles geschätzten Paulinus zum Patriarchen von Aquileja. Besondere Verdienste erwarb sich dieser bei der Bekämpfung des Adoptianismus, der zu jener Zeit durch spanische Bischöfe stärkere Verbreitung fand. Die Anhänger des Adoptianismus behaupteten, Christus sei ein zum Gott erhobener und mit Gottes Kraft versehener Mensch. Der im Abendland bekannteste Verfechter dieser Ansicht war Bischof Felix von Urgel. Paulinus verfaßte um das Jahr 800 drei Bücher gegen Urgel. Die Christianisierung der Avaren, einem den Hunnen verwandten Volk, das mit Raubzügen alle Nachbarländer bedrohte, lag dem Patriarchen ebenfalls am Herzen. Am 11. Januar des Jahres 802 starb Paulinus in Aquileja.

Philotheus

Märtyrer
geboren: 3 Jh.
gestorben: um 304 in Antiochia, Syrien

Der Christ Philotheus wurde um das Jahr 304 unter der Schreckensherrschaft von Kaiser Diokletian in Antiochia wegen seines Glaubens getötet. Besondere Verehrung genoß er in Ägypten, wo ihm auch Kirchen geweiht wurden.

Theodosius

Mönch
geboren: um 424 in Kappadokien, Türkei
gestorben: 11. Januar 529 in Palästina
Patron der Feilenhauer

Wenige Kilometer südöstlich von Jerusalem liegt das Theodosius-Kloster Dêr-Dôsi, bestehend aus vielen kleineren und größeren Höhlen. Der Ursprung dieses Klosters war eine der Höhlen, in der um das Jahr 460 der Mönch Theodosius, geboren um 424 in Kappadokien, als Einsiedler lebte. Theodosius baute die Höhlen zu Heimen und Rastplätzen für Bettler, Kranke, Reisende und Irre aus. Für die Coenobiten, die Bezeichnung für in Gemeinschaft lebende Mönche in der Einsamkeit, wurde das Höhlen-Kloster zu ihrem Zentrum in Palästina. Theodosius führte daher auch den Beinamen „der Coenobiarch“. Nach seinem Tod am 11. Januar 529 wurde der große Wohltäter in der sogenannten „Magierhöhle“ begraben. Bei Ausgrabungen um das Jahr 1900 fand man in dieser Höhle mehrere Gräbernischen, von denen eine mit hoher Wahrscheinlichkeit die bis dahin unbekannte Beisetzungsstätte des Theodosius ist.

Darstellung: Auf Abbildungen ist Theodosius als Einsiedler zu sehen, meist mit Bart. Die älteste Darstellung befindet sich auf einem Ikonenflügel (8. Jh.) im Katharinenkloster auf dem Berg Sinai.

Thomas von Cori

Mönch OFM
geboren: Juni 1655 in Cori, Italien
gestorben: 11. Januar 1729 in Civitella, Italien
3. September 1786 Seligsprechung
21. November 1999 Heiligsprechung

12. Januar

Antonius Pucci

Ordensprovinzial OSM
geboren: 16. April 1819 in Poggiole, Italien
gestorben: 12. Januar 1892 in Viarèggio, Italien

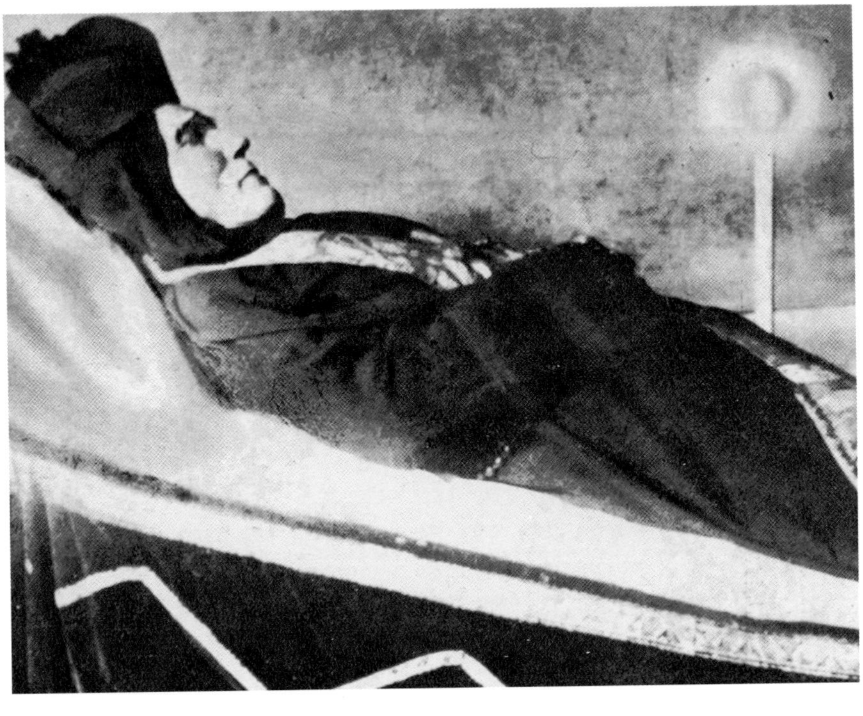

Der aufgebahrte Antonius Pucci (letzte Fotografie des Priesters).

„Ein Vorbild für alle Pfarrer" nannte Papst Pius XII. bei der Seligsprechung 1950 Antonius Pucci, der fast fünfzig Jahre lang als Seelsorger gewirkt hatte. Die Heiligsprechung erfolgte am 9. Dezember 1962. Der gläserne Sarg mit dem Leichnam des Heiligen steht in der Kirche S. Andrea in Viarèggio an der toskanischen Mittelmeerküste, dem Wirkungsort des Priesters, der auch Prior und Ordensprovinzial der Serviten war.

Johannes Merlini, dritter Generaloberer der Kongregation der „Missionare vom Kostbaren Blute".

Johannes Merlini

Ordensgründer, Generaloberer CPPS
geboren: 28. August 1797 in Spoleto, Italien
gestorben: 12. Januar 1873 in Rom, Italien

Johannes Merlini leistete Großes für seine Kongregation der „Missionare vom Kostbaren Blute", der er 1820 beigetreten war. Vor allem für den Aufbau und die Ausbreitung des Ordens setzte er sich ein; er war auch Mitbegründer der amerikanischen Provinz. Im Jahr 1840 wurde der 1818 zum Priester geweihte Sohn eines Drogistenehepaares aus Spoleto schließlich zum Generalsekretär ernannt, 1847 zum Generaloberen. Eine enge Verbindung hatte Merlini immer zu Kaspar del Bufalo, dem Gründer seiner Kongregation, der 1837 starb. Zusammen mit Maria de Mattias verwirklichte Merlini nach dem Tod Bufalos auch dessen Absicht, die weibliche Kongregation der „Anbeterinnen des Kostbaren Blutes" zu begründen. Sie wurde fünf Jahre nach Merlinis Tod bestätigt.

Johannes Merlini starb am 12. Januar 1873 in Rom und wurde auf dem dortigen Friedhof beigesetzt. Im Jahr 1946 übertrug man seine Gebeine in die römische Kirche S. Maria in Trivio, wo eine Marmorgrabplatte an den Kirchenmann erinnert. Der Seligsprechungsprozeß für Merlini wurde 1927 eingeleitet.

Margareta Bourgeoys

Ordensgründerin
geboren: 17. April in Troyes, Frankreich
gestorben: 12. Januar 1700 in Montreal, Kanada

Margareta Bourgeoys wirkte in Kanada als Erzieherin der Jugend und gründete die Schwesternkongregation „Unserer Lieben Frau von Montreal", die sich schnell über ganz Kanada verbreitete. Seligsprechung: 12. November 1950, Heiligsprechung: 31. Oktober 1982.

Tatiana (Tania) von Rom

Märtyrerin
geboren: um 200
gestorben: um 200 in Rom, Italien

Tatiana von Rom wurde wahrscheinlich sehr jung wegen ihres christlichen Glaubens ermordet. Schon früh entwickelte sich in der russischen, griechischen und lateinischen Kirche eine Verehrung für die Märtyrerin.

Valentinian von Chur

Bischof
geboren: um 480(?)
gestorben: 12. Januar 548

Die Gründung der Luziuskirche in der Schweizer Stadt Chur geht auf ihren Bischof Valentinian zurück, der hier im 6. Jh. gelebt hat. Die Krypta des Gotteshauses ist noch erhalten, das Grab des Kirchenmannes, der außergewöhnlich mildtätig gegenüber Bedürftigen und Gefängnisinsassen gewesen ist, konnte jedoch noch nicht genau ausgemacht werden. Fest steht, daß Valentinian nach seinem Tod am 12. Januar 548 hier bestattet wurde. Eine Grabtafel legt davon Zeugnis ab.

Volkhold

Diakon
geboren: um 972 in Südtirol, Italien
gestorben: um 1041 in Südtirol

Eigentlich für den geistlichen Stand bestimmt, blieb Volkhold, ein Adliger, sein Leben lang aus Demut Diakon. Aus seinem Schloß Suanapurk (heute Sonnenburg bei Bruneck in Südtirol) machte er ein Frauenkloster. Volkhold selbst lebte bis zu seinem Tod hinter dem Kloster in einer Hütte. Die Gebeine Volkholds ruhen in der Sonnenburg.

13. Januar

Berno von Cluny

Klostergründer, Abt von Cluny OSB
geboren: um 850 in Burgund, Frankreich
gestorben: 13. Januar 927 in Cluny, Frankreich

Bertwald von Canterbury

Erzbischof von Canterbury
geboren: um 650
gestorben: 13. Januar 731 in Canterbury, England

Ivette (Jutta)

Reklusin OCist
geboren: 1158 in Huy, Belgien
gestorben: 13. Januar 1228 in Huy

Die Zisterzienserin Ivette lebte fast vierzig Jahre lang bis zu ihrem Tod in einer Zelle neben der Kirche von Huy in Belgien.

Gottfried von Cappenberg

Mönch, Stifter OPraem
geboren: 1097 in Cappenberg, Nordrhein-Westfalen
gestorben: 13. Januar 1127 in Ilbenstadt, Hessen

Gottfried entstammte dem Grafengeschlecht von Cappenberg und kam im Jahr 1097 auf dem Familienschloß in Westfalen zur Welt. Bis zu seinem 25. Lebensjahr lebte er ein weltliches, aber frommes Leben; er war mit Jutta von Arnsberg verheiratet. Zusammen mit seinem Bruder Otto von Cappenberg hörte Gottfried um das Jahr 1122 Predigten des berühmten Gründers des Prämonstratenserordens, Norbert von Xanten, der 1120 in Prémontré in Frankreich das Kloster gegründet hatte, von dem aus sich der Orden rasch verbreiten sollte. Gottfried und Otto waren begeistert von den Anschauungen Norberts und beschlossen spontan, ihr Familienschloß mit den dazugehörigen Gütern dem Ordensgründer zu vermachen und in ein Prämonstratenserkloster umwandeln zu lassen. Nach dem Tod seines Schwiegervaters, mit dem er wegen seiner Entscheidung schweren Streit gehabt hatte, trat Gottfried selbst in den Orden ein. Seine Ehefrau Jutta sowie seine Schwestern Gerberga und Beatrix wurden Chorfrauen in einem eigens gegründeten Stift.

Kaum 30 Jahre alt, starb Gottfried von Cappenberg am 13. Januar 1127

Gottfried von Cappenberg aus dem gleichnamigen westfälischen Grafengeschlecht, bekleidet mit dem Gewand der Prämonstratensermönche; im Hintergrund der Darstellung sind die drei Klöster zu sehen, die Gottfried gestiftet hat.

in der Propstei Ilbenstadt in Hessen (ein von ihm 1123 gestiftetes Kloster in einem seiner früheren Schlösser). Dort werden auch bis heute Reliquien des Heiligen, so sein Haupt, aufbewahrt. Die ehemalige Klosterkirche gehört zu den bedeutendsten romanischen Kirchen in Deutschland; mit ihrem Bau war 1139 begonnen worden.

Darstellung: Abgebildet wird Gottfried als Prämonstratenser, entweder mit drei Kirchenmodellen – er stiftete drei Klöster – oder mit Broten als Symbol für seine Wohltätigkeit.

Hilarius von Poitiers

Bischof, Kirchenlehrer
geboren: um 315 in Poitiers(?), Frankreich
gestorben: 13. Januar 367 in Poitiers
Patron von Poitiers, La Rochelle und Luçon

Im Jahr 1851 erhob Papst Pius IX. einen Heiligen zum Kirchenlehrer, dessen Verehrung sich besonders in Frankreich und am Oberrhein ausgebreitet hatte: Es war Hilarius, der 350 vom Volk zum Bischof seiner Heimatstadt Poitiers ausgerufen worden war. Erst fünf Jahre zuvor hatte er sich zusammen mit seiner Familie nach eingehenden Studien der Bibel taufen und bald darauf zum Priester weihen lassen. Seine Jahre als Bischof waren beherrscht vom unerbittlichen Kampf gegen die Arianer. In einem vielbändigen Werk, genannt „De Trinitate" (Dreifaltigkeit), versuchte er, die Lehre des Arianismus zu widerlegen und die Aussage der Heiligen Schrift über Gott und Jesus Christus zu interpretieren und zu verdeutlichen. Doch die Zeiten waren sehr verworren. Gegner, aber auch Glaubensgefährten traten Hilarius feindselig entgegen, der Kaiser schickte den Bischof sogar zeitweise in die Verbannung. Hilarius aber bemühte sich immer wieder um Versöhnung und Gespräch.

Die Jahre vor seinem Tod 367 konnte Hilarius in Frieden mit seinem Klerus zusammenleben. Aus dieser Gemeinschaft entwickelten sich die ersten klösterlichen Vereinigungen Galliens im heutigen Frankreich. Maßgeblich dazu beigetragen hat Martin von Tours, einmal ein Schüler von Hilarius. Das Grab

Hilarius von Poitiers, Bischof und Kirchenlehrer. Nach einer Zeichnung von Béthume d'Ydewalle (19. Jh.).

des Kirchenlehrers befindet sich heute in der Krypta der Kirche Saint-Hilaire-le-Grand in Poitiers.

Verehrung/Brauchtum: Nachdem Reliquien des Hilarius etwa im 7. Jh. durch Fridolin von Säckingen auch an den Oberrhein gekommen waren, breitete sich die Verehrung dort schnell aus. Große Verehrung genießt Hilarius natürlich in Frankreich.

Darstellung: Hilarius wird als Schlangenvertreiber oder Drachentöter abgebildet, manchmal auch, wie er ein totgeborenes Kind zum Leben erweckt.

Remigius von Reims

Bischof
geboren: um 436 bei Laon, Frankreich
gestorben: 13. Januar 533(?) in Reims, Frankreich
Patron der Stadt und der Diözese Reims; wird angerufen gegen Pest, Epidemien, Halsweh, Fieber; gegen Schlangen; gegen religiöse Gleichgültigkeit

Im Alter von erst 22 Jahren wurde Remigius zum Bischof von Reims ernannt. Unermüdlich wirkte der junge

Remigius, Bischof von Reims. Glasfenster in der Basilika St-Remi in Reims (1049).

Kirchenmann in den folgenden Jahren für die Ausbreitung des Christentums in Gallien. Leidenschaftlich versuchte er, den Arianern den katholischen Glauben nahezubringen. Bald schon nannte man ihn den „Apostel der Franken". Ein herzliches Verhältnis bestand zwischen Remigius und Frankenkönig Chlodwig I. sowie dessen Frau Clothilde. Der Bischof und die Königin erreichten gemeinsam, daß sich der heidnische König an Weihnachten 496 taufen ließ. Auf Remigius gehen auch die Gründungen der Bistümer Laon, Arras, Thérouanne und Tournai-Cambrai zurück.

Bischof Remigius starb am 13. Januar 533(?) in Reims. Durch ihn wurde maßgeblich die Christianisierung des nördlichen Gallien erreicht. Die Gebeine des großen Bischofs wurden am 1. Oktober 1049 erhoben. Das wunderschöne Mausoleum von Remigius befindet sich in der Basilika St-Remi in Reims; es ist mit Statuen aus dem 16. Jh. geschmückt. Der Schrein ist eine aufwendige Goldarbeit. Durch eine Lichtkrone hoch oben im Gewölbe des 120 Meter langen Kirchenschiffes dringt das Tageslicht durch 96 Öffnungen ein, die Anzahl der Lebensjahre von Bischof Remigius.

Verehrung/Brauchtum: Vielerorts wird Remigius am 1. Oktober gedacht, dem Tag der ersten Translation (so auch in Trier). Im Kölner Raum hieß der 1. Oktober in früheren Zeiten „St.-Remeis-Daach"; er war Frist- und Zahltag. Den Oktober nannte man auch „Remeismonat". Nicht nur in Frankreich und in Deutschland, auch in Italien ist der Remigius-Kult sehr verbreitet.

Darstellung: Eine der häufigsten Darstellungen zeigt Remigius, wie er Chlodwig tauft. Häufig hat der Bischof auch ein Ölgefäß bei sich, die Sainte Ampoule; nach der Legende soll eine Taube darin das Chrisam für die Taufe Chlodwigs vom Himmel gebracht haben.

Dieses Ölfläschchen wurde über Jahrhunderte zur Salbung der französischen Könige bei den Krönungsfeierlichkeiten verwendet; heute befindet es sich im Kirchenschatz von Reims. Der Legende nach brachte eine Taube Remigius das Fläschchen bei der Taufe von Chlodwig.

14. Januar

Englmar

Einsiedler, Märtyrer
geboren: 11. Jh. in Bayern
gestorben: um 1100 im Bayerischen Wald nahe des heutigen St. Englmar, Bayern
Patron der Bauern; für eine gute Ernte

Englmar, ein volkstümlicher und geachteter Einsiedler, lebte im 11. Jh. in einem Wald in der weiteren Umgebung von Passau. Die Verehrung, die ihm von Seiten der Bevölkerung entgegengebracht wurde, erregte den Unwillen und den Neid eines mit ihm lebenden Kameraden. An einem Tag im Winter um das Jahr 1100 erschlug der Aufgebrachte Englmar und vergrub dessen Leichnam unter dem Schnee. Die grausame Tat wurde erst im darauffolgenden Frühjahr nach der Schneeschmelze entdeckt. Die Legende berichtet, daß vom Leib des Getöteten ein strahlendes Licht ausgegangen sei.

Verehrung/Brauchtum: In St. Englmar, dem bekannten Dorf im Bayerischen Wald, gibt es Einwohner, die noch heute am Pfingstmontag einem alten Brauch huldigen, genannt Englmarisuchen. Dabei wird in Erinnerung an den Einsiedler Englmar ein Bild dieses Märtyrers im Wald versteckt und nach Auffindung von einem Geistlichen und der Bevölkerung in einem feierlichen Zug zurückgebracht. Reliquien Englmars werden heute in der Pfarrkirche von St. Englmar, einem Wallfahrtsort, sowie in Windberg bei Straubing in der dortigen Prämonstratenserabtei aufbewahrt und verehrt. Bauern rufen Englmar um eine gute Ernte an.

Darstellung: Als Einsiedler, kniend mit einem Beil im Kopf, wird Englmar abgebildet, so auf einem spätgotischen Relief am Seitenaltar in der Pfarrkirche St. Englmar im Bayerischen Wald.

Felix von Nola

Priester, Bekenner
geboren: in Nola, Italien
gestorben: um 260(?) in Nola(?)

Felix von Nola war ein im Altertum besonders verehrter Heiliger. Die Angaben über sein Leben stammen hauptsächlich aus zahlreichen von Paulinus von Nola verfaßten Versen über den von ihm geschätzten Bekenner. Demnach stammte Felix aus Nola, einer Stadt östlich von Neapel, die übrigens auch der Heimatort des berühmten Dominikanermönches Giordano Bruno sowie der Sterbeort von Kaiser Augustus war. Schon sehr früh erhielt Felix die Priesterweihe und wurde zum Vertrauten seines Bischofs. Zweimal konnte er sich auf wundersame Weise vor Christenverfolgern retten. Sein nicht genau bekanntes Sterbedatum soll um die Mitte des 3. Jh. liegen. Im Dom S. Felice an der Piazza del Duomo in Nola werden angebliche Reliquien aufbewahrt.

Verehrung/Brauchtum: Das Grab des Felix von Nola sowie die darüber errichtete Kirche entwickelten sich bereits im 5. Jh. zum Wallfahrtsort.

Darstellung: Auf manchen Abbildungen ist Felix von Nola in einer Höhle dargestellt, von einem Spinnennetz vor dem Gesehenwerden durch seine Verfolger geschützt. Eine weitere Darstellungsform: Felix als Diakon im Kerker.

Heilika von Köln

Reklusin
geboren: 12./13. Jh. in Köln, Nordrhein-Westfalen
gestorben: 12./13. Jh. in Köln

Heilika lebte als Reklusin bei der Kölner Andreaskirche. Es heißt, Heilika sei nicht ihr richtiger Name gewesen; die Bezeichnung habe sich im Volk dadurch entwickelt, daß sie nur „die Heilige“ genannt wurde.

Oderich von Pordenone

Missionar OFMConv
geboren: um 1286 in Pordenone, Italien
gestorben: 14. Januar 1331 in Udine, Italien

Oderich, um 1286 in Pordenone in der oberitalienischen Region Friaul geboren, trat früh dem Franziskanerorden bei und begann im Jahr 1413 eine große Missionsreise in den Fernen Osten. Er kam nach Mesopotamien, nach Ägypten und ins Heilige Land. In Indien rettete er die Reliquien der enthaupteten Märtyrer Thomas von Tolentino und seiner drei Gefährten. Nach einer beschwerlichen Missionsreise durch Indien und zu Inseln in der Südsee verweilte Oderich mehrere Jahre in China. Nach insgesamt 17 Jahren mühsamer Reise voller Gefahren und Bedrohungen kehrte Oderich 1331 wieder in sein Heimatland Italien zurück. Einem Mitbruder diktierte der große Missionar seinen Reisebericht, der zu den wichtigsten Zeugnissen über die Mission im Fernen Osten zählt.

Auf dem Weg zu Papst Johannes XXII., den er um Unterstützung sei-

Grabkapelle mit dem Sarkophag von Oderich von Pordenone in der Kirche S. Madonna del Carmine in Udine. In Udine war Oderich am 14. Januar 1331 gestorben. Papst Benedikt XIV. sprach den großen Franziskanermissionar 1755, vier Jahrhunderte später, selig.

ner Missionstätigkeit bitten wollte, erkrankte Oderich von Pordenone schwer und mußte nach Udine in Friaul zurückkehren. Dort starb er am 14. Januar 1331. Seine Seligsprechung erfolgte im Jahr 1755 durch Papst Benedikt XIV. Der Sarkophag Oderichs steht heute in einer Seitenkapelle der Kirche S. Madonna del Carmine in Udine.

Petrus Donders

Priester, Missionar CSSR
geboren: 27. Oktober 1809 in Tilburg, Niederlande
gestorben: 14. Januar 1887 in Surinam

Papst Johannes Paul II. sprach 1982 den Redemptoristenpater Petrus Donders selig; er hatte über vier Jahrzehnte in Surinam (Holländisch-Guyana) in aufopferungsvoller Weise als Seelsorger gewirkt, davon die meiste Zeit in der Aussätzigenkolonie „Batavia“. Papst Pius XIII. stellte 1945 die Heroizität des Lebens von Petrus Donders fest, Papst Johannes Paul II. bestätigte 1979, daß 1929 ein zweijähriges Kind nach Fürbitten zu Donders vollkommen von Knochenkrebs geheilt worden war.

Petrus Donders, Redemptorist.

Seraphim von Sarow

Mönch, Einsiedler
geboren: 19. Juli 1759 in Kursk, Rußland
gestorben: 14. Januar 1833 in Sarow, Rußland

Die Lebensgeschichte des Seraphim von Sarow liest sich außergewöhnlich. Der russische Mönch war 1793 zum Priester geweiht worden und lebte ab 1794 als Einsiedler in einer Waldhütte. Von 1804 an betete er ununterbrochen, von 1807 bis 1810 schwieg er völlig, danach zog er sich für fast 16 Jahre zu absoluter Klausur in seine Zelle zurück. Ab 1825 wurde der charismatisch Begnadete als sogenannter Starez (ein alter Mönch, der für junge Mönche zum geistig-asketischen Lehrer und Beichtvater wird) zum Helfer und Tröster unzähliger Menschen. Das Volk verehrte Seraphim bereits zu Lebzeiten wie einen Heiligen, heiliggesprochen wurde er jedoch erst 1903.

15. Januar

Arnold Janssen

Ordensgründer SVD
geboren: 5. November 1837 in Goch, Rheinland-Pfalz
gestorben: 15. Januar 1909 in Steyl, Niederlande

Der Orden der Steyler Missionare, die Gesellschaft der Steyler Missionsschwestern und die Steyler Klausurschwestern haben einen Gründer: Arnold Janssen, gebürtig aus Goch im Rheinland, wo er am 5. November 1837 zur Welt kam. Die Urzelle des Steyler Missionsordens ist das Missionshaus St. Michael im holländischen Steyl, das Janssen im Jahr 1875 eröffnete. In den Jahren 1889 und 1896 folgten die Gründungen der Missionsschwestern und der Klausurschwestern, auch Anbetungsschwestern genannt.

Bereits 1873 hatte Arnold Janssen, der 1861 zum Priester geweiht worden war und danach als Realschullehrer in Bocholt gewirkt hatte, die Zeitschrift „Kleiner Herz-Jesu-Bote“ ins Leben gerufen. Mit diesem Blatt wollte der engagierte Kirchenmann für die Eröffnung einer Schule zur Ausbildung von Heidenmissionaren werben. Er selbst gründete im Lauf

Arnold Janssen, Gründer des Steyler Missionsordens; seine Seligsprechung erfolgte am 19. Oktober 1975.

der Jahre zahlreiche Missionshäuser, beispielsweise in Wien, St. Wendel, in der Nähe von Salzburg und sogar in Techny bei Chicago in den USA. Seine Steyler Missionare sandte er in die ganze Welt aus bis hin nach Neuguinea, Japan, Südamerika, Brasilien, Chile und auf die Philippinen. Die finanziellen Mittel für diese Unternehmungen und für sein Werk erwirtschaftete die Steyler Missionsdruckerei.

Am 15. Januar des Jahres 1909 starb Arnold Janssen im Alter von 71 Jahren in Steyl. Am 19. Oktober 1975 wurde er von Papst Paul VI. seliggesprochen.

Franz de Capillas

Märtyrer OP
geboren: 14. August 1607 in Baquerin de Campos, Spanien
gestorben: 15. Januar 1648 in China

Franz (Francisco) de Capillas war der erste Märtyrer in China. Der Dominikaner-Missionar war 1642 nach Fukien in China gekommen und hatte dort unter schwierigen Bedingungen seine Arbeit aufgenommen. Im November 1647 wurde er zusammen mit weiteren Gefährten gefangengenommen und nach zahlreichen Martern von seinen Peinigern am 15. Januar 1648 enthauptet. Seine Seligsprechung erfolgte am 11. April 1909.

Konrad II. von Mondsee

Abt OSB
geboren: um 1100(?) bei Trier, Rheinland-Pfalz
gestorben: 15. Januar 1145 in Oberwang, Österreich

Konrad II. von Mondsee (Bosinlother) war Benediktinermönch und wurde 1127 zum Abt von Kloster Mondsee in Österreich berufen. Als er den entwendeten Klosterbesitz zurückforderte, wurde er von Bauern ermordet; deshalb wird er manchmal auch als Märtyrer verehrt. Die Gebeine Konrads befinden sich in der früheren Abteikirche Mondsee.

Makarius der Ägypter (der Ältere)

Mönch, Prediger
geboren: um 300 in Ägypten
gestorben: um 390 in Ägypten

Makarius, der Heilige, dessen Namen im Griechischen „der Selige" bedeutet, gilt als einer der Väter des ägyptischen Mönchlebens. Er selbst hatte, nur unterbrochen durch eine kurzzeitige Verbannung durch Kaiser Valens, 60 Jahre als Anachoret in der Sketischen Wüste in Oberägypten gelebt. Um das Jahr 300 in Ägypten geboren, war Makarius mit 40 Jahren zum Priester geweiht worden und galt als vielgeachteter Prediger. Man sagte ihm auch Wunderheilungen und die Kraft zur Weissagung nach. Die zu ihm strömenden Mönche lehrte er seine Auffassung vom richtigen Leben als Anachoret: Stillschweigen, Demut und Bußübungen. Um das Jahr 390 starb Makarius der Ägypter, auch der Ältere genannt, in seiner geliebten Wüste.

Darstellung: Auf Abbildungen ist der Heilige mit dem Makarius-Stab in einer Felsenhöhle zu sehen, manchmal mit einem Totenkopf.

Maurus

Abt OSB
geboren: um 500
gestorben: 6. Jh. in Italien
Patron der Kupferschmiede, Köhler; wird gegen Krankheit angerufen

Das Leben von Maurus ist eng mit dem Wirken des großen Benedikt von Nursia verbunden. Maurus, Sohn eines römischen Senators, war der Lieblingsschüler des Ordensgründers und erhielt von Kindheit an Erziehung und Ausbildung von ihm. Die Überlieferung berichtet, daß Maurus, als Benedikt 529 mit einigen Mönchen nach Montecassino umsiedelte und dort das berühmte Kloster, die Keimzelle des Benediktinerordens, gründete, sein Nachfolger als Abt des Klosters Subiaco im Sabiner-Gebirge wurde. Über sein weiteres Leben und Wirken ist kaum etwas bekannt. Gregor der Große erwähnte später einmal die außergewöhnliche Gehorsamkeit, die Maurus seinem Lehrer und Vorbild Benedikt entgegenbrachte. Über Grabstätte oder Verbleib der Reliquien von Abt Maurus ist nichts überliefert.

Verehrung/Brauchtum: Maurus soll nach der Legende außergewöhnliche Kräfte bei Krankenheilungen gehabt haben. Dies ist der Grund dafür, daß er von Kranken um Hilfe angerufen wird. Der sogenannte „Maurus-Segen", der Kranken gespendet wird, geht auf ihn zurück.

Maurus, Abt von Subiaco, zusammen mit Ordensgründer Benedikt von Nursia und Placidus. Fresko in der Sacra Speco in Subiaco. Maurus, Sohn eines römischen Senators, war der Lieblingsschüler von Benedikt, der ihn von Kindheit an unterrichtete. Als Abt von Subiaco war Maurus später Nachfolger von Benedikt.

Paulus von Theben. Russische Heiligenikone aus der Zeit um 1800 (links die heilige Katharina, rechts die heilige Barbara).

Paulus von Theben

Einsiedler
geboren: um 228 in Ägypten
gestorben: um 341 in Ägypten
Patron der Eremiten des heiligen Paulus (Pauliner); der Korb- und Mattenmacher

Paulus (Paulos) gilt als der „Ureinsiedler", rund 90 Jahre lang soll er als Anachoret in einer Felsenhöhle in Ägypten gelebt haben. Kurz vor seinem Tod traf er mit Abt Antonius zusammen, der ihn später, nachdem er 113jährig gestorben war, mit Hilfe von zwei Löwen bestattet haben soll. Die einzige Quelle über das Leben von Paulus ist die von Hieronymus geschriebene Vita. Die Pauliner, die einzige ungarische Eremitenkongregation (gegründet um 1250), benannte sich nach Paulus von Theben. Im Jahr 1381 gelangten Reliquien des Einsiedlers nach Buda (Ungarn).

Darstellung: Paulus wird oft in einem Gewand aus Palmblättern abgebildet, so auf einer Miniatur von 1203, die im Britischen Museum in London zu sehen ist. Manchmal ist er dargestellt mit einem Raben, der ihm laut Vita täglich Brot brachte, oder mit zwei Löwen.

Romedius von Thaur

Einsiedler
geboren: in Thaur bei Innsbruck(?), Österreich
gestorben: 4., 7., 11. Jh.(?)
Patron gegen Feuer, Hagel, Überschwemmung; gegen Fieber, Zahnschmerzen, Beinleiden; bei Seenot und Gefangenschaft

Über das Leben von Romedius gibt es nur wenige Überlieferungen, vieles ist wohl Legende; dafür rankt sich ein vielfältiges Brauchtum um seine Person. Nach alten Angaben entstammte Romedius dem Adelsgeschlecht derer von Thaur bei Innsbruck, vielleicht aber auch aus dem Geschlecht der Grafen von Andechs. Seinen Besitz soll Romedius an die Kirchen von Augsburg und Trient verschenkt haben und danach auf Wallfahrt gegangen sein. Später ließ er sich angeblich bei Sanzeno in der Provinz Trient in Südtirol nieder und lebte dort bis zu seinem Tod als Einsiedler.

Verehrung/Brauchtum: Die reizvolle Wallfahrtskirche San Romedio, drei Kilometer östlich von Sanzeno, ist bis heute ein beliebter Wallfahrtsort. Die Kirche soll an der Stelle der Einsiedelei von Romedius erbaut worden sein und besteht aus mehreren Kapellen. In der Krypta befindet sich der Reliquienschrein des Einsiedlers, dessen Kult am 24. Juli 1907 approbiert wurde.

Romedius-Spiele gab es im 18. Jh. in Thaur, 1707 auch in München. Zum Schutz vor Unheil haben manche Familien in Südtirol und Tirol ein Bild von Romedius am Haus angebracht.

Darstellung: Abgebildet wird Romedius als Einsiedler mit Pilgerstab, auf einem Bären reitend (angeblich hat er einen Bären, der sein Pferd zerfleischte, gezähmt); auf der ältesten Darstellung, einem Fresko in San Romedio, ist er noch ohne Bär zu sehen.

16. Januar

Honoratus von Arles

Bischof
geboren: 4. Jh. in Gallien, möglicherweise in Trier, Rheinland-Pfalz
gestorben: 16. Januar um 429
Patron gegen Regen und Unglück

Auf der kleineren der Lérins-Inseln vor der Cote d'Azur in Südfrankreich steht eine Abtei, die noch heute Bauelemente jenes berühmten Klosters umfaßt, das Honoratus um das Jahr 410 gegründet hat; dementsprechend heißt das Inselchen Saint-Honorat. Nachdem Honoratus die Insel und sein Kloster zu einem wichtigen Ziel führender Kirchenpersönlichkeiten gemacht hatte und er selbst zu einem vielbewunderten Klosterführer geworden war, wurde der Theologe 426 zum Bischof von Arles ernannt. Rund drei Jahre später starb er. Die Mönchsregel des Honoratus blieb nicht erhalten. Reliquien des Bischofs befinden sich seit 1788 in der Kirche Notre-Dame in Grasse in Südfrankreich (Reliquienschrein).

Marcellus I.

Papst
geboren: 3. Jh.(?) in Rom, Italien
gestorben: 16. Januar 308(?)
Patron der Stallknechte

Die Berichte über Leben und Wirken von Papst Marcellus I. sind äußerst widersprüchlich; sichere Angaben gibt es keine. Es heißt, Marcellus habe die Seelsorge und die Kirchenordnung in Rom neu geordnet. Angeblich soll er später von Kaiser Maxentius wegen Streitigkeiten verbannt worden sein. Nach seinem Tod – möglicherweise am 16. Januar 308 – soll Marcellus I. im Cömeterium der Priscilla in Rom beigesetzt worden sein, wo auch viele Märtyrer ihre letzte Ruhestätte fanden.

Arles, die südfranzösische Stadt, in der Honoratus von 426 bis 429 als Bischof wirkte. Der Stich stammt aus dem 17. Jh.

Darstellung: Marcellus I. wird als Papst mit Esel und Krippe abgebildet; diese Darstellung bezieht sich darauf, daß der Pontifex maximus aus der Stadt gewiesen worden und zur Bewachung von öffentlichen Ställen verurteilt worden sei, wie es die Überlieferung erzählt.

Otho

Märtyrer OFM
geboren: vor 1200
gestorben: 16. Januar 1220 in Marrakesch, Marokko

Otho und seine vier Gefährten gelten als die ersten Märtyrer des Franziskanerordens. Die fünf Missionare waren von Ordensgründer Franz von Assisi nach Marokko entsandt worden, um unter den Mohammedanern das Christentum zu verkünden. Wegen ihrer Mission wurden sie in Marrakesch grausam gefoltert, zuletzt soll sie der Sultan eigenhändig enthauptet haben. Approbation des Kultes: 1481.

Tozzo von Augsburg

Bischof
geboren: 8. Jh.(?)
gestorben: 778(?) in Augsburg, Bayern

Tozzos (Tosso) Lebensgeschichte beruht zum großen Teil auf einer Legende. Demnach soll er, nachdem er Mönch im Kloster Murbach gewesen war, mit dem heiligen Magnus ins Allgäu gekommen sein und hier gewirkt haben; angeblich war er Seelsorger in einer kleinen Kirche in Waltenhofen in der Nähe von Füssen. Nach dem Tod von Bischof Wikterp von Augsburg soll Tozzo dessen Nachfolger geworden sein. Als Jahreszahl wird 772 genannt. Das Todesjahr Tozzos soll 778 gewesen sein, sein Grab wird in der Kirche St. Ulrich und Afra in Augsburg vermutet.

17. Januar

Antonius der Große

Einsiedler, Mönchsvater
geboren: um 250 in Ägypten
gestorben: um 356 in Tabenísi, Ägypten
Patron der Ritter; Haustiere, Schweine; Metzger, Schweinehirten, Weber, Zukkerbäcker, Totengräber, Korbmacher; gegen Krankheiten, Pest, Feuer, Viehseuchen

Die von außen unscheinbare Pfarrkirche St-Julien in der provenzalischen Stadt Arles, gelegen an einer Seitenstraße zwischen der berühmten Arena aus dem 2. Jh. und dem Rhône-Fluß, birgt einen kostbaren Schatz: Seit 1491 werden in diesem Gotteshaus die Reliquien von Antonius, des wohl berühmtesten Einsiedlers aufbewahrt.

Über das genaue Geburtsjahr von Antonius gehen die Ansichten auseinander; es lag mit Sicherheit in der Mitte des 3. Jh., um 250. Der Heimatort der Familie befand sich in Mittelägypten und war das heutige Keman bei Heraclea. Nachdem die Eltern von Antonius gestorben waren, gab er seine kleine Schwester, für die er sorgen mußte, in ein Heim, verschenkte sein Hab und Gut und begann ein asketisches Leben. Bei seinem ersten Aufenthaltsort handelte es sich mit ziemlicher Sicherheit um eine Felsengrabkammer am Rande der Wüste. Später lebte Antonius für etwa 20 Jahre in einem unbewohnten Gebirge.

Nachdem Antonius um das Jahr 311 in Alexandria trotz eines offiziellen Verbotes unter Lebensgefahr vielen Gefangenen der Christenverfolger von Kaiser Maximinus Daza geholfen hatte, zog er sich für immer in die Wüste zurück, betätigte sich dort als

Bauer, in erster Linie aber als Ratgeber und Lehrer für eine immer größer werdende Schar von Mönchen, von denen viele bei ihm blieben. Antonius war es, der die bis dahin unbekannte Lebensform der Einsiedlergemeinde begründete; aus dieser bildete der heilige Pachomius, genannt der Mönchsvater, dann später die erste sogenannte Mönchsgemeinde, die in einem von Mauern umschlossenen Kloster in Tabennísi am Nil lebte. Antonius soll es auch gewesen sein, der die „Angelica", das Mönchsgewand, einführte.

Einmal noch vor seinem Tod verließ Antonius seine Einsiedlergemeinde in der Wüste und ging auf Bitten seines Freundes und Patriarchen von Alexandria, des Kirchenlehrers Athanasius, nach Alexandria, wo er flammende Reden gegen die arianische Lehre hielt. Bald nach seiner Rückkehr in die Wüste starb der hochgeschätzte Antonius, der in ständigem brieflichen Kontakt mit Kaiser Konstantin gestanden hatte, im Alter von etwa 105 Jahren. Eine Vita über sein bewegtes Leben wurde von Athanasius verfaßt. Bald nach seinem Tod erhielt Antonius den Beinamen „der Große".

Verehrung/Brauchtum: Die Hochzeit der Antonius-Verehrung ist in der Zeit vom 14. bis 18. Jh. anzusetzen; der Grund dafür war unter anderem die Tatsache, daß Reliquien des Mönchsvaters ins Abendland gelangten. Doch auch das wohltätige Wirken des Antoniterordens, 1095 von einem französischen Adligen gegründet, dessen Sohn durch Reliquien des Antonius von einer Seuche geheilt worden sein soll, trug zur Verbreitung des Kultes bei. Albert von Bayern gründete 1382 den Antonius-Ritter-Orden, woraufhin Antonius zum Patron und Vorbild des Ritterstandes wurde; viele Burgen und Kapellen wurden ihm geweiht. Eine hübsche Geschichte gibt es auch zum sogenannten „Antonius-Schwein": Die Antoniter durften für ihre Krankenpflege ihre Schweine frei weiden lassen, als Kennzeichen trugen sie ein Glöckchen; oft wurde ein Tier am 17. Januar geschlachtet, nach der Segnung sein Fleisch an die Armen verschenkt. Auch eine „Antonius-Seuche" gibt es; sie befiel hauptsächlich Schweine, und es hieß, Antonius könne sie zur Strafe verhängen oder auch heilen. Manchmal wird Antonius auch den 14 Nothelfern zugerechnet. Im Rheinland gehört er zu den Vier heiligen Marschällen.

„Die Begegnung des Antonius mit dem Einsiedler Paulus" lautet der Titel dieses Bildes von Diego de Liva y Velazquez. Nach der Legende spürte Paulus seinen nahenden Tod und bat Antonius, ihn in einem Grab zu bestatten, das zuvor von Löwen mit den Tatzen ausgescharrt wurde (links unten zu sehen.)

Darstellung: Abgebildet wird Antonius als Greis mit Stab und Buch, manchmal trägt er als Krücke das Antoniuskreuz; oft ist er auch mit Schwein oder Dämonen abgebildet. Die wohl bekannteste Darstellung von Antonius hat Matthias Grünewald am Isenheimer Altar (Colmar, Unterlindenmuseum) festgehalten.

Benedikt Biscop Baducing

Mönch, Klostergründer OSB
geboren: 628 in Northumbrien, England
gestorben: 12. Januar um 689 in England
Patron der Benediktiner Englands; der Musiker, Maler

Der Benediktinermönch Benedikt Biscop Baducing förderte in seiner Heimat die römische Liturgie, gründete Klöster und brachte die angelsächsische Kirche auf ihren Höhepunkt.

Gamelbert

Priester
geboren: 8. Jh. in Michaelsbuch, Bayern
gestorben: an einem 17. Januar im 8. Jh.

Der Priester Gamelbert gründete 766 in Metten nahe Deggendorf, nicht weit entfernt von seinem Geburtsort Michaelsbuch, ein Benediktinerkloster. Mit der Abtswürde betraute der Priester sein Patenkind Utto, das er auf den Priesterberuf vorbereitet hatte. Gamelberts Kult wurde 1909 bestätigt.

Roselina

Priorin, Mystikerin OCarth
geboren: 27. November 1263 in Château d'Arcs, Frankreich
gestorben: 17. Januar 1329 in Celle-Roubaud, Frankreich
Patronin der Kartäuser und Malteser

Roselina, Priorin der Kartause zu Celle-Roubaud in der Provence, hatte die Gabe der Wunder und ein starkes Charisma. Von ihr wird ein Rosenwunder erzählt, ähnlich wie es sich bei Elisabeth von Thüringen und bei Rosa von Viterbo ereignet hat. Roselina starb am 17. Januar 1329; als man ihren Sarg 1334 öffnete, war ihr Leichnam noch unversehrt.

Darstellung: Die Patronin der Kartäuser und Malteser wird als Diakonisse dargestellt; ihre Attribute sind Lilie, Buch und Kranz.

Sulpicius II. von Bourges

Erzbischof
geboren: 615 in Vatan, Frankreich
gestorben: 17. Januar 647 in Bourges, Frankreich
Patron der Sulpizianer; von Bourges; gegen Gicht und Hautkrankheiten

Die Weltpriesterkongregation der Sulpizianer trägt ihren Namen von Erzbischof Sulpicius II. von Bourges. Sulpicius, genannt Pius, hatte bei Bourges ein Kloster gegründet, das nach ihm St-Sulpice benannt wurde. Auch in Paris entstand später eine Kirche St-Sulpice; deren Pfarrer Jean-Jaques Olier gründete 1641 die Weltpriesterkongregation der Sulpizianer zur Erziehung von Klerikern. Bis zum Beginn des 20. Jh. war das Seminar St-Sulpice in Paris die herausragende Schule für die Bildung der französischen Priester. Die Kongregation ist heute in vielen Ländern der ganzen Welt vertreten. Reliquien von Sulpicius werden in St-Sulpice in Paris aufbewahrt.

Verehrung/Brauchtum: Der Sulpicius-Kult war vor allem im Mittelalter in ganz Frankreich verbreitet, hauptsächlich in Bourges und Paris.

18. Januar

Faustina und Liberata

Klostergründerinnen
geboren: 6. Jh. bei Piacenza, Italien
gestorben: 15. (Faustina) und 18. (Liberata) Januar 580 in Como, Italien

Im Hochaltar der Kathedrale von Como werden die Reliquien der Schwestern Faustina und Liberata aufbewahrt, seit sie im Jahr 1317 erhoben wurden. Die beiden Schwestern waren in der ersten Hälfte des 6. Jh. auf dem väterlichen Schloß in der Nähe der oberitalienischen Stadt Piacenza zur Welt gekommen. Ein unvergeßliches Erlebnis – Faustina und Liberata hörten eine Witwe bitterlich über den Tod ihres Mannes weinen – bewirkte bei den Schwestern den Entschluß, ins Kloster zu gehen. Bischof Agrippius von Como nahm ihnen das Gelübde ab, nachdem sie heimlich aus dem Elternhaus geflohen waren. Ihr Vater, ein auf Stand und Ansehen bedachter Adliger, gab seinen Töchtern, nachdem er seinen ersten Zorn überwunden hatte, die finanziellen Mittel, um ein Oratorium, eine Art Betsaal, zu errichten. Der Zustrom von Frauen, die ebenfalls das Gelübde ablegen wollten, wurde bald so groß, daß sich in den folgenden Jahren ein Kloster entwickelte, das später den Namen S. Margareta trug.

Die beiden Schwestern, die im Leben alles gemeinsam gemacht hatten, sollten auch durch den Tod nicht auf lange Zeit getrennt sein: Faustina starb am 15. Januar, Liberata am 18. Januar 580.

Margareta von Ungarn

Nonne OP
geboren: 1242 (?) in Klissa, Ungarn
gestorben: 18. Januar 1270 in Budapest, Ungarn

Jeder Budapest-Besucher kennt die Margareteninsel. Sie hat ihren Namen von Margareta von Ungarn, die bereits sechs Jahre nach ihrem Tod am 18. Januar 1270 seliggesprochen wurde und deren Heiligsprechung am 19. November 1943 durch Papst Pius XII. erfolgte. Margareta, die Tochter von König Béla IV. von Ungarn, wies als junges Mädchen alle Freier ab – unter ihnen Karl von Anjou und den König von Polen – und legte bereits 1254 die Profeß als Dominikanerin ab. Ihr Vater hatte zuvor auf der Haseninsel (die spätere Margareteninsel) ein Dominikanerinnenkloster erbauen lassen. Das Leben Margaretas war geprägt von strengster Buße; heroisch pflegte sie bis an ihr Lebensende Schwerstkranke. Schon bald nach ihrem Tod verehrte sie das ungarische Volk wie eine Heilige.

Darstellung: Als Nonne mit Lilie, eine Krone – die sie ja verschmähte – zu Füßen, so wird Margareta meist abgebildet; manchmal ist ihr Mantel mit Sternen bedeckt. Schöne Darstellungen gibt es in den Kirchen S. Domenico in Perugia, S. Agostino in San Gimignano und S. Maria sopra Minerva in Rom.

Prisca

Märtyrerin
geboren: 1. Jh.(?) in Rom, Italien
gestorben: 1. Jh.(?) in Rom

Nach legendarischen, fraglichen Überlieferungen ist die Römerin Prisca von Apostel Petrus getauft worden. Im Alter von erst 13 Jahren soll sie dann wegen ihres christlichen Glaubens gemartert und schließlich enthauptet worden sein. Weiter heißt es, Papst Eutychian habe ihre Gebeine im 3. Jh. in eine nach ihr benannte Kirche auf dem römischen Aventin übertragen lassen. Auf dem Altar der Krypta steht noch heute eine Urne mit Reliquien, die Prisca zugeschrieben werden. Andere Überlieferungen sagen, Prisca sei eine Römerin gewesen, die im 5. Jh. gemeinsam mit ihrem Ehemann ein vorbildliches christliches Leben führte.

Darstellung: Ein Gemälde von Il Passignano aus der Zeit um 1600 in der römischen Kirche S. Prisca zeigt die Märtyrerin bei der Taufe durch den heiligen Petrus. Abgebildet wird sie auch mit Löwen, denen sie nach der Legende zum Fraß vorgeworfen werden sollte, die ihr jedoch nichts antaten.

Prisca, Märtyrerin. Reliquien befinden sich in S. Prisca, Rom.

Regina Protmann

Ordensgründerin
geboren: 1552 in Braunsberg, Polen
gestorben: 18. Januar 1613 in Braunsberg

Regina Protmann war die Gründerin der Kongregation der Katharinerinnen. Deren Mitglieder widmeten sich zunächst einem beschaulichen, von der spätmittelalterlichen Mystik beeinflußten Leben, später der Krankenpflege und der Mädchenerziehung. Seligsprechung am 13. Juni 1999.

19. Januar

Agritius von Trier

Bischof
geboren: um 260 (?)
gestorben: um 332 in Trier, Rheinland-Pfalz

In der Abtei St. Matthias in der über 2000 Jahre alten Stadt Trier an der Mosel werden die Reliquien des Apostels Matthias aufbewahrt und verehrt. Im Trierer Dom, dessen Kern im 4. Jh. als Doppelbasilika über dem Palast von Kaiserin Helena errichtet wurde, befindet sich der sogenannte Heilige Rock Christi, dessen Echtheit seit 1107 bezeugt ist und der in diesem Jahrhundert zweimal, 1933 und 1959, ausgestellt wurde. Matthias-Reliquien und den Heiligen Rock Christi hat die Stadt Trier, so berichtet es die Überlieferung, ihrem früheren Bischof Agritius zu verdanken, der beides während seiner Amtszeit zu Beginn des 4. Jh. in die Moselstadt gebracht haben soll. Dem Christentum in Trier gab Agritius viele Impulse. Im Jahr 314 nahm er an der Synode von Arles teil, der Kaiser Konstantin der Große vorstand und auf der Beschlüsse der römischen Synode von 313 bestätigt wurden. Bischof Agritius, der in Trier stark verehrt wird, starb um das Jahr 332. Er ist in der Trierer Kirche St. Maximin beigesetzt.

Darstellung: Abgebildet ist Agritius entweder als Bischof ohne Attribute oder mit Buch, Kreuz oder Kirchenmodell. Darstellungen sind in der Kirche der Schatzkammer und auf einem Relief in der Kirche St. Matthias in Trier zu sehen.

Heinrich von Uppsala

Bischof, Märtyrer
geboren: um 1100 (?) in England
gestorben: um 1160 in Finnland
Patron von Finnland

Heinrich stammte aus England und kam vermutlich um das Jahr 1153 nach Schweden, wo er Bischof von Uppsala wurde. Auf einem Kreuzzug in Finnland, bei dem er den christlichen Glauben verkündete, wurde er um 1160 von einem heidnischen Bauern erschlagen.

Verehrung/Brauchtum: Heinrich von Uppsala ist der Patron von Finnland; dort wird sein Gedenktag am 20. Januar begangen. Verehrt wird der Märtyrer auch in Schweden, Norwegen und Dänemark sowie in Polen.

20. Januar

Benedikt Ricasoli

Mönch, Einsiedler OSB
geboren: 11. Jh. in Coltobuono, Italien
gestorben: 20. Januar 1107 bei Coltobuono

Nach einer geistlichen Ausbildung in dem von seinen Eltern gestifteten Vallombrosanerkloster in Coltobuono zog sich Benedikt Ricasoli auf einen nahegelegenen Berg zurück, um dort als Einsiedler zu leben. Nur an den Sonn- und Feiertagen kam er in sein Kloster. In seiner Klause starb der Mönch am 20. Januar 1107. Noch 1430 war sein Leichnam unverwest; er wurde in die Klosterkirche von Coltobuono übertragen und dort beigesetzt. Approbation des Kultes: 1907.

Fabianus

Papst, Märtyrer
geboren: vor 200 in Rom, Italien
gestorben: 20. Januar 250 in Rom
Patron der Töpfer und Zinngießer

Geschätzt und angesehen, regierte Papst Fabianus von 236 und 250. Er war es, der Rom in sieben Seelsorgebezirke einteilte. Fabianus starb als eines der ersten Opfer unter dem Christenverfogler Decius. In der Calixtus-Katakombe in Rom wurde 1915 sein Sarkophag aufgefunden.

Darstellung: Auf Abbildungen sieht man Fabianus mit Schwert als Zeichen für sein Martyrium und mit einer Taube.

Euthymius der Große (von Melitene)

Einsiedler, Klostergründer
geboren: 377 in Melitene, Türkei
gestorben: 20. Januar 473 bei Jerusalem

Euthymius der Große gilt als einer der Väter des Mönchtums. Nach 406 hatte er sich bei einer Einsiedlerkolonie in der Nähe des Toten Meeres niedergelassen; bald entstand um Euthymius eine eigene Mönchskolonie, deren Leitung er seinem Gefährten Theoktistos überließ (nach ihm wurde das später entstandene Kloster benannt). Nach dem Weiterzug an andere Einsiedlerorte ließ Euthymius sich endgültig etwa 15 Kilometer östlich von Jerusalem nieder, wo dann auch das große Euthymius-Kloster entstand. Nach seinem Tod am 20. Januar 473 wurde der Anachoret wie ein König beigesetzt.

Darstellung: Von Euthymius gibt es eine Vielzahl von Darstellungen. Abgebildet wurde er besonders oft auf Fresken in östlichen Kirchen; zu sehen ist er dabei immer mit einem überlangen Bart.

Hadwin

Bischof von Le Mans
geboren: vor 600
gestorben: 20. Januar 653 (20. August ?) in Le Mans, Frankreich

Sebastian

Märtyrer
geboren: 3. Jh. in Mailand, Italien
gestorben: 20. Januar 288(?) in Rom, Italien
Patron der Sterbenden; gegen die Pest; der Eisenhändler, Töpfer, Zinngießer, Gärtner, Gerber; Soldaten, Kriegsinvaliden; der Brunnen; gegen Viehkrankheiten

Über das Leben Sebastians, der zu den meistverehrten Heiligen gehört, gibt es nur unvollständige Überlieferungen. Die Legende erzählt, daß er in Mailand geboren sein soll und

Die Gebeine von Sebastian werden heute hinter dieser Statue von Giorgetti in der Kirche S. Sebastiano in Rom aufbewahrt.

Soldat im Heer von Kaiser Carinus war. Der Plan des jungen Christen war es, inmitten von Heiden und Christenverfolgern denen zu helfen, die an Christus glaubten. Nach dem Tod des Kaisers wurde der brutale Diokletian sein Nachfolger. Als der Christenhasser eines Tages erfuhr, daß der von ihm sehr geschätzte Soldat Sebastian gläubiger Christ war, ließ er ihn an einen Pfahl binden und von Pfeilen durchbohren. Eine junge Witwe namens Irene wollte den Leichnam des Märtyrers abnehmen und bestatten, als sie plötzlich bemerkte, daß Sebastian noch lebte.

Nachdem Sebastian wieder gesundet war, ging er, so die Legende, mutig zu Diokletian und beschuldigte ihn laut des Verbrechens der Christenverfolgung. Der Kaiser ließ den Totgeglaubten daraufhin in den Circus, die Rennbahn von Rom, abführen und von Soldaten mit Stöcken zu Tode prügeln. Dies soll am 20. Januar des Jahres 288 geschehen sein.

Eine Christin namens Lucina barg den Leichnam Sebastians aus der Cloaca Maxima und bestattete ihn an der Via Appia bei der Apostelbasilika, die heute S. Sebastiano heißt und zu den sieben frühchristlichen Pilgerkirchen Roms gehört. In einem Sarg aus Stein, unter dem Altar der ersten Seitenkapelle links, werden die kostbaren Reliquien des Märtyrers heute aufbewahrt.

Verehrung/Brauchtum: Die Verehrung des Märtyrers Sebastian als Pestpatron geht darauf zurück, daß die Epidemie im Jahr 680 in Rom erlosch, nachdem die Reliquien des Heiligen durch die Straßen getragen worden waren. Da Sebastian schon immer zu den volkstümlichen Heiligen gehörte, wurde er auch in Volksliedern besungen. Rund um das Sebastiansfest gibt es viel Brauchtum, so Wallfahrten und das Verteilen von Sebstianbroten, die am Gedenktag geweiht werden. Gegen die Pest und andere Krankheiten trug man in früheren Zeiten sogenannte Sebastianpfeile. Und schon zu allen Zeiten baten vor allem Soldaten den Märtyrer um Schutz für ihr Leben.

Darstellung: Auf Abbildungen ist Sebastian als junger, oft ausgesprochen schöner Mann oder auch als Soldat zu sehen; er ist an einen Baum gebunden und/oder von Pfeilen durchbohrt; manchmal sieht man ihn auch mit einer Palme. In der Kathedrale der altkastilischen Stadt Palencia ist Sebastian auf einem Gemälde von El Greco nackt mit einem Pfeil im Herzen zu sehen. Zusammen mit Abt Antonius sieht man ihn auf dem Isenheimer Altar von Grünewald in Colmar. In einem Glasfenster im Straßburger Münster erscheint er als Krieger. Ein Jugendwerk Rafaels in der Galerie in Bergamo zeigt Sebastian völlig bekleidet mit einem Pfeil in der rechten Hand.

Das Martyrium des Sebastian. Nach einem Gemälde von Guido Reni.

Ursula Haider

Äbtissin, Mystikerin OSCI
geboren: 1413 in Leutkirch, Baden-Württemberg
gestorben: 20. Januar 1498 in Villingen, Baden-Württemberg

Von 1467 an stand Ursula Haider dem Klarissenkloster im vorarlbergischen Valdunen vor. Im Jahr 1480 übernahm sie die Führung des Bicken-Klosters in Villingen im Schwarzwald, das sie völlig reformierte und auf hohen Stand brachte. 1491 erhielt der Konvent als erster den Kreuzwegablaß. Ursula wurde eine mystische Begabung nachgesagt.

21. Januar

Agnes

Märtyrerin
geboren: 3. Jh. in Rom, Italien
gestorben: 304(?) in Rom
Patronin für Keuschheit; der Jungfrauen; der Gärtner; der Kinder

An der Via Nomentana, einer breiten, vielbefahrenen Ausfallstraße, die unweit vom römischen Hauptbahnhof Stazione Termini beginnt und in Richtung Nordwesten aus der Millionen-Stadt hinausführt, steht an einer Straßenkreuzung die Kirche S.Agnese fuori le mura, errichtet über dem Grab der Märtyrerin Agnes. Das Gotteshaus wurde im 4. Jh. von Constanze, der Tochter Kaiser Konstantins, gestiftet.

Die Lebensgeschichte der Agnes gilt als eine der ältesten unter den Heiligenerzählungen. Sogar Ambrosius und Damasus berufen sich auf mündliche Überlieferungen. Demnach war Agnes die Tochter reicher, christlicher Eltern in Rom. Aufgrund ihrer außergewöhnlichen Schönheit erhielt sie bereits im Alter von zwölf Jahren einen Heiratsantrag vom Sohn des Stadtpräfekten Sempronius. Mit dem Hinweis, sie sei schon mit einem anderen verlobt, wies sie den Antrag sowie alle folgenden zurück. Als der eifersüchtige Jüngling den Namen des Bräutigams erfahren wollte, geriet Agnes in Verzückung und erzählte von Jesus Christus.

Nach dem erfolglosen Werben seines Sohnes schaltete sich Sempronius selbst ein, erhielt von Agnes jedoch ebenfalls eine Absage. Wutentbrannt, so erzählt es die Überlieferung, ließ der Stadtpräfekt das Mädchen daraufhin in ein Bordell bringen. Als sein liebeskranker Sohn Agnes dort schänden wollte, fiel er plötzlich tot zu Boden. Die Legende berichtet, daß Agnes ihn durch ihr Gebet wieder zum Leben erweckte. Danach übergab Sempronius die junge Christin dem Richter, der sie im Domitian-Stadion, der heutigen Piazza Navona in Rom, auf einem Scheiterhaufen verbrennen lassen wollte. Doch es geschah ein Wunder: Die Flammen loderten um den Körper von Agnes, verbrannten sie jedoch nicht. Da befahl der Richter einem Soldaten, dem Mädchen ein Schwert in den Hals zu stoßen.

Die Katakomben der Agnes in der Cappella di Sabina in Rom.

Altar der Agnes in der Kirche S.Agnese fuori le mura in Rom.

Das Jahr des Todes von Agnes war wahrscheinlich 304. Beigesetzt wurde sie auf einem römischen Friedhof an der Via Nomentana, wo heute S. Agnese fuori le mura steht. Auch an der Piazza Navona steht eine Kirche, die der Heiligen geweiht ist: Sant'Agnese al Circo Agonale.

Verehrung/Brauchtum: Schon immer kam dem Agnestag im Volksglauben große Bedeutung zu. Am 21. Januar werden in der Grabkirche der Märtyrerin zwei Lämmer gesegnet, aus deren Wolle man die Pallien für die Erzbischöfe anfertigt. Die Verehrung für Agnes wird bereits ab dem Jahr 354 am 21. Januar erwähnt.

Darstellung: Abgebildet wird Agnes fast immer mit einem Lamm, was wohl auf die Ähnlichkeit ihres Namens mit der lateinischen Bezeichnung für Lamm, Agnus, zurückzuführen ist. Oft sieht man sie mit besonders langem Haar, das ihren Körper verhüllt (sie soll ja ihrer Kleider beraubt worden sein). Auch auf dem Scheiterhaufen liegend wird sie dargestellt. Agnes gehört zu den am meisten abgebildeten Heiligen überhaupt. Das älteste Abbild – es stammt aus dem 4. Jh. – wurde 1818 aufgefunden und nach S. Agnese fuori le mura gebracht; es ist ein Marmorbild. In der Dresdner Gemäldegalerie zeigt ein Bild von Ribera die Heilige mit langen Haaren bedeckt. Im Germanischen Nationalmuseum in Nürnberg stellt sie ein Tafelbild des Meisters des Bartholomäusaltares dar.

Agnes von Aislingen

Reklusin
geboren: 15 Jh. in Aislingen, Baden-Württemberg
gestorben: 1504 in Rebdorf bei Eichstätt, Bayern

Epiphanius von Pavia

Bischof
geboren: 438 in Pavia, Italien
gestorben: 21. Januar 497 in Pavia

Epiphanius gehörte zu den wichtigsten Bischöfen seiner Zeit. Man nannte ihn später sogar „Licht und Vater der Bischöfe". Geboren wurde er im Jahr 438 in der norditalienischen Stadt Pavia, südlich von Mailand. Angeblich soll er schon als Kind Lektor gewesen sein. Im Jahr 466 wurde er Nachfolger von Bischof Crispin auf dem Bischofsstuhl von Pavia. Berühmt wurde Epiphanius durch seine Friedensverhandlungen mit den Barbaren und durch die von ihm bewirkte Freilassung von 6000 gefangengehaltenen Landsleuten unter König Gundobad in Lyon. Am 21. Januar 497 starb Bischof Epiphanius in Pavia, betrauert vor allem von den Armen, denen er immer ein aufopferungsvoller Seelsorger gewesen war. Im Jahr 962 wurden seine Gebeine in den Hildesheimer Dom übertragen.

Schrein mit Reliquien von Epiphanius im Mariendom in Hildesheim.

Josepha Maria von der heiligen Agnes

Mystikerin OESA
geboren: 9. Februar 1625 in Beniganim, Spanien
gestorben: 21. Januar 1696 in Beniganim

Meinrad von Reichenau

Priester, Märtyrer OSB
geboren: Ende 8. Jh. in Württemberg
gestorben: 21. Januar 861 in Einsiedeln, Schweiz
Patron für die Region um Einsiedeln

Meinrad, Ende des 8. Jh. in Württemberg geboren, wurde im Benediktinerkloster Reichenau am Bodensee erzogen und zum Priester geweiht. Dort trat er auch dem Benediktinerorden bei. Später ging er an den Zürichsee (Schweiz), wo er Vorsteher einer mit einer Zelle verbundenen Schule wurde. Da er eine besondere Liebe zur Einsamkeit hatte, ließ er sich um 835 als Einsiedler im „finstern Wald" (Finsternwald) nieder. Hier wurde er, wohl am 21. Januar 861, von Räubern erschlagen, die er zuvor noch freundlich bewirtet hatte. Zunächst wurden Meinrads Gebeine auf der Reichenau beigesetzt, im Jahr 1039 dann kamen die Reliquien in das Kloster Einsiedeln, das inzwischen über seiner Einsiedelei entstanden war.

Verehrung/Brauchtum: In Einsiedeln gedenkt man Meinrads am 6. Oktober, dem Translationstag.

Darstellung: In Einsiedeln sind Holzschnitte (15. Jh.) zu sehen, auf denen Meinrad als Benediktiner mit Kapuze abgebildet ist. Im Rosgarten-Museum in Konstanz ist der Märtyrer mit einem Raben, Brot und einem Krug zu sehen; diese Darstellung geht auf die Legende zurück, daß Raben die Mörder Meinrads, die der Mönch zuvor mit Wein und Brot bewirtet hatte, verraten haben.

Patroclus

Märtyrer
geboren: um 200(?) in Troyes, Frankreich
gestorben: 259(?) in Troyes(?)
Patron von Soest

Patroclus wurde wahrscheinlich um 259 in Troyes wegen seines christlichen Glaubens enthauptet. Nachdem 964 Reliquien von ihm nach Soest gelangt waren, wurde Patroclus Stadtpatron der nordrhein-westfälischen Stadt; aufbewahrt werden die Gebeine im Patroklidom (St. Patroklus).

Verehrung/Brauchtum: Über alle Jahrhunderte erscheint Patroclus in Stadt- und Stiftsiegeln, am Rathaus und an Altären in Soest. In Troyes verehrt man den Märtyrer als St-Parre.

Darstellung: Abgebildet wird Patroclus als römischer Soldat oder als Ritter mit Schwert und Schild. Enthauptet sieht man ihn bei einer

Die Kapelle des Meinrad in Einsiedeln in der Schweiz; sie birgt das Madonnengnadenbild dieses vielbesuchten Wallfahrtsortes.

Statue in der Kirche St-Parre-aux-Tertres in Troyes; im Sakramentshaus von St. Patroklus in Soest steht ebenfalls eine steinerne Statuette aus dem 15. Jh., die den Märtyrer mit dem Schild darstellt.

22. Januar

Anastasius der Perser (Magundat)

Mönch, Märtyrer
geboren: um 600
gestorben: 22. Januar 628 in Persien
Patron der Goldschmiede; gegen Kopfschmerzen und Besessenheit

Anastasius trat nach seiner Taufe im Jahr 620 in das Anastasioskloster bei Jerusalem ein. Nach sieben Jahren Mönchsleben trat er wieder aus. Wohl wegen seines Glaubens wurde Anastasius dann 628 in Persien zuerst eingekerkert, später zu Tode gefoltert; 70 weitere Gefährten starben mit ihm. Papst Honorius I. überführte den Leichnam von Anastasius zusammen mit Reliquien von Vinzenz von Saragossa, der im Jahr 304 getötet worden war und dessen Gedenktag ebenfalls am 22. Januar begangen wird, in die Kirche Santi Vincenzo ed Anastasio alle tre Fontane in Rom, die noch heute besteht.

Verehrung/Brauchtum: Besonders im Mittelalter gehörte Anastasius zu den sehr verehrten Heiligen. Die Verehrung wurde auf dem Konzil von Nicäa 787 gutgeheißen.

Darstellung: Anastasius wird auf verschiedene Weise dargestellt: als Mönch, mit der Axt erschlagen; als junger Märtyrer mit Palme; bekleidet mit einem reichen Mantel und mit Kreuz in der Hand. Die ausführlichste Darstellung ist in der römischen Kirche SS. Vincenzo ed Anastasio zu sehen: Ein Freskenzyklus aus dem 13. Jh. (teilweise stark zerstört) zeigt Szenen aus dem Leben des Märtyrers.

Theodelinde (Dietlinde)

Königin
geboren: 6. Jh. in Bayern
gestorben: 22. Januar 627
(oder 28. Januar ?)

Gregor der Große, wohl wichtigster Papst bis zur Jahrtausendwende, widmete Theodelinde, der Königin der Langobarden, vier Bücher; Kolumban verdankte ihr sein später über die Grenzen hinaus bekanntgewordenes Kloster in Bobbio in Oberitalien. Der Bau des Domes von Monza bei Mailand geht ebenfalls auf Theodelinde zurück; in dieser dreischiffigen Basilika, die im 13. Jh. erneuert wurde, kann der Besucher heute hinter dem Altar der Theodelindenkapelle, links neben dem Hauptaltar, den Sarkophag Theodelindes besichtigen. Die eiserne Langobardenkrone, mit der die deutschen Könige zu Herrschern Italiens gekrönt wurden, befindet sich im Tabernakel.

Theodelinde wurde in der zweiten Hälfte des 6. Jh. als Tochter des Bayernherzogs Garibald I. und Waltrada, der Tochter von Langobardenkönig Wacho, geboren. In erster Ehe war Theodelinde mit Langobardenkönig Authari verheiratet, in zweiter Ehe mit Herzog Agilulf von Turin, der dadurch König wurde. Beider Sohn Adaloald, 602 geboren, wurde katholisch getauft und damit später zum ersten Langobardenkönig katholischen Glaubens. Theodelinde bewog ihren Mann immer wieder zur

Der Saphirbecher von Königin Theodelinde. Entstehungszeit und -ort sind nicht mehr feststellbar.

Duldung des Katholizismus, vermittelte zwischen Agilulf und den verbannten Bischöfen, so daß diese zurückkehren konnten und ihre Kirchengüter zurückerhielten. Sie erreichte schließlich sogar, daß Agilulf im Jahr 599 mit Papst Gregor dem Großen Frieden schloß und ganz zum Katholizismus übertrat. Damit war der Übertritt des Langobardenvolkes, das bis dahin arianischen Glaubens war, zum katholischen Glauben besiegelt. Königin Theodelinde starb am 22. Januar 627.

Verehrung/Brauchtum: Theodelinde wird vor allem in Monza und in Mailand verehrt.

Darstellung: Auf Abbildungen ist Theodelinde als Königin mit Krone dargestellt, manchmal auch, zwei Jungen unterrichtend. Die Theodelindenkapelle im Dom von Monza ist ausgeschmückt mit Fresken aus dem 15. Jh., die Szenen aus dem Leben der Königin darstellen.

Vinzenz Pallotti

Ordensgründer SAC
geboren: 21. April 1795 in Rom, Italien
gestorben: 22. Januar 1850 in Rom
Patron des Priestermissionsbundes

Einen Bahnbrecher der Katholischen Aktion – darunter versteht man das kirchlich anerkannte, organisierte Laienapostolat – nannte Papst Pius XI. den außergewöhnlichen Seelsorger Vinzenz Pallotti. Der 1795 in Rom geborene Sohn einer wohlhabenden Familie hatte 1818 die Priesterweihe empfangen und bis zu seinem Tode am 22. Januar 1850 ständig in Rom gewirkt, wo man ihn bald „den zweiten Philipp Neri“ nannte. Pallotti engagierte sich unermüdlich und aufopferungsvoll in fast allen Bereichen der Seelsorge; besonders Gefangene, Kranke und Jugendliche standen unter seinem Schutz. Er war einer der gesuchtesten Beichtväter für Geistliche und Laien. Für Menschen in Not war er zu jeder Tages- und Nachtzeit ansprechbar.

Vinzenz Pallotti. Nach einem Gemälde von Bruno Zwiener. Papst Johannes Paul II. nannte den Gründer der Pallottiner einmal „einen überaus vorbildlichen Priester“.

Um seelsorgerisch noch wirkungsvoller tätig sein zu können, gründete Vinzenz Pallotti 1835 eine Gesellschaft des katholischen Apostolats, die sogenannten Pallottiner. Dabei handelte es sich am Anfang um eine Gruppe von Priestern, bald jedoch rief der Stifter auch Laien auf, im Apostolat mitzuarbeiten, was ihn zum Bahnbrecher in der Seelsorgearbeit machte. Im Jahr 1843 gründete Pallotti dann die „Schwesterngemeinschaft der Pallottinerinnen“.

Vinzenz Pallotti starb am 22. Januar 1850 in Rom und wurde in der Kirche S. Salvatore in Onda beigesetzt. Papst Johannes XXIII. sprach ihn am 20. Januar 1963 heilig.

Darstellung: Abbildungen zeigen Vinzenz Pallotti im Ordenskleid oder mit Chorrock und Stola.

Sarkophag von Vinzenz Pallotti unter dem Hochaltar der Kirche S. Salvatore in Onda in Rom.

Vinzenz von Saragossa

Erzmärtyrer Spaniens
geboren: 3. Jh. in Huesca, Spanien
gestorben: 22. Januar 304 in Valencia, Spanien
Patron von Saragossa; der Winzer, Seeleute, Dachdecker, Holzfäller, Ziegelmacher, Töpfer, Holzknechte

Vinzenz von Saragossa ist der Erzmärtyrer Spaniens und einer der meistverehrten Heiligen der iberischen Halbinsel. Wahrheitsgetreue Überlieferungen über sein Leben gibt es kaum, um seine Gestalt rankt sich folgende Legende: Vinzenz soll in Saragossa im Nordosten Spaniens als Archidiakon von Bischof Valerus tätig gewesen sein. Während der grausamen Christenverfolgungen unter Kaiser Diokletian zu Beginn des 4. Jh. wurden Valerus und Vinzenz, so die Legende, verhaftet und in Valencia in den Kerker geworfen. Nachdem der Bischof in die Verbannung geschickt worden war, soll Vinzenz grausamste Martern erduldet haben. So soll er, an eine Säule gebunden, mit Lanzen gestochen, auf einem Rost gebrannt und auf Scherben geworfen worden sein. Die Passio berichtet von einem Engel, der den Geschundenen getröstet habe. Der Leichnam des Märtyrers, der schließlich seinen Verletzungen erlag, wurde, in eine Ochsenhaut eingenäht, im Meer versenkt, bald aber wieder ans Ufer gespült. Reliquien von Vinzenz von Saragossa werden heute in Rom, Paris, Metz, Chartres, Besançon und Le Mans verehrt. Sein Name ist in den ältesten Martyrologien zu finden.

Verehrung/Brauchtum: Die große Verehrung für Vinzenz von Saragossa setzte vor allem im späten Mittelalter ein; ab dieser Zeit wurde er gern zum Zunftpatron erwählt. So ist Vinzenz einer der Schutzheiligen der Weinbauern; der 22. Januar hat für die Winzer folgende Bedeutung: „Vinzenz Sonnenschein bringt Frucht und guten Wein"; vor allem süddeutsche, österreichische und französische Winzer bitten Vinzenz um Schutz. Vielerorts wird der Vinzenztag als sogenannte Wintermitte genommen, manchmal auch als Tag der „Vogelhochzeit". In Niederösterreich und in einem Teil vom Burgenland werden am 22. Januar Vinzenzi-Märkte und Vinzenzi-Tanzveranstaltungen abgehalten. Vor allem in Gegenden, wo Holzknechte arbeiten, wird dem Vinzenztag große Bedeutung zugemessen.

Darstellung: Vielfältig sind die Abbildungen des spanischen Erzmärtyrers Vinzenz; so wird er dargestellt als junger Diakon mit Palme, Buch, Kreuz oder Traube. Auf die Legenden, sein Martyrium betreffend, gehen die Darstellungen mit Rost oder Mühlstein ein; manchmal sieht man ihn auch mit einem Raben, der nach der Legende seinen Leichnam vor wilden Tieren geschützt hat. Vinzenz gehört zu den Heiligen, die die Künstler vieler Jahrhunderte beschäftigt haben; berühmt geworden sind unter anderem die Vinzenz-Darstellungen auf den vier Vinzenz-Teppichen im Historischen Museum in Bern (1515), auf den uralten (schlecht erhaltenen) Fresken in der Kirche S. Vincenzo in Galliano bei Como (um 1007) und auf dem Altar der Pfarrkirche des oberösterreichischen Hallstatt (um 1520).

Walter von Birbeck

Mönch OCist
geboren: 12. Jh. in Birbeck, Belgien
gestorben: um 1206 in Himmerod, Rheinland-Pfalz

Walter von Birbeck ging als „Mönch Mariens" in die Geschichte ein. Der Zisterziensermönch wurde bereits zu Lebzeiten wegen seiner tiefen Frömmigkeit und seiner großen Liebe zur Gottesmutter Maria vom Volk verehrt. Er starb im Kloster Himmerod; an seinem Grab ereigneten sich zahlreiche Wunder.

23. Januar

Barnard

Erzbischof OSB
geboren: um 770(?)
gestorben: 23. Januar 849 in Romans, Frankreich

Der Benediktiner Barnard, der vor seinem Eintritt in den Orden Krieger unter Karl dem Großen gewesen war, wurde 810 zum Erzbischof von Vienne in Ostfrankreich ernannt. Reliquien Barnards, dessen Kult 1903 nochmals bestätigt wurde, befinden sich in dem Ort Romans-sur-Isère südlich von Lyon in der dortigen Kirche Saint-Barnard.

Vinzenz von Saragossa. Ausschnitt aus dem Vinzenz-Altar (um 1465) im Nationalmuseum Lissabon.

Eugen Bolz

Württembergischer Staatspräsident
geboren: 15. Dezember 1881 in Rottenburg, Baden-Württemberg
gestorben: 23. Januar 1945 in Berlin-Plötzensee

Der württembergische Staatspräsident Eugen Bolz nahm die Lehre der katholischen Kirche zur Grundlage seines politischen und öffentlichen Wirkens und leistete Widerstand gegen den Nationalsozialismus. Nach dem 20. Juli 1944, dem Tag des versuchten Attentats auf Adolf Hitler, wurde Bolz verhaftet; am 23. Januar 1945 verurteilten ihn die Nationalsozialisten zum Tode und richteten ihn am selben Tag in Berlin-Plötzensee hin.

Hartmut

Abt von St. Gallen
geboren: 9. Jh.
gestorben: an einem 23. Januar nach 905 in St. Gallen, Schweiz

Heinrich Seuse. Nach einem Ölgemälde aus dem 15. Jh. Die Dornenkrone in der Hand Seuses soll die strenge Kasteiung symbolisieren, denen sich der Mönch und Mystiker regelmäßig unterwarf. Das Zeichen IHS auf der Brust hatte sich Heinrich Seuse mit einem Eisen selbst eingebrannt.

Heinrich Seuse

Mönch, Mystiker OP
geboren: 21. März 1295 am Bodensee (Konstanz?)
gestorben: 25. Januar 1366 in Ulm, Baden-Württemberg

Heinrich Seuse, einer der bekanntesten deutschen Mystiker, dessen „Büchlein der Ewigen Weisheiten" und „Büchlein der Wahrheit" allgemein bekannt sind, wurde am 21. März 1295 als Sohn des Ritters von Berg am Bodensee geboren. Noch als Junge nahm er den Namen seiner Mutter an, die großen Einfluß auf ihn hatte. Im Alter von 13 Jahren trat Heinrich in Konstanz dem Dominikanerorden bei, nach fünf Jahren hatte er seine erste Vision. Bis zu seinem 40. Lebensjahr übte Heinrich Seuse danach strengste Kasteiung, brannte sich auf seiner Brust mit glühenden Eisen den Namen Jesus Christus ein, trug eiserne Ketten am Körper, geißelte sich und entzog sich selbst Essen, Trinken und Schlaf. Ihm zuteil werdende Visionen und Ekstasen sah Heinrich als größte Belohnung an. Auf der Ordenshochschule in Köln war er Schüler Meister Eckeharts, den er zeitlebens verehrte. Etwa ab 1335 wirkte Seuse als Seelsorger vor allem in Dominikanerklöstern. Das von ihm ausgehende Charisma wurde überall bewundert.

Doch Heinrich Seuse hatte auch viele Feinde. Nach zahlreichen Verleumdungen wurde er schließlich nach Ulm versetzt, wo er am 25. Januar 1366 starb. Beigesetzt wurde der Mönch in der dortigen Dominikanerkirche. Papst Gregor XVI. erlaubte 1831 die Verehrung Heinrich Seuses als Seligen.

Darstellung: Abbildungen zeigen Heinrich Seuse im Habit der Dominikaner; regelmäßige Attribute sind das Monogramm des Namens Jesu und ein Kranz von Rosen als Symbol für schmerzhafte Liebe. Manchmal erscheint Heinrich auch mit einem Hund an seiner Seite, der ein Tuch oder eine Lilie in der Schnauze hält. Eine der berühmtesten Abbildungen stammt von Anton Sorg (1482): Seuse vor Christus im Weinstock; sie ist heute in der Staatsbibliothek Ulm zu sehen.

Ildefons

Erzbischof
geboren: um 606 in Spanien
gestorben: 23. Januar 667 in Toledo, Spanien
Patron von Toledo

Ildefons, der große Marienverehrer und einer der beeindruckendsten Literaturvertreter Spaniens seiner Zeit, war von 657 bis 667 Erzbischof der zentral-spanischen Diözese Toledo. Bevor er in dieses hohe Amt gewählt wurde, wirkte er als Abt des Klosters S. Cosma y Damián in der Nähe von Toledo. Überlieferungen berichten, daß Ildefons ein Schüler von Erzbischof Isidor von Sevilla, dem späteren Kirchenlehrer, war. Ildefons starb am 23. Januar 667 in Toledo.

Darstellung: Auf Abbildungen ist Ildefons als Bischof zu sehen, dem die Gottesmutter ein weißes Meßkleid überreicht. Dies ist als Versinnbildlichung dafür zu sehen, daß Ildefons Zeit seines Lebens leidenschaftlich die Jungfräulichkeit Mariens verteidigte. Ildefons gehört zu den Heiligen, die in der Kunst am häufigsten und auch am auffallendsten dargestellt wurden. So gibt es in der Hospitalkirche in Illescas in Spanien ein Gemälde von El Greco, das Ildefons am Schreibtisch zeigt, während er eine Vision hat. In der Kathedrale von Zamora in Spanien steht der berühmte Ildefons-Altar von Fernando Gallego. Im Kunsthistorischen Museum in Wien kann der Besucher ein Votivbild von Peter Paul Rubens, „Die Verleihung der Kasel an Ildefons", bewundern.

Johannes von Alexandria (der Almosengeber)

Patriarch
geboren: um 550(?) in Amathus auf Zypern
gestorben: um 619 auf Zypern

Nach dem Tod seiner Frau und seiner Kinder verteilte Johannes, der aus Zypern stammte, sein gesamtes Vermögen an die Bedürftigen von Alexandria. Von den Armen, die ihm den Beinamen „der Almosengeber" gaben, sagte Johannes, sie seien seine „Herren". Das Volk rief ihn schließlich zum Patriarchen von Alexandria aus. Jahre später mußte er vor den Persern zurück in seine Heimat fliehen, wo er um 619 starb und beigesetzt wurde. Reliquien gelangten später in die Kathedrale von Preßburg.

Ildefons, Erzbischof von Toledo.

Nikolaus Groß (1898 bis 1945).

Verehrung/Brauchtum: Die Griechen feiern das Fest von Johannes am 12. November. In der gesamten Ostkirche wird Johannes sehr verehrt.

Darstellung: Abgebildet wird Johannes, wie er Almosen verteilt, oft als Greis mit langem Bart, manchmal mit einer kostbaren Decke.

Lüfthildis

Jungfrau, Inklusin(?)
geboren: 9. Jh.(?) in Berge, heute Lüftelberg, Nordrhein-Westfalen
gestorben: 9. Jh.(?) in Berge
Patronin gegen Ohren- und Kopfleiden

Nach dem Tod von Lüfthildis, die sich durch besondere Mildtätigkeit ausgezeichnet haben soll, wurde der Ort Berge nach ihr Lüftelberg genannt. Im 13. Jh. wird ihre Verehrung erstmals offiziell erwähnt, 1623 feierte man die zweite(?) Erhebung der Lüfthildis-Gebeine. Die Verehrung und die Wallfahrten nach Lüftelberg nahmen daraufhin zu. Im Jahr 1902 wurden die Gebeine in einen neuen Marmorsarkophag übertragen.

Verehrung/Brauchtum: Zur Heilung von Ohrenleiden werden in Lüftelberg die Ohren der Kranken mit der silbernen Lüfthildis-Spindel berührt.

Nikolaus Groß

Redakteur
geboren: 30. September 1898 in Niederwenigern, Nordrhein-Westfalen
gestorben: 23. Januar 1945 in Berlin-Plötzensee

Nikolaus Groß, früher Bergmann, dann Redakteur der Westdeutschen Arbeiterzeitung, wurde in der Folge des versuchten Attentats auf Adolf Hitler am 20. Juli 1944 verhaftet und am 23. Januar 1945 in Berlin-Plötzensee hingerichtet. Als Journalist hatte Groß immer wieder die christliche Familie als besten Schutz gegen den Nationalsozialismus bezeichnet. Sowohl in Artikeln als auch in flammenden Reden hatte der mutige Journalist die braune Macht verurteilt. Der Seligsprechungsprozeß ist seit 1988 eingeleitet.

24. Januar

Arno von Salzburg

Erzbischof OSB
geboren: nach 740 im Isengau, Bayern
gestorben: 24. Januar 821 in Salzburg, Österreich

Nach seiner Ausbildung unter Aribo an der Domschule von Freising wurde Arno um 777 zum Priester geweiht. Kurz darauf trat er im Kloster Elno in Flandern dem Benediktinerorden bei und wurde 782 Abt. Doch schon bald rief eine neue, größere Aufgabe: Mit Unterstützung von Karl dem Großen wurde Arno zum ersten Bischof von Salzburg ernannt. 798 erhielt er das erzbischöfliche Pallium. Im Jahr 811 unterzeichnete der Erzbischof das Testament von Karl dem Großen, bei dessen Kaiserkrönung in Rom er 800 ebenfalls anwesend gewesen war. Arno kümmerte sich stark um den kirchlichen Ausbau und die Sicherung der Diözesangüter. Der Erzbischof starb am 24. Januar 821 in Salzburg.

Bernhard Lehner

Schüler
geboren: 4. Januar 1930 in Herrngiersdorf, Bayern
gestorben: 24. Januar 1944 in Regensburg, Bayern

„Diener Gottes" darf Bernhard Lehner seit 1951 genannt werden. Der Seligsprechungsprozeß für den am 24. Januar 1944 im Alter von 14 Jahren verstorbenen Jungen läuft. Bernhard war Ende 1943 mit einer schweren Erkrankung in die städtische Kinderklinik Regensburg gebracht worden; dort ertrug er heroisch und tieferfüllt von der Liebe zu Gott den etwa zehnwöchigen Krankheitsverlauf bis zum Tod. „Ich würde mich freuen, wenn ich sterben könnte", hatte der Schüler noch kurz vor Ausbruch seiner Krankheit zu seiner Mutter gesagt.

Die Verehrung für Bernhard begann bereits in seinem Todesjahr und wurde ständig größer. An der Übertragung seiner sterblichen Überreste vom Friedhof in die Ortskirche von Herrngiersdorf am 12. September 1952 nahmen über 20 000 Menschen teil. Bereits 1950 war der kirchliche Informativprozeß eröffnet worden; auch zwei Ärzte wurden darin befragt, die persönlich auffallende Heilungen durch Bernhard Lehner erlebt hatten.

Verehrung/Brauchtum: In Bernhard Lehners Heimatort gedenken die Gläubigen alljährlich am 2. Sonntag im September der Übertragung der Gebeine des Verstorbenen; dabei wird seit Jahren um die Seligsprechung Lehners gebetet.

Bernhard Lehner (1930 bis 1944).

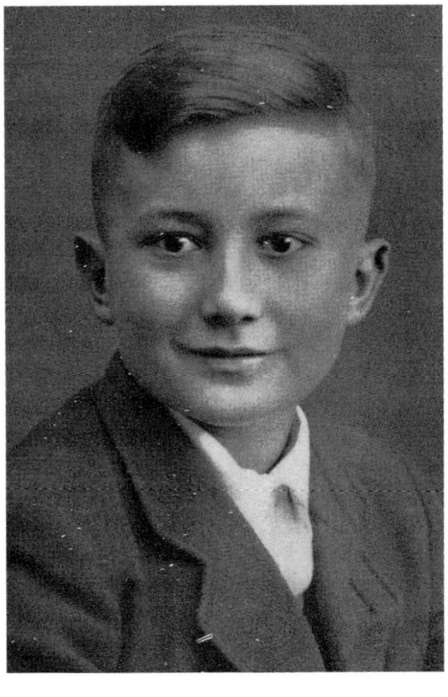

Franz von Sales

Bischof, Kirchenlehrer, Ordensgründer
geboren: 21. August 1567 in Savoyen, Frankreich
gestorben: 28. Dezember 1622 in Lyon, Frankreich
Patron der Salesianerinnen; der katholischen Presse; der Schriftsteller; von Genf, Annecy, Chambéry

Franz von Sales ist der Mitbegründer des Ordens von der Heimsuchung Mariens, genannt Salesianerinnen. Das Gründungsjahr war 1610; Franz war zu jenem Zeitpunkt 43 Jahre alt und Bischof von Genf. Franz war am 21. August 1567 auf dem Schloß der Familie Sales in den Savoyen geboren worden. Er studierte in Paris und Padua, machte seinen Doktor in den Rechten und ließ sich, nachdem er über Jahre hinweg schwere innere Kämpfe ausgefochten hatte – die Lehre Calvins hatte auf den katholischen jungen Mann starken Einfluß ausgeübt –, 1593 zum Priester weihen. Freiwillig meldete sich Franz von Sales dann als Missionar für ein von den Calvinisten beherrschtes Gebiet am Südufer des Genfer Sees. Gefährliche Jahre, in denen sogar Attentate auf ihn verübt wurden, folgten. Mit unerschütterlicher Geduld und großer Liebe zu seiner Gemeinde gelang ihm schließlich die Rekatholisierung der Gegend.

Im Jahr 1602 wurde Franz von Sales zum Bischof von Genf ernannt. Unermüdlich bereiste er in den folgenden Jahren seine große Diözese und machte sich einen Namen als Prediger. Zusammen mit Johanna Franziska von Chantal, mit der er durch eine innige geistige Freundschaft verbunden war, gründete er dann im Jahr 1610 den Orden der Salesianerinnen. Eine Ernennung zum Kurienkardinal durch den Papst lehnte Franz von Sales aus Treue zu seiner Diözese ab.

Auf einer Reise nach Lyon starb der Ordensstifter am 28. Dezember 1622 an einem Schlaganfall. Sein Leichnam wurde in der Kirche der Visitation in Annecy, südlich vom Genfer See am Lac d'Annecy, beigesetzt. Johanna Franziska von Chantal, die 1641 starb, wurde ebenfalls hier bestattet. Franz von Sales, der sich besonderes Ansehen durch seine Auseinandersetzung mit dem Calvinismus erworben hat, wurde bereits 1665 heiliggesprochen und am 16.

Franz von Sales. Nach einem Stich aus dem 17. Jh.

November 1877 von Papst Pius XI. zum Kirchenlehrer erhoben.

Darstellung: Auf Abbildungen sieht man Franz von Sales entweder allein als Bischof oder gemeinsam mit Johanna Franziska von Chantal. Neben dem Heiligen ist oft ein dornenumwundenes Herz zu sehen.

Vera

Christin
geboren: um 400 in Clermont, Frankreich
gestorben: 5. Jh. in Frankreich

25. Januar

Poppo von Stablo

Abt OSB
geboren: um 978 in Deynze, Belgien
gestorben: 25. Januar 1048 in Marchiennes, Belgien

Poppo entstammte einem alten flandrischen Adelsgeschlecht und kam um das Jahr 978 zur Welt. Er wurde zum Ritter ausgebildet. Um das Jahr 1000 unternahm er eine Wallfahrt ins Heilige Land. Auf der Rückreise pilgerte er nach Rom, um die Gräber der Apostel Petrus und Paulus zu besuchen. Nach dieser Reise trat Poppo 1005 als Mönch in Reims in das Kloster St-Thierry ein und ließ sich drei Jahre später in die Abtei St-Vanne bei Verdun versetzen, um Schüler des damals berühmten Abtes Richard werden zu können. Richard hatte über 20 Klöster in Lothringen reformiert und war ein geschätzter Berater der französischen Könige und deutschen Kaiser. Im Auftrag Richards wurde Poppo ebenfalls für die Klosterreform tätig. Im Jahr 1020 ernannte ihn Kaiser Heinrich II. zum Abt der Abteien Stablo und Malmédy in Belgien.

Poppo dehnte seine Reformtätigkeit – er forderte die Wiederbesinnung auf die Grundsätze des Mönchtums – auf weite Gebiete aus und hatte bald die Leitung von etwa 17 Abteien inne. Er galt als hervorragender Organisator und als gegen sich selbst strenger Asket. Poppo starb am 25. Januar 1048, seine Gebeine wurden 1624 erhoben. Beigesetzt ist er in Stablo.

Verehrung/Brauchtum: Im Bistum Lüttich wird das Fest Poppos am 29. Januar begangen.

Darstellung: Abgebildet ist Poppo als Abt; manchmal erweckt er einen Hirten, der von einem Wolf getötet wurde, wieder zum Leben. Als individuelles Attribut hat er auch ein Modell der Abteikirche von Stablo bei sich. In der Pfarrkirche von Stablo erinnert noch heute vieles an den ehemaligen Abt.

Titus Maria Horten

Prior, Verlagsleiter OP
geboren: 9. August 1882 in Elberfeld, Nordrhein-Westfalen
gestorben: 25. Januar 1936 in Oldenburg, Niedersachsen

Titus Maria Horten, der mit Taufnamen Anton Hubert hieß, war 1909 in den Dominikanerorden eingetreten und 1915 zum Priester geweiht worden. Er leitete den Albertus-Magnus-Verlag. Für viele war er ein geachteter Seelenführer und Beichtvater. Schon zu Lebzeiten stand Titus Maria Horten im Ruf der Heiligkeit. In den sogenannten Devisenprozessen wurde der Kirchenmann 1935 verhaftet und verurteilt. Noch bevor die Berufungsverhandlung begann, die seinen Freispruch brachte, starb Horten im Gefängnislazarett von Oldenburg. Beigesetzt wurde er in der Dominikanerkirche in Vechta. Im dortigen Kloster war er mehrere Jahre Prior gewesen. Im Jahr 1948 wurde der Seligsprechungsprozeß eingeleitet.

26. Januar

Alberich (Aubry) von Cîteaux

Abt OCist
geboren: um 1050 in Frankreich
gestorben: 26. Januar 1109 in Cîteaux, Frankreich

Alberich war Mitbegründer und zweiter Abt des berühmten Stammklosters der Zisterzienser in Cîteaux im Süden von Dijon. Er ging in die Geschichte des Ordens ein als derjenige, der den inneren Aufbau des Reformklosters bestimmte; so legte Alberich auch die ersten Regeln über das klösterliche Leben des späteren Zisterzienserordens fest. Somit gilt Alberich als eigentlicher Gesetzgeber des Ordens. Das klösterliche Leben in Cîteaux an sich hatte unter dem ersten Abt Robert von Molesme begonnen; ausgebaut schließlich wurde es unter Stephan Harding, dem dritten Abt von Cîteaux. Als sogenannter zweiter Stifter des Zisterzienserordens ging dann der berühmte Kirchenlehrer Bernhard von Clairvaux in die Geschichte ein. Alberich starb am 26. Januar 1109.

Darstellung: Auf den Abbildungen, die in so gut wie allen Zisterzienserklöstern zu finden sind, ist Alberich in der weißen Ordenstracht der Zisterzienser dargestellt, die er selbst eingeführt hat. In der ehemaligen Zisterzienserklosterkirche in Raitenhaslach bei Burghausen an der bayerisch-österreichischen Grenze ist Alberich zusammen mit Robert von Molesme und Bernhard von Clairvaux an einem Seitenaltar zu sehen.

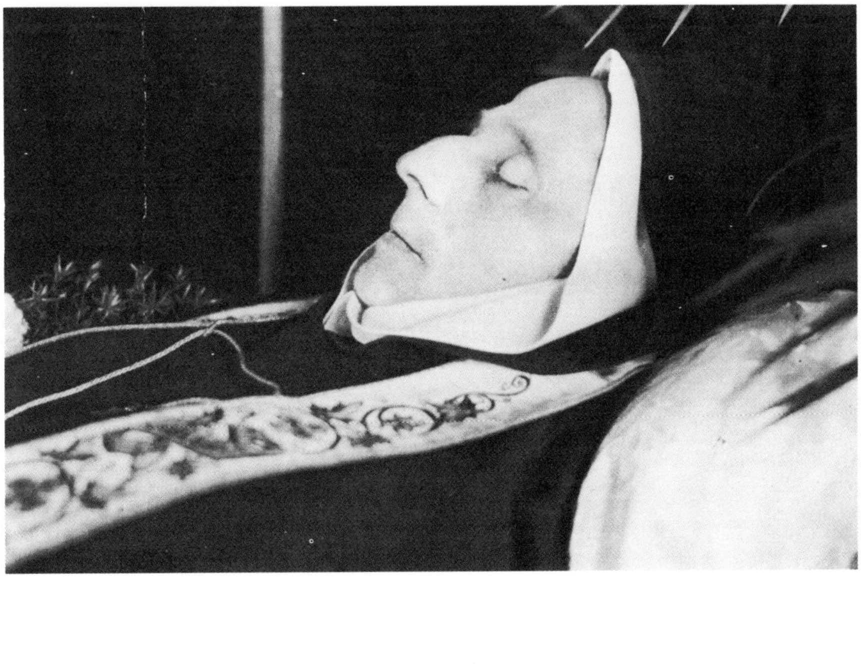

Der aufgebahrte Titus Maria Horten (am 25. Januar 1936).

Hieronymus Jaegen

Mystiker
geboren: 23. August 1841 in Trier, Rheinland-Pfalz
gestorben: 26. Januar 1919 in Trier

Der „Diener Gottes“ Hieronymus Jaegen, Ingenieur, Bankdirektor und Preußischer Landtagsabgeordneter, setzte sich Zeit seines Lebens für katholische Belange ein. Über 30 Jahre lang leitete er die große Fronleichnamsprozession in Trier. Darüber hinaus unterstützte Jaegen die katholische Kirche mit großzügigen Spenden aus seinem persönlichen Vermögen. Im Jahr 1867 gründete er in Trier einen „religiös-wissenschaftlich-geselligen Verein für junge Kaufleute und dergleichen“, benannt „Harmonia“. Jaegen war selbst mystisch begnadet und schrieb viele Erfahrungen, aber auch lehrreiche Anweisungen in verschiedenen Büchern nieder („Das mystische Gnadenleben“).

Hieronymus Jaegen, Ingenieur, Bankdirektor und Landtagsabgeordneter.

Anfang der dreißiger Jahre bildete sich eine „Hieronymus-Jaegen-Gesellschaft“, um die Seligsprechung des Verstorbenen zu betreiben. Der Seligsprechungsprozeß wurde 1939 eröffnet.

Notburga vom Klettgau (von Bühl)

geboren: 9. Jh.(?) in Schottland(?)
Patronin vom Klettgau; bei Mehrlingsgeburten; der Gebärenden

Nach der Legende soll Notburga dem schottischen Königshaus entstammt und nach der Ermordung ihres Ehemannes in den Klettgau bei Schaffhausen gekommen sein. Es heißt, sie habe dort dann später neun Kinder auf einmal geboren. Der Kult Notburgas ist seit dem 15. Jh. belegt, doch es wird vermutet, daß sie bereits im 9. Jh. lebte. Angeblich soll Notburga in Bühl im Klettgau beigesetzt sein.

Verehrung/Brauchtum: Im Klettgau gibt es Notburga-Wallfahrten.

Darstellung: Auf Abbildungen ist Notburga mit neun Kindern zu sehen, wobei eines, der Legende folgend, tot ist. Manchmal ist sie auch mit Krone dargestellt, vor allem ab dem 17. Jh. Abbildungen Notburgas gibt es entsprechend der Legende vor allem in Süddeutschland und in der Schweiz.

Paula von Rom (Paula Romana)

Klostergründerin
geboren: 347 in Rom, Italien
gestorben: 26. Januar 404 in Betlehem

Einen seiner schönsten und gefühlvollsten Briefe widmete der Kirchenlehrer Hieronymus seiner Schülerin Paula als Nachruf. Die Römerin war 347 als Tochter einer adligen Familie zur Welt gekommen, hatte geheiratet und fünf Kinder geboren. Nach dem frühen Tod ihres Mannes schloß sie sich einer christlichen Witwe an. Beide Frauen widmeten sich fortan karitativen Werken und wurden Schülerinnen des großen Hieronymus. Im Jahr 385 reisten Paula und ihre Tochter Eustochium, an die es ebenfalls mehrere Briefe des Kirchenlehrers gibt, zusammen mit Hieronymus nach Palästina, besuchten die heiligen Stätten und ließen sich 386 ganz in Betlehem nieder, wo die beiden Frauen ein Mönchs- und ein Nonnenkloster sowie ein Pilgerhaus gründeten und leiteten. Auch Hieronymus und seine Freunde verbrachten ihr weiteres Leben dort im Kloster. Die tiefgläubige Paula starb am 26. Januar 404 in Betlehem.

Darstellung: Abgebildet wird Paula als Pilgerin, manchmal mit einem Kopftuch, auch in einem Buch schreibend. Hin und wieder ist sie auch mit ihrer Tochter Eustochium, öfters auch mit Hieronymus zu sehen.

Timotheus und Titus

Apostelschüler, Bischöfe
geboren: 1. Jh.
gestorben: 1. Jh.

Timotheus und Titus, beide Schüler des Apostels Paulus, wird am selben Tag gedacht. Beide waren treue Begleiter des leidenschaftlichen Missionars Paulus und teilten viele Jahre seines Lebens mit ihm. Timotheus, den Paulus unter seinen Gefährten wohl am meisten schätzte, stammte aus Lystra, dem heutigen Konya in der Türkei, und wurde wahrscheinlich von Paulus auf dessen erster Missionsreise getauft. Auf der zweiten Reise war er schon der Begleiter des Apostels und von da an fast immer bei ihm. Nach dem Tod von Paulus ging Timotheus, so die altkirchliche Überlieferung, nach Ephesus zurück, wo er vorher schon einmal gewirkt hatte, und bekleidete dort das Amt des Bischofs. Über seinen Tod ist nichts Genaues bekannt; einige Quellen berichten, er sei im Jahr 97 erschlagen worden. Reliquien werden in der Kirche S. Giovanni in Fonte in Rom verehrt.

Auch Titus war als Heide geboren worden. An der Seite von Paulus erscheint er das erste Mal auf der Reise zum Apostelkonzil in Jerusalem. Während einer späteren Reise ließ der Apostel Titus auf der griechischen Insel Kreta zurück, damit er dort wirke. Nach dem Tod von Paulus, Mitte der sechziger Jahre des 1. Jh., soll Titus dann Bischof von Kreta gewesen und im Alter von 94 Jahren gestorben sein.

Verehrung/Brauchtum: Griechen und Syrer feiern das Fest von Timotheus am 22. Januar, das von Titus am 25. August.

Darstellung: Auf Abbildungen wird Timotheus als Bischof mit Keule und Steinen als Hinweis auf sein mögliches Martyrium gezeigt. Titus wird dargestellt mit einem durch Strahlen erleuchteten Antlitz, im Hintergrund sind manchmal einstürzende heidnische Tempel zu sehen.

Desenzano am Südende des italienischen Gardasees war der Geburtsort von Ordensgründerin Angela Merici.

27. Januar

Alruna von Cham

Reklusin OSB
geboren: um 990 in Bayern
gestorben: 27. Januar 1045 in Niederaltaich, Bayern
Patronin der werdenden Mütter und der Fieberkranken

Alruna lebte nach dem Tod ihres Mannes, eines Grafen, als Reklusin bei dem Benediktinerkloster von Niederaltaich in Niederbayern. Für das Volk war sie eine gesuchte Ratgeberin. Die Reliquien der am 27. Januar 1045 Verstorbenen ruhen in der Benediktinerklosterkirche St. Mauritius in Niederaltaich in einem Glasschrein.

Darstellung: Abgebildet wird Alruna als Benediktinerin mit einer abgelegten Krone.

Angela Merici

Ordensgründerin OSU
geboren: 1. März 1474 in Desenzano, Italien
gestorben: 27. Januar 1540 in Brescia, Italien

Tiefe Stille umfaßt den Besucher, der in die von außen unscheinbar aussehende Kirche S. Angela Merici an der Piazza Moretto in Brescia eintritt. In einer kleinen Seitenkapelle rechts

In einem Glasschrein in der Kirche S. Angela Merici in Brescia wird heute der Leichnam von Angela Merici aufbewahrt.

vom Hochaltar: der Glasschrein mit dem Leichnam der heiligen Angela Merici, der Gründerin des Ursulinen-Ordens. Um ihn zu sehen, muß man an einem Eisentor links vom Haupteingang der Kirche läuten, damit man in das außer während der Messen geschlossene Gotteshaus eingelassen wird.

Angela Merici wurde am 1. März 1474 in Desenzano am Südende des Gardasees geboren. Ab 1516 lebte sie in Brescia, unweit ihres Heimatortes, und widmete sich ganz karitativen Tätigkeiten. Im Jahr 1525 unternahm sie, inzwischen über 50 Jahre alt, eine Wallfahrt nach Palästina. Nach Brescia zurückgekehrt, gründete Angela von Merici eine Gesellschaft von Frauen, die sich nach der heiligen Ursula, ihrer Schutzpatronin, Ursulinen nannte. Papst Clemens VII. bestätigte den Orden am 25. November 1535, Angela wurde 1537 zur ersten Oberin gewählt. Der Ursulinen-Orden wurde für das religiöse Gemeinschaftleben von Frauen richtungsweisend und gilt als berühmtester Frauenorden für Erziehung und Unterricht.

Angela Merici starb nach einem erfüllten Leben am 27. Januar 1540 in Brescia. Bestattet wurde sie in der Kirche S. Afra, die seit dem Zweiten Weltkrieg S. Angela Merici heißt und in der heute ihr Glasschrein zu sehen ist. Die Kanonisation der Ordensgründerin erfolgte 1807.

Darstellung: Eine der beliebtesten und volkstümlichsten Darstellungen zeigt Angela Merici, wie sie Kinder lehrt. Zu sehen ist sie auch mit Kreuz, Rosenkranz und Buch, manchmal mit Himmelsleiter; gekleidet ist sie als Ursulinin.

Antonie Werr

Ordensgründerin
geboren: 14. Dezember 1813 in Würzburg, Bayern
gestorben: 27. Januar 1868 in Würzburg

„Gott ist die Wahrheit" lautete der Leitspruch, den Antonie Werr ihrer Gemeinschaft zur Betreuung strafentlassener Frauen gab. Die Würzburgerin hatte die Kongregation der „Dienerinnen der heiligen Kindheit Jesu" 1855 gegründet; zu Beginn hieß die Einrichtung „Rettungsanstalt". Im Jahr 1902 kaufte die Kongregation das ehemalige Prämonstratenserkloster Oberzell in Zell am Main. Die Wiege der Gemeinschaft von Schwestern, die sich bis heute des Schicksals entlassener weiblicher Häftlinge annehmen, war das „Schlößchen", ein schönes Herrschaftshaus wenige Meter vom Kloster entfernt.

Antonie Werr. Nach einem Gemälde von Professor Fritz von Rieger.

Devota

Märtyrerin
geboren: 3. Jh.
gestorben: um 304 auf Korsika, Frankreich

Nach der Überlieferung wurde Devota wegen ihres christlichen Glaubens um das Jahr 304 auf der Insel Korsika ermordet. Ihre Gebeine kamen später nach Monaco, wo Devota bis heute verehrt wird.

Gilduin

Domherr
geboren: um 1053 in der Bretagne, Frankreich
gestorben: 27. Januar 1077 in Pierre-en-Vallée, Frankreich

Heinrich de Ossó y Cervelló

Ordensgründer
geboren: 16. Oktober 1840 in Vinebre, Spanien
gestorben: 27. Januar 1896 in Gielt, Spanien

Bekannt wurde Heinrich (Enrique) de Ossó durch seinen „Leitfaden für Katecheten". Im Jahr 1876 gründete der spanische Priester die „Gesellschaft der heiligen Theresia" als Schwesternkongregation, die der Erziehung der Jugend dienen sollte. Darüber hinaus rief Heinrich mehrere apostolische Vereinigungen ins Leben. Er galt als Apostel der christlichen Liebe. Heinrich starb am 27. Januar 1896, seine Seligsprechung erfolgte am 14. Oktober 1979, die Heiligsprechung am 16. Juni 1993.

Julianus von Le Mans

Bischof
geboren: 2./3. Jh.
gestorben: 3. Jh. in Le Mans, Frankreich
Patron der Kathedrale von Le Mans; der Winzer und Jongleure

Julianus soll der erste Bischof von Le Mans (um 250) gewesen sein. Viel mehr ist über Leben und Wirken nicht bekannt. Über seinem angeblichen Grab entstand eine Kirche. Im Jahr 835 wurden die Reliquien in die Kathedrale von Le Mans übertragen, die bis heute St-Julien heißt. Seit dem Mittelalter wird Julianus auch in Paderborn verehrt, wo sich seit jener Zeit ebenfalls Reliquien befinden.

Jurgis (Georg) Matulaitis

Erzbischof, Ordensgründer MIC
geboren: 13. April 1871 bei Marijampole, Litauen
gestorben: 27. Januar 1927 in Kaunas, Litauen

„Pionier der Litauischen Kirche" wird Jurgis (Georg) Matulaitis genannt. Papst Johannes Paul II. sprach die Symbolgestalt der spannungsreichen polnisch-litauischen Beziehungen des 19. und 20. Jh. am 28. Juni 1987 in Rom selig.

Matulaitis hatte 1898 die Priesterweihe empfangen und war ab 1907 Professor an der Katholischen Akademie in St. Petersburg. Vor dem Ersten Weltkrieg, als sowohl Polen als auch Litauen zu Rußland gehörten, wurde Matulaitis zum Erzbischof von Vilnius (Wilno), der litauischen Hauptstadt, ernannt. Als Vilnius nach dem Kriegsende polnisch wurde und der litauisch gesinnte Erzbischof „untragbar" erschien, demissionierte Matulaitis. Papst Pius XI. beauftragte den geschätzten Kirchenmann daraufhin mit der Vorbereitung des Konkordats mit der neuentstandenen Republik Litauen.

Während seiner Bischofszeit hatte Jurgis Matulaitis zwei Schwesternkongregationen in Litauen und Weißrußland gegründet und die Kongregation der Marianer im polnisch-weißrussisch-litauischen Grenzgebiet erneuert; er selbst war Generaloberer. Schließlich wurde er Apostolischer Visitator, ein Amt, bei dessen Ausübung Matulaitis am 27. Januar 1927 in Kaunas unerwartet starb. Mehrmals hatte ihn bis dahin Papst Pius XI. einen „Mann Gottes" und einen „wahrlich heiligen Menschen" genannt.

Paul Josef Nardini

Ordensgründer
geboren: 21. Juli 1821 in Germersheim, Rheinland-Pfalz
gestorben: 27. Januar 1862 in Pirmasens, Rheinland-Pfalz

„Vater der Armen und Verlassenen" wurde er genannt, seit 1990 läuft für ihn das Verfahren zur Seligsprechung. Die Rede ist von Paul Josef Nardini, der 1855 in Pirmasens die Kongregation der „Armen Franziskanerinnen von der Heiligen Familie", heute besser bekannt als „Mallersdorfer Schwestern", gründete. Die Schwesterngemeinschaft entwickelte sich zu einer der stärksten und vielseitigsten klösterlichen Frauengenossenschaften Deutschlands und zählt heute rund 2000 Ordensfrauen. Seit 1955 ist die Kongregation auch in Südafrika tätig.

Paul Josef Nardini, Gründer der Kongregation der „Armen Franziskanerinnen von der heiligen Familie", bekannt auch als „Mallersdorfer Schwestern".

„Sich um den Menschen in seiner größten Verlassenheit anzunehmen", das war der Leitspruch von Paul Josef Nardini und ist der seiner Gemeinschaft. Während seiner Tätigkeit als Pfarrer in Pirmasens – er war bei der Übernahme der Pfarrei noch keine 30 Jahre alt – hatte Nardini Armut und Not unter der Bevölkerung kennengelernt. Der Hunger trieb viele zum Betteln, vor allem die Kinder. Um der Not zu begegnen, errichtete der junge Pfarrer zunächst eine Niederlassung der „Niederbronner Schwestern", im März 1855 dann seine eigene Kongregation. Im Vordergrund der Tätigkeit stand bald die Betreuung von verwahrlosten Kindern. Zunächst von Seiten der Kirche wegen seines unbürokratischen Vorgehens kritisiert, erhielt Nardini 1857 die bischöfliche Anerkennung für seine Gemeinschaft; die staatliche, die erst 1864 erfolgte, durfte er nicht mehr erleben. Das Mutterhaus der „Mallersdorfer Schwestern" befindet sich seit 1869 im niederbayerischen Mallersdorf.

Theodorich

Bischof von Orléans OSB
geboren: 10. Jh. in Frankreich
gestorben: 27. Januar 1022 in Tonerre, Frankreich

Vitalianus

Papst (657 bis 672)
geboren: 7. Jh. in Segni, Italien
gestorben: 27. Januar 672 in Rom, Italien

28. Januar

Irmund von Jülich

Einsiedler
Patron für das Vieh

Irmund (Irmonz) war ein Viehhirte, der als Einsiedler bei Jülich, nordöstlich von Aachen, lebte; wann, ist un-

Josef Freinademetz, erster Missionar der Steyler Missionsgesellschaft, der in China tätig war.

bekannt. An dem Ort, wo Irmunds Einsiedelei stand, entsprang eine Quelle, der man Heilkraft bei Krankheiten von Mensch und Tier nachsagte („St.-Irmunds-Pfütz").

Joseph Freinademetz

Missionar SVD
geboren: 15. April 1852 in Abtei, Italien
gestorben: 28. Januar 1908 in China

Joseph Freinademetz, ein Bauernsohn aus Südtirol, wurde Priester und schloß sich 1878 den neugegründeten Steyler Missionaren an. Im Auftrag der Kongregation ging er nach China und begründete mit einem Gefährten die dortige Mission. Unter schwersten Bedingungen und ständig verfolgt, verkündete Joseph rund dreißig Jahre lang das Wort Gottes. Er starb am 28. Januar 1908 in Südschantung. Seine Seligsprechung erfolgte am 19. Oktober 1975.

Verehrung/Brauchtum: Im Orden der Steyler Missionare wird der Gedenktag Josephs am 29. Januar begangen, ebenso in den Diözesen Innsbruck und Wien.

Julianus Maunoir

Missionar SJ
geboren: 1. Oktober 1606 in St-Georges-de-Reintembault, Frankreich
gestorben: 28. Januar 1683 in Plévin, Frankreich

Der Jesuit Julianus (Julien) Maunoir gilt als der Volksmissionar der Bretagne. Über vierzig Jahre lang übte er ab 1640 diese Tätigkeit aus, dabei auf teilweise ungewöhnliche Praktiken zurückgreifend (Wandbilder, Gesänge, Schauspiele, Umzüge). Aus seinem Unterricht ging eine große Zahl neuer Missionare hervor. Bis zu 1000 Priester waren zeitweise um Julianus, in Quimper gründete er für sie ein Exerzitienhaus. Auf einer Missionsreise starb er am 28. Januar 1683. Die Seligsprechung des Missionars der Bretagne erfolgte am 20. Mai 1951.

Karl der Große

Kaiser
geboren: 2. April 747(?)
gestorben: 28. Januar 814 in Aachen, Nordrhein-Westfalen
Patron der Lehrer, Makler, Zinngießer

Rainald von Dassel, Erzbischof von Köln und Kanzler von Friedrich Barbarossa, sprach Kaiser Karl den Großen 1165 auf Forderung Barbarossas und unter Gutheißung durch Gegenpapst Paschal III. heilig. Rom unter Papst Alexander III. erkannte den Akt jedoch nicht an. Den Städten Aachen und Osnabrück wurde eine Verehrung Karls aber später zugestanden (als Seliger).

Karl der Große, geboren wohl 747 als Sohn von Pippin dem Jüngeren, hatte als fränkischer König dem Papst den Kirchenstaat bestätigt, sich aber in seinem Eifer auch ständig in Kirchenfragen eingemischt. Am 25. Dezember 800 krönte Papst Leo III. Karl zum Kaiser. Echte christliche Gesinnung stand bei diesem Herrscher aber sehr oft großer Brutalität gegenüber.

Karl der Große starb am 28. Januar 814 in Aachen. Er wurde in seiner Lieblingsgründung, der Pfalzkapelle, beigesetzt. Aus ihr wurde im Lauf der Jahrhunderte das Aachener Münster (Dom). In der Mitte des Chorraumes

Reliquiar von Karl dem Großen.

steht bis heute der berühmte Karlsschrein, den Friedrich II. in Auftrag gegeben hat. Es heißt, Friedrich habe bei seiner Krönung zum König die Gebeine Karls selbst in den neuen Schrein gebettet. In der Michaelskapelle im Dom ist ein römischer Sarkophag zu sehen, in welchem Karl ursprünglich beigesetzt gewesen sein soll.

Karoline Barbara Carré de Malberg

Gründerin
geboren: 28. April 1829 in Metz, Frankreich
gestorben: 28. Januar 1891 in Metz

Die verheiratete Karoline Barbara Carré de Malberg aus Metz gründete 1872 in Paris die „Gesellschaft der Töchter des heiligen Franz von Sales". In dieser Gemeinschaft konnten weltliche Frauen erlernen, in ihrem Familienkreis christlichen Geist zu fördern und selbst ihr eigenes Leben zu vervollkommnen. Der Seligsprechungsprozeß für die Lothringerin ist eingeleitet.

Manfred

Priester, Einsiedler
geboren: 14. Jh. in Mailand, Italien
gestorben: 28. Januar 1430(?) am Luganer See, Schweiz

Thomas von Aquin

Mönch, Kirchenlehrer OP
geboren: um 1225 in Roccasecca, Italien
gestorben: 7. März 1274 in Fossanuova, Italien
Patron der Dominikaner; der katholischen Hochschulen; Theologen; Studenten; Buchhändler, Bleistifthersteller; gegen Ungewitter

„Dieser stumme Ochse wird einmal brüllen, daß die ganze Welt davon widerhallt", sagte einmal Albertus Magnus von seinem Schüler Thomas von Aquin, als dieser wieder einmal wegen seiner Wortkargheit von seinen Mitstudenten als „stummer Ochse" bezeichnet worden war. In der Tat ging der Sohn eines Adligen, um 1125 auf dem väterlichen Schloß Roccasecca nördlich von Neapel zur Welt gekommen, als einer der größten Theologen und Denker, manche sagen als Genie, in die Geschichte ein.

„Die Verklärung des heiligen Thomas von Aquin" lautet der Titel dieses Altarbildes (S. Catarina, Pisa).

Thomas von Aquin, der mit 18 Jahren dem Dominikaner-Orden beigetreten war, studierte in Bologna, Köln und Paris und lehrte später als Baccalaureus und Magister Bibelwissenschaften. Nach Italien zurückgekehrt, war er unter anderem Hauptprediger des Dominikanerordens und hatte wichtige Ämter bei verschiedenen Päpsten inne. Vor seinem Tod war er einige Jahre als Theologie-Professor in Paris und Neapel tätig. Thomas von Aquin starb am 7. März 1274 während einer Reise im Zisterzienserkloster von Fossanuova, unweit von Terracina im Süden Roms.

Der große Theologe, der bei aller Weisheit immer bescheiden und freundlich blieb, war einer der größten Gelehrten des Mittelalters. Seine wichtigsten Charaktereigenschaften waren seine übergroße Sorgfalt in allem, was er tat, sowie sein immerwährendes Streben nach Wahrheit. Seine theologischen Schriften gehören zu den wichtigsten überhaupt, vieles konnte erst nach seinem Tod gesichtet und geordnet werden. Zu seinen bedeutendsten Werken sind die „Summa theologica" sowie die „Summa contra gentiles", die sich mit der arabischen Philosophie auseinandersetzt, zu zählen.

Die Heiligsprechung von Thomas von Aquin erfolgte 1323 durch Papst Johannes XII., die Erhebung zum Kirchenlehrer 1567 durch Papst Pius V. Reliquien werden in mehreren europäischen Städten aufbewahrt, so in Rom in der Kirche S. Maria sopra Minerva und in Toulouse. Papst Leo XIII. ernannte den Heiligen 1880 zum Patron aller katholischen Hochschulen. Nach seinem Tod war Thomas noch zum Bischof von Umbrien ernannt worden.

Darstellung: Thomas von Aquin wird mit den verschiedensten Attributen dargestellt, vor allem auch, um seine vielfältigen Tugenden wiederzugeben, als da sind: Liebe, Glaube, Hoffnung, Stärke, Keuschheit, Gehorsam, Frieden, Gerechtigkeit. Die Attribute sind unter anderen strahlender Stern, Taube, Gürtel, Buch und Feder, Lilie, Edelstein, Monstranz, Mitra und Bischofsstab. Darstellungen sind in der Staatsgalerie Stuttgart (Altarwerk von Carpaccio), im Annenmuseum in Lübeck (Lübecker Altar) und in der Kirche S. Maria Novella in Florenz (Fresken von Andrea da Firenze) zu sehen.

29. Januar

Aquilinus

Propst, Märtyrer
geboren: um 970 in Würzburg, Bayern
gestorben: 1015 in Mailand, Italien
Patron der Gepäckträger

Der Kölner Dompropst Aquilinus, gebürtig aus dem fränkischen Würzburg, wurde nach der Überlieferung im Jahr 1015 auf einer Reise nach Rom in Mailand von Irrlehrern ermordet. Beigesetzt wurde er in der dortigen Kirche S. Lorenzo Maggiore, ein Bauteil heißt noch heute S. Aquilino. Reliquien des Märtyrers gelangten auch nach Würzburg.

Julianus Hospitator

Büßer
Patron der Reisenden, Pilger, Gastwirte

Julianus soll (wann?) in Italien (oder in der Provence?) ein Hospital für Reisende errichtet haben; deshalb trägt er den Beinamen Hospitator (Gastgeber). Dem Patron der Reisenden, Pilger und Gastwirte ist in Rom die belgisch-flämische Nationalkirche St-Julien-des-Flamands geweiht.

Valerius von Trier

Bischof
geboren: 3. Jh. in Trier(?), Rheinland-Pfalz
gestorben: 3./4. Jh. in Trier(?)

Valerius soll der zweite Bischof von Trier gewesen sein (als Nachfolger von Eucharius). Nach seinem Tod wurde er angeblich gemeinsam mit Eucharius in der Eucharius-Kirche, heute Abtei St. Matthias, in Trier beigesetzt. Zwei Steinsarkophage, die bis heute in St. Matthias zu sehen sind, sollen Reliquien der beiden Verehrten enthalten.

Verehrung/Brauchtum: In der Diözese Limburg wird der Gedenktag von Valerius am 11. September begangen, gemeinsam mit dem von Eucharius und Maternus.

Darstellung: Auf Abbildungen ist Valerius als Bischof zu sehen, manchmal mit, manchmal ohne Mitra; auf der Kreuztafel in der Trierer Kirche St. Matthias ist er mit Mitra dargestellt. Buch und Bischofsstab hat Valerius auf allen Abbildungen bei sich.

30. Januar

Adelgundis (Aldegundis)

Äbtissin OSB
geboren: um 630 (635?)
gestorben: 30. Januar(?) 694(?)
Patronin gegen Krebskrankheit; gegen plötzlichen Tod; gegen Kinderkrankheiten; für Kinder, die schwer Gehen lernen

Die Überlieferung sagt, daß Adelgundis aus dem merowingischen Königshaus stammte. Angeblich soll sie aus Angst vor der Ehe Nonne geworden sein. In Maubeuge nahe der französisch-belgischen Grenze gründete Adelgundis nach dem Vorbild, wie es ihre Schwester Waldetrudis getan hatte, ein Doppelkloster, in dem sie erste Äbtissin wurde. Die Klosterfrau hatte im Lauf ihres Lebens zahlreiche Visionen.

Verehrung/Brauchtum: Schon früh verbreitete sich die Verehrung für Adelgundis, vor allem in Wallonien und Flandern. In der Gegenreform wurde der Kult neu belebt. Eine Sandale und der Schleier der Äbtissin werden bis heute in Maubeuge aufbewahrt.

Darstellung: Auf Abbildungen sieht man Adelgundis als Nonne, manchmal auch als Jungfrau im langen Kleid; bei sich hat sie Kerze, Rosenkranz oder Wachsstock. Auf einem Gemälde in der Kathedrale von Mons (Belgien) ist sie gemeinsam mit ihrer Schwester Waldetrudis beim Löschen eines Klosterbrandes abgebildet. Auch fliehend, auf dem Wasser gehend, sieht man Adelgundis (Hinweis auf ihre Flucht vor der Ehe).

Balthild

Königin, Nonne
geboren: um 630 in England
gestorben: 30. Januar um 680 in Chelles, Frankreich

Balthild wurde in England geboren und als kleines Mädchen von Wikingern geraubt, verschleppt und im Jahr 641 an den Haushofmeister von König Chlodwig II. verkauft. Als Sklavin diente das Mädchen in den folgenden Jahren, bis der fränkische König auf es aufmerksam wurde, sich in es verliebte und schließlich 649 heiratete. Als Chlodwig 657 starb, übernahm Balthild für den noch nicht mündigen Sohn Chlotar III. die Regentschaft. Während dieser Jahre sorgte die Königin für Arme und Kranke, kümmerte sich um die Klöster, verbot das Sklaventum und stiftete eine Abtei sowie das Kloster Chelles bei Paris. Zur Hebung des klösterlichen Geistes führte sie in vielen Abteien die Mönchsregel von Luxeuil ein.

Nach dem Aufstand einer Gruppe von Adeligen wurde Balthild dann um das Jahr 675 verbannt. Sie verbrachte die letzten Jahre ihres Lebens als einfache Nonne in ihrem Kloster in Chelles, wo sie am 30. Januar 680 starb. Ihre Gebeine wurden im Jahr 833 erhoben.

Darstellung: Auf Abbildungen hat Balthild ein Kirchenmodell bei sich und trägt meist eine Krone. Auf einer Himmelsleiter steigen Engel herab und reichen ihr ein Kind. Manchmal ist sie auch Almosen gebend dargestellt.

Hyazintha Mariscotti

Nonne
geboren: 1585 in Italien
gestorben: 30. Januar 1640 in Viterbo, Italien

Die eitle Hyazintha, 1585 als Tochter eines Grafen geboren, ging 1605 ihren Eltern zuliebe in ein Terziarinnenkloster in Viterbo in Mittelitalien. Erst ein schweres Leiden nach Jahren der Teilnahmslosigkeit und Unzufriedenheit veränderte Hyazinthas Leben. Von nun an lebte sie streng gegen sich selbst und kümmerte sich aufopferungsvoll um Arme, Kranke und Gefangene, für die sie sogar zwei wohltätige Vereine, die „Oblaten Mariä", ins Leben rief.

Maria (Mary) Ward

Nonne, Stifterin OSCI
geboren: 23. Januar 1585 in Mulwith, England
gestorben: 30. Januar 1645 in Hewarth, England

Maria Ward, die 21jährig Klarissin geworden war, gründete 1609 in St-Omer (heute Frankreich) ein eigenes Institut, für das sie 1611 die Regel der Jesuiten einführte. Die Vereinigung hatte das Ziel, die Erziehung von Mädchen zu fördern und die Priester in der Seelsorge zu unterstützen. Der Name des Instituts war „Englische Fräulein". Maria Ward erhielt dafür aus Rom eine Belobigung, die päpstliche Anerkennung wurde ihr jedoch zeitlebens verwehrt. Enttäuscht starb sie am 30. Januar 1645 in England. Viele Schulen der „Englischen Fräulein" erinnern bis heute an die tapfere Kämpferin Maria Ward; die Jesuitenregel wurde beibehalten, allerdings unterscheiden sich die heutigen Institute von der Ursprungsgründung. Das Generalat befindet sich in Rom, darüber hinaus gibt es 14 Provinzalate. Papst Pius X. erklärte 1909, Maria Ward dürfe als Stifterin der „Englischen Fräulein" bezeichnet werden.

Maria Ward, die Stifterin der „Englischen Fräulein".

Mucien-Marie Wiaux.

Martina

Märtyrerin
geboren: 3. Jh.(?) in Rom, Italien
gestorben: 3. Jh.(?) in Rom

Über Leben und Sterben der römischen Märtyrerin Martina gibt es nur Legenden. So soll sie Diakonisse gewesen sein und möglicherweise im 3. Jh. den Martertod gestorben sein. Bereits im 7. Jh. war Martina in Rom ein Oratorium geweiht. Angebliche Reliquien der Verehrten erklärte Papst Urban VIII. 1634 aufgefunden zu haben. Die Überlieferung berichtet, Urban habe daraufhin die Kirche SS. Luca e Martina wieder aufbauen lassen.

Darstellung: Auf Abbildungen ist Martina mit den Attributen einer Märtyrerin zu sehen, meist auch mit Marterwerkzeugen oder bei der Enthauptung oder mit einem Löwen. In der Kirche Santi Luca e Martina in Rom, in der Martina die Unterkirche geweiht ist, steht auf dem Altar der Oberkirche eine Martina-Statue, die Menghini zugeschrieben wird.

Mucien-Marie Wiaux

Mönch FSC
geboren: 20. März 1841 in Mellet, Belgien
gestorben: 30. Januar 1917 in Malonne, Belgien

Im Alter von erst 15 Jahren trat Mucien-Marie Wiaux (Taufname: Louis-Joseph) dem Orden der Christlichen Schulbrüder bei. Fast sechs Jahrzehnte war er danach im Kolleg St-Berthuin in Malonne als Lehrer tätig. Ihm schrieb man zu, daß das Kolleg während der Besetzung des Ersten Weltkrieges geschützt wurde. Mucien-Marie Wiaux starb am 30. Januar 1917, seliggesprochen wurde er am 30. Oktober 1977, heiliggesprochen am 10. Dezember 1989.

31. Januar

Eusebius

Einsiedler OSB
geboren: 9. Jh. in Irland
gestorben: 31. Januar 884 in Vorarlberg, Österreich

Verehrung/Brauchtum: Im Bistum St. Gallen gedenkt man Eusebius am 30. Januar.

Franz Bianchi

Mönch, Mystiker CRSP
geboren: 2. Dezember 1743 in Arpino, Italien
gestorben: 31. Januar 1815 in Neapel, Italien

Apostel Neapels war der Beiname von Franz Xaver Bianchi, der sich in der italienischen Stadt mehrere Jahrzehnte lang um die Armen und Kranken kümmerte. Bianchi war 1762, im Alter von 19 Jahren, dem Barnabitenorden, dem Orden der Regularkleriker vom heiligen Paulus, beigetreten und danach Professor und Mitglied der Akademie in Neapel geworden. Um ihn ereigneten sich im Laufe seines Lebens verschiedene Wunder, auch hatte er die Gabe der Prophezeiung.

Die Gebeine des am 31. Januar 1815 verstorbenen Seelsorgers ruhen in der Kirche S. Giuseppe a Pontecorvo in Neapel. Franz Bianchis Heiligsprechung erfolgte am 21. Oktober 1951 durch Papst Pius XII.

Geminianus von Modena

Bischof
geboren: 4. Jh. in Italien
gestorben: um 396 in Modena, Italien

Geminianus war vermutlich der zweite Bischof von Modena und regierte im 4. Jh. Der Dom von Modena trägt bis heute den Namen des Bischofs; die Überlieferungen berichten, daß bereits um 400, also wenige Jahre nach dem angeblichen Todesdatum von Geminianus, in Modena eine Grabkirche mit Reliquien des Bischofs existierte. In der Krypta des heutigen Domes S. Geminiano befindet sich das Grab des vor allem in Italien früher sehr verehrten Kirchenmannes.

Hemma (Emma)

Königin, Wohltäterin
geboren: um 808
gestorben: 31. Januar 876 in Regensburg, Bayern

Hemma, die Frau von König Ludwig dem Deutschen, ging als große Wohltäterin in die Geschichte ein. Die Mutter von sieben Kindern kümmerte sich zeitlebens um Bedürftige und unterstützte großzügig das Frauenkloster Obermünster in Regensburg. Das Andenken an die deutsche Königin wird bis heute in der ehemaligen Benediktinerklosterkirche St. Emmeram in Regensburg bewahrt; eine Grabplatte erinnert dort an sie.

Johannes (Don) Bosco, Apostel der Jugend und unvergessener Gründer der Salesianer Don Boscos.

Johannes (Don) Bosco

Ordensgründer SDB
geboren: 16. August 1815 in Becchi, Italien
gestorben: 31. Januar 1888 in Turin, Italien
Patron der Jugend; der Jugendseelsorger; der katholischen Verlage

Johannes Bosco, der als Don Bosco in die Geschichte einging, gilt als Ideal des modernen Priesters. In Berichten über sein Leben wird er als Apostel der Jugend, herausragender Pädagoge des 19. Jh. und Pionier in der Missionsbewegung bezeichnet. Fast in jeder Stadt gibt es heute eine Don-Bosco-Kirche, die Verehrung für den Sohn armer Bauern ist seit seinem Tod 1888 ungebrochen.

Giovanni (Johannes) Bosco kam am 16. August 1815 in Becchi in der Nähe von Turin zur Welt. Sein Vater starb, als Johannes gerade zwei Jahre alt war, seine Mutter erzog ihn in größter Armut. 1841 erhielt er die Priesterweihe, danach widmete er sich ausschließlich der Erziehung verwahrloster Jungen in der Stadt Turin. Im Jahr 1846 gründete Johannes Bosco das erste Oratorium vom heiligen Franz von Sales, und ab 1859 begann er, die Kongregation der Salesianer Don Boscos zu organisieren, die 1874 von Papst Pius IX. endgültig bestätigt wurde. Im Jahr 1876 schließlich entstand die Gemeinschaft der Salesianischen Mitarbeiter. Auch die Genossenschaft der Mariahilfschwestern (1872) geht auf Johannes Bosco zurück.

Die Salesianer Don Boscos arbeiteten mit aller Kraft für die Erziehung schwieriger Jugendlicher. Die Hauptmerkmale ihrer karitativen

Marcella

Christin
geboren: um 330 in Rom, Italien
gestorben: um 410 in Rom

Marcella, die nach dem Tod ihres Ehemannes in ihrem Haus Frauen und Mädchen um sich vereint und mit ihnen ein Leben der Askese geführt hatte, wurde 410 bei der Plünderung Roms unter Goten-Führer Alarich brutal mißhandelt; bald darauf starb sie. Der große Hieronymus, von dem Marcella sich hatte unterrichten lassen, schrieb nach ihrem Tod eine Lobrede auf sie.

Wulfia

Einsiedlerin
geboren: 7. Jh. in Frankreich
gestorben: um 750 bei Amiens, Frankreich

Seelsorgetätigkeit waren große Milde, Vertrauen und Herzensgüte. Vorbild aller Salesianer war und blieb ihre dominierende Gründerpersönlichkeit Johannes Bosco, der auch ein begnadeter Schriftsteller war und dem bereits seit seinem neunten Lebensjahr göttliche Gnadenbeweise zuteil wurden. Auf Boscos Bitten hin geschahen bis an sein Lebensende zahlreiche Wunder.

Johannes Bosco starb am 31. Januar 1888 nach einem erfüllten Leben in Turin, wo er in der Salesianerkirche beigesetzt wurde. Papst Pius XI. sprach den großen Ordensgründer am 1. April 1934 heilig.

Darstellung: Abbildungen zeigen Don Bosco im Priestergewand, oft mit Buben um sich herum.

In einem Glasschrein werden die bekleideten Gebeine von Don Bosco in der Salesianerkirche in Turin aufbewahrt. Papst Pius XI. hat den Ordensgründer 1934 heiliggesprochen.

Ludovica degli Albertoni. Der berühmte Giovanni Lorenzo Bernini schuf 1675 diese Marmor-Liegefigur der italienischen Mystikerin für die Kirche S. Francesco a Ripa in Rom.

Ludovica degli Albertoni

Nonne, Mystikerin OSCI
geboren: 1474 in Rom, Italien
gestorben: 31. Januar 1533 in Rom

Unvergänglich ist das Andenken an Ludovica degli Albertoni: Ein wunderbares Marmorgrabmal des berühmten Giovanni Lorenzo Bernini in der römischen Kirche S. Francesco a Ripa erinnert bis heute an die Klarissin aus Rom. Ludovica hatte die Gabe der Wunder und Weissagung; ihr Kult wurde 1671 bestätigt.

1. Februar

Brigitta von Kildare

Äbtissin
geboren: um 453 bei Kildare, Irland
gestorben: 1. Februar 525 in Kildare
Patronin von Irland; von Essen; der Wöchnerinnen und Kinder; der Kühe und des Viehs; gegen Unglücksfälle

Historische Einzelheiten über das Leben der Brigitta, die in ihrer Heimat Irland Brigid heißt, sind nur wenige überliefert; aber bereits in alten irischen Sagen wird sie die Patronin Irlands (Mary of the Gael) genannt. Ebenfalls findet sie schon früh Erwähnung als Schutzpatronin der Stadt Essen.

Brigitta soll um das Jahr 453 in der Nähe von Kildare im gleichnamigen irischen Bistum zur Welt gekommen sein. Die Überlieferung berichtet, daß sie von dem großen irischen Glaubensboten Patrick getauft wurde. Bereits mit 14 Jahren nahm Brigitta den Schleier und baute sich, so die Legende, in Kildare unter einer Eiche eine Zelle („celldara" bedeutet im Altirischen „Kirche der Eiche"). Bald darauf gründete sie dort ein Nonnenkloster, dem sie vorstand, und später ein Männerkloster. Das Doppelkloster wurde zu einem der berühmtesten der Insel. (Ein Turm ist bis heute erhalten.) Immer wieder ereigneten sich im Leben der großen Wohltäterin Wunder.

Brigitta starb am 1. Februar 525 in Kildare. Ihre Reliquien kamen im Laufe der Zeit in viele Orte Europas; ein Stück ihres Schuhs aus Silber, Messing und Juwelen wird im Nationalmuseum in Dublin aufbewahrt.

Verehrung/Brauchtum: Vor allem als Viehpatronin genoß Brigitta lange Zeit große Verehrung im Volk. Ab dem 15. Jh. wurde sie manchmal mit der Ordensgründerin Birgitta von Schweden verwechselt.

Darstellung: Die Formen der Abbildung Brigittas sind mannigfaltig; so ist sie als Nonne mit Äbtissinnenstab zu sehen (vor allem in England), manchmal wird sie auch zusammen mit einer Kuh dargestellt, was auf ihre angebliche bäuerliche Herkunft hinweisen soll; aus dem 18. Jh. gibt es sogar Abbildungen, die Brigitta als Bauernmagd oder Hirtin zeigen. Oft hat sie Feuerflammen über dem Haupt.

Johanna Franziska von der Heimsuchung Mariä (Anna Michelotti)

Ordensgründerin
geboren: 29. August 1843 in Annecy, Frankreich
gestorben: 1. Februar 1888 in Turin, Italien

Bereits ab dem zwölften Lebensjahr hatte sich Anna Michelotti, so ihr Geburtsname, mit der Pflege von Kranken befaßt. In Turin, wo sie ab 1871 lebte, gründete die junge Frau dann 1875 die Kongregation der „Kleinen Dienerinnen des heiligen Herzen Jesu", der sie selbst beitrat und dort den Namen Johanna Franziska von der Heimsuchung Mariä annahm. Unter schwierigsten Umständen bemühte sie sich um die Verbreitung ihrer Gründung, die erst 1949 endgültig päpstlich anerkannt wurde. Sie selbst starb bereits 1888 in Turin. Am 1. November 1975 erfolgte Johanna Franziskas Seligsprechung.

Katharina de'Ricci

Priorin, Mystikerin OP
geboren: 23. April 1522 in Florenz, Italien
gestorben: 1. Februar 1590 in Prato, Italien
Patronin von Prato; der Pfeifenmacher und Tabakhändler

Katharina de'Ricci, geboren 1522 in Florenz und Dominikanernonne in Prato seit ihrem 14. Lebensjahr (später Priorin), gehörte zu den am meisten bewunderten Kirchengestalten ihrer Zeit. Sie trug die Stigmata und hatte die Gabe der Wunder und der Visionen. Durch diese Begnadung wurde ihr schon zu Lebzeiten große Verehrung zuteil. Die Briefe, die sie an Persönlichkeiten ihrer Zeit, so beispielsweise an Philipp Neri, schrieb, gelten als kirchengeschichtliche Zeugnisse. Katharina de'Ricci starb am 1. Februar 1590 und wurde 1746 heiliggesprochen.

Darstellung: Verschiedene Abbildungen der Heiligen sind in der Kirche S. Vincenzo in Prato zu sehen. Die meisten Darstellungen zeigen das mystische Erleben Katharinas. Ein möglicherweise zeitgenössisches Bildnis der Ordensfrau ist im Museo Civico in Montepulciano zu sehen (16. Jh.).

Katharina de'Ricci.

Maria-Anna Vaillot und Odilia Baumgarten

Nonnen, Märtyrerinnen FdC
geboren: Vaillot 13. Mai 1736 in Fontainebleau, Frankreich, Baumgarten 15. November 1750 in Gondrexange, Frankreich
gestorben: 1. Februar 1794 in Angers, Frankreich

Maria-Anna Vaillot gehörte den Barmherzigen Schwestern des Vinzenz von Paul (Vinzentinerinnen) seit 1761 an, ihre Gefährtin Odilia Baumgarten seit 1775. Die beiden Klosterfrauen widmeten sich ganz dem Dienst im St. Johannis-Spital in Angers. Während der Französischen Revolution wurden sie am 1. Februar 1794 mit anderen Märtyrern getötet. Johannes Paul II. sprach Anna Maria-Anna Vaillot und Odilia Baumgarten am 19. Februar 1984 selig.

Petrus von Antiochien

Einsiedler
geboren: um 340 in Galatien, Kleinasien
gestorben: vor 440 bei Antiochia, Syrien

Petrus (der Galater) soll schon von seinem achten Lebensjahr an als Asket gelebt haben. Nach einer Pilgerfahrt ins Heilige Land hat er dann als Eremit in einer Grabkammer bei Antiochia sein Leben verbracht.

Reginald von St-Gilles

Mönch, Klostergründer OP
geboren: 1183 in St-Gilles, Frankreich
gestorben: 1. Februar 1220 in Paris, Frankreich
Patron gegen Fieber

Reginald, zuerst Professor des kanonischen Rechts in Paris und anschließend Dekan in Orléans, schloß sich 1218 Dominikus an und wurde dessen Schüler. Innerhalb kürzester Zeit machte er sich als Gründer der Dominikanerklöster in Bologna und Paris einen Namen. Bereits 1220 starb er. Seine Seligsprechung erfolgte 1875.

Darstellung: Abgebildet ist der selige Reginald meist, wie er von Maria den Habit erhält; so ist er unter anderem in zahlreichen Dominikaner-Stammbäumen dargestellt.

Severus von Ravenna

Bischof
geboren: 4. Jh. in Ravenna, Italien
gestorben: 1. Februar im 4. Jh. in Ravenna
Patron der Polizisten, Weber und Tuchmacher

Die Legende erzählt, Severus sei ein Wollweber gewesen; bei der Wahl des neuen Bischofs von Ravenna in der Mitte des 4. Jh. habe eine Taube über dem Kopf des zufällig anwesenden Familienvaters verharrt, worauf ihn der Klerus zum Bischof ernannte. Geschichtlich bewiesen ist die Teilnahme von Severus an der Synode von Sardika, die von 342 bis 343 stattfand.

Severus soll an einem 1. Februar gestorben und in einer Kapelle in der früheren, heute nicht mehr existierenden Hafenstadt Classe bei Ravenna beigesetzt worden sein. Gebeine des Bischofs kamen später nach Pavia, Mainz und Erfurt.

Verehrung/Brauchtum: Vermutlich wegen der Übersetzung des Namens Severus (= streng) gilt der Bischof von Ravenna als Patron der Polizisten.

Darstellung: In der größten der ravennatischen Basiliken, in der hervorragend erhaltenen Kirche S. Apollinare in Classe, etwa fünf Kilometer südlich von Ravenna in der Ebene, bewundert der Besucher Mosaiken, die in ihrer Art unvergleichlich sind. Die Darstellungen aus dem 6. und dem 7. Jh. enthalten auch eine Abbildung des Severus.

Sigibert III. von Austrasien

König
geboren: um 630
gestorben: 1. Februar 656
Patron von Lothringen

Schon im Alter von etwa vier Jahren soll Sigibert von seinem Vater Dagobert II. zum König von Austrasien (heute ein Teil des westlichen Deutschland und des östlichen Frankreich) ernannt worden sein. Der von Bischof Kunibert von Köln in christlichem Glauben erzogene junge Herrscher gründete die Abteien Stablo und Malmédy in Belgien und St-Martin in Lothringen, Frankreich. In St-Martin wurde Sigibert III. nach seinem frühen Tod 656 auch beigesetzt. Im Jahr 1603 gelangten Reliquien nach Nancy.

Verehrung/Brauchtum: Im französischen Bistum St-Dié gedenkt man Sigibert am 3. Februar.

Darstellung: Sigibert ist meist als König dargestellt. Die Szenen der Krönung und der Almosenspende sind auf einem Gemälde in der Kathedrale in Nancy zu sehen (18. Jh.).

Wolfhold von Hohenwart

Priester
geboren: 11. Jh.
gestorben: um 1100 in Hohenwart(?), Bayern

2. Februar

Alfred Delp

Priester, Redakteur SJ
geboren: 15. September 1907 in Mannheim, Baden-Württemberg
gestorben: 2. Februar 1945 in Berlin-Plötzensee

„Mein Verbrechen ist, daß ich an Deutschland glaubte, auch über eine mögliche Not- und Nachtstunde hinaus, daß ich an jene simple und anmaßende Dreieinigkeit des Stolzes und der Gewalt nicht glaubte ..." Mit der sogenannten Dreieinigkeit meinte Jesuitenpater Alfred Delp die Gleichsetzung von NSDAP und Drittem Reich einerseits mit Deutschland andererseits. Delp brachte die Worte wenige Wochen vor seiner Hinrichtung in Berlin-Plötzensee zu Papier. Der Volksgerichtshof unter Vorsitz

Pater Alfred Delp, der von den Nationalsozialisten ermordet wurde.

von Roland Freisler warf dem mutigen Jesuiten im Januar 1945 „Verrat" an seinem Vaterland sowie „vollkommene Ehrlosigkeit" vor und verurteilte ihn zum Tod. Am 2. Februar 1945 wurde Delp, der wie der ebenfalls ermordete Helmuth Graf von Moltke dem „Kreisauer Kreis" angehörte, in Berlin-Plötzensee hingerichtet. Der Priester war bereits lange Zeit vor seiner Verhaftung von der Gestapo wegen seiner Predigten und seiner Jugendarbeit bespitzelt worden. Vor seiner Seelsorgertätigkeit in der Münchner Pfarrei Heilig Blut hatte Alfred Delp bei der Jesuiten-Zeitschrift „Stimmen der Zeit" als Redakteur mitgearbeitet. Das Blatt wurde 1939 von den Nazis verboten.

Verehrung/Brauchtum: Eine Gedenktafel und ein Bronzebild erinnern bei der Münchner St. Georg-Kirche an Alfred Delp, der hier am 28. Juli 1944 nach einem Gottesdienst von den Nationalsozialisten verhaftet wurde.

Aloisius Alexander Brisson

Ordensgründer OSFS
geboren: 23. Juni 1817 in Plancy, Frankreich
gestorben: 2. Februar 1908 in Plancy

Der Gründer der Genossenschaft der „Oblaten des heiligen Franz von Sales" heißt Aloisius Brisson, geboren am 23. Juni 1817 in dem Ort Plancy in der Aube. Viele Jahre lang hatte der Priester als Beichtvater im Kloster der Schwestern von der Heimsuchung Mariä von Troyes gewirkt, bevor er, immer wieder von der Oberin des Klosters aufgefordert, 1875 die Priestergenossenschaft im Geist des Franz von Sales ins Leben rief. Ihre Mitglieder widmeten sich der Erziehung der Jugend sowie der Seelsorge. 1897 erhielten die Oblaten die päpstliche Bestätigung. Auch die Gründung der „Oblatinnen des heiligen Franz von Sales“ geht auf Aloisius Alexander Brisson zurück; sie wurden 1911 vom Papst anerkannt.

Burkhard (Burkard) von Würzburg

Bischof OSB
geboren: um 700(?) in England
gestorben: 2. Februar 753 (754?) in Homburg (Maintal), Bayern
Patron gegen Rheuma, Gliederschmerzen, Stein- und Nierenleiden

Der Angelsachse Burkhard, auch Burkard(i) genannt, war um 735 aufs Festland gekommen, um bei der Christianisierung Deutschlands mitzuwirken. Der Benediktinermönch wurde Gefährte des großen Bonifatius, der ihn 741 zum ersten Bischof von Würzburg weihte. Um das Jahr 750 gründete Burkhard das Andreaskloster in Würzburg, dann ließ er den Salvatordom erbauen, der 855 wieder abbrannte. Ein weiteres wichtiges Datum: 752 erhob Burkhard die Gebeine von Kilian.

Nachdem Burkhard zehn Jahre als Bischof gewirkt hatte, soll er angeblich abgedankt haben; diese Überlieferung gilt jedoch als Legende. Der Bischof starb wahrscheinlich am 2. Februar 753 in einer Tropfsteinhöhle in Homburg im Maintal, wo er auf einer Reise eine Rast eingelegt hatte. Bischof Hugo erhob Burkhards Gebeine am 14. Oktober 986 und übertrug sie vom ursprünglichen Beisetzungsort im Salvatordom (heute Neumünster) in das Andreaskloster (heute St. Burkard).

Verehrung/Brauchtum: In der Diözese Würzburg wird das Burkardi-Fest am 14. Oktober, dem Tag der Erhebung der Gebeine des Bischofs, gefeiert.

Darstellung: In der Abbildung wird Burkhard als Bischof gezeigt mit Stab, Buch und Wappen, manchmal auch mit Kirchenmodell. Eine Burkhard-Statue von Tilman Riemenschneider steht in der National Gallery in Washington. Im Würzburger Neumünster ist der Bischof am Kiliansaltar mit Hirtenstab und Herzoghut zu sehen.

Ebstorfer Märtyrer

Märtyrer
geboren: 9. Jh.
gestorben: 2. Februar 880 in der Lüneburger Heide, Niedersachsen

In einer furchtbaren Schlacht zwischen sächsischen Christen und heidnischen Normannen, die eingefallen waren, fanden am 2. Februar 880 zahlreiche Kirchenmänner und ihnen treu zur Seite stehende Gefolgsleute in der Lüneburger Heide den Tod. Unter ihnen sollen sich auch die Bischöfe von Minden (Dietrich) und von Hildesheim (Markward) befunden haben. Die Gebeine der Getöteten wurden später in das Chorherrenstift Ebstorf bei Lüneburg übertragen.

Franz Maria Paul (Jakob) Libermann

Ordensgründer CSSp
geboren: 12. April 1802 in Zabern, Elsaß, Frankreich
gestorben: 2. Februar 1852 in Paris, Frankreich

Franz Maria Paul Libermann, Wiedererwecker der afrikanischen Mission.

Franz Maria Paul Libermann, der mit Geburtsnamen Jakob hieß, gilt als einer der Wiedererwecker der afrikanischen Missionen. Der Elsässer, der vom jüdischen zum katholischen Glauben konvertiert und Priester geworden war, gründete 1841 die Kongregation „Vom heiligen Herzen Mariens“, die sich der Bekehrung der Afrikaner widmen wollte. Im Jahr 1848 wurde die Gemeinschaft mit der Kongregation „Vom Heiligen Geist“ vereinigt.

Hadeloga von Kitzingen

Klostergründerin, Äbtissin OSB
geboren: um 710
gestorben: um 750 in Kitzingen, Bayern

Hadeloga war eine Tochter des Karolingers Karl Martell und wurde wohl um 710 geboren. Sie gelobte schon früh Jungfräulichkeit und wurde daraufhin von ihrem Vater, der sich eine lohnende Ehe gewünscht hatte, verstoßen. Hadeloga gründete in Kitzingen am Main um 732 ein Doppelkloster, in dem nach der benediktinischen Regel gelebt wurde. Hadeloga wurde die erste Äbtissin. Nach Jahren des Zwistes söhnten sich Hadeloga und ihr Vater wieder aus, und Karl Martell beschenkte seine Tochter und deren Kloster reich mit Gütern und Land. Hadeloga starb um das Jahr 750, ihr Fest wurde auf den 2. Februar gelegt.

Johanna von Lestonnac

Ordensgründerin
geboren: 1556 in Bordeaux, Frankreich
gestorben: 2. Februar 1640 in Bordeaux

Johanna von Lestonnac gründete 1606 zusammen mit zwei Jesuiten den Orden der „Töchter Unserer Lieben Frau“, auch „Gesellschaft Mariens“ genannt. Bereits ein Jahr später erhielt sie dafür die päpstliche Approbation. Der Orden widmete sich der Erziehung junger Mädchen. Johanna von Lestonnac wurde am 15. Mai 1949 von Papst Pius XII. heiliggesprochen.

Laurentius von Canterbury

Erzbischof OSB
geboren: um 550 in Italien
gestorben: 2. Februar 619 in Canterbury(?), England

Laurentius kam mit dem Missionar Augustinus nach England und wurde dort 605 sein Nachfolger als Erzbischof von Canterbury. Viele weitere Mönche aus dem Andreaskloster in Rom waren ihm zur Missionierung auf die Insel gefolgt.

Maria Katharina Kasper

Ordensgründerin AD
geboren: 26. Mai 1820 in Dernbach, Hessen
gestorben: 2. Februar 1898 in Dernbach

In ihrem Heimatort Dernbach in der Diözese Limburg im Westerwald, wo Katharina Kasper am 26. Mai 1820 als Tochter einer Bauersfamilie zur Welt gekommen war, gründete die junge Frau zusammen mit sechs Gefährtinnen einen Verein der christlichen Nächstenliebe, der sich der Armen- und Krankenpflege widmete. Daraus entstand am 15. August 1851 die Genossenschaft der Dernbacher Schwestern, genannt „Arme Dienstmägde Jesu Christi". Der Orden wurde 1890 von Papst Leo XIII. endgültig bestätigt. Außer der Fürsorge für Alte, Kranke und Schwache widmeten sich die Schwestern auch der Lehrtätigkeit. Als Katharina Kasper, die sich in ihrem Kloster Maria nannte, am 2. Februar 1898 starb, hatte die Schwesterngenossenschaft bereits Niederlassungen in vielen Ländern, sogar in den Vereinigten Staaten. Papst Paul VI. sprach die Ordensgründerin am 16. April 1978 selig. Der Heiligsprechungsprozeß ist eingeleitet.

Maria Katharina Kasper gründete 1851 die Genossenschaft der Dernbacher Schwestern.

Stephan Bellesini

Priester OESA
geboren: 25. November 1774 in Trient, Italien
gestorben: 2. Februar 1840 in Genazzano, Italien

Der Priester und Augustiner-Eremit Stephan Bellesini starb in der Ausübung seines geistlichen Amtes während einer Choleraepidemie. Am 1. November 1904 wurde er seliggesprochen.

3. Februar

Ansgar

Erzbischof OSB
geboren: um 801 in Corbie(?), Frankreich
gestorben: 3. Februar 865 in Bremen
Patron der Bistümer Hamburg und Bremen

Ansgar, im 9. Jh. Erzbischof der vereinigten Diözesen Hamburg und Bremen, gilt als „Apostel des Nordens" und Wegbereiter des Christentums in Schweden und Dänemark. Sein Wirken ging von Hamburg und Bremen aus. Darüber hinaus gründete der Benediktiner mehrere Klöster.

Rimbert, Ansgars Nachfolger auf dem Bischofsstuhl, verfaßte eine Biographie des großen Glaubensboten und beschrieb ihn so: „Er wollte den Blinden Auge, den Lahmen Fuß und den Armen ein wahrer Vater sein."

Verehrung/Brauchtum: Ansgar wird vor allem in Nordwestdeutschland sowie in skandinavischen Ländern verehrt. In Kopenhagen gibt es ein Kuriosum: dort stehen eine katholische und eine evangelische Ansgar-Kirche. Im Hildesheimer Dom werden seit 1982 Ansgar-Reliquien verehrt, deren Echtheit zuvor auf Anweisung von Bischof Heinrich Maria Janssen wissenschaftlich geprüft worden war.

Ansgar, der „Apostel des Nordens" (Marmorkirche, Kopenhagen).

Darstellung: Ansgar wird im Bischofsornat mit Mitra und Stab, manchmal auch mit Buch oder Kirchenmodell abgebildet. Vor der Bischofskirche St. Ansgar im dänischen Kopenhagen steht eine Bronzestatue des Erzbischofs; auf der schwedischen Insel Björkö im Mälarsee findet man ein wuchtiges Ansgar-Kreuz.

Blasius

Bischof, Märtyrer
geboren: 3. Jh.
gestorben: 316 in Sebaste, Armenien (heute Türkei)
Patron von Dubrovnik (Ragusa); der Ärzte, Wollhändler, Schuhmacher, Schneider, Gipser, Weber, Gerber, Bäkker, Maurer, Hutmacher, Musikanten; der Haustiere und Pferde; er wird angerufen gegen Halsleiden, Husten, Blasenkrankheiten, Blutungen, Geschwüre, Koliken, Zahnschmerzen; gegen die Pest; um eine gute Beichte; einer der 14 Nothelfer; Wetterheiliger

Die Passio von Blasius beruht größtenteils auf Legenden. Eine davon sagt, er sei ursprünglich Arzt gewesen, eine andere erzählt, er habe mit wilden Tieren in einer Berghöhle gelebt. Zu Beginn des 4. Jh. soll Blasius dann Bischof von Sebaste in Armenien (heute Türkei) gewesen sein. Nach einer der Überlieferungen fielen während seiner Amtszeit die Christenverfolger von Kaiser Diokletian in Sebaste ein, Blasius und die anderen Christen flohen. Die Verfolger fanden den Bischof jedoch und ließen ihn in den Kerker werfen und schwer mißhandeln. Nach vielen grauenvollen Martern soll Blasius im Jahr 316 zum Tode verurteilt worden sein. Nachdem die Schergen den Körper des Bischofs zuerst mit eisernen Kämmen zerfleischt hatten, enthaupteten sie den standhaften Christen. Bis zuletzt soll Blasius zu Jesus gebetet und seinen Glauben verteidigt haben.

Aus der Zeit der Kerkerhaft gibt es ebenfalls verschiedene Legenden: Als ein gefangengehaltener Junge an einer Fischgräte zu ersticken drohte, bewahrte Blasius das Kind durch sein Gebet vor dem Tod. Und eine arme Frau, die durch das Gebet des Blasius ihr von einem Wolf geraubtes Schwein wieder zurückhielt, brachte dem Bischof Geschenke ins Gefängnis.

Verehrung/Brauchtum: Um die Person des Blasius gibt es ein ausgeprägtes Brauchtum. Zahlreiche Patronate leiten sich von seinem Namen ab; so jene für die Musikanten, gegen Blasenkrankheiten und gegen Windschäden. Die Verehrung als Schutzheiliger bei Halskrankheiten geht wohl auf die Geschichte mit dem Jungen zurück, den Blasius im Kerker vor dem Erstickungstod rettete; im Orient ist Blasius für dieses Patronat schon seit dem 6. Jh. bekannt. Etwa seit dem 16. Jh. gibt es den Blasiussegen, bei dem zwei geweihte Kerzen in Form des Andreaskreuzes vor den Hals gehalten werden. Schon im 12. Jh. existierte ein Gebet zu Blasius gegen Kehlschwellung.

Vor allem im bäuerlichen Leben hat Blasius als Wetterpatron eine besondere Bedeutung. So heißt es, der Blasiustag bringe das Winterende, möglicherweise aber auch Schäden durch Sturm. In früheren Zeiten begingen Gläubige den Blasiustag in festlicher Weise; so wurden Blasiuskerzen geweiht und geopfert, Blasiuswein, Blasiuswasser und Blasiusbrot gesegnet. Das Welfenhaus verehrt den Bischof als seinen Schutzpatron. Reliquien des Nothelfers gibt es an vielen Orten, so in Paris, Dubrovnik, St. Blasien und Braunschweig (Welfenschatz).

Darstellung: Auf fast allen Abbildungen ist Blasius als Bischof zu sehen, im Osten auch als Greis mit lockigen Haaren und Bart. Als Attribute hat der Nothelfer bei sich: Kamm, Kerze, Buch, Wolf und Schwein (Schweinskopf), Wachsstock. Oft wird auch das Martyrium des Bischofs dargestellt. Ausdrucksstarke Gemälde gibt es in der Blasius-Kapelle in Kaufbeuren. Auch im Braunschweiger Blasiusdom zeigen Wandgemälde Szenen aus dem Leben des Verehrten. In der Franziskanerkirche in Paderborn existiert eine der ältesten Darstellungen; sie zeigt die Enthauptung von Blasius.

Blasius, wie er, so die Legende, im Kerker einen Jungen, der eine Fischgräte verschluckt hat, vor dem Erstickungstod rettet; kurz darauf erlitt Blasius selbst den Martertod. Die Szene im Kerker wurde von Martin Feuerstein auf diesem Gemälde von 1891 dargestellt.

Claudine Thévenet

Ordensgründerin
geboren: 30. März 1774 in Lyon, Frankreich
gestorben: 3. Februar 1837 in Lyon

Papst Johannes Paul II. sprach Claudine Thévent am 4. Oktober 1981 selig und am 21. März 1993 heilig. Die Französin hatte die „Kongregation der heiligsten Herzen Jesu und Mariä" ins Leben gerufen. „Die Heilige von Lyon" setzte sich mit ihren Mitschwestern für die christliche Erziehung von Kindern und Jugendlichen ein.

Helena Maria Stollenwerk

Ordensgründerin SSpS
geboren: 28. November 1852 in Rollesbroich, Nordrhein-Westfalen
gestorben: 3. Februar 1900 in Steyl, Niederlande

Helena Stollenwerk, die später den Namen Maria annahm, begründete zusammen mit Arnold Janssen 1889 die Steyler Missionsschwestern. Sie wurde erste Oberin, gab das Amt aber 1898 zurück, um Novizin bei den Styler Anbetungsschwestern zu werden. Helena Maria Stollenwerk, die ihr Leben lang nach Vollkommenheit gestrebt und eine tiefe Liebe zur heiligen Eucharistie empfunden hatte, starb nur 47jährig am 3. Februar 1900 in Steyl an Hirnhauttuberkulose. Die Seligsprechung erfolgte am 7. Mai 1995.

4. Februar

Gilbert von Sempringham

Ordensgründer
geboren: um 1085 in Sempringham, England
gestorben: 4. Februar 1189 in England

Der einzige Orden, der je von einem Engländer gegründet wurde, ist der der Gilbertiner. Er erhielt seinen Namen von Gilbert von Sempringham, dem Sohn eines Ritters. Der Priester hatte um das Jahr 1131 auf dem Familienbesitz in Sempringham ein Nonnenkloster gegründet und ihm die Regel des heiligen Benedikt gegeben. Später folgte ein Männerkloster mit der Regel der Chorherren sowie Elementen des Zisterzienserordens. Papst Eugen III. bestätigte den Doppelorden der Gilbertiner 1148. Der Orden richtete Armenhäuser und Spitäler ein und versorgte sie. Bereits wenige Jahre nach seinem Tod wurde Gilbert von Sempringham 1202 von Papst Innozenz III. heiliggesprochen.

Darstellung: Gilbert von Sempringham ist fast immer als älterer, gütiger Mann im Gewand der Gilbertiner dargestellt.

Isidor von Pelusium

Mönch
geboren: um 360 in Pelusium, Ägypten
gestorben: zwischen 431 und 451 in Ägypten

Der Mönch Isidor von Pelusium hat sich in über 3000 Briefen mit kirchlichen und religiösen Problemen seiner Zeit auseinandergesetzt; rund 2000 davon sind noch erhalten.

Johanna von Valois (von Frankreich)

Ordensgründerin
geboren: 23. April 1464 in Nogent-le-Roy, Frankreich
gestorben: 4. Februar 1505 in Bourges, Frankreich
Patronin von Bourges

Als Tochter von König Ludwig XI. von Frankreich kam Johanna von Valois, auch Johanna von Frankreich genannt, am 23. April 1464 in Nogent-le-Roy bei Paris zur Welt. Wegen seiner Häßlichkeit wurde das Mädchen von seinem Vater von Geburt an schlecht behandelt. Im Alter von zwölf Jahren mußte Johanna ihren 14jährigen Vetter Ludwig von Orléans heiraten. Als Ludwig 1498 König von Frankreich wurde (Ludwig XII.), setzte er bei Papst Alexander VI. die Nichtigkeitserklärung der Ehe

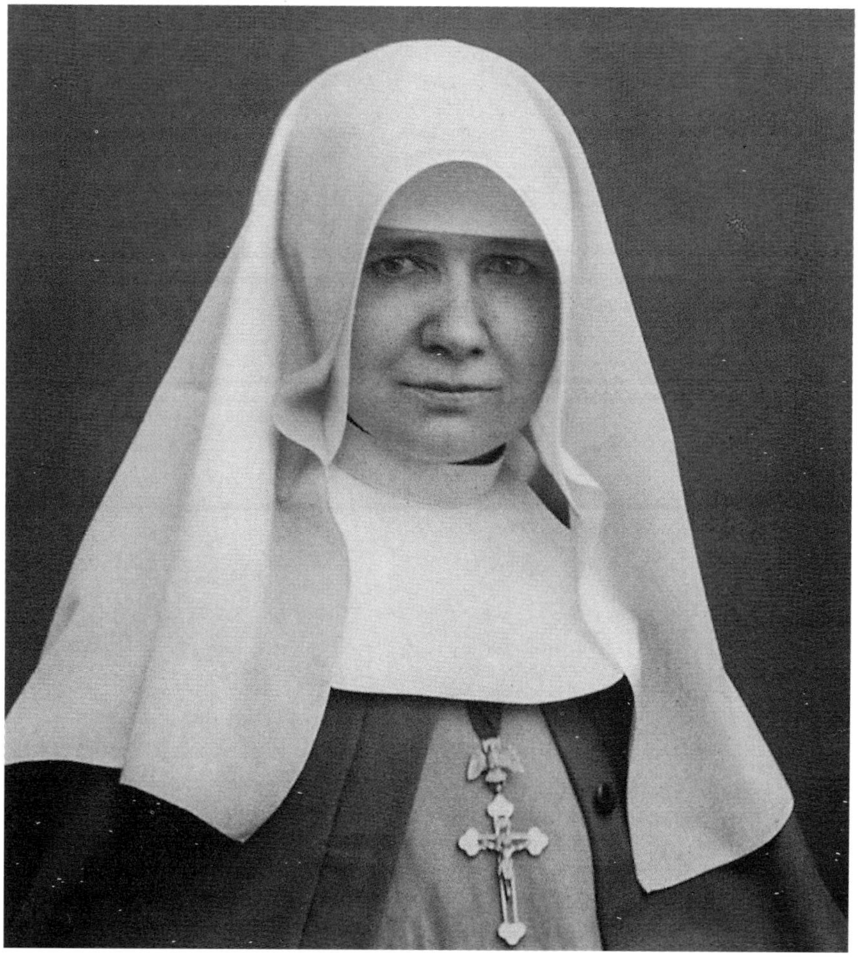

Helena Maria Stollenwerk, Mitbegründerin der Steyler Missionsschwestern und erste Oberin.

Johanna von Valois. Die Tochter von Ludwig XI. gründete den Orden der französischen Annunziatinnen.

wegen angeblicher Unfruchtbarkeit Johannas durch. Johanna lebte von da an auf dem ihr zugesprochenen Schloß in Bourges und gründete dort im Jahr 1500, unterstützt von Franz von Paola, den Orden der französischen Annunziatinnen, der am 15. Februar 1501 von Papst Alexander VI. bestätigt wurde. Als Schwester Gabrielle Marie legte Johanna 1503 das Gelübde ab und führte von da an ein Leben schwerster Kasteiungen. Am 4. Februar 1505 starb sie im Alter von nur 40 Jahren. Johanna wurde mit ihrer Königskrone in Bourges beigesetzt; Protestanten verbrannten ihre Gebeine 1561. Ihre Heiligsprechung erfolgt am 28. Mai 1950 durch Papst Pius XII.

Verehrung/Brauchtum: Totenmasken der Johanna von Valois befinden sich in zahlreichen Kirchen im Bistum Bourges.

Darstellung: Abgebildet wird Johanna meist im grauen Ordensgewand mit einem schwarzen Schleier; manchmal trägt sie darüber auch einen Hermelin oder eine reichbesetzte Decke; meist teilt sie Almosen aus. Ein Stich von Antonio Capellani im Museo Francescano in Rom (18. Jh.) zeigt Johanna von Valois mit einem Engel, der ihr eine Geißel hinhält, neben sich hat sie ihre Krone.

Johannes Hector de Britto

Missionar, Märtyrer SJ
geboren: 1. März 1647 in Lissabon, Portugal
gestorben: 4. Februar 1693 in Indien

Unter schwierigsten Bedingungen wirkte der portugiesische Jesuit Johannes Hector de Britto im 17. Jh. in Indien als Missionar. Mehrmals wurde er bei der Ausübung seiner aufopferungsvollen Tätigkeit von Gegnern eingekerkert und gefoltert. Doch de Britto verzeichnete auch herausragende Erfolge in der Bekehrung; so konnte der Missionar im Jahr 1692 rund 4000 Hindus taufen. Nur ein Jahr später wurde Johannes Hector de Britto aber erneut verhaftet und zu Tode gequält. Papst Pius XII. sprach den Jesuiten am 22. Juni 1947 heilig.

Josef von Leonessa

Priester, Missionar OFMCap
geboren: 8. Januar 1556 in Leonessa, Italien
gestorben: 4. Februar 1612 in Amatrice, Italien
Patron der Kapuziner-Missionen in der Türkei

Josef von Leonessa, der 1572 dem Kapuzinerorden beigetreten war, wirkte ab 1587 als Missionar unter den christlichen Gefangenen in Konstantinopel. Nach einer Gefangennahme und furchtbaren Martern, angeordnet vom Sultan, ging Josef schließlich aber wieder nach Italien zurück und wirkte dort unermüdlich als Prediger und Sozialapostel. Er hatte die Gabe der Weissagung und der Wunder. Josef starb am 4. Februar 1612 in Amatrice nahe seines Heimatortes Leonessa (Latium); seine Gebeine wurden später in die Pfarrkirche von Leonessa übertragen. Die Heiligsprechung des Missionars erfolgte 1746.

Nikolaus Studites

Abt
geboren: 793 auf Kreta, Griechenland
gestorben: 4. Februar 868 in Konstantinopel, heute Istanbul, Türkei

Rabanus Maurus, eine der großen Persönlichkeiten des Mittelalters (ganz links), und sein Lehrer Alkuin bei der Vorstellung des Werkes „Lob des heiligen Kreuzes". Nach einem alten Bildnis.

Rabanus Maurus

Erzbischof OSB
geboren: um 780 in Mainz, Rheinland-Pfalz
gestorben: 4. Februar 856 in Mainz

Rabanus Maurus, der „Lehrer Germaniens", gilt als gelehrtester abendländischer Theologe seiner Zeit. Er verfaßte viele einflußreiche Schriften und Bücher, machte sich um die deutsche Sprache sehr verdient und zeichnete sich als Dogmatiker aus. Die Klöster führte er zu neuer Blüte, drei große Synoden wurden von ihm geleitet.

Rabanus Maurus kam um 780 in Mainz zur Welt. Als Kind wurde er in der berühmten Klosterschule von Fulda unterrichtet, wo er später Benediktiner wurde. Als junger Mönch ging er dann an die hervorragende Schule von Abt Alkuin in Tours. Die Klosterschule von Fulda wurde später unter der Leitung von Rabanus Maurus zur besten in Deutschland überhaupt und unterrichtete die berühmtesten Schüler. Im Jahr 814 erhielt Rabanus Maurus die Priesterweihe, von 822 bis 842 leitete er die Abtei Fulda. Wahrscheinlich wegen politischer Schwierigkeiten dankte er dann ab und zog sich fünf Jahre lang zurück. 847 schließlich wurde Rabanus Maurus zum Erzbischof von Mainz ernannt; dieses Amt hatte er bis zu seinem Tod am 4. Februar 856 inne.

Als Hauptwerke von Rabanus Maurus gelten „De laudibus sanctae crucis" (Lob des Heiligen Kreuzes) und „De rerum naturis", eine 22bändige Enzyklopädie.

Verehrung/Brauchtum: In der Diözese Erfurt wird der Erzbischof am 5. Februar verehrt.

Darstellung: Als Benediktinerabt oder im Bischofsornat ist Rabanus Maurus auf Darstellungen meistens abgebildet; oft trägt er auch ein Band mit den Worten „Veni Creator Spiritus", Titel einer seiner Schriften. Ein Kreuz hat er in einer Statue am Bonifatiusgrab (18. Jh.) im Dom zu Fulda bei sich.

Während des Barock wurde Rabanus Maurus auch häufig als Erzbischof mit Bart dargestellt; in der Kirche zu Rasdorf trägt er als Attribut ein Kirchenmodell (Statue, 1730).

Veronika

Jüngerin Jesu(?)
Patronin der Pfarrhaushälterinnen, Wäscherinnen, Leinenweber, Leinenhändler, Weißnäherinnen; für einen guten Tod; bei schweren Verletzungen und Blutungen

Der Name Veronika leitet sich möglicherweise von „vera ikon" (echtes Abbild) ab. Obwohl viel gegen eine tatsächliche Existenz Veronikas spricht, ist sie eine der volkstümlichsten Heiligen überhaupt und genießt große Verehrung. Veronika soll nach legendarischen Überlieferungen eine Jüngerin Jesu Christi gewesen sein, die Gottes Sohn auf seinem Weg zum Kreuz ein Schweißtuch gereicht hat. Daher stammt der Name „Veronika mit dem Schweißtuch".

Nach einer anderen Legende soll Veronika, die zu früherer Zeit auch Beronike genannt wurde, im Besitz eines Tuches gewesen sein, auf dem das Antlitz Jesu Christi zu sehen war. Nachdem die Frau eines Tages einem Abgesandten von Kaiser Tiberius davon erzählt hatte, bat dieser sie an das Bett des schwerkranken Herrschers. Als Tiberius, der nach der Legende ein Wespennest am Kopf hatte, das Tuch mit dem Abbild des Gottessohnes erblickte, soll er im selben Augenblick gesundet sein. Die Verschiedenartigkeit der Legenden erklärt auch die unterschiedlichen Darstellungsweisen der Veronika.

In den Mysterienspielen des Mittelalters hatte Veronika einen festen Platz; noch heute ist sie die Hauptfigur der sechsten Kreuzwegstation. Forschungen allerdings sprachen sich immer gegen eine Existenz Veronikas aus. Sie ist auch nicht im Römischen Martyrologium enthalten.

Darstellung: Veronika wird als Matrone abgebildet; in ihren Händen hält sie ein ausgebreitetes Tuch mit dem Abbild Jesu, auf dem Kopf trägt sie eine Haube oder einen Schleier. Darstellungsbeispiele: das Veronika-Bild von Meister Wilhelm (14. Jh.) im Wallraf-Richartz-Museum in Köln sowie ein Werk desselben Künstlers in der Nationalgalerie London; ein Gemälde von Hans Memling im St. Johannes-Hospital in Brügge.

Gegenüberliegende Seite: „Veronika mit dem Schweißtuch." Gemälde aus dem 14. Jh., Pinakothek, München.

5. Februar

Adelheid von Vilich

Äbtissin OSB
geboren: um 960 in Deutschland
gestorben: zwischen 1010 und 1020 in Köln, Nordrhein-Westfalen
Patronin gegen Augenleiden

Adelheid war die erste Äbtissin des von ihren Eltern um 980 gegründeten Stifts Vilich bei Köln; sie führte dort um das Jahr 1000 die Regel des Benediktinerordens ein. Erzbischof Heribert von Köln ernannte Adelheid später zusätzlich noch zur Äbtissin von St. Maria im Kapitol in Köln. Die verehrte Klosterfrau starb zwischen 1010 und 1020 in Köln. Ihr Kult wurde offiziell anerkannt.

Verehrung/Brauchtum: In Pützchen bei Vilich wird Adelheid bis heute verehrt; dort gibt es das sogenannte Adelheids-Brünnchen (Pützchen), dessen Wasser Heilkraft bei Augenleiden nachgesagt wird und zu dem Wallfahrten stattfinden. Adelheid-Reliquien gibt es keine mehr, der leere Sarkophag existiert noch.

Darstellung: Adelheid wurde im Lauf der Jahrhunderte mit verschiedenen Attributen dargestellt; im Mittelalter hatte sie meist ein Buch bei sich (Ordensregel); später war es öfters ein Weinkrug, da es in Adelheids Leben ein Weinwunder gegeben haben soll; im 17. und im 18. Jh. dann war sie oft fürstlich gekleidet und hielt Kirchenmodell und Äbtissinnenstab, mit welchem sie nach der Legende das Quellwunder (Adelheids-Brünnchen) vollbracht haben soll.

Agatha (Agathe)

Märtyrerin
geboren: um 225 in Catania auf Sizilien, Italien
gestorben: um 250 auf Sizilien
Patronin von Catania; der Ammen, Weber, Hirtinnen, Glockengießer, Goldschmiede, Bergarbeiter; der Hungerleidenden; gegen Brustkrebskrankheiten und Entzündungen; gegen Unwetter, Erdbeben, Feuer, Unglück; gegen einen Ausbruch des Vulkans Ätna

Im Dom der sizilianischen Stadt Catania, genannt nach seiner Patronin Agatha (Duomo S. Agata), steht ein kostbarer Schrein aus dem 16. Jh., der die Reliquien der volkstümlichen Heiligen enthält. Auch im Dom von Verona bewahrt man mutmaßliche Agatha-Reliquien in einem schönen Hochgrab auf. Agatha, die wahrscheinlich um das Jahr 250 das Martyrium erlitt, gehörte schon sehr früh zu den meistverehrten Heiligen; bereits um 500 war ihr in Rom eine Kirche geweiht.

Agatha war nach der Legende die Tochter vornehmer Eltern in Catania und zeichnete sich schon früh durch außergewöhnliche Schönheit aus. Als

Gegenüberliegende Seite: Martyrium der Agatha. Nach einem Gemälde von Tiépolo. Der berühmte Künstler erhielt den Auftrag für dieses Bild 1756, drei Jahre, nachdem er in der Würzburger Residenz sein in der Kunstgeschichte einmaliges, riesiges Deckenfresko fertiggestellt hatte. Agatha soll in dieser Szene gesagt haben: „Mein Mut ist in Christus gefestigt.“

sie den Statthalter von Catania, der heftig um sie warb, mit der Bemerkung, sie sei Christin, zurückwies, ließ dieser sie für 30 Tage einer Kupplerin übergeben. Als Agatha sich auch dadurch nicht erschüttern ließ, wurde sie in den Kerker geworfen und grausam gemartert. Zuerst schnitt man ihr die Brüste ab, dann brannte man sie mit einer lodernden Fackel. Die Legende berichtet, daß der Geschundenen der Apostel Petrus erschienen sei und ihr die Wunden geheilt habe. Am nächsten Tag aber legte man Agatha auf glühende Kohlen und Scherben, so daß sie bald ihren schweren Verletzungen erlag.

Ein Jahr nach dem Tod Agathas sollen verzweifelte Einwohner Catanias bei einem Ausbruch des Vulkans Ätna den Lavamassen den Schleier der Märtyrerin entgegengetragen haben, worauf der glühende Strom zum Stillstand kam. Seither wird der Schleier in Catania als Reliquie aufbewahrt.

Verehrung/Brauchtum: Der Glaube an Agatha als Schutzpatronin gegen Feuer weitete sich im Lauf der Jahrhunderte auf Mensch und Tier aus; so wurde Agatha bei Hitze und Fieber um Hilfe angerufen. Kleine geweihte „Agathenbrote“ aus Weizen, Roggen und Kleie gab man dem Vieh, bevor es auf die Alm ausgetrieben wurde, Ochsen, wenn sie erstmals vor den Pflug gespannt wurden, und Kühen, bevor sie kalbten. Bauern streuten Krumen des Brotes in die Winkel des Hofes, damit er von Feuer verschont bliebe. Gegen die Feuersgefahr kamen auch sogenannte „Agathenzettel“ und „Agathenkerzen“ in Gebrauch.

Darstellung: Die bekannteste Darstellung von Agatha zeigt die Szene, wie ihr bei ihrem Martyrium die Brüste abgeschnitten werden; eines der berühmtesten Gemälde mit dieser Abbildung stammt von Tiépolo: „Das Martyrium der heiligen Agatha“ (Gemäldegalerie Berlin). Denselben Titel trägt ein Bild von Sebastiano del Piombo, das in der Galerie Pitti in Florenz zu sehen ist. Eine hervorragende Bildhauerarbeit von Johann Baptist Straub – Agatha mit Palme und einem Tablett mit ihren abgetrennten Brüsten – steht in der Pfarrkirche St. Quirin in Tegernsee (Oberbayern).

Albuin von Säben-Brixen

Bischof von Säben-Brixen
geboren: 10. Jh. in Kärnten, Österreich
gestorben: 5. Februar 1005/1006 in Brixen, Südtirol, Italien

Ingenuin

Bischof von Säben-Brixen
geboren: 6. Jh.
gestorben: um 605 in Brixen, Italien
Patron der Diözese Bozen-Brixen; der Bergwerke

6. Februar

Amandus der Belgier

Klostergründer, Missionsbischof in Belgien, Tirol und Kärnten
geboren: um 600 in Frankreich
gestorben: 6. Februar 679 (684?) in Saint-Amand-les-Eeaux, Frankreich (früher Abtei Elnone-en-Pévèle)

Brynolf Algotsson

Bischof von Skara, Schweden
geboren: um 1240 in Schweden
gestorben: 6. Februar 1317 in Schweden

Dorothea

Jungfrau, Märtyrerin
geboren: um 290 in Cäsarea, Kleinasien
gestorben: 305 in Cäsarea
Patronin der Gärtner, Blumenhändler, Bierbrauer, Bergleute; Neuvermählten; Bräute; Wöchnerinnen; bei Geburtswehen; bei Armut; in Todesnöten; bei falscher Anschuldigung

Die Geschichte Dorotheas beruht zum größten Teil auf Legende. Danach kam sie um 290 in Cäsarea im östlichen Kleinasien als Tochter christlicher Eltern zur Welt. Als sie als junges Mädchen den um sie werbenden heidnischen Statthalter Apricius zurückwies, ließ dieser sie foltern und dann zum Tod durch Enthaupten verurteilen. Auf ihrem Weg zur Richtstätte sprach Dorothea immer wieder den Namen ihres Bräutigams Jesus Christus aus. Dies hörte ein des Weges kommender junger Rechtsanwalt heidnischen Glaubens mit Namen Theophilus. Er scherzte und meinte zu der zum Tod Verurteilten, wenn sie ihm Blumen und Früchte aus dem Garten ihres Bräutigams schicke, dann wolle auch er an Jesus glauben. Da soll plötzlich ein Engel herniedergekommen sein und ein Körbchen voller Blumen und Obst gebracht haben. Theophilus kniete nieder und bekannte sich zu Jesus Christus. Der vor Wut rasende Statthalter ließ ihn daraufhin zusammen mit Dorothea enthaupten.

Darstellung: Entsprechend der Legende, wird Dorothea meist mit Blumen und Früchten abgebildet, oft trägt sie einen Blumenkranz um die Stirn. Eine der schönsten Darstellungen dieser Art stammt von Hans Baldung Grien (1516): „Die Enthauptung der heiligen Dorothea“ (Nationalgalerie Prag).

„Enthauptung der heiligen Dorothea“ (Hans Baldung Grien, Ausschnitt).

Hildegund von Meer

Nonne, Klostergründerin OPraem
geboren: um 1110
gestorben: 6. Februar 1182 in Meer (Mehre), Nordrhein-Westfalen

Justinus von Straßburg

2. Bischof von Straßburg
geboren: 4. Jh. in Frankreich
gestorben: 4. Jh. in Straßburg, Elsaß, Frankreich

Maria Theresia (Aline) Bonzel

Ordensgründerin
geboren: 17. September 1830 in Olpe, Nordrhein-Westfalen
gestorben: 6. Februar 1905 in Olpe

Der Ursprung im 19. Jh. war bescheiden, heute aber stellt die Kongregation der „Franziskanerinnen von der ewigen Anbetung" ein gewaltiges, über die ganze Welt verbreitetes Werk dar. Ordensgründerin war Maria Theresia Bonzel, die als Mädchen Aline genannt wurde und aus Olpe stammte. Als sie als junge Frau einem Orden beitreten wollte, bewegte sie ihr Bischof dazu, eine eigene Kongregation ins Leben zu rufen. So begann Maria Theresia Bonzel am 20. Dezember 1860 gemeinsam mit einigen Gefährtinnen, verwahrloste Kinder zu betreuen und zu erziehen. Als die Zahl der Mitglieder der Gemeinschaft wuchs, wandte man sich zusätzlich der Fürsorge für die Armen und Kranken zu. Mit ihrem ererbten Vermögen baute Maria Theresia Bonzel Hospitäler und trug so wesentlich zur Entwicklung des Gesundheitswesens des 19. Jh. in Deutschland bei. 1875 schließlich zogen die ersten Schwestern der erst 1963 kirchlich bestätigten Kongregation in die USA und begannen auch dort mit der Ausbreitung der Gemeinschaft. Mit der Missionierung bei den Indianern erfüllten sie einen Lieblingswunsch von Maria Theresia Bonzel.

Die Ordensgründerin starb am 6. Februar 1905 erschöpft und ausgezehrt, aber in tiefem Frieden. Im Jahr 1961 wurde der Seligsprechungsprozeß eingeleitet, der heute schon weit fortgeschritten ist.

Maria Theresia Bonzel, Stifterin der Kongregation der „Franziskanerinnen von der ewigen Anbetung". Nach einem Gemälde von Peter Herkenrath.

Paul Miki und Gefährten

Missionare, Märtyrer SJ
geboren: um 1565 in Kyoto, Japan
gestorben: 5. Februar 1597 in Nagasaki, Japan

Paul Miki war der Sohn einer christlichen japanischen Familie. Im Alter von 22 Jahren trat er dem Jesuitenorden bei. Dank seiner großartigen Fähigkeiten als Prediger wurde er zu einem der wichtigsten Missionare in Japan. Auf Befehl von Shogun Toyotomi Hideyoshi begann dann 1587 eine grausame Verfolgung der Missionare auf den japanischen Inseln. Im Zuge dieser Welle wurden auch Paul Miki und 25 seiner Gefährten verhaftet, zum Kreuzestod verurteilt und am 5. Februar 1597 in Nagasaki hingerichtet. Die Heiligsprechung der Märtyrer erfolgte am 8. Juni 1862 durch Papst Pius IX.

Vedastus (Vaast) von Arras

Bischof von Arras
geboren: 5. Jh. bei Limoges, Frankreich
gestorben: 6. Februar 540 in Arras, Frankreich
Patron des Bistums Arras; der Kinder; gegen Augenleiden; der Gehbehinderten

Verehrung/Brauchtum: Bischof Vedastus, der im Englischen Foster genannt wurde, war ein überaus beliebter Volksheiliger. Die Abtei St-Vaast in Arras entwickelte sich nach seinem Tod zu einem Kultzentrum. Die Verehrung für Vedastus verbreitete sich sehr stark auch in England.

Darstellung: Von Vedastus gibt es eine Fülle von Darstellungen, auf denen er als Bischof zu sehen ist. Fast immer wurde er mit einem Bären abgebildet, da er nach der Legende einen Bären aus seiner Kirche vertrieben haben soll. Manchmal handelt es sich bei dem dargestellten Tier auch um einen Wolf. Die Vertreibung von Bär oder Wolf soll sagen, daß Vedastus das Heidentum aus seiner Kirche verbannt hat. Darstellungen gibt es vor allem in der Kathedrale von Arras sowie in St-Vaast.

7. Februar

Jakob Salès und Wilhelm Saultemouche

Mönche, Märtyrer SJ
geboren: Salés: 21. März 1556 in Lesoux, Frankreich; Saultemouche: 1556 in St-Germain-l'Herm, Frankreich
gestorben: beide 7. Februar 1593 in Aubenas, Frankreich

Der Jesuit und Theologieprofessor Jakob Salès wurde gemeinsam mit seinem Gefährten Wilhelm Saultemouche, einem Laienbruder der Jesuiten, von calvinischen Hugenotten überfallen, gefangengenommen und schließlich ermordet. Die Seligsprechung beider erfolgte am 6. Juni 1926; den Akt nahm Papst Pius XI. vor.

Maria von der Vorsehung (Eugènie Smet)

Ordensgründerin
geboren: 25. März 1825 in Lille, Belgien
gestorben: 7. Februar 1871 in Paris, Frankreich

Die „Helferinnen der armen Seelen" sind die Gründung von Eugènie Smet, die der Kongregation selbst bis zu ihrem Tod 1871 als Generaloberin vorstand und sich Maria von der Vorsehung nannte. Ihre Seligsprechung erfolgte am 21. April 1957.

Nivard von Clairvaux

Prior OCist
geboren: um 1100 in Frankreich
gestorben: 12. Jh. in Frankreich

Nivard war der jüngste Bruder von Bernhard von Clairvaux, dem zweiten Stifter des Zisterzienserordens. Auch Nivard wurde Mönch in dem berühmten Kloster Clairvaux. Er war beteiligt an mehreren Klostergründungen; in einer soll er dann Prior gewesen sein.

Pius IX.

Papst
geboren: 13. Mai 1792 in Senigallia, Italien
gestorben: 7. Februar 1878 in Rom, Italien

Papst Pius IX. wurde schon zu Lebzeiten hoch verehrt. Gründe dafür waren seine Gaben der Prophetie und der Krankenheilung. Darüber hinaus sah man ihn im Verlauf seines 32 Jahre dauernden Pontifikats als Vater aller Gläubigen, auch jener, die ihm nicht wohlgesonnen waren.

Pius IX. war unter dem Namen Giovanni Maria Mastai-Ferretti in dem Markenort Senigallia zur Welt gekommen. Im Alter von 26 Jahren empfing er die Priesterweihe. Danach wirkte er zunächst als Volksmissionar, später wurde er als Botschaftsrat nach Chile entsandt. Einige Jahre später ernannte man ihn zum Erzbischof von Spoleto, 1833 zum Erzbischof von Imola, 1840 erhielt er die Kardinalswürde. Am 16. Juni 1846 schließlich bestieg er als Pius IX. den Papstthron. An diesem Tag begann für den Kirchenmann ein schwerer Weg; aufgrund zahlreicher revolutionärer Strömungen wurde er von Gegnern verfolgt und verleumdet. Er aber erduldete alle Verletzungen mit Würde und Nachsicht und regierte letztendlich über drei Jahrzehnte. Drei wichtige Kirchendokumente wurden von Pius IX. unterzeichnet: das Dogma von der Unbefleckten Empfängnis Mariens, der „Syllabus" und das Dogma von der Unfehlbarkeit des Papstes in der Glaubens- und Sittenlehre.

Der geschmähte und doch so große Papst starb am 7. Februar 1878 in Rom. Der Seligsprechungsprozeß wurde gleich nach seinem Tod eingeleitet, 1907 von Papst Pius X. wieder aufgenommen und von Papst Pius XII. fortgeführt. Papst Johannes Paul II. sprach Pius IX. dann am 3. September 2000 selig.

Papst Pius IX. (1846 bis 1878).

Richard von England und Wunna

Eltern von Willibald, Wunibald und Walburga
geboren: 7. Jh. in Wessex, England
gestorben: Richard: um 720 in Lucca, Italien; Wunna: um 700 in England

Richard von England wird besonders in der bayerischen Diözese Eichstätt verehrt, was daher rührt, daß sein berühmter Sohn Willibald hier Bischof war. Zusammen mit Willibald und Wunibald, seinem zweiten Sohn und späteren Abt von Heidenheim, brach Richard, der aus Wessex in Angelsachsen stammte, im Jahr 720 zu einer Pilgerreise nach Rom auf. Doch schon auf dem Hinweg erkrankte Richard schwer und starb in Lucca in der Toskana. Beigesetzt wurde er in der dortigen Kirche S. Frediano. Die Gebeine Richards wurden 1150 erhoben, Teile davon 1154 nach Eichstätt überführt.

Die Legende erzählt, daß Richard und seine zwei Söhne auf ihrer Reise nach Rom in einem Gasthaus Rast machten, in dem ein todkranker Mann lag. Richard ging zu ihm, sprach mit ihm, und der Kranke war geheilt. Diese Begebenheit hat der Augsburger Künstler Hans Burgkmair in einem Holzschnitt festgehalten.

Ebenfalls am heutigen 7. Februar wird der Ehefrau Richards, Wunna, gedacht, einer Schwester von Bonifatius. Man weiß von ihr nur, daß sie um 700 in England gestorben ist.

Darstellung: Richard ist als König mit Zepter dargestellt, so in einer Skulptur am Gruftaltar in St. Walburg in Eichstätt.

8. Februar

Hieronymus Ämiliani

Ordensgründer CRS
geboren: 1486 in Venedig, Italien
gestorben: 8. Februar 1537 in Somasca, Italien
Patron von Treviso und Venedig; der Waisen; der Gründer von Schulen und Waisenhäusern

Hieronymus Ämiliani, oft als Erneuerer des religiösen Lebens in Oberitalien bezeichnet, war der Gründer des Somaskerordens, einer Genossenschaft von Regularklerikern, die ursprünglich „Compagnia dei servi dei poveri" (Gesellschaft zur Hilfe für die Armen) hieß. Die Mitglieder dieses Männerordens leiteten Waisen- und Krankenhäuser, Armenanstalten und Internate. Papst Paul III. bestätigte die Genossenschaft im Jahr 1540.

Hieronymus Ämiliani kam 1486 in Venedig als Sohn einer vornehmen Familie zur Welt und genoß eine hervorragende Ausbildung. Bereits mit 15 Jahren trat er in den Waffendienst ein, wurde Offizier und später General. Als er mit seinen Soldaten 1508 die Stadt Castelnuovo gegen die „Liga von Cambrai" verteidigte, geriet er in Gefangenschaft, aus der er auf wunderbare Weise freigekommen sein soll. Dies faßte er als Zeichen auf, sein Leben zu ändern. Er trat aus dem Militärdienst aus.

Hieronymus Ämiliani, Gründer des Somaskerordens. Seine übergroße Nächstenliebe kostete Ämiliani das Leben: Er starb an der Pest, die er sich bei der Pflege von Kranken zugezogen hatte.

Im Jahre 1518 empfing Hieronymus Ämiliani die Priesterweihe und widmete sich nun nur noch dem Dienst für Arme und Kranke. Manche Überlieferungen sprechen von heroischer Nächstenliebe und großer Bußbereitschaft. 1528 stellte sich Ämiliani unter die Leitung von Giampietro Caraffa, seinem geistlichen Vater, der später als Papst Paul IV. in die Geschichte eingehen sollte. Im selben Jahr gründete er seine Genossenschaft. In den oberitalienischen Städten Bergamo, Brescia, Verona, Como und Mailand hatte er bereits zahlreiche Waisenhäuser gestiftet.

Hieronymus Ämiliani starb am 8. Februar 1537 im Mutterhaus seiner Genossenschaft in Somasca, dem Ort, nach dem die Mitglieder des Ordens Somasker genannt wurden. Papst Clemens XIII. sprach den Ordensstifter 1767 heilig, Papst Pius XI. ernannte ihn 1928 zum Patron der Waisen.

Verehrung/Brauchtum: In Belgien gibt es einen Orden, der sich der Erziehung von Waisen und der Pflege von alten und kranken Männern widmet. Seine Mitglieder nennen sich nach dem Heiligen „Brüder vom heiligen Hieronymus Ämiliani".

Darstellung: Auf Bildern ist Hieronymus entweder in vornehmer Kleidung mit Kette und Eisenkugeln oder als Ordensmann mit Kindern zu sehen.

Josefina Bakita

Sklavin, Nonne
geboren: um 1870 in Olgossa Dartur, Sudan
gestorben: 8. Februar in Italien

Josefina Bakita, Sklavin aus dem Sudan und später Ordensfrau bei den Canossianerinnen in Venedig, wurde am 17. Mai 1992 von Papst Johannes Paul dem II. seliggesprochen, am 1. Oktober 2000 erfolgte die Heiligsprechung. Nach Jahren des Sklavenmartyriums, zunächst in ihrer Heimat, dann bei einer Familie in Italien, hatte Josefina 1890 in Venedig die Taufe und 1896 dann das Ordenskleid der Canossianerinnen empfangen. Die schwarze Ordensschwester wurde zu einer Sensation, ein Zustand, der für sie, wie sie später zugab, größtes Leiden hervorrief.

Philipp Jeningen

Priester SJ
geboren: 5. Januar 1642 in Eichstätt, Bayern
gestorben: 8. Februar 1704 in Ellwangen, Baden-Württemberg

Philipp Jeningen, Priester in der Gesellschaft Jesu, bei den Jesuiten, war nach seiner Weihe zuerst als Lehrer an den Kollegien in Mindelheim und Dillingen in Bayern tätig. Als Volksmissionar wirkte er dann ab 1680 von Ellwangen aus in den Bistümern Eichstätt, Würzburg und Augsburg. Er wurde von seinen Mitmenschen hoch geschätzt. Philipp Jeningen starb am 8. Februar 1704 in Ellwangen und wurde in der dortigen Stiftskirche beigesetzt. Die Erhebung der Gebeine erfolgte 1953, der Seligsprechungsprozeß ist seit Jahren eingeleitet.

Gegenüberliegende Seite: Philipp Jeningen, Volksmissionar in den Bistümern Augsburg, Eichstätt und Würzburg.

9. Februar

Alto

Klostergründer, Abt OSB
geboren: 8. Jh.(?) in England(?)
gestorben: um 760(?) in Altomünster, Bayern

Steigt der Besucher in dem ruhigen Ort Altomünster, östlich von Augsburg im Landkreis Dachau, die zahlreichen Stufen zu der dortigen Rokokokirche hinauf, erinnert er sich an den Heiligen, dem dieses Gotteshaus geweiht ist und der die Gemeinde begründet hat: Alto hat hier im 8. Jh. die erste Kirche erbaut. Das heutige Gotteshaus stammt von dem berühmten bayerischen Rokoko-Kirchenbaumeister Johann Michael Fischer aus München und wurde 1773 fertiggestellt.

Die Legende über Altos Leben stammt von einem Regensburger Mönch namens Otloh. Danach war Alto einer der Angelsachsen, die sich fern der Heimat der Verkündigung des Wortes Gottes widmeten. Er kam möglicherweise mit dem späteren Salzburger Bischof Virgil um 740 nach Bayern, trennte sich dann von dem Gefährten und zog sich als Einsiedler in einen einsamen Wald zurück.

Eine Urkunde, die er im Jahr 760 als Zeuge in Mammendorf bei Fürstenfeldbruck unterschrieben hat, trägt die Unterschrift: Alto reclausus (Alto Einsiedler).

Der prachtvolle Innenraum der St.-Alto-Kirche in Altomünster. Unter dem rechten Seitenaltar ruhen die Gebeine von Alto.

Pippin der Jüngere soll es gewesen sein, der Alto später den Wald schenkte, in welchem der Einsiedler lebte. Zusammen mit einigen Gefährten, die sich im Lauf der Jahre zu ihm gesellt hatten, rodete der Einsiedler einen Teil des Gebietes und errichtete eine Kirche und ein Kloster. Die Legende berichtet, daß Bonifatius das Gotteshaus 745 geweiht hat. Alto war der erste Abt des Klosters. Er starb um das Jahr 760 und wurde in seiner Kirche bestattet. Beim Einfall der Ungarn im 10. Jh. wurden Kloster und Kirche verwüstet, später wieder neu aufgebaut.

Der rechte Altar im Hauptraum der heutigen Pfarrkirche St. Alto ist Alto geweiht. Sein Leib ruht unter der Mensa; die Hirnschale des Abtes wird in einem Glasschrein aufbewahrt. Außerdem wird das Messer gezeigt, mit dem Alto die Bäume gezeichnet haben soll, die zur Rodung bestimmt waren.

Darstellung: Die verschiedensten Darstellungen von Alto gibt es im Kirchenbereich von Altomünster. Eine kleine Alto-Figur ist am Korbinian-Schrein im Freisinger Dom zu sehen. Abgebildet wird Alto als Abt mit Messer (mit denen er die zur Rodung bestimmten Bäume angezeichnet haben soll) und Kelch, oft auch mit dem Jesuskind.

Anna Katharina Emmerick

Nonne, Mystikerin OESA
geboren: 8. September 1774 in Coesfeld, Nordrhein-Westfalen
gestorben: 9. Februar 1824 in Dülmen, Nordrhein-Westfalen

Anna Katharina Emmerick, die sich schon als Kind und junges Mädchen dem innigen Gebet zu Gott und Tätigkeiten der Sühne und der Nächstenliebe gewidmet hatte, konnte endlich 1802 auf sehnlichsten Wunsch hin in ein Kloster eintreten; sie wurde Augustinerin in Dülmen in Westfalen. Im Jahr 1813 wurde öffentlich bekannt, daß Anna Katharina die Stigmata trug; daraufhin schlug ihr einerseits große Verehrung entgegen, andererseits aber wurde sie auch schwer verleumdet. Während der Jahre 1818 bis 1824 zeichnete der berühmte Clemens Brentano ihre Visionen auf.

Nach ihrem Tod am 9. Februar 1824 wurde Anna Katharina Emmerick zunächst auf dem allgemeinen Friedhof vor dem Stadttor von Dül-

Anna Katharina Emmerick. Nach einem Ölgemälde des Malers von Oer mit dem Titel „Die ekstatische Jungfrau Anna Katharina Emmerick".

men beigesetzt. Am 7. Februar 1975 wurden die Gebeine dann in die Krypta der Kreuzkirche umgebettet. Der Seligsprechungsprozeß für Anna Katharina Emmerick ist seit 1892 eingeleitet.

Ansbert von Rouen

Erzbischof von Rouen OSB
geboren: um 630(?) in Frankreich
gestorben: 9. Februar 693 in Hautmont, Frankreich

Apollonia

Jungfrau, Märtyrerin
geboren: 2. Jh. in Alexandria, Ägypten
gestorben: um 249 in Alexandria
Patronin der Zahnärzte; gegen Zahnleiden

Die Christin Apollonia hatte bereits ein hohes Alter erreicht, als ihr Leidensweg begann. Um 249, als die Christen eigentlich in relativer Ruhe leben konnten, wurde sie zusammen mit einigen anderen Gläubigen von brutalen Heiden gefangengenommen und grausam gefoltert. In einem Brief an Fabian von Antiochien schrieb Bischof Dionysius, die Heiden hätten Apollonia sämtliche Zähne ausgeschlagen und dann die Kinnlade zertrümmert. Spätere Legenden berichten, man habe der betagten Christin die Zähne mit einer Zange herausgerissen, danach sollte sie bei lebendigem Leib in einem großen Feuer in Alexandria verbrannt werden. Als ihre Peiniger sie einen kurzen Augenblick nicht festhielten, stürzte sie sich laut betend selbst in die Flammen.

Verehrung/Brauchtum: Schon bald nach dem Tod der Märtyrerin breitete sich der Kult Apollonias im ganzen Orient, später dann auch in Europa aus. In der Diözese Trier begeht man den Gedenktag Apollonias am 11. Februar.

Darstellung: Bei der Darstellung Apollonias gibt es verschiedene Formen; so ist sie entweder mit Zange und Zahn als Hinweis auf ihr (nach Eusebius) erfolgtes Martyrium zu sehen, oder sie ist abgebildet, wie sie sich in ein Feuer stürzt (Bericht von Augustinus). In anderen Darstellungen wiederum sieht man Apollonia als Fürstin oder Königin, was auf eine Überlieferung hinweist, die sagt, sie sei eine Königstochter gewesen.

Michael Febres Cordero

Mönch FSC
geboren: 7. November 1854 in Concha, Ecuador
gestorben: 9. Februar 1910 bei Barcelona, Spanien

Bereits im Alter von 14 Jahren trat der von Geburt an kränkliche Michael Febres Cordero in der ecuadorianischen Hauptstadt Quito dem Orden der Christlichen Schulbrüder bei und war danach knapp 30 Jahre lang als begnadeter Lehrer und Erzieher Jugendlicher tätig. Cordero starb am 9. Februar 1910 nahe Barcelona,

Michael Febres Cordero.

nachdem er zuvor noch einige Jahre in Belgien an der Ordenszeitschrift mitgewirkt hatte. Am 21. Oktober 1984 sprach Papst Johannes Paul II. „Bruder Miguel" in Rom heilig (Seligsprechung: 1977).

10. Februar

Hugo von Fosses

Generalabt OPraem
geboren: um 1093 in Fosses, Belgien
gestorben: 10. Februar(?) 1164 in Prémontré, Frankreich

Hugo kam um das Jahr 1093 in Fosses in Belgien zur Welt; schon als junger Mann empfing er die Priesterweihe. 1119 lernte er Norbert, den Gründer des Prämonstratenserordens, kennen und schloß sich ihm an. Zwischen den beiden entwickelten sich eine enge Freundschaft und ein besonderes Vertrauensverhältnis. Hugo verwirklichte viele Ideen Norberts und interpretierte sie nach außen hin. Als Norbert 1126 zum Erzbischof von Magdeburg gewählt wurde, folgte ihm Hugo auf den Stuhl des Abtes von Prémontré, nach Norberts Tod wurde er Generalabt der Prämonstratenser. Unter Hugo von Fosses verbreitete sich der Prämonstratenserorden schnell, bald gab es 120 Ordensklöster. Am 10. Februar(?) 1164 starb der Abt in Prémontré, wo er auch bestattet wurde.

Scholastica

Nonne OSB
geboren: um 480 in Norcia, Italien
gestorben: um 542 in Montecassino, Italien
Patronin der Benediktinerinnen; für Regen; gegen Blitzschlag

Norcia (Nursia) ist ein abgeschiedener Ort hoch in den umbrischen Bergen. Das einzige, was hier die kleinstädtische Ruhe unterbricht, sind Omnibusse, die Besuchergruppen herauf bringen, Pilger, die den Geburtsort der Scholastica und ihres Bruders, des großen Benedikt, sehen wollen. Die Kirche S. Benedetto unweit vom Domplatz soll über einem Grundstück erbaut sein, das den Eltern der Zwillinge Benedikt und Scholastica gehört hat.

Scholastica. Nach einem Gemälde in der Beuroner Klosterkirche.

Scholastica und Benedikt wurden um das Jahr 480 geboren. Früh schon trat Scholastica in das Kloster Roccabotte bei Subiaco, östlich von Rom, ein, Jahre später dann in ein anderes unweit von Montecassino. Einmal im Jahr traf sich die Nonne mit ihrem Bruder Benedikt, dem Ordensgründer, zu geistlichen Gesprächen in der Nähe von Benedikts Mönchskloster.

Bei dem Treffen im Jahr 542 geschah es, daß Scholastica ihren Bruder bat, doch länger bei ihr zu bleiben und mit ihr über die Freuden des Himmels zu sprechen. Benedikt lehnte ab. Da flehte Scholastica in ihrer Verzweiflung Gott um Hilfe an. Dieser erhörte sie und ließ plötzlich sintflutartige Regen niedergehen, so daß Benedikt gezwungen war zu bleiben. Er verweilte sogar noch drei Tage bei seiner Schwester, die am dritten Tag plötzlich starb. Benedikt soll ihre Seele gesehen haben, wie sie, einer Taube gleich, zum Himmel emporflog.

Benedikt bestattete seine Schwester in einem Grab in Montecassino, das er für sich selber vorgesehen hatte und in dem er nach seinem Tod 547 ebenfalls beigesetzt wurde. Gregor der Große schrieb dazu später einmal: „So konnte auch der Tod die Körper dieser beiden, die im Geist immer in Gott vereint waren, nicht auseinanderbringen."

Darstellung: Auf Abbildungen ist Scholastica im Äbtissinnengewand zu sehen, im schwarzen Ordenskleid der Benediktinerinnen. Der Legende entsprechend, ist meist eine Taube bei ihr. Ihren Tod malte der berühmte Luca Giordano; das Bild ist in der Kirche S. Michele in Bologna zu sehen. Fra Angelico hat sie mit Taube dargestellt.

Wilhelm von Malavalle (Wilhelm der Große)

Einsiedler
geboren: 12. Jh. in Italien
gestorben: 10. Februar 1157 Malavalle, Italien
Patron der Klempner

Wilhelm lebte im 12. Jh. als asketischer Einsiedler in einer Einöde bei Castiglione della Pescaia, dem heutigen Badeort an der toskanischen Mittelmeerküste. Ohne Erfolg verliefen seine Versuche, Einsiedlergemeinschaften in der Toskana zu reformieren.

Nachdem Wilhelm gestorben war, entwickelte sich aus seiner Einsiedelei schnell die Eremitenkongregation der Wilhelmiten; das Hauptkloster entstand in Malavalle. Der Orden blieb bis zum Beginn des 19. Jh. bestehen und widmete sich der Krankenpflege, der Seelsorge und dem Unterricht. Papst Innozenz III. bestätigte den Kult Wilhelms im Jahr 1202. Die Vita von Wilhelm von Malavalle wurde oft mit den Lebensbeschreibungen anderer Träger dieses Namens vermischt (z. B. Wilhelm von Aquitanien).

Darstellung: Verschiedene Abbildungen von Wilhelm sind möglicherweise aus der Vermischung mit anderen Personen entstanden und können deshalb nicht ihm zugeordnet werden. Ein Glasfenster in der St.-Wilhelm-Kirche in Straßburg (15. Jh.) zeigt die echte Vita Wilhelms.

11. Februar

Gregor II.

Papst
geboren: 669 in Rom, Italien
gestorben: 11. Februar 731 in Rom

Nachdem im Jahr 715 der syrische Papst Konstantin I. gestorben war, wurde die lange Liste der bis dahin regierenden griechischen, orientalischen und syrischen Päpste unterbrochen. Ein echter Römer bestieg den Stuhl Petri: Gregor II. Er hatte mit Gregor I., der Große genannt, nicht nur den Namen gemein, zwischen den beiden Päpsten gab es auch eine geistige Verwandtschaft. Wie sein Vorgänger, der von 590 bis 604 amtiert hatte, blickte Gregor II. weit in die Zukunft, sein Wirken war geprägt von großer Umsicht.

Nach seiner Ernennung zum Papst erwarb sich Gregor II. größte Verdienste durch seine Bemühungen um die Christianisierung Deutschlands. Am 15. März 716 sandte er auf Bitten von Bayernherzog Theodo, des ersten katholischen, germanischen Fürsten, einen Bischof, einen Priester und einen Subdiakon nach Bayern, damit sie dort Bischöfe einsetzen und das kirchliche System ordnen sollten. Drei Jahre später erteilte Gregor II. einem Benediktinermönch aus England namens Winfried den Auftrag, in Deutschland zu predigen und der heimischen Bevölkerung die Sakramente zu spenden. Dieser Missionar war kein anderer als Bonifatius, dem Gregor diesen Namen verlieh (Bonifatius = Wohltäter). Nachdem Bonifatius drei Jahre in Deutschland gewirkt hatte, wurde er 722 in Rom vom Papst zum Bischof geweiht. Der enge Kontakt zwischen Gregor II. und Bonifatius bewirkte, daß die deutsche Kirche auch in der Folge immer gute Beziehungen zum Papst unterhielt.

Papst Gregor II.

Die Freude Gregors über die Erfolge in Deutschland wurde beeinträchtigt durch das Verhalten des byzantinischen Kaisers Leo, der sich in der Frage der Bilderverehrung in die päpstlichen Kompetenzen einmischte und das Volk im Orient durch zwei Edikte gegen die Verehrung aufbrachte. Während des Streites zwischen Gregor und Leo, die ursprünglich einmal gut miteinander ausgekommen waren, wollte der byzantinische Herrscher das Kirchenoberhaupt sogar nach Konstantinopel entführen lassen, was Soldaten jedoch verhinderten.

Gregor II., einer der bedeutendsten Päpste seiner Zeit, starb am 11. Februar 731 in Rom.

Verehrung/Brauchtum: In der Diözese Fulda begeht man den Gedenktag am 12. Februar. In der Diözese Erfurt wird der Papst gleichfalls am 12. Februar verehrt.

Benedikt von Aniane

Abt OSB
geboren: um 750 in Frankreich
gestorben: 11. Februar 821 in Kornelimünster, Nordrhein-Westfalen

„Erster großer Mönchsvater aus germanischem Stamm" wird Benedikt von Aniane genannt. Auf seiner Reform des fränkischen Mönchtums baute später die berühmte Klosterregel von Cluny auf. Die Grabstätte Benedikts wurde nie gefunden.

Benedikt, der eigentlich Witiza hieß, wurde um das Jahr 750 als Sohn des westgotischen Grafen Aigulf von Maguelone in Aquitanien (Frankreich) geboren. Nach seiner Erziehung am Hof von Pippin dem Kleineren und anschließendem Kriegsdienst trat Benedikt 773 als Benediktinermönch in das Kloster St-Seine bei Dijon ein.

Im Jahr 779 gründete der streng asketisch lebende Benedikt auf seinem Besitz in der Nähe der südfranzösischen Stadt Montpellier das Kloster Aniane, genannt nach dem Flüßchen, an dem es lag. Von hier aus sollte bald die Reform sämtlicher fränkischer Klöster ausgehen, viele von ihnen übernahmen die von Benedikt als Grundidee seines Lebens angenommene Ordensregel des Benedikt von Nursia. Auf späteren Synoden wurde die benediktinische Regel sogar zur allein geltenden in Frankreich ernannt.

Im Jahr 814 machte Kaiser Ludwig der Fromme Benedikt zum Abt des Klosters Maursmünster im Elsaß, bald darauf von Kloster Inden, dem später berühmten Kornelimünster bei Aachen. Hier starb Benedikt am 11. Februar 821.

Darstellung: Benedikt von Aniane ist als Abt dargestellt. Ein Gemälde aus dem 18. Jh. in Kornelimünster zeigt die Szene, wie er von Karl dem Großen sein Kloster erhält.

Maria Fidelis Weiß

Nonne, Mystikerin OFM
geboren: 12. Juni 1882 in Kempten, Bayern
gestorben: 11. Februar 1923 in Reutberg, Bayern

Die Franziskanernonne Maria Fidelis Weiß, die im Alter von 18 Jahren in das Kloster Reutberg in Oberbayern eingetreten war, erlitt über mehrere Jahre hinweg jeden Donnerstag und jeden Freitag die Leiden Christi. Sie fühlte sich dazu berufen, Sühneopfer für die Fehler der Welt zu sein und erduldete dabei geduldig schwerste Qualen. Nach ihrem Tod am 11. Februar 1923 setzte eine große Verehrung für die Klosterfrau ein. Der Seligsprechungsprozeß läuft seit vielen Jahren.

Nikolaus Palea

Provinzial OP
geboren: 1197 bei Bari, Italien
gestorben: 11. Februar 1255 in Perugia, Italien

Paschalis I.

Papst
geboren: 8. Jh. in Rom, Italien
gestorben: 11. Februar 824 in Rom

Wenige Meter von dem wuchtigen Kirchenbau S. Maria Maggiore in Rom entfernt, in einem winzigen Gäßchen, das von der großen Via Merulana abgeht, steht eine der bemerkenswertesten und ältesten Kirchen der Ewigen Stadt: S. Prassède. Das Gotteshaus wurde Praxedis geweiht und wird erstmals in einer Inschrift aus dem Jahr 419 in den Katakomben des heiligen Hippolyt erwähnt. Der Bau, den der Besucher heute antrifft, geht jedoch fast ganz auf die bauliche Erneuerung zurück, die Papst Paschalis I. 822 durchführen ließ. Das Kirchenoberhaupt, vom 25. Januar 817 bis zu seinem Todestag am 11. Februar 824 in Amt, ist

Grab von Maria Fidelis Weiß im Kloster Reutberg bei Bad Tölz.

auch in S. Prassède beigesetzt. Er wird in der Apsis zusammen mit Jesus Christus und mehreren Heiligen dargestellt, mit einem Kirchenmodell und einem viereckigen Heiligenschein, den die bereits zu Lebzeiten Dargestellten erhielten.

Theodor Babilon

Kolpinghausleiter
geboren: 26. Februar 1899 in Köln, Nordrhein-Westfalen
gestorben: 11. Februar(?) 1945 im KZ Buchenwald(?), Thüringen

12. Februar

Humbelina

Priorin OSB
geboren: 11. Jh. in Frankreich
gestorben: um 1130 in Jully-sur-Sarce, Frankreich

Humbelina war die Schwester von Bernhard von Clairvaux und wurde von ihm dazu bewogen, ihre Familie zu verlassen und Klosterfrau zu werden. Sie trat in das Benediktinerinnenkloster Jully-sur-Sarce ein, wo sie später auch Priorin wurde. Bis heute ruhen ihre Gebeine dort. Approbation des Kultes: 1703.

Ludanus

Pilger
geboren: 12. Jh. in Schottland(?)
gestorben: 12. Februar 1202 bei St-Lotten, Elsaß, Frankreich

Verehrung/Brauchtum: Das Grab des wohl schottischen Pilgers Ludanus, der 1202 auf der Heimreise von einer Pilgerreise nach Rom bei St-Lotten im Elsaß starb, wird bis heute von Pilgern besucht. Die Kirche an der Stelle der Grabstätte sowie die Reliquien sind allerdings zerstört.

13. Februar

Christina von Spoleto (Augustina Camozzi)

Augustiner-Terziarin
geboren: um 1435 in Porlezza, Schweiz
gestorben: 13. Februar 1456 in Spoleto, Italien

Christina, die eigentlich Augustina Camozzi hieß, verlor sehr früh ihren Mann und führte danach für kurze Zeit ein Leben voller Ausschweifungen. Sie sah ihre Verfehlungen aber ein und trat um 1455 in Spoleto in Umbrien als Terziarin in den Dritten Orden des heiligen Augustinus ein. Aufgrund zahlreicher Gnaden, die ihr zuteil wurden, stand Christina bald im Ruf der Heiligkeit. Sie aber floh immer wieder vor den Menschen, die sie aufsuchten. Das Wichtigste waren für sie Buße und Werke der Nächstenliebe. Christina von Spoleto starb sehr jung am 13. Februar 1456. Ihre Reliquien werden heute in der Kirche S. Gregorio Maggiore aufbewahrt, einem umgebauten frühchristlichen Kirchenbau in Spoleto. Christinas Kult wurde 1834 bestätigt.

Eustochia von Padua

Nonne OSB
geboren: 1444 in Padua, Italien
gestorben: 13. Februar 1469 in Padua

Eustochia erblickte im Jahr 1444 in der oberitalienischen Stadt Padua das Licht der Welt und wurde im dortigen Kloster S. Prosdocimo erzogen, wo sie im Alter von 17 Jahren das Gelübde ablegte. Sie litt ständig unter schweren Krankheiten und wirkte

Jordan von Sachsen. Fresko von Fra Angelico aus dem Jahr 1237 im Kloster S. Marco in Florenz.

auf ihre Umgebung wie von Besessenheit erfaßt. Diese Ausstrahlung war so stark, daß Eustochia einmal sogar fast als Hexe verbrannt worden wäre. Ihre unermeßliche Geduld und ihr unerschütterlicher Glaube an Gott ließen sie jedoch alle Angriffe überstehen.

Eustochia starb am 13. Februar 1469 in ihrem Kloster und wurde dort auch bestattet. Ihr unverwester Leib ruht noch heute in S. Prosdocimo, einem frühchristlichen Kreuzkuppelbau in Padua, der sich an die Renaissancekirche S. Giustina am Prato della Valle anschließt. Die Bestätigung des Kultes von Eustochia erfolgte 1760.

Jordan von Sachsen

Ordensgeneral OP
geboren: vor 1200 in Borgberge, Nordrhein-Westfalen
gestorben: 13. Februar 1237 vor Syrien

Jordan von Sachsen war der zweite Ordensgeneral der Dominikaner nach dem Ordensgründer Dominikus, der 1221 gestorben war. Jordan gilt als Vollender der Gründung und baute die Organisation der Dominikaner weiter aus. Während seiner Amtszeit als General erhielt der Orden zwei Professorenstühle an der Universität Paris, wo Jordan, der gegen 1200 in Borgberge in der Nähe von Paderborn geboren worden war, selbst studiert hatte.

Jordan von Sachsen war es, der die Grundlage für das Aufblühen des Dominikanerordens im 13. Jh. schuf; er selbst verkörperte in vollendeter Form das Ordensideal. Seine Begabungen waren mannigfach; er zeichnete sich durch Geistesbildung ebenso aus wie durch Herzensbildung. Seine Ausstrahlung als Prediger war charismatisch, seine große Menschenkenntnis half ihm viel beim Ausbau des Ordens. Es gelang ihm, zahlreiche Persönlichkeiten seiner Zeit, vor allem bekannte Professoren, für den Dominikanerorden zu gewinnen.

Bei einer seiner vielen Reisen, die ihn durch die ganze Welt führten, ertrank Jordan von Sachsen am 13. Februar 1237 bei einem Schiffbruch vor der syrischen Küste auf der Rückreise von Palästina. Der nach seinem Tod hochverehrte Ordensgeneral wurde in der Dominikanerkirche in Akkon in Israel beigesetzt.

Kastor von Karden

Priester, Einsiedler
geboren: 4. Jh. in Frankreich(?)
gestorben: um 400 in Karden, Rheinland-Pfalz

Kastor, an den noch heute viele Kirchen erinnern, die seinen Namen tragen, wurde im 4. Jh. von Bischof Maximinus von Trier zum Priester geweiht. Er führte mit gleichgesinnten Gefährten in Karden an der Mosel ein heiligmäßiges Leben und starb dort in hohem Alter. Bischof Weomodus erhob seine Gebeine um 781 und ließ sie in die Paulinuskirche in Karden überführen; einige Jahrzehnte später gelangten Teile dann in Kirche St. Kastor in Koblenz, die für die Verehrung der Reliquien erbaut worden war.

Darstellung: Kastor ist entweder als Priester oder als Bischof dargestellt. Als Attribute hat er Buch, Kirchenmodell, Palme, Kelch oder Stab bei sich. Einige Abbildungen, so im Pfarrhaus St. Kastor in Koblenz, zeigen Kastor, wie er ein Salzschiff rettet; diese Darstellung führt auf die gleichlautende Legende zurück.

Wiho, Gosbert, Adolf

Bischöfe von Osnabrück

Der drei Osnabrücker Bischöfe Wiho, Gosbert und Adolf wird gemeinsam am selben Tag gedacht. Wiho, ein Friese, gilt als der erste Bischof des Bistums Osnabrück; er amtierte

Wiho, erster Bischof von Osnabrück, und Karl der Große mit einem Modell des Osnabrücker Domes.

wahrscheinlich von 803 bis zu seinem Tod am 20. April(?) 804.

Gosbert, zunächst in der schwedischen Mission tätig, wurde Mitte des 9. Jh. Bischof von Osnabrück und hatte das Amt bis zu seinem Tod am 2. Februar 874(?) inne.

Adolf schließlich, Zisterziensermönch und zuvor Domherr in Köln, wurde 1216 zum Bischof von Osnabrück gewählt. Er starb am 30. Juni 1224. Die Erhebung seiner Reliquien erfolgte 1651.

14. Februar

Cyrillus und Methodius

Missionare
geboren: 9. Jh. in Thessalonike, Griechenland
gestorben: Cyrillus 14. Februar 869 in Rom; Methodius 6. April 885
Patrone von Europa (seit 1980) und aller slawischen Völker (seit 1863); gegen Gewitter

„Apostel der Slawen" werden die beiden Brüder Cyrillus und Methodius aus Thessalonike in Anerkennung ihrer Verdienste um die Einführung des Christentums in Mähren genannt. Cyrillus, der eigentlich Konstantinos hieß und den Namen Cyrillus erst später im Kloster annahm, und Methodius waren beide der slawischen Sprache mächtig und wurden vom byzantinischen Kaiser um 860 ans Schwarze Meer gesandt, um unter den Slawen zu missionieren. Die beiden Mönche fanden in ihrem Missionsgebiet die Gebeine von Papst Clemens I., die sie später nach Rom brachten, wo sie bis heute in der Kirche S. Clemente aufbewahrt werden.

Im Jahre 862 sandte Kaiser Michael III. die beiden Brüder nach Mähren, nachdem ihn Fürst Rostislav um slawisch sprechende Priester gebeten hatte. Cyrillus und Methodius führten als erstes die slawische Sprache ein, wozu Cyrillus sogar eigene, der slawischen Sprache angepaßte Schriftzeichen schuf („Glagolitische Sprache"). Er gilt somit als Begründer der slawischen Literatur. Auch übersetzte er die Heilige Schrift in die slawische Sprache.

Nach mehrjähriger Missionstätigkeit in Mähren reisten die beiden Brüder nach Rom und überbrachten Papst Hadrian II. die Reliquien von Papst Clemens. Von Hadrian erhielten sie die Zusage, daß das Slawische als liturgische Sprache anerkannt werde. Während des Aufenthaltes in Rom erkrankte Cyrillus und trat deshalb in ein Kloster ein. Nach 50 Tagen erlag er seinem schweren Leiden. Der Todestag war der 14. Februar 869. Cyrillus wurde in S. Clemente beigesetzt, der Unterkirche der heutigen Kirche selben Namens an der Via San Giovanni in Laterano in Rom.

Cyrillus und Methodius vor Papst Hadrian II. Nach einem Gemälde von Nobili. Die Erzbischöfe von Metz und Salzburg hatten sich bei Hadrians Vorgänger Nikolaus I. über die beiden Glaubensboten und ihre „Neuerungen" beschwert; der Papst zitierte Cyrillus und Methodius daraufhin nach Rom. Sein Nachfolger Hadrian II. stimmte den Aktivitäten der beiden Missionare jedoch zu und gestattete es auch, die slawische Sprache in der Liturgie anzuwenden.

Methodius wurde von Hadrian II. zum Erzbischof von Pannonien, einem Gebiet, das das heutige östliche Österreich und das westliche Ungarn umfaßte, und von Mähren ernannt. Der Erzbischof von Salzburg betrachtete diese Region jedoch als sein Missionsgebiet und ließ Methodius zweieinhalb Jahre gefangensetzen. Papst Johannes VIII. befreite ihn 873, bestätigte ihn im Amt des Erzbischofs und erlaubte die slawische Kirchensprache, jedoch mit gewissen Einschränkungen.

Methodius starb am 6. April des Jahres 885, der Ort des Todes ist nicht mit Sicherheit festzulegen. Nach seinem Tod verbot Papst Stephan VI. 896 die slawische Kirchensprache wieder.

Verehrung/Brauchtum: Außer dem 14. Februar gelten auch der 5. und der 7. Juli sowie in den Ostkirchen der 11. Mai als Gedenktage für die beiden Missionare.

Darstellung: Die Darstellungen von Cyrillus und Methodius sind mannigfaltig. Fast immer werden die beiden Glaubensboten als Bischöfe abgebildet, das eine Mal im westlichen Ornat, das andere Mal im Ornat der slawischen Bischöfe. Die wahrscheinlich ältesten Darstellungen sind in der Kirche S. Clemente in Rom zu finden; die Fresken stammen aus dem 9. Jh. und entstanden wohl

Platte des Cyrillus-Grabes in der Unterkirche von S. Clemente, Rom.

gleich nach dem Tod der Slawen-Apostel. Die älteste Darstellung von Cyrillus auf dem Balkan (11. Jh.) befindet sich in der Sophienkirche in Ohrid in Makedonien, sie trägt die Inschrift „Cyrillus Lehrer der (Slawen)".

Johannes Baptist von der Empfängnis (Johannes Garcia Jijón)

Ordensgründer OST
geboren: 10. Juli 1561 in Spanien
gestorben: 14. Februar 1613 in Cordoba, Spanien

Der Spanier Johannes Garcia Jijón, Priester und Mitglied des Trinitarierordens und einer der begehrtesten Kanzelredner seiner Zeit, wurde 1594 zum Mitbegründer eines Reformzweiges seines Ordens. Bei einer Romreise zu Papst Clemens VIII. erhielt er 1599 die Bestätigung für die „Unbeschuhten Trinitarier". Im Jahr 1605 wurde Johannes Baptist von der Empfängnis der erste Provinzial. 1612 folgte in Granada die Gründung eines weiblichen Ordenszweiges.

Johannes, der gegen sich selbst überaus streng war und sich großen Kasteiungen unterwarf, starb am 14. Februar 1613 in Cordoba in Spanien. Seine Heiligsprechung erfolgte am 25. Mai 1975.

Valentin von Terni

Bischof, Märtyrer
geboren: 3. Jh.
gestorben: 268(?)
Patron der Jugend-der Reisenden; der Imker; für eine gute Heirat; wird angerufen gegen die Pest

Der Valentin, dem das Gedenken dieses Tages gilt, ist wahrscheinlich jener Bischof von Terni, der im 3. Jh. amtierte und um 268 das Martyrium wegen seines Glaubens erlitt. Sein Kult soll schon im 4. Jh. nach Rom gekommen sein. Möglicherweise wurden in der Valentinsbasilika beim zweiten Meilenstein an der Via Flaminia im Stadtgebiet von Rom zeitweise Reliquien des Bischofs aufbewahrt.

Valentin von Terni wurde immer wieder mit anderen Trägern dieses Namens verwechselt. Übereinstimmungen bei der Darstellung gibt es beispielsweise mit Valentin Bischof von Rätien; beide werden oft mit einem verkrüppelten Kind zu Füßen abgebildet. Auch mit einem anderen Märtyrer namens Valentin von Rom könnte Valentin von Terni möglicherweise verwechselt worden sein (oder jener mit ihm?); für diesen Valentin soll es im 4. Jh. angeblich ebenfalls eine Grabstätte an der Via Flaminia gegeben haben.

Verehrung/Brauchtum: In England schickt man sich am Valentinstag anonyme Liebesbriefe, in Frankreich und Belgien, später auch in Amerika, gab es vom 14. Jh. an den Brauch, mit einem Los Valentin und Valentine zu bestimmen, die dann für ein Jahr in einer Art Verlobung miteinander verbunden blieben. In Deutschland, aber auch vielen anderen Ländern schenkt man sich bis heute am Valentinstag Blumen, um sich die gegenseitige Liebe auszudrücken. Die Wurzeln dieses Brauches reichen weit zurück: Im alten Rom gedachte man am 14. Februar der Göttin Juno, die als Schützerin von Ehe und Familie galt; den Frauen in den Familien wurden an diesem Tag Blumen geschenkt. In den Hansestädten hatte der Valentinstag früher noch eine ganz andere Bedeutung: Die Zünfte der Seefahrer, Kaufleute und Handwerker sowie andere Bruderschaften trafen sich am 14. Februar zum gemeinsamen Freundschaftsmahl. Der 14. Februar wurde in früheren Zeiten auch „Vielliebchentag" genannt; er erinnerte daran, auf den Feldern den Vielliebchensalat (Feldsalat) zu stechen. Und noch ein alter Glaube um den Valentinstag: Man sagte früher, ein lediges Mädchen werde jenen Burschen zum Ehemann nehmen, den es am 14. Februar als ersten erblickt. Junge Männer, die sich ein Mädchen auserkoren hatten, überreichten ihm deshalb schon in aller Früh dieses Tages einen Blumenstrauß.

In der Diözese Erfurt wird Valentin am 13. Februar verehrt.

15. Februar

Claudius de la Colombière

Superior SJ
geboren: 2. Februar 1641 bei Lyon, Frankreich
gestorben: 15. Februar 1682 in Paray-le-Monial, Frankreich
Seligsprechung 16. Juni 1929
Heiligsprechung 31. Mai 1992

Druthmar von Korvey

Abt von Korvey OSB
geboren: 10. Jh.
gestorben: 15. Februar 1046 in Korvey, Niedersachsen

Gegenüberliegende Seite: Bischof Valentin von Terni. Nach einem Gemälde von Louis Feldmann.

Faustinus und Jovita

Märtyrer
geboren: 2. Jh.
gestorben: 2. Jh. in Brescia, Italien
Patrone der Diözese Brescia

Faustinus und Jovita, die Schutzpatrone der Diözese Brescia in Oberitalien, waren Brüder. Faustinus war Priester, Jovita Diakon. Sie lebten in der ersten Hälfte des 2. Jh. und erlitten nach legendarischen Überlieferungen zwischen 117 und 138 während der Regierungszeit Kaiser Hadrians ihres Glaubens wegen den Martertod. Schon Papst Gregor der Große erwähnte um 600 eine Kirche in Brescia zu Ehren der beiden Märtyrer. Es könnte sich dabei um die Kirche S. Angela Merici an der Piazza Moretto in Brescia handeln. Sie wurde über einem frühchristlichen Friedhof errichtet. Über eine schmale Treppe im Innenhof an der linken Kirchenseite erreicht man eine Krypta (wird nur auf Wunsch geöffnet), an deren Wand sich zwei alte Fresken befinden, die Faustinus und Jovita darstellen. Hier sollen die beiden Brüder ihr Martyrium erlitten haben.

Darstellung: Die beiden Brüder Faustinus und Jovita wurden entweder als Ritter oder als Priester dargestellt. Große Künstler malten Szenen aus ihrem Leben: Veronese die Enthauptung (Dom von Brescia), Gian Domenico Tiépolo die Verteidigung Brescias und das Martyrium (Santo Faustino Maggiore, Brescia). Darstellungen der beiden Märtyrer kommen vor allem in der Lombardei und in der Stadt Brescia vor.

Siegfried von Schweden (von Växsjö)

Bischof
geboren: 10. Jh. in England
gestorben: an einem 15. Februar(?) um 1040 in Schweden
Patron von Schweden

Siegfried war Mönch in England und kam von dort im Jahr 995 zuerst nach Norwegen und später nach Schweden, wo er missionarisch tätig war. In Gotland in Südschweden gründete er das erste schwedische Bistum mit Namen Skara. König Olaf Skötkonung empfing von Siegfried die Taufe. Aufgrund seiner wirkungsvollen Missionstätigkeit in Schweden erhielt der Mönch aus England später den Beinamen „Apostel von Schweden".

Verehrung/Brauchtum: Die Verehrung für Siegfried ist seit dem 13. Jh. in Schweden, Norwegen, Finnland und Dänemark bekannt. Reliquien befinden sich in Kopenhagen und Roskilde.

Darstellung: Die Darstellungsform von Siegfried ist sehr unterschiedlich. So sieht man ihn einmal als Bischof mit einem Bottich mit drei Knaben oder mit drei Köpfen in den Händen; ein anderes Mal wird er mit Schiff und Teufel abgebildet.

Theodosius Florentini

Ordensgründer OFMCap
geboren: 23. Mai 1808 in Münster, Schweiz
gestorben: 15. Februar 1865 in Heiden, Schweiz

Theodosius (Anton Crispin) Florentini war der Gründer der beiden Schweizer Kongregationen Menzinger

Theodosius Florentini, Gründer von zwei Kongregationen in der Schweiz.

Schwestern (Lehrschwestern vom heiligen Kreuz) und Ingenbohler Schwestern (Barmherzige Schwestern vom heiligen Kreuz). Florentini, der 1825, erst 17jährig, dem Kapuzinerorden beigetreten war, kümmerte sich sein gesamtes Seelsorgerleben lang unermüdlich um das Apostolat in der Familie, in den Schulen, in Krankenhäusern sowie in den Fabriken. Er gründete Waisenanstalten, Krankenbrüderinstitute, eine Druckerei, klösterlich geleitete Fabriken sowie den Bücherverein für die katholische Schweiz. Sein wohl größtes Augenmerk legte Florentini auf die Organisation der Schulen. Er war ein Missionar des Volkes, das ihn auch sehr verehrte und nach seinem Tod 1865 das Andenken wahrte. Die Gebeine des Apostels der Schulen und der Caritas ruhen seit 1906 in der Kirche der Barmherzigen Schwestern in Ingenbohl im Schweizer Kanton Schwyz.

16. Februar

Juliana von Nikomedien

Märtyrerin
geboren: um 285 in Nikomedien, heute Izmid, Türkei
gestorben: um 304 in Nikomedien

Juliana kam um das Jahr 285 in Nikomedien, dem heutigen Izmid in der Türkei, zur Welt. Ihr Vater war Heide, ihre Mutter hatte keinen Glauben. Juliana fühlte sich schon als kleines Mädchen zum Christentum hingezogen und besuchte heimlich Versammlungen der Christen. Als Juliana neun Jahre alt war, versprach ihr Vater sie, so die Legende, dem heidnischen Jüngling Eleusius zur Ehe. Diese sollte vollzogen werden, wenn Juliana das 18. Lebensjahr erreicht hätte. Als der Tag kam, erklärte die junge Frau, sie werde Eleusius nur heiraten, wenn er sich taufen lasse. Daraufhin zeigten Vater und Bräutigam sie als praktizierende Christin an. Die folgenden Martern ordnete Eleusius größtenteils selbst an, da er inzwischen Stadtpräfekt geworden war. Nachdem sich Juliana aber durch keine noch so großen Schmerzen vom Christentum abbringen ließ, wurde sie schließlich mit flüssigem Blei übergossen und enthauptet. Das Jahr ihres Todes soll 304 gewesen sein. Die Reliquien der Märtyrerin kamen im 6. Jh. nach Cumae, der alten griechischen Gründung bei Neapel, 1207 wurden sie nach Neapel überführt.

Darstellung: Die häufigste Darstellungsform zeigt Juliana mit einem Teufel, der sie zu verlocken versucht. Auch verschiedene Martern, wie das Aufhängen an den Haaren oder das Ausharren in einem Kessel über dem Feuer, wurden im Verlauf der Jahrhunderte dargestellt.

Onesimus

Missionar, Bischof, Märtyrer(?)
geboren: 1. Jh.
gestorben: 1. Jh. in Rom(?), Italien
Patron der männlichen Hausangestellten und Knechte

Onesimus lernte nach der legendarischen Überlieferung Paulus zwischen 61 und 63 in Rom kennen, beide wurden Freunde. Nach Rom war der Sklave Onesimus geflohen, weil er seinem Dienstherrn Philemon etwas veruntreut hatte und dies entdeckt worden war. Mit einem Brief an Philemon („Philemon-Brief"), in welchem er um Milde für den Diener bat, schickte Paulus Onesimus wieder zurück. Später soll Onesimus nach der Legende Missionar und schließlich Bischof von Ephesus(?) gewesen sein. Er starb wohl den Martertod, möglicherweise in Rom.

Darstellung: Entsprechend der Überlieferung, Onesimus sei als Märtyrer gestorben, wird der Missionar und Bischof auf Darstellungen bei der Steinigung gezeigt.

Philippa Mareri

Klostergründerin, Äbtissin OSCI
geboren: 1200 in Mareri, Italien
gestorben: 1236 in Borgo S. Pietro, Italien

Nachdem Philippa Mareri um 1225 den großen Ordensgründer Franz von Assisi kennengelernt hatte, gründete sie 1228 in dem Örtchen Borgo S. Pietro ein Klarissenkloster und wurde selbst dessen erste Äbtissin. Im Alter von nur etwa 36 Jahren starb die selbstlos wirkende Klosterfrau im Jahr 1236 in ihrem Kloster in Borgo S. Pietro. Ihr Kult breitete sich sofort nach ihrem Tod aus; er wurde 1806 approbiert.

Simeon von Metz

Bischof von Metz
geboren: 4. Jh.
gestorben: um 380 in Metz, Frankreich
Patron gegen Wassergefahren

17. Februar

Bonosus von Trier

Bischof von Trier
geboren: 4. Jh.
gestorben: 374 in Trier, Rheinland-Pfalz

Evermod von Ratzeburg

Bischof OPraem
geboren: um 1100 in Belgien
gestorben: 17. Februar 1178

Evermod war ein Gefährte von Norbert zu Cambrai und kämpfte mit ihm gegen Irrlehrer. Später war er Propst in Magdeburg, 1154 wurde Evermod der erste Bischof von Ratzeburg. Unermüdlich wirkte er in der Folgezeit als Glaubensbote bei den Polaben, einem Stamm der Wenden in der Gegend von Ratzeburg. Der Kult Evermods wurde 1728 genehmigt.

Franz Regis Clet

Priester, Märtyrer CM
geboren: 19. August 1748 in Grenoble, Frankreich
gestorben: 17. Februar 1820 in China

Franz Regis Clet kam am 19. August 1748 in Grenoble als Sohn vornehmer Eltern zur Welt. Im Alter von 20 Jahren trat er in Lyon in die Kongregation der Lazaristen ein. Nach seiner Priesterweihe wurde er Theologieprofessor im Priesterseminar von Annecy. Dieses Amt übte er 15 Jahre aus. Wegen seiner erstaunlichen Belesenheit nannte man ihn eine „wandelnde Bibliothek". Später wurde er in Paris Seminardirektor. Dort erlebte er die Schrecken der Französischen Revolution.

Als Clet sein priesterliches Amt in Frankreich nicht mehr öffentlich ausüben konnte, wurde er auf seinen Wunsch nach China gesandt, wo er 30 Jahre lang zuerst in der Provinz Kiang-Si, später in der Provinz Hu-Kuang das Evangelium verkündete. Im Juni 1819 wurde er bei einer Christenverfolgung gefangengenommen und nach qualvoller Kerkerhaft am 17. Februar 1820 am Kreuz erdrosselt. Papst Leo XIII. sprach Franz Regis Clet am 27. Mai 1900 selig.

Lukas Belludi (Lukas von Padua)

Ordensprovinzial OFM
geboren: um 1200 in Padua, Italien
gestorben: 17. Februar um 1285 in Padua

In der berühmten Antonius-Basilika in Padua befindet sich im linken Querarm die Cappella dell'Arca del Santo, die Grabkapelle des heiligen Antonius. Von hier aus gelangt man in die Cappella della Madonna Mora, die wiederum den Eintritt in die Cappella del Beato Luca Belludi, die Grabstätte des Lukas Belludi, ermöglicht.

Lukas Belludi kam um das Jahr 1200 als Sohn einer adligen Familie in Padua zur Welt und wurde schon 1220 ein Jünger von Franz von Assisi, der in Umbrien wenige Jahre zuvor die Gemeinschaft der Minderbrüder gegründet hatte. Bald darauf wurde Belludi Schüler, später Gefährte von Antonius von Padua, dem berühmten Franziskaner. Das Volk verehrte Lukas Belludi bald als Wundertäter. Durch seine großartige Redefähigkeit machte er sich einen Namen weit über sein Wirkungsgebiet hinaus. Die Antonius-Basilika, mit deren Bau 1232, bereits ein Jahr nach dem Tod von Antonius, begonnen worden war, ließ Belludi als amtierender Provinzial kunstvoll verschönern.

Lukas Belludi, der auch Lukas von Padua genannt wird, starb an einem 17. Februar um 1285. Rund 100 Jahre später, 1382, wurde für ihn die Cappella in der Antonius-Basilika gebaut. Am 18. Mai 1927 bestätigte Papst Pius XI. den Kult des verehrten Franziskaner-Predigers.

Mangold von Isny

Abt von Isny OSB
geboren: 11. Jh.
gestorben: um 1150 in Isny, Baden-Württemberg

Die sieben Stifter des Servitenordens

Ordensgründer OSM
geboren: 13. Jh. in Italien
gestorben: 13. und 14. Jh. in Italien

Der Servitenorden hat seinen Ursprung in Florenz. Dort vereinigten sich im Jahr 1233 sieben gleichgesinnte, vornehme Bürger der Stadt zu einem gemeinsamen Leben, das sie zuerst in der Stadt, dann auf dem Monte Senario führten. Die Namen der sieben Männer: Bonfilius Monaldi, Bonajunkta Manetti, Manettus dell'Antella, Amideus Amidei, Hugo Lippi-Ugoccioni, Sosteneus di Sostegno und Alexis Falconieri. Die Mitglieder der Gruppe – weitere Gefährten wurden in der Gründungszeit aufgenommen – nahmen schließlich die Augustinerregel an und gaben sich eine eigene Ordenstracht. Der Orden der Serviten, der Diener Mariens, wie sich die Mitglieder nannten, wurde zuerst anerkannt, dann wieder aufgelöst, schließlich 1304 endgültig feierlich bestätigt; einer der sieben Ordensgründer, Alexis Falconieri, erlebte dies noch mit.

Die Serviten wurden später den Bettelorden zugeordnet. Die sieben Ordensgründer wurden gemeinsam im Jahr 1888 heiliggesprochen. Der Orden ist heute fast überall in Europa verbreitet, darüber hinaus in Südafrika, Australien sowie Nord- und Südamerika.

18. Februar

Angilbert

Laienabt OSB
geboren: um 750
gestorben: 18. Februar 814 in Riquier, Frankreich

Hauptaltar der Basilika del Santo in Padua. Lukas Belludi ließ die Grabeskirche des Antonius schmücken und ist selbst in der Kirche beigesetzt.

Nachdem Angilbert zuerst als Staatsmann und Dichter am Hof von Karl dem Großen gelebt hatte, leitete er von 790 an als Laienabt die berühmte Benediktinerabtei St-Riquier in Nordfrankreich.

Fra Angelico (Giovanni da Fiesole)

Mönch, Maler OP
geboren: 1387 in Vicchio di Mugello, Italien
gestorben: 1455 in Rom, Italien
Patron der christlichen Künstler

Fra Angelico gilt als einer der bedeutendsten Maler des 15. Jh. und einer der besten Kirchenkünstler überhaupt. Im Alter von 20 Jahren war er in Fiesole dem Dominikanerkonvent beigetreten. Während seiner künstlerischen Tätigkeit schuf er ausschließlich religiöse Werke. Seine wohl berühmtesten Arbeiten sind in S. Marco in Florenz zu sehen; über 40 Fresken schmücken hier die Klosterzellen, den Kapitelsaal und den Kreuzgang; das Museum und die Akademie enthalten weitere Gemälde des auch „Beato Angelico“ genannten Kirchenmalers. Weitere schöne Werke gibt es in der Kapelle von Nikolaus V. im Vatikan in Rom. Fra Angelico wurde in der Kirche S. Maria sopra Minerva in Rom beigesetzt; das Grabmal existiert bis heute. Der berühmte Mönch wurde am 3. Oktober 1982 seliggesprochen.

Fra Angelico. Ausschnitt aus einem Gemälde seines Schülers Signorelli. Viele Fresken von Fra Angelico befinden sich in Florenz.

Die Stadt Jerusalem. Nach einem Stich aus dem Mittelalter. In Jerusalem erlitt Bischof Simon im Jahr 107 den Kreuzestod.

Isaias Boner (Isaias von Krakau)

Mönch OESA
geboren: um 1400 in Krakau, Polen
gestorben: 18. Februar 1471 in Krakau

Simon, Bruder des Herrn

Bischof, Märtyrer
geboren: 1. Jh.
gestorben: um 107 in Jerusalem

Simon war der Sohn von Klopas, einem Bruder von Joseph, dem Nährvater Jesu Christi. Somit waren Jesus und Simon Vettern. Simon wird auch als „Bruder des Herrn“ bezeichnet, ebenso wie Judas, Jakobus und Joses. Der Ausdruck „Bruder“ bedeutete damals wahrscheinlich, daß es sich bei der Person um einen nahen Verwandten handelte. Es wäre möglich, daß Maria nach dem frühen Tod ihres Mannes Joseph zusammen mit Jesus in das Haus ihrer Verwandten gezogen ist und so mit der Familie von Klopas unter einem Dach lebte.

Simon wurde nach dem Tod von Jakobus, dem ersten Bischof von Jerusalem, im Jahr 62 oder 63 zum zweiten Bischof der Stadt gewählt. Seine Amtsperiode fiel in eine schwierige Zeit; während des jüdischen Krieges mußte Simon Jerusalem sogar verlassen. Unter Kaiser Trajan und dem Prokonsul Atticus soll Bischof Simon dann im Jahr 107 hochbetagt den Martertod erlitten haben. Überlieferungen berichten, daß er alle Folterungen mit großer Geduld ertragen habe, bevor er gekreuzigt wurde. Das Grab von Simon wurde nie gefunden, aber angebliche Reliquien von ihm befinden sich in Köln und Rom.

19. Februar

Barbatus

Bischof von Benevent
geboren: um 612
gestorben: 19. Februar 682 in Benevent, Italien
Patron von Benevent

Bonifatius von Lausanne

Bischof von Lausanne
geboren: um 1180 in Brüssel, Belgien
gestorben: 19. Februar 1260(?) in La Cambre bei Brüssel

20. Februar

Eucherius von Orléans

Bischof OSB
geboren: um 694 in Orléans, Frankreich
gestorben: 20. Februar 738 in St. Trond (Sint-Truiden), Belgien

Nach dem Ende seiner Ausbildung faßte Eucherius den Entschluß, für einige Jahre in völliger Abgeschiedenheit zu leben und zog sich in ein Kloster zurück. Unter seinen Mitbrüdern war er bald sehr geschätzt. Die Kunde von seiner Gelehrtheit und seiner Gottesfürchtigkeit verbreitete sich rasch auch außerhalb der Klostermauern, und als der amtierende Bischof von Orléans starb, trug man Eucherius das hohe Amt an. Dieser jedoch zeigte sich mehr bestürzt als erfreut. Er sprach die bekannten Worte: „Wie leicht könnte ich, betört durch Glanz und Lust der Welt, die Krone des Heils verlieren, die ich hier sichern wollte?“

Schließlich fügte sich Eucherius aber und bestieg im Jahr 719 im Alter von 25 Jahren den Bischofsstuhl von Orléans. Sein Ruhm drang bald bis an den Hof von Karl Martell und rief bei den Höflingen Mißgunst hervor. Sie verleumdeten den Bischof bei Karl Martell, der schließlich bei Eucherius vorstellig wurde und ihm erklärte, er werde die Kirchengüter in den Staatsbesitz übernehmen. Bischof Eucherius setzte sich gegen Karl Martells Absichten vehement zur Wehr und weigerte sich, irgendein Gut herauszugeben. Karl Martell verbannte ihn darauf (732) nach Köln und, nachdem ihn dort die Menschen ebenso verehrten wie in Orléans, in das Kloster St. Trond (St. Truiden). Hier starb Bischof Eucherius am 20. Februar 738 nach sechs Jahren in der Verbannung. Seine Diözese hatte er nie mehr wiedergesehen.

Jordan Mai

Mönch OFM
geboren: 1. September 1866 in Buer, Nordrhein-Westfalen
gestorben: 20. Februar 1922 in Dortmund, Nordrhein-Westfalen

Im Jahr 1950 wurden die Gebeine von Jordan Mai, der mit Geburtsnamen Heinrich hieß, erhoben. Mai, der sich 1894 für den Eintritt in den Franziskanerorden entschieden und 1904 die Ewige Profeß abgelegt hatte, sah es während seines Ordenslebens als seine Aufgabe an, für Sünder stellvertretend Sühne zu leisten. So sprach er am 21. Januar 1922, nachdem in die Kirche seines Klosters in Dortmund eingebrochen und das Tabernakel gestohlen worden war, folgende Worte: „Für diesen Gottesraub opfere ich dem Herrgott mein Leben auf. Und heute in einem Monat wird er mich holen.“

Und genau dies geschah: Jordan Mai starb am 20. Februar 1922 friedlich. Die Verehrung für den Franziskaner setzte umgehend ein und ebbte nicht mehr ab. An der Übertragung der Gebeine von Jordan Mai vom Friedhof in die Franziskanerklosterkirche von Dortmund nahmen 1950 fast 100 000 Menschen teil. Der Seligsprechungsprozeß ist eingeleitet.

Verehrung/Brauchtum: Am Todestag von Jordan Mai kommen alljährlich viele tausend Menschen in die Dortmunder Franziskanerkirche, um des Franziskanermönches zu gedenken.

21. Februar

Germanus von Münster-Granfelden (und Randoald)

Abt, Märtyrer OSB
geboren: um 610 in Trier, Rheinland-Pfalz
gestorben: 21. Februar 675

Germanus kam als Sohn reicher Eltern um 610 in Trier zur Welt und wurde von Bischof Modaldus erzogen. Als Vater und Mutter gestorben waren, ging der 17jährige Germanus, nachdem er sein gesamtes Vermögen unter den Armen verteilt hatte, nach Remiremont in den Vogesen, wo er in das dortige Benediktinerkloster eintrat. Später wechselte er nach Luxeuil über und empfing die Priesterweihe. Im Jahr 640 wurde Germanus erster Abt in dem neugegründeten Kloster Granval im Münstertal in der Schweiz. Über 35 Jahre leitete er es erfolgreich.

Jordan Mai. Der Franziskaner ist in Dortmund beigesetzt.

Die Ermordung von Germanus und Randoald. Darstellung aus dem 19. Jh. Reliquien der beiden Märtyrer befinden sich bis heute in der Pfarrkirche von Delsberg (Delémont) in der Schweiz.

Am 21. Februar des Jahres 675 begab sich Germanus zusammen mit dem Mönch Randoald in friedlicher Absicht zu einem Gespräch beim herrschenden Fürsten, der bis dahin ständig versucht hatte, die Mönche zu unterdrücken und sich am Kirchengut zu bereichern. Der Fürst aber lockte die beiden Männer in eine Falle und ließ sie brutal ermorden. Die Reliquien der beiden Märtyrer befinden sich in der Pfarrkirche von Delsberg (Delémont) im Kanton Bern. Dort wird auch der berühmte Abtstab von Germanus aufbewahrt. Der Gedenktag von Randoald ist ebenfalls der 21. Februar.

Darstellung: Germanus wird als Mönch oder als Abt abgebildet. Eine schöne Darstellung gibt es im Freiburger Münster; sie zeigt Germanus auf einem Glasgemälde mit Kapuze, Stab, Buch und Palme. Oft wurden Germanus und Randoald zusammen dargestellt.

Gunthildis von Biblisheim

Äbtissin OSB
geboren: 11. Jh.
gestorben: 21. Februar 1131 bei Hagenau, Elsaß, Frankreich

Leodegar von Lechsgemünd-Graisbach

Priester
geboren: um 1000
gestorben: 21. Februar 1074 in Eichstätt, Bayern

Leodegar von Lechsgemünd-Graisbach gründete am Grab von Walburga im bayerischen Eichstätt die Benediktinerinnenabtei St. Walburg. Nach seinem Tod am 21. Februar 1074 wurde er im Kapitelsaal des Klosters beigesetzt.

Maria Enrica Dominici

Generaloberin
geboren: 10. Oktober 1829 in Carmagnola, Italien
gestorben: 21. Februar 1894 in Turin, Italien

Maria Enrica Dominici war Mitglied der Gemeinschaft der „Annaschwestern von der Göttlichen Vorsehung". Sie widmete sich unermüdlich der Erziehung von Jugendlichen, während einer Choleraepidemie war sie aufopferungsvoll als Krankenpflegerin tätig. Im Alter von erst 32 Jahren wurde die Klosterfrau 1861 zur Generaloberin gewählt. In den folgenden Jahrzehnten brachte Maria Enrica Dominici die Ordensgemeinschaft zur höchsten Blüte. (Ab 1870 gingen die ersten Schwestern nach Indien.) Im Alter von 64 Jahren starb sie am 21. Februar 1894. Ihre Seligsprechung erfolgte am 7. Mai 1978 durch Papst Paul VI.

Maximianus von Ravenna

Erzbischof
geboren: um 500 in Pula, Kroatien
gestorben: 21. Februar 556 in Ravenna, Italien

Die Basiliken S. Vitale und S. Apollinare in Classe in der oberitalienischen Stadt Ravenna wurden während der Amtszeit von Erzbischof Maximianus vollendet. Maximianus gilt außerdem als Gründer der Basilika S. Stefano in der Stadt an der Adria. Der

Geburtsort des Bischofs war das heutige Pula in Kroatien, wo er um 500 zur Welt kam. Papst Vigilius weihte ihn 546 zum Erzbischof von Ravenna. Das Volk verehrte ihn sehr, vor allem wegen seiner regen Kirchenbautätigkeit. Maximianus starb am 21. Februar 556.

In Museo Arcivescovile in Ravenna kann man heute den berühmten „Maximian-Stuhl", die Kathedra des Bischofs aus dem 6. Jh., bewundern.

Natalis Pinot

Priester, Märtyrer
geboren: 19. Dezember 1747 in Angers, Frankreich
gestorben: 21. Februar 1794 in Angers

Der französische Priester Natalis Pinot verweigerte den Eid auf die Zivilkonstitution der Französischen Revolution und verurteilte seinen Bischof, der den Eid geleistet hatte; daraufhin wurde der Pfarrer seines Amtes enthoben. Als er drei Jahre später wieder zurückkehrte, wurde er bei der Feier einer heiligen Messe festgehalten, nach Angers gebracht und dort am 21. Februar 1794 in aller Öffentlichkeit enthauptet. Natalis Pinots Seligsprechung erfolgte am 10. Oktober 1926.

Petrus Damiani

Kardinalbischof, Kirchenlehrer OSB
geboren: um 1006 in Ravenna, Italien
gestorben: 22. (23.?) Februar 1072 in Faenza, Italien
Patron gegen Kopfschmerzen

Obwohl er nie heiliggesprochen wurde, ernannte Papst Leo XII. den Kardinalbischof von Ostia und großen Theologen Petrus Damiani 1828 zum Kirchenlehrer. Der unermüdliche Kämpfer für die Reinheit der Kirche spielte zu Lebzeiten eine bedeutende kirchenpolitische Rolle und verkehrte mit den führenden Persönlichkeiten seiner Zeit.

Petrus wurde um 1006 in Ravenna geboren und erhielt seinen Beinamen „Damiani" wahrscheinlich von seinem Bruder Damianus, der ihm das Studium in Parma und Faenza ermöglichte. Im Jahr 1043 wurde Petrus Damiani Prior im Kloster Fonte Avellana bei Gubbio in der umbrischen Provinz Perugia. Das Kloster war eine Eremitenkongregation, deren Mitglieder Avellaner genannt wurden. Sie zeichnete sich durch außergewöhnliche Strenge aus. Die Kongregation wurde 1569 mit den Kamaldulensern vereinigt. Petrus kümmerte sich intensiv um die an Fonte Avellana angeschlossenen Klöster und predigte mit Feuereifer die asketische Lebensweise für die Mönche. Erstmals wurde in den Klöstern die Geißelung ausgeübt. Scharf wandte sich Petrus gegen die Unenthaltsamkeit des Klerus, mit Macht kämpfte er gegen die Simonie, das Erkaufen geistlicher Ämter durch Geld.

Maximianus von Ravenna mit Kaiser Justinian sowie Altardienern. Mosaik in der Basilika S. Vitale, Ravenna.

Petrus Damiani als Einsiedler.

Im Jahr 1057 wurde Petrus Damiani von Papst Stephan IX. gezwungen, das Kardinalbistum Ostia anzunehmen. Er akzeptierte widerwillig und bot in den folgenden Jahren mehrmals seinen Rücktritt an. Im Auftrag des Papstes unternahm Petrus zahlreiche bedeutende Legationsreisen, so 1069 zur Synode nach Frankfurt. Der kämpferische Kardinalbischof und unnachgiebige Streiter gegen unkirchliches Verhalten starb am 22. oder 23. Februar 1072 in Faenza auf der Rückreise von seiner Heimatstadt Ravenna nach Ostia. Er fand seine letzte Ruhestätte im Dom der Stadt, der nach ihm S. Pietro genannt wurde.

Darstellung: Auf der ältesten Darstellung, einem Fresko in der Kirche S. Giulana in Perugia (13. Jh.), ist Petrus Damiani mit Mitra und Buch zu sehen. Beherrschende Darstellungsform ist die Abbildung des Kirchenmannes als Kardinalbischof mit Mitra und schwebendem Kardinalshut.

22. Februar

Elisabeth (Isabella) von Frankreich

Klostergründerin
geboren: 1225 in Frankreich
gestorben: 22. Februar 1270 in Longchamp, Frankreich

Elisabeth war die Schwester von König Ludwig IX. (dem Heiligen). Nahe ihres Wohnhauses in Longchamp gründete sie ein Klarissenkloster und lebte selbst ein strenges Bußleben außerhalb des Klosters. Elisabeths Kult wurde 1515 bestätigt.

Margareta von Cortona

Gründerin, Mystikerin OFM
geboren: 1247 in Laviano, Italien
gestorben: 22. Februar 1297 in Cortona, Italien
Patronin von Cortona; der Büßerinnen

In 500 Meter Höhe, nahe der Grenze zwischen den beiden italienischen Regionen Toskana und Umbrien, liegt Cortona, eine der ältesten Städte Italiens. Erhöht über der Stadt steht ein neuerer Kirchenbau, der Santuario di Santa Margherita. Der Bau befindet sich an der Stelle, an der Margareta von Cortona am 22. Februar 1297 gestorben ist.

Margareta kam 1247 in Laviano im Osten von Salerno zur Welt und verließ mit 16 Jahren das Elternhaus, um mit einem Adligen in Montepulciano zusammenzuleben. Bald darauf gebar sie einen Sohn. Eines Tages wurde Margaretas Geliebter von Räubern überfallen und getötet. Als die junge Frau den entstellten Leichnam des Mannes erblickte, veränderte sich ihr Leben. Von nun an wollte sie ihr Leben ganz Gott weihen. Sie ging nach Cortona und bat um Aufnahme im Kloster der Franziskaner-Terziarinnen. Dort stand man ihr wegen ihrer Jugend und ihrem bis dahin geführten Leben zuerst abweisend gegenüber. Nachdem sie aber alle Prüfungen bestanden hatte – sie kasteite sich in jeder nur möglichen Form, aß kaum etwas, schlief auf dem kalten Steinfußboden und fügte sich selbst Schmerzen zu –, durfte sie das Gelübde ablegen.

In Cortona gründete Margareta in der Folge ein Hospital für Arme und Kranke und rief außerdem eine Genossenschaft von Schwestern des Dritten Ordens ins Leben. Immer wieder wurden ihr mystische Gnaden zuteil. Im Alter von 50 Jahren starb Margareta von Cortona. Ihre Heiligsprechung erfolgte 1728 durch Papst Benedikt XIII.

Darstellung: Margaretas Leben war für viele Künstler Inspiration für die verschiedensten Darstellungen. Die möglicherweise älteste Abbil-

In einem Glasschrein wird der Leichnam der Margareta von Cortona im Santuario di Santa Margherita in Cortona verehrt. Die Kirche ist bis zum heutigen Tag eine vielbesuchte Pilgerstätte.

Dieses Wachsporträt der Margareta von Cortona befindet sich im Kloster S. Lucia del Monte in Neapel.

dung (14. Jh.) ist im Diözesanmuseum in Cortona zu sehen; sie zeigt Margareta als Terziarin mit Rosenkranz. Sehr oft ist die Heilige mit einem Hund abgebildet, was auf die Überlieferung hinweist, daß ihr Hund die Leiche des Geliebten gefunden hat; ein schönes Beispiel dazu: das Gemälde von Giovanni Lanfranco (1618/20) im Palazzo Pitti in Florenz. Ein häufiges Motiv ist auch die Verzückung Margaretas mit Visionen.

Marhold

Laienbruder OESA
geboren: 12. Jh.
gestorben: 1172 bei Indersdorf, Bayern

Marhold, Laienbruder im Kloster der Augustiner-Eremiten in Indersdorf unweit von Dachau, wurde täglich als Sammelbruder zu den umliegenden Bauernhöfen ausgesandt. Die Tätigkeit machte ihm von Jahr zu Jahr mehr zu schaffen, er litt stark an Erschöpfung und Auszehrung. Eines Tages fanden ihn seine Mitbrüder tot vor einem Kreuz liegen, vor dem er, so oft er daran vorbeigekommen war, gebetet hatte. Sein Todesjahr war 1172.

23. Februar

Otto von Cappenberg

Propst OPraem
geboren: um 1100
gestorben: 23. Februar 1171 in Cappenberg, Nordrhein-Westfalen

Polykarp von Smyrna

Bischof, Märtyrer
geboren: um 70
gestorben: 23. (22?) Februar 155 (156?) in Smyrna, heute Izmir, Türkei

Die Beschreibung von Polykarps Martyrium ist der älteste Bericht über das Schicksal eines Märtyrers und gehört zu den kostbarsten Zeugnissen in der Heiligenverehrung. Es handelt sich dabei um einen Brief der Kirche von Smyrna an eine christliche Gemeinde, der im Jahr 156 verfaßt wurde.

Polykarp war um das Jahr 100 noch von Johannes, einem der Apostel Jesu Christi, zum Bischof von Smyrna, dem heutigen Izmir in der Türkei, ernannt worden. Bei einigen anderen Aposteln war Polykarp zuvor Schüler gewesen. In Smyrna traf Bischof Polykarp im Jahr 116 mit Ignatius, Bischof von Antiochien, zusammen, der unter Kaiser Trajan nach Rom gebracht wurde, wo er 117 den Martertod sterben mußte. An Polykarp und seine Gemeinde schrieb Ignatius auch einen seiner berühmten Briefe. Im Jahr 155 reist Polykarp zu Papst Aniketos nach Rom, wo er mit dem Kirchenoberhaupt ergebnislos über den Tag der Osterfeier sprach (Osterfeststreit).

Nachdem Bischof Polykarp nach Smyrna zurückgekehrt war, bekannte er sich im Rahmen eines Festes vor aufgebrachten Heiden mutig zum Christentum und wurde daraufhin zum Feuertod verurteilt. Man stieß ihn in die Flammen, aber das Feuer konnte ihm nichts anhaben. Darauf wurde der 86jährige mit einem Dolch erstochen. Sein Todestag war wahrscheinlich der 23. Februar 155 oder 156. Christen bestatteten den Leichnam des Bischofs und feierten von da an den Gedenktag an seinem Grab. In der Kirche S. Ambrogio della Massima in Rom werden Reliquien Polykarps aufbewahrt.

Darstellung: Die wohl älteste Darstellung (6. Jh.) von Polykarp befindet sich in der Kirche S. Apollinare in Ravenna. Ein Glasfenster (13. Jh.) in der Kathedrale in Lyon zeigt ihn als Bischof mit den Attributen des Märtyrers. Auf östliche Abbildungen ist Polykarp oft als Greis dargestellt, manchmal mit einer Krone in den Händen.

Romana

Einsiedlerin
geboren: 3. Jh. in Italien
gestorben: 4. Jh. bei Todi, Italien

In der Kirche S. Fortunato in der umbrischen Stadt Todi, einem der schönsten Hallengotteshäuser der Region, werden die Gebeine von Romana verehrt. Nach der Legende hatte sie im Alter von zehn Jahren Jungfräulichkeit gelobt und war später aus ihrem Elternhaus geflohen. Auf einem einsamen Berg nördlich von Rom traf sie Papst Silvester I., der sich vor den Christenverfolgern Kaiser Diokletians versteckte. Silvester soll Romana getauft haben, bevor sie sich in eine Höhle in der Nähe von Todi zurückzog, wo sie ihr weiteres Leben bis zu ihrem Tod in der Mitte des 4. Jh. verbrachte. Um 1300 wurden ihre Gebeine dann in die Kirche von Todi übertragen.

Willigis von Mainz

Erzbischof
geboren: 10. Jh. in Niedersachsen
gestorben: 23. Februar 1011 in Mainz, Rheinland-Pfalz
Patron der Wagner

In der Mainzer Stiftskirche St. Stephan, die in den letzten Jahren durch die Fenster von Marc Chagall Weltruhm erlangte, werden im Kirchenschatz in einer Silberbüste die Reliquien von Erzbischof Willigis aufbewahrt. Darüber hinaus ist die Kirche im Besitz der überaus kostbaren Willigis-Kasel, dem Meßgewand von Willigis aus der Zeit um 1000. St. Stephan gehört zu den Gotteshäusern, die Willigis während seiner Amtszeit gründete; daneben waren es in Mainz noch der Martinsdom, der allerdings am Tag seiner Weihe am 29. August 1009 abbrannte, und St. Viktor.

Willigis, der als einer der bedeutendsten Kirchenmänner in die deutsche Geschichte eingehen sollte, war als Sohn einer armen niedersäch-

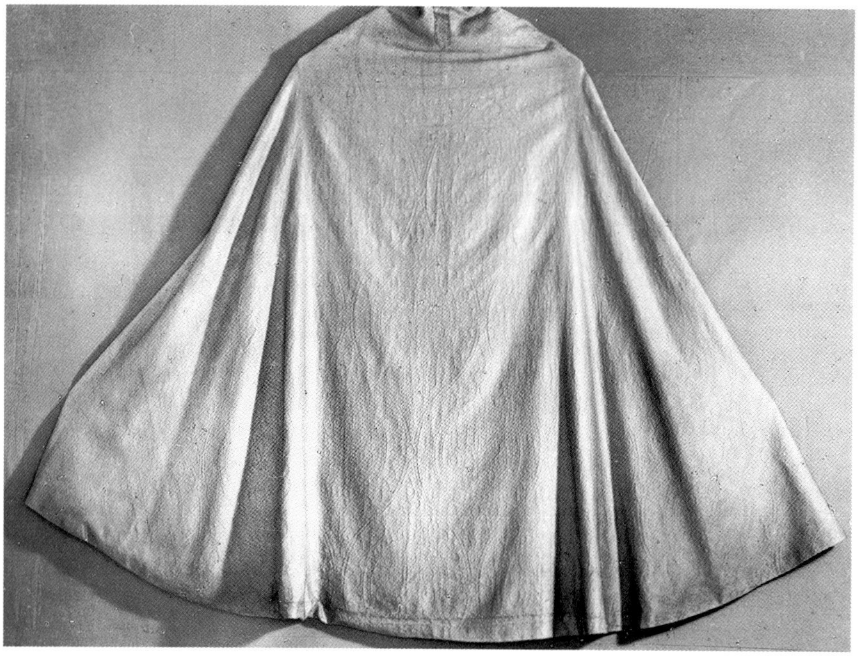

Das Meßgewand von Willigis (St. Stephan, Mainz).

sischen Familie zur Welt gekommen. Die Legende berichtet, sein Vater sei Wagner gewesen, weshalb Willigis auf Abbildungen oft mit einem Rad zu sehen ist. Um das Jahr 970 kam Willigis auf Empfehlung des gerade zum Bischof von Meißen ernannten Volkhold zu König Otto II., dessen Kanzler er 971 wurde. Im Jahr 975 bereits ernannte man ihn zum Erzbischof von Mainz. Weitere markante Daten aus dem Leben von Willigis: 996 führte er den ersten deutschen Papst, Gregor V., in Rom in sein Amt ein; 1002 krönte er Heinrich II. und seine Ehefrau Kunigunde zum deutschen Kaiserpaar; 1007 war er maßgeblich an der Gründung des Bistums Bamberg beteiligt. Neben all der „großen Politik" schlug das Herz von Willigis aber immer für die Armen: Jeden Tag ließ der Erzbischof 30 Arme speisen.

Darstellung: Auf Abbildungen wird Willigis mit den Attributen eines Bischofs dargestellt, oft auch mit dem Rad, was auf den angeblichen Beruf seines Vaters hinweisen soll. Eine schöne Abbildung gibt es in St. Stephan in Mainz: Der Wandbehang über dem Willigisaltar – eine Laachener Arbeit – zeigt Willigis mit der Heiligen Schrift, seinem Lieblingsbuch.

24. Februar

Ethelbert

König
geboren: 6. Jh. in Kent, England
gestorben: 616 in England

Ethelbert, von Geburt Heide, wurde durch seine gläubige Frau Bertha, eine Enkelin von Frankenkönig Chlodwig, zum christlichen Glauben geführt. Der König von Kent zeigte sich 596 gegenüber Missionaren, die von Papst Gregor dem Großen nach England gesandt worden waren, ausgesprochen freundlich und unterstützte ihre Missionsarbeit in England sogar. Ethelbert selbst empfing im Jahr 601 die Taufe. Der König starb 616 und wurde von Gregor dem Großen später sehr gerühmt. Der Papst verglich Ethelbert mit Konstantin.

Matthias

Apostel
geboren: 1. Jh.
gestorben: um 63 in Äthiopien(?)

Patron des Bistums Trier; von Goslar, Hannover und Hildesheim; der Bauhandwerker, Metzger, Zuckerbäcker, Schmiede, Schneider; wird angerufen gegen Keuchhusten, Blattern; gegen eheliche Unfruchtbarkeit; zum Schulbeginn von Jungen; der Matthias-Bruderschaften

Die Stadt Trier kann sich nicht nur ihrer 2000jährigen Geschichte rühmen, sie besitzt auch als einziger Ort in Deutschland die Reliquien eines Apostels: In der früheren Eucharius-kirche, heute St. Matthias, ruhen die Gebeine des heiligen Matthias, sein Haupt wird im Dom gezeigt. Auch S. Maria Maggiore in Rom, eine der Hauptkirchen der Stadt, behauptet seit dem 11. Jh., im Besitz von Reliquien des Apostels zu sein.

Matthias wurde nach der Himmelfahrt Jesu Christi von den Aposteln zum Nachfolger des Verräters Judas gewählt, da Jesus die Zahl der Apostel auf zwölf festgelegt hatte. Das Los entschied zugunsten von Matthias, neben dem auch noch Joseph Barsabas zur Wahl gestanden hatte. Danach missionierte Matthias zuerst in Judäa und zog dann in Gebiete, wo nur Heiden lebten, so auch nach Äthiopien. Überall verkündete er voller Inbrunst das Wort Gottes und taufte die Bekehrten.

Über den Tod des Apostels gibt es keine sicheren Überlieferungen. Er soll um das Jahr 63 von Heiden zuerst gesteinigt und dann mit einem Beil erschlagen worden sein. Bischof Agritius brachte zu Beginn des 4. Jh. die Reliquien, ein Geschenk von Kaiserin Helena, nach Trier. Dort wurden sie 1050 und 1127 erhoben. In der Kirche S. Maria Maggiore in Rom gibt es das berühmte Matthias-Kopfreliquiar, und auch in S. Giustina in Padua werden angebliche Matthias-Reliquien aufbewahrt.

Verehrung/Brauchtum: Um den Apostel Matthias hat sich ein reges Brauchtum entwickelt. So gibt es die traditionellen Matthias-Wallfahrten zu den Reliquien, früher gab es sogar eine Matthias-Münze. Vor allem im Westen Deutschlands war Matthias zu vielen Zeiten ein sehr beliebter Taufname und ist auch Bestandteil zahlreicher Familiennamen. Auch als Wetterheiliger hat Matthias Bedeutung; so gibt es das Wort „Matheis bricht's Eis", der Matthias-Tag gilt also als Vorbote des nahenden Frühlings. Durch das Schütteln von Obstbäumen und gleichzeitiges Schreien

Gegenüberliegende Seite: Der Schrein mit den Gebeinen des Apostels Matthias in der Kirche St. Matthias, Trier. Die Reliquien waren ein Geschenk von Kaiserin Helena.

sollte in früheren Zeiten in Böhmen die Obsternte günstig beeinflußt werden. Darüber hinaus diente die Matthias-Nacht zu zahlreichen Orakeln; so wurden am Abend Efeublätter in eine mit Wasser gefüllte Schüssel gelegt; war eines am Morgen durchweicht, so bedeutet dies Krankheit.

In den Diözesen Hildesheim und Trier begeht man den Gedenktag von Matthias am 23. Februar.

Darstellung: Auf Abbildungen, von denen es nicht übermäßig viele gibt, ist Matthias als Apostel mit Buch und Rolle zu sehen, oft natürlich auch mit Marterwerkzeugen wie Beil, Schwert, Lanze oder Steinen. Dargestellt wird auch der Moment seines Martertodes, so etwa bei Jan de Beer: „Martertod des Apostels Matthias" (Kunsthistorisches Museum, Wien).

Modestus von Trier

Bischof von Trier
geboren: 5. Jh.
gestorben: 486(?) in Trier, Rheinland-Pfalz

25. Februar

Adelhelm

Abt OSB
geboren: 11. Jh.
gestorben: 25. Februar 1131 in Engelberg, Schweiz

Adelhelm war Ende des 11. Jh. Benediktinermönch in der Abtei St. Blasien im Südschwarzwald, wo er sein Gelübde abgelegt hatte. Im Jahr 1122 wurde er in dem von Konrad von Seldenbürgen gestifteten Kloster Engelberg im Kanton Unterwalden in der Schweiz Pior, ab 1124 war er erster Abt dieses Ordenshauses. Adelhelm, der schon zu Lebzeiten wie ein Heiliger verehrt wurde, erhielt vom Papst Kalixt II. die Exemtion, also die Befreiung vom Bistumsverband. Adelhelm starb am 25. Februar 1131 und wurde in Engelberg bestattet.

Verehrung/Brauchtum: Eine Verehrung für Adelhelm ist bereits seit 1147 bezeugt.

Cäsarius von Nazianz

Arzt
geboren: 4. Jh. in Arianz, heute Nenisi, Türkei
gestorben: 368 in Bithynien, heute Türkei
Patron der Ärzte

Cäsarius war der Sohn von Gregor von Nazianz dem Älteren und der Bruder von Gregor von Nazianz dem Jüngeren. Er wirkte als Arzt am Hof von Konstantinopel und diente mehreren Kaisern, beginnend mit Constantius II. Im Jahr 364 wurde er zum Statthalter von Bithynien in Kleinasien (heute Türkei) ernannt. 368 empfing Cäsarius die Taufe, bald darauf starb er.

Luigi Versiglia und Don Callisto Caravario

Märtyrer SDB
geboren: Versiglia 5. Juni 1873 in Oliva Gessi, Italien; Caravario 8. Juni 1903 in Cuorgnè, Italien
gestorben: 25. Februar 1930 in China

Bischof Luigi Versiglia (oben) und Don Callisto Caravario fanden am 25. Februar 1930 auf einer Missionsreise in China den Martertod.

Bischof Luigi Versiglia und Don Callisto Caravario sind die ersten Märtyrer der Salesianer Don Boscos. Gemeinsam missionierten sie in den zwanziger Jahren dieses Jahrhunderts in China und verkündeten unermüdlich das Wort Gottes. Versiglia war am 9. Januar 1921 in der Kathedrale von Kanton zum Bischof geweiht worden. Caravario hatte 1924 die Heimat Italien in Richtung China verlassen und war am 18. Mai in Shiu-Chow durch Versiglia zum Priester geweiht worden.

Im Februar 1930 traten beide Salesianer eine Missionsreise in das Gebiet von Liu-Chow an; begleitet wurden sie dabei unter anderem von zwei Schülerinnen der Don-Bosco-Schwestern sowie einer Katechetin. Die politische Lage in China war zu jener Zeit gefährlich angespannt. Auf ihrer Bootsfahrt wurde die kleine Reisegruppe am 25. Februar 1930 von schwerbewaffneten Banditen überfallen, die schließlich auch die drei jungen Frauen schänden wollten. Dies versuchten Versiglia und Caravario mit allen Mitteln zu verhindern. Daraufhin wurden die beiden Missionare von den Verbrechern brutal erschossen. Den Tätern gelang die Flucht. Die ermordeten Salesianer wurden am 13. März 1930 in Shiu-Chow beigesetzt. Papst Johannes Paul II. sprach die Märtyrer am 15. Mai 1983 selig.

Sebastianus ab Apparitio

Laienbruder OFM
geboren: 1502 in Spanien
gestorben: 25. Februar 1600
1786 Seligsprechung

Walburga (Walpurga)

Äbtissin OSB
geboren: um 710 in England
gestorben: 25. Februar 779 in Heidenheim, Bayern
Patronin der Diözese Eichstätt; der Wöchnerinnen; der Bauern; der Haustiere; bei Husten, Hundebiß, Tollwut; wird angerufen gegen Augenleiden und für das gute Wachstum der Feldfrüchte

Leicht erhöht über Eichstätt, dem barocken Städtchen im romantischen Altmühltal nordwestlich von Ingolstadt, steht die schöne Kirche St. Walburg, die 1706 vollendet wurde. An der rechten Längsseite führen einige Stufen hinunter in eine kleine Krypta, in der Walburga ihre letzte Ruhestätte gefunden hat. Hinter einem schmiedeeisernen Gitter werden ihre Reliquien in einem steinernen Schrein aufbewahrt. Die Gebeine waren 870 von Bischof Otgar nach Eichstätt übertragen worden.

Walburga war die Tochter von Richard von Wessex und Wunna und die Schwester der heiligen Willibald und Wunibald. Sie kam 710 in England zur Welt und wurde im Kloster Wimborne zusammen mit Lioba erzogen. Auf Wunsch von Bonifatius, dem Bruder ihrer Mutter, kam Walburga 750 nach Deutschland und wurde Nonne im Kloster Tauberbischofsheim. Nach dem Tod ihres Bruders Wunibald im Jahr 761 übernahm sie die Leitung des von ihm gegründeten Doppelklosters in Heidenheim in Mittelfranken.

Walburga, die durch ihre große Frömmigkeit und Überzeugungskraft viel zur Verbreitung des Wortes Christi unter der teilweise noch heidnischen Bevölkerung beigetragen hat, starb am 25. Februar 779 in Heidenheim. In der – heute evangelischen – früheren Klosterkirche stehen noch die beiden gotischen Hochgräber Walburgas und ihres Bruders Wunibald. Reliquien der weltweit verehrten Heiligen befinden sich außer in Eichstätt auch in Monheim und in mehreren anderen Orten Europas.

Verehrung/Brauchtum: Walburga gehört zu den volkstümlichsten und meistverehrten Heiligen. Zahllose

Walburg. Nach einem Stich von Ludwig Seitz aus dem 19. Jh. Die Darstellung zeigt die Äbtissin auf dem Weg zu einer Burg bei Heidenheim, wo sie die Tochter des Burgherren heilen sollte; die wilden Hunde beruhigt Walburg durch ihre Worte.

Die Kirche St. Walburg in Eichstätt.

Kirchen und Kapellen in Europa und auch in Amerika sind nach ihr benannt. Viele Klöster, Städte und Dörfer erkoren Walburga zu ihrer Schutzheiligen. Neben Eichstätt haben sich Sandweier, Scheer, Lamberg bei Cham, Ehrenbürg bei Forchheim und Walburg im Elsaß als Verehrungsstätten herausgebildet. Dem flüssigen Niederschlag auf der Steinplatte der Walburga-Grabstätte in Eichstätt wird Heilkraft nachgesagt; es wird als Walburgis-Öl in alle Welt verschickt. Die bekannte Walb(p)urgisnacht vom 30. April auf 1. Mai soll aber nicht mit Walburga zu tun haben.

Darstellung: Entsprechend ihrer großen Verehrung, sind auch die Darstellungsformen der Walburga äußerst vielfältig. Oft wurde sie natürlich mit den verschiedenen heiligen Familienmitgliedern und Verwandten abgebildet, so auch im Eichstätter Dom. In Schloß Maihingen ist sie auf einem Wandteppich (16. Jh.) zu sehen, wie sie aus dem Leib ihrer Eltern Wunna und Richard wächst. Frühe Abbildungen zeigen Walburga als einfache Nonne, vom 15. Jh. an ist sie meist als Äbtissin zu sehen. Eine der ältesten Darstellungen ist eine Holzbüste (11. Jh.) in St. Walburg in Eichstätt; sie zeigt die Klosterfrau mit Krone, Zepter und Apfel als Hinweis auf ihre adlige Abstammung.

26. Februar

Dionysius von Augsburg

Bischof, Märtyrer
geboren: 3. Jh. (?)
gestorben: 4. Jh. (?)

Nach der Legende soll Dionysius um 300 der erste Bischof von Augsburg gewesen sein. Als solcher wird er in der Legende über die Bekehrung der heiligen Afra, der Conversio S. Afrae, bezeichnet. Danach war Dionysius Afras Onkel und wurde von Bischof Narzissus von Gerona getauft und als Bischof von Augsburg eingesetzt. Später soll er den Märtyrertod erlitten haben.

Bei Grabungen unter der Augsburger Ulrichskirche wurde zu Beginn des 12. Jh. der angebliche Leichnam von Dionysius gefunden. Papst Alexander IV. erhob die Gebeine am 26. Februar 1258 feierlich. Seither ist der 26. Februar der Gedenktag des Dionysius.

Edigna von Puch

Einsiedlerin
geboren: 11. Jh. in Frankreich (?)
gestorben: 26. Februar 1109 in Puch, Bayern
Patronin gegen Diebstahl; gegen Viehseuchen

Edigna, ein in Bayern noch heute vorkommender Mädchenname, geht auf eine Einsiedlerin zurück, die im bayerischen Puch bei Fürstenfeldbruck ein außergewöhnliches Leben führte. Nach der Legende war Edigna die Tochter von König Heinrich I. von Frankreich (gestorben 1060), die, um einer Ehe entgehen und ihre Jungfräulichkeit bewahren zu können, aus der Heimat flüchtete. Auf ihrer folgenden Irrfahrt soll sie auch nach Bayern gekommen und dort in große Not geraten sein. Bei dem Ort „Pouche" blieben eines Tages die Ochsen vor ihrem Karren plötzlich stehen, eine Glocke begann zu läuten. Edigna sah darin ein Zeichen Gottes, daß sie hier bleiben solle. In einer ausgehöhlten Linde bei einem kleinen Kirchlein lebte sie von da an 35 Jahre lang als Einsiedlerin und Büßerin. Bewohner und Wallfahrer strömten zu ihr, und sie lehrte sie im Glauben und in Lesen und Schreiben. Gesucht war Edigna darüber hinaus als Beraterin bei Sorgen mit dem Vieh. Am 26. Februar 1109 soll die Einsiedlerin gestorben sein, hoch verehrt von der ganzen Bevölkerung.

Bei Renovierungsarbeiten in der Pucher Kirche St. Sebastian fand man 1979 ein Grab, das bis zur Erhebung der Gebeine Edignas im Jahr 1600 die Begräbnisstätte der Königstochter gewesen sein soll. Die Reliquien werden heute in einem Glasschrein am linken Altar in der Pucher Kirche aufbewahrt.

Verehrung/Brauchtum: Schon vor ihrem Tod wurde Edigna sehr verehrt, und noch bis zum heutigen Tag wird ihrer gedacht. So gibt es ein Edigna-Lied, und in Puch wird alle zehn Jahre (1989, 1999) das Edigna-Spiel in Form eines Festspiels aufgeführt; die Darsteller sind Einwohner von Puch. Die wunderschöne „1000jährige Linde", in der Edigna 35 Jahre lang gelebt haben soll, steht noch heute am Friedhof.

Darstellung: Edigna wird, der Überlieferung entsprechend, entweder in ihrer hohlen Linde oder auf dem Ochsenkarren sitzend dargestellt. Besonders auf Votivbildern wird ihr Schicksal bis in die heutige Zeit hinein festgehalten; die schönsten Beispiele sind in der Pucher Kirche zu sehen.

Gerlinde

Reklusin
geboren: 12. Jh.
gestorben: 12. Jh. in Sponheim bei Bad Kreuznach, Rheinland-Pfalz

Hilarius von Mainz

Bischof von Mainz, Märtyrer
geboren: 2. Jh.
gestorben: 2./3. Jh. in Mainz, Rheinland-Pfalz

Ottokar von Tegernsee

Laienbruder, Klostergründer OSB
geboren: 8. Jh.
gestorben: 26. Februar(?) 771 in Tegernsee, Bayern

Ottokar, der auch Otgar oder Odoakar genannt wird, gründete zusammen mit seinem Bruder Adelbert um 750 das Benediktinerkloster Tegernsee, das zu einem der bedeutendsten Kulturzentren Europas wurde. Ottokar war Laienbruder, während Adelbert die Abtei leitete. Beider Neffe Uto brachte die Gebeine des heiligen Quirinius nach Tegernsee, wo sie 804 in die Kirche St. Peter und Paul übertragen wurden, die seither St. Quirin heißt.

27. Februar

Baldomer

Schmied, Mönch
geboren: um 600 in Lyon, Frankreich
gestorben: um 661 in Lyon
Patron von Lyon; der Schlosser

Gabriel von der Schmerzhaften Gottesmutter (Francesco Possenti)

Mönch CP
geboren: 1. März 1838 in Assisi, Italien
gestorben: 27. Februar 1862 in Isola del Gran Sasso, Italien

Die Grabstätte des Gabriel von der Schmerzhaften Gottesmutter in der Passionistenkirche (Basilica minor) in Isola del Gran Sasso ist das Ziel vieler Wallfahrer. Francesco Possenti, so lautet der Geburtsname des Heiligen, war hier am 27. Februar 1862 gestorben. Seine Heiligsprechung erfolgte am 13. Mai 1920 durch Papst Benedikt XV.

Francesco Possenti.

Franceso Possenti kam am 1. März 1838 in Assisi in Umbrien zur Welt. Er wurde in Spoleto von Jesuiten erzogen, führte aber ein sehr leichtfertiges Leben. Im Jahr 1856 verwandelte er sich nach dem Anblick eines Marienbildes völlig, wurde in sich gekehrt und trat in den Passionistenorden ein. Ein Jahr später legte er das Gelübde ab und nahm den Namen Gabriel an. Er studierte Theologie und Philosophie und empfing die niederen Weihen. Gabriels Leben war nach seiner Wandlung von großer Bußbereitschaft und tiefer Verehrung für die Gottesmutter Maria bestimmt.

Markward von Prüm

Abt von Prüm OSB
geboren: 8. Jh. in Frankreich
gestorben: 27. Februar 853 in Prüm(?), Rheinland-Pfalz

28. Februar

Daniel Brottier

Priester, Mönch CSSp
geboren: 7. September 1876 in Ferté-Saint-Cyr, Frankreich
gestorben: 28. Februar 1936 Auteuil, Frankreich

Bis zum heutigen Tag widmet sich das „Waisenhauswerk von Auteuil" der Fürsorge für Tausende von Jugendlichen aus aller Welt. Zu höchster Blüte gebracht wurde diese Hilfseinrichtung von dem Spiritanerpater Daniel Brottier. Papst Johannes Paul II. würdigte die Leistung des Priesters am 25. November 1984 mit der Seligsprechung.

Daniel Brottier.

Im Alter von 26 Jahren war Brottier als Missionar in den Senegal gegangen, wo er sich aufopferungsvoll um hilfebedürftige Jugendliche in Dakar kümmerte. Wegen einer schweren Erkrankung kehrte der Pater 1911 nach Frankreich zurück, von wo aus er sich weiterhin für die Kirche im Senegal einsetzte. Von 1923 bis zu seinem Tod widmete sich Brottier dann in unvergessener Weise dem „Waisenhauswerk von Auteuil", das unter seiner Führung einen außergewöhnlichen Aufschwung nahm.

Romanus und Lupicinus

Äbte
geboren: 4. Jh. in Frankreich,
gestorben: Romanus 463/464, Lupicinus um 480 in Condat, Frankreich

Die beiden Brüder gründeten zusammen das Kloster Condat in Burgund. Zuerst war Romanus Abt, nach seinem Tod um 463/464 übernahm Lupicinus die Leitung der Abtei. Er starb um das Jahr 480. Die Abtei Condat erhielt ihren endgültigen Namen St-Claude nach ihrem dritten Abt. Reliquien von Romanus befinden sich bis heute in der Pfarrkirche von St-Romain-de-Roche.

Darstellung: Auf Abbildungen ist Romanus als Mönch mit Glöckchen, Brotkorb und Kette um den Leib zu sehen; Lupicinus ist als Abt dargestellt.

Silvana

Märtyrerin
geboren: 3. Jh.
gestorben: um 304

Sirin (Sira)

Märtyrerin
geboren: um 520 in Persien (Iran)
gestorben: 28. Februar 559 in Persien

Theodulf von Trier

Einsiedler
geboren: 6./7. Jh.
gestorben: 7. Jh. in Trier, Rheinland-Pfalz
Patron gegen Krankheiten

In der Kirche S. Lorenzo fuori le mura in Rom hat Papst Hilarius seine letzte Ruhestätte gefunden. Fotografie aus dem Jahr 1900.

29. Februar

Antonia von Florenz

Klostergründerin, Oberin OSCI
geboren: 1401 in Florenz, Italien
gestorben: 29. Februar 1472 in L'Aquila, Italien

Die Terziarin Antonia war 13 Jahre lang Oberin des Klosters ihres Ordens in L'Aquila in den Abruzzen. Da sie nach mehr Strenge verlangte, gründete sie 1447 in L'Aquila das Klarissenkloster Corpus Domini, das sie sieben Jahre leitete. Danach litt sie an schwersten körperlichen und seelischen Beschwerden und war im Erdulden ein großes Vorbild für ihre Umwelt. Antonia wurde nach ihrem Tod in L'Aquila (S. Chiara dell'Eucaristica) beigesetzt. Die Approbation ihres Kultes erfolgte am 11. September 1847. Wenn kein Schaltjahr ist, wird der Gedenktag am 28. Februar begangen.

Darstellung: Antonia ist als Klarissin, betend vor einem Altar dargestellt; manchmal ist über ihrem Haupt eine Flamme zu sehen. An ihrem Schrein in L'Aquila sind Szenen aus ihrem Leben dargestellt.

August Chapdelaine

Priester, Märtyrer
geboren: 6. Februar 1814 in La Rochelle, Frankreich
gestorben: 29. Februar 1856 in China

Am 27. Mai 1900 wurde der französische Priester August Chapdelaine seliggesprochen. Er war am 29. Februar 1856 in Kwangsi in China während seiner Missionstätigkeit zu Tode gefoltert worden. Wenn das Jahr keinen Schalttag hat, gedenkt man des Märtyrers aus Frankreich bereits am 28. Februar.

Hilarus

Papst
geboren: 5. Jh. auf Sardinien, Italien
gestorben: 29. Februar 468 in Rom, Italien

Hilarus bestieg den Papstthron am 19. November 461. Während seiner Regierungszeit, die mit seinem Tod am 29. Februar 468 endete, wandte er sich vehement gegen die Irrlehrer seiner Zeit und betonte energisch den Primat des römischen Bischofs. Nachdem Rom 455 durch die Vandalen unter Geiserich geplündert

worden war, verschenkte Hilarus einen großen Teil seiner Güter an Klöster und Kirchen.

Das Grab des Papstes befindet sich in der römischen Kirche S. Lorenzo fuori le mura. Der Gedenktag von Hilarus wird am 28. Februar began-gen, wenn das Jahr kein Schaltjahr ist.

Oswald von York und Worcester

Erzbischof OSB
geboren: 10. Jh. in Dänemark oder England
gestorben: 29. Februar 992 in Worcester, England

Oswald, der einem dänischen Adelsgeschlecht entstammte, wurde Mönch in der berühmten Benediktinerabtei Fleury in Frankreich. Im Jahr 959 kehrte er nach England zurück, wo er früher bereits als junger Kanoniker in Winchester gewirkt hatte. Schon 961 wurde Oswald zum Bischof von Worcester ernannt, 972 zusätzlich auch zum Erzbischof von York. In der Folge gründete der Kirchenmann mehrere Klöster; in ihnen und in bereits bestehenden Abteien führte Oswald die Reformen von Fleury ein. Darüber hinaus ordnete er die Verwaltung der bischöflichen und klösterlichen Güter neu. Seine ganz besondere Fürsorge aber galt immer den Armen und Notleidenden, um die er sich persönlich kümmerte. Oswald starb am 29. Februar 992 und wurde in seiner Gründung St. Mary in Worcester beigesetzt. Schon wenige Jahre später erhob man seine Gebeine; Bischof Wulfstan von Worcester übertrug sie 1086 in einen neuen Schrein in St. Mary. In Jahren ohne Schalttag wird Oswalds Gedenken am 28. Februar begangen.

1. März

Felix II.

Papst (483 bis 492)
geboren: 5. Jh. in Rom, Italien
gestorben: 1. März 492 in Rom

Ignatius Peter Lötschert

Ordensgründer
geboren: 4. August 1820 in Höhr, Rheinland-Pfalz
gestorben: 1. März 1886 in Montabaur, Rheinland-Pfalz

Der Kaufmann Peter Lötschert beschloß als junger Mann, sich mit Gleichgesinnten zu einer religiösen Gemeinschaft zu vereinen, die sich karitativen Tätigkeiten widmen sollte. Gemeinsam mit einem Gefährten wandte sich Lötschert zunächst in einem Privathaus in Hillscheid der Krankenpflege zu. Im Jahr 1858 legten die Brüder der Gemeinschaft in der Kapelle der Barmherzigen Schwestern im Vinzenzspital in Limburg die Profeß ab. Die erste Niederlassung von Bruder Ignatius Lötschert und seinen Mitbrüdern war in Hadamar, es folgten Frankfurt und Wiesbaden. 1861 schließlich wurde in Montabaur das Mutterhaus gegründet; abgeleitet von diesem Ort nannte sich die Gemeinschaft „Barmherzige Brüder von Montabaur". Die Krankenpflege blieb das Hauptbetätigungsfeld der Mitglieder. Zahlreiche Gründungen in Holland und in Deutschland folgten; 1924 ging man auch in die USA, kurz darauf nach Kanada.

Ignatius Peter Lötschert, Stifter der Barmherzigen Brüder Montabaur.

In Bassano del Grappa wirkte Johanna Maria Bonomo fast 50 Jahre lang.

Johanna Maria Bonomo

Äbtissin, Mystikerin OSB
geboren: 15. August 1606 in Asiago, Italien
gestorben: 1. März 1670 in Bassano, Italien

Johanna Maria Bonomo war mystisch hochbegnadet und trug die Stigmata. Als Äbtissin des Klosters S. Gerolamo in Bassano in der Region Venetien wurde sie von hohen Persönlichkeiten ebenso wie vom einfachen Volk um Rat gefragt. Johanna Maria, die am 15. August 1606 in Asiago, ebenfalls in Venetien, zur Welt gekommen und von Klarissen in Trient erzogen worden war, hatte 1622 in dem Benediktinerkloster Bassano das Ordensgelübde abgelegt. In den fast 50 Jahren, die sie als Ordensfrau in Bassano lebte, bekleidete sie die Ämter der Novizenmeisterin, der Priorin, dreimal war sie Äbtissin. Ihr Leben lang litt sie unter schweren körperlichen und seelischen Krankheiten, die sie alle mit unermeßlicher Geduld ertrug. Johanna Maria Bonomo starb am 1. März 1670 in ihrem Kloster in Bassano. Papst Pius VI. sprach sie am 9. Juni 1783 selig. Das Heiligsprechungsverfahren ist eingeleitet. Zahlreiche aszetische Schriften der Mystikerin wurden gedruckt und sind weit verbreitet.

Darstellung: In ihrem Geburtsort Asiago steht vor ihrem Geburtshaus in der Fußgängerzone eine Steinfigur von Johanna Maria Bonomo. Über dem Haupteingang der ihr gewidmeten Kirche in Bassano del Grappa, wo die Äbtissin ein halbes Jahrhundert gewirkt hatte und gestorben war, erinnert ein modernes Mosaik an die große Ordensfrau.

Roger le Fort

Erzbischof von Bourges
geboren: um 1285 auf Schloß Terne, Frankreich
gestorben: 1368 in Bourges, Frankreich

Theresia Eustochium Verzeri

Ordensgründerin
geboren: 31. Juli 1801 in Bergamo, Italien
gestorben: 1. März 1852 in Brescia, Italien

Am 27. Oktober 1946 sprach Papst Pius XII. Theresia Eustochium Verzeri selig, Papst Johannes Paul II. sprach sie am 10. Juni 2001 heilig. Sie war die Gründerin der Kongregation der „Verzeri Suore", der „Töchter des heiligsten Herzens Jesu". Theresia wurde am 31. Juli 1801 in der oberitalienischen Stadt Bergamo geboren und trat als junges Mädchen in das Benediktinerinnenkloster S. Grata dreimal ein, dreimal aber auch wieder aus. Sie litt in dieser Zeit unter schweren Epilepsieanfällen und starken Depressionen. Kurz vor ihrem 30. Geburtstag gründete Theresia Eustochium Verzeri dann in Bergamo die „Verzeri Suore", deren Mitglieder sich der katholischen Erziehung von Mädchen widmeten. Die Kongregation hatte zu Beginn unter zahlreichen Schwierigkeiten zu leiden. Bis zu ihrem Tod bewies Theresia große Liebe zur Jugend, Durchhaltevermögen und starke Bußbereitschaft. Die Ordensfrau starb am 1. März 1852 in Brescia.

2. März

Agnes von Böhmen

Königstochter, Äbtissin OSCI
geboren: 1207 (1205, 1211?) in Prag, Tschechien
gestorben: 2. März 1282 in Prag

Über 700 Jahre nach ihrem Tod sprach Papst Johannes Paul II. die böhmische Königstochter Agnes heilig. Die Kanonisierung fand am 12. November 1989 in Rom statt. Der Papst wollte ein Zeichen setzen, als er an die Tugenden von Agnes erinnerte: Demut und freigewählte Armut.

Agnes, die 1207 (möglicherweise auch 1205 oder 1211) als Tochter des böhmischen Königs Ottokar I. zur Welt gekommen war, wurde schon als kleines Mädchen aus Staatsgründen zweimal verlobt; einmal mit Boleslaus von Schlesien, einmal mit einem Sohn von Stauferkaiser Friedrich II. Die Verbindungen wurden jedoch aus ebenfalls politischen Gründen wieder gelöst, worüber Agnes, die sich dem christlichen und aszetischen Leben verschrieben hatte, sehr glücklich war. Ihre Vorbilder waren längst Franz von Assisi und dessen Gefährtin Klara von Assisi, mit der Agnes eine innige Brieffreundschaft unterhielt.

Als Agnes erneut der Politik geopfert werden und entweder Friedrich II. oder Heinrich II. von England heiraten sollte, bestimmte sie ihr Schicksal selbst: Sie verzichtete 1234 auf ihre Krone und legte als Klarissin die Gelübde ab. Ihr gesamtes Eigentum verwandte sie in der Folge für die Errichtung von Kirchen und zur Unterstützung von Klöstern. Nach ihrem Tod am 2. März 1282 soll es um sie zu vielen Wundern gekommen sein, die aber damals alle zu einer Heiligsprechung nicht ausreichten.

Darstellung: Agnes von Böhmen ist hauptsächlich als Äbtissin mit Krone dargestellt, wie sie Kranke pflegt. Eines der bekanntesten Beispiele der Kunst für diese Szene: Der Kreuzherren-Altar, seit 1941 in der Nationalgalerie in Prag. Ebenfalls in der Prager Nationalgalerie ist ein Retabel des Großmeisters Puchner zu sehen, das die Szene wiedergibt, wie Agnes dem Großmeister der Kreuzherren ein Kirchenmodell überreicht.

„Agnes von Böhmen pflegt einen Kranken." Bild vom Meister des Kreuzherren-Altares (1482).

Engelmar Unzeitig

Priester, Märtyrer CMM
geboren: 1. März 1911 in Greifendorf, Slowakische Republik
gestorben: 2. März 1945 in Dachau, Bayern

„Märtyrer der Nächstenliebe", „Engel von Dachau" und „Maximilian Kolbe der Deutschen" wird er genannt: Pater Engelmar Unzeitig, der im Konzentrationslager Dachau sein Leben für das anderer opferte. Unzeitig war am 1. März 1911 im ostmährischen Greifendorf zur Welt gekommen, sein Geburtsname war Hubert. Im Alter von 17 Jahren ging er als Spätberufener zu den Mariannhiller Missionaren in Reimlingen (Diözese Augsburg), machte das Abitur und schloß sich danach der Gemeinschaft der Missionare an. Nach dem Studium von Theologie und Philosophie in Würzburg empfing Unzeitig 1939 die Priesterweihe.

Pater Engelmar Unzeitig. Ehemalige Mithäftlinge nennen ihn „Maximilian Kolbe der Deutschen" oder auch „Engel von Dachau".

Unten: Der Totenschein mit der Angabe von Unzeitigs Sterbestunde.

Seine erste Pfarrstelle erhielt der junge Priester 1940 in Glöckelberg im Böhmerwald, aber schon wenige Monate nach Amtsantritt wurde er von der Gestapo verhaftet. Der Grund: Unzeitig hatte sich öffentlich dafür ausgesprochen, Gott mehr zu gehorchen als den Menschen. Nach sechswöchiger Haft wurde der Priester in das KZ Dachau gebracht. Als eines Tages Flecktyphus in das Lager eingeschleppt wurde, meldete sich Unzeitig freiwillig zur Pflege der Kranken und Sterbenden, hunderten von ihnen, darunter viele Russen, spendete er die Sterbesakramente. Um Häftlinge vor dem Hungertod zu retten, gab er ihnen von seinem eigenen mageren Essen ab. Schließlich steckte sich Engelmar Unzeitig selbst mit Fleckfieber an und starb am 2. März 1945, wenige Wochen vor der Befreiung des Lagers. Die Urne mit seinen sterblichen Überresten befindet sich seit 1968 in der Kirche der Mariannhiller in Würzburg.

Grimo von Ursberg

Propst OPraem
geboren: um 1100
gestorben: 1173 in Ursberg, Bayern

Karl I. von Flandern (der Gute)

König, Märtyrer
geboren: um 1084
gestorben: 2. März 1127 in Brügge, Belgien
Patron gegen Fieber

„Er gab seinem Land die Ruhe und die Disziplin eines Klosters." So heißt es in einem Bericht über das Wirken des später als Märtyrer verehrten Grafen von Flandern. Während seiner achtjährigen Regierungszeit verteidigte Karl I. mit ganzer Kraft den Frieden in den kirchlichen Bereichen, den Gottesfrieden (Pax Dei). Unter seinem Schutz standen besonders die Schwachen der Gesellschaft, aber auch Priester und Klöster.

Karl war im Jahr 1084 als Sohn von König Knud von Dänemark zur Welt gekommen. Nach einer ausgedehnten Pilgerreise ins Heilige Land wurde er im Alter von 35 Jahren Graf von Flandern. Beim Volk war er bald überaus beliebt, die politischen Gegner allerdings versuchten immer wieder, ihn zu stürzen. Am 2. März 1127 wurde Karl, dem man inzwischen den Beinamen „der Gute" gegeben hatte, während einer Messe in der Kirche St. Donatian in Brügge meuchlings ermordet. Der Täter war ein Mann, den Karl zuvor wegen eines Vergehens gegen den Gottesfrieden bestraft hatte. Graf Karl I. von Flandern wurde zuerst in St. Donatian beigesetzt, im Jahr 1827 überführte man seine Gebeine in die Kirche St. Saveur in Brügge.

3. März

Columba Schonath

Nonne, Mystikerin OP
geboren: 11. Dezember 1730 in Burgellern, Bayern
gestorben: 3. März 1787 in Bamberg, Bayern

Für die Verehrung der Mystikerin Columba Schonath (Taufname Maria) setzt sich in Bamberg, ihrem Sterbeort, der Columba-Schonath-Bund ein. Der Seligsprechungsprozeß ist eingeleitet.

Die Laienschwester im Bamberger Dominikanerinnenkloster Heilig Grab hatte am 9. Dezember 1763, zwei Tage vor ihrem 33. Geburtstag, die Wundmale Christi empfangen. Nach einem Leben voller seelischer Leiden, mystischer Erfahrungen und Gnadenbeweise starb Columba am 3. März 1787 im Ruf der Heiligkeit. Ihr schriftlicher Nachlaß weist sie als Mystikerin von außergewöhnlicher Liebeskraft aus. Die Gebeine von Columba Schonath ruhen im Heiliggrabkloster zu Bamberg, wo die junge Frau aus Burgellern 1753 um Aufnahme als Laienschwester gebeten hatte.

Friedrich von Mariengaarde (von Hallum)

Abt von Mariengaarde OPraem
geboren: um 1100 in Hallum, Friesland
gestorben: 3. März 1175 in Mariengaarde, Niederlande

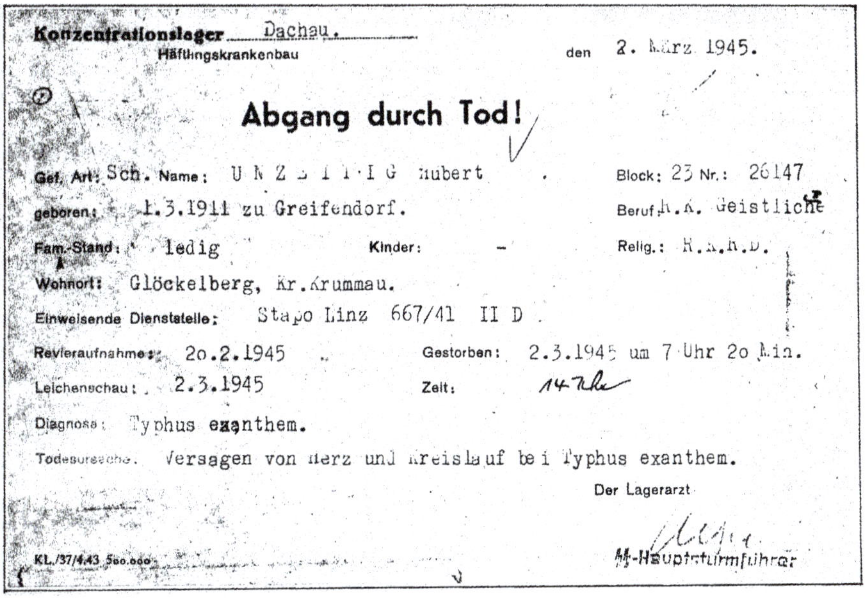

Konzentrationslager Dachau.
Häftlingskrankenbau den 2. März 1945.

Abgang durch Tod!

Gef. Art: Sch. Name: UNZEITIG Hubert Block: 23 Nr.: 26147
geboren: 1.3.1911 zu Greifendorf. Beruf: R.K. Geistlicher
Fam.-Stand: ledig Kinder: – Relig.: R.K.R.D.
Wohnort: Glöckelberg, Kr. Krummau.
Einweisende Dienststelle: Stapo Linz 667/41 II D.
Revieraufnahme: 20.2.1945 Gestorben: 2.3.1945 um 7 Uhr 20 Min.
Leichenschau: 2.3.1945 Zeit: 14 Uhr
Diagnose: Typhus exanthem.
Todesursache: Versagen von Herz und Kreislauf bei Typhus exanthem.

Der Lagerarzt

SS-Hauptsturmführer

KL./37/4.43 500.000

Innozenz von Berzo

Priester OFMCap
geboren: 19. März 1844 in Niardo, Italien
gestorben: 3. März 1890 in Bergamo, Italien

Innozenz von Berzo hieß eigentlich Giovanni Scalvinoni; er war am 19. März 1844 in dem Ort Niardo im Norden der oberitalienischen Stadt Brescia zur Welt gekommen, seine Eltern waren Bauern. Als der Vater schon früh starb, zog die Mutter nach Berzo in der Provinz Udine und ließ Innozenz von da an von Kapuzinern erziehen. Nach einem Theologiestudium in Brescia erhielt Innozenz 1867 die Priesterweihe und wurde 1870 Kaplan in Berzo. Einige Jahre später trat er dem Kapuzinerorden bei. Er war ein aufopferungsvoller Seelsorger, immer demütig und zur Buße bereit.

Innozenz starb am 3. März 1890 in Bergamo. Sein Leichnam wurde auf Wunsch der Bevölkerung von Berzo in die dortige Kirche übertragen. Papst Johannes XXIII. sprach Innozenz von Berzo am 12. November 1961 selig.

Liberat Weiß

Missionar, Märtyrer OFM
geboren: 4. Januar 1675 in Konnersreuth, Bayern
gestorben: 3. März 1716 in Gondar, Äthiopien

Als furchtlose und tiefgläubige Missionare wirkten Pater Liberat Weiß und seine Mitbrüder P. Michele Pio Fasoli und P. Samuele Marzorato im 18. Jh. in Äthiopien. Die drei Franziskanermönche waren ausgezogen, in dem afrikanischen Land den christlichen Glauben zu verbreiten und die Union der äthiopischen Kirche mit Rom vorzubereiten. Der Bayer Liberat Weiß, geboren 1675 in Konnersreuth, wurde in dieser Zeit zum Apostolischen Präfekten ernannt.

Fanatische Gegner der Missionarsarbeit aber machten den drei Patres das Leben schwer, brachten sie immer wieder in höchste Lebensgefahr. Der ihnen wohlgesonnene Kaiser wurde schließlich zur Abdankung gezwungen, der neue Herrscher ließ die Franziskaner vor Gericht stellen. Das furchtbare Urteil: Tod durch Steinigung. Die Möglichkeit einer Begnadigung, falls sie sich beschneiden ließen und an einer äthiopischen Eucharistiefeier teilnähmen, wiesen die Patres heldenhaft zurück. In der Nähe der Hauptstadt Gondar wurden die tapferen Männer dann am 3. März 1716 von der aufgebrachten Volksmenge zu Tode gesteinigt.

Nach jahrzehntelangen Bemühungen von Seiten des Franziskanerordens erfolgte die Seligsprechung von Liberat Weiß und seiner beiden Gefährten am 20. November 1988 durch Papst Johannes Paul II.

Petrus Renatus Rogue

Priester, Märtyrer CM
geboren: 11. Juni 1758 in Vannes, Frankreich
gestorben: 3. März 1796 in Vannes
10. Mai 1934 Seligsprechung

4. März

Kasimir von Polen

Königssohn
geboren: 3. Oktober 1458
gestorben: 4. März 1484 in Grodno, Litauen
Patron von Polen und Litauen; der Jugend; des Malteser-Ritterordens

Kasimirs Eltern waren König Kasimir IV. von Polen und Königin Elisabeth, eine Tochter des ungarischen und böhmischen Königs Albrecht II. Der Prinz erblickte am 3. Oktober

Kasimir von Polen. Gemälde aus dem 17. Jh., heute im Besitz der Franziskanerreformanten in der polnischen Stadt Krakau.

1458 als dritter Sohn des Ehepaares das Licht der Welt. Im Jahre 1471 wurde Kasimir, gerade 13 Jahre alt, vom ungarischen Adel zum König gewählt. Sein Gegner Matthias Corvinus, der selbst König werden wollte, verhinderte jedoch einen Amtsantritt. Es heißt, Kasimir sei froh darüber gewesen, da er sich lieber geistlichen Dingen und dem Gebet gewidmet habe. Kasimir, der sich durch tiefe Frömmigkeit, große Bescheidenheit und eine einfache Lebensweise auszeichnete, lehnte es dann 1481 auch ab, die gewünschte Ehe mit der Tochter von Kaiser Friedrich III. einzugehen, da er ewige Keuschheit gelobt hatte.

Auf einer Reise nach Litauen starb Kasimir am 4. März 1484 in Grodno an einer plötzlich auftretenden Schwindsucht. Unter dem Marienaltar im Dom der Universitätsstadt Wilna in Litauen fand der Königssohn seine letzte Ruhestätte. Als die Kirche geschlossen und in ein atheistisches Museum umgewandelt wurde, wurden die Gebeine Kasimirs in die Kirche St. Peter und Paul in Wilna übertragen. Kasimir wurde wahrscheinlich nicht 1521 heiliggesprochen, sondern erst 1602.

Darstellung: Auf Abbildungen ist Kasimir in polnischer Tracht zu sehen, oft mit Krone und Zepter, manchmal auch mit Palme. Auch mit Schmuck wurde Kasimir dargestellt.

Petrus I. von La Cava

Abt von La Cava OSB
geboren: um 1040 in Salerno, Italien
gestorben: 4. März 1123 in La Cava bei Salerno
1893 Approbation des Kultes

Placida Viel

Ordensgründerin
geboren: 26. September 1815 in Quettehou, Frankreich
gestorben: 4. März 1877 in Frankreich

Placida Viel gründete 1862 den deutschen Zweig der Kongregation der „Christlichen Schulschwestern von der Barmherzigkeit" von Maria Magdalena Postel. Seit 1948 heißt die Kongregation in Deutschland Heiligenstädter Schulschwestern. Placida Viel wurde 1951 seliggesprochen.

5. März

Konrad Scheuber

Einsiedler
geboren: 1481 in Altfellen, Schweiz
gestorben: 5. März 1559 in Bettelruti bei Wolfenschießen, Schweiz
1602 Erhebung der Gebeine

Lucius I.

Papst (253 bis 254)
geboren: 2. Jh. in Rom, Italien
gestorben: 5. März 254 in Rom

Olivia

Märtyrerin
geboren: 2. Jh. in Brescia, Italien
gestorben: 2. Jh. in Brescia

Robert Spiske

Ordensgründer
geboren: 29. Januar 1821 in Lissa bei Breslau, Polen
gestorben: 5. März 1888 in Breslau

Der Breslauer Priester und Domherr Robert Spiske widmete all seine Kräfte dem Großstadtapostolat und führte als Domprediger viele Menschen zur Kirche zurück. Besonders am Herzen lag ihm die Jugend. Um vor allem verwaisten Kindern eine Heimat zu geben, gründete er in Breslau die Kongregation der Hedwigschwestern, die 1892 zu einer Kongregation päpstlichen Rechts erklärt wurde. Robert Spiske, „Apostel der Caritas" genannt, starb am 5. März 1888 und wurde in der Gruft der Breslauer Kathedrale beigesetzt. Am 5. März 1984 durften die Hedwigschwestern, die auf die Seligsprechung ihres Gründers hoffen, die sterblichen Überreste Spiskes in die Kirche des Ordensmutterhauses in Breslau übertragen.

Robert Spiske, Gründer der Kongregation der Hedwigschwestern.

6. März

Chrodegang von Metz

Erzbischof
geboren: um 712 in Belgien
gestorben: 6. März 766 in Metz, Frankreich

Chrodegang, der wohl 742 Bischof von Metz geworden war, ging als Gründer und Erneuerer zahlreicher Klöster in die Geschichte ein. Der spätere Nachfolger von Bonifatius als Erzbischof von Austrasien verfaßte darüber hinaus eine Regel für seine Kleriker, angelehnt an die Regel der Benediktiner, die große Verbreitung fand.

Die Gebeine des zuerst in Gorze beigesetzten Kirchenmannes werden heute in der Kirche St-Symphorian in Metz verehrt.

Verehrung/Brauchtum: Im Bistum Metz wird Chrodegangs am 3. Oktober gedacht, da seine Bischofsweihe angeblich Anfang Oktober 742 stattgefunden haben soll.

Coletta Boillet

Nonne, Erneuerin OSCl
geboren: 13. Januar 1381 in Corbie, Frankreich
gestorben: 6. März 1447 in Gent, Belgien
Patronin der Klarissen; der Zimmerleute; von Corbie, Gent und Poligny; der Dienstmägde; wird angerufen gegen Fieber, Augenleiden, Kopfweh; bei Unfruchtbarkeit; für eine glückliche Geburt

Coletta Boillet, die eigentlich Nicolette hieß, gilt als Reformerin des Zweiten Ordens vom heiligen Franz von Assisi, dem Klarissenorden. Sie selbst, 1381 in Corbie in Nordfrankreich geboren, hatte mehrere Jahre als Einsiedlerin gelebt, bevor sie im Jahr 1406 Klarissin wurde. Im Auftrag von Papst Benedikt XIII. führte Coletta zahlreiche Klöster ihres Ordens wieder zur ursprünglichen Strenge zurück und gründete selbst rund 20 neue Klöster. Die Mitglieder der neuen Häuser nannten sich Colettinnen (Colettines). Bald schon schlossen sich sogar Männerklöster Colettas Reform an; die Mönche nannten sich Colettaner. Coletta Boillet wurde 1740 selig- und am 25. Mai 1807 heiliggesprochen.

Darstellung: Auf Abbildungen hat Coletta Boillet eine Lerche und ein Lamm bei sich, da sie nach der Überlieferung von beiden Tieren ständig begleitet wurde; manchmal ist sie gemeinsam mit Klara, der Gründerin des Klarissenordens, zu sehen.

Franziska Streitel

Ordensgründerin OFM
geboren: 24. November 1844 in Mellrichstadt, Bayern
gestorben: 6. März 1911 in Castel S. Elia bei Rom, Italien

Die Kongregation der „Schwestern von der schmerzhaften Mutter" (Addolorata-Schwestern) ist die Gründung von Franziska Streitel. Das Gründungsjahr war 1883, das Geburtsjahr von Franziska Streitel 1844. Mit 22 Jahren wurde die junge Frau in Augsburg Franziskanerterziarin, später in Würzburg Oberin. Dieses Amt entzog man ihr 1896 aufgrund falscher Anschuldigungen. Als einfache Schwester und unter für sie härtesten Umständen lebte Franziska Streitel dann bis zu ihrem Tod in den Klöstern in Rom und in Castel S. Elia bei Rom. Ihre Kongregation erlebte in diesen Jahren einen großen Aufschwung; die endgültige Approbation erfolgte 1899 und 1911. Das deutsche Mutterhaus steht in Abenberg bei Schwabach in Bayern; die Schwestern, die sich der Krankenpflege und der Unterrichtung von Mädchen widmen, arbeiten heute außer in Deutschland in Italien, Österreich und in den USA.

Der Seligsprechungsprozeß für Franziska Streitel wurde im Jahr 1947 aufgenommen.

Fridolin von Säckingen

Missionar, Abt
geboren: 5. Jh. in Irland(?)
gestorben: 538(?) in Säckingen, Baden-Württemberg
Patron von Säckingen und des Schweizer Kantons Glarus; für fruchtbare Witterung; wird angerufen gegen Feuer- und Wassergefahren; gegen Viehseuchen; gegen Kinderkrankheiten; gegen Bein- und Armleiden

Der Missionar Fridolin, der weniger wegen mitreißender Predigereigenschaften als vielmehr wegen seiner großen Güte und seiner Herzenbildung in die Geschichte einging, soll gegen Ende des 5. Jh. als Glaubensbote von Irland gekommen sein. Die Legende erzählt, daß er nach Poitiers in Frankreich zog, um das Grab des von ihm sehr verehrten Bischofs Hilarius zu besuchen. Als er die Hilariuskirche in Schutt und Asche vorfand, zerstört während der Völkerwanderung, suchte er die Gebeine von Hilarius in den Trümmern, schuf ein neues Grab und errichtete zusammen mit Gläubigen eine neue Hilarius-Kirche. Der amtierende Bischof von Poitiers weihte Fridolin daraufhin zum Abt des zur Kirche gehörenden Klosters.

Eines Tages vernahm Fridolin im Traum eine Stimme, die ihm sagte, er solle künftig auf einer Rheininsel als Glaubensbote tätig werden. Nach der Legende zog der Missionar so in Richtung Osten nach Deutschland, predigte unermüdlich und errichtete zahlreiche Hilarius-Kirchen und -Klöster. Bei Säckingen fand er schließlich nach langer Suche die „Traum-Insel" im Rhein. Als er ein Kloster und eine Kirche errichten wollte, vertrieben ihn, so die Legende, wütende Bauern, die sich um das Weideland für ihre Tiere beraubt sahen. Erst als Fridolin mit einer Schenkungsurkunde, ausgestellt von König Chlodwig, wiederkehrte, gaben sie sich zufrieden, und der irische Missionar konnte mit seiner Arbeit beginnen.

Bald schon wurde die Insel im Rhein zu einer Insel des Gebets und des Friedens. Die Bevölkerung liebte

Holzschnitte mit Darstellungen aus der Fridolinslegende, gedruckt um 1480 von Johann Znaimer in Ulm. Nach der Legende errichtete Fridolin auf seinem Weg von Poitiers nach Säckingen zahlreiche Kirchen, die er seinem großen Vorbild Hilarius weihte. Als er nach Glaris kam, erbaute er auch dort eine Hilarius-Kirche; später nannte sich die Gegend daher „Hilarius", noch später Glarus, so, wie der Schweizer Kanton noch heute heißt. Landesbanner und Wappen zeigen den Kantonspatron als Pilger mit Tasche, Buch und Stab auf rotem Feld.

Fridolin wegen seiner Güte und seiner Hilfsbereitschaft, viele Eltern übergaben ihm ihre Kinder zur christlichen Erziehung. Die Missionierung im Oberrheingebiet nahm unter Fridolin großen Aufschwung; oft wird er deshalb „Apostel des badischen Oberlandes" genannt. Auch nach Fridolins Tod 538 lebte sein großes Werk fort. Sein Wirken blieb unvergessen, wie bis heute die große Menschenmenge beweist, die am jährlichen Gedenkumzug in der Stadt am Rhein teilnimmt.

Verehrung/Brauchtum: Eine Prozession zu Ehren von Fridolin wird bereits 1347 urkundlich erwähnt. Doch nicht nur im Mittelalter, bis zum heutigen Tag wird des verehrten Missionars mit großen Festlichkeiten gedacht. Höhepunkt ist ebenfalls eine Prozession; sie findet statt am Sonntag nach dem Fridolinstag am 6. März. Nach den Wallfahrtsmessen tragen kurz vor Mittag acht Männer den sechs Zentner schweren Rokoko-Silberschrein mit den Reliquien Fridolins – er steht in der ehemaligen Nonnenstiftskirche St. Fridolin – durch die Straßen von Säckingen. Jungen führen darüber hinaus die Wappen von Säckingen, Glarus und Irland mit sich, was die überregionale Bedeutung von Fridolin betonen soll. Nach einer weiteren kirchlichen Feier am Sonntag nachmittag gibt es zum Ausklang ein Volksfest in der Säckinger Au. Am Fridolinstag, dem 6. März selbst, in Säckingen auch Fridlini genannt, findet im Münster ein Festgottesdienst statt; daneben lockt ein großer Jahrmarkt zur Unterhaltung.

Im Bistum Straßburg wird das Gedächtnis an Fridolin am 7. März begangen.

Darstellung: Auf Bildern ist Fridolin von Säckingen entweder als Abt, oft mit seiner Schenkungsurkunde, oder als Wandermönch mit Pilgerstab und Tasche zu sehen. Viele Darstellungen gibt es naturgemäß im südwestdeutschen Raum sowie in der Schweiz. Häufig wurde Fridolin auch mit Urso dargestellt, welcher ihm nach der Überlieferung ein großes Stück Land, den heutigen Kanton Glarus in der Schweiz, geschenkt haben soll. Meist ist Urso in einem Grab zu sehen, da Fridolin den Toten angeblich zum Leben erweckt hat, damit er die Schenkung gegenüber dessen Bruder Landolf bezeuge. Diese berühmte Szene ist unter anderem am Fridolin-Schrein in Säckingen zu sehen.

Quiriacus

Priester
geboren: 3. Jh. in Poitiers (?), Frankreich
gestorben: 4. Jh. in Trier, Rheinland-Pfalz
Patron gegen Kinderkrankheiten

Die Überlieferungen berichten, Quiriacus sei gemeinsam mit Maximinus, dem späteren Bischof von Trier (329 bis 347), aus Poitiers nach Trier gekommen. Dort soll er die Priesterweihe empfangen haben. Seine anhaltende Freundschaft zu Maximinus erregte in der Folge den Neid verschiedener Kleriker, die Quiriacus schließlich schwer verleumdeten. Nach der Legende soll ein Engel daraufhin die Unschuld des Priesters verkündet haben.

Die Reliquien von Quiriacus wurden später nach Taben im Bistum Trier übertragen.

Verehrung/Brauchtum: Im heutigen Taben-Rodt existiert noch immer eine Quiriacus-Wallfahrt. In der Pfarrkirche werden die Reliquien in einem Schrein aufbewahrt. Das eigentliche Wallfahrtsfest findet am 6. März statt, und am fünften Sonntag nach Ostern wird der Reliquienschrein in einer Prozession durch den Ort Taben-Rodt getragen.

Rosa von Viterbo

Terziarin, Mystikerin TOF
geboren: 1233 in Viterbo, Italien
gestorben: 6. März 1252(?) in Viterbo
Patronin der katholischen Mädchen in Italien

Rosa kam im Jahr 1233 als Tochter armer Eltern in Viterbo zur Welt. In einer kleinen Gasse, unweit der Rosa-Kirche, wird heute ein mittelalterliches Haus gezeigt, das Rosas Geburtshaus gewesen sein soll. Schon in der Kindheit wurden dem Mädchen mystische Gnadenbeweise zuteil. Es lebte streng asketisch und unterwarf sich schweren Kasteiungen. Im Jahr 1250 wurde Rosa nach einer schweren Krankheit Terziarin im Dritten Orden des heiligen Franziskus und machte sich bald als Predigerin einen Namen. Im Streit zwischen Kaiser Friedrich II. und

Rosa von Viterbo nach ihrer Aufnahme in den Franziskanerorden.

Papst Innozenz IV. stellte sie sich auf die Seite des Kirchenoberhauptes und forderte die Bürger Viterbos auf, treu zu Innozenz zu stehen. Dies führte dazu, daß Rosa mit ihren Eltern kurzzeitig aus der Stadt vertrieben wurde und erst nach Friedrichs Tod wieder zurückkehren konnte. In der nun unter päpstlicher Herrschaft stehenden Stadt Viterbo bat die junge Rosa um Aufnahme im Klarissenkloster. Der Eintritt wurde ihr jedoch wegen ihrer großen Armut verweigert. Dem Mädchen brach über diese Ablehnung beinahe das Herz. Noch zwei weitere Male bat sie darum, das Gelübde als Klarissin ablegen zu dürfen, aber jedesmal vergeblich.

Unglücklich und verzweifelt, erkrankte Rosa bald darauf schwer, und wenig später starb sie im Alter von erst 18 Jahren, wohl am 6. März 1252. Sechs Jahre später wurde ihr unverwester Leib in die Kirche des Klarissenklosters übertragen. Dort ruht er bis zum heutigen Tag in einem Glasschrein, dem Ziel vieler Wallfahrer. Nach einem Kirchenbrand 1348 schuf man einen neuen Sarg, bemalt mit Szenen von Rosas zahlreichen Wundern; er steht heute in dem Elternhaus. Obwohl der Heiligsprechungsprozeß, der von zwei Päpsten geführt wurde, nie zum Ab-

In einer kleinen Seitengasse in Viterbo, unweit des Klarissenklosters, befindet sich Rosas Geburtshaus.

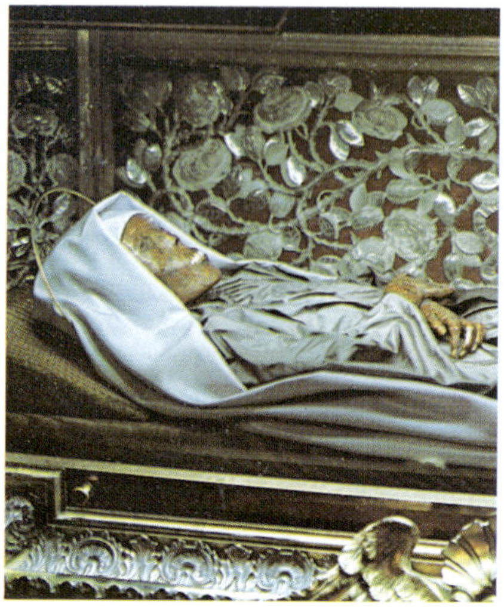

In der Kirche S. Rosa in Viterbo wird der mumifizierte Leichnam von Rosa in einem künstlerisch gestalteten Glasschrein verehrt. Das Gotteshaus ist eine Wallfahrtsstätte.

schluß kam, wurde Rosa von Viterbo in das Römische Martyrologium aufgenommen.

Verehrung/Brauchtum: Die Einwohner Viterbos begehen den Gedenktag Rosas mit einem großen Stadtfest – allerdings am 4. September, dem Tag, an dem 1258 die Gebeine des Mädchens in das Klarissenkloster überführt wurden. Im Rahmen einer fröhlichen, folkloristischen Prozession tragen 90 Träger die turmartige „Macchina di Santa Rosa“ mit einer Statue Rosas durch die Straßen.

Darstellung: Rosa wird meist in Ordenstracht mit einem Kranz von Rosen auf dem Haupt abgebildet; eine Vielzahl von Darstellungen gibt es in und um Viterbo.

7. März

Johannes von Gorze

Abt von Gorze OSB
geboren: um 900 in Vandières, Frankreich
gestorben: 7. März 976 in Gorze, Frankreich

Verehrung/Brauchtum: Im Bistum Metz wird Johannes von Gorze am 23. März gedacht.

Kunissa von Andechs

Klostergründerin
geboren: 10. Jh.
gestorben: 1020 in Andechs(?), Bayern

Kunissa, die mit Graf Friedrich von Dießen-Andechs verheiratet gewesen war und früh Witwe wurde, gründete um das Jahr 1000 in Dießen am Ammersee den Frauenkonvent St. Stephan. Die Gräfin war eine große Wohltäterin und unterstützte die Kirche, wann immer sie konnte. Kunissa starb im Jahre 1020. Ihre Gebeine wurden 1466 und 1739 erhoben. Eine Bodengrabplatte mit der Aufschrift „Cunissa“ ist bis heute im Marienmünster in Dießen zu sehen (vor dem Glasschrein der Mechthildis von Dießen).

Perpetua und Felicitas

Märtyrerinnen
geboren: 2. Jh. in Karthago(?), Tunesien
gestorben: 7. März 202 (203?) in Karthago

Die Leidensgeschichte der Märtyrerinnen Perpetua und Felicitas gehört zu den ergreifendsten, wichtiger aber noch, zu den wertvollsten der katholischen Kirche überhaupt. Perpetua und Felicitas sind nach Petrus und Paulus die ältesten Blutzeugen, deren Todeszeit bekannt ist und deren Martyrium von einem Augenzeugen überliefert wurde. Die beiden Märtyrerinnen wurden in den Kanon der römischen Messe aufgenommen.

Felicitas war eine Sklavin, Perpetua stammte aus vornehmem Haus. Beide lebten um das Jahr 200 in Karthago und waren christliche Katechumenen, das heißt, sie wurden auf den Empfang der Taufe vorbereitet und in der Heiligen Schrift unterwiesen. Kaiser Septimus Severus jedoch hatte den Empfang der Taufe bei Todesstrafe verboten und ließ Perpetua und Felicitas sowie drei weitere Katechumenen verhaften und in den Kerker werfen. Auf dem Weg dorthin empfingen die Gefangenen doch noch die Taufe, was den Kaiser noch mehr in Wut brachte. Perpetua hatte bei ihrem Gang in den Kerker ihren kleinen Sohn auf dem Arm, Felicitas brachte Tage darauf im Gefängnis unter grauenvollen Verhältnissen ein Kind zur Welt, ein Mädchen. Einer der Mithäftlinge starb schon im Kerker an den erlittenen Folterungen.

Am 7. März 202 (oder 203) ordnete Kaiser Septimus Severus in der riesigen Arena von Karthago für den Geburtstag seines Sohnes eine Raubtiervorstellung an, in deren Rahmen die Christen getötet werden sollten. Perpetuas Vater versuchte noch einmal, seine Tochter vom Christentum abzubringen, um sie zu retten. Perpetua und Felicitas aber ergaben sich heroisch in ihr Schicksal, ihr Glaube zu Gott bedeutete ihnen mehr als ihr Leben. Bei lebendigem Leib wurden die beiden jungen Frauen zusammen mit ihren Mitgefangenen den Raubtieren zum Fraß vorgeworfen. Als sie trotz schwerster Verletzungen überlebten, stieß man ihnen einen Dolch in den Hals. Unbekannte bestatteten die Märtyrerinnen, und bald schon wurde über der Grabstätte eine Kirche gebaut. Überreste der Basilika wurden Jahrhunderte später entdeckt.

Verehrung/Brauchtum: In der Ostkirche wird der beiden Märtyrerinnen am 2. Februar und am 4. März gedacht. In früherer Zeit war die Verehrung für Perpetua und Felicitas vor allem in Afrika sehr groß.

Darstellung: Die beiden Märtyrerinnen sind oft zu sehen, wie sie voneinander Abschied nehmen. Oft sind sie auch mit einer wilden Kuh abgebildet, was auf ihr Martyrium hinweisen soll. Perpetua hat manchmal ein Kind auf dem Schoß.

Theresia Margareta vom Heiligen Herzen Jesu (Anna Maria Redi)

Nonne, Mystikerin OCD
geboren: 15. Juli 1747 in Arezzo, Italien
gestorben: 7. März 1770 in Florenz, Italien

Papst Pius XI. sprach am 19. März 1934 eine der großen italienischen Mystikerinnen heilig: Theresia Margareta vom heiligen Herzen Jesu, deren Geburtsname Anna Maria Redi lautete. Am 15. Juli 1747 in Arezzo in der südlichen Toskana geboren, trat die 17jährige 1764 in Florenz in den

Georg Michael Wittmann. Der Generalvikar von Regensburg trug wesentlich mit dazu bei, kirchenfeindliche Strömungen seiner Zeit überwinden zu helfen.

Theresia Margareta vom Heiligen Herzen Jesu. Nach einem Gemälde in der Hauskapelle des Generalates der Unbeschuhten Karmelitinnen in Rom. Das Bild trägt die Aufschrift: „Authentisches Porträt der seligen Theresia Margareta vom Herzen Jesu, im Auftrag ihres Vaters des Cav. Ignazio Redi“.

Orden der Unbeschuhten Karmelitinnen ein und legte zwei Jahre später das Gelübde ab. Schon zu Lebzeiten wurde Theresia Margareta wegen ihrer übergroßen Opferbereitschaft, ihrer Demut und ihrer Tugendhaftigkeit als Heilige verehrt. Im Alter von erst 22 Jahren starb sie am 7. März 1770 in ihrem Kloster, wo sie auch ihre letzte Ruhestätte fand.

Volker

Priester, Märtyrer
geboren: 11. Jh.
gestorben: um 1135 in (Bad) Segeberg, Schleswig-Holstein

8. März

Georg Michael Wittmann

Generalvikar
geboren: 22. Januar 1760 in Finkenhammer, Bayern
gestorben: 8. März 1833 in Regensburg, Bayern

Der Seelsorger Georg Michael Wittmann erwarb sich in der Erziehung der Jugend und in der Caritas große Verdienste. Der gebürtige Oberpfälzer war Lehrer von über 1500 Priestern und gilt als Erneuerer strengkirchlichen Denkens und Handelns. Man nennt ihn auch den geistigen Vater der Kongregation der Armen Schulschwestern in Bayern, da er der Lehrer des Mitbegründers und der ersten Generaloberin gewesen war. Im Jahr 1829 wurde Wittmann Weihbischof von Regensburg, 1830 Generalvikar. Es folgte 1832 die Ernennung zum Bischof, jedoch starb Wittmann kurz danach – noch bevor die päpstliche Bestätigung eingetroffen war. Die Seligsprechung ist eingeleitet.

Gerhard von Clairvaux

Abt, Märtyrer OCist
geboren: 12. Jh. in Italien(?)
gestorben: 1177 in Igny-le-Jard, Frankreich

Gerhard war der sechste Abt des berühmten Zisterzienserklosters Clairvaux. Er galt als ausgesprochen strenger Oberer, weshalb er bei vielen seiner Mönchen unbeliebt war; einer von ihnen ermordete Gerhard im Jahr 1177 im Zisterzienserkloster Igny. Gerhard von Clairvaux war der erste Märtyrer des Zisterzienserordens. Sein Kult wurde 1702 offiziell anerkannt.

Johannes von Gott. Gemälde von Pedro de Raxis. Diese älteste und authentischste Darstellung des Ordensgründers befindet sich in Granada.

Johannes von Gott

Ordensgründer
geboren: 8. März 1495 in Montemór o Novo, Portugal
gestorben: 8. März 1550 in Granada, Spanien
Patron von Granada; der Kranken, Krankenhäuser und Krankenpfleger; der Buchhändler, Buchdrucker und Papiermüller

Johannes von Gott gilt als Bahnbrecher in der methodischen Krankenpflege und in der Betreuung von Geisteskranken. Der Heilige, von Papst Leo XIII. im Jahr 1886 und von Papst Pius XI. nochmals 1930 zum Patron der Krankenhäuser, des Krankenhauspersonals und der Kranken ernannt, hatte 1540 im spanischen Granada ein Krankenhaus gegründet, aus dem sich der 1586 bestätigte Orden der Barmherzigen Brüder entwickelte. Der Verein, der ursprünglich für Weltleute gedacht war, übernahm 1572 die Regel des heiligen Augustinus. Die Barmherzigen Brüder vom heiligen Johannes von Gott gelten als bedeutendster Männerorden für die männliche Krankenpflege. Seine Mitglieder haben schon früh in der ganzen Welt Fuß gefaßt. Der Sitz des Generalpriors ist seit 1878 in Rom. Die Barmherzigen Brüder sind meist Laien, die neben den drei üblichen Gelübden noch ein viertes, das der Hospitalität, ablegen.

Ordensgründer Johannes von Gott war am 8. März 1495 in Montemór o Novo in Portugal zur Welt gekommen. Nach einem unruhigen Leben voller Abenteuer und Gefahren hörte er 1539 eine leidenschaftliche Predigt des spanischen Missionars und Asketen Johannes von Ávila. Die Worte über Nächstenliebe, Demut und Bescheidenheit veränderten das Leben von Johannes von heute auf morgen. Von nun an widmete er sich nur noch der Krankenpflege und gründete bald darauf sein Spital in Granada, das in die Geschichte eingehen sollte.

Johannes von Gott starb an seinem 55. Geburtstag, am 8. März 1550, in Granada. Die Reliquien des 1691 von

Papst Alexander VIII. kanonisierten Ordensgründers werden heute in der nach ihm benannten Kirche seines Ordens in Granada verehrt.

Darstellung: Johannes von Gott gehört zu den oft abgebildeten Kirchenpersönlichkeiten. Die Darstellungsformen sind zahlreich; so sieht man den Ordensgründer mit Körben, Sack oder Töpfen, in denen er für seine Kranken Almosen sammelte; oft hält er ein Kruzifix und einen Rosenkranz in Händen. Es gibt auch Darstellungen, auf denen Johannes von Gott das Jesuskind trägt, das einen Granatapfel hält (als Symbol für die Stadt Granada). Manchmal hat er auch eine Dornenkrone auf dem Haupt.

Julianus von Toledo

Erzbischof von Toledo
geboren: um 652 in Spanien
gestorben: 8. März 690 in Toledo, Spanien

9. März

Brun(o) von Querfurt

Erzbischof, Märtyrer OSB
geboren: um 974 in Querfurt, Sachsen
gestorben: 9. März 1009(?) in Braunsberg, Polen
Patron von Preußen

Bruno (Brun), der 1004 im Alter von erst 30 Jahren zum Erzbischof von Magdeburg ernannt worden war, widmete sich besonders der Bekehrung der Slawen, weshalb man ihm den Beinamen „Bonifatius" gab. Er verkündete das Wort Gottes vor allem in Siebenbürgen, Westrußland und dann in Preußen. Auch „2. Apostel Preußens" (nach Adalbert von Prag) nannte man ihn deshalb. Bei der Ausübung seiner Missionstätigkeit erlitt Bruno wahrscheinlich am 9. März 1009 (oder 14. März?) zusammen mit 18 Gefährten in Braunsberg östlich von Danzig den Martertod. Bruno ging als eine der herausragenden Missionspersönlichkeiten in die Geschichte ein.

Verehrung/Brauchtum: Früher wurden in Querfurt am dritten Tag nach Ostern Tonfiguren verkauft, die Bruno mit Reisesack, auf einem Esel reitend, zeigten.

Darstellung: Bruno ist als Reiter auf einem Esel mit einem Sack dargestellt. Oft ist aber auch die Szene seines Martyriums abgebildet: Zwei Männer schlagen ihm mit Beilen die Füße und Hände ab.

Dominikus Savio

Schüler Don Boscos
geboren: 2. April 1842 in Riva di Chieri, Italien
gestorben: 9. März 1857 in Mondonio d'Asti, Italien
Patron der nach ihm benannten Jugendgruppen in verschiedenen Ländern; der katholischen Jugend, vor allem in Zentralamerika; der Sängerknaben (seit 1956)

„Schon in diesem Leben mit reichen Gnadengaben erfüllt, verließ er frühzeitig diese Erde, um mit der Fürbitte der Himmelskönigin den Lohn für seine kindliche Gottesliebe zu empfangen." Diese Worte sprach Papst Pius XII. anläßlich der Heiligsprechung von Dominikus Savio am 12. Juni 1954. Der Junge war im Alter von zwölf Jahren in das Turiner Oratorium von Don Bosco gekommen, nachdem er schon seit frühester Kindheit eine große religiöse Reife bewiesen hatte. Auch während seiner Schulzeit bei Bosco zeigte Dominikus einen leidenschaftlichen Drang nach christlicher Vollkommenheit und einen heroischen Bußgeist. Er wurde zum Vorbild für alle seine Kameraden. Noch nicht 15jährig, starb Dominikus Savio am 9. März 1857, beigesetzt wurde er in der Maria-Hilf-Basilika in Turin. Die Seligsprechung erfolgte 1950.

Dominikus Savio. Der Schüler Don Boscos wurde in Turin beigesetzt.

Eugenia Maria von Jesus (Marie-Eugénie Milleret)

Ordensgründerin
geboren: 26. August 1817 in Metz, Frankreich
gestorben: 9. März 1898 in Paris-Auteuil, Frankreich

Eugenia Maria von Jesus, die mit bürgerlichem Namen Marie-Eugénie Milleret hieß, war 1834 die Gründerin der „Schwestern von der Himmelfahrt", der Assumptionistinnen. Die Gemeinschaft, die sich zur christlichen Erziehung von Mädchen zusammengeschlossen hatte, wurde 1867 erstmals approbiert und 1888 endgültig bestätigt. Trotz nicht unerheblicher Schwierigkeiten verbreiteten sich die Assumptionistinnen bis heute in ganz Europa und Amerika sowie auf den Philippinen. Die Seligsprechung von Eugenia Maria von Jesus erfolgte am 9. Februar 1975.

Franziska Romana

Ordensgründerin, Mystikerin
geboren: 1384 in Rom, Italien
gestorben: 9. März 1440 in Rom
Patronin von Rom; der Frauen; der Autofahrer (seit 1925)

Über den Ruinen des antiken Tempels der Venus und Roma, direkt beim Forum Romanum an der Via dei Fori Imperiali in Rom, erhebt sich die Kirche S. Francesca Romana, ein Bau aus dem 10. Jh. Von außen fällt der schöne romanische Glockenturm aus dem 13. Jh. auf, das Bemerkenswerte im Inneren ist – neben zwei eingemauerten Steinen mit angeblichen Knieabdrücken des betenden Apostels Petrus – die Krypta. In ihr wird in einem Schrein der Leichnam der heiligen Franziska Romana aufbewahrt. Die Kirche hieß ursprünglich S. Maria Nuova und wurde im frühen 17. Jh. der Ordensgründerin geweiht.

Glasschrein mit den bekleideten Gebeinen der Franziska Romana in der Kirche S. Francesca Romana in Rom.

Franziska wurde 1384 als Tochter einer adeligen Familie geboren und wollte bereits mit elf Jahren in ein Kloster eintreten. Ihre Eltern verboten dies jedoch, und sie fügte sich widerwillig. Schon bald darauf wurde sie mit Lorenzo de Ponziani verheiratet. In den folgenden 40 Ehejahren war sie eine treusorgende Ehefrau und Mutter ihrer sechs Kinder.

Als Franziskas Mann, mit dem sie in den letzten zwölf Jahren in enthaltsamer Ehe gelebt hatte, 1436 starb, wurde sie zur Oberin der von ihr bereits 1425 gegründeten „Nobili Oblati di Tor de' Specchi" gewählt, einer klösterlichen Vereinigung, die als weiblicher Zweig des Olivetanerordens entstanden war. Die Gemeinschaft widmete sich karitativen Tätigkeiten. Bis zu dem Tag ihres endgültigen Eintritts in den Orden hatte Franziska Romana ihm als Oblata angehört. Erwachsene Oblaten sind Menschen, die sich und ihre Dienste einem Kloster weihen und ein jederzeit lösbares Gehorsamsgelöbnis ablegen. Franziska war mit hohen mystischen Gaben gesegnet und stand in ständigem geistigen Kontakt mit ihren Schutzengeln. Sie galt als außergewöhnliche Persönlichkeit und war der Mittelpunkt von Hilfe- und Ratsuchenden.

Franziska Romana starb am 9. März 1440 in Rom und wurde in der damals noch S. Maria Nuova heißenden Kirche bestattet. Papst Pius XI. ernannte die Heilige 1925 neben Christophorus und Elias zur Schutzpatronin der Autofahrer. Bereits 1608 war die Ordensgründerin von Papst Pius V. heiliggesprochen worden.

Darstellung: Schöne Darstellungen der Franziska Romana sind im römischen Kloster Tor de' Specchi – nach dem die Gemeinschaft benannt ist – zu sehen; so zeigt die Ordensgründerin auf einem Fresko aus dem 15. Jh. auf ein Buch, neben ihr steht ein Schutzengel. Das Buch ist das wichtigste Attribut, mit dem die Ordensgründerin abgebildet wird; manchmal hält es auch der Schutzengel. In späteren Darstellungen wird Franziska Romana oft auch mit dem Jesuskind gezeigt.

Gregor von Nyssa

Bischof, Kirchenvater
geboren: um 340 in Cäsarea, Kappadokien, heute Türkei
gestorben: um 394 in Sebaste(?), heute Sivas, Türkei

Zusammen mit seinem Bruder Basilius sowie Gregor von Nazianz dem Jüngeren gehört der Kirchenvater Gregor von Nyssa zu den „Drei Kappadokiern". Von den beiden späteren Kirchenlehrern war er dazu bewogen worden, sich in ein von Basilius gegründetes Kloster am Schwarzen Meer zurückzuziehen und asketisch zu leben. Im Jahr 371 weihte ihn Basilius, der seit 370 Metropolit von Kappadokien war, zum Bischof von Nyssa (heute Türkei).

Nachdem er einige Jahre wegen Veruntreuung von Finanzen seiner Diözese in der Verbannung hatte leben müssen, wurde Gregor von Nyssa im Jahr 380 zum Metropoliten von Sebaste, dem heutigen Sivas in der Türkei, ernannt. Gregor war ein erbitterter Gegner des Arianismus und verfaßte während seines Lebens zahlreiche Schriften und Bücher zur Verteidigung des christlichen Glaubens. Das „Große katechetische Gebet" gilt als sein Hauptwerk. Gregor von Nyssa starb um 394. Über seine Begräbnisstätte ist nichts bekannt. Im Iwironkloster (Athos) wird eine für sein Haupt gehaltene Reliquie gezeigt.

Verehrung/Brauchtum: In der byzantinischen Kirche gilt der 10. Januar als Gedenktag für den Kappadokier Gregor von Nyssa, in der koptischen Kirche der 14. Oktober und der 22. November.

Darstellung: Bilder von Gregor von Nyssa gibt es fast ausschließlich im Osten und in Rußland und der Ukraine. Er ist dabei als griechischer Bischof mit Omophorion (liturgisches Würdezeichen, dem lateinischen Pallium entsprechend) und Evangelienkodex zu sehen. Oft wurde Gregor von Nyssa mit anderen Bischöfen wie Basilius und Johannes Chrysostomus abgebildet, so auf einem Mosaik aus dem 11. Jh. in der Sophienkathedrale in Kiew.

Gegenüberliegende Seite: Gregor von Nyssa. Stich nach einer Zeichnung von Domenichino aus dem 15. Jh. Gregor gehörte zu den sogenannten „Drei Kappadokiern".

Katharina von Bologna

Äbtissin, Mystikerin OSCI
geboren: 8. September 1413 in Bologna, Italien
gestorben: 9. März 1463 in Bologna

Katharina wurde 1456 die erste Äbtissin des neugegründeten Klarissenklosters in Bologna. Die mystisch begnadete Ordensfrau hatte bereits 1438 das Werk „Die sieben geistlichen Waffen" geschrieben, das sich mit den Erfahrungen aus den erlebten Visionen befaßte. Bekannt wurde Katharina auch als Miniaturenmalerin und als Dichterin lateinischer und italienischer Hymnen. Bis heute ruht der unverweste Leichnam der Klarissin in der Kapelle ihres Klosters in Bologna. Katharina von Bologna wurde 1712 heiliggesprochen.

Die vierzig Märtyrer von Sebaste

geboren: 3./4. Jh.
gestorben: um 320 in Sebaste, heute Türkei

Die vierzig christlichen Soldaten der sogenannten Donnerlegion wurden wegen ihres Glaubens in der Zeit der Verfolgung unter Kaiser Licinius um das Jahr 320 zum Tod durch Erfrieren verurteilt. In Sebaste mußten sie in einer eisigen Winternacht nackt auf einem Platz und auf einem zugefrorenen Teich stehen. Nachdem sie gestorben waren – nur einer war von seinem Glauben abgefallen und hatte sich damit gerettet – verbrannten die Christenverfolger ihre Körper. Christen bargen die Überreste, wodurch Reliquien der Märtyrer in alle Welt gelangten.

Barbara Pfister

Mystikerin TOF
geboren: 1. September 1867 in Wattenheim, Rheinland-Pfalz
gestorben: 9. März 1909 in Speyer, Rheinland-Pfalz

Barbara Pfister empfing 1890 im Alter von 22 Jahren die Stigmata des Herrn und hatte von diesem Tag an schlimmste Verleumdungen zu ertragen. 1897 trat sie in das Kloster der Barmherzigen Schwestern in Speyer ein, wo sie regelmäßig die Passion Christi erlebte. Heroisch erduldete sie ihr Schicksal bis zu ihrem Tod; sie starb 41jährig in ihrem Kloster.

10. März

Attala

Abt von Bobbio
geboren: 6. Jh.
gestorben: 10. März 627 in Bobbio, Italien

Gustav

Einsiedler
geboren: um 810 in Schweden
gestorben: 10. März 890 in Nordschweden

Johannes de Cellis

Einsiedler OSB
geboren: um 1310 in Florenz, Italien
gestorben: um 1396 bei Florenz

Johannes de Cellis war ein zu seiner Zeit bekannter Humanist und Mönch des Vallombrosanerordens im Kloster S. Trinità in Florenz. Im Jahr 1349 wurde er zum Abt ernannt, mußte sich jedoch wegen eines Vergehens vor der Wahl vor Gericht verantworten und wurde zu einem Jahr Gefängnis verurteilt. Danach lebte Johannes streng asketisch als Einsiedler in einer Höhle in der Nähe des Klosters Vallombrosa in der Provinz Florenz. Mit Katharina von Siena stand er in Briefwechsel. Johannes de Cellis starb zwischen 1394 und 1400, sein Gedenktag wurde auf den 10. März gelegt.

Johannes Ogilvie

Priester, Märtyrer SJ
geboren: um 1580 in Drum, Schottland
gestorben: 10. März 1615 in Glasgow, Schottland

Johannes (John) Ogilvie war der erste Märtyrer des Jesuitenordens in Schottland. Er wurde in Glasgow gehängt und gevierteilt.

Ogilvie war um das Jahr 1580 im schottischen Drum als Sohn eines Calvinisten zur Welt gekommen. Sein Vater war Hofbeamter bei Maria Stuart. Nach dem Besuch zahlreicher hervorragender Schulen, unter anderem in Regensburg, konvertierte Johannes 17jährig zum katholischen Glauben. Er wurde Schüler des Päpstlichen Seminars in Olmütz und trat schließlich 1599 dem Jesuitenorden bei. Zehn Jahre wirkte Johannes Ogilvie dann in Österreich, hauptsächlich in Wien und Graz. Im Jahr 1610 empfing er in Paris die Priesterweihe. Ein Jahr später sah Johannes endlich seine Heimat wieder. Heimlich war er nach Schottland eingereist und wohnte in Edinburgh im Haus eines Rechtsanwalts, dessen Sohn er unterrichtete. Immer wieder besuchte er gefangengehaltene Katholiken in den Gefängnissen.

Im Jahr 1614 wurde Johannes Ogilvie verraten und in Glasgow verhaftet. Die Anweisung dazu hatte der protestantische Erzbischof Spottiswood gegeben. Im Kerker wurde der mutige Katholik, der es immer und immer wieder ablehnte, seinem Glauben abzuschwören, auf das grausamste gefoltert. Damit wollte man auch erreichen, daß Johannes Ogilvie die Namen weiterer Katholiken bekanntgab. Er schwieg jedoch.

Es gelang Johannes, im Gefängnis einen Bericht über seine Verhaftung und seine Martern zu verfassen, der von Augenzeugen vervollständigt und nach draußen geschmuggelt wurde. Das erschütternde Werk trägt den Titel „Relatio incarcerationis".

Papst Paul VI. sprach Johannes Ogilvie, den ersten Märtyrer des Jesuitenordens in Schottland, heilig.

In einem Gerichtsverfahren wurde Johannes Ogilvie schließlich wegen Hochverrats zum Tod durch Erhängen verurteilt. Noch einmal bot man ihm Freiheit und Wohlstand an, falls er doch noch den katholischen Glauben aufgeben würde. Johannes verweigerte dies und wurde am 10. März 1615 in Glasgow öffentlich gehängt.

Papst Paul VI. sprach den Märtyrer Johannes Ogilvie am 17. Oktober 1976 heilig.

Makarios I. von Jerusalem

Bischof
geboren: 3. Jh. in Jerusalem(?)
gestorben: 334 in Jerusalem

Bischof Makarios I. von Jerusalem, der sein Amt 313 angetreten hatte, kam große Bedeutung zu, da er das Grab Christi in Jerusalem auffand. Von Kaiser Konstantin dem Großen erhielt der Kirchenmann daraufhin den Auftrag, die Grabeskirche erbauen zu lassen. Es gibt Überlieferungen, die sagen, Makarios habe auch das Kreuz Jesu Christi identifiziert. Nach 20jähriger Regierungszeit starb Makarios I. im Jahr 334.

Simplicius

Papst (468 bis 483)
geboren: 5. Jh. in Rom, Italien
gestorben: 10. März 483 in Rom

Wirnto

Abt von Formbach OSB
geboren: 11. Jh.
gestorben: 10. März 1127 in Formbach, Bayern

11. März

Heinrich Hahn

Gründer
geboren: 29. August 1800 in Aachen, Nordrhein-Westfalen
gestorben: 11. März 1882 in Aachen

Heinrich Hahn, „Apostel im Laienkleid" genannt, war der Hauptbegründer des Xaveriusvereins auf deutschem Boden. Der Missionsunterstützungsverein zur Glaubensverbreitung war 1822 in Lyon in Frankreich gegründet worden. Hahn, am 29. August 1800 in Aachen geboren, bemühte sich ab 1834 um die Organisation in Deutschland. Der Arzt, der sich sein Leben lang intensiv um soziale und karitative Bereiche kümmerte, erreichte 1837 die Genehmigung für eine Bruderschaft des heiligen Franz Xaver, und 1842 erhielt der Franziskus-Xaverius-Verein die kirchliche und staatliche Genehmigung. Von Aachen aus breitete sich die Organisation schnell über die übrigen deutschen Bistümer aus. Heinrich Hahn, der später auch als Stadtrat und preußischer Landtagsabgeordneter tätig war, stand schon zu Lebzeiten im Ruf der Heiligkeit. Er starb am 11. März 1882 in Aachen.

Johannes Baptista Righi

Priester, Einsiedler OFM
geboren: 1469 in Fabriano, Italien
gestorben: 11. März 1539 bei Ancona, Italien

Johannes Baptista Righi kam im Jahr 1469 in dem Städtchen Fabriano in der Provinz Ancona, unweit der Adriaküste, als Sohn einer adligen Familie zur Welt. Das weltliche Leben machte ihm bereits in jungen Jahren keine Freude. So empfing er schon mit 15 Jahren die Priesterweihe und trat bald darauf in den Franziskanerorden ein. Aber auch das Leben als Mönch war nicht das, was Johannes anstrebte. Er wollte sich ganz im Verborgenen Gott widmen und zog sich in eine einsame Gegend bei Ancona zurück. Dort lebte er bis zu seinem Tod am 11. März 1539, wirkte im Stillen als Seelsorger und kümmerte sich besonders um Kranke in Not. Nachdem Johannes Baptista Righi gestorben war, geschahen zahlreiche Wunder, die mit seiner Person in Zusammenhang standen. Righis Kult wurde 1903 approbiert.

Rosina

Jungfrau, Märtyrerin
gestorben: in Wenglingen im Allgäu, Bayern

Über Leben, Herkunft und Tod von Rosina weiß man nichts; sicher ist nur, daß in Wenglingen im Allgäu bereits seit 1679 eine Kapelle steht,

Heinrich Hahn, Gründer des Päpstlichen Werkes der Glaubensverbreitung, heute Missio Aachen; es ist gemeinsam mit Missio München das größte Missionswerk der Welt.

die Rosina geweiht ist. Sie soll Jungfrau und Märtyrerin gewesen sein, manchmal wird sie auch als Einsiedlerin bezeichnet.

Darstellung: Abgebildet wird Rosina als junge Märtyrerin mit Palme, Kreuz, Lilie und Schwert. Auf dem Altargemälde in der Kapelle zu Wenglingen wird sie zusätzlich noch mit Rosen dargestellt.

Sophronius von Jerusalem

Patriarch von Jerusalem
geboren: 6. Jh. in Damaskus, Syrien
gestorben: 11. März 638
in Jerusalem

Ulrich von Kaisheim

Abt von Kaisheim OCist
geboren: um 1100 in Deutschland
gestorben: 11. März 1165 in Kaisheim, Bayern

12. März

Engelhard

Mönch OFM
geboren: 12. Jh. in Italien
gestorben: um 1230 in Oxford, England

Engelhard war einer der ersten Gefährten von Franz von Assisi und ging für den neugegründeten Franziskanerorden nach England. Als er um das Jahr 1230 in Oxford starb, galt er im Volk als Heiliger.

Fina

Jungfrau
geboren: 1238 in San Gimignano, Italien
gestorben: 12. März 1253 in
San Gimignano
Patronin von San Gimignano

In San Gimignano, dem bekannten Städtchen in der Toskana, das durch seine 13 noch erhaltenen Geschlechtertürme Weltberühmtheit erlangte, ist Fina die Stadtpatronin. Sie wird noch heute, über 750 Jahre nach ihrem Tod, hoch verehrt. Fina wird „die Heilige mit den Levkojen" genannt, da diese Blumen angeblich an ihrem Todestag im März auf den Stadttürmen und auf ihrem Sarg aufgeblüht sind.

Tod der Fina. Fresko von Domenico Ghirlandaio in der Cappella S. Fina im Dom von San Gimignano. In dem bekannten Toskana-Ort wird Fina bis heute hoch verehrt und als Patronin angerufen.

Fina kam als Tochter einer sehr armen Familie im Jahre 1238 in San Gimignano zur Welt. Obwohl sie selbst fast nie richtig zu essen hatte, gab sie ihr Weniges noch an die Armen ab. Sie ertrug Leiden und Krankheiten mit heroischer Geduld und Sanftmut und führte in ihrem armseligen Elternhaus ein klösterliches Leben. Bereits mit 15 Jahren starb Fina am 12. März 1253. Schon zu Lebzeiten war sie wie eine Heilige verehrt worden. Ihre letzte Ruhestätte fand sie im Dom von San Gimignano. Im rechten Seitenschiff beim Eingang ist ihr die Kapelle S. Fina geweiht. Der bekannte Baumeister Giuliano da Maiano erbaute sie 1468, sein Neffe Benedetto Maiano schuf den feinskulptierten Altar aus Marmor und Alabaster (1475).

Darstellung: Die Darstellung Finas – ebenso wie die Verehrung – ist auf San Gimignano beschränkt. Einzigartig sind die Fresken (1473) mit Szenen aus dem Leben der Stadtpatronin, die der berühmte Maler Domenico Ghirlandaio im Dom von San Gimignano schuf. Die 16 Bilder am Tabernakel in der Fina-Kapelle schuf Lorenzo di Niccolo di Pietro Gerini (1402). In der Kirche S. Agostino in San Gimignano ist darüber hinaus ein schönes Fresko von Benezzo Gozzoli mit einer Darstellung Finas zu sehen.

Innozenz I.

Papst
geboren: 4. Jh. in Albano
bei Rom, Italien
gestorben: 12. März 417 in Rom

Innozenz I., wahrscheinlich im Jahr 402 als Nachfolger von Anastasius I. auf den Stuhl Petri gewählt, war es, der mit dem Westgotenkönig Alarich I. verhandelte, seinen Plünderungszug durch Rom im Jahr 410 aber nicht verhindern konnte. Man zählt Innozenz zu den bedeutendsten Päpsten des 4. und des 5. Jh. Er war der erste Nachfolger von Petrus, der sich auch politisch betätigte. Innozenz I. verteidigte energisch die Vormachtstellung der römischen Kirche und forderte, daß sämtliche wichtigen Kirchenangelegenheiten vor den Papst gebracht und von ihm entschieden werden sollten. Vergeblich allerdings bemühte sich Innozenz I. in einer anderen Angelegenheit: Als Johannes Chrysostomus, Patriarch von Konstantinopel, auf der sogenannten „Eichensynode" im Jahr 403 von Gegnern abgesetzt und danach vom Kaiser in die Verbannung geschickt wurde, trat der Papst, zusammen mit vielen Vertretern des Abendlandes,

Trotz eindringlicher Verhandlungen konnte Papst Innozenz I. Westgotenkönig Alarich und sein Heer im Jahr 410 nicht von einem Plünderungszug durch Rom abhalten. Das Gemälde zeigt den Westgoten-Einfall.

laut für die Wiedereinsetzung des zu Unrecht Verbannten ein. Das Wort aber verhallte ungehört. Chrysostomus, der schließlich sogar noch verschleppt wurde, erlag 407 seinen Mißhandlungen. Zehn Jahre später, am 12. März 417, starb Papst Innozenz I. in Rom. Über die Beisetzungsstätte ist nichts überliefert.

Darstellung: Meist zeigen Abbildungen den Papst mit einem Engel, der ihm die Krone bringt.

Justina Francucci Bezzoli

Nonne, Einsiedlerin OSB
geboren: 13. Jh. in Arezzo(?), Italien
gestorben: 12. März 1319 in Arezzo
Kult approbiert 1890

Paulus Aurelianus

Missionar, Klosterbischof
geboren: 5. Jh. in Wales
gestorben: um 573 in der Bretagne, Frankreich

Der Waliser Missionar Paulus Aurelianus kam um das Jahr 511 in die Bretagne und errichtete dort im Westen zahlreiche Klöster und Kirchen. Im Jahr 530 wurde er zum Klosterbischof ernannt. Er starb um 573; seine Gebeine wurden im 10. Jh. in die Benediktinerabtei Fleury im Bistum Orléans übertragen, sind aber verschollen.

Verehrung/Brauchtum: Der Kult von Paulus Aurelianus war vor allem im Westen und Nordwesten von Frankreich lange Zeit sehr verbreitet.

Petrus Diaconus

Mönch, Kardinaldiakon
geboren: 6. Jh. in Rom(?), Italien
gestorben: um 605 in Rom

Petrus Diaconus war der engste Freund des großen Papstes Gregor I. Er war Mönch im Andreaskloster in Rom und später auf Sizilien. Nachdem er danach als Subdiakon der römischen Kirche in Kampanien gewirkt hatte, wurde er schließlich zum Kardinaldiakon geweiht. Auf Bitten von Petrus Diaconus schrieb Gregor I. seine berühmten „Dialoge". Der Kult des Kardinaldiakons, der um das Jahr 605 starb, wurde 1866 approbiert. Die Grabstätte von Petrus Diaconus, der zunächst neben Gregor beigesetzt wurde, befindet sich heute in der Kirche von Salussola in der italienischen Provinz Biella.

Simeon der Neue Theologe

Abt, Schriftsteller
geboren: 949 in Galate, Türkei
gestorben: 12. März 1022 in Kleinasien, Türkei

Simeon, der später den Beinamen „der Neue Theologe" erhielt, war Priester und wurde 981 Abt des Mamas-Klosters in Konstantinopel. Nach Angriffen gegen seine Person trat er 1005 zurück. Später wurde er verbannt, bald darauf wieder zurückgerufen. Er aber blieb freiwillig in seiner Abgeschiedenheit, wo er ein großes Schrifttum verfaßte. Simeon der Neue Theologe starb am

12. März 1022. Er hinterließ ein umfangreiches Werk von 58 Hymnen, 34 Katechesen und 225 Aphorismen. Bis heute gilt Simeon als einer der größten Schriftsteller und Mystiker der byzantinischen Zeit.

Theophanes Confessor

Abt
geboren: um 765 in Konstantinopel, heute Istanbul, Türkei
gestorben: 12. März 817 in Konstantinopel

Der Abt Theophanes Confessor setzte die Chronik seines Freundes Synkellos fort, die eine der wichtigsten Quellen der byzantinischen Geschichte ist.

13. März

Eldrad

Abt von Novalese OSB
geboren: 8. Jh. in Frankreich
gestorben: 13. März um 840 in Novalese, Italien
Kult approbiert 1702, 1821 und 1903

Gerald von Mayo

Abt OSB
geboren: um 642 in England
gestorben: 13. März 732 in Mayo (Mag nEo), Irland
Patron gegen die Pest

„Abt der Sachsen von Mayo“ wurde Gerald genannt, weil er in der Grafschaft Mayo (Mag nEo) in Irland ein eigenes Kloster für die Angelsachsen gegründet hatte, das er als Abt leitete. Der Grund für die Stiftung: Zwischen den Iren und den Angelsachsen gab es Streit. Gerald stammte aus England und war unter Koloman zunächst Benediktinermönch im englischen Kloster Lindisfarne geworden.

Um Gerald von Mayo gibt es eine außergewöhnliche Legende, die erklärt, warum er als Pestpatron verehrt wurde. Um das Jahr 665 soll eine Hungersnot geherrscht haben; das Volk aber wollte statt Hunger lieber die Pest ertragen und forderte Gerald auf, Gott darum zu bitten. Als Gerald sich weigerte, dieser furchtbaren Aufforderung nachzukommen, flehte das Volk selbst zu Gott. Die Pest brach tatsächlich aus, zwei Drittel der Bevölkerung starb an der Seuche. Jene, die überlebten, sollen unter dem Mantel Geralds, der immer größer wurde, Schutz gefunden haben.

Darstellung: Gerald wird als Abt dargestellt wie er Hilfesuchenden unter seinem Mantel Schutz bietet.

Leander von Sevilla

Erzbischof OSB
geboren: um 540 in Cartagena, Spanien
gestorben: 13. März 600 in Sevilla, Spanien
Patron von Sevilla; wird angerufen gegen Rheumatismus

Leander wurde als Sohn einer römischen Familie um das Jahr 540 im damals byzantinischen Cartagena (heute Südspanien) geboren. Sein jüngster Bruder war der berühmte Isidor von Sevilla, der im 18. Jh. zum Kirchenlehrer ernannt wurde. Nachdem Leander nach Sevilla übergesie-

Leander von Sevilla. Der Erzbischof hält das Pergament mit der Inschrift „Credite o gothi consubstantialem patri“ in der Hand; es waren die Worte, mit denen Leander stets die göttliche Natur Christi verteidigte.

delt war, trat er in ein Benediktinerkloster ein. Als Mönch übte er bald großen seelischen Einfluß auf den jungen heidnischen Königssohn Hermenegild aus. Als dieser zum katholischen Glauben übertrat und sich taufen ließ, verbannte sein heidnischer Vater Leovigild Leander aus dem Land.

Leander zog daraufhin an den Hof in Konstantinopel, um dort für Hermenegild ein gutes Wort einzulegen. In Konstantinopel freundete er sich mit dem ebenfalls dort weilenden späteren Papst Gregor dem Großen an. Um 583 konnte Leander nach Sevilla zurückkehren und wurde wahrscheinlich 584, noch unter der Herrschaft von König Leovigild, zum Erzbischof von Sevilla geweiht.

Während seiner Amtzeit gelang es Leander, viele Westgoten zum katholischen Glauben zu bekehren, so auch deren König Rekkared. Auch als Verfasser von zwei Büchern gegen den Arianismus machte sich der Erzbischof einen Namen. Für seine erfolgreichen Bemühungen um die Bekehrung von Arianern erhielt Leander im Jahr 599 von dem 590 zum Papst gewählten Gregor I. das Pallium.

Leander starb am 13. März 600. Sein Nachfolger auf dem Erzbischofstuhl von Sevilla wurde sein Bruder Isidor, der das Andenken an Leander bewahrte.

Von Bischof Leander sind bis heute eine vollständige Nonnenregel in 21 Kapiteln sowie eine Lobrede auf die Kirche, gehalten auf dem Konzil von Toledo, erhalten.

Darstellung: Erzbischof Leander ist mit Buch und Schreibfeder abgebildet, manchmal auch mit einem Herzen; auch mit seinen drei Geschwistern wurde er häufig dargestellt.

Petrus II. von La Cava

Abt von La Cava OSB
geboren: 12. Jh.
gestorben: 13. März 1208 in La Cava, Italien
Kult approbiert 1928

Roderich und Salomon

Märtyrer zu Córdoba
geboren: 9. Jh. in Spanien
gestorben: 13. März(?) 857 in Córdoba, Spanien

14. März

Einhard

Klostergründer
geboren: um 770 im Maingau
gestorben: 14. März 840 in Seligenstadt, Hessen

Einhard ging als Biograph von Karl dem Großen in die Geschichte ein („Leben und Taten Karls des Großen"). Er gehörte dem Gelehrtenkreis an, den Karl um sich versammelt hatte, und kannte die wichtigsten Persönlichkeiten seiner Zeit. Ludwig der Fromme schenkte Einhard nach dem Tod Karls mehrere Klöster. Einhard zog sich 830 in die zwei Jahre zuvor von ihm in Seligenstadt gegründete Benediktinerabtei zurück, wo er zehn Jahre später starb. Noch heute heißt die ehemalige Benediktinerabteikirche, in der Einhard beigesetzt wurde, Einhartsbasilika; sie ist die größte erhaltene Basilika aus der Karolingerzeit.

Jakob Capoccio

Erzbischof von Neapel OESA
geboren: 13. Jh. in Viterbo, Italien
gestorben: 14. März 1308 in Neapel, Italien
Kult bestätigt 1911

Herzog Heinrich von Sachsen wirbt um Mathilde. Nach einer Zeichnung von Ferdinand Loeke (19. Jh.).

Leobin von Chartres

Bischof OSB
geboren: 6. Jh.
gestorben: 14. März 557 in Chartres, Frankreich

Leobin (Lubin) war in seiner Jugend Hirte der elterlichen Rinderherden bei Poitiers in Frankreich. Zu jener Zeit konnte er weder lesen noch schreiben. Ein Mönch aus einem nahegelegenen Kloster nahm sich seiner an, unterrichtete ihn und führte ihn schießlich zum Mönchtum. Nach mehreren Jahren Einsiedlerlebens empfing Leobin die Priesterweihe und wurde Abt des Klosters Brou in der Nähe von Chartres. 544 ernannte König Childebert ihn zum Bischof von Chartres. Schon zu Lebzeiten wurde Leobin ein Heiliger genannt; sein Leben und sein seelsorgerischer Einsatz waren beispielhaft. Er starb am 14. März 557 in Chartres und wurde in der dortigen Katherale beigesetzt. Heute ist jedoch nur noch sein Haupt erhalten.

Mathilde (Mechthild)

Königin
geboren: um 895 in Enger, Sachsen
gestorben: 14. März 968 in Quedlinburg, Sachsen-Anhalt

Mathilde, als Tochter hochadliger Eltern um 895 in Enger in Sachsen geboren, heiratete im Jahr 909 Herzog Heinrich, den späteren König Heinrich I. Sie schenkte fünf Kindern das Leben, unter ihnen der spätere Kaiser Otto I. und sein Bruder Bruno, der 953 Erzbischof von Köln wurde. Nach dem Tod ihres Ehemannes im Jahr 936 widmete sich Königin Mathilde den Werken der Nächstenliebe. Sie half Armen und Leidenden, unterstützte kirchliche Einrichtungen und ging schließlich als Stifterin der Klöster Quedlinburg, Nordhausen, Enger und Pöhlde in die Geschichte ein. Gerühmt wurden ihre Klugheit und ihre Weltoffenheit.

Königin Mathilde starb am 14. März 968 in ihrer Klostergründung Quedlinburg im Harz. Beigesetzt wurde sie in der Stiftskirche, der großen romanischen Basilika auf dem Schloßberg. In der schönen Krypta hat auch Mathildes Ehemann Heinrich I. nach seinem Tod seine letzte Ruhestätte gefunden.

Darstellung: Die deutsche Königin ist auf Bildern und in Statuen in königlichen Gewändern zu sehen, oft mit einem Kirchenmodell, manchmal auch Almosen austeilend. Ein Kirchenmodell hat sie auch bei einer Skulptur aus dem frühen 16. Jh. in St. Stephan in Wien bei sich.

Paulina von Thüringen

Klostergründerin, Reklusin OSB
geboren: 11. Jh. in Thüringen
gestorben: 14. März 1107 in Münsterschwarzach, Bayern

Nachdem ihr Ehemann gestorben war, zog sich Paulina zusammen mit mehreren Freundinnen in die Abgeschiedenheit des Thüringer Waldes zurück und gründete dort 1106 das Doppelkloster Paulinzelle (heute Paulinzella bei Gera). Sie besiedelte es mit Mönchen der berühmten Benediktinerabtei Hirsau im Schwarzwald. Paulina selbst lebte kurzzeitig als Reklusin in dem Frauenkloster. Im Jahr 1107 trat sie eine Reise nach Hirsau an, starb aber unterwegs am 14. März im Benediktinerkloster Münsterschwarzach bei Kitzingen in Franken. Paulinas Gebeine wurden 1122 in die zwischen 1112 und 1132 neu errichtete Basilika von Paulinzelle übertragen und in einem bemerkenswerten Hochgrab beigesetzt. Im Jahr 1525 wurde die Klosterkirche zerstört; eindrucksvolle Ruinen zeugen bis zum heutigen Tag von der Blüte des ehemaligen Klosters.

15. März

Klemens Maria Hofbauer

Priester CSSR
geboren: 26. Dezember 1751 in Taßwitz, Tschechien
gestorben: 15. März 1820 in Wien, Österreich
Patron von Wien (seit 1914); zweiter Schutzheiliger der Gesellenvereine (seit 1913)

„Apostel von Wien und Warschau" wurde er bereits zu Lebzeiten genannt, der frühere Bäckergeselle Klemens Maria Hofbauer, der eigentlich Johannes hieß und am 26. Dezember 1751 in Taßwitz in Mähren als Sohn eines Tschechen und einer Deutschen zur Welt gekommen war. Mit Unterstützung wohlmeinender Menschen konnte er in Wien ein Theologiestudium beginnen, das er 1784 in Rom vollendete. Im Jahr 1785 trat Klemens Maria Hofbauer als erster Deutscher in Rom dem 1732 von

Klemens Maria Hofbauer, „Apostel von Wien und Warschau" genannt, wird als zweiter Stifter der Redemptoristengemeinschaft verehrt; seine Gebeine befinden sich in Wien.

Alfons Maria di Liguori gegründeten Redemptoristenorden bei und empfing die Priesterweihe. Fast 20 Jahre war Hofbauer danach an einer Kirche in Warschau tätig. Er gründete Schulen und unterrichtete Theologen.

Nachdem Hofbauer zusammen mit mehreren anderen Patres 1808 von Napoleon des Landes verwiesen worden war, ließ er sich in Wien nieder, wo er bald zu einem geschätzten und bei der Bevölkerung beliebten Seelsorger wurde. Aufopferungsvoll kümmerte er sich um Kranke und Bedürftige und führte die Sitte der Hausbesuche ein. Ohne Angst predigte er von der Kanzel gegen die Aufklärung und wurde deshalb regelmäßig von der Polizei bespitzelt. Nicht unwesentlich beeinflußte Hofbauer

Maria am Gestade, die Grabeskirche von Klemens Maria Hofbauer in Wien.

auch die politischen Verhandlungen beim Wiener Kongreß in den Jahren 1814/1815. Darüber hinaus hatte der gebildete Kirchenmann großen Einfluß auf das Volk und die Studenten. In einer als „Hofbauer-Kreis" in die Geschichte eingegangenen Gesprächsgruppe befruchtete Hofbauer so bekannte Romantiker wie Brentano, von Eichendorff und Schlegel. Aus seinem engen Kontakt zur Kurie und selbst zum Papst ergab sich eine Ernennung zum Bischofskandidaten.

Nach einem erfüllten Leben starb Klemens Maria Hofbauer am 15. März 1820 in Wien und wurde zunächst auf dem „Romantikerfriedhof" in Maria Enzersdorf beigesetzt. Im Jahr 1862 übertrug man seine Gebeine in die Wiener Kirche Maria am Gestade. 1888 erfolgte die Seligsprechung Hofbauers, am 20. Juli 1909 die Heiligsprechung. Die Reliquien werden heute in einem goldenen Reliquienschrein unter einen modernen Steinaltar im Kirchenschiff von Maria am Gestade aufbewahrt.

Darstellung: Abgebildet wird Klemens Maria Hofbauer in der Kleidung der Redemptoristen, meist in Gebetshaltung, oft mit einem Rosenkranz.

Louise de Marillac

Ordensgründerin FdC
geboren: 12. August 1591 in Paris, Frankreich
gestorben: 15. März 1660 in Paris
Patronin aller Sozialarbeiter (seit 1960)

Sie ist die Schutzpatronin aller Sozialarbeiter und die Mitbegründerin der „Filles de la Charité", der Vinzentinerinnen: Louise de Marillac. Die Kongregation ist heute die größte religiöse Frauengenossenschaft in der Welt; ihre Mitglieder leisten aufopferungsvolle Arbeit im Dienst an Armen und Kranken.

Louise de Marillac war am 12. August 1591 in Paris zur Welt gekommen und hatte nach einer hervorragenden Ausbildung mit 21 Jahren geheiratet. Nach nur zwölfjähriger Ehe starb der Mann von Louise, und die junge Witwe war allein mit ihrem kleinen Sohn. In dieser Zeit der Trauer und Ungewißheit lernte Louise Vinzenz von Paul, den goßen Missionar und Erneuerer des religiösen Lebens in Frankreich, kennen. Vinzenz, zehn Jahre älter als Louise de Marillac, hatte im Jahr 1617 als Pfarrer eine Vereinigung von Bürgersfrauen ins Leben gerufen, die sich um die Betreuung von Alten, Kranken und Hilflosen kümmerte. Die Priester, die sich im Lauf der Jahre um den bewunderten Dorfpfarrer gesammelt hatten, gründeten danach überall, wo sie missionierten, neue Vereinigungen.

Vinzenz von Paul wurde zum Seelenführer und Vorbild für Louise de Marillac. Er wies der jungen Frau den Weg zur Caritas, durch ihn wurde sie zur Dienerin am Nächsten. Ihr

Louise de Marillac. Nach einem Gemälde von Gaspard Duchange.

ganzes weiteres Leben bestand aus Werken der Nächstenliebe. Louise wurde die treueste und eifrigste Mitarbeiterin von Vinzenz von Paul und gründete schließlich 1633 zusammen mit ihrem Lehrmeister in Paris die Kongregation der Barmherzigen Schwestern, deren erste Generaloberin sie wurde.

Trotz schwerer körperlicher und seelischer Leiden leitete Louise de Marillac das Mutterhaus in Paris 27 Jahre lang und opferte sich auf im Dienst am Nächsten. Am 15. März 1660 starb sie im Alter von 68 Jahren. Ihre Heiligsprechung erfolgte am 11. März 1934 durch Papst Pius XI.

Darstellung: Louise de Marillac wird meist in Witwenkleidung abgebildet, manchmal auch im Habit der Vinzentinerinnen.

Pius Keller

Provinzial OESA
geboren: 25. September 1825 in Ballinghausen, Bayern
gestorben: 15. März 1904 in Münnerstadt, Bayern

Restaurator des Augustinerordens in Deutschland wird der Priester Pius Keller genannt. Seinem unermüdlichen Eifer, seiner Opferbereitschaft und seinem heiligmäßigen Vorbild verdankt der Augustinerorden, der in Deutschland durch die Reformation und die Säkularisation fast vernichtet war, ein innerliches und äußerliches Wiederaufleben.

Pius Keller, am 30. September 1825 als Kind einfacher Bauern im unterfränkischen Ballinghausen geboren und auf den Namen Johannes getauft, war wenige Monate nach seiner Priesterweihe 1849 dem Augustinerorden beigetreten. Nicht einmal vier Jahre nach seinem Eintritt in das Kloster Münnerstadt wurde er zum Prior gewählt. Er blieb 53 Jahre lang Oberer, erst als Prior, dann als Generalkommissär aller deutschen Augustiner, schließlich als Provinzial der durch seine Verdienste neuerrichteten bayerisch-deutschen Augustinerprovinz. In seinen letzten Lebensjahren war Pius Keller dann wieder Prior in Münnerstadt.

Keller erneuerte die gesunkene Klosterzucht, gründete zahlreiche neue Klöster und errichtete das Münnerstädter Klosterseminar. Unermüdlich wirkte er auf der Kanzel und im Beichtstuhl. Sich selbst unterzog der Ordensmann strengsten Bußübungen. Bereits zu Lebzeiten hielten viele den Augustiner für einen Heiligen, was sich noch verstärkte nach dem Tod Kellers am 15. März 1904. Im Januar 1934 wurde in Würzburg der Seligsprechungsprozeß eröffnet, 1960 in Rom der Schriftenprozeß abgeschlossen. Pius Keller ist in der Münnerstädter Klosterkirche der Augustiner beigesetzt.

Pius Keller, Generalkommissar der Augustiner, ist in der Münnerstädter Klosterkirche beigesetzt.

Placidus Riccardi

Priester, Rektor OSB
geboren: 24. Juni 1844 in Trevi, Italien
gestorben: 15. März 1915 in Rom, Italien

Der Benediktiner Placidus (Tommaso) Riccardi war nach seiner Priesterweihe Abt-Vikar und Beichtvater eines Nonnenklosters und dann Rektor im Kloster Farfa in den Sabiner Bergen nördlich von Rom. In selbstloser Weise kümmerte er sich hier um das Wohl der Wallfahrer, weshalb er auch „Apostel der Sabiner“ genannt wurde. Schwer krank, das Los jedoch geduldig ertragend, verbrachte Placidus Riccardi die letzten Jahre bis zu seinem Tod am 15. März 1915 im Kloster S. Paolo fuori le mura in Rom, wo er 1866 dem Orden beigetreten war. Die Seligsprechung Riccardis erfolgte am 5. Dezember 1954.

Zacharias

Papst
geboren: 7. Jh. in Unteritalien
gestorben: 15. März 752 in Rom, Italien

Zacharias war der letzte griechische Papst, und dementsprechend galt die besondere Zuneigung des gebildeten, mildtätigen und im Volk überaus angesehenen kirchlichen Oberhauptes vor allem dem griechischen Osten. Zacharias bestieg den Stuhl Petri am 3. Dezember 741 und amtierte rund zehn Jahre. Über das Leben des Sohnes einer griechischen Familie aus Unteritalien vor der Papstzeit ist nichts bekannt. In die Geschichte ging Zacharias ein, weil er sich unermüdlich um den Frieden mit den Langobarden bemühte, die Italien zu jener Zeit besetzt hielten. Er erzielte dabei auch zahlreiche Erfolge. Darüber hinaus förderte der Papst das Wirken des Glaubensboten Bonifatius in Deutschland, das Verhältnis zu den Franken stärkte er.

Darstellung: In der Kirche S. Maria Antiqua in Rom ist Zacharias auf einem mittelalterlichen Fresko mit einem reich geschmückten Evangeliar abgebildet.

Papst Zacharias (741 bis 752), der letzte griechische Papst.

16. März

Abraham von Kiduna und Maria die Büßerin

geboren: 4. Jh.
gestorben: 4. Jh. in Kiduna, Türkei

Abraham lebte im 4. Jh. über 50 Jahre lang als Einsiedler in einer Hütte nahe der Stadt Kiduna (heute Türkei). Er machte sich einen großen Namen dadurch, daß er viele Heiden bekehrte. Auch seine Nichte Maria, die danach den Beinamen „die Büßerin" trug, konnte er auf den richtigen Weg bringen: Nach jahrelangem Zureden gab sie ihr Leben in einem Bordell auf und weihte sich Gott.

Heribert von Köln

Erzbischof
geboren: um 970 in Worms, Rheinland-Pfalz
gestorben: 16. März 1021 in Köln, Nordrhein-Westfalen
Patron von Deutz

Die Heribert-Kirche in Köln-Deutz ist heute die Stätte der Verehrung für Heribert, den großen Erzbischof der Stadt, dem das Gotteshaus geweiht wurde. Vier grauschwarze Marmorsäulen in der Apsis des wuchtigen Kirchenbaus tragen den kostbaren goldenen Schrein, der die Reliquien des Erzbischofs birgt.

Heribert, ein Sohn von Graf Hugo von Worms, wurde 994 im Alter von 24 Jahren als Dompropst Kanzler von Kaiser Otto III. für Italien, vier Jahre später auch für Deutschland. Heribert und Otto waren gute Freunde, Rat und Begleitung des 995 geweihten Priesters bedeuteten dem Kaiser viel. Im Jahr 999 wurde Heribert in Abwesenheit – er weilte in Italien – zum Erzbischof von Köln ernannt. Die Weihe empfing er am 9. Juli 999 in Benevent, in der Nähe von Neapel, von Papst Silvester II. Als Kaiser Otto III. im Jahr 1002 während einer Reise in Paterno bei Rom starb, war sein Freund Heribert an seiner Seite. Unter größten Gefahren und Schwierigkeiten brachte der Kölner Erzbischof danach den Leichnam Ottos und die Reichsinsignien nach Aachen. Sein Verhältnis zum Kaiser-Nachfolger Heinrich II. war von Beginn an schlecht. Die Folge war, daß bald nach Heinrichs Krönung Heribert als Kanzler zurücktrat. Obwohl ihm der Kaiser nicht wohlgesonnen war, achtete Heribert ihn und kam seinen Pflichten voll nach. In den letzten Jahren vor Heriberts Tod soll das Verhältnis zwischen den beiden Persönlichkeiten besser geworden sein.

Biographen berichten, daß Erzbischof Heribert von außergewöhnlicher Frömmigkeit und Freigebigkeit gegenüber Armen war. Klöster und kirchliche Einrichtungen wurden von ihm immer großzügig unterstützt. Am 16. März 1021 starb der große Kirchenmann; er wurde in der von ihm gegründeten Heribert-Kirche im heutigen Köln-Deutz beigesetzt. Im Jahr 1147 fand die feierliche Erhebung der Gebeine Heriberts statt. 1180 wurden die Reliquien in den bis heute erhaltenen Schrein überführt.

Verehrung: In Köln feiert man den Gedenktag Heriberts am 30. August, dem Datum der Übertragung der Gebeine (1180).

Darstellung: Auf Einzeldarstellungen wird Heribert in den Gewändern des Erzbischofs abgebildet, manchmal, wie er durch sein Gebet Regen erbittet. Eine außergewöhnliche Lebensbeschreibung mit vielen Szenen aus dem Leben Heriberts ist am Heribert-Schrein in der Deutzer Heribert-Kirche zu sehen; der zwischen 1166 und 1170 entstandene Goldschrein wurde von zwei unbekannten Meistern gefertigt.

Der prachtvolle Goldschrein (Stirnseite) mit den Gebeinen von Erzbischof Heribert von Köln in der Heribert-Kirche in Köln-Deutz.

Hilarius von Aquileja

2. Bischof von Aquileja, Märtyrer
geboren: 1. Jh.
gestorben: 1. Jh. in Aquileja, Italien

17. März

Gertrud von Nivelles (von Karlburg)

Äbtissin
geboren: 626 in Landen, Belgien
gestorben: 17. März 659 in Nivelles, Belgien
Patronin der Krankenhäuser; der Pilger und Reisenden; der Armen und Witwen; der Gärtner; der Feld- und Wiesenfrüchte; gegen Mäuse- und Rattenplage

Gertrud war die Tochter von Pippin dem Älteren und kam im Jahr 626 zur Welt. Als Mädchen lehnte sie die

Gertrud von Nivelles. Holzfigur von 1725 in der Klosterkirche von Aruca, Portugal; das Holz wurde weiß bemalt, um das Material Stein vorzutäuschen.

Heirat mit einem reichen Mann ab und trat in das von ihrer Mutter 640 gestiftete Kloster Nivelles in Belgien ein. Als die Mutter 652 starb, wurde Gertrud erste Äbtissin. Gertrud zeichnete sich nicht nur durch große Nächstenliebe aus, sie galt auch als hervorragende Kennerin der Heiligen Schrift und war außerordentlich belesen. Sie ließ sich aus Rom Bücher zu ihrer Weiterbildung kommen. Darüber hinaus berief sie irische Wandermönche in ihr Kloster und ließ für sie ein Spital erbauen.

Gertrud von Nivelles starb am 17. März 659 und wurde in ihrem Kloster beigesetzt. Der schöne Reliquienschrein aus dem Jahr 1272 wurde im Zweiten Weltkrieg zerstört.

Gertrud von Nivelles dürfte wohl identisch sein mit der Figur der Gertrud von Karlburg, die im Maingebiet verehrt wird. Patrozinien und Kult im Würzburger Raum wurden auf sie bezogen. Nach einer Legende soll diese Gertrud von Karlburg eine Schwester von Karl dem Großen gewesen sein.

Verehrung/Brauchtum: „Gertrud mit der Maus treibt die Spinnerinnen raus" heißt ein altes Sprichwort, das sagen will, daß am 17. März das Arbeiten im Haus ein Ende hat, weil nun wieder die Arbeit auf dem Feld ruft. Gertrud von Nivelles gehört zu den in bäuerlichen Gegenden besonders verehrten Kirchengestalten. Nach der Legende beendete Gertrud einst durch ihr Gebet eine Mäuse- und Rattenplage und rettete damit die Ernte ihres Landes. Daher wird sie als Patronin sowohl der Feld- und Gartenfrüchte als auch gegen Mäuse- und Rattenplagen angerufen. Im Mittelalter trugen unzählige Krankenhäuser den Namen Gertruds, was auf die außergewöhnliche Liebe der Klosterfrau zu Kranken und Sterbenden zurückzuführen ist. Und sogenannte „Gertrudenminne" tranken früher Menschen, die Abschied nahmen oder sich gerade versöhnt hatten.

Darstellung: Gertrud wird meist als Äbtissin, manchmal auch in fürstlichen Gewändern abgebildet. Auf zahlreichen Darstellungen krabbeln Mäuse an ihrem Habit oder an ihrem Stab empor, manchmal auch an einem Spinnrocken. Ein Kirchenmodell hat sie auf einer Darstellung im Dom zu Magdeburg bei sich.

Johannes Sarkander

Priester, Märtyrer
geboren: 20. Dezember 1576 in Skotschau, Tschechien
gestorben: 17. März 1620 in Olmütz, Tschechien
Patron des Beichtgeheimnisses

Johannes Sarkander, der in Philosophie promoviert und sein Theologiestudium wegen einer Heirat abgebrochen hatte, nahm seine Studien nach dem Tod seiner Frau wieder auf und wurde 1609 zum Priester geweiht. In der Folge wirkte er in Mähren als Verkünder des katholischen Glaubens, 1616 erhielt er eine Pfarrstelle in Holleschau. Als es 1620 einen Aufstand der Stände gegen Ferdinand II. gab, wurde Johannes Sarkander verhaftet und gefoltert. Den Verletzungen erlag der Priester am 17. März 1620. Sein Grab befindet sich in der Kathedrale in Olmütz. Die Seligsprechung erfolgte am 6. Mai 1860, die Heiligsprechung am 21. Mai 1995 in Olmütz.

Verehrung/Brauchtum: Im österreichischen Bistum Graz-Seckau wird Johannes Sarkanders am 7. September gedacht. An diesem Tag begeht die Diözese das gemeinsame Gedächtnis von fünf Heiligen und Seligen, die – wie Sarkander – Alumnen (Kostschüler) am Grazer Jesuitenkolleg gewesen und zwischen 1615 und 1620 an verschiedenen Orten den Märtyrertod gestorben waren.

Josef von Arimathäa

Ratsherr in Jerusalem
geboren: vor Christi Geburt
gestorben: 1. Jh.
Patron der Leichenbestatter und Totengräber

Josef von Arimathäa, ein angesehener Ratsherr in Jerusalem, soll es gewesen sein, der nach der Genehmigung durch Pilatus den Leichnam Jesu vom Kreuz nahm und ihn in seinem eigenen Grab in der Nähe der Kreuzigungsstätte beisetzte. Als die Frauen am Ostersonntag in die Grabkammer in der Felsenhöhle kamen, um den Leichnam zu waschen und zu salben, fanden sie ihn nicht mehr vor. Jesus war auferstanden.

Schon sehr früh bildeten sich um Josef von Arimathäa – so genannt nach seiner Heimatstadt – zahlreiche Legenden. So soll er das Blut Christi in einer Schale aufgesammelt haben, mit Nikodemus die Kirche von Lydda gegründet haben, von Juden eingekerkert und auf wundersame Weise wieder befreit worden sein und einmal in einem Turm gefangen gewesen sein. Eine späte Legende erzählt, der Leichnam Josefs sei unter Karl dem Großen in die Benediktinerabtei Moyenmoutier in Frankreich übertragen worden, eine andere berichtet, Josef sei Missionar in Britannien und Gallien gewesen. Aus dem Auffangen des Blutes Christi in einer Schale (Gral) entwickelte sich die Gralsage des Mittelalters, nach der die Schale nach Britannien kam und so die Evangelisierung gefördert haben soll.

Darstellung: Josef von Arimathäa wird meist mit dem Leichnam Jesu dargestellt, entweder, wie er ihn vom Kreuz abnimmt oder wie er ihn bestattet. Eine außergewöhnliche Marmorskulptur des Josef stammt von Baccio Bandinelli und ist in der Kirche SS. Annunziata in Florenz zu sehen. Ein weiteres Attribut, mit dem Josef oft abgebildet ist, ist der Gralskelch. Ein schönes Beispiel dafür findet sich in einer Altarfigur aus dem 17. Jh. im österreichischen Stift Göttweig; hier hält Josef ein ziboriumsartiges Gefäß. Die Gralsschale in die Höhe haltend, zeigt Josef ein Altarflügel in der Heilig-Kreuz-Kirche in Landau.

Konrad von Bayern

Mönch OCist
geboren: um 1105 in Bayern
gestorben: 17. März 1154 (1155?)
bei Bari, Italien
1832 Bestätigung des Kultes

Patrick

Bischof, Missionar
geboren: um 385 in England
gestorben: um 461 in Irland
Patron von Irland; der Friseure, Schmiede, Bergleute, Böttcher; des Viehs; wird angerufen gegen Ungeziefer und Viehkrankheiten; für die armen Seelen; gegen das Böse

Patrick, bis heute der meistverehrte Heilige in Irland, war einer der wichtigsten Glaubensboten der katholischen Kirche. Ihm gelang die Christianisierung Irlands, er organisierte die Kirche der Insel und schloß die irische Bevölkerung an die übrige christliche Welt an.

Um die Person des heiligen Patrick ranken sich zahlreiche Legenden, sein Wirken aber ist einwandfrei belegt. Als Sohn eines Ratsherrn, der auch Diakon war, kam Patrick um das Jahr 385 in Westengland zur Welt. Noch ein Kind, wurde er von irischen Piraten entführt und nach Irland verschleppt, wo er sechs Jahre als Sklave leben mußte. Als Jüngling gelang ihm die Flucht, und er kehrte, innerlich geläutert und als ein anderer Mensch, in sein Elternhaus zurück. Eine innere Stimme sagte Patrick, daß er eines Tages als Missionar nach Irland zurückkehren müsse.

Als Mönch lebte Patrick daraufhin einige Jahre auf dem Festland. Seine Aufenthaltsorte waren wahrscheinlich die Lérins-Inseln vor der Côte d'Azur und Auxerre in Mittelfrankreich. Kritik mußte Patrick immer wieder wegen seiner mangelhaften Bildung hinnehmen, seine Schriften wurden stilistisch unelegant genannt. Patrick aber ging seinen Weg. Um das Jahr 432 kehrte er dorthin zurück, wo er sechs Jahre gelitten, aber auch zu sich selbst gefunden hatte: nach Irland. Als dort etwa im selben Jahr der von Papst Cölestin I. zum ersten Bischof von Irland ernannte Palladius starb, wurde Patrick zu seinem Amtsnachfolger bestimmt. Er begann seine von da an unermüdliche Missionstätigkeit im Norden der Insel, wo er 444 in Armagh auch seinen Bischofssitz einrichtete. In dieser Gegend lebten nur Heiden. Weitere Bischofssitze im ganzen Land folgten, seine Priester und Bischöfe holte sich Patrick aus mehreren Ländern. Bald schon sprach man von der „Insel der Heiligen".

Patrick, der Patron Irlands, bei der Predigt. Nach einem Gemälde von Tiépolo (18. Jh.).

Patrick, der Apostel Irlands, starb um das Jahr 461. Der Ort seines Todes sowie seine Begräbnisstätte sind nicht mit Sicherheit festzulegen. Im Nationalmuseum von Dublin werden ein Zahn und eine Glocke des Missionars aufbewahrt.

Verehrung/Brauchtum: Patricks Fest am 17. März wird in Irland hoch gefeiert. Die Bewohner tragen an diesem Tag ein Kleeblatt, das Attribut des Heiligen, am Hut oder an der Kleidung. Patrick soll anhand des Kleeblattes, so erzählt es die Legende, den Heiden auf der Insel die Dreifaltigkeit erklärt haben. Das Kleeblatt ist seither auch das Nationalabzeichen Irlands. Die irischen Missionare, später die irischen Auswanderer, trugen die Verehrung für Patrick bald schon in die ganze Welt hinaus, besonders auch in die Vereinigten Staaten. Eine der größten Kirchen New Yorks ist nach dem Heiligen benannt. Auch in Australien wird Patrick verehrt sowie vor allem noch in Frankreich in der Gegend von Rouen und der südfranzösischen Lérins-Inseln. Durch die Augustiner kam der Patrick-Kult auch in die Steiermark (Österreich).

Darstellung: Patrick wird meist in bischöflichen Gewändern abgebildet, oft mit Schlangen (Steintafel im Dubliner Nationalmuseum), Feuer und dem symbolträchtigen Kleeblatt. In Deutschland sind Darstellungen des Patrick selten; in Italien gibt es im Museo Civico in Padua ein schönes Gemälde von Tiépolo, das die Heilung eines Kranken durch Patrick zeigt.

18. März

Cyrill von Jerusalem

Bischof, Kirchenlehrer
geboren: um 315 in Jerusalem
gestorben: 18. März 386 in Jerusalem

In einem alten griechischen Heiligenverzeichnis ist vermerkt, daß Cyrill um das Jahr 315 in Jerusalem als Sohn christlicher Eltern zur Welt gekommen ist. Weitere Anhaltspunkte über Herkunft und Jugendzeit des späteren Bischofs sind nicht bekannt. Als Bischof Maximus von Jerusalem im Jahr 350 abgesetzt wurde, bestieg Cyrill als sein Nachfolger den Bischofsstuhl. Während seiner Amtszeit versuchten die Arianer immer wieder, ihn in Mißkredit zu bringen. Akazius, der Bischof von Cäsarea, der ihn zu Beginn unterstützt hatte, bezichtigte den streng rechtgläubigen Cyrill sogar der Ketzerei und warf ihm vor, Güter der Kirche veräußert zu haben, um Armen zu helfen. Im Laufe seiner Amtszeit verbrachte Cyrill fast genauso viele Jahre in der Verbannung wie in seiner Diözese.

Die 24 großen Ansprachen Cyrills sind überliefert und gehören zu den wichtigen Zeugnissen über frühchristliche Ansichten zu Taufe und Eucharistie. Cyrill war es, der erstmals das Wort „Wandlung" gebrauchte.

Am 18. März 386 starb Cyrill in Jerusalem. Papst Leo XIII. ernannte ihn 1882 zum Kirchenlehrer. Cyrill ist einer der „griechischen Väter", genannt „der Katechet".

Darstellung: Auf Abbildungen ist Cyrill meist mit einem Geldsäckchen zu sehen, was seine Wohltätigkeit Armen gegenüber darstellen soll.

Eduard von England

König, Märtyrer(?)
geboren: 963 in England
gestorben: 18. März(?) 978 bei Corfe Castle, England
Patron gegen Drüsenkrankheiten

Eduard war der älteste Sohn des englischen Königs Edgar des Friedfertigen. Eduards Mutter verstarb früh, und so heiratete sein Vater ein zweites Mal. Elfrida wurde Eduards Stiefmutter, als dieser sechs Jahre alt war. Seine Erziehung erhielt Eduard von Dunstan, dem berühmten Erzbischof von Canterbury. Auf dessen Betreiben wurde der knapp 13jährige nach dem Tod des Vaters neuer Regent. Damit war allerdings Elfrida nicht einverstanden. Sie begann ein Intrigenspiel, da sie selbst regieren wollte. Andere Quellen sagen, sie wollte ihren Sohn Ethelred auf dem Thron sehen. Aus diesem Grund ließ Elfrida den jungen König Eduard am 18. März(?) 978 während einer Jagd nahe Corfe Castle in Südengland ermorden. Eduard wurde danach ohne jegliche königliche Ehren in Wareham beigesetzt.

Die Überlieferung berichtet, daß sich am Grab des im Volk überaus beliebten jungen Königs, der viel für die Armen getan hatte, schon bald Wunder ereigneten. Eduards Reliquien wurden 980 durch Erzbischof Dunstan in das Nonnenkloster Skephtonia in Shaftesbury überführt. Überall hieß Eduard von da an „der Heilige". In einer Urkunde des Stiefbruders König Ethelred wurde Eduard 1001 offiziell „Heiliger und Märtyrer" genannt. Ein Kästchen mit den Reliquien Eduards entdeckte man 1931.

Darstellung: Eduard wird mit den königlichen Attributen sowie Becher und Dolch oder Becher und Schlange abgebildet.

Frigidian von Lucca

Bischof CanAug
geboren: 6. Jh. in Irland(?)
gestorben: 18. März 588(?) in Lucca, Italien

Unter dem Hochaltar der romanischen Kirche S. Frediano in Lucca (Toskana) liegt der Patron und Namensgeber des Gotteshauses begraben: Frigidian oder Frediano, wie er im Italienischen genannt wird. Die Kirche im Norden der Altstadt, wenige Meter von den alten Stadtbefestungen entfernt, wurde über der ursprünglichen Basilika erbaut, die Frigidian im 6. Jh. begonnen hatte. Die Außenfassade schmückt ein goldenes Himmelfahrtsmosaik im italienisch-byzantinischen Stil. Erwähnenswert ist, daß in S. Frediano auch Richard von Wessex und Zita beigesetzt sind.

Frigidian soll nach der Legende der Sohn des irischen Königs Ulaid gewesen sein. Nach christlicher Erziehung machte er um 540 eine Wallfahrt nach Rom, gründete danach in seiner Heimat ein Kloster und kehrte schließlich für immer wieder nach Italien zurück, wo er die Priesterweihe empfing. Im Jahr 560 schließlich erhielt er die Ernennung zum Bischof von Lucca. Nach fast 30jähriger Amtszeit, während der Frigidian viele Wunder vollbracht haben soll, starb er am 18. März 588(?). Papst Gregor der Große hat die Existenz von Bischof Frigidian in seinen sogenannten „Dialogen" bestätigt.

Narcissus und Felix von Gerona

Bischof und Diakon, Märtyrer
geboren: 3. Jh.
gestorben: 18. März 307(?) in Gerona, Spanien

Nach der „Conversio sanctae Afrae" soll Narcissus zu Beginn des 4. Jh. Bischof von Gerona in Spanien gewesen und während der Verfolgungen unter Diokletian im Jahr 304 nach Augsburg gekommen sein. Unterkunft fand er angeblich bei dem Freudenmädchen Afra, das er, so die Legende, bekehrte und taufte. Afras Onkel Dionysius soll von Narcissus zum ersten Bischof von Augsburg geweiht worden sein. Danach kehrte er wieder nach Gerona zurück. Sowohl Narcissus als auch sein Diakon Felix, der ihn auf der Reise nach Augsburg begleitete, sollen am 18. März 307(?) in Gerona den Martertod gestorben sein.

Salvator von Horta

Laienbruder OFMObs
geboren: 1520 in Santa Colomba de Farnés, Spanien
gestorben: 18. März 1567 in Cagliari auf Sardinien, Italien

Der Schustergehilfe Salvator, der 14jährig Waise geworden war, trat 1541 als Laienbruder in das Franziskanerkloster in Barcelona ein. Später wurde der charismatisch hochbegnadete junge Mann aufgrund des Betreibens verschiedener Mitbrüder, die um ihre Ruhe fürchteten, immer wieder in andere Klöster versetzt, so auch nach Horta bei Barcelona. Im Jahr 1565 mußte er in das Kloster Santa Maria di Gesú auf Sardinien weichen, wo er zwei Jahre später, am 18. März 1567, vom Volk hoch verehrt, starb. An seiner Beisetzung nahm eine riesige Menschenmenge teil. Am 17. April 1938 wurde Salvator von Horta heiliggesprochen.

19. März

Isnard von Chiampo (von Vicenza)

Prior, Klostergründer OP
geboren: 12. Jh. in Chiampo, Italien
gestorben: 19. März 1244 in Pavia, Italien

Isnard war ein Gefährte von Ordensgründer Dominikus und trat während der Anfangszeit des Ordens in die Gemeinschaft ein. In Pavia gründete Isnard später das Kloster S. Maria di Nazareth; bis zu seinem Tod am 19. März 1244 war er dessen Prior. Er galt als einer der großen Prediger und Seelenführer seiner Zeit. Die Approbation des Kultes erfolgte 1912 (Veröffentlichung 1919).

Joseph von Nazaret

Bräutigam der Gottesmutter Maria
geboren: in Nazaret
gestorben: 1. Jh.

Patron der gesamten Kirche; von Mexiko (1555), Philippinen (1565), Kanada (1624), Böhmen (1654), Bayern (1663), Österreich (1675), Peru (1828); von Tirol, Steiermark und Kärnten; des Bistums Onsabrück und 2. Patron des Erzbistums Köln; der nach ihm benannten Bruderschaften und Ordensgemeinschaften; der Ehepaare und christlichen Familien; der Kinder, Jugendlichen und Waisen; der Jungfräulichkeit; der Arbeiter, Handwerker, Zimmerleute, Holzhauer, Schreiner, Wagner, Ingenieure, Totengräber, Erzieher; der Reisenden; der Verbannten; bei Augenleiden; in Versuchungen; in verzweifelten Lagen; bei Wohnungsnot; der Sterbenden und für einen guten Tod

Der Höhepunkt in der Verehrung für Joseph, Bräutigam Mariens und Nährvater Jesu genannt, bedeutete seine Erhebung zum Schutzpatron der ganzen Kirche durch Papst Pius IX. im Jahr 1870. Schon 1487 war das Fest des Joseph in das römische Brevier aufgenommen worden, und 1621 hatte Papst Gregor XV. den 19. März zum Feiertag erhoben, den Papst Clemens XI. dann 1714 für die gesamte Kirche vorschrieb. Jahrhunderte später, 1955, verkündete Papst Pius XII. den 1. Mai als Fest für „Joseph den Arbeiter“. Im Osten gibt es für Joseph kein eigenes Fest; dort wird er zusammen mit Maria als Eltern Christi am 26. Dezember gefeiert. Papst Johannes XXIII. nahm Joseph am 13. November 1962 in den Kreis der Kanon-Heiligen auf.

Und dies ist die Lebensgeschichte des Hochverehrten: Joseph, der in Nazaret als Zimmermann tätig war, verlobte sich mit Maria. Noch vor der Hochzeit empfing Maria auf wundersame Weise ein Kind, und Joseph wollte sich deshalb in aller Stille von ihr trennen. Da erschien ihm im Schlaf ein Engel und erklärte ihm das Wunder der Empfängnis. Von diesem Tag an lebten Maria und Joseph in jungfräulicher Ehe miteinander, sie führten eine sogenannte „Josephsehe“. Als Joseph mit der hochschwangeren Maria zu der von Kaiser Augustus angeordneten Volkszählung nach Betlehem unterwegs war, gebar Maria in einem Stall einen Sohn. Joseph gab ihm den Namen Jesus und floh auf Rat eines Engels mit Mutter und Kind vor Herodes nach Ägypten.

Nachdem Herodes gestorben war, kehrte die Familie zurück und ließ sich in Nazaret nieder. Als Jesus zwölf Jahre alt war, nahm Joseph mit ihm an der Osterwallfahrt nach Jerusalem teil. Dieses Auftreten Josephs ist sein letztes Erscheinen in den Evangelien; möglicherweise ist er bald darauf gestorben. Es könnte aber auch sein, daß er in der ihm angeborenen Bescheidenheit von da an immer im Hintergrund blieb und deshalb in späteren Überlieferungen nicht mehr erwähnt wurde.

Verehrung/Brauchtum: Joseph gehört zu den meistverehrten Kirchengestalten überhaupt. Im Orient nahm die Verehrung schon erheblich früher Raum ein als im Abendland. Hier stammt die erste Erwähnung in einem Martyrologium erst aus der Zeit um 850. Besonders die Franziskaner so-

Joseph von Nazaret, einer der volkstümlichsten Heiligen. Figur aus dem 18. Jh., die den Patron der Kirche mit dem Jesuskind und einem Zimmermannswinkel zeigt.

wie die großen Kirchenpersönlichkeiten Bernhard von Clairvaux, Franz von Sales, Bernhardin von Siena und Theresia von Ávila förderten das Gedenken an Joseph. Reliquien des Bräutigams Mariens beanspruchen die italienischen Städte Rom, Loreto, Frascati und Orvieto. Mit dem sogenannten „Josefitag" verbinden sich vor allem in den Alpenländern, aber auch in Italien verschiedene Bräuche. Am bekanntesten dürfte wohl das Verteilen von „Josefi-Kücherl", eines Schmalzgebäcks, sein.

Warum der Verehrungs- und Gedenktag für Joseph auf den 19. März gelegt wurde, ist nicht ganz sicher. Der Grund liegt möglicherweise in der Nähe zu dem Fest Mariä Verkündigung am 25. März oder in der Tatsache, daß im alten Rom das Fest der Göttin Minerva, Göttin der Handwerker, am 19. März gefeiert wurde. Hier fände sich eine Parallele zu „Joseph dem Handwerker".

Darstellung: Joseph wird meist mit dem Jesuskind und/oder mit Zimmermannsgeräten abgebildet. Andere Darstellungsformen (Geburt Jesu im Stall, Flucht nach Ägypten, sterbend in den Armen von Maria und Jesus) ergeben sich aus der überlieferten Lebensgeschichte Josephs. Im Pariser Louvre hängt eines der berühmtesten Gemälde: „Joseph mit dem Jesusknaben in der Werkstatt" von Georges de La Tour. Nicht weniger bemerkenswert ist ein Bild von Bartolomé Estéban Murillo im Prado zu Madrid: „Die heilige Familie"; auffallend ist hier, daß Joseph einmal nicht (wie sonst fast immer) als Greis dargestellt wird. Eine der ältesten Darstellungen überhaupt – sie wird schon dem 3. Jh. zugeschrieben – findet sich auf dem Epitaphium der Severa im Lateranischen Museum in Rom; sie zeigt Joseph an der Krippe Jesu, die Hand schützend über das Kind und dessen Mutter Maria ausgebreitet.

Joseph als Zimmermann. Das Gemälde von Georges de la Tour befindet sich im Louvre in Paris.

Marcel Callo

Christ
geboren: 6. Dezember 1921 in Rennes, Frankreich
gestorben: 19. März 1945 in Mauthausen, Österreich

„Vorbild der Laienapostel und Märtyrer der Katholischen Aktion" wurde Marcel Callo einmal genannt. Er, der leidenschaftliche Katholik, hatte selbst einmal eine Schrift verfaßt mit dem Titel: „Wie man Apostel sein muß". Viel Zeit blieb dem Franzosen nicht, das Apostelamt auszuüben. Gerade 23 Jahre war Marcel Callo alt, als er am 19. März 1945 im Konzentrationslager Mauthausen in Österreich starb. Kurz vor seinem Tod hatte er noch an Zuhause folgende Zeilen geschrieben: „Glücklicherweise gibt es einen Freund, der mich nicht einen einzigen Augenblick verläßt und der es versteht, mich in notvollen und niedergedrückten Stunden aufrecht zu halten. Mit IHM erträgt man alles."

Der Weg des Laienapostels Marcel Callo hatte begonnen, als sich der Sohn einer Arbeiterfamilie aus der bretonischen Stadt Rennes als Junge der Christlichen Arbeiterjugend Frankreichs anschloß. Bald übernahm

Marcel Callo, bevor er als Fremdarbeiter nach Deutschland deportiert wurde. Callo war freiwillig mitgegangen, um unter seinen inhaftierten französischen Landsleuten missionieren zu können.

Unten: Die Familie von Marcel Callo; hinter dem Vater links der junge Marcel, der schon als Kind missionarisch tätig sein wollte.

Marcel selbst eine Gruppe, und sein größtes Ziel war es von da an, immer mehr Jungen an die Kirche und die Sakramente heranzuführen. Nach Ausbruch des Zweiten Weltkrieges, als viele Franzosen als Zwangsarbeiter nach Deutschland verschleppt wurden, entschied sich Marcel Callo, inzwischen Helfer bei der Bahnhofsmission in Rennes, freiwillig, in ein Lager nach Deutschland mitzugehen. Ein Jahr lang arbeitete er in einer Waffenfabrik in Zella-Mehlis, hielt heimlich Gottesdienste und gründete eine Gruppe „Katholische Aktion". Am 19. April 1944 wurde er von der Gestapo wegen seines Glaubens verhaftet und ins österreichische KZ Mauthausen abtransportiert. Dort starb er am 19. März 1945 an den erlittenen Mißhandlungen.

Papst Johannes Paul II. sprach Marcel Callo am 4. Oktober 1987 im Rahmen der Bischofssynode in Rom selig; die Synode hatte sich mit der Rolle der Laien in der Kirche und in der Welt befaßt.

Marcus von Montegallo

Mönch OFM
geboren: 15. Jh. in Montegallo, Italien
gestorben: 19. März 1496 in Vicenza, Italien

Marcus von Montegallo, der ebenso wie seine Ehefrau nach der gemeinsam beschlossenen Trennung dem Franziskanerorden beigetreten war, gehörte zu den großen Wanderpredigern seiner Zeit in Italien. Darüber hinaus gründete er in verschiedenen Städten für die Armen Leihanstalten mit besonders niedrigem Zins. Sein Kult wurde 1839 bestätigt.

Sibyllina Biscossi

Reklusin OP
geboren: 1287 in Pavia, Italien
gestorben: 19. März 1367 in Pavia
Patronin der Dienstmägde von Italien

In der Dominikanerkirche von Pavia liegt Sibyllina Biscossi begraben. 1287 in Pavia geboren, verlor sie im Alter von zwölf Jahren das Augenlicht. Bald darauf trat sie in den Dritten Orden des heiligen Dominikus ein. Einige Jahre später begann Sibyllina ein Leben als Reklusin in einer Einsiedelei neben der Dominikanerkirche von Pavia. Bald fanden sich bei ihr immer mehr Ratsuchende ein, Arme und Reiche aus allen Bevölkerungsschichten. Schon zu Lebzeiten wurde sie als Heilige betrachtet. Im Alter von 80 Jahren starb die geachtete Sibyllina Biscossi, die in Italien bis heute als Schutzpatronin der Mägde verehrt wird. Ihr Kult wurde 1854 bestätigt.

20. März

Baptista Mantuanus (Spagnoli)

Ordensgeneral OCarm
geboren: 17. April 1448 in Mantua, Italien
gestorben: 20. März 1516 in Mantua

Baptista Mantuanus, der mit bürgerlichem Namen Spagnoli hieß, wurde am 17. April 1448 in der oberitalienischen Stadt Mantua geboren und trat 1464, 16jährig, dem Karmeliterorden bei. Nach mehreren Studienjahren wurde Baptista Mantuanus zwischen 1483 und 1513 sechsmal Ordensvikar in der Reformierten Kongregation von Mantua, 1513 deren Ordensgeneral. Von diesem letzten Amt dankte er jedoch bald wieder ab, da eine Kongregationsreform scheiterte.

Baptista Mantuanus war schon zu Lebzeiten ein gefeierter Schreiber und wurde oft mit Vergil verglichen, dem berühmten römischen Dichter, der am 15. Oktober des Jahres 70 vor Christus in dem Ort Andes bei Mantua zur Welt gekommen war. Mantuanus ist der Verfasser unzähliger lateinischer Dichtungen; so soll er rund 55 000 Verse geschrieben haben.

Er gilt als Vertreter des reinen katholischen Humanismus und war befreundet mit dem Humanisten Erasmus von Rotterdam sowie mit Pico della Mirandola, der die gesamte damalige Literatur beherrschte und einer der größten italienischen Philosophen war.

Baptista Mantuanus starb am 20. März 1516 in Mantua, seine Seligsprechung erfolgte 1885 durch Papst Leo XIII.

Claudia

Märtyrerin
geboren: 3. Jh. in Rom, Italien
gestorben: um 300 in Rom

Cuthbert (Gisbert) von Lindisfarne

Bischof OSB
geboren: um 634 in England
gestorben: 20. März 687 auf Farna Island, England
Patron der Hirten und Seeleute

Cuthbert, im Deutschen Gisbert genannt, gehört zu den bedeutendsten Persönlichkeiten der katholischen Kirche in England. Im Norden Englands ist er der volkstümlichste und bekannteste Heilige überhaupt. Reginald von Durham hat einmal gesagt, die drei berühmtesten Heiligen Englands seien Cuthbert, Edmund und Etheldreda. Englische Ortsnamen wie Cotherstone, Cubert und Kirkcudbright erinnern an Cuthbert.

Cuthbert stammte aus Northumberland in Nordengland und war der Sohn einer wohlhabenden Familie. Im Jahr 651 wurde er Benediktinermönch im Kloster Melrose, 662 dessen Prior. Nach der Synode von Whitby 664 wurde er zum Prior des Klosters Lindisfarne auf der Insel Holy an der Ostküste Englands ernannt. Er machte sich schon bald einen Namen als mitreißender Volksprediger. Im Jahr 676 zog sich Cuthbert für sechs Jahre auf die benachbarte Insel Farna zurück, wo er als Einsiedler lebte. Nach seiner Rückkehr ernannten ihn König Egfrith und Erzbischof Theodor von Canterbury zum Bischof von Hexham. Cuthbert erklärte sich aber zur Annahme erst bereit, als er den Bischofsstuhl mit dem von Lindisfarne tauschen durfte. Zwei Jahre später resignierte er aber bereits.

Cuthbert starb am 20. März 687 auf Farna Island und wurde dort beigesetzt. Als man sein Grab elf Jahre später öffnete, um die Gebeine in einen neuen Schrein zu übertragen, entdeckte man, daß der Leichnam Cuthberts noch unversehrt war. Von diesem Tag an ereigneten sich an seinem Grab immer wieder Wunder. Nachdem die Dänen Lindisfarne 875 zerstört hatten, fanden die Reliquien Cuthberts im Jahr 999 ihre letzte Ruhestätte in der neu gebauten Kathedrale von Durham in Nordengland.

Verehrung/Brauchtum: In England wird Cuthbert „Wundertäter von Britannien" genannt. Er ist Nationalheiliger der angelsächsischen und der keltischen Kirche.

Darstellung: Cuthbert ist auf Darstellungen entweder als Abt oder als Bischof zu sehen. Neben ihm sind Fischottern oder ein Schwan, über ihm steht eine Feuersäule. Abbildungen existieren aber fast ausschließlich in England.

Irmgard

Kaiserin
geboren: um 800(?) in Tours(?), Frankreich
gestorben: 20. März 851 in Erstein, Elsaß, Frankreich

Irmgard war die Tochter von Graf Hugo von Tours; 821 wurde sie mit Kaiser Lothar I. verheiratet. Mit ihrer Tochter Rotrud gründete Irmgard 850 die weltliche Frauenabtei Erstein im Elsaß, deren erste Äbtissin Rotrud wurde. Kaiserin Irmgard starb am 20. März 851 in Erstein und wurde dort in einem Hochgrab bestattet. Die Abtei, deren Äbtissin gleichzeitig Reichsfürstin war und die oft von den Kaisern besucht wurde, brannte 1530 nieder.

Verehrung/Brauchtum: Im unterelsässischen Erstein verehrte man Irmgard zu allen Zeiten als Heilige.

Darstellung: Abgebildet wird Irmgard mit den kaiserlichen Insignien, dazu hält sie das Modell einer Kirche oder eines Klosters in der Hand.

Martinus von Braga

Erzbischof von Braga
geboren: um 515 in Pannonien, heute Ungarn/Kroatien
gestorben: um 580 in Braga, Portugal

Cuthbert, in England einer der volkstümlichsten Heiligen.

Wulfram

Erzbischof, Missionar OSB
geboren: 7. Jh. in Frankreich(?)
gestorben: 20. März 720(?) in Fontenelle, Frankreich
Patron der Kinder

Der Mönch Wulfram (Oufran, Eufran), der dem fränkischen Königshof nahestand, wurde zuerst Abt von

Fontenelle in der Normandie, um das Jahr 693 dann Erzbischof von Sens im Süden von Paris. Später verließ er sein Bistum und wirkte zusammen mit Willibrord als Missionar in Friesland.

Wohl am 20. März des Jahres 720 starb Wulfram; 1158 wurden seine sterblichen Überreste nach Abbeville an der Somme in die dortige Pfarrkirche übertragen, die bis heute Saint-Wulfram heißt.

Verehrung/Brauchtum: Außer in Frankreich ist der Kult Wulframs auch in England nachweisbar. Neben dem 20. März gibt es regional noch weitere Gedenktage für Wulfram; sie beziehen sich auf verschiedenen Translationen.

21. März

Absalon (Axel) von Lund

Erzbischof
geboren: 1128 in Fjenneslev, Dänemark
gestorben: 21. März 1201 in Sorö, Dänemark

Absalon (Axel), Bischof von Roskilde und Erzbischof von Lund, gilt als eine der großen Persönlichkeiten des Mittelalters in Dänemark. Der begehrte Ratgeber verschiedener Könige und Gründer vieler Klöster errichtete 1170 auch die Bischofsburg Havn, aus der später die dänische Hauptstadt Kopenhagen entstand.

Emilie Schneider

Oberin, Mystikerin
geboren: 6. September 1820 in Haaren, Nordrhein-Westfalen
gestorben: 21. März 1859 in Düsseldorf, Nordrhein-Westfalen

Emilie Schneider.

Emilie Schneider, die mit Taufnamen Julie hieß, war zunächst als Erzieherin tätig, bis sie 1845 in Lüttich der Kongregation der „Töchter vom heiligen Kreuz“ beitrat. Ab 1851 war sie Novizenmeisterin in Aspel, 1852 wurde sie Oberin im Düsseldorfer Ordenshaus. Hier hatte sich Emilie Schneider bis zu ihrem Tod wenige Jahre später mit den schwierigsten Verhältnissen auseinanderzusetzen, die sie jedoch alle herausragend gut bewältigte. Kraft fand sie all die Jahre im innigen Gebet und in der Verehrung des Herzens Jesu. Emilie Schneider erlebte auch immer wieder außergewöhnliche mystische Gebetsgnaden.

Der Bischöfliche Informationsprozeß für eine mögliche Seligsprechung der großen Ordensfrau lief schon zwischen 1920 und 1934; seit einigen Jahren ist er wieder in Gang, eine Seligsprechung wird erwartet.

Das Grab von Emilie Schneider befindet sich im Theresien-Hospital in Düsseldorf, es wird ständig von Gläubigen besucht.

Johannes von Valence

Bischof von Valence OCist
geboren: 11. Jh. bei Lyon, Frankreich
gestorben: 21. März 1145 in Valence, Frankreich
1903 Approbation des Kultes

Richeza (Rixa)

Königin
geboren: um 1000 in Rheinland-Pfalz
gestorben: 21. März 1063 in Saalfeld, Thüringen

Richeza war die Ehefrau des polnischen Königs Mieszko II. Im Verlauf der nur kurzen Ehe versuchte die junge Frau, das Christentum in Polen zu fördern. Nach dem frühen Tod Mieszkos im Jahr 1031 vertrieben Heiden Richeza und ihren Sohn Kasimir (der allerdings später doch noch polnischer König wurde). Richeza ging in ihrer Heimat an Rhein und Mosel – sie war eine Tochter des Pfalzgrafen Erenfried – und widmete sich dort bis zu ihrem Tod Werken der Nächstenliebe. Das Familienkloster Brauweiler schenkte sie dem Erzbistum Köln.

Der Kölner Erzbischof Anno setzte die Königin nach ihrem Tod bei. Seit 1817 werden die Reliquien in der Johannes-Kapelle im Kölner Dom aufbewahrt.

Serapion Scholasticus

Bischof von Thmuis
geboren: 3. Jh.
gestorben: um 365 in Thmuis, Ägypten

22. März

Clemens August Graf von Galen

Kardinal
geboren: 16. März 1878 Burg Dinklage, Niedersachsen
gestorben: 22. März 1946 in Münster, Nordrhein-Westfalen

Als „Löwe von Münster", als unermüdlicher Kämpfer gegen den Nationalsozialismus ging Clemens August Graf von Galen, Kardinal und Bischof von Münster, in die Geschichte ein. „Ein Gigant an Körpergröße, aber nicht nur darin", so hatte 1938 Papst Pius XI. den großgewachsenen Kirchenmann genannt, und der Historiker Rudolf Morsey charakterisierte den Grafen aus dem Oldenburgischen Münsterland so: „Die große Gestalt dieses westfälischen Kirchenfürsten bleibt ein Lichtblick in der Zeit deutscher Finsternis ... Er hat unter Einsatz seines Lebens die Vergewaltigung des Rechts und des Gewissens bekämpft und dadurch die Ehre des deutschen Volkes gewahrt."

Clemens August Graf von Galen hatte am 16. März 1878 als elftes von dreizehn Kindern des Grafen Ferdinand Heribert von Galen und seiner Frau Elisabeth, geborene Reichsgräfin von Spee, auf der Wasserburg Dinklage bei Vechta das Licht der Welt erblickt. Nach seiner Schulzeit begann Galen zusammen mit seinem Bruder Franz in Fribourg in der Schweiz 1897 ein Studium der Literatur, der Geschichte und der Philosophie, entschied sich aber schon 1898 nach einer Romfahrt und einer Privataudienz bei Papst Leo XIII. für den Priesterberuf.

Am 28. Mai 1904 empfing Galen im Dom von Münster die Priesterweihe, zwei Jahre war er dann Domvikar. 1906 ging der junge Geistliche als Kaplan an die Matthias-Kirche in Berlin-Schöneberg, 1912 wurde er Kurat in der Berliner Gemeinde St. Clemens. Von 1919 bis 1929 war Galen dann Pfarrer in der ihm von früher gut bekannten Pfarrei St. Matthias. Danach rief man ihn als Pfarrer der Stadt- und Marktkirche St. Lamberti nach Münster zurück. Nach 27 Jahren Seelsorgearbeit wurde Clemens August von Galen schließlich in dem schicksalsschweren Jahr 1933 zum Bischof von Münster ernannt.

In der Folge wurde der adlige Bischof zum unerbittlichen Gegner des Nationalsozialismus. Seine veröffentlichten Schriften und seine mutigen Predigten sorgten für großes Auf-

Clemens August Graf von Galen, der „Löwe von Münster".

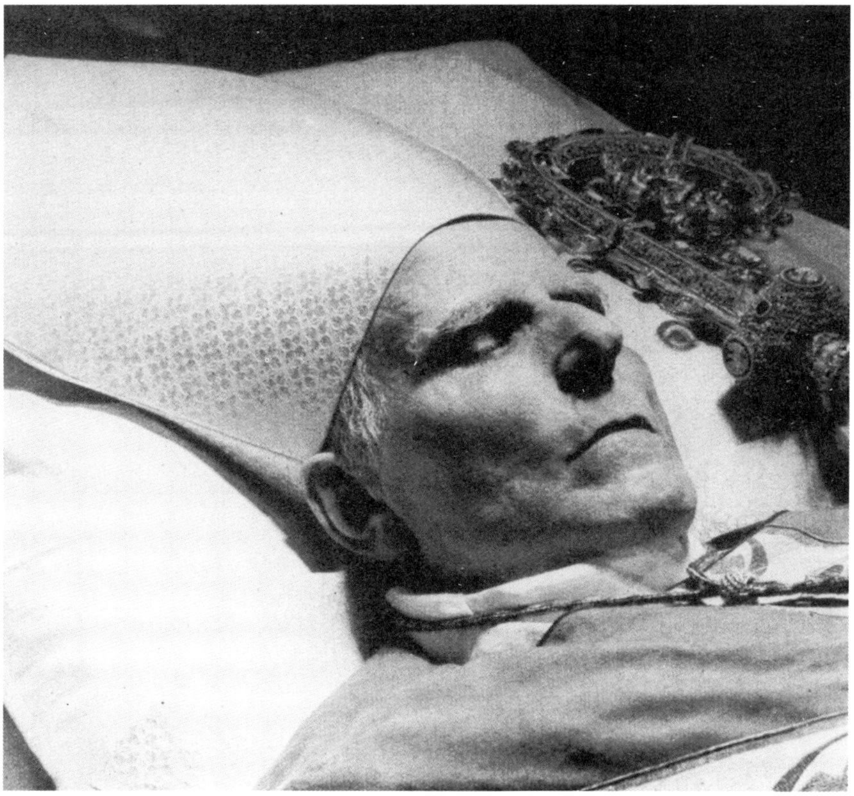

sehen und gingen in die Geschichte ein. Ohne Rücksicht auf sein eigenes Schicksal verurteilte Galen unter anderem den Klostersturm und die Euthanasie in den Heilanstalten. Die drei Predigten, die der Kirchenmann hierzu im Juli und im August 1941 hielt, wurden weltbekannt. Immer sprach sich Galen auch für eine deutlichere Haltung der deutschen Bischöfe gegen die Nationalsozialisten aus. Die ihm ständig drohende Anklage wegen Hochverrates hätte für den Bischof das sichere Todesurteil bedeutet. Nach Kriegsende wehrte sich Galen ebenfalls vehement gegen Übergriffe der Besatzungsmacht.

Schicksalsreiche Wochen dann Ende 1945, Anfang 1946. Am 23. Dezember 1945 teilte Papst Pius XII. mit, daß Bischof von Galen zum Kardinal ernannt werde. Am 21. Februar 1946 erhielt Galen in Rom die Kardinalsinsignien. Konstantin Prinz von Bayern, der bei der feierlichen Zeremonie im Petersdom anwesend war, beschrieb später in einem Buch, wie die Menge von 20000 Menschen beim Anblick des neuen Kardinals Galen plötzlich aufschrie und jubelte: „Il Conte Galen! Il Conte Galen!" Amerikaner, die zur Feier „ihres" neuen Kardinals Spellmann gekommen waren, meinten zu diesen Szenen, auf Galen eingehend: „He was the star".

Nach einem triumphalen Empfang in Münster und einer riesigen Feier am 16. März 1946 über den Trümmern des Domes dann das Entsetzen: Sechs Tage später, am 22. März 1946, starb Kardinal Clemens August von Galen an einem Blinddarmdurchbruch. Am 28. März 1946 wurde der bis heute Unvergessene in der kriegszerstörten Liudger-Kapelle im Paulusdom zu Münster beigesetzt. Im Oktober 1956 eröffnete man den Seligsprechungsprozeß.

Oben: Die neuernannten Kardinäle Frings, von Galen und von Preysing (von links) in einer amerikanischen Militärmaschine. Alle drei hatten am 21. Februar 1946 in St. Peter in Rom von Papst Pius XII. die Kardinalsinsignien erhalten.

Links: Kardinal Graf Galen auf dem Totenbett, nur wenige Tage nach seinem Empfang in Münster

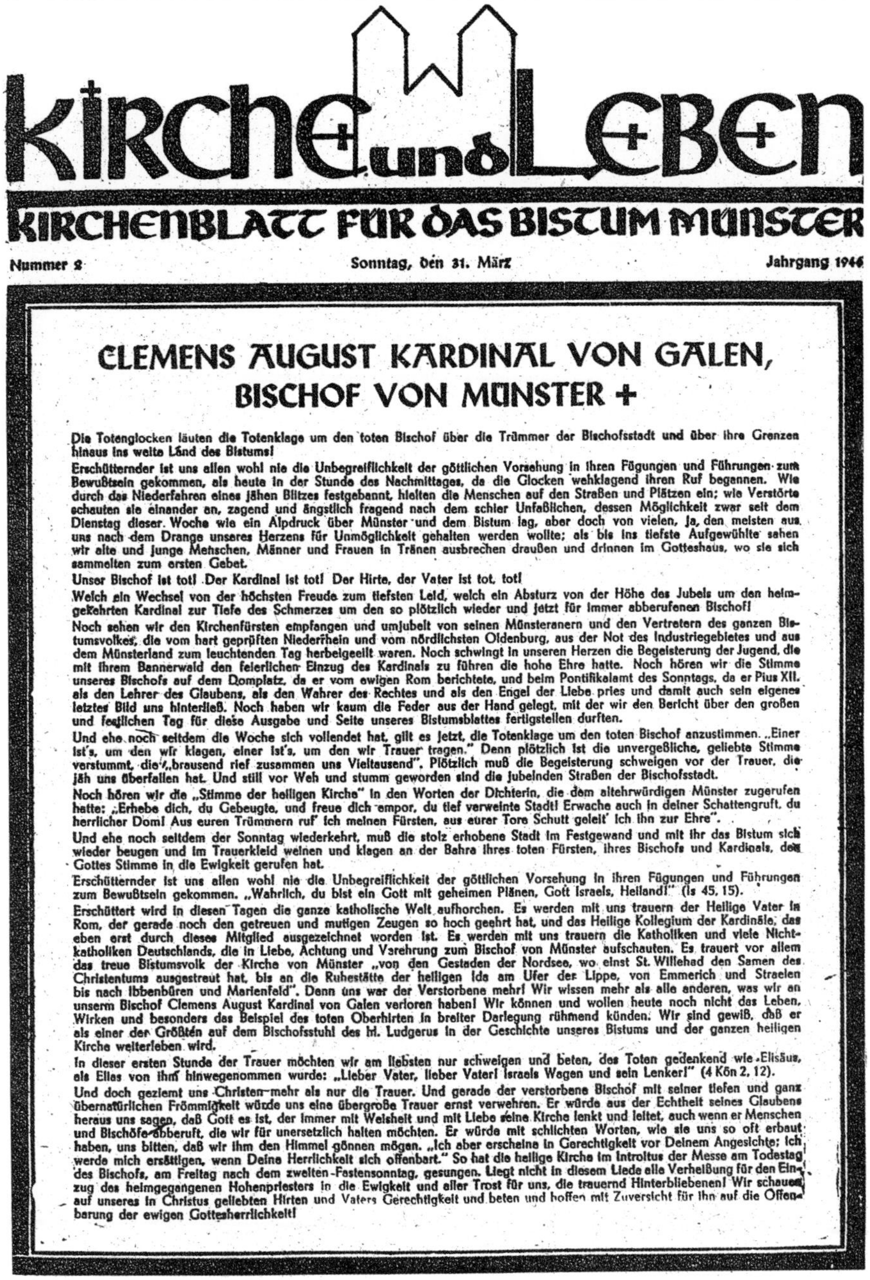

Kirche und Leben

Kirchenblatt für das Bistum Münster

Nummer 2 Sonntag, den 31. März Jahrgang 1946

CLEMENS AUGUST KARDINAL VON GALEN, BISCHOF VON MÜNSTER +

Die Totenglocken läuten die Totenklage um den toten Bischof über die Trümmer der Bischofsstadt und über ihre Grenzen hinaus ins weite Land des Bistums!

Erschütternder ist uns allen wohl nie die Unbegreiflichkeit der göttlichen Vorsehung in ihren Fügungen und Führungen zum Bewußtsein gekommen, als heute in der Stunde des Nachmittages, da die Glocken wehklagend ihren Ruf begannen. Wie durch das Niederfahren eines jähen Blitzes festgebannt, hielten die Menschen auf den Straßen und Plätzen ein; wie Verstörte schauten sie einander an, zagend und ängstlich fragend nach dem schier Unfaßlichen, dessen Möglichkeit zwar seit dem Dienstag dieser Woche wie ein Alpdruck über Münster und dem Bistum lag, aber doch von vielen, ja, den meisten aus uns nach dem Drange unseres Herzens für Unmöglichkeit gehalten werden wollte; als bis ins tiefste Aufgewühlte sahen wir alte und junge Menschen, Männer und Frauen in Tränen ausbrechen draußen und drinnen im Gotteshaus, wo sie sich sammelten zum ersten Gebet.

Unser Bischof ist tot! Der Kardinal ist tot! Der Hirte, der Vater ist tot, tot!

Welch ein Wechsel von der höchsten Freude zum tiefsten Leid, welch ein Absturz von der Höhe des Jubels um den heimgekehrten Kardinal zur Tiefe des Schmerzes um den so plötzlich wieder und jetzt für immer abberufenen Bischof!

Noch sehen wir den Kirchenfürsten empfangen und umjubelt von seinen Münsteranern und den Vertretern des ganzen Bistumsvolkes, die vom hart geprüften Niederrhein und vom nördlichsten Oldenburg, aus der Not des Industriegebietes und aus dem Münsterland zum leuchtenden Tag herbeigeeilt waren. Noch schwingt in unseren Herzen die Begeisterung der Jugend, die mit ihrem Bannerwald den feierlichen Einzug des Kardinals zu führen die hohe Ehre hatte. Noch hören wir die Stimme unseres Bischofs auf dem Domplatz, da er vom ewigen Rom berichtete, und beim Pontifikalamt des Sonntags, da er Pius XII. als den Lehrer des Glaubens, als den Wahrer des Rechtes und als den Engel der Liebe pries und damit auch sein eigenes letztes Bild uns hinterließ. Noch haben wir kaum die Feder aus der Hand gelegt, mit der wir den Bericht über den großen und festlichen Tag für diese Ausgabe und Seite unseres Bistumsblattes fertigstellen durften.

Und ehe noch seitdem die Woche sich vollendet hat, gilt es jetzt, die Totenklage um den toten Bischof anzustimmen. „Einer ist's, um den wir klagen, einer ist's, um den wir Trauer tragen." Denn plötzlich ist die unvergeßliche, geliebte Stimme verstummt, die „brausend rief zusammen uns Vieltausend". Plötzlich muß die Begeisterung schweigen vor der Trauer, die jäh uns überfallen hat. Und still vor Weh und stumm geworden sind die jubelnden Straßen der Bischofsstadt.

Noch hören wir die „Stimme der heiligen Kirche" in den Worten der Dichterin, die dem altehrwürdigen Münster zugerufen hatte: „Erhebe dich, du Gebeugte, und freue dich empor, du tief verweinte Stadt! Erwache auch in deiner Schattengruft, du herrlicher Dom! Aus euren Trümmern ruf' ich meinen Fürsten, aus eurer Tore Schutt geleit' ich ihn zur Ehre".

Und ehe noch seitdem der Sonntag wiederkehrt, muß die stolz erhobene Stadt im Festgewand und mit ihr das Bistum sich wieder beugen und im Trauerkleid weinen und klagen an der Bahre ihres toten Fürsten, ihres Bischofs und Kardinals, den Gottes Stimme in die Ewigkeit gerufen hat.

Erschütternder ist uns allen wohl nie die Unbegreiflichkeit der göttlichen Vorsehung in ihren Fügungen und Führungen zum Bewußtsein gekommen. „Wahrlich, du bist ein Gott mit geheimen Plänen, Gott Israels, Heiland!" (Is 45, 15).

Erschüttert wird in diesen Tagen die ganze katholische Welt aufhorchen. Es werden mit uns trauern der Heilige Vater in Rom, der gerade noch den getreuen und mutigen Zeugen so hoch geehrt hat, und das Heilige Kollegium der Kardinäle, das eben erst durch dieses Mitglied ausgezeichnet worden ist. Es werden mit uns trauern die Katholiken und viele Nichtkatholiken Deutschlands, die in Liebe, Achtung und Verehrung zum Bischof von Münster aufschauten. Es trauert vor allem das treue Bistumsvolk der Kirche von Münster „von den Gestaden der Nordsee, wo einst St. Willehad den Samen des Christentums ausgestreut hat, bis an die Ruhestätte der heiligen Ida am Ufer der Lippe, von Emmerich und Straelen bis nach Ibbenbüren und Marienfeld". Denn uns war der Verstorbene mehr! Wir wissen mehr als alle anderen, was wir an unserm Bischof Clemens August Kardinal von Galen verloren haben! Wir können und wollen heute noch nicht das Leben, Wirken und besonders das Beispiel des toten Oberhirten in breiter Darlegung rühmend künden. Wir sind gewiß, daß er als einer der Größten auf dem Bischofsstuhl des hl. Ludgerus in der Geschichte unseres Bistums und der ganzen heiligen Kirche weiterleben wird.

In dieser ersten Stunde der Trauer möchten wir am liebsten nur schweigen und beten, des Toten gedenkend wie Elisäus, als Elias von ihm hinwegenommen wurde: „Lieber Vater, lieber Vater! Israels Wagen und sein Lenker!" (4 Kön 2, 12).

Und doch geziemt uns Christen mehr als nur die Trauer. Und gerade der verstorbene Bischof mit seiner tiefen und ganz übernatürlichen Frömmigkeit würde uns eine übergroße Trauer ernst verwehren. Er würde aus der Echtheit seines Glaubens heraus uns sagen, daß Gott es ist, der immer mit Weisheit und mit Liebe seine Kirche lenkt und leitet, auch wenn er Menschen und Bischöfe abberuft, die wir für unersetzlich halten möchten. Er würde mit schlichten Worten, wie sie uns so oft erbaut haben, uns bitten, daß wir ihm den Himmel gönnen mögen. „Ich aber erscheine in Gerechtigkeit vor Deinem Angesichte; ich werde mich ersättigen, wenn Deine Herrlichkeit sich offenbart." So hat die heilige Kirche im Introitus der Messe am Todestag des Bischofs, am Freitag nach dem zweiten Fastensonntag, gesungen. Liegt nicht in diesem Liede alle Verheißung für den Einzug des heimgegangenen Hohenpriesters in die Ewigkeit und aller Trost für uns, die trauernd Hinterbliebenen! Wir schauen auf unseres in Christus geliebten Hirten und Vaters Gerechtigkeit und beten und hoffen mit Zuversicht für ihn auf die Offenbarung der ewigen Gottesherrlichkeit!

„Kirche und Leben" vom 31. März 1946 mit der Nachricht vom plötzlichen Tod Kardinals von Galen.

Elko (Elmar) von Lidlom (Eelko Liaukaman)

Abt, Märtyrer OPraem
geboren: 13. Jh.
gestorben: 1332 in Lidlom, Friesland

Elko war der zwölfte Abt des Prämonstratenserklosters Lidlom in Friesland. Weil er die exakte Einhaltung der Ordensregeln anmahnte, wurde er von Mönchen seines Klosters hinterrücks erschlagen.

Joseph Oriol

Priester, Mystiker
geboren: 23. November 1650 in Barcelona, Spanien
gestorben: 22. März 1702 in Barcelona

Am 20. Mai 1909 sprach Papst Pius X. den spanischen Priester Joseph (José) Oriol heilig. Rund 200 Jahre zuvor, am 22. März 1702, war Oriol, dessen Leben sich durch die Gabe der Wunder ausgezeichnet hatte, in seiner Pfarrei in Barcelona gestorben.

Joseph Oriol kam am 23. November 1650 in der katalanischen Stadt Barcelona zur Welt, studierte Theologie und machte 1674 seinen Dok-

Joseph Oriol, Priester und Mystiker. Im Volksmund wurde er „Doctor Pa i Aigua", Doktor Wasser und Brot genannt. Die Gabe der Wunder machte Oriol zum Volksheiligen, vor allem in Barcelona wird er hoch verehrt.

tor. Zwei Jahre später empfing er die Priesterweihe. Nach einer Wallfahrt nach Rom wurde Joseph Oriol 1687 Stiftsvikar an der Kirche S. Maria del Pino in Barcelona.

Joseph Oriol war der geborene Seelsorger; seine besondere Liebe galt den Armen und Kranken, für die er sich aufopferte. Gegen sich selbst war er streng; er lebte asketisch und immer zur Buße bereit. Ein starkes Charisma umgab den begnadeten Priester.

Lea von Rom

Witwe
geboren: 4. Jh. in Rom, Italien
gestorben: 22. März 384 in Rom

Der große Hieronymus widmete Lea nach ihrem Tod einen Nekrolog, in dem er die Witwe wegen ihrer außergewöhnlichen Tugendhaftigkeit pries. Lea hatte schon früh ihren Ehemann verloren, entsagte dem gesellschaftlichen Leben in Rom und schloß sich dem Kreis der frommen Frauen um Hieronymus an. „Mutter der Jungfrauen" nannte man sie, als sie in Rom einem Jungfrauenkloster vorstand. Lea starb am 22. März 384.

Lukardis

Nonne, Mystikerin OCist
geboren: um 1274 in Erfurt(?), Thüringen
gestorben: 22. März 1309 in Oberweimar, Thüringen

Relindis von Alden-Eyk

Äbtissin von Alden-Eyk OSB
geboren: um 690 in Maeseyck, Belgien
gestorben: um 745 in Alden-Eyk, Belgien

23. März

Merbod von Bregenz

Mönch, Einsiedler OSB
geboren: 11. Jh. in Bregenz(?), Österreich
gestorben: 23.(?) März 1120 in Alberschwende, Österreich

In Alberschwende im Bregenzer Wald (Vorarlberg) steht noch heute die Merbod-Kapelle, die immer wieder das Ziel von Wallfahrern ist. Geweiht ist dieses kleine Gotteshaus dem seligen Merbod von Bregenz, über dessen Grab es errichtet wurde. Merbod hatte um das Jahr 1100 als Einsiedler in der Gegend von Alberschwende gelebt und dort seelsorgerisch gewirkt. Der Mönch, der vor seinem Eremitenleben dem Benediktinerkloster Mehrerau bei Bregenz angehört hatte, war bei der Bevölkerung im Bregenzer Wald beliebt und geachtet. Für jedermanns Sorgen und Nöte hatte Merbod ein offenes Ohr, in seiner Einsiedlerzelle trafen sich ratsuchende Arme und Reiche gleichermaßen.

Als Einwohner dem Einsiedler wieder einmal einen Besuch abstatten wollten, fanden sie Merbod tot am Boden liegend. Tiefe Wunden am Kopf zeugten davon, daß er ermordet worden war. Sein Todestag war wahrscheinlich der 23. März 1120. Unter großer Anteilnahme der Bevölkerung wurde Merbod in Alberschwende beigesetzt.

Verehrung/Brauchtum: Die Gläubigen von Alberschwende gedenken Merbods mit einem eigenen Fest am ersten Donnerstag in der Fastenzeit.

Darstellung: Merbod ist mit einem schwarzen Umhang mit Kapuze dargestellt, am Kopf hat er Wunden; sein Attribut ist die Keule.

Rebekka Ar Rayès

Nonne
geboren: 1832 in Himlaya, Libanon
gestorben: 23. März 1914 in Al Dahr, Libanon

Rebekka Ar Rayès trat 1871, nachdem sie dem Massaker, das die Drusen 1860 unter den Maroniten angerichtet hatten, entkommen war, in ein Kloster des maronitischen Antoniusordens ein. In den folgenden vier Jahrzehnten erlitt sie schwerste körperliche und seelische Prüfungen und erblindete völlig. Ergeben erduldete Rebekka alles Leid. Nach ihrem Tod wurde ihr Grab das Ziel von Wallfahrern. Die Seligsprechung erfolgte am 17. November 1985.

Toribio von Lima (von Mongrovejo)

Erzbischof
geboren: 16. November 1538 in Mayorga, Spanien
gestorben: 23. März 1606 in Lima, Peru
Patron von Peru und Lima

Toribio (Turibius) Alfonso Mongrovejo gehörte zu den bedeutendsten Kirchengestalten der Neuen Welt. Während seiner 27jährigen Amtszeit als Erzbischof von Lima reformierte er erfolgreich das geistliche und das bürgerliche Leben im ganzen Land. Er widmete sich unermüdlich und aufopferungsvoll den Indianern, zivilisierte und bekehrte ganze Stämme und schützte sie gegen böswillige

Gegenüberliegende Seite: Toribio von Lima. Stich nach einem zeitgenössischen Gemälde. Toribio war der große Reformbischof der lateinamerikanischen Kirche.

Unterdrücker. Toribio gilt als der Organisator der peruanischen Kirche überhaupt, er ließ Kirchen, Schulen, Klöster und Hilfseinrichtungen für Kranke, Bedürftige und Jugendliche errichten. Er hielt 13 Diözesansynoden und drei Provinzialkonzile ab, von denen das erste 1582 richtungsweisende Bestimmungen für das kirchliche Leben im gesamten südamerikanische Raum erließ.

Toribio war am 16. November 1538 in dem Ort Mayorga in der nordwestspanischen Diözese Oviedo als Sohn einer vornehmen, christlichen Familie geboren worden. Nach dem Studium der Rechte in Valladolid und Salamanca ernannte ihn König Philipp II., der von seiner Gelehrtheit gehört hatte, 1575 zum Inquisitor in Granada und nur vier Jahre später zum Erzbischof von Lima.

Toribio, von dem es heißt, er habe 800 000 Menschen gefirmt, starb auf dem Rückweg von einer beschwerlichen Visitationsreise in ein entlegenes Indianerdorf am 23. März 1606. Die Reliquien des Erzbischofs, der 1726 heiliggesprochen wurde, befinden sich in der Kathedrale von Lima.

Verehrung/Brauchtum: In Peru genießt Toribio bis heute sehr große Verehrung.

Darstellung: Bischof Toribio wird dargestellt, wie er Kranke tröstet, Gläubige firmt – unter ihnen auch Rosa von Lima, wie ein Gemälde in der Kirche von Mayorga zeigt – oder Eingeborene besucht.

24. März

Katharina von Schweden

Äbtissin OSSalv
geboren: 1331 in Schweden
gestorben: 24. März 1381 in Vadstena, Schweden
Patronin gegen Früh- und Fehlgeburten; gegen Überschwemmung

Katharinas Bemühungen war es zu verdanken, daß Birgitta von Schweden, Katharinas Mutter und Gründerin des Birgittenordens, von Papst Bonifaz IX. bereits 18 Jahre nach ihrem Tod heiliggesprochen wurde. Auch war es Katharina, die 1379, sechs Jahre nach dem Tod ihrer Mutter, die Bestätigung der Regel des Birgittenordens erlangte.

Katharina war 1331 als Tochter Birgittas und ihres Mannes Ulf Gudmarsson zur Welt gekommen. Bereits mit 14 Jahren wurde sie von den Eltern mit dem Adligen Eggart von Kyren verheiratet. Beide gelobten sich bei der Eheschließung Enthaltsamkeit. Als treue Weggefährtin begleitete Katharina ihre Mutter Birgitta 1349 nach Rom, wo diese für ihren neugegründeten Orden wirken wollte. In Rom erfuhr die inzwischen 20 Jahre alte Katharina vom Tod ihres Ehemannes und entschloß sich, von da an ganz bei ihrer Mutter zu bleiben. Diese Zeit sollte 23 Jahre dauern.

Nachdem Katharina und Birgitta 1372/73 eine Pilgerreise ins Heilige Land unternommen hatten, starb Birgitta am 23. Juli 1373 in Rom. Katharina überführte den Leichnam ihrer Mutter ein Jahr später nach Vadstena in Schweden, wo Birgitta 30 Jahre zuvor das erste Kloster des Ordens hatte erbauen lassen. Katharina wurde nach ihrer Rückkehr in die Heimat Äbtissin des Klosters.

Papst Innozenz VIII. approbierte 1484 den Kult der Katharina von Schweden, Tochter von Ordensgründerin Birgitta.

Katharina von Schweden, wie sie heute genannt wird, starb schon am 24. März 1381 und wurde ebenfalls in Vadstena beigesetzt. Papst Innozenz VIII. bestätigte 1484 ihren Kult, die Reliquien wurden 1489 erhoben.

Darstellung: Die Darstellungen der Katharina von Schweden sind sehr weit verbreitet; Abbildungen, die sie in weltlicher oder in Ordenskleidung bei ihrem Wirken zeigen, gibt es in Schweden, Deutschland, Frankreich, Italien, Spanien und England. Mit einem Hirsch, der nach der Legende Katharinas Jungfräulichkeit schützte, ist die Äbtissin auf einem Wandteppich (15. Jh.) im Hessischen Landesmuseum in Darmstadt zu sehen.

Simon von Trient

Kind
geboren: 1472 in Trient, Italien
gestorben: Ostern 1475 in Trient

An einem Grab in der Kirche S. Pietro in Trient wird jedes Jahr am 24. März eines Kindes gedacht. Das Gedenken gilt dem kleinen Simon, der am 23. März 1475, am Gründonnerstag, im Alter von zweieinhalb Jahren verschwand und drei Tage später, am Ostersonntag, ermordet und grausam verstümmelt in einem Bach der Stadt aufgefunden wurde. Im folgenden Prozeß entschieden die Richter, daß es sich um einen „von Juden ausgeführten Ritualmord" gehandelt habe. Diese Version wurde jedoch schon bald angezweifelt, Geständnisse von Juden waren im übrigen durch Folterungen erpreßt worden, wie sich herausstellte.

Simon wurde schon bald als Märtyrer verehrt. Papst Sixtus V. bestätigte den Kult 1588 für die Diözese Trient.

25. März

Dismas der Schächer

Bekehrter
gestorben: 1. Jh. in Jerusalem
Patron von Gallipoli (Apulien); der Fuhrleute; der zum Tod Verurteilten; für einen guten Tod

Dismas soll der reuige Schächer gewesen sein, der zur Rechten von Jesus gekreuzigt wurde. Angeblich hatte er einer Räuberbande angehört. Am Kreuz soll er bekehrt worden sein und tief bereut haben.

Verehrung/Brauchtum: Die Verehrung des Dismas ist vor allem in Zypern und in Bologna groß; nach Zypern soll das angebliche Kreuz des Reumütigen gelangt sein, in die oberitalienische Stadt verschiedene Kreuzpartikel. Vor allem im Franziskanerorden wurde Dismas sehr verehrt.

Eberhard von Nellenburg

Klostergründer OSB
geboren: um 1010 auf Schloß Nellenburg bei Stockach, Baden-Württemberg
gestorben: 25. März 1078/1079 in Santiago de Compostela, Spanien

Eberhard von Nellenburg ist der Gründer des Benediktinerstiftes Allerheiligen in Schaffhausen. Nach einer Wallfahrt nach Santiago de Compostela trat der Graf in das dortige Kloster ein. Eberhards Ehefrau Ida gründete später in Schaffhausen das Kloster St. Agnes, in das sie selbst als Nonne eintrat.

Verehrung/Brauchtum: In der Diözese Basel gedenken die Gläubigen Eberhards am 24. Januar. Seine Grabstätte befindet sich in Schaffhausen, wo er gemeinsam mit Ida verehrt wird. Das Grab wurde 1921 wiederentdeckt.

Darstellung: Eberhard ist auf der Platte seiner Tumba mit Bart und einem Kirchenmodell als Attribut dargestellt.

Lucia Filippini

Ordensgründerin
geboren: 13. Januar 1672 bei Rom, Italien
gestorben: 25. März 1732 in Montefiascone, Italien

Im Dom von Montefiascone, dem über dem Bolsenasee gelegenen Städtchen in der italienischen Provinz Viterbo, hat Lucia Filippini ihre letzte Ruhestätte gefunden. Die Heiligsprechung der Ordensgründerin erfolgte am 22. Juni 1930 durch Papst Pius XI.

Lucia Filippini wurde am 13. Januar 1672 in einem kleinen Dorf im Nordwesten von Rom geboren. Im Alter von 20 Jahren gründete sie mit Unterstützung von Kardinal Marc

Lucia Filippini. Nach einem zeitgenössischen Gemälde von Domenico Lanciani. Das Bild der Ordensstifterin entstand einige Jahre vor ihrem Tod.

Antonio Barbarigo, dem großen Reformator, und Rosa Venerini, die zuvor ähnliche Einrichtungen geschaffen hatte, in Montefiascone die Genossenschaft der „Maestre Pie Filippini". Die Mitglieder der Gemeinschaft widmeten sich der christlichen Erziehung von Mädchen. Nachdem Lucia Filippini 1704 Generaloberin ihrer Genossenschaft geworden war, gründete sie weitere Niederlassungen, so auch in Rom. Außer um die weibliche Jugend kümmerte sich Lucia um Bräute und junge Frauen, die sie unterrichtete und für das Leben stärkte.

Die Ordensgründerin Lucia Filippini starb am 25. März 1732 in Montefiascone. Papst Clemens XIII. bestätigte ihre Genossenschaft im Jahr 1760. Seit 1910 gibt es die Filippini-Schwestern sogar in den Vereinigten Staaten.

Margareta Rosa Flesch

Ordensgründerin
geboren: 24. Februar 1826 in Schönstatt, Nordrhein-Westfalen
gestorben: 25. März 1906 in Waldbreitbach, Rheinland-Pfalz

Margareta Flesch, die in ihrer Ordensgemeinschaft den Namen Rosa trug, ist die Gründerin der Kongregation der „Franziskanerinnen von Waldbreitbach". Die Schwesterngemeinschaft widmet sich bis heute der Sorge um die Armen, der Erziehung in Kindergärten und in heilpädagogischen Einrichtungen, der Arbeit in der stationären Krankenpflege und in der Psychiatrie, dem Krankenhaussozialdienst, der Pastoral sowie der Ausbildungstätigkeit. Das Gründungsdatum der Genossenschaft war der 13. März 1863; an diesem Tag legte Margareta Flesch gemeinsam mit zwei Gefährtinnen in einer Kapelle die Gelübde ab.

Schwere Leidensjahre für die Ordensfrau begannen 1870, als Kräfte in ihrer eigenen Gemeinschaft gegen sie arbeiteten, während sie selbst im Krieg 1870/71 Verwundete an der Front pflegte. 1878 verweigerten ihr die Schwestern die mögliche Verlängerung der Amtszeit als Generaloberin. Mutter Rosa wehrte sich nicht und ertrug alle nachfolgenden Demütigungen geduldig und klaglos bis zu ihrem Tod 1906. Der Seligsprechungsprozeß für Margareta Rosa Flesch wurde im Jahr 1957 in Trier eröffnet.

Margareta Rosa Flesch, Gründerin der Kongregation der „Franziskanerinnen von Waldbreitbach". Der Seligsprechungsprozeß für die Ordensfrau wurde am 16. März 1957 in Trier eröffnet.

Prokopius von Böhmen (von Sávaza)

Abt
geboren: um 990 in Chotaun, Tschechische Republik
gestorben: 25. März 1053 in Sávaza, Tschechische Republik
Patron von Böhmen und Mähren

Prokopius (Prokop) galt als Kopf der Missionare Mittelböhmens zu seiner Zeit. Ab 1030 lebte er, der zuvor verheiratet gewesen war, als Mönch und Einsiedler im Sávazatal in Mähren; er gründete dort ein Kloster mit der Regel von Benedikt, allerdings wurde die Liturgie in slawischer Sprache gefeiert. Prokopius war Abt bis zu seinem Tod am 25. März 1053. Seine Kanonisation erfolgte 1204, seine sterblichen Überreste wurden 1588 in die Allerheiligenkapelle der Prager Burg übertragen.

Verehrung/Brauchtum: Als das Sávaza-Gebiet im späteren Mittelalter Bergbaugebiet wurde, erwählten sich die dortigen Bergarbeiter Prokopius zu ihrem Schutzheiligen. Seit der Übertragung der Reliquien des Mönches nach Prag gilt er als Landespatron von Böhmen. Noch heute gibt es in Böhmen Wallfahrtsorte, die nach Prokopius benannt sind.

Darstellung: Prokopius ist oft mit dem Teufel abgebildet, was das überwundene Heidentum darstellen soll. Manchmal hält der bärtige Mönch ihn an der Kette, oft hat er ihn vor den Pflug gespannt (der Teufel soll Prokopius nach der Legende auch als Rad seines Wagens gedient haben). In späteren Jahrhunderten wurde Prokopius dann meist nur noch als bartloser Abt in Pontifikalkleidung dargestellt.

26. März

Felix von Trier

Bischof von Trier
geboren: 4. Jh.
gestorben: 26. März um 400 in Trier, Rheinland-Pfalz

Verehrung/Brauchtum: Der Kult um Felix ist auf die Diözese Trier beschränkt, wo er Bischof war.

Darstellung: Felix ist in der Trierer Kirche St. Paulin bei einer Altarfigur (1761) in Pontifikalien mit einem Kirchenmodell zu sehen. Felix gilt als Erbauer der Kirche St. Paulin, in die er gegen Ende des 4. Jh. die Gebeine von Paulinus, dem früheren Trierer Bischof, der nach Phrygien verbannt worden war, übertragen ließ.

„Martyrium des heiligen Kastulus." Eines von vier bekannten Holzreliefs mit Szenen aus dem Leben des Märtyrers aus der Werkstatt des Künstlers Hans Leinberger (um 1513).

Kastulus

Märtyrer
geboren: 3. Jh. in Rom, Italien
gestorben: um 286 in Rom
Patron der Hirten; gegen Blitz- und Wassergefahr; gegen Pferdediebstahl; gegen Rotlauf

Nach der Legende war Kastulus der Kämmerer von Kaiser Diokletian. Nachdem er dann als Christ angezeigt worden war – Diokletian gehörte zu den grausamsten Christenverfolgern –, wurde er in eine Grube an der Via Labicana in Rom geworfen und bei lebendigem Leib verschüttet. Das Todesjahr soll um 286 gelegen haben. Über der Stätte des Martyriums stand bereits im 7. Jh. eine Kastulus-Kirche, wie die Überlieferungen berichten.

Nachdem die Gebeine des Heiligen zunächst in der oberitalienischen Stadt Pavia aufbewahrt worden waren, kamen sie im 8. Jh. nach Moosburg bei Freising, wo man ein beeindruckendes Kastulus-Münster erbaute. Im Jahr 1604 wurden Reliquien dann nach Landshut in die dortige Kirche St. Martin übertragen. Bereits 1469 waren die Gebeine von Kastulus erhoben worden.

Verehrung/Brauchtum: Kastulus gehört zu den vor allem in Bayern sehr verehrten Kirchengestalten. Moosburg bei Freising gedenkt seiner mit einer großen Kastulus-Prozession am ersten Sonntag im Juli. Dabei wird ein Goldschrein mit Reliquien durch die Straßen getragen; traditionell sind Kolpingsöhne die Träger. Die Feier in Moosburg klingt mit dem gemeinsamen Singen des „Kastulusliedes" aus.

Darstellung: Kastulus ist auf frühen Darstellungen als Märtyrer in Tunika und mit Pallium sowie Palme abgebildet, manchmal auch als Römer und in Rüstung. Später sieht man ihn oft mit einem Spaten, ein Hinweis auf sein Martyrium.

Larissa (Lara)

Märtyrerin
geboren: 4. Jh.
gestorben: 4. Jh. auf der Krim, Ukraine

Verehrung/Brauchtum: In der griechischen Kirche gedachte man der Märtyrerin Larissa, die im Auftrag eines Gotenfürsten während eines Gottesdienstes ermordet wurde, bereits sehr früh immer am 26. März.

Liudger (Ludger, Ludgerus)

Bischof
geboren: um 742 in Friesland
gestorben: 26. März 809 in Billerbeck, Nordrhein-Westfalen
Patron des Bistums Münster; zweiter Patron des Bistums Essen

Die Stadt Münster in Westfalen verdankt Liudger ihren Namen. Nachdem Karl der Große dem Apostel der Friesen und Sachsen um das Jahr 794 das neue Bistum Mimigardeford im nordwestlichen Westfalen übergeben hatte, errichtete der Kirchenmann bei der Kirche ein Stift für den Bischof und seinen Klerus, ein „monasterium". Daraus leitete sich später der Städtenamen Münster ab. Liudger empfing die Bischofsweihe übrigens erst rund zehn Jahre nach der Übernahme des Bistums, genau am 30. März 804.

Der Sohn einer vornehmen friesischen Familie hatte 777 in Köln die Priesterweihe empfangen und danach mit großem Eifer in Friesland und dann in Sachsen missioniert. Später, als Bischof, gründete Liudger den Dom in Münster sowie viele weitere Kirchen. In seiner Diözese rief er 40 Pfarreien ins Leben, darüber hinaus gründete er das Kloster Nottuln bei Münster sowie die beiden Benediktinerabteien Helmstedt und Werden bei Essen.

Bischof Liudger starb am 26. März 809 in Billerbeck in Westfalen, nachdem er gerade noch zwei Predigten gehalten hatte. Er verschied genau an dem Tag, den er als sein Todesdatum schon lange vorausgesagt hatte. Beigesetzt wurde der große Seelsorger in seiner Klostergründung in Werden. Anläßlich des 1175. Todestages im Jahr 1984 wurde der Liudger-Schrein von Werden nach Münster überführt.

Verehrung/Brauchtum: In Billerbeck in Westfalen sind Leben und Wirken des ersten Bischofs von Münster noch heute lebendig. Grabungen unter der jetzigen Johanniskirche haben mit ziemlicher Sicherheit ergeben, daß hier die Ursprungsgründung von Liudger stand. In die-

„Der Tod des heiligen Liudger." Nach einem Relief in der Votivkirche zu Billerbeck in Westfalen, dem Sterbeort des Heiligen. Das Kunstwerk stammt von dem Bildhauer Wilhelm Bolte.

Liudger, Gründerbischof der Diözese Münster. Reliquienstatue (1880) von Rasmus Brunn.

sem Gotteshaus soll der Bischof auch die letzte Messe vor seinem Tod gehalten haben. Auch in Essen-Werden verehrt man Liudger; die dortige ehemalige Abteikirche St. Ludger, die der Bischof im Jahr 796 gegründet hat, ist im Besitz des sogenannten Ludger-Kelches, welcher der älteste Kelch Deutschlands sein soll (Kirchenschatz). Auch spätromanische Reliefs aus Sandstein, die ursprünglich als Sarkophag-Umkleidung des Liudger-Grabes dienten, sind in der Abteikirche zu sehen.

In der Diözese Hildesheim begeht man den Gedenktag Liudgers am 25. März.

Darstellung: Vor allem im Bistum Münster sind entsprechend der dortigen großen Verehrung für Liudger viele Darstellungen zu finden. Abgebildet wird er als Bischof mit oder ohne Attribute, manchmal mit Kirchenmodell. Zu sehen ist er auch mit Wildgänsen, da er nach der Legende sein Bistum von einer Wildgänse-Plage befreit hat. Verschiedene Darstellungen gibt es im Dom zu Münster.

27. März

Adalpret von Trient

Bischof von Trient, Märtyrer
geboren: 12. Jh. in Italien
gestorben: um 1180 bei Rovereto, Italien

Frowin von Engelberg

Abt OSB
geboren: 12. Jh. in St. Blasien, Baden-Württemberg
gestorben: 27. März 1178 in Engelberg, Schweiz

Frowin stammte aus dem Schwarzwaldort St. Blasien, wo er als Mönch in die dortige berühmte Benediktinerabtei eintrat. Im Jahr 1146 wurde er zum Abt des Benediktinerklosters Engelberg in der Schweiz, unweit des Vierwaldstätter Sees, ernannt. Der als Maler und Schriftsteller arbeitende Frowin gründete in dem 1120 entstandenen Kloster eine Schreib- und Malschule, die bald berühmt wurde. Auch die Bibliothek der Abtei hatte schnell einen großen Namen. Von Frowins theologischen Lesebüchern blieben bis heute zwei erhalten: „De Oratione Dominica“ (Über das Gebet des Herrn) und „De laude liberi arbitrii libri septem“ (Sieben Bücher über das Lob des freien Willens). Der Abt starb am 27. März 1178 und wurde in der Kirche seines Klosters beigesetzt. Das Grabmal kann noch heute besichtigt werden.

Haimo von Halberstadt

Bischof OSB
geboren: 8. Jh. in England
gestorben: 27. März 853 in Halberstadt, Sachsen-Anhalt

Der große Alkuin war von 802 bis 804 in Tours der Lehrer Haimos, der berühmte Theologe Rabanus Maurus sein Mitschüler. Von seiner Herkunft war Haimo Angelsachse; auch Kirchenlehrer Beda Venerabilis entstammte seiner Familie. Nachdem Haimo mehrere Jahre als Mönch im Kloster Fulda gelebt hatte, kam er 830 als Lehrer nach Hersfeld. Ein Jahr später ernannte ihn Kaiser Ludwig der Fromme zum Bischof von Halberstadt. Haimo gründete dort ein Kloster, für das er sich Mönche aus Hersfeld holte. Haimo, auch Hemmo oder Heimo genannt, starb am 27. März 853 in Halberstadt. Sein Freund Rabanus Maurus widmete ihm eines seiner Werke.

Isaak von Konstantinopel

Abt von Konstantinopel
geboren: 4. Jh. in Syrien
gestorben: 396 in Konstantinopel, heute Istanbul, Türkei

Joseph Peter Coudrin

Ordensgründer SSCC
geboren: 1. März 1768 in Coussay-les-Bois, Frankreich
gestorben: 27. März 1837 in Paris, Frankreich

Der Priester Joseph Peter Coudrin, der 1792, in den Wirren der Französischen Revolution, den Mut hatte, sich weihen zu lassen, wirkte während der Revolutionsjahre unermüdlich

Joseph Peter Coudrin. Der Priester gründete 1800 die Kongregation der „Picpusmissionare“, die sich bis nach Ozeanien verbreitete.

und unter Einsatz seines Lebens als Seelsorger. Im Jahr 1800 gründete Coudrin gemeinsam mit weiteren Gläubigen in Poitiers in Frankreich die „Genossenschaft von den heiligsten Herzen Jesu und Mariä und der ewigen Anbetung des allerheiligsten Altarsakraments“. Als die Gemeinschaft ihren Sitz schon bald nach Paris in die Rue de Picpus verlegte, nannte sie sich nach der Adresse „Picpuskongregation“. Die Gemeinschaft umfaßte zwei Zweige: den der Priester, die sich, unterstützt von Brüdern, einer ausgedehnten apostolischen Tätigkeit in den Schulen und auf den Kanzeln widmeten, und den der Schwestern, die sich der Erziehung der Mädchen annahmen.

Die Genossenschaft breitete sich nach dem Tod von Joseph Peter Coudrin über die ganze Welt aus. Ein besonders schwieriges Missionsgebiet für die Picpusmissionare war zu allen Zeiten Ostozeanien; hier konnten aber auch besonders große Erfolge verzeichnet werden.

Johannes von Lykopolis

Einsiedler
geboren: 4. Jh. in Ägypten
gestorben: um 394 in Ägypten

Ludwig Eduard Céstac

Ordensgründer
geboren: 6. Januar 1801 in Bayonne, Frankreich
gestorben: 27. März 1868 in Bayonne

Ludwig Eduard Céstac, der Priester aus Bayonne, gilt als einer der bedeutendsten religiösen Erneuerer in Frankreich nach dem Zusammenbruch in der Französischen Revolution. Sein besonderes Augenmerk galt von Beginn seiner seelsorgerischen Tätigkeit an der Erziehung der weiblichen Jugend und der Rettung gefallener Mädchen. Für diese gefährdeten jungen Frauen gründete Céstac 1836 die Kongregation der „Dienerinnen Mariens“, die sich aus einem zuvor entstandenen Asyl entwickelt hatte. Céstac erlebte es noch, daß seine Genossenschaft sich auf 160 Häuser ausweitete.

Ludwig Eduard Céstac starb am 27. März 1868. Sein Seligsprechungsprozeß wurde 1908 eingeleitet.

Marie-Eugène Grialou

Gründer OCarm
geboren: 2. Dezember 1894 in Le Gua, Frankreich
gestorben: 27. März 1967 in Frankreich

Der Karmelit Marie-Eugène Grialou, der mit Taufnamen Henri hieß, ist der Gründer des Institut Notre-Dame de Vie, eines Säkularinstituts. Es entstanden ein weiblicher und ein männlicher Zweig. 1962 erfolgte die päpstliche Anerkennung der Weltgemeinschaft, die an den Orden des Karmels angeschlossen war. In einem Säkularinstitut können die Mitglieder die Kontemplation und das Tätigsein im Beruf miteinander verbinden. Das Institut von Marie-Eugène Grialou hat heute drei Zweige: Frauen, Männer, Priester. 1973 erkannte die Kirche das Institut Notre-Dame de Vie durch ein Institutum als ein einziges Institut für Priester, Männer im Laienstand und Frauen an.

Père Grialou starb am 27. März 1967, dem Ostermontag, zehn Jahre nach der kirchlichen Anerkennung der deutschen Niederlassung in Weisendorf und drei Jahre nach der Gründung seines Instituts in Kanada.

Marie-Eugène Grialou ist der Gründer des „Institut Notre-Dame de Vie“.

Ludwig Eduard Céstac gründete 1836 die Kongregation der „Dienerinnen Mariens“.

Vedulf

Bischof von Arras und Cambrai
geboren: um 500 in Frankreich
gestorben: um 580 in Cambrai, Frankreich

28. März

Adelheid Cini

Gründerin
geboren: 25. Oktober 1838 in La Valetta auf Malta
gestorben: 28. März 1885 in Hamrun auf Malta

Adelheid Cini gründete in Hamrun auf Malta ein Hospiz für gefährdete und vom Weg abgekommene Mädchen und Frauen. Der Seligsprechungsprozeß für sie wurde 1910 eingeleitet.

Einhildis

Äbtissin von Niedermünster
geboren: 8. Jh. im Elsaß, Frankreich
gestorben: 8. Jh. in Niedermünster, Elsaß, Frankreich

Gundelindis

Äbtissin
geboren: um 680 im Elsaß, Frankreich
gestorben: 8. Jh. in Niedermünster, Elsaß, Frankreich

Ruinen am Fuß des berühmten Odilienberges im Elsaß zeugen noch heute von dem ehemaligen Frauenstift Niedermünster, das Odilia etwa 707 als Spital gegründet hat. Als Leiterin setzte Odilia ihre Nichte Gundelindis, die Tochter des elsässischen Herzogs, ein. Gundelindis machte im Jahr 722 aus dem Spital ihrer Tante das weltliche Frauenstift Niedermünster, dessen erste Äbtissin sie wurde. Das genaue Todesjahr von Gundelindis ist ebensowenig bekannt wie ihr Geburtsjahr. Ihr Fest wurde auf den 28. März gelegt.

Guntram

König
geboren: um 525 in Frankreich
gestorben: 28. März 592 in Chalon-sur-Saône, Frankreich

Guntram war der Sohn von Chlotar I. und Radegund von Thüringen. Nach dem Tod seines Vaters erhielt er das Teilreich Burgund, Marseille und Arles. Die Aufteilung war nötig geworden, da Guntram noch zwei Brüder hatte.

König Guntram erwies sich als hervorragender Diplomat, dem es immer wieder gelang, Schwierigkeiten zu meistern. So schlug er beispielsweise einen Aufstand des Adels nieder. Das Volk liebte ihn, Kirchen und Klöster wurden von ihm reich beschenkt; er selbst lebte demutsvoll. Die Geistlichkeit brachte ihm große Ehrerbietung entgegen, da er viel für die kirchliche Ordnung tat. Überlieferungen berichten allerdings auch von sinnlosen Gewalttätigkeiten des Königs. Guntram starb am 28. März 592 in seiner Residenz Chalon-sur-Saône, wo er auch beigesetzt wurde.

Ingbert Naab. Berühmt wurde der Mönch durch einen Brief an Hitler.

Ingbert Naab

Mönch OFMCap
geboren: 5. November 1885 in Dahn, Rheinland-Pfalz
gestorben: 28. März 1935 in Straßburg, Elsaß, Frankreich

Kapuzinerpater Ingbert Naab, der mit Taufnamen Karl hieß, gehörte zu den unerbittlichsten Kämpfern gegen den Nationalsozialismus. In ganz Deutschland berühmt wurde der gebürtige Pfälzer durch seinen Brief an Adolf Hitler nach der Reichspräsidentenwahl 1932. In über 1000 Zeitungen mit einer Gesamtauflage von 20 Millionen Exemplaren wurde das Schreiben mit der Überschrift „Herr Hitler, wer hat Sie denn gewählt?" abgedruckt. „Es ist nicht mein Beruf, Politik zu treiben. Ich habe das auch in diesem offenen Brief nicht im Sinn. Aber Ihre politische Tätigkeit hat eine Seite, die zutiefst in das Gewissen hineingreift, in die Verantwortung vor Gott", schrieb der mutige Seelsorger an den Führer der Nationalsozialisten.

Zusammen mit Dr. Fritz Gerlich und finanziell stark unterstützt von Erich Fürst von Waldburg-Zeil gab Naab ab 1933 das Blatt „Der gerade Weg" heraus, das sich in vielen Artikeln gegen die braune Gefahr wandte. Schon bald darauf wurden die Redaktionsräume gestürmt, Fritz Gerlich wurde verhaftet und am 1. Juli 1934 erschossen. Pater Ingbert Naab flüchtete ins Ausland und starb am 28. März 1935 in Straßburg. Im Jahr 1953 wurden die Gebeine des Kapuzinerpaters auf den Friedhof des Kapuzinerklosters von Eichstätt in Bayern übertragen.

Johanna Maria de Maillé

Klausnerin
geboren: 14. März 1331 in Roche, Frankreich
gestorben: 28. März 1414 in Tours, Frankreich
1871 Bestätigung des Kultes

Wilhelm Eiselin

Mönch OPraem
geboren: um 1564 in Mindelheim, Bayern
gestorben: 28. März 1588 in Rot, Baden-Württemberg

Wilhelm Eiselin wurde nie offiziell heiliggesprochen, aber das Volk verehrte ihn als Heiligen. Eiselin war im Jahr 1564 in Mindelheim zur Welt gekommen; schon früh verlor er seine Eltern durch Pesttod. Er studierte in Dillingen an der Donau und wurde dann Prämonstratenser im Stift Rot bei Memmingen. Wilhelm litt zeitlebens an einer schweren Krankheit, die er aber mit heroischer Geduld ertrug. Er führte ein Leben strengster Abtötung, das Gebet war sein größtes Glück. Es heißt, seine Mitbrüder im Stift Rot hätten ihn „den Engel unseres Hauses" genannt.

Wilhelm Eiselin starb im Alter von erst 24 Jahren am 28. März 1588 im Kloster Rot und wurde dort beigesetzt. In der ehemaligen Klosterkirche von Rot werden heute seine Reliquien verehrt.

29. März

Berthold von Kalabrien (von Limoges)

Einsiedler, Gründer
geboren: um 1100 bei Limoges, Frankreich
gestorben: um 1195 auf dem Berg Karmel

Berthold ist der Mitbegründer des Karmelitenordens. Der in Südwestfrankreich geborene Mönch hatte sich um das Jahr 1155 auf dem Berg Karmel niedergelassen, dort, wo auch der Prophet Elias mit seinen Schülern gelebt haben soll. Zusammen mit mehreren anderen Einsiedlern bildete Berthold eine Gemeinschaft, die das, was Elias und später die frühchristlichen Mönche begonnen hatten, zur Vollendung bringen wollte: ein Gott wohlgefälliges Leben mit besonderer Pflege der Beschaulichkeit zu führen. In der Besinnung auf Elias bezeichnet der Karmelitenorden daher diesen als „dux et Pater", Führer und geistlichen Vater.

Nachdem Berthold, der den Beinamen „von Kalabrien" erhielt, weil damals in Palästina alle abendländischen Einwanderer so genannt wurden, um 1195 gestorben war, erwirkte Brocard, sein Nachfolger als Oberer der Eremitengemeinschaft, 1209 von Albert, dem Patriarchen von Jerusalem, eine verpflichtende Regel für die Gruppe. Sie wurde von Papst Honorius III. aber erst 17 Jahre später, 1226, bestätigt. Die Regel ordnete in 16 Punkten das Leben der Mönche. Wegen der Verfolgung durch die Sarazenen kehrten viele der Karmeliten nach 1238 in ihre Heimat im Abendland zurück, woraufhin dort viele Karmelitenklöster entstanden und der Orden einen großen Aufschwung erlebte.

Helmstan

Bischof von Winchester
geboren: 8. Jh. in England
gestorben: um 850 in Winchester, England

Jonas und Barachisus

Mönche, Märtyrer
geboren: 3. Jh. in Persien
gestorben: 326(?) in Persien

Jonas und Barachisus waren Brüder und beide Mönche. Sie lebten in der ersten Hälfte des 4. Jh. in Persien. An der Regierung war König Sapor II., einer der grausamsten Herrscher aller Zeiten und ein brutaler Christenverfolger. Unter ihm wurden unzählige Menschen hingerichtet. Als Jonas und Barachisus eines Tages wieder einmal den zum Tode verurteilten Gläubigen Trost und Mut zusprachen, ließ Sapor die beiden Brüder verhaften. Der Richter forderte von ihnen, Sonne, Mond, Feuer und Wasser anzubeten. Jonas und Barachisus aber antworteten: „Es ist billiger, dem unsterblichen Gott des Himmels und der Erde zu gehorchen als einem König, der dem Tod unterworfen ist." Als die Heiden diese Worte hörten, ergriffen sie Jonas und Barachisus, warfen sie in den Kerker und folterten sie grausam. Jonas erlag seinen schweren Verletzungen zuerst, am Tag darauf starb auch Barachisus. Das Jahr ihres Todes war wahrscheinlich 326. Die Lebensgeschichte beruht teilweise auf Legenden.

Ludolf von Ratzeburg

Bischof, Märtyrer
geboren: 12. Jh. in Sachsen
gestorben: 29. März 1250 in Wismar, Mecklenburg-Vorpommern

Bischof Ludolf von Ratzeburg stellte sich seinem Herzog entgegen, als dieser für sich Kirchengut beanspruchte. Der Herrrscher ließ ihn daraufhin verhaften und in den Kerker werfen. Dort wurde Ludolf so sehr mißhandelt, daß er bald nach seiner Freilassung starb. Der Bischof wird daher als Märtyrer verehrt.

Verehrung/Brauchtum: Im Bistum Osnabrück gedenken die Gläubigen der drei Ratzeburger Bischöfe Ludolf, Evermod und Isfried am 17. Februar gemeinsam.

Wilhelm von Neuenburg

Propst, Kaplan
geboren: um 1150
gestorben: 29. März 1231 in Neuenburg (Neuchâtel), Schweiz

30. März

Amadeus IX. von Savoyen

Herzog
geboren: 1. Februar 1435 in Thonon-les-Bains, Frankreich
gestorben: 30. März 1472 in Vercelli, Italien
Patron von Savoyen; des Königshauses Piemont

Herzog Amadeus IX. von Savoyen ging als Wohltäter der Armen in seinem Land in die Geschichte ein. Aufgrund einer schweren Epilepsieerkrankung, an der er ein Leben lang litt, dankte Amadeus 1469, erst 34 Jahre alt, zugunsten seiner Ehefrau ab und zog sich nach Vercelli im Piemont (Oberitalien) zurück. Dort starb er am 30. März 1472.

Beigesetzt wurde Amadeus in der Kirche S. Eusebio in Vercelli, sein Kult wurde 1677 bestätigt.

Verehrung/Brauchtum: Amadeus wird besonders in der piemontesischen Hauptstadt Turin verehrt. Er gilt dort als Vorbild eines christlichen Herrschers.

Darstellung: Abgebildet wird der beliebte Amadeus IX. als Herzog, Almosen austeilend, oft auch mit einem Spruchband mit der Aufschrift „Diligite pauperes" (liebet die Armen).

Jonas und Barachisus auf dem Gang zum Martyrium. Nach einem Stich aus dem 19. Jh.

Diemut von Wessobrunn

Nonne, Reklusin OSB
geboren: um 1060 in Bayern
gestorben: 30. März 1130 in Wessobrunn, Bayern

In der Klosterkirche von Wessobrunn, südwestlich vom Ammersee in Oberbayern, werden seit 1709 die Reliquien der Diemut von Wessobrunn verehrt. Genau 50 Jahre, von 1080 bis 1130, hatte die Benediktinernonne als Reklusin in einer Zelle neben dem Wessobrunner Kloster gelebt. Mit der Hand schrieb sie im Lauf der Jahrzehnte 45 Kirchenwerke ab, von denen heute noch einige vorhanden sind. Im Kloster Bernried, dem berühmten Augustiner-Chorherrenstift am Starnberger See, wurden lange Zeit Briefe aufbewahrt, die sich Diemut und Herluka von Bernried geschrieben haben. Diemut wurde zuerst in der Marienkirche von Wessobrunn beigesetzt, später übertrug man die Gebeine in die Abteikirche.

Johannes Klimakos

Abt
geboren: 6. Jh. in Palästina(?)
gestorben: 30. März um 649 in Palästina

Johannes hat seinen Beinamen „Klimakos" von seinem berühmtesten Werk „climax", Die Leiter. Es handelt sich dabei um eine Abhandlung über den Erwerb der Tugenden und das Bekämpfen der Laster. Die Leiter (das Buch) hat 30 Sprossen (Kapitel), entsprechend den 30 Jahren des verborgenen Lebens Jesu Christi.

Johannes Klimakos kam um die Mitte des 6. Jh. wahrscheinlich in Palästina zur Welt. Nach einer christlichen Erziehung zog er sich mit 16 Jahren als Mönch auf den Berg Sinai zurück, wo eine Gruppe von Einsiedlern lebte. Doch diese Lebensweise war Johannes noch zu weltlich: Er suchte sich eine einsame Höhle, wo er von da an vier Jahrzehnte lebte.

Etwa um 638 wurde Johannes Klimakos Vorsteher des Klosters auf dem Sinai und Führer aller Einsiedler im Land. Nach vier Jahren Amtszeit legte er die Leitung des Klosters in die Hände seines Bruders Georgius und bereitete sich auf den Tod vor. Johannes Klimakos starb an einem 30. März um 649. Über seine Grabstätte ist nichts überliefert.

Die Klosterkirche in Wessobrunn, letzte Ruhestätte von Diemut.

Ludwig von Casoria (Arcangelo Palmentieri)

Ordensgründer OFM
geboren: 11. März 1814 in Casoria bei Neapel, Italien
gestorben: 30. März 1885 in Neapel

Wie ein Franziskus des 19. Jahrhunderts wirkte der Priester und Franziskanermönch Ludwig von Casoria. Am Herzen lagen ihm vor allem die Armen, Alten, Kranken, für sie gründete er unermüdlich Krankenhäuser, Altersheime, Hospize, Heime und Schulen; auch Anstalten für Taubstumme und Blinde wurden von ihm ins Leben gerufen. In einer Zeit, in der viele Strömungen gegen die Kirche waren, brachte er den Dritten Orden des heiligen Franz zum Wiedererstarken. Auch die Missionierung in Afrika war Ludwig von Casoria ein besonders Anliegen; in

Ludwig von Casoria. Der Italiener gründete die „Grauen Brüder" und die Elisabethinnen, wurde 1993 durch Papst Johannes Paul II. seliggesprochen.

zwei Häusern versorgte er afrikanische Kinder, die er aus der Sklaverei freigekauft hatte.

Um all seinen karitativen Aufgaben nachkommen zu können, gründete der Franziskaner schließlich die Genossenschaften der „Grauen Brüder" und der „Grauen Schwestern" (Elisabethinnen). Den Orden der Hospitaliter bewahrte er durch seinen Einsatz vor der Aufhebung. Ludwig von Casoria, der mit Taufnamen Arcangelo Palmentieri hieß, gründete auch die Zeitschrift „La Carità". Die Seligsprechung erfolgte am 18. April 1993.

Zosimus von Syrakus

Bischof von Syrakus
geboren: um 570 in Italien
gestorben: um 662 in Syrakus auf Sizilien, Italien

Darstellung: Zosimus wird als bärtiger Bischof dargestellt. Eine der schönsten Abbildungen befindet sich in der Cappella del Crocifisso im Dom zu Syrakus; sie stammt von Antonello da Messina und zeigt Zosimus im Pontifikalornat mit Mitra und Stab.

31. März

Balbina

Märtyrerin
geboren: 2. Jh. in Rom, Italien
gestorben: um 130 in Rom
Patronin gegen den Kropf und andere Halsleiden

Nach der legendarischen Überlieferung soll Balbina die Tochter des römischen Tribuns Quirinus gewesen sein, mit dem zusammen sie um das Jahr 130 wegen ihres christlichen Glaubens ermordet wurde. Es heißt, die Märtyrerin sei an der Via Appia in Rom beigesetzt worden.

Der Friedhof bei der Via Appia in Rom, der den Namen Balbina trägt, sowie die Balbina-Kirche auf dem kleinen Aventin in Rom gehen allerdings wahrscheinlich auf eine Stifterin mit dem Namen Balbina zurück und nicht auf die Märtyrerin.

Darstellung: Trotz der nur legendarischen Überlieferung gibt es zahlreiche Darstellungen von Balbina. Zu sehen ist sie darauf mit Kreuz und Lilienzepter, manchmal auch mit einem Engel, der zum Himmel zeigt. Oft trägt Balbina auch eine Kette in der Hand, da sie nach der Legende durch das Berühren der Ketten des mit ihr und ihrem Vater zusammen eingekerkerten Papstes Alexander I. von einem Halsleiden geheilt worden sein soll (Patronat).

Benjamin

Diakon, Märtyrer
geboren: um 400 in Persien
gestorben: um 422 in Persien

Benjamin war ein Diakon, der in Persien zu Beginn des 5. Jh. den christlichen Glauben verkündete. Im Zuge einer Christenverfolgung wurde er gefangengenommen und, als er sich weigerte, heidnische Götter anzubeten, grausam gefoltert. Den hierbei erlittenen Verletzungen erlag Benjamin schließlich.

Verehrung/Brauchtum: Lateiner und Griechen begehen den Gedenktag Benjamins schon immer am 31. März.

Darstellung: Benjamin wird als Diakon mit einem Dornenzweig abgebildet.

Bonaventura Tornielli (von Forlì)

Generalvikar, Prediger OSM
geboren: um 1410 in Forlì, Italien
gestorben: 31. März 1491 in Udine, Italien

In der Herz-Jesu-Kirche der Serviten in Venedig werden die Reliquien von Bonaventura von Forlì verehrt. Der große Bußprediger Italiens, der wegen seines dünnen Bartes später auch „Barbetta" genannt wurde, war im Jahr 1410 unter dem Familiennamen Tornielli in Forlì, unweit von Rimini, zur Welt gekommen. Nach Ausbildung und Studium trat er dem Servitenorden bei. Er wurde Prior in Rom und war bald einer der bekanntesten Prediger Italiens. Er besaß die Gabe, seine Zuhörer mitzureißen und sie für das Wort Gottes zu gewinnen. Im Jahr 1488 wurde Bonaventura Generalvikar seines Ordens.

Im Alter von 80 Jahren starb Bonaventura am 31. März 1491 in Udine in Friaul. Sein Kult wurde am 6. September 1911 bestätigt. In Italien war Bonaventura schon bald nach seinem Tod als Heiliger verehrt worden.

Eng verbunden mit dem Schicksal von Balbina ist das von Papst Alexander I. Die Überlieferung berichtet, daß Alexander gemeinsam mit dem jungen Mädchen in Rom in Kerkerhaft saß; durch die Berührung seiner Ketten soll Balbina von ihrem Kropfleiden geheilt worden sein.

Clemens Fuhl, General des Augustinerordens von 1931 bis 1935. Seine deutschen Mitbrüder holten 1953 seine sterblichen Überreste aus Bolivien nach Würzburg.

Clemens Fuhl

Ordensgeneral OESA
geboren: 18. Juni 1874 in Aidhausen, Bayern
gestorben: 31. März 1935 in La Paz, Bolivien

Einfach und bescheiden lebte und wirkte er, und doch sollte er einer der Großen in seinem Orden werden: Clemens Fuhl, der mit Taufnamen Vinzenz hieß und aus dem unterfränkischen Aidhausen stammte. Geleitet von seinem Vorbild Pater Pius Keller, hatte sich Fuhl im Alter von 19 Jahren entschieden, das Ordenskleid der Augustiner-Eremiten zu nehmen und in das Kloster zu Münnerstadt einzutreten. Vier Jahre später empfing er die Priesterweihe. Im Jahr 1920 wurde der demütige Ordensmann, der als Seelenführer sehr gefragt war, zum Provinzial gewählt, 1929 dann zum Kommissär der deutschen Augustiner in den USA und 1931 schließlich zum Ordensgeneral. Auf einer langen Visitationsreise durch Südamerika starb Clemens Fuhl am 31. März 1935 in La Paz in Bolivien an Lungenlähmung. Beigesetzt wurde er zunächst in La Paz, 1953 übertrug man seine Gebeine in die Augustinerkirche nach Würzburg. 1962 wurde der Seligsprechungsprozeß eingeleitet.

Zeit seines Lebens hatte Clemens Fuhl die Erstarkung seines Ordens als sein Lebenswerk angesehen; unter seiner Führung nahm die Gemeinschaft der Augustiner-Eremiten großen Aufschwung.

Der Neubau des Augustinerklosters in Würzburg (Foto von 1932).

Guido (Wido) von Pomposa

Abt OSB
geboren: um 970 in Casamar, Italien
gestorben: 31. März 1046 in Borgo San Donnino, Italien

Guido, der auch Wido genannt wird, war ein Zeitgenosse des großen Ulrich von Augsburg; er war um das Jahr 970 in dem Örtchen Casamar bei Ravenna zur Welt gekommen. Nach einigen Jahren Einsiedlerlebens, für das er sich als junger Mann entschieden hatte, trat Guido in das Benediktinerkloster in Pomposa (zwischen Venedig und Ravenna) ein. Nach dem Tod des Abtes übernahm er dieses hohe Amt. Unter der Leitung Guidos erlangte das Kloster großen Ruhm; er führte zahlreiche Reformen durch, was ihm später den Beinamen „Reformabt" gab. Der Andrang in Pomposa war so groß, daß bald ein zweites Kloster errichtet werden mußte.

Heinrich III., der die Gebeine Guidos 1047 nach Speyer überführte.

Im Jahr 1046 wollte Kaiser Heinrich III. Guido sehen und rief ihn nach Piacenza, südlich von Mailand.

Kurz vor dem Ziel erkrankte der Abt, der seinen Tod schon vorausgesagt hatte. Er starb zwei Tage später, am 31. März 1046, in Borgo San Donnino.

Heinrich III. ließ die Gebeine Guidos am 4. Mai 1047 nach Speyer am Rhein überführen, wo sie zuerst im Stift St. Guido aufbewahrt wurden; jetzt befinden sie sich in der dortigen Magdalenenkirche.

Verehrung/Brauchtum: In Speyer wird der Gedenktag Guidos am 4. Mai, dem Translationstag, begangen.

Darstellung: Guido wird als Abt mit Stab gezeigt, so auf einem Fresko (14. Jh.) in der Abteikirche in Pomposa, oder als Eremit, so auf einem Stich von Johann Sadeler (1600), Staatliche Graphische Sammlung München. In der Abtei Pomposa existiert ein Fresko, das Guido im Abtsgewand an einem gedeckten Tisch darstellt; er soll einmal den Erbauern des Klosters wundersam ein Essen besorgt haben.

Heinrich Thyssen

Mönch, Seelsorger OFM
geboren: 5. Dezember 1755 in Gangelt, Nordrhein-Westfalen
gestorben: 31. März 1844 in Antwerpen, Belgien

Der Franziskaner Heinrich Thyssen lehrte von 1782 an Theologie in seinem Kloster in Antwerpen. Nach der Auflösung des Klosters im Jahr 1797 betätigte sich Thyssen unermüdlich als Seelsorger und nahm sich dabei besonders der Kranken, Armen und Gefangenen sowie der Seeleute an. Auch um die Kinder kümmerte er sich bis ins hohe Alter. Wegen der herrschenden Verbotsgesetze mußten der Seelsorger zunächst im Geheimen wirken, erst ab 1806 konnte er offen arbeiten. Heinrich Thyssen starb am 31. März 1844 in Antwerpen. Der Seligsprechungsprozeß wurde 1899 eingeleitet.

Secundus von Trient

Abt OSB
geboren: um 550 in Nonstal, Italien
gestorben: 612 in Trient, Italien

Schon im Alter von 15 Jahren wurde Secundus Mönch; später wählte man ihn zum Abt des Benediktinerklosters in Trient. Es ist überliefert, daß Papst Gregor der Große zwei Briefe an ihn richtete. Secundus war es, der Adaloald, den Sohn von Agilulf und Theodelinde, in Monza taufte. Er gilt auch als Verfasser einer Geschichte der Langobarden.

1. April

Cäsarius

Provinzial OFM
geboren: 12. Jh. in Speyer, Rheinland-Pfalz
gestorben: um 1239 in Italien

Der Theologe Cäsarius kam 1217 mit Kreuzfahrern ins Heilige Land. In Syrien wurde er von Elias von Cortona, dem engen Gefährten von Ordensgründer Franz von Assisi, in den Orden der Minderbrüder aufgenommen. Zusammen mit Franziskus und Elias kehrte Cäsarius 1220 nach Italien zurück. Ein Jahr später kam er mit einer Gruppe von Franziskanern nach Deutschland, wo die Niederlassung Augsburg sowie andere gegründet wurden. Cäsarius wurde der erste Provinzial der deutschen Franziskaner-Provinz. Auf eigenen Wunsch legte er dieses hohe Amt aber 1223 wieder nieder und kehrte nach Italien zurück, wo er um 1239 starb.

Hugo von Grenoble

Bischof
geboren: 1053 in Châteauneuf-d'Isére, Frankreich
gestorben: 1. April 1132 in Grenoble, Frankreich
Patron von Grenoble; gegen Kopfschmerzen

„Das Wunder des heiligen Hugo im Refektorium." Nach einem Gemälde von Zurbarán. Hugo betritt in dem Augenblick den Speisesaal des Kartäuserklosters, in welchem Fleisch, eine verbotene Speise, aufgetragen wird. Er berührt es, und es zerfällt.

Bischof Hugo von Grenoble.

Bereits zwei Jahre nach seinem Tod am 1. April 1132 wurde einer der am längsten amtierenden Bischöfe aller Zeiten heiliggesprochen: Hugo von Grenoble, der 52 Jahre den Bischofsstuhl dieser Stadt im Osten Frankreichs innegehabt hatte. Die Heiligsprechung erfolgte am 22. April 1134 durch Papst Innozenz II.

Die über fünf Jahrzehnte währende Amtszeit hatte nicht ohne Schwierigkeiten begonnen. Bereits 1082, zwei Jahre nach seiner Bischofsweihe, resignierte Hugo angesichts zahlreicher Probleme in seiner Diözese und zog sich für ein Jahr als Novize in das Benediktinerkloster Chaise-Dieu zurück. Erst auf Befehl von Papst Gregor VII. kehrte er wieder auf seinen Bischofsstuhl zurück. Im Jahr darauf wirkte Hugo maßgeblich an der Entstehung des Kartäuserordens mit: Er war es nämlich, der Bruno 1084 eine Gebirgswildnis bei Grenoble schenkte, genannt „la Chartreuse". Dort errichtete Bruno die Große Kartause, die zur Keimzelle des Kartäuserordens wurde. Bis zu seinem Tod im Jahr 1132 unterstützte Bischof Hugo die Große Kartause großzügig.

Hugos Reliquien, die nach seinem Tod in der Kathedrale von Grenoble verehrt wurden, fielen im 16. Jh. den Hugenotten in die Hände und wurden öffentlich verbrannt.

Darstellung: Abbildungen zeigen den Heiligen oft im Gewand der Kartäuser, obwohl er dem Orden nie beitrat. Auf vielen Bildern ist Hugo mit sechs Ordensbrüdern zu sehen, denen er das Ordensgewand überreicht. Die Zahl sechs leitet sich von den sechs Gefährten ab, die Bruno bei der Stiftung der Großen Kartause begleiteten.

Hugo von Bonnevaux

Abt OCist
geboren: um 1120 in Châteauneuf, Frankreich
gestorben: um 1194 in Bonnevaux, Frankreich

Der Zisterzienser Hugo, ein Neffe von Hugo von Grenoble, leitete als Abt zunächst das Kloster Léoncel, dann ab 1166 das von Bonnevaux in der Diözese Vienne. Hugo gilt als Vermittler zwischen Friedrich I. und Papst Alexander III. bei den Verhandlungen zum Frieden von Venedig. 1903 wurde Hugos Kult für die Diözese Valence bestätigt.

Irene von Thessalonike und Gefährtinnen

Märtyrerinnen
geboren: 3. Jh. in Griechenland
gestorben: 1. April 304 in Thessalonike, Griechenland

Die Christin Irene und ihre Schwestern Agape und Chionia starben am 1. April 304 während der herrschenden Christenverfolgung. Sie wurden lebendigen Leibes in Thessalonike (Saloniki) auf dem Scheiterhaufen verbrannt. Von dem vorausgegangenen Prozeß gegen die drei Frauen sind Protokollakten überliefert. In Thessalonike gab es früher auch eine Kirche zu Ehren der drei ermordeten Schwestern.

Nonius Alvares Pereira

Laienbruder OCarm
geboren: 24. Juni 1360 in Portugal
gestorben: 1. April 1431 in Lissabon, Portugal

Der Adlige Nonius Alvares Pereira schlug zunächst die militärische Laufbahn ein und trat erst 62jährig in das von ihm gestiftete Karmelitenkloster in der portugiesischen Hauptstadt Lissabon ein. Dort verrichtete er auf eigenen Wunsch als Laienbruder die niedrigsten Dienste. Nonius de S. Maria, so sein Namen im Orden, zeichnete sich durch eine große Verehrung der Gottesmutter Maria aus. Nach seinem Tod nahm der gesamte königliche Hof an der Beisetzung teil. Der Kult des Edelmannes und Karmelitermönches wurde 1918 mit der Begründung: „Verehrung seit undenklichen Zeiten" bestätigt. Der Heiligsprechungsprozeß wurde 1941 wieder aufgenommen.

Verehrung/Brauchtum: Der Ruf der Heiligkeit des Karmeliters Nonius Alvares Pereira zog nach seinem Tod schnell viele Pilger an seine Grabstätte; in Liedern und Gedichten besangen sie die Tugenden des „Conde Santo", des heiligen Grafen.

Walarich (Valéry)

Priester, Einsiedler
geboren: um 565 in Frankreich
gestorben: 1. April 619 in Leuconay, Frankreich
Patron der Schiffer

Walarich, eine vor allem in der Normandie viel verehrte Kirchenpersönlichkeit, lebte zuerst als Einsiedler und gründete dann in Leuconay in der französischen Picardie ein Kloster nach der Regel von Kolumban. Über dem Grab Walarichs entstand später das Kloster St-Valéry-sur-Somme. Eine Silberbüste aus dem 17. Jh. erinnert bis heute in der Kirche Saint-Valéry-sur-Somme an Walarich.

Verehrung/Brauchtum: In der Diözese Amiens gedenkt man Walarichs am 12. Dezember, dem Tag der Überführung seiner Gebeine zurück nach Leuconay, nachdem sie zuvor von den Hugenotten nach Corbie entführt worden waren.

2. April

Ebba die Jüngere von Coldingham

Äbtissin von Coldingham, Märtyrerin OSB
geboren: 9. Jh. in Schottland(?)
gestorben: 870 in Coldingham, Schottland

Eustasius von Luxeuil

Abt OSB
geboren: 6. Jh. in Burgund, Frankreich
gestorben: 2. April 629 in Luxeuil, Frankreich
Patron der Blinden; der Felder; des Viehes; gegen Besessenheit

Eustasius war Schüler von Kolumban und als dessen Nachfolger Abt des Reformklosters Luxeuil. Es heißt, er habe die Gabe gehabt, Besessene, Blinde und Fieberkranke zu heilen. Immer wieder hatte Abt Eustasius, der auch unermüdlich als Missionar bei den Waraskern und Bayern wirkte, Schwierigkeiten mit kritischen Mönchen, die die Ordensstrenge in seinem Kloster nicht wollten und dagegen rebellierten.

Nach seinem Tod wurde Eustasius zunächst in Luxeuil beigesetzt. Später gelangten seine Gebeine in das lothringische Vergaville (Widersdorf) zur Verehrung.

Verehrung/Brauchtum: Besonders ausgeprägt war der Eustasius-Kult in Luxeuil. Im lothringischen Vergaville entwickelte sich eine Wallfahrt, die bis zur Französischen Revolution anhielt. In Vergaville entstand auch bereits im 13. Jh. ein Spital für Besessene und Irre, denen Eustasius immer helfend zur Seite gestanden hatte.

Darstellung: Eustasius wird in verschiedener Weise dargestellt: als Abt mit Stab und Buch (Steinstatue, um 1300, in Vergaville); bei der Heilung eines Besessenen; bei einem Unwetter auf dem Feld, das er abwendet; Götzenbilder umstürzend (Bavaria sancta); einen Blinden heilend (Kupferstich von Thelott, 1753).

Franz Coll

Ordensgründer OP
geboren: 18. Mai 1812 in Gombreny, Spanien
gestorben: 2. April 1875 in Gombreny

Franz (Francisco) Coll ging als Gründer der Frauenkongregation „De la Anunciata" in die Ordensgeschichte der Dominikaner ein. Coll, jüngstes von zehn Kindern eines katalonischen Arbeiters, war mit 16 Jahren dem Dominikanerorden beigetreten und hatte rund zehn Jahre später die Priesterweihe empfangen. Unermüdlich wirkte er in der Folge als Missionar und Prediger bei der Landbevölkerung in seiner Heimat. Zur Erziehung und zum Unterricht armer Landkinder gründete der Geistliche dann am 15. August 1856 die neue Kongregation als Zweig des Dritten Ordens des heiligen Dominikus. Nach einem Schlaganfall erblindete Franz Coll 1869 völlig, am 2. April 1875 starb er an seinem Geburtsort. Papst Johannes Paul II. sprach den Ordensgründer am 29. April 1979 selig.

Der französische König hatte Franz von Paola an seinen Hof gebeten, damit er ihn gegen großzügige Entlohnung von einer schweren Krankheit heile. Franz konnte den Herrscher zwar nicht von seiner Krankheit befreien, verhalf ihm aber zu einem friedlichen Tod. Stich von Ludwig Seitz (19. Jh.)

Franz von Paola

Ordensgründer OMinim
geboren: 1436(?) in Paola, Italien
gestorben: 2. April 1507 in Plessis-les-Tours, Frankreich
Patron der Einsiedler; gegen Pest; gegen eheliche Unfruchtbarkeit; seit 1943 Patron der italienischen Seeleute

Der Orden der „Mindesten Brüder", der Minimen oder auch Paulaner, ist die Gründung des Franz von Paola. Ursprünglich nannte sich die Gemeinschaft „Eremiten vom heiligen Franz von Assisi". Ihre Mitglieder wollten noch weniger sein als die „Minderen Brüder" des umbrischen Ordensgründers Franziskus. Papst Sixtus IV. bestätigte im Jahr 1474 die Regel, die Franz von Paola ausgearbeitet hatte.

Wer war Franz von Paola? Geboren 1436 in dem kleinen Städtchen Paola in der italienischen Region Kalabrien, begab er sich bereits mit 13 Jahren in die Obhut der Franziskaner unweit seines Elternhauses. Ein Jahr später zog er sich in die Einsamkeit Kalabriens zurück, um sich einem äußerst strengen Eremitenleben hinzugeben. Bald sammelten sich immer mehr Gleichgesinnte um ihn, die von der Ausstrahlung und der asketischen Lebensweise des jungen Mannes angezogen wurden. Die Zahl der Eremiten wurde von Jahr zu Jahr größer. Die Mitglieder der Gemeinschaft um Franz von Paola gingen schließlich zu einem klösterlichen Leben über und errichteten 1454 in Cosenza, der geschichtsträchtigen Stadt am Busento, das erste Kloster sowie eine Kirche.

Diese Klostergründung war der Beginn des Ordens der „Mindesten Brüder". Bald folgten weitere Klöster. Die Bewegung verbreitete sich rasch in Süditalien. Ordensgründer Franz von Paola verpflichtete seine Schüler und Mitbrüder zum ewigen Fasten, der Genuß von Fleisch und allen tierischen Speisen wie Milch, Butter und Eiern war ihnen strengstens untersagt. Kasteiungen aller Art gehörten zur asketischen Lebensweise der Minimen.

Im Laufe der Jahre erlangte Franz von Paola den Ruf eines Wundertäters. Die Kunde von seiner Ausstrahlung drang in alle Länder hinaus. 1482 ließ der französische König Ludwig IX. Franz von Paola über Papst Sixtus IV. an sein Krankenbett in Plessis bei Tours befehlen. Beim Eintreffen des einfachen, bescheidenen Bruders aus Süditalien trafen zwei grundverschiedene Welten aufeinander: hier der luxuriöse, überladene Stil des Königshofes, dort der demütige, armselige, aber von großem Charisma umgebene Volksmissionar aus Cosenza. Franz von Paola mußte Ludwig XI. nicht von einem körperlichen Leiden heilen; vielmehr erleichterte er dem zwar gläubigen, aber oft grausamen Herrscher das schlechte Gewissen und bereitete ihn auf einen friedlichen Tod vor. Ludwigs Nachfolger auf dem Thron, Sohn Karl VIII.,

Franz von Paola. Nach einem Gemälde von Jean Bourdichon in der Kirche S. Maria della Pace in Rom. Das Bild entstand, so die Aussage des Künstlers, nach der Totenmaske.

wollte auf die Dienste des Franz von Paola nicht verzichten und gewann ihn als treuen Ratgeber für die folgenden 25 Jahre. Er ließ dem Ordensgründer in Plessis-les-Tours ein Kloster errichten, von wo aus sich der Ruf des großen Missionars nach Deutschland und Spanien verbreitete.

Franz von Paola starb nach einem bewegten und erfüllten Leben am 2. April 1507 in Plessis-les-Tours. Der Todestag war ein Karfreitag, die Beisetzung fand am Ostermontag statt. Die Überlieferung berichtet, daß der Leichnam auf Anraten der Prinzessin nach einiger Zeit wieder ausgegraben und in einen Sarkophag überführt worden sei, da ein benachbarter Fluß die Begräbnisstätte immer wieder überflutet habe. Das Gesicht des Toten sei an diesem Tag noch genauso unversehrt gewesen wie bei seinem Tod. Während der folgenden Hugenottenkriege wurden die Gebeine dann allerdings verbrannt.

Anhand der Totenmaske malte der berühmte Künstler Jean Bourdichon, ein französischer Hofmaler, ein Porträt von Franz von Paola, das König Franz I. Papst Leo X. bei der Heiligsprechungsfeier für den Ordensgründer im Jahr 1519 schenkte. Nach diesem Original, das heute nicht mehr auffindbar ist, wurden im Laufe der Zeit zahlreiche Nachbildungen angefertigt.

Darstellung: Unzählige Abbildungen und berühmte Gemälde erinnern an den Ordensgründer Franz von Paola. Zu sehen ist er meist im Ordenshabit mit Kapuze, oft mit dem Schriftzug „Charitas“ am Gewand oder auf einer Tafel. Murillo malte Franz von Paola (Prado, Madrid), ebenso Ubaldo Gandolfini (Pinakothek, Bologna), Tintoretto (S. Maria del Giglio, Venedig) und Tiépolo (S. Benedetto, Venedig).

Heinrich vom Baumburg

Inkluse
geboren: 12. Jh.
gestorben: 12. Jh. in Baumburg, Bayern

Die Lebensregel des im 12. Jh. in Baumburg bei Traunstein als Inkluse lebenden Heinrich blieb bis heute erhalten.

Leopold von Gaiche

Provinzial OFM
geboren: 30. Oktober 1732 in Gaiche, Italien
gestorben: 2. April 1815 in Monteluco bei Spoleto, Italien
1893 Seligsprechung

Maria von Ägypten

Einsiedlerin
geboren: 4. Jh. in Alexandria, Ägypten
gestorben: 430(?)
Patronin der Büßerinnen; der reumütigen Sünderinnen; gegen Fieber

In der Lebensgeschichte der Büßerin Maria von Ägypten gehen Wahrheit und Legende stark ineinander über. Die Überlieferung berichtet: Maria stammte aus Alexandria in Ägypten und verdiente sich als Dirne ihren Unterhalt. Eines Tages bot sie auf einem Pilgerschiff, das sich auf dem Weg ins Heilige Land befand, ihre Dienste an. Nach der Ankunft in Jerusalem wollte die junge Frau, die einem christlichen Elternhaus entstammte und getauft war, am Fest der Kreuzerhöhung in der Grabeskirche teilnehmen. Als sie in das Gotteshaus eintreten wollte, wurde sie plötzlich von einer unsichtbaren Kraft zurückgehalten, und eine innere Stimme sagte zu ihr: „Du bist es nicht wert, das Kreuz dessen zu sehen, der für dich in namenlosen Schmerzen gestorben ist.“

Wie vom Blitz getroffen, sank Maria zu Boden und begann, zutiefst zu bereuen. Mit drei Münzen, die ihr ein Unbekannter vor der Kirche schenkte, kaufte sie sich drei Brote und zog allein über den Jordan in eine einsame Wüste. Dort lebte sie von jenem Tag an 47 Jahre lang in völliger Abgeschiedenheit, nur der Buße und dem Gebet zugetan. Die Legende berichtet, daß nach fast einem halben Jahrhundert der Mönch Zosimus die verwahrloste, über und über mit Haaren bedeckte Büßerin fand und ihr die heilige Kommunion reichte. Maria soll ihn darauf gebeten haben, nach genau einem Jahr noch einmal wiederzukommen. Als Zosimus dies tat, fand er die Einsiedlerin tot am Boden liegend. In den Sand hatte Maria die Bitte geschrieben, begraben zu werden. Noch während der Mönch diese Nachricht las, soll ein Löwe gekommen sein und mit seinen Tatzen ein Grab ausgehoben haben. Das Jahr des Todes war möglicherweise 430.

Maria von Ägypten in den Wolken schwebend. Nach einer Zeichnung von Hans Baldung Grien (1511).

Verehrung/Brauchtum: Schon im 6. Jh. war das Grab von Maria Ziel von Wallfahrern. Mit palästinensischen Flüchtlingen gelangte der Kult zu Beginn des 7. Jh. auch nach Italien. In Rom und in Neapel werden angebliche Reliquien der Büßerin aufbewahrt, ebenso in Tournai und Antwerpen.

Darstellung: Der außergewöhnlichen Lebensgeschichte Marias entsprechend, sind die künstlerischen Darstellungen der Anachoretin mannigfach. Im Osten wurde Maria meist als ältere oder alte Frau abgebildet, im Westen hingegen jugendlich. Bis auf wenige Ausnahmen ist Maria nackt dargestellt, entweder am ganzen Körper behaart oder durch ihr langes Haar verhüllt. Oft hat sie drei Brote bei sich (Legende), auf manchen Darstellungen ist sie auch mit Zosimus zu sehen. Ganz selten ist Maria auf Abbildungen voll bekleidet; eines der schönsten Beispiele für diese Darstellungsform ist ein Bild von Tintoretto (16. Jh.) in der Scuola di S. Rocco in Venedig: „Hl. Maria Ägyptiaca in Landschaft". Leicht zu verwechseln ist Maria auf Darstellungen mit Maria Magdalena, die oft ebenfalls als nackte Büßerin abgebildet wurde.

Elisabeth Koch. Gründerin der Kongregation der „Franziskanerinnen von der heiligen Familie".

3. April

Elisabeth Koch

Ordensgründerin
geboren: 21. Januar 1815 in Aachen, Nordrhein-Westfalen
gestorben: 3. April 1899 in Löwen, Belgien

Elisabeth Koch, die mit Taufnamen Anna Maria Josephine Katharina hieß, ist die Gründerin der „Franziskanerinnen von der heiligen Familie", einer Kongregation, die sich seit 1857, dem Jahr der Bestätigung, der stationären und ambulanten Pflege Kranker und Geisteskranker, der Armenpflege sowie der Leitung von Armenküchen, Kindergärten und Arbeitsschulen widmet.

Elisabeth Koch, die am 21. Januar 1815 in Aachen zur Welt gekommen war, war zunächst 1837 in das Kloster der Rekollektinnen in Eupen eingetreten und hatte 1838 das Ordenskleid und den Namen Philomena erhalten. Vier Jahre später übernahm sie die Leitung der Krankenpflege im Eupener St. Nikolaus-Spital. Nachdem der Einsatz der Rekollektinnen in diesem Hospital aufgrund einer Neuregelung beendet war, wirkte Philomena Koch zunächst als einfaches Mitglied des Dritten Ordens vom heiligen Franziskus im Spital weiter und gründete dann 1856, unterstützt von einigen gleichgesinnten Gefährtinnen, ihre neue Kongregation, der sie als erste Generaloberin bis zu ihrem Tod am 3. April 1899 im belgischen Löwen vorstand. Aufgrund der Unruhen in Deutschland hatte Elisabeth Koch, wie sie in ihrer eigenen Genossenschaft hieß, das Mutterhaus nach Löwen verlegt. Am 1. Juli 1922 wurde der Grundstein für das neue Mutterhaus auf deutschem Boden in Mayen in der Diözese Trier gelegt.

Gandolf von Binasco

Mönch, Einsiedler OFM
geboren: um 1200 in Binasco, Italien
gestorben: 3. April 1260 auf Sizilien, Italien
1881 Approbation des Kultes

Josef der Hymnenschreiber

Mönch, Bekenner OBas
geboren: um 816 in Syrakus, Sizilien, Italien
gestorben: 3. April 886 in Konstantinopel (Istanbul), Türkei

Der Priester und Basilianermönch Josef, der mit Gregor Dekapolites befreundet war und mit diesem in Konstantinopel gegen den Bildersturm seiner Zeit ankämpfte, wurde auf einer Reise nach Rom von Seeräubern gefangengenommen. Nach seiner Befreiung kehrte er 850 nach Konstantinopel zurück und gründete in der Nähe des Grabes von Johannes Chrysostomus ein Kloster, wo er seine vielen berühmt gewordenen Hymnen dichtete. Während der Jahre 858 bis 867 war er gemeinsam mit dem Patriarchen Ignatius von Konstantinopel verbannt. Nach seiner Rückkehr wurde Josef Verwalter an der Hagia Sophia. Dieses Amt übte er fast zwei Jahrzehnte lang bis zu seinem Tod 886 aus.

Verehrung/Brauchtum: Der Kult Josefs breitete sich fast ausschließlich in der Ostkirche aus.

Darstellung: Josef der Hymnenschreiber wird als Greis mit Spitzbart abgebildet, manchmal mit übergezogener Kapuze und an einem Schreibpult sitzend.

Liudbirg (Ludbirg, Leutbirg)

Reklusin
geboren: 9. Jh. im Sulzgau, Bayern
gestorben: 3. April um 880 bei Magdeburg, Sachsen-Anhalt

Richard von Chichester

Bischof
geboren: um 1198 in Wich (heute Droitwich), England
gestorben: 3. April 1253 in Dover, England

Richard, später einer der eifrigsten Kreuzzugsprediger Englands, wurde um das Jahr 1198 im heutigen Droitwich in Worcestershire als Sohn eines Gutsbesitzers geboren. Nachdem er es abgelehnt hatte, ein ihm versprochenes, wohlhabendes Mädchen zu heiraten, studierte er in Oxford, Paris und Bologna Rechtswissenschaften und Kirchenrecht. 1235 berief ihn sein früherer Lehrer, Erzbischof Edmund von Canterbury, zu seinem Kanzler. Richard unterstützte die Reformpläne Edmunds gegenüber König Heinrich III. und begleitete seinen Lehrmeister dann auch in das aufgezwungene Exil nach Pontigny in Frankreich, wo Edmund 1240 starb.

Nach Edmunds Tod studierte Richard in Orléans Theologie, wurde noch in Frankreich zum Priester geweiht und 1244 zum Bischof von Chichester in England ernannt. König Heinrich III. trat dem neuen Bischof zuerst feindselig entgegen und wollte ihn nicht anerkennen, da er lieber seinen Favoriten Richard Passelew auf dem Bischofsstuhl gesehen hätte. Beide Seiten riefen den Papst an, der Richard in seinem Amt bestätigte. Erst unter der Androhung der Exkommunikation nahm Heinrich 1247 seinen Einspruch zurück. Bis zu seinem Tod am 3. April 1253 wirkte Richard von Chichester als unermüdlicher Seelsorger und Prediger. Besonders Moral und Zucht innerhalb des Klerus lagen ihm sehr am Herzen, aber auch den Armen und Schwachen seiner Diözese galt seine besondere Fürsorge. In den letzten Jahren seines Lebens trat er als leidenschaftlicher Kreuzzugsprediger auf und zog viele Kreuzfahrer in Kent und Sussex zusammen.

Beigesetzt wurde Richard in der Kathedrale von Chichester; das Grab wurde jedoch 1538 vollständig zerstört. Richards Gebeine sollen jedoch von Christen gerettet und danach an einem unbekannten Ort begraben worden sein.

Verehrung/Brauchtum: In England feiert man zusätzlich den 16. Juni, den Translationstag, als Gedenktag Richards. Bis zu seiner Zerstörung 1538 war der Schrein mit den sterblichen Überresten des Bischofs ein Wallfahrtsziel.

Darstellung: Richard von Chichester ist im Habit des Bischofs dargestellt. Manchmal hat er einen Kelch zu Füßen, aus dem, obwohl Richard ihn umgestoßen hat, auf wundersame Weise nichts verschüttet ist; manchmal sieht man Richard auch, ein Feld pflügend, womit er nach der Legende seinen Lebensunterhalt bestritten haben soll.

Richard von Chichester, ab 1244 Bischof, war ein leidenschaftlicher Kreuzzugprediger. Diese farbige Miniatur aus dem 13. Jh. zeigt die Eroberung von Antiochien durch Kreuzfahrer.

Thiento von Wessobrunn

Abt, Märtyrer OSB
geboren: um 900
gestorben: 955 in Wessobrunn, Bayern

Thiento war Abt des Benediktinerklosters in Wessobrunn, unweit des Ammersees in Oberbayern. Beim Einfall der Ungarn im Jahr 955 wurde die Abtei völlig zerstört. Abt Thiento und sechs Ordensbrüder starben auf den Trümmern des Klosters durch die Hand von Mördern. Bereits im 13. Jh. wurde das Grab der sieben Märtyrer in der Wessobrunner Marienkapelle erwähnt. Im 18. Jh. bewahrte man die Reliquien in einem Hochgrab auf, das aber während der Säkularisation verschwunden ist.

4. April

Heinrich Richter

Priester
geboren: 23. Dezember 1898 in Köln-Mülheim, Nordrhein-Westfalen
gestorben: 4. April 1945 im KZ Ohrdruf, Thüringen

Der Priester Heinrich Richter, der 1931 zum Lokalpräses der Kolpingsfamilie Köln-Zentral ernannt worden war, wurde am 15. August 1944 von der Gestapo verhaftet und in ein Konzentrationslager gebracht. Berichte sagen, daß der Seelsorger auch dort ein Vorbild aller war und Kraft aus seinem tiefen Glauben an Gott schöpfte.

Es wird angenommen, daß Heinrich Richter am 4. April 1945 bei der Räumung des KZ Ohrdruf dort ermordet wurde.

Isidor von Sevilla

Erzbischof, Kirchenlehrer
geboren: um 560 in Cartagena, Spanien
gestorben: 4. April 636 in Sevilla, Spanien
Nationalheiliger von Spanien

„Letzter abendländischer Kirchenvater" wird Isidor von Sevilla genannt. Seine Schriften waren von großer kirchenpolitischer Bedeutung für alle folgenden Jahrhunderte, sein schriftstellerisches Werk ist außergewöhnlich. Isidor gilt als eine der größten Gestalten des christlichen Spanien der Frühzeit, manche nennen ihn sogar den Lehrmeister Spaniens.

Isidor entstammte einer vornehmen spanischen Familie aus Cartagena, wo er um 560 geboren wurde. Drei seiner vier Geschwister wurden später ebenfalls heiliggesprochen; der bekannteste war Bruder Leander, sein Vorgänger auf dem Erzbischofstuhl von Sevilla. Nachdem Isidor schon früh seine Eltern verloren hatte, übernahm Leander seine Erziehung. Als er alt genug war, empfing er von seinem Bruder die Priesterweihe.

Die Arbeit eines Geistlichen war zu jener Zeit in Spanien voller Schwierigkeiten. Ketzer leugneten die Existenz Jesu Christi, und selbst der König war von Irrlehren beeinflußt. Isidor aber nahm den Kampf mutig auf und entwickelte sich zu einem leiden-

Wallfahrtskirche des heiligen Isidor in Sevilla. Nach einem Gemälde von Francisco Goya im Prado, Madrid.

Abt Thiento von Wessobrunn beim Martyrium. Ausschnitt aus einem Deckenfresko von Matthäus Günther.

schaftlichen Prediger, der bald große Erfolge vorzuweisen hatte.

Als sein Bruder Leander im Jahr 600 starb, wurde Isidor zum Nachfolger auf dem Erzbischofstuhl von Sevilla ernannt. Während der nun folgenden 35 Jahre bis zu seinem Tod wirkte Isidor unermüdlich für das Wohl der spanischen Kirche. Er errichtete Schulen und Bibliotheken für die bessere Ausbildung des Klerus, rief mehrere Synoden und Konzile ein, die er auch leitete; die berühmtesten waren jene von Sevilla 619 und von Toledo 633, beide gingen in die Kirchengeschichte ein.

Die Schriften und Bücher Isidors sind geprägt von seinem umfassenden Wissen geschichtlicher und theologischer Art. Berühmt wurden sein Buch über die Wunder der Natur,

Gegenüberliegende Seite: Der heilige Isidor. Nach einem Gemälde von Murillos. Zu diesem Bild gibt es vom selben Künstler ein Pendant, das den heiligen Leander zeigt. Beide Gemälde fanden 1655 ihren Platz in der Sakristei der Kathedrale von Sevilla.

seine „Chronica Majora", die die Jahre von der Schöpfung der Welt bis 615 zum Inhalt hat, und seine Geschichte über die Goten und Vandalen. Sein letztes und außergewöhnlichstes Werk aber waren die „Etymologien", eine Art Enzyklopädie über das Wissen seiner Zeit.

Isidor, die große Persönlichkeit der spanischen Kirche, starb am 4. April 636 in Sevilla. König Ferdinand I. ließ seine Gebeine 1063 in die Isidorkirche in Léon in Nordspanien überführen. (Fünf Tage später starb Ferdinand in der Kirche.) Die Heiligsprechung Isidors erfolgte nach den Berichten im Jahre 1598 durch Papst Clemens VIII.; allerdings ist dieses Datum nicht mehr unumstritten. Papst Benedikt XIII. erhob den Erzbischof 1722 zum Kirchenlehrer.

Verehrung/Brauchtum: Welche Verehrung der große Erzbischof in seinem Heimatland genießt, ist daran zu erkennen, daß er Nationalheiliger Spaniens ist.

Darstellung: Isidor wird meist im Kleid des Bischofs mit Buch und/oder Feder dargestellt. Eine der ersten Darstellungen dürfte jene mit Stab und Nimbus in der Isidorkirche in Léon sein (um 1063). In Sevilla und Léon gibt es unzählige weitere Abbildungen des Erzbischofs. Eine Standarte im Museum von Léon (12./13. Jh.) zeigt Isidor, reitend auf einem Pferd, in einer Hand ein Kreuz, in der anderen ein Schwert.

5. April

Creszentia Höß

Oberin, Mystikerin OFM
geboren: 20. Oktober 1682 in Kaufbeuren, Bayern
gestorben: 5. April 1744 in Kaufbeuren

Der Name Creszentia Höß ist untrennbar mit der Stadt Kaufbeuren im Allgäu verbunden. Hier wurde sie am 20. Oktober 1682 geboren, hier wirkte sie über 40 Jahre bis zu ihrem Tod für ihren Orden, und hier fand sie in der Klosterkirche, heute nahe der Fußgängerzone gelegen, ihre letzte Ruhestätte. Der Glasschrein mit dem Leichnam von Creszentia Höß unter dem Choraltar ist eine vielbesuchte Wallfahrtsstätte.

Creszentia Höß, deren unermeßliche Geduld im Ertragen von seelischen und körperlichen Leiden Geschichte machte, war die Tochter einer völlig verarmten Weberfamilie. Nachdem sie schon während Kindheit und Jugendzeit viel Leid ertragen hatte, wurde für sie der Weg zur sehnlichst erwünschten Aufnahme im Konvent der Franziskaner-Terziarinnen in Kaufbeuren zu einer besonderen Qual. Mehrmals lehnte die Oberin des Klosters die Aufnahmegesuche der 21jährigen Anna, so der Taufname, ab. Begründung: Die junge Frau sei zu arm. Nur dem persönlichen Einsatz des Bürgermeisters von Kaufbeuren, dem das Kloster viel zu verdanken hatte, war es zuzuschreiben, daß Anna Höß schließlich aufgenommen wurde.

Die Tatsache, daß Creszentia Höß gegen den Willen der Oberin Novizin in dem Kloster geworden war, ließ diese sie vom Tag des Eintritts an spüren. Durch viel Quälereien machte sie der jungen Frau das Leben

Creszentia Höß. Nach einem zeitgenössischen Porträt.

Die in Wachs gefaßten Gebeine von Creszentia Höß werden in der Kirche ihres Klosters in Kaufbeuren verehrt. Den Prunksarg stiftete der ungarische Bischof Julius von Mescleny im Jahre 1900 anläßlich der Seligsprechung der bayrischen Franziskaner-Ordensfrau.

Das Creszentia-Kloster im Zentrum der Allgäu-Stadt Kaufbeuren mit dem bekannten Anna-von-Hof-Brunnen. Bis heute wird Creszentia Höß hier verehrt.

zur Hölle und versuchte alles, um sie zum Austritt zu bewegen. Zahlreiche Schwestern unterstützten die Oberin dabei. Da Creszentia von Statur äußerst schwächlich war, ihr aber trotzdem sämtliche schweren Arbeiten aufgeladen wurden, entwickelte sich das Klosterleben für sie zu einem Martyrium. Zur Verwunderung aller beklagte sie sich nie, erduldete die Martern wortlos und sah jede neue Prüfung als weitere Stufe zum Himmel an. Auch schwerste körperliche Leiden ertrug Creszentia, ohne ein Wort darüber zu verlieren. So wurde sie zeitlebens von starken Zahn- und Kopfschmerzen geplagt, oft war ihr Gesicht furchtbar entstellt. Wegen ihrer Geduld und ihrer heroischen Haltung, die niemand verstehen konnte, wurde Creszentia Höß bald als Hexe verschrien. Mitschwestern bekreuzigten sich sogar vor ihr, wenn sie ihr begegneten.

Dann aber drang der Ruf von Creszentias Heldenhaftigkeit plötzlich über die Kloster- und Stadtgrenzen hinaus. Die unwürdige Oberin wurde nach vielen Verhören abgesetzt, Creszentia zur Novizenmeisterin ernannt. Dieses verantwortungsvolle Amt hatte sie dann 25 Jahre inne, bis sie 1741 im Alter von 58 Jahren sogar zur Oberin des Klosters ernannt wurde. Immer mehr Persönlichkeiten kamen im Laufe der Jahre nach Kaufbeuren, um sich bei Creszentia Höß Rat und Hilfe zu holen. Ihr Name war in aller Munde, ihr heiligmäßiges Leben fand überall Bewunderung.

Als Creszentia Höß am 5. April 1744 in Kaufbeuren starb, wurde ihr Tod von ihrem Orden, aber auch von der Bevölkerung und den Großen jener Zeit sehr betrauert. Zu ihrer Beisetzung fand sich eine große Menschenmenge ein. Ein Wort von Creszentia Höß wurde für viele Gläubige, die ebenfalls zu leiden und zu dulden haben, zum Leitspruch: „Es gibt eigentlich kein Kreuz, als wenn man ohne Kreuz lebt."

Am 7. Oktober 1900, fand in Rom die Seligsprechungsfeier für die große bayerisch-schwäbische Mystikerin statt; am 5. Dezember 1900 folgte die Feier in Kaufbeuren. Am 13. Mai 1956 wurde der Heiligsprechungsprozeß eröffnet, der am 25. November 2001 in Rom seinen Abschluss fand.

Verehrung/Brauchtum: In der Allgäuer Stadt Kaufbeuren ist die Verehrung für Creszentia Höß bis zum heutigen Tag sehr lebendig. Vor allem das dortige Creszentiakloster am Obstmarkt pflegt die Erinnerung an die unvergessene Schwester. Mit großer Festlichkeit richteten die Kaufbeurer Schwestern 1982 die Feier zum 300. Geburtstag von Anna Creszentia Höß aus. In der der Klosterpforte gegenüberliegenden Gedenkstätte werden viele Gebrauchsgegenstände und andere Erinnerungen an die Selige gezeigt. Bemerkenswert sind vor allem drei Stücke, die an das Creszentia durch ihre Oberin zugefügte Leid erinnern: Zum einen zwei Zeichnungen von Creszentias Hand, die die Werkzeuge der Geißelung Christi zeigen; obwohl

Creszentia des Zeichnens völlig unkundig war, brachte sie die Darstellungen in Vollendung zu Papier. Zum anderen ist ein stark beschädigtes Sieb der wohl meistbeachtete Gegenstand in der Gedenkstätte; mit ihm ereignete sich das „Siebwunder“ der Creszentia. Nachdem die Oberin die junge Nonne hämisch aufgefordert hatte, mit diesem kaputten Sieb Wasser aus dem Klosterbrunnen zu schöpfen, hielt das Gefäß die Flüssigkeit wie durch ein Wunder.

Darstellung: Creszentia ist als Nonne abgebildet und hat, Gebetbuch, Kruzifix – sie hat im Kloster all die Jahre mit einem großen Holzkreuz unter der Matratze geschlafen –, Sieb und Taube bei sich. Vor allem im 18. Jh. entstanden viele Votivgaben, Ölbilder und Stiche mit Motiven aus Creszentias Leben und Wirken.

Eva von Lüttich

Reklusin, Mystikerin
geboren: um 1200 in Lüttich(?), Belgien
gestorben: 1265 in Lüttich

Eva lebte im 13. Jh. als Reklusin bei der Kirche St. Martin im belgischen Lüttich. Die Mystikerin war befreundet mit Juliana von Lüttich, deren Bestreben, das Fronleichnamsfest einzuführen und zu hoher Bedeutung zu bringen, sie fortsetzte. Papst Urban IV. würdigte diesen großen Einsatz 1264, kurz vor ihrem Tod. Beigesetzt wurde Eva in der Kirche St. Martin. Die Reliquien wurden 1542 erhoben und 1622 in einem Schrein in St. Martin geborgen. Heute befinden sich Reliquien außer in Lüttich auch in Gent und Antwerpen. Eva gilt zusammen mit Juliana von Lüttich (Gedenktag ebenfalls am 5. April) als Stifterin des Fronleichnamsfestes.

Verehrung/Brauchtum: Der Kult um Eva von Lüttich setzte sofort nach dem Tod der Reklusin ein und nahm vor allem in der Barockzeit einen großen Aufschwung. In Lüttich feiert man den Gedenktag Evas am 14. März; weitere Festtage gibt es am 6., 25. und 26. Juni.

Darstellung: Eva ist entweder allein oder zusammen mit Juliana von Lüttich dargestellt. Eine Statue in St. Martin in Lüttich zeigt sie mit der päpstlichen Bulle, die die Einführung des Fronleichnamsfestes (1264) bestätigt.

Gerhard von Sauve-Majeure

Abt von Sauve-Majeure OSB
geboren: um 1025 in Corbie, Frankreich
gestorben: 5. April 1095 in Sauve-Majeure, Frankreich
1197 Heiligsprechung

Juliana von Lüttich (von Cornillon)

Priorin, Mystikerin CSA
geboren: um 1191 in Rétienne bei Lüttich, Belgien
gestorben: 5. April 1258 in Fosses, Belgien

Juliana von Lüttich gilt als Wegbereiterin und zusammen mit Eva von Lüttich (gleicher Gedenktag) als Stifterin des Fronleichnamsfestes. Das hohe Kirchenfest wurde auf ihr Betreiben hin – sie hatte seit 1209 Visionen – 1246 in der Diözese Lüttich eingeführt, 1264 unter Papst Urban IV. (vorher Erzdiakon in Lüttich) dann für die gesamte Kirche. Juliane war im Alter von fünf Jahren in das Kloster Kornelienberg (Cornillon) gekommen; 1207 nahm sie dort das Kleid der Augustiner-Chorfrauen. 1230 wurde sie Priorin ihres Klosters, hatte dann allerdings Schwierigkeiten wegen ihrer außerordentlichen Regelstrenge. Sie wurde schließlich zweimal vertrieben, zuletzt 1248, woraufhin sie sich als Einsiedlerin nach Fosses bei Namur zurückzog. Dort starb sie am 5. April 1258. Beigesetzt wurde Juliana von Lüttich in der ehemaligen Zisterzienserabtei Villers zwischen Brüssel und Namur.

Juliana von Lüttich mit einem Buch und der Fronleichnamsmonstranz in Händen. Nach einem Holzstich aus dem 19. Jh.

Der Kult Julianas wurde 1869 bestätigt. Die Genossenschaft der „Apostolinnen des heiligsten Altarsakramentes“ in Belgien nennen sich nach Juliana auch „Damen von der heiligen Juliana“.

Darstellung: Auf Darstellungen ist Juliana von Lüttich als Augustinerin oder Zisterzienserin zu sehen, manchmal mit Buch und Teufel, öfter wohl mit dem Regelbuch, so bei einer Holzstatue (1524) in der Kirche in Fosses. Viele Darstellungen, so Juliana in Anbetung vor dem Altarsakrament, beziehen sich auf das Fronleichnamsfest.

Katharina Thomás

Nonne, Mystikerin CSA
geboren: 1. Mai 1531 auf der Insel Mallorca, Spanien
gestorben: 5. April 1574 in Palma de Mallorca, Spanien

Papst Pius XI. sprach am 22. Juni 1930 die Spanierin Katharina Thomás heilig. Katharina (Catalina) stammte von der Insel Mallorca, wo sie am 1. Mai 1531 als Tochter einfacher Eltern zur Welt gekommen war. Schon während ihrer Kindheit umgab sie ein eigenartiger Zauber. Auf seine Mitmenschen übte das Mädchen eine besondere Ausstrahlung aus. Mit 20 Jahren trat Katharina Thomás in Palma, der Hauptstadt der Insel Mallorca, den Regulierten Chorfrauen vom heiligen Augustinus bei. Während ihres Klosterlebens trat ihre mystische Begnadung besonders hervor. Immer wieder mußte Katharina gegen schwerste innere Versuchungen ankämpfen. Geduldig und fest im Glauben an Gott, bewältigte sie aber alle Prüfungen, die ihr auferlegt wurden. Von ihren Mitschwestern wurde sie teilweise mit Befremden beobachtet, andererseits aber auch bewundert.

Katharina Thomás, die Heilige der Insel Mallorca, starb am 5. April 1574 in Palma de Mallorca, wo sie auch ihre letzte Ruhestätte fand.

Nikephoros I.

Patriarch von Konstantinopel
geboren: um 758
gestorben: 5. April 828 bei Chalkedon nahe Konstantinopel, heute Istanbul, Türkei

Verehrung/Brauchtum: Die Gebeine des in der Verbannung gestorbenen Patriarchen Nikephoros wurden am 13. März 847 in die Apostelkirche in Konstantinopel überführt; seither ist auch der 13. März ein Gedenktag für Nikephoros. Auch der 2. Juni gilt als Festtag. Nikephoros wurde als einer der großen Ikonodulen (Bilderverehrer) verehrt. Im Bilderstreit war der Patriarch von Kaiser Leon V. abgesetzt und verbannt worden.

Darstellung: Nikephoros wird mit einem weißen, schmalen Bart und weißen Haaren sowie einem Nimbus abgebildet.

Maria Magdalena de Bengy

Ordensgründerin
geboren: 21. September 1781 in Châteauroux, Frankreich
gestorben: 5. April 1858 in Paris, Frankreich

Maria Magdalena de Bengy ist die Gründerin der Kongregation der „Treuen Gefährtinnen Jesu". Die 1820 im französischen Amiens ins Leben gerufene Gemeinschaft widmet sich der Erziehung und dem Unterricht von Mädchen. Maria Magdalena de Begny, die ihr Werk begann, nachdem ihr Ehemann verstorben war, zeichnete sich durch eine übergroße Mildtätigkeit und eine nie endende Fürsorge für das von ihr Geschaffene und die ihr Anvertrauten aus. Die Ordensgründerin starb am 5. April 1858. Der Seligsprechungsprozeß wurde 1916 eingeleitet.

Vinzenz Ferrer

Mönch, Prediger OP
geboren: um 1350 in Valencia, Spanien
gestorben: 5. April 1419 in Vannes, Frankreich
Patron von Valencia und Vannes; der Dachdecker, Ziegelmacher, Holzarbeiter, Bleigießer; Pferdepatron in der Bretagne; gegen Kopfschmerzen, Epilepsie, Fieber, Krankheiten jeglicher Art; für eine gute Heirat; für Fruchtbarkeit; für einen seligen Tod; wird angerufen gegen Gefahren aller Art

Vinzenz Ferrer. Nach einem Tafelbild von Francesco del Cossa, enstanden 1472/1473. Das Gemälde hing ursprünglich im Dom S.Petronio in Bologna und befindet sich heute in der National Gallery in London. Die Heiligsprechung des großen Predigers Vinzenz Ferrer nahm 1455 der neugewählte Papst Kalixtus III. vor. Ferrer hatte ihm lange zuvor als jungem Priester angekündigt, daß er einmal Papst werden würde.

Vinzenz Ferrer gilt als einer der bedeutendsten Bußprediger des 15. Jh. Sein Einfluß auf Persönlichkeiten seiner Zeit war groß. Ferrers Leben allerdings verlief nicht immer in geraden Bahnen; zahlreiche Äußerungen von ihm schlugen innerhalb des Klerus hohe Wellen und schufen ihm viele Gegner. Aufgrund seiner Behauptungen, daß das Weltende bevorstehe oder daß Judas sich bekehrt habe, wurde er sogar als Häretiker, als Irrlehrer, bezeichnet. Immer wieder aber suchte Vinzenz Ferrer nach dem ihm richtig erscheinenden Weg und war auch nicht zu stolz, Fehler zuzugeben.

Vinzenz Ferrer war um 1350 in der spanischen Stadt Valencia zur Welt gekommen und schon mit 17 Jahren Dominikaner in einem Kloster in seiner Heimatstadt geworden. Nach mehreren Studienjahren empfing er die Priesterweihe und war als Lehrer und Prediger tätig. Während des Papst-Schismas stellte sich Ferrer fest auf die Seite des Gegenpapstes, der in Avignon in Frankreich seinen Sitz hatte. Er war der Ansicht, die Wahl des rechtmäßigen Papstes Urban V. sei erzwungen worden. Im Jahr 1392 ging der inzwischen über 40jährige Vinzenz Ferrer ganz nach Avignon, wo er Beichtvater von Gegenpapst Benedikt XIII. wurde, mit dem er schon seit seiner Studienzeit befreundet war. Etwa ab 1400 zog Ferrer dann als vielbeachteter Bußprediger durch ganz Frankreich und angrenzende Gebiete wie die Lombardei und die heutige französische Schweiz.

Nach rund zehnjähriger erfolgreicher Tätigkeit als Prediger kehrte Vinzenz Ferrer in seine Heimatstadt Valencia zurück, wo er wieder in seinen Ordensämtern tätig wurde. Als auf dem Konstanzer Konzil 1417 Martin V. zum rechtmäßigen Papst gewählt wurde, distanzierte sich Ferrer offiziell vom Gegenpapst und kündigte ihm den Gehorsam auf. Vom neuen Papst bevollmächtigt, zog Vinzenz Ferrer dann noch einmal drei Jahre als Bußprediger durch die Bretagne und die Normandie. Die Überlieferungen berichten, er sei auf dem Esel durch das Land gereist, umgeben von großen Büßerscharen.

Am 5. April 1419 starb der Dominikanerpriester Vinzenz Ferrer auf einer Reise in Vannes in der Bretagne. Sein Grab befindet sich bis heute in der dortigen Kathedrale St-Pierre. Bereits 1458 wurde der große Prediger heiliggesprochen.

Verehrung/Brauchtum: Vor allem im Dominikanerorden ist die Verehrung für Vinzenz Ferrer groß. Verehrt wird der Prediger in Spanien, Frankreich, Deutschland sowie in Süditalien und in Teilen Österreichs (vor allem in der Steiermark).

Darstellung: Vinzenz Ferrer ist im Dominikanerhabit dargestellt, in predigender Haltung. Meist hält er ein Buch in der Hand, manchmal auch eine Lilie oder ein Kreuz. Abgebildet ist er auch von Feuer oder von Zuhörern umgeben oder an einem Taufbecken stehend. Schöne Darstellungsbeispiele: Vinzenz-Altar in der Kirche Ss. Giovanni e Paolo in Venedig von Giovanni Bellini (1464) und die Wandteppiche aus dem 17. Jh. in der Chapelle du Saint-Sacrement in der Kathedrale St-Pierre in Vannes, die Szenen aus dem Leben von Ferrer sowie seine Heiligsprechung zeigen.

6. April

Bertha (Bardi)

Ordensgründerin
geboren: 11. Jh. in Italien
gestorben: 6. April 1197 in Cauriglia, Italien

Bertha, der von späteren Chronisten der Name Bardi beigegeben wurde, gilt als Gründerin des weiblichen Zweiges des Vallombrosanerordens (gegründet 1039 von Johannes Gualbertus). Als Gründungsjahr gilt 1150. Bertha selbst war Äbtissin im Kloster Cauriglia, ab 1148 im Kloster Mantignano (bis 1190). Sie starb am 6. April 1197 im Kloster Cauriglia. Die Gebeine der Ordensgründerin ruhen seit der Translation 1731 unter dem Hochaltar der Pfarrkirche von Cauriglia.

Cölestin I.

Papst (422 bis 432)
geboren: 4. Jh. in Kampanien, Italien
gestorben: 27. Juli 432 in Rom, Italien

Irenäus von Sirmium

Bischof von Sirmium, Märtyrer
geboren: 3. Jh.
gestorben: 6. April 304 in Sirmium, Sremska Mitrovica, Serbien

Michael Rua

Ordensoberer SDB
geboren: 9. Juni 1837 in Turin, Italien
gestorben: 6. April 1910 in Turin

Michael Rua war der Vollender des Werkes von Don Bosco, der 1861 die Kongregation der „Salesianer Don Boscos" zur Unterrichtung verwahrloster Jugendlicher gegründet hatte. Als Bosco 1888 starb, wurde Michael Rua sein Nachfolger als Leiter des Ordens. Er war es, der den Salesianern seines Lehrmeisters den Boden in den außereuropäischen Ländern bereitete. Unter ihm wurden in kurzer Zeit aus rund 65 Niederlassungen weit über 300.

Wie war Michael Rua zu Don Bosco gekommen? Im Alter von zehn Jahren trat der 1837 in Turin geborene Sohn einer angesehenen Familie in das Oratorium Don Boscos ein, einige Jahre später in das Kolleg. Schon mit 18 Jahren war Michael für den großen Don Bosco ein wichtiger Mitarbeiter. Tag und Nacht war er an seiner Seite und unterstützte ihn bei der mühsamen Aufgabe, die verwahrlosten Burschen zu sammeln und zu unterrichten. Im Jahr 1859 empfing Michael Rua die Priesterweihe und arbeitete in den folgenden 30 Jahren bis zu Don Boscos Tod 1888 noch enger mit seinem großen Vorbild zusammen. Nach weiteren 22 Jahren selbstlosen, bescheidenen Dienstes für den Nächsten starb der Obere der Salesianer am 6. April 1910 in Turin, wo er beigesetzt wurde. Michael Ruas Seligsprechung erfolgte am 29. Oktober 1972.

Michael Rua, erster Nachfolger von Johannes (Don) Bosco als Oberer der „Salesianer Don Boscos".

Notker der Stammler (Balbulus)

Mönch OSB
geboren: um 840 in Elgg(?), Schweiz
gestorben: 6. April 912 in St. Gallen, Schweiz

Notker, der Sohn einer adligen Familie aus Elgg(?) im Schweizer Kanton Zürich, hatte von Geburt an einen Sprachfehler und bekam deshalb später den Beinamen „der Stammler". Besonders während seiner Kindheit mußte der Junge unter seiner Behinderung leiden, da er von seinen Spielkameraden und Mitschülern ständig gehänselt wurde.

Als Notker nach seiner Ausbildungszeit den Wunsch äußerte, dem Benediktinerkloster von St. Gallen beitreten zu dürfen, zeigte sich der dortige Abt über den Antrag hocherfreut. Notker war nämlich außerordentlich gelehrt und verfügte über ein umfangreiches Wissen; außerdem zeichnete er sich durch Demut und Bescheidenheit aus.

Bald schon wurde Notker zum Leiter der Klosterschule ernannt. Er führte das Kloster in den Folgejahren zu großer Blüte. Mit Musikstücken und dichterischen Werken machte er sich einen Namen, die Kultur seiner Zeit wurde durch ihn entscheidend beeinflußt.

Notker der Stammler starb am 6. April 912 in St. Gallen. Bis zum heutigen Tag werden seine Reliquien auf einem ihm geweihten Altar im Münster von St. Gallen verehrt.

Darstellung: Ein Bild von Ludwig Seitz zeigt Notker, wie er, vor seiner Zelle sitzend, dem Knarren eines Mühlrades lauscht. Diese Darstellung hat ihren Ursprung darin, daß Notker nach dem Takt des Mühlradknarrens eine Melodie für einen Pfingstgesang geschrieben hat.

Petrus Martyr (von Verona)

Prediger, Märtyrer OP
geboren: um 1205 in Verona, Italien
gestorben: 6. April 1252 in Farga, Italien
Patron der Dominikaner; von Como, Cremona; der Lombardei und des Herzogtums Modena; der Wöchnerinnen; gegen Kopfleiden; gegen Sturm, Blitz und Unwetter; für eine gute Ernte

Petrus Martyr, der nach seiner Geburtsstadt auch Petrus von Verona genannt wird, gehört zu den populärsten Volksheiligen Oberitaliens. Viele Patronate sowie ausgedehntes Brauchtum um seine Person zeigen dies. Im Dominikanerorden gilt der große Prediger ebenfalls als besonders verehrungswürdig.

Petrus war um das Jahr 1205 in Verona als Sohn von Eltern, die der Albigenser-Sekte angehörten, zur Welt gekommen; das Kind wurde allerdings katholisch erzogen. Im Alter von 16 Jahren trat er in Bologna dem Dominikanerorden bei, dessen Gründer Dominikus Petrus wohl noch persönlich kennengelernt hat. Im Laufe seines Ordenslebens hatte der Mönch dann zahlreiche hohe Ämter inne; unter anderem war er Prior in Como und in Piacenza sowie päpstlicher Gesandter. Darüber hinaus betätigte sich Petrus Martyr äußerst erfolgreich als Prediger in Ober- und Mittelitalien. Um seine Person sollen sich zahlreiche Wunder ereignet haben, die Menschen brachten ihm Liebe und Verehrung entgegen.

Das Martyrium des heiligen Petrus Martyr. Nach einem Gemälde von Domenichino (Pinacoteca, Bologna).

Doch nicht alle waren Petrus wohlgesonnen. Am 6. April 1252 wurde er auf einer Missionsreise in Farga in der Nähe von Mailand von bezahlten Mördern überfallen und erstochen. Die Täter hatten den Auftrag wahrscheinlich von Irrlehrern, die auf die Erfolge von Petrus Martyr neidisch waren. Die Überlieferung berichtet, der Überfallene habe noch im Sterben mit seinem eigenen Blut das Wort „credo“ (ich glaube) auf den Boden geschrieben.

Beigesetzt wurde Petrus Martyr in der Mailänder Kirche S. Eustorgio bei der Porta Ticinese, wo auch die Reliquien der Heiligen Drei Könige in einem Sarkophag aufbewahrt wurden, bis Rainald von Dassel sie 1164 in den Kölner Dom überführte. Am Eingang zum Altarraum steht bis heute der bemerkenswerte Sarkophag von Petrus, geschaffen von Giovanni di Balduccio, bekrönt von einem Baldachin. Die Entstehungszeit dieser „Arca di S. Pietro“ waren die Jahre von 1336 bis 1339. Bereits ein Jahr nach seinem Tod, am 24. März 1253, wurde Petrus Martyr von Papst Innozenz IV. kanonisiert.

Verehrung/Brauchtum: Lange Zeit wurde der Gedenktag von Petrus Martyr am 29. April begangen, so auch heute noch vielerorts. Im Dominikanerorden gibt es das sogenannte „Petrus-Wasser“; es ist geweiht und soll Krankheiten, aber auch böse Geister vertreiben (bei Wöchnerinnen soll es das Fieber senken). Das sogenannte „Petrus-Martyr-Kreuzlein“ aus gesteckten Palm- und Ölzweigen sollte im Mittelalter gegen Unwetter sowie Ungeziefer auf dem Feld schützen.

Darstellung: Abgebildet wird Petrus Martyr im Dominikanerhabit, entweder mit dem Finger am Mund als Zeichen für das Schweigegebot und/oder mit einer Kopfwunde als Hinweis auf seine Ermordung sowie einem Messer oder einem Schwert. So malten ihn unter anderem Fra Angelico (S. Marco, Florenz) sowie Tizian und Bellini.

Sixtus I.

6. Papst nach Petrus (115 bis 125), (Märtyrer?)
geboren: 1. Jh.
gestorben: um 125 in Rom, Italien

Wilhelm von Aebelholt (von Eskill)

Abt CanAug
geboren: um 1125 bei Paris, Frankreich
gestorben: 6. April 1203 in Aebelholt, Dänemark

Wilhelm, Sohn einer französischen Adelsfamilie, wurde 1165 zum Abt der Augustiner-Chorherren-Klöster auf Eskilsö ernannt. In der Folge förderte er die Ordenszucht in Dänemark, verteidigte die Freiheit der Kirche und setzte sich für die Heiligkeit der Ehe ein. Deshalb wurde er von König Philipp August von Frankreich, der seine Ehefrau verstoßen hatte, für zwei Jahre in den Kerker geworfen. Am 6. April 1203 starb der Abt in Aebelholt in Dänemark; schon 1224 wurde er kanonisiert.

Verehrung/Brauchtum: Wilhelm wurde besonders im Mittelalter in Dänemark sehr verehrt.

Darstellung: Auf Bildern ist Wilhelm von Aebelholt als Kanoniker mit Buch und einer brennenden Fackel zu sehen.

7. April

Johannes Baptist de La Salle

Ordensgründer FSC
geboren: 30. April 1651 in Reims, Frankreich
gestorben: 7. April 1719 in Rouen, Frankreich
Partron des christlichen Unterrichts; der Lehrer und Erzieher (seit 1950)

„Adelig war er von Geburt, höher noch stand der Adel der Tugenden.“ Diese Worte in der Grabschrift für Johannes Baptist de La Salle kennzeichnen Leben und Charakter des großen Priesters und Pädagogen, der das gesamte Unterrichtswesen in Frankreich verändert und verbesserte Lehrmethoden eingeführt hat. Richard Kralik sagte über ihn: „Seine Gestalt als Ideal des Lehrers wird für alle Zeiten bestehen bleiben.“

Nach seiner Priesterweihe im Jahr 1678 wurde der 1651 in Reims geborene Johannes Baptist de La Salle Kanoniker in seiner Heimatstadt. Immer schon hatte der gebildete und mitfühlende junge Mann ein Herz und ein Auge für die sozialen Nöte der unteren Bevölkerungsschichten gehabt. Vor allem das Leid der Kinder und Jugendlichen dieser Familien rührte ihn. Hier wollte er helfen, hier sah er seine Aufgabe. So gründete der Priester im Jahr 1679 in Reims eine Freischule für Buben, so, wie es bereits eine gleiche Einrichtung für Mädchen gab. Die Lehrer, die sich ihm beigesellten, nahm Johannes Baptist de La Salle in seinem eigenen Haus auf und versorgte sie. Als er eines Tages feststellte, daß sich die

Petrus Martyr, der zum Stillschweigen auffordert. Nach einem Fresko des berühmten Malermönches Fra Angelico im Museum S. Marco in Florenz.

Johannes Baptist de La Salle. Nach einem zeitgenössischen Gemälde. Der Ordensgründer und überragende Pädagoge veränderte das gesamte Unterrichtswesen in seinem Heimatland Frankreich.

Lehrer Sorge um ihren Lebensunterhalt machten, ging er mit gutem Beispiel voran: Er gab sein Amt als Domherr, das er seit 1667 innehatte, auf und verzichtete damit auf sein Einkommen. Sein väterliches Erbe verteilte er unter den Armen. Die Verwandten, die ihr geachtetes Familienmitglied schon als Kardinal gesehen hatten, waren entsetzt über sein Vorgehen.

Aus der Gemeinschaft der unter einem Dach zusammenlebenden Armenschullehrer bildete sich schließlich wie von selbst eine Genossenschaft: die „Brüder der christlichen Schule" (Schulbrüder). Im Jahr 1684 legten Johannes Baptist de La Salle und seine Mitbrüder das Gelübde der klösterlichen Gemeinschaft ab. Die neue Genossenschaft fand rasch Ausbreitung in Frankreich; in zahlreichen Städten des Landes entstanden weitere Freischulen. Sonntagsschulen für berufstätige Jugendliche wurden gegründet, Realschulen, Lehrerseminare und Anstalten für verwahrloste Burschen folgten. Johannes Baptist de La Salle war es, der durchsetzte, daß statt des Einzelunterrichts der Unterricht in Klassen eingeführt wurde und daß die Kinder ihre ersten Ausbildungsstunden nicht mehr in der lateinischen, sondern in ihrer Muttersprache erhielten. Das war der Beginn der französischen Volksschule. Die Bildung, die die Schulbrüder vermittelten, beruhte auf dem lebendigen Christentum. Immer wieder sagte Johannes Baptist de La Salle: „Wer Jesus Christus nicht kennt, kann kein guter Erzieher der Jugend sein."

Im Alter von 68 Jahren starb Johannes Baptist de La Salle in Rouen. Der Patron der Lehrer und Erzieher wurde am 24. Mai 1900 von Papst Leo XIII. heiliggesprochen. Die Schulbrüder sind heute einer der größten Orden überhaupt.

Verehrung/Brauchtum: Ein weiterer Gedenktag für Johannes Baptist de La Salle ist der 15. Mai. Die Kongregation der Schulbrüder gedenkt ihres Ordensgründers am 26. Januar.

Darstellung: Johannes Baptist de La Salle ist abgebildet in der Tracht seiner Kongregation: schwarzes Kleid mit weißem Beffchen (breiter Schulterkragen); um ihn herum sind Kinder. Vor allem in den Häusern der Schulbrüder-Kongregation befinden sich viele Abbildungen von Johannes de La Salle, vor allem Porträts.

Maria Assunta Pallotta

Laienschwester in China
geboren: 20. August 1878 in Force, Italien
gestorben: 7. April 1905 in China
7. November 1954 Seligsprechung

Ursula Venerii

Mystikerin
geboren: 14. Mai 1375 in Parma, Italien
gestorben: 7. April 1410 in Verona, Italien

Ursula Venerii, die von Kindheit an mystische Gnadenbeweise erlebte, versuchte als junges Mädchen, im Abendländischen Schisma zu vermitteln. Sie suchte zweimal den Gegenpapst in Avignon und dreimal den Papst in Rom auf, um beide zu einer Beendigung der Kirchenspaltung zu bewegen, blieb jedoch bei allen Versuchen erfolglos.

8. April

Beata

Nonne OSCl
geboren: 14. Jh. in Mecklenburg
gestorben: 8. April 1399 in Ribnitz, Mecklenburg-Vorpommern

Beata, eine Tochter von Herzog Heinrich von Mecklenburg, lebte als Klarissin im Kloster Ribnitz und war Zeit ihres Ordenslebens ein Vorbild an Demut, Bußbereitschaft und Nächstenliebe. Als Beata 1399 starb, stand sie im Ruf der Heiligkeit.

Dionysius von Korinth

Bischof von Korinth
geboren: 2. Jh. in Korinth, Griechenland
gestorben: 2. Jh. in Korinth

Maria Rosa Julia Billiart

Ordensgründerin SND
geboren: 12. Juli 1751 in Cuvilly, Frankreich
gestorben: 8. April 1816 in Namur, Belgien

Schon als Kind war Maria Rosa Julia Billiart die beste Gehilfin des Pfarrers ihres Heimatortes. Sie sammelte regelmäßig Mädchen und Buben um sich

Maria Rosa Billiart, Gründerin der „Schwestern Unserer Lieben Frau".

Amiens, die Hauptstadt der französischen Region Picardie, mit der gewaltigen Kathedrale Notre-Dame. Nach einer Fotografie aus dem Jahre 1870. In Amiens fand Maria Rosa Julia Billiart nach Jahren der Flucht endlich sichere Aufnahme und Frieden; hier gründete sie im Jahre 1804 dann auch ihre Kongregation.

und erzählte ihnen vom Leben Jesu Christi. Als Julia älter wurde, unterrichtete sie die Kinder von Cuvilly in der Picardie, wo sie 1751 zur Welt gekommen war, sogar im Katechismus.

Ein Anschlag, der ihrem Vater galt und den Julia miterlebte, versetzte die junge Frau im Jahr 1774 in einen solchen Schrecken, daß sie vom selben Tag an gelähmt ans Bett gefesselt war. Aber dies war nur der Beginn einer Reihe von Schicksalsschlägen, die Julia erwarteten und die sie alle mit heroischer Geduld und Sanftmut ertrug. Während der Französischen Revolution geriet die Kranke in den Verdacht, verfolgten Priestern Unterschlupf zu gewähren. Schon errichteten die Häscher auf dem Dorfplatz von Cuvilly einen Holzstoß, auf dem die als Hexe verschriene Julia Billiart verbrannt werden sollte. Unter Mithilfe treuer Freunde, die sie, in einem Strohballen versteckt, aus dem Dorf schmuggelten, konnte Julia entkommen und lebte in den folgenden Jahren, immer auf der Flucht, in mehreren Städten Frankreichs. In Amiens fand sie schließlich einen sicheren Unterschlupf. Und hier schuf Julia Billiart das, was ihren Namen unvergessen machen sollte: Im Jahr 1804 gründete sie die Kongregation der „Schwestern Unserer Lieben Frau" (U.L.F.) zur Erziehung und zum Unterricht von Mädchen. Wie durch ein Wunder gesundete Julia bald nach der Ordensgründung und konnte sich dadurch noch intensiver um die Verbreitung ihrer Ideen kümmern.

Die Genossenschaft fand schnell großen Zulauf, wurde in den Anfangsjahren aber auch von vielen Seiten angefeindet. Schwere Prüfungen folgten für Julia Billiart. Der schlimmste Tag für die leidenschaftliche Missionarin kam 1809, als sie mit ihrer Kongregation Frankreich verlassen mußte. Sie gründete in Namur in Belgien ein neues Mutterhaus und sorgte auch hier für rasche Verbreitung des Ordens.

Nach Jahren der völligen Selbstaufgabe im Dienst für den Nächsten durfte Maria Rosa Julia Billiart noch erleben, daß die französischen Gegner der „Schwestern U.L.F." ihr Unrecht einsahen und die Genossenschaft wieder zuließen. Kurz darauf, am 8. April 1816, starb die Ordensgründerin in ihrem Mutterhaus in Namur, wo sie beigesetzt wurde. Papst Paul VI. sprach Julia Billiart am 22. Juni 1969 heilig.

9. April

Casilda von Toledo (von Burgos)

Einsiedlerin
geboren: 10./11. Jh. in Toledo, Spanien
gestorben: 11. Jh. in Briviesca bei Burgos, Spanien
Patronin von Toledo und Burgos; gegen Blutfluß; gegen eheliche Unfruchtbarkeit

Der kleine Ort Briviesca nordöstlich von Burgos in Spanien bewahrt die Erinnerung an Casilda. Die Kirche Santa Casilda ist bis heute ein viel-

Casilda von Toledo. Nach einem Gemälde von Francisco Zurbarán, das sich heute im Prado in Madrid befindet.

besuchter Wallfahrtsort, das Gotteshaus entstand über dem Grab der Einsiedlerin. Casilda war die Tochter eines sarazenischen Emirs und lebte im 11. Jh. in Toledo. Die bis dahin heidnische junge Frau trat zum Christenglauben über, als sie in dem Heilbad S. Vincente nahe Briviesca von der Blutfluß-Krankheit geheilt wurde. Sie ließ sich taufen und lebte fortan als Eremitin. Zeitlebens kümmerte sie sich aufopferungsvoll um christliche Gefangene. Schon bald nach ihrem Tod setzte eine starke Verehrung für Casilda ein.

Darstellung: Auf Bildern ist Casilda mit Rosen in der Schürze oder in ihrem Schoß zu sehen. Diese Darstellung geht auf die Legende zurück, daß Casilda einmal von ihrem Vater dabei ertappt wurde, wie sie verbotenerweise den Gefangenen im Kerker Speisen brachte, die sich in ihrer Schürze sodann in Rosen verwandelten. So zeigt sie auch ein berühmtes Bild von Francisco Zurbarán im Prado in Madrid.

Hugo von Rouen

Erzbischof von Rouen
geboren: um 680 in Burgund, Frankreich
gestorben: 9. April 730 in Jumièges, Frankreich

Darstellung: Hugo von Rouen wird im Bischofsgewand abgebildet, mit der Monstranz den Teufel austreibend.

Konrad I. von Salzburg

Erzbischof
geboren: 1075 in Abensberg, Bayern
gestorben: 9. April 1147 im Lungau, Österreich

In der Gruft der Erzbischöfe hat im Salzburger Dom auch Konrad I., Erzbischof von Salzburg von 1105 bis zu seinem Tod am 9. April 1147, seine letzte Ruhestätte gefunden. Dem Gotteshaus hatte Konrad während seiner Amtszeit ein neues Gesicht gegeben: Er ließ die beiden mächtigen Westtürme an den ersten Dombau von Bischof Virgil anbauen.

Konrad entstammte dem Grafengeschlecht von Abensberg und war im Jahr 1075 zur Welt gekommen. Nachdem er zunächst Domherr in Hildesheim gewesen war, ernannte ihn Kaiser Heinrich V. gerade 30jährig zum Erzbischof von Salzburg.

Erzbischof Konrad I. von Salzburg, dargestellt als Erneuerer des Klosters S. Zeno in Bad Reichenhall, wo sich dieses Bild auch befindet.

Während des folgenden Investiturstreites stellte sich Konrad auf die Seite des Papstes und wurde deshalb vom Kaiser verbannt. Erst nach neun Jahren konnte Konrad I. 1121 in die Stadt an der Salzach zurückkehren. Von da an widmete er sich mit ganzer Kraft der Reform des Klerus und der Klöster und führte an vielen Stiften die Regel der Augustiner-Chorherren ein. Aufgrund dieser Reformtätigkeit wurde Konrad später auch „der zweite Gründer der Salzburger Kirche“ genannt.

Darstellung: Auf Abbildungen ist Konrad I. meist mit einem Modell der Salzburger Kirche St. Peter zu sehen. Darstellungen existieren hauptsächlich in Salzburg.

Prochorus

Bischof, Märtyrer
geboren: 1. Jh. in Jerusalem(?)
gestorben: 1./2. Jh. in Antiochien(?), Syrien

Um die Gestalt des Prochorus ranken sich zahlreiche Legenden. Berichte über sein Wirken nach seiner Zeit als Diakon in Jerusalem weisen einige Unterschiedlichkeiten auf. Sicher ist, daß Prochorus zu den sieben Diakonen gehörte, die sich im Auftrag der Apostel in Jerusalem um die hellenischen Witwen kümmerten. Danach soll er von Jesus Christus ausgesandt worden sein, um das Wort Gottes zu verkünden. In seinem späteren Leben war Prochorus, so die Legende, Bischof in Antiochien, bevor er seines Glaubens wegen das Martyrium erlitt.

Thomas von Tolentino und Gefährten

Missionar, Märtyrer OFM
geboren: 13. Jh. in Tolentino, Italien
gestorben: 9. April 1321 auf der Insel Salsette, Indien

Das Städtchen Tolentino in den italienischen Marken wird meist mit dem Namen Nikolaus von Tolentino in Verbindung gebracht. Doch der Ort hat noch einen weiteren berühmten Heiligen hervorgebracht: Thomas von Tolentino, der hier in der zweiten Hälfte des 13. Jh. zur Welt gekommen war. Früh schon trat er dem Franziskanerorden bei und schloß sich einer Gruppe an, die sich die buchstabengetreue Befolgung der Regel des heiligen Franz von Assisi zur Aufgabe gemacht hatte.

Um das Jahr 1290 kamen Thomas und seine Gefährten nach Armenien, wo sie lange Zeit als Missionare wirkten. Zusammen mit Petrus von Siena, Jakob von Padua und Demetrius von Tiflis brach Thomas von Tolentino im Jahr 1321 nach China auf, um dort zu missionieren. Doch unglückliche Umstände verschlugen die vier Männer auf die Insel Salsette bei Bombay. Wegen ihres christlichen Glaubens wurden die Missionare dort von Anfang an mißtrauisch und feindlich beobachtet.

Die Insel wurde für Thomas von Tolentino und seine Begleiter schließlich zum Endpunkt ihrer Missionsreise. Am 9. April des Jahres 1321 wurden die vier Männer von aufgebrachten Moslems öffentlich enthauptet. Oderich von Pordenone rettete die Gebeine der Märtyrer und bestattete sie. Das Haupt von Thomas von Tolentino wird heute in seiner Heimatstadt verehrt. Die Approbation des Kultes erfolgte 1894 durch Papst Leo XIII.

Waltraud (Waldetrudis)

Äbtissin OSB
geboren: 7. Jh. in Frankreich
gestorben: 9. April um 688 in Castrilocus, heute Mons, Belgien
Patronin von Mons und vom Hennegau (Hainaut)

Waltraud, die in Frankreich Waudru genannt wird, gehört in Belgien und Frankreich zu den stark verehrten Kirchengestalten. Dies rührt zum einen von ihrer eigenen Lebensgeschichte und zum anderen von der Tatsache, daß alle ihre vier Kinder sowie ihre Schwester Adelgundis von Maubeuge und ihr Ehemann Vinzenz Madelgar ebenfalls als Heilige verehrt wurden.

Waltraud trennte sich nach abgeschlossener Erziehung ihrer Kinder von ihrem Ehemann; beide waren einig, künftig ganz für Gott leben zu wollen. Abt Gislenus riet Waltraud, in Castrilocus, dem heutigen Mons in Belgien, ein Kloster zu bauen. In dieser später nach ihr Ste-Waudru genannten Abtei nahm Waltraud den Schleier. Bis zu ihrem Tod leitete sie das Kloster als Äbtissin.

Verehrung/Brauchtum: Die Verehrung für Waltraud war und ist groß. Ihr Kult ist schon sehr früh nachweisbar. Die Erhebung der Gebeine erfolgte 1250, der Kopf wurde in einem besonderen Reliquiar aufbewahrt. Am Dreifaltigkeitsfest (Sonntag nach Pfingsten) werden die Reliquien Waltrauds im Rahmen einer großen Prozession durch Mons geführt.

Darstellung: Waltraud ist als Nonne entweder allein oder gemeinsam mit ihren vier Kindern, manchmal auch nur mit zwei Töchtern abgebildet. Vor allem im Hennegau sind eine Vielzahl von Waltraud-Darstellungen zu finden, sehr schöne in der nach Waltraud benannten Abtei Ste-Waudru in Mons.

10. April

Engelbert von Admont

Abt von Admont OSB
geboren: um 1250 in der Steiermark, Österreich
gestorben: 10. April (12. Mai?) 1331 in Admont(?), Österreich

Fulbert von Chartres

Bischof von Chartres
geboren: um 960 in Rom(?), Italien
gestorben: 10. April 1028 in Chartres, Frankreich

Verehrung/Brauchtum: Seit dem 17. Jh. ist Fulbert als „sanctus" bezeugt. Durch ein eigenes Uffizium ist seine Verehrung in Poitiers seit 1855, in Chartres seit 1861 bestätigt.

Darstellung: Fulbert wird als Mönch mit oder ohne Nimbus, manchmal predigend, dargestellt, selten als Bischof.

Gerold von Großwalsertal

Einsiedler
geboren: um 900 in Rätien
gestorben: um 978 in Frisun (St. Gerold), Österreich

Gerold war wohl ein Adliger aus dem damaligen Rätien. Um das Jahr 970 verschenkte der Einsiedler seine Güter im heutigen Vorarlberg an das Kloster Einsiedeln und gründete selbst in Frisun im Walgau eine Propstei, die seit dem 14. Jh. St. Gerold heißt. Gerold starb um 978. Seine Gebeine wurden im 17. Jh. nach Einsiedeln überführt, das Haupt am 19. April 1663 wieder nach Frisun zurückgebracht.

Verehrung/Brauchtum: In Einsiedeln und Feldkirch gedenkt man Gerolds am 19. April.

Darstellung: Gerold wird als Einsiedler, manchmal auch als Ritter, entsprechend seiner Herkunft, abgebildet. Er betet neben einem ausgehöhlten Baum, neben ihm liegt ein Esel.

Magdalena von Canossa

Ordensgründerin FdCC
geboren: 2. März 1774 in Verona, Italien
gestorben: 10. April 1835 in Verona

Die Canossianerinnen oder „Töchter von der Liebe" sind die Gründung von Magdalena Gräfin von Canossa. Magdalena war am 2. März 1774 in der oberitalienischen Stadt Verona zur Welt gekommen und verlor bereits in der Kindheit beide Eltern. Nach kurzer Zeit in einem Karmeliterkloster widmete sie sich einer neuen Aufgabe, die zu ihrem Lebenswerk werden sollte: Sie nahm sich der verwahrlosten Kinder Veronas an, gab ihnen Unterkunft, Essen und Ausbildung. Im Jahr 1808 schließlich hatte Magdalena die Mittel, um im Viertel S. Zeno in Verona ein Haus einzurichten, in dem in der Folge viele alleinstehende Kinder ein Heim fanden; andere kamen täglich zum Unterricht. Dieses Haus war der Beginn der Kongregation der Canossianerinnen. Kaiser Franz I. von Österreich unterstützte die Arbeit Magdalenas von Anfang an und übereignete ihr sogar einige alte Klöster, wo sie neue Stätten für ihre Gemeinschaft einrichten konnte. Papst Leo XII. bestätigte die Canossianerinnen im Jahr 1828. Niederlassungen gibt es inzwischen auch in China, Indien und England. Magdalena von Canossa starb am 10. April 1835 in Verona. Ihre Seligsprechung erfolgte am 7. Dezember 1941 durch Papst Pius XII., die Heiligsprechung am 2. Oktober 1988.

Marcus Fantuzzi (von Bologna)

Generalvikar, Prediger OFM
geboren: um 1400 in Bologna, Italien
gestorben: 10. April 1479 in Piacenza, Italien
1868 Approbation des Kultes

Michael de Sanctis

Mönch, Mystiker OSTDisc
geboren: 29. September 1591 in Vich, Spanien
gestorben: 10. April 1625 in Valladolid, Spanien

Schon im Alter von zwölf Jahren trat Michael de Sanctis in Barcelona den Trinitariern bei, siebzehnjährig wechselte er zu den Unbeschuhten Trinitariern in Pamplona. Sein ganzes Wirken galt danach der Seelsorge in den Städten Madrid, Sevilla, Valladolid und Baëza. Michael de Sanctis hatte die Gabe der Beschauung und erlebte viele Ekstasen (Flüge), weshalb er auch „El Extático" genannt wurde. Er starb am 10. April 1625, 33 Jahre alt. Seine Seligsprechung erfolgte 1779, seine Heiligsprechung am 8. Juni 1862. Schriften von Michael de Sanctis wurden 1910 in Rom herausgegeben.

Notker von Lüttich

Bischof von Lüttich
geboren: 10. Jh. in Schwaben
gestorben: 10. April 1008 in Lüttich, Belgien

11. April

Gemma Galgani

Mystikerin
geboren: 12. März 1878 in Camigliano, Italien
gestorben: 11. April 1903 in Lucca, Italien

Auf ihrem Grabstein steht: „Sie wurde mehr durch die Glut der Gottesliebe als durch ihre Krankheit dahingerafft." Kein anderes Wort könnte das Leben von Gemma Galgani besser umschreiben als dieses. Ein Unglück nach dem anderen hatte das Mädchen aus dem kleinen Ort Camigliano in der Nähe von Lucca im Lauf seines Lebens heimgesucht. Nach dem Tod der Mutter starb bald der Bruder. Der Vater nahm sich den Niedergang seines Geschäftes so zu Herzen, daß auch er früh starb. Während all dieser Jahre wurde Gemma zusätzlich von zahlreichen furchtbaren Krankheiten heimgesucht. Am 2. Februar 1899 empfing die 21jährige Gemma Galgani schon die letzte Ölung, da der Arzt mit ihrem Ableben rechnete. Doch es geschah ein Wunder: Die junge Frau war mit einem Mal völlig geheilt und konnte sogar als Dienstmädchen in einer Familie arbeiten.

Gemma Galgani. Die Italienerin empfing 1899 die Wundmale Christi.

Am Vorabend des Herz-Jesu-Festes 1899 fiel Gemma aber plötzlich in Ekstase. Als sie wieder zu sich kam, trug sie an ihrem Körper die Wundmale Christi. In den folgenden vier Jahren bis zu ihrem Tod traten die Wundmale jeden Donnerstag wieder zum Vorschein und verursachten Gemma Galgani furchtbare Schmerzen. In der Folge erlitt die mystisch begnadete junge Frau auch die Dornenkrönung, die Geißelung und den Blutschweiß. In ihrer großen Bescheidenheit versuchte sie, die Erscheinungen geheimzuhalten. Im Geheimen zu leben und Gott zu dienen, war ihr einziges Streben. Sich selbst gab sie immer mehr auf und sagte oft: „Nicht mehr ich lebe, sondern Christus lebt in mir." Ihr Biograph schrieb: „Ihr Herz brannte wie ein Feuerofen. Oft war ihre Kleidung in der Herzgegend versengt." Eines Tages krümmten sich drei Rippen Gemmas in der Herzgegend im rechten Winkel, wie es früher auch schon bei den Heiligen Philipp Neri und Paul vom Kreuz der Fall war. 20 Jahre nach Gemmas Tod konnten Ärzte diese Rippenkrümmung immer noch einwandfrei feststellen.

Gemma Galgani starb am 11. April 1903, einem Karsamstag, in Lucca. Beigesetzt wurde sie in der dortigen Passionistenkirche. Papst Pius XII. sprach die große Dulderin am 2. Mai 1940 heilig.

Darstellung: Gemma Galgani ist als junges Mädchen, betend, dargestellt, oft mit den Wundmalen oder mit Kreuz-Herz-Symbol auf der Brust.

Godeberta von Noyon

Klostergründerin, Äbtissin
geboren: 7. Jh. in Frankreich
gestorben: um 690 in Noyon, Frankreich

Helena Guerra

Ordensgründerin
geboren: 23. Juni 1835 in Lucca, Italien
gestorben: 11. April 1914 in Lucca

Wohl in Verehrung für Zita, der in Lucca sehr verehrten Patronin der Dienstboten und Mägde, nannte Helena Guerra die von ihre gegründete Kongregation „Schwestern der heiligen Zita" oder „Oblatinnen des Heiligen Geistes". Die Schwesterngemeinschaft widmete sich der Erziehung Jugendlicher und der Förderung der Verehrung des Heiligen Geistes. Helena Guerra starb am 11. April 1914 in ihrer Heimatstadt Lucca. Ihre Seligsprechung erfolgte am 26. Mai 1959.

Rainer (Reiner) von Osnabrück

Einsiedler
geboren: 12. Jh. bei Groningen(?), Niederlande
gestorben: 11. April 1233 in Osnabrück, Niedersachsen

In einem Schrein im Dom zu Osnabrück ruhen bis heute die Gebeine des seligen Rainer von Osnabrück. Die Reliquien waren im Jahr 1465 hierher übertragen, der Schrein für die feierliche Erhebung geschaffen worden.

Rainer, Ende des 12. Jh. wahrscheinlich in der Nähe von Groningen in Friesland geboren, ließ sich um 1210 als Rekluse in einer Einsiedelei beim Osnabrücker Dom nieder. Sein Leben bestand nur aus Gebet und Kasteiungen. Rainer schlief kaum, aß kein Fleisch und keine Mehlspeisen, ein klein wenig Fisch gestattete er sich nur auf dringendes Anraten seines Beichtvaters. Außerdem schnürte er seinen gesamten Leib mit eisernen Ringen ein. Als ihn einmal jemand fragte, warum er dies tue, antwortete er: „Wie Jesus Christus an allen seinen Gliedern für mich gelitten hat, so möchte ich für ihn leiden an allen meinen Gliedern." Als Rainer nach über 20 Jahren Einsiedlerlebens den Tod kommen spürte, öffnete er seine Klause beim Osnabrücker Dom, und Geistliche der Stadt brachten ihm die Sterbesakramente.

Am 11. April 1233 starb Rainer eines friedlichen Todes. An seinem Grab soll es schon bald zu Wundern gekommen sein.

Darstellung: Rainer von Osnabrück wird im Einsiedlerhabit, betend in seiner Klause, mit Kreuz und Geißel abgebildet.

Stanislaus von Krakau

Bischof, Märtyrer
geboren: um 1030 bei Krakau, Polen
gestorben: 11. April 1079 in Krakau
Nationalheiliger von Polen; Patron des Erzbistums Krakau

Stanislaus, Bischof von Krakau, wird von König Boleslaw II. während einer Messe in der Michaelskirche erschlagen. Darstellung aus dem 19. Jh.

Stanislaus – Patron von Polen, Schutzheiliger des Erzbistums Krakau, einer der Vorgänger von Papst Johannes Paul II. auf dem Bischofsstuhl des wichtigsten Erzbistums Polens, das im Jahr 1000 gegründet wurde. Stanislaus gehört zu den meistverehrten Heiligen in Polen. Zahlreiche ehrende Legenden umgeben die Person des mutigen Bischofs von Krakau, der 1254 von Papst Innozenz IV. in der umbrischen Stadt Assisi heiliggesprochen wurde.

Stanislaus wurde um 1030 in der Nähe von Krakau geboren und nach seinem Studium zum Priester geweiht. Nach seiner Ernennung zum Bischof von Krakau im Jahr 1072 erwies er sich als unermüdlicher, selbstloser Seelsorger seiner Diözese. Er war Reformen nicht abgeneigt, wenn sie dazu dienten, die Moral und den Anstand zu heben. Das Unheil begann, als Stanislaus den herrschenden polnischen König Boleslaw II. ermahnte, es mit der Treue gegenüber seiner Ehefrau genauer zu nehmen und die Frauen allgemein besser zu behandeln. Streit gab es auch, weil Boleslaw dem Bischof kirchlichen Besitz vorenthielt. Die unmoralische Haltung des Königs führte schließlich dazu, daß Stanislaus ihn exkommunizierte.

Die Antwort des Königs: Er sprach das Todesurteil über Bischof Stanislaus. Als sich seine Ritter weigerten, das Urteil auszuführen, schritt Boleslaw II. selbst zur grausamen Tat. Während Stanislaus in der Michaelskirche zu Krakau eine Messe hielt, überfiel ihn der König und erschlug ihn vor dem Altar. Das vor Wut und Trauer rasende Volk vertrieb Boleslaw daraufhin aus dem Land. Der Todestag von Bischof Stanislaus war der 11. April 1079. Die 900. Wiederkehr dieses Datums wurde von den katholischen Polen 1979 feierlich begangen. Im Jahr 1088 waren die Gebeine des Märtyrers in den Krakauer Dom übertragen worden.

Darstellung: Stanislaus von Krakau ist immer in den bischöflichen Pontifikalien abgebildet. Das Schwert, das er bei sich hat, symbolisiert seinen Märtyrertod. Manchmal liegt auch ein auferweckter Toter zu seinen Füßen; ihn brachte Stanislaus angeblich als Zeuge für den rechtmäßigen Erwerb eines Kirchengrundstückes vor den König.

12. April

Heinrich von Grünenwörth

Mystiker
geboren: 14. Jh.
gestorben: 12. April 1396 in Grünenwörth bei Straßburg, Elsaß, Frankreich

Herta (Hertula)

Märtyrerin
geboren: 3. Jh. in Rom, Italien
gestorben: um 303 in Rom

Josef Moscati

Arzt
geboren: 25. Juli 1880 in Benevent, Italien
gestorben: 12. April 1927 in Neapel, Italien

Der Arzt Josef Moscati, der schon als Junge ewige Keuschheit gelobt hatte, wurde im Laufe seines Medizinerlebens zum Wohltäter und Seelsorger der Armen, Kranken und Sterbenden. Sowohl beim Vesuv-Ausbruch im Jahre 1906 als auch 1911 bei der furchtbaren Cholera-Epidemie in Neapel kannte Moscati nur eines: Einsatz Tag und Nacht für jene, die Hilfe brauchten. Im Alter von 46 Jahren starb Moscati am 12. April 1927; Papst Paul VI. sprach ihn am 16. November 1975 selig, am 25. Oktober 1987 erfolgte die Heiligsprechung.

Papst Julius I.

Julius I.

Papst
geboren: 3. Jh. in Rom, Italien
gestorben: 12. April 352 in Rom

Die Kirche Zu den zwölf Aposteln in Rom wurde unter Papst Julius I. erbaut, der von 337 bis 352 Inhaber des Stuhles Petri war. Julius ging als gütiger, aber auch mutiger Papst in die Geschichte ein. Sein Lebenswerk war die Bekämpfung des Arianismus. Der von Häretikern verfolgte Athanasius, Patriarch von Alexandria, später zum Kirchenlehrer ernannt, fand bei Julius in Rom Asyl. Auf einer von Julius einberufenen Synode wurde Athanasius als rechtmäßiger Oberhirte von Alexandria bestätigt. Papst Julius I. starb am 12. April 352.

Teresa von Jesus (de los Andes)

Nonne OCD
geboren: 13. Juli 1900 in Santiago de Chile, Chile
gestorben: 12. April 1920 in Los Andes, Chile

„Licht Christi für die ganze Kirche Chiles“ nannte Papst Johannes Paul II. Teresa von Jesus bei ihrer Heiligsprechung am 21. März 1993. Teresa, die bürgerlich Juanita Fernandez Solar hieß, habe in ihrer Liebe zu Jesus nach dem Motto gelebt: „Lieben, leiden, dienen, beten.“

Zeno

Bischof
geboren: 4. Jh. in Mauretanien(?), Afrika
gestorben: 12. April um 371 in Verona, Italien
Patron von Verona und Pistoia; gegen Wassergefahren; für Kinder, die schlecht Sprechen und Gehen lernen

Zeno, der Patron von Verona und Pistoia, ging als großer Prediger, bedeutender Kirchenschriftsteller, unermüdlicher Bekämpfer der Irrlehren und Wohltäter der Armen in die Kirchengeschichte ein. Zwar ist nicht genau gesichert, woher er stammte – vermutlich aus dem afrikanischen Mauretanien –, sein Wirken als Bischof von Verona in der zweiten Hälfte des 4. Jh. aber ist belegt. Er dürfte der achte Bischof der Diözese gewesen sein, seine Ernennung läßt

Kopf von Bischof Zeno. Detail aus der berühmten Bronzetür der Kirche S. Zeno in Verona. Das Kunstwerk entstand wahrscheinlich Ende des 11. Jh. in Italien.

Gegenüberliegende Seite: Basilika S. Zeno in Verona: der Hochaltar mit der neunschiffigen Krypta und dem Glasschrein mit den Gebeinen von Zeno.

sich auf einen 8. Dezember um 362 festlegen. Als einer der ersten Rufer im Abendland verteidigte Zeno die Jungfräulichkeit Marias, der er, ebenso wie Ambrosius, große Bedeutung beimaß. Von Zeno sind 93 Traktate erhalten; die Abhandlungen beinhalten Auslegungen der Heiligen Schrift, Taufansprachen, Ermahnungen, Einladungen sowie Ansprachen zu Glaubensfragen.

Bischof Zeno bekehrte in Oberitalien zahllose Heiden sowie Anhänger von Irrlehren. Er beseitigte Mißstände innerhalb seiner Diözese und förderte Moral und Tugend. Dem kirchlichen Leben und den Liturgien galt seine besondere Aufmerksamkeit. Für die Armen und Kranken hatte er immer Hilfe bereit. Der große Bischof starb vermutlich an einem 12. April um 371.

Über der Beisetzungsstätte Zenos entstand schon früh die Kirche S. Zeno Maggiore, wohl der Vorgängerbau der heutigen Kirche S. Zeno in Verona. Das jetzige Gotteshaus, das zu den bedeutendsten romanischen Kirchen in Italien gehört, entstand zwischen 1118 und 1135, nachdem die alte Kirche durch ein Erdbeben zerstört worden war. Der Kirchenbau ist in seiner Art einmalig; schon die Bronzetür am Hauptportal mit Szenen aus dem Alten und dem Neuen Testament beeindruckt über alle Maßen. Unvergessen bleibt auch die aus verschiedenen Steinmaterialien geschaffene Zeno-Figur in der Apsis des nördlichen Seitenschiffes. In der neunschiffigen Krypta befindet sich die Grabstätte des Bischofs von Verona.

Um die Person von Bischof Zeno ranken sich zahlreiche Legenden. So soll einmal die Urkirche S. Zeno Maggiore auf wunderbare Weise von einer Überflutung verschont geblieben sein, was dem darin beigesetzten Zeno zugeschrieben wurde. Seither wird der Bischof von Verona als Wasserpatron verehrt. Oft wird Zeno mit Fischen oder als Fischer abgebildet. Diese Darstellung geht auf die bekannte Legende zurück, nach der Zeno seinen Lebensunterhalt durch Fischfang am Adige (Etsch) verdient haben soll.

Verehrung/Brauchtum: Um die Person von Bischof Zeno entwickelte sich bereits früh eine große Verehrung, schon zu Lebzeiten soll er wie ein Heiliger verehrt worden sein. Von Oberitalien aus gelangte sein Kult die Etsch entlang auch ins Südtiroler Passertal. Zu einem Mittelpunkt wurde dort Mais, heute ein Stadtteil von Meran; die Ruine der Zenoburg auf dem Zenoberg erinnert bis heute daran. Korbinian, der Missionar und spätere erste Bischof von Freising, der bei Mais um 710 ein kleines Kloster gegründet hatte, brachte den Kult Zenos danach auch nach Bayern. Rabanus Maurus überführte Reliquien Zenos nach Ulm und Fulda, von dort gelangten sie nach Radolfzell (Haupt). Welche Verehrung der Bischof aus Italien gerade auch in Süddeutschland genoß, beweisen verschiedene Zeno-Patrozinien in den Diözesen Konstanz und Augsburg sowie in Vorarlberg (Österreich).

Darstellung: Zeno ist mit oder ohne Pontifikalkleidung abgebildet; als besondere Attribute hat er manchmal eine Angel mit einem oder zwei Fischen bei sich, hin und wieder hängt der Fisch auch an seinem Bischofsstab, so bei der berühmten Figur in S. Zeno in Verona. In der Kirche St. Zeno in Bad Reichenhall ist Zeno mit zwei Fischen auf einem Buch zu sehen (Chorgestühl).

13. April

Hardward von Minden

2. Bischof von Minden
geboren: 8. Jh.
gestorben: 853 in Minden, Nordrhein-Westfalen

Hermenegild (Ermengild)

König, Märtyrer
geboren: 6. Jh. in Spanien
gestorben: 13. April 585 in Tarragona, Spanien

Hermenegild war der Sohn des mächtigen Westgotenkönigs Leovigild, der Mitte des 6. Jh. in Spanien sein Reich errichtet hatte. Leovigild war Arianer, ein Großteil der spanischen Bevölkerung aber gehörte bereits dem katholischen Glauben an. Als sich der junge Hermenegild im Jahr 579 mit der katholischen Ingundis vermählte, forderte seine Stiefmutter Goesintha, daß die junge Frau zum Arianismus übertrete. Ingundis aber hielt treu an ihrem Glauben fest und fand in Leander, dem Bischof von Sevilla, einen Vertrauten. Mit seiner Unterstützung gelang es der jungen Frau schließlich sogar, Hermenegild zum katholischen Glauben zu bekehren. Der junge Königssohn schwor in aller Öffentlichkeit dem Arianismus ab. Als der wütende Leovigild vom Sinneswandel seines Sohnes hörte, drohte er damit, ihm Titel, Land und sogar die Ehefrau zu nehmen. Hermenegild aber ließ sich nicht beeindrucken. Seine Antwort an den Vater war, daß er lieber die irdische Krone verlieren wolle als die von Jesus Christus.

Goesintha aber ruhte nicht, und es gelang ihr schließlich, Vater und Sohn völlig zu entzweien. Leovigilds Truppen rückten in Sevilla, der Hauptstadt von Hermenegilds kleinem Reich, ein und nahmen Hermenegild gefangen. Ein Jahr lang ließ Leovigild seinen Sohn im Kerker schmachten, doch nichts konnte den bekehrten Katholiken von seinem neuen Glauben abbringen. Am 13. April 585 ging Hermenegild für Jesus Christus in den Tod. Kein Laut der Klage oder der Angst kam über seine Lippen, als ihn sein Vater in der spanischen Stadt Tarragona, südlich von Barcelona, öffentlich enthaupten ließ. Seine letzte Ruhestätte fand der Märtyrer in Sevilla.

„Triumph des Hermenegild." Nach einem Gemälde von Francisco de Herrera dem Jüngeren, das im 17. Jh. entstand (Prado, Madrid).

Verehrung/Brauchtum: Der Kult Hermenegilds wurde vor allem durch die Jesuiten verbreitet. Seine Bestätigung erhielt er 1586 für Spanien und 1636 für die gesamte Kirche.

Darstellung: Hermenegild ist in fürstlicher Kleidung mit Palme und Beil als Symbol für sein Martyrium dargestellt. Manchmal trägt er auch kriegerische Kleidung. Ein Gemälde von Francisco Herrera (17. Jh.) im Prado zu Madrid zeigt Hermenegild, über seinen Vater und den arianischen Bischof triumphierend.

Ida von Boulogne

Stifterin
geboren: um 1040 in Bouillon, Frankreich
gestorben: 13. April 1113

Ida von Boulogne verschenkte nach dem Tod ihres Mannes 1070 ihren Besitz an Klöster und Kirchen und unterstützte vor allem die Benediktinerabtei St-Vaast in Arras, wo sie auch beigesetzt wurde.

Verehrung/Brauchtum: Ida wird vor allem in Arras, in Boulogne, dem Adelssitz ihres Ehemannes, und in Bayeux, wohin 1808 Reliquien gelangten, verehrt.

Ida von Löwen (von Roosendaal)

Nonne, Mystikerin OCist
geboren: um 1211 in Löwen, Belgien
gestorben: um 1290 in Walem, Belgien

Darstellung: Ida von Löwen, die bereits vor dem Eintritt in das Zisterzienserinnenkloster Roosendaal mystisch begnadet war und die Wundmale Christi trug, wird auf Bildern als Nonne mit Stigmata und Kreuz gezeigt oder wie sie die Wundmale während der Heiligen Messe empfängt.

Martin I.

Papst, Märtyrer
geboren: um 600 in Todi, Italien
gestorben: 16. September 655 in Cherson auf der Insel Krim, Ukraine

Papst Martin I. wird in der katholischen Kirche als Märtyrer verehrt, da er wegen seines Amtes verhaftet worden und in der Gefangenschaft gestorben war. Martin, der aus dem umbrischen Todi stammte, war 649 zum Papst gewählt und ohne kaiserliche Bestätigung geweiht worden, was Kaiser Konstans II. sehr erzürnte. Als Martin I. dann wenige Monate nach seiner Wahl auf der Synode im Lateran den vom Kaiser geförderten Monotheletismus (Eingottglaube) verurteilte, erteilte Konstans den Auftrag, Martin zu verhaften. Die Gefangennahme erfolgte am 17. Juni 653. Danach wurde Martin I. nach Konstantinopel gebracht und dort wegen Hochverrats zum Tode verurteilt. Nach seiner Begnadigung verbannte man ihn nach Cherson auf der Krim, wo Martin I. zwei Jahre später, am 16. September 655, an Mißhandlungen und Demütigungen starb. Noch zu seinen Lebzeiten hatte der römische Klerus bereits einen Nachfolger, Eugen I., gewählt; da Martin I. aber nie abgedankt hatte, galt er bis zu seinem Tod als amtierender Papst. Es existieren noch Briefe von ihm, in welchen er sich bitter über Freunde beklagt, die ihm nicht beigestanden haben.

Verehrung/Brauchtum: Der Gedenktag 13. April besteht, weil die Griechen Martin I. immer schon an diesem Tag feierten. In der abendländischen Kirche gedachte man des Papstes früher am 12. November.

Darstellung: Vor allem im Osten gibt es eine Vielzahl von Darstellungen von Martin I., im Westen nur wenige. Als Papst mit Tiara und Stab ist er auf einem Fresko in S. Francesco (Martinskapelle) in Assisi zu sehen.

Martin I., Papst von 649 bist 655.

Paternus von Abdinghof

Inkluse OSB
geboren: 10. Jh. in Irland oder Schottland
gestorben: 13. April 1058 in Paderborn, Nordrhein-Westfalen

Der iroschottische Mönch Paternus lebte als Inkluse beim Benediktinerkloster Abdinghof in Paderborn und sagte den großen Brand in der Stadt am 13. April 1058 voraus. Weil er selbst ein Gelübde abgelegt hatte, blieb er während des Feuers in seiner Zelle und verbrannte dort.

Verehrung/Brauchtum: Paternus war zu früheren Zeiten der Stadtpatron von Paderborn, noch heute wird er dort verehrt.

Darstellung: Auf Abbildungen ist Paternus in seiner Zelle mit einem Buch und einer brennenden Kerze als Hinweis auf seinen Feuertod zu sehen; so ist er auch am Fürstenbergdenkmal im Paderborner Dom dargestellt.

14. April

Eberhard von Salem (Eberhard von Rohrdorf)

Abt von Salem OCist
geboren: um 1160 in Rohrdorf, Baden-Württemberg
gestorben: um 1245 in Salem, Baden-Württemberg

Verehrung/Brauchtum: Im Zisterzienserorden wird Eberhards von Salem am 14. April gedacht.

Hadwig von Meer (von Mehre)

Nonne OPraem
geboren: 12. Jh.
gestorben: 14. April um 1200 in Meer bei Neuß, Nordrhein-Westfalen

Johannes von Litauen und Gefährten

Märtyrer
geboren: um 1300 in Litauen
gestorben: 14. April 1342 in Litauen

Die Berichte sagen, Johannes, sein Bruder Antonius und der Gefährte Eustachius seien im heidnischen Litauen als Christen wegen der Weigerung, an heidnischen Kulthandlungen teilzunehmen, gemartert und getötet worden.

Lambert von Lyon

Bischof von Lyon
geboren: 7. Jh. in Frankreich
gestorben: um 688 in Lyon, Frankreich

Lidwina (Lidwiga, Lidia)

Mystikerin
geboren: 1380 in Schiedam, Niederlande
gestorben: 14. April 1433 in Schiedam

Patronin der Kranken; des Krankenapostolats

Im Jahr 1890 wurde der Kult einer Frau bestätigt, die einmal gesagt hat: „Und wenn ich nur durch ein einziges

Dieser Stich von Ludwig Seitz aus dem 19. Jh. erzählt eine Legende aus Lidwinas Leben: Als sich die Visionen der Kranken mehrten, sah sie immer häufiger einen Rosenstrauch während ihrer Ekstasen; zuerst war er klein, dann wurde er immer größer. Ein Engel offenbarte Lidwina, daß sie erst dann sterben werde, wenn alle Knospen blühten.

Ave Maria die Gesundheit wiedererlangen würde, ich wollte sie nicht." Die Worte stammen von Lidwina, deren Leidensgeschichte zu den ergreifendsten gehört, die bekannt geworden sind.

Als Tochter eines armen Nachtwächters wurde Lidwina am Palmsonntag 1380 in Schiedam bei Rotterdam in den Niederlanden geboren. Schon als Kind und junges Mädchen war sie von außergewöhnlicher Lieblichkeit und Schönheit. Im Alter von 15 Jahren stürzte das Mädchen beim Eislaufen schwer und brach sich eine Rippe. Aus der nicht weiter bedrohlichen Verletzung entwickelte sich das Martyrium Lidwinas, das sie von jenem Tag an 38 Jahre ans Bett fesseln sollte.

Sieben Jahre lang konnte Lidwina nach dem Unfall nur den Kopf und den linken Arm bewegen, auf dem rechten Auge erblindete sie, vor Zahnschmerzen konnte sie kaum noch schlafen, ihr kranker Magen nahm keine feste Nahrung mehr auf. Furchtbare Geschwüre brachen am ganzen Körper der jungen Frau auf, aus Nase und Mund floß ständig Blut.

Hatte Lidwina zu Beginn ihrer Leidenszeit hin und wieder noch mit ihrem Schicksal gehadert und öfters geweint, so gewann sie ihre Schmerzen mit den Jahren immer lieber, weil sie so Jesus immer ähnlicher zu werden hoffte. Mit heroischer Geduld ertrug sie alles, was ihr aufgebürdet wurde. Ihren Trost fand sie in der Betrachtung der Leiden Christi. Ab dem 20. Jahr ihres Martyriums lebte Lidwina nur noch von der Heiligen Kommunion, da sie sonst nichts mehr zu sich nehmen konnte. Immer häufiger wurden ihr Gnadenbeweise und Visionen zuteil.

Nach 38 Jahren des Leidens hatte Lidwinas Körper keine Kraft mehr. Ausgezehrt und physisch schwach, geistig jedoch voller Freude auf das, was sie erwartete, starb sie, deren Namen „die vor Leid Weinende" bedeutet, am 14. April 1433 in ihrem Elternhaus in Schiedam.

Reliquien der Mystikerin Lidwina werden bis heute in ihrem Heimatort und im Karmelitenkloster in Brüssel aufbewahrt.

Verehrung/Brauchtum: Lidwina gehört in den Niederlanden zu den vielverehrten Kirchengestalten. Sie ist dort Patronin vieler Kirchen, Schulen und Altersheime. Besonders verehrt wird sie in den Provinzen Brabant und Utrecht. Aber auch im Rheinland und in Westfalen ist Lidwina bis heute eine verehrte Gestalt.

Darstellung: Auf Darstellungen ist Lidwina als junges Mädchen mit langen, offenen Haaren zu sehen, bei sich hat sie Rosen oder einen Rosenzweig. Die Abbildung mit Rosen geht auf die Legende zurück, daß Lidwinas Tod dann eintreten sollte, wenn an einem Rosenzweig, den ihr ein Schutzengel gebracht hat, alle Knospen geöffnet sind.

Petrus Gonzáles (Elmo)

Mönch OP
geboren: vor 1190 in Astorgá, Spanien
gestorben: 14. April um 1246 in Tuy, Spanien
Patron der Marine und der Seeleute; gegen Unwetter; gegen Erdbeben; gegen Seenot

In der Kathedrale von Tuy, unweit der spanischen Grenze zu Portugal, hat Petrus Gonzáles seine letzte Ruhestätte gefunden. Der Dominikaner hatte als junger Mann ein prunkvolles, ausschweifendes Leben geführt, wie es in den spanischen Adelskreisen, denen er entstammte, üblich war. Die Legende berichtet, daß sich die große Wende im Leben von Gonzáles so abgespielt hat: Nach seiner Ernennung zum Dechanten von Astorgá, seiner Heimatstadt im Nordwesten Spaniens, ritt er auf einem prächtig geschmückten Pferd durch die Straßen. Das Volk klatschte ihm Beifall, was er sichtlich genoß. Plötzlich scheute sein Pferd, und Petrus Gonzáles fiel vor aller Augen in den Straßenschmutz. Jetzt lachte ihn das Volk hämisch aus und spottete über ihn. Beschämt ging Petrus nach Hause und erkannte in der Folge, daß sein bisheriges Leben leer gewesen war.

Nach einigen Monaten Einsiedlerlebens in einer verwilderten Einöde trat Petrus schließlich dem Dominikanerorden bei. Dort erhielt er das Amt des Predigers übertragen und wurde Beichtvater von König Ferdinand III. von Kastilien, der ihn auch als Berater äußerst schätzte. Nach mehreren Jahren am königlichen Hof verließ Petrus Gonzáles die Stätte des Reichtums und widmete sich fortan den Armen des Landes. Er bestieg die steilsten Berge und besuchte die abgelegensten Winkel, um den Menschen das Wort Gottes zu verkünden. Seine besondere Liebe aber galt den Schiffsleuten, die kaum die Möglichkeit zum Kirchenbesuch hatten. Petrus kam nun zu ihnen auf die Schiffe, predigte ihnen und nahm die Beichte ab. Unter dem Namen Elmo, in Spanien San Telmo, wird Petrus Gonzáles seither als Schutzpatron der Seeleute verehrt.

Petrus Gonzáles starb am 14. April um 1246 während einer Missionsreise in Tuy, wo er auch beigesetzt wurde. Seine Gebeine in der Kathedrale werden in einem Reliquienkästchen aufbewahrt. Papst Benedikt XIV. sprach Petrus Gonzáles 1741 selig.

Darstellung: Vor allem in Spanien und Portugal wird Petrus Gonzáles als Mönch im Dominikanerhabit dargestellt. Attribute sind Schiff, Anker, Fackel und Buch.

Tiburtius von Rom und Gefährten

Märtyrer
geboren: in Rom(?), Italien
gestorben: in Rom

Exakte Angaben über Leben und Wirken von Tiburtius und seinen Gefährten Valerianus und Maximus gibt es nicht. In der legendarischen Überlieferung ist Tiburtius der Bruder jenes Valerianus, der der Bräutigam von Cäcilia gewesen sein soll. Maximus war angeblich der Sekretär des Richters, der die beiden Brüder wegen

Petrus Gonzales. Holzstich aus dem 19. Jh. Auf einem Schiff predigt der Dominikaner zu den Seeleuten und nimmt ihnen die Beichte ab. Gonzales ist der Patron der Marine, der Seeleute und gegen Seenot und wird oft auch Elmo, in Spanien Sankt Telmo, genannt.

ihres christlichen Glaubens zum Tod verurteilte.

Papst Paschalis I. übertrug Gebeine der Märtyrer um 820 von der Via Appia in Rom in die Kirche S. Cecilia in Trastevere in Rom.

15. April

Cäsar von Bus

Priester, Stifter
geboren: 3. Februar 1544 in Cavaillon, Frankreich
gestorben: 15. April 1607 in Avignon, Frankreich

Cäsar von Bus ging als Stifter der Kongregation „Von der christlichen Lehre“, einer Vereinigung von Weltpriestern (Doktrinarier), in die Geschichte ein. Papst Clemens VIII. bestätigte die Gemeinschaft 1597.

Cäsar von Bus war am 3. Februar 1544 in Cavaillon in der Nähe von Avignon in Südfrankreich zur Welt gekommen. Nachdem er zunächst ein weltliches Leben geführt hatte, zog er sich mit einem Mal ganz zurück und bat schließlich in einem Kloster nahe Avignon um Aufnahme. Er pflegte von nun an in selbstloser Hingabe Kranke und Arme und übte sich in strengster Abtötung. Im Jahr 1582 empfing der inzwischen 38jährige die Priesterweihe. Der Bischof ernannte ihn zum Kanoniker an der Hauptkirche von Avignon.

Nachdem Cäsar von Bus 1592 seine Vereinigung von Weltpriestern gegründet hatte, legte er alle Ämter nieder und widmete sich ganz der Arbeit in der Kongregation. Im Laufe der folgenden Jahre hatte er zahlreiche körperliche und seelische Krankheiten zu erleiden, schließlich verlor er sogar sein Augenlicht.

Cäsar von Bus starb am 15. April 1607, am Ostersonntag, in Avignon, wo er beigesetzt wurde. Papst Paul VI. sprach den Priester am 27. April 1975 selig.

Hunna (Huna)

Wohltäterin
geboren: 7. Jh. in Frankreich(?)
gestorben: um 687 in Hunaweier, Elsaß, Frankreich
Patronin der Wäscherinnen; des Weinbaues

Hunna und ihr Ehemann Huno verschenkten ihre Güter an die Klöster Eberheimsmünster und St-Dié, in ihrem Heimatort Hunaweier im Elsaß stifteten sie die Kirche St. Jakob. Hunna war darüber hinaus eine große Wohltäterin der Armen und Kranken; sie wurde die „heilige Wäscherin“ genannt, weil sie Bedürftigen umsonst die Wäsche wusch. Hunna starb wohl um das Jahr 687, andere Quellen sprechen auch von 679. Beigesetzt wurde sie in Hunnaweier. Die Erhebung ihrer Gebeine erfolgte am 15. April 1520; die Reliquien gingen aber später verloren.

Verehrung/Brauchtum: Hunnas Grab war im Mittelalter ein vielbesuchter Wallfahrtsort; dazu trug auch bei, daß einer nahegelegenen Quelle Heilkraft zugesprochen wurde. Im Bistum Straßburg gedenkt man der Wohltäterin am 15. April, in der Diözese St-Dié am 3. Juni.

Darstellung: Abbildungen zeigen Hunna, wie sie für Arme Wäsche wäscht oder Kranke wäscht; manchmal hat sie auch einfach nur ein Stück Stoff in der Hand. Auch Szenen mit Bischof Deodatus, der ihren Sohn gleichen Namens getauft haben soll, sind in Frankreich (Kathedrale St-Dié) zu sehen.

Nidgar von Augsburg

Bischof OSB
geboren: 8. Jh.
gestorben: 15. April um 831 in Augsburg, Bayern

Schon zu Lebzeiten stand der 13. Bischof der Stadt Augsburg im Ruf der Heiligkeit. Nidgar, ein Vorgänger des großen Ulrich von Augsburg, war vor seiner Ernennung 815 wahrscheinlich Abt des Benediktinerklosters Ottobeuren im Allgäu. Später legte er den Grundstein für die Magnus-Kirche in Füssen.

Bischof Nidgar, der in seiner Diözese außerordentlich beliebt und angesehen war, starb an einem 15. April um das Jahr 831. Das Datum 15. April steht auf einer Grabtafel; in einem Nachruf wird dagegen der 27. September als Todestag erwähnt. Der Augsburger Bischof Embrico erhob die Gebeine Nidgars im Jahr 1064. Fast bis 1700 wurden die Reliquien in der Allerheiligenkapelle in der Augsburger Kirche St. Ulrich und Afra verehrt.

Waltmann

1. Abt von St. Michael (Antwerpen) OPraem
geboren: 11. Jh.
gestorben: 15. April 1138 in Antwerpen, Belgien

16. April

Benedikt Josef Labre

Pilger, Mystiker
geboren: 26. März 1748 in Amettes, Frankreich
gestorben: 16. April 1783 in Rom, Italien

In Amettes in Nordfrankreich kam Benedikt Josef Labre, einer der ungewöhnlichsten Heiligen, am 26. März 1748 zur Welt. Schon als Kind war er vollkommen anders als seine Mitschüler und Spielkameraden, Eltern und Lehrer wurden nicht klug aus dem eigenwilligen Jungen. Als Benedikt bereits in frühen Jahren eine große Zuneigung zu kirchlichen Handlungen und Übungen zeigte,

Benedikt Josef Labre. Porträt von Antonio Cavalluci (18. Jh.). Der Maler hatte Labre einmal während einer Ekstase beobachtet und danach gebeten, ihn malen zu dürfen.

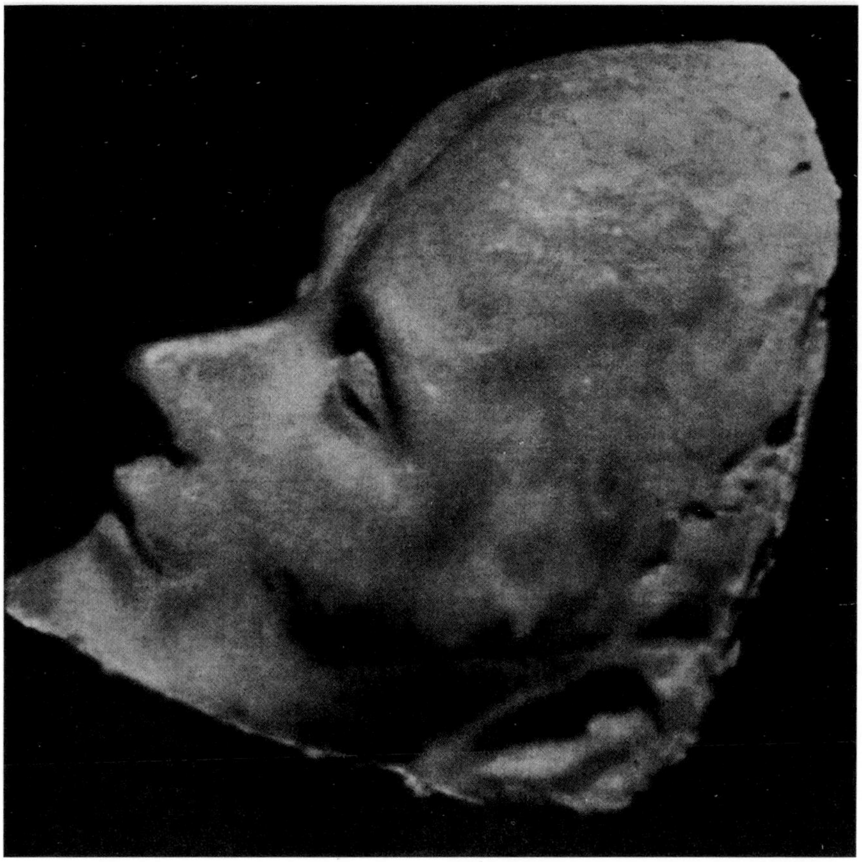

Die Totenmaske des heiligen Benedikt Josef Labre. Sie befindet sich in S. Madonna dei Monti in Rom.

war sich die Familie einig, daß aus ihm ein Priester werden sollte. Benedikt aber hatte mit dem Studium und dem Lernen nichts im Sinn. Alle Versuche, ihn zu unterrichten, blieben erfolglos. Der Weg zum Priestertum war ihm somit versperrt. Den Vorschlag von Verwandten, sich dem Klosterleben zuzuwenden, nahm Benedikt dagegen freudig auf. Doch auch diese Versuche scheiterten kläglich: Bei den Kartäusern wurde er in verschiedenen Klöstern abgewiesen, ebenso bei den Zisterziensern; bei den Trappisten trug er bereits das Ordenskleid und war als Frater Urban in die Klostergemeinschaft aufgenommen, als sich bei ihm unerklärliche Seelenängste einstellten, die ihn zur Flucht aus der Gemeinschaft trieben.

Doch alle diese Erlebnisse führten Benedikt Josef Labre auf den Weg, den er für sich als gottgegeben ansah. Ab 1770 reiste der junge Mann aus Amettes als Pilger und Bettler durch zahlreiche Länder Europas. Der Reihe nach besuchte er in den 13 Jahren seines Wanderlebens alle wichtigen Wallfahrtsstätten. Während seiner Reisen sprach er so gut wie nie, und wenn ihm gutmeinende Menschen helfen, ihm anständige Kleidung oder ein Obdach geben wollten, dann antwortete Benedikt nur ablehnend: „Gott will mich auf diesem Weg haben." Immer wieder wurden Benedikt Josef Labre Visionen zuteil; er war mystisch begnadet und hatte die Gabe der Weissagung.

Unbeeindruckt von allem Spott, der ihn überall begleitete, lebte Benedikt Josef Labre sein Leben der Selbstverleugnung und der vollkommenen Armut. Er hatte das Pilgerleben zu seinem Beruf gemacht. Erschöpft und ausgezehrt, brach er am 16. April 1783 in der Kirche S. Madonna dei Monti in Rom zusammen und starb. Sein Leichnam wurde in dieser Kirche an der Via dei Serpenti beigesetzt. Selten hatte es bis dahin in Rom bei einem Begräbnis eines Gottesdieners einen solchen Andrang von Gläubigen gegeben wie bei der des armseligen Bettlers aus Frankreich. An seinem Grab ereigneten sich bereits in den ersten Wochen nach der Beisetzung weit über 100 wunderbare Heilungen. Papst Leo XIII. sprach Benedikt Josef Labre im Jahr 1881 heilig.

Verehrung/Brauchtum: Vor allem in Rom galt Benedikt Josef Labre als einer der volkstümlichsten Heiligen der Stadt und wurde dementsprechend verehrt; auch in Frankreich brachte man Labre zu allen Zeiten Bewunderung entgegen. Im Franziskanerorden wird der demütige und bußfertige Pilger ebenfalls sehr verehrt. In Frankreich besteht seit 1882 eine sogenannte „Vereinigung vom heiligen Benedikt Labre"; sie wurde von den Christlichen Schulbrüdern für junge Leute, meist Arbeiter, mit dem Zweck der Selbstheilung und des Laienapostolats gegründet.

Darstellung: Abgebildet wird Labre meist mit Pilgerstab und Rosenkranz. Eine Marmorplastik von Albacini zeigt den Heiligen in seiner Grabkirche S. Madonna dei Monti auf dem Totenbett (1892).

Bernadette Soubirous (Marie-Bernard)

Seherin, Nonne
geboren: 7. Januar 1844 in Lourdes, Frankreich
gestorben: 16. April 1879 in Nevers, Frankreich

Zwei Orte in Frankreich sind untrennbar mit dem Namen Bernadette Soubirous verbunden: Lourdes im Département Hautes-Pyrénées und Nevers an der Loire in Zentralfrankreich. Lourdes wurde durch die Geschehnisse um die Tochter eines armen Müllers zum berühmtesten Marienwallfahrtsort der Welt. In die Kirche des Klosters Saint-Gildard in Nevers strömen ebenfalls Pilger aus aller Welt, um an dem Glasschrein mit dem bis heute unverwesten Leichnam der Heiligen zu beten. Zu Füßen des kostbaren Reliquienschreines, einem Kunstwerk aus vergoldeter Bronze und Kristall, versinnbildlichen blaue Wellen die Wunderkraft jener berühmten Quelle in der Grotte von Massabielle bei Lourdes, wo die ergreifende Geschichte der Französin Bernadette Soubirous ihren Anfang nahm.

An einem kalten Wintertag 1844, dem 7. Januar, erblickte Bernadette in Lourdes unweit der Grenze zu

Gegenüberliegende Seite, oben: Blick von der Terrasse der Lourdes-Basilika auf eine abendliche Lichterprozession der Pilger (August 1983).

Unten: Papst Johannes Paul II. übergibt vor der Grotte von Massabielle eine Gedenkkerze an Bischof Henri Donze (August 1983).

Spanien, das Licht der Welt. Das Mädchen, das immer kränklich war, wuchs in größter Armseligkeit auf, seine Eltern, die Besitzer einer heruntergekommenen Mühle, hatten oft nicht einmal das Lebensnotwendigste. Von Kindheit an zeichnete sich Bernadette durch eine besonders innige Frömmigkeit aus.

Eines Tages – es war der 11. Februar 1858, wenige Tage vor ihrem 14. Geburtstag – sammelte Bernadette Soubirous zusammen mit einigen Mädchen Holz in einem Wald bei Lourdes. Die anderen waren dem langsameren, asthmatisch veranlagten Mädchen bereits ein wenig vorausgegangen, als plötzlich ein gewaltiges Rauschen erklang. Bernadette erschrak zutiefst und sah plötzlich, wie sich vor der wenige Meter entfernten Grotte Massabielle die Büsche heftig bewegten. Und dann geschah das, was sich in den folgenden fünf Monaten noch weitere 17 Mal ereignen sollte: In der Felsenhöhlung erschien in einer goldschimmernden Wolke eine Frauengestalt von großer Schönheit, in einem langen, weißen Gewand, in den Händen einen Rosenkranz. Die „Dame", wie Bernadette die Frau in der Folgezeit nannte, gab sich später als Gottesmutter Maria

Bernadette Soubirous. Nach einem Porträt des Malers du Roure (heute Museum, Lourdes).

Ganz oben: Die Boly-Mühle bei Lourdes. In diesem Haus kam Bernadette Soubirous 1844 zur Welt.

zu erkennen und forderte Bernadette auf, an der Grotte eine Kirche erbauen zu lassen und Prozessionen dorthin zu veranstalten.

Die für den heutigen Wallfahrtsort Lourdes entscheidende Erscheinung fand am 25. Februar 1858 statt. An diesem Tag sagte die „Dame" zu Bernadette: „Geh an die Quelle und trinke daraus und wasche dich darin!" Das Mädchen sah zwar keine Wasserstelle, kratzte jedoch in der Grotte Massabielle Erde weg, und plötzlich entsprang an dieser Stelle klares Wasser. Von Tag zu Tag wurde der Strahl stärker. Als sich ein erblindeter Mann mit dem Quellwasser sein Auge benetzte und daraufhin wieder sehen konnte, war der Name des Ortes Lourdes bald in aller Munde, der Ruf von der Heilkraft des Wassers drang in die ganze Welt. Viele unheilbare Kranke sollen später an der Quelle gesundet sein.

Bernadette Soubirous aber durchlebte während dieser Monate eine schwere Zeit. Belastet schon durch ihre ständigen Krankheiten, hatte sie nun auch noch unter den Anfeindungen derer zu leiden, die sie eine Hysterikerin und Angeberin nannten. Selbst der Pfarrer des Ortes gab seinen Widerstand erst dann auf, als die Wunder geschahen. Bernadette durchstand tapfer alle Verleumdungskampagnen, in die sich sogar die Presse und der Schriftsteller Emile Zola eingeschaltet hatten.

Nach der letzten Erscheinung bei der Grotte Massabielle am 16. Juli 1858 lebte die 14jährige Bernadette wieder wie ein ganz normales Mädchen. Nie mehr sprach sie über das, was sie erlebt hatte. Um der Neugier der Pilger aus aller Welt endgültig zu entgehen, trat sie am 7. Juli 1866 in Nevers-sur-Loire in das Kloster der Kranken-und Schulschwestern („Dames de Nevers") ein. Im Tagebuch des Noviziates von damals steht dazu geschrieben: „Drei Postulantinnen. Unter den beiden aus Lourdes befindet

Bei der ersten Erscheinung der „Dame" trug Bernadette Soubirous diese kapuzenähnliche Kopfbedeckung, Capulet genannt (Musée Notre-Dame, Nevers).

Unten: Das Gesicht der toten Bernadette Soubirous wurde mit einer Wachsmaske überzogen (Schrein in St-Gildard, Nevers).

sich Bernadette, das auserwählte Kind, dem die allerseligste Jungfrau erschienen ist. Von der ganzen Klostergemeinschaft wurde sie herzlich willkommen geheißen." Innerhalb der Gemeinschaft durfte jedoch nie mehr über Bernadettes Vergangenheit gesprochen werden. Bernadette Soubirous, die im Kloster den Namen Marie-Bernard trug, widmete sich von nun an aufopferungsvoll der Pflege Kranker. Bei ihren Mitschwestern stieß sie, immer von Schmerzen gepeinigt, auf Unverständnis, wenn sie sagte, es sei ihre Aufgabe, krank zu sein. Auch hier sollte die Kritik nie verstummen.

Am 16. April 1879 ging das Leben der Bernadette Soubirous zu Ende. Im Alter von erst 35 Jahren starb sie, völlig erschöpft, mit den Worten: „Heilige Maria, Mutter Gottes, bitte für mich arme Sünderin." Papst Pius XI. sprach Bernadette Soubirous am 8. Dezember 1933 heilig.

Verehrung/Brauchtum: Die Wallfahrt in Lourdes gehört zu den bedeutendsten Wallfahrten der Welt. Hunderttausende von Pilgern treffen Jahr für Jahr in der südfranzösischen Stadt ein, um zu beten und um Heilung von einem Leiden zu ersuchen.

In der Diözese Dresden-Meißen begeht man den Gedenktag von Bernadette Soubirous am 16. April.

Darstellung: Bernadette Soubirous wird fast immer in der Lourdes-Grotte dargestellt, vor ihr die Gottesmutter Maria. Erstmals in der Geschichte gab es von ihr auch Andachtsbilder in Form von Fotografien.

Magnus von Schottland

Bekehrter
geboren: 11. Jh. auf den Orkney-Inseln, Schottland
gestorben: um 1105 auf Orkney
Patron der Fischhändler von Orkney

Der Adlige Magnus trieb zunächst sein Unwesen als Räuber, wurde dann aber bekehrt und führte von da an ein christliches Leben. In einem Erbstreit wurde er um das Jahr 1105 von einem Verwandten ermordet. Reliquien sollen nach Aachen und nach Prag gelangt sein.

Die Fischhändler von Orkney – fast alle Bewohner der schottischen Insel leben vom Fischfang – haben Magnus zu ihrem Schutzheiligen ernannt.

Paternus von Avranches

Bischof von Avranches, Missionar
geboren: um 480 in Poitiers, Frankreich
gestorben: um 562 bei Avranches, Frankreich

Verehrung / Brauchtum / Darstellung: Paternus wird vor allem in den Diözesen Coutance und Poitiers verehrt, wo es auch verschiedene Darstellungen gibt, so in der Kathedrale von Coutance. Auch in der Kirche St-Patrice in Rouen ist Paternus auf einem Glasfenster aus der Zeit um 1540 abgebildet.

17. April

Anicetus

Papst (155 bis 166), (Märtyrer?)
geboren: um 100 in Syrien
gestorben: 166 in Rom, Italien

Eberhard von Wolfegg

1. Propst von Obermarchtal OPraem
geboren: 12. Jh. in Schwaben
gestorben: 17. April 1183 in Obermarchtal, Baden-Württemberg
1204 Erhebung der Gebeine

Gerwin von Aldenburg

Abt von Aldenburg, Einsiedler OSB
geboren: 11. Jh.
gestorben: 17. April 1107 (1117?) in Belgien

Hermann der Deutsche

Mönch OP
geboren: 12. Jh.
gestorben: 13. Jh. in Kärnten(?), Österreich

Hermann der Deutsche wurde von Dominikus persönlich in den neugegründeten Dominikanerorden aufgenommen. Er gilt als Mitbegründer des ersten Dominikanerklosters auf deutschem Boden: von Friesach in Kärnten (1219).

Katharina Tekakwitha. Die „Lilie der Mohawks" war die erste Indianerin, die seliggesprochen wurde.

Katharina Tekakwitha

Büßerin
geboren: 1656 in Ossernenon, USA
gestorben: 17. April 1680 in Sault-St-Louis, Kanada

„Lilie der Mohawks" nannten die Eingeborenen Katharina Tekakwitha. Sie ist die erste Indianerin, die seliggesprochen wurde; Papst Johannes Paul II. verkündete die Entscheidung am 22. Juni 1980.

Nach dem Tod ihrer indianischen Eltern war Katharina als Kind zu Verwandten gekommen, von denen sie erzogen wurde. Mehrfach lehnte sie später als junges Mädchen eine Heirat ab, was für eine heidnische Irokesin ungewöhnlich war. Katharina aber hatte sich entschieden, ein Leben nur für Gott führen zu wollen. Zwanzigjährig wurde sie 1676 von einem Jesuitenpater getauft. Da sie aufgrund dieser Entscheidung mit Schwierigkeiten zu rechnen hatte, verließ Katharina Tekakwitha ihre Heimat und schloß sich der Jesuiten-Missionsstation bei Montreal am St.-Lorenz-Strom an. Dort empfing sie auch erstmals die Kommunion. Danach führte die junge Frau ein Leben der Buße und des ständigen Gebetes. 1670 legte sie das Gelübde der ewigen Jungfräulichkeit ab.

Nach dem Tod Katharinas am 17. April 1680 ereigneten sich zahlreiche Wunder, viele Gebetserhörungen und Heilungen sind bezeugt. Die Gebeine der Seligen, die in der Mohawk-Reservation in Caughnawaga aufbewahrt werden, sind das Ziel unzähliger Pilger. Papst Pius XII. stellte 1943 den heroischen Tugendgrad von Katharina Tekakwitha fest.

Landrich

Abt von Soignies und Hautmont
geboren: 7. Jh. in Frankreich
gestorben: 17. April um 730 in Belgien

Max Josef Metzger

Priester, Gründer
geboren: 3. Februar 1887 in Schopfheim, Baden-Württemberg
gestorben: 17. April 1944 in Brandenburg-Görden

„Nichts könnte meinem Leben einen sinnvolleren Abschluß geben, als wenn ich für den Frieden Christi im Reiche Christi mein Leben hingeben dürfte." Anfang 1942, zwei Jahre vor seinem Tod, beschrieb Dr. Max Josef

Max Josef Metzger, Gründer der Bruderschaft „Una-Sancta", des „Friedensbundes Deutscher Katholiken" und der „Christkönigsgesellschaft".

Metzger in einem Geistlichen Testament mit ergreifenden Worten seine Hingabebereitschaft bis zum Tod. Im Ersten Weltkrieg als Divisionspfarrer in Frankreich eingesetzt, war der Priester zum kämpferischen Pazifisten geworden. Sein weiterer großer Einsatz galt der Einheit der getrennten Kirchen. Er gründete die Bruderschaft „Una-Sancta" sowie den „Friedensbund Deutscher Katholiken" und die „Christkönigsgesellschaft vom Weißen Kreuz". Er verfaßte schließlich ein Friedensmemorandum, das in die Hände der Gestapo fiel und zu seiner Verhaftung führte. Am 17. April 1944 wurde Max Josef Metzger, der sich selbst „Bruder Paulus" nannte, in Brandenburg-Görden durch das Fallbeil hingerichtet. Die Anklage hatte auf „Hochverrat und Feindbegünstigung" gelautet.

Rudolf von Bern

Kind
geboren: um 1290 in Bern, Schweiz
gestorben: 17. April 1294 in Bern

Der Junge Rudolf wurde am 17. April 1294 in Bern ermordet. Die Tat wurde danach Juden zugeschrieben, woraufhin es in der Stadt zu einer Judenverfolgung kam. Es ist überliefert, daß sich an dem Grab Rudolfs in der Leutkirche in Bern Wunder ereigneten. Später wurden die Gebeine des Kindes ins Münster von Bern übertragen. Eine offizielle Bestätigung des Kultes erfolgte nicht.

Darstellung: Rudolf wird als Junge mit den Attributen Palme, Kreuz und Messer abgebildet; manchmal liegt er auch schwerverwundet am Boden.

18. April

Alexander von Alexandria

Patriarch
geboren: 3. Jh.
gestorben: 18. April 328 in Alexandria(?), Ägypten

Alexander, Patriarch von Alexandria zu Beginn des 4. Jh., war ein erbitterter Bekämpfer des Arianismus. Auf dem Konzil von Nicäa im Jahr 325 gehörte Alexander zu den Wortführern.

Verehrung: Die Kopten begehen das Gedenken Alexanders am 22. April.

Aya vom Hennegau

Nonne OSB
geboren: 7. Jh.
gestorben: 18. April(?) um 708 in Mons, Belgien

Herluka von Bernried

Klausnerin
geboren: um 1060 bei Stuttgart, Baden-Württemberg
gestorben: 1127 in Bernried, Bayern

Herluka von Bernried hat ihren Namen von dem Ort Bernried am Starnberger See, wo sie im dortigen Augustiner-Chorherrenstift ihre letzte Lebensjahre verbrachte und 1127 starb. Herluka, die um das Jahr 1060 in der Nähe von Stuttgart zur Welt gekommen war, lebte mehrere Jahre unweit ihres Heimatortes unter der Leitung des berühmten Abtes Wilhelm von Hirsau, der ihr Seelenführer war. Ständig litt die junge Frau unter inneren und äußeren Qualen,

Der Augsburger Bischof Wikterp erscheint Herluka. Dieses Erlebnis veränderte Herlukas Leben vollkommen, ihr ganzes Streben galt fortan der Verbreitung des Wikterp-Kultes. Wikterp, dem ebenfalls am 18. April gedacht wird, stammte aus Epfach, wo Herluka 36 Jahre lang lebte.

Überlieferungen sprechen sogar von einer Erblindung Herlukas. Ihr ganzes Streben galt Werken der Nächstenliebe sowie dem Gebet.

Im Jahr 1086 kam Herluka nach Epfach im Süden der Fuggerstadt Augsburg, wo sie in den folgenden 36 Jahren lebte. Aus dieser Zeit stammt auch ihr teilweise noch erhaltener Briefwechsel mit Diemut von Wessobrunn, der Benediktinerin und Reklusin beim nahegelegenen Kloster Wessobrunn, südlich des Ammersees. Während der Jahre in Epfach widmete sich Herluka vor allem der Verbreitung und Hebung des Kultes von Bischof Wikterp (Wigbert) von Augsburg, der aus Epfach stammte und 771 gestorben war.

Nach Anfeindungen gegen ihre Person floh Herluka dann 1122 nach Bernried und lebte dort bis zu ihrem Tod als Klausnerin.

Darstellung: Herluka wird oft zusammen mit Bischof Wikterp von Augsburg dargestellt. Auch als Nonne wurde sie abgebildet, welcher der leidende Heiland erscheint; manchmal versucht der Teufel, Herlukas Lampe zum Erlöschen zu bringen.

Idesbald von Dünen

Abt von Dünen OCist
geboren: um 1090 in Belgien
gestorben: 1167 in Dünen, Belgien
Patron der Seefahrer und Schiffer; gegen Fieber und Rheumatismus

Verehrung/Brauchtum: Idesbald, der dritte Abt des flandrischen Klosters Dünen (Dune), wird vor allem in Flandern verehrt und dort wiederum besonders von den Küstenfischern, nachdem sein Leichnam 1623 unversehrt aufgefunden worden war. Der Kult des Zisterziensers wurde 1894 bestätigt. Die Gebeine des hochverehrten Patrones, der auch der Schutzheilige der belgischen Seefahrer ist, werden seit 1831 in der Kirche Notre-Dame-de-la-Potterie in Brügge aufbewahrt.

Darstellung: In Gemälden wird fast immer die Szene der Auffindung von Idesbalds Leichnam dargestellt, oft auch die Aufbahrung danach. Ein schönes Bild (17. Jh.) befindet sich im Seminar in Brügge: Van Houtte hat hier die Auffindung und die Aufbahrung des Leichnames von Idesbald in einer Darstellung miteinander verbunden.

Maria von der Menschwerdung (Barbe Acarie)

Nonne, Mystikerin OCarm
geboren: 26. Februar 1566 in Paris, Frankreich
gestorben: 18. April 1618 in Pontoise, Frankreich

Barbe Acarie, die später im Kloster den Namen Maria von der Menschwerdung annahm, wurde einmal als Vorbild einer christlich lebenden Mutter und Ehefrau bezeichnet. Nachdem ihr Ehemann gestorben war, trat die inzwischen 48jährige in Pontoise den Unbeschuhten Karmelitinnen bei. Immer wieder hatte Maria von der Menschwerdung mystische Erlebnisse, vor allem während ihrer Gebete.

Die Karmelitin starb am 18. April 1618 und wurde 1791 seliggesprochen.

Ursmar

Chorbischof, Missionar, Abt OSB
geboren: 7. Jh. in Frankreich
gestorben: 18. April(?) um 713 in Lobbes, Belgien
823 Erhebung der Gebeine

Wikterp von Augsburg

Bischof
geboren: um 700 in Epfach, Bayern
gestorben: 18. April(?) 771(?) in Augsburg (Epfach?), Bayern

Wikterp, der auch Wigbert oder Wiggo genannt wird, ist der erste Bischof von Augsburg, der geschichtlich beglaubigt ist. Er lebte im 8. Jh. und stammte aus dem Dorf Epfach südlich von Landsberg in Oberbayern, wo Jahrhunderte später Herluka, welcher auch am 18. April gedacht wird, leben und den Kult Wikterps verbreiten sollte. Wikterp, der sein Erbe dem Augsburger Dom vermachte, erscheint als Bischof von Augsburg erstmals 738 in einem Schreiben von Papst Gregor III. an die Bischöfe von Alemannien und Bayern.

Große Verdienste erwarb sich Wikterp bei der Missionierung des Allgäus. Er unterstützte dort die Glaubensboten Magnus und Tozzo (sein späterer Nachfolger als Bischof von Augsburg) und weihte die Kirchen in Füssen und Waltenhofen. Der Bischof gilt auch als Mitbegründer der Orte und Städte Kempten, Wessobrunn und Ellwangen.

Wikterp starb möglicherweise am 18. April 771 und fand seine letzte Ruhestätte zunächst in seinem Heimatort Epfach. Jahrhunderte später wurden seine Gebeine dann nach Augsburg übertragen und 1489 in der Sakristei von St. Ulrich beigesetzt.

Darstellung: Wikterp ist oft zusammen mit Herluka oder mit seinem Amtsnachfolger Tozzo abgebildet, manchmal auch, wie er bei Nacht eine Kirche erbaut.

19. April

Konrad von Ascoli Piceno (Konrad Miliani)

Mönch, Missionar OFM
geboren: um 1234 in Ascoli Piceno, Italien
gestorben: 19. April 1289 in Ascoli Piceno
1783 Bestätigung des Kultes

Leo IX.

Papst
geboren: 21. Juni 1002 in Egisheim, Elsaß, Frankreich
gestorben: 19. April 1054 in Rom, Italien
Patron der Organisten und Musiker

Im Petersdom zu Rom, der Grabstätte so vieler Päpste, hat auch Papst Leo IX. seine letzte Ruhestätte gefunden. Sein Grab befindet sich links neben dem Josefsaltar. Viele Gläubige verharren hier und erinnern sich an das Leben dieses Reformpapstes, der ein Heiliger wurde und als bedeutendster der deutschen Päpste des Mittelalters in die Geschichte einging.

Leo IX. kam am 21. Juni 1002 in Egisheim im Elsaß als Bruno Graf von Egisheim und Dagsburg zur Welt. Nachdem er einige Jahre als Kleriker am Hof von Kaiser Konrad II. gewirkt hatte, wurde er im Alter von 24 Jahren zum Bischof der französischen Stadt Toul ernannt. Während seiner über 20jährigen Amtszeit wirkte er reformerisch im Sinne Clunys und leitete zahlreiche Synoden. Immer und in allen Fragen hielt Bruno treu zum Kaiser. Auf dem Wormser Reichstag 1048 ernannte Kaiser Heinrich III. Bruno dann zum Papst. Nach einer zusätzlichen Akklamation durch das Volk und den Klerus von Rom wurde der 46jährige am 12. Februar 1049 zum Nachfolger von Damasus II. gekrönt.

Von Beginn seines Pontifikats an sprach sich Leo IX. scharf gegen Laieninvestitur, Priesterehe und besonders gegen die Simonie (Erkäuflichkeit von Ämtern) aus. Um überall nach dem Rechten zu sehen, führte der Papst lange Visitationsreisen durch. Er stellte Klöster wieder her und weihte viele Kirchen, so auch in Augsburg und Regensburg. Er legte die Fundamente, auf denen seine Nachfolger aufbauen konnten. Auch die Neuorganisation der päpstlichen Verwaltung geht auf Papst Leo IX. zurück.

Im Sommer 1053 wurde Leo IX. von den Normannen festgenommen und neun Monate gefangengesetzt. Während dieser Zeit erkrankte er schwer und hatte, als er am 12. März 1054 freigelassen wurde, nur noch knapp sechs Wochen zu leben. Nach nur fünfjährigem Pontifikat starb Leo IX., ausgezehrt und erschöpft, am 19. April 1054. Als er seine Sterbestunde kommen gefühlt hatte, hatte er sich zum Petrusgrab tragen lassen, um dort seine letzten Lebensstunden zu verbringen.

Darstellung: Leo IX. ist mit dem Attribut Kirchenmodell dargestellt, manchmal zusammen mit Aussätzigen. Häufig sieht man ihn mit Nimbus, Kasel und Buch. Auf einem Glasgemälde (1512) im Freiburger Münster ist Leo als alter Papst mit Bart abgebildet.

Timon

Diakon, Märtyrer
geboren: 1. Jh. in Jerusalem(?)
gestorben: 1./2. Jh. in Korinth, Griechenland

Timon wurde von den Aposteln als Diakon eingesetzt. Er starb nach der Überlieferung während der Missionierung in Korinth den Kreuzestod.

Darstellung: Timon ist am Kreuz festgenagelt dargestellt, im Hintergrund ist, als Hinweis auf seine Missionstätigkeit, meist ein Götzentempel zu sehen.

Werner von Oberwesel

Arbeiter
geboren: 1271 in Womrath, Rheinland-Pfalz
gestorben: 1287 bei Bacharach, Rheinland-Pfalz
Patron der Winzer

Ein unvollendeter Kirchenbau in Bacharach am Rhein erinnert bis zum heutigen Tag an Werner von Oberwesel, der vom Volk schon bald nach seinem Tod in der Osterzeit des Jahres 1287 wie ein Heiliger verehrt wurde. Werner war in der Kunibert-Kapelle in Bacharach beigesetzt worden, der ihm zu Ehren geplante Ausbau des Gotteshauses zu einer großen Kirche wurde dann aber nie vollendet. Die gotische Bauruine legt bis heute Zeugnis davon ab.

Graf Bruno von Egisheim-Dagsburg bestieg auf Wunsch seines Vetters, Kaiser Heinrich III., als Leo IX. den Papststuhl.

Werner, ein Weinbergarbeiter, verdiente sich seinen Lebensunterhalt bei einem Weinbauern in Oberwesel, westlich des Rheins zwischen St. Goar und Bacharach. Eines Tages fand man ihn ermordet auf einem Feld, kaum daß er das 16. Lebensjahr vollendet hatte. Ein Motiv für die Bluttat gab es nicht. Einwohner hielten, ohne Beweise, Juden des Mordes an Werner für schuldig.

Darstellung: Werner wird als Bauernjunge mit Arbeitsgerät und/oder mit Märtyrerattributen dargestellt; manchmal trägt er auch eine Märtyrerkrone.

20. April

Hildegund von Schönau

Nonne OCist
geboren: um 1170 in Neuß, Nordrhein-Westfalen
gestorben: 20. April 1188 in Schönau, Baden-Württemberg

Die Heilige in Männerkleidung, so ist Hildegard von Schönau auf Abbildungen dargestellt. Was bedeutet dies? Hildegard, um 1170 in Neuß bei Köln geboren, unternahm im Alter von zwölf Jahren mit ihrem Vater eine Wallfahrt ins Heilige Land. Während der langen Schiffsreise erkrankte der Vater schwer und erkannte, daß er das Reiseziel nicht mehr erreichen würde. Er rief seine Tochter an sein Sterbebett und bat sie, bis zu ihrer Rückkehr in die Heimat Männerkleider zu tragen, damit sie nicht belästigt werde. Außerdem sollte sie den Namen Joseph annehmen. Hildegund tat, wie ihr der Vater geraten hatte. In Jerusalem besuchte sie die heiligen Stätten und betete dort voller Andacht und Hingabe. Hilfsbereite Menschen, unter ihnen ein Tempelherr, halfen ihr bei der Suche nach Übernachtungsmöglichkeiten, immer in der Annahme, es handele sich bei Hildegund um einen Jüngling.

Nach Jahren kehrte Hildegund unversehrt in die Heimat zurück. Die verschiedensten Umstände hinderten sie in der Folge daran, die Männerbekleidung, die sie noch immer trug, abzulegen. Im Jahr 1187 bat sie im Zisterzienserkloster Schönau bei Heidelberg um Aufnahme. Man kleidete den vermeintlichen jungen Mann als Zisterzienserbruder ein und nannte ihn auch hier Joseph.

Gegenüberliegende Seite: Jerusalem. Nach einer Lithografie von David Roberts (1839). Hildegund von Schönau unternahm eine Wallfahrt ins Heilige Land.

Von Anfang an fielen „Josephs“ zerbrechliche Gestalt und die zarte Stimme zwar auf, durch die männliche Kraft, die Hildegund aber bei allen Arbeiten bewies, war bald jegliches Mißtrauen geschwunden. Hildegund lebte so ein Jahr als Novize in Schönau, arbeitete härter als alle anderen und war ein Beispiel klösterlicher Tugend. Bevor sie aber ihr Gelübde ablegen konnte, erkrankte sie schwer und erlag am 20. April 1188 im Kloster ihrem Leiden. Da erst erkannte man ihr wahres Geschlecht und stellte Nachforschungen über ihre Vergangenheit an.

Darstellung: Neben der in Männerkleidung abgebildeten Hildegund ist oft ein Pferd zu sehen, auf dem ein Engel sitzt; diese Darstellung geht auf die Legende zurück, daß Hildegund auf ihrer langen Reise von einem Engel vor Räubern gerettet und nach Deutschland zurückgebracht worden sei.

Hugo von Poitiers

Prior von Anci-le-Duc OSB
geboren: 9. Jh. in Poitiers, Frankreich
gestorben: 20. April 930 in Anci-le-Duc, Frankreich
1001 Erhebung der Gebeine

Odette (Oda)

Priorin von Rivreulle OPraem
geboren: um 1134 in Brabant, Belgien
gestorben: 20. April 1158 in Rivreulle, Belgien

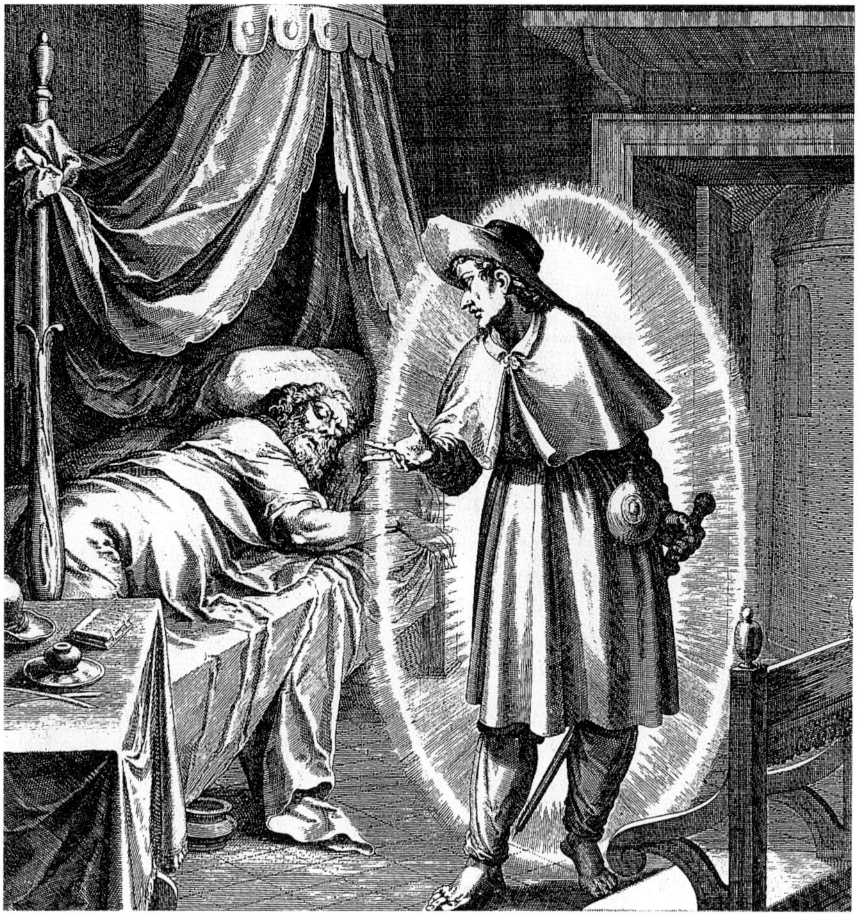

Wilhelm von Windberg (der Pilger) erscheint dem Grafen Albert von Bogen und ermahnt ihn, an seiner Begräbnisstätte eine Kapelle zu erbauen. Stich aus der „Bavaria sancta“ von 1615.

Wilhelm der Pilger (von Windberg)

Einsiedler, Mystiker
geboren: 11. Jh.
gestorben: 20. April um 1145 in Windberg, Bayern

Nach einem langen Pilgerleben ließ sich Wilhelm bei Windberg in der Nähe von Straubing als Einsiedler nieder. Von Anfang an war er sehr geachtet, vor allem Graf Albert von Bogen und seine Frau unterstützten den heiligmäßig lebenden Einsiedler. Die Überlieferung sagt, Wilhelm habe die Gabe der Weissagung und der wunderbaren Krankenheilung besessen; so soll er auch Graf Albert von einer lebensbedrohenden Erkrankung geheilt haben.

Es heißt, Wilhelm habe Albert ermahnt, über seiner späteren Grabstätte eine Kapelle erbauen zu lassen. Dies befolgte Albert, und zudem stiftete er noch sein Schloß; damit begründete er das Prämonstratenserkloster Windberg, dessen schöne Basilika St. Maria noch heute zu bewundern ist.

Veritas de prosapia filioꝝ ab abbate bn̄dicto descendentium.
Gregorius
Thomas
Maur9
Venerabilis beda
Odilo cluniacen
Anselm9
Victor
Columbanus
Remaclus.
Gerardus
Benedictus
Benedictus duodecim Construxit monasteria
In quibus anachoresim Duxit preditus gratia

21. April

Anselm von Canterbury

Erzbischof, Kirchenlehrer OSB
geboren: um 1033 in Aosta, Italien
gestorben: 21. April 1109 in Canterbury, England

Der wohl berühmteste Kirchenschriftsteller nach Augustinus und vor Thomas von Aquin war Anselm, Erzbischof von Canterbury. Papst Clemens XI. ernannte die große Persönlichkeit der katholischen Kirche im Jahr 1720 zum Kirchenlehrer.

Anselm kam um das Jahr 1033 als Sohn eines lombardischen Adligen in der oberitalienischen Stadt Aosta zur Welt. Nach dem Tod der Mutter verschlechterte sich das Verhältnis zwischen Anselm und seinem Vater zunehmend. Schließlich zog der Jüngling aus dem Elternhaus aus und lebte einige Jahre bei Verwandten seiner Mutter in Burgund. Angezogen von dem großen Ruf, den zu jener Zeit der italienische Lehrer Lanfranc genoß, trat Anselm 1060 in das Benediktinerkloster Le Bec in der Normandie ein, in dem Lanfranc lehrte. Schon drei Jahre später wurde Anselm Prior, und nach dem Tod des Abtes trat er 1078 dessen Nachfolge an. Unter seiner Leitung wuchsen Ruhm und Ansehen des Klosters.

Um Angelegenheiten zu ordnen, mußte Anselm auch häufig nach England reisen, wo der von ihm so verehrte Lanfranc inzwischen Erzbischof von Canterbury geworden war. Als Lanfranc 1089 starb, wünschte sich die Geistlichkeit den Abt von Le Bec als Nachfolger. König Wilhelm II. aber, gewissen- und glaubenslos, ließ den Bischofsstuhl vier Jahre vakant, bevor er Anselm auf Drängen des Klerus schließlich doch zum Erzbischof ernannte. Für Anselm begann damit keine leichte Zeit. Da er sich unnachgiebig für die Unabhängigkeit der katholischen Kirche vom Königtum einsetzte, lag er in andauerndem Streit mit Wilhelm.

Die Auseinandersetzungen führten dazu, daß Anselm 1097 in die Verbannung geschickt wurde und erst nach Wilhelms Tod 1100 unter dessen Nachfolger Heinrich I. wieder zurückkehren konnte. Doch auch mit dem neuen Herrscher stellten sich drei Jahre später Schwierigkeiten ein, da dieser nicht auf die Laieninvestitur verzichten wollte. Eine erneute Verbannung Anselms war die Folge, 1103 bis 1106. Danach endlich kam es zum Frieden zwischen dem Erzbischof und dem Königshaus. Unerbittlich trat Anselm aber weiterhin für die Rechte der Kirche ein.

Der große Scholastiker und bewunderte Pädagoge, der der Nachwelt viele wichtige Schriften hinterlassen hat, starb am 21. April 1109. Beigesetzt wurde er in der Kathedrale von Canterbury, dem mächtigen Zeugnis katholischen Glaubens in

Gegenüberliegende Seite: Die großen Heiligen des Benediktinerordens gemeinsam in einem Stammbaum. In der Mitte links: Anselm von Canterbury, Erzbischof und Kirchenlehrer. Miniatur aus der „Vita beati Benedicti“ von Jean de Stavelot.

Chor der Kathedrale von Canterbury, in der Erzbischof Anselm seine letzte Ruhestätte fand.

England. Anselm von Canterbury wurde 1494 heiliggesprochen.

Darstellung: Anselm ist als Bischof, Abt oder Mönch dargestellt; als Attribute hat er ein Buch, eine Feder und/oder ein Schiff bei sich. In späteren Jahrhunderten erscheint Anselm auch auf Darstellungen der Unbefleckten Empfängnis Mariä, meist als Bischof mit Spruchband; ein Beispiel dafür ist in der Kirche Santa Maria Novella in Florenz zu sehen: ein Gemälde von Luca Signorelli.

Honorius von Brescia

Bischof von Brescia
geboren: 6. Jh. in Italien
gestorben: 21. April 586 in Brescia, Italien

Konrad von Parzham

Mönch, Klosterpförtner OFMCap
geboren: 22. Dezember 1818 in Parzham, Bayern
gestorben: 21. April 1894 in Altötting, Bayern
Patron der Pförtner; der katholischen Burschenvereine; des Seraphischen Liebeswerkes; bei allen Nöten

Konrad von Parzham, der Klosterpförtner von Altötting. Tausende von Kerzen leuchteten am 20. Mai 1934 im Petersdom zu Rom, als Papst Pius XI. den Kapuziner-Bruder aus Parzham im Rottal heiligsprach. Die Demut und die aufopfernde Hilfsbereitschaft waren es, die diesen bescheidenen Mann unvergessen machen und ihn zu einem Heiligen werden ließen. Wie sagte Papst Piux XI. bei der Heiligsprechungsfeier: „In ihm erglänzen Reinheit und Demut, Liebe zu Gott und zum Nächsten, Pflichttreue." Und Konrad selbst meinte einmal in einem Brief an seine Schwester: „Mir geht es immer gut. Ich bin immer glücklich und zufrieden in Gott. Ich nehme alles mit Dank vom lieben Himmelsvater an, seien es Leiden oder Freuden, er weiß wohl, was besser ist für uns."

Konrad, der Sohn einer Bauersfamilie, wurde am 22. Dezember 1818 in Parzham geboren und erhielt den Namen Johann Evangelist Birndorfer; bis zu seinem 31. Lebensjahr arbeitete er wie alle seine Geschwister auf den Feldern und Äckern. Während dieser Arbeit fand er Ruhe zum Gespräch mit Gott. Obwohl er leidenschaftlicher Bauer war, verzichtete er 1849 auf den Hof und trat als Laienbruder in das Kapuziner-Kloster St. Anna in Altötting ein. Drei Jahre später legte er das Gelübde ab und nahm den Namen Konrad an. Schon bald trug man Konrad das Amt des Klosterpförtners an. Diese Tätigkeit sollte seine Lebensaufgabe werden, für die er sich aufopferte bis zu seinem Tod und die ihm vom Papst den Namen „der ewige Pförtner" eintrug.

Die Ausübung des Pförtneramtes war für Konrad nicht immer einfach. Er, der zurückhaltende, ja schüchterne Bauer vom Land wurde nun plötzlich Jahr für Jahr mit Hunderttausenden von Altötting-Wallfahrern konfrontiert. Er mußte Fragen beantworten, Bitten erfüllen, Aufträge ausführen, Bettler versorgen. Doch für jeden hatte Konrad ein freundliches Wort, keiner ging von ihm, ohne daß sein Anliegen nicht erfüllt worden wäre. Die wenige Zeit, die Konrad von Parzham bei seinem 18-Stunden-Tag noch blieb, verbrachte er im Gebet, Schlaf fand er kaum.

Nach 41 Jahren spürte Konrad von Parzham, daß seine Lebensuhr abgelaufen war. Auszehrung, Erschöpfung und zahlreiche, nie ernstgenommene Krankheiten forderten ihren Tribut. „Jetzt kann ich nicht mehr", sagte der alte Mann zu seinem Obern. Drei Tage später starb er. Es war der 21. April 1894.

In der Kapuzinerkirche von Altötting hat Konrad von Parzham seine letzte Ruhestätte gefunden; sie wurde 1953 von St. Anna in Bruder-Konrad-Kirche umbenannt. Das Grab ist das Ziel vieler Gläubiger; sie spüren, daß von diesem Klosterpförtner etwas ausging, was zu seinen Lebzeiten nicht immer verstanden wurde, heute aber deutlicher ist als je zuvor.

Verehrung/Brauchtum: Die Verehrung für Konrad von Parzham ist untrennbar verbunden mit dem Marienwallfahrtsort Altötting, der tagtäglich von unzähligen Menschen besucht wird. Im Kapuzinerkloster St. Anna wird das Andenken an Konrad liebevoll bewahrt; besichtigt werden können die Pforte, an der der Kapuzinerbruder über vier Jahrzehnte lang arbeitete, und auch der kleine Raum, die Alexius-Zelle, in die sich Konrad zum Gebet zurückzog. Von dieser Kammer aus konnte er – und kann man heute noch – durch eine schmale Öffnung direkt zum Hochaltar der nebenliegenden Klosterkirche blicken. Seit Ende der fünfziger Jahre ruhen die Gebeine Konrads in einem Silberschrein unter einem eigens geschaffenen Altar in der Bruder-Konrad-Klosterkirche; darüber wölbt sich ein Baldachin.

Gegenüberliegende Seite: Der barocke Gnadenaltar von Altötting mit der „Schwarzen Madonna"; links die versilberte Figur des betenden Bruder Konrad.

Der berühmte Klosterpförtner Konrad von Parzham auf dem Totenbett.

Darstellung: Das berühmteste Abbild von Konrad ist die Fotografie von ihm auf dem Totenbett; das Original ist heute verschollen. Viele Bilder zeigen Konrad von Parzham als Pförtner, häufig beim Austeilen von Brot. Zahlreiche Darstellungen geben wieder, wie Konrad als junger Mann einen Acker pflügt.

Wolbodo

Bischof von Lüttich
geboren: 10. Jh. in Flandern, Belgien
gestorben: 21. April 1021 in Lüttich, Belgien

Soter. Der Papst wurde später als Märtyrer verehrt.

Klostergut wachte Wolfhelm aufmerksam, ja fast kämpferisch. Um das Klostergut Clotten an der Mosel führte er mit dem Erzbischof von Köln einen über Jahre gehenden Rechtsstreit, bis seine Ansprüche endlich bestätigt wurden.

Wolfhelm, um dessen Person sich schon zu Lebzeiten zahlreiche Wunder ereignet hatten, starb am 22. April 1091 nach einem erfüllten Leben. Beigesetzt wurde er in der Klosterkirche in Brauweiler. Noch heute kann dort der romanische Sarkophag besichtigt werden; die Reliquien Wolfhelms sind allerdings verschwunden.

22. April

Caius (Kajus)

Papst (283 bis 296)
geboren: 3. Jh. in Dalmatien(?)
gestorben: 22. April 296 in Rom, Italien

Darstellung: Caius ist dargestellt mit Papstkreuz und Tiara, auf frühen Abbildungen mit Bart. Auf späteren Darstellungen erteilt er den Segen, so auf einem Fresko in der Sixtinischen Kapelle im Vatikan.

Franz von Fabriano

Mönch OFM
geboren: 2. September 1251 in Fabriano, Italien
gestorben: 22. April 1322 in Fabriano
1775 Seligsprechung

Opportuna

Äbtissin von Almenèches OSB
geboren: 8. Jh. in Argentan, Frankreich
gestorben: 22. April um 770 in Almenèches, Frankreich

Verehrung/Brauchtum: Im Mittelalter war der Kult um Opportuna vor allem in Nordfrankreich sehr verbreitet; viele Kirchenpatrozinien belegen dies noch heute deutlich. Noch heute wird die Äbtissin vor allem in den Diözesen Paris, Meaux und Séez verehrt.

Darstellung: Opportuna ist als Äbtissin dargestellt. Als Attribut hat sie ein Buch bei sich. Manchmal sieht man sie auch mit Chrodegang, dem Bischof von Séez, ihrem Bruder.

Soter

Papst (166 bis um 175), (Märtyrer?)
geboren: 2. Jh. in Kampanien, Italien
gestorben: um 175 in Rom, Italien

Verehrung/Brauchtum: Papst Soter wurde später als Märtyrer verehrt, doch gibt es für ein Martyrium keine gesicherten Quellen.

Darstellung: Auf Abbildungen ist Papst Soter mit Bart und Tonsur zu sehen. Mit einem hellen Vollbart, Tiara, Pallium und Schriftrolle ist er auf einem Fresko in der Sixtinischen Kapelle im Vatikan dargestellt.

Wolfhelm

Abt OSB
geboren: um 1020 im Rheinland
gestorben: 22. April 1091 in Brauweiler, Nordrhein-Westfalen

Der Name Wolfhelm ist eng mit dem rheinischen Gebiet verbunden. Um das Jahr 1020 geboren, wurde der Sohn einer angesehenen Familie an der Kölner Domschule erzogen und ausgebildet. Um das Jahr 1036 kam er nach Trier, wo er im Kloster St. Maximin das Gelübde als Benediktinermönch ablegte. Rund 15 Jahre später kehrte er an den Rhein zurück und wurde stellvertretender Abt im Kloster Gladbach, dem heutigen Mönchengladbach, wiederum 13 Jahre später dann Abt in Brauweiler bei Köln.

Einen Namen machte sich Wolfhelm durch zahlreiche schriftstellerische Werke auf dem Gebiet der Theologie sowie durch Kirchenneubauten. Über das ihm anvertraute

23. April

Adalbert von Prag (von Gnesen)

Bischof, Märtyrer OSB
geboren: um 956 in Libice, Tschechische Republik
gestorben: 23. April 997 bei Tenkitten, Polen

Adalbert, der mit Taufnamen Vojtěch hieß, wurde nach seiner Ausbildung an der Domschule von Magdeburg im Alter von erst 27 Jahren 983 zum zweiten Bischof von Prag ernannt. Als er aber über Jahre hinweg Schwierigkeiten mit den Heiden hatte, legte er 989 sein Bischofsamt nieder und trat in Rom in das Benediktinerkloster St. Bonifatius und Alexius ein.

992 kehrte Adalbert nach Prag zurück und amtierte wieder als Bischof; doch bereits 994 mußte er nach schweren Auseinandersetzungen die Diözese wieder verlassen und ging erneut nach Rom. Als 996 seine Familie ermordet wurde, kam Adalbert zurück und missionierte von da an mit tatkräftiger Unterstützung durch den Polenherzog Boleslaw einige Monate in Ostpreußen. Aber schon am 23. April 997 wurde der Kirchenmann bei Tenkitten von Glaubensgegnern ermordet.

Herzog Boleslaw ließ Adalbert von Prag in dem um 1000 erbauten Dom von Gnesen im heutigen Polen beisetzen, der ihm geweiht wurde. Bereits 999 war der Bischof von Papst Silvester II. heiliggesprochen worden. Das Grabmahl Adalberts im Dom existiert noch heute, obwohl die Reliquien des Heiligen schon 1039 in den Veitsdom nach Prag übertragen wur-

den; dort ruhen sie in einer Silberbüste.

Verehrung/Brauchtum: Sofort nach dem Tod Adalberts setzte die Verehrung für ihn in Böhmen, Polen, Ungarn, Deutschland und Italien ein; sie hält bis heute an.

Darstellung: Adalbert von Prag gehört zu jenen Gestalten des Glaubens, die sehr häufig dargestellt wurden. Meist ist er im bischöflichen Ornat abgebildet, oft mit einem Buch, seltener mit Attributen, die sein Martyrium symbolisieren sollten (Speer, Schwert, Beil). Einige Bilder gibt es auch, die Adalbert als Benediktinermönch zeigen. Die wahrscheinlich älteste Darstellung Adalberts findet sich in Rom auf der Tiberinsel: Auf einer Brunneneinfassung in der dortigen Kirche S. Bartolomeo ist Adalbert als Bischof mit Pallium zu sehen. Kaiser Otto II., der Adalbert zum Bischof von Prag berufen hatte, soll diesen Brunnen nach der Heiligsprechung Adalberts (999) in Auftrag gegeben haben. Schöne Darstellungen aus frühester Zeit sind auch auf der Bronzetür des Gnesener Domes zu sehen: Die Arbeiten aus dem frühen 12. Jh. zeigen Adalbert bei der Missionierung in Ostpreußen sowie seine Ermordung mit dem Beil. (Im Dom von Gnesen wurden bis zum 14. Jh. die polnischen Könige gekrönt.) Eine Statue (14. Jh.) in der Aachener St.-Adalbert-Kirche zeigt den Heiligen mit einem Aussätzigen, dem der Teufel aus dem Mund entweicht. Öfters ist Adalbert auch zusammen mit den böhmischen Landespatronen Wenzel und Prokop zu sehen. In der Nationalgalerie in Prag gibt es ein Votivbild (um 1370) mit Adalbert, Veit, Ludmilla, Karl IV., Wenzel IV. und Prokop.

Kaiser Otto II. erteilt Adalbert 983 die Investitur als Bischof von Prag. Detail aus dem Bronzetor der Kathedrale von Gnesen.

Unten: Polnische und deutsche Bischöfe feierten am 21. November 1990 einen Festgottesdienst am Grab des heiligen Adalbert im Dom von Gnesen. Anlaß war der Austausch von Versöhnungsbotschaften. Joachim Kardinal Meisner, Köln, (links) war Hauptzelebrant.

Georg

Märtyrer
geboren: 3. Jh. (?) in Kappadokien, heute Türkei
gestorben: 305 (?) in Nikomedien, heute Türkei, oder Lydda-Diospolis, Palästina
Patron von England; von Genua; des Bistums Limburg; von Ritterorden; der Pfadfinder; der Bauern (geos = Erde, orge = bauen), Bergleute, Sattler, Schmiede, Böttcher, Artisten; der Pferde und des Viehs; der Wanderer; der Spitäler; der Gefangenen; der Soldaten; der Reiter; in Kämpfen aller Art; gegen Kriegsgefahren; gegen Versuchungen; für das Wetter; gegen Fieber; gegen Pest; einer der 14 Nothelfer

Georg – kaum ein Heiliger ist so legendenumrankt wie dieser Märtyrer aus Kappadokien. Sein Bild – er auf dem Pferd sitzend, einen Drachen bekämpfend – gehört zu den bekanntesten Heiligendarstellungen der Christenheit. Seit der Synode von Oxford im Jahr 1222 ist Georg der Patron Englands, sein Festtag gehört zu den höchsten des Landes. Im deutschen Sprachraum ist er einer der 14 Nothelfer. Die Stadt Genua und das Bistum Limburg verehren ihn als Schutzheiligen. Das Land Georgien hat von ihm seinen Namen. Die Dardanellen hießen einmal „Meerenge des heiligen Georg“. Allein in England wurden dem Märtyrer 160 Kirchen geweiht. Richard Löwenherz ernannte Georg zu seinem persönlichen Schutzherrn. Dabei gibt es gar keine verläßlichen Daten über Leben und Wirken Georgs, wogegen die Zahl der Legenden groß ist, so daß der Heilige auch als mythologische Figur verstanden wird.

Die bekannteste Legende um Georg findet sich in dem mittelalterlichen Band „Legenda aurea“ von Jacopo da Voragine. Dieser Geschichte nach entstammte Georg einer vornehmen Familie aus Kappadokien und war zuerst Soldat und später Tribun im römischen Heer unter Kaiser Diokletian, obwohl dieser die Christen verfolgte, zu denen auch Georg gehörte.

Zu jener Zeit wurde das Land von einem Drachen tyrannisiert, dem täglich zwei Schafe zur Besänftigung geopfert wurden. Als alle Schafe dahin waren, forderte der Drachen Menschenopfer. Das Los, welches das erste Opfer bestimmen sollte, fiel auf die Tochter des Königs, die in Brautkleidung ihren Opfergang antrat. Da griff Georg den Drachen mit einer Lanze an, verletzte ihn und führte ihn vor das Volk. Er versprach, das Untier zu töten, wenn sich alle von ihm taufen lassen würden. Als Volk und König damit einverstanden waren, tötete Georg den Drachen, woraufhin sich 15 000 Menschen taufen ließen.

Georg. Nach einem Gemälde von Albrecht Dürer. Das Bild entstand zwischen 1502 und 1504 und bildet die linke Tafel des berühmten Paumgartner-Altares, der sich heute in der Alten Pinakothek in München befindet. Die rechte Tafel zeigt Eustachius, der ebenfalls zu den 14 Nothelfern gezählt wird.

Eine der bedeutendsten Skulpturen bei der Darstellung des Georg schuf Donatello im 15. Jh. (Museo Nationale, Florenz).

Von Christenverfolgern wurde Georg im Jahr 305 festgenommen. Alle Folterungen – er wurde auf ein Rad gebunden und in glühenden Kalk geworfen – überstand er ohne Verletzungen. Durch dieses Wunder beeindruckt, ließ sich die Kaiserin bekehren und wurde deshalb später zusammen mit Georg vor den Toren der Stadt enthauptet. Dies alles soll sich in der palästinensischen Stadt Lydda-Diospolis zugetragen haben.

Die Kreuzfahrer trugen Georgs Name nach Europa. Dort wurde der Märtyrer im Mittelalter hoch verehrt, allerdings nicht seines Märtyrertums wegen, sondern als Symbol der Ritterlichkeit. Unter den 13 Ritterorden, die seinen Namen trugen, ist der bayerische St. Georgsorden der bekannteste. Die Ritter verehrten Georg schon immer als ihren Schutzpatron.

Verehrung/Brauchtum: Der Kult um Georg nahm seinen Anfang im Vorderen Orient sowie in Ägypten und Äthiopien. Schriftliche Überlieferungen belegen den Georgs-Kult in Lydda-Diospolis, dem angeblichen Martyriumsort Georgs, und in Syrien. Am stärksten verbreitete sich die Verehrung auf Zypern, in Kappadokien (heute Türkei) und in Georgien. Von hier aus gelangte der Kult dann später auch nach Rußland und auf den Balkan.

Die Verehrung Georgs in Deutschland erreichte ihren Höhepunkt, als Bischof Hatto von Mainz 896 das Haupt Georgs auf die Bodensee-Insel Reichenau brachte (Stiftskirche St. Georg in Oberzell).

Vor allem im bäuerlichen Leben gehört Georg zu den wichtigen Heiligen. Ab dem Georgstag dürfen die Felder nicht mehr betreten werden. Als Wetterheiliger wird Georg im Bauernkalender zum Schneebringer: „St. Georg kommt nach alten Sitten auf dem Schimmel angeritten." Die Dienstboten konnten am Georgstag ihren Dienstherrn wechseln, und Zinsen wurden früher höchstens bis zum Georgstag gestundet. Vor allem der Pferde wird an diesem Tag gedacht; die Pfarrer segnen die Pferde der Reiter und der Bauern, und vielerorts, vor allem in Bayern, gibt es die traditionellen Pferdeumritte (meist am dem Georgstag folgenden Sonntag).

Georgskirchen im Westen sind bereits im 6. Jh. in Mainz, Paris und Neapel nachweisbar. Angebliche Georg-Reliquien werden an vielen Orten Europas verehrt.

Darstellung: Georg wird als Ritter mit oder ohne Pferd, oft mit einem durch Lanze oder Schwert durchbohrten Drachen dargestellt. Bildende Künstler und Maler, von Schongauer über Donatello bis Asam, haben Georg in ihrem Werk Denkmale gesetzt. Die wohl erste gesicherte Darstellung ist ein Fresko aus dem 6. Jh. in Ägypten. Vor allem im Osten waren die Darstellungen vielfältig und häufig.

Aus der Fülle der Gemälde von berühmten Künstlern im Westen noch eine weitere kleine Auswahl: „Madonna della Vittoria mit Georg und Michael" von Andrea Mantegna im Louvre in Paris; „Der heilige Georg" von Albrecht Dürer auf dem Paumgartner-Altar in der Alten Pinakothek in München; „Georg und Michael" von Raffael im Louvre in Paris; „Georg beim Kampf mit dem Drachen" von Peter Paul Rubens im Prado in Madrid.

Gerhard von Toul

Bischof
geboren: 935 in Köln, Nordrhein-Westfalen
gestorben: 23. April 994 in Toul, Frankreich

Am 3. März 963 wurde der gerade 28jährige Gerhard aus Köln von Kaiser Otto I. zum Bischof von Toul ernannt. In diesem Amt zeichnete er sich in den folgenden zweieinhalb Jahrzehnten durch unermüdlichen Einsatz für die Kirche und immerwährende Fürsorge für die Armen aus. Beigesetzt ist Gerhard in der Stephanskathedrale in Toul.

„St. Georg tötet den Drachen." Stich von Louis Vorstermann (1621) nach einem Gemälde von Raffael.

Helena de Valentinis

Nonne, Mystikerin OESA
geboren: 1396 in Udine, Italien
gestorben: 23. April 1458 in Udine
1848 Bestätigung des Kultes

Jón Ögmundsson

1. Bischof von Hólar, Island
geboren: um 1052 in Breidabólsstadur, Island
gestorben: 23. April 1121
1198 Übertragung der Gebeine nach Hólar

Verehrung/Brauchtum: Seit der Übertragung seiner Gebeine nach Hólar wird Jón Ögmundsson auf Island als Heiliger verehrt.

Pusinna

Jungfrau
geboren: 6. Jh. (?) in Frankreich
gestorben: 6. Jh. (?) in Frankreich
Patronin von Herford

Verehrung/Brauchtum: Nachdem Reliquien von Pusinna, über deren Leben und Wirken als fromme Jungfrau nur legendarische Überlieferungen existieren, um 860 in das Herforder Damenstift gelangt waren, setzte die Verehrung in Westfalen ein; heute ist der Name Pusinnas nicht mehr so bekannt.

24. April

Egbert von Irland

Mönch, Bischof(?) OSB
geboren: 639 in Northumbrien, England
gestorben: 24. April 729 in Rathmelsigi, Irland

Als der Benediktinermönch Egbert, der möglicherweise auch Klosterbischof war, seinen Wunsch, als Missionar in Deutschland zu wirken, aus verschiedenen Gründen nicht verwirklichen konnte, entsandte er die Glaubensboten Willibrord und Suitbert sowie weitere Gefährten nach Friesland und an den Niederrhein. Damit begründete er die Friesenmission.

Egbert starb hochbetagt am 24. April 729 in seinem Kloster in Rathmelsigi in Irland, direkt, nachdem er den Ostergottesdienst beendet hatte.

Fidelis von Sigmaringen

Mönch, Priester, Märtyrer OFMCap
geboren: 1577 in Sigmaringen, Baden-Württemberg
gestorben: 24. April 1622 in Seewis, Schweiz
Patron des Erzbistums Freiburg und des Bistums Feldkirch; von Hohenzollern; von Vorarlberg; der Juristen; in Gerichtsangelegenheiten; für die Glaubensverbreitung

„Held der Treue gegenüber Gott und den Gottesgeboten“ wurde Fidelis von Sigmaringen einmal genannt. Schon sein Name Fidelis – der Getreue, Gläubige, Ehrliche – hätte nicht besser gewählt werden können, als der Priester 1612 dem Kapuzinerorden beitrat.

Der Geburtsname von Fidelis lautete Markus Roy. Als Sohn des Bürgermeisters von Sigmaringen wurde er 1577 in dem Hohenzollern-Städtchen geboren. Unter fünf Geschwistern war er der Begabteste und durfte deshalb studieren. An der Universität in Freiburg im Breisgau erwarb er bis zum Jahr 1611 den Doktor beider Rechte sowie der Philosophie. Dazwischen unternahm Markus Roy ausgedehnte Reisen und war in Frankreich als Erzieher adliger Söhne tätig. Von 1611 bis 1612 übte er im Elsaß das Amt des Gerichtsrates aus und hatte unter der Bevölkerung wegen seiner Hilfsbereitschaft und unentgeltlichen Rechtsunterstützung für Bedürftige bald den Namen „Advokat der Armen“.

Das Fidelishaus in Sigmaringen, in dem Fidelis 1577 als Markus Roy zur Welt kam. Fotografie aus dem Jahr 1910.

Doch dann kam die große Umkehr im Leben von Markus Roy. Aus Enttäuschung und Verbitterung über krasse Fehlurteile und Mißwirtschaft im Gerichtswesen schloß der inzwischen berühmte Rechtsanwalt seine Kanzlei. Er empfing die Priesterweihe und trat in Freiburg dem Kapuzinerorden bei. Nach einjährigem Noviziat legte er 1613 das Gelübde als Pater Fidelis ab. „Sei getreu (fidelis) bis zum Tod, und ich will dir die Krone des Lebens geben“, dieses Gotteswort wurde vom Tag der Profeß an für Fidelis von Sigmaringen zum Leitspruch.

Die Wirkungsstätten von Fidelis waren im Laufe der folgenden Jahre die Schweiz, das Elsaß und Vorarlberg. Er wurde zu einem begehrten Beichtvater, als Prediger hatte er schon bald einen großen Ruf. Die Zeiten waren damals nicht einfach. Der Dreißigjährige Krieg brach aus und entzweite Katholiken und Protestanten, die sich

Fidelis von Sigmaringen im Alter von etwa 35 Jahren. Ausschnitt aus einem Gemälde (Schloß Steißlingen bei Stockach).

Fidelis auf der Kanzel. Das Predigen zu jener Zeit war gefährlich: Es herrschte der 30jährige Krieg.

leidenschaftlich bekämpften. Viel Mut erforderte es, sich wie Fidelis auf die Kanzel zu stellen und das Wort Gottes zu verkünden. Nie wußte der Pater, wie ihm die Zuhörer gesonnen waren.

Fidelis von Sigmaringen ahnte schließlich den nahenden Gewalttod voraus. Als ihn sein Vorgesetzter nach Graubünden aussandte, wo die Calvinisten das Wirken des Kapuzinerpaters besonders haßerfüllt beobachteten, unterschrieb er bereits alle seine Briefe mit den Worten: „Bruder Fidelis, in Kürze eine Speise der Würmer". Und so sollte es auch kommen. Als Fidelis am 24. April 1622 in Seewis im Norden von Chur predigte, lauerten ihm calvinistische Bauern auf und erschlugen ihn vor der Kirche. Noch im Augenblick des Todes betete Fidelis zu Gott und pries ihn.

Gebeine von Fidelis, dem ersten Märtyrer des Kapuzinerordens, ruhen bis heute in der Krypta des Domes von Chur, in der Kapuzinerkirche in Feldkirch sowie in der Stuttgarter Fidelis-Kirche. Die Heiligsprechung des Paters erfolgte 1746.

Verehrung/Brauchtum: Aus der Verehrung für den heiligen Fidelis entwickelte sich in der Erzdiözese Freiburg ein Lied zu seinen Ehren: „Oh, Sankt Fidelis, Gottesmann, wir rufen dich verehrend an ..." Das Fidelis-Fest ist seit 1771 bekannt.

Darstellung: Fidelis ist im Kapuzinerhabit dargestellt, meist mit Schwert, Stachelkeule, mit welcher er erschlagen worden sein soll, und mit Palme als Attribute eines Märtyrers. Ein Gemälde in der Pinakothek in Parma zeigt Fidelis zusammen mit Josef von Leonessa; beide zertreten die Häresie.

Maria Euphrasia Pelletier

Ordensgründerin
geboren: 31. Juli 1796 in Noirmoutier, Frankreich
gestorben: 24. April 1868 in Angers, Frankreich

Maria Euphrasia Pelletier, Ordensgründerin und Ordenserneuerin, hieß mit bürgerlichem Namen Rose-Virginie. In Noirmoutier geboren, trat sie 18jährig in Tours den „Barmherzigen Schwestern U.L.F. von der Zuflucht", von Johannes Eudes gegründet, bei. 1825 wurde sie Oberin. In diesem Amt schuf sie die Genossenschaft der Magdalenen, die dem Kloster der Zuflucht angegliedert wurde, jedoch eine eigene Satzung hatte. In dieser Gemeinschaft wollte Maria Euphrasia Büßerinnen die Möglichkeit bieten, nicht nur auf den rechten Lebensweg zurückzufinden, sondern ihr Leben auf die Vollkommenheit hin auszurichten und Heiligen ähnlich zu leben.

Danach reformierte Maria Euphrasia den von Johannes Eudes gegründeten Orden dahingehend, daß sie die der Kongregation angeschlossenen zahlreichen Klöster enger zusammenschloß und sie, der wirkungsvolleren Arbeit wegen, unter die Leitung des Mutterhauses stellte, das sie in Angers errichtet hatte. Der neugestaltete Orden hieß ab 1835

Maria Euphrasia Pelletier, Gründerin der Kongregation der „Schwestern von der heiligen Magdalena" (Magdalenen), ab 1835 „Schwestern vom Guten Hirten" genannt.

„Schwestern U.L.F. von der Liebe des Guten Hirten". Als fünfmalige Oberin führte Maria Euphrasia die Gemeinschaft zu großer Blüte. Bis heute gibt es Häuser in vielen Ländern.

Maria Euphrasia Pelletier starb im Alter von 72 Jahren am 24. April 1868 in Angers, wo sie beigesetzt wurde. Papst Pius XII. sprach die Ordensfrau am 2. Mai 1940 heilig.

Marianus von Regensburg

Mönch, Inkluse
geboren: 11. Jh. in Irland
gestorben: 24. April 1083 (1086?) in Regensburg, Bayern

Der irische Mönch Marianus (Muiredach) kam zuerst nach Bamberg. 1072 zog er nach Regensburg, wo er bald darauf eine Mönchsgemeinschaft begründete.

Darstellung: Marianus wird als Pilger mit Stab dargestellt.

Mellitus

Erzbischof von Canterbury OSB
geboren: 6. Jh.
gestorben: 24. April 624 in Canterbury, England

Darstellung: Mellitus ist abgebildet, wie er betend die Flammen löscht, die eine Stadt bedrohen.

Wilfried (Wilfrith) von York

Bischof OSB
geboren: 634 in Northumbrien, England
gestorben: 24. April 710 in Oundle, England

Nach einer Reise nach Rom, wo Wilfried die benediktinische Regel kennengelernt hatte, kehrte der Adelige nach einem weiteren Aufenthalt in Lyon 660 in seine Heimat Northumbrien zurück. Dort setzte er sich von da an unermüdlich für die Einführung der Klosterregel Benedikts und der römischen Liturgie ein. 664 führte die Kirche Englands die römische Liturgie ein, Wilfried wurde kurz darauf zum Bischof von York ernannt. Er hatte von da an mit vielen Schwierigkeiten zu kämpfen, zog sich schließlich selbst von seinem Amt zurück, nahm den Bischofsstuhl aber wieder ein, wurde dann verhaftet und monatelang gefangengehalten, schließlich des Landes verwiesen, wieder aufgenommen und erneut mit seinem Bistum betraut. Nach weiteren Unruhen lebte Wilfried im Kloster Ripon, wo er 660 zuerst die Benediktinerregel eingeführt hatte. Er starb schließlich im Kloster Oundle. Im Jahr 1124 wurden seine Gebeine nach York überführt.

Verehrung/Brauchtum: Seit der Überführung der Gebeine wird Wilfrieds in Canterbury am 12. Oktober gedacht.

Darstellung: Wilfried ist entweder mit einem toten Mönch dargestellt, den er zum Leben erweckt, oder mit einer Frau, die ihm ihr Kind zum Segnen entgegenhält.

25. April

Bernhard von Tiron

Abt, Gründer OSB
geboren: um 1046 in Abbéville, Frankreich
gestorben: 25. April 1117 in Tiron, Frankreich
Patron der Gefangenen; der Drechsler

Die Kardinalswürde, die ihm der Papst antrug, lehnte der Benediktinermönch und Abt von St-Cyprien in Poitiers ab; lieber lebte Bernhard als Einsiedler und Wanderprediger. 1114 schließlich gründete er im Wald von Tiron in der

Diözese Chartres ein Kloster, aus dem sich später die Benediktiner-Kongregation von Tiron entwickelte. Sie erlebte in kürzester Zeit einen großen Aufschwung, die Klosterschule erlangte Berühmtheit. (Im 17. Jh. schloß sich die Tiron-Kongregation jener der Mauriner an.)

Darstellung: Bernhard wird fast immer mit einem Wolf abgebildet, der ihm der Legende nach ein Kalb, manchmal auch ein Schaf zurückbringt.

Ermin von Lobbes

Bischof von Lobbes
geboren: 7. Jh. in Belgien
gestorben: 25. April 737 in Lobbes, Belgien
1409 Übertragung der Gebeine

Franca

Äbtissin OCist
geboren: um 1173 in Piacenza, Italien
gestorben: 25. April 1218 in Plectoli, Italien
Patronin gegen Augenleiden; gegen Alpträume

Der Benediktinernonne Franca gelang es 1206, zwischen ihrer Heimatstadt Piacenza und Papst Innozenz III. in einem Streit zu vermitteln und Frieden herbeizuführen. Einige Jahre später wechselte die Ordensfrau in das Zisterzienserinnenkloster Montelana, das später nach Plectoli verlegt wurde. Franca leitete das Kloster als Äbtissin und war ihren Schwestern Vorbild im Gebet und in der Abtötung. Franca starb 45jährig in ihrem Kloster in Plectoli. Ihr Kult wurde 1273 bestätigt.

Die Gebeine der Ordensfrau werden in einem Schrein unter dem Hochaltar der Kirche S. Michele in Piacenza aufbewahrt.

Darstellung: Christus krönt die vor ihm kniende Nonne, so wird Franca auf Bildern dargestellt.

Heribald von Auxerre

Bischof von Auxerre
geboren: um 800 in Frankreich
gestorben: um 875 in Auxerre, Frankreich

Hermann von Baden

Markgraf, Mönch OSB
geboren: um 1040 in Freiburg, Baden-Württemberg
gestorben: 25. April 1074 in Cluny, Frankreich

Markus

Evangelist, Märtyrer
geboren: 1. Jh. in Jerusalem(?)
gestorben: um 67 in Alexandria, Ägypten
Patron von Venedig, der Insel Reichenau; der Notare, Bauarbeiter, Maurer, Glaser, Korbmacher, Glasmaler, Schreiber; für gutes Wetter und gute Ernte; gegen Blitz und Hagel; gegen den plötzlichen Tod

Die Markuskirche in Venedig, wer kennt sie nicht? Die heutige Basilika entstand in den Jahren zwischen 1063 und 1073. Der Bau geht zurück auf die Palastkapelle der Dogen, die dem heiligen Theodor geweiht war, und auf die spätere erste Kirche, die gestiftet wurde, als zwei Seefahrer die Reliquien des Evangelisten Markus auf abenteuerlichen Wegen aus Alexandria nach Venedig brachten. Im Jahr 836 wurde diese Kirche geweiht, die Gebeine des Heiligen fanden hier ihre letzte Ruhestätte. Markus wurde zum Schutzpatron der Stadt Venedig ernannt, sein Symbol, der geflügelte Löwe, ist seither das Wahrzeichen der Lagunenstadt.

In der heutigen Markuskirche ist die Markus-Grabstätte Tag für Tag das Ziel vieler Reisender und von Venezianern, die den Schutzpatron der Stadt auch zu ihrem eigenen gemacht haben. Die Gebeine des Heiligen ruhen unter dem Hochaltar im Chor. Ein Baldachin aus Marmor, getragen von skulptierten Alabastersäulen, überwölbt den Altar. Hinter der Grabstätte steht die weltberühmte Pala d'Oro, ein Retabel aus Gold, Silber, Edelsteinen und Perlen, entstanden im Jahr 976 in Konstantinopel. In der Kapelle rechts des Chores erzählen Mosaiken die Geschichte der Markus-Reliquien.

Über das Leben des Evangelisten Markus gibt es unterschiedliche Überlieferungen. Wahrscheinlich war der Verfasser des zweiten Evangeliums ein Sohn jener Maria, in deren Haus in Jerusalem Jesus das letzte Abendmahl gehalten hat, Markus nur der Beiname zu seinem eigentlichen Namen Johannes. Nach dem Tod Jesu Christi begleitete Markus etwa ab

Markus (links) zusammen mit Paulus. Ausschnitt aus einem Gemälde von Albrecht Dürer (16. Jh.), Alte Pinakothek, München. Zahlreiche Künstler, vor allem italienische, haben den Evangelisten Markus gemeinsam mit anderen Heiligen, oft mit einem der anderen Evangelisten dargestellt.

dem Jahr 44 Paulus und Barnabas auf ihrer Reise nach Antiochien, später nach Kleinasien. Als sich Paulus weigerte, Markus auf die zweite Missionsreise mitzunehmen, ging dieser mit Barnabas nach Zypern, wo er das Evangelium verkündete.

Die nächste Lebensstation, die von Markus bekannt ist, ist sein Aufenthalt in Rom, etwa ab dem Jahr 61. Dort schloß er sich eng an Petrus an und versöhnte sich auch wieder mit dem ebenfalls dort weilenden Paulus. Hier schrieb Markus dann sein Evangelium, in das er auch die Predigt von Petrus hineinarbeitete. Nach dem Tod des von ihm sehr verehrten Petrus um das Jahr 65 zog Markus nach Alexandrien, gründete die dortige Kirche und wurde deren erster Bischof.

Christenfeindliche Einwohner überfielen den Evangelisten eines Tages vor dem Altar und schleiften ihn, so die Legende, mit einem Seil um den Hals zu Tode. Dies soll um 67 gewesen sein. Rund 750 Jahre später kamen die Reliquien von Markus dann nach Venedig. Im Jahr 830 erhielt Abt Erlebald von der Reichenau vom Bischof von Verona in einem feierlichen Akt eine Markus-Reliquie für sein Kloster, die heute in einem kostbaren Schrein aus dem 14. Jh. in der Schatzkammer des Marien-Markus-Münsters aufbewahrt wird.

Markus wird von zahlreichen Berufsgruppen als Patron angerufen. Die Maurer erwählten ihn zu ihrem Schutzheiligen, weil nach der Legende beim Bau der Markuskirche ein Maurer vom Gerüst gefallen und nach einem Gebet zum heiligen Markus unverletzt geblieben ist.

Verehrung/Brauchtum: Die Insel Reichenau gedenkt ihres Patrones in unregelmäßigen Abständen mit einem Markusfest. Unter anderem findet dabei eine Prozession über die Insel

Eine der schönsten Darstellungen des Evangelisten Markus ist das Gemälde „Die Errettung des Sklaven vor dem Martyrium durch den heiligen Markus“ von Tintoretto (1548, Accademia, Venedig). Markus stürmt vom Himmel herunter und sprengt den Ring der Folterknechte und Schaulustigen, die um den am Boden liegenden Gefangenen herumstehen; die Folter- und Tötungsgeräte werden daraufhin plötzlich stumpf und zerbersten.

„Die wundersame Auffindung des Leichnams des heiligen Evangelisten Markus in einem Pilaster der Basilika S. Marco." Ausschnitt aus dem „Pala feriale" von Paolo Veneziano. Das Werk des italienischen Künstlers stammt aus dem Jahr 1345 und befindet sich heute im Museo Marciano in Venedig, unweit des Markusdomes.

statt. Bei den Bauern gilt Markus als Wetterherr, der Markustag ist ein Lostag für das Wetter. Die Bittprozession über die Felder am 25. April hat in ihrem Ursprung nichts mit Markus zu tun, sondern geht auf ein heidnisches Fest zurück.

In Venedig wird das Markusfest am 25. Juni gefeiert; die Griechen gedenken des Evangelisten am 11. Januar, die Kopten am 26. März.

Darstellung: Markus wird fast immer dargestellt, wie er, vor einem Buch sitzend, mit einer Feder schreibt; meist hat er einen Löwen bei sich. Oft sieht man ihn auch mit den drei anderen Evangelisten zusammen abgebildet. Zahlreiche Darstellungen gibt es auch von seinem Martyrium und von der Übertragung seiner Gebeine. So hielt etwa Tintoretto im 16. Jh. die Entführung der Gebeine (Pinacoteca di Brera, Mailand) und seine Bestattung nach seinem Martertod (Galleria dell'Accademia, Venedig) fest. Zusammen mit anderen Heiligen ist Markus auf einem Gemälde von Giovanni Martine (16. Jh.) im Dom von Udine zu sehen. Vor allem die großen italienischen Maler haben sich immer wieder der Gestalt des Markus angenommen; in unzähligen Kirchen Italiens und in vielen Museen kann man Darstellungen des Evangelisten bewundern.

26. April

Anakletus I. (Kletus)

Papst (76 bis 88), Märtyrer
geboren: 1. Jh. in Rom, Italien
gestorben: 88 in Rom

Paschasius Ratbertus (Ratbert)

Abt von Corbie,
theologischer Schriftsteller OSB
geboren: um 790 bei Soissons, Frankreich
gestorben: um 859 in Corbie, Frankreich
1059 Erhebung der Gebeine

Petrus de Betancur

Ordensgründer
geboren: 21. März 1626 auf Teneriffa, Spanien
gestorben: 26. April 1667 in Guatemala

Der Orden der Bethlehemiten ist die Gründung von Petrus de Betancur. Der Spanier war in missionarischem Gedanken nach Guatemala gekommen, wo er in seinem Haus Kinder unterrichtete und mit der Zeit auch immer mehr Kranke pflegte. Aufgrund der Unterstützung, die er von der Kirche und der Regierung erhielt, konnte Petrus de Betancur schließlich ein größeres Spital errichten. Beim Bau half er mit eigenen Händen mit. Im Laufe der Jahre erwarb er zwei weitere Spitäler in der Stadt Guatemala und errichtete eine Kirche und eine Schule. Aus all diesen Gründungen entwickelte sich die Gemeinschaft der Bethlehemiten (Belemitas). Die Mitglieder lebten nach der 3. Regel von Franz von Assisi. Papst Clemens X. erteilte den Brüdern 1672 die päpstliche Bestätigung. Die spanischen Cortes hoben den Orden aber 1820 wieder auf, ebenso den 1688 gegründeten weiblichen Zweig. Papst Johannes Paul II. sprach Petrus de Betancur am 22. Juni 1980 selig.

Richarius (Riquier)

Priester, Einsiedler
geboren: 6. Jh. in Centula, heute St-Riquier, Frankreich
gestorben: 26. April 645 in Riquier

Über dem Grab des Priesters und Einsiedlers Richarius entstand eine berühmte Abtei, die später nach ihm St-Riquier genannt wurde. Auch die Stadt in der Picardie heißt bis heute Riquier.

Trudpert

Missionar, Märtyrer
geboren: 6. Jh. in Irland/Schottland
gestorben: 607 im Münstertal bei Freiburg, Baden-Württemberg

Im stillen Münstertal in Baden, nicht weit von Freiburg im Breisgau entfernt, steht die mächtige Benediktinerabtei St. Trudpert. Sie wurde über dem Grab von Trudpert errichtet, der hier in der Abgeschiedenheit als Glaubensbote gewirkt hat. Die neu errichtete Klosterkirche, in der die Gebeine des Missionars bis heute verehrt werden, ist das Ziel vor allem vieler Wanderer, die hier nach ihrem Weg durch die Schwarzwald-Landschaft ein wenig zur Ruhe kommen und sich besinnen wollen.

Trudpert gehörte wahrscheinlich zu den vielen irischen und schottischen Missionaren, die im 6. und im 7. Jh. auf den Kontinent kamen, um das Wort Gottes zu verkünden. Trudpert erwählte sich um 604 das Münstertal zu seinem Sitz und bekam hier von einem Adligen namens Othbert ein Stückchen Land geschenkt, worauf er sich ein Kirchlein erbaute. Doch Trudpert konnte nur drei Jahre als Missionar wirken. Bereits im Jahr 607 wurde er von zwei neidischen Knechten mit der Axt erschlagen. Die Stelle des Martyriums lag einige Meter von Trudperts Kirche entfernt. Heute erhebt sich über diesem Ort, etwa 100 Meter ostwärts vom großen Kirchenbau, die Trudpertskapelle, ein kreuzförmiger Bau mit einer achteckigen Vierungskuppel und spitzem Zeltdach. Links vom Portal geht es hinunter zur Trudpert-Quelle.

Darstellung: Trudpert wird in Einsiedlertracht mit Beil und Rosenkranz abgebildet. Viele Darstellungen gibt es im Raum Breisgau, dem Wirkungsbereich von Trudpert.

27. April

Anastasius I.

Papst (399 bis 401)
geboren: 4. Jh. in Rom, Italien
gestorben: 19. Dezember 401 in Rom

Ozana von Cattaro

Reklusin, Mystikerin OP
geboren: 25. November 1493 in Relezi, Montenegro
gestorben: 27. April 1565 in Kotor, Montenegro
21. Dezember 1927 Bestätigung des Kultes

Portal der Klosterkirche St. Trudpert im badischen Münstertal. Das Gotteshaus wurde über der Grabstätte des Glaubensboten Trudpert errichtet, der hier gewirkt hat.

Petrus Armengol

Mönch OdeMerc
geboren: 1238 bei Tarragona, Spanien
gestorben: 27. April 1304 in Spanien

Als er etwa 20 Jahre alt war, trat im Leben des bis dahin eitlen, hochmütigen und neben dem Gesetz lebenden Petrus Armengol eine Wende ein. Er sah ein, ein falsches Leben geführt zu haben und trat bald darauf dem Mercedarierorden bei. Zuerst büßte Petrus mehrere Jahre im Kloster, dann ging er nach Algerien. Dort kaufte er in der Folgezeit gefangene Kinder frei und gab sich zuletzt sogar als Geißel für jene, die er nicht freibekam. Wegen seines christlichen Glaubens wurde Petrus schließlich zum Tod durch den Strang verurteilt und gehängt. Die Überlieferung berichtet, daß Petrus Armengol jedoch in letzter Sekunde von seinem Bruder vom Strang gerettet worden sei. Nach seiner Rückkehr in die spanische Heimat führte Petrus bis zu seinem Tod ein Büßerleben. Sein Kult wurde 1686 approbiert.

Petrus Kanisius

Mönch, Priester, Kirchenlehrer SJ
geboren: 8. Mai 1521 in Nimwegen, Niederlande
gestorben: 21. Dezember 1597 in Fribourg, Schweiz

Patron der Bistümer Innsbruck und Brixen; der katholischen Schulorganisation in Deutschland (seit 1921)

Die Heiligsprechung von Petrus Kanisius und seine Ernennung zum Kirchenlehrer erfolgten am selben Tag, am 21. Mai 1925, durch Papst Pius XI. „Zweiter Apostel Deutschlands nach Bonifatius“ hatte einige Jahre zuvor Papst Leo XIII. den großen Prediger, Schriftsteller und Erneuerer der katholischen Kirche in Deutschland genannt. Der Sohn des Bürgermeisters von Nimwegen im damals zum deutschen Reich gehörenden Herzogtum Geldern war der erste Deutsche gewesen, der dem Jesuitenorden beitrat (1543). Die

Petrus Kanisius als Verfasser des dreifachen Katechismus (Canisi), der allein bis zum Tod des Jesuiten 200 Auflagen erlebte. Nach einem Gemälde von Martin Coronas SJ (Jesuiten-Tertiat, Manresa).

Kirchenlehrer Petrus Kanisius. Nach einem Kupferstich von Dominikus Custos (um 1600).

erste Niederlassung der Gesellschaft Jesu in Köln wurde von ihm mitbegründet und aufgebaut. Der Orden des Ignatius von Loyola wurde für Petrus Kanisius zum Mittelpunkt seines Lebens, hier fand der gelehrte Philosophie-Doktor Wissenschaft und apostolische Tätigkeit harmonisch vereint.

Unermüdlich wirkte Petrus Kanisius nach dem Ablegen der Profeß im Jahr 1549 – als achter Jesuit überhaupt – für den Erhalt und die Erneuerung des katholischen Glaubens. Er predigte und wirkte seelsorgerisch außer in Deutschland auch in der Schweiz, in Österreich und in Böhmen. Er war päpstlicher Theologe beim Konzil von Trient, Universitätsrektor und Theologieprofessor in Ingolstadt, Domprediger in Wien, lehrte in Messina auf Sizilien, wirkte in Augsburg, Prag, München und Innsbruck. Dreimal wurde ihm die Bischofswürde von Wien angetragen, dreimal lehnte er ab, um seinen Weg, den er sich selbst vorgegeben hatte, weiter gehen zu können.

Petrus Kanisius, der den Jesuitenorden weiter ausbaute und ihm neue Impulse gab, war der Kirchenpolitiker seiner Zeit schlechthin. Es gab keinen führenden Katholiken, mit dem er nicht in Verbindung stand. An allen großen kirchenpolitischen Verhandlungen und Entscheidungen war der angesehene Theologe maßgeblich beteiligt. Die Päpste achteten und schätzten ihn, sein Orden hatte in ihm einen der treuesten Mitbrüder überhaupt. Berühmt wurden die Schriften und Bücher von Petrus Kanisius. Das bekannteste Werk ist der dreifache Katechismus (Canisi), der allein bis zum Tod von Kanisius 200 Auflagen erlebte. Dabei handelt es sich um je einen Katechismus für Kinder, Mittelschüler und Studenten.

Nach Auseinandersetzungen mit Paul Hoffaeus, seinem Nachfolger als Ordensprovinzial, wurde Petrus Kanisius 1580 nach Fribourg in der Schweiz versetzt, wo er das heutige

St. Michael-Kolleg gründete. Im Alter von 76 Jahren starb er hier am 21. Dezember 1597 und wurde unter dem Hochaltar der Kirche St. Michael beigesetzt.

Darstellung: Auf Darstellungen wird Petrus Kanisius in Jesuitentracht abgebildet, seine Attribute sind Schädel, Kruzifix, Katechismus oder/und Feder. Bei Statuen sieht man Petrus Kanisius oft sitzend, den Katechismus erklärend. Verschiedene Darstellungen sind in der Jesuitenkirche St. Michael im schweizerischen Fribourg, dem Begräbnisort von Petrus, zu sehen.

Tutilo von St. Gallen

Mönch OSB
geboren: um 850
gestorben: 27. April um 912 in St. Gallen, Schweiz

Zita

Magd
geboren: um 1212 in Monsagrati, Italien
gestorben: 27. April 1272 in Lucca, Italien
Patronin der Hausangestellten, Haushälterinnen und Dienstboten

In der Kirche S. Frediano in der toskanischen Stadt Lucca ruht der unversehrte Leib der Zita von Monsagrati. In der dreischiffigen Basilika, in der auch Frigidian und Richard von Wessex beigesetzt sind, hat Zita ihre letzte Ruhestätte gefunden, nachdem sie fast 50 Jahre lang in größter Demut als Dienstmagd im Haus der Familie Fatinelli gedient hatte. Das Gebäude wird heute noch in Lucca gezeigt.

Mit zwölf Jahren war die um 1212 in Monsagrati bei Lucca geborene Tochter einer armen Landarbeiterfamilie in das vornehme Haus Fatinelli in Lucca gekommen und hatte vom ersten Tag an unter unerträglichen Bedingungen zu leiden. Die Kinder des Hauses hänselten sie, die Herrin war herrschsüchtig, der Familienvater jähzornig und grob. Durch ihre Liebenswürdigkeit und ihre Sanftmut aber gelang es Zita im Laufe der Jahre, die ganze Familie für sich zu gewinnen. Die härtesten Schläge hatte sie hingenommen, weil sie in ihrem festen Glauben sicher war, daß Gott diese Prüfungen für sie ausersehen hatte.

Am 27. April 1272 starb Zita, betrauert von der Familie Fatinelli und vielen Menschen, die das tugendhafte Leben der Dienstmagd bewundert hatten. Papst Innozenz XII. bestätigte 1696 den Kult Zitas. Neben Notburga wird Zita vor allem in Italien bis heute als Patronin der Dienstboten, Haushälterinnen und Hausangestellten verehrt.

Darstellung: Die Dienstmagd Zita wird in einfacher Kleidung abgebildet; fast immer hat sie einen Schlüsselbund bei sich, manchmal auch drei Brotlaibe oder Blumen, die sich in Brot verwandeln oder auch ein Gebetbuch.

Zita hängt den Pelzmantel, den sie von ihrem Herrn geliehen hatte, einem frierenden Bettler für die Dauer eines Gottesdienstes um. Nach der Messe war der Mann verschwunden. Stunden später kehrte er zurück, brachte Zita den Mantel und gab sich, so erzählt es die Legende, als Jesus Christus zu erkennen.

28. April

Adalbero von Augsburg

Bischof von Augsburg
geboren: 9. Jh. in Dillingen, Bayern
gestorben: 28. April 909 in Augsburg, Bayern

Adaldag

Bischof
geboren: um 900 in Sachsen
gestorben: 28. (29.?) April 988 in Hamburg(?)

Adaldag, seit 937 Bischof von Bremen-Hamburg, gründete die Bistümer Schleswig, Ribe, Aarhus, Odense und Oldenburg.

Gerfried von St-Maur

Mönch, Einsiedler OSB
geboren: 8. Jh. in Frankreich
gestorben: 9. Jh. in St-Maur, Frankreich

Hugo von Cluny

Abt OSB
geboren: 1024 in Frankreich
gestorben: 28. April 1109 in Cluny, Frankreich
Patron gegen Fieber

Hugo, 1024 als Sohn eines Grafen in Burgund geboren, trat bereits mit 15 Jahren in das berühmte Benediktinerkloster Cluny in der Nähe von Mâcon ein. Die Abtei Cluny war im 11. und im 12. Jh. das Zentrum der Kirche. „Mutter der westlichen Zivilisation" nannte Viollet-le-Duc das Kloster. Der Ruhm der Abtei verbreitete sich in alle Welt.

Hugo empfing 1044 die Priesterweihe, wurde Prior und 1049 schließlich sechster Abt von Cluny. Er folgte Odilo, der die cluniazensische Reformidee ausgebaut und ihr zu weiterem Ansehen verholfen hatte. Hugo, der hochgebildete, warmherzige, gegen sich selbst aber strenge Abt, sollte 60 Jahre an der Spitze von Cluny stehen. Er erlebte neun Päpste, denen er allen Vertrauter war. Auch mit den Königen seiner Zeit verbanden ihn Freundschaft und gegenseitige Achtung. Hugo gilt als überragende Persönlichkeit seines Jahrhunderts. Er führte die Abtei von Cluny auf ihren absoluten Höhepunkt. Unter ihm konnte sich die cluniazensische Mönchsidee sogar in England ausbreiten.

Ein Denkmal setzte sich Hugo mit dem Bau einer gewaltigen, fünfschiffigen Basilika bei der Abtei von Cluny, die mit 187 Metern damals die längste Kirche der Welt war. Das in seiner Art unvergleichliche Gotteshaus wurde während der Französischen Revolution zerstört. Heute kann der Besucher in Cluny nur noch die Grundmauern besichtigen, aber selbst diese Überreste sind beeindruckend. Die noch vorhandene Bausubstanz repräsentiert etwa den zehnten Teil des ursprünglichen Baues. Überragt werden die Mauerreste sowie der ganze Ort Cluny von einem mächtigen Glockenturm. Das Kloster, das ebenfalls zerstört worden ist, wurde im 18. Jh. wieder aufgebaut. Das Musée Ochier im Ort bewahrt wertvolle Zeugnisse aus der großen Zeit von Cluny auf.

Abt Hugo starb am 28. April 1109 und wurde auf dem Hochaltar seiner Basilika in Cluny beigesetzt. Bei der Zerstörung der Kirche wurden auch die Reliquien vernichtet, nur ein Arm Hugos wird bis heute in Marcigny verehrt. Die Kanonisation Hugos erfolgte 1121.

Verehrung/Brauchtum: Die Verehrung für Hugo von Cluny ist vor allem im Benediktinerorden und in der Diözese Autun verbreitet.

Darstellung: Hugo wird in Abtskleidung, in Kasel (Meßgewand) und mit Buch abgebildet.

Ludwig Maria Grignion de Montfort

Ordensgründer SMM
geboren: 31. Januar 1673 in Montfort-sur-Meu, Frankreich
gestorben: 28. April 1716 in St-Laurent-sur-Sévre, Frankreich

„Der gütige Pater von Montfort" wurde Ludwig Maria Grignion wegen seiner unermüdlichen Missionierungsarbeit genannt. Noch heute gedenken die Mitglieder der von ihm ins Leben gerufenen Gemeinschaften seiner in Ehrfurcht. Papst Pius XII. sprach den Ordensgründer am 20. Juli 1947 heilig.

Auf Ludwig Maria Grignion, der in Montfort-sur-Meu zur Welt gekommen war und im Jahr 1700 die Priesterweihe empfing, gehen die Montfortaner („Gesellschaft Mariens") und die „Töchter der Weisheit" zurück. Die Montfortschwestern, wie die Mitglieder der weiblichen Gemeinschaft auch genannt werden, gründete Grignion 1715 für die Krankenpflege und den Schulunterricht, vor allem bei den Armen. Die

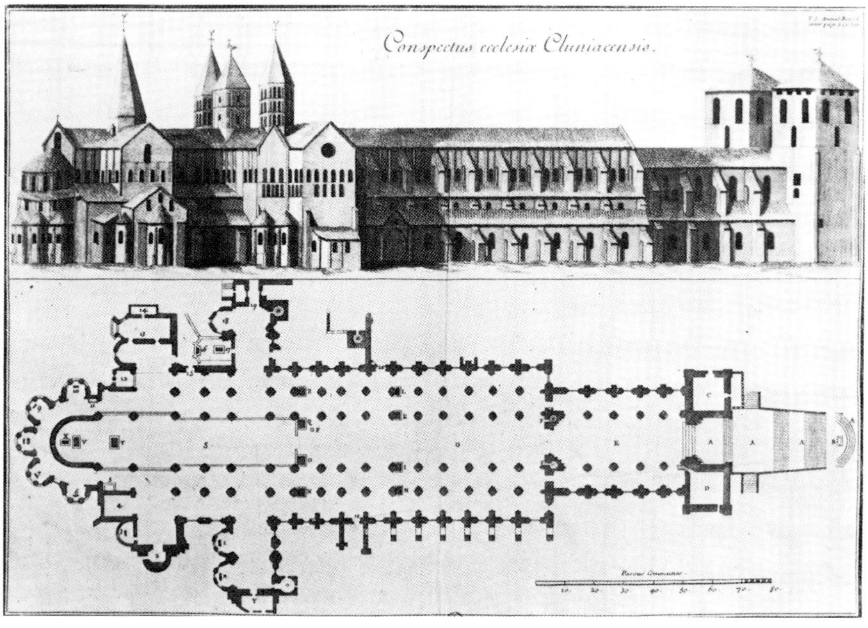

Cluny. Die dritte Kirche der berühmten Abtei wurde Ende des 11. Jh. erbaut, im 19. Jh. aber größtenteils zerstört. Nur der Petersdom in Rom war in seinen Ausmaßen größer als die Kathedrale von Cluny.

Ludwig Maria Grignion, der „gütige Pater von Montfort", wie er vom Volk genannt wurde. Nach einem alten Stich.

Schwesternkongregation zählt heute weltweit etwa 4500 Mitglieder. Die Schwestern engagieren sich auch in Elendsvierteln sowie in der Behindertenversorgung.

Die Priester und Laienbrüder, die Ludwig Maria Grignion während seiner eigenen Missionsarbeit für eine Gemeinschaft hatte gewinnen können, schlossen sich erst einige Jahre nach seinem Tod zu der „Montfortanischen Gesellschaft Mariens", SMM, zusammen, kurz Montfortaner genannt. Derzeit sind etwa 1400 von ihnen in der ganzen Welt apostolisch tätig: in Elendsvierteln Südamerikas, bei den Indianern im Amazonasgebiet, auf Haiti, in Afrika und in Indien. Unter dem Einfluß montfortanischer Inspiration entstand schließlich auch die Kongregation der „Brüder vom heiligen Gabriel", die sich der Erziehung widmet.

Peter Chanel

Missionar, Märtyrer SM
geboren: 12. Juli 1803 in Potière, Frankreich
gestorben: 28. April 1841 auf den Fidschi-Inseln

Peter Chanel ist der erste Märtyrer Ozeaniens. Er verlor sein Leben am 28. April 1841 auf der Insel Futuna, einer der Fidschi-Inseln, durch die Hand gedungener Mörder. Vier Jahre lang hatte Peter Chanel auf dem Eiland alle Höhen und Tiefen durchlebt, die das Leben eines Missionars in einer ihm völlig fremden Welt mit sich bringen kann.

Der gebürtige Franzose war 1837 im Alter von 34 Jahren in die Südsee gekommen, nachdem er sich zuvor der Priesterkongregation der Maristen angeschlossen hatte. Versuche, auf den Inseln Tahiti und Tonga zu missionieren, wurden von evangelischen Predigern vereitelt. Auf der Insel Futuna, wo man noch nie etwas von Jesus Christus gehört hatte, wurde Chanel dann zwar aufgenommen, lange Zeit aber nur geduldet. Als die Eingeborenen aber merkten, daß ihnen der Fremde wohlgesonnen war, wurden sie zutraulicher und nannten Peter Chanel bald „den Mann mit dem besten Herzen".

Doch so leidenschaftlich Chanel das Wort Gottes auch verkündete, die Zahl derer, die sich taufen ließen, blieb gering. Die Neugetauften hatten nämlich unter den Angriffen ihrer Mitbewohner schwer zu leiden. Als sich dann der Sohn von Häuptling Niuliki von Peter Chanel taufen ließ, war dies das Todesurteil für den Missionar aus Frankreich. Niuliki ließ Peter Chanel ermorden, konnte dadurch aber die Saat, die der Prie-

Peter Chanel, der erste Märtyrer Ozeaniens. Der Missionar war 1841 auf einer der Fidschi-Inseln ermordet worden, nachdem er den Sohn des Häuptlings getauft hatte.

ster gesät hatte, nicht mehr vernichten. Bereits wenige Jahre nach dem Tod des Missionars war die ganze Insel katholisch. Ozeanien ist heute christlich und entsendet auch Vertreter zur Papstwahl in Rom. Pius XII. sprach Peter Chanel am 13. Juni 1954 heilig.

29. April

Katharina von Siena

Nonne, Mystikerin, Kirchenlehrerin OP
geboren: 1347 in Siena, Italien
gestorben: 29. April 1380 (1378?) in Rom, Italien
Schutzpatronin Europas (seit 1999)
Patronin von Italien (seit 1939);
2. Patronin von Rom (seit 1866); der Wäscherinnen; gegen Kopfschmerzen; gegen die Pest; der Sterbenden; der Dominikaner-Terziarinnen

Katharina von Siena. Nach einem Fresko in der Basilika S. Domenico in Siena. Die Darstellung entstand zu Lebzeiten der Mystikerin (um 1375) und stammt von Andrea Vanni.

Sie war klein von Gestalt, aber groß von Geist und Würde. „Die größte Frau des Christentums", so nennen die Italiener Katharina von Siena, die mit bürgerlichem Namen Benincasa hieß. Eine der wichtigsten Frauen der Kirchengeschichte ist sie ganz sicher, eine außergewöhnliche Erscheinung, von der der Gelehrte Franz Xaver Kraus sagte: „Diese Frau und ihr Leben sind eines der größten Wunder der Geschichte, auch für den, der an Wunder nicht glaubt." Katharina ist die Hauptpatronin Italiens, die zweite Patronin von Rom und die Schutzheilige der Dominikaner-Terziarinnen.

Nachdem er sieben Tage zuvor schon die große Mystikerin Theresia von Ávila erhoben hatte, ernannte Papst Paul VI. am 4. Oktober 1970 auch Katharina von Siena zur Kirchenlehrerin. Den Titel tragen bis heute nur diese beiden Frauen. Papst Pius II. hatte Katharina bereits 1461, rund 80 Jahre nach ihrem Tod, heiliggesprochen.

Katharina erblickte 1347 als 24. Kind der Färberfamilie Benincasa in Siena das Licht der Welt. Es war eine Zeit, in der die Glaubensbegeisterung, die in den Jahrhunderten zuvor geherrscht hatte, immer mehr nachließ. Die Macht der Päpste und vor allem ihr Ansehen waren gebrochen. Die Nachfolger Petri hatten ihren Sitz nach Avignon in Südfrankreich verlegt und waren dort in die Abhängigkeit von den französischen Königen geraten. In Italien schwelten überall Zwistigkeiten, Städte bekämpften sich gegenseitig – vor allem in der Toskana, der Heimat Katharinas –, der Adel unterdrückte das Volk und beutete es aus. In dieser unruhigen Zeit verlebte Katharina ihre Kindheit. Ihr Geburtshaus ist noch heute in der Via S. Caterina zugänglich. Das Gebäude ist jetzt eine Gebetsstätte; im Untergeschoß befinden sich der Wohnraum der Heiligen mit Reliquien, in einer der beiden Kapellen im Obergeschoß das Kruzifix, vor dem sie Visionen hatte und am 1. April 1375 die Wundmale Christi (Stigmata) empfing.

Im Alter von zwölf Jahren sollte Katharina auf Wunsch ihrer Eltern heiraten. Sie lehnte dies jedoch ab und mußte daraufhin von den enttäuschten Eltern viel erleiden. Als ihr Gesicht dann noch durch eine Pockenkrankheit entstellt wurde, lebte Katharina fortan völlig zurückgezogen in der häuslichen Abgeschiedenheit, ganz der Arbeit im elterlichen Betrieb zugetan. Mit 18 Jahren trat Katharina Benincasa den Dominikaner-Terziarinnen von Siena bei. Aufopfernd pflegte sie in den folgenden Jahren Kranke und Sterbende. 1374 ging sie nach Pisa und kümmerte sich um die Opfer einer verheerenden Pestepidemie. Dabei steckte sie sich selbst an, was sie aber nicht vom weiteren Dienst für die Kranken abhalten konnte.

Im Laufe der Jahre wurde Katharina, obwohl noch jung an Jahren, zur begehrten Ratgeberin von Fürsten und Persönlichkeiten der Kirche. Ihr gelang es, Papst Gregor XI. aus Avignon nach Rom zurückzuholen. Als 1378 das Abendländische Schisma ausbrach, stellte sich Katharina auf die Seite des rechtmäßigen Papstes Urban VI. und forderte laut dessen Anerkennung. Auf seinen Wunsch hin zog sie nach Rom, wo sie sich bis an ihr Lebensende für die Einheit der Kirche aufarbeitete.

Doch Katharina war nicht überall geschätzt. Immer wieder wurde sie verleumdet, oft mußte sie sich wegen ihres Verhaltens rechtfertigen. Ein Beispiel: Einem frierenden Bettler gab sie ihren Ordensmantel, damit er sich wärmen konnte. Doch zu jener Zeit war es für eine ehrbare Frau unschicklich, ohne Mantel auf die Straße zu gehen. Als sie deswegen kritisiert wurde, antwortete Katharina ruhig: „Ich will mich lieber ohne Mantel als ohne Liebe finden lassen." Zum Tod Verurteilten stand sie bei der Hinrichtung so lange bei, daß sie oft sogar vom Blut der Hingerichteten gezeichnet war.

Katharina von Siena, die die empfangenen Wundmale bis zu ihrem Tod verborgen hielt, starb am 29. April 1380 im Alter von 33 Jahren. Die letzten Jahre ihres Lebens hatte sie nur noch von der Eucharistie gelebt. In der Stunde ihres Todes sprach sie die Worte: „Seid überzeugt, daß die einzige Ursache meines Todes die Glut für die Kirche ist, die mich verzehrt."

Ihre letzte Ruhestätte fand die große, unvergessene Persönlichkeit der Christenheit in der Dominikanerkirche S. Maria sopra Minerva in Rom, unmittelbar beim Pantheon, wo ihr Leib bis heute unversehrt in einem Glasschrein in der Mensa des Hauptaltares ruht. Von der Sakristei aus gelangt man in das Sterbezimmer Katharinas. In der Kirche S. Domenico in Siena, in der Katharina einst ihre religiösen Ekstasen erlebte, wird in der Cappella S. Caterina in einem Marmor-Ziborium das Haupt der Heiligen aufbewahrt. Bemerkenswert ist in der dortigen Cappella delle Volte ein Bildnis Katharinas, gemalt von Andrea Vanni. Es handelt sich dabei um das einzige authentische Abbild der Heiligen.

Katharina von Siena hinterließ 381 Briefe, die sie alle Berufsschreibern diktiert hatte, da sie selbst nie das Schreiben gelernt hatte. Die Briefe gelten bis heute als klassische Literatur. Die Schriften Katharinas sind Zeugnisse mystischer Theologie.

Verehrung/Brauchtum: Katharina von Siena gehört in Italien zu den meistverehrten Heiligen überhaupt. Ihr Kult ist besonders groß in Siena, Venedig und Rom.

Darstellung: Gemäß der großen Verehrung, die Katharina immer genoß, sind auch die Darstellungen der Heiligen vielfältig. Abgebildet wird Katharina in der Tracht der Dominikaner-Terziarinnen (langes weißes

„Ekstase der heiligen Katharina." Nach einem Gemälde von Giovanni Antonio Sodoma (16. Jh.), das sich in der Kirche S. Domenico in Siena befindet.

Schrein mit dem Leichnam der heiligen Katharina von Siena unter dem Hauptaltar in der Kirche S. Maria sopra Minerva in Rom.

Unten: Das Haupt von Katharina in einem Marmorschrein von Giovanni di Stefano (15. Jh.) in S. Domenico in Siena. Inzwischen übergab der Papst auch das Haupt an die Kirche S. Maria Sopra Minerva in Rom.

Kleid mit dunklem Mantel); so zeigt sie auch die Grabstatue (1450) von Isaia da Pisa in der Kirche S. Maria sopra Minerva in Rom. In der Hand hält die Kirchenlehrerin oft ein Herz, eine Lilie, ein Kreuz oder ein Buch; so malte sie der berühmte Fra Angelico in S. Marco in Florenz mit einem Herzen (um 1430). Tiépolo stellte Katharina mit einer Dornenkrone dar (Wien, Kunsthistorisches Museum). Oft wird die Fürsorgerin auch mit Pestkranken dargestellt, so auf einem Altargemälde im Dominikanerinnenkloster St. Josef in Dießen am Ammersee.

Robert von Brügge

Abt OCist
geboren: 11. Jh. in Brügge, Belgien
gestorben: 29. April 1157 in Clairvaux, Frankreich

Robert von Brügge war ein Gefährte von Bernhard von Clairvaux, dem zweiten Stifter des Zisterzienserordens. Nach dem Tod Bernhards im Jahr 1153 wurde Robert dessen Nachfolger als Abt des Klosters Clairvaux.

Robert von Molesme (von Cîteaux)

Ordensgründer OSB/OCist
geboren: um 1027 in Frankreich
gestorben: 1111 in Molesme, Frankreich

Robert von Molesme gilt als Mitbegründer des Zisterzienserordens. Es heißt, er habe für den Aufbau des Klosters Cîteaux gesorgt und sei der erste Abt gewesen. Alberich, der zweite Abt, habe sich um den inneren Aufbau bemüht, und Stephan Harding, dritter Abt von Cîteaux, habe die Gründung des neuen Ordenszweiges des Benediktinerordens durch eine Gesetzgebung vollendet. Aller drei Gründer wird gemeinsam auch am 26. Januar gedacht. Roberts Beteiligung an der Gründung von Cîteaux ist allerdings nicht ganz unumstritten; es gibt inzwischen auch Stimmen, die sagen, er habe nicht mitgewirkt und sei auch nicht in der ältesten Abtsliste aufgeführt.

Zur Vita: Robert von Molesme, der 1044 Benediktiner geworden war, hatte vor seiner Beteiligung an der Gründung von Cîteaux als Oberer in mehreren Klöstern gewirkt, so in St-Michel-de-Tonnere, in Molesme und in St-Ayoul. Am 21. März 1098 soll er dann gemeinsam mit Alberich das Kloster Cîteaux (Cistercium in der Diözese Dijon) gegründet haben, das Stammkloster der Zisterzienser. Später kehrte Robert wieder in das ebenfalls von ihm gegründete Kloster in Molesme zurück und blieb dort bis zu seinem Tod im Jahr 1111.

Darstellung: Robert von Molesme wird im schwarzen Ordenskleid der Benediktiner mit Stab und Buch abgebildet. Manchmal sieht man ihn auch im weißen Habit der Zisterzienser. Oft hält Robert Modelle der von ihm gegründeten Klöster.

Roswitha

Äbtissin von Liesborn
geboren: 8. Jh.
gestorben: 9. Jh. in Liesborn, Nordrhein-Westfalen

30. April

Erkonwald

Bischof von London OSB
geboren: 7. Jh. in England
gestorben: 30. April 693 in London, England

Haimo von Landecop

Mönch OCist
geboren: um 1100 in Landecop, Frankreich
gestorben: 30. April 1173 in Savigny, Frankreich

Hildegard

Kaiserin, Stifterin
geboren: um 760
gestorben: 30. April 783
Patronin der Kranken

Hildegard war die zweite Ehefrau von Karl dem Großen. In die Geschichte ging sie darüber hinaus als Stifterin der Abtei Kempten und als Förderin des Klosters Reichenau ein.

Darstellung: Hildegard ist fast immer als Kaiserin mit Zepter und Krone dargestellt; oft wirkt sie als Wohltäterin. Auch gemeinsam mit ihrem Ehemann Karl dem Großen wurde Hildegard abgebildet, so auf einem Deckengemälde (1663) in der Kemptener Stiftskirche.

Hulda (Hilda, Othildis)

Nonne
geboren: 5. Jh. in Frankreich
gestorben: 5. Jh. in Troyes, Frankreich
Patronin gegen Dürre und Überschwemmung

Josef Benedikt Cottolengo

Priester, Gründer
geboren: 3. Mai 1786 in Brà, Italien
gestorben: 30. April 1842 in Chieri, Italien

Josef Benedikt Cottolengo widmete fast sein ganzes Leben Werken der Nächstenliebe. Im Jahr 1828 gründete der Priester und Kanoniker in Turin ein Haus für Kranke, Arme und Hilflose, aus dem sich in der Folge ein Krankenhaus entwickelte, das heute über rund 2000 Betten verfügt. Darüber hinaus rief Josef Benedikt Cottolengo mehrere karitative Gemeinschaften ins Leben, die sich ebenfalls der Sorge um die Ärmsten der Gesellschaft annahmen.

Die große Leistung des Caritasapostels erfuhr ihre Würdigung: Josef Benedikt Cottolengo wurde am 19. März 1934 von Papst Pius XI. feierlich heiliggesprochen.

Josef Benedikt Cottolengo als Kanonikus. Lithografie von F. Perrin.

Pauline von Mallinckrodt, die „Mutter der Blinden", gründete 1849 die Kongregation der „Schwestern der Christlichen Liebe".

Pauline von Mallinckrodt

Ordensgründerin SCC
geboren: 3. Juni 1817 in Minden, Nordrhein-Westfalen
gestorben: 30. April 1881 in Paderborn, Nordrhein-Westfalen

Für ihr Werk, die Gründung der Kongregation der „Schwestern der christlichen Liebe", wurde Pauline von Mallinckrodt am 14. April 1985 von Papst Johannes Paul II. seliggesprochen. Die Schwesterngemeinschaft hat sich in Europa und bis nach Nord- und Südamerika ausgebreitet und ist erfolgreich in der Armen-, Kranken- und Blindenbetreuung tätig.

Den Anfang nahm Pauline von Mallinckrodts karitatives Wirken, als sie 1840 in Paderborn eine Kleinkinderbewahrschule als Tagesheimstätte gründete, um kranken Müttern die Sorge für ihre unbeaufsichtigten Kinder abzunehmen. Zwei Jahre später nahm sie die ersten zwei blinden Kinder auf und legte damit den Grundstein für eine kleine Blindenanstalt, die 1847 zur Provinzial-Blindenanstalt erhoben wurde. Am 21. August 1849 schließlich gründete die „Mutter der Blinden" die Kongregation der „Schwestern der Christlichen Liebe", die sich zunächst die Betreuung und Erziehung Blinder zur Aufgabe machte. Pauline selbst wurde erste Generaloberin. Als die Ordensfrau erkannte, daß sich in der katholischen Mädchenerziehung ein weiteres Aufgabenfeld stellte, gründete sie in der Folge Waisenhäuser mit eigenen Schulen sowie Volksschulen, Verwahrschulen, Handarbeitsschulen und Höhere Töchterschulen.

Die große Persönlichkeit von Pauline von Mallinckrodt erwies sich, als ihr Werk in dem 1871 ausbrechenden Kulturkampf nahezu vernichtet wurde. Sie suchte daraufhin neue Wirkungskreise für ihre Schwestern und gründete Niederlassungen in den USA und in Chile, in Böhmen, Liechtenstein und Belgien. Trotz erheblich angegriffener Gesundheit besuchte die Ordensgründerin 1879 und 1880 noch einmal alle ihre Schwestern in Europa und Übersee; am 30. April 1881 starb sie. Am 4. Februar 1888 erfolgte die endgültige Approbation der Ordenskonstitutionen.

Pius V.

Papst OP
geboren: 17. Januar 1504 in Bosco, Italien
gestorben: 1. Mai 1572 in Rom, Italien

Pius V., der bedeutende Reformpapst der Neuzeit, führte in der katholischen Kirche das Rosenkranzfest

Die letzte Ruhestätte von Pauline von Mallinckrodt: die Conraduskapelle im Garten des Mutterhauses ihrer Ordensgemeinschaft in Paderborn.

Pius V. Der Papst wurde im Jahr 1712 von Clemens XI. wegen seiner Verdienste um die Durchführung der Trientiner Konzilsbeschlüsse und um die Schaffung eines dogmengerechten Katechismus heiliggesprochen.

am 7. Oktober ein. Es sollte an den Seesieg von Lepanto über die Türken erinnern, der den unermüdlichen kirchenpolitischen Bemühungen von Pius zu verdanken war.

Als Michele Ghislieri wurde Pius V. am 17. Januar 1504 in Bosco bei Alessandria in Norditalien geboren. Mit 14 Jahren trat er dem Dominikanerorden bei, empfing 1528 die Priesterweihe und hatte in den folgenden 40 Jahren zahlreiche hohe Kirchenämter inne. Bevor er am 7. Januar des Jahres 1566 zum neuen Papst gewählt wurde, war er zehn Jahre lang Bischof von Sutri und Nepi im Norden von Rom.

Von Beginn seines Pontifikates an machte sich Pius V. die Reform der Kirche zu seiner Hauptaufgabe. Er gründete und erneuerte Ämter und Kongregationen an der Kurie, reformierte das Kardinalskollegium und bekämpfte leidenschaftlich Simonie (das Erkaufen von kirchlichen Ämtern mit Geld) und Nepotismus (Vetternwirtschaft). Er drang auf Moral und Sitte beim Klerus und auf strengste Einhaltung des Zölibats. Im Jahr 1570 brachte er ein neues Meßbuch heraus, das in großen Teilen bis 1969 gültig war.

Doch nicht in allen Belangen der Kirchenpolitik hatte Pius V. eine glückliche Hand. 1570 exkommunizierte er Elisabeth I. von England, woraufhin die Katholiken auf der Insel noch schärfer als zuvor verfolgt und grausam ermordet wurden. In Feindschaft stand der Papst auch mit dem Spanier Philipp II., weil er das dortige Staatskirchentum scharf verurteilte. Zu dem Österreicher Maximilian II. hatte er ebenfalls kein gutes Verhältnis. Pius V. war nicht unbedingt ein guter Diplomat, dafür verfolgte er während seiner sechsjährigen Amtszeit konsequent seine Reformbestrebungen und sorgte für eine innere Erneuerung der Kirche.

Pius V. starb am 1. Mai 1572 in Rom und wurde in der Kirche S. Maria Maggiore beigesetzt. Seine Grabstätte befindet sich dort in der Sixtinischen Kapelle. Papst Clemens XI. sprach seinen Vorgänger im Jahr 1712 heilig.

Darstellung: Der Reformpapst Pius V. ist meist im weißen Dominikanerhabit dargestellt, er trägt einen Kinn- und Backenbart. Auch im päpstlichen Ornat ist er oft zu sehen, in der Hand einen Rosenkranz; manchmal weist er auf das liturgische Buch.

Quirinus von Rom (von Neuß)

Märtyrer
geboren: 1. Jh. in Rom(?), Italien
gestorben: um 130 in Rom
Patron der Stadt Neuß; des Ritterstandes; der Pferde und Rinder; gegen Pocken, Pest, Lähmung, Eitergeschwüre, Knochenfraß, Hautausschlag, Ohrenschmerzen, Gicht, Augenleiden, Kropf, Bein- und Fußleiden

Über das Leben und den Tod des Märtyrers Quirinus gibt es nur legendarische Überlieferungen. So soll er römischer Tribun gewesen und zusammen mit seiner Tochter Balbina getauft worden sein. Aufgrund seines christlichen Glaubens sei Quirinus dann mit Balbina gemartert und ermordet worden.

Um das Jahr 1050, möglicherweise aber auch schon früher, gelangten angebliche Quirinus-Reliquien in das Benediktinerinnenkloster Neuß bei Düsseldorf. Ein Quirinus-Kult bestand dort allerdings schon rund ein Jahrhundert vorher, was mit der Verwechslung mit einem anderen Quirinus erklärt sein könnte. Zur Aufbewahrung der Quirinus-Reliquien wurde später in Neuß die Kirche St. Quirin errichtet, die bis heute zu den beeindruckendsten Sakralbauten in Deutschland gehört.

Verehrung/Brauchtum: Von Neuß aus breitete sich der Quirinus-Kult vor allem im Kölner Raum, bis zur Reformation aber auch in Skandinavien aus. Das Kultzentrum war immer Neuß, wo die Quirinus-Wall-

Martyrium des Quirinus von Rom. Holzschnitt aus dem 19. Jh.

fahrt große Bedeutung erlangte. Seit dem 15. Jh. wird Quirinus zu den sogenannten Vier Marschällen gezählt; außer Quirinus sind dies Antonius, Cornelius und Hubert. Diese vier galten über lange Zeit hinweg als Gott besonders nahestehend und bei Fürbitten sehr hilfreich.

In Köln wird der Gedenktag von Quirinus am 30. April, dem Translationstag, begangen. Der übliche Gedenktag ist sonst der 30. März.

Darstellung: Auf Abbildungen ist Quirinus als römischer Krieger oder als Ritter mit Helm, Harnisch, Schild und Lanze zu sehen, in späteren Jahrhunderten auch als römischer Offizier. Auf sein angebliches Martyrium weisen Schwert und Palme hin. Auf seinem Schild sind oft neun Kugeln abgebildet, da man früher den lateinischen Namen Novesia für Neuß auf novem (neun) bezog. In selteneren Darstellungen sieht man Quirinus auch zusammen mit den anderen drei Marschällen. Eine Vielzahl von Abbildungen gibt es entsprechend der dortigen Verehrung im Raum Neuß-Köln.

Rudolf der Schweiger

Priester, Mönch OSB
geboren: 11. Jh. in Belgien(?)
gestorben: 30. April 1130 in Affligehem, Belgien

Suitbert (Swibert) von Verden

1. Bischof von Verden
geboren: 8. Jh. in England(?)
gestorben: um 800 in Verden, Niedersachsen

1. Mai

Aldebrand von Fossombrone

Bischof von Fossombrone
geboren: 12. Jh. in Italien
gestorben: 1. Mai 1219 in Fossombrone, Italien
Patron von Fossombrone

Darstellung: Aldebrand wurde aufgrund seines Wirkungskreises vor allem in Umbrien verehrt und dargestellt; auf Abbildungen ist er als Bischof mit den Attributen Glocke, Vögel oder Glockenturm zu sehen. Die Darstellung mit einem Rebhuhn – so in der Kathedrale von Fossombrone auf einer Wandmalerei aus dem 15. Jh. – geht auf die Legende zurück, daß Aldebrand ein gebratenes Rebhuhn zum Leben erweckt haben soll.

Arnold von Hiltensweiler

Klostergründer
geboren: 11. Jh. in Hiltensweiler am Bodensee
gestorben: nach 1127 in Hiltensweiler

Arnold von Hiltensweiler, ein Ritter, stiftete um das Jahr 1122 an seinem Stammsitz ein Kloster, das von Mönchen der Abtei Allerheiligen in Schaffhausen besiedelt wurde. Das Grab Arnolds befindet sich in der Arnoldskapelle neben der Pfarrkirche in Hiltensweiler und ist heute noch Ziel von Wallfahrern.

Verehrung/Brauchtum: Die Verehrung von Arnold ist auf das Gebiet um Hiltensweiler beschränkt.

Darstellung: Abbildungen von Arnold gibt es fast nur im Raum Hiltensweiler. Zu sehen ist er darauf als Ritter mit Kirchenmodell und Fahne.

Augustin Schoeffler

Missionar, Märtyrer MEP
geboren: 22. November 1822 in Mittelbronn, Lothringen, Frankreich
gestorben: 1. Mai 1851 in Son-Tay, heute Vietnam

Ab 1847 wirkte Augustin Schoeffler, Mitglied der Kongregation der „Priester für die auswärtigen Missionen", unermüdlich als Missionar in West-Tonkin, damals Annam in Hinterindien, heute Vietnam. Zusammen mit vielen weiteren Glaubensboten wurde Schoeffler während einer furchtbaren Christenverfolgung am 1. Mai 1851 in Son-Tay enthauptet. Am 27. Mai 1900 erfolgte seine Seligsprechung.

Josef der Arbeiter

Bräutigam Marias

Auch am 1. Mai gedenkt die katholische Kirche Josefs, des Bräutigams von Maria. Sein Hauptfest allerdings ist der 19. März. Es war Papst Pius XII., der am 1. Mai 1955 das Fest von Josef dem Arbeiter für die gesamte Kirche einführte. Seine Begründung: Der 1. Mai solle die christliche Weihe empfangen und nicht mehr Ursache von Zwietracht, Haß und Gewalttätigkeit sein, sondern zu einer stets wiederkehrenden Einladung an die moderne Gesellschaft werden, das zu vollbringen, was dem sozialen Frieden noch fehle.

Markulf von Nanteuil

Abt
geboren: um 490 in Bayeux, Frankreich
gestorben: 1. Mai 558 in Nanteuil, Frankreich
Patron von Reims; der Tuchmacher, Kurzwarenhändler, Apotheker; gegen Ausschläge, Skrofeln und Drüsenkrankheiten des Halses und gegen Kropf

Der Priester Markulf (Marcou) errichtete auf einem Stück Land in der Normandie, das er von König Childebert I. geschenkt bekommen hatte, das Kloster Nanteuil und leitete es als erster Abt. Nach seinem Tod am 1. Mai 558 wurde er dort beigesetzt. Über seinem Grab entwickelte sich später eine Wallfahrtskirche, die sich großen Zulaufes erfreute.

Verehrung/Brauchtum: Bei dem Normanneneinfall im Jahr 906 wurden die Reliquien Markulfs von Nanteuil nach Corbény bei Reims gebracht, woraufhin aus dem bis dahin Ortsheiligen eine Gestalt weitreichender Verehrung wurde. Nördlich der Loire war Markulfs Kult lange Zeit beherrschend. Die französischen Könige besuchten Corbény nach ihrer Krönung. In Frankreich galt Markulf als einer der bedeutenden Arztheiligen.

Darstellung: Markulf ist als Benediktinerabt dargestellt, manchmal mit Mitra. Bei ihm sind auf Abbildungen oft Könige von Frankreich zu sehen. Vor allem in Frankreich ist die Darstellung Markulfs mannigfach, in unzähligen Kirchen ist er auf Bildern oder in Statuen zu sehen. Eine sehr häufige Darstellungsform zeigt Markulf auch bei der Heilung von Menschen (oft Kindern), die an Skrofeln erkrankt sind.

Peregrinus (Pellegrino) Laziosi

Mönch OSM
geboren: um 1265 in Forlì, Italien
gestorben: 1. Mai 1345 in Forlì
Patron der Gebärenden und Wöchnerinnen; der Lohnkutscher; gegen Krebs, Rheuma, Gicht und Pest sowie bei Beinleiden

Peregrinus Laziosi trat in Siena dem Servitenorden bei und war später als Seelsorger in seiner Heimatstadt Forlì tätig. Im Verlauf seiner Ordenszeit zeichnete er sich durch ständiges Gebet und Bereitschaft zur Buße aus. Eine ihm auferlegte schwere Krank-

Peregrinus Laziosi, wie er den Serviten-Mitbegründer Philippus Benitius, dem er zuvor eine Ohrfeige versetzt hatte, um Verzeihung bittet. Philippus nimmt Lazioso auf, woraufhin dieser sein Leben ändert und dem Servitenorden beitritt.

Kapelle und Grab von Peregrinus Laziosi in der Basilika S. Pellegrino in Forlì. Laziosi war in Forlì geboren worden und im Alter von 80 Jahren gestorben.

heit ertrug er mit außergewöhnlicher Hingabe und Geduld. Laziosi starb am 1. Mai 1345. Seine Heiligsprechung erfolgte 1726.

Verehrung/Brauchtum: Im Servitenorden begeht man den Gedenktag des Heiligen am 2. Mai. Besonders gefördert wird das Andenken an Peregrinus Laziosi bei den Serviten in Österreich. Auch im bayerischen Bad Tölz genießt der Ordensmann eine besondere Verehrung. Daß Peregrinus Laziosi bei Beinleiden angerufen wird, hängt wohl damit zusammen, daß er selbst auf wunderbare Weise von Beinkrebs geheilt worden sein soll.

Darstellung: Peregrinus Laziosi ist in der Ordenstracht der Serviten abgebildet, meist mit Nimbus. Oft betet er vor einem Kreuz, manchmal hat er das Kruzifix auch in der Hand. Auf verschiedenen Darstellungen ist der Heilige mit einer Beinwunde zu sehen. Auf einem Holzschnitt aus dem 17. Jh., der im Historischen Stadtarchiv in Barcelona gezeigt wird, ist die Szene dargestellt, wie sich Christus vom Kreuz herabbeugt und das kranke Bein von Peregrinus Laziosi heilt.

Richard Pampuri

Arzt, Mönch OSJdD
geboren: 2. August 1897 in Trivolzio bei Pavia, Italien
gestorben: 1. Mai 1930 in Mailand, Italien

Einer der „jüngsten" Heiligen der katholischen Kirche ist Richard Pampuri. Papst Johannes Paul II. sprach den Arzt und Bruder des Hospitalordens des heiligen Johannes von Gott am 1. November 1989 heilig. Die Seligsprechung war 1981 erfolgt.

Frater Richard, der mit Geburtsname Erminio Filippo hieß, hatte zunächst Medizin studiert und 1921 mit summa cum laude abgeschlossen. Kurz danach trat er dem Dritten Orden des heiligen Franz von Assisi bei und nahm den Namen Bruder Antonius an. Er wirkte weiterhin als Arzt, kümmerte sich oft Tag und Nacht um Kranke und gab einen Großteil seines eigenen Besitzes, um bedürftigen Kranken zu helfen. Am 6. Juni 1927 schließlich reichte Pampuri den Aufnahmeantrag bei den Barmherzigen Brüdern ein, am 22. Juni trat er in Mailand dem Orden bei. Seiner Schwester sagte Pampuri, der sich nun Richard nannte: „Ich muß dem Ruf Gottes folgen und ein Heiliger werden."

Auch in seinem neuen Orden arbeitete Pampuri später als Arzt, jedermann kam gern zu dem beschei-

Richard Erminio Pampuri als junger Arzt im Jahre 1921, nachdem er sein Medizinstudium mit summa cum laude abgeschlossen hatte.

Nach der Seligsprechung von Richard Pampuri am 4. Oktober 1981 empfing Papst Johannes Paul II. drei Mitnovizen Pampuris, Cesare Gnocchi, Paolin Baiguerra und Natale Paolini.

denen und immer hilfsbereiten Doktor. In den Monaten vor seinem Tod leitete er eine Zahnambulanz in Brescia. Doch dann forderte eine Tuberkuloseerkrankung ihren Tribut. Frater Richard Pampuri starb 32jährig in einem Krankenhaus in Mailand. Eine unübersehbare Menschenmenge gab ihm das letzte Geleit. Die Grabinschrift für Richard Pampuri lautet: „In der Welt und im Kloster war er von engelgleicher Reinheit, von hingebender Frömmigkeit und apostolischer Tatkraft." Seine Heiligsprechung erfolgte am 1. November 1989.

Sigismund (Sigmund) von Burgund

König
geboren: 5. Jh. in Frankreich
gestorben: 1. Mai (?) 524 in St. Péravy-la-Colombe, Frankreich
2. Patron der Diözese München-Freising; von Cremona; gegen Sumpffieber und Bruchleiden

Sigismund war der Sohn des arianischen Königs Gundobald, dem Herrscher in Burgund. Im Jahr 497 empfing er gegen den Willen seines Vaters von seinem Seelenführer und Freund, Bischof Avitus von Vienne, die Taufe. Gundobald tolerierte in der Folgezeit die Bekehrung seines Sohnes zum katholischen Glauben.

516 wurde Sigismund Nachfolger seines Vaters auf dem Thron von Burgund. Unter dem Einfluß von Avitus entwickelte sich Sigismund zu einem frommen und gütigen Herrscher. Er galt als Beschützer des katholischen Glaubens und bekehrte durch sein Vorbild viele Arianer.

Nach Jahren der Ruhe störte Sigismunds zweite Ehefrau den Frieden. Sie verleumdete Sigrich, seinen Sohn aus erster Ehe, und behauptete, er wolle Sigismund umbringen lassen, um in Burgund die Macht an sich zu reißen. Der König ließ sich schließlich von seiner haßerfüllten Frau derart aufhetzen, daß er den Auftrag erteilte, seinen Sohn, der ebenfalls dem katholischen Glauben angehörte, in der Nacht im Schlaf zu erwürgen. Schon bald nach der grausamen Tat sah Sigismund sein großes Unrecht ein und vertraute sich Bischof Avitus an. Dieser führte ihm die Schwere des Verbrechens vor Augen und riet ihm, angemessene Buße zu tun. Daraufhin erneuerte Sigismund das Kloster St-Maurice im Schweizer Kanton Wallis und stattete es reich aus. Für einige Zeit zog er sich selbst dorthin zurück und bereute sein Vergehen bitter.

Ein Jahr später – Sigismund war inzwischen nach Burgund zurückgekehrt – begann der neue Frankenkönig Chlodomir einen Krieg mit den Burgundern. Sigismund und sein Heer wurden vernichtend geschlagen. Der Herrscher und seine ganze Familie fielen den Siegern in die Hände

Burgunderkönig Sigismund. Darstellung auf dem Sigismundschrein (12. Jh.) im Kloster St-Maurice im Schweizer Kanton Wallis.

Die Freisinger Schutzheiligen Korbinian und Sigismund mit Maria und dem Jesuskind. Unten sind die Wappen des Bistums und des Bischofs zu sehen. Nach einem Holzschnitt eines unbekannten Künstlers von 1487.

und wurden gefangengesetzt. Auf Befehl von Chlodomir ertränkten die Franken Sigismund, seine Frau und seine Kinder in einem Brunnen bei Coulmiers. Der Todestag war möglicherweise der 1. Mai 524. Die Gebeine Sigismunds wurden 536 in der Johanneskirche von St-Maurice beigesetzt. Seit 1365 befinden sich die Reliquien des Herrschers in einem kostbaren silbernen Schrein, den Kaiser Karl IV. gestiftet hat. Ein Teil der Gebeine kam in den Veitsdom nach Prag. Auch in Freising werden Reliquien aufbewahrt.

Verehrung/Brauchtum: Der Kult Sigismunds verbreitete sich im frühen Mittelalter von Burgund aus nach Deutschland, Italien, Spanien und in die Schweiz. In zahlreichen weiteren Orten neben St-Maurice, Prag und Freising werden angebliche Sigismund-Reliquien aufbewahrt. In der Diözese München-Freising gedenkt man seines zweiten Patrones am 2. Mai, ebenso in der Schweizer Diözese Sitten.

Darstellung: Sigismund wird als jugendlicher König mit oder ohne Bart dargestellt; meist hat er die Insignien Krone, Zepter und Reichsapfel bei sich, manchmal trägt er auch einen Hut oder ein Barett. Auf seine Ermordung weisen die Attribute Palme und Schwert hin, außerdem der Brunnen, neben dem er oft steht. In der Stuttgarter Staatsgalerie ist Sigismund auf einem Flügelaltar gemeinsam mit Vitus und Wenzel zu sehen. Eine Statue (1624) von Philipp Dirr am Hauptaltar im Freisinger Dom zeigt den Burgunderkönig in Rüstung. Im Freiburger Münster befindet sich eine Statue aus der Zeit um 1300, bei der Sigismund ein Schwert bei sich hat.

Theodard von Narbonne

Erzbischof von Narbonne
geboren: um 850 in Montauriol, Frankreich
gestorben: 1. Mai 893 in Narbonne, Frankreich

2. Mai

Antoninus von Florenz

Erzbischof OP
geboren: März 1389 in Florenz, Italien
gestorben: 2. Mai 1459 in Florenz
Patron im Unglück; gegen Fieber

Die „Summa Chronica", die wohl umfassendste Chronik des Mittelalters, ist das Werk von Antoninus, Erzbischof von Florenz von 1446 bis 1459. Doch nicht nur als Schriftsteller machte sich Antoninus einen Namen, auch als Ratgeber hoher Persönlichkeiten des bürgerlichen und des kirchlichen Lebens war er sehr gefragt. Papst Eugen IV. bat ihn ebenso um seine Meinung wie der einfache Bürger seiner Diözese.

Antonino Pierozzi wurde 1389 als Sohn eines Advokaten in Florenz geboren. Von frühester Jugend an befaßte er sich mit den Wissenschaften und hielt sich fern von den üblichen Kinderspielen. Sein Wissenseifer und seine Lernbegierde waren groß. Schon im Alter von 16 Jahren erhielt er die Genehmigung, dem Dominikanerorden beizutreten. Danach lebte der Dominikanermönch Antoninus 40 Jahre lang in verschiedenen Klöstern in Italien. Oft hatte er dabei das Amt des Abtes inne, zweimal war er Ordensprovinzial. Im Jahr 1436 gründete er in Florenz das Kloster S. Marco, das der berühmte Mönch und Maler Fra Angelico mit den bis heute erhaltenen, herrlichen Wandfresken ausschmückte.

Die Wahl von Antoninus zum Erzbischof von Florenz durch Papst Eugen IV. im Jahr 1446 fand die allgemeine Zustimmung. Antoninus übte sein hohes Amt mit unbeugsamem Gerechtigkeitswillen, aber auch mit übergroßer Güte aus. Durch seinen bescheidenen Lebensstil gab er seiner Diözese ein Vorbild. Für seine besondere Umsicht bei seelischen Beratungen erhielt er den Namen „Antoninus consiliorum". Als Papst Eugen IV. schwer erkrankte, ließ er seinen Freund Antoninus nach Rom kommen, um ihm zu beichten und aus seinen Händen die Sterbesakramente zu empfangen. Der Papst starb am 23. Februar 1447 in den Armen des Erzbischofs.

In den folgenden Jahren wurde die Diözese Florenz von einer entsetzlichen Pestepidemie heimgesucht, eine Hungersnot folgte, 1453 ein schweres Erdbeben. Antoninus kümmerte sich aufopfernd um Kranke, Sterbende und Obdachlose, er besorgte Lebensmittel und Wohnungen, stand den Witwen und Waisen bei.

Nach 13jähriger, erschöpfender Amtszeit starb Antoninus am 2. Mai 1459 in Florenz; er wurde im Kloster S. Marco bestattet. Papst Pius II. wohnte den Beisetzungsfeierlichkeiten bei, Papst Hadrian IV. sprach den großen Erzbischof 1523 heilig.

Darstellung: Antoninus wird im Gewand der Dominikaner, meist fortgeschrittenen Alters dargestellt. Vor allem in und um Florenz gibt es zahlreiche Darstellungen. Die schönsten Abbildungen sind wohl jene in S. Marco in Florenz (Cappella di S. Antonino); sie stammen von Fra Angelico.

Antoninus von Florenz. Ausschnitt aus einem zeitgenössischen Fresko von Fra Angelico im Kloster S. Marco in Florenz. Erzbischof Antoninus und der Mönch Fra Angelico gehörten beide dem Dominikanerorden an. Antoninus gründete das bis zum heutigen Tag berühmte Kloster S. Marco in seiner Heimatstadt und beauftragte Fra Angelico mit der Ausschmückung.

Athanasius, der berühmte Kirchenlehrer. Stich nach einem Gemälde von Dominichino aus dem 17. Jh. Diese Darstellungsform des Patriarchen – Athanasius mit dem Attribut Buch – war durch alle Jahrhunderte hindurch gebräuchlich.

Athanasius von Alexandria

Patriarch, Kirchenlehrer
geboren: um 295 in Alexandria, Ägypten
gestorben: 2. Mai 373 in Alexandria
Patron gegen Kopfschmerzen

Athanasius gilt als eine der bedeutenden Persönlichkeiten des christlichen Altertums. Gregor von Nazianz nannte ihn „Säule der Kirche", die Nachwelt gab ihm zu seinem Namen den Beinamen „der Große".

Als Sohn christlicher Eltern wurde Athanasius um das Jahr 295 in Alexandria in Ägypten geboren. Er erhielt eine griechische Ausbildung und war Schüler von Mönchsvater Antonius. Als Diakon von Patriarch Alexander nahm Athanasius 325 am berühmten, richtungsweisenden Konzil von Nicäa teil, ein Erlebnis, das ihn zeitlebens prägte. Schon dort trat er lautstark gegen die „Gottlosigkeit der Arianer" auf und begann damit einen Kampf, der sein weiteres Leben beherrschen und ihm viel Unheil bringen sollte.

Als Patriarch Alexander im Jahr 328 starb, wurde der 33jährige Athanasius sein Nachfolger auf dem Patriarchenstuhl und damit Oberhaupt der ägyptischen Kirche. In den folgenden 38 Jahren wurde er insgesamt fünfmal von den Arianern verbannt. In den Jahren 335 bis 337 fand er in Trier bei Bischof Maximinus Aufnahme. Spätere Verbannungen verbrachte er in der Nähe Alexandriens und wirkte aus dem Untergrund für seine Christengemeinde. Unbeugsam stand er den arianischen Gegnern gegenüber. Lieber lebte er fern seiner Diözese, als den Grundsätzen des nicäischen Konzils untreu zu werden. Mit dem Papst arbeitete er immer gut zusammen, zur abendländischen Kirche pflegte er freundschaftliche Kontakte.

Von 366 an blieb das Wirken von Athanasius ungestört. Der Mann des Friedens, der aber für seine Ziele unerbittlich kämpfte, eine der größten Kirchengestalten aller Zeiten, starb am 2. Mai 373 in Alexandria. Über seine Grabstätte ist nichts bekannt, doch Athanasius wurde unsterblich durch seine vielen Schriften, Bücher und Briefe und in seiner theologischen Anschauung, daß Gottvater und Gottsohn eine numerische Wesenseinheit bilden.

Verehrung/Brauchtum: Im Bistum Haarlem wird das Gedächtnis an Athanasius am 4. Mai begangen.

Darstellung: Athanasius der Große ist fast immer als Greis dargestellt, meist mit Glatze und einem langen Bart, bekleidet mit bischöflichem Gewand. Mit einer Schriftrolle ist er auf einem Mosaik aus dem 13. Jh. in S. Marco in Venedig zu sehen. Die wohl älteste Darstellung von Athanasius befindet sich in der Kirche S. Maria Antiqua in Rom; das Fresko stammt aus dem 8. Jh.

Konrad von Seldenbüren

Klosterstifter, Laienbruder OSB
geboren: 11. Jh. in Seldenbüren, Schweiz
gestorben: 2. Mai 1126 in Engelberg, Schweiz

Darstellung: Aufgrund seiner Ermordung durch ihm nahestehende Personen wird Konrad meist mit einer Keule abgebildet.

Liudhard von Paderborn

3. Bischof von Paderborn
geboren: 9. Jh. in Westfalen
gestorben: 2. Mai 887 in Paderborn, Nordrhein-Westfalen

Nikolaus Hermanni

Bischof
geboren: 1331 in Schweden
gestorben: 2. Mai 1391 in Linköping, Schweden

Nikolaus Hermanni war der Lehrer von Birgitta von Schweden und schrieb später die Konstitutionen für den von ihr gegründeten Birgittenorden. Die Gebeine des Bischofs von Linköping in Schweden wurden 1515 erhoben.

Wiborada

Inklusin, Märtyrerin
geboren: 9. Jh. in der Schweiz
gestorben: 2. Mai 926 in St. Gallen, Schweiz
Patronin der Bibliotheken und der Bücherfreunde; der Pfarrhaushälterinnen und Köchinnen

Wiborada lebte von 912 an als Inklusin in St. Gallen, ab 916 in einer Zelle bei der dortigen Magnuskirche. Sie wurde zur Ratgeberin vieler Menschen, sogar von hohen Persönlichkeiten wie von Bischof Ulrich von Augsburg. Auch während des Ungarneinfalls verließ Wiborada ihre Zelle nicht; sie starb schließlich durch Beilhiebe, die ihr ungarische Krieger beigebracht hatten, am 2. Mai 926. Beigesetzt wurde sie in der Magnuskirche zu St. Gallen, wo ihr Grab über Jahrhunderte Wallfahrtsstätte war.

Um das Jahr 1047 wurde Wiborada heiliggesprochen. Die Zellen, in denen die Inklusin gelebt hatte, wurden noch lange von Einsiedlerinnen bewohnt.

Verehrung/Brauchtum: Das Fest Wiboradas wurde im Bistum St. Gallen in früheren Zeiten am 11. Mai begangen; heute ist die Verehrung zurückgegangen.

Darstellung: Die Inklusin Wiborada ist als Nonne mit einem Buch und einer Hellebarde (Stab mit Beil) abgebildet. Vor allem im St. Gallener Raum gibt es zahlreiche Darstellungen.

Zoë und Gefährten

Märtyrer
geboren: 1./2. Jh. in Kleinasien
gestorben: 137 in Kleinasien

Die Christin Zoë wurde zusammen mit ihrem Ehemann und ihren beiden Söhnen unter der Herrschaft von Kaiser Hadrian ermordet, weil sie an ihrem christlichen Glauben festhielt. In Konstantinopel gab es später eine Kirche mit ihrem Namen.

Verehrung/Brauchtum: Vor allem in der Schweiz ist der Name Zoë bis heute ein häufiger Mädchenname.

3. Mai

Alexander I.

Papst (107 bis 116)
geboren: 1. Jh.
gestorben: 116 in Rom, Italien
Patron gegen Kropf und Hauterkrankungen

Verehrung/Brauchtum: Vor allem im Mittelalter genoß Alexander I. große Verehrung. Reliquien von ihm wurden auch nach Freising übertragen.

Darstellung: Aufgrund der wahrscheinlich fälschlichen Überlieferung eines Martyriums wird Alexander oft im Kerker eingesperrt abgebildet. Ein Deckenfresko von Cosmas Damian Asam (1724) im Freisinger Dom zeigt Alexander neben Korbinian auf Wolken. Eine der wohl ältesten Abbildungen (8. Jh.) des Papstes – der möglicherweise der fünfte Nachfolger von Petrus war – befindet sich in der Kirche S. Maria Antiqua in Rom; sie zeigt Alexander mit einem Buch.

Béla IV.

König von Ungarn
geboren: 1206 in Preßburg, Polen
gestorben: 3. Mai 1270 in Budapest, Ungarn

Emilia Bicchieri

Klostergründerin, Nonne, Mystikerin OP
geboren: 1238 in Vercelli, Italien
gestorben: 3. Mai 1314 in Vercelli
1769 Bestätigung des Kultes

Heinrich vom Starnberger See

Einsiedler
geboren: 13. Jh. in Bayern
gestorben: 1324 am Starnberger See, Bayern

Hildebert von Mainz

Erzbischof von Mainz OSB
geboren: 9. Jh.
gestorben: 937 in Mainz, Rheinland-Pfalz

Philipp von Zell

Priester
geboren: 8. Jh. in England
gestorben: 8. Jh. bei Worms, Rheinland-Pfalz
Patron für Kindersegen; gegen Diebstahl

Der Engländer Philipp gründete auf der Rückreise von einer Pilgerfahrt nach Rom bei Worms eine Einsiedelei, aus der nach seinem Tode das Kloster Zell entstand. Am Grab Philipps geschahen später viele Wunder.

Büstenreliquiar von Alexander I. Die vergoldete Silberbüste (15. Jh.) befindet sich heute in St. Peter und Alexander in Aschaffenburg.

Philippus und Jakobus der Jüngere

Apostel, Märtyrer
geboren: 1. Jh.
gestorben: 1. Jh.

Philippus: Patron von Luxemburg; von Speyer, Sorrent, Brabant, Philippeville

Jakobus: Patron von Friesland

beide zusammen: Patrone von Dieppe; der Hutmacher, Krämer, Walker, Pastetenbäcker, Gerber, Konditoren

Philippus und Jakobus der Jüngere waren Apostel Jesu Christi, beide vom Sohn Gottes selbst berufen. Das Grab der beiden Jünger des Herrn wird bis zum heutigen Tag in der Apostelkirche in Rom (SS. Dodici Apostoli) verehrt.

Philippus war von Beruf Fischer in Betsaida am Nordufer des Sees Genezaret. Jesus traf ihn dort an, als er auf dem Weg nach Galiläa war, und berief ihn zu seinem Apostel. Zusammen mit seinem Freund Andreas war Philippus der einzige Apostel, der einen griechischen Namen trug. Nach der Auferstehung Jesu verkündete Philippus zuerst in seiner Heimat das Evangelium und zog dann nach Phrygien in Kleinasien, wo er viele Heiden bekehrte und taufte.

Über das Lebensende des Apostels gibt es keine sicheren Daten. Alte Überlieferungen berichten, er sei von Götzenpriestern gefangengenommen, gegeißelt, ans Kreuz genagelt und zu Tode gesteinigt worden. Nach der Legende geschah dies im Jahr 81.

Jakobus der Jüngere war der Sohn einer Schwester von Maria, der Mutter Jesu. Bei den Juden genoß er hohes Ansehen und trug wegen seines ausgeprägten Gerechtigkeitssinnes den Beinamen „der Gerechte“. Sicher überliefert ist, daß auch Jakobus von Jesus selbst zum Apostel berufen wurde. Ansonsten ist über sein Leben nichts Genaues bekannt. Bereits in der alten Kirche wurde Jakobus der Jüngere mit dem Herrenbruder Jakobus gleichgesetzt. Um Identität oder Unterschiedlichkeit gab es immer wieder Unstimmigkeit und Diskussionen. Man neigt heute mehr zu der Vermutung, daß es sich um zwei verschiedene Personen gehandelt hat. Jakobus der Jüngere soll ebenfalls als Märtyrer gestorben sein.

Die Apostel Philippus (oben) und Jakobus der Jüngere (gegenüberliegende Seite). Beide Holzschnitte (1519) stammen von Hans Baldung Grien.

Verehrung/Brauchtum: Für Philippus gibt es verschiedene weitere Gedenktage: 1. Mai, 11. Mai (seit 1956), 28. Februar; bei den Griechen 14. November, bei den Armeniern 17. November, bei den Kopten 18. November. Auch für Jakobus den Jüngeren sind weitere Gedenktage erwähnt: 1. Mai, 11. Mai, 9. Oktober (Griechen), 25. Mai, 30. Juni. In Einsiedeln gedenkt man der Apostel am 4. Mai.

Um die Gestalt des Philippus entwickelte sich verschiedenes Brauchtum: Den Vorabend des Philippusfestes nennt man Philippinacht (eine Art Freinacht zum Unfugtreiben);

der Philippustag gilt vor allem in der Landwirtschaft als Lostag für das Wetter. Reliquien von Jakobus sind in mehreren Städten Europas vorhanden, ebenso von Philippus (Kloster Andechs, Bayern; SS. Dodici Apostoli, Rom; S. Giovanni, Florenz; Köln; Paris). Philippus-Wallfahrten gibt es bis zum heutigen Tag in Kärnten und in der Steiermark in Österreich.

Darstellung: Philippus ist oft sehr jugendlich dargestellt, so auf Fresken in S. Vitale in Ravenna und im türkischen Göreme, oder auch, vor allem in der abendländischen Kunst, älter und bärtig (St-Denis, Paris; Kathedrale in Chartres). Als Attribute hat Philippus fast immer ein Kreuz oder einen Kreuzstab bei sich; Beispiele dafür: das Gemälde „Der heilige Apostel Philippus“ von J. U. Mayr (1653) im Kunsthistorischen Museum in Wien und das Gemälde von El Greco in der Kathedrale von Toledo. Nicht selten sind Philippus auch Attribute beigegeben, die auf ein Martyrium hinweisen, so ein Stein oder ein Schwert. Auf einem Holzrelief von Joseph Matthias Götz am Chorgestühl der Pfarrkirche St. Veit im österreichischen Krems ist die Kreuzesszene zu sehen.

Jakobus der Jüngere wird bartlos oder mit Bart dargestellt; meist trägt er eine lange Tunika, manchmal einen Mantel. Als Attribute hat er ein Buch oder eine Schriftrolle bei sich, auf späteren Abbildungen auch Keule oder Walkerstange, da er nach einer Legende von der Mauer des Tempels gestürzt und danach mit einer Keule oder einer Walkerstange erschlagen wurde. Diese Darstellung der Ermordung von Jakobus ist auf einem Mosaik aus dem 13. Jh. in S. Marco in Venedig zu sehen.

Viola

Jungfrau, Märtyrerin

Über Leben und Wirken von Viola ist nichts überliefert. Bekannt ist nur, daß die Märtyrerin, die wegen ihres christlichen Glaubens sterben mußte, in der oberitalienischen Stadt Verona verehrt wurde, ein Kult besteht aber nicht mehr.

4. Mai

Arbeo (Aribo) von Freising

Bischof OSB
geboren: um 723 in Mais, Südtirol, Italien
gestorben: 4. Mai 783 in Freising, Bayern

Arbeo, der seine Ausbildung unter anderem von Korbinian erhalten hatte, wurde 763 der erste Abt des neugegründeten Benediktinerklosters Scharnitz (heute an der deutsch-österreichischen Grenze hinter Garmisch). Bereits eineinhalb Jahre danach erhielt er die Ernennung zum Bischof von Freising. Arbeo, auch Aribo genannt, wurde in der Folge einer der bedeutendsten Kirchenpersönlichkeiten seiner Zeit; er mehrte Ansehen und Besitz des Frei-

„Das Martyrium des Florian." Nach einem Stich von Raphael Sadeler dem Älteren aus der „Bavaria Sancta" von 1615.

singer Bistums und gründete zahlreiche neue Klöster, so Schlehdorf, Innichen und Schliersee. Einen großen Ruf hatten aufgrund Arbeos Bemühen auch die Domschule von Freising sowie die Bibliothek. Arbeo selbst gilt als Verfasser des ersten lateinisch-deutschen Wörterbuches (Abrogans), nachdem er eine Synonymensammlung aus der Heiligen Schrift ins Althochdeutsche übersetzt hatte. Arbeo war es schließlich auch, der im Jahr 767 den Leib des verehrten Korbinian von Mais nach Freising übertragen ließ und eine Biographie über seinen ehemaligen Lehrer verfaßte. Arbeo starb am 4. Mai 783.

Florian und die heiligen Märtyrer von Lorch

Märtyrer
geboren: 3. Jh. im heutigen Zeiselmauer bei Wien, Österreich
gestorben: 4. Mai 304(?) in Lorch, Österreich
Patron von Oberösterreich; von Bologna und Krakau; des Stifts St. Florian bei Linz; gegen Feuergefahr und Wassergefahr; bei Dürre, bei Unfruchtbarkeit der Felder; gegen Sturm; der Feuerwehren (Floriansjünger); der Kaminkehrer, Bierbrauer, Böttcher, Hafner, Schmiede, Seifensieder; bei Brandwunden

In kaum einer bayerischen Bauernstube, in kaum einem katholischen Gotteshaus in Bayern oder Österreich fehlt das Bild des Märtyrers Florian, des Patrons gegen die Wasser-, aber auch gegen die Feuergefahr. Was gibt es um diesen Heiligen nicht Geschichten und Legenden, wie viele Sprichworte beinhalten seinen Namen, wie viel Patronate nennt dieser Märtyrer sein eigen! Florian wird von Oberösterreich und den Städten Bologna und Krakau als Schutzheiliger angerufen. Die Kaminkehrer und Schmiede bitten ihn ebenso um Hilfe wie die Bauern bei Dürre und Unfruchtbarkeit ihrer Äcker, und die Feuerwehrleute heißen Floriansjünger ... Der Märtyrer von Lorch in Oberösterreich ist der Heilige der Bayern und der Österreicher, der Böhmen und der Ungarn. Ihm geweihte und seinen Namen tragende Kirchen gibt es unzählige, es seien hier nur die berühmten Gotteshäuser von St. Florian bei Linz, Weihenflorian am Inn, Zeiselmauer bei Wien und Straßgang bei Graz genannt.

Wer aber war denn nun dieser Volksheilige, wo lebte und wo litt er? Die vielen Legenden über das Leben von Florian haben folgenden wahren Kern: Florian kam in der zweiten Hälfte des 3. Jh. in Zeiselmauer bei Wien zur Welt. Er wurde getauft und christlich erzogen. Nach einigen Jahren Offizierstätigkeit im römischen Heer wurde er Leiter der Kanzlei des kaiserlichen Statthalters im römischen Lauriacum, dem heutigen Lorch bei Enns in Oberösterreich. Der herrschende Kaiser Diokletian (284–305) hatte Lauriacum zur Hauptstadt der Provinz Ufer-Noricum ernannt und ihr damit starke Bedeutung gegeben.

Das Augustiner-Chorherrenstift St. Florian bei Linz in Österreich.

Als unter Kaiser Diokletian zu Beginn des 4. Jh. grausame Christenverfolgungen ausbrachen, wurden auch in Lauriacum 40 Gläubige verhaftet und in den Kerker geworfen. Florian, der praktizierende Christ, wollte den Unglücklichen helfen und plante ihre heimliche Befreiung. Bei dem Versuch, in den Kerker zu gelangen, wurde er jedoch ebenfalls festgenommen und dem Statthalter Aquilinus, seinem direkten Vorgesetzten, vorgeführt. Als Florian es ablehnte, den Göttern zu opfern und auch nicht bereit war, seinem Glauben abzuschwören, wurde er grausam gefoltert und mußte die furchtbarsten Martern erleiden. Zuletzt hängte man ihm einen Mühlstein um den Hals und stürzte ihn in die Enns.

Die Legende berichtet dazu, daß der leblose Körper Florians auf einen Felsen gespült und dort von einem Adler bewacht worden sei, damit Heiden ihn nicht schänden konnten. Eine Witwe namens Valeria barg den Leichnam Florians und bestattete ihn auf ihrem Gut. Im 8. Jh. errichteten die Passauer Bischöfe über der Begräbnisstätte des Märtyrers Florian das noch heute berühmte Chorherrenstift St. Florian bei Linz sowie eine Kirche. Eine Tafel in der Krypta des Stiftes sagt, daß die Gebeine Florians im 13. Jh. gefunden worden seien. Vor und nach dem Zweiten Weltkrieg wurden in Lorch ausführliche Grabungen unternommen, bei denen man die Gebeine der übrigen 40 Märtyrer fand, für die Florian sein Leben geopfert hatte. Die Reliquien wurden im Hochaltar der Lorcher Basilika beigesetzt. Im 11. Jh. sollen Florian-Reliquien nach Rom überführt worden sein; von dort soll sie dann der polnische Königssohn Kasimir nach Krakau gebracht haben.

Der Mühlstein, mit dem Florian in der Enns ertränkt worden sein soll. Die kostbare Reliquie befindet sich heute in der Krypta der Stiftskirche St. Florian bei Linz.

Verehrung/Brauchtum: Das Patronat Florians als Schutzheiliger gegen Feuergefahr ist noch nicht übermäßig alt; bis ins 15. Jh. hinein galten Laurentius und Agatha als Patrone gegen das Feuer. Wahrscheinlich wurde Florian dann zum Patron, weil er im Wasser getötet wurde und mit Wasser das Feuer gelöscht wird. In der heutigen Zeit jedenfalls ist der „Wasserkübelmann" Florian („Heiliger Sankt Florian, du Wasserkübelmann, verschon' mein Haus, zünd' andere an") der Hauptpatron gegen die Feuersgefahr. Florian wird darüber hinaus noch von vielen anderen Gruppen als Schutzheiliger angerufen, gehört jedoch nicht zu den klassischen 14 Nothelfern. Daß Florian auch in übertragener Weise bei Feuergefahren in der Welt angerufen wird, zeigt folgender Spruch an einem Wohnhaus in Österreich: „Es brennt, oh heiliger Florian, heut' aller Orts und Enden. Du aber bist der rechte Mann, solch Unglück abzuwenden."

Darstellung: Über alle Jahrhunderte hinweg haben sich Künstler mit der Darstellung Florians befaßt. Zu sehen ist er meist als römischer Soldat, oft mit Lanze und Banner in der Hand, wie er ein brennendes Haus (Burg) mit Wasser löscht. Nur in ganz frühen Darstellungen wurde er manchmal als Greis wiedergegeben, so auf einem Fresko aus dem 12. Jh. im Stift Nonnberg in Salzburg. Etwa ab dem 13. Jh. ist Florian fast nur noch als jugendlicher Mann zu sehen. Vor allem natürlich im Stift St. Florian bei Linz sind die verschiedensten Darstellungen des Schutzpatrones zu finden. Im Neuen Dom in Linz ist Florian mit einem Mühlstein abgebildet; diese oft zu findende Darstellung weist auf sein Martyrium hin. Auch der Adler, der nach der Legende Florians Leichnam bewacht haben soll, hat Eingang in die darstellende Kunst gefunden.

Johannes Martin Moyë

Ordensgründer
geboren: 27. Januar 1730 in Cutting, Lothringen, Frankreich
gestorben: 4. Mai 1793 in Trier, Rheinland-Pfalz

Der Priester Johannes Martin Moyë gründete 1762 im lothringischen Metz die Kongregation der „Schwestern von der Vorsehung", deren Mitglieder sich in der Folge der Leitung von Schulen auf dem Land widmeten. 1769 trat Moyë dem Pariser Missionsseminar bei, von 1773 bis 1783 wirkte er in China und rief dort das „Institut der chinesischen Jungfrauen" zur Unterstützung der Mission ins Leben. In ihrer Hochzeit zählte die Einrichtung fast 10000 Mitglieder. Johannes Martin Moyë starb am 4. Mai 1793 in Trier. Papst Pius XII. sprach den Ordensgründer 1954 selig.

Judas Cyriacus

Erzbischof von Ancona(?), Märtyrer
geboren: 4. Jh.(?)
gestorben: um 362(?)
Patron des Erzbistums Ancona und der dortigen Kathedrale

Verehrung/Brauchtum: Im Erzbistum Ancona feiert man das Fest von Judas Cyriacus am 1. Mai; er ist dort Patron, weil eine Legende überliefert, er sei Bischof von Ancona gewesen. Gesicherte Daten über das Leben von Judas Cyriacus fehlen jedoch; wahrscheinlich war er Jude und wurde nach seinem Übertritt zum christlichen Glauben ermordet.

Ladislaus von Gielnów

Prediger, Provinzial OMin
geboren: 1440 in Gielnów, Polen
gestorben: 4. Mai 1505 in Warschau, Polen
Patron von Polen, Litauen; Warschau

Ladislaus von Gielnów ging als einer der großen Prediger und Missionare in die Kirchengeschichte des Ostens ein. Er war 1462 den Bernhardinern beigetreten, die vor allem in Polen sehr verbreitet waren, und wurde 1487 zum Provinzial ernannt. In der Folge gründete er zahlreiche Klöster und förderte vor allem die Mission in Litauen. In Gedichten beschrieb Ladislaus von Gielnów die Verehrung für die Gottesmutter und die Leiden Christi. Der Ordensmann starb am 4. Mai 1505. Seine Seligsprechung erfolgte 1750.

Willerich von Bremen

2. Bischof von Bremen
geboren: 8. Jh.
gestorben: 837 in Bremen

5. Mai

Angelus der Karmelit

Mönch, Märtyrer OCarm
geboren: 1185 in Jerusalem
gestorben: 5. Mai 1220 (1225?) in Licata auf Sizilien, Italien

Angelus war ein Karmelitermönch aus Palästina, der zu Beginn des 13. Jh. nach Sizilien zog, um dort zu missionieren. Die Überlieferung erzählt, daß er in Licata auf Sizilien einem Mann sein unredliches Leben vorgeworfen habe, woraufhin ihn dieser ermorden ließ. Die Reliquien des Karmeliters werden in Licata aufbewahrt.

Verehrung/Brauchtum: Der Angelus-Kult besteht im Karmeliterorden seit 1456; im Jahr 1584 wurde er öffentlich anerkannt.

Darstellung: Der Märtyrer Angelus ist fast immer mit Attributen dargestellt, die auf sein Martyrium hinweisen; so hat er Dolch oder Schwert bei sich, manchmal sind sein Kopf oder sein Körper auch mit einem Säbel oder einem Schwert durchstoßen. An einen Pfahl gebunden, mit einem Pfeil in der Brust, zeigt Angelus ein Gemälde von Ludovico Carracci (um 1600) in der Pinacoteca Nazionale in Bologna.

Franz Tendler

Priester CSSR
geboren: 21. März 1820 in Wien, Österreich
gestorben: 5. Mai 1902 in Wien

Der Priester Franz Tendler, ein leidenschaftlicher und begnadeter Jugendseelsorger, gründete in seiner Heimatstadt Wien den ersten katholischen Jünglingsverein. Außer in Österreich hatte Tendler zuvor auch in Bayern das Wort Gottes verkündet. Er war 1841 dem Redemptoristenorden beigetreten und hatte 1842 die Priesterweihe empfangen.

Godehard (Gotthard) von Hildesheim

Bischof OSB
geboren: 960 in Reichersdorf, Bayern
gestorben: 5. Mai 1038 in Hildesheim, Niedersachsen
Patron des Bistums Hildesheim; gegen Gicht, Rheumatismus, Kinderkrankheiten, schwere Geburt; gegen Blitz und Hagel; der Maurer

Godehard wurde 960 in Reichersdorf in Niederbayern als Sohn armer Bauern geboren. Sein Vater bewirtschaftete die Grundstücke des benachbarten Klosters Niederaltaich, eine der ältesten Abteien des Landes. Bald wurden die Klosterbrüder auf den begabten Godehard aufmerksam und nahmen ihn in die Klosterschule auf, wo er eine hervorragende Ausbildung und Erziehung erhielt. Als im Jahr 990 das Chorherrenstift Niederaltaich von Herzog Heinrich dem Heiligen in ein Benediktinerkloster umgewandelt wurde, legte Godehard das Gelübde als Benediktinermönch ab. Innerhalb weniger Jahre wurde er zuerst zum Prior, dann zum Abt ernannt. Unter seiner Leitung gelangte Niederaltaich zu hoher Blüte, der Ruf des Klosters drang durch ganz Deutschland. Weitere Klöster, denen er im Laufe der Jahre ebenfalls als Abt vorgestellt wurde, reformierte Godehard im Geist von Cluny, dem berühmten Reformkloster in Frankreich; dazu gehörten unter anderen Hersfeld und Tegernsee.

Auf Wunsch von Kaiser Heinrich II. wurde Godehard am 30. November 1022 zum Bischof von Hildesheim geweiht. Der beim Volk überaus beliebte Kirchenmann bewältigte in den nun folgenden Jahren seiner Amtszeit ein gewaltiges Arbeitspensum. Unter ihm entstanden in der Diözese rund 30 neue Kirchen, wurde der Dom erweitert, wuchsen zahlreiche neue Schulen. Bei allem Ernst seiner Tätigkeit bewahrte er sich

Verehrung/Brauchtum: Godehard gehörte zu allen Zeiten zu den besonders verehrten Persönlichkeiten der katholischen Kirche. Seine Verehrung weitete sich von Hildesheim aus in viele Länder aus, so nach Polen, Schweden, Finnland, Ungarn, Holland und in die Schweiz; in der Schweiz verehrten die Gläubigen den Bischof aus Hildesheim so sehr, daß man nach ihm angeblich den St.-Gotthard-Paß benannte. (Es gibt allerdings auch Quellen, die sagen, der Namensgeber sei ein Adliger aus der Schweiz gewesen, der als Büßer in den Bergen lebte.) Zahllose Kirchen in vielen Ländern sind nach Godehard benannt.

Darstellung: Von Bischof Godehard gibt es zahlreiche Darstellungsvarianten; meist ist er mit Buch oder mit Kirchenmodell zu sehen, so vor allem in Hildesheim im Dom (Reliquienschrein und Statue). Abgebildet wurde auch die Szene, wie Godehard Tote wieder zum Leben erweckt, da-

Der berühmte Godehard-Schrein im Dom zu Hildesheim. Das kostbare Kunstwerk stammt aus dem Jahre 1132. Die Verehrung für den großen Kirchenmann des 11. Jh. breitete sich von Hildesheim aus in viele Länder Europas aus.

Die Kasel des heiligen Godehard auf dem Godehard-Altar in der Benediktinerklosterkirche von Niederaltaich. Nicht weit entfernt von dem berühmten Kloster hatte Godehard das Licht der Welt erblickt und die Schule besucht. In der 990 in ein Benediktinerkloster umgewandelten Abtei legte Godehard seine Mönchsgelübde ab, wurde er Prior und später Abt.

immer sein liebenswürdiges, fröhliches Wesen, das die Menschen an ihm so liebten.

Am 5. Mai 1038 starb Bischof Godehard im Alter von 78 Jahren in Frieden. Beigesetzt wurde er im Dom zu Hildesheim. Sein Schrein im Domschatz von Hildesheim wird Rogerus von Helmarshausen zugeschrieben (12. Jh.). Die Heiligsprechung durch Papst Innozenz II. erfolgte 1131. Godehard war der erste Bayer, der offiziell kanonisiert wurde.

mit sie ihre Sünden beichten und danch wieder sanft entschlafen können. Verschiedene Bilder zeigen Godehard mit einem Mann mit Hammer, Senkel und Winkel, was auf sein Patronat für die Maurer zurückzuführen ist. Als Bischof auf dem Thron ist Godehard auf einem Gemälde (1526) von Pordenone im Rathaus in Pordenone zu sehen.

Irene von Thessalonike

Märtyrerin
geboren: 3. Jh. in Thessalonike (Saloniki), Griechenland
gestorben: um 310 in Thessalonike
Patronin der Mädchen; der Dienstmägde

Viel ist über das Leben der Märtyrerin Irene nicht überliefert; es heißt, sie sei sehr jung wegen ihres christlichen Glaubens von Christenverfolgern unter Kaiser Licinius ermordet worden. Eine andere Legende berichtet, Irene sei von ihrem heidnischen Vater zusammen mit Dienstmägden in einen Turm gesperrt worden, wo sie dann von Engeln im christlichen Glauben unterrichtet und auch getauft worden sei. Der Vater sei darüber so zornig gewesen, daß er seine Tochter zuerst selbst habe töten wollen, dann jedoch vom Statthalter enthaupten ließ. Die Reliquien Irenes gelangten im 13. Jh. nach Lecce in Apulien.

Verehrung/Brauchtum: Die Verehrung für Irene breitete sich vor allem in Konstantinopel aus, wo es später fünf wahrscheinlich ihr geweihte Kirchen gab.

Darstellung: Viele Darstellungen der Irene von Thessalonike gibt es nicht; bis heute rätselt man, ob eine Ikone aus der Zeit 8./9. Jh. im Katharinenkloster auf dem Sinai diese Märtyrerin zeigt. Auf einigen Darstellungen ist Irene an ein Pferd gebunden, das sie zu Tode schleift, zu sehen.

Jutta von Sangershausen

Wohltäterin, Einsiedlerin
geboren: um 1200 in Sangershausen, Sachsen
gestorben: 5. Mai 1260 bei Kulmsee, Polen
Patronin von Preußen

Verehrung/Brauchtum: Vor allem in Preußen – Kulmsee (heute Chelmza) liegt im ehemaligen Preußen – setzte bald nach Juttas Tod eine starke Verehrung für die Einsiedlerin und Wohltäterin der Armen und Kranken ein.

Darstellung: Auf Abbildungen ist Jutta von Sangershausen als betende Einsiedlerin zu sehen.

Maximus von Jerusalem

Bischof von Jerusalem
geboren: 3. Jh.
gestorben: 4. Jh. in Jerusalem(?)

Nunzio Sulprizio

Junge
geboren: 13. April 1817 in Pesculo, Italien
gestorben: 5. Mai 1836 in Neapel, Italien

Nachdem Nunzio Sulprizio im Alter von acht Jahren Vollwaise geworden war, erzog ihn ein roher, grausamer Onkel. Der Mann quälte das Kind mit schwersten Arbeiten, obwohl Nunzio bereits an zehrenden Krankheiten litt. Auch die anderen ihn umgebenden Menschen behandelten den Jungen herzlos. Ein gutmeinender Verwandter brachte Nunzio schließlich ins Krankenhaus nach Neapel, wo dem Jungen ein Bein amputiert werden mußte. Im Krankenbett versuchte Nunzio noch, die lateinische Sprache zu erlernen, da es sein größter Wunsch war, Priester zu werden.

Erst 19 Jahre alt, starb Nunzio Sulprizio am 5. Mai 1836 an den Folgen seiner schweren Operation. Papst Paul VI. sprach ihn am 1. Dezember 1963 selig.

Waldrada

Äbtissin von St-Pierre-aux-Nonnains
geboren: um 500 in Frankreich
gestorben: um 563 in St-Pierre-aux-Nonnains bei Metz, Frankreich

Verehrung/Brauchtum: Das Haupt von Waldrada wird in der Kathedrale St-Etienne in Metz aufbewahrt.

6. Mai

Britto von Trier

Bischof von Trier
geboren: 4. Jh.
gestorben: um 385 in Trier, Rheinland-Pfalz

Evodius

Bischof von Antiochia
geboren: 1. Jh.
gestorben: um 68(?) in Antiochia, Syrien

Verehrung/Brauchtum: Die Griechen begehen das Gedenken an Evodius an drei verschiedenen Tagen: 28. April, 30. Juni und 7. September.

Franz von Montmorency-Laval

Bischof
geboren: 30. April 1623 in Montigny-sur-Avre, Frankreich
gestorben: 6. Mai 1708 in Quebec, Kanada

Papst Johannes Paul II. sprach am 22. Juni 1980 einen Kirchenmann selig, der im 17. Jh. in Amerika unter schwierigsten Bedingungen Unermeßliches für die katholische Kirche geleistet hat: Franz von Montmorency-Laval, erster Bischof von Quebec in Kanada, hatte eine Diözese zu betreuen, die von Nordamerika bis zum Golf von Mexiko reichte. Vor allem den Indianern und den weißen Kolonisten galt seine besondere Hinwendung. Darüber hinaus gründete Franz

Franz von Montmorency-Laval, der erste Bischof von Quebec in Kanada. Laval war es, der durch die Gründung vieler Pfarreien und vor allem des ersten Priesterseminares von Nordamerika die religiöse Zukunft des Kontinents entscheidend prägte.

von Montmorency-Laval im ganzen Land unzählige Pfarreien, 1663 rief er in Quebec das erste Priesterseminar Nordamerikas ins Leben. Ständig war er in seiner riesigen Diözese unterwegs und verausgabte sich völlig für sein Amt. Auf eigenen Wunsch trat Franz 1684 nach zehnjähriger Amtszeit als Bischof zurück und lebte die Jahre bis zu seinem Tod am 6. Mai 1708 zurückgezogen.

Markward von Wilten

1. Abt von Kloster Wilten OPraem
geboren: 11. Jh. in der Schweiz
gestorben: 6. Mai 1142 in Wilten bei Innsbruck, Österreich

Petronax von Montecassino

Abt OSB
geboren: um 670 in Brescia, Italien
gestorben: 6. Mai 750(?) in Montecassino, Italien

Petronax wurde um 670 in der oberitalienischen Stadt Brescia geboren. Im Jahr 718 zog er nach Montecassino, wo er mit einigen Einsiedlern in den Ruinen des 529 von Benedikt von Nursia gegründeten und 581 von den Langobarden zerstörten Klosters zusammenleben wollte. Nach und nach schlossen sich der Gemeinschaft immer mehr Mönche an, Petronax wurde zum Abt gewählt. Von Papst Gregor II. und dessen Nachfolgern Gregor III. und Zacharias unterstützt, machten sich Petronax und seine Mönche daran, das Erzkloster des Benediktinerordens wieder aufzubauen. Unter den Männern befanden sich so große Namen wie Willibald, der spätere Bischof von Eichstätt, Karlmann, der Bruder Pippin des Jüngeren, und Sturmi, der Gründerabt von Fulda. Papst Zacharias übergab Petronax 742 das Original der Regel des heiligen Benedikt, und der Herzog von Benevent schenkte dem neuerrichteten Kloster Land. Petronax, der Erneuerer von Montecassino, starb am 6. Mai wahrscheinlich 750. Seine Grabstätte auf dem Klosterberg wurde später zerstört.

Verehrung/Brauchtum: In der oberitalienischen Stadt Brescia existierte zu allen Zeiten ein Petronax-Kult, der allerdings nie offiziell bestätigt wurde.

7. Mai

Boris, Fürst von Bulgarien. Nach dem Ausschnitt aus einer Ikone, die um 1335 entstand.

Boris von Bulgarien

Fürst, Mönch
geboren: 9. Jh. in Bulgarien
gestorben: 7. Mai 907 in Bulgarien

Boris war der erste christliche Herrscher Bulgariens. Der Fürst, der etwa von 853 bis 890 regierte, empfing um 865 von byzantinischen Missionaren die Taufe. Danach widmete sich Boris unermüdlich der Christianisierung seines Landes. Als ihm Papst Nikolaus I. nicht das gewünschte Patriarchat für sein Land zubilligte, und auch dessen Nachfolger Hadrian II. diesen Kurs beibehielt, sagte sich der enttäuschte Boris aber von Rom los und wandte sich wieder Byzanz zu. Ignatius, der Patriarch von Konstantinopel, machte daraufhin gegenüber Rom seine Rechte als Patriarch für diese Gegend geltend, worauf ihm Papst Johannes VIII. sogar mit dem Bann drohte. Ignatius schickte Boris trotzdem einen Erzbischof und zehn Bischöfe zur Missionierung Bulgariens. Schüler der großen Missionare Cyrillus und Methodius führten gegen Ende der Amtszeit von Boris die slawische Liturgie in Bulgarien ein.

Fürst Boris trat im Jahr 890 von seinem Herrscheramt zurück und wurde Mönch in einem Kloster. Dort starb er am 7. Mai 907.

Verehrung/Brauchtum: Die Bulgaren verehrten Boris als Nationalheiligen und feiern sein Fest am 2. Mai.

Darstellung: Boris wurde meist jugendlich dargestellt, fast immer in Tunika, oft mit Kopfbedeckung und einem Kreuz in der Hand. Im Mittelalter entstanden im östlichen Raum viele Ikonen mit seinem Abbild.

Domitian von Maastricht

Bischof von Maastricht
geboren: um 500 in Frankreich
gestorben: um 560 in Maastricht, Niederlande

Verehrung/Brauchtum: Im Bistum Roermond wird Domitians Gedächtnis am 15. Mai begangen.

Darstellung: Domitian wurde manchmal mit einem Drachen abgebildet, da er nach der Legende die Stadt Huy an der Mense bei Lüttich von einem Drachen befreit haben soll.

Gisela von Ungarn

Königin, Äbtissin OSB
geboren: um 985 bei Regensburg(?), Bayern
gestorben: 7. Mai um 1060 in Passau, Bayern

Gisela war die Tochter von Herzog Heinrich II. von Bayern und eine Schwester von Kaiser Heinrich II. Um das Jahr 985 erblickte sie wahrscheinlich auf Schloß Abbach bei Regensburg das Licht der Welt. Bereits mit zehn Jahren verheirateten sie ihre Eltern mit König Stephan I. von Ungarn, um das Jahr 1003 brachte sie den gemeinsamen Sohn Emmerich zur Welt. Gisela trug viel zur Christianisierung Ungarns bei. Sie ließ Kirchen und Klöster erbauen und beschenkte die kirchlichen Einrichtungen reichlich.

Nachdem ihr Mann Stephan 1038 gestorben war, war die Witwe heftig-

Statuen von Königin Gisela und König Stephan von Ungarn im Burgviertel von Veszprém, Ungarn.

sten Anfeindungen von Seiten der heidnischen Nationalpartei ausgesetzt. Die Angriffe gipfelten in Mißhandlungen und Gefangennahme. Aus dieser mißlichen Lage wurde Königin Gisela 1045 von König Heinrich III. befreit und nach Passau gebracht, wo sie in das Kloster Niedernburg eintrat. Hier konnte sie als Benediktinernonne in Frieden leben. In den Jahren vor ihrem Tod war sie Äbtissin.

Gisela starb am 7. Mai um das Jahr 1060. Als im Jahr 1908 ihr Grab in Niedernburg geöffnet wurde, kamen die Originalgrabplatte aus dem 11. Jh. und ihr Skelett zum Vorschein.

Darstellung: Gisela ist meist in königlichen Gewändern abgebildet; manchmal teilt sie Almosen aus, oft hat sie ein Kirchenmodell bei sich.

Das Hochgrab von Gisela von Ungarn. Als man das Grab in der Parzkapelle im Kloster Niedernburg 1908 öffnete, kamen das Skelett der Königin sowie die Originalgrabplatte aus dem 11. Jh. unversehrt zum Vorschein. Im Jahre 1045 war Gisela in das Kloster bei Passau eingetreten, in den Jahren vor ihrem Tod leitete sie es als Äbtissin.

Johannes von Beverly

Bischof OSB
geboren: um 650 in Harpham, England
gestorben: 7. Mai 721 in Beverly, England

Johannes von Beverly wurde 705 zum Bischof von York ernannt, nachdem er zuvor schon das Amt des Bischofs von Hexham innegehabt hatte. Der Kirchenmann setzte sich unermüdlich für sein Bistum ein und tat viel Gutes. In Beverly gründete er ein Benediktinerkloster, in das er sich 717, nachdem er auf eigenen Wunsch von seinem Bischofsamt zurückgetreten war, zurückzog. In der Klosterkirche wurde Johannes nach seinem Tod am 7. Mai 721 beigesetzt.

Verehrung/Brauchtum: Neben dem Fest am Todestag gedenkt man Johannes von Beverly auch am 25. Oktober, dem Tag der Erhebung seiner Gebeinen im Jahr 1037.

Rosa Venerini

Gründerin
geboren: 9. Februar 1656 in Viterbo, Italien
gestorben: 7. Mai 1728 in Rom, Italien

Papst Pius XII. sprach am 4. Mai 1952 die Gründerin des Instituts „Maestre Pie Venerini", auch Jesuitinnen genannt, selig. Die Schwestern der Gemeinschaft widmeten sich in Viterbo der Erziehung von Mädchen. Der Erzbischof von Venedig rief Rosa Venerini später in das Bistum Montefiascone, damit sie dort weitere ihrer Schulen einrichte. Als Rosa Venerini am 7. Mai 1728 starb, gehörten dem von ihr gegründeten Institut bereits 40 Häuser an.

Valerianus von Auxerre

Bischof von Auxerre
geboren: um 300 in Frankreich
gestorben: 7. Mai 366 in Auxerre, Frankreich

8. Mai

Bonifatius IV.

Papst (608 bis 615)
geboren: 6. Jh.
gestorben: 8. Mai 615 in Rom, Italien

Friedrich von Hirsau

Abt OSB
geboren: 11. Jh. in Schwaben
gestorben: 8. Mai 1071 bei Heidelberg, Baden-Württemberg

Friedrich, der einem schwäbischen Adelsgeschlecht entstammte, wurde 1065 der erste Abt des wiedereingerichteten Klosters Hirsau im Schwarzwald. Unter Friedrich gelangte das Benediktinerkloster bald zu höchster Blüte. Aufgrund von Verleumdungen mißgünstiger Mönche wurde Friedrich aber schon 1069 abgesetzt. Im Kloster St. Michael bei Heidelberg starb der Ordensmann am 8. Mai 1071.

Iduberga von Nivelles

Nonne, Klosterstifterin
geboren: um 600 in Frankreich
gestorben: 8. Mai 652 in Nivelles, Belgien

Iduberga war die Stifterin des berühmten Klosters von Nivelles südlich von Brüssel. Nachdem ihr Mann gestorben war, lebte sie selbst dort als Nonne, ihre Tochter Gertrud war die Äbtissin.

Klara Fey

Ordensgründerin
geboren: 11. April 1815 in Aachen, Nordrhein-Westfalen
gestorben: 8. Mai 1894 in Simpelveld, Niederlande

„Sie war ein lebendiges Beispiel eines starken Glaubens, einer seltenen Frömmigkeit, eines echt christlichen Sinnes, kurz aller christlichen und klösterlichen Tugenden." Diese Worte des Aachener Diözesanbischofs, gesprochen nach dem Tod von Klara Fey, bezeugen den großen Charakter und das einzigartige Wesen dieser beispielhaften Frau, der Gründerin der Kongregation „Schwestern vom Armen Kinde Jesu".

Klara Fey wurde am 11. April 1815 in Aachen geboren und von Luise Hensel, der Konvertitin und geistlichen Dichterin („Müde bin ich, geh' zur Ruh"), erzogen und ausgebildet. Ihre Schulkameradinnen waren unter anderem Franziska Schervier und Pauline von Mallinckrodt, die später ebenfalls als Stifterinnen von Kongregationen in die Geschichte eingehen sollten. Gefördert durch ihr katholisches Elternhaus und ihren Bruder, der Kaplan bei St. Paul in Aachen war, wandte sich Klara schon in ihrer Jugendzeit immer stärker sozialen Aufgaben zu. Besonders liebevoll kümmerte sie sich um die vernachlässigte Jugend.

Im Jahr 1837 schließlich – Klara war 22 Jahre alt – gründete sie in Aachen eine Schule für verwahrloste Mädchen. Zahlreiche sozial engagierte Frauen hatten sich Klara inzwischen angeschlossen, und gemeinsam gelang es ihnen, das soziale Elend ein wenig zu lindern. Ab 1844 schlossen sich die Frauen endgültig zu einer klösterlichen Gemeinschaft zusammen, und 1848 stiftete Klara Fey die Kongregation der „Schwestern vom Armen Kinde Jesu" zur ausschließlichen Pflege armer Kinder und Jugendlicher.

Immer mehr Armenschulen wurden gegründet, Kinderhorte und Erziehungsanstalten für Waisenkinder entstanden. Das Betätigungsfeld der Schwestern erweiterte sich im Laufe der Jahre immer mehr, schließlich unterrichteten sie auch an höheren

Klara Fey, die Gründerin der Kongregation der „Schwestern vom Armen Kinde Jesu". Die Mitglieder der Gemeinschaft widmeten sich der Fürsorge für arme Kinder.

Schulen, gründeten Heime für Beamtinnen und bildeten schulentlassene Mädchen zu Dienstmädchen und Hausfrauen aus. Rund 15 Jahre nach der Gründung der Kongregation gab es in Deutschland schon 19 Ordenshäuser. Während des Kulturkampfes mußte Klara Fey ihr Mutterhaus nach Holland verlegen. Sie ließ sich in Simpelveld nieder, wo sich das Ordenshaus bis heute befindet.

Klara Fey war Generaloberin ihrer Kongregation vom Tag der Gründung 1848 bis zu ihrem Tod am 8. Mai 1894. Ihre letzte Ruhestätte fand die begnadete Erzieherin und gütige Ordensfrau in Simpelveld. Aus ihrem schriftlichen Nachlaß wurden zahlreiche Werke veröffentlicht; das bekannteste ist „Die Übung der Mutter Klara Fey". Der Seligsprechungsprozeß, der 1958 eingeleitet wurde, befindet sich in fortgeschrittenem Stadium.

Ulrika Nisch von Hegne

Nonne
geboren: 18. September 1882 in Mittelbiberach, Baden-Württemberg
gestorben: 8. Mai 1913 in Hegne, Baden-Württemberg

Schon als Kind und junges Mädches von einer tiefen Religiosität geprägt, trat Franziska Nisch im Alter von 22 Jahren in Hegne am Bodensee den Barmherzigen Schwestern vom Heiligen Kreuz (Ingenbohler Schwestern) bei und nahm im Kloster den Namen Ulrika an. Nach Ablegung der ersten Profeß 1907 war Schwester Ulrika zunächst Hilfsköchin in Bühl, danach Küchenschwester im Vinzentinushaus in Baden-Baden. Ihren aufopferungsvollen Dienst leistete sie unter dem Leitspruch der Kreuzschwestern: „Ganz dem Gekreuzigten und darum ganz dem Nächsten, der Liebe Christi Stellvertreterin."

Ulrika Nisch von Hegne. Nach einem Ölgemälde, das sich heute in Gorizia in Italien befindet.

Schwere körperliche Arbeit und ein Leben der Entsagung rieben die Kräfte der jungen Ordensfrau auf; dazu kamen ständige Kopfschmerzen sowie furchtbare Glaubensnöte.

Am 15. Juli 1912 kam Schwester Ulrika Nisch schwer krank ins Schwesternkrankenhaus in Hegne. Voller Liebe und Hingabe an Gott und mit tiefer Sehnsucht nach dem Himmel lebte sie die letzten Monate ihres jungen Lebens. Am 8. Mai 1913 starb Ulrika Nisch an Tuberkulose. Im Jahr 1951 wurde der Seligsprechungsprozeß eingeleitet, der am 1. November 1987 in Rom seine Krönung erfuhr: Papst Johannes Paul II. sprach die Ordensfrau selig. Eine anerkannt auf ihre Fürsprache hin erfolgte Wunderheilung an einer an unheilbarer Leberzirrhose erkrankten Frau aus Wuppertal hatte dafür den Ausschlag gegeben.

Grabstätte von Ulrika Nisch von Hegne auf dem Klosterfriedhof der Ingenbohler Schwestern in Hegne. Papst Johannes Paul II. sprach die Ordensfrau am 1. November 1987, dem Allerheiligentag, selig; eine Wunderheilung hatte dafür den Ausschlag gegeben.

Victor von Mailand

Märtyrer
geboren: 3. Jh. (?)
gestorben: um 303 in Mailand, Italien

Verehrung/Brauchtum: Das Martyrologium Hieronymianum, das im 5. Jh. in Oberitalien verfaßt wurde, gibt als Gedenktag für Victor von Mailand den 14. Mai an.

Wulfhilda (Wolfhild) von Wessobrunn

Nonne OSB
geboren: um 1110 in Bayern
gestorben: 8. Mai 1180 in Wessobrunn, Bayern

Verehrung/Brauchtum: Wulfhilda, die nach dem Tod ihres Ehemannes in das Benediktinerkloster Wessobrunn in Oberbayern eingetreten war, genoß schon zu Lebzeiten große Verehrung in der Bevölkerung. Gleich nach ihrem Tod setzte ein noch stärkerer Kult ein, Wulfhilda wurde wie eine Selige verehrt.

9. Mai

Adalgar von Bremen-Hamburg

Erzbischof von Bremen-Hamburg
geboren: um 840
gestorben: 9. Mai 909 in Bremen

Darstellung: Adalgar ist in bischöflichen Gewändern mit Pallium abgebildet, so am Chorgestühl der ehemaligen Klosterkirche in Corvey.

Beatus

Einsiedler, Glaubensbote
geboren: 1. Jh. (?), 6. Jh. (?) in Frankreich (?), Schottland (?)
gestorben: 112 (?), 7. Jh. (?) bei Beatenberg, Schweiz
Patron der Innerschweiz; gegen die Pest; gegen Krebs

Die Vita von Beatus ist nicht gesichert und von verschiedenen Legenden überlagert. So soll er der erste Glaubensbote in der Schweiz gewesen sein und angeblich von Petrus selbst die Priesterweihe empfangen haben. Eine andere Überlieferung setzt das Leben von Beatus im 6./7. Jh. an, was möglicherweise daraus resultiert, daß hier die Person des iroschottischen Abtes Beatus von Honau (Elsaß) als Gestalt für Beatus zugrundegelegt wurde. Das Kloster Honau hatte seine Mönche als Glaubensboten bis in die Schweiz entsandt. Am Thuner See soll Beatus eine Höhle bewohnt haben, in der zuvor ein Drache hauste, den der Glaubensbote getötet haben soll.

Verehrung/Brauchtum: Noch heute kann bei Beatenberg nahe des Thuner Sees in der Schweiz die Beatus-Höhle besichtigt werden. Im 13. Jh. hatte die Beatus-Wallfahrt zu dieser Höhle eingesetzt. Bereits ein Jahrhundert zuvor gab die Schweizer Abtei Engelberg an, im Besitz einer Beatus-Reliquie zu sein. Um das Jahr 1300 wurde Beatus ein Altar im Frauenmünster zu Zürich geweiht. In Zürich gründete sich später auch eine Beatus-Bruderschaft.

Darstellung: Beatus ist als Einsiedler in oder vor seiner Höhle dargestellt; fast immer ist ein Drachen bei ihm, wie es der Legende entspricht. Mit Drachen und Buch ist Beatus in einer Statue in der Kirche St. Oswald in Zug (Schweiz) zu sehen.

Theresia Gerhardinger

Ordensgründerin SSND
geboren: 20. Juni 1797 in Stadtamhof, einem Stadtteil von Regensburg, Bayern
gestorben: 9. Mai 1879 in München, Bayern

In der Kirche St. Jakob am Anger in München hat Karoline Theresia Gerhardinger ihre letzte Ruhestätte

Theresia Gerhardinger. Nach einem Gemälde von Schwester M. Gerhilda Schleich.

Seligsprechung von Theresia Gerhardinger am 17. November 1985 im Petersdom zu Rom durch Papst Johannes Paul II.

gefunden. Die Stifterin der Kongregation der Armen Schulschwestern Unserer Lieben Frau war am 9. Mai 1879 im angrenzenden Jakobskloster, dem Mutterhaus des Ordens, gestorben.

Karoline Gerhardinger kam am 20. Juni 1797 in Stadtamhof als Tochter eines angesehenen Schiffmeisters zur Welt. Bis zum Jahr 1833 war sie in ihrem Heimatort als Lehrerin tätig. Der Regensburger Bischof Georg Michael Wittmann, der Karoline danach auf ein klösterliches Leben vorbereitete, ermunterte sie zur Gründung einer zeitgemäßen Kongregation nach dem Vorbild der Chorfrauen von Notre-Dame zur Erziehung der weiblichen Jugend. So rief Karoline schließlich die Armen Schulschwestern ins Leben, deren Mutterhaus in Neunburg vorm Wald stand und die am 22. März 1834 von König Ludwig I. bewilligt wurden. Karoline, die im Orden den Namen Mutter Theresia von Jesus trug, leitete die Kongregation bis zu ihrem Tod fast fünf Jahrzehnte später als Generaloberin.

Wegen Raummangels wurde das Mutterhaus der Armen Schulschwestern 1843 in das frühere Klarissenkloster St. Jakob in München verlegt. Der neue Orden verbreitete sich rasch in vielen Ländern, ab 1847 sogar in Nordamerika.

Papst Johannes Paul II. sprach Theresia Gerhardinger am 17. November 1985 selig.

Volkmar

Abt OSB
geboren: um 1235
gestorben: 9. Mai 1282 bei Niederaltaich, Bayern

Volkmar wurde 1280 Abt des Benediktinerklosters Niederaltaich in Niederbayern. Sein Ziel von Beginn seiner Amtsübernahme an war es, unter den Mönchen wieder mehr Zucht und Moral einzuführen. Damit stieß Volkmar jedoch auf Schwierigkeiten. Mehrere Ordensbrüder wollten sich von ihm nichts sagen lassen und übten heftigen Widerstand. Als Volkmar am 9. Mai 1282 – er war genau zwei Jahre als Abt im Amt – in einem Kahn die Donau bei Niederaltaich überqueren wollte, wurde er aus dem Hinterhalt von unzufriedenen Mönchen mit Pfeilen erschossen.

10. Mai

Comgall

Abt
geboren: um 516 in Dalaradia, Nordirland
gestorben: um 600 in Ulster, Nordirland

Comgall, der ursprünglich Soldat gewesen war und dann als Einsiedler lebte, gründete um 560 das Kloster Bangor im nordirischen Ulster und führte es in der Folgezeit zu höchster Blüte. Kolumban und Gallus waren seine Schüler.

Gordianus und Epimachus

Märtyrer
Patrone von Kempten

Gesicherte Angaben über die Märtyrer Gordianus und Epimachus gibt es keine. Es heißt, beide seien aufgrund ihres christlichen Glaubens von Christenverfolgern getötet worden. Angeblich soll Gordianus in Rom in einem Cömeterium an der Via Latina beigesetzt worden sein, wohin zuvor schon die Gebeine des (alexandrinischen?) Märtyrers Epimachus gebracht worden waren. Verschiedene weitere Überlieferungen berichten, daß ein großer Teil der Reliquien beider Märtyrer um 770 von Hildegard, der Ehefrau von Karl dem Großen, dem Stift in Kempten im Allgäu geschenkt wurden. Andere Quellen sagen, dies sei legendär.

Darstellung: Auf Abbildungen sind Gordianus und Epimachus gewöhnlich zusammen zu sehen. Gordianus ist meist als Ritter mit Schwert, Helm und Zweig abgebildet, Epimachus bekleidet mit einem kurzen Mantel. Epimachus hat manchmal einen Nagel in der Hand, was wohl ein Hinweis auf sein Martyrium ist. Am Hauptaltar von St. Lorenz in Kempten sind beide Märtyrer dargestellt.

Johannes von Ávila

Prediger
geboren: um 1500 in Almodóvar-del-Campo, Spanien
gestorben: 10. Mai 1569 in Montilla, Spanien

„Apostel von Andalusien“ wurde er genannt, der leidenschaftlich predigende spanische Missionar Johannes

Raum im Geburtshaus von Johannes von Ávila in Almodóvar-del-Campo in Spanien, in dem Reliquien aufbewahrt werden.

Unten: Grotte im Geburtshaus von Johannes von Ávila, in die sich der Prediger häufiger zum Gebet zurückzog. Der Vater von Johannes war jüdischer Konvertit, eine Tatsache, die dem „Apostel von Andalusien" immer wieder Probleme bereitete.

von Ávila, den Papst Paul VI. am 31. Mai 1970 heiligsprach. Wie kam der Prediger, der um das Jahr 1500 in Almodóvar-del-Campo in Neukastilien das Licht der Welt erblickt hatte, zu diesem Namen?

Der Vater von Johannes war jüdischer Konvertit. Dies war wohl der Grund dafür, daß der Sohn, Student der Rechte, die Universität wieder verlassen mußte. Später studierte Johannes dann Theologie mit dem Ziel, Missionar in Amerika zu werden. Doch auch dieser Plan scheiterte. Etwa ab 1530 zog Johannes im Auftrag des Bischofs von Sevilla als Prediger durch Andalusien. Fast ein Jahrzehnt wirkte er hier als erfolgreicher Missionar Gottes, die Zahl der Bekehrten wuchs durch seinen Einsatz ständig. Seine Beredsamkeit beruhte auf seiner inneren Überzeugung und seiner Begeisterung für das Wort Gottes. Seine Sprache war volkstümlich, wodurch er viele Menschen aus einfacheren Schichten für sich gewinnen konnte. Für Johannes von Gott und Franz de Borja wurde er zum Seelenführer. Als Ignatius von Loyola, der Gründer des Jesuitenordens, Johannes von Ávila nach einem gegenseitigen Kennenlernen in die Gesellschaft Jesu aufnehmen wollte, sprach sich der andalusische Jesuiten-Provinzial dagegen aus. Möglicherweise kam auch hier wieder die jüdische Abstammung des Missionars ins Spiel.

Nachdem Johannes von Ávila schon fast 20 Jahre lang an einer schweren Krankheit gelitten hatte, starb er am 10. Mai 1569 in dem Ort Montilla im Süden von Córdoba. Beigesetzt wurde der Mann, der dem Jesuitenorden zu Lebzeiten nicht beitreten durfte, in der Jesuitenkirche von Montilla. Viele der Schriften und Briefe von Johannes von Ávila sind bis heute erhalten. Zu den bekanntesten gehören die 18 Schriften über das heiligste Sakrament, die Marienreden sowie die gesammelte Korrespondenz mit Persönlichkeiten seiner Zeit.

Darstellung: Johannes von Ávila wurde meist dargestellt, wie er vor dem heiligen Sakrament betet. Ein authentisches Porträt von Johannes gibt es von El Greco; es ist im Museo del Greco in Toledo zu sehen. Darstellungen des großen Predigers existieren vornehmlich in Spanien.

11. Mai

Franz de Hieronymo

Priester, Mönch, Prediger SJ
geboren: 17. Dezember 1642 in Grottaglie, Italien
gestorben: 11. Mai 1716 in Neapel, Italien

Der Priester und Jesuit Franz de Hieronymo ging als einer der bedeutendsten Volksmissionare und Prediger seiner Zeit in die Geschichte ein. Bis heute sind von ihm fast 10 000 Seiten Predigten erhalten. Unvergänglich machte Franz de Hieronymo seinen Namen und sein Wirken durch die Einrichtung verschiedener sozialer Hilfswerke, so für Sträflinge, gefährdete Mädchen und junge Frauen sowie für Arbeiter. Nach seinem Tod am 11. Mai 1716 wurde Hieronymo in seinem Heimatort Grottaglie beigesetzt. Seine Seligsprechung erfolgte 1806, seine Heiligsprechung 1839.

Die Totenmaske des Franz de Hieronymo in der Kirche Gesù Nuovo in Neapel. Obwohl Franz immer wieder darum gebeten hatte, in die Mission im Fernen Osten entsandt zu werden, bestimmte ihn sein Orden für die Volksmission in Neapel. Dort predigte Hieronymo bis zu vierzig Mal am Tag auf den Plätzen und von den Kanzeln der Stadt.

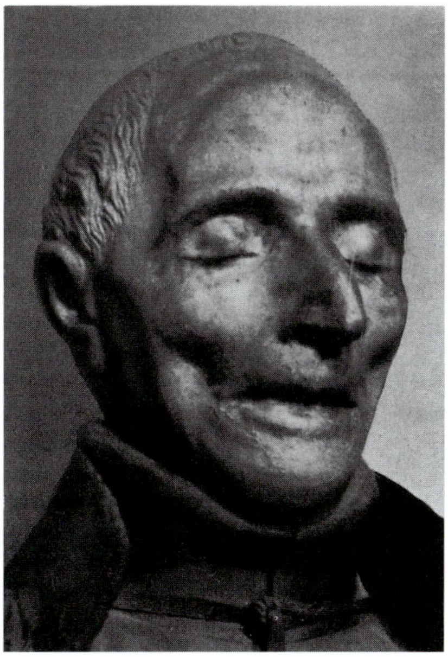

Gangolf (Galgolf, Gangloff)

Edler, Märtyrer
geboren: 8. Jh. in Burgund(?), Frankreich
gestorben: 11. Mai 760(?) in Burgund
Patron der Schuhmacher und Gerber; der Kinder; der Haustiere; vieler Quellen; gegen Kniekrankheiten; bei Eheschwierigkeiten

Über das Leben von Gangolf gibt es keine gesicherten Angaben; wahrscheinlich war er ein Edelmann am merowingischen Königshof in Burgund und lebte im 8. Jh. Überlieferungen berichten, er sei der Besitzer eines Klosters bei Langres gewesen. Nach der Legende entdeckte Gangolf, daß seine Ehefrau eine Beziehung zu einem Kleriker unterhielt, woraufhin dieser ihn ermordete. Deshalb wird Gangolf auch als Märtyrer verehrt.

Verehrung/Brauchtum: Der Gangolf-Kult ist schon seit Ende des 9. Jh. nachweisbar; seinen Höhepunkt erreichte er um das 11. Jh. vor allem in Frankreich und in Deutschland (Burgund, Elsaß, Lothringen, Sachsen, Franken). Die Verehrung Gangolfs als Quellenschutzheiliger rührt davon, daß eine der Legenden erzählt, der Edelmann habe durch ein Wunder eine Quelle von der Champagne nach Varennes überführt. Quellenwallfahrten sind bekannt von Lautenbach im Elsaß und Neudenau in Baden (Gangolf-Brunnen). Die Kirche St. Gangolf in Bamberg bewahrt eine Gangolf-Reliquie.

Darstellung: Gangolf ist meist als Ritter dargestellt, bei sich hat er verschiedene Attribute. In der Gangolf-Kirche von Neudenau ist er einmal mit Lanze und Schwert zu sehen, das andere Mal mit Stab als Symbol für das Quellwunder. Manchmal trägt er auch einen Speer, was wohl auf seine Ermordung hinweisen soll. Ein Freskenzyklus von Januarius Zick in der Pfarrkirche von Amorbach (Franken) zeigt verschiedene Szenen aus dem Leben von Gangolf; ebenso sind mehrere Gangolf-Szenen am Altar der Neudenauer Kirche zu sehen.

Ignatius von Láconi

Mönch, Mystiker OFMCap
geboren: 17. Dezember 1701 in Láconi auf Sardinien, Italien
gestorben: 11. Mai 1781 in Cágliari auf Sardinien
Patron der werdenden Mütter

Papst Pius XII. sprach am 21. Oktober 1951 den einstigen Viehhirten und späteren Kapuzinerbruder Ignatius von Láconi heilig. Ignatius war 1701 in dem kleinen Ort Láconi auf der italienischen Mittelmeerinsel Sardinien zur Welt gekommen. Während seiner Kindheit und Jugendzeit hütete er auf den Feldern das Vieh seines Vaters und seines Onkels. Als er mit 18 Jahren an einem schweren Leiden erkrankte, legte er das Gelübde ab, in einen Orden einzutreten, falls er wieder gesund werden sollte.

Nach zweijährigem Krankenlager gesundete Ignatius und vergaß sein Gelübde schnell. Doch ein Sturz vom Pferd erinnerte ihn an sein Versprechen, und dieses Mal gab es für ihn keinen Aufschub mehr. Kurz vor seinem 20. Geburtstag trat Ignatius in der sardischen Hauptstadt Cágliari in das Kapuzinerkloster ein. Ab 1736 war er als Sammelbruder für seinen Orden tätig. Immer freundlich und bescheiden, von großer Demut geprägt, kam Ignatius seiner Aufgabe nach, insgesamt 45 Jahre lang. Nie kam ein Wort der Klage über seine Lippen, auch wenn ihm der tägliche Gang in den letzten Jahren seines Lebens sehr schwer fiel.

Im Alter von fast 80 Jahren starb Ignatius von Láconi; er wurde in der Kapuzinerkirche von Cágliari beigesetzt. Schon zu Lebzeiten hatte er mehrere wunderbare Krankenheilungen vollbracht; darüber hinaus besaß er die Gabe der Weissagung und andere außergewöhnliche Gnadengaben.

Verehrung/Brauchtum: Da das Volk ihn außergewöhnlich stark verehrte, blieb Ignatius von Láconi nach seinem Tod drei Tage lang unbestattet.

Darstellung: Noch zu Lebzeiten von Ignatius von Láconi schuf der Künstler Francesco Massa ein authentisches Porträt von dem Kapuzinermönch, das heute im Kapuzinerkloster in Cágliari zu sehen ist; es zeigt Ignatius mit Bettelsack und Stock vor einem Kreuz. Im Museo Francescano in Rom sind weitere Darstellungen des Ignatius von verschiedenen Künstlern zu sehen.

Lucina Anicia

Märtyrerin
geboren: um 210 in Rom, Italien
gestorben: um 304 in Rom

Es heißt, Lucina Anicia habe in Rom zahlreiche Märtyrer der Christenverfolgung beigesetzt, so angeblich auch Sebastian, Cyriacus und Papst Marcellus. Um das Jahr 304 erlitt sie unter Kaiser Diokletian hochbetagt selbst das Martyrium und wurde hingerichtet.

Majolus von Cluny

Abt von Cluny OSB
geboren: um 910 in Avignon, Frankreich
gestorben: 11. Mai 994 in Souvigny, Frankreich

Mamertus

Bischof
geboren: um 400 in Vienne, Frankreich
gestorben: um 475 in Vienne
Patron der Ammen (in Frankreich)

Mamertus, ein Bruder des Dichters Claudianus Mamertus, wurde im Jahr 461 zum Bischof von Vienne im heutigen Departement Isère gewählt. Drei Jahre nach seiner Wahl legte er sich mit Papst Hilarius an, weil er gegen eine im Jahr 450 beschlossene Neueinteilung der Kirchenprovinz Vienne und Arles verstieß und einen neuen Bischof in Die einsetzte. Hilarius erteilte Mamertus deshalb einen scharfen Tadel.

Nachdem zahlreiche Feuer und Erdbeben die Stadt Vienne verwüstet hatten, führte Bischof Mamertus im Jahr 470 die sogenannten Drei Bittgänge vor dem Fest Christi Himmelfahrt ein, Prozessionen zur Erflehung göttlicher Hilfe oder zur Abwendung von Gefahren. Außerdem richtete er die schon vorher bestehenden Litaneien, die Wechselgebete und allgemeinen Bitt-Prozessionen ein, die sich danach in Spanien und im damaligen Gallien schnell verbreiteten.

Mamertus starb um das Jahr 475 in Vienne, wo er auch beigesetzt wurde. Über seine Grabstätte oder seine Reliquien ist heute nichts mehr bekannt.

Verehrung/Brauchtum: In Norddeutschland, in den Niederlanden und in der Schweiz zählt Mamertus schon zu den Eisheiligen, die zwischen dem 11. (12.) und 15. Mai oft noch einmal kaltes Wetter bringen.

Darstellung: Mamertus wird im Bischofskleid zu Füßen des Kreuzes abgebildet, manchmal auch mit einem brennenden Licht.

Theopista und Familie

Märtyrer
geboren: 3. Jh.
gestorben: um 250 in Camerino, Italien

Gemeinsam mit ihrem Ehemann und ihren sechs Kindern empfing die Heidin Theopista die Taufe. Freiwillig gingen sie danach für ihren christlichen Glauben in den Tod: Christenverfolger ermordeten die ganze Familie, nachdem sie nicht bereit war abzuschwören.

12. Mai

Imelda Lambertini

Nonne OP
geboren: um 1321 in Bologna, Italien
gestorben: 12. Mai 1333 in Valdipietra bei Bologna
Patronin der Erstkommunikanten

Imelda Lambertini trat schon als Kind in Valdipietra bei Bologna in das dortige Dominikanerinnenkloster ein. Schon kurz darauf starb sie, etwa zwölfjährig, völlig überraschend nach dem Empfang der ersten Kommunion. Die Reliquien von Imelda Lambertini werden in der Kirche S. Sigismondo in Bologna aufbewahrt. Die Bestätigung des Kultes erfolgte 1826.

Darstellung: Imelda Lambertini ist meist dargestellt, wie über ihr eine Hostie erscheint. In der Bologneser Kirche S. Sigismondo zeigt sie ein Gemälde von Domenico Pedrini.

Johanna von Portugal

Königstochter, Nonne OP
geboren: 6. Februar 1452 in Lissabon, Portugal
gestorben: 12. Mai 1490 in Aveiro, Portugal

Johanna, die Tochter von König Alfons V. von Portugal, verzichtete auf die Thronfolge und wurde Dominikanerin. Der Kult der Ordensfrau wurde 1693 approbiert, der Heiligsprechungsprozeß läuft.

Domitilla

Märtyrerin
geboren: 1. Jh. in Rom, Italien
gestorben: 1./2. Jh. in Italien

Die Märtyrerin Domitilla. Nach einem Gemälde von Peter Paul Rubens aus dem Jahr 1612.

Einen Lebensbericht von (Flavia) Domitilla zu geben, wird dadurch erschwert, daß wohl mehrere Frauengestalten des Namens Domitilla existierten und deren Lebensgeschichten teilweise miteinander vermengt wurden. Gesichert ist, daß Flavia Domitilla an der Via Ardenta in Rom ein Grundstück besaß, auf dem später das Domitilla-Cömeterium entstand. Wegen ihres christlichen Bekenntnisses soll Domitilla auf die Insel Pandataria vor Neapel verbannt worden sein (nach anderen Quellen auf die Insel Pontia), wo sie zu Tode gemartert wurde. Papst Clemens VIII., der von 1592 bis 1605 amtierte, verlegte das Fest der Märtyrerin auf den 12. Mai, da ihre Gebeine mit denen der Märtyrer Nereus und Achilleus, derer am 12. Mai gedacht wird, übertragen wurden. Die Reliquien der drei Märtyrer werden bis heute in der Kirche SS. Nèreo ed Achilleo in Rom aufbewahrt.

Modoald von Trier

Bischof von Trier, Gründer
geboren: 6. Jh.
gestorben: um 648 in Trier, Rheinland-Pfalz

Verehrung/Brauchtum: Modoald von Trier wurde in St. Symphorian zu Trier bestattet. Seine Reliquien gelangten 1107 in das Kloster Helmarshausen.

Darstellung: Bischof Modoald, Gründer zahlreicher Klöster und einer Priestergemeinschaft, wird in bischöflichen Gewändern, manchmal im Gebet, dargestellt.

Nereus und Achilleus

Märtyrer
geboren: 3. Jh.(?)
gestorben: um 304(?) in Rom, Italien

Nereus und Achilleus waren wahrscheinlich in Rom Soldaten im Heer von Kaiser Diokletian, dem brutalen Christenverfolger. Nachdem die beiden selbst mutig zum Christentum übergetreten waren, wurden auch sie ermordet. Das Martyrologium Hieronymianum erwähnt die Verehrung der beiden Märtyrer bereits im 5. Jh. Ihre Grabstätte soll sich in der Domitilla-Katakombe befunden haben, wo im 4. Jh. eine Kirche zu ihren Ehren gebaut wurde; sie wurde zu jener Zeit „Titulus Fasciolae“ genannt. Die Reliquien von Nereus und Achilleus ruhen bis heute zusammen mit jenen von Domitilla unter dem Hochaltar dieser Kirche, die inzwischen SS. Nèreo ed Achilleo heißt (Piazzale Numa Pompilio).

Darstellung: Nereus und Achilleus sind meist mit den Attributen der Märtyrer dargestellt. Die älteste Abbildung stammt aus dem 4. Jh. und wurde auf einem Säulenrelief in der Domitilla-Katakombe gefunden. Peter Paul Rubens hat die beiden Märtyrer in der Kirche Santa Maria in Vallicella (Chiesa Nuova) in Rom als ältere Männer dargestellt.

Pankratius

Märtyrer
geboren: um 290 in Phrygien, Kleinasien
gestorben: 12. Mai 304 in Rom, Italien
Patron der Erstkommunikanten; der Kinder (Frankreich); der jungen Pflanzen und Blüten; gegen Kopfschmerzen und Krämpfe; gegen Meineid; Eisheiliger

Die Basilika S. Pancrazio fuori le mura an der Via Aurelia in Rom erinnert bis zum heutigen Tag an Pankratius, den Märtyrer, der in Süddeutschland und im übrigen deutschsprachigen Raum als „Eisheiliger“ verehrt und manchmal zu den Nothelfern gezählt wird. Die Erstkommunikanten rufen ihn als Schutzheiligen an, in Frankreich ist er der Patron der Kinder. Seine Beliebtheit im deutschen Sprachraum geht zurück auf ein Ereignis, das am 12. Mai 896 stattfand. An diesem Tag eroberte Kaiser Arnulf von Kärnten, ein Karolinger, die Stadt Rom und schrieb dies seiner Fürbitte zum heiligen Pankratius zu, den er besonders verehrte.

Die Legende berichtet von Pankratius, daß er als Sohn eines vornehmen Römers um 290 in Phrygien in Kleinasien geboren wurde. Bald nach seiner Geburt starb die Mutter, ein Jahr darauf der Vater. Pankratius wurde von seinem Onkel Dionys aufgenommen und erzogen. Um 303 zogen Dionys und Pankratius nach Rom. Zu jener Zeit herrschte der grausame Christenverfolger Diokletian als Kaiser, das Bekenntnis zum christlichen Glauben kam dem Todesurteil gleich. Pankratius aber ließ sich nicht einschüchtern. Mit seinem ererbten Vermögen versuchte er, das Leid der Christen, insbesondere das Schicksal der gefangengenommenen Gläubigen, zu lindern. Schon bald aber wurde er verraten und vom Statthalter des Kaisers verhaftet. Zuvor verschenkte er noch sein gesamtes Hab und Gut unter den Christen.

Kaiser Diokletian versprach Pankratius alle Vorteile des Lebens, falls er dem Christenglauben abschwören würde. Der inzwischen vierzehnjährige Jüngling ließ sich jedoch nicht von seinem Glauben abbringen. Rasend vor Wut über diese Standhaftigkeit, ließ Diokletian schließlich das Todesurteil über Pankratius sprechen.

Am 12. Mai des Jahres 304 – es war das schrecklichste Jahr der Christenverfolgung durch Kaiser Diokletian – wurde Pankratius öffentlich enthauptet. Bis zum letzten Augenblick pries der mutige Christ Jesus Christus. Den Leichnam des jungen Märtyrers ließen die Schergen zum Fraß für die Hunde liegen. Eine Christin nahm unter Lebensgefahr den Körper von Pankratius auf und trug ihn zur Via Aurelia zu den dortigen Katakomben, wo ihn eine Gruppe Gläubiger beisetzte. Über dem Grab errichtete Papst Symmachus im Jahr 500 eine Kirche zu Ehren von Pankratius; es war der Vorgängerbau der heutigen Basilika S. Pancrazio fuori le mura.

Verehrung/Brauchtum: Der Kult von Pankratius ist fast in ganz Europa verbreitet; in Deutschland blühte er vor allem im 10. Jh. auf, nachdem Kaiser Arnulf von Kärnten die Eroberung Roms der Fürbitte zu Pankratius zugeschrieben hatte. Durch die Verbreitung zahlreicher Reliquien des Märtyrers wurde die Verehrung noch gefördert.

Der vierzehnjährige Pankratius vor Kaiser Diokletian, dem Christenverfolger. Nach einem Stich aus dem 19. Jh.

Darstellung: Pankratius wird immer jugendlich dargestellt, teilweise in bürgerlicher Bekleidung, manchmal in ritterlicher Tracht. Oft trägt er eine Krone und ein Schwert in der Hand; im 20. Jh. wurde er manchmal mit einem Rosenkorb abgebildet. In der Basilika S. Pancrazio fuori le mura hält Pankratius eine Palme und eine Herzscheibe (Statue). Ein Holzschnitt in der Vita Sanctorium (1488) stellt Pankratius dar, wie er enthauptet wird.

Richtrudis

1. Äbtissin von Marchiennes
geboren: um 615 in Frankreich
gestorben: 12. Mai 687 in Marchiennes, Frankreich

Siméon Lourdel

Priester, Missionar PA
geboren: 20. Dezember 1853 in Dury bei Arras, Frankreich
gestorben: 12. Mai 1890 in Uganda

Der Franzose Siméon Lourdel trat 1874 in Algier der neugegründeten Missionsgesellschaft der „Weißen Väter" bei, die 1868 zur Afrika-Missionierung gegründet worden war. 1877 empfing Lourdel die Priesterweihe, 1878 verließ er Algier, um nach einer unvorstellbar beschwerlichen Reise 14 Monate später in Uganda, seinem Ziel, einzutreffen. In den folgenden elf Jahren leistete der „Apostel Ugandas", wie Siméon Lourdel genannt werden sollte, unter schwierigsten Bedingungen Unermeßliches und verhalf der katholischen Religion zu vielen Erfolgen. Immer wieder vermittelte er dabei in den rücksichtslosen Machtkämpfen und Intrigen zwischen dem König, der gern Siméons Rat hörte, arabischen Sklavenhändlern, englischen Protestanten und Heiden. Aber auch viele tragische Ereignisse kennzeichneten den Weg des Missionars aus Frankreich.

Am 12. Mai 1890 konnte der durch Krankheiten geschwächte Körper von Siméon Lourdel keinen Widerstand mehr leisten; der Apostel Ugandas starb an hohem Fieber und Erschöpfung. Im noch erhaltenen Tagebuch seiner Mission steht geschrieben: „Was wären wir ohne diesen Mitbruder."

Im Jahr 1985 leitete Kardinal Nsubuga, Erzbischof von Kampala, in Rom den Seligsprechungsprozeß für Pater Siméon Lourdel ein.

Siméon Lourdel, „Apostel Ugandas".

13. Mai

Andreas Hubert Fournet

Ordensgründer
geboren: 6. Dezember 1752 in Maillé, Frankreich
gestorben: 13. Mai 1834 in Poitiers, Frankreich

Nach vielen Schwierigkeiten während seiner Kindheit und Jugendzeit – vom Kolleg lief er davon, im Studium hatte er keinen Erfolg – erkannte Andreas Hubert Fournet, zum Priester berufen zu sein. Er wurde Vikar und bald darauf Pfarrer in seinem Heimatort Maillé. Doch immer noch benahm sich der Priester eher wie ein Herr der feinen Gesellschaft denn wie ein Diener Gottes.

Die Wende im Leben von Andreas Hubert Fournet kam, als er einem Bettler eine Gabe verweigerte und der Mann ihm eine demütigende Antwort gab. Da erkannte der Priester plötzlich, wie hohl sein Leben bisher gewesen war. Er verschenkte alles, was er besaß, unter den Armen und lebte von diesem Tag an ärmer als die Ärmsten. Als die Französische Revolution ausbrach, weigerte sich Andreas Hubert Fournet, den Eid auf die Konstitution abzulegen und mußte deshalb 1792 nach Spanien fliehen. Nach dem Sturz Robespierres kehrte er in seine Heimat zurück.

Mit Unterstützung von Johanna Elisabeth Bichier gründete Fournet Jahre später die Kongregation der „Kreuztöchter vom heiligen Andreas", auch Andreas-Schwestern genannt. Der Orden widmete sich der Armen- und Krankenpflege und erhielt 1867 durch Papst Pius IX. die Bestätigung. Fournet verfaßte die Satzungen und leitete die Kongregation von 1820 bis 1832 vom Mutterhaus in La Puye aus.

Der Ordensstifter starb am 13. Mai 1834 in Poitiers. Beigesetzt wurde er in La Puye. Papst Pius XI. sprach Andreas Hubert Fournet am 4. Juni 1933 heilig. Die Andreas-Schwestern gibt es inzwischen außer in Frankreich auch in Italien, Spanien und sogar in Kanada.

Andreas Hubert Fournet. Dieses Porträt zeigt den Heiligen im Jahr 1828. Fournet war zunächst Student der Rechte, wollte dann Offizier werden und entschied sich schließlich für den Priesterberuf.

Ellinger von Tegernsee

Abt OSB
geboren: 10. Jh. in Bayern(?)
gestorben: 13. Mai 1056 in Tegernsee, Bayern

Leben und Wirken Ellingers sind eng mit dem Benediktinerkloster Tegernsee am gleichnamigen See in Oberbayern verbunden. Hier erhielt er Ausbildung und Erziehung, legte sein Ordensgelübde als Mönch ab und wurde im Jahr 1017 Abt. Durch ihn erlebte das Kloster eine große Blüte, vor allem auf künstlerischem und wissenschaftlichem Gebiet. Als Ellinger aber eine Klosterreform durchführen wollte, erreichten reformabgeneigte Mönche, daß er 1026 abdanken mußte. Bischof Godehard von Hildesheim holte ihn sechs Jahre später in das Amt zurück, doch ein Jahrzehnt danach setzte ihn Bischof Nizzo von Freising erneut ab und schickte ihn ohne Nennung von bestimmten Vorwürfen in die Verbannung in das Kloster Niederaltaich in Niederbayern. Ellinger empfand über diese ungerechte Behandlung tiefen Schmerz, doch voller Demut und im festen Glauben an Gott ertrug er alle Anfeindungen und seelischen Leiden.

In seinen letzten Lebensjahren durfte der frühere Abt dann wieder nach Tegernsee zurückkehren, jedoch ohne Amt und Würden. Am 13. Mai 1056 starb Ellinger im Tegernseer Kloster, wo er auch bestattet wurde. Im Jahr 1218 wurden seine Gebeine erhoben und auf dem Vitus-Altar der Klosterkirche beigesetzt.

Blick auf Kloster Tegernsee und den gleichnamigen See. Nach einer aquarellierten Bleistiftzeichnung von Wilhelm von Kobell aus dem Jahr 1838, heute im Stadtmuseum München. Ellinger wurde 1017 zum Abt dieses Klosters ernannt, danach aber zweimal wieder abgesetzt.

Gerhard von Villamagna

Mönch, Einsiedler OFM
geboren: um 1175 in Florenz, Italien
gestorben: 13. Mai 1245 in Villamagna bei Florenz
1833 Bestätigung des Kultes

Magdalena Albrici

Äbtissin, Mystikerin OESA
geboren: 14. Jh. in Como, Italien
gestorben: 13. Mai 1465 in Brunate bei Como
10. Dezember 1907 Approbation des Kultes

Rolendis

Jungfrau, Königstochter(?)
geboren: 7./8. Jh. in Belgien
gestorben: 8. Jh. in Villers-Poterie bei Gerpinnes, Belgien

Verehrung/Brauchtum: Die Reliquien von Rolendis werden in einem kostbaren Schrein (1600) aufbewahrt, der immer am Pfingstmontag von Gerpinnes im belgischen Hennegau (Hainaut), wo er in der dortigen Pfarrkirche seinen Platz hat, nach Villers-Poterie und nach Hanzinne getragen wird.

Im Jahr 1951 entdeckte man in Gerpinnes den Sarkophag, in welchem im 8. Jh. die Gebeine von Rolendis beigesetzt wurden.

Servatius

Bischof, Märtyrer(?)
geboren: 4. Jh. in Armenien(?)
gestorben: 13. Mai 384 in Maastricht, Niederlande
Patron von Maastricht, Goslar, Limburg/Lahn, Quedlinburg; des Bistums Worms; der Schlosser und Tischler; gegen Rheumatismus, Fußleiden und Fieber; gegen Frostschäden; gegen das Lahmen bei Tieren; gegen Mäuse- und Rattenplagen; Eisheiliger

Die Reihe der sogenannten „Eisheiligen“ setzt sich am 13. Mai fort mit Servatius, dem einzigen bekannten Bischof von Tongern in Belgien. Als Volksheiliger wird „Sint Servaas“ gegen Frostschäden angerufen, was darauf beruht, daß in vielen Jahren in der Mitte des Monats Mai noch einmal ein Kälteeinbruch erfolgt, der die zarten jungen Pflanzen und Blüten gefährdet.

Über das Leben von Servatius gibt es nur wenige sichere Daten. Man weiß, daß er aus einem östlichen Land stammte, wahrscheinlich aus Armenien, und zu Beginn des 4. Jh. zur Welt kam. Etwa um 340 wurde er zum Bischof von Tongern ernannt. Bei zahlreichen Synoden ist er als Teilnehmer vermerkt, so in Sardica (Sofia) 343 und in Rimini 359. Während seiner ersten Jahre als Bischof gehörte Servatius zu den härtesten Gegnern des Arianismus.

Servatius starb am 13. Mai 384 in Maastricht. Die Legende erzählt, daß er seinen Tod kommen fühlte und deshalb nach Maastricht ging, da er dort begraben werden wollte. Eine andere Überlieferung berichtet, Servatius sei den Märtyrertod gestorben.

Verehrung/Brauchtum: Die Verehrung für Servatius nahm einen großen Aufschwung nach dem Einfall der Vandalen im Jahr 406, den der Bischof vorausgesagt haben soll. Seit dem 6. Jh. war der Servatius-Kult in ganz Westeuropa verbreitet, beson-

Frontansicht des Goldschreines mit den Gebeinen von Servatius. Mittelpunkt ist die Figur des Bischofs.

ders im Rhein- und Moselgebiet. Das Grab von Servatius in der Servatius-Kirche in Maastricht entwickelte sich im Mittelalter zu einer der bedeutendsten Wallfahrtsstätten. Das Gotteshaus, 1039 konsekriert, ist das älteste in den Niederlanden überhaupt und das einzige im Land, das über dem Grab eines Heiligen erbaut wurde. Besucht wurden die Kirche und die Grabstätte des Servatius auch von Karl dem Großen, Heinrich II., Karl Martell sowie den großen Heiligen Bernhard von Clairvaux und Norbert.

Von ganz besonderer Bedeutung ist in Maastricht die sogenannte Heiligtumsfahrt, die 1990 wieder stattgefunden hat. Schon bald nach der Weihe der Servatius-Grabkirche feierten die Gläubigen am 13. Mai eine „Reliquienkirmes", die sich im Laufe der Zeit in Wechselwirkung mit Aachen und Kornelimünster zu einer Heiligtumsfahrt entwickelte. Ab Ende des 14. Jh. ist eine Reliquienverehrung im Sieben-Jahre-Rhythmus bezeugt. Ihre Blüte erlebte diese Tradition gegen Ausgang des 15. Jh., als etwa 1496 über 100 000 Pilger dem Maastrichter Servatius-Fest beiwohnten. Danach geriet der Brauch rund drei Jahrhunderte so gut wie in Vergessenheit, bis er 1829 wieder aufgenommen wurde und seither wieder alle sieben Jahre zur Heiligtumsfahrt eingeladen wird, so eben auch 1990 und wieder 1997.

Bei der Prozession, dem „Ommegang", werden das Haupt, das Brustkreuz, der Bischofsstab, die Patene und der Kelch von Servatius durch die Straßen getragen; den Mittelpunkt bildet der Goldschrein, die „noodkist", mit den Gebeinen des Stadtpatrones. 1990 haben rund 2000 Mitwirkende und über 700 Musiker die Heiligtumsfahrt feierlich gestaltet.

Darstellung: Servatius wird meist in bischöflichen Gewändern dargestellt, oft mit Brille und Buch als Zeichen für seine Gelehrtheit, manchmal auch mit Stab oder Schlüssel. Auch Holzschuhe sind ihm hin und wieder beigegeben, da er nach einer der Legenden angeblich mit diesem Schuhwerk erschlagen wurde. Abgebildet wurde der Bischof auch, wie er mit seinem Stab einen Drachen (Arianismus) tötet oder wie er, als Pilger in der Sonne schlafend, von einem Adler Luft zugefächelt bekommt. Mit Schlüssel und Drachen ist er beispielsweise auf einem Glasgemälde (15. Jh.) in der Karmeliterkirche in Boppard zu sehen. Auf dem kostbaren Reliquienschrein in der Maastrichter Servatius-Kirche – er wurde im 12. Jh. in der berühmten Maas-Schule geschaffen – ist Servatius zusammen mit zwei Engeln dargestellt, die ein Buch und einen Stab tragen.

14. Mai

Bonifatius von Tarsus

Märtyrer
geboren: 3. Jh. in Rom(?), Italien
gestorben: um 306 in Tarsus, Türkei
Patron des Klosters St. Bonifatius und Alexius auf dem Aventin in Rom;
Eisheiliger

Bonifatius wird zusammen mit Pankratius, Servatius und – regional – Sophia als „Eisheiliger" verehrt.

Über sein Leben und Wirken allerdings gibt es so gut wie keine historischen Überlieferungen, die meisten Angaben sind legendarisch. Danach soll Bonifatius im Auftrag einer reichen Römerin nach Tarsus in Kilikien in Kleinasien (heute Türkei) gekommen sein, um dort Reliquien von Märtyrern ausfindig zu machen. In Tarsus erlebte Bonifatius, bis dahin heidnischen Glaubens, wie mehrere Christen gefoltert und getötet wurden. Unter dem Eindruck dieses Erlebnisses wurde er zum christlichen Glauben bekehrt, bekannte dies öffentlich und erlitt daraufhin ebenfalls das Martyrium. Er soll in siedendem Pech getötet worden sein.

Die Legende berichtet, daß die Begleiter von Bonifatius der ursprünglichen Auftraggeberin nun seine eigenen Reliquien überbrachten, und die Römerin die Gebeine in der Ewigen Stadt an der Via Latina beisetzte. Dies alles soll sich um das Jahr 306 ereignet haben. Der Gedenktag von Bonifatius wurde später auf den 14. Mai gelegt.

Verehrung/Brauchtum: Das Fest von Bonifatius ist bereits seit dem 10. Jh. überliefert. Der große Bonifatius, Apostel der Deutschen, der im 8. Jh. in Deutschland missionierte, nannte sich nach Bonifatius von Tarsus. Der Grund: Seine Aussendung als Missionar erfolgte am 15. Mai 719, am Tag nach dem Gedenktag von Bonifatius von Tarsus.

Darstellung: In östlichen Darstellungen ist Bonifatius meist als junger Mann zu sehen, in westlichen hingegen älter und bärtig. Abgebildet wird fast immer das Martyrium: Bonifatius stirbt in siedendem Pech.

Corona (Stephana)

Märtyrerin
geboren: um 160(?) in Ägypten oder Syrien
gestorben: 177 in Ägypten oder Syrien
Patronin in Geldangelegenheiten; der Lotterie (Österreich); der Schatzgräber und Fleischer

Über die Märtyrerin Corona, die im Griechischen Stephana heißt, gibt es nur legendarische Überlieferungen. Danach war sie die junge Frau eines Victor, der ebenfalls als Märtyrer gestorben sein soll. Im Alter von erst 16 Jahren wurde Corona wegen ihres christlichen Glaubens zum Tode verurteilt. Nach der Erzählung soll sie von den Christenverfolgern an zwei gebeugten Palmen festgebunden worden sein; als diese emporschnellten, wurde das Mädchen in zwei Stücke zerrissen.

Verehrung/Brauchtum: Vor allem im Abendland entwickelte sich eine große Verehrung für Corona; in Bayern und Österreich gab es verschiedene Corona-Wallfahrten; mehrere Orte sind nach der Märtyrerin benannt (St. Corona bei Passau, St. Corona in Österreich). Kaiser Otto III. brachte Reliquien Coronas aus Otricoli in Italien in das Aachener Münster, Kaiser Karl IV. andere aus Feltre (Italien) in den Dom zu Prag. Im Osten gedenkt man Corona mit Victor am 11. November.

Darstellung: Corona ist auf Abbildungen mit Palme, oft auch mit Goldstück und Krone zu sehen. Ein Glasfenster aus dem 14. Jh. im Straßburger Münster zeigt sie mit einem Palmenzweig. Verschiedentlich wurde Corona auch gemeinsam mit Victor dargestellt.

Erembert von Toulouse

Bischof von Toulouse OSB
geboren: um 610 in Villiolicourt bei Le Pecq, Frankreich
gestorben: 14. Mai 671 in Fontenelle
Patron gegen Feuergefahr

Verehrung/Brauchtum: In Fontenelle gedenkt man Eremberts am 30. April. Am 30. April 704 waren die Reliquien des Bischofs in die Basilika von Fontenelle übertragen worden; sie sind heute nicht mehr vorhanden.

Darstellung: Erembert ist als Bischof dargestellt, hinter sich ein brennendes Haus.

Maria Dominica Mazzarello

Ordensgründerin FMA
Geboren: 9. Mai 1837 in Mornese, Italien
gestorben: 14. Mai 1881 in Nizza Monferrato, Italien

Maria Dominica Mazzarello ging zusammen mit Johannes Bosco als Gründerin der Kongregation „Töchter Mariä, Hilfe der Christen" oder Maria-Hilf-Schwestern in die Geschichte ein.

Maria Dominica Mazzarello kam am 9. Mai 1837 in dem Ort Mornese in der norditalienischen Region Piemont zur Welt und zeigte schon in der Kindheit eine große Verehrung für die Gottesmutter Maria. Als junges Mädchen widmete sie sich der Erziehung von Waisenkindern, eine Aufgabe, in der sie vollkommen aufging. Um das Jahr 1864 lernte Maria Dominica Mazzarello den großen Seelsorger und begnadeten Pädagogen Johannes (Don) Bosco kennen. Sie unterstützte seine Arbeit, die darin bestand, verwahrlosten Jugendlichen Heim und Erziehung zu geben. 1872 schließlich gründeten die beiden ihren Orden. Maria Dominica wurde die erste Generaloberin der neuen Kongregation. Sie opferte sich auf für ihr Werk, lebte nur für andere

Maria Dominica Mazzarello, Mitbegründerin und erste Generaloberin der „Töchter Mariä, Hilfe der Christen", der Maria-Hilf-Schwestern. Die Initiative war von Don Bosco ausgegangen.

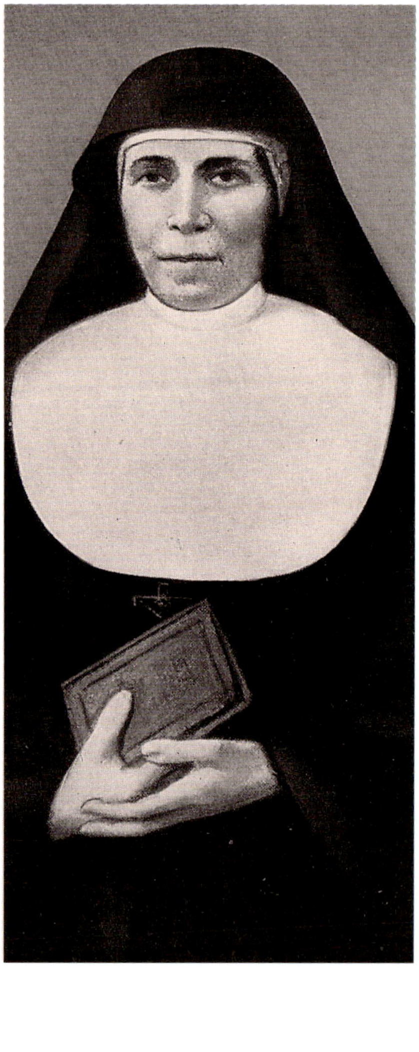

Papst Pius XII. sprach 1947 Michael Garicoits und 1951 Maria Dominica Mazzarello heilig.

und diente demütig. Ihr Einsatz in dem Orden forderte sie Tag und Nacht.

Am 14. Mai 1881 starb Maria Dominica Mazzarello in ihrem Mutterhaus in Nizza Monferrato. Papst Pius XII. sprach die vorbildliche Ordensfrau und Gründerin am 24. Juni 1951 heilig.

Michael Garicoits

Ordensgründer SCJ
geboren: 15. April 1797 in Ibarre, Frankreich
gestorben: 14. Mai 1863 in Bétharram, Frankreich

Die Kongregation der „Priester des heiligsten Herzens Jesu de Bétharram“ ist das Werk von Michael Garicoits. Der Ordensstifter kam am 15. April 1797 in Ibarre in Südfrankreich zur Welt und mußte sich in seinen Kinder- und Jugendjahren als Schafhirte durchschlagen, da seine Eltern sehr arm waren. Durch Mithilfe und Unterstützung des Ortspfarrers, der Michaels Fähigkeiten schon früh erkannt hatte, konnte der Junge später das Priesterseminar besuchen, im Jahr 1823 empfing er die Priesterweihe. Ein Jahr später wurde er Vikar und 1825 Professor der Theologie.

Michael Garicoits bekämpfte Zeit seines Lebens gallikanische und jansenistische Strömungen. Im Jahr 1835 gründete er schließlich in Bétharram seine Kongregation, deren

Michael Garicoits, Gründer und erster Superior der Kongregation der „Priester des heiligsten Herzens Jesu de Bétharram“. Garicoits leitete die Gemeinschaft fast drei Jahrzehnte lang, bis er im Jahre 1863 an ihrem Gründungsort, in Bétharram, starb.

Satzungen sich an jene der Gesellschaft Jesu (Jesuiten-Orden) anlehnten; der Orden widmete sich der Erziehung und der Seelsorge. Bis zu seinem Tod am 14. Mai 1863 leitete Michael Garicoits den Orden fast drei Jahrzehnte. Seine Heiligsprechung erfolgte am 6. Juli 1947 durch Papst Pius XII.

Pachomius der Ältere

Mönchsvater
geboren: um 287 in Ägypten
gestorben: 14. Mai 347 in Tabennísi, Ägypten

Pachomius gilt als Vater des ägyptischen Mönchtums und Begründer des cönobitischen Mönchtums, also des Zusammenlebens von Mönchen in einem von Mauern umgebenen Kloster. Bis zu dem Zeitpunkt, da Pachomius ein erstes Kloster errichten ließ, hatten die Mönche als Einsiedler gelebt. Man nannte diese Lebensart auch Anachoretentum.

Pachomius kam um das Jahr 287 als Sohn eines Heiden in Oberägypten zur Welt. Gegen seinen Willen mußte er 314 Soldat werden, wurde jedoch bald wieder entlassen. Kurze Zeit darauf empfing er die Taufe, da er im christlichen Glauben den für sich einzig richtigen Lebensweg sah.

Als Pachomius bei den Ruinen des Dorfes Tabenna (Tabennísi) Holz sammelte, sprach, so die Legende, ein Engel zu ihm: „Baue hier ein Kloster. Dies ist der Ort, wo du Gott dienen sollst, du und noch viele, welche hierher kommen werden, damit du ihr Führer seiest.“

Im Jahr 320 gründete Pachomius in Tabennísi am rechten Nilufer in Ägypten dann sein Kloster, dessen erster Abt er wurde. Schon nach wenigen Jahren war der Ruf dieser Mönchsgemeinschaft hinter den hohen Mauern weit hinausgedrungen. Immer mehr Mönche, die von Tabennísi Großes gehört hatten, strebten herbei. Das Wichtigste in diesem Kloster waren der Gehorsam gegenüber dem Abt, Disziplin sowie Gemeinschaft bei allen Dingen, die das tägliche Leben betrafen. In dieser Art gibt es die Ordensregel heute nicht mehr.

Gegenüberliegende Seite: Diese Höhlen in der Landschaft von Kappadokien erinnern bis heute an die „Mönchsfamilien“ zur Zeit von Pachomius.

Als Pachomius am 14. Mai 347 starb, hinterließ er neun Männerklöster mit über 9000 Mönchen sowie zwei Frauenklöster, die alle zu einem Verband zusammengeschlossen waren. Wirtschaftlich waren die Klöster vollkommen selbständig und konnten sich allein versorgen.

Darstellung: Pachomius ist meist als Greis mit Bart dargestellt, bekleidet mit einem Mönchsgewand. Oft ist auch die Szene zu sehen, wie er von einem Engel (manchmal auch von Jesus) eine Tafel mit den Mönchsregeln erhält; dabei trägt er meist nur eine einfache Tunika oder Fellkleidung. Die häufigsten Darstellungen von Pachomius gibt es in der östlichen Kunst.

15. Mai

Berta von Bingen

Witwe, Mutter von Rupert von Bingen
geboren: 7. Jh.
gestorben: 8. Jh. bei Bingen, Rheinland-Pfalz

Dymphna von Gheel

Märtyrerin
geboren: 7. Jh. (?) in Irland oder England
gestorben: 7. Jh. (?) in Gheel, Belgien
Patronin der Geisteskranken und Besessenen

Dymphna soll eine englische oder irische Königstochter gewesen sein, deren heidnischer Vater sie nach dem frühen Tod der Mutter heiraten wollte. Gemeinsam mit dem Priester Gerbert flüchtete das Mädchen nach Belgien und hielt sich dort versteckt. Nach der Überlieferung soll der Vater sie nach Jahren aber entdeckt und zusammen mit dem Priester in Gheel enthauptet haben. Der Gedenktag 15. Mai entstand, weil die Gebeine Dymphnas sowie des Geistlichen an einem 15. Mai erhoben wurden. An der Grabstätte der Märtyrerin entstand im Mittelalter eine Anstalt für Geisteskranke.

Darstellung: Dymphna ist als Königstochter oder als Einsiedlerin abgebildet; oft hat sie einen Teufel zu ihren Füßen. Manchmal wird auch ihre Enthauptung gezeigt, so auf einem Gemälde von Gerard Seghers in der Galerie Schleißheim in München. In der Dymphna-Kirche zu Gheel sind verschiedene Darstellungen der Märtyrerin zu sehen.

Gerbert (Gernbert, Gerebern)

Priester, Märtyrer
(Begleiter der Dymphna)
geboren: 6./7. Jh.(?) in Irland
gestorben: 7. Jh. in Gheel, Belgien
Patron gegen Epilepsie, Gicht und Lähmung

Gertrud von Brabant

Märtyrerin
geboren: 5. Jh. in Brabant, Belgien
gestorben: um 500 in Brabant

Verehrung/Brauchtum: In Frankreich gedenken die Gläubigen Gertrud von Brabant am Tag nach Christi Himmelfahrt.

Halvard

Märtyrer
geboren: um 1010 in Norwegen
gestorben: 1043 in Norwegen
Patron der Stadt Oslo, früher auch des Bistums Oslo

Halvard, eine in Norwegen stark verehrte Kirchenpersönlichkeit, setzte sich Zeit seines Lebens für christliche Tugenden ein. Als er im Jahr 1043 eine unschuldig verdächtigte Frau deckte, wurde er zusammen mit ihr erschossen und danach ins Meer geworfen. Seine Grabstätte fand der bald Hochverehrte im Dom zu Oslo.

Heinrich von Ebrantshausen

Pilger, Einsiedler
geboren: um 1120 in Regensburg, Bayern
gestorben: um 1185 in Ebrantshausen, Bayern
Patron gegen Gehörleiden; des Viehs

Heinrich, ein Graf aus dem Geschlecht von Riedenburg, ließ sich nach einer Pilgerfahrt ins Heilige Land bei Ebrantshausen im Bistum Regensburg als Einsiedler nieder. Um seine adlige Herkunft zu verbergen, sprach er 40 Jahre lang bis zu seinem Tod um das Jahr 1185 kein einziges Wort. Seinen Lebensunterhalt verdiente sich Heinrich als Hirte. Wenn er um milde Gaben bat, benutzte er dazu ein Glöckchen, das er immer um den Hals trug.

Als die Gläubigen den schon zu Lebzeiten hoch verehrten Einsiedler nach seinem Tod in seiner Zelle fanden, entdeckten sie seine wahre Abstammung und wollten ihn in der Familiengruft auf Burg Riedenburg beisetzen. Das Ochsengespann mit dem Leichnam Heinrichs blieb auf dem Weg dorthin jedoch vor der Ebrantshauser Kirche stehen, woraufhin der Verstorbene dort neben dem Gotteshaus beerdigt wurde.

Verehrung/Brauchtum: Um die Person des Heinrich von Ebrantshausen entwickelte sich ein reiches Brauchtum. Nicht nur, daß die Gläubigen den Gedenktag Heinrichs bis heute mit einer Prozession durch Ebrantshausen begehen, an diesem Tag werden auch die sogenannten „Heinrichszeltl“ ausgegeben, kleine Brote mit aufgepreßtem Kreuzzeichen; sie wurden früher als Heilmittel für Krankheiten bei Mensch und Tier angewandt, heute mischen es die Bauern noch immer unter das Viehfutter. Außerdem werden am Heinrichsfest Andachtsbildchen mit dem Abbild des Einsiedlers verteilt, die von den Landwirten an den Stalltüren angebracht werden.

Und noch ein außergewöhnlicher Brauch verbindet sich mit Heinrich von Ebrantshausen: In der Ortskirche hängt bis heute ein Glöckchen an einer Kette, das von den Gläubigen, die sich davon Heilung von Ohrenleiden erhoffen, direkt am Ohr geläutet wird. In früheren Zeiten wurde das Glöcklein zuvor auch noch geküßt. Diese Sitte rührt daher, daß im Jahr 1776 ein junger Mann von seiner Schwerhörigkeit, an der er nach ei-

Heinrich von Ebrantshausen. Nach einem Glasgemälde aus dem 19. Jh. im Pfarramt Riedenburg.

ner Ohrfeige litt, geheilt wurde, nachdem er zu Heinrich gebetet hatte.

Darstellung: Heinrich von Ebrantshausen ist meist als Pilger mit oder ohne Hut dargestellt; als Attribute hat er wechselweise oder zusammen Glöckchen, Stab, Buch und Eisenring bei sich. Verschiedene Darstellungen finden sich in der Ebrantshauser Kirche, so hinter dem Heinrichsalter ein Ölgemälde, das das Gespannwunder zeigt.

Isidor von Chios

Soldat, Märtyrer
geboren: 3. Jh. in Alexandrien, Ägypten
gestorben: 251 auf Chios, Griechenland
Patron von Venedig und Chios; der Seeleute

Darstellung: Isidor von Chios wird fast immer mit Bart dargestellt, so auch auf seinem Grabmal in S. Marco in Venedig, wo seit 1125 seine Reliquien ruhen (Cappella S. Isidoro). Reliefs am Grabmal zeigen Szenen des Martyriums von Isidor (Schleifung und Enthauptung). Mosaiken von Carbano Cerbani, ebenfalls in der Cappella S. Isidoro, stellen Szenen aus dem Leben und aus dem Martyrium des Heiligen dar.

Isidor von Madrid

Bauer
geboren: um 1070 in Madrid, Spanien
gestorben: 15. Mai 1130 bei Madrid
Patron von Madrid; der Bauern; für eine gute Ernte; gegen Dürre und für Regen

In der Andreaskirche in der spanischen Hauptstadt Madrid hat der heilige Isidor seine letzte Ruhestätte gefunden. Das Gotteshaus an der Plaza de los Carros, eines der ältesten der Stadt, wurde im Jahr 1936 stark zerstört, nur die Kapelle San Isidor ist noch erhalten. Isidor, der spanische Heilige, wird auch in Deutschland von den Bauern verehrt und um Regen gebeten. Seine Heiligsprechung erfolgte am 12. März 1622 durch Papst Gregor XV.

Isidor kam um das Jahr 1070 in Madrid zur Welt und verließ schon als Jüngling das Elternhaus, um sich bei einem Baron als Knecht seinen Lebensunterhalt zu verdienen. Felder und Äcker erblühten schon bald unter seiner Hände Arbeit, das heruntergewirtschaftete Landgut erlebte unter Isidor einen Aufschwung. Als Isidor von seinem Herrn zum Oberknecht befördert wurde, erweckte dies den Neid der anderen Arbeiter auf dem Hof. Die mißgünstigen Knechte verleumdeten Isidor immer wieder beim Gutsherrn und erzählten, daß er durch seine allmorgendlichen Kirchgänge die Arbeit auf dem Feld vernachlässige. Die Legende erzählt dazu, daß der Gutsbesitzer, als er Isidor eines Morgens zur Rechenschaft ziehen wollte, auf dem Acker zwei fremde, junge Männer erblickte, die die Erde pflügten. Er erkannte, daß hier etwas Wunderbares geschah und ließ davon ab, Isidor zu ermahnen.

„Isidor von Madrid wird von seinem Herrn kontrolliert." Ludwig Seitz stellte diese Szene so, wie sie die Legende überliefert hat, dar.

Für Hilfsbedürftige und Arme hatte Isidor immer Trost und Hilfe bereit, keiner ging von ihm, ohne Zuwendung erhalten zu haben. Auch Isidors Frau Maria Toribia, die später ebenfalls sehr verehrt wurde, half, wann und wo immer sie konnte.

Isidor, der demütige, pflichtbewußte Bauer, der über keine Geistes-, dafür über um so größere Herzensbildung verfügte, starb am 15. Mai 1130. Als man vier Jahrzehnte nach seinem Tod sein Grab öffnete, waren sein Leib und seine Kleidung noch völlig unversehrt. In einer feierlichen Prozession wurden die sterblichen Überreste Isidors dann in die Andreaskirche übertragen.

Darstellung: Isidor von Madrid wurde zunächst vor allem in und um Madrid dargestellt, nach seiner Kanonisation 1622 dann aber auch in ganz Spanien, in Tirol, Süddeutschland und in der Bretagne. Abgebildet wurde er in Bauerntracht mit landwirtschaftlichen Geräten. Häufig ist auch die Darstellung zu sehen, wie Isidor vor einem Bildstock betet, während ein Engel für ihn das Feld bestellt; von dieser Szene gibt es auch einen Stich von Ludwig Seitz (19. Jh.).

Rupert von Bingen

Herzog
geboren: 712 am Rhein(?)
gestorben: um 732 bei Bingen(?), Rheinland-Pfalz

Rupert entstammte wahrscheinlich dem Herzoggeschlecht der Rupertiner. Sein Vater war Heide, seine Mutter Christin. Nach dem frühen Tod des Vaters wurde Rupert in Bingen von der Mutter und Priester Wigbert erzogen. Im Alter von 15 Jahren unternahm er eine Wallfahrt nach Rom. Von dort zurückgekehrt, lebte Rupert als Einsiedler und schuf auf seinem Besitz ein Hilfswerk für Arme und Notleidende. Erst 20jährig, starb Rupert von Bingen, wie er genannt wird, um das Jahr 732 an einer Fiebererkrankung. Beigesetzt wurde er zunächst in einer kleinen Kirche bei Bingen, die er selbst hatte erbauen lassen (Rupertsberg). Die große Hildegard von Bingen, die später seinen Kult förderte und seine Vita schrieb, erbaute bei dieser Kapelle das Kloster Rupertsberg. Während des 30jährigen Krieges wurden die Reliquien Ruperts in das Kloster Eibingen bei Rüdesheim übertragen; 1814 schließlich gelangten sie auf den Rochusberg bei Bingen. Auch an anderen Orten in Deutschland bewahrt man Rupert-Reliquien auf, so in München, Köln, Mainz und Sponheim.

Verehrung/Brauchtum: Neben dem 15. Mai ist auch der Pfingstmontag ein Rupert-Gedenktag; an diesem Tag findet in der Rochuskapelle eine Wallfahrt statt.

Darstellung: Vor allem im Bingener Raum sind die Darstellungen des Rupert von Bingen häufig. Zu sehen ist er meist in fürstlichen Gewändern mit Nimbus, Kreuz, Palme, Krone und Lilienzepter. Manchmal trägt er auch eine Ritterrüstung oder Pilgerkleidung; in Pilgertracht ist er in der Rochuskapelle in Bingen zu sehen, als edler Ritter in der dortigen Pfarrkirche.

Sophia von Rom

Märtyrerin
geboren: 3. Jh. in Rom, Italien
gestorben: 305 in Rom
Patronin gegen späte Fröste; für das Wachstum der Feldfrüchte; Eisheilige

Die Landwirte verbinden den 15. Mai, den Tag, an dem auch der Sophia gedacht wird, mit bestimmten Wetterprophezeiungen. Die „kalte Sophie" ist nach Pankratius, Servatius und Bonifatius (12., 13. und 14. Mai) die letzte in der Reihe der sogenannten „Eisheiligen", die zur Monatsmitte des Mai oft noch einmal einen Wetterrückschlag bringen.

Sophia, eine junge Frau in Rom, erlitt wegen ihres christlichen Glaubens während der Verfolgung unter Kaiser Diokletian im Jahr 305 den Martertod. Um das Jahr 846 übertrug Papst Sergius II. die Reliquien der Märtyrerin in die Kirche S. Martino ai Monti in Rom, wo sie unter dem Hochaltar beigesetzt wurden.

Verehrung/Brauchtum: Sophia, die „kalte Sophie", gilt eigentlich nur in Süddeutschland noch als „Eisheilige". Im dortigen Bauernkalender und für das Einpflanzen der häuslichen Gartenpflanzen hat der 15. Mai auch heute noch große Bedeutung; so stellt man erst nach diesem Tag die Balkonpflanzen, wie etwa Geranien, ins Freie.

Darstellung: Abgebildet wird Sophia als Märtyrerin, manchmal mit einem Schwert und einem Trog, was möglicherweise auf ihren Tod durch Enthaupten schließen läßt. Meistens jedoch ist sie mit einem Buch und einer Palme dargestellt.

16. Mai

Andreas Bobola

Mönch, Märtyrer SJ
geboren: 1592 in Palatinat Sandomir, Polen
gestorben: 16. Mai 1657 in Janow, Polen

Der Adlige Andreas Bobola trat 18jährig in das Jesuitennoviziat im litauischen Wilna ein, das seine Familie gestiftet hatte. In den folgenden Jahrzehnten wirkte er aufopferungsvoll als Prediger und Volksmissionar. Aufgrund seines Einsatzes kehrten ganze Ortschaften zum Katholizismus zurück. Je mehr Erfolg Andreas Bobola aber hatte, um so haßerfüllter wurden seine Gegner. Sie ergriffen ihn schließlich und marterten ihn zu Tode. Der Todestag war der 16. Mai 1657. Die Heiligsprechung Bobolas erfolgte am 17. April 1938. Papst Pius XI. rief den Märtyrer als Fürbitter für die Einheit von Ost- und Westkirche an.

Verehrung/Brauchtum: In Polen gibt es eine Schwesterngemeinschaft, die sich nach Andreas Bobola „Missionsschwestern vom heiligen Andreas Bobola" benannt hat.

Darstellung: Von Bobola existieren verschiedene Andachtsbildchen.

Johannes (von) Nepomuk

Generalvikar, Märtyrer
geboren: um 1350 in Pomuk, Tschechei
gestorben: 20. März 1393 in Prag, Tschechei
Patron von Böhmen; der Priester und Beichtväter; der Brücken; der Schiffer, Flößer, Müller; gegen Verleumdung; für Verschwiegenheit; des Beichtgeheimnisses; gegen Wassergefahren; 2. Patron des Jesuitenordens (1730); des Hauses Habsburg

Wie viele Brücken in wie vielen Ländern mögen es wohl sein, an denen die Statue oder das Bild des heiligen Johannes Nepomuk ihren Platz gefunden haben? Der Märtyrer, der im Jahr 1393 in Prag in der Moldau ertränkt wurde, ist der bekannteste Brückenheilige und gehört im deutschen Sprachraum zu den meistverehrten Heiligen.

Johannes Nepomuk ist auch der Patron der Beichtväter, da er, so erzählt es die Legende, wegen seiner unnachgiebigen Haltung hinsichtlich des Beichtgeheimnisses ermordet wurde.

Johannes wurde um das Jahr 1350 als Sohn eines Richters in Pomuk in der Nähe von Pilsen geboren. Nach einer guten Ausbildung in einem Zisterzienserkloster studierte er an der Prager Universität, die Kaiser Karl IV. wenige Jahre zuvor, 1348, gegründet hatte. Johannes erwarb sich hier die Doktorwürde im Fach Theologie und später in Padua im kanonischen Recht. Er galt als überdurchschnittlich gelehrt und hatte eine große berufliche Zukunft vor sich. Er aber hatte für sich schon einen anderen Weg vor Augen: Seelsorger wollte er werden.

Nachdem er zehn Jahre lang Notar an der erzbischöflichen Gerichtskanzlei in Prag gewesen war, empfing Johannes Nepomuk 1380 die Priesterweihe und wurde Pfarrer an der Galluskirche in der Prager Neustadt, wo er sich besonders um die deutschen Kaufleute kümmerte. In den folgenden Jahren hatte Johannes weitere wichtige Kirchenämter inne, und im Jahr 1389 wurde er von Erzbischof Johann von Jenzenstein zum Generalvikar der Erzdiözese Prag ernannt. Dieses Amt entsprach den umfassenden Fähigkeiten von Johannes, jedoch wurde seine Arbeit wegen der andauernden Übergriffe durch König Wenzel IV. ständig schwieriger. Wenzel, der Sohn von Karl IV., war 1376 zum deutschen König gewählt worden. Johannes Nepomuk wurde auch immer wieder in die erbitterten Auseinandersetzungen zwischen dem König und Erzbischof Jenzenstein hineingezogen.

„Die Königin von Böhmen beichtet Johannes von Nepomuk." Nach einem Gemälde von Giuseppe Maria Crespi (1743), das sich heute in der Galleria Sabauda in Turin befindet.

König Wenzel. Nach einer Abbildung auf dem königlichen Landfriedenssiegel. Wenzel war es, der Johannes Nepomuk ermorden ließ.

Am 20. März 1393 nahm das Urteil seinen Lauf. Zusammen mit einem Offizial und dem Propst von Meißen wurde Johannes Nepomuk vom König gefangengenommen. Wenzel ließ Johannes grausam foltern und mißhandeln. Der König vergaß sich in seinem rasenden Zorn schließlich vollkommen und griff selber zu den Pechfackeln, mit denen er den Körper von Johannes Nepomuk brannte. Danach wurde der mutige Kirchenmann durch die Straßen Prags gezerrt und mit gefesselten Händen und Füßen von der Karlsbrücke in die Moldau gestoßen.

Bis heute ist nicht genau geklärt, weshalb König Wenzel Johannes Nepomuk ermorden ließ. Um den Tod des Priesters hat sich jedoch eine Legende entwickelt, die zu den bekanntesten überhaupt gehört. Danach war Johannes Nepomuk der Beichtvater von Wenzels Ehefrau, Königin Johanna. Wenzel versuchte, wohl zur Rechtfertigung seiner eigenen ehelichen Verfehlungen, von Johannes Beichtgeständnisse seiner Frau zu erpressen. Der Priester jedoch berief sich mutig, die drohende

Gefahr sehr wohl ahnend, auf das Beichtgeheimnis und verweigerte jegliche Auskunft. Dies soll Wenzel so wütend gemacht haben, daß er die Ermordung von Johannes Nepomuk beschloß. Wahrscheinlicher ist allerdings, daß König Wenzel den verhaßten Generalvikar töten ließ, weil sich dieser seine ständige Einmischung in kirchliche Angelegenheiten nicht gefallen ließ und sich Entscheidungen widersetzte.

Eine rote Marmorplatte bei der Prager Karlsbrücke zeigt bis zum heutigen Tage an, wo Johannes Nepomuk in die Moldau gestürzt worden sein soll. Sofort nach seinem Tod setzte in Prag und weit darüber hinaus eine starke Verehrung für den Märtyrer ein. Sein Grab im Prager Veitsdom wurde zum Ziel vieler Gläubiger. Als man im Jahr 1719 die Grabstätte öffnete, fand man die Zunge von Johannnes Nepomuk unverwest vor. Heute ruhen die Gebeine des Heiligen in einem schönen silbernen Reliquienschrein.

Verehrung/Brauchtum: Johannes Nepomuk gehörte bereits um 1600 zu den Landespatronen Böhmens. Durch den böhmischen Adel wurde der Kult des Märtyrers in ganz Europa verbreitet; die Jesuiten und die Franziskaner brachten die Verehrung auch nach Übersee. An verschiedenen Orten in Deutschland und in Südtirol gibt es anläßlich des Gedenktages Prozessionen und andere Festlichkeiten. Die Statue von Johannes Nepomuk, die 1693 auf der Prager Karlsbrücke aufgestellt wurde, fand so viele Nachbildungen, daß der Brückenheilige zu einem der bekanntesten Heiligen überhaupt wurde. 1721 wurde der Kult von Rom anerkannt, 1729 erfolgte die Heiligsprechung.

Darstellung: Wer kennt es nicht, das Bild von Johannes Nepomuk: ein Priester mit Stola, das Birett auf dem Kopf, Palme, Buch und Kreuz in der Hand, einen Finger an den Mund gelegt (als Symbol für das Beichtgeheimnis). Manchmal leuchten auch sechs Sterne um das Haupt des Mär-

Der silberne Sarkophag des heiligen Johannes Nepomuk im Veitsdom zu Prag. Das Grabmal ist eine Arbeit des Wiener Goldschmiedes Josef Würth und stammt aus der Zeit um 1736. Das Modell hatte der Bildhauer Antonio Corradi geschaffen.

Der tote Johannes Nepomuk wird geborgen, nachdem er zuvor auf Geheiß von König Wenzel von der Prager Karlsbrücke in die Moldau gestürzt worden war. Der Holzschnitt mit der Abbildung stammt aus dem 19. Jh.

tyrers, da nach der Legende sechs Sterne angezeigt haben, wo in der Moldau sich der Leichnam von Johannes befand und dieser so geborgen werden konnte.

Eine Vielzahl von Darstellungen gibt es in Bayern und im östlichen Raum, vor allem in Prag, so dort an der Domtür und am Nepomuk-Grabmal. Das Kruzifix betrachtend, zeigt den Heiligen eine Skulptur von Franz Xaver Schmädl (1755) in der Klosterkirche von Andechs (Oberbayern). Auch das Motiv, wie Johannes Nepomuk die Beichte von Königin Johanna hört, ist öfters dargestellt, so auf einem Gemälde von Giuseppe Maria Crespi (Turin, Pinakothek).

Häufig ist Johannes Nepomuk auch zusammen mit weiteren Heiligen abgebildet; mit Franz Xaver auf einem Relief (1788) im Münchner Stadtmuseum; mit Antonius von Padua auf einem Bild von Johann Wolfgang Baumgartner (um 1754) in der Kirche zu Gersthofen bei Augsburg; mit Johannes dem Täufer und Johannes dem Evangelisten auf dem berühmten Asam-Altar (um 1729) im Dom zu Freising. Auch mit den anderen böhmischen Schutzpatronen wurde Johannes Nepomuk dargestellt.

Simon Stock. Abbildung nach einem Heiligenbildchen aus dem 19. Jh.

Simon Stock

Ordensgeneral OCarm
geboren: um 1200 in Aylesford, England
gestorben: 16. Mai 1265 in Bordeaux, Frankreich
Patron des Karmeliterordens; von Bordeaux

Die Ordenschroniken berichten, Simon habe bis zur Ankunft der ersten Karmeliter in England als Einsiedler in einem hohlen Baumstamm gelebt (daher kommt möglicherweise sein Beiname Stock, der allerdings erst seit der Zeit nach dem Tod Simons bekannt ist). Simon schloß sich dem Karmeliterorden um 1241 an, nur wenige Jahre später bereits ernannte man ihn auf dem Generalkapitel von Aylesford zum Ordensgeneral. Dieses Amt hatte Simon bis zu seinem Tod inne, der ihn am 16. Mai 1265 auf einer Visitationsreise in Bordeaux ereilte. Bis zu diesem Zeitpunkt hatte Simon für eine große Ausbreitung des Karmeliterordens in England, aber auch im übrigen Europa gesorgt.

Simon Stock wurde in Bordeaux beigesetzt; 1951 kamen die Reliquien nach Aylesford.

Die Legende berichtet, Simon Stock sei 1251 die Gottesmutter Maria erschienen und habe ihm das Skapulier (Teil der Ordenstracht) überreicht („Skapuliervision"). Diese Überlieferung wird aber, obwohl im Ordenssanctorale bezeugt, von vielen Seiten bezweifelt.

Verehrung: Vor allem im Karmeliterkonvent in Bordeaux wurde Simon Stock immer wie ein Heiliger verehrt. Sein Kult wurde für den Orden, für England und Irland sowie für Bordeaux gestattet.

Darstellung: Häufig dargestellt ist die angebliche Marienvision Simons; viele Künstler, so auch Tiépolo und Ignaz Günther, nahmen sich dieses Themas an.

Ubald von Gubbio

Bischof von Gubbio
geboren: um 1080 in Gubbio, Italien
gestorben: 16. Mai 1160 in Gubbio
Patron der Kinder; gegen Besessenheit; gegen Nervenschmerzen
1192 Heiligsprechung

17. Mai

Dietmar von Neumünster

Mönch CanAug
geboren: 11. Jh.
gestorben: 17. (18.?) Mai 1152 in Neumünster, Schleswig-Holstein

Paschalis Baylon

Laienbruder OFMDisc
geboren: 16. Mai 1540 in Torrehermosa, Spanien
gestorben: 17. Mai 1592 in Villarreal (Castellón de la Plana), Spanien
Patron der Diözese Segorbe-Castellón de la Plana; der eucharistischen Bruderschaften, Vereinigungen und Kongresse; der Hirten und Köche

„Dieser Bruder wird unserem Orden einmal zum Ruhm und zur Zierde gereichen", sagten die Franziskaner des Klosters Monforte bei Alicante an der spanischen Ostküste, als sie im Jahr 1564 Paschalis Baylon als Laienbruder in ihren Kreis aufnahmen. Sie sollten recht behalten. Paschalis ging als ein großer Heiliger Spaniens in die Geschichte ein. Auf Anordnung von Papst Leo XIII. wird er seit 1897 von allen eucharistischen Vereinen und von den Bruderschaften vom Altarsakrament als Patron verehrt. Die Heiligsprechung des Franziskaner-Laienbruders erfolgte im Jahr 1690, fast genau 100 Jahre nach seinem Tod, durch Papst Alexander VIII.

Paschalis (Pascal) Baylon kam als Sohn armer Eltern am 16. Mai 1540 in Torrehermosa in Aragonien zur Welt. Schon als Kind mußte er zur Unterstützung der Familie beitragen und diente bei einem Gutsherrn als Hirte. Eine Schule konnte er nie besuchen; er brachte sich deshalb mit großem Fleiß selber ein wenig Schreiben und Lesen bei. Die Arbeit mit den Tieren in der Stille der Felder und Wiesen entsprach dem Wesen von Paschalis, der ein verinnerlichtes, gottverbundenes Leben suchte.

Als Paschalis Baylon 17 Jahre alt war, hörte er erstmals vom Orden der Franziskaner und war vom Leben der Minderbrüder begeistert. Er kündigte seinem Gutsherrn, der vorgehabt hatte, ihn zu adoptieren und damit zum reichen Hoferben zu machen, und begab sich zum nächstliegenden Franziskanerkloster. Hatte er bis zum Läuten der Klosterglocke noch geglaubt, mit offenen Armen aufgenommen zu werden, so wurde er jetzt bitter enttäuscht. Der Abt forderte von ihm eine mehrjährige Prüfungszeit, während der Paschalis erkennen sollte, ob sein Wunsch, Franziskaner-Bruder zu werden, auch wirklich aus dem innersten Herzen kam.

Paschalis ließ sich von seinem Weg nicht abbringen, und im Jahr 1564 wurde er als Laienbruder im Kloster Monforte aufgenommen. Er diente demütig und selbstlos in mehreren Klöstern; immer waren es einfache Dienste, die er zu leisten hatte, meistens hatte er das Amt des Klosterpförtners inne. Er war gehorsam bis in die kleinste Tätigkeit, die Ordensregel des heiligen Franz von Assisi befolgte er überaus gewissenhaft. Besonders zeichnete er sich durch seine Liebe zu den Menschen und seine große Freundlichkeit aus. Unzählige Stunden verbrachte Paschalis Baylon vor dem Tabernakel der Klosterkirche.

Im Kloster Villarreal in der Nähe von Valencia starb Paschalis Baylon am 17. Mai 1592, dem Pfingstsonntag. (An einem Pfingstsonntag war er auch geboren worden.) An seinem Grab in der Klosterkirche ereigneten sich in der Folgezeit zahlreiche Wunder. 1936, im spanischen Bürgerkrieg, wurden die Reliquien verbrannt.

Darstellung: Fast immer ist Paschalis Baylon auf Abbildungen als Franziskaner in Anbetung der Eucharistie zu sehen; bei sich hat er eine Gartenschaufel oder einen Hirtenstab. So malte ihn auch Tiépolo für das Kloster von Aranjuez. Manchmal ist Paschalis auch als Schafhirte dargestellt, als Gürtel trägt er eine Bußkette.

Walter von Mondsee

Abt von Mondsee OSB
geboren: 11. Jh.
gestorben: 17. Mai 1158 in Mondsee, Österreich

18. Mai

Blandine Merten

Nonne OSU
geboren: 10. Juli 1883 in Düppenweiler, Saarland
gestorben: 18. Mai 1918 in Trier, Rheinland-Pfalz

Die Ursulinin Blandine Merten, deren Geburtsname Maria Magdalena war, zeichnete sich durch außergewöhnlich hohes Tugendstreben und tiefe Frömmigkeit aus. Sie war dem Orden 1908 beigetreten, nachdem sie zuvor als Lehrerin tätig gewesen war. Die Klosterfrau starb im Alter von 34 Jahren an Tuberkulose.

Papst Johannes Paul II. sprach die Ursulinin Blandine Merten am 1. November 1987 selig.

Burkard von Beinwil

Priester
geboren: 12. Jh. in der Schweiz
gestorben: 18. Mai 1192 in Beinwil, Schweiz

Verehrung/Brauchtum: Das Grab Burkards in Beinwil im Aargau wird immer am 20. August von Wallfahrern aufgesucht. Die Verehrung, die bereits zu Lebzeiten des Pfarrers eingesetzt hatte, ist ab dem 13. Jh. sicher nachweisbar.

Darstellung: Burkard ist mit Hostie, manchmal auch mit einem Vogel abgebildet.

Felix von Cantalice

Laienbruder OFMCap
geboren: 1515 in Cantalice, Italien
gestorben: 18. Mai 1587 in Rom, Italien
Patron der Kapuziner-Laienbrüder; der Mütter und Kinder; der Felizianerinnen in Polen

Felix, „der Glückliche", wurde 1515 als Sohn armer Bergbauern in dem kleinen umbrischen Dorf Cantalice geboren. Sein eigentlicher Name war Felix Porro. Schon als Kind verrichtete er schwere Arbeit auf den Feldern und hütete das Vieh seiner Eltern. Während dieser Tätigkeit hatte Felix viel Zeit, nachzudenken und zu beten. In einem nahegelegenen Wald hatte der Junge ein Kreuz in die Rinde eines Baumes geschnitzt, und oft kniete er Stunden vor dem Kruzifix, sprach mit Gott und weinte, weil er ein so tiefes Empfinden dabei hatte.

Im Laufe der Jahre verspürte Felix ein immer stärkeres Bedürfnis, als Einsiedler zu leben. Ein Priester gab ihm schließlich den Rat, in ein Kapuzinerkloster einzutreten, da er dort die gewünschte Möglichkeit zur Abtötung allen Verlangens finden werde. So trat Felix von Cantalice 1543 als Kapuziner-Laienbruder in das Kloster von Città-Ducale ein. Bald

Felix von Cantalice. Nach einem Gemälde von Alessandro Turchi (1635). Detail von Altar der Kapuzinerkirche in Rom.

darauf wurde er von seinem Orden als Almosensammler nach Rom gesandt. Über 40 Jahre wanderte der Kapuzinerbruder nun durch die Straßen der Ewigen Stadt und erbettelte für seine Mitbrüder die tägliche Nahrung. Nicht immer wurde er freundlich behandelt, oft bekam er statt Gaben schmutzige Schimpfworte zu hören. Felix aber hatte immer nur zwei Worte bereit: „Deo gratias“ (Gott sei Dank). Schon bald hieß der Kapuzinerbruder aus Cantalice nur noch „Bruder Deo gratias“. Berühmt wurden auch seine zahlreiche Marienvisionen.

Obwohl Felix nie eine Ausbildung genossen hatte, verband ihn eine große Freundschaft mit den gelehrten Kirchenmännern Karl Borromäus und Philipp Neri. Auch Kardinäle und Fürsten waren ihm wohlgesonnen und freuten sich, wenn sie ihn sahen oder der gottesfürchtige Mann sie umarmte. Bei all der Schwere seines Amtes als Almosensammler verlor Felix niemals seine Heiterkeit. Immer hatte er ein Lied auf den Lippen, und wenn er sich einen Weg durchs Gedränge bahnte, sagte er fröhlich: „Platz, bitte. Platz für den Esel aus dem Kapuzinerkloster!“

Im Alter von 72 Jahren starb Felix von Cantalice, der durch Wesen und Wirken viel zur Hebung der Religiösität in Rom beigetragen hatte, am 18. Mai 1587. Seine Gebeine und seine Zelle werden bis heute in Rom im Kapuzinerkloster an der Via Veneto, wenige Meter von der Piazza Barberini, verehrt. Papst Clemens XI. sprach den „Bruder Deo gratias“ am 22. Mai 1712 heilig.

Verehrung/Brauchtum: Felix von Cantalice ist der wohl bekannteste und am stärksten verehrte Heilige des Kapuzinerordens. In allen Kapuzinerklöstern ist er dargestellt.

Darstellung: Die häufigste Darstellung des Felix von Cantalice ist jene mit der Marienerscheinung; ein schönes Gemälde hierzu gibt es von Murillo (Sevilla, Museo de Bellas Artes). Oft ist Felix auch als Kapuziner mit dem Bettelsack abgebildet, auf welchem die Worte „Deo gratias“ stehen. Der Palazzo della Pilotta in Parma besitzt ein Gemälde von Nuvolone, das Felix mit Karl Borromäus und Maria mit dem Jesuskind zeigt. Manchmal wurde Felix von Cantalice auch allein mit dem Jesuskind dargestellt.

Johannes I.

Papst, Märtyrer
geboren: 5. Jh. in der Toskana, Italien
gestorben: 18. Mai 526 in Ravenna, Italien

Im Laufe der Jahrhunderte sollten 23 Päpste den Namen Johannes tragen. Der letzte, Johannes XXIII., starb am 3. Juni 1963. Der erste, Johannes I., bestieg im Jahr 523 den Papststuhl. Er stammte aus der Toskana, weitere Daten aus seinem Leben bis zur Papstwahl sind nicht bekannt.

Johannes I. war der erste Papst, der nach Konstantinopel reiste. Ostgotenkönig Theoderich, Herrscher in Italien, hatte Johannes die Reise befohlen, damit er sich beim byzantinischen Kaiser Justinos I. zur Rücknahme anti-arianischer Maßnahmen einsetze. Für das Papsttum war dies eine der größten Demütigungen aller Zeiten (der Arianismus galt als Ketzerlehre). Johannes I. wurde in Konstantinopel mit allen Ehren empfangen, erreichte aber nichts. Theoderich sah die Mission daraufhin als Fehlschlag an, ließ den Papst bei seiner Rückkehr verhaften und in Ravenna einkerkern. Johannes starb dann an den erlittenen Demütigungen. Er wurde vom Volk bald als Märtyrer verehrt. Seine letzte Ruhestätte fand er in St. Peter in Rom.

Darstellung: Auf einem Fresko (15. Jh.) in S. Maria in Porto Fuori bei Ravenna ist Johannes im Gefängnis zu sehen.

Altar in der Chiesa Cappuccini (Kapuzinerkirche) in Rom mit dem Steinsarkophag, der die Gebeine von Felix von Cantalice, dem „Bruder Deo gratias“, birgt.

Papst Johannes I. vor König Theoderich dem Großen, der ihn verhaften und einkerkern ließ. Das Fresko wird Giotto zugeschrieben.

Roland von Hasnon

Abt von Hasnon OSB
geboren: um 1000
gestorben: um 1070 in Hasnon, Belgien

Tekusa und Gefährtinnen

Märtyrerinnen
geboren: 3. Jh.
gestorben: um 311 in Ankyra (Ankara), Türkei

Venantius von Camerino

Märtyrer
geboren: um 235(?) in Camerino(?), Italien
gestorben: um 250(?) in Camerino(?)
Patron von Camerino

Über Leben und Wirken von Venantius von Camerino gibt es keine gesicherten Überlieferungen. Wahrscheinlich handelt es sich um einen Märtyrer, dessen Gebeine von Papst Johannes IV. (640 bis 643) nach Rom übertragen wurden. Es entstand schnell ein Kult, der sich unter anderem auch in das italienischen Markenstädtchen Camerino verbreitete. Dort machte man ihn zum Ortspatron. Bis heute gibt es in Camerino die Pfarrkirche S. Venanzio.

Angeblich soll es bereits im 5. Jh. in Camerino ein Venantius-Heiligtum gegeben haben; dies würde eine andere Legende stützen, nach der Venantius ein Junge aus Camerino war, der im Alter von 15 Jahren um das Jahr 250 unter Christenverfolger Decius den Martertod sterben mußte.

Darstellung: Entsprechend der großen Verehrung, die Venantius von Camerino über lange Zeit in Italien genoß, gibt es vor allem dort zahlreiche Darstellungen. Besonders in Camerino ist der Ortsheilige immer wieder abgebildet, so an der Kanzel des Domes (Venantius mit Fahne) und am Reliquiar in S. Venanzio (Martyrium). Ein Tafelgemälde von Andreas Pozzo in der Kirche S. Venanzio in Ascoli Piceno zeigt die Enthauptung des Venantius.

19. Mai

Alkuin

Abt OSB
geboren: 735 in York, England
gestorben: 19. Mai 804 in Tours, Frankreich

Als prägende Persönlichkeit der Bildung im fränkischen Reich und als Lehrer anderer großer Kirchenmänner ging Alkuin in die Geschichte ein. Alkuin, Sohn einer angelsächsischen Adelsfamilie, geboren in York, traf während einer Reise nach Rom 781 in Parma mit Karl dem Großen zusammen. Der Herrscher bewegte den gebildeten Diakon, mit ihm an den Hof nach Aachen zu kommen. Von dort aus prägte Alkuin in der Folge das Geistesleben seiner Zeit, an der Hofschule unterrichtete er die gesamte Herrscherfamilie, aber auch Persönlichkeiten wie Rabanus Maurus oder Einhard. Das Augenmerk Alkuins galt immer auch der Bekämpfung von Irrlehren und der Bekehrung von Heiden. Im Jahr 796 schließlich wurde er zum Abt der Benediktinerabtei in Tours ernannt, wohin er sich 801 ganz zurückzog. Dort starb der große Alkuin dann auch am 19. Mai 804; beigesetzt wurde er im Kloster.

Darstellung: Alkuin ist als Mönch, meist mit einer Schriftrolle, dargestellt. Manchmal wurde er auch gemeinsam mit Rabanus Maurus.

Cölestin V. (Petrus Cölestinus)

Papst, Einsiedler
geboren: 1215 in Isernia, Italien
gestorben: 19. Mai 1296 in Fumone bei Rom, Italien
Patron von L'Aquila; der Buchbinder

Eine ergreifende Geschichte verbindet sich mit der Person von Cölestin V., dem Sohn eines armen Bauern, der sein ganzes Glück im Einsiedlerleben gefunden hatte und dann plötzlich Papst sein mußte.

In dem Abruzzenort Isernia war Pietro im Jahr 1215 zur Welt gekommen. Schon als Kind zeichnete er sich durch Bescheidenheit und Demut aus. Nach seiner Weihe zum Priester floh er regelrecht in die Einsamkeit der Berge seiner Heimat, da er die vielen Menschen nicht mehr ertragen konnte. Er suchte das Gespräch mit Gott und die Nähe zur Natur. Auf dem Monte Morrone errichtete er sich eine Eremitenklause, und von diesem Tag an hieß er Pietro von Morrone. Im Laufe der Jahre schlossen sich Pietro von Morrone zahlreiche Einsiedler an, sie sammelten sich um ihn wie Mönche um ihren Abt. Später entstand hier der Einsiedlerorden der Cölestiner (Fratelli di S. Spirito).

Die Jahrzehnte vergingen; Pietro del Morrone war fast 80 Jahr alt, als ihn – nach zweijähriger Vakanz auf dem Papststuhl – das römische Kardinalskollegium nach harten Auseinandersetzungen zum neuen Papst ernannte. Als die Abgesandten zu Pietro in seine Klause kamen, war es, als wenn über den greisen Eremiten ein großes Unglück hereinbrechen würde. Er, der die Einsamkeit und die vollkommene Armut über alles liebte, sollte Oberhaupt der katholischen Kirche werden? Er flehte, weinte, beteuerte seine Unfähigkeit. Doch er änderte nichts an der Entscheidung der Kardinäle.

In feierlichem Zug wurde Pietro nach L'Aquila geführt, wo er am 5. Juli 1294 zum Papst geweiht wurde und den Namen Cölestin annahm. Er war der fünfte Papst, der diesen Namen trug. Schon bald war ersichtlich, daß Cölestin V. seinem hohen Amt nicht gewachsen war. Er selbst litt unsägliche Qualen und plante schließlich eine Regierung der Kardinäle. Die Frage tauchte auf: „Darf ein Papst abdanken?" Cölestin V. beantwortete sie selbst, indem er eine Konstitution über die Abdankung erließ und drei Tage später, am 13. Dezember 1294, nach rund fünfmonatigem Pontifikat abdankte. Cölestin kannte nur noch ein Ziel: wieder zurück in seine Berge, in seine Klause.

„Krönung von Papst Cölestin V." Widerstrebend nur ließ sich der bis dahin als Einsiedler lebende Petrus Cölestinus krönen; der für ihn unglückliche Tag war der 5. Juli 1294. Nur wenige Monate später dankte Cölestin wieder ab. Nach einem Gemälde aus Frankreich (16. Jh.).

Doch Pietros Leidensweg war noch nicht zu Ende. Sein Nachfolger auf dem Stuhl Petri, Bonifatius VIII., befürchtete, der schwache Greis könne sich als Gegenpapst aufstellen lassen und damit ein Schisma hervorrufen. Deshalb ließ der herrschsüchtige Mann den 80jährigen festnehmen und auf das Schloß Fumone östlich von Rom bringen. Hinter Mauern, verzweifelt und ohne Lebenskraft, verbrachte der abgedankte Papst hier seine letzten Lebensmonate. Er starb am 19. Mai 1296 und wurde in der Basilika S. Maria di Collemaggio in der Abruzzenstadt L'Aquila beigesetzt. Girolamo da Vicenza schuf 1517 das bis heute erhaltene, prächtige Mausoleum. Cölestin V. wurde 1313 in Avignon kanonisiert, ab 1668 galt das Fest für die ganze Kirche.

Verehrung/Brauchtum: Der Kult um Cölestin V. entwickelte sich vor allem in Italien und in Frankreich; maßgeblich daran beteiligt war Philipp le Bel, ein Gegner von Papst Bonifatius VIII., der Cölestin hatte zu Tode kommen lassen.

Darstellung: Cölestin V. wird fast immer als Mönch, oft mit den päpstlichen Insignien dargestellt. Oft sieht man ihn auch mit Büßerkette im Gefängnis, die Papstattribute neben sich.

Auf die Gründung des Einsiedlerordens der Cölestiner durch den Papst weisen die zahlreichen Abbildungen des Kirchenmannes in weißer Kutte mit schwarzem Skapulier und schwarzer Kapuze hin.

Crispinus von Viterbo

Mönch OFMCap
geboren: 13. November 1668 in Viterbo, Italien
gestorben: 19. Mai 1750 in Rom, Italien

Crispinus von Viterbo, der mit Taufnamen Pietro Fioretti hieß, war zunächst Schuster, trat dann aber dem Kapuzinerorden bei. In der Ordensgemeinschaft war er als Koch, Gärtner und Sammelbruder tätig. Crispinus zeichnete sich durch Hilfsbereitschaft, Fröhlichkeit und eine Neigung zur Poesie aus, außerdem soll er zahlreiche Wunder vollbracht haben. Persönlichkeiten seiner Zeit suchten den begnadeten Ratgeber auf. Verschiedene Schriften des Kapuziners wurden veröffentlicht und sind noch erhalten. Papst Johannes Paul II. sprach Crispinus von Viterbo am 20. Juni 1982 heilig.

Dunstan von Canterbury

Erzbischof OSB
geboren: um 909 in Baltonsborough, Somerset, England
gestorben: 19. Mai 988 in Canterbury, England
Patron der Schlosser, Schmiede, Goldschmiede und Musiker

Über die Kinder- und Jugendjahre von Dunstan, der einmal als großer Kirchenmann in die Geschichte eingehen sollte, ist nur wenig bekannt. Als gesichert gilt, daß er der königlichen Familie von Wessex angehörte und handwerklich sehr begabt war. Wahrscheinlich hätte er ein weltliches Leben eingeschlagen, wäre er nicht durch eine schwere Krankheit zum Priester- und Mönchtum hingeführt worden. Dunstan trat gegen 940 in das Benediktinerkloster von Glastonbury ein, und schon 945 ernannte ihn König Edmund I., der ihn sehr schätzte, zum Abt.

Mit diesem Datum begann die Wiederbelebung des Mönchtums in England, das seit dem Einfall der Skandinavier brachgelegen hatte. Die Abtei Glastonbury wurde zum Mittelpunkt einer religiösen Reform. Auch Edmunds Nachfolger, König Edred, unterstützte die Arbeit Dunstans nach Kräften. Während seiner Regierungszeit und später gründete Dunstan die Klöster Malmesbury, Westminster, Bath, Exeter und Ely. Er galt darüber hinaus als einer der wichtigsten Ratgeber des Königs. Im Jahr 957 wurde Dunstan – nach einer kurzzeitigen Verbannung durch König Edwin – Bischof von Worcester, 959 von London und 960 schließlich Erzbischof von Canterbury. In allen Belangen von Kirche und Staat arbeitete Dunstan auch weiterhin eng mit dem König – ab 957 Edgar – zusammen.

Der große Erzbischof starb am 19. Mai 988 und wurde in der Kathedrale von Canterbury beigesetzt.

Verehrung/Brauchtum: Nach dem Tod Dunstans setzte sofort eine große Verehrung für den Erzbischof ein. Offiziell wurde das Fest 1039 angeordnet. Unter dem ebenfalls berühmten Anselm, der 1093 Erzbischof von Canterbury wurde und Dunstan sehr verehrte, erlebte der Kult eine weitere Belebung.

Darstellung: Dunstan wird meist in bischöflichen Gewändern mit Werkzeugen abgebildet, was auf sein Talent als Goldschmied hinweist;

Glassarkophag mit den Gebeinen des heiligen Crispinus von Viterbo in der Kapuzinerkirche an der Via Veneto in Rom. Die Heiligsprechung des Kapuzinermönches war die erste unter dem Pontifikat von Papst Johannes Paul II.; sie fand am 20. Juni 1982 in Rom statt.

manchmal zwickt er mit einer Zange den Teufel in die Nase. Oft hat der Erzbischof auch ein Buch oder eine Schriftrolle bei sich. Darstellungen kommen hauptsächlich im angelsächsischen Raum vor.

Bei diesem dargestellten Mann auf einem Ausschnitt aus einem Gemälde von Rogier van der Weyden (15. Jh.) wird angenommen, daß es sich um Ivo Hélory handelt.

Ivo Hélory

Priester
geboren: 17. Oktober 1253 in Minihy-Tréguier, Frankreich
gestorben: 19. Mai 1303 in Kermartin, Frankreich
Patron der Bretagne; der Richter, Rechtsanwälte, Notare; der Pfarrer; der Drechsler; der Armen und Waisen; bei Prozessen; der Universität Nantes und verschiedener juristischer Fakultäten in Frankreich

Die Ivo-Bruderschaften, die es in Frankreich, Italien, Belgien und sogar in Brasilien gibt, gehen auf Ivo Hélory zurück. Es handelt sich dabei um Organisationen, die sich um den rechtlichen Schutz von Bedürftigen kümmern.

Ivo Hélory kam 1253 in Minihy-Tréguier in der Bretagne zur Welt, studierte Theologie und kanonisches Recht und wurde Advokat. Im Alter von 31 Jahren empfing er die Priesterweihe und wurde Pfarrer in verschiedenen kleinen Dörfern. Nach 14 Jahren gab Hélory seine Seelsorgertätigkeit wieder auf, da ihn die Arbeit als Priester nicht mehr voll befriedigte.

In den folgenden fünf Jahren bis zu seinem Tod am 19. Mai 1303 lebte Ivo Hélory auf seinem elterlichen Gut – streng gegen sich selbst – und kümmerte sich selbstlos und liebevoll um Arme, die rechtliche Schwierigkeiten hatten. Unterdrückte befreite er aus ihrer mißlichen Lage, in Not Geratenen besorgte er das Lebensnotwendige. Sein Leben wurde für viele zum Vorbild, an seinem Beispiel orientierten sich später die Mitglieder der Ivo-Bruderschaften.

Das Grab Hélorys befindet sich auf dem Friedhof von Tréguier. Papst Clemens VI. sprach Ivo Hélory 1347 heilig.

Verehrung/Brauchtum: Der Kult um Ivo Hélory ist besonders in Frankreich verbreitet. Besondere Verehrung genießt Hélory als Zeuge für Gleichheit und Gerechtigkeit. In Minihy-Tréguier gibt es eine Ivo-Hélory-Wallfahrt.

Darstellung: Ivo Hélory ist fast immer als Richter mit Schriftrolle dargestellt, oft sind Arme um ihn, die ihn um Hilfe bitten; auf dem Kopf trägt Hélory manchmal ein Barett, in der Hand auch Geißel oder Strick. Mit dem Attribut Kelch ist Ivo Hélory am Chorgestühl in der Lübecker Katharinenkirche zu sehen.

Pudens und Pudentiana

Römischer Senator und Tochter
geboren: 1. Jh. (?) in Rom, Italien
gestorben: 1. Jh. (?) in Rom

Der Christ Pudens soll nach nicht gesicherten Überlieferungen in Rom eine Titelkirche gestiftet haben; dies könnte im 1. Jh. gewesen sein. Angeblich war Pudens ein römischer Senator, der gemeinsam mit seinen Töchtern Pudentiana und Praxedis dem Apostel Petrus in Rom Gastfreundschaft gewährte. Über Pudentiana fehlen ebenfalls gesicherte Überlieferungen. Angeblich soll sie sich bis zu ihrem Tod um Arme gekümmert haben; auch heißt es, sie habe die Leichname von Märtyrern in Rom beigesetzt.

Darstellung: Pudentiana ist abgebildet, wie sie die getöteten Christen bestattet oder wie sie Almosen an Arme verteilt.

Theophilus von Corte

Mönch, Theologe, Volksmissionar OFM
geboren: 30. Oktober 1676 in Corte auf Korsika, Frankreich
gestorben: 19. Mai 1740 in Fucecchio, Italien

Im Heiligsprechungsdekret wurde der Theologe, Missionar und Ordensobere Theophilus von Corte allen Ordensleuten wegen seiner Verachtung des Irdischen, seiner innerlichen Vereinigung mit Gott in Stillschweigen und Überlassenheit, seiner vollkommenen Regeltreue und seiner

Die Totenmaske von Theophilus von Corte befindet sich heute in dem von ihm gegründeten Konvent La Vergine in Fucecchio in der Toskana. In seinem Kloster war Theophilus bis zu seinem Tod am 19. Mai 1740 Oberer gewesen.

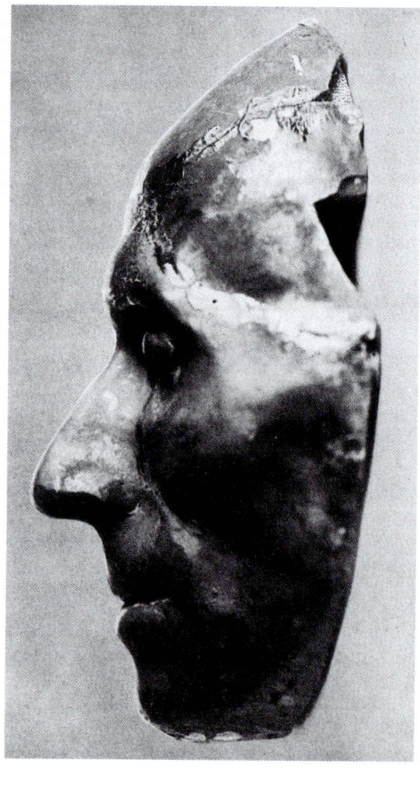

glühenden Gottes- und Nächstenliebe als Vorbild vorgegeben. Theophilus war bereits im Alter von 17 Jahren bei den Franziskanern eingetreten, empfing die Priesterweihe, wirkte als Moraltheologe und Missionar und war schließlich Oberer seines Klosters in Fucecchio in der Toskana. Der Franziskaner wurde 1895 seliggesprochen, die Heiligsprechung folgte am 29. Juni 1930 durch Papst Pius XI.

Verena Bernarda Bütler, Gründerin der Genossenschaft der „Franziskaner-Missionsschwestern".

Verena Bernarda Bütler

Oberin, Gründerin OFMCap
geboren: 28. Mai 1848 in Auw, Schweiz
gestorben: 19. Mai 1924 in Cartagena, Kolumbien

Verena Bütler, die im Kapuzinerorden den Namen Bernarda annahm, wurde 1880 Oberin in ihrem Kloster im schweizerischen Altstätten. Schon acht Jahre später aber ging die Ordensfrau nach Südamerika in die Mission, zuerst nach Ecuador, dann nach Kolumbien. Dort gründete sie zur Erziehung und für die Krankenpflege die Genossenschaft der „Franziskaner-Missionsschwestern". Schwester Bernarda starb am 19. Mai 1924 in Cartagena in Kolumbien. Die Seligsprechung erfolgte am 29. Oktober 1995.

20. Mai

Bartholomäus Holzhauser

Priester, Volksmissionar, Gründer
geboren: 24. August 1613 in Laugna, Baden-Württemberg
gestorben: 20. Mai 1658 in Bingen, Rheinland-Pfalz

Vor allem im süddeutschen und im österreichischen Raum fand die Idee des Priesters Bartholomäus Holzhauser Anklang, eine Weltpriestergemeinschaft mit gemeinsamem Leben zu gründen. Im Jahr 1640 rief Holzhauser in Tittmoning die erste derartige Niederlassung ins Leben, der Beginn der späteren „Bartholomäer". In den folgenden Jahren organisierte und festigte Holzhauser die Gemeinschaft und ihre Niederlassungen. 1655 wurde er Pfarrer von Bingen, wo er in der Folge eine Lateinschule einrichtete und Volksmissionen hielt. Bartholomäus Holzhauser ging darüber hinaus als Verfasser visionärer und aszetischer Schriften in die Geschichte ein. Seine Zeitgenossen verehrten den Kirchenmann hoch; nach seinem Tod strebte man immer wieder eine Seligsprechung an.

Bernhardin von Siena

Mönch, Volksprediger OFM
geboren: 8. September 1380 in Massa-Marittima, Italien
gestorben: 20. Mai 1444 in L'Aquila, Italien
Patron von Massa Marittima; der Wollweber; gegen Heiserkeit, Brust- und Lungenkrankheiten und Blutungen

In einem modernen Sarkophag – der alte fiel im Jahr 1799 den napoleonischen Eroberern in die Hände – hat einer der berühmtesten Franziskaner seine letzte Ruhestätte gefunden: Bernhardin von Siena, der große Prediger und Volksmissionar. Das Hochgrab, Ziel vieler Wallfahrer, befindet sich in der Kirche S. Bernardino in der Abruzzenstadt L'Aquila. Bernhardin von Siena war 1444 in dieser alten Stadt gestorben, mit dem Bau der Kathedrale wurde 1457 begonnen. Neben dem Mausoleum des Heiligen in einer Kapelle des rechten Seitenschiffes, 1505 von Silvestro del L'Aquila geschaffen, gehört der Terracotta-Altar von Andrea della Robbia zu den

Bernhard von Siena. Ausschnitt aus einem Gemälde von Gérard David aus der Zeit um 1500, heute National Gallery, London.

Hauptsehenswürdigkeiten dieses Gotteshauses.

Bernhardin Albizeschi, der später „der neue Franziskus" genannt wurde, kam am 8. September 1380 in Massa-Marittima, unweit von Siena, zur Welt. Nachdem seine Eltern gestorben waren, wurde er von Verwandten erzogen. Bereits mit elf Jahren begann Bernhardin mit seinem Studium an der Universität von Siena. Seine Begabungen waren außergewöhnlich, beruflich öffneten sich ihm bald alle Wege.

Bernhardin aber hatte sich bereits für einen anderen Weg entschieden. Als 1397 eine furchtbare Pestepidemie ausbrach, beendete der 17jährige sein Studium und pflegte die Kranken und Sterbenden der Stadt. Nachdem die Seuche abgeklungen war, erkrankte Bernhardin selbst schwer und schwebte monatelang zwischen Leben und Tod. In dieser Zeit reifte in ihm der Entschluß, in den Franziskanerorden einzutreten. Nach seiner Gesundung nahm er 1402 in Siena das Ordenskleid der Minderbrüder entgegen und empfing 1404 die Priesterweihe. Bernhardin war von Beginn an ein Vertreter der strengsten Auslegung der Franziskanerregel. Er befolgte das Armutsprinzip bis zum

Äußersten und sah alle anderen Regelauslegungen als Verrat an. In einer verlassenen Einsiedelei gründete er ein kleines Kloster, wo er zehn Jahre in völliger Abtötung lebte.

Im Jahr 1413 wurde Bernhardin von Siena Pförtner in dem kleinen Franziskanerkloster in Fiésole bei Florenz, wo man seine Zelle noch heute besichtigen kann. Über der Zellentür steht sein Name im Holz eingehauen. Ab 1417 wirkte Bernhardin als Bußprediger. Im Italien jener Zeit waren religiöse Gleichgültigkeit und Sittenlosigkeit vorherrschend, und der Volksmissionar aus Siena hatte einen großen Acker zu bestellen. Er zog von Stadt zu Stadt, zeigte sich auf Plätzen und Kanzeln und verkündete mit unüberhörbarer Stimme das Wort Gottes. Heute noch findet der Reisende in zahlreichen Städten Italiens Zeugnisse seines Wirkens. Erwähnt sei nur die Stadt Perugia in Umbrien, wo bis zum heutigen Tag an der linken Seitenfront des Domes die Kanzel zu sehen ist, von der Bernhardin 1425 eine seiner berühmtesten Predigten gehalten hat. Perugia birgt eine weitere Sehenswürdigkeit, die auf den Prediger zurückgeht: Im Oratorio S. Bernardino, einem Juwel der Renaissance, am Ende der Via dei Priori gelegen, zeigen Steinreliefs Szenen aus dem Leben des Heiligen.

Der große Missionar leistete nicht nur für die Kirche unschätzbare Dienste. Er schlichtete auch Streitigkeiten innerhalb der Parteien und milderte manchen Städtekrieg. Seine Volkstümlichkeit, die er sich bei aller Strenge beibehalten hatte, führte dazu, daß Bernhardin schon zu Lebzeiten wie ein Heiliger verehrt wurde. Zu seinen Freunden gehörten die bekanntesten Humanisten seiner Zeit, einer seiner Schüler war Johannes von Capestrano, der ihn in seiner Arbeit maßgeblich unterstützte.

Der unvergleichliche Volksmissionar und Prediger Bernhardin von Siena starb am 20. Mai 1444 im Alter von 63 Jahren in L'Aquila. Schon sechs Jahre später, 1450, sprach Papst Nikolaus V. den großen Franziskaner unter dem Jubel der Bevölkerung heilig.

Verehrung/Brauchtum: Der Kult Bernhardins breitete sich schnell in ganz Italien aus; Zentren der Verehrung wurden der Beisetzungsort L'Aquila sowie Siena, Perugia und Massa Marittima. Auch in der Kirche S. Maria in Aracoeli in Rom genießt Bernhardin von Siena besondere Verehrung, die berühmten Fresken von Pinturicchio (um 1485) verherrlichen hier das Leben des großen, unvergessenen Predigers und Franziskanermönches.

Und noch eine ganz individuelle Verehrungsform gibt es: Ignatius von Loyola wählte rund 100 Jahre nach Bernhardins Tod das Zeichen IHS, das „Wappen" Bernhardins, zum Symbol der Gesellschaft Jesu, des Jesuitenordens.

Darstellung: Bernhardin von Siena wurde – vorbildgetreu – als Franziskanermönch mit asketischen, hageren Gesichtszügen dargestellt. Die Ähnlichkeit mit dem tatsächlichen Aussehen Bernhardins ist anhand der im

Oben: Das Oratorio S. Bernardino in Perugia. Ausdrucksstarke Steinreliefs zeigen hier Szenen aus dem Leben des Franziskanerpredigers.

„Begräbnis des Bernhardin von Siena." Dieses Fresko entstand im 15. Jh., kurz nach dem Tod des großen Missionars; es befindet sich in der Kirche S. Maria in Aracoeli in der Stadt Rom.

Totenmaske des heiligen Bernhardin von Siena. Das kostbare Stück wird heute im Museo Civico in L'Aquila aufbewahrt. Nach der Maske entstanden in der Folge fast alle künstlerischen Darstellungen des großen Volkspredigers.

Museo Civico in L'Aquila vorhandenen Totenmaske des Volksmissionars nachzuvollziehen. Bei sich hat Bernhardin fast immer eine Sonnenscheibe mit den Initialen IHS, dem Christusmonogramm. Häufig mit abgebildet sind auch drei Bischofshüte, da Bernhardin von Siena die Bischofstitel von Urbino, Siena und Ferrara zurückgewiesen hat. Das früheste Porträt von Bernhardin, angefertigt wahrscheinlich noch zu seinen Lebzeiten, stammt von Sano di Pietro und befindet sich heute in der Sammlung Misciatelle in Rom. Sano di Pietro schuf auch das berühmte Fresko „Bernhardin predigt auf der Piazza del Campo in Siena" (1427), zu sehen im Kapitelsaal in Siena. Erwähnenswert ist auch der schon genannte Freskenzyklus von Pinturicchio in S. Maria in Aracoeli in Rom.

Elfriede von England

Königin von England, Einsiedlerin
geboren: um 730 bei Birmingham, England
gestorben: um 795 in England

Hendrina Josepha Stenmanns

Ordensmitbegründerin SVD
geboren: 28. Mai 1852 in Issum, Nordrhein-Westfalen
gestorben: 20. Mai 1903 in Steyl, Niederlande

Hendrina Stenmanns, die im Orden den Namen Josepha annahm, gehörte zu den ersten Schwestern der 1889 von Arnold Janssen gegründeten Ordensgemeinschaft der Steyler Missionsschwestern; sie wird gemeinsam mit Helena Maria Stollenwerk zu den Mitbegründern des Ordens gezählt. Hendrina Stenmanns war 1884 als Küchenhilfe in das Steyler Missionshaus eingetreten. Am 17. Januar 1892 fand dann ihre Einkleidung statt, am 8. Dezember 1898 wurde sie schließlich Oberin. Sie hatte das hohe Amt inne bis zu ihrem Tod am 20. Mai 1903. Ordensgründer Janssen schrieb in seinem Beileidsbrief: „Wie einfach war ihr Sinn, wie kindlich ihr Gemüt, wie aufrichtig ihr Gehorsam und ihre schlichte, selbstlose Demut." Der Seligsprechungsprozeß wurde 1950 aufgenommen.

Saturnina

Märtyrerin
geboren: in Rom(?), Italien
gestorben: in Rom(?)
Patronin von Stift Neuenheerse

Verehrung/Brauchtum: Reliquien von Saturnina gelangten um 900 in das Frauenkloster Neuenheerse bei Paderborn. Die Märtyrerin gilt seither als Patronin dieses nordrhein-westfälischen Stiftes.

Ulrich (Udalrich) von Einsiedeln

Mönch OSB
geboren: 10. Jh.
gestorben: um 1000 in Einsiedeln, Schweiz

Hendrina Josepha Stenmanns. Sie war die Mitbegründerin der Steyler Missionsschwestern, ab 1898 bis zu ihrem Tod 1903 leitete sie die Gemeinschaft als Oberin. Ihr Leitspruch war zeitlebens: „Unsere Aufgabe ist es, die Herzen aller der Liebe zu öffnen."

21. Mai

Erenfrid (Ezzo)

Pfalzgraf, Klostergründer
geboren: um 955 in Lothringen, Frankreich
gestorben: 21. Mai 1035 in Saalfeld, Thüringen

Erenfrid, Pfalzgraf von Lothringen, gründete 1024 gemeinsam mit seiner Ehefrau Mathilde, einer Tochter von Kaiser Otto II., das Benediktinerkloster Brauweiler bei Köln. Erenfrid und Mathilde wurden später in Brauweiler beigesetzt; die Tumba gehört bis heute zu den bedeutendsten Stücken der ehemaligen Benediktinerabteikirche.

Darstellung: Über den Türen zu den Nebenchören der ehemaligen Benediktinerabteikirche Brauweiler stehen bemerkenswerte Tympanonfiguren von Erenfrid und Mathilde.

Hemming von Abo

Bischof von Abo
geboren: um 1300 in Bälinge, Schweden
gestorben: 21. Mai 1366 in Abo, Schweden

Verehrung/Brauchtum: Hemming von Abo war mit Birgitta von Schweden, der Gründerin des Birgittenordens, befreundet und setzte sich beim Papst für sie und ihre Stiftung ein. Nach Hemmings Tod wurde sein Kult daher besonders vom Birgittenorden gefördert.

Hermann Joseph von Steinfeld (von Köln)

Priester, Mönch, Mystiker OPraem
geboren: 12. Jh. in Köln, Nordrhein-Westfalen
gestorben: 7. April(?) 1241 oder 1252 in Hoven bei Zülpich, Nordrhein-Westfalen
Patron der Mütter und Kinder; der Uhrmacher

Hermann, der wegen seiner späteren mystischen Vermählung mit der Gottesmutter Maria den Beinamen Joseph erhielt, wurde um die Mitte des 12. Jh. als Sohn armer Eltern in Köln geboren. Bereits mit zwölf Jahren trat er dem Prämonstratenserorden bei und wurde Novize in Steinfeld in der Eifel. Die Legende erzählt, daß der kleine Hermann einmal in einer Kölner Kirche vor einem Marienbild gekniet sei und dem Jesuskind auf dem Arm der Gottesmutter einen Apfel gereicht habe. Jesus habe darauf die Hand ausgestreckt und die Frucht entgegengenommen. Nach diesem Erlebnis sei für Hermann festgestanden, daß er Priester werden wolle. Er soll angeblich zuvor aber noch das Uhrmacherhandwerk erlernt haben.

Der Eintritt ins Kloster begann für Hermann Joseph mit einer Enttäuschung. Er hatte gedacht, von nun an ein Leben des Gebetes und des Bibelstudiums führen zu können, zurückgezogen in seiner Zelle, allein. Der Abt aber übertrug ihm das Amt des Speisenmeisters, und Hermann Joseph mußte sich Tag für Tag um die Einkäufe der notwendigen Lebensmittel für die Klostergemeinschaft kümmern. Er hatte soviel zu tun, daß er nicht mehr in dem von ihm gewünschten Maße zu Gebet und Besinnung kam. Die Legende erzählt

„Mystische Vermählung des Hermann Joseph mit Maria unter Engelassistenz." Dieser Stich von Paulus Pontius entstand nach einem Gemälde von Anton van Dyck (1630). Das Originalbild befindet sich im Kunsthistorischen Museum in Wien.

dazu, daß Hermann Joseph in seiner Verzweiflung eines Tages zur Mutter Gottes gebetet und sich bei ihr über den in seinen Augen „unglücklichen" Verlauf des Klosterlebens beklagt habe. Maria soll ihm darauf geantwortet haben: „Wisse, daß du mir nichts Angenehmeres tun kannst, als deinen Brüdern in aller Liebe zu dienen."

Als Lohn für seinen Dienst innerhalb der Klostergemeinschaft erhielt Hermann Joseph schließlich das Amt des Sakristans übertragen. Von nun an lebte er in einer anderen, in seiner Welt. So oft er konnte, unterhielt er sich mit der Gottesmutter und dichtete ihr zu Ehren innige Hymnen. Die berühmteste wurde später der „Herz-Jesu-Hymnus“. Immer wieder wurden Hermann Joseph Visionen und Gnadenbeweise zuteil, die er aber vor seinen Mitbrüdern streng geheimhielt.

Als sich Hermann Joseph wieder einmal durch tagelanges Fasten und Durchwachen der Nächte kasteite, erkrankte er schwer. Er ließ sich jedoch nicht davon abhalten, noch in das Zisterzienserinnenkloster Hoven bei Zülpich zu reisen, nachdem die dortigen Ordensfrauen den begnadeten Seelenführer wieder einmal um einen Besuch gebeten hatten. Als er das Kloster betrat, malte er mit seinem Stock die Form eines Grabes auf den Boden und sagte: „Hier werdet ihr mich begraben.“ Nach dieser Visitation in Hoven war der schwache Hermann Joseph nicht mehr in der Lage, die Heimreise anzutreten und schloß bald darauf für immer die Augen. Die Angaben über sein Todesdatum sind unterschiedlich, die einen Quellen sagen 1241, die anderen 1252. Seine letzte Ruhestätte fand der große Mystiker in der Basilika von Steinfeld in der Eifel. Der Sarkophag von Hermann Joseph steht heute im Mittelschiff der ehemaligen Klosterkirche. Die Kirche nimmt einen hohen Rang ein; bis heute sind Wandmalereien aus dem 12. Jh. und dem 14. Jh. erhalten. Auch der Kreuzgang mit seinen Glasmalereien ist außergewöhnlich.

Verehrung/Brauchtum: Das Zentrum der Verehrung für Hermann Joseph ist Steinfeld. Reliquien des Mystikers werden aber auch in anderen Prämonstratenserklöstern aufbewahrt. Der Kult von Hermann Joseph wurde am 11. August 1958 bestätigt, seit dem 15. Januar 1960 ist seine Verehrung als Heiliger erlaubt. Einen Höhepunkt erlebte der Kult während der Romantik.

Darstellung: Die Vita des Hermann Joseph regte Künstler vieler Zeiten zu Darstellungen an. Ein Gemälde von Anton van Dyck (Kunsthistorisches Museum Wien) zeigt die „Mystische Vermählung des Hermann Joseph mit Maria unter Engelassistenz“ (1630). Hermann Joseph ist als Knabe oder als Prämonstratensermönch dargestellt, meist trägt er die Sakristeischlüssel (Sakristan) am Gürtel. Verschiedene Darstellungen zeigen den Mystiker auch mit einem Kelch, aus dem Rosen wachsen; diese Szene geht darauf zurück, daß Hermann Joseph während des Meßopfers angeblich himmlische Gerüche wahrnahm. Manchmal hält Hermann Joseph auch das Jesuskind auf den Armen; öfters reicht er Maria einen Apfel.

Karl Eugen von Mazenod

Bischof, Ordensgründer OMI
geboren: 1. August 1782 in Aix, Frankreich
gestorben: 21. Mai 1861 in Marseille, Frankreich

Karl Eugen von Mazenod war eine der bemerkenswertesten Kirchenpersönlichkeiten seiner Zeit und darüber hinaus. Nachdem er 1811 die Priesterweihe empfangen hatte, wirkte er zunächst als Volksmissionar. 1816 gründete er in Aix, seiner Heimatstadt, die Kongregation der „Oblaten der Unbefleckten Jungfrau Maria“, die sich der Missionierung widmete. Mazenod selbst wurde der erste Generalobere. Im Jahr 1821 vollbrachte er die nächste große Tat: Der Ordensgründer richtete die Diözese Marseille wieder ein; in der Folge wurde Mazenod dort Generalvikar, Weihbischof und schließlich 1837 Diözesanbischof. Er ließ die Kathedrale erbauen und gründete fast zwei Dutzend neue Pfarreien in der Stadt. Außerdem rief er zahlreiche karitative Einrichtungen und Ordensgenossenschaften in seiner Diözese ins Leben. 1856 dann wurde er zusätzlich noch zum Senator ernannt. Durch

Karl Eugen von Mazenod, Bischof von Marseille und Gründer der Kongregation der „Oblaten der Unbefleckten Jungfrau Maria“, deren Mitglieder sich der Missionierung widmen.

Mazenods persönlichen Einsatz gelangte seine Kongregation in Europa, USA, Kanada, Südafrika und auf Ceylon zu höchster Blüte.

Karl Eugen von Mazenod starb am 21. Mai 1861 in Marseille, wo er auch beigesetzt wurde. Papst Paul VI. sprach den Ordensgründer und Bischof am 19. Oktober 1975 in Rom feierlich selig, die Heiligsprechung erfolgte am 3. Dezember 1995.

Konstantin I. der Große

Kaiser
geboren: um 285 in Serbien
gestorben: 22. Mai 337 bei Nikomedien, Türkei

Als Kind und Jugendlicher lebte der Heide Konstantin am Hof des Christenhassers und -verfolgers Kaiser Diokletian; 22jährig heiratete er dessen Tochter Fausta. Das vorläufige Ende der Schreckenszeit für die Christen kam 311, als Oberkaiser Galerius ein Toleranzedikt gegenüber den Christen erließ, das Konstantin, der Herrscher im Nordwesten des Römerreiches, mitunterschrieb. Nachdem Konstantin 312 bei der Schlacht an der Milvischen Brücke einen großen Sieg errungen hatte, berichtete er danach, er habe vor dem Kampf am Himmel ein Lichtkreuz erblickt. Danach machte Kontantin eine christenfreundliche Politik, verbot jedoch das Heidentum nie. Er selbst wurde immer mehr vom Christentum erfaßt und machte der Kirche große Schenkungen. In Rom, Jerusalem, Konstantinopel und Trier ließ er Kirchenbauten errichten. Christen arbeiteten zu Konstantins Zeit auch in hohen politischen Ämtern. Nach Jahren wurde das Christentum dann auch Staatsreligion.

Fragment einer Kolossalstatue von Kaiser Konstantin I., genannt der Große.

Konstantin der Große starb am 22. Mai 337. Noch auf dem Sterbebett hatte er sich taufen lassen. Beigesetzt wurde der Kaiser in der von ihm erbauten Apostelkirche in Konstantinopel.

Verehrung/Brauchtum: Ein kirchlich anerkannter Kult um Konstantin existiert nur in der Ostkirche; dort wurde er auch „der Apostelgleiche" genannt. Sein Fest legte man auf den 21. Mai.

Darstellung: Einzeldarstellungen von Konstantin gibt es kaum; wenn, dann ist er im Gewand eines römischen Kaisers abgebildet, in der Hand ein Modell einer der von ihm gegründeten Kirchen oder ein Labarum (Feldzeichen) mit dem Christusmonogramm. Manchmal ist er auch gemeinsam mit seiner Mutter, Kaiserin Helena, zu sehen oder beim Nicäischen Konzil, das er 325 einberufen hat.

Godric

Einsiedler
geboren: um 1070 in Walpole, England
gestorben: 21. Mai 1170 in Durham, England

Secundus von Alexandria

Priester, Märtyrer
geboren: um 300 in Afrika
gestorben: 356 in Nordafrika

Verehrung/Brauchtum: Secundus, der als Priester in Nordafrika wirkte und von Arianern zu Tode gequält wurde, wird hauptsächlich bei den Griechen verehrt.

Theobald von Vienne

Erzbischof von Vienne
geboren: um 928 in Tolvon, Frankreich
gestorben: 21. Mai 1001 in Vienne, Frankreich
9. Dezember 1903 Bestätigung des Kultes

22. Mai

Atto von Pistoia

Bischof von Pistoia OSB
geboren: um 1070 in Italien
gestorben: 22. Mai 1155 in Pistoia, Italien

Humilitas von Vallombrosa

Äbtissin, Klostergründerin OSB
geboren: um 1225 in Faenza, Italien
gestorben: 22. Mai 1310 in Florenz, Italien

Julia von Korsika (von Karthago?)

Märtyrerin
geboren: um 400(?) in Karthago, Tunesien
gestorben: 439(?) auf Korsika, Frankreich
Patronin von Brescia, Bergamo, Livorno und der Insel Korsika

Über das Leben der Julia gibt es nur legendarische Überlieferungen, was jedoch nicht verhinderte, daß die Märtyrerin zu einer der meistverehrten Kirchengestalten in Italien wurde. Nach der Legende soll Julia aus Karthago gestammt haben und als Sklavin nach Korsika verkauft worden sein. Dort sei sie, so das Martyrologium Hieronymianum, bei dem Vandaleneinfall im Jahr 439 gekreuzigt worden. Möglicherweise erlitt Julia aber auch in Karthago den Martertod und ihre Reliquien wurden später nach Korsika gebracht.

Nachdem die Gebeine Julias später von Mönchen auf die italienische Insel Gorgona gebracht worden waren,

„Das Martyrium der Julia von Korsika." Die Sklavin wurde bei einem Vandaleneinfall auf Korsika gekreuzigt.

gelangten sie schließlich Mitte des 8. Jh. nach Brescia. Im Jahr 1600 fanden sie ihren Aufbewahrungsort in der neu erbauten Kirche S. Giulia, wurden bei späteren Unruhen allerdings mehrfach umgebettet.

Darstellung: Julia ist meist als Jungfrau mit Palme und Kreuzstab dargestellt, manchmal auch bei der Kreuzigung. Ein ausführlicher Freskenzyklus von Floriano Ferramola in der Kirche S. Giulia in Brescia zeigt verschiedene Szenen aus Julias Leben und von ihrem Tod. Im Dogenpalast in Venedig existiert ein Bild von Hieronymus Bosch: „Das Martyrium der heiligen Julia von Korsika" (um 1500).

Renata von Bayern (von Lothringen)

Herzogin
geboren: 20. April(?) 1544 in Lothringen, Frankreich
gestorben: 22. Mai 1602 in München, Bayern

In der Gruft unter dem Hochaltar der Münchner Michaelskirche hat Herzogin Renata von Bayern ihre letzte Ruhestätte gefunden. Das prachtvolle Gotteshaus, heute in der Fußgängerzone gelegen, nahtlos eingefügt in die es umgebenden Bauten, war 1583 von Renatas Ehemann, Herzog Wilhelm V. von Bayern („der Fromme"), errichtet worden.

Renata war die Tochter von Herzog Franz I. von Lothringen, das Jahr ihrer Geburt war 1544. Als sie 24 Jahre alt war, heiratete sie Wilhelm V. Die Trauung nahm einer der bedeutendsten Kirchenfürsten jener Zeit, Kardinal Otto von Truchseß, vor. Zwei christlich gesinnte, gottesfürchtige Menschen hatten damit den Ehebund geschlossen. Renata schenkte zehn Kindern das Leben und war ihnen eine liebevolle Mutter. Wie eine Mutter war sie auch zur bayerischen Bevölkerung. Sie gab fast ihr ganzes Vermögen für karitative Einrichtungen aus und stiftete unter anderem das Elisabeth-Spital in München zur Erinnerung an die von ihr sehr verehrte Elisabeth von Thüringen. Ihren Mann unterstützte sie bei der Gründung des Herzogspitals. Jeden Tag versorgte die Landesmutter zwölf arme Frauen an ihrem Tisch.

Renata, Herzogin von Bayern. Stich nach einem zeitgenössischen Gemälde. Die Lothringerin war mit Herzog Wilhelm V. („der Fromme") von Bayern verheiratet.

Als Wilhelm V. 1597 die Regentschaft niederlegte, zog sich das Paar in die Münchner Maxburg zurück. Renata führte von nun ein Leben wie eine Klosterfrau, gönnte sich nur das Notwendigste und aß kaum etwas. Täglich begab sie sich in die Spitäler der Stadt und kümmerte sich um die Kranken.

Nach einer letzten Wallfahrt nach Altötting und nach Ebersberg erkrankte Renata von Bayern und entschlief sanft am 22. Mai 1602. Das bayerische Volk betrauerte sie am Grab wie eine große Heilige.

Rita von Cascia

Nonne, Mystikerin OESA
geboren: 1380 (1360?) in Roccaporena, Italien
gestorben: 22. Mai 1457 (1434?) in Cascia, Italien
Patronin in aussichtslosen Nöten; der Ritaschwestern; bei Prüfungsschwierigkeiten; gegen Pocken

Eine moderne Kirche aus dem Jahr 1947, erhöht über dem kleinen Städtchen Cascia in den umbrischen Bergen gelegen, ist das Ziel Tausender Wallfahrer. Die Pilger besuchen das Grab der heiligen Rita, die hier 44 Jahre lang als Augustiner-Eremitin im heute nach ihr benannten Kloster S. Agostiniane di S. Rita gelebt hat. (Das Kloster kann noch besichtigt werden.) Die Menschen drängen sich um den Glasschrein der Heiligen in der reich geschmückten Kapelle an der linken Seite des Hauptkirchenschiffes. Die modern ausgestattete Kirche ist in gedämpftes Licht getaucht, der Schrein mit dem Leichnam Ritas hebt sich ergreifend ab. Die heilige Rita wird als Helferin in aussichtslosen Anliegen angerufen, nachdem sich um ihre Person schon bald nach ihrem Tod und bis in die neuere Zeit hinein auffällige Wunder ereignet haben. Papst Leo XIII. sprach Rita von Cascia am 24. Mai 1900 heilig.

Rita kam 1380 – andere Quellen sprechen von 1360 – in dem kleinen umbrischen Ort Roccaporena bei Cascia zur Welt. Gegen ihren Willen wurde sie von ihren Eltern mit einem Mann verheiratet, der sie im Laufe der Ehejahre grob mißhandelte. Nach 18jähriger Ehehölle, die Rita geduldig und sanftmütig ertrug, wurde der Ehemann ermordet. Die beiden Söhne Ritas schworen Blutrache und wollten die Täter ihrerseits umbringen. In ihrer Verzweiflung betete Rita zu Gott, daß er ihre Söhne lieber sterben lassen solle, als daß sie ihren Mordplan ausführen könnten. Ihr Flehen wurde erhört: Innerhalb kürzester Zeit starben beide Jünglinge.

Nach diesen Schicksalsschlägen bat Rita in Cascia bei den Augustiner-Eremitinnen um Aufnahme. Dreimal wurde die Bittende abgelehnt, da die junge Witwe der Äbtissin für das Klosterleben nicht geeignet erschien. Die Legende berichtet, daß Rita daraufhin in einer nächtlichen Vision Johannes der Täufer, Augustinus und Nikolaus von Tolentino erschienen seien und sie zum Kloster begleiteten, wo sich darauf die Pforten von allein öffneten. Da gaben die Nonnen ihren Widerstand auf und nahmen Rita in ihren Kreis auf.

„Rita von Cascia empfängt während einer Vision die Wunden der Dornenkrone Christi. Dieses Bild befindet sich in der Basilika S. Pietro in Ciel d'Oro in Pavia. Ihre letzte Ruhestätte fand die Mystikerin in dem umbrischen Bergort Cascia.

Das Klosterleben Ritas zeichnete sich durch eine innige Liebe zum gekreuzigten Jesus aus. Im Jahr 1443 empfing sie während einer Vision die Wunden der Dornenkrone, die sie bis an ihr Lebensende behielt. Zahlreiche weitere Gnadenbeweise wurden ihr zuteil.

Rita von Cascia starb am 22. Mai des Jahres 1457 (andere Quellen: 1434) in ihrer Klosterzelle. Die Legende erzählt, daß sie vor ihrem Tod einen Verwandten gebeten habe, ihr aus dem Garten eine blühende Rose zu holen. Obwohl es bitterkalter Winter war, kam der Mann mit einer wunderschönen Rose zurück, die er an einem blühenden Strauch gefunden hatte.

Cascia in Umbrien. Hier lebte Rita im Kloster der Augustiner-Eremitinnen, hier starb sie 1457.

Gegenüberliegende Seite: Glasschrein mit den bekleideten Gebeinen von Rita in der Kirche S. Rita in Cascia. Das Gotteshaus, erbaut 1947, ist bis zum heutigen Tag das Ziel vieler tausend Wallfahrer.

Verehrung/Brauchtum: Am 22. Mai werden in Italien die sogenannten Rita-Rosen geweiht, in Erinnerung an das Rosenwunder der heiligen Rita.

In Rom wurde 1904 eine Bruderschaft gegründet, die Ritas Namen trägt. Auch die karitative Einrichtung der „Talleres de Santa Rita“ erinnert an die Heilige; es handelt sich dabei um Arbeitsstuben.

Darstellung: Rita wird als ältere Nonne oder in jugendlichem Alter in Ordenstracht dargestellt. In der Hand hält sie Kreuz oder Palmzweig mit drei Kronen. Oft trägt sie eine Wunde auf der Stirn, verursacht von einem Dorn aus der Dornenkrone des gekreuzigten Jesus, vor dem sie betet. Auch das Rosenwunder findet bei den Darstellungen oft seinen Niederschlag. Die älteste Abbildung Ritas ist ein Gemälde, das um die Zeit ihres Todesjahres entstand (1457); es befindet sich an ihrem Sarkophag.

23. Mai

Bartholomäus der Bauer (Agricola)

Prediger OFMConv
geboren: 16. Jh. in Amberg, Bayern
gestorben: 23. Mai 1621 in Neapel, Italien

Der Bauer Bartholomäus trat dem Franziskanerorden bei und ging als Prediger und Seelsorger nach Italien. Dort nahm er sich vor allem der Gefangenen und der Armen im Volk an. Auch als Verfasser aszetischer Schriften machte er sich einen Namen. Bartholomäus starb am 23. Mai 1621; im Jahr 1744 wurde seine Verehrung als Ehrwürdiger gestattet.

Desiderius von Langres

Bischof von Langres, Märtyrer
geboren: um 315 in Frankreich
gestorben: 407 (411?) in Langres, Frankreich
Patron von Langres und Avignon; der Schwangeren; gegen Unglück; gegen Meineid

Desiderius von Vienne

Erzbischof von Vienne, Märtyrer
geboren: 6. Jh. in Autun, Frankreich
gestorben: um 611 in Vienne, Frankreich
Patron von Vienne

Johannes Baptista de Rossi

Priester
geboren: 22. Februar 1698 in Voltaggio, Italien
gestorben: 23. Mai 1764 in Rom, Italien

In der römischen Kirche S. Trinità dei Pellegrini befindet sich das Grab von Johannes Baptista de Rossi. Der bescheidene Priester, der Zeit seines Lebens nur an andere gedacht hatte, wurde 1881 durch Papst Leo XIII. heiliggesprochen.

Johannes kam 1698 in dem Ort Voltaggio in Oberitalien zur Welt. Er studierte in Rom, unter anderem auch bei den Dominikanern. Während dieser Zeit traten bei ihm die ersten epileptischen Anfälle auf, die ihn bis an sein Lebensende heimsuchen sollten. Im Jahr 1721 empfing Johannes de Rossi die Priesterweihe und kümmerte sich von da an hauptsäch-

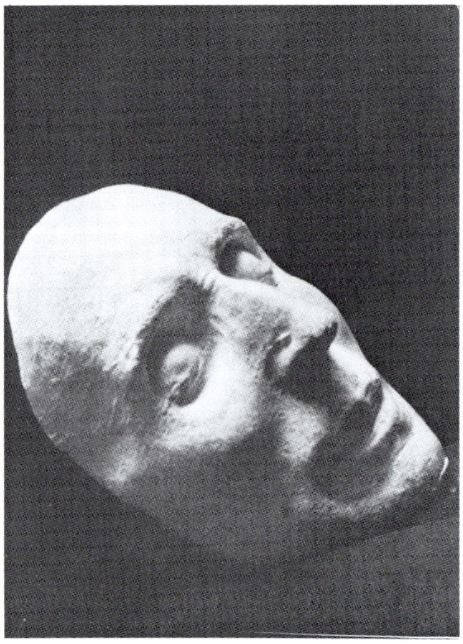

Totenmaske von Johannes Baptista de Rossi; sie befindet sich heute in der Kirche S. Maria in Comedin in Rom, wo der Priester Rossi Chorherr gewesen war.

lich um Arme und Kranke in den Spitälern Roms. Sein ganzes Wirken galt den Ärmsten der Gesellschaft. Er scheute sich auch nicht, Gefangene in den Gefängnisssen zu besuchen und ihnen Trost und Mut zuzusprechen, sie aber auch zu Reue und Buße zu ermahnen. Im Jahr 1737 verteilte Johannes de Rossi sein gesamtes Hab und Gut unter den Bedürftigen.

Der gütige Missionar starb am 23. Mai 1764 in Rom. Die Trauernden an seinem Grab kamen aus allen Bevölkerungsschichten.

Wibert (Guibert) von Gorze

Mönch, Klostergründer OSB
geboren: um 900 in Belgien
gestorben: 23. Mai 962 in Gorze, Lothringen, Frankreich
1100 Kanonisation

24. Mai

Franz Pfanner

Missionsabt, Gründer OCR
geboren: 21. September 1825 in Langen, Österreich
gestorben: 24. Mai 1909 in Emaus, Südafrika

Franz Pfanner ging als einer der erfolgreichsten Missionare in die Geschichte ein. Der 1850 zum Priester geweihte Österreicher trat 1863 bei den Trappisten in Mariawald in der Eifel ein. Knapp 20 Jahre später gründete Pfanner in Natal in Südafrika die Trappistenabtei Mariannhill (Maria-Anna-Hill), der er als Abt vorstand. Mariannhill bei Durban entwickelte sich zum erfolgreichsten Missionszentrum in Südafrika, es wurde bahnbrechend im Schulwesen und in der Ausbildung von einheimischen Lehrern und Priestern. 1885 rief Franz Pfanner, der mit Geburtsnamen Wendelin hieß, die „Missionsschwestern vom Kostbaren Blut“ ins Leben, im Dezember 1888 fand die erste öffentliche Gelübdeablegung statt. Die Schwestern widmeten sich der Pflege Kranker und der Erziehung der Kinder. Von Mariannhill aus gründete Franz Pfanner noch elf weitere Missionsstationen in Südafrika.

Franz Pfanner. Der österreichische Trappistenmönch gründete in Natal in Südafrika das Trappistenkloster Mariannhill, das 1885 zur Abtei erhoben wurde. Nach Schwierigkeiten mit seinem Orden wirkte Pfanner in den Jahren vor seinem Tod als einfacher Missionar in Emaus in Südafrika.

Abt Franz Pfanner vor seiner ersten „Abtei". Pfanner, der aus Langen bei Bregenz stammte, ging als einer der erfolgreichsten Missionare Afrikas in die Geschichte ein, sein Werk ist bis heute unvergessen.

Da seine Arbeit mit der Ordensregel der Trappisten, einem Zweigorden der Zisterzienser, nicht vereinbar erschien, setzte man Franz Pfanner 1893 von seinem Amt ab. Ab 1894 wirkte der Priester als einfacher Missionar still und aufopferungsvoll bis zu seinem Tod 1909 in der von ihm erbauten Missionsstation Emaus in Südafrika. Beigesetzt wurde er in seiner Gründung Mariannhill.

Der amerikanische Trappist Thomas Merton nannte Franz Pfanners Wirken in Südafrika „ein Phänomen der katholischen Kirchengeschichte". Der Informationsprozeß für Franz Pfanner mit dem Ziel der Seligsprechung des Missionsabtes wurde im Jahr 1963 eröffnet.

Johannes von Prado

Provinzial, Märtyrer OFM
geboren: 1563 in Morgovejo, Spanien
gestorben: 24. Mai 1631 in Marrakesch, Marokko

Der Spanier Johannes von Prado gilt als der Begründer der neueren franziskanischen Mission in Marokko. Im Alter von schon 67 Jahren ging Johannes, der zuvor Ordensprovinzial von Andalusien gewesen war, mit zwei Brüdern nach Marokko, um dort zu missionieren. Doch bereits nach wenigen Monaten wurden die drei Franziskaner festgenommen und danach im Kerker schwer mißhandelt. Der Sultan selbst enthauptete Johannes von Prado schließlich am 24. Mai 1631 in Marrakesch. Die beiden Mitbrüder überlebten und sorgten durch den Nachzug weiterer Franziskanermissionare nach Marokko für die Ausweitung der Mission. Johannes von Prado wurde 1728 seliggesprochen.

Simeon Stylites der Jüngere

Mönch, Säulensteher
geboren: 521 in Antiochien, Syrien
gestorben: 24. Mai 592 in Antiochien

Simeon ging schon als Kind ins Kloster. Im Alter von zwölf Jahren empfing er die Diakonweihe und bestieg daraufhin seine erste Säule. Sein Vorbild war Simeon Stylites der Ältere. Nach etwa acht Jahren zog er in die Einsamkeit und bestieg dort auf dem „Mons admirabilis", dem Berg der Wunder, eine höhere Säule. Viele Schüler scharten sich um ihn und wohnten zunächst in Hütten. Unter Simeons Anleitung und unter Mithilfe seiner Mutter Martha entstand schließlich eine Klosteranlage mit einer Säule im Zentrum; diese bestieg Simeon am 4. Juni 551, er sollte sie über vier Jahrzehnte nicht verlassen.

Nach seinem Tod 592 wurde Simon neben seiner Mutter im Kloster beigesetzt.

Darstellung: Die Unterscheidung zwischen Simeon Stylites dem Jüngeren und Simeon dem Älteren ist schwierig; sie gelingt nur, wenn die Darstellung eine klare Kennzeichnung hat. Verschiedene Abbildungen zeigen auch beide Mönche nebeneinander auf ihren Säulen stehend.

Magdalena Sophie Barat

Ordensgründerin
geboren: 13. Dezember 1779 in Joigny, Frankreich
gestorben: 24. Mai 1865 in Paris, Frankreich

Als jüngste Tochter eines Faßbinders und Weinbauern kam Sophie Barat am 13. Dezember 1779 in dem burgundischen Dorf Joigny zur Welt. Wegen seiner außergewöhnlichen Reife und seiner Ernsthaftigkeit wurde das Mädchen schon vor seinen Altersgenossinnen zur Ersten Heiligen Kommunion zugelassen. Danach übernahm Sophies Bruder Louis, Diakon im Heimatort Joigny, ihre Ausbildung. Schnell gehörte sie

Magdalena Sophie Barat. Dieses Porträt der Ordensgründerin befindet sich in der Kirche Sacre Cœur in Amiens; der Maler Savinien Petit malte es am Sterbebett der Heiligen.

zu seinen besten Schülerinnen, die lateinischen und griechischen Klassiker las sie bald besser als alle anderen. Während der Französischen Revolution wurde Louis von den Jakobinern verhaftet und nach Paris gebracht. Nach dem Sturz Robespierres, zwei Jahre später, erhielt er seine Freiheit zurück und holte Sophie zu sich nach Paris.

Hier lernte die 16jährige den Jesuiten Varin kennen, der von der Tugendhaftigkeit und dem Gottvertrauen des Mädchens angetan war. Er beobachtete, wie Sophie in den folgenden Jahren zur Linderung der herrschenden Priesternot als Hilfskatechetin wirkte und verwahrloste Jugendliche unterrichtete. Das Streben Sophies lief darauf hinaus, eines Tages bei den Karmelitinnen den Schleier zu nehmen. Varin aber hatte schon immer die Idee gehabt, zur Erziehung gefährdeter Mädchen einen Orden zu gründen, dessen Konstitutionen sich nach denen des Jesuitenordens ausrichteten. Und in Sophie Barat sah der Jesuit nun die geeignete Persönlichkeit, diesen Gedanken in die Wirklichkeit umzusetzen. Sophie ließ sich überzeugen, und im Jahr 1800 weihte sie sich mit drei weiteren Gefährtinnen dem heiligsten Herzen Jesu.

Unter erneuter Mithilfe von Varin gründete Sophie Barat dann 1802 den Orden der „Dames du Sacré Cœur", die Gesellschaft der „Ordensfrauen vom Heiligsten Herzen Jesu". Ordensstifterin Sophie trug nun den Namen Mutter Magdalena. Schnell sammelten sich immer mehr Schwestern um die Winzerstochter aus Burgund, die bereits im Jahr der Ordensgründung zur Vorsteherin und 1806 zur Generaloberin gewählt wurde. Die Stiftung weitete sich in den folgenden Jahrzehnten trotz mancher Schwierigkeiten zu einem blühenden Orden aus. Niederlassungen gab es schon bald außer in Frankreich in zahlreichen weiteren europäischen Ländern sowie in Afrika und Amerika. Die Ordensgesellschaft gründete Pensionate, Internate und Externate für Kinder aus allen Schichten, führte Frauenexerzitien durch und bildete Lehrerinnen aus.

Nach einer Amtszeit von 62 Jahren als Oberste ihrer Ordensgesellschaft starb Magdalena Sophie Barat am 24. Mai 1865 im Alter von 85 Jahren in Paris. Ihre letzte Ruhestätte fand die begnadete Erzieherin im Jahr 1904 in dem Ort Jette-Saint-Pierre in der Nähe von Brüssel. Papst Pius XI. sprach die Ordensstifterin an ihrem Todestag im Jahre 1925 in Rom feierlich heilig.

Verehrung/Brauchtum: Im Bistum Straßburg wird das Gedächtnis der Ordensstifterin am 25. Mai begangen.

Darstellung: Magdalena Sophie Barat ist in schwarzer Ordenstracht mit Rüschenhaube und Schleier abgebildet.

25. Mai

Aldhelm von Sherborne

Bischof von Sherborne OSB
geboren: um 639 in England
gestorben: 25. Mai 709 in Doulting, England

Verehrung/Brauchtum: Zwischen Doulting, dem Sterbeort Aldhelms, und dem Beisetzungsort Malmesbury wurden im Sieben-Meilen-Abstand Steinkreuze entlang der Straße gesetzt.

Beda der Ehrwürdige

Priester, Mönch, Kirchenlehrer OSB
geboren: 672/673 in Nordengland
gestorben: 26. Mai 735 in Jarrow, England

Die Nachwelt gab dem Priester und Benediktinermönch Beda den Beinamen „Venerabilis", der Ehrwürdige. Beda gilt als einer der größten Gelehrten seines Jahrhunderts und war der erste wissenschaftliche Theologe des Mittelalters überhaupt. Er war es, der eine erste vollständige Klostergeschichte des Abendlandes schrieb, jene über die Benediktinerabtei Wearmouth, in die Beda siebenjährig als Oblate eingetreten war. Nicht nur wegen seiner Gelehrsamkeit als Wissenschaftler und Schriftsteller, auch als vollkommener Christ ging Beda Venerabilis in die Geschichte ein. Er war die Verkörperung der Gottinnigkeit.

Geboren wurde Beda um 672/673 in Nordengland, unweit des schottischen Hochlands. Nach dreijähriger Ausbildung im Kloster Wearmouth kam der Siebenjährige in die Benediktinerabtei Jarrow in der Nähe des nordenglischen Ortes Sunderland, wo er bis zu seinem Tod am 26. Mai 735 über ein halbes Jahrhundert blieb. Im Alter von 19 Jahren empfing Beda die Diakonweihe, mit 30 Jahren die Priesterweihe.

Der Name Bedas überwand bald alle Grenzen. Der Priester wurde zu einem der bedeutendsten Lehrer, die Jugend aus den höchsten Kreisen strömte in seine Studierzimmer nach Jarrow. Alle großen Persönlichkeiten seiner Zeit, Kirchenfürsten ebenso wie weltliche Herrscher und Wissenschaftler, standen mit ihm im Gedankenaustausch.

Am Vorabend des Himmelfahrtstages 735 spürte Beda, daß seine letzte Stunde nahte. Ausgezehrt und erschöpft von den Jahrzehnten höchster Geistestätigkeit, legte er sich nieder, rief noch einmal seine Mitbrüder zu sich, beschenkte sie und bat sie, für ihn zu beten. Mit den Worten „Es ist vollbracht" verschied er mit einem friedlichen Lächeln auf den Lippen.

Gegenüberliegende Seite: Beda Venerabilis, „der Ehrwürdige". Abbildung aus der Handschrift „Vitae Sancti Cuthberti" aus dem 12. Jh.

Beigesetzt wurde der Vater der englischen Geschichtsschreibung in der Kathedrale von Durham. Auf seiner Grabplatte stand, mit ihm sei „eine Leuchte für die ganze Welt aufgegangen". Papst Leo XIII. ernannte Beda Venerabilis im Jahr 1899 zum Kirchenlehrer.

Darstellung: Darstellungen von Beda Venerabilis sind selten. Abgebildet ist er meist, in einem Buch lesend, in der Hand hält er eine Schreibfeder. Nicht in allen Fällen ist jedoch eindeutig gesichert, daß es sich auf der Abbildung auch um Beda den Ehrwürdigen handelt. Darstellungen existieren hauptsächlich in England.

Gregor VII.

Papst OSB
geboren: zwischen 1020 und 1025 in der Toskana (Soana?), Italien
gestorben: 25. Mai 1085 in Salerno, Italien

Papst Gregor VII. Nach einer Originalzeichnung von O. Knille aus dem 19. Jh.

Gregor VII., ein Papst, der als einer der wichtigsten in die Geschichte einging, sprach in seiner Todesstunde die Worte: „Ich habe die Gerechtigkeit geliebt und das Unrecht gehaßt. Deshalb sterbe ich in der Verbannung." Diese beiden Sätze haben ihre Niederschrift an der Grabstätte des Papstes im Dom der süditalienischen Stadt Salerno gefunden. Dieses Gotteshaus, der Duomo S. Matteo, war zur Aufbewahrung der Reliquien des Evangelisten Matthäus errichtet worden und wurde 1085, wenige Wochen vor seinem Tod, von Gregor VII. eingeweiht. Der Papst selbst fand seine letzte Ruhestätte unter dem Altar der sogenannten Kreuzfahrer-Kapelle, der rechten Apsis-Kapelle. Hier ließen einst die Kreuzfahrer ihre Waffen segnen. Hinter dem modernen Hauptaltar des Domes steht der Thron von Gregor VII.

Gregor VII., der in der Geschichte unauslöschbare Spuren hinterlassen hat, kam zwischen 1020 und 1025 in der Toskana, wahrscheinlich in dem Ort Soana, zur Welt. Sein Geburtsname lautete Hildebrand. Früh kam er in den Lateran und bald darauf in das römische Marienkloster auf dem Aventin, wo er jeweils seine Ausbildung erhielt. Danach wurde Hildebrand Benediktinermönch, unter anderem auch für einige Zeit im berühmten Reformkloster Cluny in Frankreich. Der „deutsche Papst" Leo IX. holte Hildebrand 1049 nach Rom und benannte ihn zu seinem persönlichen Berater. In den folgenden 24 Jahren hatte Hildebrand zahlreiche hohe Ämter inne und gewann immer größeren Einfluß auf Entscheidungen des päpstlichen Stuhles, zuerst unter Leo IX., dann auch unter dessen Nachfolgern. Fünf Päpsten diente der Mönch aus der Toskana als Berater.

Als am 22. April 1073 der verstorbene Papst Alexander II. beigesetzt wurde, forderte das Volk in Sprechchören: „Hildebrand soll Papst werden!" Nach einer formlosen Wahl – die Kardinäle bestätigten die „Ernennung" durch das Volk – nahm Hildebrand den Namen Gregor VII. an. Von Beginn seines Pontifikats an strebte Gregor VII. eine innere Reform der Kirche an. Unnachgiebig, ja hart verfolgte er seine Ziele. Ein von ihm verfaßter 27-Punkte-Katalog, der Dictatus Papae, regelte die Loslösung der Kirche von weltlicher Bevormundung und die Säuberung der Kirche von allem Lasterhaften. Gregor bekämpfte die Priesterehe und die Simonie (das Erkaufen geistlicher Ämter mit Geld) und zeigte sich unbeugsam in seiner Einstellung hinsichtlich des Investiturstreits: Kein Laie, auch nicht der Kaiser, dürfe ein kirchliches Amt besetzen.

König Heinrich IV. im Büßergewand vor Papst Gregor VII. in Canossa („Gang nach Canossa"). Stich nach einem Gemälde von O. Friedrich, das eine der berühmtesten Szenen der Geschichte zeigt.

König Heinrich IV. erklärte den Papst daraufhin für abgesetzt. Eine der erbittertsten Auseinandersetzungen zwischen Papst und Herrscher im gesamten Mittelalter nahm damit ihren Anfang. Gregor VII. exkommunizierte den König, worauf die deutschen Fürsten zusammentraten und sich von Heinrich lossagten, falls er sich nicht innerhalb einer bestimmten Zeit vom Bann gelöst habe. So kam es zum berühmten „Gang nach Canossa", wo der Papst den Kirchenbann von Heinrich nahm.

Bereits drei Jahre später kam es zum erneuten Streit. Gregor VII. setzte Heinrich ab. Heinrich wiederum ließ auf einer rasch einberufenen Synode in Brixen den Erzbischof von Ravenna zum Gegenpapst Clemens III. wählen. Gregor wurde für abgesetzt erklärt, und Heinrich zog mit einer starken Armee gegen Rom. Im Frühjahr 1081 begann er mit der Belagerung Roms. Gregor indessen wandte sich um Hilfe an den Normannenführer Robert Guiscard, der jedoch gerade einen Krieg gegen den Kaiser von Konstantinopel führte. Inzwischen gewann Heinrich immer mehr römisches Terrain, 1083 stürmte er die Peterskirche, im März 1084 wurde ihm Rom übergeben. Gregor hatte sich in die befestigte Engelsburg zurückgezogen. An Ostern 1084 ließ sich Heinrich IV. im Lateran, in Anwesenheit aller römischen Kardinäle, von „seinem Papst" Clemens III. zum Kaiser krönen.

Inzwischen näherte sich in Eilmärschen das normannische Heer von Robert Guiscard. Die Lage des neuen Kaisers wurde schwierig, und er mußte sich eiligst aus Rom zurückziehen, mit ihm auch Clemens III. Die Römer stellten sich nun dem neuen Feind entgegen. Dies wiederum verzögerte die Befreiung des eingeschlossenen Gregor VII. und schürte die Wut der Normannen noch mehr. Halb Rom brannte nieder, Tausende starben, Tausende wanderten in die Sklaverei. Soviel Christenblut war noch in keinem Jahrhundert zuvor wegen eines Papstes vergossen worden.

Nach dem Einfall der Normannen in Rom zog Gregor VII., nachdem sich auch noch das Volk gegen ihn gewandt hatte, mit den Besetzern nach Salerno ins Exil. Dort starb er am 25. Mai 1085. Papst Paul V. sprach seinen großen Vorgänger 1606 heilig.

Verehrung/Brauchtum: Der Begriff „Gang nach Canossa" hat im Sprachgebrauch einen festen Platz; der Ausdruck beschreibt, daß die Person, die einen „Gang nach Canossa" vor sich hat, eine schwierige, oft auch unangenehme Aufgabe lösen muß, die meist mit einem anderen Menschen zusammenhängt.

Darstellung: Die häufigste Darstellungsform zeigt Gregor VII. mit Heinrich IV. in der Szene des „Gang nach Canossa". Der Papst ist oft als alter Mann mit Bart abgebildet; ein Beispiel dafür: das Gemälde „Gregor VII. löst den büßenden Heinrich IV. in Canossa vom Bann" von Frederico Zuccari im Vatikan in Rom.

Maria Magdalena von Pazzi

Nonne, Mystikerin OCarm
geboren: 2. April 1566 in Florenz, Italien
gestorben: 25. Mai 1607 in Florenz
Patronin von Florenz und Neapel; der Barfüßer

„Leiden, nicht sterben", so lautete der Lebensgrundsatz von Maria Magdalena von Pazzi, einer der bedeutendsten Mystikerinnen der katholischen Kirche. Am 2. April 1566 in Florenz als Tochter eines Adligen geboren, trat Caterina, so lautete ihr Taufname, bereits mit 16 Jahren in das Karmeliterkloster S. Maria degli Angeli in ihrer Heimatstadt ein. Auf dem Krankenbett legte sie Monate später ihr Gelübde ab. In den folgenden fünf Jahren durchlitt Maria Magdalena qualvolle körperliche, besonders aber seelische Krankheiten. Selbst ihre Gabe der Prophezeiung empfand sie als Schmerz. Sie erlebte zahllose Visionen und Gnadenbeweise und erfuhr die höchste mystische Vereinigung mit Gott. Ihre Mitschwestern schrieben die Äußerungen Maria Magdalenas während dieser Visionen alle nieder.

Im Jahr 1590 wurde die inzwischen 24jährige von ihren Qualen befreit. Zu ihren Mitschwestern sprach sie: „Das Gewitter ist vorüber. Dankt und preist mit mir meinen liebenswürdigen Schöpfer."

Am 25. Mai 1607 starb Maria Magdalena von Pazzi im Alter von 41 Jahren in ihrem Kloster; sie wurde im Karmelitinnenkloster in Florenz-Carecci beigesetzt. Ihr Leichnam blieb bis heute unverwest. Papst Clemens IX. sprach die große Mystikerin 1669 heilig.

Darstellung: Maria Magdalena von Pazzi ist meist im Gewand der Karmelitinnen dargestellt, selten auch in der Kleidung einer Adligen. Oft trägt sie die Wundmale Christi, manchmal auch die Dornenkrone. Auch mit brennendem Herzen ist sie abgebildet. Bei sich hat sie häufig die Leidenswerkzeuge, die sie auf manchen Darstellungen von Jesus überreicht bekommt. Auch mit ihrer Namenspatronin Katharina von Siena oder mit Theresia von Ávila ist Maria Magdalena von Pazzi auf Darstellungen zu sehen.

Jugendbildnis von Maria Magdalena von Pazzi. Das Gemälde befindet sich heute im Karmelitinnenkloster Florenz-Carecci.

Urban I.

Papst
geboren: 2. Jh.
gestorben: 25. Mai (19. Mai?) 230 in Rom, Italien
Patron der Winzer, des Weines, der Weinberge und der Küfer; gegen Frost, Gewitter und Blitz; gegen Trunkenheit

Über Leben und Wirken von Papst Urban I. ist kaum etwas bekannt. Zahlreiche Überlieferungen sind unglaubwürdig. Nicht gesichert ist auch ein angebliches Martyrium Urbans. Beigesetzt wurde Urban I. nach seinem Tod entweder im Coemeterium des Calixtus oder in St. Prätextat in Rom. Nach einer der verschiedenen Legenden soll Urban Valerian, den Bräutigam von Cäcilia, bekehrt und getauft haben.

Verehrung/Brauchtum: Vor allem in Weinbaugebieten genießt Urban große Verehrung. Vielerorts steht sein Bild in den Weinbergen, in Prozessionen wurde sein Bild früher durch die Rebberge getragen. Die Ursache dafür, daß Urban zum Patron der Winzer, der Weinberge und des Weines wurde: Sein Gedenktag liegt in der Zeit, in der die Weinbauern die Bestellung der Weinberge beenden. Im bäuerlichen Kalender hat der Urbanstag daher eine wichtige Bedeutung; ein Lossspruch lautet: „Hat der Urbanstag schön Sonnenschein, verspricht er viel und guten Wein." Vor allem in Franken, Baden und im Elsaß wird Urban von den Winzern sehr verehrt.

Papst Urban I. Nach einem Fresko aus dem 16. Jh. in der Kirche S. Cecilia in Rom.

Darstellung: Papst Urban I. ist in päpstlichen Gewändern dargestellt, bei sich hat er Buch und Krummstab, oft trägt er auch die Tiara. Nur im deutschen Sprachraum wird er mit einem Weinstock oder mit Traube abgebildet (Patronat). Die wohl älteste Abbildung von Urban I. ist in der Kirche S. Paolo fuori le mura in Rom in einem Papstmedaillon (5./6. Jh.) zu sehen. Ein Fresko in der Calixtuskatakombe in Rom, wahrscheinlich aus dem 9. Jh., zeigt den Papst mit Jesus und Cäcilia. Vor allem in Franken, aber auch im Elsaß gibt es unzählige Darstellungen Urbans als Winzerpatron; eine Skulptur aus der Zeit um 1470 in der katholischen Pfarrkirche im fränkischen Kitzingen zeigt Urban mit einer Traube auf einem Buch. Hin und wieder ist der Papst auch mit einem Attribut zu sehen, das auf sein legendarisches Martyrium hinweisen soll, so etwa mit einem Schwert.

26. Mai

Andreas Franchi

Bischof von Pistoia OP
geboren: 1335 in Pistoia, Italien
gestorben: 26. Mai 1401 in Pistoia
23. Mai 1921 Approbation des Kultes

Eleutherus

Papst (um 174 bis 189)
geboren: 2. Jh. in Nikopolis, Griechenland
gestorben: 189 in Rom, Italien

Emerita

Märtyrerin
geboren: 5./6. Jh. in der Schweiz
gestorben: 5./6. Jh. in Dreiburg(?), Schweiz

Godo

Abt von Oye OSB
geboren: um 620 in Frankreich
gestorben: 26. Mai um 690 in Oye, Frankreich
Patron der Gerber, Handschuhmacher

Maria Anna von Jesus

Terziarin, Mystikerin OFM
geboren: 31. Oktober 1618 in Quito, Ecuador
gestorben: 26. Mai 1645 in Quito

Maria Anna von Jesus, die mit Mädchennamen Mariana de Parades y Flores hieß, legte bereits im Alter von sieben Jahren das Gelübde der Jungfräulichkeit ab. Als Franziskanerterziarin lebte sie ab dem zwölften Lebensjahr im Haus ihrer Schwester als Einsiedlerin. Aufgrund ihrer unzähligen Werke der Nächstenliebe wurde sie „Lilie von Quito" genannt. Die charismatisch und mystisch hoch begnadete junge Frau bot bei einer Pestepidemie Gott ihr Leben für die Errettung ihrer Heimatstadt.

Erst 26jährig, starb Maria Anna von Jesus am 26. Mai 1645. Ihre sterblichen Überreste ruhen in der Jesuitenkirche zu Quito. Die Seligsprechung erfolgte 1853, die Heiligsprechung durch Papst Piux XII. am 9. Juli 1950.

Darstellung: Maria Anna von Jesus ist in Nonnenkleidung dargestellt, meist mit Bußwerkzeugen, betend vor einem Kreuz.

Maria Anna von Jesus. Nach einem Porträt des Laienbruders Hernando de la Cruz, dem Seelenführer der Franziskanerterziarin. Das Bild entstand zu Lebzeiten der jungen Ordensfrau. Aus dem Leben der jung verstorbenen Südamerikanerin gibt es eine ergreifende Erzählung: In Quito, der Geburtsstadt von Anna Maria, wütete 1645 die Pest, ein Vulkanausbruch stand bevor, und ein Erdbeben wurde erwartet. Da betete die 26jährige Anna Maria zu Gott, daß er doch sie bestrafen solle, aber nicht das Volk. Die Pest hörte auf, es gab weder einen Vulkanausbruch noch ein Erdbeben – und Anna Maria von Jesus starb.

Philipp Neri

Ordensgründer, Mystiker OR
geboren: 21. Juli 1515 in Florenz, Italien
gestorben: 26. Mai 1595 in Rom, Italien
Patron der Humoristen; gegen Unfruchtbarkeit der Frauen; gegen Gliederkrankheiten; gegen Erdbeben

Am belebten Corso Vittorio Emanuele in Rom, wenige Meter vom Tiber entfernt, steht die Kirche S. Maria in Vallicella, auch Chiesa Nuova genannt. Das Gotteshaus, eine wuchtige, dreischiffige Basilika mit Kuppel und Querhaus, ist untrennbar mit dem Wirken von Philipp

Neri, dem Apostel von Rom, verbunden. „Pippo buono", der „gute Philipp", wie er beim römischen Volk hieß, hatte den Kirchenbau 1575 in Auftrag gegeben, fertiggestellt wurde er aber erst zehn Jahre nach seinem Tod. Malereien an der Decke des weiten Mittelschiffes stellen Wunder dar, die Philipp Neri während der Erbauung gewirkt haben soll. Auf der linken Seite vom Chor öffnet sich die reich ausgestattete Cappella di S. Filippo, in der unter dem Altar die sterblichen Überreste des Heiligen ruhen. Auf Wunsch zeigt der Mesner dem Besucher auch die Zelle von Philipp Neri. An den Kirchenbau schließt sich das Oratorio dei Filippini an, in dessen Räumen Neri einst die geistlichen Gesänge und das Gebet gefördert hat. Hier entstand schließlich auch die Kongregation „Oratorium vom heiligen Philipp Neri", heute noch ist hier das Mutterhaus der Oratorianer.

Zur Person des Apostels von Rom, der vom Volk schon zu Lebzeiten „il Santo" (der Heilige) gerufen wurde. Geboren wurde er am 21. Juli 1515 in Florenz, der Vater war Rechtsanwalt. Seine Ausbildung erhielt Philipp Neri von den Dominikanern des berühmten Klosters S. Marco in Florenz. Er wurde kaufmännischer Gehilfe seines Onkels, verzichtete aber auf eine berufliche Karriere und ging 1535 nach Rom, wo er dann 16 Jahre als Erzieher in einer Familie wirkte. Philipp führte ein Leben der Askese und der tiefen Buße. Auf der Straße gab er der Bevölkerung religiösen Unterricht, in den Häusern pflegte er Kranke und Sterbende.

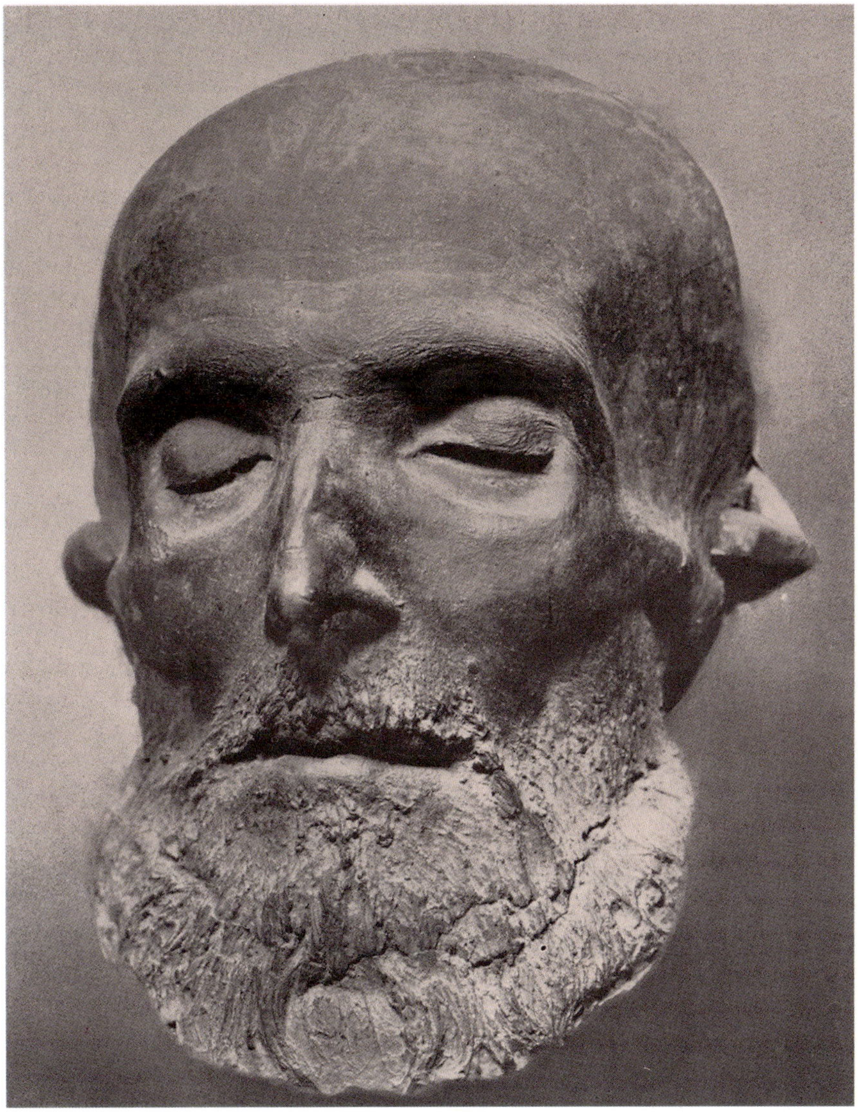

Totenmaske von Philipp Neri. Das kostbare Stück aus Wachs wird heute im Kloster bei der Kirche S. Maria in Vallicella aufbewahrt.

Philipp Neri. Dieses Porträt des Künstlers Vecchietto entstand zu Lebzeiten des Ordensgründers.

Im Laufe der Zeit wurden Philipp Neri zahlreiche mystische Gnadenbeweise zuteil. Eine der auffallendsten Erscheinungen trat nach einem innigen Gebet in den Katakomben des heiligen Sebastian auf: Die Brustwand über dem Herzen Philipps wölbte sich stark. Die ärztliche Untersuchung ergab, daß sich zwei Rippen nach außen gebogen hatten, ohne je Schmerzen verursacht zu haben.

Bald war Philipp Neri in der ganzen Stadt bekannt. Zusammen mit seinem Beichtvater rief er 1548 eine Gemeinschaft von Priestern ins Leben, die sich um Rom-Pilger und genesende Kranke kümmerte. Nach seiner Weihe zum Priester 1551 zog der inzwischen 37jährige Geistliche in das Priesterhaus bei der Kirche S. Girolamo della Carità, einige Straßen von der Basilika S. Maria in Vallicella entfernt. Im Jahr 1552 gründete Neri dann seine Weltpriester-Vereinigung der Oratorianer, die 1575 von Papst Gregor XIII. zur Kongregation erhoben wurde. In der Folgezeit wurde Philipp Neri einer der begehrtesten Beichtväter. Er war

Der Goldschrein mit den Gebeinen von Philipp Neri in der Kirche S. Maria in Vallicella (Chiesa Nuova) in Rom. Das Gesicht des Ordensgründers ist mit einer Silbermaske abgedeckt. Der Kirchenbau war von Philipp Neri 1575 in Auftrag gegeben worden.

der Berater von Päpsten und Kardinälen. Zu seinen engsten Freunden gehörten Karl Borromäus und Franz von Sales. Die Kardinalswürde, die ihm mehrfach angetragen wurde, lehnte er immer wieder ab. Ein besonderer Freund wurde Philipp Neri für die Kinder Roms. Für sie hielt er eigene Predigten und komponierte religiöse Lieder, die er zusammen mit den Kleinen sang. Durch seine immerwährende Fröhlichkeit und Liebenswürdigkeit zog er alle Menschen in seinen Bann.

Das bedeutsame Wirken des großen Seelenführers und begnadeten Missionars, der 14 Päpste überlebte, endete am 26. Mai 1595. Der Tod Philipp Neris wurde in Rom von allen Bevölkerungsschichten betrauert, zu der Beisetzung fand sich eine riesige Menschenmenge ein.

Papst Gregor XV. sprach Neri 1622 heilig.

Darstellung: Philipp Neri wird als Oratorianer, oft mit kurzem Bart dargestellt; meist trägt er einen Stab und/oder einen Rosenkranz. Häufig ist er auch mit flammendem Herzen, betend vor Maria abgebildet. Eine Statue von Maini im Petersdom in Rom zeigt Neri inmitten von Ordensgründern. Ein Bild von Rubens im Louvre in Paris (um 1606) gibt Philipp Neri als älteren Mann in schwarzer Soutane mit Birett wieder. Auch mit anderen Kirchenpersönlichkeiten ist Neri oft dargestellt.

Quadratus (Kodratus)

Bischof von Armenien und Athen, Märtyrer(?)
geboren: 1. Jh.
gestorben: 2. Jh. in Athen, Griechenland

Verehrung/Brauchtum: Die Byzantiner feierten das Gedenken an Quadratus am 27. September.

Darstellung: Der Apostelschüler und Bischof Quadratus ist in festlichen bischöflichen Gewändern abgebildet, seine Apologie (Verteidigung) schreibend.

Regintrud (Regentraut)

Herzogin(?), Äbtissin von Nonnberg(?), Salzburg, Österreich
geboren: 7. Jh.
gestorben: 8. Jh.

Verehrung/Brauchtum: Der Kult Regintruds wurde 1613 für das Kloster Nonnberg in Salzburg, das sie wahrscheinlich mitbegründet hat und dessen vierte Äbtissin sie möglicherweise war, gestattet.

Augustinus von Canterbury

Erzbischof OSB
geboren: 6. Jh. in Italien
gestorben: 26. Mai 604(?) in Canterbury, England

Augustinus war der erste Erzbischof der englischen Diözese Canterbury, die zu einem der wichtigsten Bistümer auf den britischen Inseln werden sollte. Zusammen mit 40 Mönchen war Augustinus, Prior des Andreasklosters in Rom, von Papst Gregor dem Großen von Rom aus zur Missionierung nach England gesandt worden. Im Jahr 597 trafen die römischen Glaubensboten in Kent, dem mächtigsten Königreich Englands, ein. König Ethelbert, selbst Heide, aber mit einer überzeugten Christin verheiratet, empfing die Mönche sehr freundlich und unterstützte in der Folgezeit ihre Arbeit maßgeblich. Einer der Höhepunkte für Augustinus, der bereits 596 zum Bischof geweiht worden war, war der Tag, an dem sich neben vielen anderen Heiden schließlich auch König Ethelbert von ihm taufen ließ.

Die Missionsarbeit von Augustinus und seinen Mönchen war von weiteren großen Erfolgen gekrönt. Im Jahr 601 erfolgte schließlich die Wahl von Augustinus zum Erzbischof von Canterbury, wo er die berühmte Christ Church erbauen ließ.

Der segensreiche Missionar und Kirchenfürst, der Apostel Englands, starb am 26. Mai wahrscheinlich 604, im selben Jahr wie sein großer Lehrer, Papst Gregor der Große. Beigesetzt wurde Augustinus in der von ihm erbauten Kirche St. Peter und Paul, die später in St. Augustine's umbenannt wurde.

Verehrung/Brauchtum: In England und im Benediktinerorden wird der Gedenktag von Augustinus am 26. Mai, dem Todestag, begangen. In Canterbury feiert man Augustinus am 13. September, dem Tag der Überführung der Gebeine (Translationstag).

Darstellung: Abbildungen von Augustinus von Canterbury sind selten. Dargestellt ist der Erzbischof immer in bischöflichen Gewändern mit den Bischofsattributen.

In der Klosterkirche in Muri in der Schweiz ist er zusammen mit anderen Benediktinermissionaren im Kuppelfresko von Giorgioli zu sehen.

27. Mai

Bruno von Würzburg

Bischof
geboren: 10. Jh.
gestorben: 27. Mai 1045 in Persenbeug, Österreich

In der Krypta des Würzburger Domes hat Bruno, Bischof der Stadt am Main von 1034 bis 1045, seine letzte Ruhestätte gefunden. Bruno, ein Sohn von Herzog Konrad von Kärnten und Mathilde von Schwaben, hatte vor seiner Ernennung zum Bischof der italienischen Kanzlei von Kaiser Konrad II. vorgestanden. Sein Hauptaugenmerk im Bischofsamt galt der Bildung und der Moral des Klerus sowie der Förderung seines Bistums auf allen Ebenen. Bischof Bruno von Würzburg, einer der bedeutendsten Kirchenmänner seiner Zeit, starb am 27. Mai 1045 und wurde in „seinem" Dom beigesetzt, mit dessen Bau er 1040 begonnen hatte.

Darstellung: Bruno wird im bischöflichen Gewand dargestellt, meist mit Fahne.

Friedrich von Lüttich

Bischof von Lüttich
geboren: 11. Jh. in Namur, Belgien
gestorben: 27. Mai(?) 1121 in Lüttich, Belgien

Gertrud von Schaffgotsch

Ordensgründerin
geboren: 22. August 1850 in Bonn, Nordrhein-Westfalen
gestorben: 27. Mai 1922 in Trier, Rheinland-Pfalz

Gräfin Josefine Schaffgotsch, die als Ordensfrau den Namen Gertrud annahm, ist die Gründerin der Genossenschaft „Schwestern vom heiligen Josef". Das Gründungsjahr war 1891. Die Kongregation gab sich als besondere Aufgabe das Apostolat unter den Gläubigen durch Förderung des Exerzitienwerkes und der sozialen katholischen Werke nach dem Wahlspruch: „Die Liebe Christi drängt uns." Durch die Gründung von Niederlassungen in Berlin (1900), Wien (1912) und Saarbrücken (1916) gab Mutter Gertrud ihrem Apostolat einen immer größeren Wirkungskreis. In Trier hatte sie

Augustinus von Canterbury erhält von Papst Gregor dem Großen die Instruktionen zur Evangelisierung der Angelsachsen. Dieser Holzschnitt entstand nach einer Miniatur aus dem 9. Jh. Augustinus war der erste Erzbischof der bedeutenden Diözese Canterbury in England. Er stammte aus Italien.

Gertrud von Schaffgotsch, Gründerin der Genosssenschaft der „Schwestern vom heiligen Josef". Das Gründerjahr der Gemeinschaft war 1891.

bereits 1897 den katholischen Fürsorgeverein für Mädchen, Frauen und Kinder ins Leben gerufen.

Mutter Gertrud starb am 27. Mai 1922 in Trier. Ihre sterblichen Überreste wurden 1960 feierlich in das Ordensmutterhaus St. Josefsstift in Trier übertragen.

Margareta Pole

Gräfin, Märtyrerin
geboren: 14. August 1473 in Farley Castle, England
gestorben: 27. Mai 1541 in East Smithfield, England

Margareta Pole, durch ihre Ehe mit dem Königshaus der Tudors verwandt, war die Erzieherin von Maria der Katholischen, einer Tochter von Heinrich VIII. Später fiel sie bei dem brutalen Herrscher in Ungnade, da ihr Sohn, Erzbischof Reginald, gegen seine Kirchenpolitik opponierte. Im Jahr 1538 schließlich ließ Heinrich VIII. ihren anderen Sohn hinrichten, und nur ein Jahr später wurde auch Margareta Pole verhaftet und am 27. Mai 1541 ohne jeglichen Schuldnachweis hingerichtet.

Die Gräfin und Märtyrerin wurde 1886 seliggesprochen.

28. Mai

Germanus von Paris

Bischof
geboren: 496 bei Autun, Frankreich
gestorben: 28. Mai 576 in Paris, Frankreich
Patron der Gefangenen; der Musik; gegen Fieber; gegen Feuergefahren

Die ehemalige Abteikirche Saint-Germain-des-Près, heute an einer der belebtesten Straßenkreuzungen von Paris gelegen, ist das älteste Gotteshaus der französischen Metropole. Es entstand bereits im 6. Jh. – damals noch weit draußen vor der Stadt auf den Wiesen (près) – und sollte ursprünglich die Tunika sowie andere Reliquien des heiligen Vinzenz aufnehmen, die König Childebert I. aus Saragossa mitgebracht hatte. Schon wenige Jahrzehnte später fand hier der große Pariser Bischof Germanus (Germain) seine letzte Ruhestätte, und die Kirche, in der auch Polenkönig Johann Kasimir V. sowie der Philosoph Descartes beigesetzt sind, erhielt seinen Namen. Das kunstvolle Grabmal stammt von dem Künstler Eligius, dem späteren Bischof von Noyon (641 bis 660).

Germanus wurde 496 in der Nähe der französischen Stadt Autun geboren und lebte bereits während seiner Jugendzeit als Einsiedler in einer verlassenen Einöde. Im Jahr 530 empfing er die Priesterweihe, 540 wurde er Abt des Stiftes St-Symphorian in Autun. Als 550 der Bischof von Paris starb, ernannte König Childebert I. Abt Germanus zu dessen Nachfolger und zu seinem Erzkaplan.

Auch in diesen hohen Ämtern blieb Germanus weiterhin bescheiden und demütig, er war freigebig gegenüber den Armen und verteilte seinen eigenen Besitz unter den Bedürftigen. Beim Volk genoß er bald höchstes Ansehen, von überall her kamen die Menschen, um seine Predigten zu hören. Das Benediktinerkloster Saint-Germain-des-Près neben der Kirche, in der er später einmal begraben werden sollte, ist eine Gründung von Bischof Germanus.

Die Legende erzählt, daß Germanus eines Tages einen Schreiber zu sich kommen ließ, der das Datum „28. Mai" an den Kopf seines Bettes schreiben mußte. Niemand wußte, was dies zu bedeuten hatte, bis der Bischof Monate später, am 28. Mai 576, für immer die Augen schloß.

Verehrung/Brauchtum: Vor allem in der karolingischen Zeit genoß Germanus von Paris große Verehrung; diese nahm jedoch später zugunsten von Germanus von Auxerre ab.

Darstellung: Germanus von Paris ist fast immer in bischöflichen Gewändern abgebildet. Manchmal ist er in Ketten zu sehen, da er sich Zeit seines Lebens für die Befreiung von Gefangenen einsetzte (Patronat). Auch mit einem brennenden Haus ist Germanus dargestellt, da nach der Legende durch sein Gebet das Haus, in welchem er krank daniederlag, von einem Feuer verschont geblieben sein soll (Patronat).

Lanfranc von Canterbury

Erzbischof OSB
geboren: um 1005 in Pavia, Italien
gestorben: 28. Mai 1089 in Canterbury, England

Lanfranc, ein gefeierter Lehrer in seiner italienischen Heimat, verließ etwa 30jährig Italien und eröffnete in Avranches in Frankreich eine Schule für Rechtswissenschaften und freie Künste, die ebenfalls bald große Berühmtheit erlangte.

Als Lanfranc 1042 in Lebensgefahr geriet, leistete er das Gelübde, Mönch zu werden; in dem neugegründeten Benediktinerkloster Bec setzte er dies in die Tat um. Ab 1045 war er dort Prior und Leiter der Klosterschule. Die bedeutendsten Schüler von Lanfranc waren Anselm von Canterbury, Ivo von Chartres und der spätere Papst Alexander II. 1063 wurde Lanfranc zum Abt des Klosters Caen ernannt, und 1070 schließlich bestieg der vielgerühmte Kirchenmann den Erzbischofstuhl von Canterbury. In der Folge reformierte Lanfranc das kirchliche und klösterliche Leben und führte die englische Kirche wieder näher an die des Kontinents heran. Zahlreiche Schriften Lanfrancs sind noch heute

Wilhelm von Aquitanien (rechts) zusammen mit Augustinus bei der Marienkrönung. Nach einem Gemälde von Giovanni Lanfranco aus dem 17. Jh. Das Bild befindet sich heute im Louvre in Paris, eine weitere Fassung in S'Agostino in Rom.

erhalten. Die Reliquien des Erzbischofs werden im Jesuitenkolleg in Venedig verehrt.

Darstellung: Lanfranc wird als Bischof mit Monstranz abgebildet, manchmal auch mit einem Teufel. Ein Gemälde von Giovane (16. Jh.) in der Jesuitenkirche in Venedig zeigt den Erzbischof mit Mitra und Stab.

Ruthard (Rudhard)

Probst CanAug
geboren: 11. Jh. in Bayern
gestorben: um 1150 in Au, Bayern

Verehrung/Brauchtum: Der Gedenktag für Ruthard dürfte vom Tag der Erhebung seiner Gebeine herrühren; dies war der 28. Mai 1865.

Wilhelm von Aquitanien (von Gellone)

Klostergründer, Laienbruder OSB
geboren: um 745
gestorben: 28. Mai(?) 812 in Gellone, Frankreich
Patron der Waffenschmiede

Wilhelm von Aquitanien, ein Enkel von Karl Martell, war zunächst tapferer Feldherr unter Karl dem Großen, verließ dann aber den Waffendienst und gründete 804 in Gellone in der Nähe der Abtei Aniane ein Kloster. Zwei Jahre später trat Wilhelm selbst als Laienbruder ein, um bis zu seinem Tod niedrigste Dienste zu verrichten. Beigesetzt wurde Wilhelm in der Kirche seiner Abtei, die man später nach ihm St-Guilhelme-du-Désert nannte. Die Kanonisation Wilhelms erfolgte 1066 durch Papst Alexander II.

Verehrung/Brauchtum: Schon gleich nach dem Tod Wilhelms setzte eine große Verehrung für ihn ein, die dann 1066 auch zur Kanonisation führte. Wilhelm wurde zur Gestalt des „Wilhelm-Zyklus" (Chanson de geste), in dem sein Leben als Kriegsmann und als Mönch verherrlicht wird; Wolfram von Eschenbach schrieb danach später das Versepos „Willehalm".

Darstellung: In der Darstellung wird die Gestalt des Wilhelm von Aquitanien oft mit der des Wilhelm von Malavalle vermischt. Eine eindeutig Wilhelm von Aquitanien zuzuschreibende Szene ist jene, wie Benedikt von Aniane ihn als Mönch einkleidet; in der Pinacoteca Nazionale in Bologna gibt es dazu ein Gemälde von Il Guercino (1620). Wilhelm ist auch als Mönch mit Helm oder als Einsiedler mit Herzoghut zu sehen.

29. Mai

Bona von Pisa

Terziarin, Mystikerin OESA
geboren: 1156 in Pisa, Italien
gestorben: 1208 in Pisa
Patronin von Pisa; der Pilger; der Stewardessen (seit 1962)

Die Augustinerterziarin Bona unternahm beschwerliche Pilgerreisen ins Heilige Land, nach Santiago de Compostela und nach Rom.

Darstellung: Bona ist als Nonne mit Kreuz oder Pilgerstab dargestellt. Auf einem Tafelbild im Kloster Bonas in Pisa wurde die Terziarin von Giovanni di Nicola verewigt.

Erbin

König von Cornwall
geboren: um 410 in England
gestorben: um 480 in Cornwall, England

Jean-Joseph Gérard

Mönch, Missionar OMI
geboren: 12. März 1831 in Bouxières-aux-Chênes, Frankreich
gestorben: 29. Mai 1914 in Roma, Basutoland (Südafrika)

Von den Basutos, bei denen er über 50 Jahre wirkte, wurde Jean-Joseph Gérard schon zu Lebzeiten wie ein Heiliger verehrt. Der Seligsprechungsprozeß für den großen Missionar aus Frankreich, Mitglied der Kongregation der „Oblaten der Unbefleckten Jungfrau Maria", wurde am 16. September 1988 abgeschlossen.

Gérard missionierte ab 1853 bei den Zulus im südafrikanischen Natal, 1862 ging er dann nach Basutoland und wurde dort bald zum Vertrauten des Königs. Im Jahr 1876

Jean-Joseph Gérard. Der Missionar aus Frankreich, der über ein halbes Jahrhundert bei den Basutos in Südafrika wirkte, wurde schon zu Lebzeiten wie ein Heiliger verehrt.

gründete der Ordensmann die Mission im Norden des Landes. Darüber hinaus verfaßte er einen Katechismus, ein Lesebuch, eine biblische Geschichte und ein Lukas-Evangelium in Sesuto, der Landessprache der Basutos.

Schrein mit den Reliquien der Märtyrer Sisinnius, Martyrius und Alexander. Erzbischof Gottardi schenkte das kostbare Behältnis am 27. April 1982 dem Patriarchen Demetrio I. Constantinopoli anläßlich seines Besuches in der Diözese Trient. Weitere Reliquien der Märtyrer werden im Dom von Trient aufbewahrt.

Joachim von Fiore

Ordensgründer SOCist
geboren: um 1130 in Celico, Italien
gestorben: 30. März 1202 in Fiore, Italien

Joachim, Abt des Zisterzienserklosters Corazzo, gründete 1189 in Fiore in Kalabrien das Reformkloster S. Giovanni in Fiore. Dort entwickelte sich schließlich der Zisterzienser-Reformzweig der Floriazenser, deren verschärfte Statuten Papst Cölestin III. im Jahr 1196 bestätigte. Die Mönchskongregation verbreitete sich in Kalabrien und Neapel rasch und hatte bald 35 Männer- und vier Frauenklöster. Ein Teil der Kongregation kam im 16. Jh. wieder ganz zum Zisterzienserorden, andere Klöster schlossen sich dem Dominikanerorden oder dem Kartäuserorden an.

Joachim von Fiore, der 1202 starb, entwickelte verschiedene umstrittene Lehren und Theologien, die vom Konzil allerdings größtenteils abgelehnt wurden. Die Gebeine Joachims wurden am 29. Mai 1240 nach S. Giovanni in Fiore überführt. Ein Versuch, eine Heiligsprechung des Ordensgründers zu erreichen, scheiterte 1346.

Verehrung/Brauchtum: Als Gedenktag für Joachim von Fiore gilt der Tag der Translation.

Darstellung: Joachim von Fiore wird im Zisterzienserordensgewand abgebildet, meist mit Nimbus und Buch, manchmal auch mit Kapuze, Stab und Buch.

Sisinnius, Martyrius und Alexander (Nonsberger Märtyrer)

Märtyrer
geboren: 4. Jh. in Italien
gestorben: 29. Mai 397 am Nonsberg bei Trient, Italien

Die gotische Kirche von Sanzeno, dem Ort unweit der Südtiroler Feriengebiete von Eppan und Kaltern, birgt einen Teil der Reliquien der Märtyrer Sisinnius, Martyrius und Alexander, die im Jahr 397 an der Stelle des Gotteshauses ermordet wurden. Die drei Christen waren Ende des 4. Jh. vom Mailänder Bischof Ambrosius nach Trient gesandt worden, um Bischof Vigilius bei der Missionierung unter den Heiden zu helfen. Sisinnius, Martyrius und Alexander verkündeten das Wort Gottes und errichteten am Nonsberg, nördlich von Trient, eine Kirche. Nach und nach hatten sie mit ihrer Missionstätigkeit Erfolg, zahlreiche Heiden ließen sich bekehren.

Dann geschah das Unglück: Am Tag nach einem Opferfest, das die Heiden gefeiert hatten, überfielen diese die Glaubensboten in ihrem Haus, ermordeten Sisinnius und Martyrius, rissen das Kirchlein ein und verbrannten Alexander bei lebendigem Leib auf den Trümmern, zusammen mit den toten Körpern seiner beiden Kameraden. Das Todesdatum der drei Märtyrer war der 29. Mai 397.

Verehrung/Brauchtum: Schon bald nach dem gewaltsamen Tod von Sisinnius, Martyrius und Alexander entstand eine große Verehrung um ihre Personen und die Reliquien. Nicht nur in Sanzeno, auch im Dom von Trient werden Reliquien der Märtyrer aufbewahrt. In Trient ist auch eine Pfarrei nach Sisinnius, Martyrius und Alexander benannt.

Darstellung: Die drei Märtyrer sind auf allen Abbildungen zusammen zu sehen; Sisinnius trägt meist einen Bart und hält einen Kelch, Martyrius ein Buch und Alexander ein Buch sowie einen Schlüssel. In der Kirche in Sanzeno gibt es verschiedene Darstellungen.

Theodosia von Konstantinopel

Nonne, Märtyrerin
geboren: um 700
gestorben: 29. Mai 726 in Konstantinopel, heute Istanbul, Türkei

Verehrung/Brauchtum: Ein weiterer Gedenktag für Theodosia von Konstantinopel ist der 18. Juli, möglicherweise der Translationstag; die Reliquien der Märtyrerin wurden nämlich im Mittelalter in die nach ihr benannte Kirche in Konstantinopel überführt. Die Theodosiakirche trug diesen Namen bis ins 15. Jh., später wurde sie dann aber türkische Moschee.

Wilhelm Arnaud und Gefährten

Märtyrer OP
geboren: 12. Jh. in Montpellier, Frankreich
gestorben: 29. Mai 1242 in Avignonet, Frankreich
1866 Approbation des Kultes

30. Mai

Basilius der Ältere und Emmelia

Christen
geboren: Basilius: 270 in Kappadokien, Türkei
Emmelia: um 300 in Kappadokien
gestorben: Basilius: 330 in Kappadokien
Emmelia: 372 in Kappadokien

Basilius und Emmelia, beide Christen von ganzem Herzen, waren die Eltern der großen Kirchenpersönlichkeiten Basilius des Großen, Gregor von Nyssa und Petrus von Sebaste. Insgesamt schenkte Emmelia ihrem Mann zehn Kinder. Nachdem Basilius 330 gestorben war, zog sich Emmelia zusammen mit ihrer Tochter Makrina, die ebenfalls berühmt und verehrt war, in ein Kloster zurück, wo sie nach rund vier Jahrzehnten friedlich starb.

Ferdinand III. von León und Kastilien (der Heilige)

König
geboren: 1199 in Spanien
gestorben: 30. Mai 1252 in Sevilla, Spanien
Patron der Gefangenen; der Armen

Ferdinand, verheiratet mit Beatrix von Schwaben, erbte im Jahr 1217 Kastilien, das Land seiner Mutter, und 1230 León, das des Vaters. Er vereinigte beide Königreiche. In zahlreichen Kämpfen gegen die Mauren eroberte Ferdinand III. in der Folge die Königreiche Córdoba, Sevilla, Jaén und Murcia zurück. Im Jahr 1221 gründete der König die Kathedrale von Burgos. Die Universität von Salamanca wurde von Ferdinand 1243 erweitert.

Nach seinem Tod am 30. Mai 1252 fand Ferdinand III. in der großen Kirche von Sevilla, heute die Kathedrale Santa María, ein riesiger gotischer Kirchenbau, seine letzte Ruhestätte. Die Capilla Real (Königskapelle) in der Kathedrale gilt als besondere Sehenswürdigkeit: Zu sehen sind hier die Grabmäler von Beatrix und ihrem und Ferdinands Sohn Al-

Ferdinand III. der Heilige. Nach einer Darstellung aus „Lives of the Saints" von Reverend Alban Butler aus dem 19. Jh.

phons X., und am Fuß des Altares ruhen die Reliquien Ferdinands in einem vergoldeten Silberschrein.

Verehrung/Brauchtum: Auf dem Hauptaltar in der Capilla Real in der Kathedrale von Sevilla thront in Schleier und in der Tracht des 13. Jh. die sogenannte „Virgin de los Reyes“, die Schutzpatronin von Sevilla. Sie soll ein Geschenk gewesen sein von Ludwig IX. (dem Heiligen) von Frankreich an seinen Vetter Ferdinand III.; es heißt, Ferdinand habe die romanische Marienfigur immer im Kampf mit sich geführt. Auch die „Virgin de las Batallas“, eine Elfenbeinfigur in der Krypta der Kathedrale (14. Jh.), soll Ferdinand III. als Glücksbringer bei sich gehabt haben.

Darstellung: Ferdinand III. ist immer als König dargestellt; bei sich hat er Schwert, Weltkugel, Kreuz, Kreuzfahne oder Schlüssel. Meist trägt er ein Kreuz auf der Brust. Manchmal sieht man ihn auch als Drachentöter oder gegen die Mauren kämpfend. Darstellungen: mit Weltkugel und Schwert in einer Skulptur von Roldan (16. Jh.) in der Kathedrale von Sevilla; bekleidet mit einem Pelz, kniend im Gebet, auf einem Tafelbild von Murillo (17. Jh.) im Prado zu Madrid; als Drachentöter auf einem Glasgemälde (16. Jh.) in der Kirche Ste-Catherine im belgischen Hoogstraten. Die älteste Darstellung von Ferdinand III. dürfte wohl eine Steinskulptur in der Kathedrale von Burgos sein (13. Jh.).

Johanna von Orléans (Jeanne d'Arc)

Bauernmädchen, Retterin Frankreichs
geboren: 6. Januar 1412 in Domrémy, Frankreich
gestorben: 30. Mai 1431 in Rouen, Frankreich
Patronin von Frankreich; von Rouen und Orléans; der Telegraphie; des Rundfunks

Johanna von Orléans (Jeanne d'Arc) gehört zu den Gestalten der Geschichte, deren Leben immer wieder in Schriften und Büchern, Theaterstücken und Liedern behandelt wurde. Historiker, Theologen und Ärzte beschäftigten sich mit diesem einfachen Bauernmädchen, das zur Retterin Frankreichs wurde und dessen außergewöhnliche Erscheinung und charakterliche Größe immer wieder bewundert wurden. Die Franzosen verehren Johanna als Patronin ihres Landes, überall finden sich Statuen der Heiligen; eines der eindrucksvollsten Werke ist wohl das große Reiterstandbild an der Place du Martroi in Orléans, in der Stadt, die ihrer Retterin seit 1430 jedes Jahr mit großen Veranstaltungen huldigt.

Johanna, die sich selbst „la Pucelle“ (Jungfrau) nannte, kam am 6. Januar 1412 in Domrémy in Nordfrankreich als Tochter des Bürgermeisters Jacques Tarc zur Welt. Das Städtchen wird heute auch Domrémy-la-Pucelle genannt, alles lebt hier von der Erinnerung an die Heldin. In der Ortskirche aus dem 15. Jh. befindet sich noch das Taufbecken, über dem Johanna die Taufe empfangen hat, im Geburtshaus Johannas kann man noch die winzig kleinen Zimmer besichtigen, und über der Eingangstür des Hauses hängen die Waffen der Heiligen. Neben dem Geburtshaus befindet sich ein Museum, das ihr gewidmet wurde.

Johanna erhielt von ihren Eltern eine religiöse Erziehung, lernte aber nie Lesen und Schreiben. Von ihrem 13. Lebensjahr an hörte sie im Garten des Elternhauses immer wieder überirdische Stimmen, die sie aufforderten, dem von den Engländern bedrängten französischen König zu Hilfe zu kommen und Frankreich zu retten. Zu jener Zeit herrschte der Hundertjährige Krieg, in dem England seinen Anspruch auf den französischen Thron geltend machte. Johanna hielt ihre Erscheinungen mehrere Jahre geheim, bis sie endlich – es war Februar 1429, Johanna 17 Jahre alt – in Männerkleidung ein Pferd bestieg und zuerst nach Vaucouleurs und dann nach Chinon ritt, wo sich Kronprinz Karl VII. aufhielt. Die „Stimme“ hatte Johanna nämlich gesagt, sie solle dem Sohn des schwachsinnigen Königs Karl VI. zur Krönung verhelfen und die von den Engländern eingeschlossene Stadt Orléans befreien. Durch ihre hervorragende Kenntnis vieler Kriegseinzelheiten überzeugte Johanna, die in voller Waffenrüstung erschienen war, den Dauphin schließlich von ihrer außergewöhnlichen Sendung. Karl VII. ließ sie jedoch noch drei Wochen lang von Theologen in Poitiers überprüfen. Auch von dieser Seite gab es keine Bedenken gegen Johannas Mission.

Am 23. April 1429 schließlich brach Johanna mit einem kleinen Heer von Tours aus auf und erschien am 28. April vor den völlig demoralisierten französischen Soldaten. Zuerst sorgte sie für eine „Säuberung“ des Lagers; sie ließ alle Dirnen ent-

Raum im Geburtshaus der Johanna von Orléans in Domrémy. Das Anwesen ist heute Wallfahrtsstätte und Sehenswürdigkeit zugleich.

Gegenüberliegende Seite: Das Kirchenschiff der Kathedrale von Reims mit der berühmten, lebensgroßen Statue der Johanna von Orléans, der Retterin Frankreichs.

„Johanna auf dem Scheiterhaufen."
Darstellung aus dem Mittelalter.

fernen und forderte von den Soldaten eine Generalbeichte. Die harten Männer fügten sich dem zarten Mädchen, und schon nach wenigen Tagen waren die englischen Gegner in die Flucht geschlagen, die Stadt Orléans war befreit. Ein Sieg folgte dem anderen, die militärischen Erfolge unter Johanna von Orléans, wie sie nun schon genannt wurde, grenzten ans Wunderbare. Am 17. Juli 1429 führte Johanna Karl VII. nach Reims, wo er in der Kathedrale zum König gekrönt wurde. Nach der Krönung – Johanna war mit dem siegreichen Banner neben dem Altar gestanden – kniete die 17jährige vor Karl nieder und sagte: „Edler Herr, jetzt ist Gottes Wille vollbracht."

Eifersüchtige Politiker des Königs hetzten Karl VII. aber bald gegen Johanna, die beim Sturm auf die belagerte Stadt Paris verwundet worden war, auf und erreichten, daß Johanna 1430 bei Compiègne von Burgundern verhaftet und an die Engländer verkauft wurde. Für Johanna von Orléans begann eine furchtbare Leidenszeit. Vor einem Inquisitionsgericht wurde sie als Hexe, Hure und Zauberin angeklagt und drei Monate verhört. Der Ausgang des Prozesses war von vornherein beschlossene Sache, einen Verteidiger gestand man der dem Gericht geistig weit unterlegenen Angeklagten nicht zu. Am 30. Mai 1431 schließlich wurde die 19jährige Johanna, das Mädchen, das für Frankreich so viel getan hatte, in der Stadt Rouen auf dem Scheiterhaufen verbrannt. Nahe der damaligen Hinrichtungsstätte in Rouen erinnern heute eine Gedenkstätte und die moderne, 1979 eingeweihte Kirche Sainte-Jeanne-d'Arc an das Bauernmädchen aus Domrémy.

Nicht lange nach dem Tod Johannas überprüfte man das Urteil, und bereits am 7. Juli 1456 hob Papst Calixtus II. es auf. Danach wurde es um den Namen von Johanna von Orléans ruhiger, erst im 19. Jh. lebte ihr Kult wieder stark auf. Im Jahr 1909 dann wurde Johanna seliggesprochen, und Papst Benedikt XV. sprach die Retterin Frankreichs am 16. Mai 1920 heilig.

Verehrung/Brauchtum: In Frankreich gedenkt man Johanna von Orléans am ersten Sonntag nach Christi Himmelfahrt.

Darstellung: Abbildungen von Johanna von Orléans sind hauptsächlich in Frankreich anzutreffen. Sie wird immer sehr jung dargestellt, fast nur als Kämpferin oder Befreierin; oft trägt Johanna Rüstung über der Kleidung der jeweiligen Zeit, in welcher sie abgebildet wurde; meist hat sie ein Banner und ein Schwert bei sich. Überall in Frankreich sind Standbilder der Johanna anzutreffen, eines der berühmtesten ist das in der Kathedrale von Reims.

Leonhard Murialdo

Priester, Gründer
geboren: 26. Oktober 1828 in Turin, Italien
gestorben: 30. Mai 1900 in Turin

Im Alter von 23 Jahren wurde Leonhard Murialdo Priester und schloß sich dann Don Bosco an. Er wurde einer seiner unermüdlichsten Mitarbeiter in der Seelsorge. Um seine Arbeit noch besser ausüben zu können, gründete Leonhard Murialdo 1873 die „Turiner Genossenschaft vom heiligen Joseph" (Pia sociéta torinese di S. Giuseppe). Außerdem setzte sich der Priester aufopferungsvoll für die Gründung einer christlichen Arbeiterbewegung ein. Im Alter von 71 Jahren starb Murialdo. Papst Paul VI. sprach den großen Seelsorger am 3. Mai 1970 heilig.

Reinhild (Rendel, Reinheldis)

Jungfrau, Märtyrerin(?)
gestorben: in Westfalen

Über das Leben von Reinhild gibt es keine bewiesenen Aussagen; das, was man erzählt, ist wohl legendarisch. So soll Reinhild angeblich von ihrer Mutter auf Anstiften des Stiefvaters erwürgt worden sein; geschehen sein soll dies in Westerkappel in Westfalen. In Riesenbeck in Westfalen gibt es in der dortigen Kirche einen Grabstein, der mit Reinhild in Verbindung gebracht wird und von dieser Greueltat berichtet. Eine weitere Legende erzählt, daß Engel Reinhilds Arbeit verrichteten, während sie zur Kirche ging.

Zdislawa (Berka)

Terziarin, Wohltäterin OP
geboren: um 1220 in Mähren Slowakische Republik
gestorben: um 1252 in Lemberk, Tschechische Republik
Patronin von Böhmen und Mähren

Die Dominikanerterziarin Zdislawa (Berka) wurde 17jährig verheiratet. Auch als Ehefrau und Mutter führte sie ein heiligmäßiges Leben und kümmerte sich aufopferungsvoll um die Armen. Eine Chronik aus dem 14. Jh. erzählt, sie habe auch Kranke geheilt und Tote zum Leben erweckt.

Die Familie Berka von Dauba ließ um 1700 über dem Grab Zdislawas eine Barockkirche erbauen; fälschlicherweise hatte sie angenommen, die Wohltäterin sei ihrer Familie entstammt.

Der Kult Zdislawas wurde 1907 bestätigt; Bischof Trochta von Leitmeritz leitete 1949 den Heiligsprechungsprozeß ein.

Verehrung/Brauchtum: Der Dominikanerorden gedenkt Zdislawas am 3. Januar. In der Ordensgemeinschaft ist die Verehrung groß, Zdislawa gilt auch als Gründerin des Dominikanerinnenklosters in Deutsch-Gabel in der Tschechei.

Darstellung: Abbildungen von Zdislawa gibt es hauptsächlich in Böhmen; sie zeigen die Wohltäterin mit Kreuz, Brotkorb, Krone und Kirchenmodell, manchmal auch mit einem von Rosen umgebenen Kruzifix. Mit einem Kirchenmodell ist Zdislawa bei einer Skulptur auf dem Hauptaltar der Klosterkirche in Gabel zu sehen.

31. Mai

Felix von Nicosia

Mönch, Mystiker OFMCap
geboren: 5. November 1715 in Nicosia auf Sizilien, Italien
gestorben: 31. Mai 1787 in Nicosia
Seligsprechung: 12. Februar 1888

Darstellung: Im Museo Francescano in Rom ist ein zu Lebzeiten von Felix von Nicosia angefertigtes Bild (vera effigies) zu sehen; es stammt von Francesco Nani und zeigt den ehemaligen Schuhmacher und späteren Kapuziner-Bettelbruder und Mystiker Felix mit Bettelsack, im Hintergrund ein Marienbild.

Helmtrudis (Hiltrud)

Nonne, Einsiedlerin
geboren: um 900 in Neuenheerse, Nordrhein-Westfalen
gestorben: um 950 in Neuenheerse (?)

Jacobus Salomonius

Mönch OP
geboren: 1231 in Venedig, Italien
gestorben: 31. Mai 1314 in Forlì, Italien
1525 Bestätigung des Kultes

Mechthild(is) von Dießen

Äbtissin OSB
geboren: 12. Jh. in Andechs, Bayern
gestorben: 31. Mai 1160 in Dießen, Bayern
Patronin gegen Gewitter

Mechthild kam zu Beginn des 12. Jh. als Tochter von Graf Berthold II. auf dem Stammschloß der Familie in Andechs am Ammersee zur Welt. Im Alter von fünf Jahren wurde sie den Augustinerinnen im nahegelegenen Dießen zur Erziehung übergeben, wie dies zu jener Zeit in Adelskreisen üblich war. Schon früh entwickelte das Mädchen eine tiefe Frömmigkeit und verbrachte viele Stunden der Andacht vor dem Altar der Klosterkirche. Als sie das notwendige Alter erreicht hatte, nahm Mechthild den Schleier und wurde Augustiner-Chorfrau im Kanonissenstift St. Stephan in Dießen.

Nachdem Mechthild in Dießen mehrere Jahre das Amt der Priorin

Mechthild von Dießen. Nach einem Gemälde des Künstlers von Holzer, das sich heute im Marienmünster in Dießen am Ammersee befindet.

Glasschrein mit den geschmückten Gebeinen der Mechthild von Dießen. Der Sarg steht in einer Seitenkapelle des Dießener Marienmünsters.

bekleidet hatte, wurde sie 1153 vom Augsburger Bischof zur Äbtissin des Klosters Edelstetten in der Nähe von Krumbach in Bayerisch-Schwaben ernannt. Die bescheidene Ordensfrau lehnte diesen Ruf zuerst ab, erhielt dann aber von Papst Anastasius IV. eine direkte Aufforderung, die Leitung von Edelstetten zu übernehmen. In kurzer Zeit reformierte Mechthild das Klosterwesen in Edelstetten, kehrte aber bereits nach wenigen Jahren nach Dießen zurück, da sie den Tod kommen fühlte. Am 31. Mai 1160 starb Mechthild in Frieden. Im Jahr 1468 wurden ihre Gebeine erhoben und zwei Jahrzehnte später, 1488, in der Stiftskirche in Dießen beigesetzt. Mechthilds Gebeine sind bis heute in der jetzigen Dießener Klosterkirche (Münster) Mariä Himmelfahrt in einem Glassarg zu sehen. In der Region um den Ammersee genießt Mechthild(is) noch heute große Verehrung. Vor allem in Dießen erinnert viel an die Ordensfrau.

Darstellung: Mechthild von Dießen ist im Gewand einer Äbtissin dargestellt, sie trägt einen Kelch und Hostien. Vor allem in Dießen und in Andechs gibt es zahlreiche Abbildungen.

Petronilla

Märtyrerin
geboren / gestorben: (?)
Patronin von Rom; der Pilger; der Reisenden; gegen Fieber

Petronilla war eine Märtyrerin des frühchristlichen Rom. Gesicherte Angaben über sie fehlen, ihre Grabstätte aber fand man in den Domitilla-Katakomben in Rom. Die Reliquien Petronillas wurden 757 von Papst Paul I. zur Peterskirche überführt, nachdem Pippin der Jüngere sich die Märtyrerin zu seiner Patronin erkoren hatte. Das Mausoleum bei St. Peter, in welchem die Reliquien Petronillas ihre Aufbewahrung fanden, wurde später fränkische Königskapelle.

Eine andere Legende erzählt auch, Petronilla sei eine Tochter von Petrus gewesen. Dies allerdings wird zum einen auf die Namensähnlichkeit und zum anderen auf die Nähe ihres Grabes zu jenem des Apostels zurückgeführt.

Darstellung: Petronilla ist meist als Beterin mit Märtyrerkrone und Palme dargestellt, manchmal auch mit einem Delphin, einem Besen und/oder einem Schlüssel; die letzte Darstellungsform ist in der Stiftskirche zu St. Goar auf einem Wandgemälde (15. Jh.) zu sehen. In der Pinacoteca in Siena stellt ein Gemälde von Sano di Pietro (15. Jh.) die Szene dar, wie Petrus Petronilla vom Fieber heilt (auch dies geht auf eine Legende zurück). Ein Wandgemälde in den römischen Domitilla-Katakomben (4. Jh.) schließlich zeigt Petronilla mit Veneranda.

Pilegrinus (Peregrinus) von Passau

Bischof von Passau
geboren: um 920 in Niederösterreich
gestorben: 991 in Passau(?), Bayern

Sigewin (der Fromme)

Erzbischof von Köln
geboren: 11. Jh.
gestorben: 31. Mai 1089 in Köln, Nordrhein-Westfalen

1. Juni

Agnes Ellenberger

Generaloberin
geboren: 16. März 1838 in Wetzlar, Hessen
gestorben: 1. Juni 1906 in Güls (heute Koblenz), Rheinland-Pfalz

Agnes Ellenberger, die mit Taufnamen Karoline hieß, wuchs in einer strenggläubigen, evangelischen Familie auf. Nach schweren inneren Kämpfen trat sie einen Tag nach ihrem 25. Geburtstag, gegen den Willen der Mutter, zum katholischen Glauben über. Der Vater war lange schon gestorben, die Mutter verzieh Karoline den Schritt nie; sie nannte die Tochter nach ihrer Entscheidung „den Schandfleck der Familie" und wollte sie nie mehr wiedersehen.

Nur ein Jahr nach ihrer Konversion trat Karoline Ellenberger in Koblenz der Schwesterngemeinschaft vom Heiligen Geist bei und nahm den Namen Agnes an. Ihr Wahlspruch wurde: „Was du tust, tue ganz!" Im Deutsch-Französischen Krieg 1870/71 war Schwester Agnes in Ars bei Metz im Kriegslazarett in der Pflege der Verwundeten tätig, erkrankte schließlich selbst schwer an Typhus und kehrte erst nach langem Krankenlager in das Mutterhaus ihrer Gemeinschaft nach Koblenz zurück.

Agnes Ellenberger. Im Alter von 25 Jahren konvertierte sie zum katholischen Glauben und trat in Koblenz der Schwesterngemeinschaft vom Heiligen Geist bei.

Der 10. Oktober 1891 war dann ein großer Tag für Agnes Ellenberger: Das Generalkapitel ernannte die Ordensfrau zur Generaloberin. Ihre Schwestern sagten von ihr: „Man hört und spürt aus ihren Worten die mütterliche Liebe und Güte." Während der zwölfjährigen Amtszeit von Oberin Agnes weitete sich die Gemeinschaft um 13 Filialen aus. Im Oktober 1903 legte Agnes Ellenberger ihr Amt in jüngere Hände und wirkte bis zu ihrem Tod am 1. Juni 1906 in der von ihr gegründeten Niederlassung in Güls (heute Koblenz 33).

Das Andenken an das heiligmäßige Leben der Ordensfrau Agnes Ellenberger blieb erhalten. Seit April 1958 ruhen ihre sterblichen Überreste in der Kapelle des Mutterhauses in Koblenz. Im Dezember 1958 wurde der Seligsprechungsprozeß eröffnet.

Enneco von Oña

Einsiedler, Abt
geboren: 10. Jh. in Spanien
gestorben: 1. Juni 1057 in Oña, Spanien
1163 Approbation des Kultes

Justinus

Philosoph, Märtyrer
geboren: 2. Jh. in Flavia Neapolis, heute Nablus, Jordanien
gestorben: um 165 in Rom, Italien
Patron der Philosophen

Justinus wurde in der ersten Hälfte des 2. Jh. in Flavia Neapolis, dem heutigen Nablus in Jordanien, geboren. Seine Eltern, römische Aristokraten, erzogen ihn im heidnischen Glauben. Nachdem Justinus die Schulzeit beendet hatte, begab er sich auf die Suche nach dem „einzigen und wahren Gott" und holte sich zur geistigen Fortbildung die besten Lehrer seiner Zeit in sein Haus. Doch keiner konnte ihm eine Antwort auf seine Fragen geben; jeder versuchte, Justinus alle möglichen Dinge zu lehren, nur über den einzigen, wahren Gott konnte ihm niemand etwas berichten.

Als Justinus eines Tages am Strand spazierenging, traf er dort einen Greis, der ihn in langen Gesprächen vom christlichen Glauben überzeugte. Nach dem Studium der Bibel ließ Justinus sich taufen und verkündete von da an überall, wo er hinkam, das Evangelium.

Am Ende seiner Reise kam Justinus nach Rom, wo er schon bald zu einem gefragten Lehrer wurde. Ein großer Kreis wissensbegieriger Römer scharte sich um den Mann aus dem Osten. Justinus verfaßte zahlreiche aufsehenerregende Schriften, in denen er das Christentum glühend verteidigte und mit denen er die Heiden bekehren wollte. Sein wichtigstes Werk war seine „Schutzschrift der christlichen Religion", die er um das Jahr 150 Kaiser Antonius Pius, dessen beiden Söhnen Marc Aurel und Commodus, dem römischen Senat sowie dem römischen Volk zukommen ließ.

Immer wieder erhob Justinus seine Stimme gegen die Christenverfolgungen. Öffentlich klagte er die Häscher an und verdammte sie. Dies sollte dem angesehenen Gelehrten schließlich selbst zum Verhängnis werden: Zusammen mit sechs Schülern wurde Justinus verhaftet und in den Kerker geworfen. Dort zwang man die Gefangenen, den Götzen zu dienen. Als sie sich weigerten, wurden sie gegeißelt und danach öffentlich enthauptet. Das Todesjahr von Justinus lag um 165.

Von Justinus stammen die ersten Überlieferungen über die römische, altkirchliche Liturgie. In seinem „Dialog mit dem Juden Tryphon", das auf einem zweitägigen Gespräch mit einem Juden beruht, versuchte Justinus einen Brückenschlag zwischen dem Christentum und dem Judentum. Über den Prozeß gegen den Gelehrten, der dann zu seinem Tode führte, sind echte Akten überliefert.

Verehrung/Brauchtum: Das Römische Martyrologium führte Justinus früher am 14. April; in Anlehnung an die Feiern bei den Griechen wurde der Gedenktag später auf den 1. Juni gelegt. Im Westen gab es um Justinus

Das Grab von Justinus lag unter freiem Himmel und war lange Zeit ein vielbesuchter Pilgerort. Diese Darstellung einer ländlichen Pilgerreise stammt aus dem 15. Jh.

nie einen besonderen Kult; verehrt wurde er zu bestimmten Zeiten nur in der Kirche S. Pudenzia in Rom, wo man sein Grab vermutete.

Darstellung: Auf Abbildungen ist Justinus in einem Gelehrtenmantel, meist mit einem Buch zu sehen.

Konrad I. von Trier

Erzbischof, Märtyrer
geboren: um 1016 in Pfullingen, Baden-Württemberg
gestorben: 1. Juni 1066 in Ürzig, Rheinland-Pfalz

Heinrich IV. ernannte Konrad zum Erzbischof von Trier. Gegner dieser Entscheidung, unter ihnen der Schirmvogt von Trier, nahmen ihn aber bereits vor seiner Amtseinführung gefangen und ermordeten ihn am 1. Juni 1066 brutal. Gebeine Konrads gelangten später in die Benediktinerabtei Tholey (Saar).

Proculus von Bologna

Märtyrer
geboren: 3./4. Jh. in Bologna(?), Italien
gestorben: 3./4. Jh. in Bologna

Simeon von Trier

Einsiedler, Mönch
geboren: 10. Jh. in Syrakus auf Sizilien, Italien
gestorben: 1. Juni 1035 in Trier, Rheinland-Pfalz

In der Kirche St. Gervasius in Trier steht ein barocker Sarkophag, in dem sich Reliquien von Simeon befinden. Weitere Gebeine werden in der Trierer Kirche St. Simeon verehrt. In der Dom-Schatzkammer der Stadt werden bis heute eine braune Mütze aus Kamelhaar und der „Codex sancti Simeonis" des Mönches aufbewahrt.

Simeon, der Sohn eines Griechen, kam Ende des 10. Jh. in der sizilianischen Stadt Syrakus zur Welt. Nach einer Ausbildung in Konstantinopel war er mehrere Jahre Pilgerführer in Jerusalem, bevor er sich als Einsiedler zurückzog. Vom Abt des Katharinenklosters am Sinai beauftragt, Almosen zu sammeln, kam Simeon über Rom nach Rouen in Frankreich und schließlich nach Trier. In den Jahren von 1028 bis 1030 begleitete er Erzbischof Poppo von Trier auf einer Pilgerfahrt nach Jerusalem.

Nach der Rückkehr aus dem Heiligen Land ließ sich Simeon in einer Zelle im nördlichen Turm der Porta Nigra in Trier einmauern und starb dort, wie er es sich gewünscht hatte. Der Todestag war der 1. Juni 1035. Papst Benedikt IX. sprach den Einsiedler nur wenige Monate nach seinem Tod heilig. Im Jahr 1041 ließ Erzbischof Poppo die Porta Nigra zu einer Doppelkirche umgestalten und gründete in der Folge daneben das Simeonsstift.

Verehrung/Brauchtum: Lange Zeit war die Kirche in der Porta Nigra das Ziel von Wallfahrern. Die Porta Nigra wird manchmal auch Simeonstor genannt.

Darstellung: Simeon ist in der Kleidung eines Diakons dargestellt, manchmal auch als Pilger. Mit Buch

Die Simeons-Doppelkirche mit der Porta Nigra in Trier. Nach einem Stich von Caspar Merian, entstanden im Jahre 1660.

zeigt ihn sein Grabmal in St. Gervasius in Trier. Mit einem Kreuz, auf dem Sterbebett, ist er in St. Simeon in Trier zu sehen. Auch mit Palme oder zwei Teufeln wurde Simeon abgebildet.

Theobald Roggeri

Schuhmacher, Pilger
geboren: 11. Jh. in Vico, Italien
gestorben: 1. Juni 1150 in Alba, Italien
Patron der Schuhmacher und Flickschuster in Italien

2. Juni

Blandina

Märtyrerin
geboren: 2. Jh. in Lyon(?), Frankreich
gestorben: 177 in Lyon
Patronin von Lyon; der Jungfrauen; der Dienstmägde und Dienstboten

Die Sklavin Blandina erlitt in Lyon unter der Herrschaft von Marc Aurel ein furchtbares Martyrium, unter anderem wurde sie in einem Netz wilden Stieren vorgeworfen. Im Jahr 177 fand sie dann nach weiteren qualvollen Folterungen den Tod.

Darstellung: Blandina ist als junge Frau mit ihren Marterattributen Netz, Stier und Rost dargestellt. Mit einem Buch und Palme sowie zwei Löwen zeigt sie ein Glasgemälde in der Kirche Notre-Dame in Paris. Ein Fresko von Parmarancio in der Kirche S. Stefano Rotondo in Rom stellt das Martyrium Blandinas dar.

Erasmus (Elmo)

Bischof, Märtyrer
geboren: 3. Jh.(?) in Antiochia, heute Syrien
gestorben: 303(?) in Fórmia(?), Italien
Patron von Gaeta; der Seefahrer; der Seiler, Drechsler, Weber; der Haustiere; gegen Krämpfe, Koliken, Unterleibsleiden und Magenkrankheiten; bei der Geburt; gegen Viehseuchen; Nothelfer

In der berühmten Wallfahrtskirche Vierzehnheiligen in Oberfranken, einer der schönsten Pilgerkirchen des Abendlandes, steht neben der Figur des Nothelfers Erasmus ein Engel mit einer Winde. Dies ist ein bildlicher Hinweis auf das Martyrium, das der Bischof von Antiochia einst erlitten haben soll, als ihm, so erzählt es die Legende, mit einer Winde die Eingeweide aus dem Leib gerissen wurden, er diese Qualen aber lebend überstand. Auf diese Überlieferung ist auch zurückzuführen, daß Erasmus in zahlreichen Gegenden bei Geburtswehen und Bauchschmerzen um Hilfe angerufen wird.

Über das Leben von Erasmus gibt es nicht viele authentische Überlieferungen, dafür um so mehr Legenden. Er stammte wahrscheinlich aus Antiochia, wo er später zum Bischof ernannt wurde. Als unter Kaiser Diokletian die furchtbarste Christenverfolgung aller Zeiten stattfand, mußte Erasmus aus seiner Diözese fliehen. Er zog sich, so die Erzählung, auf einen hohen Berg im Libanon zurück und lebte dort einsam sieben Jahre. Ein Rabe brachte ihm täglich das Essen. Eines Tages soll Erasmus ein Engel erschienen sein, der ihm befahl,

„Das Martyrium des heiligen Erasmus." Nach einem Holzschnitt aus „Leben der Heiligen" von Günther Zainer, entstanden im Jahre 1471. Der Text zu der Darstellung lautet: „Da ward der Keiser czornig und hiess Sant erasmo allen seine Leib durch reissen mit eysnin krapfen."

nach Antiochia zurückzukehren. Kaum in seinen Bistum eingetroffen, wurde Erasmus von den Häschern Diokletians festgenommen, ins Gefängnis geworfen und brutal gefoltert. Nach der Legende soll der Bischof in der Nacht von einem Engel befreit worden sein. Nach einer weiteren Verhaftung, die Erasmus ebenfalls überstand, sei er dann vom Erzengel Michael nach Italien geführt worden, wo der Bischof von da an in Fórmia in der Region Kampanien lebte und als Seelsorger wirkte.

Auch von dieser Überfahrt nach Italien gibt es eine bekannte Erasmus-Legende. Während der Seereise

Eine der bekanntesten Darstellungen des Erasmus: Ausschnitt aus dem Gemälde „St. Erasmus und St. Maurice" von Matthias Grünewald. Am häufigsten aber wurde das Martyrium abgebildet.

kam ein heftiger Sturm auf und warf das kleine Boot, in dem sich Erasmus sowie andere Reisende befanden, wie eine Nußschale hin und her. Als alle glaubten, ihre letzte Stunde habe geschlagen, breitete Erasmus seine Arme aus und betete laut zu Gott. Kaum hatte er geendet, beruhigten sich die Wellen, und das Schiff konnte sicher ans Ziel gelangen.

Erasmus soll nach sieben Jahren in Fórmia hochbetagt um das Jahr 303 gestorben sein. Seine sterblichen Überreste wurden im 9. Jh. nach Gaeta am gleichnamigen Golf nördlich von Neapel überführt. Der Dom in Gaeta trägt bis heute den Namen des Heiligen: S. Eramo. Der berühmte Marmor-Osterleuchter im Inneren des Gotteshauses, eine seiner größten Sehenswürdigkeiten, zeigt 48 Reliefs mit Szenen aus dem Leben Jesu Christi und von Erasmus.

Verehrung/Brauchtum: Der Kult von Erasmus ist seit dem 6. Jh. bekannt. Zu den 14 Nothelfern zählt er seit etwa 1300. Die Seefahrer gedenken Elmos mit dem Elmsfeuer.

Darstellung: Erasmus wurde entweder im Bischofsgewand mit Mitra und Stab sowie den Werkzeugen seines Martyriums oder oft auch während der Martern dargestellt. Mit Pfriemen unter den Fingernägeln sieht man ihn bei einer Skulptur in der Kirche St. Blasius in Kaufbeuren; ein Relief im Dom von Gaeta (Osterleuchter) zeigt Erasmus, in einem Kessel stehend. Das häufigste Motiv aber ist die Darstellung, wie Erasmus mit einer Winde die Gedärme aus dem Leib gerissen werden.

Eugenius I.

Papst (654 bis 657)
geboren: um 600 in Italien(?)
gestorben: 2. Juni 657 in Rom, Italien

Johannes Pelingotto

Einsiedler OFM
geboren: 1240 in Urbino, Italien
gestorben: 1304 in Urbino
12. November 1918 Approbation des Kultes

Marcellinus und Petrus

Märtyrer
geboren: 3. Jh. in Rom, Italien
gestorben: um 299 in Rom

Einhard entwendete 827 mit List und Bestechung die Leiber der beiden römischen Märtyrer Marcellinus und Petrus und übertrug sie zuerst nach Steinbach im Odenwald, dann später, wohl 827, nach Seligenstadt am Main (Hessen).

Darstellung: Ein Fresko (4./5. Jh.) in den Katakomben Santi Pietro e Marcellino in Rom zeigt die beiden Märtyrer zusammen mit anderen Heiligen, das Lamm Gottes verehrend. Statuen von Benedetto Briosco im Dom von Cremona stellen Marcellinus und Petrus mit Kreuz und Palme dar. Auch das Martyrium der beiden Römer wurde manchmal abgebildet.

Odo von Canterbury (der Gute)

Erzbischof von Canterbury OSB
geboren: um 880 in Dänemark
gestorben: 2. Juni 959 in Canterbury, England

Darstellung: Odo der Gute wurde im Gewand des Erzbischofs dargestellt, bei sich hat er Kreuz und/oder Buch.

Pothinus von Lyon und Gefährten (u. a. Blandina)

Bischof von Lyon, Märtyrer
geboren: 2. Jh.
gestorben: 177 in Lyon, Frankreich

Sadok und Gefährten

Missionar, Klostergründer OP
geboren: um 1200 in Ungarn(?)
gestorben: 2. Juni 1259 in Polen

Verehrung/Brauchtum: Papst Pius VII. approbierte Sadoks Kult für den Dominikanerorden.

Stephan von Hälsingland (auch Stenphi oder Simon)

Missionsbischof, Märtyrer OSB
geboren: 11. Jh.
gestorben: nach 1072 in Schweden

3. Juni

Chlothilde

Königin
geboren: um 474 in Lyon, Frankreich
gestorben: 3. Juni 545 in Tours, Frankreich
Patronin der Frauen; der Notare; der Lahmen; gegen Fieber, Kinderkrankheiten; gegen den plötzlichen Tod; für die Bekehrung eines Ehepartners

Chlothilde kam um das Jahr 474 als Tochter des Burgunderkönigs Chilperich in Lyon zur Welt. Früh verlor sie Eltern und zwei Brüder, die von ihrem machthungrigen Onkel Gundobald ermordet wurden, der das Reich Burgund an sich reißen wollte. Chlothilde und ihre ältere Schwester überlebten die Greueltat, und Chlothilde wurde in den folgenden Jahren von ihrem Onkel Godegisel in Genf erzogen.

Als der mächtige Frankenkönig Chlodwig I. um die Hand der jungen Chlothilde anhielt, willigte diese unter der Voraussetzung, daß der heidnische Herrscher ihre christliche Religion respektieren würde, in die Hochzeit ein. Die prunkvolle Eheschließung fand 493 in Soissons statt. Chlodwig tolerierte in der Folgezeit tatsächlich, daß seine junge Ehefrau ihrem christlichen Glauben nachging.

Immer wieder versuchte Chlothilde, auch Chlodwig zu bekehren. Sie schien schon erste Erfolge in ihrem Bemühen verzeichnen zu können, da starb ihr erster Sohn, der zuvor getauft worden war. Als auch der zweite Sohn Chlodomir bald nach der Taufe schwer erkrankte, schrieb Chlodwig diese Entwicklung dem Einfluß der Religion seiner Frau zu. Chlothilde war verzweifelt, hoffte aber weiter auf ein gutes Ende. Als Chlodomir wieder gesundete, schien sich Chlodwig zu beruhigen, sein Mißtrauen aber wich nicht.

Als das Heer Chlodwigs bald darauf eine schwere Niederlage zu erleiden drohte, nahm der König in seiner Bedrängnis Zuflucht zum Gebet und legte das Gelübde ab, daß er, falls er die Schlacht gewinnen würde, zum Christentum übertreten wolle. Er siegte, und bei der Heimkehr zu Chlothilde rief er ihr zu: „Chlodwig hat die Alemannen, du hast Chlodwig besiegt."

An Weihnachten 498 ließ sich König Chlodwig I. zusammen mit 3000 treuen Franken in der Kathedrale von Reims von Bischof Remigius taufen. Es war das erste Mal, daß ein germanischer Stamm den katholischen Glauben annahm. Oft wurde gesagt, dieser Weihnachtstag sei die Geburtsstunde des christlichen Mittelalters gewesen. Den Grundstein dazu hatte Königin Chlothilde gelegt.

Nach dem Tod Chlodwigs im Jahr 511 reiste Chlothilde viele Jahre durch das Land, gründete Klöster und Kirchen und bemühte sich um die Missionierung ihres Volkes. Ihre letzten Lebensjahre verbrachte sie in Tours, wo sie oft am Grab des von ihr sehr verehrten Martin von Tours weilte. Nach 33jähriger Witwenschaft starb Chlothilde am 3. Juni 545 in Tours. Ihre Gebeine wurden in die Kirche Saint-Pierre in Paris übertragen, während der Französischen Revolution jedoch vernichtet.

Verehrung/Brauchtum: In der Schweizer Diözese Lausanne-Genf-Freiburg wird der Gedenktag für Chlothilde am 4. Juni begangen. Der Kult der Frankenkönigin war vor allem in der Normandie sehr verbreitet.

Darstellung: Chlothilde ist meist als Königin mit königlichen Attributen dargestellt. Oft trägt sie ein Kirchenmodell, manchmal teilt sie Almosen aus. Auch ein Schild mit drei Lilien darauf hat Chlothilde hin und wieder bei sich; es ist das Wappen der Bourbonen. Verschiedene Abbildungen zeigen die Königin gemeinsam mit ihrem Mann Chlodwig I.

Hildeburg

Wohltäterin, Reklusin
geboren: 11. Jh. bei Chartres, Frankreich
gestorben: 3. Juni 1115 in Pontoise, Frankreich

Johannes XXIII.

Papst
geboren: 25. November 1881 in Sotto il Monte, Italien
gestorben: 3. Juni 1963 in Rom, Italien

Von Papst Johannes XXIII. heißt es, er habe die Kirche, mehr noch, die Welt verändert. Nur fünf Jahre dauerte das Pontifikat von Angelo Giuseppe Roncalli, doch seine Güte, Herzenswärme und Offenheit blieben bis heute unvergessen. Die schlichte Grabstätte des Papstes in der Krypta des Petersdomes in Rom wird unvermindert Tag für Tag von betenden und bittenden Menschen aufgesucht. Der Seligsprechungsprozeß für Johannes XXIII. wurde bald nach seinem Tod am 3. Juni 1963 aufgenommen, die Dokumentation umfaßt Tausende von Seiten. Papst Johannes Paul II. sprach seinen Vorgänger am 3. September 2000 selig.

Der Papst, dessen universale Bedeutung für die katholische Kirche wohl erst nach seinem Tod richtig erfaßt wurde, war 1904 zum Priester geweiht worden und hatte im Ersten Weltkrieg als Militärgeistlicher gewirkt. Ab 1922 gehörte Angelo Giuseppe Roncalli der römischen Kurie an, er wirkte in Bulgarien und später als Nuntius in Paris. Im Jahr 1953 erhob Papst Pius XII. Roncalli zum Kardinal und Patriarchen von Venedig. Am 28. Oktober 1958 erfolgte die Wahl zum Papst. Bereits drei Monate später kündigte Johannes XXIII. das Zweite Vatikanische Konzil an, das 1962 begann und eine Öffnung der Kirche brachte.

Papst Johannes XXIII.

Johannes Grande Román (Johannes Peccator)

Mönch OSJdD
geboren: 1546 in Carmona, Spanien
gestorben: 3. Juni 1600 in Spanien
Seligsprechung 3. September 1853, Heiligsprechung am 6. Juni 1996 durch Papst Johannes Paul II.

Karl Lwanga und Gefährten

Märtyrer
geboren: 1865 in Bulimu, Uganda
gestorben: 3. Juni 1886 in Namugongo, Uganda
Patron der Katholischen Aktion der Jugend Afrikas (seit 1934)

Am 18. Oktober 1964 sprach Papst Paul VI. Karl Lwanga und seine Gefährten heilig, die 78 Jahre zuvor in Uganda als Märtyrer des christlichen Glaubens auf dem Scheiterhaufen verbrannt worden waren. Lwanga war der Führer einer Gruppe von jungen Pagen am Hof von König Mwanga; alle 13 waren getaufte Christen. Als der Herrscher bemerkte, daß die jungen Männer und Burschen regelmäßig beteten, erzürnte ihn das so sehr, daß er sie in den Kerker werfen und mißhandeln ließ. Als die jungen Christen durch nichts von ihrem Glauben abzubringen waren, ordnete der König ihre Ermordung an. Zusammen mit den 13 Katholiken starben auch noch genauso viele junge Anglikaner den Feuertod.

Papst Paul VI. reiste 1968, vier Jahre nach der Heiligsprechung der Märtyrer von Uganda, an die Orte des Lebens und des Sterbens der jungen Christen, um diese noch einmal zu ehren.

Morandus

Priester, Mönch OSB
geboren: 11. Jh. bei Worms, Rheinland-Pfalz
gestorben: 3. Juni um 1115 in Altkirch, Elsaß, Frankreich
Patron der Winzer und des Weines; gegen Besessenheit; früher Hauspatron der Habsburger

Der Priester und Mönch Morandus kam um das Jahr 1106 nach Altkirch im Elsaß, wo er in der Folge eine derart aufopferungsvolle seelsorgerische Tätigkeit ausübte, daß er bald den Beinamen „Apostel des Sundgaus" (so der Name der Region) erhielt. Nach seinem Tod wurde Morandus in der Altkircher Klosterkirche beigesetzt; das Hochgrab ist noch erhalten. Die Kirche heißt seither St-Morand.

Verehrung/Brauchtum: Vor allem das Haus Habsburg verehrte Morandus sehr; er war einer der Hauspatrone des Geschlechtes. Unter Herzog Rudolf IV., der von 1358 bis 1365 regierte, kam ein Teil des Hauptes von Morandus von Altkirch in den Stephansdom nach Wien, wo es bis heute aufbewahrt wird.

Darstellung: Von Morandus gibt es Darstellungen, die ihn als Mönch oder als Pilger zeigen (er hatte eine Wallfahrt nach Santiago de Compostela unternommen). Auch mit Traube und Rebmesser wurde er abgebildet (Patronat). Seine Figur auf der Tumba in St-Morand in Altkirch zeigt den Mönch in Kasel und mit Buch.

Vital Grandin

Bischof OMI
geboren: 8. Februar 1829 in St-Pierre-sur-Orthe, Frankreich
gestorben: 3. Juni 1902 in St. Albert, Kanada

Der Priester Vital-Justin Grandin, Mitglied der Oblaten von der Unbefleckten Empfängnis, kam 1854 nach Kanada, wo er in der Folge unter kaum vorstellbaren Bedingungen als Missionar tätig war. Oftmals in Lebensgefahr, durchzog Grandin jahrelang die Eisregionen im Nordwesten des Landes bis fast an die Grenze nach Alaska. Die Strecke, die er während seiner seelsorgerischen Tätigkeit zurücklegte, würde fast neun Mal um die Erde führen. Sein größter Einsatz galt den Indianern, die er über alles liebte; sie nannten ihn „großen Häuptling des Gebetes".

Im Alter von erst 30 Jahren wurde Vital Grandin dann 1859 zum Bischof von St. Boniface geweiht. Im Jahr 1868 teilte man die Diözese, und Grandin erhielt als neuen Bischofssitz die Stadt St. Albert; sein Bistum war immer noch doppelt so groß wie Frankreich. Mittel und Missionare für die aufwendige Arbeit in seiner Diözese holte sich der große Kirchenmann sogar auf einer mehrmonatigen Reise durch ganz Frankreich.

Vital Grandin, Bischof von St. Boniface in Kanada. Die Indianer nannten Grandin liebevoll „den großen Häuptling des Gebetes" und verehrten ihn über alles.

Am 3. Juni 1902 starb Vital Grandin völlig aufgezehrt in St. Albert. Die Gläubigen nannten ihn „heiligen Bischof" und „Heiliger des Nordwestens".

Der Seligsprechungsprozeß für den Bischof wurde im Jahr 1937 eingeleitet, das Dekret über seinen heroischen Tugendgrad am 15. Dezember 1966 erlassen.

4. Juni

Franz von Carácciolo

Ordensgründer CRM
geboren: 13. Oktober 1563 in Villa Santa Maria, Italien
gestorben: 4. Juni 1608 in Agnona, Italien
Patron von Neapel

Der Orden der „Minderen Regularkleriker", auch Carácciolinerr genannt, ist die Stiftung von Franz von Carácciolo. Der Sohn der berühmten neapolitanischen Adelsfamilie Carácciolo gründete die Kongregation im Jahr 1588, zusammen mit Giovanni Agostino Adorno und Fabricio von Carácciolo.

Franz von Carácciolo kam am 13. Oktober 1563 in dem Abruzzenort Villa Santa Maria zur Welt. Nach der Genesung von einer schweren Hauterkrankung verteilte er sein gesamtes Hab und Gut unter den Armen und empfing 1587 die Priesterweihe. Er schloß sich einer Gemeinschaft von Priestern an, die es sich zur Aufgabe gemacht hatte, zum Tode verurteilte Verbrecher auf ihren letzten Gang vorzubereiten und Galeerensträflinge seelsorgerisch zu betreuen. Zur Unterstützung dieser Tätigkeit gründete Franz dann 1588 seinen Klerikerorden, der bereits im selben Jahr von Papst Sixtus V. bestätigt wurde. Giovanni Adorno wurde der erste General der Gemeinschaft, nach seinem Tod 1593 folgte ihm Franz von Carácciolo als zweiter Ordensgeneral. Der leidenschaftliche Seelsorger und Freund der Ärmsten der Gesellschaft verbreitete seinen Orden stetig weiter, durch zahlreiche Reisen nach Spanien auch auf der Iberischen Halbinsel.

Im Alter von 44 Jahren starb Franz von Carácciolo am 4. Juni 1608; er wurde in der Kirche S. Monteverginella in Neapel beigesetzt. Die Heiligsprechung des Patrones von Neapel erfolgte am 24. Mai 1807 durch Papst Pius VII.

Darstellung: In der Kapelle des Palazzo Cellamare in Neapel existiert ein Gemälde, das, so die Bestätigung der Nachfahren Carácciolos, zu Lebzeiten des Ordensgründers gemalt wurde; das Bild ist ein Porträt des Ordensgründers. In der Schatzkapelle der Kirche S. Gennaro in Neapel zeigt eine Silberbüste Carácciolo im Mantel mit Birett und Regelbuch. Im Petersdom in Rom gibt ein Gemälde (1834) Carácciolo mit Monstranz wieder.

„Das Martyrium des Quirinus." Nach einer Darstellung aus „Bavaria Sancta" von 1615. Der Künstler war der berühmte Raphael Sadeler der Ältere.

Franz von Carácciolo. Nach einem Gemälde in der Kapelle des Palazzo Cellamare in Neapel. Die Nachfahren des Ordensgründers bestätigten, daß das Bild zu Lebzeiten Carácciolos gemalt wurde und absolut authentisch ist. Franz hatte 1588 gemeinsam mit Giovanni Adorno die Gemeinschaft der Caráccioliner gegründet.

Quirinus von Siscia

Bischof, Märtyrer
geboren: 3. Jh. in Kroatien(?)
gestorben: 4. Juni 308 oder 309 in Sabaria (Steinamanger), Ungarn
Patron gegen Gicht und Fußleiden

Quirinus war um 300 Bischof von Siscia (Sisak) im heutigen Kroatien. Als er eines Tages von Christenverfolgern gezwungen wurde, den Göttern Weihrauch zu opfern, weigerte er sich standhaft und wurde daraufhin brutal mißhandelt und gefoltert. Am 4. Juni 308 (oder 309) banden die Häscher Quirinus schließlich einen Mühlstein um den Hals und ertränkten ihn in dem Fluß Sibaris (Güns) bei Sabaria (Steinamanger). Gläubige bestatteten seinen wiederaufgefundenen Leichnam später in der Kirche von Sabaria. Um die Reliquien vor Grabräubern in Sicherheit zu bringen, übertrug man sie im 5./6. Jh. nach Rom, wo sie im Mausoleum Platonia an der Via Appia (bei S. Sebastiano) beigesetzt wurden.

Darstellung: Quirinus wurde meist als Bischof mit einem Mühlstein dargestellt; entweder trägt er ihn um den Hals gebunden oder er kniet im Fluß auf ihm. In verschiedenen römischen Katakomben, so in der Platonia, sind Fresken mit Quirinus-Darstellungen zu sehen.

Pacificus von Ceredano

Priester, Mönch, Prediger OFMObs
geboren: 1420 in Ceredano, Italien
gestorben: 4. Juni 1482 in Sassari auf Sardinien, Italien
1745 Bestätigung des Kultes

Saturnina von Arras

Märtyrerin
geboren: 7. Jh. in Deutschland
gestorben: 7. Jh. bei Arras, Frankreich
Patronin des Viehs

Darstellung: Saturnina, die vor der Zudringlichkeit eines Freiers aus ihrer Heimat floh und von diesem in der Nähe von Arras eingeholt und ermordet wurde, wird als Schafhirtin dargestellt, da sie sich nach der Überlieferung in einer Schafherde zu verbergen versuchte.

5. Juni

Adalar (Adelar)

Priester, Märtyrer, Bischof(?)
geboren: 8. Jh.
gestorben: 5. Juni 754 in Dokkum, Niederlande
Patron des Viehs

Adalar war Priester und Gefährte von Bonifatius, dem Apostel der Deutschen. Zusammen mit diesem und 50 weiteren Missionaren wurde er am 5. Juni 754 in Dokkum ermordet. Die Überlieferung berichtet, er sei der erste und einzige Bischof von Erfurt gewesen. Dort im Dom ruhen auch seine Gebeine.

Verehrung/Brauchtum: In der Diözese Fulda gedenken die Gläubigen Adalars am 7. Juni.

Darstellung: Im Dom zu Erfurt ist Adalar gemeinsam mit Eoban, der ebenfalls in Dokkum den Martertod fand, auf dem romanischen Altaraufsatz zu sehen. Im Erfurter Dom gibt es noch zahlreiche weitere Darstellungen von Adalar.

Bonifatius (Winfrid)

Erzbischof, Apostel Deutschlands, Märtyrer OSB
geboren: 672 (673?) in Devon, England
gestorben: 5. Juni 754 in Dokkum, Niederlande
Patron der Diözese Fulda; von Thüringen; der Bierbrauer und Schneider

Seit 1867 ist die Stadt Fulda alljährlich Tagungsort der Deutschen Bischofskonferenz. Die Kirchenfürsten versammeln sich an jenem Ort, an dem einer ihrer größten Vorgänger seine letzte Ruhestätte gefunden hat: Erzbischof Bonifatius, der Apostel der Deutschen, der Förderer der abendländischen Kultur, der große Märtyrer. Bonifatius, der bedeutendste Glaubensbote in Deutschland, wurde bereits 756, nur zwei Jahre nach seinem Tod, auf einem englischen Konzil unter die Schutzpatrone Englands aufgenommen. Er ist außerdem der Schutzheilige der Diözese Fulda sowie von Thüringen.

Bonifatius kam als Sohn einer vornehmen angelsächsischen Familie 672 (673?) in Devon im südlichen Wessex zur Welt. Sein Taufname war Winfrid. Erzogen wurde er in einem Kloster in Exeter, bevor er in Nursling die Gelübde als Benediktinermönch ablegte. Bis zu seinem 41. Lebensjahr widmete sich Winfrid der Wissenschaft. Er legte die Bibel aus, verfaßte die erste geschriebene lateinische Grammatik Englands sowie viele Gedichte. Seine Erfahrungen und Lehren gab er in Vorträgen und Predigten weiter.

Der starke innere Wunsch, Missionar zu werden, führte Winfrid im Frühjahr 716 zusammen mit einigen Gefährten in das heidnische Friesland. Da sich aber eine Großzahl der Bewohner auf einem Kriegszug befand, kehrten die Glaubensboten enttäuscht in die Heimat zurück. Die Wahl zum Abt eines Klosters in Nursling lehnte Winfrid ab und reiste 718 nach Rom, wo er mit Papst Gregor II. zusammentraf. Dieser gab dem Angelsachsen den Namen Bonifatius nach einem Märtyrer, dessen Fest gerade gefeiert wurde, und entsandte den „neuen" Bonifatius als Glaubensboten in das heidnische Thüringen. In den folgenden Jahren wirkte Bonifatius erfolgreich in ganz

Gegenüberliegende Seite: „Der heilige Bonifatius gründet die vier altbairischen Bistümer." Nach einem Gemälde von Karl Remp aus dem Jahre 1705, heute Pfarrkirchen, Oberösterreich. Die Darstellung zeigt von links nach rechts: Abt von Kremsmünster; Ermbert, Bischof von Freising; Gaubald, Bischof von Regensburg; Bonifatius; Vivilo, Bischof von Passau; Johannes, Bischof von Salzburg; die Geschwister Willibald, Walburga und Wunibald (dahinter von links).

Statue des heiligen Bonifatius im Dom zu Fulda. Der Apostel der Deutschen hält „seine" Attribute Stab, Dolch und Buch.

GERMAN
IÆ

Grabdenkmal im Mainzer Dom, das Bonifatius mit kostbarer Mitra, Buch und Stab zeigt.

Germanien. Er verkündete das Evangelium in Thüringen, Friesland, Hessen, Württemberg, Westfalen und Bayern. Um über seine Missionserfolge Bericht zu erstatten, reiste er dreimal nach Rom. Bei seinem zweiten Besuch 722 wurde er von Gregor II. zum Missionsbischof geweiht.

In die Zeit nach der Bischofsweihe fällt ein Ereignis im Leben von Bonifatius, das zu den bekanntesten gehört: Der Bischof besuchte das hessische Dorf Geismar an der Eder. Dort verehrten die Heiden eine uralte Eiche, die dem Kriegsgott Thor geweiht war. Bonifatius nahm eine Axt und fällte den Baum. Die herbeigeeilten Heiden und Götzenpriester warteten gespannt auf die Reaktion ihres „Gottes“, doch nichts geschah. Bonifatius ließ darauf aus dem Holz der Eiche eine Kapelle erbauen und weihte sie Petrus. Viele Heiden ließen sich daraufhin taufen.

Das Wirken von Bonifatius erhielt im Jahr 732 neue Bestärkung durch die Ernennung zum Erzbischof und zum päpstlichen Vikar von Germanien durch Papst Gregor III. in Rom. Nach dieser Romreise begann Bonifatius sein organisatorisches Werk innerhalb der deutschen Kirche. Er gründete und ordnete zahlreiche Bistümer; die fränkische Kirche erneuerte er durch die Einführung von Reformsynoden. Im Jahr 744 gründete Bonifatius sein Lieblingskloster Fulda; 747 wurde er dann, inzwischen 72 Jahre alt, Bischof von Mainz.

Als Bonifatius alles geordnet sah, was er in Angriff genommen hatte, wollte er, beinahe 80jährig, wieder als Missionar in heidnischen Regionen wirken. Er zog erneut nach Friesland, dorthin, wo er fast vier Jahrzehnte zuvor, von England kommend, sein missionarisches Werk hatte beginnen wollen. Dieses Mal verlief seine Arbeit sehr erfolgreich – bis zum Pfingstfest des Jahre 754, dem 5. Juni. An diesem Tag wurde Bonifatius zusammen mit 52 Gefährten von einer Horde Heiden überfallen und an dem Fluß Borne bei

Das Grab von Bonifatius in der Krypta des Domes zu Fulda; täglich ist es das Ziel vieler Pilger.

Schrein mit dem Haupt des großen Bonifatius im Dommuseum von Fulda.

Dokkum im heutigen Holland brutal ermordet.

In einem feierlichen Zug wurde der Leichnam von Bonifatius zuerst nach Utrecht, dann nach Mainz und schließlich in seine Lieblingsstiftung Fulda übertragen und beigesetzt, so, wie es immer der Wunsch von Bonifatius gewesen war.

Theodor Schiffer schrieb in seinem Buch über Bonifatius, der mehr Klöster und Bistümer als je ein anderer Missionar gegründet hatte: „Bonifatius bleibt nicht nur eine über alle Geschichte hinweg verehrungswürdige Erscheinung; er gehört auch unverlierbar zu unserer deutschen und europäischen Geschichte, wir zehren von seinem Erbe, denn die von ihm vermittelte abschließende römisch-germanische Begegnung war geschichtsträchtig im höchsten Sinne. Der Mönch aus Wessex, der beim Stuhle Petri die Missionsvollmacht einholte, der bei Hessen, Thüringern, Bayern und Friesen sowie bei den Franken wirkte, der den universalkirchlichen Zusammenhalt erneuerte, er gehört zu den bahnbrechenden Initiatoren, zu den Baumeistern unseres Kulturkreises."

Verehrung/Brauchtum: Sofort nach dem Tod von Bonifatius setzte in Deutschland und in England eine große Verehrung für den Bischof ein. Das Grab in der Krypta des Fuldaer Domes, eines der beeindruckendsten Grabmäler überhaupt, ist bis heute Wallfahrtsort vieler Gläubiger. Die Schädeldecke von Bonifatius ist im dortigen Dom-Museum zu sehen, ebenso Kleidungsfragmente und der sogenannte Bonifatius-Stab. Bis zum heutigen Tag lebendig geblieben ist auch die Wallfahrt nach Dokkum in den nördlichen Niederlanden; dort gibt es den sogenannten „Mordwald" sowie einen Brunnen.

Im 19. Jh. lebte der Kult um Bonifatius noch einmal auf und fand sogar in Übersee seinen Niederschlag. Zahlreiche Kirchen nahmen jetzt den Namen des Apostels der Deutschen an, eines der bekanntesten Klöster wurde St. Bonifaz in München. Als einzigem Tagesheiligen ist Bonifatius auch ein eigenes Gebet während der Meßfeier gewidmet.

Darstellung: Bonifatius ist auf Darstellungen fast immer als Bischof abgebildet, seltener als Benediktinermönch. Als Attribute sind ihm beigegeben: ein Kreuz, ein von einem Dolch durchbohrtes Buch, ein Kreuzstab, eine Bußgeißel, eine Axt oder ein Beil, ein Brunnenmodell; manchmal sind neben Bonifatius auch Götzenfiguren abgebildet, was die Bekämpfung des Heidentums symbolisiert.

Von besonderer Schönheit sind die Darstellungen auf dem Bonifatius-Grabmal im Dom zu Fulda; die Arbeit gilt als Meisterwerk von Johann Neudecker. Als Mönch malte Perugino den Bischof (S. Severino, Perugia). In Benediktinerkleidung ist Bonifatius im Deckengemälde der Abteikirche von Ottobeuren zu sehen. Eine Steinfigur am Brunnen auf dem Mainzer Marktplatz zeigt ihn mit einem vom Dolch durchstochenen Buch.

Eoban

Bischof, Märtyrer
geboren: 8. Jh. in England
gestorben: 5. Juni 754 in Dokkum, Niederlande

Eoban, ein Priester aus England, kam mit Bonifatius nach Deutschland. Im Jahr 753 wurde er Bischof in Utrecht.

Gemeinsam mit Bonifatius und Adalar sowie weiteren Gefährten erlitt Eoban am 5. Juni 754 in Dokkum den Martertod. Seine Gebeine gelangten von Utrecht nach Fulda und dann in den Dom von Erfurt.

Verehrung/Brauchtum: Im Bistum Fulda wird Eobans am 7. Juni gedacht.

Darstellung: Eoban wird als Bischof im Pontifikalgewand dargestellt; so ist er in Statuen im Dom zu Erfurt und in der Krypta des Fuldaer Domes zu sehen.

Ferdinand der Standhafte

Prinz, Kreuzfahrer
geboren: 29. September 1402 in Santarem, Portugal
gestorben: 5. Juni 1443 in Fez, Marokko

Der heilige oder der standhafte Prinz wurde Ferdinand von Portugal genannt. Gemeinsam mit seinem Bruder Heinrich dem Seefahrer hatte er von Lissabon aus einen Kreuzzug gegen die Mauren in Nordafrika unternommen und war dort in Gefangenschaft geraten. Ein Freikauf Ferdinands scheiterte, der Prinz starb am 5. Juni 1443 nach furchtbaren Folterungen. Die Seligsprechung von Ferdinand erfolgte 1470.

Meinwerk

Bischof
geboren: um 970 in Sachsen
gestorben: 5. Juni 1036 in Paderborn, Nordrhein-Westfalen

Meinwerk gilt als bedeutendster Bischof der Diözese Paderborn im Mittelalter. Der Sohn eines sächsischen Grafen, geboren um das Jahr 970, wurde schon von frühester Kindheit an für den geistlichen Stand erzogen. Nach dem Besuch der Domschulen in Halberstadt und Hildesheim, wo zu seinen Mitschülern auch sein Verwandter, der spätere Kaiser Heinrich II. gehörte, und nach seinen Studien wurde Meinwerk Pfalzkaplan und Kanonikus am Königshof in Aachen.

Nachdem Rethar, der neunte Bischof von Paderborn, gestorben war, ernannte Kaiser Heinrich II. Meinwerk 1009 zum Nachfolger auf dem Bischofsstuhl. Sein einstiger Schulkamerad schien dem Herrscher der Geeignetste dafür zu sein, das arme Bistum Paderborn auch auf finanziellem Gebiet zu fördern, da Meinwerk über erhebliche persönliche Güter verfügte. Am 13. März 1009 empfing Meinwerk in Goslar die Bischofsweihe durch Bischof Willigis von Mainz.

In den 27 Jahren, die Meinwerk der Diözese Paderborn vorstand, wuchs diese zu einer der bedeutendsten in Deutschland heran. Meinwerk förderte den Kirchenbau nach allen Kräften, gründete Klöster und Schulen und holte die berühmtesten Lehrer an die Paderborner Domschule. Wissenschaft und Kunst erfuhren durch ihn ebenfalls starke Unterstützung.

Meinwerk starb am 5. Juni 1036. Beigesetzt wurde er in dem von ihm gegründeten Kloster Abdinghof in Paderborn. Teile der Reliquien gelangten später in den Dom von Paderborn.

Darstellung: Bezugnehmend auf seine zahlreichen Kirchen- und Klösterstiftungen, wurde Meinwerk meist mit einem Kirchenmodell, immer in bischöflichen Gewändern dargestellt.

6. Juni

Bertrand von Aquileja

Patriarch von Aquileja, Märtyrer
geboren: um 1260 in St.-Geniès, Frankreich
gestorben: 6. Juni 1350 in Spilimbergo, Italien

Bischof Bertrand von Aquileja, im Amt von 1334 bis zu seinem Tod, wurde auf Befehl des Grafen von Gorizia ermordet. Sein Grab befindet sich in Udine.

Bertrand von Garriga

Provinzial OP
geboren: 12. Jh. in Garrigue, Frankreich
gestorben: um 1233 in der Provence, Frankreich
14. Juli 1881 Approbation des Kultes

Ceratus von Grenoble

Bischof von Grenoble
geboren: um 400 in Frankreich(?)
gestorben: 6. Juni um 452 in Simorre, Frankreich
9. Dezember 1903 Approbation des Kultes

Claudius von Condat (von Besançon)

Abt, Bischof(?) OSB
geboren: 7. Jh. in Salins, Frankreich
gestorben: 6. Juni 696 in Condat (St-Claude), Frankreich
Patron von Burgund; der Spielwarenhändler, Lebkuchenhändler, Sattler; der Krüppel, gegen Unglück

Über Leben und Wirken von Claudius zu berichten, ist von Unsicherheiten begleitet. Der Grund: Aufgrund der nicht immer klaren Überlieferungen könnte es möglich sein, daß die Viten von zwei Trägern desselben Namens miteinander vermischt wurden. So soll Claudius Mönch und Abt im Kloster Condat, heute St-Claude, möglicherweise aber später auch Bischof von Besançon gewesen sein.

Verehrung/Brauchtum: Zum Grab von Claudius in Condat, später St-Claude, entwickelte sich eine große Wallfahrt; dies ist mit ein Grund dafür, daß Claudius zu den meistverehrten Kirchengestalten in Frankreich gehörte. Das Gewerbe des Spielwarenhandels blüht in St-Claude bis heute.

Darstellung: Claudius ist als Abt oder in bischöflichen Gewändern dargestellt; manchmal hält er einen Stab in der Hand oder hat eine Krone neben sich.

Falco

Abt von La Cava
geboren: 11./12. Jh. in Italien
gestorben: 6. Juni 1146 in La Cava, Italien
16. Mai 1928 Bestätigung des Kultes

Gilbert von Neuffontaines

Prior, Klostergründer OPraem
geboren: 11. Jh. in der Auvergne, Frankreich
gestorben: 6. Juni 1152 in Neuffontaines(?), Frankreich
1612 Erhebung der Gebeine,
1725 Anerkennung des Kultes

Laurentius de Maschi

Mönch, Mystiker OFM
geboren: 15. Mai 1476 in Villamagna, Italien
gestorben: 6. Juni 1535 in Ortona, Italien
28. Februar 1923 Approbation des Kultes

Norbert von Xanten erhält von Augustinus die Ordensregel der Augustiner. Darstellung aus der Schäftlarner Handschrift „Vita S. Norberti", 12. Jh.

Norbert von Xanten (von Magdeburg)

Ordensgründer, Erzbischof OPraem
geboren: um 1082 in Xanten(?), Nordrhein-Westfalen
gestorben: 6. Juni 1134 in Magdeburg, Sachsen-Anhalt
Patron von Böhmen; der Prämonstratenser; der Schwestern vom 3. Orden des heiligen Norbert; für eine gute Geburt

Nach der Legende war es ein Blitzstrahl, welcher den zwar dem geistlichen Stand angehörenden, aber sehr weltlich lebenden Norbert von Xanten zu einem verinnerlichten, demütigen Büßer machte. Das Wettererlebnis soll dem um 1082 in Xanten geborenen Stiftsherrn 1115 während eines Rittes widerfahren sein und ihn so beeindruckt haben, daß er, die Todesnähe fühlend, ein neues Leben gelobte.

Die Entscheidung Norberts war endgültig. Er, bisher Subdiakon, ließ sich vom Kölner Erzbischof zum Priester weihen und zog von nun an als Wanderprediger durch das Land und verkündete mit Leidenschaft das Wort Gottes. Im Jahr 1118 verschenkte er seinen gesamten Besitz und begab sich nach St-Gilles in Südfrankreich, wo sich Papst Gelasius II. aufhielt. Von ihm erhielt Norbert die offizielle Erlaubnis, als Glaubensbote zu wirken. Die Strapazen dieser aufreibenden Aposteltätigkeit ließen Norbert von Xanten eines Tages schwer erkranken und zwangen ihn, seine Missionstätigkeit zu unterbrechen. Kaum genesen, zog er sich 1120 mit einigen seiner Schüler sowie mit seinem besten Freund Hugo von Cambrai-Fosses in eine flandrische Waldwildnis in der Nähe von Laon, nordwestlich von Reims, zurück. Der kleine Ort Prémontré, wo sich die Männer niederließen, sollte zur Keimzelle des Prämonstratenserordens werden.

Norbert, der Ordensgründer – die Mitglieder werden auch Norbertiner genannt –, hatte seiner kleinen Gemeinschaft die Ordensregel des heiligen Augustinus gegeben; es entstand ein Reformorden der Augustiner-Chorherren. Die Prämonstratenser, gekleidet in weiße Kutten, versuchten mit unerbittlichem Ernst und strengstem Bußgeist, das alte Ordensideal der Kirche zu erneuern. Durch Heiligung der eigenen Person wollten die Mönche die Heiligung ihrer Umwelt erreichen.

Der Ruf der „heiligen Mönche" verbreitete sich rasch, immer mehr Gleichgesinnte strömten in das in dichten Wäldern gut versteckte Prémontré, um sich Norbert anzuschließen. Sucht der Reisende heute nach den Spuren dieser Prämonstratenser-Gründungsstätte, so findet er nur noch einige spärliche Überreste des ersten Klosters. Das alte Mauerwerk ist zugewachsen, an die historische Stätte grenzt heute ein Sportplatz. Die Place Saint-Norbert inmitten der unscheinbaren Ortschaft erinnert an ihren berühmtesten „Einwohner". Und trotzdem kann der Betrachter auch in diesen Tagen noch nachempfinden, warum sich der deutsche Ordensgründer gerade dieses Fleckchen Erde für die Verwirklichung seines Lebenswerkes ausgesucht hat. Es ist ein Ort der Besinnung ...

Der Dom von Magdeburg, von Osten aus gesehen. Von Magdeburg aus wurden 1627 die Gebeine des heiligen Norbert in die Prämonstratenserabtei Strahov bei Prag überführt.

Vom 20. Jh. zurück ins 12. Jh. Sechs Jahre nach der Gründung empfing Norbert während einer Reise nach Rom aus der Hand von Papst Honorius II. die Bestätigung für seinen Orden. Kaum nach Prémontré zurückgekehrt, erhielt er die Ernennung zum Erzbischof von Magdeburg. Barfuß zog er Monate später dort in die Stadt ein, umjubelt von der Bevölkerung, die ihn sehr bewunderte. Innerhalb kurzer Zeit führte Norbert die völlig heruntergekommene Diözese wieder zur Blüte. Seine Reformen brachten ihm aber auch viele Feinde ein, sogar Attentate wurden auf ihn verübt.

Nach zahlreichen Ehrungen starb der ungewöhnliche Kirchenmann, der die Leitung seines Ordens bereits 1128 an seinen Freund Hugo abgegeben hatte, am 6. Juni 1134 in Magdeburg. Er wurde zuerst in der dortigen Ordenskirche beigesetzt, 1627 kamen seine Gebeine dann in die Prämonstratenserabtei Strahov bei Prag.

Ein berühmtes Wort des Ordensgründers, der 1582 von Papst Gregor XIII. heiliggesprochen wurde, lautete: „Ich war am Hofe, ich lebte im Kloster, ich stand in hohen Ehrenämtern der Kirche, und ich habe überall gelernt, daß es nicht Besseres gibt, als sich ganz Gott hinzugeben."

Verehrung/Brauchtum: Besondere Verehrung wurde Norbert von Xanten immer schon in Belgien zuteil.

Darstellung: Norbert ist in Prämonstratenserkleidung oder im Kleid des Erzbischofs dargestellt. Manchmal ist er mit anderen böhmischen Landespatronen wie etwa Veit zu sehen. Oft hat Norbert einen Kelch oder eine Monstranz bei sich, manchmal liegt ihm auch ein Teufel zu Füßen. Eines der ältesten Bilder von Norbert ist ein Fresko in der Kirche S. Severo in Orvieto; es stammt aus dem 14. Jh. Eine andere Szene: Ein Gemälde von Girolamo Mazzola in der Pinacoteca in Parma zeigt, wie Maria dem Ordensgründer die Regel diktiert.

Philippus von Jerusalem

Diakon, Bischof(?)
geboren/gestorben: (?)

Philippus soll nach den Überlieferungen einer der sieben Diakone der Gemeinde von Jerusalem gewesen sein. Die byzantinische Kirche zählte ihn zu den 70 Aposteln, und auch der Beiname „Evangelist" ist bekannt. Eine spätere Überlieferung sagt, er sei auch Bischof von Tralles in Lydien (Kleinasien) gewesen.

7. Juni

Anna vom heiligen Bartholomäus

Nonne, Klostergründerin OCarm
geboren: 1. Oktober 1549 in Almendral, Spanien
gestorben: 7. Juni 1626 in Antwerpen, Belgien
6. Mai 1917 Seligsprechung

Antonius Gianelli

Ordensgründer, Bischof
geboren: 12. April 1789 in Cereta, Italien
gestorben: 7. Juni 1846 in Piacenza, Italien

Der Priester und Generalvikar Antonius Gianelli gründete 1829 in Chiávari in der italienischen Region Ligurien die Kongregation „Suore di Nostra Signora dell'Orto" zur Krankenpflege und zur Erziehung der weiblichen Jugend. Im Alter von 49 Jahren wurde er 1838 zum Bischof von Bobbio ernannt, ein Amt, das er aber nur acht Jahre ausüben konnte, da er schon am 7. Juni 1846 starb. Gianellis Heiligsprechung erfolgte am 21. Oktober 1951.

Deochar (Deotker, Dietger, Theotgar)

Abt OSB
geboren: 8. Jh. in Bayern(?)
gestorben: um 830 in Herrieden, Bayern
Patron der Blinden und Augenkranken

Deochar war der erste Abt der berühmten Benediktinerabtei Herrieden (früher Hasareode) in Mittelfranken im Bistum Eichstätt. Im Jahr 819 war er an der Übertragung der Gebeine von Bonifatius nach Fulda beteiligt. Deochar wurde nach seinem Tod um das Jahr 830 in Herrieden beigesetzt; nachdem Kaiser Ludwig der Bayer 1316 die Abtei eingenommen hatte, erhob er Deochars Gebeine und schenkte einen großen Teil der Reliquien der Reichstadt Nürnberg, wo

Flügel des Deocharus-Altares in der St. Lorenz-Kirche in Nürnberg: Deochar heilt einen blinden Jungen.

sie zunächst in der Deochar-Kapelle in St. Lorenz beigesetzt wurden. Im Jahr 1845 gelangten die Gebeine dann alle in den Dom von Eichstätt. In St. Lorenz in Nürnberg kann noch heute der berühmte Deocharus-Altar bewundert werden.

Darstellung: Deochar ist als Abt, meist mit Stab und Heiligenschein dargestellt. Im sogenannten Konhoferfenster in der Nürnberger Lorenzkirche ist er so in gotischer Glasmaltechnik abgebildet. Auf einem Flügel des Deocharus-Altares in St. Lorenz ist die Szene zu sehen, wie der Vater eines blinden Jungen mit zwei Augäpfeln vor dem Schrein von Deochar kniet und um Hilfe für seinen Sohn bittet.

Herumbert (Erkanbert) von Minden

1. Bischof von Minden OSB(?)
geboren: 8. Jh. in Bayern
gestorben: 7. Juni um 805 in Minden, Nordrhein-Westfalen

Justus von Condat

Mönch OSB
geboren: 5./6. Jh.
gestorben: 6. Jh. in Condat, Frankreich
Kult bestätigt 9. Dezember 1903

Maria Theresia de Soubiran

Ordensgründerin
geboren: 16. Mai 1834 in Castelnaudary, Frankreich
gestorben: 7. Juni 1889 in Paris, Frankreich

Im Alter von 21 Jahren gründete Maria Theresia de Soubiran, die 14jährig ewige Jungfräulichkeit gelobt hatte, eine Gemeinschaft von Frauen, die miteinander ein klosterähnliches Leben führten. Eine Lebensgemeinschaft dieser Art nannte sich Beginage, die Mitglieder hießen Beginen. Aus dieser Genossenschaft in Castelnaudary, einem kleinen Ort in Südwestfrankreich, wo Maria Theresia 1834 zur Welt gekommen war, entwickelte sich mit Unterstützung des Jesuitenpriesters Paul Ginhac die „Société de Marie Auxiliatrice", die „Gemeinschaft Mariens von der immerwährenden Hilfe". Die Ordensgemeinschaft in Castelnaudary, die sich der Betreuung gefährdeter, armer Mädchen widmete, erhielt bereits 1868 von Papst Pius IX. die Approbation. Zur ersten Generaloberin wurde die inzwischen 34 Jahre alte Ordensstifterin Maria Theresia de Soubiran gewählt.

Verleumdungen, die, wie sich Jahre später herausstellte, jeglicher Wahrheit entbehrten, waren der Grund dafür, daß Maria Theresia 1873 als Oberin zurücktreten und ihren Orden verlassen mußte. Sie fand Zuflucht bei den „Barmherzigen Schwestern U.L.F." in Paris und ertrug den Schmerz der Enttäuschung über das Erlebte tapfer bis zu ihrem Tod am 7. Juni 1889. Papst Pius XII. sprach Maria Theresia de Soubiran am 20. Oktober 1946 selig.

Paulus I. von Konstantinopel

Bischof von Konstantinopel
geboren: 3. Jh. in Thessalonike, Griechenland
gestorben: um 355 in Griechenland

Robert von Newminster

1. Abt von Newminster OCist
geboren: um 1105 in Garven (Gargrave), England
gestorben: 7. Juni 1159 in Newminster, England

8. Juni

Ilga (Helga) von Schwarzenberg

Einsiedlerin
geboren: 11. Jh.
gestorben: um 1115 in Schwarzenberg, Österreich
Patronin gegen Augenleiden

Verehrung/Brauchtum: Nach der verehrten Einsiedlerin Ilga von Schwarzenberg ist die Quelle im vorarlbergischen Schwarzenberg benannt (Ilga-Quelle); Augenkranke suchen mit Hilfe des Wassers Heilung.

Jakob Berthieu

Priester, Missionar, Märtyrer SJ
geboren: 26. November 1838 in Polimhac, Frankreich
gestorben: 8. Juni 1896 auf Madagaskar

Der französische Priester und Jesuit Jakob Berthieu war Missionar in Madagaskar. Dort wurde er am 8. Juni 1896 während eines Aufstandes der Eingeborenen gegen die Weißen und die Christen ermordet. Papst Paul VI. sprach Berthieu am 17. Oktober 1965 selig.

Maria Gräfin zu Droste Vischering, die im Orden Maria vom Göttlichen Herzen hieß. Die spätere Oberin der „Schwestern vom Guten Hirten" im Kloster von Porto war das Patenkind des Mainzer Bischofs Wilhelm Emmanuel von Ketteler.

Maria Gräfin Droste zu Vischering

Oberin, Mystikerin
geboren: 8. September 1863 in Münster, Nordrhein-Westfalen
gestorben: 8. Juni 1899 in Porto, Portugal

Am 1. November 1975 sprach Papst Paul VI. in Rom Maria Droste zu Vischering selig, die 35jährig nach einem großen Leben gestorben war. Im Alter von 25 Jahren war die Gräfin in Münster der Kongregation der „Schwestern vom Guten Hirten" beigetreten und hatte den Namen Maria vom Göttlichen Herzen angenommen. Schon 1894 wurde sie Oberin im Kloster ihrer Gemeinschaft im portugiesischen Porto. Bald darauf war die Ordensfrau, die zeitlebens an einer Rückenmarkskrankheit litt, für immer ans Bett gefesselt. Doch mit starkem persönlichen Einsatz, immer unter unsäglichen Mühen, ging Maria vom Göttlichen Herzen Jesu alle Aufgaben, die ihr gestellt wurden, an.

Links: Das Mutterhaus der „Schwestern von Guten Hirten" in Münster, in das Maria Droste zu Vischering 1888 eingetreten war (Fotografie von 1905).

Über ihre außergewöhnlichen mystischen Begnadungen und Erfahrungen sprach die Ordensfrau mit kaum jemand. 1897 berichtete sie, daß ihr in einer der Erfahrungen der Wunsch vorgetragen worden sei, die ganze Welt solle dem Herzen Jesu geweiht werden. Sie übermittelte diesen „inneren Auftrag" Papst Leo XIII., der nach einigem Zögern und nach Prüfung durch seine Enzyklika „Annum sacrum" die Weihe auf den 11. Juni 1899 festsetzte. Drei Tage vor diesem für sie so denkwürdigen Tag starb Maria vom Göttlichen Herzen in Porto. Sie wurde zuerst auf dem Friedhof von Porto beigesetzt, seit 1944 ruhen ihre sterblichen Überreste im portugiesischen Paranho in einer Grabkapelle, wo eine schlichte Bodenplatte vor dem Altar an die Gräfin erinnert.

Marzellin-Joseph Champagnat

Ordensgründer FMS
geboren: 20. Mai 1789 in Marlhes, Frankreich
gestorben: 6. Juni 1840 in N.-D. de l'Hermitage, Frankreich

Die Maristen-Schulbrüder, eine Laienkongregation für den Unterricht und die Erziehung von Buben und jungen Burschen, sind die Gründung von Marzellin Champagnat. Die Gemeinschaft erhielt 1863 die päpstliche Anerkennung und ist inzwischen in der ganzen Welt verbreitet; in Europa gibt es 18 Provinzen mit dem Provinzialhaus in Furth, in Nordamerika fünf, in Lateinamerika 18, in Afrika drei, in Asien vier und in Australien und Ozeanien drei.

Marzellin Champagnat war ein Bauernkind aus dem Süden Frankreichs, das in die Wirren der Französischen Revolution hineingeboren wurde. Als er als junger Bursche sah, welcher Mangel in den Jahren danach an Priestern bestand, entschloß er sich, Pfarrer zu werden. Im Jahr 1816 empfing er die Priesterweihe. Nur ein Jahr später legte Champagnat den Grundstein für seinen Orden der Maristen-Schulbrüder, der seinen Anfang in La Valla, der ersten Pfarrstation des jungen Priesters, nahm.

Marzellin Champagnat. Der Gründer der Maristen-Schulbrüder wurde am 29. Mai 1955 vor Zehntausenden von Gläubigen und über 1000 Maristen aus der ganzen Welt seliggesprochen; Heiligsprechung am 18. April 1999.

Völlig erschöpft von der Aufbauarbeit und dem selbstlosen Einsatz für seine Gemeinschaft, starb Marzellin Champagnat, nur 51 Jahre alt, am 6. Juni 1840 in N.-D. de l'Hermitage, im Noviziatshaus der Schulbrüder. Papst Pius XII. sprach den Ordensgründer am 29. Mai 1955 vor Zehntausenden von Gläubigen aus der ganzen Welt selig, Papst Johannes Paul II. sprach ihn am 18. April 1999 heilig.

Medardus von Noyon

Bischof
geboren: um 473 in Salency, Frankreich
gestorben: um 560 in Noyon, Frankreich
Patron der Bauern, Winzer und Bierbrauer; für trockenes Heuwetter; für die Feld- und Weinernte; gegen Regen; gegen Fieber, Zahnschmerzen und Wahnsinn

Eine Legende erzählt, daß Medardus einmal als kleiner Junge auf den Feldern spazierenging, als ein Gewitter mit starken Regenfällen losbrach. Plötzlich sei neben Medardus ein riesiger Adler niedergegangen und habe seine Schwingen weit ausgebreitet, damit der Junge nicht naß wurde. Diese Erzählung führte dazu, daß Medardus bis zum heutigen Tag von den Bauern um trockenes Heuwetter angerufen wird. Auch um Fruchtbarkeit der Felder und der Weinstöcke bitten die Landwirte und Winzer den Bischof. Da Medardus auf Abbildungen oft mit lachendem Mund dargestellt wird, gilt er auch als Schutzpatron gegen Zahnschmerzen.

Medardus entstammte einem fränkischen Adelsgeschlecht und kam um das Jahr 473 in Salency in der Nähe von Valencienne in Nordfrankreich zur Welt. Im Jahr 505 empfing er die Priesterweihe, um 545 wurde er zum Bischof von Noyon im Nordosten von Paris ernannt. Die Weihe nahm Bischof Remigius von Reims vor. Unter der Führung von Medardus gelangte die heruntergekommene Diözese wieder zu großer Blüte. Medardus war es auch, der die unglückliche Königin Radegundis von Thüringen zur Diakonissin weihte.

Hochbetagt starb Medardus um das Jahr 560. Nach seinem Tod ließ König Chlotar I., Radegundis' Mann, in Soissons, der Stadt der fränkischen Könige, eine Abtei errichten, in der die Gebeine von Medardus beigesetzt wurden. Von diesem Kloster Saint-Médard, gelegen am rechten Aisne-Ufer, ist heute nur noch die Krypta erhalten, in der sich einst außer dem Grab von Medardus auch die Grabstätte der Könige Chlotar und Sigebert befanden.

Verehrung/Brauchtum: Der 8. Juni, der Gedenktag für Medardus, war zu früheren Zeiten ein Lostag im Bauernkalender. Von Soissons, wo der Bischof in St-Médard seine letzte Ruhestätte gefunden hat, breitete sich sein Kult früh und stark aus.

Darstellung: Abbildungen von Medardus sind bevorzugt in Frankreich zu sehen. Dargestellt ist der Bischof in Pontifikalgewändern, oft mit einem Buch, auf dem drei Brote liegen, oder Almosen austeilend. Bei sich hat Medardus Adler (Legende), Tauben, Schafe oder Ochsen. Oft ist er lachend abgebildet.

Wilhelm von York

Erzbischof von York
geboren: um 1100 in England
gestorben: 8. Juni 1154 in York, England
1226 Heiligsprechung

Gegenüberliegende Seite: Anna Maria Taigi. Die Mystikerin erlebte fast ein halbes Jahrhundert lang Erleuchtungen.

9. Juni

Anna Maria Taigi

Mystikerin
geboren: 29. Mai 1769 in Siena, Italien
gestorben: 9. Juni 1837 in Rom, Italien

Im Eröffnungsdekret des Seligsprechungsprozesses für Anna Maria Taigi heißt es: „In Anna Maria Taigi hat Gott zu einer Zeit, in der menschliche Hochmut sich mit den Mächten der Hölle ... verschworen zu haben schien, dem tobenden Meer der Gottlosigkeit einen Damm entgegengesetzt."

Anna Maria Taigi, die in zwei dunklen, feuchten Wohnräumen in Rom sieben Kinder großzog und immer eine vorbildliche Ehefrau war, erlebte über fast ein halbes Jahrhundert lang mystische Begnadungen, Ekstasen und Erleuchtungen. Die hervorragendste Erfahrung war die Wahrnehmung einer von einer Dornenkrone überragten Sonne. Auf der Scheibe dieser Sonne erkannte Anna Maria Taigi Gestalten und Zeichen sowie zukünftige, vergangene und gegenwärtige Ereignisse mit Klarheit und Deutlichkeit. Voller Demut und in großer Bescheidenheit ertrug Anna Maria Taigi alles ihr Auferlegte. Im Alter von 68 Jahren starb sie. Papst Benedikt XV. sprach sie am 30. Mai 1920 selig.

Moschee in Urfa in der Türkei. Das ehemalige Edessa war die Wirkungsstätte von Ephräm dem Syrer.

Ephräm der Syrer

Diakon, Kirchenlehrer
geboren: um 306 in Nisibis, heute Nusaybin, Türkei
gestorben: 9. Juni 373 in Edessa, heute Urfa, Türkei

Ephräm wurde um das Jahr 306 als Sohn christlicher Eltern in Nisibis im Südosten der heutigen Türkei geboren. Von Jugend an war er stark vom Leben der Asketen beeinflußt. Er empfing die Weihe zum Diakon und entwickelte sich im Laufe der Jahrzehnte in seiner Heimatstadt Nisibis zu einem berühmten theologischen Lehrer und gefragten Berater der Bischöfe, denen er an Wissen und Geist weit überlegen war. Bei aller Popularität blieb Ephräm immer bescheiden und zurückhaltend; je größer sein Ruf wurde, um so mehr zog er sich zurück.

Als im Jahr 363 Nisibis dem Perserreich angegliedert wurde, floh Ephräm nach Edessa, dem heutigen Urfa in der Türkei. Auch hier war er bald ein begehrter Lehrer, selbst der Bischof zog ihn zu Rate. Weitere Lebensdaten sind von dem Diakon nicht überliefert. Ephräm starb am 9. Juni 373 in Edessa. Er gilt als einer der größten Dichter der syrischen Kirche, sein Beiname ist „Harfe Gottes". Papst Benedikt XV. ernannte Ephräm 1920 zum Kirchenlehrer.

Darstellung: Ephräm wurde als greiser Diakon mit schütterem Haar dargestellt, meist mit einem Bart. Darstellungen gibt es überwiegend im Osten, kaum im Westen.

José de Anchieta

Priester, Missionar SJ
geboren: 19. März 1534 in San Cristobal auf Teneriffa, Spanien
gestorben: 9. Juni 1591 in Reritiba, Brasilien

Papst Johannes Paul II. sprach den Jesuiten Joseph de Anchieta, der als Nationalheiliger Brasiliens gilt, am 22. Juni 1980 selig und feierte ihm zu Ehren zwei Wochen später eine Messe in São Paulo. Anchieta war 1553 nach Brasilien gekommen, um dort gemeinsam mit anderen Jesuiten missionarisch zu wirken. In den folgenden Jahrzehnten bis zu seinem Tod war der Ordensmann eine der prägendsten und größten Persönlichkeiten im Land. Er wirkte nicht nur für den Christenglauben, sondern war auch einer der bedeutendsten Schriftsteller, Dichter und Sprachforscher seiner Zeit. Darüber hinaus verfaßte Joseph de Anchieta Wörterbücher und Grammatiken für die Eingeborenen. Bei den Indianern gilt er bis heute als legendenumwobene Gestalt.

Die Millionenstadt São Paulo in Brasilien entstand aus einer Missionsgründung Anchietas; auch Rio de Janeiro war ursprünglich eine Missionsstation des Jesuiten.

Kolumban von Hy (von Iona)

Mönch, Klostergründer
geboren: 521 in Gartan, Irland
gestorben: 9. Juni 597 auf Iona, Schottland
Patron der irischen Dichter; gegen Feuer; gegen Blitz; gegen Mäuse- und Rattenplage

Der adlige Mönch Kolumban gründete in Irland mehrere Klöster und ging schließlich 563 auf die Insel Iona vor Schottland, wo er das berühmte Kloster Hy begründete, das sich zu einem bedeutenden Zentrum der Mission und der Kultur entwickelte. Von Iona aus leitete Kolumban, dessen irischer Name Columcille lautete, eine großangelegte Missionierung. Er war auch Verfasser von Hymnen sowie Gebeten gegen Gewitter. Außerdem soll er Krankheiten geheilt haben.

Kolumban starb in seiner Kirche, kurz vor Beginn der Frühmette.

Verehrung/Brauchtum: Kolumban von Hy war im Mittelalter eine in ganz Europa verehrte Gestalt; heute begrenzt sich der Kult nur noch auf Irland und Schottland. In Irland gibt es sogar einen Kolumban-Wettersegen.

Darstellung: Kolumban ist meist als Benediktinermönch dargestellt, obwohl er dem Orden nie angehörte. Abgebildet wurde häufig die Szene, wie er in der Kirche stirbt.

Liborius von Le Mans

Bischof
geboren: 4. Jh., möglicherweise in Frankreich
gestorben: 9. Juni 397 in Le Mans, Frankreich
Patron des Bistums Paderborn; gegen Steinleiden

Liborius, über dessen Herkunft man nichts genaues weiß, übernahm im Jahr 348 von Pavacius das Amt des Bischofs von Le Mans. Seinen Gläubigen war er ein Vorbild, wohltätig und tief gläubig. Er ließ zahlreiche Kirchen erbauen, soll Kranken geholfen haben, und auch Wunderheilungen werden ihm nachgesagt. Der berühmte Martin von Tours war sein Freund.

Liborius starb am 9. Juni wahrscheinlich 397. Im Jahr 836 wurden die Reliquien des Bischofs von Le Mans nach Paderborn übertragen (23. Juli?). Im Dreißigjährigen Krieg wurden sie geraubt, fünf Jahre später, am 25. Oktober 1627, aber wieder zurückgebracht. Durch die Überlassung der Reliquien war zwischen den Bistümern Le Mans und Paderborn eine enge Freundschaft entstanden. Der Liborius-Schrein im Dom zu Paderborn ist eine bemerkenswerte Arbeit.

Verehrung/Brauchtum: Im Erzbistum Paderborn und in der Diözese Essen gedenkt man Liborius von Le Mans am 23. Juli (Liborifest). Auch der 25. Oktober, der Tag der Reliquien-Rückführung, ist ein Festtag und wird „Klein-Libori" genannt.

Darstellung: Liborius von Le Mans ist oft mit einem Buch mit drei Steinen darauf (Patronat) dargestellt; manchmal sieht man ihn auch mit einem Pfau, da nach der Legende bei der Übertragung der Liborius-Reliquien von Le Mans nach Paderborn ein Pfau vorausgeflogen sein und den Weg gezeigt haben soll. Zahlreiche Darstellungen finden sich im Dom zu Paderborn, so auch die wohl älteste Abbildung aus der Zeit vor 1100 an einem Tragaltar.

Liborius. Nach einer Darstellung aus dem 18. Jh. Die Steinchen auf dem Buch, das Liborius in der rechten Hand hält, symbolisieren sein Patronat für alle Menschen, die an einer Steinerkrankung leiden. Oft hat Liborius auf Abbildungen auch einen Pfau bei sich, der nach der Legende bei der Übertragung der Liborius-Reliquien nach Paderborn vorausgeflogen sein soll.

Das Reliquiar von Monymusk, in welchem die Reliquien von Kolumban von Hy (von Iona) aufbewahrt werden. Kolumban war der Begründer des berühmten Klosters Iona vor Schottland.

Primus und Felizian

Märtyrer
geboren: 3. Jh. in Rom, Italien
gestorben: um 305 in Rom
Patrone von Heilbädern

Unter den vielen hundert Kirchen Roms gehört S. Stefano Rotondo zu den sehenswertesten – wenn auch nicht zu den leicht auffindbaren. Das kleine Gotteshaus, einer der frühesten christlichen Rundbauten Italiens, liegt gut versteckt in einem von einer Mauer umgebenen Park südlich des Kolosseums beim Ospedale del Celio. Papst Simplicius (468 bis 483) ließ es während seines Pontifikates zu Ehren des Erzmärtyrers Stephan weihen. Nicht ganz zwei Jahrhunderte später übertrug einer seiner Nachfolger auf dem Stuhl Petri, Papst Theodor I., die Reliquien der Märtyrer Primus und Felizian hierher und ließ ein Mosaik mit dem Bildnis der beiden anbringen. Dieses Mosaik aus dem 7. Jh. ist bis zum heutigen Tag in der linken Kapelle der Kirche zu sehen.

Wer waren diese Märtyrer, denen hier ein unvergängliches Bilddenkmal gesetzt wurde? Nach der Legende handelt es sich bei Primus und Felizian um zwei römische Brüder, die während der grausamen Christenverfolgungen unter Kaiser Diokletian dem heidnischen Glauben entsagt hatten und sich taufen ließen. Unermüdlich versuchten sie in der Folgezeit, weitere Heiden in Rom zu bekehren, obwohl sie wußten, daß sie sich damit in höchste Lebensgefahr begaben. Tage und Nächte verbrachten sie in den Kerkern, wo gefangene Christen mißhandelt wurden und auf ihren Tod warteten. Primus und Felizian spendeten Trost und halfen, wo sie konnten.

Nachdem sie zeitlebens den Häschern des Kaisers entkommen konnten, ereilte die beiden Brüder im hohen Alter doch das grausame Schicksal: Sie wurden gefangengenommen und nach schweren Folterungen um das Jahr 305 öffentlich ermordet. Bevor die Reliquien der Märtyrer im 7. Jh. in die Kirche S. Stefano Rotondo gebracht wurden, befand sich die Gedenkstätte an der Via Nomentana, wo den beiden Märtyrern bald nach ihrem Tod eine Basilika erbaut worden war. Ruinen konnten noch bis ins 17. Jh. nachgewiesen werden.

Darstellung: Die beiden Märtyrer sind oft als vornehme Römer mit einer Schriftrolle in der Hand abgebildet, häufiger aber ist das Martyrium zu sehen; so auf einem Gemälde von Paolo Veronese im Museo Civico in Padua: Primus bekommt flüssiges Blei in den Mund gegossen, Felizian werden Nägel durch die Hände geschlagen. Auch die Martyrien Nageln an einen Pfahl oder Züchtigung mit Ruten sind dargestellt. Manchmal tragen Primus und Felizian auch Schwert und Palme, zu ihren Füßen liegen Kette und Geißel.

Die Kirche S. Stefano Rotondo in Rom birgt die Reliquien der Märtyrer Primus und Felizian. Bevor die Gebeine im 7. Jh. in das Gotteshaus gelangten, befand sich die Grabstätte an der Via Nomentana, wo zu Ehren der Märtyrer eine Basilika erbaut worden war. S. Stefano Rotondo ist die Titularkirche des Münchner Erzbischofs.

Tagino von Magdeburg

Erzbischof von Magdeburg
geboren: 10. Jh. bei Regensburg, Bayern
gestorben: 9. Juni 1012 bei Rothenburg, Sachsen-Anhalt

10. Juni

Bardo

Erzbischof OSB
geboren: um 980 in Oppershofen, Hessen
gestorben: 10. Juni 1051 bei Paderborn, Nordrhein-Westfalen

Im Dom zu Mainz, den er vollendet und 1036 in Gegenwart von Kaiser Konrad II. geweiht hat, ist Bardo, Erzbischof von Mainz von 1031 bis 1051, beigesetzt. Der außergewöhnlich mildtätige und fromme Kirchenfürst stammte aus Oppershofen in Oberhessen, wo er um das Jahr 980 als Sohn einer adligen Familie zur Welt gekommen war. Bardo war verwandt mit Kaiserin Gisela, der Frau von Konrad II. Noch als Jüngling trat Bardo in Fulda dem Benediktinerorden bei und bekleidete in den folgenden Jahrzehnten zahlreiche wichtige Kirchenämter. Unter anderem war er Abt der Klöster Kaiserswerth und Hersfeld. Nach dem Tod von Erzbischof Aribo trat Bardo dann schließlich 1031 in Mainz dessen Nachfolge an.

Bardo, der sich gegen andere so freigebig zeigte, war gegen sich selbst äußerst streng. Er nahm kaum Nahrung zu sich und mußte schließlich von Papst Leo IX. ermahnt werden, etwas mehr auf sich zu achten, um bei Kräften zu bleiben. Nach einem segensreichen Leben starb Erzbischof Bardo am 10. Juni 1051 während einer Reise in der Nähe von Paderborn. An seinem Grab im Mainzer Dom, das bald zu einer vielbesuchten Wallfahrtsstätte wurde, ereigneten sich in der Folgezeit zahlreiche Wunder.

Darstellung: Auf Darstellungen ist das Grab Bardos zu sehen, das von Krüppeln umgeben ist; um die Grabstätte hängen Krücken mit der Widmung „Ex voto".

Diana von Andalò

Nonne OP
geboren: 12. Jh. in Bologna, Italien
gestorben: 10. Juni 1236 in Bologna
1892 Seligsprechung

Eustachius Kugler

Provinzial OH
geboren: 13. Januar 1867 in Neuhaus, Bayern
gestorben: 10. Juni 1946 in Regensburg, Bayern

„Ich will mich in allem fragen, wie Jesus gehandelt hätte." Dies war der Leitspruch von Eustachius Kugler, einem Bauernbub aus der Oberpfalz, der zunächst nicht einmal zum Noviziat zugelassen werden sollte und später vielbeachteter und verehrter Provinzial war. Nach vielen Schwierigkeiten hatte Kugler, der mit Taufnamen Joseph hieß, im Alter von 26 Jahren endlich dem Hospitalorden

Eustachius Kugler, Provinzial der Barmherzigen Brüder vom heiligen Johannes von Gott. Professor Ambrosius Eszer, Generalrelator für Selig- und Heiligsprechungen im Vatikan, besuchte im September 1991 das Provinzialat des Hospitalordens in München, um die sogenannte „Positio", eine Sammlung von Zeugenaussagen und Dokumenten über Kugler, zu vervollständigen.

der Barmherzigen Brüder vom heiligen Johannes von Gott beitreten dürfen. Er, der selbst von Kindheit an körperlich behindert war, wollte Kranke und Schwache pflegen. Doch schon schnell begann im Orden der Aufstieg des demütigen, bescheidenen Fraters. Im Jahr 1905 ernannte man ihn zum Prior der Pflegeanstalt in Straubing, 1914 zum Prior in Gremsdorf, 1922 zum Prior des Krankenhauses in Neuburg an der Donau. Ab 1920 war er zusätzlich Provinzrat, und 1925 schließlich wurde er Provinzial der bayerischen Ordensprovinz. Viermal wurde Eustachius Kugler wiedergewählt, seine Mitbrüder bescheinigten ihm Weitblick, Disziplin, Fleiß und Herzenswärme.

Unvergessen bleibt Frater Eustachius Kugler durch sein wohl größtes Werk: Er ließ in Regensburg an der Prüfeninger Straße das riesige Krankenhaus der Barmherzigen Brüder erbauen, ein damals, 1929, unglaublich großes Unterfangen, wegen welchem er auch viel Kritik einstecken mußte.

Am Pfingstmontag, dem 10. Juni 1946, starb Eustachius Kugler an Magenkrebs. In der Krankenhauskirche St. Pius in Regensburg fand er 1982 seine endgültig letzte Ruhestätte. Der Diözesanprozeß, der einer Seligsprechung vorausgehen muß, ist abgeschlossen; die Akten liegen nun zur Prüfung im Vatikan.

Heinrich von Bozen

Taglöhner
geboren: um 1250 in Bozen, Italien
gestorben: 10. Juni 1315 in Treviso, Italien
Patron der Holzfäller

Verehrung/Brauchtum: Bei der Beisetzung von Heinrich von Bozen, der ein Leben strengster Kasteiung und tiefer Gläubigkeit geführt hatte, sollen sich im Dom von Treviso zahlreiche Wunder ereignet haben. Papst Benedikt XIV. (1740 bis 1758) gestattet den Kult um Heinrich für die Diözese Treviso, Papst Pius VII. (1800 bis 1823) auch für die Diözese Trient.

Johannes Dominici

Kardinal, Erzbischof von Ragusa OP
geboren: 1357 in Florenz, Italien
gestorben: 10. Juni 1419 in Buda (Budapest), Ungarn

Darstellung: Der Kardinal und Erzbischof von Ragusa, dem heutigen Dubrovnik in Kroatien, ist als Dominikaner mit Kardinalshut abgebildet, in der Hand hält er ein Buch.

Maurinus von Köln

Abt, Märtyrer
geboren: vor dem 10. Jh.
gestorben: 10. Juni vor dem 10. Jh.

Beim Ausheben der Fundamente für den Neubau der Kirche St. Pantaleon in Köln wurden am 3. Oktober 966 im Vorgängerbau die Gebeine des Abtes und Märtyrers Maurinus gefunden. Nach der Inschrift auf seinem Sarkophag soll er an einem 10. Juni eines nicht bestimmten Jahres im „atrium", also in der Vorhalle einer Kirche, die an der Stelle des späteren Gotteshauses St. Pantaleon stand, den Märtyrer-Tod gestorben sein. Herkunft, Lebensumstände oder weitere Daten aus der Wirkungszeit von Maurinus sind nicht bekannt. Seit 1180 ruhen die Gebeine in einem kostbaren Reliquienschrein in St. Pantaleon.

Oliva (Olivia)

Jungfrau, Märtyrerin
geboren: 10. Jh. in Palermo auf Sizilien, Italien
gestorben: 10. Jh. in Tunis, Tunesien

Darstellung: Die Märtyrerin Olivia wurde als Jungfrau mit Ölzweig, Krone und Palme abgebildet.

11. Juni

Aleydis (Adelheid) von Schaarbeek

Nonne, Mystikerin, OCist
geboren: um 1200 in Schaarbeek, Belgien
gestorben: 11. Juni 1240 in Maria von Kamerbos bei Brüssel, Belgien

Barnabas

Apostel, Märtyrer
geboren: um Christi Geburt auf Zypern
gestorben: 61 in Salamina auf Zypern
Patron von Mailand und Florenz; der Weber, Böttcher und Küfer; gegen Streit; gegen Steinschlag; gegen Hagel; gegen Traurigsein

Barnabas wird den 72 Jüngern Jesu zugeordnet, hat den Sohn Gottes aber nicht mehr selbst erlebt. Er war der Sohn eines Ehepaares, das auf der Insel Zypern ein Landgut besaß. Der Taufname von Barnabas war Jose, erzogen wurde er im jüdischen Glauben.

Barnabas, der seinen neuen Namen von den Aposteln erhielt – er bedeutet „Sohn des Trostes" –, hatte seinen ganzen Besitz verkauft und Petrus den Erlös übergeben. Sein Verhalten wurde als vollkommene Loslösung vom Irdischen und endgültige Hinwendung zum Christentum betrachtet. Man schätzte Barnabas wegen seiner außergewöhnlichen Fähigkeit, Trauernde zu trösten und bewunderte außerdem seine hellseherischen Gaben.

Von Beginn an war Barnabas eng mit Paulus befreundet. Auf seine Empfehlung hin wurde Paulus in den Kreis der Apostel aufgenommen. In zahlreichen Kapiteln der Apostelgeschichte ist Barnabas als Begleiter von Paulus erwähnt, so auch auf dessen erster Missionsreise. Nach dem großen Apostelkonzil im Jahr 51 in Jerusalem geriet er mit Paulus in einen Konflikt und reiste mit dem Evangelisten Markus nach Zypern, um dort viele Jahre das Evangelium zu verkünden. Er gilt deshalb als Apostel Zyperns. Während seiner Missionstätigkeit wurde Barnabas im Jahr 61 in Salamis bei Famagusta auf Zypern von Juden zu Tode gesteinigt. Seine Grabstätte entdeckte man im 5. Jh.

Barnabas. Detail aus dem Schrein des heiligen Eleutherius in der Kathedrale Notre-Dame in Tournai. Der Apostel und spätere Märtyrer begleitete Paulus auf dessen erster Missionsreise nach Zypern.

Verehrung/Brauchtum: Der Gedenktag von Barnabas wird seit dem Mittelalter am 11. Juni begangen. In Mailand ist ein Barnabas-Kult bereits seit dem 5. Jh. bekannt. Viele Städte in Italien besitzen Reliquien des Apostels, darüber hinaus auch Köln und Andechs in Deutschland sowie Prag, Toulouse und Namur. Der Regularklerikerorden der Barnabiten, 1530 von Antonius Maria Zaccaria gegründet, trägt seinen Namen von Barnabas. In der Ostkirche gedenkt man Barnabas am 11. April.

Darstellung: Barnabas ist im Apostelgewand mit Ölzweig, Stein oder Buch dargestellt. Oft ist er auch zusammen mit anderen Aposteln und dabei vor allem mit Paulus zu sehen. Zusammen mit Petrus zeigt ihn ein Gemälde in S. Barnaba in Venedig; auf einem Fresko in S. Croce in Florenz hält Barnabas einen Ölzweig.

Johannes Gonzáles

Prior, Mystiker OESA
geboren: um 1430 in San Facundo, heute Sahagún, Spanien
gestorben: 11. Juni 1479 in Salamanca, Spanien
Patron der Diözese und der Stadt Salamanca; der Augustiner

Der erfolgreiche Kanzelredner Johannes Gonzáles wurde 1463 in Erfüllung eines Gelübdes Augustinereremit. Der mystisch begnadete Ordensmann war in der Folge zweimal Prior seines Klosters in Salamanca. Es wird von ihm auch berichtet, daß er Tote zum Leben erweckt haben soll. Die Heiligsprechung von Johannes Gonzáles erfolgte 1690.

Darstellung: Johannes Gonzáles ist im schwarzen Ordenskleid der Augustinereremiten dargestellt; meist hält er einen Kelch, über dem eine Hostie schwebt. Darstellungen aus dem Leben des Mönches sowie Wunder sind auf Fresken im Kloster S. Spirito in Florenz zu sehen.

Jolenta

Herzogin, Priorin OSCl
geboren: 1235 in Ungarn
gestorben: 11. Juni 1298 in Gnesen, Polen

Darstellung: Auf Abbildungen ist Jolenta mit der Erscheinung des dornengekrönten Jesus zu sehen.

Paula Frassinetti

Ordensgründerin SSD
geboren: 3. März 1809 in Genua, Italien
gestorben: 11. Juni 1882 in Rom, Italien

Für die Erziehung von Mädchen gründete die tiefgläubige Paula Frassinetti um 1835 in Genua die Kongregation der „Schwestern von der heiligen Dorothea" („Suore di Santa Dorothea"), 1841 verlegte sie die Gemeinschaft nach Rom. Im Jahr 1863 bestätigte der Papst die Kongregation endgültig. Die sterblichen Überreste von Paula Frassinetti ruhen bis heute im Ordensmutterhaus S. Onofrio in Rom. Die Seligsprechung der Ordensgründerin erfolgte am 8. Juni 1930, die Heiligsprechung am 10. März 1984.

Rimbert von Bremen-Hamburg

Erzbischof von Bremen-Hamburg
geboren: um 830 in Belgien
gestorben: 11. Juni 888 in Bremen

Rosa Molas y Vallvé

Ordensgründerin
geboren: 24. März 1815 in Reus, Spanien
gestorben: 11. Juni 1876 in Tortosa, Spanien

Rosa Maria Francisca Molas y Vallvé gründete 1857 in Tortosa die Kongregation der „Dienerinnen Unserer Lieben Frau vom Trost" („Hermanas de la Caridad de Nuestra Señora de la Consolación") zur Pflege von Kindern und Kranken. Sie wurde am 8. Mai 1977 seliggesprochen, am 11. Dezember 1988 heiliggesprochen.

12. Juni

Eskil

Missionar, Bischof(?), Märtyrer
geboren: um 1020 in England(?)
gestorben: um 1080 in Strängnäs, Schweden

Verehrung/Brauchtum: Die Stadt Eskilstuna in Schweden, wohin um 1180 die Gebeine Eskils überführt wurden, trägt ihren Namen von diesem Märtyrer, der bei der Ausübung seiner Missionstätigkeit unter den Heiden zu Tode gesteinigt worden war.

Darstellung: Eskil ist als Bischof mit drei Steinen als Hinweis auf sein Martyrium dargestellt. Bei einer Skulptur aus dem 15. Jh. im Museum zu Stockholm hält er die Steine in der Hand, manchmal liegen sie aber auch – wie bei Liborius – auf einem Buch, das er hält.

Guido Vagnotelli (von Cortona)

Priester, Mönch, Mystiker OFM
geboren: um 1190 in Cortona, Italien
gestorben: 12. Juni 1247 in Celle bei Cortona

Guido Vagnotelli, um das Jahr 1190 in dem toskanischen Städtchen Cortona hoch über dem Trasimenischen See geboren, hatte einen berühmten Lehrmeister: Franz von Assisi. Guido schloß sich dem Ordensgründer im Jahr 1211 an und empfing die Priesterweihe. Franz selbst erwählte ihn zum Prediger. Guido, um dessen Person sich zahlreiche Wunder ereigneten, wurde schon zu Lebzeiten vom Volk wie ein Heiliger verehrt. Ein starkes Charisma umgab den leidenschaftlichen Verkünder des Wortes Christi.

Guido Vagnotelli starb am 12. Juni 1247 in Celle bei Cortona. Seine Reliquien wurden später in einen Marmorsarkophag übertragen, der lange Zeit das Ziel vieler Wallfahrer war. Der Kult von Guido Vagnotelli wurde 1583 bestätigt.

Darstellung: Auf Abbildungen hat Guido Vagnotelli einen Rosenkranz und einen Stab bei sich.

Kaspar Bertoni

Ordensgründer
geboren: 9. Oktober 1777 in Verona, Italien
gestorben: 12. Juni 1853 in Verona

Die italienische Genossenschaft der Bertonianer ist die Stiftung des Priesters Kaspar Bertoni. Bertoni, ein demütiger Seelsorger seiner Gemeinde und geistlicher Führer des Instituts der Canossianerinnen, einer Einrichtung für die Erziehung und den Unterricht von Jugendlichen, hatte seine Gemeinschaft der „Padri Stimmatini" (Priester von den heiligen Wunden) im Jahr 1816 in Verona ins Leben gerufen. Die Mitglieder der Genossenschaft unterstützten den Bischof in seelsorgerischen und missionarischen Belangen. Papst Pius IX.

lobte die Stiftung der Bertonianer im Jahr 1855 öffentlich, Papst Pius XI. bestätigte sie am 23. Juni 1925 endgültig.

Kaspar Bertoni durfte weder Belobigung noch Bestätigung persönlich erleben. Er starb bereits am 12. Juni 1853 in Verona. Papst Paul VI. sprach ihn am 1. November 1975 selig. Papst Johannes Paul II. nahm den Ordensgründer am 2. November 1989 in den Kreis der Heiligen auf.

Leo III.

Papst
geboren: 8. Jh. in Rom(?), Italien
gestorben: 12. Juni 816 in Rom

Leo III. war vor seiner Wahl zum Papst Priester in Rom, zuletzt Kardinalspriester von S. Susanna. Am Tag der Beisetzung von Papst Hadrian I., am zweiten Weihnachtsfeiertag 795, wurde Leo III. bereits zum Nachfolger auf dem Stuhl Petri ernannt. Sofort nach seiner Wahl zeigte Leo Frankenkönig Karl seine Ernennung an und übersandte ihm symbolisch den Schlüssel zum Grab des Apostels Petrus sowie das Banner der Stadt Rom. Damit erkannte er den König als Schutzherrn über Rom an.

Schon bald aber bildete sich in Rom eine starke Gegnerschaft gegen Leo III., die sich aus Feinden seiner frankenfreundlichen Gesinnung zusammensetzte. Am Markustag des Jahres 799 wurde der Papst während der traditionellen Prozession sogar überfallen und mißhandelt. Am 25. Dezember 800 krönte Leo III. Frankenkönig Karl in Rom zum römisch-deutschen Kaiser. Aufgrund dieser Krönung wurde der Papst in der Zukunft zum „Kaisermacher".

Leo III., der Papst, der ein wichtiges Kapitel abendländischer Geschichte mitgeschrieben hat, starb am 12. Juni 816 in Rom und wurde im Petersdom beigesetzt. Seine Heiligsprechung erfolgte im Jahr 1673 durch Papst Clemens X.

Papst Leo III. krönt Karl den Großen in Rom zum Kaiser. Nach einer Buchmalerei aus dem 14. Jh. Schon kurz nach seiner Ernennung zum Papst hatte Leo den damaligen Frankenkönig als Schutzherrn von Rom anerkannt.

Papst Leo III. Nach einer Kopie des Mosaiks in S. Susanna in Rom. Die Kopie stammt von Philipp de Winghe, der 1592 starb; das Mosaik, das als Vorlage diente, wurde 1595 zerstört.

Darstellung: Papst Leo III. wurde meist mit rechteckigem Nimbus sowie mit einem Kirchenmodell dargestellt, was auf seine Kirchenstiftungen hinweisen soll.

Odulf

Priester, Mönch OSB
geboren: 8. Jh. in Oorschot, Niederlande
gestorben: nach 857 in Utrecht, Niederlande

Darstellung: Der Priester Odulf wurde als Kanoniker mit Barett dargestellt, als Attribute hält er Brevier und Taufschale.

Onuphrius der Große

Einsiedler
geboren: 4. Jh. in Ägypten
gestorben: 12. Juni(?) um 400 in Ägypten
Patron von München; der Weber; des Viehs

Onuphrius, Sohn eines ägyptischen Stammesfürsten, lebte 60 Jahre völlig allein in der Wüste und übte dabei strengste Askese. Als er seinen Tod kommen spürte, stand ihm der Asket Paphnutius bei, der später auch seine Vita schrieb.

Verehrung/Brauchtum: In der koptischen Kirche ist der Kult für Onuphrius bereits im 7. Jh. bezeugt. Durch die Kreuzfahrer gelangte die Verehrung später in den Westen, wo Onuphrius in der Folge sehr verehrt wurde; der Einsiedler gilt als der einzige Wüstenvater, dem im Westen ein eigener Kult zugeschrieben wird. Die Diözesen München und Braunschweig sind im Besitz von Reliquien.

Darstellung: Onuphrius gilt als einer der bedeutendsten Asketen und erscheint in fast allen dargestellten Reihen von Wüstenvätern; er trägt lange Haare und ist mit Fellen oder Blättern bekleidet oder auch über und über mit Haaren bewachsen. Als Attribute hat Onuphrius bei sich: Hostie, Kelch mit Hostie, Gebetsschnur, Stab, Krone, Zepter, Kreuz.

Zimius, Vimius und Marinus („Die drei elenden Heiligen")

Mönche, Missionare, Einsiedler
geboren: 11./12. Jh.
gestorben: Marinus: 1153 in Einsiedel (Altmühltal), Bayern
Zimius und Vimius: 1154 in Einsiedel
Marinus: Patron der Steinhauer

Die „drei elenden Heiligen" Zimius, Vimius und Marinus (elend bedeutet, daß es Fremde waren) lebten im 12. Jh. als Einsiedler im Altmühltal nahe Dietfurt. Die Glaubensboten verkündeten das Wort Gottes und wurden bald zu begehrten Ratgebern und Helfern.

Nachdem Marinus als erster der drei gestorben war, entwickelte sich seine Grabstätte in Einsiedel schnell zur Wallfahrtsstätte. Später wurde Marinus zu Ehren im nahegelegenen Griesstetten eine Grabkapelle errichtet, in welcher nach ihrem Tod auch Zimius und Vimius ihre letzte Ruhestätte fanden. Die Gebeine der drei als Selige angerufenen Glaubensboten wurden 1689 erhoben; am 2. Juli 1862, nach der Bestätigung des Kultes in Rom, wurden sie erneut übertragen.

Verehrung/Brauchtum: In Bayern wird noch eine zweite Gruppe von drei „Elenden Heiligen" verehrt und zwar in Etting im Kreis Ingolstadt. Bei diesen drei handelt es sich um Arch, Gardan und Haindrit. Ihr Kult ist in Etting bereits 1496 bezeugt, die Gebeine wurden 1627 erhoben.

Darstellung: Auf Fresken und Votivtafeln in der heutigen Wallfahrtskirche Griesstetten sind Zimius, Vimius und Marinus auf Wolken schwebend abgebildet, alle drei tragen einen Heiligenschein. Weitere Fresken zeigen Szenen aus dem Leben der Glaubensboten. Nahe der Kirche existiert eine Felsgrotte, in der Vimius, Zimius und Marinus einst gelebt haben sollen.

13. Juni

Antonius von Padua

Mönch, Kirchenlehrer OFM
geboren: 1195 in Lissabon, Portugal
gestorben: 13. Juni 1231 in Arcella bei Padua, Italien

Patron von Padua, Lissabon, Paderborn und Hildesheim; für das Wiederauffinden verlorener Sachen; der Liebenden; der Ehe; der Frauen und Kinder; der Armen; der Reisenden; der Bäcker und Bergleute; für eine glückliche Entbindung; gegen Unfruchtbarkeit; gegen Fieber; gegen Viehkrankheiten; gegen Schiffbruch; gegen Kriegsnöte; gegen die Pest; Patron gegen Helfer in allen Nöten; der Franziskaner

Antonius gehört zu den herausragenden Persönlichkeiten der katholischen Kirche. Nur elf Monate nach seinem Tod – es war der kürzeste Heiligsprechungsprozeß in der Geschichte – wurde er in den Kreis der Heiligen aufgenommen. Derselbe Papst vollzog den feierlichen Akt, der vier Jahre zuvor Franz von Assisi kanonisiert hatte: Gregor IX. Rund sieben Jahrhunderte später, am

16. Januar 1946, nahm Papst Pius XII. den Franziskanerprediger Antonius unter die Kirchenlehrer auf. Dieser Titel war außergewöhnlich, da die schriftstellerische Hinterlassenschaft von Antonius, im Gegensatz zu jener anderer Kirchenlehrer, nur sehr gering war; in erster Linie handelt es sich um Entwürfe für Predigten.

Besucht man heute die berühmte Basilika S. Antonio in Padua, als Grabkirche für den großen Heiligen nach seinem Tod errichtet, und nähert man sich der Cappella dell'Arca del Santo im linken Querarm des Gotteshauses, dann muß man sich angesichts des nie versiegenden Stromes von Gläubigen, die hier beten oder Stirn und Hände fest an den Reliquien-Altar drücken, fragen: Was ist es, das bis ins ausgehende 20. Jahrhundert die Faszination dieses Volksheiligen ausmacht? Worin liegt das Charisma, das die Figur des in aller Welt Verehrten umgibt?

Antonius, dessen Taufnahme Fernandez lautete, kam im Jahr 1195 als Sohn einer reichen Adelsfamilie in Lissabon zur Welt. Nach einer guten religiösen Ausbildung trat er 1212 den Augustiner-Chorherren im portugiesischen Coimbra bei und empfing die Priesterweihe. Jahre später stand der junge Geistliche unter der trauernden Volksmenge, als fünf Franziskanermissionare, die von Mohammedanern in Marokko ermordet worden waren, in Coimbra beigesetzt wurden. Tief beeindruckt von diesen Ereignissen, beschloß der Augustiner Fernandez, dem Franziskanerorden beizutreten und als Glaubensbote nach Afrika zu gehen. Er wechselte 1220 zu den Minderbrüdern des St. Antoniusklosters in Coimbra über und nahm hier den Namen Antonius an. Nur wenig später brach er mit dem Schiff nach Marokko auf, um dort das Wort Gottes zu verkünden. Kaum in Afrika eingetroffen, erkrankte Antonius so schwer, daß er monatelang ans Bett gefesselt war. Geschwächt und tief

Antonius von Padua. Nach einem Gemälde aus der Basilika S. Antonio (Il Santo) in Padua, der Grabkirche des Heiligen. Zu seinen Füßen sind die Stifter des Bildes zu sehen. Es heißt, das Bildnis sei noch zu Lebzeiten des großen Franziskanerpredigers entstanden.

Gläubige vor dem Sarkophag von Antonius, der über und über mit Votivtafeln bedeckt ist.

Hauptschiff der Basilika S. Antonio in Padua, die, wie auch Antonius, „Il Santo" genannt wird.

unglücklich, mußte er einsehen, daß es für ihn nur noch die Rückkehr noch Portugal gab.

Auf der Seereise in Richtung Heimat entschied sich das Schicksal des Franziskanermönches endgültig: Ein schwerer Sturm verschlug das Schiff an die Küste von Sizilien. Antonius begab sich von dort nach Assisi, wo Ordensgründer Franz gerade zum zweiten Generalkapitel in die Portiuncula geladen hatte. Demütig und still nahm Antonius an der Versammlung teil, niemand wurde auf ihn aufmerksam. Der Ordensprovinzial der Region Emilia-Romagna nahm sich seiner schließlich an und nahm ihn mit in das einsame Bergkloster Monte Paolo in der Nähe der Stadt Forlì an der Adriaküste. Nach und nach offenbarte sich dann die außergewöhnliche Rednerbegabung des Mönches aus Portugal. Italien hatte einen der begeistterndsten Prediger der gesamten Kirchengeschichte entdeckt.

Von nun an stand Antonius auf den Kanzeln der Kirchen, auf den großen Plätzen der Städte und an den Stränden des Meeres, um den Menschen – manchmal strömten bis zu 30 000 Zuhörer gleichzeitig herbei – das Wort Gottes zu verkünden. In den Jahren von 1222 bis 1224 wirkte Antonius in der Gegend um Rimini und Mailand, von 1224 bis 1226 verlegte er sein Gebiet nach Südfrankreich, und 1227 kehrte er nach Oberitalien zurück, wo er sich zuletzt in Padua niederließ. Im Mittelpunkt seiner hinreißenden Predigten, die ihm die Herzen der Menschen öffneten und selbst hartnäckigste Gottesleugner zum Glauben führten, stand immer wieder der verbale Kampf gegen die Irrlehrer jener Zeit, gegen die Katharer, Albigenser und Waldenser. Großartige Erfolge krönten seine Anstrengungen auf diesem Gebiet.

Es konnte nicht ausbleiben, daß Franz von Assisi von der herausragenden Persönlichkeit innerhalb seines Ordens hörte. Der Ordensvater ernannte Antonius schließlich zum ersten Lehrer der Theologie für die Minderen Brüder, zum Lehrmeister

der Franziskaner. Viel Zeit aber blieb dem jungen Antonius zur Ausübung dieser Tätigkeit nicht mehr. Stark geschwächt und ausgezehrt von den jahrelangen Missionsreisen unter schwersten Bedingungen, mußte er sich 1231 auf ein Landgut in der Nähe von Padua zurückziehen, um Kraft zu schöpfen. In der Krone eines Baumes ließ er sich einen luftigen Sitz zimmern, der von da an sein Lieblingsplatz war.

Als Antonius, dem Papst Gregor IX. wegen seiner großen Kenntnis der Heiligen Schrift den Titel „Arche des Testaments" gegeben hatte, spürte, daß der Tod nahte, begab er sich, inzwischen 35 Jahre alt, zu den Klosterfrauen von Arcella bei Padua. Dort starb er am 13. Juni 1231, einen Bußpsalm auf den Lippen. Im Jahre 1263 wurden seine Gebeine in Anwesenheit von Ordensgeneral Bonaventura, einer weiteren großen Persönlichkeit des Franziskanerordens, erhoben und in die für sie erbaute Antoniusbasilika übertragen. Am Grab von Antonius ereigneten sich im Laufe der Zeit viele Wunder, so daß Bonaventura einmal sagte: „Suchst du Wundertaten, gehe zu Antonius!"

Abgebildet wird der heilige Antonius oft, zu den Fischen predigend. Diese Darstellungsweise geht auf die wohl berühmteste Legende aus dem Leben des Predigers zurück: Als Antonius einmal am Strand von Rimini vor einer riesigen Menschenmenge predigen wollte, hörte ihm kaum jemand zu. Plötzlich streckten die Fische ihre Köpfe aus dem Meer und lauschten dem Prediger. Dieses Ereignis soll dazu geführt haben, so berichtet es eine Legende, daß sich alle Einwohner Riminis taufen ließen.

Verehrung/Brauchtum: Der Kult von Antonius breitete sich zunächst vor allem in Padua sowie im Franziskanerorden aus; seit dem 16. Jh. wird der große Mönch und Prediger in der ganzen Kirche hoch verehrt. In Italien gehört Antonius bis zum heutigen Tag zu den am meisten verehrten Kirchengestalten, die Antonius-Basi-

Antonius von Padua mit dem Jesuskind; diese Darstellung des Franziskaners findet sich fast in jeder Kirche auf der ganzen Welt. Diese Statue stammt von Juan de Juni und befindet sich heute im Museo Nacional de Escultura im spanischen Valadolid.

Rekognoszierung (Erkundung) der Gebeine des heiligen Antonius durch eine Franziskanerexpertendelegation.

lika in Padua ist eine der meistbesuchten Wallfahrtsstätten.

Darstellung: Antonius von Padua wurde fast immer als junger Franziskaner dargestellt, oft in Predigthaltung. Häufig sieht man ihn auch mit dem Jesuskind, so auf Gemälden von El Greco im Prado zu Madrid oder von Murillo im Museum von Sevilla. Auch mit Maria wurde Antonius oft abgebildet, so auf einem Fresko von Agnolo Gaddi in S. Croce zu Florenz. Weitere Attribute des Heiligen: Lilie, Esel und Fische, Hostie, Schatzkästchen, Kreuz. Szenen aus dem Leben von Antonius sind auf Glasfenstern in der Basilika S. Francesco in Assisi dargestellt. Wie Antonius einen Toten zum Leben wiedererweckt, stellte Francisco Goya auf einem Gemälde dar, das im Kuppelfresko von S. Antonio de la Florida in Madrid zu sehen ist. „Antonius bei der Predigt im Nußbaum" malte Veronese (Wandgemälde im Oratorium Camposampiero bei Padua).

Gerhard von Clairvaux

Mönch OCist
geboren: 11. Jh. in Burgund, Frankreich
gestorben: 13. Juni 1138 in Clairvaux, Frankreich

Mit seinem berühmtem Bruder Bernhard von Clairvaux gründete Gerhard im Jahr 1115 das ebenso berühmte Kloster Clairvaux. Bis zu seinem Tod bekleidete Gerhard das Amt des Cellerars.

14. Juni

Gottschalk

Wendenfürst, Märtyrer
geboren: um 1000 in Norddeutschland
gestorben: 14. Juni 1066 in Lenzen, Deutschland

Der Wendenfürst Gottschalk setzte sich kraftvoll für die Christianisierung seines Landes ein und half selbst bei der Missionierung. Er war der Mitbegründer der Bistümer Ratzeburg und Mecklenburg. Bei einem Aufstand der heidnischen Wenden wurde Gottschalk am 14. Juni 1066 ermordet.

Darstellung: Gottschalk ist in edlen Gewändern mit Palme und Speer abgebildet, Darstellungen existieren vor allem in Deutschland.

Hartwig von Salzburg

Erzbischof
geboren: um 955
gestorben: 14. Juni(?) 1023 in Salzburg, Österreich

Hartwig wurde im Jahr 991 zum Erzbischof von Salzburg ernannt. Der um 955 geborene Sohn des Grafengeschlechtes von Sponheim war eng mit den Kaisern Otto III. und Heinrich II. befreundet, was der Diözese sehr zugute kam. Hartwig ließ 993 den baufälligen Dom von Salzburg restaurieren, 996 erhielt er für die Stadt an der Salzach das Markt- und Münzrecht. Die Domschule sowie das Benediktinerstift St. Peter erfuhren unter Hartwig einschneidende positive Reformen.

Erzbischof Hartwig von Salzburg, der sich während der schweren Pestepidemie 994 als überragender Seelsorger erwiesen hatte, starb, vom ganzen Volk betrauert, am 14. Juni 1023. Er wurde im Dom von Salzburg beigesetzt, die Gebeine waren aber nach dem Kirchenbrand von 1598 nicht mehr auffindbar.

Meinrad Eugster

Laienbruder OSB
geboren: 23. August 1848 in Altstätten, Schweiz
gestorben: 14. Juni 1925 in Einsiedeln, Schweiz

Der Schneider Josef Gebhard Eugster trat 1874 als Laienbruder in das Schweizer Kloster Einsiedeln ein und nahm den Namen Meinrad an. In den folgenden fünf Jahrzehnten war der schwer kranke Bruder ein Vorbild an Demut, Regeltreue und Heroizität, was das Erdulden seiner Schmerzen anging.

Meinrad Eugster starb am 14. Juni 1925. Im Jahr 1941 wurden seine Gebeine in die Abteikirche von Einsiedeln überführt und der Seligsprechungsprozeß eingeleitet.

Methodius I. von Konstantinopel

Patriarch von Konstantinopel
geboren: um 790 in Syrakus auf Sizilien, Italien
gestorben: 14. Juni 847 in Konstantinopel, heute Istanbul, Türkei

15. Juni

Aloisius Palazzolo

Ordensgründer
geboren: 10. Dezember 1827 in Bergamo, Italien
gestorben: 15. Juni 1886 in Bergamo

Der Priester Aloisius Palazzolo, der sich intensiv der Jugendseelsorge widmete, gründete 1872 die Kongregation der „Brüder von der heiligen Familie" zur Betreuung von Waisenknaben. Aus einer von ihm ins Leben gerufenen Abendschule für werktätige Jugendliche entwickelte sich im Lauf der Jahre die katholische Aktion in Bergamo. Aloisius Palazzolo wurde am 19. März 1963 von Papst Johannes XXIII. seliggesprochen.

Bernhard von Aosta (von Menthon)

Archidiakon
geboren: im Aostatal, Italien
gestorben: um den 15. Juni 1081 (1008?) in Novara, Italien
Patron der Skifahrer, Bergsteiger und Alpenbewohner

Das berühmte Hospiz auf der Paßhöhe des Großen St. Bernhard, der den Schweizer Kanton Wallis mit dem italienischen Aostatal verbindet, wurde von Bernhard von Aosta gegründet. Auch das Hospiz auf dem Kleinen St. Bernhard geht wahrscheinlich auf ihn zurück. In den beiden Klöstern, von Augustiner-Chorherren verwaltet, fanden Reisende und Pilger kostenlose Unterkunft, nur Spenden wurden entgegengenommen.

Bernhard, der als Sohn einer vornehmen Familie im Aostatal zur Welt gekommen war, hatte zuerst in Paris Philosophie und Rechte studiert und seinen Doktor gemacht. Als seine Eltern für ihn ein reiches Mädchen aussuchten, das er heiraten sollte, verließ Bernhard, der sich inzwischen dem geistlichen Stand verschrieben hatte, seinen Heimatort und wurde Archidiakon, erster Gehilfe des Bischofs. Die Priesterweihe hat Bernhard wahrscheinlich nie empfangen; warum, weiß man nicht. Unter seiner Mitwirkung entstanden zahlreiche Bistümer, durch seine Predigten bekehrten sich viele Heiden.

Reliquiar des Bernhard von Aosta aus dem 13. Jh. Die kostbare Silber- und Goldarbeit befindet sich heute in der Klosterkirche St-Bernard in Burg St-Pierre in der Schweiz.

Bernhard von Aosta starb um den 15. Juni des Jahres 1081 in Novara. Eine andere Vita verlegt seinen Tod in das Jahr 1008. Die Gebeine Bernhards wurden in den Dom von Novara übertragen. Papst Pius XI. ernannte den Heiligen 1923 zum Patron der Alpenbewohner und Bergsteiger.

Nach einer Überlieferung soll Bernhard von Aosta um 1120 heiliggesprochen worden sein.

Verehrung/Brauchtum: Der Kult Bernhards verbreitete sich vor allem in der italienischen Region Piemont sowie im Schweizer Kanton Wallis.

Darstellung: Bernhard ist im Gewand eines Augustiner-Chorherren abgebildet. Manchmal hat er, als Hinweis auf das Heidentum, das er heftig bekämpfte, einen Teufel bei sich, so auf einem Glasgemälde in der Certosa di Pavia (1477); manchmal stößt er dem Teufel auch seinen Stab in den Rachen. Auch einen Turm, ein Fenster oder ein schloßartiges Gebäude trägt Bernhard auf manchen Darstellungen; dies bezieht sich auf die Legende, daß Bernhard, nachdem er sich geweigert hatte, eine von der Familie ausgesuchte Braut zu heiraten, vom Vater im Turm des elterlichen Schlosses eingesperrt und dann vom heiligen Nikolaus durch ein Fenster befreit wurde.

Eigil

4. Abt von Fulda OSB
geboren: 8. Jh. in Bayern
gestorben: 15. Juni 822 in Fulda, Hessen

Gebhard von Salzburg

Erzbischof
geboren: um 1010 in Schwaben
gestorben: 15. Juni 1088 in Werfen bei Salzburg, Österreich

Eine der größten Sehenswürdigkeiten Österreichs, die Bibliothek der einstigen Benediktinerabtei Admont in der Steiermark, erinnert bis zum heutigen Tag an den Gründer des im 12. und im 13. Jahrhundert weltberühmten, 1865 fast völlig abgebrannten Klosters: an Gebhard, den Erzbischof von Salzburg der Jahre 1060 bis 1088.

Gebhard, ein Nachfahre aus dem schwäbischen Geschlecht von Helfenstein, war im Jahr 1055 von Erzbischof Balduin zum Priester geweiht und 1058 von König Heinrich III. zum königlichen Kanzler ernannt worden, bevor er Erzbischof der Salzachstadt wurde.

Gebhard, hochgebildet und allseits geachtet, blieb auch als Kirchenfürst bescheiden und mildtätig. Für sein Bistum wirkte er segensreich, zahlreiche Erneuerungen gingen auf ihn zurück. Als zwischen Papst Gregor VII. und Heinrich IV. der Investiturstreit ausbrach, legte Gebhard ein eindeutiges Bekenntnis zum Papst ab. Aufgrund dessen wurde er vom Päpstlichen Stuhl zum Legaten für ganz Deutschland ernannt. Im Jahr 1074 gründete Gebhard dann im Ennstal die Abtei Admont.

Der Erzbischof mußte für sein immer mutiges Eintreten schwer büßen: Von 1077 bis 1086 lebte er neun Jahre in der Verbannung. Unter Herzog Welf I. von Bayern konnte Gebhard wieder in sein Bistum zurückkehren. Er starb aber schon am 15. Juni 1088 in Werfen an der Salzach, unweit von Salzburg. Seine letzte Ruhestätte fand er unter dem Hochaltar der Stiftskirche von Admont.

Darstellung: Gebhard von Salzburg ist in bischöflichen Gewändern abgebildet, er hält einen Stab mit griechischem Kreuz, bei ihm ist oft ein Einhorn.

Germana Cousin

Jungfrau, Hirtin
geboren: um 1579 in Pibrac bei Toulouse, Frankreich
gestorben: 15. Juni 1601 in Pibrac
Patronin der Hirtinnen

Das Mädchen Germana Cousin, das zu Hause viel unter der Stiefmutter zu leiden hatte und schwer krank war, führte als Hirtin von Kindheit an ein Leben der Kasteiungen und der Askese. Immer zeigte es dabei Fröhlichkeit, Geduld und Demut. Mit 22 Jahren starb Germana einsam im Stall bei ihren Tieren; bald schon ging die Kunde von ihrem heiligmäßigen Leben weit hinaus. Germana Cousin wurde am 29. Juni 1867 heiliggesprochen.

Darstellung: Germana Cousin wird als Hirtenmädchen mit einem Schaf dargestellt, meist mit Rosen; dies führt auf die Legende zurück, daß die Blumen im Winter vom Himmel fielen, um Germana vom Verdacht des Diebstahles zu befreien.

Isfried von Ratzeburg

Bischof von Ratzeburg OPraem
geboren: 12. Jh. in Deutschland
gestorben: 15. Juni 1204 in Ratzeburg, Schleswig-Holstein
Kult bestätigt 1725

Klara Fietz

Nonne
geboren: 6. Januar 1905 in Niederlindewiese, ehemals Österreichisch-Schlesien
gestorben: 15. Juni 1937 in Graz, Österreich

Klara Fietz, die mit Taufnamen Rosa hieß, legte 1927 die ewigen Gelübde bei den Schulschwestern ab. Fünf Jahre später promovierte sie in Graz zum Doktor der Philosophie, ein Jahr danach bestand sie die Prüfung für das höhere Lehramt. Innerlich aber lebte sie nur für Gott und unterwarf sich strengsten Abtötungen und Kasteiungen. Im Alter von erst 32 Jahren starb Klara Fietz 1937. Der Seligsprechungsprozeß für sie ist seit 1943 eingeleitet.

Lothar von Sées

Bischof von Sées
geboren: um 685
gestorben: 15. Juni 756 in Argentan, Frankreich

Verehrung/Brauchtum: Reliquien des normannischen Bischofs werden bis heute in der Kirche St-Loyer, an dem Ort, wo Lothar einst ein Kloster gründete, und im Dom von Sées aufbewahrt.

Vitus (Veit)

Kind, Märtyrer
geboren: um 297 auf Sizilien, Italien
gestorben: um 304 in Rom, Italien
Patron von Niedersachsen, Sachsen, Böhmen, Pommern, Rügen und Sizilien; von Prag, Mönchengladbach, Ellwangen, Korvey, Höxter und Krems; der sächsischen Kaiser; der Jugend; der Gastwirte, Apotheker, Winzer, Schauspieler, Bierbrauer, Bergleute, Schmiede; zur Bewahrung der Keuschheit; der Haustiere, der Hunde und des Geflügels; der Quellen; gegen Tollwut; gegen Epilepsie, Besessenheit, Hysterie und Krämpfe; gegen Augen- und Ohrenkrankheiten; der Stummen und Gehörlosen; gegen Bettnässen; gegen Blitz, Unwetter und Feuersgefahren; gegen Unfruchtbarkeit; für eine gute Aussaat und eine gute Ernte; Nothelfer

Vitus gehört zu den volkstümlichsten Heiligen der katholischen Kirche. Im 14. Jh. wurde er in den Kreis der 14 Nothelfer aufgenommen; seither ist Vitus der Träger von zahllosen Patronaten. Unzählige Kirchen in vielen Ländern tragen den Namen des Märtyrers, die berühmteste ist der Veitsdom in Prag, der zur Aufbewahrung einer Armreliquie von Vitus errichtet

Vitus. Nach einem Gemälde von Meister Theodorik, das um das Jahr 1365 in Prag entstand.

Vitus in einer typischen Darstellung mit den Attributen seines Martyriums: In der rechten Hand hält er einen Kessel mit siedendem Öl, in der linken Hand die Märtyrerpalme. Diese Darstellung aus dem Fränkischen stammt aus der Zeit um 1510.

wurde. Weitere Reliquien des Nothelfers sollen sich in vielen Städten Europas befinden, so lange Zeit auch im Kloster Korvey an der Weser, das früher einmal ein Zentrum der Vitus-Verehrung war.

Vitus, wahrscheinlich an der Südwestküste Siziliens geboren, wurde nur sieben Jahre alt. Sein heidnischer Vater hatte von dem Kind, das von seinem Erzieher und seiner Amme Crescentia heimlich christlich erzogen worden war, gefordert, dem Glauben an Gott abzuschwören. Vitus weigerte sich und floh mit den beiden Erwachsenen nach Lucana in Unteritalien. Nach der Legende wurden die drei dort von einem Adler mit Essen versorgt. Eines Tages wurden die Christen entdeckt und in Rom Kaiser Diokletian, dem grausamen Christenverfolger, vorgeführt. Zwar heilte Vitus sogar noch den Sohn des Herrschers von der Epilepsie, doch Diokletian dankte es ihm nicht. Er ließ das Kind und seine zwei Begleiter in einen Kessel mit siedendem Öl werfen. Aber die drei entstiegen ihm unversehrt. Ein Löwe, dem sie zum Fraß vorgeworfen wurden, legte sich vor ihnen nieder und leckte ihnen die Füße. Da ließ der rasende Diokletian den siebenjährigen Vitus mit seiner Amme und seinem Lehrer auf eine Folter spannen und dann enthaupten. Mehrere Adler sollen nach der Legende die Leichen bewacht haben, bis eine Christin sie bestattete. Das Todesdatum lag um das Jahr 304. Eine andere Überlieferung berichtet, Vitus und seine Gefährten seien auf Sizilien hingerichtet worden.

Verehrung/Brauchtum: Vitus gehört zu den wohl meistverehrten Gestalten der Kirche; um ihn ranken sich viele Legenden. Die Tatsache, daß er als Kind gestorben ist, trug wohl maßgeblich dazu bei, daß der Kult noch stärker wurde als bei anderen Märtyrern. Etwa 150 Orte erklären bis heute, im Besitz von Vitus-Reliquien zu sein und sind besonders stolz darauf; fast zehnmal soviele haben Vitus zum Patron von Kirchen, Kapellen oder gleich des ganzen Ortes gemacht. Die größte Verehrung dürfte Vitus vom Mittelalter bis zur ausgehenden Barockzeit genossen haben. Bis heute nimmt der Nothelfer im Bauernkalender eine besondere Stellung ein. Auch in der Dichtung der Jahrhunderte haben Leben und Sterben des Kindes häufig ihren Niederschlag gefunden. Der sogenannte Veitstanz hat seinen Namen von Vitus (Veit).

Darstellung: Um die Gestalt von Vitus gibt es eine reiche Ikonographie. Dargestellt ist er meist als Knabe, vornehm gekleidet, manchmal mit Hut. Hinweisend auf sein Patronat für das sächsische Königshaus, trägt Vitus manchmal auch Herrscherattribute. Meistens allerdings wird das Martyrium des Knaben dargestellt, so auf Altartafeln im Germanischen Nationalmuseum in Nürnberg; oft sind dann auch seine Amme und sein Lehrer dabei. Weitere Attribute: Buch, Hahn, Löwe, Brot, Kessel, Adler, Hase. Eine Holzskulptur (um 1725) in St. Nikolaus in Mönchengladbach-Hardt zeigt Vitus mit Löwe und Kirchenmodell.

16. Juni

Benno von Meißen

Bischof
geboren: 1010 in Sachsen
(oder in Thüringen)
gestorben: 16. Juni 1106 in Meißen, Sachsen
Patron von München; von Altbayern; des Bistums Dresden-Meißen; der Fischer und Tuchmacher; gegen die Pest; gegen Trockenheit und für Regen; gegen Unwetter

Benno, Kanoniker in Goslar, Bischof in Meißen – Patron von München und Altbaiern ... Wie kam es zu diesem Patronat eines Sachsen in Bayern?

Benno wurde im Jahr 1010 als Sohn einer sächsischen Adelsfamilie geboren. Nach dem Empfang der Priesterweihe 1040 bekleidete er das Amt des Abtes in Hildesheim und ging dann für 17 Jahre als Kanoniker nach Goslar. Im Jahr 1066 wurde er

Benno von Meißen, Patron von München und Altbaiern sowie des Bistums Dresden-Meißen. Die Gebeine des berühmten Bischofs ruhten bis 1576 in Meißen und wurden dann nach München überführt, wo sie 1580 in der Frauenkirche, dem Wahrzeichen der bayerischen Landeshauptstadt, beigesetzt wurden.

gegen seinen Willen zum Bischof von Meißen, der Diözese unweit von Dresden, ernannt. Benno wirkte in der Folgezeit trotz der anfänglichen Amtsablehnung segensreich in seinem Bistum, ließ Kirchen und Klöster errichten und bekehrte viele Heiden.

Weil Benno den Sachsenkrieg von Heinrich IV. ablehnte, ließ ihn der Kaiser von 1075 bis 1076 gefangennehmen. Im Jahr 1085 setzte Heinrich den Meißener Bischof ganz ab und einen Gegenbischof ein. Erst drei Jahre später konnte Benno seine Diözese wieder in Besitz nehmen. Dazu gibt es die berühmte Legende von den Domschlüsseln: Als Benno nach seiner Absetzung Meißen verließ, warf er die Schlüssel seines Domes in die Elbe. Als er nach Jahren zurückkehrte, fanden sich die Schlüssel im Bauch eines Fisches wieder, den man aus dem Fluß gefangen hatte.

Nach seiner Rückkehr widmete sich Bischof Benno besonders der Bekehrung der heidnischen Slawen, was ihm später den Titel „Apostel der Slawen" einbrachte. Am 16. Juni 1106 starb Benno im Alter von 96 Jahren nach 40jähriger Amtszeit als Bischof von Meißen. Im Jahre 1523 wurde er von Papst Hadrian VI. heiliggesprochen.

Die feierliche Erhebung von Bennos Gebeinen am 16. Juni 1524 veranlaßte Martin Luther zu der zornigen Schrift „Wider den neuen Abgott und alten Teufel, der zu Meißen soll erhoben werden". Da der Meißener Bischof Johann von Haugwitz befürchtete, die Gebeine des Heiligen könnten entehrt werden, übergab er sie 1576 Herzog Albrecht V. von Bayern, der sie nach München überführte. In der Frauenkirche, dem Wahrzeichen der Isarstadt, wurden die Reliquien 1580 beigesetzt. Heute wird in dem Gotteshaus auch der zerschlissene Mantel des Bischofs ausgestellt. Auch Stab und Mitra befinden sich hier.

Verehrung/Brauchtum: Alle Jahre wird in München der Benno-Tag festlich begangen; nach einem Hochamt in der Frauenkirche treffen sich Vertreter der Kirche und des öffentlichen Lebens zu einem gemeinsamen Empfang. Auch ein Benno-Starkbier gab es früher.

In Bodenmais im Bayerischen Wald begeht man seit 1705 das St. Benno-Volksfest; der Grund: In jenem Jahr gelangte ein Gnadenbild nach Bodenmais, das in der Folge viele Wallfahrer anzog. Bis heute gedenkt man des Bischofs beim Benno-Fest mit einer Prozession.

Darstellung: Benno ist so fast immer in bischöflichen Gewändern mit Fisch und Schlüsseln dargestellt, entsprechend der berühmten Legende. Ein schönes Beispiel: das Gemälde von Johann Michael Rottmayr in

Die weltberühmten Zwiebeltürme der Frauenkirche in München, die seit 1580 die Gebeine von Benno von Meißen aufbewahrt; sie waren 1576 Herzog Albrecht V. übergeben worden.

Die einstige Grabstätte von Benno im Dom zu Meißen. Darstellung aus „Divi Bonnonis Vita" von 1512, entstanden in Leipzig. Aus Furcht, daß die Gebeine entehrt werden könnten, kamen sie sicherheitshalber nach München.

den Staatsgemäldesammlungen in München (1702). Bei einer Statue in der Liebfrauenkirche zu Bautzen (1724) hält ein Engel die Attribute Schlüssel und Fisch. Verschiedene Darstellungen von Benno sind in der Münchner Frauenkirche zu sehen.

Julitta und Cyricus

Märtyrer
geboren: 3. Jh. in Ikonium, heute Konya, Türkei
gestorben: um 305 in Tarsus, Türkei

Nach der Legende floh die Christin Julitta mit ihrem dreijährigen Sohn Cyricus von ihrem Heimatort Ikonium nach Tarsus, um der Verfolgung des Christenhassers Diokletian zu entkommen. In Tarsus aber wurden sie und ihr Kind von den Häschern verhaftet und brutal ermordet. Julitta soll gekreuzigt und enthauptet, ihr Sohn vom Statthalter auf den Stufen seines Thrones zerschmettert worden sein.

Verehrung/Brauchtum: Die Verehrung für Julitta und Cyricus breitete sich schon früh vor allem im Orient, später aber auch in Italien, Frankreich und Spanien aus. Im Orient wird der Gedenktag für Julitta und Cyricus am 15. Juli gefeiert, auch der 13. Juli ist ein Gedenktag. In der Ostkirche zählen Julitta und Cyricus zu den sogenannten „heiligen Ärzten".

Darstellung: Die Darstellung von Julitta und Cyricus hat ihren Niederschlag vor allem auf Fresken im Osten, aber auch in Italien gefunden. Julitta ist oft mit Krone und Kreuz abgebildet, auch Cyricus trägt manchmal Kreuz und Krone. Die möglicherweise älteste Darstellung ist in S. Maria Antiqua in Rom zu sehen: ein Fresko aus dem frühen 8. Jh. Auch in Höhlenkirchen, so im heute türkischen Göreme, sind Fresken der beiden Märtyrer zu finden. Ein Gemälde von Garcia (15. Jh.) im Diözesanmuseum von Barcelona zeigt Julitta mit Dolch auf dem Thron, Cyricus steht vor ihr mit Säge und Nägeln.

Kunigunde von Rapperswil

Jungfrau
geboren: 3. Jh. (?)
gestorben: 4. Jh. (?) in Rapperswil, Schweiz

Kunigunde von Rapperswil soll eine Gefährtin der heiligen Ursula gewesen sein. Auf dem Rückweg von einer Wallfahrt nach Rom starb sie, so die legendarische Überlieferung, in Rapperswil am Zürichsee. Kardinal Raimondo Peraudi erhob die Gebeine von Kunigunde am 16. Juni 1504, daher wird ihr Gedenktag am 16. Juni begangen.

Verehrung/Brauchtum: Bis zum heutigen Tag ziehen Wallfahrer zum Grab von Kunigunde in Rapperswil.

Luitgard von Tongern

Nonne, Mystikerin OCist
geboren: 1182 in Tongern, Belgien
gestorben: 16. Juni 1246 in Aywières, Belgien
Patronin für eine gute Geburt

Die Zisterzienserin Luitgard, die im Kloster ein Leben der Abtötung führte, war mystisch begnadet; sie konnte

„Der Tod der heiligen Luitgard." Nach einer Miniatur von Willem von Affligem, entstanden um 1300, heute Abtei Sint-Truiden. Luitgard ist Patronin für eine gute Geburt.

Kranke heilen und Sünder bekehren. Während ihrer letzten elf Lebensjahre war die Herz-Jesu-Verehrerin erblindet.

Verehrung/Brauchtum: Die Reliquien Luitgards ruhen seit 1827 in der Pfarrkirche von Bas-Ittre in Brabant.

Darstellung: Luitgard ist im Kleid der Zisterzienserinnen abgebildet, manchmal hält sie ein Kreuz oder kniet vor dem Kruzifix. Auch die Szene, wie der vom Kreuz gelöste Heiland Luitgard segnet, wurde dargestellt.

Maria Theresia Scherer, erste Generaloberin der „Barmherzigen Schwestern vom heiligen Kreuz von Ingenbohl".

Maria Theresia Scherer

Einsiedler
geboren: um 1100 in Pisa, Italien
gestorben: 17. Juni 1160 in Pisa
Patron von Pisa; der Einsiedler; der Reisenden

Im Rufe der Heiligkeit starb am 16. Juni 1888 die Ordensfrau Maria Theresia Scherer, die mit Taufnamen Katharina hieß. Die erste Generaloberin der Schweizer Kongregation der „Barmherzigen Schwestern vom heiligen Kreuz von Ingenbohl" – sie war 1857 in dieses Amt gewählt worden – war ihren Schwestern bis zu diesem Tag eine gute Mutter und weise Führerin gewesen, den Hilfebedürftigen eine allzeit bereite Helferin. Maria Theresia Scherer hatte sich den Ingenbohler Schwestern 1844 angeschlossen und war eines der ersten fünf Mitglieder. Sie wird daher auch zu den Mitbegründern der Gemeinschaft gezählt.

Am 16. Juni 1938 wurden die Gebeine von Maria Theresia Scherer erhoben und in einer neuen Grabkapelle neben dem Chor der Ingenbohler Klosterkirche beigesetzt. Die Seligsprechung erfolgte am 29. Oktober 1995.

Quirinus von Tegernsee (von Rom)

Märtyrer
geboren: 3. Jh. in Italien(?)
gestorben: 269 in Rom, Italien
Patron gegen die Pest; gegen Ohren- und Augenleiden

Nach nicht gesicherten Überlieferungen wurde Quirinus in Rom unter Kaiser Claudius II. Gothicus enthauptet und danach in den Tiber geworfen. Der Leichnam wurde später angeblich auf die Tiberinsel S. Bartolomeo gespült und von Pilgern in den Katakomben des Pontian beigesetzt. Wohl 761 gelangten die Reliquien von Rom nach Tegernsee, wo sie wahrscheinlich am 16. Juni bestattet wurden. Die Pfarrkirche St. Quirin in Tegernsee erinnert bis heute an den Märtyrer.

Verehrung/Brauchtum: Die Überlieferungen erzählen, daß bei der Überführung der Quirinus-Reliquien nach Tegernsee der Sarg zwischen Gmund und Tegernsee einmal abgestellt wurde und daraufhin an dieser Stelle eine Quelle mit heilkräftigem Wasser entsprang. Zu dieser Quelle in St. Quirin entwickelte sich in der Folge eine Wallfahrt. Der Kult um Quirinus von Tegernsee beschränkt sich hauptsächlich auf Süddeutschland.

Darstellung: Auf Abbildungen ist Quirinus entweder in fürstlicher Kleidung – nach einer Legende soll er ein Königssohn gewesen sein – oder in Rüstung – möglicherweise diente er als Soldat – zu sehen. Irrtümlich gaben einige Künstler Quirinus auch Attribute (neun Kugeln) des Quirinus von Neuß bei, so auf der großen Tafel aus der Tegernseer Klosterkirche (1440), die heute in der Alten Pinakothek in München zu sehen ist. Auch mit Brunnen und Fläschchen wurde Quirinus abgebildet.

Tychon von Amathus

Bischof von Amathus
geboren: 4./5. Jh. auf Zypern
gestorben: 4./5. Jh. in Amathus auf Zypern
Patron der zypriotischen Weinbauern und des dortigen Weinbaues

Verehrung/Brauchtum: Über dem Grab von Tychon von Amathus entstand bereits im 7. Jh. eine große Wallfahrerkirche.

Darstellung: Tychon ist in bischöflichen Gewändern mit Omophorion (Würdezeichen der östlichen Bischöfe, dem Pallium entsprechend) abgebildet; manchmal teilt er Brote an Arme aus.

17. Juni

Rainer von Pisa

Einsiedler
geboren: um 1100 in Pisa, Italien
gestorben: 17. Juni 1160 in Pisa
Patron von Pisa; der Einsiedler; der Reisenden

Rainer führte nach einer ausschweifenden Jugendzeit ein Leben der Buße und der Kasteiung. Zweimal während seines Einsiedlerdaseins in Pisa machte er eine Wallfahrt ins Heilige Land und lebte dabei nur von Erbetteltem.

Darstellung: Das Leben Rainers hat zahlreiche Künstler zu Darstellungen bewegt. Als Pilger mit Fellmantel und Stab ist er auf einem Gemälde (14. Jh.) im Museo Nazionale in Pisa zu sehen. Aber auch die Szene, wie Rainer in jungen Jahren tanzt und Zither spielt, wurde dargestellt. Mit Wasserflasche wird er abgebildet, da er nach der Legende einen Weinfälscher entlarvt haben soll. Im Camposanto in Pisa sind in einem Freskenzyklus von Veneziano und Bonaiuti (14. Jh.) zahlreiche Szenen aus dem Leben von Rainer festgehalten.

Ramwold von Regensburg

Abt OSB
geboren: um 900 in Trier(?), Rheinland-Pfalz
gestorben: 17. Juni 1000 in Regensburg, Bayern
Patron bei Augenkrankheiten

Ramwold wird von Bischof Wolfgang zum Abt von St. Emmeram Regensburg berufen. Das Jahr dieses Ereignisses war 975. Nach einem Stich aus der „Bavaria Sancta" von 1615. Ramwold wirkte bis zum Jahr 1000 in Emmeram.

Die ehemalige Benediktinerabtei St. Emmeram in Regensburg, gegründet im frühen 8. Jh., erlebte im Jahr 975 einen Einschnitt. War die Abtei seit Entstehen des Bistums Regensburg im Jahr 739 bischöfliches Eigenkloster mit Personalunion der Bischofs- und Abtswürde, so hob jetzt Bischof Wolfgang von Regensburg mittels einer Klosterreform diese Union auf und holte Ramwold, einen allseits geachteten Benediktinermönch, vom Kloster St. Maximin in Trier als Abt nach St. Emmeram. Ramwold, um 900 geboren, war somit der erste selbständige Abt von St. Emmeram und führte das Kloster während der folgenden 25 Jahre zur ersten großen Blüte. In den Bereichen der Buchmalerei, der Goldschmiedekunst und der Architektur wurde Unvergleichliches geschaffen, das Kloster war ein geistiges und religiöses Zentrum seiner Zeit.

Ramwold, der Abt, der das Kloster St. Emmeram so stark geprägt hat, starb nach segensreichem Wirken, fast 100jährig, am 17. Juni 1000. Beigesetzt wurde er in der Ringkrypta der von ihm erbauten, dreischiffigen Hallenkirche von St. Emmeram, wo bis heute sein Steinsarkophag steht. An der Ramwold-Grabstätte sollen sich verschiedene Wunder ereignet haben.

Verehrung/Brauchtum: Im Benediktinerorden wurde Ramwold von Beginn an als Heiliger verehrt. Man weiß aus dem 14. Jh., daß damals in St. Emmeram jede Woche eine Heilige Messe zu Ramwolds Gedenken gefeiert wurde. Die Verehrung im Volk für den Abt ist bis ins 19. Jh. bezeugt.

Darstellung: Ramwold ist dargestellt, wie er Mönche aus seinem Kloster entsendet. Eine andere Szene: Ramwold wird von Christus, der sich vom Kreuz herabbeugt, von seiner Blindheit geheilt; es ist überliefert, daß der Abt in hohem Alter zwei Jahre blind, plötzlich aber wieder geheilt war. Ein Kupferstich von Wolfgang Philipp Kilian zeigt die Szene der Heilung. Eine überlebensgroße Stuckfigur von Egid Quirin Asam in St. Emmeram in Regensburg zeigt Ramwold mit dem gekreuzigten Jesus.

Elisabeth von Schönau

Äbtissin, Mystikerin OSB
geboren: 1128 in Bingen, Rheinland-Pfalz
gestorben: 18. Juni 1164 in Schönau, Hessen

Elisabeth, 1128 in Bingen am Rhein geboren, trat bereits mit zwölf Jahren dem Benediktinerinnenkloster Schönau in Hessen bei und legte mit 18 Jahren die Gelübde ab. Das von Kindheit an kränkliche, tief religiöse Mädchen führte ein zurückgezogenes, bescheidenes Leben im Dienst für Gott. Anerkannt von allen Mitschwestern in Schönau, wurde Elisabeth, noch jung an Jahren, Äbtissin des Klosters.

Zu Elisabeths körperlichen Leiden kamen in den folgenden Jahren seelische hinzu. Die Äbtissin verspürte eine unerklärliche Schwermut. Ab 1152 hatte Elisabeth zahlreiche Visionen, Gnadenbeweise Gottes wurden ihr zuteil. Einmal begann sie nach einer Erleuchtung plötzlich fließend lateinisch zu sprechen, obwohl sie diese Sprache nie erlernt hatte. Elisabeths Bruder Egbert, Abt von Schönau, bearbeitete die Niederschriften, die sie über ihre Visionen anlegte. Die Schriften fanden im Mittelalter weite Verbreitung. Berühmt wurden ihre „Revelationes", Schriften über Ursula und ihre legendären 11 000 Gefährtinnen.

Elisabeth von Schönau starb am 18. Juni 1164, gerade 35 Jahre alt. Beigesetzt wurde sie in Schönau.

Verehrung/Brauchtum: In der Diözese Limburg wird Elisabeths Gedenktag am 19. Juni begangen.

Darstellung: Elisabeth von Schönau ist als Äbtissin dargestellt, meist mit Buch, manchmal auch mit einer ihrer visionären Erscheinungen.

18. Juni

Euphemia von Altomünster

Äbtissin
geboren: 12. Jh. in Dießen oder Andechs, Bayern
gestorben: 18. Juni um 1180 in Altomünster, Bayern

Euphemia war die Tochter von Graf Berthold von Dießen und Andechs und Schwester der Mechthildis. Etwa ab Mitte des 12. Jh. leitete sie das Kloster in Altomünster. Nach ihrem Tod an einem 18. Juni um 1180 wurde sie in der Familiengruft in Dießen am Ammersee beigesetzt.

Gregor von Barbarigo

Bischof von Bergamo und Padua, Kardinal
geboren: 16. September 1625 in Venedig, Italien
gestorben: 18. Juni 1697 in Padua, Italien
Heiliggesprochen am 26. Mai 1960 von Papst Johannes XXIII.

Maria Dolorosa von Brabant

Einsiedlerin, Märtyrerin
geboren: 13. Jh. in Woluwe bei Brüssel, Belgien
gestorben: 18. Juni 1290 in Woluwe

Die Einsiedlerin Maria Dolorosa wies einen zudringlichen jungen Mann zurück, der sie daraufhin fälschlicherweise des Diebstahls bezichtigte. Maria wurde deshalb zum Tode verurteilt, gepfählt und bei lebendigem Leib begraben. An ihrem Grab sollen sich in der Folge zahlreiche Wunder ereignet haben, woraufhin man von ihrer Unschuld überzeugt war.

Am Sterbeort von Maria Dolorosa von Brabant wurde schon bald nach dem Tod der Einsiedlerin eine Bruderschaft gegründet, die den Namen Marias trug. Auch eine Kapelle wurde ihr dort geweiht.

Markus und Marcellianus

Diakone, Märtyrer
geboren: 3. Jh. in Rom, Italien
gestorben: um 305 in Rom

Darstellung: Markus und Marcellianus, die in der Christenverfolgung unter Kaiser Diokletian hingerichtet wurden, sind als junge Märtyrer mit den Marterattributen dargestellt. Die möglicherweise älteste Abbildung in der Domitilla-Katakombe in Rom stammt aus der zweiten Hälfte des 4. Jh. und zeigt Markus und Marcellianus mit Schriftrollen.

Osanna von Mantua

Nonne, Mystikerin OP
geboren: 17. Januar 1449 in Mantua, Italien
gestorben: 18. Juni 1505 in Mantua
1694 Approbation des Kultes

Potentinus von Steinfeld und seine Söhne

Pilger, Märtyrer(?)
geboren: 4. Jh. in Frankreich
gestorben: 4. Jh. in Karden, Rheinland-Pfalz

Der Adlige Potentinus aus dem damaligen Aquitanien wallfahrtete mit seinen beiden Söhnen Felicius und Simplicius zu den heiligen Stätten. Als die drei dabei auch nach Trier kamen, riet ihnen der dortige Bischof Maximin, zu Priester Kastor nach Karden zu gehen. Dies taten die drei Männer auch und sollen dann dort bis zu ihrem Tod gelebt haben. Eine andere Überlieferung berichtet, Potentinus und seine Söhne seien den Martertod gestorben. Die Reliquien der drei wurden am 18. Juni 930 nach Steinfeld in der Eifel in die dortige Klosterkirche überführt (sie ist heute Pfarrkirche). Der bemerkenswerte Potentinus-Schrein aus dem 13. Jh. befindet sich heute im Louvre in Paris.

Darstellung: Potentinus ist als Ritter in Rüstung mit Schwert und Lanze, manchmal auch mit zwei Pfeilen neben sich, dargestellt (Hinweis auf Martyrium?). Auch die Szene, wie Potentinus mit Pfeilen beschossen und enthauptet wird, fand ihren Niederschlag in der künstlerischen Darstellung. Die beiden Söhne Felicius und Simplicius sind als Ritter in Rüstung abgebildet.

19. Juni

Deodatus von Nevers

Bischof von Nevers, Missionsbischof
geboren: 7. Jh. in Irland(?)
gestorben: 19. Juni 679 in Nevers, Frankreich
Patron gegen die Pest; gegen Gewitter, Nebel, Regen und Überschwemmung; gegen Unglück; gegen böse Geister

Verehrung/Brauchtum: In der Kathedrale von St-Dié, das nach Deodatus benannt ist (das frühere, von ihm gegründete Kloster Juncturae), werden bis heute das Haupt sowie einige Gebeine des hochverehrten Bischofs aufbewahrt.

Darstellung: Deodatus ist immer als Bischof dargestellt; manchmal sind über ihm Gewitterwolken zu sehen, die er nach der Legende mit seinem Bischofsstab vertreiben konnte.

Gervasius und Protasius

Märtyrer
geboren: 3. Jh.(?)
gestorben: um 300 in Mailand(?), Italien
Patrone von Mailand und von Breisach; gegen Blut- und Harnfluß; für eine gute Ernte; der Kinder; der Heuarbeiter

Ein bewegender Anblick bietet sich dem Besucher der Märtyrerbasilika S. Ambrogio in Mailand. In einer kleinen Krypta unter dem Hochaltar, vom Kirchenraum aus über eine schmale Treppe erreichbar, ruhen in einem Glasschrein die bekleideten Gebeine der Märtyrer Gervasius und Protasius, denen die Kirche ursprünglich einmal geweiht war. Dazwischen liegen die Gebeine des jetzigen Kirchenpatrons, des heiligen Kirchenlehrers Ambrosius.

Die Geschichte der drei Kirchengestalten ist eng miteinander verbunden. Als Erzbischof Ambrosius im Jahr 386 die von ihm erbaute neue Basilika in Mailand einweihte, wünschte sich das Volk Märtyrerreliquien für das Gotteshaus. Als man daraufhin in der Basilika der Märtyrer Felix und Nabor grub, fand man den Sarkophag mit den Gebeinen von Gervasius und Protasius, die um das Jahr 300 den Märtyrertod gestorben waren und an die sich noch einige sehr alte Einwohner der Stadt erinnern konnten. Bei der feierlichen

Die Gebeine der Märtyrer Gervasius und Protasius zusammen mit den bekleideten Reliquien des Mailänder Bischofs Ambrosius in der Kathedrale S. Ambrogio in Mailand. Der kostbare Schrein befindet sich in der Krypta der Basilika und ist bis heute das Ziel vieler Wallfahrer.

Übertragung der Reliquien in die Bischofskirche soll ein Blinder wieder sehend geworden sein.

Als Erzbischof Ambrosius 397 starb, wurde ihm die Kirche geweiht, sein Leichnam beim Grab von Gervasius und Protasius beigesetzt. Seit 1864 ist die Krypta unter dem Hochaltar die letzte Ruhestätte für die drei Heiligen. Auch in Breisach am Rhein, im dortigen Münster, werden in einem Schrein Reliquien von Gervasius und Protasius aufbewahrt. Es heißt, sie seien 1162 durch Rainald von Dassel dorthin gelangt; dies wird inzwischen allerdings von manchen Seiten als Legende angesehen.

Darstellung: Obwohl oder gerade, weil man kaum etwas über das Leben und den Tod von Gervasius und Protasius wußte, wurden sie sehr oft dargestellt. In der Anfangszeit, bis etwa ins 5. Jh., bildete man sie als Märtyrer ab, später dann als Diakone oder Edelmänner. Zwei auffallende Kunstwerke: Gervasius (als Greis dargestellt) und Protasius als Holzskulpturen (1526) am Hochaltarretabel im Breisacher Münster und Gervasius und Protasius als Diakone, dargestellt in zwei Marmorskulpturen (17. Jh.) in der Kirche St-Gervais et St-Protais in Paris.

Hildegrim

Bischof von Châlons-sur-Marne
geboren: um 750 in Friesland
gestorben: 19. Juni 827 in Werden, Sachsen

Juliana von Falconieri

Oberin OSM
geboren: um 1270 in Florenz, Italien
gestorben: 19. Juni 1341 in Florenz
Patronin des Servitenordens

Juliana von Falconieri, eine Nichte von Alexius von Falconieri, der gemeinsam mit weiteren Gefährten den Servitenorden gründete, trat 1284, nach dem Tod beider Eltern, den Servitinnen, auch Mantellaten genannt, bei. Sie wurde die erste Oberin der noch jungen Ordensgemeinschaft. Die Schwestern widmeten sich der Krankenpflege und der Erziehung der Jugend. Juliana verhalf dem Orden zum Aufblühen.

Von Juliana Falconieri ist ein außergewöhnliches Ereignis überliefert: Als sie den Tod kommen spürte, wollte sie noch einmal die Heilige Kommunion empfangen. Da sie die Hostie nicht mehr schlucken konnte, bat Juliana den Priester, diese auf ihre mit einem Tuch bedeckte Brust

Die Gebeine der einzigen Heiligen des Servitenordens, von Juliana von Falconieri. Der Glassarg mit den Reliquien der Ordensfrau befindet sich in S. Annunziata, Florenz.

zu legen. Kaum war dies geschehen, verschwand die Hostie und Juliana starb. Danach, so berichtet es die Überlieferung, habe man das Bild des gekreuzigten Jesus so auf der Brust von Juliana wiedergefunden, wie es zuvor auf der Hostie zu sehen war.

Juliana von Falconieri wurde 1737 offiziell heiliggesprochen; sie ist die einzige weibliche Heilige des Servitenordens.

Darstellung: Oft dargestellt wurde das Hostienwunder der Juliana Falconieri, so auf einem Gemälde aus dem 15. Jh. in der Kirche S. Maria della Scala in Verona. Häufig wurde die Heilige auch abgebildet, wie sie vor dem Altarsakrament betet; manchmal kniet sie und hat neben sich einen Totenkopf und eine Lilie.

Michelina Metelli

Nonne, Mystikerin OFM
geboren: um 1310 in Pesaro, Italien
gestorben: 19. Juni 1356 in Pesaro
1737 Bestätigung des Kultes

Rasso von Andechs

Graf, Laienbruder OSB
geboren: um 900 in Bayern
gestorben: 19. Juni 954 (953?) in Grafrath, Bayern
Patron gegen Stein- und Bruchleiden

Graf Rasso von Dießen-Andechs ließ nach seiner Rückkehr aus dem Heiligen Land an der Amper, unweit von München, ein Benediktinerkloster erbauen. Das Kloster und der Ort hießen damals Wörth, heute handelt es sich um den Ort Grafrath zwischen Fürstenfeldbruck und dem Ammersee. Darstellung nach einem Stich aus „Bavaria Sancta" von 1615.

Der idyllisch gelegene Ort Grafrath westlich von München, nahe des Ammersees, ist bis heute das Ziel vieler Wallfahrer, die das Grab des heiligen Rasso von Andechs besuchen. Graf Rasso aus dem Geschlecht der Grafen von Dießen-Andechs lebte im 10. Jh. auf seinem Schloß Rathenburg nahe Grafrath, das damals noch Werde (Wörth) hieß. Der Name Grafrath entwickelte sich erst später aus der Verehrung des Ortsheiligen: Graf und Rath(enburg).

Nach einem erfolgreich beendeten Krieg gegen die Ungarn im Jahr 948 unternahm der berühmte Ritter und Feldherr Rasso, der nach Überlieferungen die Größe von zwei Meter fünfzig gemessen haben soll, Wallfahrten nach Rom und ins Heilige Land. Von dort brachte er wertvolle Reliquien zahlreicher Märtyrer mit nach Hause. Für deren angemessene Aufbewahrung ließ der Graf, der ehelos geblieben war, in Wörth ein kleines Benediktinerkloster erbauen, in das er schließlich selbst als einfacher Laienbruder eintrat. Noch vor Vollendung des Klosterbaues starb Rasso von Andechs am 19. Juni 954. Sein Leichnam wurde in der Klosterkirche beigesetzt, die Gebeine 1468 erhoben.

Das Prunkstück der heutigen Wallfahrtskirche „Zum heiligen Rasso" ist der Rokoko-Hochaltar von Johannes B. Straub, der von der Stadt München gestiftet wurde. Über dem Tabernakel erhebt sich der Glas-Reliquienschrein mit den reich geschmückten Gebeinen des heiligen Rasso, über dem Schrein wiederum das Grabmal des Grafen, das die Inschrift „S. Raso Dux Bavariae" (Heiliger Rasso Heerführer Bayerns) trägt. Umgeben wird die wuchtige Steintafel von Schild, Keule, Lanze, Schwert, Degen und Fahnen, den Insignien Rassos.

Interessant ist noch folgendes: Die Reliquien, die Rasso von seiner Wallfahrt ins Heilige Land mitgebracht hat, wurden später zur Rettung vor den in Bayern einfallenden Ungarn auf die Burg Andechs am Ammersee gebracht. Dort bildeten sie die Grundlage des berühmten „Heiligen Reliquienschatzes", einer umfangreichen Reliquien-Sammlung, die noch heute besichtigt werden kann.

Die Kloster- und Wallfahrtskirche zum heiligen Rasso in Grafrath in Oberbayern. Das Prunkstück des Gotteshauses ist der Rokoko-Altar des berühmten Künstlers Johannes B. Straub; über dem Tabernakel erhebt sich ein Glasreliquienschrein mit den Gebeinen von Rasso.

Verehrung/Brauchtum: Um Rasso entwickelte sich im Mittelalter ein starker Kult, die Wallfahrt nach Grafrath hatte großen Zulauf. Schon seit Jahrhunderten spricht man von der „Grafrather Wallfahrt", die besonders bei den Münchnern sehr beliebt war.

Darstellung: Darstellungen von Rasso findet man hauptsächlich in Bayern und dort vor allem im Ammerseeraum. Meist ist er als Ritter, manchmal auch als Herzog mit Kirchenmodell abgebildet. Verschiedene Szenen aus dem Leben Rassos sind auf Fresken in der Grafrather Rasso-Kirche zu sehen.

Romuald

Ordensgründer OSBCam
geboren: 952 bei Ravenna, Italien
gestorben: 19. Juni 1027 in Val di Castro, Italien

Camáldoli – über eine schmale Straße mit herrlichen Ausblicken auf das Arno-Tal, die Hänge eines bewaldeten Gebirgstales erklimmend, kommt der Besucher herauf auf diese einsame Toskana-Stätte in über 800 Metern Höhe, knapp 50 Kilometer nördlich von Arezzo. Wer hier oben steht und den Geräuschen dieser Insel inmitten tiefer Wälder lauscht, kann sich gut vorstellen, wie es gewesen sein mag, als der Einsiedler Romuald hier im Jahr 1012 den Grundstein für den strengen Kamaldulenserorden legte.

Steil hinauf, an einem Wildbach entlang, führt von Camáldoli aus der Weg, bis dann in 1100 Meter Höhe die Sacro Eremo di Camáldoli vor dem Wanderer liegt. Noch 20 Zellen der ersten Kamaldulensermönche sind zu besichtigen, unter ihnen die Klause Romualds. Geduldig beantworten die heutigen Mönche die Fragen der Besucher, die vor allem im Sommer zahlreich hier herauf kommen.

Romuald erblickte im Jahr 952 als Sohn eines Herzoges in der Nähe der oberitalienischen Stadt Ravenna das Licht der Welt. Dem Vorbild seiner Eltern folgend, gab er sich bis zu seinem 20. Lebensjahr ausgiebig allen weltlichen Genüssen hin. Durch ein erschütterndes Erlebnis aufgewühlt – er mußte mit zusehen, wie sein Vater bei einer Auseinandersetzung einen Verwandten tötete –, ging Romuald in sich und flüchtete für 40 Tage in das Kloster S. Apollinare in Classe bei Ravenna. Dort reifte in ihm der Entschluß, nicht mehr in seine bisherige Welt zurückzukehren. Romuald bat um Aufnahme in dem Benediktinerkloster und legte die Gelübde ab.

Nach einigen Jahren verließ Romuald S. Apollinare in Classe und schloß sich in der Nähe von Venedig einem greisen Einsiedler an, der ihn mit harter Hand das Eremiten-Leben lehrte. Zusammen mit dem gestürzten Dogen von Venedig, Pietro Orseolo, ging Romuald dann 978 in die Pyrenäen und gründete dort eine Gemeinschaft von Eremiten. Nach seiner Rückkehr nach Italien trug ihm Kaiser Otto III. die Abtswürde von S. Apollinare in Classe an, die Romuald bereits ein Jahr später aber wieder niederlegte.

Das Ideal des Eremiten-Daseins vor Augen, gründete und reformierte Romuald ab 999 zahlreiche Klöster und Einsiedeleien in ganz Italien und kam so 1012 auch nach Camáldoli. Hier ließ er sich endgültig nieder und zimmerte sich eine kleine Zelle, im wahrsten Sinne des Wortes die Keimzelle des Kamaldulenserordens. Der Reformzweig des Benediktinerordens hatte eine überaus strenge Regel. Die Mönche wohnten in voneinander abgesonderten Zellen, übten sich in

Gegenüberliegende Seite: „Romualds Vision der Himmelsleiter." Stich nach dem Gemälde von Andrea Sacchi aus dem 17. Jh., heute im Vatikanischen Museum in Rom. Diese Darstellungsform bezieht sich auf eine bekannte Vision von Ordensgründer Romuald.

strengstem Stillschweigen und ständigem Fasten. Mönchen, die unter der Last der Regelstrenge immer wieder mutlos werden wollten, war Ordensgründer Romuald selbst das beste Vorbild. Er verlangte von keinem seiner Mitbrüder, was er nicht selbst praktizierte.

Als Romuald spürte, daß der Tod nahte, zog er sich in eine einsame Klause in Val di Castro zurück. Dort starb er, allein und in Frieden, wie er es sich immer gewünscht hatte, am 19. Juni 1027. Im Jahr 1481 wurden die Gebeine des Heiligen – Romualds Heiligsprechung erfolgte schon 1032 – in die Kirche S. Biagio in Fabriano, südwestlich von Ancona, übertragen, die seither Ss. Biagio e Romualdo heißt. Die Regel der Kamaldulenser wurde im Jahr 1072 von Papst Alexander II. bestätigt.

Verehrung/Brauchtum: Der Kult um Romuald entwickelte sich vor allem in Italien und im Benediktinerorden.

Darstellung: Romuald wurde meist bärtig dargestellt, gekleidet in den weißen Habit der Kamaldulenser, selten auch einmal mit dem schwarzen Benediktinergewand. Mit Heiligenschein und Stab zeigt ihn ein Fresko von Tommaso da Modena in der Kirche S. Niccolò in Treviso. Mit einem Buch und dem Modell einer Einsiedelei ist Romuald auf einem Fresko in der Kirche S.Maria del Popolo in Fabriano zu sehen. Oft ist er auch mit einer Himmelsleiter abgebildet, was auf eine Vision zurückgeht.

20. Juni

Adalbert von Magdeburg

1. Erzbischof von Magdeburg OSB
geboren: um 910 in Lothringen, Frankreich
gestorben: 20. Juni 981 in Zscherben bei Magdeburg, Sachsen-Anhalt

Benigna

Nonne, Märtyrerin OCist
geboren: 12./13. Jh.
gestorben: 13. Jh. in Breslau, Polen

Verehrung/Brauchtum: In dem Ort Svata Dobrotiva gibt es zu Ehren der Märtyrerin, die bei einem Mongoleneinfall im 13. Jh. in Breslau ermordet worden war, eine Wallfahrt.

Darstellung: Benigna, deren Name noch heute in Bayern geläufig ist, ist als Nonne im Zisterzienserinnenhabit, oft mit Palme dargestellt.

Mafalda, Sancha und Theresia von Portugal

Königstöchter OCist
geboren: 12. Jh. in Portugal
gestorben: 13. Jh. in Portugal

Der drei Königstöchter Mafalda, Sancha und Theresia von Portugal wird am selben Tag gedacht. Mafalda, um 1180 geboren, reformierte in ihrer Heimat ein Kloster nach der Zisterzienserregel und wurde schließlich selbst Nonne. Sie starb 1256. Ihr Kult wurde 1792 bestätigt.

Sancha erblickte ebenfalls um das Jahr 1180 das Licht der Welt. Sie gründete ein Zisterzienserinnenkloster bei Coimbra, wohin sie sich ihre letzten Lebensjahre bis zu ihrem Tod 1229 zurückzog.

Theresia, geboren um 1178, führte in ein früheres Benediktinerinnenkloster ebenfalls Zisterzienserinnen ein und lebte von 1229 bis zu ihrem Tod am 17. Juni 1250 dort als Nonne. Ihre Seligsprechung erfolgte 1705.

Margarete Ebner

Nonne, Mystikerin OP
geboren: um 1291 in Donauwörth, Bayern
gestorben: 20. Juni 1351
in Mödingen, Bayern

In der ihr geweihten Margareten-Kapelle im Kloster Maria-Medingen in der Nähe von Dillingen hat Margarete Ebner ihre letzte Ruhestätte gefunden. Der Kult um die mystisch begnadete Dominikanernonne wurde am 24. Februar 1979 approbiert, über sechs Jahrhunderte nach ihrem Tod am 20. Juni 1351.

Margarete Ebner kam um das Jahr 1291 in Donauwörth, rund 50 Kilometer nördlich von Augsburg, zur Welt. Im Alter von 15 Jahren trat sie in das Dominikanerinnenkloster Maria-Medingen ein. Ab 1312 war sie 14 Jahre lang durch eine schwere Krankheit ans Bett gefesselt. Margarete wandte sich in dieser Zeit immer mehr Gott zu. Visionen und Gnadenbeweise wurden ihr zuteil, die sie unter Mithilfe ihres Seelenführers Heinrich von Nördlingen niederschrieb.

„Eine Heilige ist gestorben", so ging die Kunde in Bayern um, als Margarete Ebner im Alter von 60 Jahren für immer die Augen geschlossen hatte. Ihr Grab ist bis heute das Ziel vieler Gläubiger. Eine Christusfigur, die sie besonders verehrte, und ihre Grabplatte finden sich in der 1751 bis 1755 erbauten Margareten-Kapelle.

Darstellung: Margarete Ebner ist im Gewand der Dominikanerinnen dargestellt, bei sich hat sie Buch, Lilie und Bußwerkzeuge.

Die Margareten-Kapelle im Kloster Maria-Medingen in Mödingen, erbaut zwischen 1751 und 1755. Vor dem Altar befindet sich die Grabplatte für Margarete Ebner.

Menrich (Meinrich)

Kanoniker, Einsiedler, Klostergründer
geboren: um 1200 in Lübeck(?), Schleswig-Holstein
gestorben: 20. Juni um 1265

21. Juni

Alban von Mainz

Priester, Märtyrer
geboren: 4. Jh. in Italien(?)
gestorben: 406 in Mainz, Rheinland-Pfalz
Patron von Mainz; der Bauern; gegen Hals- und Kopfweh, Epilepsie und Harnkrankheiten; gegen Unwetter

Über Leben und Wirken von Alban ist nicht viel überliefert, manches wird von Legenden überdeckt. Alban soll um das Jahr 400 möglicherweise von einer Mittelmeerinsel oder aus Oberitalien nach Mainz gekommen sein, um dort als Glaubensbote zu wirken. Während eines Vandaleneinfalles im Jahr 406 wurde er dann wahrscheinlich enthauptet. Die Legende berichtet, Alban habe seinen Kopf selbst zur Begräbnisstätte getragen. Das Martyrologium von Rabanus Maurus bezeugt Existenz und Tod Albans. Auf dem spätrömischen Friedhof im Süden von Mainz, wo Alban seine letzte Ruhestätte gefunden haben soll, fand man später bei Ausgrabungen sein angebliches Grab.

In Mainz gibt es bis heute die sogenannte Albansschanze, auf der einst die berühmte, von Karl dem Großen erbaute und reich beschenkte Albansabtei stand. Die Leichname der ersten Mainzer Bischöfe wurden dort beigesetzt.

Verehrung/Brauchtum: Eine starke Verehrung für Alban entwickelte sich natürlich vor allem in Mainz, aber auch in Ober- und Niederbayern. Überliefert sind verschiedene Albanswallfahrten gegen Epilepsie und Kopfleiden.

Darstellung: Alban ist als Priester oder Diakon dargestellt, hin und wieder fälschlicherweise auch als Bischof. Oft ist er kopflos oder trägt seinen Kopf auf einem Buch, dazu ein Schwert. Auch die Enthauptung wurde öfters dargestellt.

Die letzte Ruhestätte des Karmelitermönches Alois Ehrlich befindet sich in einer Seitenkapelle der Karmelitenkirche auf dem Kaulberg in Bamberg.

Alois Ehrlich

Mönch OCarm
geboren: 20. September 1868 in Massing, Bayern
gestorben: 21. Juni 1945 in Bamberg, Bayern

Der Karmeliterbruder Alois Ehrlich zeichnete sich zum einen durch außergewöhnliches handwerkliches Geschick und künstlerische Fähigkeiten, zum anderen aber vor allem durch eine ganz besondere, enge Verbindung zu Gott aus. Darüber hinaus war er ein glühender Marienverehrer. Pater Thaddeus Ballspieper sprach einmal von „mittelalterlicher Glut und Innigkeit". Bereits im Rufe der Heiligkeit, starb Alois Ehrlich am 21. Juni 1945 in seinem Kloster in Bamberg. Nachdem es zu zahlreichen Gebetserhörungen gekommen war, veranlaßte der Bamberger Erzbischof 1948 die Überführung der Gebeine Ehrlichs in eine Seitenkapelle der Karmeliterkirche auf dem Kaulberg in Bamberg. Der Seligsprechungsprozeß ist eingeleitet.

Aloisius von Gonzaga

Mönch SJ
geboren: 9.März 1568 in Castiglione bei Mantua, Italien
gestorben: 21. Juni 1591 in Rom, Italien
Patron von Mantua; der Jugend; der Studierenden; bei der Berufswahl; gegen die Pest; gegen Augenleiden

In einer großen Lapislazuli-Urne unter dem Altar der prächtigen Barockkirche S. Ignazio in Rom werden die Reliquien des heiligen Aloisius von Gonzaga aufbewahrt. Der Patron der Jugend und der Studierenden hat in jenem Gotteshaus seine letzte Ruhestätte gefunden, das zu Ehren des 1556 verstorbenen Gründers des Jesuitenordens, Ignatius von Loyola, erbaut worden war und dessen Namen es bis heute trägt. Das Haupt von Aloisius befindet sich in der Aloisius-Basilika in Castiglione.

Aloisius kam am 9. März 1568 als Sohn des Grafen Ferdinand von Gonzaga auf dem Familienschloß Castiglione bei Mantua in Oberitalien zur Welt. Der Vater wollte aus dem Jungen einen Krieger machen, die Mutter erzog ihn zu Frömmigkeit und Gottesfurcht. Im Alter von zehn Jahren legte Aloisius, inzwischen Page am Hof von Florenz, das Gelübde der ewigen Keuschheit ab. Stark beeindruckt von der Persönlichkeit des Kardinals Karl Borromäus von Mailand, von dem Aloisius zwölfjährig die Erste Heilige Kommunion empfangen hatte, reifte in dem Jungen der Entschluß, seine Besitzansprüche als Erstgeborener an seinen Bruder Rudolf abzutreten, auf jegliches Erbe zu verzichten und nur noch Gott zu dienen.

Gegen den anfänglichen Widerstand seines Vaters trat der 17 Jahre alte Aloisius von Gonzaga am 21. November 1585 in Rom als Novize der Gesellschaft Jesu, dem Jesuitenorden, bei. Nach zwei Jahren legte er seine Gelübde ab. Sein ganzes Leben widmete der junge Mann von nun an der Pflege Schwerkranker sowie theologischen Studien. Während einer schweren Pestepidemie in Rom kümmerte sich Aloisius um die Erkrankten, spendete Trost und

Aloisius von Gonzaga. Porträt mit Autograph.

Das ehemalige Zimmer von Aloisius von Gonzaga in der Kirche S. Ignazio in Rom. Auch die Gebeine des Heiligen werden in dem Gotteshaus aufbewahrt.

bemühte sich um würdevolle Beisetzungen der Verstorbenen. Bei der Pflege der Seuchenkranken steckte er sich schließlich selbst an und starb am 21. Juni 1591 in Rom, in der Stadt, in der er immer hatte sterben wollen.

Bei seinem Tod war Aloisius erst 23 Jahre alt. Er hinterließ Briefe und Schriften, die besonders für die Jugend beispielhaft waren. In dem an die römische Kirche S. Ignazio angrenzenden Jesuitenkolleg kann bis zum heutigen Tag das Zimmer des Ordensmannes besichtigt werden, der zu den großen Hoffnungen der Gesellschaft Jesu gezählt hatte. Seine Heiligsprechung erfolgte 1726.

Darstellung: Aloisius ist als Jesuit in Soutane und mit Rochett dargestellt, manchmal auch als Page. Als Attribute hat er Lilie, Kreuz, Totenkopf und Rosenkranz bei sich. Ein Deckenbild in der Heilig-Kreuz-Kirche in Landsberg zeigt Gonzaga im Fürstengewand, den Fürstenhut zu Füßen (1754). Auch mit anderen Heiligen des Jesuitenordens wurde Aloisius Gonzaga öfters abgebildet, so mit Ignatius von Loyola (Gemälde von Cignarola im Museum in Vicenza) oder mit Franz Régis und Franz Borgia in der Kirche S. Maria della Pietà in Bologna (Graziani).

Engelmund

Abt OSB
geboren: 7. Jh. in England
gestorben: 8. Jh. in Velsen, Niederlande

Leutfred

Klostergründer, Abt OSB
geboren: 7. Jh. in Frankreich
gestorben: 21. Juni 738 bei Évreux, Frankreich

Verehrung/Brauchtum: Schon bald nach seinem Tod wurde Leutfred, der bei Évreux ein Benediktinerkloster (La-Croix-St-Leufroy) gegründet und dieses bis zu seinem Tod als Abt geleitet hatte, im westfränkischen Reich sehr verehrt. Durch die Normannen gelangte der Kult später auch nach England und nach Italien.

Darstellung: Leutfred ist als Abt dargestellt, wie er Kinder unterrichtet.

Radulf von Bourges

Erzbischof von Bourges OSB
geboren: um 800 in Cahors, Frankreich
gestorben: 21. Juni 866 in Bourges, Frankreich

22. Juni

Achatius (Agatus)

Märtyrer
geboren: 1. Jh. in Kappadokien, Türkei
gestorben: 2. Jh. auf dem Berg Ararat(?)
Patron bei Todesangst; bei schweren Krankheiten; bei Zweifeln; in aussichtslosen Situationen; Nothelfer

Um die Person des Achatius, der zu den 14 Nothelfern gerechnet wird, gibt es fast nur legendarische Überlieferungen. Danach war er, ein gebürtiger Kappadokier, geachteter Offizier in der römischen Armee. Als der junge Christ erkannte, daß sein Kaiser – es soll Hadrian (117 bis 138) gewesen sein – grausame Christenverfolgungen angeordnet hatte, kündigte er dem Herrscher die Treue auf und bekannte sich zu seinem „Kaiser“, zu Jesus Christus. Alle Foltern, denen er danach ausgesetzt war, konnten ihn nicht von seinem Glauben abbringen. Zuletzt wurde er mit Dornenzweigen zerfleischt und danach gekreuzigt. Das Todesjahr lag in der ersten Hälfte des 2. Jh.

Mit Achatius sollen angeblich noch 10 000 weitere Märtyrer gestorben sein. Die Überlieferungen sprechen von Geißelungen, Steinigungen, Dornenkrönungen und Kreuzigungen. Unter Papst Gregor XIII. wurde Achatius in das Martyrologium Romanum aufgenommen. Reliquien des Nothelfers befinden sich in Rom, Bologna, Köln, Halle, Bern und Avignon.

Darstellung: Entsprechend seines Martyriums, ist Achatius meist mit Dornenzweig abgebildet, manchmal auch mit einem Dornenkranz auf dem Kopf. Gekleidet ist er als Ritter, Soldat oder Edelmann, hin und wieder auch als Bischof, was vermutlich auf die Namensverwechslung mit Achatius von Melitene zurückzuführen ist. Weitere Attribute, die Achatius auf Darstellungen bei sich hat: Kreuz, Palme, Fahne, Lanze, Schwert,

Streitaxt. Mit verschiedenen Attributen ist der Nothelfer Achatius auf einem Fenster im Straßburger Münster zu sehen.

Albin von Rom (von Köln)

Märtyrer
geboren: in Rom(?), Italien
gestorben: in Rom

Verehrung/Brauchtum: Albin-Reliquien gelangten um 990 durch Kaiserin Theophanu in die Kölner Kirche St. Pantaleon. Aufbewahrt werden die Gebeine in einem 1186 geschaffenen, kostbaren Reliquienschrein, der heute in der Kölner Domschatzkammer steht.

Darstellung: Reliefs am Albinus-Schrein in Köln zeigen Szenen aus dem Leben und vom Sterben des Märtyrers. Die Figur des Albin am Schrein ist nicht mehr vorhanden.

Christina von Hamm

Mystikerin
geboren: 15. Jh.
gestorben: 15. Jh.(?) in Hamm, Nordrhein-Westfalen

Die Jungfrau Christina soll nach Überlieferungen die Wundmale Christi getragen haben. Ihre Existenz in Hamm ist ab 1464 bezeugt.

Eberhard von Biburg

Erzbischof OSB
geboren: um 1089 wahrscheinlich in Niederbayern
gestorben: 22. Juni 1164 in Rein bei Graz, Österreich

Eberhard entstammte dem bayerischen Freiherrengeschlecht Sittling-Biburg. Im Jahr 1133 wurde er Prior und 1138 Abt des von seiner Familie gestifteten Klosters Biburg. Bereits um 1130 war Eberhard als Mönch im Kloster Prüfening eingetreten. Im Jahr 1147 schließlich bestellte ihn das Salzburger Kapitel einstimmig zum neuen Erzbischof der Diözese, eine Ernennung, die Eberhard zunächst erst einmal ablehnte. Nachdem er dem Ruf aber doch gefolgt war, wurde er zu einem vorbildlichen Kirchenfürsten. Während der Kirchenspaltung unter Kaiser Friedrich Barbarossa hielt der Erzbischof treu zu Papst Alexander III.

Eberhard I. von Salzburg, der auch als großer Marienverehrer bekannt wurde, starb am 22. Juni 1164 in dem Zisterzienserkloster Rein bei Graz. Er wurde im Dom zu Salzburg beigesetzt, die Gebeine gingen aber später verloren.

Darstellung: Bei Grabungen auf dem Salzburger Domgelände fand man 1957 die Gruft Eberhards sowie einen Siegelstock; darauf ist Eberhard als Erzbischof, sitzend in vollem bischöflichen Ornat, mit einem Hirtenstab in einer und einem aufgeschlagenen Buch in der anderen Hand zu sehen.

Eberhard von Biburg, Erzbischof von Salzburg. Nach einer Darstellung aus der berühmten „Bavaria Sancta" von 1615, gestochen von Raphael Sadeler dem Älteren.

Innozenz V. (Petrus von Tarantaise)

Papst (21. Januar bis 22. Juni 1276) OP
geboren: 1225 in Tarentaise-en-Forez, Frankreich
gestorben: 22. Juni 1276 in Rom, Italien
13. März 1898 Seligsprechung

Verehrung/Brauchtum: Vor allem im Dominikanerorden genießt Innozenz V. – er war der erste Papst des Ordens – bis zum heutigen Tag große Verehrung.

Darstellung: Abbildungen von Innozenz V. sind besonders häufig in Dominikanerkirchen und -klöstern auf der ganzen Welt zu sehen. Ein Fresko des berühmten Fra Angelico, selbst Dominikanermönch, in S. Marco in Florenz zeigt den Papst als Predigerbruder, die Hand zum Segen erhoben.

John Fisher. Nach einer Zeichnung von Hans Holbein, heute im Windsor Castle, London. Das Porträt gilt als authentisch.

John Fisher

Kardinal, Märtyrer
geboren: um 1469 in Beverly, England
gestorben: 22. Juni 1535 in London, England

John Fisher, ein enger Freund von Thomas More, dessen Gedenktag ebenfalls am 22. Juni begangen wird, war von 1504 an Bischof von Rochester und machte sich als hervorragender Prediger und liebevoller Seelsorger einen großen Namen. Er war einer der bedeutendsten Humanisten seiner Zeit und ein glänzender Kirchenschriftsteller. Wegen seiner unverbrüchlichen Treue zum katholischen Glauben ließ ihn König Heinrich VIII. einkerkern und bald darauf – Fisher war gerade zum Kardinal ernannt worden – in London enthaupten. Der Todestag war der 22. Juni 1535. Nach dem Tod Mores und Fishers sagte Erasmus von Rotterdam: „Sie waren die weisesten und heiligsten Männer, die England hatte." John Fisher wurde am 19. Mai 1935 heiliggesprochen.

Verehrung/Brauchtum: Der Kult um John Fisher setzte sofort nach seinem Tod ein. Aufgrund der großen Verehrung wurde der Kardinal später in der Kirche des Tower beigesetzt.

Darstellung: Hans Holbein der Jüngere erstellte ein authentisches Porträt von John Fisher, das allerdings nur noch in einer Skizze erhalten ist (Sammlung Windsor Castle). Auf sonstigen Darstellungen ist Fisher meist als Kardinal, oft mit Märtyrerpalme zu sehen.

Paulinus von Nola

Bischof
geboren: um 353 in Bordeaux, Frankreich
gestorben: 22. Juni 431 in Nola, Italien
Patron von Nola und Regensburg; der Müller

Paulinus, um das Jahr 353 im französischen Bordeaux als Sohn einer römischen Senatorenfamilie geboren, war von 381 an Statthalter in der italienischen Region Kampanien, heiratete und bekam einen Sohn, der aber bald starb. Nach dem Tod seines Kindes lebte das Ehepaar in Enthaltsamkeit. An Weihnachten 394 empfing Paulinus in Barcelona die Priesterweihe. Zusammen mit seiner Frau zog er dann nach Nola, wo er sich am Grab des von ihm sehr verehrten Felix von Nola, des ersten Bischofs von Nola, niederließ und mit mehreren Gleichgesinnten in einer streng asketischen Priestergemeinschaft lebte. Seinen gesamten Besitz verwandte Paulinus für den Bau von Kirchen sowie für wohltätige Zwecke.

Im Jahr 409 schließlich wurde Paulinus unter dem Jubel des Volkes, das ihn achtete und liebte, zum Bischof von Nola gewählt. Über 20 Jahre lang widmete er sich danach besonders der Beseitigung jener Notstände, die die Westgoten unter Alarich während ihrer Schreckensherrschaft verursacht hatten.

Am 22. Juni 431 starb der verdiente Bischof in Nola, betrauert von einer riesigen Volksmenge. Paulinus wurde in Nola beigesetzt, wo noch heute die Cappella di S. Paolino im Dom S. Felice an ihn erinnert. Reliquien gelangten im 10. Jh. nach Rom in die Kirche S. Bartolomeo auf der Tiberinsel.

Verehrung/Brauchtum: Mit einem fröhlichen Volksumzug gedenken die Bewohner von Nola jedes Jahr am 26. Juni ihres verehrten Bischofs Paulinus. Nola ist übrigens auch der Sterbeort von Kaiser Augustus und der Geburtsort von Giordano Bruno.

Darstellung: Paulinus von Nola ist als Bischof mit Mitra dargestellt. Manchmal hat er zerbrochene Ketten, Gießkanne, Schaufel und Korb bei sich oder er teilt den Segen aus, so bei einer Silberbüste (17. Jh.) im Dom zu Nola.

Sighilde

Nonne OSB
geboren: 7./8. Jh.
gestorben: um 750 in Auchy, Belgien

Darstellung: Sighilde ist im Benediktinerinnengewand mit einem Buch abgebildet; manchmal betet sie vor einem Kreuz.

Thomas More (Morus)

Lordkanzler, Märtyrer
geboren: 7. Februar 1478 in London, England
gestorben: 6. Juli 1535 in London

Thomas More (Morus), Lordkanzler unter König Heinrich VIII. von England, wurde ebenso wie John Fisher am 19. Mai 1935 von Papst Pius XI. in den Kreis der Heiligen aufgenommen. Fisher war am 22. Juni 1535 ermordet worden, More zwei Wochen später, am 6. Juli 1535. Beider Gedenktag wurde auf den 22. Juni gelegt.

Thomas More, 1478 in London geboren und ein Freund von John Fisher, hatte in Oxford Rechtswissenschaft studiert. Auch er zählte zu den großen Humanisten und war eng mit Erasmus von Rotterdam befreundet. Nach seinen Studien wurde er Berater von Heinrich VIII., der den gebildeten Vertrauten sehr schätzte. Im Jahr 1529 ernannte der König Thomas More, der glücklich verheiratet und Vater mehrerer Kinder war, zum Lordkanzler. Ausgeprägtes Rechtsempfinden prägte die Amtsführung Thomas Mores. Immer aber blieb er seiner katholischen Gesinnung treu und verfolgte mit wachsender Abneigung die kirchenfeindlichen Bestrebungen von Heinrich VIII. Außerdem verurteilte er die Ehescheidungsabsichten des Königs und dessen Zusammenleben mit Anna Boleyn.

Im Jahr 1532 legte der enttäuschte More sein Amt als Lordkanzler nie-

Thomas More (Morus). Nach einem Gemälde seines berühmten Maler-Freundes Hans Holbein aus dem Jahr 1527, heute Frick Collection, New York.

der. Als er sich 1534 weigerte, den sogenannten Suprematseid (die Anerkennung des Königs als Oberhaupt der englischen Kirche) abzulegen, wurde er enteignet und im Tower eingekerkert. Nach 15monatiger Leidenszeit verurteilte ihn Heinrich VIII. wegen „Hochverrats" zum Tod. Ebenso wie John Fisher wenige Tage zuvor wurde auch Thomas More enthauptet.

Darstellung: Thomas More wurde meist als Lordkanzler in vornehmer Kleidung dargestellt; er trägt eine Halskette, manchmal hat er auch ein Papstkreuz oder einen Kelch bei sich. Hans Holbein der Jüngere porträtierte ihn 1527. Auch die Enthauptung Mores fand ihren Niederschlag in der darstellenden Kunst.

Etheldreda als Äbtissin. Nach einer Miniatur aus dem 13. Jh., heute British Library.

23. Juni

Etheldreda (Edeltraud)

Königin, Äbtissin OSB
geboren: 635 in Exning, England
gestorben: 23. Juni 679 in Ely, England
Patronin gegen Augenleiden

Etheldreda, die im Deutschen Edeltraud genannt wird, gehört in England zu den meistverehrten Heiligen. Die 635 in Exning geborene Tochter von König Anna von Ostanglien hatte schon früh den schottischen Fürsten Tondberth geheiratet, lebte aber in enthaltsamer Ehe mit ihm. Nach seinem frühen Tod zog sie sich auf die Insel Ely in Essex zurück. Aus politischen Gründen war Etheldreda dann gezwungen, im Alter von 25 Jahren den 15jährigen Egfrith, König von Northumbrien, zu heiraten. Das Ehepaar einigte sich ebenfalls darauf, enthaltsam zu leben. Nach zwölf Jahren forderte Egfrith jedoch den Vollzug der Ehe. Etheldreda verließ den Ehemann und nahm im Kloster Coldingham den Schleier. Unterstützt wurde sie in ihrem Handeln von Wilfried, dem Bischof von

Northumbrien, den Egfrith Jahre später, nachdem er wieder geheiratet hatte, verbannte.

Etheldreda verspürte im Laufe der Jahre immer wieder eine starke Sehnsucht nach der Insel Ely, wo sie nach dem Tod ihres ersten Mannes so erfüllte Jahre verbracht hatte. Im Jahr 673 schließlich zog sie sich wieder nach Ely zurück und gründete mit ihrem Besitz ein Doppelkloster, das später sehr berühmt werden sollte. Sie selbst wurde erste Äbtissin des Frauenklosters.

Am 23. Juni 679 starb Etheldreda in ihrer Klostergründung. Als man ihren Leichnam 16 Jahre später in einen Steinsarkophag übertrug, war er noch vollkommen unversehrt. Die Grabstätte befindet sich bis zum heutigen Tag in der Klosterkirche von Ely.

Verehrung/Brauchtum: Das Grab Etheldredas war bis zur Reformation das Ziel von Wallfahrern.

Darstellung: Etheldreda ist als Äbtissin mit Blütenzweig, Jesuskind, Quelle, Teufel oder Buch dargestellt. Ein Fresko in der Cappella Paolina in der römischen Kirche S. Maria Maggiore zeigt die Äbtissin mit Krone und Hermelin.

Joseph Cafasso

Priester
geboren: 15. Januar 1811 in Castelnuovo d'Asti, Italien
gestorben: 23. Juni 1860 in Turin, Italien
Patron der Gefängnisseelsorger (1948)

Papst Pius XII. sprach am 22. Juni 1947 Joseph Cafasso heilig, der zusammen mit Don Bosco und Joseph Cottolengo das geistliche, geistige und sittliche Leben in Turin gefördert und maßgeblich gehoben hat. Vor allem kümmerte sich Cafasso aufopferungsvoll um die Verurteilten in den Gefängnissen, weshalb er den Beinamen „Galgenpriester" trug. Dem Freund Johannes (Don) Bosco half Cafasso bei der Gründung des Salesianerordens. Joseph Cafasso wurde nach seinem frühen Tod am 23. Juni 1860 – er war erst 49 Jahre alt – in der Kirche S. Consolata in Turin beigesetzt.

Lietbert von Cambrai-Arras

Bischof von Cambrai-Arras
geboren: um 1000 in Frankreich
gestorben: 23. Juni 1076 in Cambrai(?), Frankreich
1211 Approbation des Kultes

Maria von Oignies (von Nivelles)

Begine, Mystikerin
geboren: um 1177 in Nivelles, Belgien
gestorben: 23. Juni 1213 in Oignies, Belgien

24. Juni

Johannes der Täufer

Prophet
geboren: sechs Monate vor Christi Geburt in Ain-Karim bei Jerusalem
gestorben: um 30(?) in Jerusalem (?)
Patron von Malta, Burgund, Provence; Florenz, Amiens; der Weber, Schneider, Kürschner, Gerber, Färber, Sattler, Winzer, Gastwirte, Faßbinder, Kaminkehrer, Schmiede, Zimmerleute, Architekten, Maurer, Steinmetze, Kinobesitzer, Hirten, Bauern, Musiker, Tänzer, Sänger; der Weinstöcke; der Haustiere, Schafe und Lämmer; bei Abstinenz; gegen Epilepsie, Kopfschmerzen, Heiserkeit, Schwindel, Kinderkrankheiten; gegen Angst; gegen Hagel; der Karmeliter; der Malteser (Johanniter)

Joseph Cafasso. Der Priester war ein Zeitgenosse von Don Bosco und Joseph Cottolengo.

Jesus sagte einmal von Johannes dem Täufer: „Unter den von der Frau Geborenen ist kein Größerer aufgestanden als Johannes der Täufer." Auf diesem großen Wort Christi beruhte auch die starke Verehrung, die schon bald nach dem Tod des Propheten einsetzte. Mit dem Gedenk- und Festtag des Heiligen – bei ihm ist es der Tag der Geburt – verbinden sich seit Jahrhunderten überall auf der Welt zahlreiche Volkstumsbräuche.

Johannes der Täufer kam etwa ein halbes Jahr vor Christus zur Welt. Die Eltern Elisabeth und Zacharias waren bereits betagt; Elisabeth hatte, da sie unfruchtbar war, nie ein Kind empfangen können. Eines Tages war Zacharias im Tempel der Erzengel Gabriel erschienen und hatte ihm die Geburt eines Sohnes angekündigt, der den Namen Johannes erhalten solle. Als Zacharias von Gabriel ein Zeichen für Wahrheit dieser Vorhersage verlangte, ließ dieser ihn verstummen und kündigte ihm an, daß er mit der Geburt des Kindes auch die Sprache wieder zurückerhalten werde.

Und so geschah es. Als Elisabeth, von ihrer Umwelt bestaunt, in hohem Alter ihr Kind gebar, erlangte auch Zacharias seine Sprache wieder. Darauf verkündete er: „Gepriesen sei der Herr, Gott Israels, denn er hat sein Volk heimgesucht und seine Erlösung bewirkt ... Und du, Kind, wirst der Prophet des Allerhöchsten genannt werden, denn du wirst vor dem Herrn hergehen, um seine Wege zu bereiten." Das Volk lauschte den Worten von Zacharias, verstand sie aber noch nicht.

Als Johannes knapp 30 Jahre alt war, zog er in die Wüste, nach Jerusalem und an den Jordan und verkündete überall das Kommen des Messias, des Erlösers. Er predigte

Gegenüberliegende Seite: Johannes der Täufer. Nach einem Fresko von 1265, Kloster Sopoćani, Makedonien.

voller Leidenschaft und taufte die Büßer. Dann erschien Jesus selbst am Jordan und ließ sich von Johannes taufen. Der Täufer sprach danach zum Volk: „Das ist das Lamm Gottes, das die Sünde der Welt hinwegnimmt."

In der ständig wachsenden Popularität von Johannes dem Täufer sah der herrschsüchtige, grausame König Herodes Antipas bald eine Gefahr für sich und seinen Thron. Als Johannes dann auch noch öffentlich verurteilte, daß der König seine erste Ehefrau verlassen und die Frau seines Bruders geheiratet hatte, nahm das Unglück seinen Anfang. Herodias, die in ihrer Eitelkeit gekränkte zweite Gemahlin von Herodes, hetzte den König immer mehr auf und forderte sogar die Hinrichtung des Täufers. Herodes aber scheute sich, da er die Wut des Volkes fürchtete. Da griff Herodias zu einer List: Als sich ihre Tochter Salome vom Vater etwas wünschen durfte, intrigierte die Königin so lange, bis das Mädchen den Kopf von Johannes forderte.

Dies war das Signal für Herodes: Er ordnete die öffentliche Enthauptung von Johannes dem Täufer an. Nach der Hinrichtung überbrachte Salome ihrer Mutter Herodias den abgeschlagenen Kopf des Märtyrers auf einer Schale. Diese Szene wurde später das Motiv vieler Künstler, so beispielsweise von Lukas Cranach dem Älteren. Das Todesjahr von Johannes lag um das Jahr 30 im 1. Jh. Der Leichnam wurde in Samaria beigesetzt. Hieronymus bestätigte die Grabstätte später in einer seiner Schriften. Die Städte Konstantinopel, Damaskus und Emesa behaupteten in der Folgezeit, das Haupt von Johannes zu besitzen. Im 4. Jh. wurde über der Grabstätte in Samaria eine Kirche errichtet, von der man im Jahr 1931 Ruinen freilegte.

Verehrung/Brauchtum: Schon seit Jahrhunderten ist der Johannestag ein wichtiger Festtag im Kalender;

Teil der Grabeskirche von Johannes dem Täufer in Samaria, erbaut im 4. Jh. Hier soll, so bestätigt es auch Hieronymus, der Leichnam des Propheten beigesetzt worden sein.

Gegenüberliegende Seite: Das mutmaßliche Grab von Johannes dem Täufer in der Kirche von Samaria. Die Ruinen des Gotteshauses wurden 1931 freigelegt, sie gelten als wichtiges Zeugnis der Christenheit.

dies rührt allerdings hauptsächlich von der Tatsache her, daß der 24. Juni, der Sonnwendtag, der längste Tag im Jahreslauf ist. Vor allem im Mittelalter zählte der Johannestag zu den bedeutenden Feiertagen, er wurde mit Wallfahrten, Prozessionen und Volksfesten begangen. Manche der Brauchtumssitten entsprechen jenen der Wintersonnwende, oft sind es Bräuche aus der Heidenzeit. Eine besondere Wirkkraft wird so dem

Salome mit dem Haupt von Johannes dem Täufer. Nach einem Stich von Hans Baldung Grien. Diese Szene hat in der darstellenden Kunst über Jahrhunderte hinweg ihren Niederschlag gefunden.

Johanniskraut zugesprochen, das um diese Jahreszeit leuchtend gelb blüht; man sagt ihm Abwehreigenschaften gegen böse Geister und den Teufel nach, aber auch gegen Blutungen, Magen- und Leberkrankheiten sowie offene Wunden. Es gibt Regionen, in denen das Johanniskraut, aber auch ähnlich blühende Pflanzen wie Arnika, Fetthenne oder Knabenkraut zu Kränzen gewunden und der Kirche geweiht werden.

Der bekannteste Brauch zum Johannestag allerdings dürfte das sogenannte Johannisfeuer sein, das am Vorabend des 24. Juni abgebrannt wird. Nachweisbar seit dem 10. Jh. trinkt man dabei Wein, der in der Kirche geweiht wurde; es wird getanzt, fröhliches Treiben bestimmt den ganzen Tag.

Auch dem Wasser und den Brunnen wird am Johannestag besondere Aufmerksamkeit geschenkt. Bis heute werden in manchen Gebieten die Wasserspender an diesem Tag geschmückt. Besonders festlich begeht man dies in Wunsiedel im Fichtelgebirge, eine Stadt, die fast 30 Brunnen ihr eigen nennt.

Auch der Ort Spalt in Franken hat sein eigenes Johannesfest; alle fünf Jahre wird hier das Festspiel „Nürnberger Reis" (Reis heißt hier Kriegszug) aufgeführt, das an die Befreiung der Stadt im 15. Jh. erinnert. Mit einer Prozession, der Johannespredigt und einem Konzert gedenken die Spalter dieses Ereignisses. Und im Harz lebt seit einigen Jahren wieder der uralte Brauch von Straßenfesten am Johannestag auf.

Darstellung: Leben und Wirken von Johannes dem Täufer haben zu allen Zeiten Künstler inspiriert; vor allem im Mittelalter entstanden eine Reihe bedeutender Darstellungen. Eine der bekanntesten dürfte jene mit dem Lamm am Isenheimer Altar im Museum Unterlinden in Colmar sein. Ebenso mit Lamm malten Caravaggio (Öffentliche Kunstsammlungen, Basel) und Tizian (Venedig, Accademia) Johannes den Täufer. Oft hat Johannes auch einen (Kreuz)Stab bei sich, manchmal mit einer Agnus-Dei-Scheibe. Auch die Taufe Jesu gehört zu den häufigen Darstellungen, ebenso Johannes beim Predigen; ein schönes Beispiel für die Predigtszene stammt von Jan Brueghel (Alte Pinakothek, München).

Einen ebenfalls breiten Raum in der künstlerischen Darstellung nimmt die Ermordung des Propheten Johannes ein. Die Enthauptung zeigt unter anderem ein Gemälde von Terbrugghen (Prado, Madrid). Die Überreichung des Hauptes an Salome oder an Herodias ist eine andere Szene. Eine der berühmtesten Darstellungen überhaupt dürfte das Gemälde von Lukas Cranach dem Älteren sein: Es zeigt Salome, die eine Schale mit dem abgeschlagenen Haupt des Johannes trägt (Lissabon, Museum).

Wilhelm von Vercelli

Ordensgründer OSB
geboren: um 1085 in Vercelli, Italien
gestorben: 24. Juni 1142 in S. Salvatore di Goleto, Italien

Wilhelm von Vercelli ist der Gründer der Benediktinerkongregation „Monte Vergine"; die Gemeinschaft hat ihren Ursprung auf dem Monte Vergilio bei Avellino. Wilhelm hatte sich hier, jung an Jahren, nach dem Tod der Eltern und Wallfahrten nach Santiago de Compostela und ins Heilige Land 1114 niedergelassen. Er gründete das berühmte Marienheiligtum, wovon der Berg seither den Namen Monte Vergine (Berg der Jungfrau) hat. Um 1118 kamen die ersten Gleichgesinnten hinzu, die Gründung der neuen Männer-Kongregation folgte.

In der Folge errichtete Wilhelm zahlreiche Klöster, zum Teil auch für Nonnen. In einem seiner Klöster, in S. Salvatore di Goleto, starb Wilhelm von Vercelli am 24. Juni 1142. Seine Gebeine wurden 1807 nach Monte Vergine übertragen, wo sie noch immer ruhen. In Monte Vergine, bis heute einer der berühmtesten kampanischen Wallfahrtsorte, sind noch die Klosteranlage sowie ein kleines Museum mit bemerkenswerten alten Stücken zu sehen. Der Kult Wilhelms wurde 1728 für das Königreich Neapel und 1785 für die gesamte Kirche bestätigt. Der exemte Sprengel von Monte Vergine umfaßt 27 Quadratkilometer.

Darstellung: Abgebildet ist Wilhelm von Vercelli in dunkler Tunika oder in weißem Gewand, manchmal als Pilger. Man findet Darstellungen, auf denen er von Bettlern und Krüppeln umgeben ist oder er einen Wolf bei sich hat; dieser soll angeblich seinen Esel getötet haben, woraufhin Wilhelm ihn zwang, Lasten für ihn zu transportieren.

25. Juni

Burkhard von Mallersdorf

Abt von Mallersdorf OSB
geboren: 11. Jh. in Oberfranken, Bayern
gestorben: 25. Juni 1122 in Mallersdorf, Bayern
1695 Erhebung der Gebeine

Dorothea von Montau

Reklusin, Mystikerin
geboren: 6. Februar 1347 in Groß-Montau, Polen
gestorben: 25. Juni 1394 in Marienwerder, Polen
Patronin von Preußen; des Deutschen Ordens

Dorothea von Montau, die Patronin Preußens und des Deutschordens, wurde als Tochter einer wohlhabenden Bauersfamilie am 6. Februar 1347 in Montau bei Marienwerder in Ostpreußen geboren. Sie heiratete mit 16 Jahren und lebte als vorbildliche Ehefrau und Mutter ihrer neun Kinder. Als ihr Mann starb, übersiedelte die 44jährige Dorothea nach Marienwerder im Süden von Danzig, wo sie sich von da an dem Dienst Gottes widmete. Sie lebte als Reklusin beim Dom von Marienwerder und wurde zur Seelenführerin und Beraterin unzähliger Menschen aus allen Bevölkerungsschichten. Dorothea erlebte viele Visionen und Gnadenbeweise, die ihr Beichtvater Johannes von Marienwerder niederschrieb. Körperliche und seelische Leiden ertrug sie mit heroischer Geduld und sah sie als Gottes Prüfungen an. Am 25. Juni 1394 starb Dorothea von Montau in ihrer Klause in Marienwerder. Ihr Kult wurde am 9. Januar 1976 approbiert.

Darstellung: Dorothea von Montau ist meist zusammen mit ihren neun Kindern abgebildet; als Attribute hat sie Rosenkranz, Laterne oder Pfeile bei sich.

Eleonore von England

Königin, Nonne OSB
geboren: 1222 in Frankreich
gestorben: 25. Juni 1291 in Amresbury, England

Eleonore, Tochter des Grafen von der Provence, heiratete als junges Mädchen König Heinrich III. von England. Während eines Aufstandes im Jahr 1261 wurde Heinrich gefangengenommen. Eleonore, die sich hatte retten können, befreite ihren Mann mit dem Heer. Nachdem Heinrich 1272 gestorben war, führte die Königin für Sohn Eduard I. die Regierung, bis dieser von einem Kreuzzug zurückkehrte. Dann zog sie sich in das Benediktinerinnenkloster Amresbury zurück, wo sie am 25. Juni 1291 starb.

Eurosia von Jaca

Jungfrau, Märtyrerin
geboren: 7. Jh. in Spanien(?)
gestorben: 714 in Jaca, Spanien
Patronin gegen Sturm und Gewitter

Verehrung/Brauchtum: Die Verehrung für die Märtyrerin Eurosia verbreitete sich vor allem in Spanien, aber auch in der italienischen Region Lombardei. In Rom ist Eurosia eine Kirche geweiht.

Heinrich Zdik

Bischof OPraem
geboren: um 1080
gestorben: 25. Juni 1150 in Olmütz, Slowakische Republik

Heinrich Zdik, ab 1126 Bischof von Olmütz in Mähren, trat 1137 dem Prämonstratenserorden bei und führte die Gemeinschaft 1140 in Böhmen ein. An der Gründung des Klosters Windberg bei Straubing in Niederbayern war Heinrich Zdik maßgeblich beteiligt.

Johannes von Spanien

Prior OCarth
geboren: um 1123 in Almazan, Spanien
gestorben: 25. Juni 1160 in Reposoir, Frankreich
1864 Approbation des Kultes

Prosper Tiro von Aquitanien

Laienmönch, Dichter
geboren: um 390 in Limoges(?), Frankreich
gestorben: 25. Juni um 463 in Rom, Italien
Patron der Dichter

Der überaus gebildete Aquitanier Prosper Tiro kam jung nach Marseille, wo er als Laienmönch wirkte und leidenschaftlich die Lehre von Augustinus vertrat. Um das Jahr 440 ging er nach Rom, wo er persönlicher Berater von Papst Leo I. wurde. Prosper Tiro schrieb viele Gedichte und Prosaschriften, die teilweise noch erhalten sind.

Darstellung: Prosper Tiro ist dargestellt als junger Kleriker mit Tonsur, meist trägt er ein Buch; so ist er auch auf einem Fresko aus dem 9. Jh. in der Kirche S. Clemente in Rom abgebildet.

26. Juni

Anthelm von Chignin (von Belley)

Generaloberer, Bischof OCarth
geboren: 1107 in Chignin, Frankreich
gestorben: 26. Juni 1178 in der Grande-Chartreuse bei Grenoble, Frankreich

Anthelm von Chignin wurde im Jahr 1136 Kartäusermönch in der Großen Kartause (Grande Chartreuse) bei Grenoble. 1139 ernannte man ihn zum Prior, und 1142 wurde Anthelm der erste Generalobere des Kartäuserordens. Knapp zehn Jahre später legte er dieses Amt nieder und wirkte wieder als Prior eines Klosters. Im Jahr 1162 schließlich ernannte ihn Papst Alexander III. zum Bischof von Belley im Osten von Lyon.

Anthelm von Chignin starb am 26. Juni 1178 in der Großen Kartause.

Darstellung: Anthelm von Chignin ist im Kartäusergewand oder als Bischof dargestellt. In einem Buch lesend, sieht man ihn auf einem Gemälde von Zurbarán im Museum von Cádiz; in der Kartause von Lyon hat Anthelm auf einem Tafelgemälde aus dem Jahr 1630 eine Lampe über dem Kopf.

Johannes und Paulus von Rom

Märtyrer, Brüder(?)
geboren: in Rom, Italien
gestorben: in Rom
Patrone gegen Unwetter, Blitz und Hagelschlag, für oder gegen Regen; gegen die Pest

Die Märtyrer Johannes und Paulus, deren Namen im Römischen Meßkanon stehen, werden in Rom bereits seit dem 6. Jh. verehrt. Gesicherte Überlieferungen über Leben und Wirken der beiden Märtyrer, die möglicherweise Brüder waren, gibt es nicht.

Nach einer Legende waren Johannes und Paulus Palastbeamte bei Konstantia, der Tochter von Konstantin dem Großen. Nachdem Konstantia gestorben war, sollen Johannes und Paulus dem neuen Herrscher nicht willig gewesen sein, woraufhin dieser sie ermorden ließ. Reliquien der beiden befinden sich außer in Rom in Venedig, Fulda, Wien, Avignon, Tours und in Mitterzell auf der Insel Reichenau.

Verehrung/Brauchtum: Da der Gedenktag von Johannes und Paulus mit der Sommersonnwende zusammenfällt, gelten die Märtyrer als Wetterpatrone oder „Wetterherren". Im Kalender der Landbevölkerung hat ihr Festtag eine besondere Bedeutung; die Bauern rufen die Märtyrer gegen Hagel, Unwetter und Blitzschlag sowie für oder gegen Regen und Sonnenschein an. Auch als Pestpatrone wurden Johannes und Paulus früher angerufen.

An manchen Orten werden noch heute am sogenannten „Wetterherrentag" die schwarzen Wetterkerzen geweiht. Als Wetterpatrone erscheinen Johannes und Paulus von Rom 1150 in der deutschen Kaiserchronik. Bittprozessionen für gutes Wetter gab es seit dem 16. Jh.; bei diesen Umgängen führten die Gläubigen teilweise Bilder der Märtyrer auf Stangen mit sich. Es gibt auch Wetterglocken, die das Bild von Johannes und Paulus tragen.

Darstellung: Johannes und Paulus sind als römische Palastbeamte oder als Ritter dargestellt; als Attribute haben sie Schwert und Palme (Martyrium) oder Buch oder Schriftrolle bei sich. Die Getreidegarbe oder die Wolken mit Regen und Hagel, mit denen die Märtyrer auch abgebildet sind, weisen auf ihr Patronat als Wetterheilige hin.

Zahlreiche Darstellungen von Johannes und Paulus gibt es in bayerischen Kirchen, so in Höslwang im Chiemgau, in Waging bei Traunstein und in Kirchdorf bei Bad Aibling, sowie in Österreich, so in der Antoniuskapelle in St. Johann bei Kitzbühel, in Mehrn bei Brixlegg und in Lienz in der dortigen Kirche St. Peter und Paul.

Josemaría Escrivá de Balaguer, Gründer des Opus Dei. Nach einer Fotografie aus dem Jahr 1972. Escrivá wurde am 17. Mai 1992 von Papst Johannes Paul II. seliggesprochen.

Josemaría Escrivá de Balaguer

Priester, Gründer des Opus Dei
geboren: 9. Januar 1902 in Barbastro, Spanien
gestorben: 26. Juni 1975 in Rom, Italien

Vor über 200 000 Gläubigen aus aller Welt sprach Papst Johannes Paul II. am 17. Mai 1992 in Rom Josemaría Escrivá de Balaguer, den Gründer des 1928 in Madrid entstandenen Opus Dei, selig. Diese Gemeinschaft, die bis zum heutigen Tag immer wieder auch in Frage gestellt wird, soll den Gläubigen „einen neuen Weg der Heiligung mitten in der Welt" eröffnen. 1930 gründete Escrivá einen weiblichen Zweig und 1943 innerhalb des Opus Dei die „Priesterliche Gesellschaft vom Heiligen Kreuz". Am 16. Juni 1950 erhielt Opus Dei die endgültige Approbation des Heiligen Stuhles, am 28. November 1982 folgte die Errichtung als Personalprälatur, die von Escrivá gewünschte und vorgesehene juristische Form.

Mit Beharrlichkeit und pausenlosem Einsatz trieb Josemaría Escrivá im Laufe seines Lebens die Ausbreitung des Opus Dei in der ganzen Welt voran. Als Escrivá am 26. Juni 1975 in Rom starb, war die Gemeinschaft auf allen fünf Kontinenten vertreten und zählte über 60 000 Mitglieder in 80 Ländern; diese sind aufgerufen, in der Welt apostolisch zu handeln. Fast alle Opus-Dei-Mitglieder sind Laien.

Josemaría Escrivá de Balaguer, der als Jurist promoviert hatte und Großkanzler der Universitäten von Navarra in Spanien und Piura in Peru war, hatte 1925 die Priesterweihe empfangen und war 1946 nach Rom gegangen. Seine sterblichen Überreste ruhen bis heute in der Kirche Maria vom Frieden, der Kirche des Prälaten des Opus Dei in Rom.

Märtyrerinnen von Arras (von Cambrai)

Märtyrerinnen FdC
geboren: 18. Jh. in Arras, Frankreich
gestorben: 26. Juni 1794 in Cambrai, Frankreich

Die vier Vinzentinerinnen Maria Magdalena Fontaine, Maria Franziska Lanel, Theresia Magdalena Fantou und Johanna Gerard, alle gebürtig aus Arras, verrichteten ihren Dienst für die Armen auch während der Schreckensherrschaft der Französischen Revolution. Ihren Mut mußten sie mit dem Leben bezahlen: Sie wurden verhaftet, eingekerkert und am 26. Juni 1794 in Cambrai auf dem Schafott hingerichtet. Benedikt XV. sprach die vier Märtyrerinnen gemeinsam mit den Märtyrern von Valenciennes am 13. Juni 1920 selig.

Pelagius von Córdoba

Märtyrer
geboren: 912 in Galizien, Spanien
gestorben: 26. Juni 925 in Galizien
Patron des Hornviehs

Der zehnjährige Pelagius wurde bei einer Schlacht in seiner Heimat von den Sarazenen als Geisel genommen. Nach dreijähriger Kerkerhaft ließ der Sarazenenfürst ihn ermorden.

Verehrung/Brauchtum: Die Verehrung für Pelagius von Córdoba breitete sich nach seinem Tod in ganz Spanien aus. Die Gebeine des jungen Märtyrers wurden 967 nach Léon und 985 nach Oviedo übertragen. Im Kirchenschatz der Kathedrale von Oviedo wird bis heute ein Kreuz aufbewahrt, das Pelagius (Pelayo) während der verhängnisvollen Schlacht getragen haben soll. Die Kirche in Léon, in der sich die Gebeine von Pelagius knapp 20 Jahre befanden, war ursprünglich ihm geweiht (heute S. Isidoro).

Darstellung: Pelagius ist oft mit einem Schrägkreuz oder einer glühenden Zange abgebildet, mit der er angeblich in Stücke gerissen wurde. Auch die Szene der Auffindung seiner Leiche ist manchmal zu sehen. In der Kirche S. Isidoro in Léon steht eine romanische Steinskulptur, die Pelagius zeigt.

Vigilius von Trient

Bischof, Märtyrer
geboren: um 360 in Rom, Italien
gestorben: 405 in Trient, Italien
Patron der Diözesen Trient und Bozen-Brixen; der Bergwerke

Vigilius kam nach seinem Studium in Rom und Athen im Alter von etwa 20 Jahren mit seiner Familie nach Trient. Dort bewunderte man schon bald das umfassende Wissen des jungen Mannes. Auffallend waren außerdem die besondere Demut und die Bescheidenheit, die das Wesen von Vigilius auszeichneten.

Als im Jahr 384 der Bischof von Trient starb, wählte das Volk den noch jungen Vigilius zum Nachfolger, der Patriarch von Aquileja erteilte ihm die Weihe. Vigilius wirkte überaus segensreich, erbaute zahlreiche Kirchen in seiner Diözese und bekehrte viele Heiden. Als er seine Aufgabe in Trient erfüllt sah, begab er sich hinaus ins Land, stieg auf die höchsten Berge und in die tiefsten Täler, um den Ungläubigen das Evangelium zu verkünden. Als er im Rendena-Tal voller Zorn ein Götzenbild zerschlug, fielen Heiden über ihn her und steinigten ihn zu Tode. Das Todesjahr war wahrscheinlich 405. Beigesetzt wurde Vigilius in der von ihm errichteten Kathedrale von Trient. Später galten seine Gebeine als verschollen. 1629 entdeckte man sie wieder in einem Grab unter dem Hauptaltar des Trienter Domes.

Verehrung/Brauchtum: Der Kult von Vigilius verbreitete sich vor allem in Oberitalien und in Bayern. In einigen Regionen, vor allem in

Unter dem Hauptaltar des Domes von Trient entdeckte man 1629 das Grab des Bischofs und Märtyrers Vigilius von Trient.

Südtirol, wird der Märtyrer-Bischof auch als Wetterheiliger angerufen.

Darstellung: Vigilius ist meist als junger Bischof, fast immer mit einem Holzschuh in der Hand dargestellt; der Schuh weist darauf hin, daß der Bischof nach einer Legende mit einem solchen erschlagen worden sein soll. So ist er unter anderem im Passauer Dom (Statue), in der Kalvarianerbergkirche in Bozen (Statue) und im Dom von Trient (Gemälde) zu sehen. Mit der Madonna und dem heiligen Georg stellte Gerolamo da Trento Vigilius dar; dieses Bild ist ebenfalls im Trienter Dom zu sehen.

27. Juni

Arialdus

Diakon, Märtyrer
geboren: um 1000 in Cucciago bei Como, Italien
gestorben: 27. Juni 1066 am Lago Maggiore, Schweiz

Arialdus war ein hochgebildeter Diakon, der sich der Predigt gegen Sittenlosigkeit verschrieben hatte. Nach Mitte des 11. Jh. gründete Arialdus gemeinsam mit Gleichgesinnten die sogenannte „Pataria", eine Volksbewegung, die religiöse Ziele verfolgte. Von ihr gingen kirchliche Reformideen ins Volk hinaus. Gegner dieser Ideen ermordeten Arialdus am 27. Juni 1066 am Lago Maggiore. Der Kult von Arialdus wurde am 13. Juli 1904 approbiert.

Darstellung: Arialdus ist im Diakonsgewand mit Palme, Schwert und Buch abgebildet.

Creszens, Aureus, Theonestes und Maximus

Märtyrer
geboren: 4. Jh.
gestorben: 406 in Mainz und (Theonestes) 425 in Oberitalien
Patron von Mainz (Theonestes)

Die Diözese Mainz gedenkt am 27. Juni vier Märtyrern, die alle mit Mainz verbunden waren. Creszens und Aureus, Bischof von Mainz, sollen beim Germaneneinfall im Jahr 406 zu Tode gemartert worden sein. Maximus, ebenfalls Bischof von Mainz, soll nach dem Ende des Einfalles den Gläubigen Trost gespendet haben. Theonestes, der nach der Überlieferung auch Mainzer Bischof war, soll nach Oberitalien gegangen sein, wo auch er 425 den Martertod fand.

Cyrillus von Alexandria

Patriarch, Kirchenlehrer
geboren: um 380 in Alexandria, Ägypten
gestorben: 27. Juni 444 in Alexandria

Papst Leo XIII. ernannte Cyrillus, den Patriarchen von Alexandria von 412 bis 444, im Jahr 1882 zum Kirchenlehrer. Cyrillus gilt als bedeutender Kirchenschriftsteller. In zahlreichen Werken wandte er sich gegen den Arianismus und gegen die Lehre des Nestorius, die aussagte, daß die menschliche und göttliche Natur in Jesus Christus getrennt seien; erst als Lohn für seine Bewährung sei der Mensch Jesus göttlich geworden. Cyrillus dagegen verteidigte die Einheit der göttlichen und der menschlichen Natur in Christus. Auch über die Heilige Schrift und die Dreifaltigkeit verfaßte der kämpferische Gelehrte zahlreiche Abhandlungen. Cyrillus starb am 27. Juni 444 in Alexandria.

Darstellung: Cyrillus ist in bischöflichen Gewändern mit Heiligenschein dargestellt; manchmal trägt er eine Taube auf der Schulter. Im Westen sind Darstellungen äußerst selten, wenn, dann meist in Italien (S. Clemente, Rom; S. Maria Maggiore, Rom). Oft wurde Cyrillus gemeinsam mit dem Hierarchen Athanasius abgebildet.

Gerhoh von Reichersberg

Propst CanAug
geboren: 1093 in Polling, Bayern
gestorben: 27. Juni 1169 in Reichersberg, Österreich

Gerhoh, gebürtig aus dem oberbayerischen Ort Polling nahe Weilheim, war zunächst Domherr in Augsburg und aufgrund zahlreicher Reformideen nicht überall beliebt. In Erzbischof Konrad I. von Salzburg hatte er jedoch immer einen Freund und Befürworter; 1132 schließlich ernannte Konrad Gerhoh zum Propst des Chorherrenstifts Reichersberg in Oberösterreich. 1124 bereits war Gerhoh im oberbayerischen Rottenbuch den Augustiner-Chorherren beigetreten. Reichersberg führte der Propst in der Folge zu höchster Blüte, was die Gegner seiner Ideen jedoch nicht daran hinderte, erneut gegen ihn Front zu machen. Als sich Gerhoh 1159 für Papst Alexander III. und gegen seinen Kontrahenten Viktor IV. aussprach, zog er sich damit den Zorn von Kaiser Friedrich Barbarossa zu.

Als es 1167 auch noch zu bewaffneten Überfällen auf die Propstei Reichersberg kam, mußte Gerhoh fliehen und konnte erst 1169 wieder zurückkehren. Kurz danach starb er. Gerhoh fand seine letzte Ruhestätte in der Reichersberger Klosterkirche. Das Stift erhebt sich noch heute auf der Hochterrasse über dem Inn.

Hemma von Gurk

Stifterin von Gurk und Admont
geboren: 980(?) in Kärnten, Österreich
gestorben: 29. Juni 1045 in Gurk, Österreich
Patronin von Kärnten; des Bistums Gurk-Klagenfurt; gegen Augenleiden; gegen Krankheit; für eine glückliche Geburt

Almosen verteilend, so wird Hemma (Emma) von Gurk auf Abbildungen oft dargestellt. Gaben austeilen, den Armen helfen, Gutes tun, darin bestand das mildtätige Leben der großen Stifterin, deren Heiligsprechungsprozeß 1466 eingeleitet und 1938, fast fünf Jahrhunderte später, mit der Approbation ihres Kultes durch Papst Pius XI. abgeschlossen wurde.

Die Kärntenerin Hemma, eine Verwandte von Kaiser Heinrich II., zog sich nach dem frühen Tod ihres Mannes, Graf von der Sann, und der Ermordung ihres Sohnes im Jahr 1036 von der Gesellschaft zurück und widmete sich fortan kirchlichen Stiftungen sowie Werken der Nächstenliebe. Mit ihrem Vermögen gründete sie das Benediktinerinnenkloster Gurk in Kärnten und schuf die Grundlage für die Errichtung des berühmten Benediktinerklosters Admont im Ennstal in der Steiermark.

Die große Wohltäterin Hemma von Gurk starb am 29. Juni 1045 im Alter von 65 Jahren. Ihre Reliquien werden seit 1174 in der bemerkenswerten Krypta unter dem Chor der

Hemma von Gurk. Die Darstellung zeigt die Stifterin in der ungarisch-kroatischen Nationaltracht, wie sie um 1500 getragen wurde.

Pfarr- und Domkirche Maria Himmelfahrt in Gurk verehrt. Das Gotteshaus gehört zu den schönsten romanischen Kirchen Österreichs. Einzigartige Wandmalereien sind hier zu bewundern. Die Krypta, in der sich das sogenannte Hemma-Grab befindet, ist 400 Quadratmeter groß und wird durch 100 Säulen aufgegliedert. Das Mausoleum stammt aus dem Jahr 1174.

Darstellung: Die wohl älteste Darstellung von Hemma von Gurk befindet sich im Dom zu Gurk; das Fresko stammt von 1220. Hemma ist fast immer als vornehme Dame mit Kirchenmodell, Rose oder Urkunde zu sehen, manchmal mit, oft ohne Nimbus. Das bekannteste Attribut ist eine große Haube, die sie trägt.

Sampson

Priester, Krankenpfleger
geboren: 5. Jh.
gestorben: um 500 in Konstantinopel, heute Istanbul, Türkei

Sampson, Priester und Krankenpfleger, wirkte in Konstantinopel. Er gab sein Vermögen, damit ein Hospital erbaut werden konnte. Da es in einer anderen Überlieferung heißt, Sampson sei Arzt gewesen, rechnen ihn die Griechen zu den sogenannten Heiligen Ärzten, denen besondere Verehrung entgegengebracht wird.

Wilhelm von der Sann

Pilger
geboren: 10. Jh.
gestorben: um 1015 in Gräbern, Österreich

Wilhelm von der Sann war der Ehemann von Hemma von Gurk, welcher ebenfalls am 27. Juni gedacht wird. Die Überlieferung berichtet, er sei auf dem Heimweg von einer Wallfahrt ins Heilige Land in einer Scheune in Gräbern in Kärnten gestorben.

28. Juni

Gero von Köln

Erzbischof
geboren: um 900 in Thüringen
gestorben: 28. Juni 976 in Köln, Nordrhein-Westfalen

Gero bestieg im Jahre 969 den Erzbischofstuhl von Köln. Von einer Reise nach Konstantinopel brachte er 971 die Gebeine des Märtyrers Pantaleon mit zurück. Gero war auch der Gründer der Abtei Gladbach.

Gero von Köln erhält sein Evangeliar. Der Erzbischof von Köln gehörte zu den herausragenden geistlichen Persönlichkeiten der Ottonenzeit. Darstellung nach einer Miniatur.

Heimerad (Heimo, Heimrad)

Priester, Einsiedler
geboren: 10. Jh. in Meßkirch, Baden-Württemberg
gestorben: 28. Juni 1019 in Hasungen bei Kassel, Hessen

Heimerad gehört wohl zu den ungewöhnlichsten Heiligen. Um die Mitte des 10. Jh. in Meßkirch in Baden geboren, wurde er Priester und unternahm zuerst einmal zahlreiche Wallfahrten, unter anderem nach Rom und ins Heilige Land. Danach lebte Heimerad im Kloster Hersfeld, weigerte sich jedoch, das Ordenskleid zu tragen. Als Heimerad eines Tages um seine Entlassung bat, ließ ihn der zornige Abt züchtigen und hinauswerfen. Der inzwischen völlig verwahrloste Priester ließ sich nun als Einsiedler in einem kleinen Dorf nieder. Als in der örtlichen Kapelle eingebrochen wurde, bezichtigten die Einwohner Heimerad der Mittäterschaft und jagten ihn aus dem Dorf.

Als Heimerad daraufhin bei Bischof Meinwerk von Paderborn um eine Stelle vorsprach, ließ ihn dieser ebenfalls wegschicken, so entsetzt war er über Aussehen und Auftreten des eigenwilligen Geistlichen. Beim Volk hieß Heimerad nur noch „der heilige Narr". Dieser aber ertrug Schmach und Verhöhnung klaglos im festen Vertrauen auf Gott.

In der Nähe von Kassel, auf dem Hasunger Berg, fand Heimerad schließlich ein Plätzchen, wo man ihn in Frieden gewähren ließ. Hier lebte er bis zu seinem Tod am 28. Juni 1019 als Einsiedler, predigte zu den Menschen und teilte mit den Armen sein letztes Brot.

Nach der Überlieferung soll Bischof Meinwerk einmal zu ihm heraufgekommen sein und sich bei dem „Narren" entschuldigt haben. Erzbischof Aribo von Mainz errichtete über Heimerads Grabstätte zwei Jahre nach seinem Tod eine Kirche.

Verehrung/Brauchtum: In den Diözesen Freiburg und Fulda begeht man den Gedenktag Heimerads am 27. Juni. Auch in Erfurt wird Heimerad an diesem Tag verehrt.

Irenäus von Lyon

Bischof, Märtyrer
geboren: um 130 in Kleinasien
gestorben: um 202
Patron der Diözese Lyon

Irenäus, ein Schüler des großen Polykarp, wurde um 170 Priester in Lyon. 177 oder 178 ernannte man ihn zum Bischof von Lyon; in diesem Amt missionierte Irenäus unaufhörlich, es heißt, die Missionierung in weiten Teilen Ostgalliens gehe auf ihn zurück. Mit seinem berühmten Werk „Adversus haereses" wollte er dem Gnostizismus entgegenwirken. Überlieferungen berichten, Irenäus sei um 202 als Märtyrer gestorben.

Paul I.

Papst (757 bis 767)
geboren: um 700 in Italien
gestorben: 28. Juni 767 in Rom, Italien

Vincentia Gerosa

Ordensgründerin
geboren: 29. Oktober 1784 in Lóvere, Italien
gestorben: 28. Juni 1847 in Lóvere

Vincentia Gerosa gründete 1832 gemeinsam mit ihrer Gefährtin Bartholomäa Capitanio die Kongregation „Schwestern der Liebe von Lóvere"; 1833 übernahm sie die Leitung der Genossenschaft als deren erste Generaloberin.

Vincentia Gerosa starb am 28. Juni 1847 in ihrem Heimatort. Ihre Seligsprechung erfolgte 1933, ihre Heiligsprechung am 18. Mai 1950.

29. Juni

Beata

Jungfrau, Märtyrerin
geboren: 3. Jh. in Spanien
gestorben: 29. Juni 277 in Sens, Frankreich

Verehrung/Brauchtum: Vor allem im französischen Sens entwickelte sich im Mittelalter ein starker Kult für die Märtyrerin Beata.

Judith und Salome von Niederaltaich

Reklusinnen
geboren: 11. Jh. in England
gestorben: 11. Jh. in Niederaltaich, Bayern

Die gebürtige Engländerin Judith kam auf der Rückreise von einer Wallfahrt nach Niederaltaich, wo sie von da an ihre vom Aussatz befallene Nichte Salome, die als Reklusin im Kloster lebte, pflegte. Auch Judith wurde vom Abt als Reklusin aufgenommen.

Die Gebeine von Judith und Salome werden bis heute in Niederaltaich aufbewahrt.

Darstellung: Judith und Salome sind in bürgerlicher Kleidung dargestellt; Judith trägt einen Geldbeutel, Salome eine Lilie, neben sich hat sie manchmal eine Krone.

Notker Labeo

Mönch OSB
geboren: 10. Jh. im Thurgau, Schweiz
gestorben: 29. Juni 1022 in St. Gallen, Schweiz

Der Benediktinermönch Notker Labeo, Leiter der Klosterschule von St. Gallen, war einer der herausragenden Gelehrten seiner Zeit. Unvergessen wurde er durch seine Übersetzungen der Heiligen Schrift sowie von Klassikern und von Schriften der Theologen und Philosophen ins Deutsche.

Petrus und Paulus

Apostel, Märtyrer
geboren: Petrus: um Christi Geburt in Bethsaida, Galiläa
Paulus: um 5 nach Christi Geburt in Tarsus, Türkei
gestorben: Petrus: 64 (76?) in Rom, Italien
Paulus: 67 in Rom

Petrus: Patron der Päpste; des Bistums Osnabrück; der Metzger, Glaser, Schreiner, Uhrmacher, Schlosser, Schmiede, Bleigießer, Töpfer, Maurer, Ziegelbrenner, Brückenbauer, Steinhauer, Netzmacher, Tuchweber, Walker, Fischer, Fischhändler, Schiffer; der Schiffbrüchigen; der Büßer; der Beichtenden; der Jungfrauen; gegen Schlangenbiß; gegen Fieber, Tollwut, Besessenheit und Fußleiden; gegen Diebstahl

Paulus: Patron der katholischen Presse; der Arbeiterinnen; der Theologen und Seelsorger; der Weber, Teppichweber, Sattler, Seiler und Korbmacher; gegen Ohrenkrankheiten und Krämpfe; gegen Schlangenbiß; gegen Angst; für Regen; für Fruchtbarkeit der Felder

Zwei der bedeutendsten Basiliken der Christenheit erinnern bis zum heutigen Tag an Leben und Wirken der beiden großen Kirchenfürsten Petrus und Paulus: Der Petersdom, das größte Gotteshaus der Welt, wurde über dem Grab von Petrus errichtet, die gewaltigen Mauern von S. Paolo fuori le mura, in Rom nach dem Petersdom die zweitgrößte Kirche, erheben sich über der letzten Ruhestätte von Paulus. Beide Gotteshäuser werden Jahr für Jahr von riesigen Pilgerscharen besucht; die Verehrung für die Apostelfürsten hat in zwei Jahrtausenden nicht nachgelassen. Die katholische Kirche hat die Gedenktage der beiden Apostel an einem Tag zusammengefaßt. Petrus und Paulus starben zwar nicht am selben Tag, wohl nicht einmal im selben Jahr, aber ihre Lebensgeschichten sind eng miteinander verknüpft. Ihre Wege haben sich oft gekreuzt, verliefen manchmal auch parallel, und beide erlitten ein ähnliches Martyrium in derselben Stadt. Eine andere Überlieferung sagt, der 29. Juni sei deshalb derselbe Gedenktag für beide, weil am 29. Juni 258 die Gebeine von Petrus und Paulus aus ihren Gräbern geholt worden seien, da die Gefahr der Entweihung durch eine kaiserliche Konfiszierung bestand. Aufgrund dieses Ereignisses wuchs die Verehrung für Petrus und Paulus so sehr, daß andere Beisetzungs- oder Todesdaten in Vergessenheit gerieten.

Petrus hieß ursprünglich Simon, war verheiratet und lebte mit seiner Familie in Kafarnaum, wo er den Lebensunterhalt als Fischer verdiente. Sein Bruder war Andreas, ein Jünger von Johannes dem Täufer. Zusammen mit ihm begab sich Simon zu Jesus Christus, nachdem dieser sich als der wahre Messias zu erkennen gegeben hatte. Jesus berief beide zu seinen Aposteln und sagte zu Simon: „Du bist Petrus, der Fels, und auf diesen Felsen will ich meine Kirche bauen". Durch diese Worte wurde Simon zu Petrus und später zum ersten Oberhaupt der Kirche, zum ersten Papst.

Bald schon hatte Petrus in Jerusalem eine hohe Stellung und vollbrachte durch die Kräfte, die Jesus ihm und den übrigen Aposteln verliehen hatte, zahlreiche Wunder. Er hielt leidenschaftliche Predigten und unternahm mehrere Missionsreisen. Besonders erfolgreich wirkte er in Antiochia und in Kleinasien, bevor er nach Rom kam, wo zu jener Zeit Kaiser Nero herrschte.

Auch hier in Rom wollte Petrus das Wort Christi verkünden. Nero aber ließ ihn verhaften und zum Tod am Kreuz verurteilen. Die einzigen Worte von Petrus zu diesem Urteil waren, daß er mit dem Kopf nach unten gekreuzigt werden wolle, da er nicht würdig sei, wie Jesus Christus zu sterben. Kein Flehen um sein Leben, keine Klage kamen über seine

Der Völkerapostel Paulus. Mosaik aus dem 5. Jh. in der Cappella Arcivescovile in Ravenna. Die Mosaiken in den ravennatischen Basiliken gehören zu den ältesten und bedeutendsten der Welt.

Unten: Im Petersdom zu Rom befindet sich diese geschmückte Statue des heiligen Petrus, des ersten Papstes der Christenheit überhaupt und Vorgängers aller Päpste bis zum heutigen Tag.

Lippen, als er im Jahr 64 (oder 67) im römischen Circus des Nero hingerichtet wurde – mit dem Kopf nach unten am Kreuz.

In Rom war Petrus auch wieder mit Paulus zusammengetroffen, mit dem ihn so viel verband, auch wenn es manch Trennendes im Laufe der Jahrzehnte ihres Kennens gegeben hatte. Paulus war um 5 nach Christi Geburt als Sohn eines Pharisäers in Tarsus in der heutigen Türkei zur Welt gekommen und auf den Namen Saulus getauft worden. Er erlernte das Handwerk seines vermögenden Vaters, das Zeltteppichweben. Saulus war hochgebildet und hatte die besten Lehrer, unter anderen Gamaliel. Er war ein fanatischer Christenverfolger und beteiligte sich um das Jahr 40 an der Steinigung und Ermordung von Stephanus vor den Toren Jerusalems. Als Saulus den Auftrag erhielt, in Damaskus weitere Christenverfolgungen zu organisieren, erschien ihm auf seinem Weg dorthin der gekreuzigte Jesus. Überwältigt von diesem Ereignis stürzte Saulus blind zu Boden und mußte, so die Legende, nach Damaskus geführt werden, wo ihn Ananias, ein Jünger Jesu, wieder sehend werden ließ und ihn taufte.

Auf der Flucht vor ihn verfolgenden Feinden kam Paulus, wie er sich jetzt nannte, nach Arabien, wo er für die Bekehrung der Heiden wirkte. Große Missionsreisen erfüllten das Leben des Bekehrten in den nächsten Jahren. In vielen Ländern gründete der Völkerapostel Christengemeinden, er überwand die größten Hindernisse und ließ sich durch keine noch so unlösbar erscheinenden Situationen von seinem Weg abbringen. Paulus wurde mehrfach gepeitscht und gesteinigt und litt manchmal Hunger und Durst bis an die Grenze des Aushaltbaren.

Um das Jahr 61 kam Paulus, möglicherweise als Gefangener, nach Rom, wo er nach der Legende gemeinsam mit Petrus vor Nero auftrat. Auch Paulus wurde schließlich von dem grausamen Herrscher zum Tode verurteilt. An der Stelle, wo er im Jahr 67 enthauptet wurde, sollen an den drei Stellen, an denen sein abgeschlagenes Haupt aufschlug, drei Quellen (tre fontane) entsprungen sein. Später erbaute man hier die Kirche S. Paolo alle Tre Fontane.

Baldachin von Giovanni Lorenzo Bernini über dem Grab des heiligen Petrus im Petersdom in Rom. Dieses Meisterwerk des Hochbarock entstand in den Jahren zwischen 1624 und 1633 zu Ehren des Apostelfürsten.

Die Leichname von Petrus und Paulus wurden angeblich zuerst auf einem Friedhof beigesetzt, über dem im 4. Jh. die Kirche S. Sebastiano ad catacumbas (Via Appia Antica) entstand, die man im 9. Jh. dem heiligen Sebastian weihte. Später erhielt Petrus ein neues Grab, über dem Kaiser Konstantin der Große eine mächtige Basilika errichten ließ, in der unter anderem im Jahr 800 Karl der Große zum Kaiser gekrönt wurde. Dieses Gotteshaus verfiel im Lauf der Jahrhunderte immer mehr, so daß Papst Nikolaus V. den Auftrag zu einer völligen Erneuerung gab, mit der 1452/54 begonnen wurde. Im Jahr 1626 wurde dann der heute bekannte Petersdom eingeweiht, in dem in der Confessio beim Hochaltar die Gebeine von Petrus aufbewahrt werden.

Auch die Ur-Kirche über dem späteren Grab von Paulus geht auf die konstantinische Zeit zurück. Kaiser Valentinian II. und Kaiser Theodosius ließen die kleine Kirche ab 386 durch eine riesige fünfschiffige Basi-

Die Ketten, mit denen Petrus im Kerker gefesselt war. Die kostbaren Reliquien werden unter dem Hauptaltar der Kirche S. Pietro in Vincoli in Rom aufbewahrt, einem der zahlreichen Gotteshäuser, die an Petrus erinnern.

lika ersetzen, deren Bau sich bis in die Mitte des 5. Jh. hinzog. Bis 1823 ein verheerender Brand das frühchristliche Gotteshaus St. Paolo fuori le mura größtenteils in Schutt und Asche legte, hatte es jahrhundertelang alle Wirrnisse überstanden. Papst Leo XII. ließ den neuen Kirchenbau in denselben Abmessungen errichten, wie sie die zerstörte Vorgängerkathedrale hatte. Unter dem Hauptaltar mit dem schönen gotischen Tabernakel befindet sich heute die Confessio mit den Reliquien des Apostels Paulus.

Verehrung/Brauchtum: Petrus: Etwa seit Mitte des 3. Jh. ist im Westen ein Kult des Petrus nachweisbar. Im 4. Jh. gab es bereits Petrus-Kirchen in Konstantinopel und Ravenna. Der größte Teil aller Bischofskirchen im Westen trug bis ins 12. Jh. hinein den Namen des Kirchenfürsten.

Die katholische Kirche kennt mehrere Petrus-Feste; neben dem 29. Juni sind dies: Petri Stuhlfeier (Cathedra Petri) am 22. Februar; das Fest wurde im 4. Jh. in Rom eingeführt. Seit 1960 wird dieser Tag als Erinnerung an die Übertragung des Hirtenamtes an Petrus begangen. Petri Kettenfeier am 1. August; an einem 1. August soll die Kirche S. Pietro in Vincoli in Rom eingeweiht worden sein, in welcher bis heute zwei Ketten des Petrus aufbewahrt werden. Weitere angebliche Kettenreliquien werden in S. Cecilia (Rom) sowie in Metz und Minden gezeigt. (Das Fest Petri Kettenfeier wurde 1960 abgeschafft.) Kirchweihfest der Basiliken von Petrus und Paulus in Rom am 18. November; dieses Fest geht im Ursprung auf die Weihe von Alt-St.-Peter am 18. November 326 zurück. Der heutige Petersdom wurde ebenfalls an einem 18. November geweiht und zwar 1626.

Nicht nur in Rom, auch in Franken und bei den Angelsachsen wurde Petrus im frühen Mittelalter hoch verehrt; das karolingische Königshaus ernannte den Kirchenfürsten sogar zu seinem Patron.

In Rom erinnern bis heute viele Orte und vor allem weitere Kirchen an Petrus. Reliquien bewahren unter anderem auf: S.Giovanni in Laterano (die Häupter von Petrus und Paulus), S. Giovanni e Paolo, S. Cecilia, S. Maria in Trastevere, S. Prassède und S. Gregorio al Celio. Auch in anderen Gotteshäusern in Europa gibt man an, über Reliquienteile zu verfügen.

Auf Petrus mit dem Himmelsschlüssel geht der Brauch der Petrus-Schlüssel zurück, denen seit Jahrhunderten große Bedeutung zugemessen wird. In diesem Zusammenhang gilt Petrus auch als Wetterherr (= Petrus „macht" gutes Wetter).

Paulus: Der Paulustag spielt im Brauchtum keine größere Rolle. Manche Bauern nehmen den Tag als Lostag für das anstehende Herbstwetter, hin und wieder auch für die Ölernte. In früheren Zeiten wurde das Paulusfest auch einmal am 30. Juni begangen. So hatte Papst Hadrian I. (772 bis 795) den Paulustag auf den 30. Juni verlegt, damit die Feiern von Petrus und Paulus jeweils an einem eigenen Tag feierlich begangen werden konnten.

Reliquien des Paulus werden außer in S. Paolo fuori le mura und S. Giovanni in Laterano (Haupt) in Rom auch in den römischen Kirchen S. Paolo alla Regola, S. Agnese, S. Ignazio, S. Lorenzo in Damaso, S. Prassède und S. Eustachio aufbewahrt. Andere Verehrungsorte weltweit sind Tarsus, London, Münster, Frankfurt, Korvey, Malta, Saragossa, Utrecht.

Weitere Paulusfeste: 25. Januar (Bekehrung), 16. April (Translation des Hauptes), 6. Juli (erste Ankunft in Rom), 1. September (Wiedererlangung der Sehkraft), 18. Juli und 21. Februar.

Darstellung: Petrus: Der große Kirchenfürst Petrus ist als Apostel oder als Papst dargestellt. Als Attribute hat er Schlüssel, Stab, Buch, Schriftrolle, Fisch, Kreuz oder Hahn bei sich. Häufig wurde auch die Szene der Kreuzigung (mit dem Kopf nach unten) künstlerisch wiedergegeben. Meist hat Petrus einen runden, eher breiten Kopf und trägt einen Rundbart. Ab dem Mittelalter wurde er auch kahlhäuptig mit Stirnlocke abgebildet. Auch die Szenen, wie Petrus Wasser aus dem Felsen schlägt, wie er verhaftet wird, im Kerker sitzend, Gläubige um sich oder im Beichtstuhl kommen vor. Oft ist Petrus auch gemeinsam mit Paulus dargestellt.

Paulus: Paulus wurde meist als kleiner Mann, kahlhäuptig und mit langem Bart sowie hervortretender Nase abgebildet. Es gibt aber auch spätere Darstellungen, auf welchen er als kräftiger, großer Mann zu

„Die Kreuzigung des Petrus." Das berühmte Gemälde von Caravàggio befindet sich heute in der Cerasi-Kapelle in der Kirche S. Maria del Popolo in Rom.

Dieser prachtvolle Schrein mit den Häuptern von Petrus und Paulus befindet sich in der Kirche S. Giovanni in Laterano in Rom. Das Gotteshaus ist auch heute noch die Titelkirche des Bischofs von Rom, also des Papstes, und somit die ranghöchste Kirche der katholischen Christenheit. Der angrenzende Lateranspalast birgt die „Heilige Stiege".

sehen ist. Paulus trägt in der rechten Hand meist ein Buch, in der linken Hand ein Schwert. Häufig ist er auch mit drei Quellen (tre fontane) zu sehen (Quellenwunder). Andere Attribute kommen bei Paulus nur äußerst selten vor (manchmal wie bei Petrus auch eine Schriftrolle). Petrus und Paulus gemeinsam sind öfters auch mit Christus in ihrer Mitte dargestellt.

Ein berühmtes Beispiel aus der darstellenden Kunst: Petrus und Paulus gemeinsam mit den Aposteln Johannes und Markus auf dem Gemälde von Albrecht Dürer (1526), Alte Pinakothek in München. Ein weiteres schönes Beispiel aus der Malerei: Das Gemälde „Abschied der Apostelfürsten Petrus und Paulus" von Martin Johann Schmidt (1778) im Landesmuseum Joanneum in Graz.

30. Juni

Adolf von Osnabrück

Bischof von Osnabrück OCist
geboren: um 1185
gestorben: 30. Juni 1224 in Osnabrück, Niedersachsen
1625 Approbation des Kultes

Erentrudis von Salzburg

Äbtissin OSB
geboren: 7. Jh.
gestorben: 30. Juni um 718 in Salzburg, Österreich

Erentrudis war die erste Äbtissin des von ihrem Onkel Rupert 700 gestifteten Frauenklosters auf dem Nonnberg in Salzburg. Nach ihrem Tod an einem 30. Juni um das Jahr 718 wurde Erentrudis in der Krypta der Klosterkirche beigesetzt; dort steht bis heute ihr leerer Sarkophag. Das Felsengrab ist nicht zugänglich. Die Kirche heißt heute Stiftskirche Zu Unserer Lieben Frau Himmelfahrt und St. Erentraud.

Die Gebeine der Erentrudis befinden sich seit 1624 in einem Silberschrein auf dem Erentrudis-Altar in der Kirche. Der Kopf der Äbtissin wird in einem Reliquiar aus dem Jahr 1316 aufbewahrt.

Verehrung/Brauchtum: Der Kult um Erentrudis ist in der Bischofstadt Salzburg schon sehr alt und dort weit verbreitet.

Darstellung: Erentrudis wird als Jungfrau oder als Äbtissin dargestellt; bei sich hat sie ein Kirchenmodell, ein Kreuz und/oder ein flammendes Herz. Verschiedene Darstellungsformen gibt es in und an der Stiftskirche auf dem Salzburger Nonnberg, so am Hauptportal. Eine außergewöhnliche Darstellung schuf der Künstler Raphael Sadeler: Er stellte Erentrudis auf einem Stich zusammen mit Aussätzigen dar. In und um Salzburg gibt es auch eine Vielzahl von Erentrudis-Statuen.

Gegenüberliegende Seite: Die Krypta mit dem Grabmal der Erentrudis in der Benediktinerinnenabtei Nonnberg in Salzburg. Der Sarkophag ist leer, die Gebeine der Äbtissin befinden sich seit 1624 in einem kostbaren Silberschrein auf dem Erentrudis-Altar in der Klosterkirche.

Ernst von Prag

Erzbischof
geboren: um 1300 in Böhmen
gestorben: 30. Juni 1364 in Raudnitz, Tschechei

Ernst, der 14 Jahre in Bologna und Padua studiert hatte, wurde 1343 Bischof von Prag, 1344 dann Erzbischof. Im selben Jahr legte er den Grundstein für den Prager Veitsdom. Auch an der Gründung der Prager Universität war Ernst 1348 maßgeblich beteiligt.

Martialis von Limoges

Bischof von Limoges
geboren: 3. Jh.
gestorben: 3. Jh. in Limoges, Frankreich

Verehrung/Brauchtum: Nachdem sich am Grab von Martialis von Limoges zahlreiche Wunder ereignet hatten, wurde die letzte Ruhestätte des Begründers des Bistums Limoges zeitweise zu einer Wallfahrtsstätte. Über dem Grab entstand schließlich Mitte des 9. Jh. die Benediktinerabtei St-Martial.

Otto von Bamberg

Bischof
geboren: um 1061 in Franken, Bayern
gestorben: 30. Juni 1139 in Bamberg, Bayern
Patron des Bistums Berlin und des Erzbistums Bamberg; gegen Fieber; gegen Tollwut

Schon 50 Jahre nach seinem Tod wurde Bischof Otto von Bamberg, genannt „Apostel der Pommern", von Papst Clemens III. heiliggesprochen. Damit erfuhr das außergewöhnliche Wirken dieser großen Kirchenpersönlichkeit ihre Würdigung.

Otto, der als Sohn einer Adelsfamilie um das Jahr 1061 zur Welt gekommen war, bestieg im Jahr 1102 den Bischofsstuhl der Diözese Bamberg. Während seiner Amtszeit versuchte Otto immer wieder, im Investiturstreit zwischen dem Papst und dem Kaiser zu vermitteln. Maßgeblich wirkte er an den Beschlüssen des Wormser Konkordats mit, das den Streit 1122 endgültig beilegte. Seinem Bistum war Otto ein fürsorglicher Bischof und Seelsorger. Er förderte die Klöster, errichtete viele Kirchen und gründete oder erneuerte zahlreiche Stifte in verschiedenen Diözesen. Während zwei Missionsreisen durch Pommern soll Bischof Otto 1124 und 1128 zusammen mit seinen Priestern, die er mitgenommen hatte, 22000 Menschen getauft haben. Die Kirche in Pommern wurde durch ihn organisiert. Im Alter von knapp 80 Jahren starb Otto am 30. Juni 1139 in Bamberg; er wurde im Stift Michelsberg beigesetzt. Sein Hochgrab ist noch erhalten.

Verehrung/Brauchtum: In der Diözese Bamberg wird das Fest Ottos am 30. September begangen.

Otto von Bamberg. Deckplatte vom Hochgrab des bedeutendsten Bischofs der Diözese Bamberg in der St. Michaelskirche auf dem gleichnamigen Berg in Bamberg (14. Jh.).

Darstellung: Otto ist im Gewand des Bischofs dargestellt, oft, wie er predigt. Manchmal hält er ein Kirchenmodell, hin und wieder liegt ein Löwe zu seinen Füßen. Auch mit Pfeilen oder Nägeln ist er zu sehen.

Otto von Riedenburg

Mönch OCist
geboren: um 1090 in Riedenburg bei Regensburg, Bayern
gestorben: um 1150 in Walderbach bei Regensburg
1300 Erhebung der Gebeine

Theobald (Dietbald) von Provins

Mönch, Einsiedler, OSBCam
geboren: um 1017 in Provins, Frankreich
gestorben: 30. Juni 1066 in Salanigo, Italien
Patron von Provins; der Bauern, Winzer, Schuhmacher, Gerber, Köhler, Gürtelmacher; gegen Fieber, Gicht, Augenleiden, trockenen Husten; gegen Unfruchtbarkeit; gegen Angstgefühle

Der reiche Grafensohn Theobald verließ seine Familie, um mit einem Freund in Luxemburg als Maurer und Knecht zu arbeiten. Die beiden unternahmen Wallfahrten nach Rom und Santiago de Compostela und ließen sich schließlich beim Kamaldulenserkloster in Salanigo in Oberitalien nieder. Theobald empfing bald darauf die Priesterweihe und trat danach dem Kamaldulenserorden bei. Schon durch eine Krankheit geschwächt, starb er aber kurz darauf. Da der Mönch bereits zu Lebzeiten sehr verehrt worden war, setzte man den Leichnam Theobalds zunächst im Dom zu Vicenza bei. Die Gebeine wurden dann später in die Abtei in Salanigo überführt. Die Heiligsprechung Theobalds erfolgte bereits 1073, nur sieben Jahre nach seinem Tod.

Verehrung/Brauchtum: Theobald wird vor allem in Frankreich, aber auch in Luxemburg, Belgien, Italien, Österreich und Deutschland verehrt. In Frankreich sind zahlreiche Kirchen nach ihm benannt (St-Thibault).

Darstellung: Theobald ist meist als jüngerer Edelmann mit einem Falken dargestellt, manchmal aber auch als Ritter, Pilger, Einsiedler, Priester oder Handwerker, entsprechend seiner Lebensstationen. In der Kirche St. Willibrord in Echternach ist Theobald auf einem Wandgemälde als Eremit mit einem Hobel zu sehen.

Wilhelm Janauschek

Priester, Mönch CSSR
geboren: 19. Oktober 1859 in Wien, Österreich
gestorben: 30. Juni 1926 in Wien

Wilhelm Janauschek wirkte als Priester und Mönch im Redemptoristenorden in Wien. Einen Namen machte er sich vor allem als vorbildlicher Jugenderzieher und Beichtvater. Ein schweres gesundheitliches Leiden ertrug Janauschek heroisch und gottergeben. Am 30. Juni 1926 starb der Ordensmann; 1934 übertrug man seine Gebeine in die Wiener Kirche Maria Stiegen und setzte sie dort bei. Der Seligsprechungsprozeß für Wilhelm Janauschek läuft.

1. Juli

Ignatius Falzon

Seelsorger
geboren: 1. Juli 1813 in Valetta auf Malta
gestorben: 1. Juli 1875 in Valetta

Papst Pius X. bestätigte am 22. November 1905 den Kult von Ignatius Falzon, der auf der Insel Malta gewirkt hat. Papst Johannes Paul II. sprach ihn am 9. Mai 2001 auf Malta selig. Ignatius war am 1. Juli 1813 in der maltekischen Hauptstadt Valetta zur Welt gekommen und zeigte schon als Kind eine außergewöhnliche Frömmigkeit. Täglich betete der Junge den Rosenkranz. Nach dem Besuch des Gymnasiums empfing er die niederen Weihen, da er sich für das Priesteramt nicht würdig genug fühlte.

Trotzdem wirkte Ignatius sein ganzes Leben lang seelsorgerisch. Er unterrichtete Kinder und Jugendliche in der Lehre Gottes und führte sie, wie auch viele englische Soldaten auf der Insel, zu den Sakramenten. Um sich noch besser um jene Menschen kümmern zu können, die zum katholischen Glauben überwechselten – beispielsweise 600 anglikanische Soldaten –, gründete er in Valetta eine Gemeinschaft, für die er jeden Abend Bet- und Beichtstunden abhielt.

Ignatius Falzon starb nach einem zehrenden, aber erfüllten Leben an seinem 62. Geburtstag am 1. Juli 1875.

Rumold (Rumbold)

Einsiedler, Märtyrer, Bischof(?)
geboren: 8. Jh. in England(?) oder Irland(?) oder Schottland(?)
gestorben: 775(?) in Mecheln(?), Belgien
Patron des Erzbistums und der Stadt Mecheln

Über Leben und Wirken von Rumold gibt es keine gesicherten Angaben. Der Legende zufolge war er ein angelsächsischer oder irischer Glaubensbote, der sich als Einsiedler bei Mecheln niederließ. Möglicherweise im Jahr 775 soll er von Räubern erschlagen worden sein. Eine andere Vita aus dem späten Mittelalter macht Rumold zum Bischof von Dublin, der später sein Amt niederlegte und als Missionar nach Belgien ging.

Darstellung: In der Region Mecheln wurde Rumold gern im Bischofsgewand dargestellt; als Attribute hat er dabei oft Axt oder Sense bei sich als Hinweis auf sein angebliches Martyrium. Auch die Ermordung Rumolds ist mehrfach abgebildet worden.

Theoderich (Dietrich) von Reims

Abt
geboren: 5. Jh. in Frankreich
gestorben: 1. Juli 533 in Aumenancourt, Frankreich
Patron von Reims; gegen Fieber und Rheuma

Theoderich, ein Lieblingsschüler des großen Remigius, gründete in der Einsamkeit nordwestlich von Reims auf dem Mont d'Or ein Kloster, dessen erster Abt er wurde.

Verehrung/Brauchtum: Schon bald nach seinem Tod 533 setzte eine große Verehrung für Theoderich ein. Seine Reliquien werden bis heute in der Pfarrkirche von Mont d'Or verehrt; die große Nachbarstadt Reims machte Theoderich zu einem ihrer Patrone.

Darstellung: In der Kathedrale von Reims ist Theoderich in einer Statue zu sehen, die ihn als Diakon zeigt (14. Jh.). Dargestellt wurde auch die Szene, wie ihm ein Adler die Stätte für den Bau seines Klosters zeigt.

2. Juli

Bernhardin Realino

Priester, Mönch SJ
geboren: 1. Dezember 1530 in Carpi, Italien
gestorben: 2. Juli 1616 in Lecce, Italien
Patron von Lecce

Bernhardin Realino hatte schon eine glänzende Berufskarriere hinter sich, und weitere berufliche Erfolge waren ihm sicher, als er sich 1564 im Alter von 34 Jahren entschloß, dem Jesuitenorden beizutreten. Der studierte Mediziner und Rechtswissenschaftler, Bürgermeister und Staatsanwalt aus Carpi in Norditalien, war durch eine Marienerscheinung zu diesem Schritt bewogen worden. Bernhardin Realino empfing 1567 die Priesterweihe und wirkte ab 1574 über vier Jahrzehnte lang in der apulischen Stadt Lecce. Er war ein begnadeter Prediger und Seelsorger, sein Charisma begeisterte die süditalienische Bevölkerung. Für seinen Orden leistete er Großes in Apulien.

Bernhardin Realino starb am 2. Juli 1616 im Alter von 85 Jahren. Papst Pius XII. sprach ihn am 22. Juni 1947 heilig.

Darstellung: In der Kirche S. Ignazio in Rom gibt es ein zeitgenössisches Porträt von Bernhardin Realino.

Jakob Friedrich Bussereau

Priester, Gründer
geboren: 2. Februar 1863 in Oberhambach, Rheinland-Pfalz
gestorben: 2. Juli 1919 in Herxheim, Rheinland-Pfalz

„Caritasapostel" wurde Jakob Friedrich Bussereau genannt. Der Priester aus der Pfalz widmete sein ganzes Leben der Sorge um den Nächsten. Nachdem er einige Zeit in den Ringeisenanstalten im schwäbischen Ursberg gewirkt hatte, kehrte Bussereau in seine Heimat zurück und gründete dort in Herxheim eine ähnliche Anstalt für Schwachsinnige und Gebrechliche. Für dieses Werk rief er die Gemeinschaft der „Schwestern und Brüder vom heiligen Paulus" ins Leben. Seine letzte Ruhestätte fand Jakob Friedrich Bussereau in Herxheim.

Laetus von Provins

Kind, Märtyrer
geboren: 1155 in Provins, Frankreich
gestorben: 2. Juli 1169 bei Provins
Patron der Weber

Laetus, Sohn eines Webers, wurde im Alter von 14 Jahren von Verwandten nahe seiner Heimatstadt Provins ermordet, weil er sich zuvor deren unzüchtige Anträge und gotteslästerlichen Äußerungen verbeten hatte. Im Jahr 1200 wurden die Gebeine von Laetus erhoben.

Petrus von Luxemburg

Bischof, Kardinal
geboren: 20. Juli 1369 in Ligny-en-Barrois bei Nancy, Frankreich
gestorben: 2. Juli 1387 in Villeneuve-les-Avignon, Frankreich
Patron von Avignon

In der unscheinbaren Kirche St-Didier im Zentrum der südfranzösischen Stadt Avignon werden auf einem Seitenaltar die Reliquien von Petrus von Luxemburg verehrt. Als Petrus am 2. Juli 1387 starb, war er noch nicht einmal ganz 18 Jahre alt, hatte aber schon das Amt eines Kardinals und das des Bischofs von Metz bekleidet. Bei der Ernennung war er gerade 15 Jahre alt gewesen. Da Petrus aber wußte, daß er der Würde des hohen Amtes nicht entsprechen konnte, ritt er bei seiner Amtsübernahme in Metz auf einem Esel in die Stadt ein. Schon nach einem Jahr gab er seine Diözese wieder zurück und ging nach Avignon, um sich dort, inzwischen 16 Jahre alt, Werken der Nächstenliebe zu widmen. Besonders zeichnete er sich dabei durch seine übergroße Liebe zu den Ärmsten der Gesellschaft aus, für die er sein gesamtes Hab und Gut opferte.

Petrus von Luxemburg, ein Sohn von Graf Guido von Luxemburg, starb 18 Tage vor seinem 18. Geburtstag in Avignon und wurde zuerst auf dem Friedhof der Kirche St-Michel beigesetzt. An seinem Grab ereigneten sich zahlreiche Wunder.

Darstellung: Petrus von Luxemburg ist oft im Kardinalsgewand, manchmal mit Mitra, manchmal mit Tonsur abgebildet. In späteren Darstellungen trägt er meist einen Nimbus. Oft ist er mit einem Wappen mit dem Luxemburger Löwen dargestellt.

Processus und Martinianus

Märtyrer
geboren: 1. Jh. in Rom(?), Italien
gestorben: um 70 in Rom

Unter einem der vielen Altare im Petersdom zu Rom – er steht im südlichen Querschiff – werden die Reliquien von Processus und Martinianus aufbewahrt. Bereits im 4. Jh. gab es an der Via Aurelia eine Kirche, die den beiden Märtyrern geweiht war. Nach der Legende waren Processus und Martinianus zwei heidnische Soldaten, die die Apostel Petrus und Paulus während ihrer Kerkerhaft in Rom bewachen mußten. Beeindruckt von der christlichen Überzeugungskraft, die von den Aposteln ausging, bekehrten sich die Offiziere und ließen sich von Petrus taufen. Offen bekannten sich die Bekehrten in der Folgezeit zu ihrem neuen Glauben und wurden deshalb einige Jahre nach dem Tod von Petrus und Paulus selbst verhaftet und zum Tode verurteilt.

Darstellung: Processus und Martinianus sind mit Schwertern und Geißeln dargestellt; manchmal sieht man sie auch liegend auf der Folterbank.

Ruzo (Rugo) von Kempten

Einsiedler
geboren: 10. Jh.
gestorben: 10. Jh. in Kempten, Bayern

Ruzo lebte als Einsiedler auf dem Klosterfriedhof von Kempten im Allgäu. Er war größtenteils gelähmt und konnte nur seine Arme bewegen; er trug sein schweres Schicksal aber heiter und gelassen und pries Gott. Bischof Ulrich von Augsburg suchte ihn mehrfach in seiner Zelle auf.

Swithun

Bischof von Winchester
geboren: um 800 in England
gestorben: 2. Juli 863 in Winchester, England
971 und 1093 Erhebung der Gebeine

3. Juli

Anatolius von Laodicea

Bischof
geboren: 3. Jh. in Alexandria, Ägypten
gestorben: um 280 in Laodicea, Syrien
Patron der Mathematiker

Anatolius galt als einer der größten Gelehrten seiner Zeit. Unter anderem stammt von ihm ein umfassendes arithmetisches Lehrwerk. Im Jahr 268 wurde der Ägypter zum Bischof des syrischen Laodicea ernannt.

Heliodorus von Altino

Bischof von Altino
geboren: um 340 in Altino bei Venedig, Italien
gestorben: 3. Juli um 405 in Altino

Leo II.

Papst (682 bis 683)
geboren: 7. Jh. auf Sizilien, Italien
gestorben: 3. Juli 683 in Rom, Italien

Raimundus Lullus von Palma

Mönch, Missionar, Märtyrer OFM
geboren: um 1232 in
Palma auf Mallorca, Spanien
gestorben: 1316

Der Lebensinhalt des Franziskanerterziars Raimundus Lullus aus Palma de Mallorca war die Bekehrung von Juden und Moslems. Nach ausführlichen Studien von Medizin, Philosophie, Sprachen und Glaubenslehre gründete Lullus 1276 auf Mallorca ein Missionsseminar. Danach unternahm er lange und teilweise äußerst beschwerliche Missionsreisen nach Nordafrika sowie nach Sizilien, Neapel und Zypern. Kontakt hielt Lullus auch zum Papst.

Auf einer Missionsreise 1315 nach Nordafrika wurde Raimundus Lullus von Moslems gesteinigt, den schweren Verletzungen erlag er auf der Schiffsreise zurück nach Mallorca Anfang 1316. Seine letzte Ruhestätte fand der große Missionar und Gelehrte – er hinterließ mehrere hundert philosophische und theologische Schriften – in einem Alabasterhochgrab im Franziskanerkloster S. Francisco in Palma auf Mallorca.

Darstellung: Raimundus Lullus ist als Franziskanerterziar oder als wandernder Missionar dargestellt; manchmal trägt er auch ein weites Mönchskleid. Als Szenen aus seinem Leben fanden das Schreiben eines Buches, das Diskutieren mit Moslems und die Steinigung durch Sarazenen in der Kunst ihren Niederschlag. Eine Darstellung des Missionars im Museum von Barcelona stammt von Juan de Ribalta.

Thomas

Apostel
geboren: um Christi Geburt
in Galiläa(?)
gestorben: 72 in Mailapur(?) bei Madras, Indien
Patron von Ostindien, Portugal, Goa, der Thomas-Inseln, des Kirchenstaates, von Urbino, Parma und Riga; der Architekten, Bauarbeiter, Geometer, Zimmerleute, Maurer, Steinhauer und Theologen; bei Rückenschmerzen; für eine gute Heirat

In dem italienischen Abruzzenort Ortona werden heute die Reliquien des heiligen Thomas verehrt, und im Dom der Toskana-Stadt Prato ver-

Der Finger des Apostels Thomas. Reliquie in der Basilika S. Croce in Gerusalemme in Rom. Weitere Reliquien werden an verschiedenen anderen Orten aufbewahrt und verehrt.

Der Apostel Thomas. Ausschnitt aus einer Deesis-Tafel aus dem 15. Jh. Ikonensammlung Sveti Kliment, Ohrid.

wahrt man in der Cappella del Sacro Cingolo (Kapelle des Heiligen Gürtels) den sogenannten „Gürtel Marias“. Einer selten dargestellten Legende nach löste das sitzende Christuskind der Jungfrau Maria den Gürtel und überreichte ihn dem heiligen Thomas. Dieser Gürtel soll Jahrhunderte in der Familie des Mannes geblieben sein, der ihn von Thomas erhalten hatte, bis ein Mann namens Michele dei Dagomari aus Prato mit dem ersten Kreuzzug ins Heilige Land kam und eine Tochter aus der Familie heiratete, in deren Besitz der Gürtel sich befand. Der Heilige Gürtel kam so mit der Braut nach Italien. In feierlicher Prozession wurde das Heiligtum im Jahre 1365 in die Kathedrale von Prato gebracht. Die Fresken von Agnolo Gaddi, welche die Kapelle schmücken, erzählen diese Geschichte.

Thomas, der vor seiner Ernennung zum Apostel Fischer in Galiläa war, wird in den vier Apostelverzeichnissen des Neuen Testamentes erwähnt. Die berühmteste Geschichte ist die vom „ungläubigen Thomas“. Sie beruht auf folgender Begebenheit: Als Jesus am Abend des Auferstehungstages den Jüngern erschien, fehlte Thomas. Als dem Apostel überbracht wurde, daß Christus auferstanden sei, glaubte er dies nicht und verlangte als Beweis, die Wund-

Das Martyrium des Apostels Thomas in Indien. Nach einem Gemälde von Peter Paul Rubens. Der Martyriumsort war wahrscheinlich Mailapur bei Madras.

male Jesu sehen und berühren zu dürfen. Einige Tage später forderte Jesus bei einer weiteren Erscheinung den ungläubigen Thomas auf, die Wunden zu berühren. Da fiel Thomas auf die Knie und rief: „Mein Herr und mein Gott!"

Nachdem die Apostel nach Christi Himmelfahrt auseinandergegangen waren, wirkte Thomas als Missionar. Er kam bis nach Persien und Indien, wo er, so erzählt es eine Legende, mit den Heiligen Drei Königen zusammengetroffen sei, sie getauft und zu Bischöfen ernannt habe. In Indien soll Thomas auch einen König namens Gundaphar bekehrt haben. Münzfunde haben inzwischen erwiesen, daß es in Indien zwischen 20 und 50 nach Christus tatsächlich einen König dieses Namens gegeben hat.

Im Jahre 72 nach Christi Geburt erlitt Thomas das Martyrium: Während einer Missionsreise wurde er meuchlings von einem Heiden erstochen. Als Ort des Martertodes wird allgemein Kalamina genannt. Man vermutet, daß es sich um Mailapur, eine Vorstadt der heutigen Großstadt Madras in Indien handelt. Bei Mailapur gibt es bis heute einen sogenannten „Großen Thomasberg", auf dem im Jahr 1547 eine Kirche zu Ehren des heiligen Thomas errichtet wurde. Auf dem Altar des Gotteshauses steht das steinerne Thomaskreuz, das 1522 von Portugiesen wiedergefunden wurde. Eine alte Inschrift auf diesem aus dem 7. Jh. stammenden Kreuz erzählt von den Predigten und dem Martyrium des Apostels.

Der größte Teil der Thomas-Reliquien wurde bereits im 3. Jh. an einem 3. Juli, deshalb der Gedenktag – nach Edessa, dem heutigen Urfa in der Türkei, überführt. Im Jahr 1258 kamen Gebeine auf die griechische Insel Chios und von dort später dann nach Ortona in Mittelitalien.

Verehrung/Brauchtum: Thomas-Wallfahrten gibt es in St. Thomas in Oberösterreich (gegen Rückenschmerzen) und in St. Thomas im Innviertel (für eine gute Heirat). Bis 1969 feierten die Gläubigen das Fest des Thomas am 21. Dezember; dies wurde geändert, weil der Gedenktag unmittelbar vor dem Weihnachtsfest lag.

Um das Thomasfest hatte sich im Laufe der Jahrhunderte manches Brauchtum entwickelt. Im Mittelalter zählte die Thomasnacht am 21. Dezember als längste Nacht des Jahres zu den sogenannten Rauhnächten; man sprach ihr Zauberkraft zu. Junge Frauen, die noch unverheiratet waren, befragten das Orakel hinsichtlich einer zu erwartenden Hochzeit.

Thomasbräuche gab es immer auch um die Kinder: In einigen Regionen wurden sie am 21. Dezember mit Gebackenem („Thomas-Stritzeln") beschenkt, in anderen Gebieten drohte man unartigen Kindern, daß sie am Thomastag von einer dunklen Gestalt im Sack mitgenommen würden.

Darstellung: Der Apostel Thomas wurde bis ins Mittelalter hinein fast ausschließlich jugendlich und bartlos dargestellt. Etwa ab dem 13. Jh. kam dann die Abbildung mit Bart auf, möglicherweise, weil Thomas in der Darstellung immer leicht mit Jesus verwechselt werden konnte. Die Attribute Buch oder Schriftrolle weisen Thomas als einen der Apostel aus, individuelle Attribute sind Lanze und Schwert (Martyrium) sowie Winkelmaß (er soll der Baumeister von König Gundaphar gewesen sein). Weitere unregelmäßig auftretende Attribute sind Kelch, Steine, Herz oder Steinwürfel.

Bei den dargestellten Szenen überwiegt bei weitem jene des ungläubigen Thomas; ein Beispiel in der Kunst: ein Gemälde von Peter Paul Rubens im Königlichen Museum in Antwerpen. Ebenfalls häufig wiedergegeben wurde die Szene der Gürtelübergabe, so auf einem Fresko von Sodoma im Oratorio di San Bernardino in Siena. Auch das Martyrium des Thomas fand oft seinen Niederschlag in der darstellenden Kunst; den Tod durch einen Lanzenstich zeigt unter anderem ein Glasfenster (13. Jh.) in der Esslinger Kirche St. Dionys.

Der Apostel Thomas. Steinrelief vom Grabmal des Apostels in Mailapur bei Madras in Indien; dort soll Thomas das Martyrium erlitten haben.

4. Juli

Bertha von Blangy

Äbtissin OSB
geboren: 7. Jh. in Frankreich
gestorben: um 725 in Blangy bei Arras, Frankreich

Verehrung/Brauchtum: In Blangy werden die Gebeine von Bertha noch heute verehrt.

Darstellung: Auf Abbildungen ist Bertha von Blangy gemeinsam mit ihrer Tochter betend zu sehen.

Elisabeth von Portugal

Königin, Terziarin TOF
geboren: 1271 in Spanien
gestorben: 4. Juli 1336 in Estremoz, Portugal
Patronin von Portugal; von Coimbra, Estremoz und Saragossa; in Kriegsnöten; verschiedener Frauenvereinigungen

Elisabeth war eine Großnichte von Elisabeth von Thüringen, nach der sie auch ihren Taufnamen erhielt. Zwölfjährig heiratete sie 1282 den portugiesischen König Dionysius und schenkte ihm zwei Kinder. Immer wieder vermittelte Elisabeth in späteren Jahren zwischen ihrem Mann und ihrem Sohn Alfons, die so zerstritten waren, daß sie sich sogar mit ihren Heeren bekämpfen wollten. Einmal, so berichtet es eine Legende, habe Elisabeth sogar noch Frieden gestiftet, als sich die feindlichen Truppen schon auf dem Schlachtfeld gegenüberstanden. Aufgrund dieser Geschichte wird sie auch als Schutzheilige in Kriegsnot angerufen.

Nachdem ihr Mann Dionysius 1325 gestorben war, wurde Elisabeth Franziskanerterziarin. Immer schon hatte sie viel für Klöster und kirchliche Einrichtungen getan, zahlreiche Spitäler gestiftet und auch das Klarissenkloster von Coimbra erbauen lassen. Elisabeth starb am 4. Juli 1336 in Estremoz in Portugal. Beigesetzt wurde sie in der Klosterkirche S. Clara in Coimbra. Seligsprechung 1516, Heiligsprechung 1625.

Darstellung: In der Darstellung wurde Elisabeth von Portugal häufig mit Elisabeth von Thüringen gleichgesetzt. Meist ist sie in fürstlichen Gewändern mit Kopftuch und/oder Krone zu sehen, manchmal trägt sie auch eine Krone in der Hand. Oft sieht man sie auch, Almosen austeilend. Eindeutig ist die Darstellung bei der Szene, die Elisabeth mit Rosen zeigt; sie wurden den portugiesischen Königen beigegeben. Eine Zeichnung von Goya im Palazzo Real in Madrid zeigt Elisabeth Kranke tröstend.

Hatto

Mönch OSB
geboren: 10. Jh. in Schwaben
gestorben: 4. Juli 985 in Ottobeuren, Bayern

Ulrich von Augsburg

Bischof
geboren: um 890 in Augsburg, Bayern
gestorben: 4. Juli 973 in Augsburg
Patron des Bistums und der Stadt Augsburg; von St. Ulrich im Grödnertal; der Winzer, Fischer und Weber; der Reisenden und Wanderer; der Sterbenden; bei schwerer Geburt; gegen Krankheit, Fieber, Schwäche des Körpers; gegen Tollwut; gegen Ratten- und Mäuseplage; gegen Wassergefahren und Überschwemmungen

Den „größten deutschen Bischof" nannte Theodor Schnitzler, Mitglied der Liturgischen Kommission der Deutschen Bischofskonferenz, den heiligen Ulrich. Der Augsburger Bischof eröffnete in der Geschichte der Heiligenverehrung ein neues Kapitel, oder besser, Papst Johannes XV. öffnete es am 31. Januar 993: Ulrich wurde in der ersten förmlichen, prozessual vorbereiteten Kanonisation heiliggesprochen.

Das Grab des heiligen Ulrich ist bis zum heutigen Tag eine vielbesuchte Wallfahrtsstätte. Das aus Marmor gemeißelte Tumbagrabmal mit der majestätischen Liegefigur des heiligen Ulrich, 1762 von dem Augsburger Bildhauer Placidus Verhelst geschaffen, befindet sich in der Basilika St. Ulrich und Afra am oberen Ende der „königlichen" Maximilianstraße in Augsburg. In der Grabkapelle in der Unterkirche hat auch die heilige Afra ihre letzte Ruhestätte gefunden. Ihr mutmaßlicher Steinsarkophag steht nur wenige Meter vom Grab Ulrichs entfernt. Afra und Ulrich sind zusammen Patrone der Diözese Augsburg.

Was nun hat diesen Bischof ausgezeichnet, daß man ihn heute unter die ganz großen Heiligengestalten ein-

Kopf des heiligen Ulrich. Detail aus dem Epitaph von Abt Konrad Mörlin von St. Ulrich. Das Epitaph ist eine Arbeit des Augsburger Bildhauers Gregor Erhart und stammt aus dem Jahr 1497.

reiht? Im Alter von 33 Jahren war Ulrich, Sohn des alemannischen Grafen Hupald, 923 zum Bischof von Augsburg ernannt worden. Während seiner gesamten Amtszeit hielt er treu zum Reich, mit König Otto I. war er gut befreundet. Im Jahr 926 ließ Ulrich die Stadt Augsburg mit einer starken Mauer umgeben, um sie gegen die Ungarn-Einfälle zu schützen. Als die Ungarn 955 Augsburg erneut angriffen, leitete Bischof Ulrich vom 7. bis 9. August persönlich die Verteidigung. Am Tag darauf, dem 10. August 955, entsandte Ulrich eine Gruppe von Kämpfern unter der Führung seines Bruders Diepald zur Schlacht auf dem Lechfeld zwischen Augsburg und Landsberg und verhalf Otto I. damit zu einem Sieg über die Ungarn. Als Dank dafür erhielt der Bischof vom König als erster Bischof Augsburgs das Münzrecht.

Einige Jahre später gab Bischof Ulrich seine weltlichen Verpflichtungen auf und widmete sich nur noch seelsorgerischen Aufgaben. Er, selbst im Kloster erzogen, unterstützte das Mönchtum und verbesserte Zucht und Moral in den Klöstern. Er gründete in Augsburg das später berühmte Kanonissenstift St. Stephan, ließ viele Kirchen erbauen und bestehende großzügig ausstatten und förderte die Augsburger Domschule. Seine Milde und Wohltätigkeit führten dazu, daß das Volk Bischof Ulrich schon zu Lebzeiten wie einen Heiligen verehrte.

Im Jahre 972 wollte Ulrich, inzwischen fast ein halbes Jahrhundert Bischof von Augsburg, auf seine Würde verzichten und sein Amt niederlegen. Er schlug seinen Neffen Adalbero als seinen Nachfolger vor. Die Synode von Ingelheim erhob gegen Ulrichs Entschluß jedoch Einspruch. Schon ein Jahr später, am 4. Juli 973, starb Ulrich, genau 50 Jahre nach seiner Ernennung zum Bischof. Sein Freund, Bischof Wolfgang von Regensburg, bestattete ihn in der Gruft der damaligen Kirche St. Afra, wo sich Ulrich schon zu Lebzeiten eine Krypta hatte errichten lassen. Im Jahre 1187 überführte man die Gebeine Ulrichs dann in die Kirche des Ulrichsklosters. Kaiser Barbarossa trug dabei den Reliquienschrein.

Verehrung/Brauchtum: Mit der Person des heiligen Ulrich verbanden sich immer schon zahlreiche Bräuche. Das Wasser aus den sogenannten Ulrichsbrunnen, die durch die Fürbitte des Bischofs entsprungen waren, soll gegen Augenkrankheiten geholfen haben. Fieber sollte zurückgehen, wenn der Erkrankte aus Ulrichs Meßkelch trank. An Ulrichs Festtag wurde ein nach ihm benannter Wein, die Ulrichsminne, getrunken. Die sogenannte Ulrichserde, Erde vom Grab des Bischofs, sollte, zu Hause aufbewahrt, gegen Mäuse- und Rattenplagen helfen. Nachgebildeten Ulrichskreuzen sagte man Heilsbringung bei Nöten von Mensch und Tier nach.

Ulrich-Patronzinien gab und gibt es äußerst zahlreich nicht nur in Bayern, sondern auch in Württemberg, in Norddeutschland, im Elsaß,

Die Deckenplatte zum Ulrich-Sarkophag mit der Figur des heiligen Ulrich in der Gruft der Basilika St. Ulrich und Afra in Augsburg. In demselben Raum befindet sich auch der Sarkophag von Afra, die ebenfalls Schutzheilige des bemerkenswerten Gotteshauses ist.

Unten: Der kostbare Sarg mit den Gebeinen des heiligen Ulrich wurde 1954 zur Erhebung der Ulrich-Reliquien dem Sarkophag entnommen. Der Schrein ist eine Arbeit des 18. Jh. und war vom Augsburger Bischof Joseph I. in Auftrag gegeben worden. Wie das Jahr 1954 ein wichtiges Jahr in der Ulrich-Verehrung war, so ist es auch das Jahr 1993: Genau 1000 Jahre davor, 993, war Ulrich im ersten offiziellen Kanonisationsverfahren heiliggesprochen worden.

in Österreich, in der Schweiz sowie in Belgien.

Darstellung: Ulrich ist so gut wie immer im Bischofsgewand und meist mit einem Fisch dargestellt. Mit diesem individuellen Attribut ist er beispielsweise in St. Peter in München auf einem Relief aus dem 14. Jh. zu sehen. Das Attribut Fisch geht auf folgende Legende zurück: Aus Versehen gab Bischof Ulrich einmal einem Boten des bayerischen Herzogs an einem Freitag ein Stück Braten mit. Als der Bote damit zum Herzog kam, verdächtigte dieser Ulrich als Brecher des Fastentages Freitag. Wie er das Fleisch aber auspackte, war es zu einem Fisch geworden.

Entsprechend seines Patronates, wurde Ulrich oft auch mit Ratten abgebildet, so auf einem Retabelflügel in der Kirche St. Andreas in Köln (1540). Häufig ist der Bischof auch auf dem Pferd zu sehen, ein Hinweis auf seine Teilnahme an der Ungarnschlacht auf dem Lechfeld. Nicht selten wurde Ulrich auch gemeinsam mit anderen großen Kirchenpersönlichkeiten wie etwa Konrad von Konstanz, Stephan von Ungarn oder mit Afra sowie Simpert von Augsburg abgebildet.

Werner von Wiblingen

1. Abt von Wiblingen OSB
geboren: 11. Jh.
gestorben: 1127 in Wiblingen (heute Stadtteil von Ulm), Baden-Württemberg

5. Juli

Antonius Maria Zaccaria

Ordensgründer CRSP
geboren: 1502 in Cremona, Italien
gestorben: 5. Juli 1539 in Cremona

In der Mailänder Kirche der Angeliken, in S. Barnaba, werden die Reliquien des Ordensgründers Antonius Maria Zaccaria aufbewahrt und verehrt.

Im Alter von 26 Jahren hatte der tiefgläubige Arzt, 1502 in Cremona geboren, beschlossen, ein neues Leben zu beginnen. Er ließ sich zum Priester weihen und wirkte von da an nicht mehr als Arzt für körperliche Leiden, sondern kümmerte sich um das Seelenheil der Menschen. Zwei Jahre nach seiner Weihe zum Priester gründete Antonius Maria Zaccaria 1530 in Mailand gemeinsam mit Gleichgesinnten den Orden der „Regularkleriker vom heiligen Paulus", die Gemeinschaft der Barnabiten, so genannt, weil sie ihre Zentrale bei S. Barnaba hatte. Die Mitglieder der Kongregation wirkten als Volksmissionare, als Seelsorger für das Volk. Ihr besonderes Anliegen war es, die Verehrung des Altarsakramentes zu fördern.

Bald nach der Gründung des Männerordens rief Zaccaria auch eine Frauenkongregation ins Leben, die sogenannte Angeliken, die „Englischen Schwestern vom heiligen Paulus". Die Schwestern sollten schon bald zu wahren Schutzengeln für die gefährdeten Mädchen der ganzen Umgebung werden. Papst Clemens VII. bestätigte die Neugründungen bereits im Jahr 1533.

Ordensgründer Antonius Maria Zaccaria, auf den auch die Sitten des Freitagläutens und des vierzigstündigen Gebetes zurückgehen, starb im Alter von erst 37 Jahren am 5. Juli 1539 in seiner Heimatstadt Cremona. Papst Leo XIII. sprach ihn am 27. Mai 1897 heilig.

Darstellung: Antonius Maria Zaccaria wurde meist mit sehr ähnlichen Gesichtszügen dargestellt, immer mit einem schwarzen Bart. Als Attribute hat er Kelch, Hostie und Kreuz bei sich, manchmal auch eine Lilie. Ein Gemälde von Ponziano Loverini in der Kirche S. Lucca in Cremona zeigt Zaccaria mit den Ordensmitgründern.

Wilhelm von Hirsau (von Regensburg)

Abt OSB
geboren: 11. Jh. in Regensburg, Bayern
gestorben: 5. Juli 1091 in Hirsau, Baden-Württemberg

Wilhelm wurde bereits als Kind den Mönchen des berühmten Regensburger Klosters St. Emmeram zur Erziehung übergeben. Als junger Mann trat er dort dann dem Benediktinerorden bei und wurde später zum Priester geweiht. Einige Zeit wirkte er als Lehrer für Mathematik, Astronomie und Musik, Schriften von ihm stellen die ersten naturwissenschaftlichen Werke in Bayern dar. Im Kloster bekleidete Wilhelm darüber hinaus das Amt des Priors.

Um das Jahr 1069 wurde Wilhelm dann zum Abt des Klosters Hirsau im Schwarzwald ernannt, das er in der Folge mit Hilfe einer Reform, die sich an jene von Cluny anlehnte, zu größter Blüte brachte. Die „Hirsauer Reform" erfaßte bald auch andere Klöster. In Hirsau selbst baten bald so viele Mönche um Aufnahme, daß Wilhelm ein weiteres Kloster errichten mußte. Im Investiturstreit bezog Wilhelm exponiert Stellung gegen

Abt Wilhelm von Hirsau. Nach einer Darstellung aus dem Reichenbacher Codex (um 1150).

Kaiser Heinrich IV. Für sein Kloster erreichte der Abt völlige Freiheit.

Nach seinem Tod am 5. Juli 1091 wurde Wilhelm in der von ihm erbauten mächtigen Peter-und-Paul-Kirche in Hirsau beigesetzt. Als man um 1500 sein Grab öffnete, fand man den Leib Wilhelms sowie die Abtsgewänder noch gut erhalten vor.

Darstellung: Wilhelm von Hirsau ist als Mönch auf einem Pferd dargestellt, manchmal auch mit einer Sonnenuhr und einem Bauplan als Hinweis auf seine Berechnungen für Sonnenuhren und den Klosterneubau in Hirsau.

6. Juli

Goar

Priester, Einsiedler
geboren: um 495 in Frankreich
gestorben: 6. Juli 575 im heutigen St. Goar, Rheinland-Pfalz
Patron von St. Goar; der Töpfer, Ziegelarbeiter, Winzer, Gastwirte und Schiffer; für einen ehrlichen Namen

Die Stadt Goar am Rhein hat sich vor Jahrhunderten aus der Zelle des Priesters und Einsiedlers Goar entwickelt, dessen Lebensgeschichte stark mit Legenden ausgeschmückt ist.

Goar, geboren in Aquitanien als Sohn einer angesehenen Familie, verließ mit 24 Jahren, schon zum Priester geweiht, seine Heimat und ließ sich mit Genehmigung des Bischofs von Trier um 520 nördlich von Koblenz als Einsiedler nieder. In der kleinen Zelle, die er sich gebaut hatte, nahm er regelmäßig Arme und Kranke auf, pflegte sie und gab ihnen zu essen. Der Ruf von Goars Gottesfürchtigkeit und von seiner außergewöhnlichen Gastfreundschaft und Nächstenliebe drang bald weit ins Land hinaus, und als der Bischof von Trier starb, trug man Goar die Bischofswürde an. Goar aber lehnte ab, da er sein bescheidenes Einsiedlerleben weiterführen wollte. König Siegberg I. gab ihm 20 Tage Bedenkzeit, um den Entschluß noch einmal zu überdenken.

Die Legende erzählt, daß Goar daraufhin in seiner Zelle Gott angefleht habe, ihm diese Ernennung zum Bischof doch zu ersparen. Gott erhörte sein Flehen tatsächlich: Goar erkrankte schwer und lag danach sieben Jahre unbeweglich auf dem Krankenlager. Am 6. Juli 575 starb er. Beigesetzt wurde er an seinem Sterbeort.

Eine Armreliquie des Einsiedlers befindet sich in der Kirche St. Castor in Koblenz, und auch die Stadt Darmstadt ist im Besitz von Goar-Reliquien.

Darstellung: Goar wurde zu Beginn meist als Mönch dargestellt, in späteren Zeiten dann als Priester. Seine Attribute: Schlangen, Hirschkühe, Topf, Kirchenmodell. Auch mit dem Teufel wurde Goar abgebildet, so auf einem Grabrelief (1350) in St. Goar. Mit einem Buch in der Hand ist Goar auf einem Glasgemälde in der Liebfrauenkirche in Oberwesel zu sehen.

Goar. Glasfenster in einer Seitenkapelle der Stiftskirche von St. Goar. Die Darstellung zeigt Goar mit einem Buch in der linken und einem Kirchenmodell in der rechten Hand.

Godeleva

Märtyrerin
geboren: 11. Jh. in Frankreich
gestorben: 6. Juli 1070 in Gistel, Belgien
Patronin gegen Fieber und Halsschmerzen

Die adlige Godeleva aus der französischen Grafschaft Boulogne heiratete den flämischen Edelmann Berthold von Gistel. Dieser mißhandelte sie in der Folge mehrfach und ließ sie schließlich am 6. Juli 1070 erdrosseln. Die Leiche von Godeleva wurde danach von ihren Mördern in einem Brunnen versenkt. Die Gebeine der Ermordeten wurden bereits 1084 erstmals erhoben; weitere Erhebungen folgten.

Verehrung/Brauchtum: Der Kult um Godeleva verbreitete sich vor allem in Gistel und in Flandern, aber auch in Boulogne, der Heimatregion der Märtyrerin.

Darstellung: Godeleva ist meist als junge Frau mit einem Tuch in den Händen abgebildet, was auf ihre Erdrosselung hinweisen soll. Auch die

Ermordung durch zwei Henker wurde häufig dargestellt, so auf einem Tafelgemälde aus dem 17. Jh. im Gruuthuyse Museum in Brügge. In St. Gudula sind darüber hinaus noch weitere Szenen aus dem Leben Godelevas künstlerisch festgehalten.

Maria Goretti. Im Alter von elf Jahren wurde das Mädchen von einem jungen Burschen erstochen.

Maria Goretti

Märtyrerin
geboren: 16. Oktober 1890 in Corinaldo, Italien
gestorben: 6. Juli 1902 in Nettuno, Italien

In der Kirche S. Maria delle Grazie e S. Maria Goretti in der Hafengegend von Nettuno, der kleinen Stadt im Süden von Rom, ist das Grab einer der jüngsten Heiligen an Jahren und unserer Zeit überhaupt ständig von Gläubigen umlagert. Es ist die letzte Ruhestätte von Maria Goretti, die am 6. Juli 1902 im Alter von elf Jahren den schweren Verletzungen erlag, die ihr ein junger Bursche mit dem Messer zugefügt hatte. Die Heiligsprechung von Maria Goretti war eine der berührendsten Kanonisationsfeiern. In Anwesenheit der betagten Mutter Goretti nahm Papst Pius XII. vor einer halben Million Gläubigen auf dem Petersplatz in Rom die Kindmärtyrerin am 24. Juni 1950 in den Kreis der Heiligen auf.

Als ältestes von fünf Kindern war Maria Goretti am 16. Oktober 1890 in Corinaldo, westlich der mittelitalienischen Stadt Ancona, zur Welt gekommen. Nachdem die Eltern Goretti, einfache, geachtete Bauern, auf ihren Äckern und Feldern nicht mehr genug erwirtschaften konnten, zog die ganze Familie 1899 an die gegenüberliegende Küste Italiens, in ein kleines Dorf nahe Nettuno.

Hier begann das Unglück der Gorettis. Ein Jahr nach der Ankunft in der neuen Heimat starb Vater Goretti an Malaria. Die Mutter arbeitete verstärkt auf den Feldern, um die Familie zu ernähren, Maria versorgte ihre vier Geschwister. Immer häufiger wurde das inzwischen elf Jahre alte Mädchen von Alessandro, dem 16jährigen Sohn des Verpächters, belästigt und körperlich bedrängt. Maria schwieg über diese für sie entsetzlichen Vorgänge, um ihre Mutter nicht noch mehr zu belasten.

An einem Samstag, es war der 5. Juli 1902, kam es zur Katastrophe. Alessandro versuchte, Maria zu vergewaltigen. Das Mädchen wehrte sich verzweifelt, doch gegen das Messer des Tobenden war es schließlich machtlos: Verletzt von 14 Messerstichen in den ganzen Körper, wurde Maria ins Krankenhaus gebracht, wo sie am Tag darauf starb. Noch im Sterben hatte sie ihrem Peiniger verziehen.

Der Mörder Alessandro wurde zu 30 Jahren Zwangsarbeit verurteilt. Kein Wort des Bedauerns kam zunächst über seine Lippen. Nach Jahren aber hatte er eine Vision, in der ihm Maria erschien und ihm Blumen reichte. Der Verurteilte bekehrte sich und trat nach seiner vorzeitigen Entlassung 1928 als Laienbruder in den Kapuzinerorden ein.

Maria Theresia von Ledóchowska

Gräfin, Gründerin
geboren: 29. April 1863 in Loosdorf, Österreich
gestorben: 6. Juli 1922 in Rom, Italien

Am 25. September 1975 sprach Papst Paul VI. die österreichische Gräfin Maria Theresia von Ledóchowska

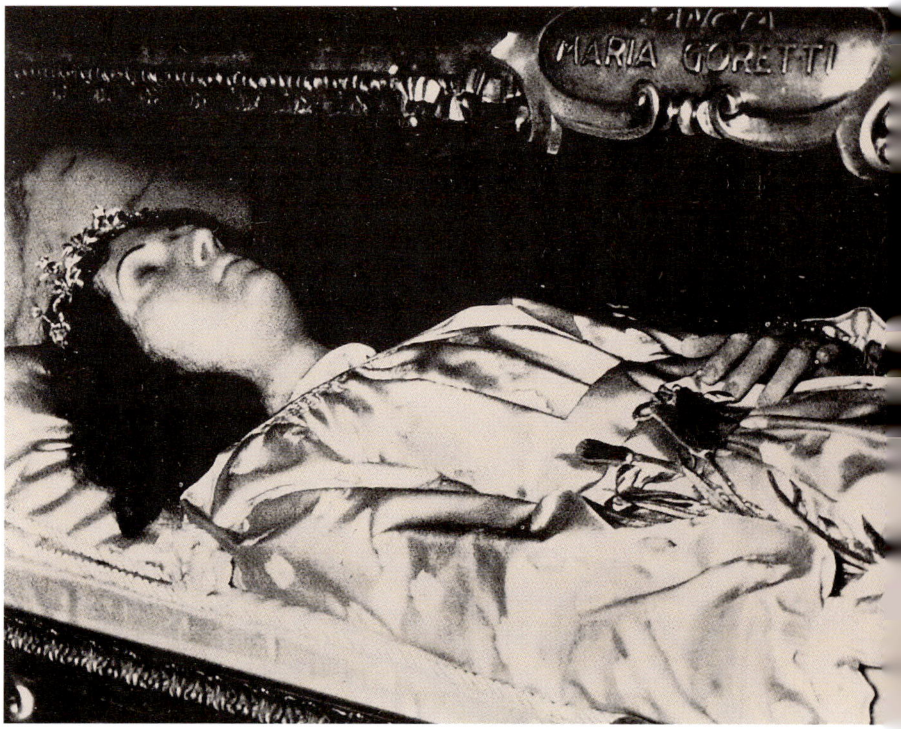

Der Schrein der heiligen Maria Goretti in der Kirche S. Maria delle Grazie e S. Maria Goretti in Nettuno südlich von Rom.

Maria Theresia von Ledóchowska, die auch „Mutter der Schwarzen" genannt wurde.

selig, die ihr Leben der afrikanischen Mission gewidmet hatte. Im Jahr 1888 gründete die damals 25jährige verschiedene Vereine gegen die Sklaverei, die 1894 in der „Petrus-Claver-Sodalität für die afrikanischen Missionen" aufgingen. Dabei handelte es sich um eine religiöse Genossenschaft mit Gelübden und einen Missionsverein. Maria Theresia von Ledóchowska gründete in der Folge mehrere Druckereien und vertrieb auf diesem Weg religiöse Schriften in Afrika. Sie selbst förderte den Missionsgedanken durch eigene Werke und Vorträge. Im Alter von 59 Jahren starb die Gräfin in Rom.

Petrus vom Kreuz

Pilger, Mönch OSM
geboren: 15. Jh. in Deutschland
gestorben: 6. Juli 1522 in Viterbo, Italien

Auf einer Pilgerreise ins Heilige Land erkrankte Petrus schwer und wurde von den Serviten in Viterbo bei Rom zur Pflege aufgenommen. Petrus blieb und soll später bei einer schweren Pestepidemie Kranke durch das Kreuzzeichen geheilt haben. Daher stammt auch seine Name Petrus vom Kreuz. Noch auf dem Sterbelager empfing Petrus das Ordenskleid der Serviten. Seine letzte Ruhestätte fand er in der Servitenkirche in Viterbo.

Sexburga

Äbtissin OSB
geboren: 7. Jh. in Essex, England
gestorben: um 699 in Ely, England

Sexburga war die Schwester der heiligen Etheldreda, Ethelburga und Withburga und die Mutter der heiligen Ermenhild. Nach dem Tod ihres Ehemannes ging sie 664 in das von ihr gegründete Kloster Sheppey in der Grafschaft Kent und wurde dort Äbtissin. 675 dann wechselte sie in das Kloster Ely, wo sie 679 ebenfalls Äbtissin wurde.

7. Juli

Ethelburga (Edelburg)

Äbtissin OSB
geboren: 6. Jh. in Essex, England
gestorben: 645 in Faremoutiers, Frankreich
Patronin bei Schwangerschaft; gegen Rheuma

Darstellung: Ethelburga ist als Äbtissin mit Stab sowie mit den Passionswerkzeugen Christi als Hinweis auf ihre große Verehrung des Leidens Jesu abgebildet.

Willibald

Bischof OSB
geboren: 22. Oktober 700 in England
gestorben: 7. Juli 787 in Eichstätt, Bayern
Patron der Diözese Eichstätt; früher der Gittermacher

Der Name von Bischof Willibald ist untrennbar verbunden mit der kleinen Stadt Eichstätt, gelegen im bayerischen Altmühltal in der Nähe von Ingolstadt. Hier war der Glaubensbote aus England 740 zum Priester geweiht worden, hier wirkte er von 741 bis 787 als erster Bischof des neugegründeten Bistums, hier liegt er begraben.

Im Dom zu Eichstätt, auch Willibaldsdom genannt, erinnert alles an den großen Kirchenfürsten des 8. Jh. Eine riesige Sitzfigur des Bistumsgründers, geschaffen 1514 wahrscheinlich von Loy Hering, fällt dem Besucher beim Eintritt in das Gotteshaus am Marktplatz sofort ins Auge. Die eigentliche Gedenkstätte, der Willibaldsaltar, befindet sich im Willibaldschor. In einer Marmorurne über dem Tabernakel werden die Gebeine des Heiligen aufbewahrt. Der Baldachinaltar erhebt sich über einem Sockel aus Marmor in sechs Stützen zu einer reichen Voluten-Krone. Als Vorbild diente der Bronzealtar von Bernini über dem Petrusgrab im Petersdom zu Rom. Der Altar wurde 1745 aus Anlaß des 1000jährigen Jubiläums des Bistums Eichstätt gestiftet. Ursprünglich war Willibald in einem Erdgrab beigesetzt, ab 1269 ruhten die Gebeine in einem Steinschrein in Form eines gotischen Kirchenchores. Die frühgotische Arbeit kann heute ebenfalls im Willibaldschor besichtigt werden.

Willibald, am 22. Oktober 700 in Südengland geboren, unternahm im Jahre 720 mit seinem Vater Richard von Wessex und seinem Bruder Wunnibald eine Pilgerfahrt nach Rom. Unterwegs starb der Vater in Lucca. Nach zweieinhalbjährigem Aufenthalt in Rom zog Willibald allein nach Palästina und Konstantinopel. 729 kehrte er nach Italien zurück und wirkte im folgenden Jahrzehnt mit am Wiederaufbau des berühmten, aber völlig heruntergekommenen Benediktinerklosters Montecassino.

Im Jahre 739 forderte Papst Gregor III. Willibald auf, zusammen mit Bonifatius an der Missionierung Germaniens teilzunehmen. Der „Apostel der Deutschen" sandte Willibald dann nach Eichstätt und weihte ihn 741 zum Bischof. Willibald wirkte äußerst segensreich für sein Bistum. Schon bald wurde er der „Bischof der Edlen" genannt, weil er sich für eine erfolgreiche Missionstätigkeit im bayerischen Raum mit vielen Adligen verbündete. Auf Willibald geht die Erbauung des Eichstätter Ur-Domes zurück; im fränkischen Heidenheim gründete er die dortige Abtei und setzte seine Schwester Walburga als Äbtissin ein. Bruder Wunibald wurde Abt in dem Doppelkloster, das sich zu einem Missions- und Kulturzentrum entwickelte.

Willibald starb am 7. Juli 787, manche Quellen sprechen auch von 781. Vor seinem Tod hatte er noch einer Nonne namens Hugeburc einen Bericht über sein Leben als Pilger diktiert.

Gegenüberliegende Seite: Der Willibaldsaltar mit der berühmten Sitzfigur des Heiligen im Dom von Eichstätt. Loy Hering vollendete das Werk 1514. In einer Marmorurne über dem Tabernakel des Altars werden die Gebeine des heiligen Willibald aufbewahrt.

Verehrung/Brauchtum: Im Bistum Fulda wird mit Willibald zugleich sein Bruder Wunibald verehrt.

Darstellung: Willibald ist immer in den bischöflichen Gewändern abgebildet, als Attribute hat er Stab, Buch, Pfeile und/oder Rationale bei sich. Die gleiche Darstellungsweise wie bei dem monumentalen Sitzbild aus Stein im Eichstätter Dom ist auch bei einer Holzskulptur aus dem Jahr 1500 in der Wallfahrtskirche St. Willibald im bayerischen Jesenwang bei Fürstenfeldbruck zu sehen. Besonders oft ist Willibald mit seiner Schwester Walburga abgebildet worden, so in einer Skulptur an der Fassade der Heiliggeistkirche in Eichstätt. Auch mit der ganzen Familie, also mit Walburga, Wunibald, Vater Richard und Mutter Wunna, wurde Willibald dargestellt; Beispiele dafür: ein Flügelaltar in der Residenz zu München sowie der Gruftaltar von Walburga in St. Walburg in Eichstätt.

8. Juli

Aquila und Prisca

Helfer von Paulus
geboren: 1. Jh. in Kleinasien
gestorben: 1. Jh. in Ephesus oder in Rom, Italien

Aquila und Prisca waren ein Ehepaar und begleiteten den Apostel Paulus auf einigen seiner Missionsreisen. Einmal sollen sie ihm in Ephesus aus schwerster Gefahr geholfen haben. Sowohl in Ephesus als auch in Rom betreuten Aquila und Prisca bis an ihr Lebensende christliche Gemeinden.

Disibod

Einsiedler, Bischof (?)
geboren: 7. Jh. in Irland oder Schottland
gestorben: 7. Jh. auf dem Disibodenberg an der Nahe, Rheinland-Pfalz

Disibod war Mönch oder möglicherweise auch Bischof und lebte zu Beginn des 7. Jh. als Einsiedler auf dem heutigen Disibodenberg in Rheinland-Pfalz. Nahe seiner Zelle bildete sich in der Folge eine klösterliche Gemeinschaft, der er vorstand. Im 10. Jh. entstand an der gleichen Stelle ein Chorherrenstift, gegründet von Bischof Willigis von Mainz. Die Vita von Disibod wurde später von Hildegard von Bingen verfaßt, die bis 1148 im Frauenkonvent auf dem Disibodenberg lebte. Sie erwähnte den Gedenktag Disibods am 8. Juli bereits in ihren Aufzeichnungen.

Darstellung: Disibod ist als Einsiedler, versunken im Gebet, dargestellt.

Edgar der Friedfertige

König
geboren: um 944 in Wessex, England
gestorben: 8. Juli 975 in England

Edgar, der von seinem Volk den Beinamen „der Friedfertige" erhielt, übernahm 959 die Regentschaft in England. Er führte das Königreich zu Frieden und höchster Macht. Immer auch war er auf die Erneuerung des kirchlichen Lebens im Land bedacht. Doch es gab auch Schattenseiten im Leben des Königs. So soll er eine junge Ordensfrau mißbraucht haben, die ihm eine Tochter gebar. Erzbischof Dunstan, mit dem ihn ein enges Verhältnis verband, rief ihn zur Buße deswegen auf, woraufhin Edgar sieben Jahre lang keine Krone trug, sich kasteite und das Frauenkloster Shaftesbury stiftete. Nach seinem Tod wurde Edgar der Friedfertige in Glastonbury beigesetzt.

Darstellung: Edgar der Friedfertige ist in Ritterrüstung oder in edler Kleidung dargestellt; immer trägt er die königlichen Insignien.

Eugenius III.

Papst (von 1145 bis 1153)
geboren: 11. Jh. in Montemagno bei Pisa, Italien
gestorben: 8. Juli 1153 in Tivoli bei Rom, Italien
1872 Approbation des Kultes

Hadrian III.

Papst (884 bis 885)
geboren: 9. Jh. in Rom, Italien
gestorben: September 885 in Spilamberto bei Modena, Italien
2. Juni 1891 Bestätigung des Kultes

Kilian und Gefährten

Bischof, Märtyrer
geboren: 7. Jh. in Mullagh, Irland
gestorben: um 689 in Würzburg, Bayern
Patron der Diözese Würzburg; von Franken; der Tüncher und Weißbinder; gegen Augenkrankheiten, Gicht und Rheuma

Die berühmten Tilman-Riemenschneider-Büsten von Kilian und seinen Gefährten in der Würzburger Neumünsterkirche. Diese Büsten entstanden 1910, nachdem die Originale verbrannt waren.

Die Kilian-Gruft in der Neumünsterkirche in Würzburg, über eine Treppe zur Unterkirche erreichbar, ist seit jeher ein vielbesuchter Wallfahrtsort. In der nüchternen Krypta des einstigen Salvatordomes wird in einem schlichten Altar ein Teil der Reliquien des Kilian aufbewahrt, hier stehen auch die berühmten Büsten von Kilian und seinen Gefährten Totnan und Kolonat, ursprünglich geschaffen 1500 von Meister Tilman Riemenschneider. Nachdem die Büsten 1910 verbrannt waren, wurden die heutigen Nachbildungen geschaffen. Das Haupt Kilians befindet sich im Dom zu Würzburg, das berühmte Kiliani-Evangeliar in der Universitätsbibliothek der Stadt am Main.

Die Lebensgeschichte des Kilian ist in vielen Teilen legendarisch, historische Überlieferungen gibt es kaum. Nach der Legende entstammte Kilian einer iro-schottischen Familie und kam als Wanderbischof nach Ostfranken. Vom Papst dazu ermächtigt, predigte er ab 687 zusammen mit dem Diakon Totnan und dem Priester Kolonat in Würzburg. Den Namen Kilian erhielt der Glaubensbote möglicherweise erst bei seinem Wirken in Würzburg.

Kilian bekehrte nach der Legende Herzog Gozbert und dessen gesamte Familie. Auf Forderung des Bischofs trennte sich Gozbert 689 von Gailana, der Frau seines Bruders, mit der er zusammenlebte. Die vor Wut rasende Frau ließ Kilian daraufhin zusammen mit Kolonat und Totnan von einem gedungenen Mörder umbringen. Zusammen mit den heiligen Geräten und dem Evangelienbuch (Kiliani-Evangeliar) sollen die Leichen der Märtyrer verscharrt worden sein. Diese Passio stammt aus dem Jahr 840 und beruht auf einer noch älteren Vorlage. Andere Quellen verneinen die Angaben, daß Kilian Herzog Gozbert und seine Familie getauft habe, daß er überhaupt je zum Bischof von Würzburg geweiht worden sei, wie manche Überlieferungen behaupten.

Burkhard, Bischof von Würzburg von 741 bis 754, erhob die Gebeine Kilians am 8. Juli 752. Daher rührt die Verehrung Kilians am 8. Juli. Im Jahr 788 wurden die Reliquien dann in Anwesenheit von Karl dem Großen in den als Grablege erbauten Salvatordom, den Vorgängerbau der Neumünsterkirche, überführt.

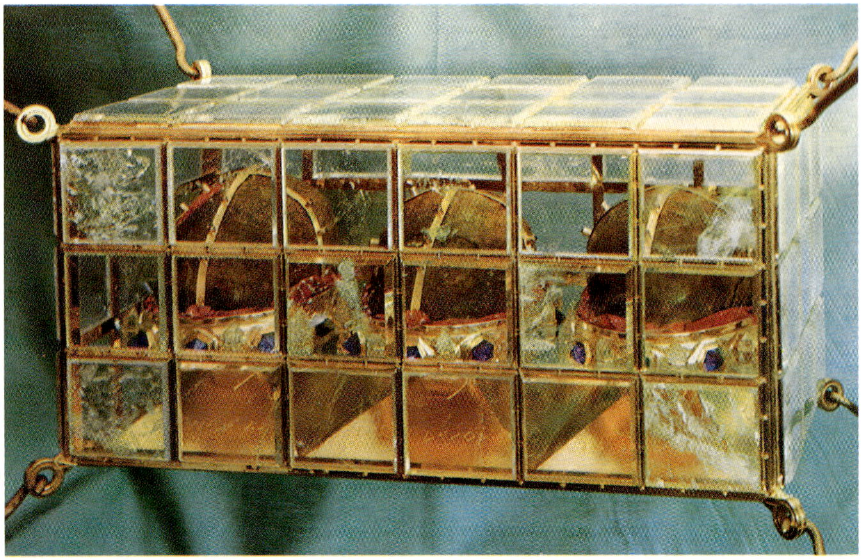

Auch der beiden Gefährten Kilians, Totnan und Kolonat, wird am heutigen 8. Juli gedacht. Die Häupter der beiden Märtyrer werden ebenfalls im Würzburger Dom aufbewahrt.

Verehrung/Brauchtum: Am Gedenktag Kilians (Kilianifest) findet alljährlich noch immer eine große Wallfahrt zum Würzburger Neumünster statt. Kilian, der oft fälschlicherweise zum Patron der Winzer gemacht wird, genießt nicht nur in Franken, sondern auch im Bistum Paderborn und in Oberösterreich große Verehrung. Kilians Geburtsort Mullagh erhielt im Juni 1991 von der Diözese Würzburg eine Kilian-Reliquie geschenkt. Ihre Ankunft wurde mit einen großen Fest gefeiert.

Oben: Die Reliquienhäupter von Kilian, Kolonat und Totnat werden im Hochaltar des Domes zu Würzburg aufbewahrt.

Unten: Die Kiliansgruft im Neumünster zu Würzburg. Der Kiliansaltar mit dem Hochgrab Kilians stammt aus dem Jahr 1250. Der Künstler H. G. Bücker schuf im Jahr 1987 den goldenen Reliquienschrein.

Darstellung: Kilian ist als Bischof mit Stab und Buch oder mit Stab und Schwert dargestellt. Häufig sieht man ihn zusammen mit Kolonat und Totnan. Auf späteren Abbildungen trägt Kilian oft auch eine Palme und ist tonsiert. Verschiedene Darstellungen gibt es im Domschatz von Paderborn. Auf der sogenannten „Cyriacus-Fahne“, dem ältesten noch erhaltenen deutschen Feldzeichen (1266), ist Kilian mit Schwert und Stab zu sehen (Mainfränkisches Museum, Würzburg). Mit Bischof Burkard zusammen ist Kilian auf einem Gemälde aus dem 16. Jh. in der Herrgottskapelle im schwäbischen Creglingen abgebildet.

Landrada

1. Äbtissin von Münster-Bilsen
geboren: 7. Jh.
gestorben: um 690 in Münster-Bilsen, Belgien

Verehrung/Brauchtum: Bis heute wird Landrada in den belgischen Diözesen Gent und Lüttich hoch verehrt.

Maria Lichtenegger

Mädchen
geboren: 4. August 1906 in St. Marein bei Graz, Österreich
gestorben: 8. Juli 1923 in St. Marein

„Ich kann als Seelenhirte ihren unschuldvollen, engelsgleichen Lebenswandel bestätigen und sage ihr vor allen ein tausendfaches Vergelt's Gott für alles.“ Tief bewegt hielt der St. Mareiner Ortspfarrer Dr. Anton Hutegger im Juli 1923 die Grabrede an der letzten Ruhestätte von Maria Lichtenegger, die nach schwersten Leiden Tage zuvor im Alter von 17 Jahren gestorben war. Nach einem Leben voller Reinheit und Frömmigkeit hatte sich bei dem jungen Mädchen eine offensichtliche Sehnsucht nach dem Tod bemerkbar gemacht. Einmal erzählte Maria, daß Jesus bei einem ihrer Gebete vor dem Tabernakel zu ihr gesprochen habe: „Mein Kind, wenn die schönsten Blumen blühen, die Lilien und Rosen, hole ich dich heim; dann wirst du bei mir sein.“

Und so sollte es auch kommen. Im Mai 1923 erkrankte Maria schwer. Sie litt auf dem Krankenbett schlimmste Schmerzen und Qualen, doch alles ertrug sie gottergeben und immer mit einem Lächeln für ihre Mitmenschen auf den Lippen. Zu ihren letzten Worten gehörten diese: „Ich weiß, ich muß sterben, aber der Gedanke, zu meinem lieben Jesus zu kommen, erfüllt mein Herz mit Freude.“ An dem Begräbnis der 17jährigen Maria Lichtenegger nahm die ganze Pfarrgemeinde teil. Im Jahr 1956 wurde der Seligsprechungsprozeß eingeleitet.

Sunniva

Jungfrau, Märtyrerin
geboren: 10. Jh. in Irland(?)
gestorben: 10. Jh. in Selje, Norwegen

Über das Leben der norwegischen Märtyrerin Sunniva gibt es keine gesicherten Überlieferungen. Angeblich soll sie eine irische Königstochter gewesen sein, die gemeinsam mit ihrem Bruder vor einem zudringlichen Brautwerber nach Selje an der norwegischen Westküste flüchtete. Gemeinsam mit weiteren Christen sollen beide dort von Einwohnern ermordet worden sein. Der norwegische König Olav I. Tryggvason erhob dann die Gebeine der Märtyrer 996 und ließ eine Kirche für deren Bestattung errichten. Die angeblichen Reliquien von Sunniva und ihren Gefährten befinden sich seit 1170 in der norwegischen Stadt Bergen.

Maria Lichtenegger. Sie starb im Alter von erst 17 Jahren.

9. Juli

Adrian und Jakob

Mönche, Märtyrer, OPraem
geboren: 16. Jh.
gestorben: 9. Juli 1572 in Briel, Niederlande

Verehrung/Brauchtum: Adrian und Jakob, die bei der Eroberung Gorkums durch calvinistische Geusen standhaft ihren katholischen Glauben verteidigten und trotz Drohungen an ihm festhielten und deshalb ermordet wurden, werden ganz besonders im Prämonstratenserorden verehrt, dem sie angehörten.

Darstellung: Adrian und Jakob wurden im Prämonstratenserhabit mit Tiara und Monstranz dargestellt.

Agilolf

Bischof von Köln OSB
geboren: 7. Jh.
gestorben: 752 in Köln, Nordrhein-Wetfalen

Agilolf wurde möglicherweise mit dem Märtyrer Agilolf verwechselt, der 716 getötet wurde und dessen Gebeine am 9. Juli wahrscheinlich 1068 nach Köln in die Mariengradenkirche übertragen wurden.

Veronika Giuliani

Äbtissin, Mystikerin OSCICap
geboren: 27. Dezember 1660 in Mercatello bei Rimini, Italien
gestorben: 9. Juli 1727 in Città di Castello, Italien

In Santiago de Chile steht das Mutterhaus der Veronika-Schwestern, die sich nach der großen italienischen Mystikerin Veronika Giuliani nennen. Veronika, die mit Taufnamen Orsola hieß, war am 27. Dezember 1660 in dem Örtchen Mercatello bei Rimini zur Welt gekommen und 16jährig in Città di Castello im Norden von Perugia dem Kapuzinerorden beigetreten. Im Jahr 1694 übernahm sie in ihrem Kloster das Amt der Novizenmeisterin. In diese Zeit fiel Veronikas erste Vision, bei der die Ordensfrau einen geheimnisvollen Kelch erblickte. Von jenem Tag an wußte Veronika Giuliani, daß Gott sie für etwas Außergewöhnliches ausersehen hatte. Am Weih-

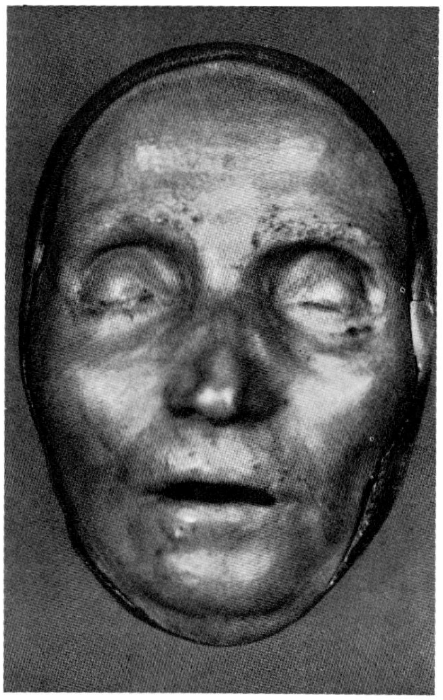

Die Totenmaske von Veronika Giuliani. Das kostbare Stück wird von den Kapuzinerinnnen des Klosters Città di Castello bei Perugia aufbewahrt.

nachtstag 1696 empfing Veronika während einer erneuten Vision die Seitenwunde Christi, einige Monate später, am Karfreitag 1697, die übrigen Körper-Wundmale des Gekreuzigten. Bei allen diesen Ereignissen hatte sie qualvolle Schmerzen zu erleiden.

Nach dem vergeblichen Versuch, die Stigmata vor ihren Mitschwestern geheimzuhalten, begann für Veronika ein furchtbarer Leidensweg. Auf kirchlichen Befehl hin wurde sie schwersten Prüfungen unterworfen, man entzog ihr das Amt der Novizenmeisterin, im Kloster besaß sie kein Stimmrecht mehr, und ihre Mitschwestern hatten die Anweisung, sie wie eine Betrügerin zu behandeln. In einem Schreiben an das Offizium berichtete der Bischof einmal, Veronika ertrage sämtliche Mißhandlungen mit tiefer Demut, in unbeschreiblicher Ruhe und Heiterkeit und begehre zunehmend nach weiteren Demütigungen. Erst nach Jahren wurden die Stigmata offiziell als echt anerkannt, Veronika 1716 sogar zur Äbtissin ihres Klosters ernannt.

Veronika Giuliani starb nach einem Leben voller Höhen und Tiefen am 9. Juli 1727 im Kloster von Città di Castello. Papst Gregor XVI. sprach die große Mystikerin am 26. Mai 1839 heilig.

Darstellung: Veronika Giuliani ist als Kapuzinerin mit den Stigmata und einer Dornenkrone abgebildet. Manchmal trägt sie auch die Passionswerkzeuge Christi im Herzen.

10. Juli

Alexander und Brüder

Märtyrer
geboren: 2. Jh. in Rom, Italien
gestorben: um 165 in Rom
Patron bei Gewitter; wird angerufen gegen Kopfschmerzen und Blutfluß

Alexander soll nach der teilweise legendarischen Überlieferung einer der sieben Söhne der Märtyrerin Felicitas gewesen sein. Es heißt, Felicitas sowie ihre sieben Söhne seien unter Kaiser Mark Aurel um das Jahr 165 in Rom wegen ihres christlichen Glaubens ermordet worden. Das Fest von Felicitas und ihrer sieben Söhne wird am 10. Juli gefeiert, das von Felicitas allein am 23. November.

Die Legende über den Martertod von Alexander sowie seiner Mutter und seiner Brüder ist bereits seit dem 5. Jh. bekannt. In den Titus-Thermen in Rom fand man ein Fresko, das Felicitas und ihre sieben Söhne zeigt. Reliquien von Alexander gelangten im 9. Jh. nach Deutschland, im 12. Jh. nach Neuwerk bei Halle. Es heißt, Alexander sei in einem Ofen bei lebendigem Leibe verbrannt worden.

Darstellung: Alexander ist als Märtyrer, meist in einem Ofen, dargestellt.

Amalberga von Gent

Jungfrau, Nonne, Mystikerin
geboren: 8. Jh. in Belgien
gestorben: 8. Jh. in Belgien
Patronin der Bauern; der Seeleute; gegen Schiffbruch; gegen Hagel; gegen Fieber

Über das Leben von Amalberga von Gent gibt es nur legendarische Überlieferungen. Sie soll fränkischem Adelsgeschlecht entstammt und als junge Frau Nonne geworden sein. Es heißt, sie habe verschiedene Visionen gehabt, außerdem sollen sich um ihre Person mehrere Wunder ereignet haben. Nach ihrem Tod wurde Amalberga von Gent zunächst im belgischen Münsterbilsen beigesetzt; im Jahr 870 dann sollen ihre Gebeine in die St.-Peter-Kirche nach Gent überführt worden sein.

Verehrung/Brauchtum: Der Kult um Amalberga von Gent ist sehr alt und besonders in den Niederlanden verbreitet.

Darstellung: Amalberga von Gent ist meist in fürstlichen, langen Gewändern und mit Krone dargestellt. Manchmal sieht man sie auch mit einem Kirchenmodell in der Hand. Hin und wieder wurde Amalberga auch zusammen mit Karl Martell abgebildet, dessen Heiratsantrag sie zurückgewiesen hat.

Amalia (Amalberga) von Maubeuge

Herzogin, Nonne
geboren: 7. Jh. in Saintes, Belgien
gestorben: um 690 in Maubeuge, Frankreich

Amalia von Maubeuge ist, so die legendarische Überlieferung, nach dem Tod ihres Ehemannes, eines lothringischen Herzogs, in das Kloster Maubeuge eingetreten. Dort soll sie auch beigesetzt worden sein; ihre sterblichen Überreste wurden später aber nach Lobbes im Hennegau überführt.

Anton Kowalczyk

Missionar, Mönch OMI
geboren: 4. Juni 1866 in Dziersanow, Polen
gestorben: 10. Juli 1947 in St. Albert, Kanada

„Er war ein Heiliger auf Urlaub." So sprachen die Ordensmitbrüder von ihrem 1947 verstorbenen Missionsvorbild Anton Kowalczyk. 81jährig war dieser nach einem seelsorgerisch erfüllten Leben im kanadischen St. Albert gestorben. Der Seligsprechungsprozeß für ihn wird vorbereitet.

Anton Kowalczyk, geboren im polnischen Dziersanow in der Diözese Posen, war 1891 in St. Gerlach in Holland bei den Oblaten der Unbefleckten Jungfrau Maria als Novize eingetreten. Ein Jahr später legte er die ersten Gelübde ab, die ewigen Gelübde folgten 1899 in Kanada.

Anton Kowalczyk. Der polnische Mönch und Missionar fand seine letzte Ruhestätte in St. Albert in Kanada.

Dorthin nämlich war Anton Kowalczyk 1896 als Missionar seiner Kongregation entsandt worden, dort wirkte er unermüdlich in verschiedenen Ämtern; alle übte er in völliger Selbstaufgabe und mit endlosem Einsatz aus. Oft wurde er wegen der unterschiedlichsten Dinge gehänselt, bei einem Unfall verlor er seinen rechten Unterarm, nie kam er mit der Sprache in Kanada zurecht. Doch er nahm alles demütig hin, jedem verzieh er Unbedachtheiten und absichtliches Verletzen. Gefährten von Pater Anton erzählten, er habe mehrfach allein durch sein Beten Wunder vollbracht. Seine letzte Ruhestätte fand Anton Kowalczyk auf dem Friedhof von St. Albert in Kanada.

Engelbert Kolland

Priester, Mönch, Märtyrer OFM
geboren: 21. September 1827 in Ramsau, Österreich
gestorben: 10. Juli 1860 in Damaskus, Syrien

Am 10. Oktober 1926 fand die Seligsprechung von Engelbert Kolland statt, der sich im Heiligen Land aufopferungsvoll der Seelsorge bei Arabern und Armeniern gewidmet hatte. Der Priester, der 1847 dem Franziskanerorden beigetreten war, übersetzte darüber hinaus religiöse Schriften. Am 10. Juli 1860 wurde Engelbert Kolland, erst 32 Jahre alt, in seinem Kloster in Damaskus bei einem Drusenüberfall ermordet. Mit ihm starben sieben weitere Franziskanermönche.

Etto

Bischof, Missionar in Belgien
geboren: um 600 in Irland
gestorben: um 670 in Dompierre, Frankreich

Darstellung: Etto wird mit Vieh dargestellt, da er nach der Legende einen stummen Hirten geheilt haben soll.

Knud von Dänemark, Erich von Schweden, Olaf von Norwegen

Könige, Märtyrer
geboren: Knud: um 1040 in Dänemark, Erich: 12. Jh. in Schweden; Olaf: 995 in Norwegen

gestorben: Knud: 10. Juli 1086 in Odense, Dänemark;
Erich: 18. Mai 1160 in Uppsala, Schweden;
Olaf: 29. Juli 1030 in Sticklestad, Norwegen
Erich: Patron von Schweden;
Olaf: Patron von Norwegen

An drei skandinavische Könige denkt die katholische Kirche am heutigen Tag. Allerdings ist der 10. Juli nur der Todestag von König Knud, die Gedenkfeiern für Olaf und Erich wurden erst später bei einer Reform des deutschen Regionalkalenders beigefügt.

Knud, der Vater von Karl dem Guten, war 1080 im Alter von 40 Jahren König von Dänemark geworden. Er überzeugte als tatkräftiger Herrscher und weitblickender Christ, der für die Kirche seines Landes segensreich wirkte. Unter ihm wurden viele Gotteshäuser erbaut, er hob die Bedeutung des Klerus und verfolgte mit Strenge die Reform der Kirche. Wegen seiner Unnachgiebigkeit in geistlichen Angelegenheiten und wegen seines Anspruches, die Macht des Königs zu stärken, ermordeten Adlige des Landes Knud während eines Gottesdienstes in der Alban-Kirche in Odense auf der Insel Fünen. Der Todestag des schon bald als Märtyrer verehrten Königs war der 10. Juli 1086. Seine Heiligsprechung erfolgte 1100 durch Papst Paschalis II.

Die Legende berichtet, daß Erich IX. Jedvardson, König von Schweden seit 1150, ebenso wie Knud während eines Gottesdienstes in der Kirche von Uppsala meuchlings ermordet worden sei, weil der dänische Königssohn Magnus Schweden erobern wollte und eine Verschwörung gegen Erich angestiftet hatte. Erich hatte bis zu seinem Tod am 18. Mai 1160 ein gottesfürchtiges, asketisches Leben geführt und sich besonders als Anwalt der Unterdrückten hervorgetan. Während zweier Kreuzzüge gegen die Finnen trug er viel zu deren Christianisierung bei. Die Gebeine von König Erich, dem Patron Schwedens, ruhen bis heute in einem Goldschrein hinter dem Hochaltar des Domes von Uppsala.

Olaf II. Haraldsson war 1015, im Alter von 20 Jahren, zum Herrscher von Norwegen ernannt worden. Zuvor hatte er eine Wikingerfahrt unternommen und 1014 bei der Rückkehr in Rouen die Taufe empfangen. Während seiner 15jährigen Regentschaft wirkte Olaf als Einiger seines Reiches, befreite Norwegen von der dänischen Oberherrschaft und bekämpfte mit ganzer Kraft das Heidentum. Er rief viele Missionare zur Christianisierung ins Land, ließ Kirchen erbauen und bestrafte jeden, der den Empfang der Taufe ablehnte. Wegen dieser strengen Regentschaft wurde Olaf 1028 von den Stammesfürsten vertrieben und seiner Krone

König Knud von Dänemark. Nach einer (vergrößerten) Münze (Nationalmuseum Kopenhagen).

beraubt. Als er versuchte, sein Reich zurückzuerobern, fiel er auf dem Schlachtfeld. Der Tag seines Todes war der 29. Juli 1030. Das Grab von Olaf, der als Patron Norwegens verehrt wird, befindet sich im Dom von Drontheim, der ihm zu Ehren erbaut wurde.

Darstellung: Knud ist als Herrscher mit den königlichen Insignien, oft mit Lanze und Pfeil dargestellt. Auch Erich ist mit den Königsinsignien sowie einem Kirchenmodell abgebildet, meist vor einem Altar. Olaf trägt auf Darstellungen meist eine Kriegerrüstung und dazu die königlichen Insignien; manchmal hat er einen Krug bei sich. Hin und wieder wurde Olaf auch auf einem Drachen stehend dargestellt.

Landfried

Abt OSB
geboren: 8. Jh.
gestorben: 8. Jh./9. Jh. in Benediktbeuern, Bayern

Landfried soll unter der Leitung des großen Bonifatius das Kloster Benediktbeuern gegründet haben und dort erster Abt geworden sein. Reliquien des Benediktiners befinden sich bis heute in der Klosterkirche von Benediktbeuern.

Pacificus von der Mark

Provinzial OFM
geboren: 12. Jh. in Ascoli Piceno, Italien
gestorben: um 1230 in Frankreich oder Italien

Pacificus war vor seinem Eintritt in den Franziskanerorden, dessen Gründer Franz ihn persönlich gewonnen hatte, ein gefeierter Troubadour in Italien; unter anderem wirkte er auch am Hof von Stauferkönig Friedrich II. Von Franziskus wurde Pacificus 1217 nach Frankreich entsandt, wo er die französische Franziskanerordensprovinz aufbaute und deren erster Provinzial wurde.

11. Juli

Benedikt von Nursia

Ordensgründer, Vater des abendländischen Mönchtums
geboren: um 480 in Norcia (Nursia), Italien
gestorben: 21. März 547 in Montecassino, Italien

Patron des Abendlandes und von Europa (seit 1964); der Lehrer, Bergleute, Kupferschmiede und Höhlenforscher (seit 1957); der Schulkinder; der Sterbenden; gegen Fieber, Entzündungen, Vergiftungen und Steinleiden; gegen Zauberei

Vater des abendländischen Mönchtums – welche Worte können besser die Größe und die Einzigartigkeit eines Mannes beschreiben, der wie kaum ein anderer vor und nach ihm Einfluß auf das Klosterleben und damit auf das geistliche Leben und Wirken allgemein genommen hat: Benedikt von Nursia. „Ora et labora", bete und arbeite, diese berühmte Regel des Ordensgründers aus Norcia, die Grundlage des Benediktinerordens, sollte vom 8. bis zum 12. Jh. die alleinige Regel des abendländischen Mönchtums bleiben und ganz erheblich zur Kultur des Mittelalters beitragen.

Statue von Benedikt im Klosterhof von Montecassino. Auf der rechten Seite des Treppenaufganges steht als Pendant die Statue von Benedikts Zwillingsschwester Scholastika. Die Grabstätte Scholastikas befindet sich ebenfalls in Montecassino.

Hoch oben in den Bergen Umbriens, in dem kleinen Ort Norcia (Nursia), kam Benedikt nach den – teilweise legendarischen – Überlieferungen um das Jahr 480 zur Welt. Mit seiner Zwillingsschwester Scholastika verbrachte er hier in der herben Landschaft dieser abgeschiedenen Gegend seine Kindheit. Auf dem Grund, wo einst das Elternhaus von Benedikt stand, erhebt sich heute die Kirche S. Benedetto. In der kühlen, nüchternen Unterkirche, heute eine Kapelle, damals ein Wohnraum, sollen vor eineinhalb Jahrtausenden Benedikt und Scholastika geboren worden sein.

Nach der Schulzeit schickten die Eltern Benedikt zum Studium nach Rom. Der hochintelligente Student floh jedoch vor Vollendung der Studien wegen der Sittenlosigkeit seiner Mitstudenten in die Einsamkeit der Sabiner Berge. Einige Zeit lebte Benedikt dort in Affile (Enfide) mit einer Gruppe von Asketen zusammen. Danach zog er sich in eine einsame Höhle im Anio-Tal bei Subiaco zurück, wo er drei Jahre lang völlig einsam ein strenges Büßerleben führte. Eine Eremitengemeinschaft aus dem nahegelegenen Kloster Vicovaro ernannte Benedikt dann zu ihrem Vorsteher. Doch als der gebildete Einsiedler den Versuch unternahm, das Leben dieser Eremiten zu ordnen, verübte man ein Gift-Attentat auf ihn.

Enttäuscht kehrte Benedikt zu seiner Höhle bei Subiaco zurück. Dort sammelte er nach und nach die Einsiedler aus der ganzen Gegend um sich. Es bildeten sich zwölf kleine Mönchsgemeinschaften, alle organisiert von Benedikt. Jede dieser Gemeinschaften hatte bald ein eigenes Kloster, alle wurden von Benedikt geleitet. Somit wurde Benedikt von Nursia zum Begründer des Mönchtums im Abendland.

Das Jahr 529 war eine neue wichtige Station im Leben von Benedikt: Er verließ Subiaco – wo heute übrigens noch zwei der Klöster zu besichtigen sind, das Monastero di S. Scolastica und das Monastero di S. Benedetto (mit herrlichen Fresken und dem einzigen Bild von Franz von Assisi, das zu seinen Lebzeiten gemalt wurde) – und gründete bei dem latinischen Ort Cassino, südöstlich von Rom, das bald weltberühmte Kloster Montecassino. Hier schrieb Benedikt seine „Regula Benedicti“, die zur Grundlage für alle von hier ausgehenden Benediktinerklöster des Abendlandes wurde. Es heißt, Benedikt sei mit seiner Regel zum „Baumeister des christlichen Abendlandes“ geworden.

Benedikt überreicht seinen Mönchen die Regel. Nach einem Fresko von Sodoma im Kloster Monte Oliveto Maggiore.

Bereits 589 gab es beim Lateran in Rom ein Benediktinerkloster. Ein Benediktinermönch wurde 590 sogar Papst: Gregor der Große. Benediktinerklöster und ihre Klosterschulen waren im Laufe der Jahrhunderte Zentren der Kultur und der Bildung. Bereits Ende des 6. Jh. missionierten Benediktinermönche in England, im 7. Jh. faßte die benediktinische Mönchsregel in Frankreich Fuß.

Am Gründonnerstag des Jahres 547, es war der 21. März, starb Benedikt während eines Gebets vor dem Altar der Klosterkirche von Montecassino. Die Mönche bestatteten ihren Ordensgründer neben seiner Schwester Scholastika. Am 11. Juli 673 (703?) – daher der Gedenktag 11. Juli – wurden Benedikts Gebeine angeblich nach Fleury in Frankreich überführt, das danach Saint-Benoît-sur-Loire hieß.

Andere Untersuchungen sprechen dafür, daß die Reliquien immer in Montecassino blieben, da dort zu allen Zeiten ebenfalls eine starke Verehrung der Benedikt-Gebeine zu verzeichnen war. Beim Wiederaufbau des 1944 im Zweiten Weltkrieg völlig zerstörten Klosters Montecassino entdeckte man das ursprüngliche Benedikt-Grab.

Verehrung/Brauchtum: Um die Gestaltung des Benedikt rankte sich über alle Jahrhunderte hinweg Brauchtum. So wurden „Benedikt-Medaillen“ oder „Benedikt-Pfennige“ als Amulette benutzt, um Heilung für Mensch und Tier sowie Schutz vor Unwettern und Gewitter zu erwirken. Um böse Geister von Sterbenden fern zu halten, läutete man die „Benedikt-Schellen“.

Der Kult Benedikts hatte sich in gleichem Maße vor allem im Abendland verbreitet, wie der Benediktererorden seinen Aufschwung nahm. Die Verehrung für den Ordensgründer ist bereits im 7. Jh. im Kalender des Benediktiners Willibrord festgehalten. Reliquien Benedikts befinden sich heute auch in Einsiedeln und in Metten in Niederbayern. Eine unbestreitbar echte Benedikt-Reliquie, eine Speiche des rechten Unterarmes, besitzt das Kloster Benediktbeuern. In dem Armreliquiar fand man eine Bleibulle von Papst Hadrian I. (772 bis 795), die das älteste Papstsiegel auf deutschem Boden ist. Nach der

Gegenüberliegende Seite: Benedikt heilt einen hautkranken Mann. Nach einem Fresko in der Unterkirche von S. Crisogono in Rom, entstanden im 10. Jh.

Unter dem Hauptaltar der restaurierten Basilika von Montecassino werden heute die sterblichen Überreste von Benedikt und Scholastika aufbewahrt. Es heißt, die Gebeine Benedikts seien am 11. Juli 703 zunächst nach Fleury in Frankreich überführt worden, das seither Saint-Benoît-sur-Loire heißt.

Schenkung der Benedikt-Reliquie an Benediktbeuern erhielt das Kloster, das zuvor dem Apostel Jakobus dem Älteren geweiht war, den Namen des Ordensgründers aus Norcia. Im Mittelalter entwickelte sich Benediktbeuern zu einem Zentrum der Benedikt-Verehrung, das Kloster wurde zu einem wichtigen Wallfahrtsort. Die „Benediktenwand" nahe Benediktbeuern erhielt diesen Namen wahrscheinlich erst in der Barockzeit, doch schon im Mittelalter sprach man von dem Berg als dem „Berg des heiligen Benedikt".

Darstellung: Benedikt von Nursia ist entweder als Abt oder als Benediktinermönch im schwarzen Habit dargestellt. Als Attribute hat er bei sich einen Becher mit Schlange als Hinweis auf das versuchte Giftattentat auf ihn oder einen Raben, der – ebenfalls auf den Tötungsversuch hinweisend – vergiftetes Brot im Schnabel trägt. Künstlerische Beispiele für Becher mit oder ohne Schlange finden sich im Kunsthistorischen Museum in Wien (Relief von Andreas Lackner), am Hochaltar der ehemaligen Klosterkirche von Blaubeuren (Benediktusfigur von Gregor Erhart, 1493) und im Kuppelfresko der Benediktinerklosterkirche Neresheim. Häufig dargestellt wurde auch die Szene, wie Benedikt stirbt; meist umgeben den Ordensgründer dabei mehrere Mönche. Zwei Beispiele dafür: Deckenfresko in der ehemaligen Benediktinerabteikirche in Amorbach und Fresko in der Cappella del Crocifisso in Montecassino. Immer wieder kehrt auch die Szene, wie Benedikt im Kreis seiner Mönche sitzt, so auch auf einer Tafel des Weihenstephaner Hochaltares, die heute in der Alten Pinakothek in München zu sehen ist. Nicht zu vergessen ist die Darstellung Benedikts mit seiner Zwillingsschwester Scholastika, so auf einem Fresko in Subiaco. Zahlreiche Darstellungen zeigen auch die Wunder, die Benedikt vollbracht haben soll, wie z. B. das Siebwunder; dazu heißt es, der kleine Benedikt habe ein Sieb wieder hergestellt, das seine Amme zuvor zerbrochen hatte.

Hildulf von Trier

Bischof, Abt CanAug
geboren: 7. Jh. in Bayern
gestorben: 11. Juli 707 in Mittelmünster, Elsaß, Frankreich

Der Bayer Hildulf war zunächst Abt des Augustinerchorherrenstifts St-Dié in Frankreich und erhielt 666 die Bischofswürde von Trier. Die Erbauung der Trierer Johanniskirche soll auf ihn zurückgehen. Doch bereits nach fünf Jahren gab Hildulf sein hohes Amt wieder zurück und gründete bald danach das Kloster Mittelmünster (Moyenmoutier) in den Vogesen. Als Abt stand er ihm bis zu seinem Tod um 700 vor. Reliquien Hildulfs werden bis heute in der ehemaligen Klosterkirche von Mittelmünster aufbewahrt.

Olga (Helga)

Großfürstin
geboren: um 890 in Vybuti, Rußland
gestorben: um 970 in Rußland

Darstellung: Großfürstin Olga, die sich unter ihrem neuen Taufnamen Helga um die Ausbreitung des christlichen Glaubens in Rußland bemühte, ist auf Darstellungen mit Kreuz und Kirchenmodell zu sehen.

Oliver Plunket

Erzbischof, Märtyrer
geboren: 1. November 1629 in Loughcrew, Irland
gestorben: 11. Juli 1681 in Tyburn bei London, England

Der Adlige Oliver Plunket, der in Rom studiert hatte, wurde 1669 im Alter von 39 Jahren Erzbischof von Armagh und Primas von Irland. Unter größten Schwierigkeiten wirkte Plunket in der folgenden Zeit als Seelsorger und Förderer des Klerus. Da der Druck auf die Katholiken aber immer stärker wurde, konnte der Erzbischof ab 1674 nur noch im Geheimen wirken. Aufgrund einer haltlosen Verleumdung wurden Oliver Plunket sowie weitere Katholiken schließlich 1679 festgenommen und als Hochverräter angeklagt. Nach einem willkürlich geführten Prozeß verurteilte das Londoner Gericht Erzbischof Plunket zum Tode, am 11. Juli 1681 wurde der Geistliche gehängt und gevierteilt. Die Seligsprechung Oliver Plunkets erfolgte am 23. Mai 1920, die Heiligsprechung am 12. Oktober 1975 durch Papst Paul VI.

Verehrung/Brauchtum: In der Diözese Hildesheim wird Oliver Plunket am 10. Juli verehrt.

Darstellung: Oliver Plunket ist in bischöflicher oder vornehmer, weltlicher Kleidung dargestellt, manchmal hält er eine Märtyrerpalme.

Pius I.

Papst (140 bis 155?)
geboren: 1. Jh. in Italien
gestorben: 155(?) in Rom, Italien

Darstellung: Michelangelo schuf eine Marmorstatue von Papst Pius I., von dessen Leben und Wirken so gut wie nichts überliefert ist. Das steinerne Werk – Pius mit Mitra und Buch in der Hand – steht im Dom von Siena.

Placidus

Missionar, Märtyrer
geboren: 7. Jh.
gestorben: um 720 in Disentis, Schweiz

Placidus war ein Gefährte und Helfer von Abt Sigisbert, der bei Disentis in der Schweiz eine Zelle errichtet hatte und von dort aus missionierte. Gemeinsam bekehrten und tauften Sigisbert und Placidus viele Heiden in der Gegend. Die Legende berichtet, daß Placidus eines Tages versucht habe, den Statthalter von Chur zu einem besseren, christlichen Leben zu bewegen; der herrschsüchtige Mann, um seinen Einfluß bangend, ließ den Glaubensboten daraufhin ermorden. Gesichert ist die Überlieferung, daß Placidus wegen seines christlichen Glaubens sterben mußte.

Sigisbert, dessen Gedenktag ebenfalls am 11. Juli begangen wird, bestattete den Freund in der Nähe seiner Zelle in Disentis; er selbst wurde nach seinem Tod bald darauf neben Placidus beigesetzt. Einige Jahrzehnte später entstand über den Grabstätten der beiden Missionare das Benediktinerkloster Disentis. Die Gebeine von Placidus und Sigisbert fanden in einem karolingischen Steinsarkophag ihre letzte Ruhestätte.

Verehrung/Brauchtum: Der Kult von Placidus (und Sigisbert) ist vor allem im Schweizer Kanton Graubünden und dort vor allem in und um Disentis sehr verbreitet; am 6. Dezember 1905 wurde er offiziell approbiert. In Disentis gab es über lange Zeit eine Placidus-Wallfahrt, bei welcher an die Gläubigen Wein aus der Hirnschale des Märtyrers ausgeteilt wurde.

Darstellung: Placidus ist als Ritter oder in fürstlichen Gewändern dargestellt. Mit abgeschlagenem Kopf ist er auf dem Altar der Pfarrkirche von Disentis zu sehen.

Sigisbert von Disentis

Abt OSB
geboren: 7. Jh.
gestorben: 8. Jh. in Disentis, Schweiz

Der Franke Sigisbert gründete in Disentis in der Schweiz eine Zelle, von welcher aus er missionierte. Viele Heiden der Gegend wurden von Sigisbert und seinem Gefährten Placidus, dessen Gedenktag ebenfalls am 11. Juli begangen wird, bekehrt und getauft. Sigisbert und Placidus wurden nach ihrem Tod zu Beginn des 8. Jh. in Disentis beigesetzt; Jahrzehnte später entstand über ihrer Begräbnisstätte das Benediktinerkloster Disentis. Der Kult von Sigisbert und Placidus wurde am 6. Dezember 1905 approbiert.

Darstellung: Sigisbert ist als Abt mit den Attributen Kirchenmodell, Stab und Buch dargestellt. Auf dem Hauptaltar der Benediktinerkirche in Chur ist Sigisbert zusammen mit Placidus zu sehen.

12. Juli

Andreas (Anderle) von Rinn

Kind
geboren: 26. November 1459 in Rinn bei Innsbruck, Österreich
gestorben: 12. Juli 1462 in Rinn

Die Überlieferungen berichten, daß der zweieinhalbjährige Andreas (Anderle) Oxner aus Rinn bei Innsbruck angeblich von fremden jüdischen Händlern ermordet worden sei, während seine Mutter auf dem Feld arbeitete. Die Gebeine des Buben wurden 1475 erhoben und in die Pfarrkirche von Rinn übertragen. Im Jahr 1678 wurde in Rinn eine neue Kirche eingeweiht, die an der Stelle erbaut worden war, an der die Bluttat geschehen sein soll. Papst Benedikt XIV. erlaubte den Kult um Andreas von Rinn 1753 für die Diözese Brixen, zu der Rinn damals gehörte. Hippolyt Guarinoni verfaßte 1620 eine Lebensgeschichte des in Rinn hochverehrten Kindes. Bis heute wird diese Überlieferung aber auch angezweifelt und verworfen.

Darstellung: Andreas Oxner ist als kleiner Bub in einem langen Kleid dargestellt; als Attribute hat er Palme und Messer bei sich. Häufig wurde auch die Szene der Ermordung des Kindes wiedergegeben.

Ansbald von Prüm

Abt von Prüm
geboren: um 810 in Luxemburg(?)
gestorben: 12. Juli 886 in Prüm, Rheinland-Pfalz

Hermagoras und Fortunatus

Märtyrer
geboren: 3. Jh.
gestorben: um 305 in Singidunum, heute Belgrad, Serbien
Patron von Aquileja (Hermagoras)

Hermagoras war Lektor, Fortunatus Diakon in der Kirche von Singidunum, dem heutigen Belgrad. Beide erlitten wohl um das Jahr 305 während der Christenverfolgung unter Diokletian den Martertod. Die Gebeine von Hermagoras gelangten um das Jahr 400 nach Aquileja. Eine spätere Legende machte dann aus Hermagoras einen Apostelschüler und den ersten Bischof von Aquileja, der im Jahr 70 den Martertod gestorben sei. Die Gebeine von Hermagoras werden bis heute in Grado nahe Aquileja aufbewahrt.

Jason

Apostelschüler
geboren: 1. Jh. in Thessalonike, Griechenland
gestorben: 1./2. Jh. auf Zypern

Johannes Gualbertus

Ordensgründer CVUOSB
geboren: um 995 bei Florenz, Italien
gestorben: 12. Juli 1073 in Passignano bei Florenz
Patron der Forstleute und Waldarbeiter; wird angerufen gegen Besessenheit

Johannes Gualbertus ging als Gründer des Vallombrosanerordens in die Geschichte ein. Er stammte aus der Nähe von Florenz, wo er um 995 als Sohn einer adligen Familie geboren wurde. Trotz einer ausgeprägten religiösen Erziehung bestimmten Ausschweifungen aller Art seine Jugendzeit. Ein furchtbares Erlebnis sollte dann sein Leben verändern: Ein Verwandter der Familie ermordete seinen Bruder. Johannes schwor Rache und machte sich auf die lang währende Suche nach dem Mörder. Doch als er ihm dann endlich gegenüberstand und der Täter sich ihm voller Angst zu Füßen warf, verzieh im Johannes. Die Legende erzählt, daß Johannes, als er danach eine Kirche besuchte, gesehen habe, wie Jesus am Kreuz sein Haupt neigte.

Nach diesem Erlebnis faßte der 18jährige Johannes den Entschluß, Mönch zu werden. Im Jahr 1013 trat er in das Benediktinerkloster S. Miniato bei Florenz ein, wo er vier Jahre verbrachte. Nachdem er danach einige Zeit in Camáldoli, im Stammkloster des Kamaldulenserordens, gelebt hatte, zog er sich 1030 in eine nahegelegene Einöde zurück und errichtete für sich und gleichgesinnte Gefährten ein Kloster. Johannes gab der Gemeinschaft eine von ihm verfaßte Regel, die auf der Grundlage der be-

Johannes Gualbertus, Gründer des Vallombrosanerordens.

nediktinischen Konstitution fußte. Nach dem Standort des Klosters, dem Vallombrosatal, wurde die neue Kongregation Vallombrosanerorden genannt. Johannes hatte in seiner Satzung eine strenge Trennung zwischen Chormönchen und Laienbrüdern festgelegt. Die Mönche durften das Kloster nie verlassen, die Laienbrüder besorgten alle Gänge außerhalb des Hauses, die für das Klosterleben wichtig waren.

Ordensstifter Johannes Gualbertus starb während einer Visitationsreise am 12. Juli 1073 in Passignano in der Toskana und wurde in der dortigen Klosterkirche beigesetzt. Seine Heiligsprechung erfolgte 1193 durch Papst Cölestin III.

Verehrung/Brauchtum: Eine starke Verehrung für Johannes Gualbertus begann bereits kurz nach seinem Tod am Grab in Passignano; dort sollen sich auch zahlreiche Wunder ereignet haben.

Darstellung: Die meisten Darstellungen von Johannes Gualbertus entstanden in der Blütezeit des Vallombrosanerordens, etwa ab dem 14. Jh. Der Ordensgründer ist meist im grauen oder bräunlichen Gewand abgebildet, er hält Kruzifix, Stab oder Buch; manchmal zertritt er einen Teufel (Fresko in S. Salvi, Florenz).

Jovinus von Trient

1. Bischof von Trient
geboren: 4. Jh.
gestorben: 4. Jh. in Trient, Italien

Leo I. von La Cava

Abt von La Cava OSB
geboren: um 990 in Lucca, Italien
gestorben: 12. Juli 1079 in La Cava, Italien
1893 Bestätigung des Kultes

Nabor und Felix

Märtyrer
geboren: 3. Jh. in Afrika
gestorben: um 304 in Lodi, Italien
Patrone gegen Ohrenleiden; für Kinder, die schwer das Gehen lernen

Über Leben und Wirken von Nabor und Felix gibt es nur eine legendarische Passio aus dem 5. Jh., doch der Martertod der beiden Afrikaner bewirkte in Oberitalien eine starke Anhebung der Märtyrerverehrung insgesamt.

Angeblich waren Felix und Nabor zwei christliche Soldaten aus Afrika. In den grausamen Christenverfolgungen zu Beginn des 4. Jh. sollen sie in Lodi südlich von Mailand um 304 enthauptet worden sein. Möglicherweise im Jahr 313 wurden die Gebeine der beiden nach Mailand überführt, wo sich bald ein starker Kult entwickelte. Für die Aufbewahrung der Reliquien wurde eine eigene Kirche errichtet. Gebeine der Märtyrer befinden sich auch in dem berühmten Dreikönigsschrein im Kölner Dom. Die Häupter von Nabor und Felix fand man 1959 im belgischen Namur wieder auf und überführte sie nach Mailand zurück.

Verehrung/Brauchtum: In Tunsel-Schmidhofen im Erzbistum Freiburg wurde 1759 zu Ehren von Nabor und Felix eine Kapelle erbaut, zu der sich im Laufe der Jahre eine Wallfahrt entwickelte.

Darstellung: In frühen Darstellungen wurden Nabor und Felix meist als Märtyrer, in späteren dann eher als römische Legionäre abgebildet; als Attribute tragen sie Palmen oder Schwerter, manchmal auch ein Buch. In prunkvolle Gewänder gekleidet, mit Kronen, sind Nabor und Felix in der Kirche S. Apollinare Nuovo in Ravenna auf einem Mosaik aus dem 6. Jh. zu sehen. In Kettenpanzer und Waffenrock zeigt sie ein Glasgemälde aus dem 14. Jh. im Kölner Dom, und gemeinsam mit Franziskus und Klara malte sie Sammachini (Pinakothek, Bologna).

Uguzo (Lucius) von Cavargna

Hirte
geboren: 12. Jh.(?)
gestorben: 12. Juli im 12. Jh.(?)
Patron der Sennen und Käser; gegen Augenkrankheiten; gegen Viehkrankheiten

Uguzo war der Legende zufolge ein armer Hirte, der sich sein Auskommen in einem Bergtal bei Cavargna am Comer See verdiente. Alle seine Ersparnisse gab er regelmäßig an die Armen und die Kirche, weshalb er schließlich von seinem Herrn verjagt wurde. Die Legende berichtet, daß Uguzo danach zu einem anderen Dienstherrn gegangen sei, bei dem daraufhin Glück und Reichtum einkehrten. Der vor Neid tobende erste Herr habe Uguzo daraufhin ermordet.

Verehrung/Brauchtum: Uguzo gilt im Tessin und in der Lombardei als Volksheiliger. Auf der schweizerisch-italienischen Paßhöhe S. Lucio steht eine Lucio-Kapelle, möglicherweise über der Grabstätte Uguzos; sie wird an den Festtagen von Uguzo, am 12. Juli und am 16. August, von Gläubigen aufgesucht. Mehrere Päpste erkannten den Kult Uguzos, der bereits seit 1280 vermerkt ist, an.

Darstellung: In der Kirche S. Marta in Carona ist Uguzo auf einem Fresko aus dem 15. Jh. zu sehen, wie er Käse verteilt. Oft trägt Uguzo auf Darstellungen einen (Fell)Umhang, manchmal auch einen Hut.

13. Juli

Arno von Würzburg

Bischof von Würzburg, Märtyrer(?)
geboren: 9. Jh.
gestorben: 13. Juli 892 in Kloffenbach, Sachsen

Clelia (Cloelia) Barbieri

Ordensgründerin
geboren: 13. Februar 1847 in Budrio di S. Giovanni in Persiceto, Italien
gestorben: 13. Juli 1870 in Bologna, Italien

Papst Johannes Paul II. sprach am 9. April 1989 die Norditalienerin Clelia Barbieri heilig, die über einhundert

Clelia Barbieri. Die Italienerin wurde 100 Jahre nach Gründung ihrer Kongregation von Papst Paul VI. seliggesprochen.

Jahre zuvor, 1868, in Bologna eine Kongregation ins Leben gerufen hatte, die sich der religiösen Erziehung von Kindern widmete: die Gemeinschaft der „Geringsten Schwestern von der Schmerzhaften Mutter“ (Minime dell'Addolorata). Im Alter von erst 27 Jahren war Clelia am 13. Juli 1870 gestorben; ihre sterblichen Überreste ruhen bis heute in einer einfachen Urne in der Kapelle des Mutterhauses in Budrio in Norditalien.

Heinrich II.

Kaiser
geboren: 6. Mai 973 in Hildesheim, Nordrhein-Westfalen
gestorben: 13. Juli 1024 in Grona, Nordrhein-Westfalen
Patron des Erzbistums und der Stadt Bamberg und des Bistums und der Stadt Basel

Heinrich II. ging als „der heilige Kaiser“ in die Geschichte ein. Seine offizielle Kanonisation nahm Papst Eugen III. im Jahr 1146 vor. Auch Heinrichs Frau, Kaiserin Kunigunde,

Heinrich II. und Kunigunde als Kirchenstifter. Nach dem Titelbild auf einem berühmten Kodex, der sich heute in der Bamberger Bibliothek befindet.

ist unter den Heiligen zu finden. Ihr Fest wird in der Diözese Bamberg, deren Patronin sie ist, am 3. März gefeiert, ansonsten ebenfalls am 13. Juli. Heinrich II. und Kunigunde haben ihre letzte Ruhestätte im Bamberger Dom gefunden, der von Heinrich 1002 erbaut worden war. Die berühmten, überlebensgroßen Liegefiguren des heiligen Kaiserpaares beherrschen das künstlerische Hochgrab, ein Werk von Tilman Riemenschneider.

Heinrich kam am 6. Mai 973 als Sohn von Bayernherzog Heinrich II. zur Welt. Nach dem Tod von Kaiser Otto III. wurde Heinrich, seit 995 Herzog von Bayern, im Jahr 1002 zum deutschen König gekrönt. Heinrich II. hatte von Beginn an ein wichtiges Ziel: Er wollte das Frankenreich wieder herstellen. Im Laufe der Jahre verzeichnete er mit seiner Politik viele Erfolge.

Im Jahr 1004 stellte Heinrich in Italien die Reichsherrschaft wieder her und empfing die italienische Krone. Während seines zweiten Romzuges wurden er und Kunigunde, die er wohl im Jahr 999 geheiratet hatte, von Papst Benedikt VIII. zum Kaiserpaar gekrönt. Kirchenpolitisch brachte Kaiser Heinrich II. ebenfalls viel in Bewegung. 1007 gründete er das Bistum Bamberg, das Bistum Merseburg wurde von ihm wieder eingerichtet. Klosterreformen unterstützte er, Kirchen wurden von ihm und seiner Frau reich beschenkt, sein Königtum bezeichnete Heinrich immer wieder als „von Gottes Gnaden".

Kaiser Heinrich II. Diese mittelalterliche Statue schmückte früher die Adamspforte des Bamberger Domes, den Heinrich Anfang des 11. Jh. hatte erbauen lassen.

Kaiser Heinrich II. starb am 13. Juli 1024 in Grona bei Göttingen. Die Legende erzählt, daß der Herrscher noch auf dem Sterbebett den umstehenden Bischöfen versichert habe, daß Kaiserin Kunigunde schon zu Beginn der gemeinsamen Ehe ein Jungfräulichkeitsgelübde abgelegt habe und die Ehe deshalb kinderlos geblieben sei. Die Ehe wurde deshalb später oft als „Josephsehe" bezeichnet.

Verehrung/Brauchtum: Der Kult Heinrichs ging vor allem von seinen verschiedenen Stiftungen aus; besonders im 17. und im 18. Jh. war die Verehrung für den Kaiser sehr verbreitet. Brauchtum gibt es um die Gestalt von Heinrich nicht, dafür um die seiner Frau Kunigunde.

Darstellung: Heinrich ist als Kaiser, auf späteren Abbildungen meist als Heiliger dargestellt. Als Attribute hat er entweder die königlichen Insignien oder aber oft auch ein Kirchenmodell bei sich. Am Isenheimer Altar in Colmar ist Heinrich mit Vollbart und dem Orden vom Goldenen Vlies zu sehen. Auch mit einer Lilie wurde der Herrscher manchmal abgebildet; sie sollte seine eheliche Keuschheit symbolisieren. Häufig wurden Heinrich und Kunigunde gemeinsam dargestellt, so in Figuren von Ignaz Günther am Hauptaltar der Pfarrkirche im niederbayerischen Mallersdorf und am Portal des Basler Münsters.

Johannes Höver

Ordensgründer CFP
geboren: 10. November 1816 in Oberste Höhe, Nordrhein-Westfalen
gestorben: 13. Juli 1864 in Aachen, Nordrhein-Westfalen

Johannes Höver ist der Gründer der Kongregation der „Armen Brüder vom heiligen Franziskus". Der Sohn einer armen Bauernfamilie, der den Beruf des Lehrers erlernt hatte, war zu dieser Gründung bewogen worden, nachdem er immer wieder mit dem Elend verwahrloster Jugendlicher konfrontiert worden war. Hier wollte er helfen, ein Vorsatz, der 1857 die Gründung seiner Gemein-

Johannes Höver, Gründer der „Armen Brüder vom heiligen Franziskus".

schaft zur Folge hatte. Maßgebliche Unterstützung dabei leistete Franziska Schervier, die Gründerin der „Armen Schwestern vom heiligen Franziskus".

Viel Zeit aber sollte Johannes Höver, der mit Taufnamen Philipp hieß, nicht mehr bleiben, um sein Werk selbst in Händen zu halten. Ein Schlaganfall fesselte ihn für einige Zeit ans Bett, bis er am 2. Februar 1863 endlich die ewigen Gelübde ablegen konnte. Doch Johannes Höver gesundete nie mehr vollends; am 13. Juli 1864 wurde er von seinem schweren Leiden erlöst. Eine riesige Menschenmenge gab dem Ordensgründer das letzte Geleit zum Friedhof in Aachen. Die Kongregation der „Armen Brüder vom heiligen Franziskus" war am 5. Januar 1861 kirchlich bestätigt worden.

Kunigunde

Kaiserin
geboren: um 980 in Luxemburg
gestorben: 3. März 1033 oder 1039 in Kaufungen, Hessen
Patronin des Erzbistums Bamberg; der Schwangeren; der (kranken) Kinder

Im Dom zu Bamberg, dem Zeugnis spätromanischer und frühgotischer Baukunst, kann der Besucher einen der wohl schönsten Sarkophage bewundern: Tilman Riemenschneider schuf die letzte Ruhestätte von Kunigunde und ihrem Ehemann, Kaiser Heinrich II. Als übergroße Gestalten ruhen die beiden Heiligen auf der Deckplatte des um 1500 geschaffenen Kalksteinsarkophages, an dessen Seiten Relief-Felder Szenen aus dem Leben des berühmten Ehepaares darstellen.

Kunigunde war die Tochter von Graf Siegfried von Lützelburg (Luxemburg). Ihr genaues Geburtsdatum ist unbekannt, es dürfte um 980 gelegen haben. Im Jahr 999 heiratete Kunigunde Herzog Heinrich von Bayern, der nach dem Tod Kaiser Ottos III. 1002 zum deutschen König gewählt wurde. Erzbischof Willigis von Mainz krönte Heinrich II. und Kunigunde am 10. August 1002 in Paderborn. Zwölf Jahre später, 1014, krönte Papst Benedikt VIII. Heinrich in Rom zum Kaiser, Kunigunde zur Kaiserin.

Mehrfach war Kunigunde während der zahlreichen Reisen Heinrichs Regentin im Reich. Noch als Königin hatte sie 1007 maßgeblich an der Gründung des Bistums Bamberg mitgewirkt. Die Erbauung des Bamberger Domes geht ebenfalls auf das Königspaar zurück. Als Kaiserin stiftete Kunigunde das Benediktinerinnenkloster Kaufungen in Hessen in der Nähe von Kassel. Die Abtei heißt heute Oberkaufungen, die Kirche ist jetzt protestantisch.

Nachdem Kaiser Heinrich II. im Jahr 1024 gestorben war, zog sich Kunigunde ein Jahr später nach Kaufungen zurück und legte das Gelübde ab. Sie starb am 3. März 1033 (1039) in diesem Kloster.

Im Jahr 1200 sprach Papst Innozenz III. Kaiserin Kunigunde heilig. Ihre Gebeine wurden 1201 in den Bamberger Dom übertragen, wo auch ihr schon 1146 heiliggesprochener Ehemann Heinrich II. seine letzte Ruhestätte gefunden hatte. Rund 300 Jahre später entstand dann die berühmte Riemenschneider-Tumba.

Kunigunde ist die Patronin der Diözese Bamberg, in der ihr Hochfest an ihrem Todestag, dem 3. März, gefeiert wird. Im übrigen deutschen Sprachraum ist der 13. Juli der Gedenktag, zusammen mit dem von Heinrich II., der am 13. Juli 1024 gestorben ist. In der Legende wurde die kinderlose Ehe zwischen Kunigunde

Das figurengeschmückte Hochgrab von Kaiser Heinrich II. und seiner Gemahlin Kunigunde im Dom zu Bamberg. Das Kunstwerk stammt von Tilman Riemenschneider.

Kunigunde, der ehelichen Untreue bezichtigt, geht über glühende Pflugscharen, um ihre Unschuld zu beweisen. Nach einer Zeichnung von K. Weigand aus dem 19. Jh. Die Szene gehört zu den häufig dargestellten Motiven.

und Heinrich als klassische „Josephsehe" gedeutet. Andere Überlieferungen widersprechen dieser Version.

Auf Abbildungen ist die heilige Kunigunde oft mit einer Pflugschar zu sehen. Dieses Attribut geht auf die wohl bekannteste Legende aus Kunigundes Leben zurück: Gehässige Menschen hatten die Kaiserin bei ihrem Ehemann des Ehebruches bezichtigt. Als die Verleumdungen immer schlimmer wurden, bot Kunigunde an, sich einem Gottesurteil zu unterwerfen: Vor dem versammelten Volk ging sie über glühende Pflugscharen. Sie blieb vollkommen unversehrt, und ihre Untertanen verehrten sie von diesem Tag an mehr als je zuvor. Für ihre Verleumder bat sie bei ihrem Mann Heinrich um Milde und Vergebung.

Verehrung/Brauchtum: Im Bistum Bamberg gibt es außer dem dortigen Kunigunde-Festtag 3. März auch noch die Translationsgedenktage 9. September und 22. Mai. Das Fest von Kunigundes Heiligsprechung wird am 29. März begangen. Heilkräfte sagte man dem „Kunigundswasser" nach, und aus dem „Kunigundskraut", dem Thymian, flocht man früher Kränzlein, denen ebenfalls allerlei Wirkkräfte bescheinigt wurden. Vor allem schwangere Frauen erbaten sich von Kunigunde Beistand.

Darstellung: Kunigunde wird immer in kaiserlichen Gewändern dargestellt, manchmal trägt sie einen Witwenschleier. Oft hat die Kaiserin als Attribut ein Modell des Bamberger Domes bei sich, hin und wieder trägt sie auch ein griechisches Kreuz, so am Chorgewölbe im Basler Münster und auf einem Wandteppich in der Kirche des oberitalienischen Ortes Gries. Die Szene der Feuerprobe ist zu sehen in Holzskulpturen von Ignaz Günther in den Pfarrkirchen von Rott am Inn und von Mallersdorf in Niederbayern.

Silas

Mitarbeiter von Paulus
geboren: 1. Jh.
gestorben: 1./2. Jh.

Darstellung: Auf Abbildungen ist Silas in bischöflichen Gewändern zu sehen, meist im Greisenalter.

14. Juli

Angelina von Marsciano

Ordensgründerin
geboren: 1377 bei Orvieto, Italien
gestorben: 14. Juli 1435 in Foligno, Italien

Die Witwe Angelina von Marsciano ist die Gründerin des Franziskanerordenszweiges der „Regulierten Terziarinnen". Angelina hatte gleichgesinnte Frauen um sich gesammelt, um mit ihnen ein klösterliches Leben unter der Regel von Franz von Assisi zu führen. Als Gründungsjahr gilt 1397. Papst Martin V. erteilte 1430 der Gemeinschaft die Bestätigung. Angelina von Marsciano richtete dann 20 Klöster mit der von ihr geschaffenen Regel ein, deren Generaloberin sie bis zu ihrem Tode am 14. Juli 1435 war. Beigesetzt wurde sie in der Franziskanerkirche in Foligno, wo das erste ihrer Klöster entstanden war. Im 17. Jh. zählte der Ordensverband 135 Klöster. Die Ordensschwestern „Contesse", die 1923 neu approbiert wurden, gehen auf Angelinas Gründung zurück. Angelina von Marsciano wurde am 8. März 1825 von Papst Leo XII. seliggesprochen.

Verehrung/Brauchtum: In ihrem Orden gedenkt man Angelinas am 21. Juli.

Darstellung: Angelina von Marsciano ist im Ordensgewand der Franziskanerinnen dargestellt, als Attribute hat sie Schriftrolle und/oder Kirchenmodell bei sich.

Dentlin

Kind
geboren: 7. Jh. im Hennegau, Belgien
gestorben: 7. Jh. im Hennegau
Patron von Rees (Nordrhein-Westfalen)

Verehrung/Brauchtum: Dentlin, der siebenjährig starb, wird im Hennegau (Hainaut) stark verehrt.

Felix von Como

1. Bischof von Como
geboren: 4. Jh.
gestorben: 14. Juli 391 in Como, Italien

Franz von Solano

Mönch, Missionar OFM
geboren: 10. März 1549 in Montilla, Spanien
gestorben: 14. Juli 1610 in Lima, Peru
Patron von Chile und Panama; von Lima; der Franziskaner-Missionen; gegen Erdbeben

Franz von Solano ist eine der außergewöhnlichsten Persönlichkeiten der Kirchengeschichte. 20jährig war der Südspanier dem Franziskanerorden beigetreten und Priester geworden. Zunächst wirkte er als Missionar in Spanien und kümmerte sich dort besonders um die Pestkranken. Innerhalb seines Ordens war er zu jener Zeit auch Oberer. Nach etwa 20 Jahren ging Franz von Solano dann nach Südamerika, wo er in den folgenden zwei Jahrzehnten als „Apostel der Indianer" und Seelsorger unter den Kolonisten schweren Dienst tat. Zuerst wirkte er in Nord-Argentinien, ab 1596 dann in Peru. Da Franz von Solano neben seinen großartigen seelsorgerischen Fähigkeiten auch mit übernatürlichen Kräften begnadet war, nannte man ihn schon bald den „Wundertäter der Neuen Welt". Neben aller heroischen Abtötung und Selbstaufgabe war Franz von Solano aber auch ein Mensch der Fröhlichkeit und der Muße; unter anderem spielte er hervorragend Geige und dies bevorzugt zu Gottes Lob. Am 14. Juli 1610 starb der große Missionar in Lima. Seliggesprochen wurde er 1675, seine Heiligsprechung erfolgte am 27. Dezember 1726 durch Papst Benedikt XIII.

Verehrung/Brauchtum: Franz von Solano wird sowohl im Franziskaner- als auch im Kapuzinerorden hoch verehrt. Die Franziskaner begehen seinen Gedenktag am 13. Juli, die Kapuziner und die Konventualen am 21. Juli.

Darstellung: Franz von Solano ist immer in Franziskanerhabit dargestellt; meist sitzen Indianer bei ihm, die er unterrichtet. Oft sieht man ihn auf Abbildungen auch Geige spielend, was auf seine Fähigkeit des Geigenspielens als Unterstreichung seiner Predigten hinweisen soll; ein Beispiel für diese Szene: ein Gemälde am Hauptaltar in der Kathedrale von Camajar. Den Tod des Franz von Solano zeigt ein Gemälde in der Kirche S. Maria in Aracoeli in Rom. Über der Tür seiner Sterbezelle im peruanischen Lima zeigt ein zeitgenössisches Porträt den großen Missionar.

Franz von Solano. Nach einer Skizze von Bartolomé Murillo. Dargestellt ist die Szene, wie Franz und seine Gefährten von einem wilden Stier angegriffen werden, es Franz aber gelingt, das Tier zu besänftigen.

Hroznata

Laienbruder, Märtyrer OPraem
geboren: um 1170 in Hrosnietin, Tschechien
gestorben: 14. Juli 1217 bei Eger, Tschechien

Nach dem Tod von Kind und Frau gründete der Adlige Hroznata, dessen Namen sich wahrscheinlich von seinem Geburtsort ableitet, mit seinem Besitz das Prämonstratenserstift Tepl in Westböhmen, in das er später selbst als Laienbruder eintrat, sowie ein Prämonstratenserinnenstift. Während einer Reise in seinen Heimatort Hrosnietin wurde Hroznata 1217 von Raubrittern gefangengenommen und bei Eger in einen Kerker geworfen. Dort starb er am 14. Juli den Hungertod. Hroznatas Kult als Märtyrer wurde 1897 von Papst Leo XIII. offiziell bestätigt.

Jacobus a Voragine

Erzbischof, Schriftsteller OP
geboren: um 1230 in Voragine (Varazze), Italien
gestorben: 14. Juli 1298 in Genua, Italien

Jacobus a Voragine war auch ein bedeutender Kirchenmann, der das Erzbistum Genua ab 1292 besonnen führte. Doch seine größten Verdienste – bis in die heutige Zeit lebendig – erwarb sich Jacobus durch sein immenses schriftstellerisches Werk und da ganz besonders durch seine „Legenda Aurea", die die Heiligenliteratur aller folgenden Jahrhunderte beeinflußte. Diese „Legenda sanctorum", so ihr ursprünglicher Name, beschreibt in volkstümlicher Weise das Leben der Heiligen des Kirchenjahres von Januar bis Dezember; sie wurde in alle Sprachen des Abendlandes übersetzt und war auch die Grundlage für Tausende von Heiligengemälden berühmter Künstler des Mittelalters.

Jacobus a Voragine, der bereits im Alter von etwa 14 Jahren dem Dominikanerorden beigetreten und schon 22jährig zum Professor der Theologie ernannt worden war, starb nach rund sechsjähriger Amtszeit als Erzbischof von Genua am 14. Juli 1298. Beigesetzt wurde er unter dem Hauptaltar der Kirche S. Domenico in Genua. Die Bestätigung des Kultes erfolgte 1816.

Darstellung: Abbildungen von Jacobus a Voragine gibt es nur ganz wenige; im Museo Civico in Genua ist eine Statue zu sehen, die ihn als Bischof mit Pallium zeigt (13. Jh.).

Kamillus von Lellis

Ordensgründer MI
geboren: 25. Mai 1550 in Bucchianico bei Pescara, Italien
gestorben: 14. Juli 1614 in Rom, Italien
Patron der Krankenpfleger, Krankenhäuser, Kranken und Sterbenden

Er ist der Schutzheilige der Kranken und der Krankenpfleger, der Spitäler und der Sterbenden. Der Orden der Kamillianer, der „Regularkleriker vom Krankendienst", ist sein Werk. Kamillus von Lellis gilt als Organisator und Reformator der Krankenpflege. Er wurde am 29. Juni 1746 von Papst Benedikt XIV. heiliggesprochen.

Kamillus von Lellis, Gründer des Kamillianerordens. Der Ausschnitt aus einem Gemälde von Pierre Subleyras zeigt die Szene, wie Kamillus Kranke vor einer Überschwemmung rettet.

Kamillus (Camillo) wurde am 25. Mai 1550 in dem Abruzzenort Bucchianico, südlich von Pescara an der italienischen Adriaküste, als Sohn eines Offiziers geboren. Nachdem seine Eltern früh gestorben waren, wurde Kamillus, der nie Lesen und Schreiben gelernt hatte, Soldat und verspielte in kürzester Zeit seinen gesamten Besitz. Wegen einer nie richtig verheilten Krankheit verließ Kamillus dann den Kriegsdienst und hielt sich durch Aushilfsarbeiten mühsam über Wasser.

Im Jahr 1574 erhielt Kamillus Arbeit beim Bau eines Kapuzinerklosters in Manfredonia auf dem Gargano (Apulien). Während dieser Tätigkeit erfolgte seine Bekehrung, und Kamillus, bis dahin alles Kirchliche ablehnend, trat dem Kapuzinerorden bei. Bald schon mußte er aber wegen einer aufgebrochenen Wunde das Kloster wieder verlassen. Er ging nach Rom und wurde dort im Jakobusspital gesundgepflegt. Nach seiner Genesung blieb Kamillus und arbeitete als Krankenwärter. Wegen seiner großen Zuverlässigkeit wurde er bald zum Hospitalmeister ernannt. Eines Tages lernte er Philipp Neri, den „Apostel Roms", kennen. Der bewunderte Ordensgründer erkannte mit klarem Blick, was in Kamillus von Lellis steckte. Er förderte ihn in den folgenden Jahren, bis der Krankenpfleger im Jahr 1584 die Priesterweihe empfing.

Totenmaske von Kamillus Lellis. Das Erinnerungsstück wird in der Kirche S. Maria Maddalena in Rom aufbewahrt.

Bereits 1582 hatte Kamillus seine Genossenschaft von Krankenpflegern gegründet. Die Kamillianer legten zusätzlich das Gelübde ab, Kranken, auch Pestkranken, geistig und leiblich zu dienen. Papst Sixtus V. bestätigte die Gemeinschaft 1586, Papst Gregor XIV. erhob sie 1591 zum Orden. Schon 1588 entstand in Neapel die erste Filiale. Das große Verdienst der Kamillianer lag in der von ihnen durchgeführten Reform der Krankenhauspflege, wie sie in Spanien auch schon von Johannes von Gott eingeleitet worden war. Ansteckend Kranke wurden von den anderen Kranken getrennt, das Essen der Kranken auf ihre Leiden abgestellt, die Krankensäle in ihrer Ausstattung verbessert. Sterbende wurden bis zuletzt umsorgt und erhielten geistlichen Beistand. Heroische Dienste leisteten die Kamillianer während einiger Pest- und Cholera-Epidemien in Italien, bei denen viele Ordensmitglieder während des Pflegedienstes ihr Leben ließen.

Im Jahr 1607 legte Kamillus von Lellis die Leitung seines Ordens nieder und widmete sich bis zu seinem Tod am 14. Juli 1614 nur noch aufopfernd der Pflege von Kranken. Seine letzte Ruhestätte fand der Ordensgründer in der Kirche S. Maria Maddalena in Rom.

Verehrung/Brauchtum: Kamillus von Lellis wurde lange als Patron von Rom verehrt.

Darstellung: Kamillus von Lellis ist im schwarzen Ordenskleid dargestellt, oft, wie er Kranken hilft; Beispiele für diese Szene: das Gemälde von Pierre Subleyras im Museo di Roma in Rom oder ein Pozzo zugeschriebenes Gemälde im Vatikanischen Museum in Rom. Verschiedene Darstellungen finden sich in der Generalatskirche S. Maria Maddalena in Rom, der Beisetzungsstätte von Kamillus von Lellis.

Ulrich von Zell

Prior OSB
geboren: 1029 in Regensburg, Bayern
gestorben: 14. Juli 1093 in St. Ulrich, Baden-Württemberg

In der heutigen Pfarrkirche des kleinen Südschwarzwalddorfes St. Ulrich im oberen Möhlintal befindet sich das Grab von Ulrich von Zell, dem Namenspatron des Dorfes und einem der bedeutendsten Reformmönche seiner Zeit in Deutschland. Die Kirche war früher das Gotteshaus der berühmten Benediktinerabtei St. Ulrich, deren Geschichte untrennbar mit dem Leben von Ulrich von Zell verbunden ist.

Ulrich, 1029 in Regensburg geboren, wurde dort in St. Emmeram erzogen, bald darauf zum Diakon geweiht und war dann als Archidiakon und Propst in Freising tätig. Im Jahr 1046 begleitete Ulrich Kaiser Heinrich III. auf seiner Reise nach Rom, danach unternahm er eine mehrjährige Wallfahrt nach Palästina.

Begeistert von der kirchlichen Reformbewegung, die von dem französischen Kloster Cluny ausging, trat Ulrich 1061, nachdem er zuvor seinen gesamten Besitz an die Armen verschenkt hatte, in die burgundische Benediktinerabtei ein und wurde bald darauf zum Priester geweiht. Abt Hugo von Cluny, eine beherrschende Gestalt der cluniazensischen Reformbewegung, betraute Ulrich etwa ab 1072 mit der Verbreitung der burgundischen Reformideen im deutschen Sprachraum. Ulrich gründete als erstes im Schweizer Kanton Bern das Priorat auf dem Rüeggisberg, das erste Cluniazenser-Prioriat im deutschen Sprachgebiet. Im Jahre 1078 wurde Ulrich von Zell Prior in dem neugegründeten Kloster in Grüningen bei Freiburg im Breisgau, das er dann 1087 in das ruhige Möhlintal verlegte. Dort starb er am 14. Juli 1093.

Zusammen mit seinem Jugendfreund Wilhelm, der 1069 zum Abt des wichtigen Klosters Hirsau ernannt worden war, verfaßte Ulrich auch die berühmten „Constitutiones Hirsaugienses", die auf der cluniazensischen Reformidee beruhten.

Darstellung: Ulrich von Zell ist als Benediktiner dargestellt, häufig mit Kindern zu Füßen, die er manchmal von einer Krankheit heilt; ein Beispiel für diese Szene: Altarstatue in der Kirche zu St. Ulrich. In St. Ulrich sind wohl die meisten szenischen Darstellungen aus Ulrichs Leben zu finden.

15. Juli

Bernhard von Baden

Markgraf
geboren: um 1428 in Hohenbaden bei Baden-Baden, Baden-Württemberg
gestorben: 15. Juli 1458 in Moncalieri, Italien
Patron von Baden; der Erzdiözese Freiburg; von Moncalieri; der Jugend; der Männer

Markgraf Bernhard regierte nur kurz das ihm unterstehende Land, bevor er als Gesandter von Kaiser Friedrich III. in Deutschland, Frankreich und Italien für einen Kreuzzug warb. Während einer seiner Reisen starb Bernhard in Moncalieri südlich von Turin an einer Seuche. Beigesetzt wurde der Markgraf in der dortigen Kirche S. Maria della Scala. Bernhards Seligsprechung erfolgte 1769, der Heiligsprechungsprozeß wurde 1958 eröffnet.

Verehrung/Brauchtum: Bernhard von Baden dürfte einer der wenigen „alten" Seligen und Heiligen sein, denen noch in der Neuzeit ein Lied gewidmet wurde: 1959/60 entstand das Lied vom „frommen Bernhard", Text Georg Thurmair, Musik Bertold Hummel.

Darstellung: Meist wurde Bernhard von Baden in Rüstung abgebildet, oft mit Fahne, so auf einer sogenannten Karlsruher Votivtafel aus dem 15. Jh. im Zähringer Museum in

Baden-Baden. Auf seinem Reliquienschrein in der Kirche S. Maria della Scala in Moncalieri ist Bernhard auf einer Wolke über Moncalieri schwebend, inmitten von Engeln zu sehen.

Bonaventura

Kardinalbischof, Kirchenlehrer OFM
geboren: um 1218 in Bagnoregio, Italien
gestorben: 15. Juli 1274 in Lyon, Frankreich
Patron der Franziskaner; der Theologen; der Arbeiter; der Lastenträger und Seidenhersteller; der Kinder

Papst Leo XIII. nannte Bonaventura einmal „Fürst unter allen Mystikern“. Papst Sixtus V. ernannte den großen Franziskaner 1588 zum Kirchenlehrer und gab ihm den Titel „Doctor Seraphicus“, womit seine mystische Religionstätigkeit gewürdigt werden sollte. Neben Thomas von Aquin, mit dem er angeblich befreundet war und der vier Monate vor ihm starb, gilt Bonaventura als wichtigster Theologe der Scholastik. In der „Theologischen Revue“ aus dem Jahr 1922 stand über Bonaventura: „Er war das Echo der Lehrtradition und verbreitete die ganze religiöse Gedankenwelt seines Zeitalters in unerreicht klarer Systematik und kurzer Form und beseelte die Theologie mit der Wärme seiner liebeglühenden Seele.“ Bonaventura wird oft auch der zweite Stifter des Franziskanerordens genannt, da er die Regel mit neuem Geist erfüllte und den Orden neu und effektiv organisierte.

Bonaventura und Leander. Nach einem Gemälde von Bartolomé Murillo, das sich früher in der Kapuzinerkirche von Sevilla befand und heute im Museo de Bellas Artes in Sevilla zu sehen ist.

Bonaventura, dessen Taufname Giovanni Fidanza lautete, wurde im Jahr 1221 in dem Ort Bagnoregio, unweit von Viterbo im Latium, geboren. Die Entstehung des Namens Bonaventura erzählt eine Legende: Die Mutter brachte den kranken Giovanni zu Franz von Assisi, damit dieser das Kind segne. Als der Junge fünf Jahre alt war, führte die Frau ihren Sohn noch einmal zu Franz, um für die Genesung zu danken. Da soll dieser laut ausgerufen haben: „Buona ventura“ (welch glückliches Ereignis). Von da an wurde der Junge nur noch Bonaventura genannt.

Bonaventura. Nach einem Fresko von Fra Angelico in der Klosterkirche S. Marco in Florenz.

Sehr jung trat Bonaventura dem Franziskanerorden bei. Von 1236 bis 1242 studierte er in Paris. (Andere Quellen berichten, Bonaventura sei erst in Paris in den Orden eingetreten). Um 1256 machte Bonaventura seinen Doktor der Theologie, und 1257 wurde er, gerade 36jährig, zum siebten General des Franziskanerordens ernannt. Von der französischen Hauptstadt aus leitete Bonaventura den Orden 17 Jahre lang umsichtig und geschickt. Im Auftrag von Papst Gregor X., der ihn 1273 zum Kardinalbischof von Albano ernannt hatte, bereitete Bonaventura dann in Rom das Zweite Konzil von Lyon vor, dem er während seines Verlaufes (Mai bis Juli 1274) vorstand. Bonaventura erfüllte die Erwartungen des Papstes voll und ganz und bewies eine glückliche Hand bei der Bewältigung der ihm gestellten Aufgabe. Den Abschluß des Konzils in der französischen Stadt durfte Bonaventura aber nicht mehr erleben: Wenige Tage vor dem Ende starb er am 15. Juli 1274 in Lyon. Papst Sixtus IV. sprach den großen Franziskaner am 14. April 1482 heilig.

Im Stadtzentrum von Lyon, an der Place des Cordeliers unweit der Rhône, steht die gewaltige Kirche Saint-Bonaventure, die dem Franziskaner-General geweiht ist und in der er seine letzte Ruhestätte fand. Am Eingang des nüchternen Gotteshauses an einer belebten Geschäftsstraße hängen riesige, golddurchwirkte Wandbehänge, auf denen Szenen aus Bonaventuras Leben dargestellt sind.

Verehrung/Brauchtum: Die Stadt Bagnoreggio erhielt von Karl VIII. eine Armreliquie Bonaventuras geschenkt, die in der Kathedrale aufbewahrt wird. Die sterblichen Überreste des Ordensgenerals in Lyon sind verbrannt, das zunächst gerettete Haupt ist seit 1807 verschollen.

Darstellung: Bonaventura wird im Franziskanerordensgewand dargestellt, manchmal mit Kardinalshut. Oft sieht man ihn an einem Schreibpult, als Attribute hat er Kruzifix und Buch bei sich. Auch als Kapuziner wurde Bonaventura manchmal gemalt, so von Murillo (Provinzialmuseum, Sevilla). Auch der Tod und die Aufbahrung sind häufig dargestellt worden; ein Beispiel: „Aufbahrung" von Zurbarán (Louvre, Paris). Auch mit anderen Kirchengestalten wurde Bonaventura oft abgebildet, meist mit Heiligen des Franziskanerordens; Beispiel: mit Antonius von Padua auf einem Gemälde von Belludi (Accademia, Venedig).

Ceslaus von Breslau

Provinzial OP
geboren: 1180 in Schlesien, Polen
gestorben: 15. Juli 1242 in Breslau, Polen

Der polnische Graf Ceslaus Odrowaz wurde von Ordensgründer Dominikus 1218 in Rom in den Dominikanerorden aufgenommen. Bald darauf wurde er Provinzial der polnischen Ordensprovinz. Im Jahr 1224 gründete Ceslaus das Dominikanerkloster in Breslau, dessen Prior er wurde. Einen Namen machte sich der Ordensmann vor allem als Prediger in Prag und Schlesien. Darüber hinaus ging er als „Retter der Breslauer Burg" vor den Mongolen in die Geschichte ein.

Der Apostel Schlesiens starb am 15. Juli 1242 in Breslau, wo er in der St. Adalbert-Kirche beigesetzt wurde. Papst Clemens XI. approbierte den Kult von Ceslaus 1713.

Verehrung/Brauchtum: In der Erzdiözese Breslau wird das Fest von Ceslaus am 20. Juli begangen, im Dominikanerorden am 17. Juli.

Darstellung: Ceslaus ist auf Abbildungen als Dominikaner mit den Attributen Kruzifix, Kerze, Buch und Lilie dargestellt.

Donald (Donewald)

Einsiedler
geboren: 7. Jh. in Schottland
gestorben: um 716 in Forfarshire, Schottland

Donald, ein schottischer Adliger, lebte mit seinen neun Töchtern als Einsiedler in einer Einöde in seinem Heimatland. Alle neun Mädchen traten nach Donalds Tod in dasselbe Kloster ein.

Egino von Augsburg

Abt OSB
geboren: um 1065 in Augsburg(?), Bayern
gestorben: 15. Juli 1120 in Pisa, Italien

Egino erhielt seine Erziehung in dem Augsburger Kloster St. Ulrich und Afra und trat dort 1080 als Mönch ein. Als er sich rund zwei Jahrzehnte später im Investiturstreit zwischen Kaiser und Papst, in welchen auch der Augsburger Bischof Herimann involviert war, auf die Seite des Papstes schlug, wurde Egino vertrieben. In der Folge trat er in das Benediktinerkloster St. Blasien im Schwarzwald ein. 1106 konnte Egino nach Augsburg zurückkehren, 1109 wählten ihn die Mönche von St. Ulrich und Afra zu ihrem Abt. Aufgrund erneuter Spannungen im Verhältnis zu Bischof Herimann reiste

Pompilius Maria Pirrotti auf dem Sterbebett. Zeichnung von Ingrosso.

Egino 1120 nach Rom, um dort mit Papst Calixtus II. zu beraten. Auf der Rückreise starb Egino in Pisa im dortigen Kamaldulenserkloster S. Michele. Er fand dort seine letzte Ruhestätte.

Darstellung: Egino ist abgebildet in Mönchskleidung, den Teufel verjagend.

Gumbert (Guntpert)

Abt, Bischof(?) OSB
geboren: 8. Jh. in Ansbach, Bayern
gestorben: um 790 in Ansbach

Gumbert gründete auf seinem Gut in Ansbach um 750 ein Benediktinerkloster, das er als Abt bis zu seinem Tod leitete. Im Jahr 786 übereignete er das Kloster Karl dem Großen, welcher es später wiederum dem Bistum Würzburg gab. Nach der Legende soll Gumbert auch Bischof von Würzburg gewesen sein. Der größte Teil der Gebeine des Abtes blieb in der Stiftskirche (Gumbertuskirche) in Ansbach.

Verehrung/Brauchtum: Der Kult Gumberts ist bereits im 9. Jh. nachweisbar.

Darstellung: Gumbert ist als Bischof in Pontifikalkleidung dargestellt, meist mit Stab und Kirchenmodell; so ist er unter anderem auf einem Chorfenster in der Gumbertuskirche in Ansbach abgebildet.

Pompilius Maria vom heiligen Nikolaus (Domenico Pirrotti)

Priester, Mönch, Mystiker COp
geboren: 29. September 1710 in Montecalvo Irpino bei Avellino, Italien
gestorben: 15. Juli 1766 in Campi Salentina, Italien

Papst Pius XI. sprach am 19. März 1934 Pompilius Maria vom heiligen Nikolaus, der mit Taufnamen Domenico Pirrotti hieß, heilig; die Seligsprechung war 1890 erfolgt. Pompilius, Priester und Mönch des Calasantinerordens, hatte drei Jahrzehnte lang in Italien als Seelsorger und hochbegabter Prediger gewirkt. Er war überaus charismatisch begnadet und verfügte über die Gabe der Krankenheilung und der Prophetie.

Regiswindis

Kind
geboren: 8./9. Jh.(?) in Laufen/Neckar, Baden-Württemberg
gestorben: 8./9. Jh.(?) in Laufen

Die Überlieferungen berichten, Regiswindis, die siebenjährige Tochter von Markgraf Ernst von Laufen am Neckar, sei von ihrer Amme erwürgt und danach in den Neckar geworfen worden. Nachdem der Leichnam des Kindes aufgefunden worden war, soll Bischof Humbert von Würzburg (833 bis 842) die Gebeine erhoben haben. Die sterblichen Überreste von Regiswindis wurden dann im 13. Jh. in die (heute evangelische) Pfarrkirche von Laufen übertragen.

Verehrung/Brauchtum: Regiswindis wurde im Mittelalter vor allem im alten Bistum Würzburg sehr verehrt.

Rosalia von Palermo

Einsiedlerin OBas
geboren: um 1100 auf Sizilien, Italien
gestorben: um 1160 auf dem Monte Pellegrino auf Sizilien
Patronin von Palermo; gegen die Pest

Rosalia war eine Einsiedlerin, wahrscheinlich Basilianernonne, und lebte im 12. Jh. in einer Höhle auf dem Monte Pellegrino in der Nähe der sizilianischen Hauptstadt Palermo. Die Tochter eines Grafen starb in ihrer Grotte und wurde dort von Christen begraben. Weitere authentische Einzelheiten über das Leben von Rosalia sind nicht bekannt, zahlreiche Legenden schmücken ihre Geschichte aus.

Am 15. Juli des Jahres 1624 fand man die Gebeine Rosalias auf dem Monte Pellegrino. Als sie in den Dom von Palermo übertragen wurden, versiegte mit einem Mal eine in der Stadt wütende Pestepidemie. Seit jenem 15. Juli – dieser Tag wurde zu Rosalias Gedenktag ernannt – gilt die Einsiedlerin weit über Sizilien hinaus als Pestpatronin. Die Höhle, in der man ihre Reliquien gefunden hatte, wurde zu einer Wallfahrtsstätte ausgebaut. Auch Rosalias Grabmal im Dom von Palermo wird bis heute von unzähligen Gläubigen besucht und mit Votivgaben überhäuft.

Verehrung/Brauchtum: Ein weiterer Gedenktag für Rosalia ist der 4. September, da sie nach einer Überlieferung an diesem Tag gestorben sein soll. Der Kult Rosalias war vor allem im 17. und im 18. Jh. in Italien und dort vornehmlich auf Sizilien sehr verbreitet; zahllose Pilger suchten die Wallfahrtsstätte auf dem Monte Pellegrino auf. Auch durch den Jesui-

Die Statue der Rosalia in der Höhle auf dem Monte Pellegrino bei Palermo, bis heute einer der meistbesuchten Wallfahrtsorte in ganz Italien.

tenorden wurde Rosalias Kult wesentlich verbreitet.

Darstellung: Rosalia ist als Einsiedlerin mit offenen Haaren, meist in ein braunes Gewand gekleidet, abgebildet. Auf dem Kopf trägt sie einen Kranz von weißen Rosen, in den Händen oft ein Kreuz und einen Totenkopf.

Rudolf Lunkenbein. Der Missionar wurde am 15. Juli 1976 in seiner Missionsstation in Brasilien erschossen.

Rudolf Lunkenbein

Mönch, Missionar SDB
geboren: 1. April 1939 in Döringstadt, Bayern
gestorben: 15. Juli 1976 in Merure, Brasilien

„Ich bin zum Dienen gekommen und bereit, dafür zu sterben." In Deutsch, Portugiesisch und in der Sprache der Bororo stehen diese Worte auf einem Grabstein in Merure, einer Indianer-Missionsstation in Brasilien. Der Salesianerpater aus Döringstadt bei Bamberg war 19jährig, 1959, erstmals nach Brasilien gekommen, 1970 ließ er sich dann endgültig als Missionar in Merure nieder; zuvor hatte er in Benediktbeuern die Priesterweihe empfangen. Rudolf Lunkenbein liebte die Mission unter den Indianern über alles, er machte sich Leben, Gefühle und Sprache der Bororo zu eigen. Doch wer in Brasilien indianische Ansprüche verteidigen hilft, schafft sich auch Feinde. Was dies bedeuten kann, erfuhr der Salesianerpater auf furchtbare Weise: Am 15. Juli 1976 wurde Rudolf Lunkenbein von Großgrundbesitzern und Pistoleros im Hof seiner Missionsstation erschossen; er war ein Opfer der Landgier. Der Tod des Missionars erschütterte in jenen Tagen auch die Menschen in Deutschland. Die Indianer trauern um Rudolf Lunkenbein bis heute. Mehrere Kinder in Merure erhielten inzwischen den Namen Rudolf.

Wladimir der Große von Kiew

Großfürst
geboren: um 960 in Kiew, Sowjetunion
gestorben: 15. Juli 1015 in Kiew

Wladimir, ein Enkel der heiligen Olga und von Geburt Heide, ließ sich 989 nach ungestümen und kämpferischen Jugend- und Jungmännerjahren taufen und wurde danach zu einem großen Streiter für das Christentum. Er erklärte den christlichen Glauben zur Staatsreligion und verbot das Heidentum offiziell. Auch zum Papst in Rom unterhielt Wladimir der Große Beziehungen.

Verehrung/Brauchtum: In Rußland wurde Wladimir der Große ab dem 13. Jh. als sogenannter „Apostelgleicher" verehrt.

16. Juli

Elvira von Öhren

Äbtissin von Öhren (St. Irminen), Trier
geboren: 11./12. Jh.
gestorben: 11./12. Jh. in Trier, Rheinland-Pfalz

Fulrad von St-Denis

Abt von St-Denis, Klostergründer OSB
geboren: um 710 in Andaldovillare (St. Pilt), Elsaß, Frankreich
gestorben: 16. Juli 784 in St-Denis, Frankreich

Darstellung: Der zu seiner Zeit berühmte Abt, Gründer zahlreicher Klöster und Kirchenpolitiker Fulrad ist als Benediktinerabt mit einem Schlüssel dargestellt.

Irmgard (Irmengard) von Buchau und Frauenchiemsee

Äbtissin OSB
geboren: um 830
gestorben: 16. Juli 866 in Frauenchiemsee, Bayern

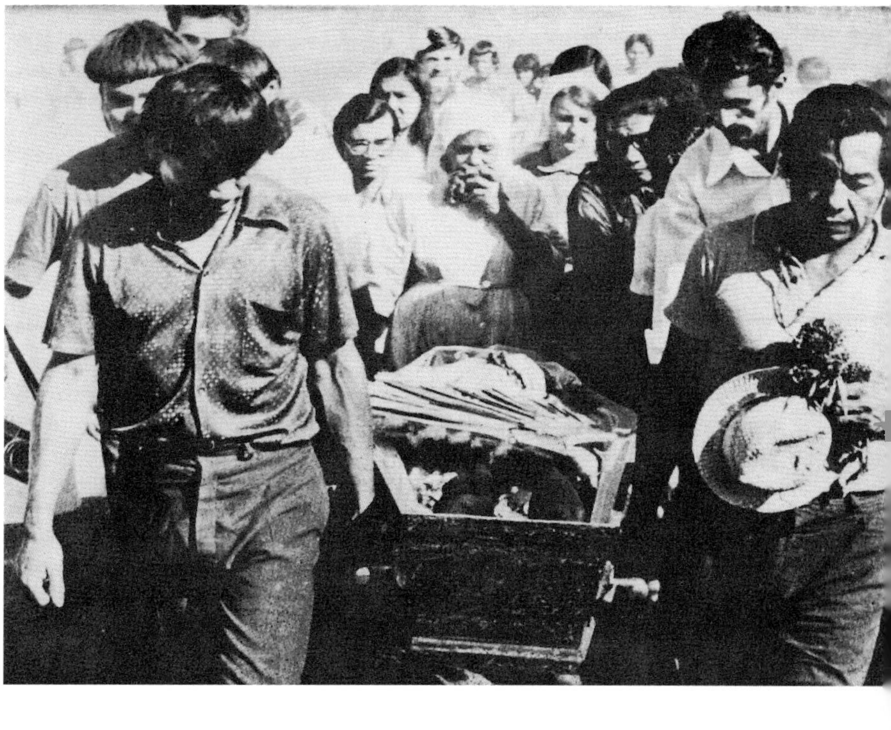

Indiofreunde tragen den offenen Sarg mit dem Leichnam von Pater Rudolf Lunkenbein zu Grabe.

Irmgard war eine Tochter von Kaiser Ludwig dem Deutschen und der seligen Hemma. Als Pfründe erhielt sie von ihrem Vater als junge Frau das Benediktinerkloster Buchau in Württemberg, das sie wahrscheinlich als Äbtissin leitete. Nach 857 dann ist sie als Äbtissin des Benediktinerklosters Frauenchiemsee im bayerischen Chiemsee erwähnt.

Abt Gerhard von Seeon erhob Irmgards Gebeine das erste Mal im Jahr 1004 und ließ auf der Grabplatte aus Blei – die heute im Bayerischen Nationalmuseum zu sehen ist – schriftlich festhalten, daß Irmgard wie eine Heilige verehrt werde. Die zweite Erhebung fand 1631 statt. Am 13. Juli 1922 wurden die Reliquien Irmgards in einem neuen Reliquiar in der Irmgard-Kapelle hinter dem Hochaltar der Klosterkirche von Frauenchiemsee beigesetzt. Papst Pius XI. approbierte den Kult der Äbtissin am 19. Dezember 1928.

Verehrung/Brauchtum: Die Verehrung Irmgards war und ist vor allem in Oberschwaben verbreitet. In Rottenbuch wird ihr Fest am 17. Juli begangen.

Darstellung: Die Abbildungen von Irmgard beschränken sich fast ausschließlich auf Frauenchiemsee; in der Stiftskirche von Buchau gibt es ein großes Holzbildwerk (1931). Dargestellt ist Irmgard als Nonne mit Abtsstab und Krone. Auf verschiedenen Darstellungen ist sie auch mit einem flammenden Herzen zu sehen. Manchmal wurde sie gemeinsam mit ihrem Vater abgebildet.

Maria Magdalena Postel

Ordensgründerin
geboren: 28. November 1756 in Barfleur, Frankreich
gestorben: 16. Juli 1846 in St-Saveur-le-Vicomte bei Cherbourg, Frankreich

Maria Magdalena Postel kam am 28. November 1756 in dem kleinen normannischen Fischerdorf Barfleur am Ärmelkanal zur Welt. Ihr Taufname war Julie. Nach einer unzureichenden Schulausbildung trat das Mädchen sehr jung den Benediktinerinnen in Valignes bei, die es gerne als Schwester behalten hätten. Doch Julie hatte andere Pläne: Sie wollte jenen beistehen, die Hilfe nötig hatten, besonders verwahrlosten Mädchen, die in Not geraten waren. Julie verließ die Abtei in Valignes und ging in ihren Heimatort zurück. Dort kümmerte sie sich in der Folge selbstlos um Jugendliche, die von der Bahn abgekommen waren. In einer kleinen, von ihr eingerichteten Schule hielt sie für Kinder Religionsunterricht ab.

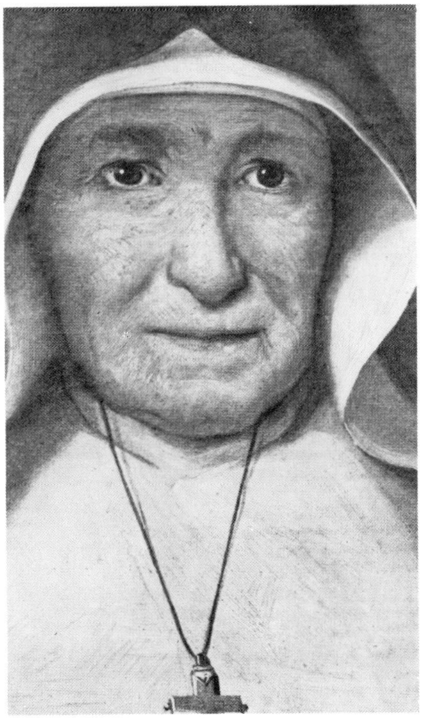

Maria Magdalena Postel. Nach einem Porträt von Lecerf in der Abtei St-Sauveur-le-Vicomte.

Mut und Herz bewies Maria Magdalena – diesen Namen nahm sie 1798 an, als sie Franziskaner-Terziarin wurde – während der Wirren der Französischen Revolution. Sie beherbergte verfolgte Priester und verhalf ihnen zur Flucht nach England. Mutig erteilte sie weiterhin ihren Religionsunterricht. Täglich, jahraus, jahrein, aß sie nur eine kleine Mahlzeit, um immer genügend für jene übrig zu haben, die sich ihr anvertraut hatten.

Im Jahre 1805 schließlich erhielt Maria Magdalena eine Schule mit 300 Kindern in Cherbourg übertragen, und zwei Jahre später, 1807, gründete die mutige Frau die Genossenschaft der „Schwestern der christlichen Schulen von der Barmherzigkeit". Der Orden hatte in den folgenden Jahren viele Stürme und Schwierigkeiten zu überstehen, doch Maria Magdalena Postel ließ sich nicht entmutigen. Tief gläubig, ihrer Berufung sicher, brachte sie ihre Stiftung im Laufe der Jahrzehnte zum Erblühen. Im Jahre 1832 konnte sie eine verfallene Benediktinerabtei in St-Saveur-le-Vicomte im Süden von Cherbourg erwerben; hier richtete sie das Mutterhaus des Ordens der Christlichen Schwestern ein.

Am 16. Juli 1846 starb Maria Magdalena Postel in ihrem Mutterhaus im Alter von fast 90 Jahren. Papst Pius XI. sprach die Ordensgründerin am 24. Mai 1925 heilig.

Milo von Thérouanne (von Selincourt)

Bischof von Thérouanne OPraem
geboren: um 1080 in Frankreich
gestorben: 16. Juli 1159 in Thérouanne, Frankreich

Reineldis (Reinhild)

Jungfrau, Märtyrerin
geboren: um 630 bei Antwerpen(?), Belgien
gestorben: um 670 in Saintes, Belgien
Patronin gegen Augenkrankheiten

Über das Leben von Reineldis gibt es fast ausschließlich legendarische Überlieferungen. So soll sie die Tochter von Amalberga und die Schwester von Gudula gewesen sein und später ihre Güter im belgischen Saintes dem Kloster Lobbes übereignet haben. Sie soll selbst Nonne geworden sein und ein Leben der Buße geführt haben. Es heißt, Reineldis habe auch eine Wallfahrt ins Heilige Land unternommen. Über ihren Tod gibt es zwei Versionen: Zum einen heißt es, sie sei in der Kirche von Saintes von Räubern enthauptet (erschlagen?) worden; eine andere Überlieferung berichtet, Reineldis habe den Tod durch die Hand von Hunnen gefunden. Mit ihr zusammen sollen der Diakon Grimoald und der Diener Gondulf ermordet worden sein, derer ebenfalls am 16. Juli gedacht wird.

Verehrung/Brauchtum: Der Kult von Reineldis ist vor allem im belgischen Brabant weit verbreitet.

Darstellung: Ein Holzschnitt von Hans Burgkmair zeigt Reineldis in fürstlichen Gewändern mit ihrem abgeschlagenen Haupt vor sich auf den Altarstufen (1521). Ab dem späten Mittelalter wurde Reineldis meist als Pilgerin mit Tasche, Stab und Buch dargestellt. Auch das Martyrium fand seinen Niederschlag in der darstellenden Kunst: Reineldis wird von Männern mit Schwertern getötet.

Stephan Harding

Ordensgründer OCist
geboren: 1059 in Merriott, England
gestorben: 28. März 1134 in Cîteaux, Frankreich

Stephan Harding gilt gemeinsam mit Robert von Molesme und Alberich von Cîteaux als Begründer des Zisterzienserordens. Er gab dem jungen Orden zu Beginn des 12. Jh. durch die von ihm erarbeitete Gesetzesgrundlage die innere Festigung und sicherte die Mönchsgemeinschaft endgültig. Darüber hinaus war Stephan Harding, ein gebürtiger Engländer, der dritte Abt des Klosters Cîteaux, der Keimzelle des Benediktinerzweigordens. Harding führte auch eine neue Wirtschaftsform in dem Kloster – und damit in allen folgenden Zisterzienserklöstern – ein: Die Versorgung der Mönche durch Eigenbetriebe. Jedes Ordensmitglied war gefordert, zum gemeinsamen Leben etwas beizutragen.

Stephan Harding ging als äußerst begabter Organisator in die Zisterzienserordensgeschichte ein. Die ersten weiteren Zisterzienserklöstergründungen La Ferté, Pontigny, Clairvaux und Morimond entstanden unter Harding, bis er 1133, inzwischen völlig erblindet, von seinen Ämtern zurücktrat. Sein Lebensziel war es gewesen, den Fortbestand des Zisterzienserordens zu sichern. Papst Gregor XV. sprach Stephan Harding 1623 heilig.

Verehrung/Brauchtum: Das Fest von Stephan Harding wurde nach seinem Tod zunächst am 17. April gefeiert.

Darstellung: Stephan Harding ist als Abt mit Maria dargestellt, die ihm einen schwarzen Gürtel oder das weiße Skapulier überreicht.

Valentin von Trier

Bischof von Trier
geboren: um 280
gestorben: um 350 in Trier, Rheinland-Pfalz

17. Juli

Alexius von Edessa

„Mann Gottes", Bekenner
geboren: 4./5. Jh.(?) in Rom, Italien
gestorben: 5. Jh.(?) in Edessa, heute Urfa, Türkei
Patron von Innsbruck; der Pilger, Bettler, Vagabunden; der Kranken; der Gürtler; gegen Unwetter, Blitz und Erdbeben; gegen Seuchen; gegen die Pest

So legendarisch die Lebensgeschichte von Alexius ist, so wichtig ist seine Bedeutung, die er über all die Jahrhunderte hinweg innehatte. Mit Sicherheit gehörte Alexius zu den meistverehrten Gestalten der Kirchengeschichte; das Brauchtum um seine Person ist groß.

Alexius soll nach der Legende der Sohn reicher römischer Eltern gewesen sein. Am Tag seiner Hochzeit verließ er, so die eine Überlieferung, sein Elternhaus und lebte von da an bis zu seinem Tod im 5. Jh. als hoch verehrter Asket in Edessa in Mesopotamien (heute Urfa in der Türkei, nahe der Grenze zu Syrien). Die andere Überlieferung erzählt, daß Alexius nach einigen Jahren in der Fremde verwahrlost und heruntergekommen in sein Elternhaus zurückkehrte, wo ihn niemand mehr erkannte. In den nun folgenden Jahren soll er als Diener seiner Eltern unter der Treppe des Hauses gelebt haben. Andere Quellen berichten, Alexius habe in dieser Zeit seinen Lebensunterhalt als Bettler verdient, ebenfalls unter der Treppe im Elternhaus lebend. Nachdem Alexius gestorben war, soll man bei ihm einen Brief gefunden haben, in welchem er sich zu erkennen gab. Sogar der Papst hielt sich am Sterbebett von Alexius auf.

Es gibt allerdings andere Überlieferungen, die behaupten, Alexius sei immer Asket in Edessa gewesen – vom Volk hoch verehrt – und auch dort gestorben. Sein Kult sei dann im 10. Jh. nach Rom gedrungen.

Verehrung/Brauchtum: Die Legende von Alexius fand breiten Niederschlag in Dichtung, Musik und Schauspiel des Mittelalters und sogar noch darüber hinaus. Stefano Landi komponierte so im 17. Jh. die Oper „Il Sant' Alessio" zu einem Text des späteren Papstes Clemens IX.

Unvergessen wurde Alexius auch dadurch, daß sich die Genossenschaften der Alexianer zur Pflege von Kranken und Geisteskranken nach ihm benannten (das Mutterhaus befindet sich in Aachen). Auch weibliche Ordenszweige gibt es.

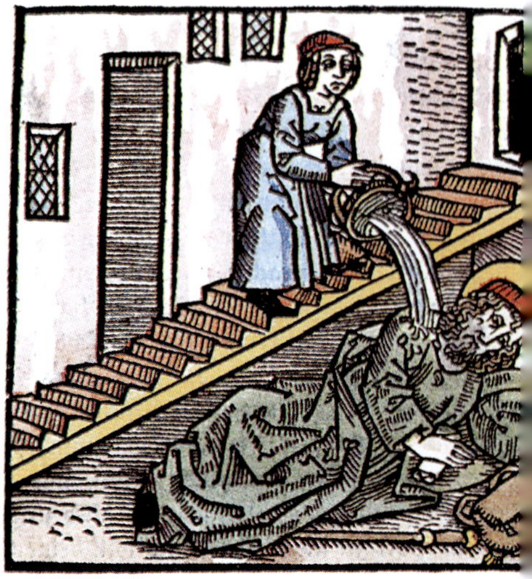

Eine der häufigsten Darstellungen des Bekenners Alexius: als unerkannter Bettler unter der Stiege in seinem Elternhaus.

Die Alexius-Verehrung hatte ihren Höhepunkt im ausgehenden Mittelalter und im Barock. Unzählige Kapellen, Altäre und Treppenhäuser oder Stiegen „(Alexius-Stiegen") wurden nach dem Verehrten benannt. „Alexius-Stiegen" gab es vor allem auch in Frauenklöstern, so in St. Walburg in Eichstätt, in Maria Medingen und in Bad Wörishofen. In den Alexianer-Ordenshäusern ist das Fest des Alexius ein besonders hohes Fest. Reliquien von Alexius werden an vielen Orten verehrt, so in Rom in der Kirche Ss. Bonifacio ed Alessio und in Prag-Brevnov. Die Griechen feiern das Alexius-Fest am 17. März.

Darstellung: Auf Darstellungen ist Alexius entweder als Asket zu sehen, meist mit (langem) Bart, oder – häufiger – als Bettler unter der Stiege in seinem Elternhaus. Die Szene, wie der Papst am Sterbelager von Alexius weilt, stellt ein Fresko aus dem 11. Jh. in der Kirche S. Clemente in Rom dar. Eine Skulptur von Gregor Erhart in der Stadtpfarrkirche von Donauwörth zeigt Alexius schlafend unter der Treppe des Sakramenthauses. In der Klosterkirche Maria Medingen zeigt ein Fresko, wie eine Magd Alexius Wasser über den Kopf schüttet.

Hedwig von Polen

Königin
geboren: 1374 in Ungarn
gestorben: 17. Juli 1399 in Krakau, Polen

Papst Johannes Paul II. war es, der, noch als Erzbischof von Krakau, am 22. Februar 1974 die Verehrung der polnischen Königin Hedwig offiziell für rechtmäßig erklärte. Als er Papst war, brachte er bei seiner ersten Polenreise im Juni 1979 den Erlaß der Ritenkongregation mit, nach dem Hedwig in der Diözese Krakau in den liturgischen Kalender aufgenommen werden durfte. Ihre Heiligsprechung erfolgte am 8. Juni 1997 in Krakau.

Hedwig, im Jahre 1374 in Ungarn als Tochter von Ungarnkönig Ludwig von Anjou geboren, wurde im Alter von zehn Jahren nach dem Tod ihres Vaters zur Königin von Polen gekrönt. Als Hedwig elf Jahre alt war, verheiratete man sie mit dem litauischen Großfürsten Jagiello. Das Mädchen, eine praktizierende, gottesfürchtige Christin, war aber mit der Heirat erst einverstanden, nachdem sich der Bräutigam bereit erklärt hatte, die Taufe zu empfangen. Danach widmete sich Jagiello voller Tatkraft der Christianisierung Litauens. 1388 gründete Hedwig und er das Bistum Wilna. Hedwig unterstützte in den folgenden Jahren großzügig Kirchen und Klöster und half Armen, Witwen und Waisen, was ihr vom Volk große Verehrung einbrachte. Im Jahre 1397 gründete die 23jährige Königin an der Universität Krakau eine theologische Fakultät.

Hedwig starb am 17. Juli 1399 im Alter von 25 Jahren in Krakau und wurde im Dom der Stadt beigesetzt. Auch nach ihrem Tod war die Königin im Volk sehr verehrt.

Darstellung: Hedwig von Polen, die manchmal mit Hedwig von Schlesien verwechselt wird, ist als jugendliche Königin, meist im Mantel mit Anjou-Lilien dargestellt. Manchmal sieht man sie auf Darstellungen auch vor einem Kruzifix kniend. Außer in Krakau gibt es Abbildungen vor allem in Österreich.

Leo IV.

Papst (847 bis 855) OSB
geboren: um 790 in Rom, Italien
gestorben: 17. Juli 855 in Rom

Darstellung: Leo IV. ist in der Kirche S. Clemente in Rom auf einem Fresko aus dem 9. Jh. mit einem rechteckigen Nimbus, Pallium und Buch abgebildet. In der Kirche in Subiaco sieht man ihn auf einem Fresko aus dem 15. Jh. als Papst mit Tiara, Buch und Kreuzstab.

Marina

Nonne
geboren: 4./5. Jh.(?)
gestorben: 5. Jh.(?) in Syrien(?)
Patronin gegen Schmerzen

Die Vita der Marina ist wohl rein legendarisch mit einem gewissen wahren Kern. Marina soll als Junge verkleidet in ein Kloster in Syrien eingetreten sein. Aufgrund von Verleumdungen sagte man ihr später nach, „Vater“ eines unehelichen Kindes zu sein. Marina, immer noch „Mönch“, wurde daraufhin aus ihrem Kloster verstoßen und soll sich in der Folge vor der Klosterpforte um das ihr unterstellte Kind gekümmert haben. Erst als Marina starb, entdeckte man nach der Legende ihr wahres Geschlecht. Diese Vita ist hauptsächlich im Orient verbreitet.

Darstellung: In der Kunst fand hauptsächlich die Szene mit Marina und „ihrem“ Kind vor der Klosterpforte ihren Niederschlag. So zeigt sie unter anderem ein Fresko in den Gängen des Camposanto in Pisa.

18. Juli

Answer von Ratzeburg

Abt, Märtyrer OSB
geboren: um 1035 in Schlesien, Polen
gestorben: Juli 1066 in Norddeutschland

Answer war im 11. Jh. Abt im Benediktinerkloster St. Georgi in Ratzeburg, südlich von Lübeck. Überliefert ist nur, daß er als Missionar aus Schlesien gekommen war und in Norddeutschland als leidenschaftlicher Glaubensbote wirkte. Während einer seiner weiten Missionsreisen wurde Answer eines Tages zusammen mit einigen Gefährten von aufgebrachten Heiden zu Tode gesteinigt. Die Gebeine Answers, die ursprünglich in Ratzeburg verehrt wurden, fielen den Wirren der Reformation zum Opfer. Bis heute existiert allerdings noch das sogenannte Answer-Kreuz in der Nähe von Ratzeburg. Answers Heiligsprechung erfolgte 1147.

Darstellung: Answer wird in Abtskleidung mit Stab und drei Steinen abgebildet, so am Flügelaltar im Dom von Ratzeburg. Dort ist auch ein Zyklus mit Szenen aus dem Leben Answers zu sehen (16. Jh.).

Arnold von Arnoldsweiler

Musiker
geboren: 8. Jh. in Griechenland(?)
gestorben: nach 800 in Arnoldsweiler, Nordrhein-Westfalen
Patron der Musiker, Organisten, Musikinstrumentenbauer; für einen guten Tod

Arnold war von Geburt Grieche; als Sänger und Zitherspieler wirkte er um 800 am Hof von Karl dem

Gobelin aus der Arnoldskapelle in Arnoldsweiler bei Düren mit der Figur des Musikanten Arnold.

Großen. Der Herrscher schenkte ihm aus Dankbarkeit einen Wald westlich von Köln mit etwa 20 Dörfern; in einem davon, damals Genetsweiler, heute Arnoldsweiler bei Düren, soll Arnold gestorben und auch beigesetzt worden sein. In der Arnoldskapelle in Arnoldsweiler wird bis heute das Grab Arnolds verehrt.

Arnolds Kult wurde im 16. Jh. genehmigt und 1886 für die Diözese Köln bestätigt.

Darstellung: Arnold wird meist mit einem Musikinstrument, entweder mit Harfe oder mit Zither, dargestellt. Gekleidet ist er fast immer in Ritterrüstung. Eine schöne Darstellung Arnolds ist auf einem rotgoldenen Gobelin in der Arnoldskapelle in Arnoldsweiler zu sehen.

Arnulf von Metz

Bischof
geboren: um 582 in Lay-St-Christophe bei Nancy, Frankreich
gestorben: 18. Juli 640 in Remiremont, Frankreich
Patron der Bierbrauer und Müller; zur Wiedererlangung verlorengegangener Gegenstände

Arnulf war zunächst Hausmeier beim fränkischen König, einer seiner Söhne, Ansegisel, heiratete später Begga, die Tochter von Pippin dem Älteren. Arnulf war somit eng verbunden mit dem Entstehen des Karolingerhauses. Nachdem Arnulfs Ehefrau Doda in Trier ins Kloster eingetreten war, ließ sich Arnulf zum Priester weihen. Um 614 wurde er zum Bischof von Metz ernannt, behielt aber auch weiterhin seine führende Position am fränkischen Königshof. Im Jahr 627 trat Arnulf von seinem Bischofsamt zurück und lebte von da an bis zu seinem Tod als Einsiedler in Remiremont, wo er sich hingebungsvoll der Pflege Aussätziger widmete.

Bischof Abbo von Metz, der Nachfolger von Arnulf, ließ die Gebeine seines Vorgängers nach Metz überführen, wo sie in der Kirche St-Arnoul beigesetzt wurden. Heute befinden sie sich im Dom von Metz.

Darstellung: Auf Darstellungen ist Arnulf von Metz häufig bei der Pflege von Kranken, vor allem von Aussätzigen zu sehen. Oft ist er auch mit einem Fisch und einem Ring abgebildet; diese Darstellung beruht auf der Legende, daß Arnulf seinen Ring in die Mosel warf und dazu erklärte, er halte seine Sünden solange nicht für vergeben, wie er seinen Ring nicht wiederbekomme. Später fand er den Ring im Bauch eines Fisches, der ihm zum Essen aufgetragen wurde, wieder. Mit diesen Attributen zeigt den Bischof ein Glasgemälde im Dom von Metz.

Arnulf, Bischof von Metz, war einer der ersten Kirchenfürsten germanischer Herkunft. Die Szene auf dem Bild zeigt, wie Arnulf einem verheerenden Brand Einhalt gebietet.

Bruno von Segni

Bischof von Segni OSB
geboren: um 1047 bei Asti, Italien
gestorben: 18. Juli 1123 in Segni, Italien
1181 Kanonisation

Friedrich von Utrecht

Bischof von Utrecht, Märtyrer
geboren: um 780 in Friesland
gestorben: 18. Juli um 838 in Utrecht, Niederlande

Darstellung: Friedrich ist als Bischof vor dem Altar dargestellt, durchbohrt von zwei Dolchen oder Schwertern (Martyrium).

Simon von Lipnica

Mönch, Prediger OFM
geboren: um 1438 in Lipnica, Polen
gestorben: 18. Juli 1482 in Lipnica
1685 Approbation des Kultes

Symphorosa und ihre sieben Söhne

Märtyrerin
geboren: 1. Jh. in Rom, Italien
gestorben: 120 in Rom

Symphorosa lebte zu Beginn des 2. Jh. mit ihren sieben Söhnen in Rom. Sie war nach der Legende die Witwe eines Römers, der wegen seines christlichen Glaubens den Martertod erlitten hatte. Symphorosa und ihre Söhne waren ebenfalls überzeugte Christen. Eines Tages wollte Kaiser Hadrian einen von ihm neu erbauten Tempel in Tivoli in der Nähe Roms einweihen lassen und dachte sich dafür ein besonderes Schauspiel aus. Götzenpriester hatten ihn zuvor mit den Worten aufgehetzt: „Symphorosa und ihre Söhne quälen uns jeden Tag durch die Anbetung ihres Gottes. Sie und ihre Söhne sollen unseren Göttern opfern, und wir wollen dann alle deine Bitten erfüllen."

Die Knechte des Kaisers zogen daraufhin los und suchten Symphorosa. Diese hatte sich, das Unheil ahnend, an einen versteckten Ort zurückgezogen. Die Häscher fanden sie aber und schleppten sie mit ihren Söhnen nach Rom. Als Hadrian die Verhafteten aufforderte, den Götzen zu opfern, weigerten sie sich und beriefen sich auf ihren Christenglauben. Auf die Antwort des Kaisers, daß er sie dann selbst opfern würde, antwortete Symphorosa unerschrokken: „Wie habe ich das große Glück verdient, würdig zu sein, mit meinen Söhnen als Schlachtopfer dargebracht zu werden?"

Der vor Wut rasende Hadrian ließ die Witwe und ihre Kinder daraufhin in den Herkules-Tempel führen. Dort zerschnitt man Symphorosa das Gesicht und riß ihr die Haare aus. Danach band man ihr einen Fels um den Hals und warf sie in einen Fluß. Die sieben Söhne Symphorosas wurden am nächsten Tag an Pfähle genagelt, gequält und dann jeder auf eine andere Weise ermordet. Das Todesjahr war 120. Christen bargen die Leichname von Symphorosa und ihren Söhnen und begruben sie. Über der Grabstätte in Rom wurde später eine Kirche erbaut, die den Namen „Zu den sieben Brüdern" trug. Die Reliquien gelangten später in die Kirche S. Angelo in Peschiera in Rom.

Darstellung: Symphorosa ist mit einer turmähnlichen Kopfbedeckung abgebildet, bei sich hat sie ihre sieben Söhne. Oft wurden auch die Martyrien dargestellt.

19. Juli

Arsenius der Große von Ägypten

Einsiedler
geboren: um 355 in Rom, Italien
gestorben: um 445 in Troë bei Memphis, Ägypten
Patron der Lehrer

Verehrung/Brauchtum: Die Verehrung für Arsenius war im Osten sehr groß; er gilt als einer der ersten Wüstenväter, nachdem er viele Jahrzehnte in der Wüste gelebt hatte und dort im Ruf der Heiligkeit gestorben war.

Bernulf (Bernold) von Utrecht

Bischof von Utrecht
geboren: 10. Jh. in den Niederlanden
gestorben: 19. Juli 1054 in Utrecht, Niederlande
Patron kranker Kinder; unfruchtbarer Ehefrauen; der „Bernulf-Gilde für christliche Kunst"

Justa und Rufina von Sevilla

Märtyrerinnen
geboren: 3. Jh. in Sevilla, Spanien
gestorben: 3. Jh. in Sevilla
Patroninnen von Sevilla und Burgos; der Töpfer

Die Lebensgeschichte der Schwestern Justa und Rufina ist teilweise legendarisch. Sie sollen die Töchter eines Töpfers in Sevilla gewesen sein und die irdenen Waren des Vaters verkauft haben. Während einer heidnischen Prozession durch Sevilla bekannten sich die beiden jungen Frauen öffentlich zum Christentum und zertrümmerten ein Götzenbild. Daraufhin wurden sie festgenommen und gefoltert. Es heißt, Justa sei im Kerker gestorben, Rufina erwürgt worden. Der spanische König Ferdinand III. („der Heilige") errichtete über der angeblichen Stätte des Martyriums der Schwestern eine Kirche und ein Kloster.

Darstellung: Zahlreiche berühmte Künstler haben Justa und Rufina dargestellt; von Murillo stammt das bekannte Gemälde, das die Märtyrerinnen mit Palmzweigen sowie dem maurischen Turm der Kathedrale von Sevilla zeigt (Provinzialmuseum, Sevilla). Ein weiteres Murillo-Bild befindet sich in der Kathedrale von Sevilla. Auch Goya und Zurbarán haben Justa und Rufina gemalt. Als Attribute haben die Märtyrerinnen neben den Palmzweigen fast immer irdene Gefäße bei sich.

20. Juli

Bernhard von Hildesheim

Bischof von Hildesheim
geboren: um 1090 in Sachsen
gestorben: 20. Juli 1153 in Hildesheim, Niedersachsen

Elias

Prophet
geboren: 9. Jh. vor Christus
gestorben: 9. Jh. vor Christus
Patron des Karmeliterordens; der Flugzeuge und Luftschiffe; gegen Gewitter; gegen Feuer

Elias war einer der Propheten des Alten Testamentes; er kämpfte unerbittlich gegen den heidnischen Glauben und heidnische Kulthandlungen. Elias gehörte zu den volkstümlich-

Justa und Rufina von Sevilla. Dieses berühmte Werk von Murillo gehört zum Hochaltar der Kapuzinerkirche von Sevilla, die an dem Ort errichtet wurde, wo Justa und Rufina den Martertod gestorben waren. Der Turm symbolisiert die Legende, nach welcher die Schwestern das Gebäude bei einem Erdbeben vor dem Einsturz bewahrten.

sten Gestalten im Alten Testament; sein Kult ging vor allem von den biblischen Stätten seines Wirkens aus, zum Beispiel vom Karmel und vom Sinai.

Darstellung: Am häufigsten dargestellt wurde die Szene der Himmelfahrt des Elias. Oft sieht man Elias auch unter einem Strauch sitzend, ein Rabe oder ein Engel bringen ihm Brot und Wasser.

Lucanus von Säben

Bischof von Säben
geboren: 4./5. Jh.
gestorben: 5. Jh. in Säben, Südtirol, Italien

Margareta (Marina) von Antiochien

Märtyrerin
geboren: 3. Jh. in Antiochia, Syrien
gestorben: 305 in Antiochia
Patronin der Bauern; der Jungfrauen, Ammen, Mädchen, Gebärenden, Ehefrauen; bei schwerer Geburt; gegen Unfruchtbarkeit; bei Gesichtskrankheiten und Wunden; der Fruchtbarkeit; Nothelferin

Margareta, die bei den Griechen Marina genannt wird, gehört zu den 14 Nothelfern und ist neben Barbara und Katharina eine der drei Virgines Capitales (Heilige Drei Jungfrauen). Der Ort ihrer Verehrung ist heute Montefiascone in der italienischen Provinz Viterbo, ein malerisches Städtchen hoch über dem Bolsena-See. Der Dom inmitten des Ortes ist der Märtyrerin geweiht: S. Margherita. In dem von Michele Sanmicheli geplanten Oktogonal-Bau mit der weithin sichtbaren Kuppel werden Reliquien der Märtyrerin aus Antiochien verehrt.

Margareta kam nach der Legende in der zweiten Hälfte des 3. Jh. als Tochter eines heidnischen Ehepaares in Antiochia zur Welt. Die Amme, eine überzeugte Christin, erzog das Mädchen von Geburt an im christlichen Glauben. Als der Vater nach Jahren die Abkehr seiner Tochter vom Götzentum bemerkte, zeigte er Margareta beim Statthalter Olybrius an. Dieser war von der Schönheit des jungen Mädchens so angetan, daß er nicht nur versuchte, es vom Christentum abzubringen, sondern es auch zu seiner Frau machen wollte.

Margareta, die wußte, in welche Gefahr sie sich mit einer Ablehnung der Anträge von Olybrius begab, erklärte dem Statthalter mutig, daß sie ihr Leben ihrem himmlischen Bräutigam Jesus Christus geweiht habe. Sie sprach: „Darfst du wohl verlangen, daß ich den Himmel aufgebe und dafür den Staub der Erde wähle?" Der gedemütigte Olybrius ließ Margareta daraufhin mit Fackeln brennen, an den Haaren aufhängen und geißeln.

Die Legende, die die Lebensgeschichte Margaretas stark ausschmückt, erzählt, daß der Gefangenen im Kerker in der Nacht ein Drachen erschien und sie verschlingen wollte. Als Margareta das Kreuzzeichen machte, verschwand das Ungeheuer wieder. Auch sollen die schweren Verwundungen der Christin schon am Tag nach der Mißhandlung auf wunderbare Weise verheilt gewesen sein. Als sich im Volk wegen dieser Wunder immer mehr Unruhe ausbreitete und sich zahlreiche Heiden sogar taufen ließen, kannte der Zorn des Statthalters keine Grenzen mehr. Olybrius ordnete die Enthauptung der jungen Christin an, die schließlich auf einem öffentlichen Platz der Stadt vollzogen wurde. Das Todesjahr Margaretas war das Jahr 305.

Verehrung/Brauchtum: Im Mittelalter war der Margaretentag für die Bauern einer der wichtigsten Lostage des Jahres. War das Wetter zuvor gut, begann an diesem Tag die Ernte; auch wurde am 20. Juli der bäuerliche Pachtzins bezahlt.

Darstellung: Margareta von Antiochien wurde auf verschiedenste Weise dargestellt. Besonders häufig

Margareta (Marina) von Antiochien. Nach einem Gemälde von Guercino in der Basilika S. Pietro in Vincoli in Rom.

Das Martyrium der Margareta und ihr Kampf gegen den Satan in Gestalt eines Drachens. Nach einem Holzschnitt von Michael Wolgemut, entstanden im 15. Jh.

sieht man sie mit einem Drachen (Legende), so auf dem berühmten Gemälde von Tizian im Prado zu Madrid oder auf einer Zeichnung von Martin Schongauer (Kupferstichkabinett, Berlin). Häufige Attribute bei Margareta sind Palme, Kreuz, Kreuzstab, Krone, Buch und Kamm. Öfters wurde Margareta auch mit anderen Jungfrauen dargestellt, so etwa mit Barbara auf dem Flügelaltar von Altdorfer in der Stiftskirche von St. Florian in Österreich. Auch das Martyrium fand seinen Niederschlag in der darstellenden Kunst; so zeigt ein Gemälde von Carracci in der Kirche S. Maurizio in Mantua die Enthauptung Margaretas.

Margareta von Ypern

Nonne, Mystikerin OP
geboren: 1216 in Ypern, Belgien
gestorben: 20. Juli 1237 in Ypern

Wulmar von Samer

Klostergründer, Abt von Samer
geboren: 7. Jh. in der Picardie, Frankreich
gestorben: 20. Juli um 710 in Samer, Frankreich
Patron der Kutscher und Fuhrleute

Darstellung: Der Gründer und Abt der Klöster Samer bei Boulogne und Wierre-aux-Bois in der französischen Picardie ist als Einsiedler in einem hohlen Baum dargestellt; manchmal bringt ihm ein Bauer Brot. Auch mit einer Hirschkuh wurde Wulmar abgebildet.

21. Juli

Arbogast von Straßburg

Bischof
geboren: 6. Jh. in Aquitanien, Frankreich
gestorben: 618(?) in Straßburg, Elsaß, Frankreich
Patron des Bistums Straßburg; von Rufach, Muttenz, Oberwinterthur; gegen Müdigkeit, Niedergeschlagenheit, Fußkrankheiten

Arbogast ist der Hauptpatron der elsässischen Diözese Straßburg. Er ließ, nachdem er etwa um die Mitte des 6. Jh. Bischof von Straßburg geworden war, die erste Kathedrale der Stadt bauen, den Vorgängerbau des heutigen berühmten Straßburger Münsters.

Die Legende erzählt, daß Arbogast vor seiner Ernennung zum Bischof als Einsiedler in einem dichten Wald in der Nähe von Haguenau im Elsaß gelebt hat, so, wie er es sich immer gewünscht hatte. Als der Ruf seines gottesfürchtigen Lebens immer weiter hinausdrang, ernannte Dagobert, der amtierende König, Arbogast zum Bischof von Straßburg. Das jahrzehntelange Wirken Arbogast in Straßburg war für die heruntergekommene Stadt ein großer Segen. Leidenschaftlich setzte sich der Bischof für die Erneuerung ein und ließ Kirchen und Klöster errichten. Das Volk liebte Arbogast sehr und verehrte ihn schon zu Lebzeiten fast wie einen Heiligen. Nach einem erfüllten Leben starb der Bischof im Jahre 618 in Straßburg.

Darstellung: Arbogast von Straßburg ist immer im Bischofsgewand und mit den Attributen Stab und Buch zu sehen. Wandmalereien in den Patronatsorten Oberwinterthur (1340, Arbogast-Kirche) und in Muttenz (15. Jh., St. Arbogast) zeigen Darstellungen aus dem Leben von Arbogast. Unter anderem ist auch die Szene zu sehen, wie der Bischof den Sohn von König Dagobert, der von einem Pferd zu Tode getreten worden war, wieder zum Leben erweckt.

Daniel

Prophet
geboren: um 610 vor Christus
gestorben: um 535 vor Christus
Patron der Bergleute

Daniel war einer der großen Propheten des Alten Bundes.

Darstellung: Daniel ist häufig als „Daniel in der Löwengrube“ dargestellt, aus der er nach der Legende wundersam errettet wurde. In der östlichen Darstellung trägt Daniel fast immer einen Nimbus, in der westlichen nur selten. Vor allem in den Alpenländern gibt es zahlreiche Abbildungen von Daniel mit Bergmannswerkzeugen und Gestein; dies rührt daher, daß hier früher die Löwengrube als Zeche aufgefaßt wurde (Patronat). Manchmal sieht man Daniel auch mit einem Löwen neben sich, so im Dom zu Freiberg in Sachsen.

Laurentius von Brindisi

Generaloberer, Kirchenlehrer OFMCap
geboren: 22. Juli 1559 in Brindisi, Italien
gestorben: 22. Juli 1619 in Lissabon, Portugal
Patron des Kapuzinerordens

Als Sohn wohlhabender venezianischer Eltern kam Laurentius am 22. Juli 1559 in der apulischen Stadt Brindisi zur Welt; sein Taufname war Julius Caesar. Als seine Eltern schon früh starben, entschloß sich der erst 16jährige, Kapuzinermönch zu werden. Unter dem Namen Laurentius legte er seine Gelübde ab. Schon bald

Laurentius von Brindisi. Dieses authentische Porträt stammt von Pietro Labruzzi und entstand im Jahr 1610 während einer Predigt von Laurentius. Der Kapuzinerpater galt als einer der bedeutendsten Prediger seiner Zeit, er hinterließ außerdem ein umfangreiches Schrifttum.

zeigte der junge Mann, über welche Fähigkeiten er verfügte. Nachdem er einige Zeit in Padua studiert hatte und danach Lektor in Venedig gewesen war, bekleidete er nach und nach immer höhere Ämter innerhalb des Ordens. Der überaus gelehrte Mönch – Laurentius sprach mindestens ein halbes Dutzend Sprachen fließend – war Provinzial in der Toskana, in Venedig, in Genua und in der Schweiz. Mehrere Jahre war er Stellvertreter des Generaloberen, und von 1602 bis 1605 bekleidete er selbst dieses Amt im Kapuzinerorden. Papst Clemens VIII. sandte Laurentius, der auch ein begnadeter Prediger war, im Jahr 1599 als ersten Kapuziner nach Deutschland, damit er dort seinen Orden verbreitete. Durch das Wirken von Laurentius gelang es dem Orden, in Österreich, Tirol und Ungarn Fuß zu fassen.

Ein Ereignis machte Laurentius von Brindisi dann zum Helden: Im Krieg gegen die Türken (1601) begleitete der Kapuziner die kaiserlichen Truppen in die Kämpfe, machte den Soldaten immer wieder Mut und spornte sie durch seinen geistlichen Beistand zu hohen Leistungen an. So hatte Laurentius schließlich maßgeblichen Anteil am Sieg gegen die Türken bei Stuhlweißenburg am 11. Oktober 1601.

Während einer seiner vielen diplomatischen Missionen, für die er durch ganz Europa reiste, starb Laurentius von Brindisi an seinem 60. Geburtstag am 22. Juli 1619 in Lissabon. Beigesetzt wurde er in Villafranca del Bierzo in der Provinz León in Nordspanien. Das Städtchen, das heute rund 6500 Einwohner zählt, verdankt seine Entstehung den Pilgern, die im 11. Jh. auf dem Weg zum Wallfahrtsort Santiago de Compostela erkrankten und deshalb schon hier in Villafranca ihre Ablässe erhielten. Laurentius fand seine letzte Ruhestätte auf dem kleinen Armenfriedhof des Ortes.

Die Heiligsprechung des großen Predigers Laurentius erfolgte am 8. Dezember 1881 durch Papst Leo XIII.; die Ernennung zum Kirchenlehrer nahm Papst Johannes XXIII. am 19. März 1959 vor.

Laurentius, der oft als „zweiter Petrus Kanisius" bezeichnet wurde, hinterließ ein reiches Schrifttum, darunter viele Predigten und eine vollständige Mariologie. Eines seiner berühmtesten Werke waren die „Lutheranismi Hypotyposis", in denen Laurentius Luthers Lehre zu widerlegen versuchte.

Darstellung: Von Laurentius von Brindisi gibt es ein „vera effigies", ein vom Marquis von Villafranca in Auftrag gegebenes Bild „Laurentius auf dem Sterbebett"; das Gemälde befindet sich heute im Klarissenkloster Villafranca del Bierzo. Auf späteren Darstellungen ist Laurentius oft zu sehen, wie ihm während der Messe das Jesuskind erscheint, so auf einem Gemälde von Corvi in der Kirche Il Redentore in Venedig. Eine der häufigsten Darstellungsformen ist jene, wie Laurentius von Brindisi mit Schreibfeder über einem Buch sitzt und im Hintergrund zwei Engelsköpfchen zu sehen sind; ein Beispiel dafür: das Gemälde von Banchero in der Chiesa della Concezione in Genua.

Praxedis und Pudentiana

Jungfrau, Wohltäterin
geboren: 1. Jh.(?) in Rom, Italien
gestorben: 1./2. Jh.(?) in Rom

Über Leben und Wirken von Praxedis gibt es nur wenige und auch widersprüchliche Angaben; bis zum heutigen Tag aber erinnert eine der bedeutendsten Kirchen Roms an sie: S. Prassède (Praxedis). Erstmals wurde das Gotteshaus 491 auf einer Inschrift in einer römischen Katakombe erwähnt. Der heutige Bau, versteckt und von außen unscheinbar in einem kleinen Seitengäßchen bei der Basilika S. Maria Maggiore gelegen, geht auf die Erneuerung durch Papst Paschalis I. im Jahr 822 zu-

In der Confessio unter dem Hauptaltar der bemerkenswerten Kirche S. Prassède in Rom werden die Reliquien der Römerinnen Praxedis und Pudentiana aufbewahrt.

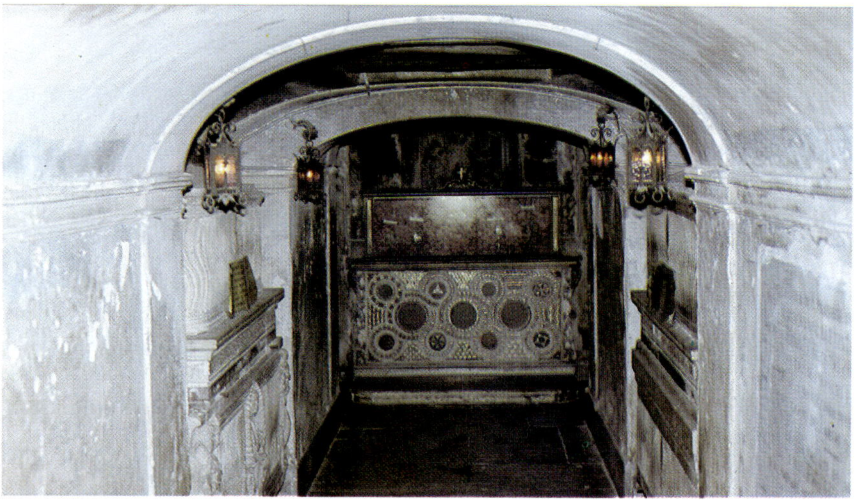

rück. In einer Nische steht die Säule, an der Christus gegeißelt worden sein soll. In der Confessio unter dem Hauptaltar von S. Prassède werden die Reliquien von Praxedis und ihrer ebenfalls heiliggesprochenen Schwester Pudentiana aufbewahrt.

Eine der Überlieferungen berichtet, Praxedis sei eine römische Jungfrau gewesen, die das Gotteshaus in der Frühzeit gestiftet habe. Eine andere Legende erklärt Praxedis und ihre Schwester zu Töchtern von Pudens, einem römischen Senator, der einst zusammen mit seinen Töchtern dem Apostel Petrus Gastfreundschaft in seinem Haus in Rom gewährt haben soll.

Mit Sicherheit war Praxedis eine tiefgläubige Christin, die sich für verfolgte Gläubige einsetzte. Eine runde Porphyrscheibe im Mittelschiff von S. Prassède zeigt die Stelle, wo Praxedis in einer Zisterne die Leichen von römischen Märtyrern verborgen gehalten haben soll.

Darstellung: Darstellungen von Praxedis und ihrer Schwester Pudentiana gibt es hauptsächlich in den beiden Kirchen S. Prassède und S. Pudenziana in Rom. Die beiden Schwestern sind meist gemeinsam dargestellt. Praxedis wie auch Pudentiana haben häufig einen Schwamm und ein Gefäß bei sich, da sie nach der Legende das Blut der Märtyrer auffingen. Praxedis trägt manchmal eine Krone oder reicht Jesus eine Krone.

Stilla von Abenberg

Jungfrau
geboren: 11./12. Jh. in Abenberg, Bayern
gestorben: 12. Jh. bei Abenberg
12. Januar 1927 Approbation des Kultes

Verehrung/Brauchtum: Die Verehrung für Stilla hat sich seit dem Mittelalter bis heute erhalten, noch heute existiert eine Stilla-Wallfahrt. Der Steinsarkophag sowie ein Grabstein sind erhalten geblieben und in dem von Stilla erbauten Peterskirchlein bei Abenberg zu sehen, wo Stilla nach einem heiligmäßigen Leben beigesetzt wurde.

Darstellung: Stilla von Abenberg ist entweder in edlen Gewändern oder in Klosterkleidung dargestellt, bei sich hat sie Kirchenmodell und Lilie.

22. Juli

Maria von Bethanien

Jüngerin Jesu
geboren: vor oder um Christi Geburt
gestorben: 1. Jh.

Maria von Bethanien war die Schwester von Martha und Lazarus und Jesus durch Freundschaft verbunden. Maria soll es auch gewesen sein, die Jesus Haupt und Füße salbte. Später wurde die Person der Maria von Bethanien häufig mit der Gestalt der Maria Magdalena gleichgesetzt, was zur Folge hatte, daß von Maria von Bethanien keine besondere Darstellung entstand. Der Gedenktag 22. Juli wurde gewählt, weil auch Maria Magdalena an diesem Tag gedacht wird.

Maria Magdalena

Begleiterin Jesu
geboren: um oder vor Christi Geburt(?)
gestorben: 1. Jh.(?)
Patronin der Magdalenerinnen; der Frauen, der reuigen Büßerinnen; der Schüler und Studenten; der Gefangenen; der Verführten; der Friseure, Gärtner, Winzer, Weinhändler, Bleigießer, Böttcher, Wollweber, Handschuhmacher, Parfüm- und Puderhersteller; der Kinder, die schwer Gehen lernen; gegen Augenleiden; gegen Gewitter; gegen Ungeziefer

Maria, die ihren zweiten Namen Magdalena erhielt, weil sie aus Magdala am Westufer des Sees Geneza-

„Büßende Magdalena." Gemälde von Georges de la Tour (1635), heute Los Angeles County Museum.

Das Mittelschiff der berühmten Kathedrale Sainte Madeleine im burgundischen Vézelay. Das zwischen 1120 und 1150 entstandene Gotteshaus gehört zu den beeindruckendsten Kirchen in Europa. Hier rief Bernhard von Clairvaux 1146 zum zweiten Kreuzzug auf.

reth stammte, wurde als erste jener Frauen erwähnt, die Jesus begleiteten und ihm dienten. Nach dem Lukas-Evangelium soll Christus sie von dämonischer Besessenheit geheilt haben. Maria Magdalena brachte Jesus glühende Liebe und selbstlose Treue entgegen und war für den Gottessohn eine wichtige Gefährtin. Weitere Angaben über ihr Leben fehlen, man weiß nichts über ihr Alter oder ihren Familienstand. In ihrer unverbrüchlichen Treue zu Jesus Christus war Maria Magdalena auch dabei, als der Sohn Gottes gekreuzigt wurde, ebenso bei der Kreuzabnahme und der Beisetzung. In einer nachfolgenden Erscheinung beauftragte Jesus die treue Dienerin, den Jüngern von seiner Auferstehung zu berichten.

Über das Leben Maria Magdalenas nach der Auferstehung Christi gibt es nur noch Legenden. Die bekannteste davon berichtet, daß Maria zusammen mit ihrer Schwester Martha und ihrem Bruder Lazarus auf einem Schiff nach Südfrankreich gekommen sei und dort das Evangelium verkündet oder, nach einer anderen Version, als Büßerin in einer Einöde bei Baume, wenige Kilometer östlich von Aix-en-Provence, gelebt habe. Hier soll Maria Magdalena um die Mitte des 1. Jh. auch gestorben sein.

Um das Grab und die Reliquien von Maria Magdalena gab es im Laufe der Jahrhunderte viele Geschichten, Legenden und Meinungen. Daraus wiederum entwickelten sich in Frankreich zwei berühmte Wallfahrtsorte, die noch heute zu den bevorzugten Zielen von Reisenden gehören, da sie mit beeindruckenden Basiliken aufwarten: Vézelay und Saint-Maximin-la-Sainte-Baume.

Vézelay im Departement Yonne, nordwestlich von Dijon, erlangte ursprünglich Berühmtheit als Sammelpunkt der Compostela-Wallfahrer. Der heilige Bernhard rief hier zum zweiten Kreuzzug auf, der Hügel mit der weltberühmten romanischen Basilika wurde unter anderen von den Kreuzfahrern Richard Löwenherz, Philipp August und dem heiligen Ludwig erklommen. Heute steigen kunstinteressierte Touristen zur Basilika Sainte-Madeleine hinauf, zu dem riesigen, von Hochromanik und Gotik geprägten Gotteshaus.

Als ein Mönch im 11. Jh. die mutmaßlichen Reliquien von Maria Magdalena hierher brachte, wurde Vézelay noch berühmter. Der Zustrom von Wallfahrern nahm immer mehr zu und hielt an, bis im 13. Jh. bekannt wurde, daß die angeblich wirklich echten Reliquien der Heiligen in Saint-Maximim gefunden worden seien. Heute noch kann der Besucher von Sainte-Madeleine in der Krypta, zu der an der Kreuzung der Querschiffe zwei Treppen hinunterführen, in einer kleinen Confessio einen Schrein mit den sogenannten Magdalena-Reliquien besichtigen. Die

Krypta ist der älteste Teil der Basilika und stammt aus dem 9. Jh.

Die kleine Stadt Saint-Maximin-la-Sainte-Baume in der Provence erlangte im 13. Jh. Berühmtheit, als man hier die angeblichen Grabstätten von Maria Magdalena und Maximin, des ersten Bischofs von Aix, fand. Die gotische Basilika entstand in der Folgezeit für eine würdevolle Aufbewahrung der kostbaren Reliquien. Neben dem zwar schlichten, aber trotzdem imposanten Kirchenbauwerk befindet sich ein Kloster, das zu den schönsten gotischen Bauwerken der Provence zählt.

Nach der griechischen Überlieferung fand Maria Magdalena ihre letzte Ruhestätte in Ephesus. Einen Grabkult gibt es dort bereits seit dem 6. Jh. Nach der Überführung angeblicher Reliquien nach Konstantinopel im Jahr 899 entstand auch dort eine große Magdalenen-Verehrung.

Verehrung/Brauchtum: Weitere Reliquien von Maria Magdalena werden außer in den genannten Hauptverehrungsorten auch in Halberstadt und Exeter sowie in der Pariser Église de la Madeleine aufbewahrt.

Aus der Verehrung für Maria Magdalena heraus entstand in Deutschland zu Beginn des 13. Jh. ein Maria-Magdalena-Orden für Büßerinnen und bekehrte Frauen (Magdalenerinnen). Auch die Stadt Lübeck war im Mittelalter ein Zentrum der Verehrung für Maria Magdalena, nachdem ihr ein Sieg in einer Schlacht gegen die Dänen zugeschrieben worden war.

Darstellung: Maria Magdalena ist hauptsächlich als Büßerin und Einsiedlerin oder als Frau in langem Kleid, manchmal auch mit Mantel dargestellt. Künstler aller Jahrhunderte haben sich der Gestalt der Begleiterin Jesu angenommen. Eine der eindrucksvollsten Darstellungen ist jene von Grünewald am Isenheimer Altar in Colmar (Maria Magdalena zu Füßen von Jesus). Bemerkenswert ist auch eine Darstellung von Giotto: Er malte die Magdalenenkapelle in der Unterkirche der Basilika von Assisi mit Fresken aus, die Szenen aus dem Leben der Heiligen zeigen. Mit ihrem Hauptattribut, dem Salbengefäß (Salbung Christi), zeigt Magdalena ein Gemälde von Lucas Cranach dem Älteren (Köln, Wallraf-Richartz-Museum). Weitere Attribute, die Maria Magdalena bei sich hat: Weihrauchgefäß, Buch, Dornenkrone, Geißel, Teufelsköpfe, Palmzweig, Rosenkranz, Kreuz, Musikinstrumente. Häufig wurde sie auch mit ihren Geschwistern dargestellt.

Säule, die früher Reliquien von Maria Magdalena und anderen Heiligen in der Basilika Sainte Madeleine in Vézelay barg. Die Säule befindet sich an einem Altar im südlichen Querhaus, der eine ganz besondere Bedeutung hatte: In früheren Jahrhunderten schoben Wallfahrer Devotionalien oder Leinentücher durch eine noch heute sichtbare Öffnung (fenestella), damit sie mit den im Inneren aufbewahrten Reliquien in Berührung kamen.

Ein schöner Schrein in der Krypta der Basilika Sainte Madeleine in Vézelay in Burgund birgt die mutmaßlichen Reliquien der Maria Magdalena. Die Krypta ist der älteste Teil der Kirche, sie stammt aus dem 9. Jh.

Wandregisel (Wando)

Gründer und 1. Abt von Fontenelle
geboren: um 600 bei Verdun, Frankreich
gestorben: 22. Juli 668 in Fontenelle, Frankreich

Verehrung/Brauchtum: Um 704 wurden die Gebeine von Wandregisel erstmals erhoben. Die von ihm gegründete Abtei Fontenelle in der Normandie wurde später nach ihm St-Wandrille genannt.

23. Juli

Apollinaris von Ravenna

Bischof, Märtyrer
geboren: 1. oder 2. Jh.
gestorben: um 75/um 200 in Ravenna, Italien
Patron von Ravenna, Düsseldorf und Remagen; gegen Steinleiden, Gicht und Epilepsie

Eine der eindrucksvollsten Kirchen Italiens erinnert bis in die heutige Zeit hinein an den Heiligen, dem dieses Gotteshaus 549 geweiht wurde: S. Apollinare in Classe bei Ravenna, errichtet über dem Grab von Apollinaris, dem ersten Bischof von Ravenna, der zum Märtyrer wurde. Die majestätische Basilika steht heute fast isoliert in einer Ebene fünf Kilometer südlich von Ravenna, dort, wo vor Jahrhunderten der lebhafte Adriahafen Classe lag (daher der Kirchenname „in Classe").

Nach einer Legende kam Apollinaris zusammen mit Petrus nach Rom. Von dort sandte ihn der Apostel als Glaubensbote nach Ravenna in Oberitalien. Als erster Bischof soll Apollinaris dort 20 Jahre segensreich gewirkt haben und vom Volk sehr verehrt worden sein. Um das Jahr 75 wurde Apollinaris von aufgebrachten Heiden überfallen und schwer mißhandelt. Als der Bischof mit keinem Wort um Gnade bat, ermordeten ihn die Peiniger auf brutalste Weise. Soweit erzählt es die eine Legende.

Es gibt noch eine zweite Überlieferung, die behauptet, Apollinaris habe erst um das Jahr 200 als Bischof in Ravenna gewirkt. Bezeugt ist aber mit Sicherheit eine sehr frühe Verehrung der Apollinaris-Reliquien.

Im Jahre 534 wurde bereits mit dem Bau von S. Apollinare in Classe begonnen, Bischof Maximianus weihte die Basilika eineinhalb Jahrzehnte später. Die Gebeine von Apollinaris wurden bereits 595 erhoben, Papst Gregor I. bestätigte den Akt. Die Gebeine des Bischofs ruhen heute unter dem Hauptaltar im Chor der Basilika. Ein unvergleichlicher Mosaik-Himmel, in seiner Art einmalig, wölbt sich über der Gedenkstätte.

Nur wenige Jahre nach der Weihe der Kirche S. Apollinare in Classe erhielt ein weiteres Gotteshaus in Ravenna den Namen von Apollinaris: S. Apollinare Nuovo, ebenfalls eine der sehenswertesten Kirchen Italiens. Der Kirchenbau, heute an der lauten, vielbefahrenen Via Roma gelegen, war ursprünglich die arianische Hofkirche von Theoderich und trug den Namen S. Martino in Ciel d'Oro. Nach der Vernichtung der Ostgoten 560 wurde die prächtige, dreischiffige Basilika den katholischen Gläubigen übergeben. Auch hier bezaubern den Besucher noch heute einzigartige Mosaiken.

Apollinaris. Ausschnitt aus dem berühmten Apsismosaik in der Basilika S. Apollinare in Classe bei Ravenna. Das einzigartige Kunstwerk, das bis heute zahllose Besucher anzieht, stammt aus dem 6. Jh.

Verehrung/Brauchtum: Neben Ravenna war und ist Remagen südlich von Bonn ein Hauptort der Apollinaris-Verehrung. Der dortige Apollinarisberg entwickelte sich ab dem 14.

Jh. zu einem berühmten Wallfahrtsort; Apollinaris-Reliquien sollen möglicherweise zusammen mit den Gebeinen der Heiligen Drei Könige von Italien nach Remagen gelangt sein. Ein Teil der Reliquien wurde später geraubt und nach Düsseldorf gebracht, das Haupt von Apollinaris mußte jedoch 1826 wieder nach Remagen zurückgegeben werden. Das Hochgrab (14. Jh.) von Apollinaris befindet sich bis heute in der Krypta der Wallfahrtskirche. Jedes Jahr kurz vor dem Gedenktag von Apollinaris beginnt die Hauptwallfahrtszeit, die sich etwa über zwei Wochen erstreckt. Beim Eröffnungsgottesdienst wird die Hauptreliquie des Bischofs um den Apollinarisberg getragen. Während der Hauptwallfahrtszeit bleibt sie dann offen im Altarraum und wird von den Pilgern mit der Hand berührt.

In Gorkum bei Utrecht wird eine Armreliquie von Apollinaris verehrt. Auch in Reims und Dijon sollen sich Apollinaris-Reliquien befunden haben.

Darstellung: Vor allem in den beiden ravennatischen Basiliken S. Apollinare in Classe und S. Apollinare Nuovo gibt es verschiedene Darstellungen von Apollinaris in Mosaikform. In der westlichen Darstellung ist Apollinaris als Bischof in weißem Gewand mit schwarzem Kreuz abgebildet, oft mit Ähren, weil er eine große Hungersnot abgewendet haben soll. Selten wurde er auch mit einer Keule dargestellt, was auf sein Martyrium hinweist.

Zahlreiche Darstellungen gibt es auch auf dem Apollinarisberg in Remagen sowie in der Kirche St. Lamberti in Düsseldorf.

Birgitta von Schweden

Ordensgründerin, Mystikerin OSSalv
geboren: um 1303 in Finstad bei Uppsala, Schweden
gestorben: 23. Juli 1373 in Rom, Italien
Schutzpatronin Europas, der Pilger; für einen friedlichen Tod

Birgitta, die als Stifterin des Birgittenordens in die Geschichte einging, kam um das Jahr 1303 im südschwedischen Finstad bei Uppsala zur Welt. Bereits ab ihrem siebten Lebensjahr hatte sie Visionen des gekreuzigten Jesus. Als Birgitta 13 Jahre alt war, heiratete sie auf Wunsch des Vaters – die Mutter war bereits gestorben – den 18jährigen Adligen Ulf Gudmarsson, dem sie in einer glücklichen Ehe vier Söhne und vier Töchter schenkte. Wegen ihrer außergewöhnlichen Wohltätigkeit und ihrer frommen Lebensweise genoß Birgitta überall höchstes Ansehen. Im Alter von 32 Jahren wurde sie sogar Hofmeisterin bei König Magnus Eriksson und hatte am Hof großen Einfluß. Nach einer gemeinsamen Wallfahrt nach Santiago de Compostela zog sich Birgittas Ehemann in ein Zisterzienserkloster zurück, wo er schon 1344 starb.

Ordensgründerin Birgitta von Schweden. Typische Darstellung der Heiligen aus dem 18. Jh.

Der Tod ihres Mannes veränderte das Leben von Birgitta; ihre Visionen häuften sich. In ihnen nannte Christus Birgitta „seine Braut" und forderte sie auf, seine Mittlerin zu sein. Birgitta schrieb alle diese Erscheinungen in schwedischer Sprache nieder, später erfolgten die Übersetzungen ins Lateinische. König Magnus Eriksson schenkte der Mystikerin 1346 eines seiner Güter in Wadstena in Südschweden, wo Birgitta ein Kloster errichtete, das erste Haus ihres neuen Birgittenordens. Birgitta hatte für die Gemeinschaft der Nonnen eine Regel erarbeitet, die eine Ergänzung der Augustinerregel war. Zusammen mit ihrer Tochter, der später ebenfalls heiliggesprochenen Katharina von Schweden, ging Birgitta 1349 nach Rom, um dort für ihren Orden zu wirken. Unterstützt von der ihr treu zur Seite stehenden Katharina, bemühte sich die Ordensstifterin in den folgenden 24 Jahren

Kloster Altomünster in Oberbayern, das einzige Birgittenkloster auf deutschem Boden. Das Kloster war 750 von Alto gegründet worden, 1497 übernahmen es die Birgittenschwestern.

unermüdlich um die Verbreitung ihrer Regel, für die sie 1370 in Rom von Papst Urban V. die Bestätigung erhielt. Auf Betreiben Katharinas bestätigte Papst Urban VI. die Birgitten-Regel 1378 noch einmal.

Nach einer Pilgerreise ins Heilige Land starb Birgitta von Schweden bald nach der Rückkehr nach Rom am 23. Juli 1373. Die große Kämpferin für Sittlichkeit und Tugendhaftigkeit wurde zuerst in Rom beigesetzt, ein Jahr später überführte ihre Tochter Katharina die sterblichen Überreste der Ordensgründerin nach Wadstena, wo Birgitta ihre letzte Ruhestätte fand. Katharina war entscheidend daran beteiligt, daß ihre Mutter bereits 1391 durch Papst Bonifaz IX. heiliggesprochen wurde.

Erwähnenswert ist die Tatsache, daß es heute auf deutschem Boden nur noch ein Birgittenkloster gibt: Altomünster im Osten von Augsburg. Die Nonnen waren im Jahre 1487 in das ehemalige Benediktinerkloster gekommen, das um 750 von dem Einsiedler Alto gegründet worden war. Die Kirche, das letzte Werk des berühmten Barockarchitekten Johann Michael Fischer, gilt wegen ihrer Anlage als einer der ungewöhnlichsten Kirchenbauten.

Darstellung: Von Ordensgründerin Birgitta von Schweden gibt es zahlreiche Darstellungsformen. So ist sie als Pilgerin mit Stab und Flasche zu sehen, dann als Äbtissin mit Stab, auch als Ordensfrau an einem Schreibpult mit Feder in der Hand (Epitaph im Germanischen Nationalmuseum, Nürnberg), oft auch beim Empfang ihrer Visionen. In der Kirche S. Maria Novella in Rom ist ein Fresko aus dem 14. Jh. zu sehen, auf welchem Birgitta die Geburt Jesu als Vision sieht.

24. Juli

Christina von Belgien

Hirtin, Mystikerin
geboren: um 1150 in Brusthem, Belgien
gestorben: um 1224 in Sint-Truiden, Belgien
Patronin der Sünder; in verzweifelten Lagen; für einen friedlichen Tod; gegen Viehseuchen; gegen Infektionskrankheiten

Christina von Belgien, auch Christina Mirabilis (die Wunderbare) genannt, war Waise und verdiente sich ihren Lebensunterhalt als Hirtin. Später führte sie ein asketisches Büßerleben und hatte viele mystische Erlebnisse. Christina von Belgien starb 1224 im Benediktinerinnenkloster von Sint-Truiden, ihre Gebeine wurden bereits 1249 erhoben. Ihren Gedenktag legte man auf denselben Tag wie das Gedenken an Christina von Bolsena.

Christina von Bolsena

Märtyrerin
geboren: 3. Jh. in Tiro bei Bolsena, Italien
gestorben: um 304 in Bolsena
Patronin von Bolsena, Palerma und Torcello (Venedig); der Müller, Seeleute; der Bogenschützen

Das lebhafte Städtchen Bolsena in der mittelitalienischen Provinz Viterbo besitzt eine bemerkenswerte Kirche: S. Cristina beeindruckt zum einen durch ihren interessanten Bau – drei Kirchen aus verschiedenen Epochen wurden miteinander verschmolzen –, zum anderen durch die außergewöhnliche Grabstätte der Christina, der das Gotteshaus geweiht ist.

Christina war die Tochter heidnischer Eltern aus Bolsena, wurde aber von einer Dienerin im christlichen Glauben unterrichtet. Als Christinas Vater erfuhr, daß das Mädchen nicht, wie er es angeordnet hatte, den Göttern opferte, ließ er es mit Ruten schlagen. Danach ordnete er an, daß Christina in den Kerker gebracht und weiter gefoltert werden sollte. Christina ertrug alle Qualen ohne Klagen. Wie durch ein Wunder blieb ihr Körper trotz der schweren Mißhandlungen frei jeglicher Wunde. Als ihr Vater das sah, erschrak er und ließ Christina, auf einer Basaltplatte befestigt, ins Meer stoßen. Ein Wunder aber brachte das Mädchen wieder lebend an Land zurück. Daraufhin ordnete Christinas Vater die Hinrichtung der jungen Christin an. Das Todesjahr Christinas lag um 304.

Die Grabstätte der Christina von Bolsena in der Krypta der Kirche S. Cristina in Bolsena. Stufen führen hinunter zu der Confessio mit dem römischen Sarkophag, in welchem einst die Gebeine der Märtyrerin aufbewahrt wurden; heute befinden sie sich aus Sorge wegen möglicher weiterer Diebstahlversuche unter dem Hauptaltar.

Die Basaltplatte, auf der Christina von Bolsena angeblich auf den See hinausgetrieben wurde, dort jedoch auf wundersame Weise nicht ertrank. Auf der Platte, die in der Kirche S. Cristina in Bolsena aufbewahrt wird, sind in der Mitte die mutmaßlichen Fußabdrücke Christinas zu sehen.

Tiefe Stille umfängt den Besucher, der heute von den lauten Sträßchen Bolsenas in die kaum von Touristen besuchte Kirche eintritt. Vom linken der drei Kirchenschiffe gelangt man in einen barocken, lichtdurchfluteten Kirchenraum, bevor sich dann das Portal zur eigentlichen Sehenswürdigkeit öffnet (manchmal erst auf Bitten beim Mesner), zur Grotte der heiligen Christina. Die Augen müssen sich zuerst an das Dunkel gewöhnen, bevor sie die ergreifende Atmosphäre dieser Höhle wahrnehmen können. Vor dem Christina-Altar, dessen Ziborium vier Säulen tragen, liegt die Basaltplatte, auf der Christina in den See hinausgetrieben worden sein soll. Die Vertiefungen im Stein sollen die Fußspuren der Märtyrerin anzeigen.

Auf dem Altar ereignete sich 1263 das berühmte „Blutwunder von Bolsena", das die Einführung des Fronleichnamsfestes zur Folge hatte. Im Hintergrund der Grotte ist, durch mattes Licht erhellt, eine Terracotta-Statue Christinas zu sehen, geschaffen von Giovanni della Robbia. Daneben führen einige Stufen hinunter in eine kleine Confessio mit dem römischen Steinsarkophag, in dem einst Christinas Gebeine lagen. Nachdem mehrmals versucht wurde, die Reliquien zu stehlen, werden sie heute unter dem Hauptaltar der Kirche aufbewahrt.

Auch in der Kirche S. Salvatore in Palermo werden Reliquien der Christina von Bolsena verehrt.

Darstellung: Christina von Bolsena wurde fast ausschließlich als junges Mädchen dargestellt, meist mit Hinweisen auf ihr Martyrium (Krone, Palme, Feuerofen, Mühlstein, Flamme, Pfeil, Messer, Haken, Rost, Schlange). Eine der frühesten Darstellungen findet man in der Basilika S. Apollinare Nuovo in Ravenna, wo Christina auf einem Mosaik aus dem 6. Jh. als Jungfrau mit Krone zu sehen ist. Szenen aus dem Leben Christinas malte auch Veronese (16. Jh.), zu sehen in der Accademia in Venedig.

Kinga (Kunigunde) von Polen

Herzogin, Oberin OSCI
geboren: um 1224 in Ungarn
gestorben: 24. Juli 1292 in Alt-Sandecz, Polen
Patronin von Polen und Litauen
11. Juni 1690 Seligsprechung
16. Juni 1999 Heiligsprechung

Darstellung: Die ungarische Königstochter Kinga, die einen polnischen Herzog heiratete und nach dessen Tod die Leitung des von ihr gegründeten Klarissenklosters Alt-Sandecz übernahm, ist auf Darstellungen in fürstlichen Gewändern oder im Klarissenkleid mit Krone zu sehen.

Louise von Savoyen

Nonne OSCI
geboren: 28. Dezember 1462 in Savoyen
gestorben: 24. Juli 1503 in Orbe, Schweiz
Patronin für Kindersegen

Verehrung/Brauchtum: Die Reliquien von Louise von Savoyen wurden 1531 von Orbe nach Nozeroy und von dort 1842 nach Turin übertra-

Christophorus mit dem Jesuskind. Nach einem Fresko von Masaccio (um 1420) in S. Clemente in Rom.

gen. Der Kult wurde 1839 bestätigt. Im Klarissenorden begeht man den Gedenktag von Louise von Savoyen am 11. August.

Siglinde

Äbtissin OSB
geboren: 6./7. Jh. in Aquitanien, Frankreich
gestorben: 7. Jh. in Troclar, Frankreich
Patronin der Witwen

Darstellung: Siglinde, die nach dem Tod ihres Ehemannes Äbtissin in dem von ihrem Vater gegründeten Kloster Troclar in Südfrankreich wurde, ist als Benediktinerin dargestellt, inmitten von Kranken.

Ursicinus

Einsiedler
geboren: 6. Jh.
gestorben: 6. Jh. in St. Ursitz, Schweiz

Verehrung/Brauchtum: Am Grab von Ursicinus wurde bereits im 7. Jh. von Abt Wandregisel eine Eremitenniederlassung gegründet, die später in ein Kloster und im 12. Jh. in ein Chorherrenstift umgewandelt wurde. Nach Ursicinus wurde es St. Ursitz genannt. Der Ursicinus-Kult ist seit dem 8. Jh. nachweisbar.

Darstellung: Der Einsiedler Ursicinus ist als Mönch mit Lilie, predigend, dargestellt. Abbildungen existieren vor allem in der Schweiz.

25. Juli

Christophorus

Märtyrer
geboren: 2. Jh.(?) in Kanaan oder Lykien, heute Türkei
gestorben: um 250(?) in Lykien(?)

Patron des Verkehrs und vieler Berufsgruppen, die mit dem Verkehr etwas zu tun haben, wie Chauffeure, Kraftfahrer, Fuhrleute, Flößer, Schiffer, Fährleute, Seeleute; der Pilger; der Reisenden; der Athleten; von Bergstraßen; der Bergleute, Zimmerleute, Hutmacher, Färber, Buchbinder, Schatzgräber, Obsthändler, Gärtner; von Festungen; der Kinder; gegen einen unerwarteten Tod; gegen die Pest; gegen Seuchen; gegen Feuer- und Wassergefahren; gegen Dürre, Unwetter und Hagel; gegen Augenleiden, Zahnschmerzen und Wunden; Nothelfer

„Enthauptung des Christophorus." Nach einem Gemälde von Lionello Spada (um 1576), heute im Louvre in Paris.

Über Leben und Wirken eines der bekanntesten und volkstümlichsten Heiligen, des Nothelfers Christophorus, gibt es so gut wie keine authentischen Überlieferungen. Bezeugt sind Existenz und Martyrium, alle weiteren Überlieferungen sind Legende. Doch alle Unsicherheiten über das Leben von Christophorus konnten zu keiner Zeit verhindern, daß diesem Märtyrer immer eine ganz besondere Verehrung entgegengebracht wurde. Er gilt als Beschützer der Autofahrer, weshalb viele Menschen eine Christophorus-Plakette am Armaturenbrett ihres Autos befestigen.

Christophorus wurde möglicherweise gegen Ende des 2. Jh. in Kanaan geboren und erhielt von seinen heidnischen Eltern den Namen Reprobus. Erwachsen glich er einem Riesen, so groß und gewichtig war er geworden. Reprobus verließ seine

Heimat, um sich, so erzählt es die Legende, auf die Suche nach dem mächtigsten Herrscher der Welt zu machen und diesem zu dienen.

Auf seiner Reise soll der Riesenmensch auf einen Einsiedler gestoßen sein, der ihm befahl, auf seinem gewaltigen Körper Menschen durch einen nahegelegenen Fluß zu tragen. Eines Tages half Reprobus einem kleinen Kind durch das Wasser. Doch auf halber Flußstrecke wurde die Last schwerer und schwerer, Reprobus drohte zu ertrinken. Als er erschöpft am anderen Ufer ankam, sagte das Kind zu ihm: „Jesus Christus war deine Bürde. Du hast mehr als die Welt getragen." Christus gab sich so zu erkennen, tauchte den Riesen Reprobus sodann unter das Wasser und taufte ihn auf den Namen Christophorus, was in der griechischen Sprache „Christus-Träger" bedeutet.

Eine zweite Überlieferung berichtet, der Christ Christophorus sei in seiner Heimat Lykien (heute in der südlichen Türkei) von seinem König, einem strengen Christenverfolger, verhaftet und in den Kerker geworden worden. Um ihn foltern zu lassen, mußte der König 400 Soldaten beordern, da die zuerst eingesetzten 200 Männer mit dem riesigen Gefangenen nicht zurechtkamen. Viele Soldaten heidnischen Glaubens bekehrten sich angesichts der mutigen Haltung von Christophorus. Andere wiederum traten zum Christentum über, als sie sahen, wie die auf Christophorus abgeschossenen Pfeile entweder in der Luft stehenblieben oder vom Körper ihres Opfers abprallten. Ein Pfeil soll dem König das Auge durchbohrt haben. Nach tagelangen Martern fiel Christophorus erschöpft, aber nicht tödlich verletzt zu Boden. Da ließ ihn der ungeduldige Herrscher schließlich von mehreren Soldaten enthaupten. Das Todesjahr von Christophorus lag möglicherweise um 250.

Verehrung/Brauchtum: Die große Verehrung für Christophorus verbreitete sich etwa ab dem 5. Jh. im Westen und im Osten. Seit dem 16. Jh. wird der Nothelfer auch in Übersee verehrt. Ein Sprichwort sagt, wenn man am Morgen ein Christophorus-Bild betrachtet, sei man geschützt bis zum Abend. Früher wurden deshalb Bilder des Nothelfers ganz groß an die Eingänge von Kirchen oder an belebte Plätze eines Ortes gemalt.

Darstellung: Christophorus gehört zu den am häufigsten dargestellten Heiligen des Abendlandes. Fast immer ist der Nothelfer als Riese, das Christuskind auf der Schulter, einen Stab in der Hand, dargestellt. Auch als Märtyrer oder als Krieger wurde Christophorus abgebildet. Weltruhm erlangten die Christophorus-Fresken von Andrea Mantegna in der Chiesa degli Eremitani in Padua, von denen noch einige erhalten sind, so die Szene der Hinrichtung. Ein Fresko (1491) im Augsburger Dom zeigt den Nothelfer mit dem Christuskind in einem Mäntelchen, ebenso ein Gemälde von Tizian (16. Jh.) im Dogenpalast zu Venedig. Auf einer Wandmalerei in der Kirche St. Andreas in Köln ist Christophorus mit einem Pilgerstab mit Blättern zu sehen. Ebenfalls mit einem Blätter treibenden Stab zeigt Christophorus ein Gemälde von Sano di Pietro (1444) in der Kirche S. Cristoforo in Siena.

Jakobus der Ältere

Apostel, Märtyrer
geboren: um Christi Geburt
gestorben: um Ostern 44 in Jerusalem
Patron von Spanien; der Krieger; der Arbeiter; der Apotheker, Drogisten, Hutmacher, Wachszieher, Kettenschmiede; der Pilger; für das Wetter; der Äpfel und Feldfrüchte; gegen Rheumatismus

Ein riesiges Feuerwerk steigt am Vorabend des Jakobus-Tages in den sommerlichen Nachthimmel über

Jakobus rettet einen unschuldig gehenkten Jungen, der sich mit seinen Eltern auf einer Wallfahrt nach Santiago de Compostela befunden hatte. Szene aus dem Jakobusaltar (Nürnberger Schule), entstanden um 1520/30 (Fränkische Galerie, Kronach).

Gegenüberliegende Seite: Die berühmte Jakobskathedrale in Santiago de Compostela in Nordspanien.

der spanischen Stadt Santiago de Compostela in Galizien. Kaum einer der 60 000 Einwohner und der vielen tausend Besucher in der Stadt läßt sich dieses einmalige Schauspiel zu Ehren des großen Apostels Jakobus entgehen. Wie in einem Fieber befindet sich die Stadt am Monte Pedros schon seit Tagen. Es herrscht Volksfeststimmung. Volkstanzgruppen messen ihr Können, bunte Trachten beherrschen das Straßenbild, kaum überschaubare Pilgerströme fluten durch die Stadt. Voller Spannung harren die Menschen des Hauptereignisses.

Wer war dieser Apostel, dem die Menschen bis ins 20. Jh. eine solche überschäumende Verehrung entgegenbringen? Jakobus der Ältere, so genannt zur Unterscheidung von Apostel Jakobus dem Jüngeren, war ein Sohn des Fischers Zebedäus und von Salome, sein Bruder war Johannes, der Apostel und Evangelist. Zusammen mit Petrus und Johannes gehörte Jakobus zu den Lieblingsjüngern von Christus und begleitete Jesus auch in den Ölgarten. Wegen ihres stürmischen Temperamentes hatte der Gottessohn den beiden Brüdern Jakobus und Johannes den vielsagenden Beinamen „Donnersöhne“ gegeben.

Nach der Himmelfahrt Jesu verkündete Jakobus der Ältere weiterhin das Evangelium. Die einen Überlieferungen berichten, er habe in Jerusalem und Samaria gewirkt, andere erzählen, daß Jakobus nach Spanien gezogen sei und dort gepredigt habe. Um das Osterfest des Jahres 44 wurde der Apostel durch Soldaten von Herodes Agrippa I. verhaftet und auf Anordnung des Königs mit dem Schwert ermordet. Jakobus war der erste der zwölf Apostel Christi, der den Martertod erlitt.

Die Legende berichtet dazu, daß der Menschenzug auf dem Weg zur Hinrichtungsstätte an einem Haus vorbeikam, vor dem ein gichtkranker, gehunfähiger Mann saß, der Jakobus um Hilfe bat. Der zum Tod Verurteilte sagte daraufhin zu dem Kranken: „Im Namen meines Herrn Jesus Christus, stehe gesund auf und preise deinen Heiland.“ Der Mann erhob sich und konnte wieder gehen.

Schrein mit den Reliquien von Jakobus dem Älteren in der Jakobskathedrale in Santiago de Compostela.

Einer der Henker fiel darauf auf die Knie und bekannte sich zum christlichen Glauben. Zusammen mit Jakobus wurde er danach enthauptet.

Die Überlieferung erzählt, daß an der Stelle in Jerusalem, an welcher der Apostel Jakobus das Martyrium erlitt, die Jakobskirche errichtet wurde. Die Gebeine des Märtyrers sollen um das Jahr 70 auf den Sinai gebracht worden sein, wo für sie das Jakobuskloster, das heutige Katharinenkloster, errichtet wurde. Vor den Sarazenen rettete man die Gebeine von Jakobus im 8. Jh. nach Spanien und erbaute zur Aufbewahrung der wertvollen Reliquien in Galizien eine Jakobskirche, die am 25. Juli 816 eingeweiht wurde. Aus diesem Gotteshaus entwickelte sich dann vom 10. Jh. an der berühmte Wallfahrtsort Santiago (St. Jakob) de Compostela, der bis ins 15. Jh. hinein mehr Pilger anzog als Rom und Jerusalem. Zu dem Ort in Nordwest-Spanien entstanden zahlreiche berühmte Pilgerstraßen, die von Klöstern, Kirchen (fast alle im Stil der 1075 begonnenen neuen Kathedrale von Santiago), Hospizen und Kapellen gesäumt waren.

Der Gottesdienst in der Kathedrale von Santiago de Compostela beginnt am Jakobus-Tag mit einem atemberaubenden Schauspiel: Ein riesiger Weihrauchkessel schwingt über die Köpfe der Gläubigen hinweg durch die monumentale Basilika, eine der schönsten auf der Iberischen Halbinsel. Dieser Brauch ist einmalig in der Welt. Am Abend des Feiertages, der, wenn er auf einen Sonntag fällt, ein sogenanntes „Heiliges Jakobsjahr“ eröffnet, zieht ein wundersamer Zug riesiger, tanzender Puppen durch die Straßen der Stadt, gefolgt vom Bischof, den Priestern und Ministranten. Bis in die frühen Morgenstunden hinein gehen in Santiago de Compostela die Lichter nicht aus.

Verehrung/Brauchtum: Die Bedeutung von Jakobus für Spanien war einst so groß, daß das Land in Skandinavien „Jakobsland“ genannt wurde. Im Jahr 1161 entstand in Léon der Ritterorden „St. Jakob vom Schwerte“, der gegen die Mauren kämpfte.

In der griechischen Kirche gedenkt man Jakobus am 15. November, in der koptischen am 12. April und in der armenischen am 28. Dezember.

Der Begriff „Jakobsmuschel“ hat seinen Ursprung ebenfalls in der Person des Jakob: Pilger, die einst das Ziel am Jakobsgrab erreichten, erhielten einen Hut, der mit einer

Die Sitzstatue des Jakobus im Hochaltar der Kathedrale von Santiago de Compostela in Galizien in Nordwestspanien kann über eine Treppe erreicht werden. Die Pilger berühren sie mit den Händen, um Hilfe zu erlangen.

großen Muschel geschmückt war (Patronat Hutmacher).

Wie beliebt Jakob als Volksheiliger ist, ist daran zu erkennen, daß die Bauern die ersten heranreifenden Äpfel am Jakobstag zur Segnung bringen und sie „Jakobi-Äpfel“ nennen. Darüber hinaus wurden vor allem im ländlichen Raum am Jakobstag Märkte abgehalten, aber auch in Städten wie München (Jakobi-Dult) und in Kaufbeuren (Jakobuswoche) gab es diesen Brauch und gibt es ihn bis zum heutigen Tag.

Darstellung: In frühen Darstellungen ist Jakobus der Ältere als Apostel, meist mit einem Buch, zu sehen. Später erscheint er dann fast immer als Pilger mit Pilgerattributen wie Stab, Flasche, Beutel und Hut. Auf einigen wenigen Abbildungen gibt es auch Hinweise auf sein Martyrium. Schließlich existiert noch die Darstellungsform Jakob als Ritter („Matamoros“, Maurentöter). Ein romanisches Bronzerelief in der Kirche S. Paolo fuori le mura in Rom zeigt Jakobus mit Schriftrolle. Eine Statue (1250) in der Vorhalle des Paderborner Domes stellt den Apostel mit einer Muschel am Mantel dar. Die berühmte Holzfigur von Hans Leinberger (1525) im Bayerischen Nationalmuseum München zeigt Jakobus den Älteren sitzend mit Pilgerhut und Buch.

Johannes Soreth

Generalprior OCarm
geboren: 1394 bei Caen, Frankreich
gestorben: 25. Juli 1471 in Angers, Frankreich
1866 Seligsprechung

Darstellung: Der Reformer des Karmeliterordens und langjährige Generalprior Johannes Soreth ist meist mit einem Hostienkelch dargestellt; diese Abbildungsform geht auf folgende Begebenheit zurück: Während der Plünderung der Stadt Lüttich durch Karl den Kühnen von Burgund sammelte Johannes Soreth unter Lebensgefahr die Hostien wieder ein, die auf der Straße verstreut waren, und brachte sie in Sicherheit.

Simeon Stylites der Ältere

Säulensteher
geboren: um 390 in Kilikien
gestorben: 25. Juli 459 in Kalat Seman, Syrien
Patron der Hirten

Simeon Stylites der Ältere gilt als Begründer des Stylitentums, des Eremitenlebens auf einer hohen Säule („stylos“ bedeutet im Griechischen die Säule). Der um 390 in Kilikien geborene Sohn christlicher Eltern wurde im Alter von 13 Jahren Mönch und später Einsiedler in der Nähe von Antiochia. Während der folgenden Jahre ließ er sich immer während der Fastenzeit ohne jegliche Nahrung einmauern, danach für drei Jahre an einen Felsen anschmieden.

Um den ihn ständig belästigenden Gaffern zu entgehen, bestieg Simeon im Jahre 422 eine 20 Meter hohe Säule, auf der er die Jahrzehnte bis zu seinem Tod am 25. Juli 459 stand und betete. Zweimal täglich predigte er zu der Menschenmenge, die sich regelmäßig unter seiner Säule versammelte. Für Hilfesuchende wurde der Säulensteher zu einem wichtigen Ratgeber. In der folgenden Zeit lebten zahlreiche weitere Einsiedler nach Simeons Vorbild.

In Aleppo im nördlichen Syrien kann der Besucher heute das halbzerfallene Simeonskloster besichtigen, ein christliches Denkmal aus früher Zeit mitten in einer unberührten

Der Stumpf der Simeonssäule im Simeonskloster in Aleppo, Syrien.

Landschaft. Im Herzen der Klosteranlage steht der Fuß einer dicken Säule, angeblich jener Säule, auf der Simeon Stylites über drei Jahrzehnte seines Lebens verbracht hat.

Darstellung: Auf Abbildungen ist Simeon Stylites der Ältere immer auf seiner Säule stehend zu sehen, manchmal steht Simeon Stylites der Jüngere auf seiner Säule neben ihm.

Thomas von Kempen, der berühmte Augustinerschriftsteller.

Thomas Hemerken von Kempen

Prior, Schriftsteller CanAug
geboren: um 1380 in Kempen, Nordrhein-Westfalen
gestorben: 25. Juli 1471 in St. Agnetenberg, Niederlande

Der Priester und Augustinerchorherr Thomas Hemerken von Kempen ist einer der wichtigsten Vertreter der sogenannten „Devotio moderna", einer religiösen Bewegung, die vom 14. bis ins 17. Jh. wirkte. Ihr Inhalt: Eine ganz persönliche Frömmigkeit des einzelnen zu Gott im Gegensatz beispielsweise zur Wallfahrtsfrömmigkeit. In zahlreichen, teilweise berühmt gewordenen Schriften förderte Thomas von Kempen diese Bewegung, die von Gerhard Groote begründet worden war.

Die Seligsprechung von Thomas von Kempen, der 1399 in das Stift St. Agnetenberg bei Zwolle in den Niederlanden eingetreten und dort auch Prior war, ist mehrfach angeregt worden, fand jedoch niemals ihre Vollendung.

Willibold

Pilger
geboren: 12. Jh. in Calw(?), Baden-Württemberg
gestorben: 1230 in Berkheim, Baden-Württemberg

Der Pilger Willibold starb auf der Rückkehr von einer Wallfahrt ins Heilige Land in einer Scheune in Berkheim im Illertal. Die Legende erzählt, daß beim Tod des Adligen, der möglicherweise aus dem Calwer Grafengeschlecht stammte, die Glokken der Berkheimer Pfarrkirche von allein zu läuten begannen und die Luft von leiser Musik erfüllt war. Nach der Beerdigung des Pilgers in Berkheim setzte eine ständig wachsende Verehrung für ihn ein. Die Reliquien werden bis heute in einem Metallsarg in der Berkheimer Kirche aufbewahrt.

Verehrung/Brauchtum: Das Willibold-Fest wird in der Pfarrgemeinde Berkheim am Sonntag nach dem 16. Juli gefeiert. Bis zum Jahr 1780 war der 26. November der Willibold-Gedenktag.

26. Juli

Bartholomäa Maria Capitanio

Ordensgründerin
geboren: 13. Februar 1807 in Lovere, Italien
gestorben: 26. Juli 1833 in Lovere

Bartholomäa Maria Capitanio, die schon mit 15 Jahren als Lehrerin wirkte, gründete 1832 zusammen mit Vincentia Gerosa in Lovere die Kongregation der „Schwestern der Liebe vom Kinde Maria", die sich der Kranken, Armen und Kinder annahm. Nur acht Monate später starb sie. Die Ordensgründerin wurde am 18. Mai 1950 von Papst Pius XII. heiliggesprochen.

Joachim und Anna

Eltern Marias

Anna: Patronin von Florenz, Innsbruck und Neapel; für eine glückliche Heirat und der Ehe; für Kindersegen; für eine glückliche Geburt; der Mütter; der Witwen; der Hausfrauen; der Arbeiterinnen; der Hausangestellten; der Bergleute, Weber, Drechsler, Kunsttischler, Müller, Krämer, Seiler, Schneider, Spitzenklöppler, Knechte; für Regen; gegen Gewitter; zum Wiederfinden verlorener Gegenstände

Joachim: Patron der Ehepaare; der Schreiner und Leinenhändler

Das Zweite Vatikanische Konzil legte die Gedenktage von Joachim und Anna, den Eltern der Gottesmutter Maria, zusammen auf einen Tag, auf den 26. Juli. Bis dahin hatte man der beiden in aller Welt an den unterschiedlichsten Tagen gedacht.

Das apokryphe Jakobus-Evangelium berichtet über Joachim, daß er ein älterer Priester gewesen sei und mit Anna, seiner Frau, in Jerusalem gelebt habe. Eines Tages wies der Oberpriester im Tempel ein Opfer Joachims zurück, weil dieser nach 20jähriger Ehe noch keine Kinder gezeugt hatte. Dem tief gedemütigten Mann erschien bald darauf während der Feldarbeit ein Engel und verkündete ihm die Geburt eines Kindes. Auch Anna hatte diese Engelserscheinung. Nicht lange darauf gebar sie die gemeinsame Tochter Maria, die spätere Mutter Jesu. Das Fest Mariä Opferung erinnert bis heute an den Tag, an dem Joachim und Anna ihr Kind im Tempel Gott weihten. Ob das Ehepaar noch die Geburt Christi erlebte, ist nicht überliefert.

Verehrung/Brauchtum: Der Höhepunkt in der Verehrung für Anna war im 15. und im 16. Jh. erreicht, als zunächst 1481 Papst Sixtus IV. den Anna-Tag in den römischen Kalender aufnahm, und dann 1584 Papst Gregor XIII. das Anna-Fest anordnete. Besonders die Kapuziner und die Karmeliter förderten die Verehrung für Anna, aber auch Benediktiner und Augustiner-Chorherren. Der Kult um Anna breitete sich immer mehr aus, je mehr Reliquien auf-

„Die Heilige Sippe." Nach einem Holzschnitt von Hans Baldung Grien. Links sind Josef und Maria, rechts Joachim und Anna, in der Mitte das Jesuskind zu sehen.

tauchten. Auch zahlreiche europäische Städte erklären, im Besitz von Reliquien zu sein, so etwa Düren (Haupt) und Wien (Arm). In vielen Ländern gab es früher berühmte Anna-Wallfahrten, so in Annaberg (Niederösterreich), Sulzbach und Unterkreuzberg in Bayern und Nantes, Apt und Anne d'Aury in Frankreich. Joachim wurde schon immer in der Ostkirche sehr verehrt; das Anna-Fest ist dort etwa seit Mitte des 6. Jh. nachweisbar.

Darstellung: Anna ist meist als Matrone mit Kopftuch dargestellt, manchmal mit Maria und häufig mit Maria und dem Jesuskind („Annaselbdritt"). Berühmte „Annaselbdritt"-Darstellungen gibt es etwa von Caravàggio in der Villa Borghese in Rom, von Leonardo da Vinci im Louvre zu Paris und von Masaccio in der Accademia in Florenz. Häufiger zu sehen sind Anna und Joachim zusammen mit Maria. Joachim ist fast immer als älterer oder alter Mann mit Buch oder Schriftrolle abgebildet, manchmal sind Tauben bei ihm, öfters auch ein Lamm.

Titus Brandsma

Mönch, Märtyrer OCarm
geboren: 23. Februar 1881 in Bolsward, Niederlande
gestorben: 26. Juli 1942 im KZ Dachau, Bayern

In einem festlichen Akt sprach am 3. November 1985 Papst Johannes Paul II. in Rom Pater Titus Brandsma selig. Der Karmeliter, Philosophieprofessor, Pionier katholischer Pressearbeit und ökumenischer Öffnung, Lagerhäftling 30492 im KZ Dachau, war am 26. Juli 1942 mit einer Säurespritze ermordet worden. In den Niederlanden hatte Pater Titus zu den frühesten und kompromißlosesten Gegnern der Nazidiktatur gehört. Laut sprach er sich gegen die Judenverfolgung aus.

Nach der Besetzung der Niederlande durch die Nationalsozialisten geriet Brandsma auf die „schwarze Liste". Am 19. Januar 1942 schließlich wurde er in seinem Kloster in Nijmegen von der Gestapo verhaftet. Im Gefängnis von Scheveningen begannen die ersten Verhöre. Obwohl Pater Titus Brandsma bereits schwer krank war, wurde er am 13. Juni 1942 nach Dachau deportiert. Bemühungen von Brandsmas deutschen Ordensmitbrüdern, eine Verurteilung des Geschwächten in einen Dauerarrest umzuwandeln, scheiterten. In einem Gestapo-Bericht nach Berlin hieß es: „Professor Brandsma ist grundsätzlich als Feind der nationalsozialistischen Sache zu sehen. Dieser Mann ist sehr gefährlich."

Nach weiteren furchtbaren Qualen, die man ihm zufügte, wurde der Priester Titus Brandsma am 26. Juli 1942 von einem Lagerarzt als „lebensunwertes Leben" mit einer Spritze getötet. Noch in seinen letzten Tagen und Stunden hatte er für seine Peiniger gebetet.

Gegenüberliegende Seite: Titus Brandsma, Mystiker und Märtyrer.

27. Juli

Berthold von Garsten

1. Abt von Garsten OSB
geboren: 11. Jh.
gestorben: 27. Juli 1142 in Garsten, Österreich
8. Januar 1970 Approbation des Kultes

Glodesindis

Äbtissin in Metz
geboren: 6. Jh. in der Champagne, Frankreich
gestorben: um 610 in Metz, Frankreich

Verehrung/Brauchtum: Glodesindis wird nicht nur in Metz verehrt, auch in der Diözese Trier sowie in Lüttich und Huy ist ihr Kult bekannt.

Konrad von Ottobeuren

Abt OSB
geboren: 12. Jh.
gestorben: 27. Juli 1227 in Ottobeuren, Bayern

Konrad, ab 1191 Abt des Benediktinerklosters Ottobeuren, ging in die Geschichte ein, weil er das Kloster zweimal wieder aufbaute; das erste Mal, als er es völlig verfallen übernahm, das zweite Mal nach einem Brand. Noch heute genießt das Kloster hohes Ansehen.

Konrad starb nach fast dreißigjährigem Wirken als Abt, verehrt von seinen Mitbrüdern und von der Bevölkerung. Die Gebeine Konrads werden bis heute in Ottobeuren aufbewahrt, zusammen mit denen von Abt Rupert, einem seiner Vorgänger.

Magnerich (Meinrich) von Trier

Bischof von Trier
geboren: um 520
gestorben: 27. Juli 596(?) in Trier(?), Rheinland-Pfalz

Maria Magdalena Martinengo di Barco

Nonne, Mystikerin OSCICap
geboren: 5. Oktober 1687 in Brescia, Italien
gestorben: 27. Juli 1737 in Brescia
18. April 1900 Seligsprechung

Natalia von Córdoba

Märtyrerin
geboren: 9. Jh. in Córdoba, Spanien
gestorben: 27. Juli um 853 in Córdoba

Pantaleon

Arzt, Märtyrer
geboren: 3. Jh. in Nikomedien, heute Izmid, Türkei
gestorben: 305 in Nikomedien
Patron von Köln; der Ärzte, Hebammen, Ammen; gegen Kopfschmerzen und Auszehrung; gegen Krankheiten beim Vieh; gegen Heuschreckenplage; bei Verlassenheit; Nothelfer

Pantaleon wurde in der zweiten Hälfte des 3. Jh. als Sohn eines heidnischen Vaters und einer strenggläubigen Christin geboren. Schon als Jüngling hatte er großes Interesse an allen Dingen, die mit der Heilkunde zu tun hatten. Er bildete sich selbst durch umfassende Studien in der Arzneikunde aus und entwickelte bald außergewöhnliche Heilkräfte.

Von dem großen Können Pantaleons angetan, ernannte der heidnische Kaiser Maximian den jungen Mann aus Nikomedien zu seinem Leibarzt. Auch mit Maximians Frau verstand sich Pantaleon gut. Eines Tages erklärte Pantaleon der Kaiserin, daß er von seiner Mutter als Christ erzogen worden sei. Er versuchte, die Heidin vom Christentum zu überzeugen. Diesen Gesprächen lauschte heimlich der Tribun Galerius. Der rachsüchtige Mann, der von der Kaiserin mehrfach abgewiesen worden war, zeigte Pantaleon beim Kaiser als Christ an. Maximian soll daraufhin zurückgetreten und mit seiner Frau in die Verbannung gegangen sein. Maximians Nachfolger

Pantaleon. Der Nothelfer wird auf der ganzen Welt bis zum heutigen Tag hoch verehrt und gefeiert.

Galerius ließ Pantaleon in den Kerker werfen und grausam foltern. Als sich der Arzt standhaft weigerte, seinem Glauben abzuschwören, wurden ihm die Arme auf den Kopf genagelt, dann schlug ihm der Henker das Haupt ab. Das Todesjahr Pantaleons soll 305 gewesen sein.

Bereits im Jahr 550 ließ Kaiser Justinian in Kontantinopel, dem heutigen Istanbul, eine Kirche zu Ehren Pantaleons errichten. Um 800 kam das Haupt des Märtyrers angeblich nach Lyon, seit 972 werden Reliquien Pantaleons in der Kirche St. Pantaleon in Köln verehrt, die Erzbischof Bruno 950 wieder hatte aufbauen lassen.

Verehrung/Brauchtum: Im Osten ist die Verehrung für Pantaleon schon seit dem 4. Jh., in Afrika seit dem 5. Jh. bekannt. Im Orient wurde Pantaleon zu den sogenannten Heiligen Ärzten gerechnet, die Gläubigen verehrten ihn als Großmärtyrer. Seit dem Mittelalter gilt Pantaleon im Westen als einer der 14 Nothelfer. Allein in Rom sind dem Märtyrer vier Kirchen geweiht, Reliquien Pantaleons nennen unzählige Städte in aller Welt ihr eigen, so neben Köln und Lyon Genua, Arles, Brindisi, Ravenna, Venedig, Andechs, Salem, Zwiefalten. Bekannt sind auch die sogenannten Pantaleon-Ampullen mit dem Blut-Milch-Wechsel, entsprechend des Martyriums (angeblich soll nach der Ermordung aus dem Körper Pantaleons Milch statt Blut geflossen sein); Ampullen nennen unter anderen Venedig, Rom, Paris, Neapel, Bari und Madrid ihr eigen.

Auch verschiedene Wallfahrten erinnern an den Märtyrer Pantaleon, so in St. Pantaleon im österreichischen Innviertel, in Oberrotweil am Kaiserstuhl und in Wilfingen. In Oberrotweil findet jedes Jahr am Sonntag nahe des 27. Juli eine Prozession mit Pferden statt, ein Lied zu Ehren von Pantaleon wird gesungen. Dieses Brauchtum in Oberrotweil am Kaiserstuhl dürfte schon vor dem 17. Jh. existiert haben, seit 1735 ist es sicher nachgewiesen. Außerdem sind aus Oberrotweil zahlreiche Heilungen überliefert.

Darstellung: Pantaleon ist entweder in vornehmer Kleidung mit Arznei- oder Salbengefäß in der Hand dargestellt, oder die Abbildung zeigt sein Martyrium: gebunden an eine Palme oder mit den Händen über dem Kopf an einen Ölbaum genagelt. Die wohl älteste Monumental-Darstellung von Pantaleon befindet sich in der Kirche S. Maria Antiqua in Rom (708). Verschiedene Darstellungen von Pantaleon gibt es in der Kirche St. Pantaleon in Köln sowie in der Kirche Vierzehnheiligen, wo Pantaleon zusammen mit den anderen Nothelfern zu sehen ist. In der Kirche S. Pantaleo in Venedig ist der Märtyrer auf einem Gemälde von Veronese (1587) abgebildet, wie er ein Kind heilt.

28. Juli

Alphonsa Anna Muttathupandathu

Nonne OSCI
geboren: 19. August 1910 in Arpukara, Indien
gestorben: 28 Juli 1946 in Bharananganam, Indien

Der 8. Februar 1986 war für die Katholiken in Indien ein ganz besonderer Tag: Erstmals sprach ein Papst Ordensleute des Subkontinents selig. Neben dem Priester Chavara erhob Johannes Paul II. die Klarissin Alphonsa Anna Muttathupandathu von der Unbefleckten Empfängnis zur Ehre der Altäre. Bei der Seligsprechungsfeier in Indien – vor über 300 000 Gläubigen – erklärte der Papst: „Der Weg zur Heiligkeit war für Schwester Alphonsa der Weg des Kreuzes, der Krankheit und des Leidens.“ Die Ordensfrau hatte jahrelang körperliche und seelische Qualen klaglos und voller Gottvertrauen ertragen. Sie sah ihre Leiden als gottgegeben an und sagte dazu einmal: „Ich fühle es, der Herr hat mich als Opfergabe und Sühneopfer durch Leiden bestimmt. Ein Tag, an dem ich einmal nichts zu leiden hatte, war für mich ein verlorener Tag.“

Alphonsa Anna Muttathupandathu, seliggesprochen am 8. Feb. 1986.

Beatus und Bantus

Einsiedler
geboren: 6./7. Jh.
gestorben: 7. Jh. in Trier, Rheinland-Pfalz

Die Brüder Beatus und Bantus lebten nach der Überlieferung im 7. Jh. als Einsiedler in Trier. Bantus soll auch Priester gewesen sein. Über der Grabstätte von Beatus entstand später die Benediktinerabtei St. Marien. Um das Jahr 1592 wurde in Trier das Priesterseminar St. Bantus errichtet.

Benno II. von Osnabrück

Bischof von Osnabrück
geboren: um 1020 in Böhningen, Baden-Württemberg
gestorben: 28. Juli 1088 in Osnabrück, Niedersachsen

Nazarius und Celsus

Märtyrer
geboren: 3. Jh.
gestorben: 304 in Mailand, Italien
Patrone der Kinder; Celsus: der Pferde (Luxemburg)

Die Kirche S. Nazaro vor der Porta Romana in Mailand ist dem Märtyrer Nazarius geweiht, der während der Christenverfolgung von Kaiser Diokletian in der oberitalienischen Stadt wegen seines christlichen Glaubens enthauptet wurde. Zuvor soll Nazarius in Italien, Gallien und in Trier als Glaubensbote gewirkt haben. Sein Begleiter war ein Junge namens Celsus, der mit Nazarius zusammen ermordet wurde. Das Todesjahr der beiden Christen war das Jahr 304.

Nach der Überlieferung eines Augenzeugen fand der Mailänder Bischof Ambrosius um 395 in einem Garten vor den Stadtmauern den noch unversehrten Leichnam von Nazarius, daneben die Gebeine von Celsus. Der Bischof übertrug den toten Körper des Glaubensboten in eine Kirche vor der Porta Romana, die von da an S. Nazaro genannt wurde. Über den Reliquien von Celsus wurde eine neue Basilika erbaut.

Verehrung/Brauchtum: Im Osten wird der Gedenktag für Nazarius und Celsus mit dem der anderen Mailänder Märtyrer Gervasius und Protasius zusammen begangen.

Darstellung: Nazarius ist meist als bärtiger Mann mittleren Alters, Celsus als Junge dargestellt; beide sind auf Abbildungen häufig als Soldaten zu sehen. Auf je einem Altarbild in der Kirche SS. Nazaro e Celso in Verona und der gleichnamigen Kirche in Brescia sind die beiden Märtyrer als Krieger mit Palme und Schwert abgebildet. Auf einem Gemälde in SS. Apostoli e S. Nazaro in Mailand (1871) ist das Martyrium von Nazarius und Celsus dargestellt. Die früheste westliche Darstellung findet sich in S. Celso in Mailand (8. Jh.).

Raimund Palmarius (Zansogni)

Schuster, Pilger
geboren: um 1140 in Piacenza, Italien
gestorben: 28. Juli 1200 in Piacenza

Nach Wallfahrten ins Heilige Land, Santiago de Compostela und Rom widmete sich der gelernte Schuster Raimund Palmarius in seiner Heimatstadt Piacenza der Hilfe für Arme, Kranke, Waisen und Witwen sowie Gefangenen. Bei Vermittlungsversuchen zwischen den verfeindeten Städten Piacenza und Cremona wurde Raimund verhaftet und gefoltert. Kurz nach seinem Tod setzte bereits eine große Verehrung für ihn ein, zahlreiche Wunder sollen sich um seine Person ereignet haben. Die Überlieferung berichtet, daß bereits Innozenz III., der bei Raimunds Tod amtierende Papst, den Wohltäter kanonisiert hat.

Viktor I.

Papst (189 bis 199), Märtyrer(?)
geboren: 2. Jh. in Afrika(?)
gestorben: 199 in Rom, Italien

29. Juli

Ladislaus von Ungarn

König
geboren: um 1040 in Ungarn
gestorben: 29. Juli 1095 bei Neutra, Slowakei

Ladislaus, der 1077 zum König ausgerufen wurde, festigte das Christentum in Ungarn. Er ist der Begründer

Kopfreliquiar von Ladislaus von Ungarn in der Schatzkammer der Kathedrale von Györ in Ungarn.

des Bistums Agram (Zagreb). Im Jahr 1083 erwirkte Ladislaus die Heiligsprechung von Stephan I., Emmerich und Gerhard von Csanád. 1092 verlegte er den zerstörten Bischofssitz von Bihar nach Großwardein (Rumänien). Seine letzte Ruhestätte fand Ladislaus dort in der von ihm erbauten Kathedrale; sie entwickelte sich im Mittelalter zum Mittelpunkt des Ladislaus-Kultes. Papst Cölestin III. sprach Ladislaus 1192 heilig.

Darstellung: König Ladislaus ist fast immer als König in Ritterrüstung abgebildet, häufig sieht man ihn auf Darstellungen zu Pferd.

Lupus

Bischof
geboren: um 383 in Toul, Frankreich
gestorben: um 479 in Troyes, Frankreich

Lupus, eine der herausragenden Gestalten der gallischen Kirchengeschichte, stand der Diözese Troyes im Süden von Reims über ein halbes Jahrhundert als Bischof vor. Viele berühmte Bischöfe des 5. Jh. waren seine Schüler, unter ihnen auch Severus von Trier. Einige der Schriften von Lupus, dessen Name im Lateinischen „der Wolf" bedeutet, sind noch erhalten.

Lupus, um 383 im französischen Toul geboren, war vor seiner Hinwendung zum geistlichen Stand mit Pimeniola, einer Schwester von Erzbischof Hilarius von Arles, verheiratet. Mit Einwilligung seiner Frau trat Lupus 426 in das neugegründete Kloster auf der Insel Lérins vor der Küste Südfrankreichs ein und legte die Gelübde ab.

Auf einer Reise von seinen Gütern in Mâcon in Burgund nach Lérins wurde Lupus ein Jahr später in Troyes entgegen seiner Pläne vom Volk zum Nachfolger des eben verstorbenen Bischofs gewählt. Eine Legende erzählt, daß sich Bischof Lupus im Jahr 451 während eines Hunneneinfalls König Attila als Geisel anbot und Troyes damit vor der Zerstörung bewahrte. Nach seiner Freilassung wirkte Lupus weitere Jahrzehnte in seinem Bistum, bis er um das Jahr 479 in Frieden starb.

Darstellung: Der Schrein des Lupus in der Schatzkammer der Kathedrale von Troyes zeigt zahlreiche Szenen aus dem Leben des großen Bischofs.

Marta von Bethanien

Jüngerin Jesu
geboren: um Christi Geburt
gestorben: 1. Jh.
Patronin der Häuslichkeit; der Hausfrauen; der Köchinnen, Dienstmägde, Arbeiterinnen, Wäscherinnen, Hausangestellten, Gastwirte, Hotelbesitzer, Bildhauer, Maler; gegen Blutfluß; der Sterbenden

Auf französischem Boden befindet sich die Gedenkstätte der Marta von Bethanien, die einst Jesus in ihrem Haus bewirtete, den Gottessohn „in ihrem Haus aufnahm", wie Lukas schrieb. In der provenzalischen Stadt Tarascon nämlich, gelegen zwischen Avignon und Arles, errichtete man im 12. Jh. die Kirche Sainte-Marthe, um die mutmaßlichen Reliquien der Heiligen in gebührendem Rahmen verehren zu können. Ergriffenheit erfaßt den Besucher, steigt er über die breite Steintreppe an der linken Seite des Kirchenschiffes hinunter und erblickt die weite, fast majestätisch vor ihm liegende Krypta, in der das An-

Gegenüberliegende Seite: „Meerfahrt der heiligen Marta." Nach einem Gemälde von Lukas Moser aus dem Jahr 1431. Das Bild zeigt, wie Marta (Zweite von rechts) mit ihren Geschwistern Maria Magdalena und Lazarus Marseille entgegentreibt. Diese Darstellung beruht auf der Legende, daß Marta nach Südfrankreich gekommen sei, möglicherweise sogar mit ihren Geschwistern.

denken an Marta bis heute bewahrt wird. Vor den hellen und dunklen Marmorwänden steht in der Mitte des Raumes ein Steinsarkophag, den zahlreiche Reliefarbeiten schmücken. Die Gebeine Martas sind allerdings nicht mehr vorhanden.

Die Tatsache, daß Marta hier im tiefen Süden Frankreichs zu allen Zeiten eine so starke Verehrung entgegengebracht wurde, beruht auf einer Legende. Marta lebte zusammen mit ihrer Schwester Maria Magdalena und ihrem Bruder Lazarus in dem kleinen Dorf Bethanien in der Nähe von Jerusalem. Jesus Christus verband mit den drei Geschwistern eine enge Freundschaft, oft weilte der Sohn Gottes in ihrem Haus. Immer betätigte sich Marta dabei als geschäftige Hausfrau und war besorgt um das Wohlergehen ihres Gastes. Als sie sich eines Tages bei Jesus beschwerte, daß Maria ihr nie im Haushalt half, sondern immer nur seinen Worten lauschte, sagte Christus zu ihr: „Marta, Marta, du machst dir Sorge und kümmerst dich um sehr viele Dinge. Eines aber nur ist notwendig." Noch verstand Marta diese Worte nicht. Als bald darauf Lazarus starb, rief Marta weinend aus: „Herr, wenn du hier gewesen wärst, wäre mein Bruder nicht gestorben. Ich glaube, daß du Christus, der Sohn Gottes, bist, der in diese Welt gekommen ist." Nach diesem großen Treuebekenntnis Martas erweckte Jesus Lazarus wieder zum Leben. Viele Heiden bekehrten sich daraufhin. Danach verschwand die Person von Marta im Dunkel der Geschichte.

Hier setzt die erwähnte Legende ein. Danach soll Marta zusammen mit Maria und Lazarus von Juden vertrieben worden und mit einem Schiff nach Marseille gekommen sein. In der Nähe der Küstenstadt habe sie später ein Kloster errichtet und zusammen mit gleichgesinnten Frauen 30 Jahre lang ein jungfräuliches, asketisches Leben geführt, bevor sie in Frieden starb.

Einige Überlieferungen sagen, daß dieses Marta-Kloster der Ursprung des Christentums in der Provence war. Nach Tarascon sollen Martas Reliquien erst viel später gelangt sein, in jene Stadt, die sie nach der Legende einmal mit Hilfe von Weihrauch von einem bösen Drachen befreit hatte.

Darstellung: Marta ist meist in einem einfachen Kleid, oft mit Mantel und Kopftuch dargestellt. Als Attribute hat sie Kochlöffel, Schlüsselbund, Salbgefäß oder Weihwasserkessel mit Drachen (Legende) bei sich. Selten trägt sie auch Buch und Rosenkranz. Auf einem Glasgemälde im Straßburger Münster (1350) ist Marta auch mit Krone zu sehen, was wohl auf ihre Herkunft hinweisen soll.

Die Kirche Sainte-Marthe in Tarascon in der Provence. Das Gotteshaus birgt einen Sarkophag, in dem einmal Martas Reliquien aufbewahrt wurden; sie sind heute verschollen.

Marta mit ihren Attributen Kochlöffel, Schlüsselbund und Buch, um den Kopf ein Tuch.

Simplicius, Faustinus und Beatrix

Märtyrer
geboren: 3. Jh. in Rom, Italien
gestorben: um 305 in Rom

Simplicius, Faustinus und Beatrix waren Geschwister, die in Rom lebten. In der Christenverfolgung unter Diokletian erlitten die beiden Brüder den Martertod. Beatrix begrub die Leichname, die von den Häschern zunächst in den Tiber geworfen worden waren, nach dem Wiederauffinden an der Via Portuensis. Bald wurde auch sie verhaftet und im Kerker erdrosselt. Sie fand ihre letzte Ruhestätte neben den Brüdern. Über der Grabstätte der Geschwister soll noch im 4. Jh. eine Kirche erbaut worden sein.

Verehrung/Brauchtum: In Fulda gibt es eine Simplicius-Bruderschaft.

Darstellung: Die beiden Brüder sind meist als junge Märtyrer dargestellt, Beatrix in vornehmen Gewändern. Oft haben alle drei Kronen bei sich; so sind die Geschwister auf einem Fresko aus dem 6. Jh. in der Generosa-Katakombe in Rom zu sehen. Ein Fresko in der Pfarrkirche in Amorbach zeigt das Martyrium von Simplicius und Faustinus (um 1746).

Urban II.

Papst OSB
geboren: um 1040 bei Châtillon-sur-Marne, Frankreich
gestorben: 29. Juli 1099 in Rom, Italien

Papst Urban II., der mit bürgerlichem Namen Odo de Lagery hieß, war vor seiner Ernennung Benediktinermönch und Prior im Kloster von Cluny. Am 12. März 1088 wurde er zum Nachfolger von Viktor III. ernannt. Urban II. führte die Gregorianische Reformpolitik fort. Das kaiserliche Schisma konnte er zwar nicht beenden, jedoch erreichte er eine Festigung und Anerkennung des Papsttums im gesamten Abendland. Auf der Synode von Clermont im Jahr 1095 initiierte Papst Urban II. die Kreuzzugbewegung, die 1099 zur Eroberung Jerusalems führte.

30. Juli

Abdon und Sennen

Märtyrer
geboren: 3. Jh. in Persien(?)
gestorben: um 304 in Rom, Italien
Patrone der Diözese Perpignan;
der Kinder; der Böttcher und Gärtner;
gegen Augenkrankheiten

Abdon und Sennen, die möglicherweise aus Persien stammten, starben vermutlich in der Christenverfolgung des Diokletian in Rom den Martertod. Zunächst wurden sie im Cömeterium des Pontian beigesetzt, 826 erfolgte dann die Reliquienübertragung in die Kirche S. Marco in Rom. Teile der Gebeine sollen später in Fässern nach Arles-sur-Tech gebracht worden sein.

Darstellung: Von Abdon und Sennen gibt es zahlreiche Darstellungsformen; so sind sie mit Löwen und Bären, mit Trauben und Ähren, mit Kränzen oder mit Schwertern zu sehen. Meist tragen die Märtyrer orientalische Tracht.

Batho (Bado, Bodo) von Freising

Mönch OSB
geboren: 10./11. Jh.
gestorben: 11. Jh. in Freising(?), Bayern

Batho war Mönch, Missionar unter den Slawen im Pustertal und später Kaplan in Freising und Kanoniker am dortigen Andreas-Stift.

Verehrung/Brauchtum: Das Grab Bathos befand sich in der Andreaskirche zu Freising, wo er zuletzt Stiftsherr gewesen war. Nach Abbruch dieser Kirche in der Säkularisation kamen seine Reliquien nach Nandlstadt, wo Batho noch heute verehrt wird.

Sennen (links) und Abdon, die in Rom den Martertod fanden. Die beiden Märtyrer sind meist in orientalischer Tracht abgebildet.

Ingeborg

Königin
geboren: um 1180 in Dänemark
gestorben: 30. Juli 1237 in Frankreich(?)

Ingeborg war eine dänische Königstochter, die 1193 mit König Philipp August von Frankreich verheiratet wurde, der sie aber umgehend verstieß, um eine andere Frau zu heiraten. Ingeborg wurde zeitweise sogar in Kerkerhaft gehalten. Erst aufgrund eines Interdikts des Papstes erlangte Ingeborg ihre Rechte wieder zurück.

Leopold von Castelnovo (Bogdan Mandić)

Mönch, Priester, Mystiker OFMCap
geboren: 12. Mai 1866 in Castelnovo, Dalmatien
gestorben: 30. Juli 1942 in Padua, Italien

Einer der „jüngsten" Heiligen der katholischen Kirche ist Leopold Mandić, Leopold von Castelnovo (Süddalmatien). Im Alter von 18 Jahren war Leopold in Venedig dem Kapuzinerorden beigetreten, um an der Wiedervereinigung der orthodoxen Kirche mitzuwirken. Doch dieser Wunsch wurde nicht erfüllt; Leopold hatte in den Klöstern, in welchen er danach tätig war, andere Aufgaben zu bewältigen, die ihn teilweise fast aufrieben. Zu seiner Hauptaufgabe wurde schließlich die Beichtabnahme, vor allem von Priestern. Ab 1906 tat Leopold Mandić dies in Padua.

Rund vier Jahrzehnte lang hörte Leopold bis zu 15 Stunden täglich Beichte. Er besaß die Gabe der Prophetie und der Herzensschau, auch trug er die Wundmale Jesu Christi. Er war berühmt für seine außergewöhnliche Milde im Beichtstuhl. Selbst bereits gesundheitlich stark angegriffen, hörte Leopold von Castelnovo, „Pater Leopold", bis zum letzten Tag vor seinem Tod noch im Krankenhaus die Beichte. Als er starb, umgab ihn bereits der Ruf der Heiligkeit. Als man 24 Jahre nach dem Tod des Kapuziners sein Grab öffnete, war der Leichnam völlig unversehrt; er ruht bis heute nahe seiner Beichtzelle im Kapuzinerkloster in Padua. Papst Johannes Paul II. sprach Leopold Mandić am 16. Oktober 1983 heilig. Die Seligsprechung war 1976 erfolgt.

Leopold von Castelnovo. Der Kapuzinerpater wurde 1983 heiliggesprochen.

Petrus Chrysologus

Erzbischof, Kirchenlehrer
geboren: um 380 in Forum Cornelii bei Imola, Italien
gestorben: 3. Dezember 450 in Forum Cornelii
Patron gegen Fieber und Tollwut

Von Petrus Chrysologus, den Papst Benedikt XIII. im Jahre 1729 zum Kirchenlehrer erhob, sind zahlreiche Schriften erhalten, darunter 183 Predigten. Sie erklären auch heute noch, warum Petrus den Beinamen „Chrysologus", der Goldredner, erhielt. Die Sprache des Schreibers und Predigers ist bei aller Tiefsinnigkeit und Gelehrtheit volkstümlich und für jedermann, auch für den einfachen Zuhörer, verständlich. Klarheit und Überzeugungskraft prägen die Worte von Petrus, der im Jahr 431 Bischof von Ravenna geworden war.

Petrus Chrysologus war eng mit Papst Leo dem Großen befreundet und bekämpfte mit ihm zusammen leidenschaftlich die kirchlichen Irrlehren, die sich im 5. Jh. entwickelten. Während der Amtszeit von Petrus wurde die Stadt Ravenna Metropole des Weströmischen Reiches, der Bischof der Stadt damit Erzbischof (Metropolit). Petrus war der erste Träger dieses Titels, unter ihm entwickelte sich Ravenna ein großes Stück auf dem Weg zu der glanzvollen Stadt, die im Laufe der nachfolgenden Jahrhunderte so bewundert werden sollte.

Als Petrus Chrysologus seinen Tod kommen fühlte, ging er nach Forum Cornelii, seinem Geburtsort, um zu sterben. Sein Todestag war wohl der 3. Dezember 450. Die Grabstätte des Bischofs wird bis heute im Dom von Imola verehrt.

Darstellung: Petrus Chrysologus ist in bischöflichen Gewändern mit Kelch und Hostie oder mit Patene dargestellt. Ein Gemälde von Benvenuti zeigt den Kirchenlehrer sterbend vor dem Altar (Ravenna, Dom).

Rufinus von Assisi

Bischof(?), Märtyrer(?)
geboren/gestorben:(?)

Über Leben und Tod von Rufinus von Assisi gibt es keine gesicherten Daten. Die einen Überlieferungen sagen, er sei der erste Bischof von Assisi gewesen, die anderen berichten, sein Leib sei nach dem Martertod nach Assisi gebracht und dort verehrt worden. Über dem Grab des Bischofs/Märtyrers wurde der Dom S. Rufino, eine der schönsten romanischen Kirchen Umbriens, errichtet (12. Jh.). Im Dom ist bis heute das Taufbecken zu sehen, über welchem Franz von Assisi, Klara von Assisi und Stauferkaiser Friedrich II. getauft wurden.

Verehrung/Brauchtum: Der Rufinus-Kult in Assisi entwickelte sich etwa ab dem Jahr 1000.

Darstellung: Rufinus ist entweder als Bischof oder als Kleriker dargestellt. Ein Fresko aus der Giotto-Schule in der Unterkirche von S. Francesco in Assisi zeigt Rufinus mit einem kurzen Bart, gekleidet in bischöfliche Gewänder.

Wiltrud von Hohenwart

Äbtissin OSB
geboren: 11. Jh. in Thaur, Österreich
gestorben: 30. Juli 1081 in Hohenwart, Bayern

Wiltrud, eine Tochter des Grafen von Thaur bei Innsbruck, wandelte das familieneigene Schloß Hohenwart in Bayern in ein Benediktinerinnenkloster um und wurde selbst die erste Äbtissin. Nach ihrem Tod fand sie ihre letzte Ruhestätte in der Klosterkirche. Das ehemalige Kloster beherbergt heute ein Gehörgeschädigtenheim.

31. Juli

Germanus von Auxerre

Bischof
geboren: um 378 in Auxerre, Frankreich
gestorben: 31. Juli 448 in Ravenna, Italien

Germanus, eine der größten Gestalten der frühen gallischen Kirche und einer der meistverehrten Heiligen Frankreichs, war erst im Mannesalter, nach Beendigung des Studiums, zum christlichen Glauben übergetreten. Schon bald nach der Weihe zum Priester wurde Germanus im Jahre 418 zum Bischof jener Stadt ernannt, in der er um 378 zur Welt gekommen war: von Auxerre. Nach der Ernennung trennte sich Germanus von seiner Ehefrau und stellte sein Vermögen kirchlichen Einrichtungen zur Verfügung. Im Laufe seiner Amtszeit gründete er viele Klöster und Gotteshäuser und bereitete zusammen mit Martin von Tours in Gallien dem Cönobitentum, dem Zusammenleben innerhalb von Mönchsgemeinschaften, den Weg. Mit vielen großen Kirchenpersönlichkeiten seiner Zeit stand Bischof Germanus in engem Kontakt. Während zwei Missionsreisen 429 und 444 versuchte er, dem in England entstandenen Pelagianismus (Lehre des Mönches Pelagius, daß es keine Erbsünde gebe) entgegenzuwirken.

Nach 30jährigem Wirken als Bischof und Mitbegründer der abendländischen Kirchengemeinschaft starb Germanus am 31. Juli 448 auf einer seiner Missionsreisen in Ravenna. Frankenkönigin Clothilde ließ über der Grabstätte des Bischofs in Auxerre im 6. Jh. eine prächtige Kathedrale errichten, die lange Zeit eine der bedeutendsten Wallfahrtskirchen Frankreichs darstellte. Die heutige Kirche St-Germain in Auxerre hat mit dem Urbau allerdings nur noch die Confessio gemein.

Verehrung/Brauchtum: Die Kirche über dem Grab von Germanus von Auxerre wurde zu einer der bedeutendsten Wallfahrtsstätten Europas überhaupt. Martin von Tours nannte Germanus einmal den „meistverehrten französischen Heiligen".

Darstellung: Germanus von Auxerre ist immer als Bischof abgebildet, meist mit einem Kreuz. Darstellungen gibt es fast ausschließlich in Frankreich. Im Kreuzgang der Klosterkirche St-Germain in Auxerre ist ein ausführlicher Zyklus mit Szenen aus dem Leben des Bischofs zu sehen.

Elisabeth Alphonsa Eppinger

Ordensgründerin
geboren: 9. September 1814 in Niederbronn, Elsaß, Frankreich
gestorben: 31. Juli 1867 in Niederbronn

Elisabeth Eppinger, die später den Namen Alphonsa Maria annahm, ist die Gründerin der Niederbronner Schwestern, der „Schwestern vom Allerheiligsten Heiland". Die Elsässerin hatte schon von früher Jugend an Ordensfrau werden wollen, wurde durch verschiedene schwere Krankheiten jedoch immer wieder am Schritt ins Kloster gehindert. Schließlich machte Elisabeth Eppinger ihr Krankenzimmer zum Beginn eines eigenen Klosters; ihr Gesundheitszustand verbesserte sich daraufhin immer mehr. In kurzer Zeit schlossen sich ihr mehrere gleichgesinnte Mädchen an und verehrten sie wie ihre geistliche Mutter. So bildete sich ab 1849 eine neue Genossenschaft, aus der offiziell die Niederbronner Schwestern wurden. Der örtliche Pfarrer nahm den Schwestern am 2. Januar 1850 die erste Profeß ab. Ihr erste große Bewährungsprobe bestanden die

Elisabeth Alphonsa Eppinger. Die Elsässerin gründete die Kongregation der Niederbronner Schwestern.

Schwestern während einer Choleraepidemie 1854; danach erhielt die Gemeinschaft die staatliche Genehmigung. Am 11. April 1866 schließlich bestätigte Papst Pius IX. die Genossenschaft, die sich die Pflege der Kranken und Armen zur Aufgabe gemacht hatte. Generaloberin Alphonsa Maria Eppinger starb bereits wenige Monate später.

Ignatius von Loyola. Nach einem Gemälde von Giacomo del Conte, gemalt einen Tag nach dem Tod des Ordensgründers, am 1. August 1556. Das kostbare Bild befindet sich heute im Generalat der Gesellschaft Jesu in Rom.

Die Kirche Al Gesù in Rom, die Grabeskirche von Ordensgründer Ignatius von Loyola.

Ignatius von Loyola

Ordensgründer, Mystiker SJ
geboren: 1491 in Loyola, Spanien
gestorben: 31. Juli 1556 in Rom, Italien
Patron der Jesuiten; der Exerzitien und Exerzitienhäuser; der Soldaten; der Kinder; der Schwangeren; bei schweren Geburten; gegen die Pest; gegen Fieber; gegen Gewissensbisse; gegen Viehkrankheiten

Zwei Orte der Verehrung verbinden sich mit dem Namen Ignatius von Loyola: die Kirche Al Gesù in Rom, in der sich das monumentale Grabmal des Heiligen befindet, und der Ort Loyola im nordspanischen Baskenland, wo der Gründer des Jesuitenordens im Jahre 1491 als Iñigo de Recalde zur Welt kam. Königin Marianne von Österreich, die Witwe von Philipp II., schuf später die Voraussetzung für den riesigen Bau des jetzigen Jesuitenkollegs in Loyola, indem sie den Besitz der Familie Loyola aufkaufte und den Jesuiten schenkte. Über eine prachtvolle Freitreppe erreicht man heute das Marmorportal, das in einen weiten Saal führt und von zahlreichen Statuen von Heiligen, die der Jesuitenorden hervorgebracht hat, gesäumt ist. Von dort geht es in den Santuario de San Ignacio de Loyola, über dem sich eine 56 Meter hohe Kuppel erhebt. In diesen Bau integriert ist der Wohnturm der Familie Loyola, heute „Santa Casa" genannt. Hier wurde Iñigo-Ignatius vor fünf Jahrhunderten geboren. Überall befinden sich Reliquien des Heiligen, im zweiten Stock des Gebäudes liegt das einstige Krankenzimmer des berühmten Ordensgründers.

Ignatius war das jüngste von 13 Kindern der Adelsfamilie Loyola. Nach guter Erziehung am Hof von König Ferdinand V. von Kastilien wurde er Soldat. Er war eitel und wollte im Kriegsdienst Ruhm und Ehre erlangen. Von Anfang an genoß er das lockere Soldatenleben in vollen Zügen, allen weltlichen Genüssen war er mit Freuden zugetan. Auch vor der Polizei mußte sich Ignatius verantworten. Als er mit seinem Heer die Stadt Pamplona verteidigte, wurde Ignatius am 20. Mai 1521 schwer verletzt, eine Kanonenkugel hatte sein Bein durchschossen. Monatelang mußte er im elterlichen Schloß in Loyola das Bett hüten. Da er bald alle unterhaltenden Bücher ausgelesen hatte, griff der Patient schließlich zur geistlich-religiösen Literatur. Unter anderem bekam Ignatius die „Vita Christi" des Kartäusers Ludolf von Sachsen in die Hand, die ihn sehr beeindruckte. Ignatius zog die Bilanz seines bisherigen Lebens und erkannte, daß es hohl und nichtssagend gewesen war.

Gegenüberliegende Seite: Ignatius von Loyola überreicht Papst Paul III. im Jahr 1539 die Ordenssatzung der Gesellschaft Jesu (Jesuiten). Diese wurde dann durch die Bulle „Regimini Militantis Ecclesiae“ am 27. Juli 1540 offiziell bestätigt.

Nach seiner Genesung ließ sich Ignatius ein Jahr in der Nähe des berühmten Wallfahrtsortes Montserrat unweit von Barcelona als Einsiedler nieder. Hier hatte er seine ersten Visionen, Gnadenbeweise Gottes wurden ihm zuteil. Hier schrieb er auch seine „Geistlichen Übungen“. Nachdem Ignatius erkannt hatte, daß es ihm stark an Wissen und Sprachkenntnissen mangelte, setzte er sich noch einmal mit Kindern auf die Schulbank und erlernte die lateinische Sprache. Im Jahr 1528 ging er zum Studium nach Paris, wo er seinen Magister Artium machte.

Hier in Paris legte Ignatius den Grundstein für den Jesuitenorden. Zusammen mit sechs Gleichgesinnten schloß er sich zu einer Gemeinschaft zusammen, die sich am 15. August 1534 in der Marienkapelle am Montmartre traf und das Gelübde der lebenslänglichen Armut und Keuschheit ablegte. Als Missionare wollten die sieben Männer ins Heilige Land ziehen. Nachdem sich die Reise nach Jerusalem wegen andauernder Kriegsgefahr nicht durchführen ließ, begaben sich Ignatius und seine Gefährten, inzwischen zu Priestern geweiht, nach Rom. Papst Paul III. empfing die Missionare freundlich und bestätigte am 27. September 1540 die Gemeinschaft um Ignatius von Loyola. Dies war der Beginn der „Gesellschaft Jesu“. Etwa ein halbes Jahr später wurde Ignatius zum ersten Ordensgeneral der Jesuiten gewählt.

Nachdem Ignatius 1550 seine Ordenssatzung vollendet hatte, verbreitete sich die Gesellschaft schnell in ganz Europa. Außer den Gelübden der Armut, des Gehorsams und der Keuschheit legten die Jesuiten noch ein viertes Gelübde ab, das des absoluten Gehorsams gegenüber dem Papst. Die Jesuiten widmeten sich voller Tatkraft dem apostolischen Dienst. Um seine Ordensbrüder nicht in ihrer Arbeit zu beeinträchtigen, hatte Ignatius auf starre Einrichtungen innerhalb der Gemeinschaft, wie gemeinsames Beten oder einheitliche Tracht, verzichtet. Bald waren die Mitglieder der Gesellschaft Jesu in vielen Bereichen des Lebens tätig. Über all ihrem Wirken standen die sogenannten Exerzitien, die geistlichen Übungen.

Nach fünfzehnjähriger Amtszeit als Ordensgeneral der Societas Jesu starb ihr ruhmreicher Begründer am 31. Juli 1556 in Rom. Die Heiligsprechung von Ignatius von Loyola erfolgte bereits 1622 durch Papst Gregor XV. Für die umfangreichen Feierlichkeiten wurde in Rom die Kirche S. Ignazio errichtet, noch heute eines der sehenswertesten Gotteshäuser in der Ewigen Stadt. In der Kirche Al Gesù in Rom, der Mutterkirche des Jesuitenordens, fand der Ordensgründer seine letzte Ruhestätte. Der Prunkaltar des Ignatius von Loyola im linken Flügel des Querschiffes stammt von dem Jesuitenkünstler Andrea del Pozzo. Unter dem Altar befindet sich der goldbronzene Sarkophag mit den Gebeinen des Heiligen. Die leuchtend-blaue Erdkugel über dem Altar ist aus dem größten Lapislazuli gefertigt, der je gefunden wurde.

Der Jesuitenorden wurde zu allen Zeiten mißtrauisch beobachtet, angefeindet und sogar bedroht. Um des kirchlichen Friedens wegen verbot Papst Clemens XIV. die Gesellschaft Jesu im Jahre 1773 sogar ganz. Pius VII. stellte die Ordensgemeinschaft 1814 wieder her.

Verehrung/Brauchtum: Schon seit langer Zeit gibt es das Brauchtum um das „Ignatius-Wasser“, dem heilende Kraft nachgesagt werden; das Wasser wird gesegnet, indem ein Gebet zu

Kopfbüste des Ignatius von Loyola, gearbeitet nach der Totenmaske des Ordensgründers. Das Hinterhaupt der Büste, die sich heute im Generalat in Rom befindet, wurde später ergänzt.

Ignatius gesprochen und eine Reliquie oder eine Medaille des Heiligen eingetaucht wird. Früher wurde das „Ignatius-Wasser" bei Krankheiten und besonders bei Pestepidemien eingesetzt. Papst Pius IX. bestätigte diesen Brauch 1866.

Darstellung: Von Ignatius von Loyola gibt es authentische Porträts, die anhand seiner Totenmaske angefertigt wurden. An diesen Bildern orientierten sich später viele Darstellungen, die Ignatius meist mit einem kleinen Schnurrbart und oft mit nur wenig Haaren zeigen. Gekleidet ist der Ordensgründer mit dem Jesuitengewand oder dem Meßornat, häufig trägt er das IHS-Zeichen. Als Attribute hat er Kreuz, flammendes Herz, drei Nägel, Fackel, Buch oder Drachen bei sich. Auf seine Visionen geht die Darstellung zurück, wie Ignatius in der Sonne ein Kreuz erblickt. Auch als Pilger wurde er manchmal dargestellt. Sehr viele Abbildungen gibt es, auf denen Ignatius mit anderen Heiligen des Jesuitenordens zu sehen ist, sehr oft dabei mit Franz Xaver, der mit ihm zusammen kanonisiert wurde. Vor allem in Rom und dort wiederum hauptsächlich in den Kirchen Al Gesù und S. Ignazio finden sich viele Abbildungen des Ordensgründers, aber natürlich auch in Spanien.

Johannes Colombini

Ordensgründer
geboren: um 1300 in Siena, Italien
gestorben: 31. Juli 1367 in Acquapendente, Italien

Johannes Colombini ist der Gründer des Laienordens der Jesuaten. Der reiche Kaufmann aus Siena hatte nach dem Lesen der Lebensgeschichte von Maria der Büßerin (von Ägypten) den größten Teil seines Besitzes an Klöster und Krankenhäuser gegeben und sich selbst fortan den Diensten der Nächstenliebe gewidmet. 1360 schließlich gründete Johannes Colombini die Kongregation der Jesuaten, deren Brüder sich Werken der Nächstenliebe, vor allem der Krankenpflege widmeten. Aufgrund seines Vorbildes gründete Colombinis Cousine 1367 den weiblichen Zweig der Jesuatinnen.
Papst Gregor XIII. bestätigte 1583 den Kult von Johannes Colombini. Papst Clemens IX. hob die Genossenschaft der Jesuaten 1668 wieder auf.

Justinus de Jacobis

Bischof CM
geboren: 9. Oktober 1800 in San Fele bei Neapel, Italien
gestorben: 31. Juli 1860 in Aligadé, Äthiopien

Justinus de Jacobis war es, der Mitte des 19. Jh. unter schwierigsten Bedingungen in Abessinien, dem heutigen Äthiopien, die katholische Kirche begründete und in den nachfolgenden Jahren ausbaute. Der Lazarist, 1824 zum Priester geweiht, war nach aufopferungsvoller seelsorgerischer Tätigkeit in seiner Heimat Neapel 1839 von seiner Kongregation nach Abessinien entsandt worden. Dort wurde er 1847 zum apostolischen Vikar und 1849 zum Bischof ernannt. Die großen Erfolge, die Justinus de Jacobis während seiner Mission erzielte, sind darauf zurückzuführen, daß er sich vollkommen den Lebensgewohnheiten der abessinischen Bevölkerung anpaßte.

Von Andersgläubigen und Neidern immer wieder verfolgt und verhaftet, wurde der Bischof schließlich aus dem Land verbannt. Nach einem Leben der Entbehrungen starb Justinus de Jacobis im Alter von 59 Jahren in Aligadé in der abessinischen Wüste. Seine Seligsprechung erfolgte 1939, seine Heiligsprechung am 26. Oktober 1975 durch Papst Paul VI.

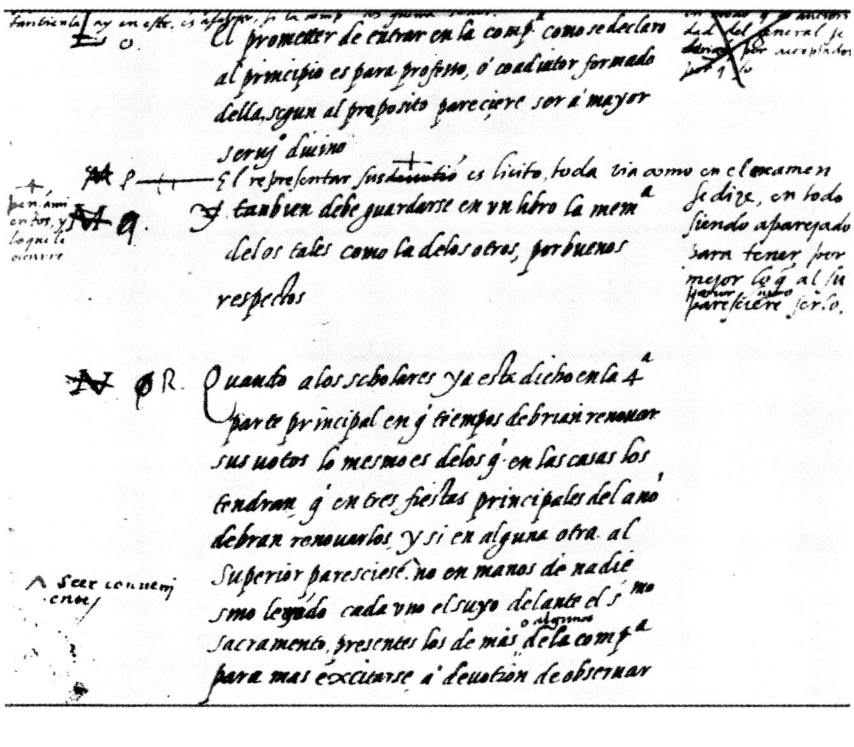

Die Konstitutionen der Gesellschaft Jesu, des Jesuitenordens, in spanischer Sprache mit persönlichen Verbesserungen durch Ignatius von Loyola. Dieses Autograph befindet sich heute im Generalarchiv des Jesuitenordens.

1. August

Alfons Maria di Liguori

Ordensgründer, Bischof,
Kirchenlehrer CSSR
geboren: 27. September 1696 in
Marinella bei Neapel, Italien
gestorben: 1. August 1787 in
Nocera dei Pagani bei Neapel
Patron der Beichtväter; der
Moralprofessoren

Der Gründer des Redemptoristenordens und einer der größten Moraltheologen aller Zeiten, von Papst Pius IX. am 23. März 1871 zum Kirchenlehrer erhoben, kam am 27. September 1696 in Marinella, einem Vorort von Neapel, zur Welt: Alfons Maria di Liguori, Sohn einer angesehenen, alten Adelsfamilie. Von Kindheit an erhielt der Junge eine hervorragende Ausbildung, bereits mit 16 Jahren erwarb er den Doktortitel im Fach Rechtswissenschaften. Im Alter von 19 Jahren bestritt er seinen ersten Prozeß als Rechtsanwalt. Sein Name war in aller Munde, sein Ruf als Rechtsvertreter und -berater drang weit über Neapel hinaus. Dann, im Jahr 1723, verlor Alfons Maria di Liguori einen schon gewonnen geglaubten Prozeß aufgrund einer ihm nicht bekannten Formalität. Seine Bestürzung war grenzenlos, wegen der erlittenen Demütigung konnte er drei Tage weder essen noch schlafen. Im Innersten spürte er, daß Gott etwas Bestimmtes mit ihm vorhatte, aber er wußte noch nicht, was es sein konnte.

Alfons gab in seiner Enttäuschung seine Kanzlei auf und widmete sich nur noch dem Gebet. Als er am 28. August 1723 dem Hospital der unheilbar Kranken einen Besuch abstattete, umgab ihn plötzlich ein gleißendes Licht, und eine Stimme sprach zu ihm: „Verlaß die Welt und gib dich mir." Nach diesem Erlebnis gab Alfons Maria di Liguori sein Erstgeburtsrecht an seinen Bruder ab, hängte in der „Kirche vom Loskauf der Gefangenen" in Neapel seinen Degen auf und begann bald darauf mit dem Theologiestudium. Im Jahr 1726 empfing der inzwischen 30jährige die Priesterweihe, sein Leben als Seelsorger, Prediger und Missionar nahm seinen Anfang.

In den folgenden sechs Jahren galt das ganze Wirken des Jungpriesters der Missionierung des Landvolkes rund um Neapel. Liguori wurde zum Wegbereiter der Seelsorge auf den Dörfern und legte den Grundstein für das Laienapostolat in den kleinen Gemeinden. Um seine Arbeit wirkungsvoller zu gestalten und Mitarbeiter zu gewinnen, gründete Alfons Maria di Liguori 1732 in Scala, einem kleinen Bergort oberhalb der amalfitanischen Küste zwischen Positano und Amalfi, den Orden der Redemptoristen, die Kongregation „Vom allerheiligsten Erlöser". Das Ziel der „Liguorianer", wie die Mitglieder der Genossenschaft auch hießen, sollte es nach den Worten von Liguori sein, „das Leben und die Tugenden Christi möglichst vollkommen nachzuahmen, sowohl zu ihrem eigenen Nutzen als auch zum Heile des Volkes, namentlich der verlassen-

Alfons Maria di Liguori. Nach einem Porträt im Kloster in Nocera bei Pagani in Süditalien. Liguori war der Gründer des Redemptoristenordens.

sten Seelen". Ein Jahr zuvor war Liguori bereits maßgeblich an der Gründung des Ordens der Redemptoristinnen beteiligt gewesen.

Nach über zweieinhalb Jahrzehnten Wirkens als Volksmissionar mußte Alfons Maria di Liguori aus Gesundheitsgründen seine Missionsreisen beenden. Er gab seine Aufgaben an Mitglieder seiner Kongregation ab und begann mit der Arbeit an seiner „Moraltheologie", die ihm später Weltruhm bringen sollte und die maßgeblich zu seiner Ernennung zum Kirchenlehrer beitrug. Im Jahr 1762 befahl Papst Clemens XIII. dem gesundheitlich schwer angeschlagenen Ordensgründer, das Bischofsamt in der Diözese S. Agata dei Goti im Norden von Neapel zu übernehmen. Alfons Maria gehorchte und war in den folgenden 13 Jahren seinem Bistum ein segenbringendes Oberhaupt. Die letzten Jahre seiner Amtszeit war er so krank, daß er nur noch sitzend die Messe lesen konnte und die Nahrung durch ein Röhrchen zu sich nehmen mußte.

Erst 79jährig durfte sich Liguori zurückziehen, um sich in Frieden auf den Tod vorzubereiten. Doch das Herz des großen Kirchenmannes war gesund und schlug noch weitere zwölf Jahre. Dieses Lebensjahrzehnt war für Alfons Maria di Liguori ein

Die Totenmaske von Alfons Maria di Liguori befindet sich im Stammhaus der Redemptoristen in Nocera dei Pagani.

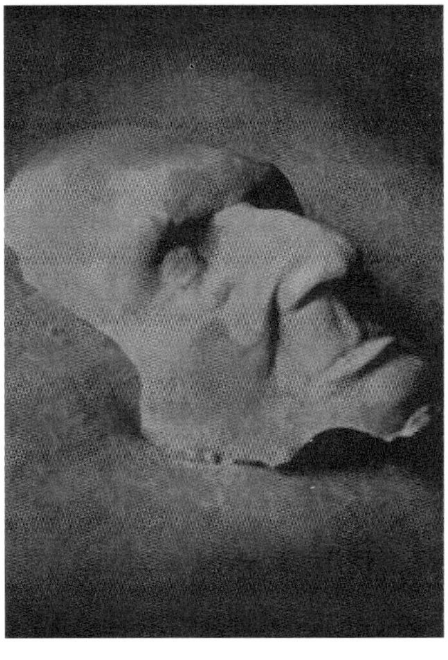

einziges Martyrium, die Qualen ließen ihn manchmal fast verzweifeln. Am 1. August 1787 war sein Leidensweg zu Ende. Im Mutterhaus seines Ordens in Nocera dei Pagani bei Neapel schloß Liguori, fast 91 Jahre alt, für immer die Augen. Sein Leichnam ruht in der Redemptoristenkirche von Pagani.

Schon zu Lebzeiten Liguoris wurde seine „Theologia moralis" achtmal aufgelegt, nach seinem Tod erfolgten 70 weitere Auflagen. Die Schrift „Homo Apostolicus" für Beichtväter erreichte sogar 118 Auflagen. Alle Werke des Kirchenlehrers der Moraltheologie, der den Beinamen „Doctor zelantissimus" (eifervoller Lehrer) trägt, zeichnet das abgewogene Mittelmaß zwischen Strenge und Milde aus. Papst Pius IX. nannte Alfons Maria di Liguori einmal „den hervorragendsten und mildesten unter den Moraltheologen". Papst Pius VII. sprach Liguori 1816 selig, Papst Gregor XVI. führte am 26. Mai 1839 die Heiligsprechung durch.

Darstellung: Alfons Maria di Liguori ist im Priestergewand oder im Gewand der Redemptoristen dargestellt, oft als Greis in gebückter Haltung. Als Attribute hat er Missionskreuz oder Rosenkranz bei sich. Manchmal ist auch ein Engel bei ihm, der ihm seinen Bischofsstab hält. Im Kloster zu Pagani existiert ein authentisches Porträt (vera effigies) von Alfons Maria di Liguori, das ein unbekannter Maler 1768 von dem damals 72jährigen Ordensgründer angefertigt hat.

Haziga von Scheyern

Gräfin, Klosterförderin
geboren: 11. Jh. in Bayern
gestorben: 1103 in Scheyern, Bayern

Petrus Faber

Priester, Mönch SJ
geboren: 13. April 1506 in Villaret, Frankreich
gestorben: 1. August 1546 in Rom, Italien

Petrus Faber war der Begründer der ersten Jesuiten-Niederlassung in Deutschland und zwar in Köln (1544). Er gehörte zu den Gefährten um Ignatius von Loyola, die sich 1534 in Paris zu jener kleinen Gemeinschaft zusammengeschlossen hatten, aus der sich nach und nach die Gesellschaft Jesu entwickelte. Petrus Faber, der am 13. April 1506 in Villaret in den Savoyen zur Welt gekommen war, wirkte vor und nach der offiziellen Bestätigung des Jesuitenordens in Italien, Spanien und Deutschland, wo er dann 1544 zusammen mit Petrus Kanisius das erste Ordenshaus der Gesellschaft Jesu gründete.

Petrus Faber. Nach einem Stich aus dem Jahr 1617.

Der begnadete Seelsorger, der sich aus allen politischen Angelegenheiten seiner Zeit heraushielt und sich nur um seine geistlichen Aufgaben kümmerte, starb nach weiteren Missionsreisen durch Portugal und Spanien am 1. August 1546 im Alter von erst 40 Jahren in Rom, wo er auch beigesetzt wurde. Papst Pius IX. sprach Petrus Faber am 5. September 1872 selig.

Petrus Julianus Eymard

Ordensgründer SM
geboren: 4. Februar 1811 in La Mure-d'Isère, Frankreich
gestorben: 1. August 1868 in La Mure-d'Isère

Petrus Julianus Eymard, der am 4. Februar 1811 in La Mure-d'Isère in der Nähe von Grenoble zur Welt gekommen war und 1834 die Priesterweihe empfangen hatte, gründete 1856 in Paris die Ordensgemeinschaft der Eucharistiner (SSS). Die Kongregation machte es sich zur Aufgabe, die Verehrung der heiligen Eucharistie zu fördern. Im Laufe der folgenden Jahre bis zu seinem Tod am 1. August 1868 rief Eymard auch noch die Kongregation der „Dienerinnen des allerheiligsten Altarsakramentes" sowie eine Priesterbruderschaft und eine Laienvereinigung ins Leben. Zuvor war Eymard bereits Provinzial des Maristenordens in Lyon gewesen, hatte die Gemeinschaft jedoch wieder verlassen.

Der Leichnam von Petrus Julianus Eymard wurde knapp zehn Jahre nach der Beisetzung unversehrt aufgefunden und in die Corpus-Christi-Kirche in Paris übertragen. Papst Johannes XXIII. sprach den tatkräftigen Priester und Ordensgründer am 9. Dezember 1962 heilig.

Petrus Julianus Eymard, der Gründer der Eucharistiner.

2. August

Eusebius von Vercelli

Bischof, Märtyrer
geboren: um 283 auf Sardinien, Italien
gestorben: 1. August 371 in Vercelli, Italien

Eusebius gilt als einer der bedeutendsten Verteidiger der Gottheit Christi im Kampf gegen die Irrlehre des Arius. Wegen seines Glaubensmutes wurde der Bischof verfolgt und verbannt. Obwohl Eusebius wahrscheinlich nicht eines blutigen Martertodes starb, wird er in der katholischen Kirche bis heute als Märtyrer verehrt.

Auf der Insel Sardinien kam Eusebius um das Jahr 283 zur Welt. Mit seinen Eltern zog er nach Rom, wo er seine Jugend verbrachte und eine hervorragende Ausbildung erhielt. Danach empfing er die Priesterweihe und trat die Stelle eines Lektors an. Im Jahr 340 wurde Eusebius zum ersten Bischof der oberitalienischen Stadt Vercelli ernannt. Für seinen Klerus führte er als erster Bischof des Abendlandes das gemeinsame Leben (vita communis) ein. Die Geistlichen lebten in einer halbklösterlichen Gemeinschaft, ähnlich der späteren Mönchsgemeinschaft des heiligen Augustinus. Briefe und Schriften von Eusebius, die noch erhalten sind, beweisen die große Gelehrtheit dieses Bischofs in seiner Zeit und bis in die heutige Zeit.

Das Jahr 355 brachte für den inzwischen 71jährigen Eusebius eine Wende. Auf Verlangen von Papst Liberius nahm der Bischof von Vercelli an der Synode in Mailand teil, auf der Athanasius, der Patriarch von Alexandria, wegen seiner Lehre verurteilt wurde. Als Eusebius diesem Akt nicht zustimmte, wurde er nach Palästina verbannt. Erst sieben Jahre später holte Kaiser Julian Apostata ihn und andere in der Verbannung lebende Bischöfe zurück. Ab 363 wirkte Eusebius wieder in seiner Diözese Vercelli und bekämpfte energisch die arianische Lehre. Von den Anhängern des Arianismus hatte Eusebius viel zu erleiden.

Spätere legendarische Überlieferungen berichten, daß der hochbetagte Bischof schließlich am 1. August 371 von aufgebrachten Arianern in Vercelli zu Tode gesteinigt worden sei. Andere Quellen sagen, die Verehrung als Märtyrer beruhe auf den Verfolgungen und Quälereien, die der Bischof während seiner Amtszeit durch die Arianer zu erleiden hatte.

Darstellung: Eusebius ist auf Darstellungen als Bischof mit einem Buch abgebildet. In der Kathedrale von Vercelli existiert ein Relief von Bernero (18. Jh.), das Eusebius von Vercelli auf dem Weg in die Verbannung zeigt.

Gundekar (Gunzo) von Eichstätt

Bischof von Eichstätt
geboren: 10. August 1019
gestorben: 2. August 1075 in Eichstätt, Bayern
1309 Erhebung der Gebeine

Stephan I.

Papst (254 bis 257)
geboren: 2. Jh. in Rom, Italien
gestorben: 2. August 257 in Rom

Darstellung: Papst Stephan I. ist auf Darstellungen oft mit einem Schwert in der Brust zu sehen, da er früher aufgrund einer Verwechslung als Märtyrer verehrt wurde. Manchmal ist er auch dargestellt, wie er ein Götzenbild zerschmettert.

3. August

Augustinus Kažotić

Bischof von Agram (Zagreb) OP
geboren: um 1260 in Traù, Kroatien
gestorben: 3. August 1323 in Lucera, Italien
1702 Approbation des Kultes

Burchard

Propst OPraem
geboren: 11. Jh.
gestorben: 3. August 1140 in Rot, Baden-Württemberg

Burchard war der erste Propst in dem von Hemma von Wildenburg 1126 gegründeten Prämonstratenserkloster im württembergischen Rot. Wahrscheinlich war er aus dem berühmten Kloster Prémontré, dem Stammhaus des Ordens, nach Rot gekommen. Unter seiner Führung gelangte die älteste Prämonstratenserabtei Schwabens bald zu großer Blüte. Die Kunde von Gelehrtheit und Gottesfürchtigkeit der Roter Mönche verbreitete sich schnell im Land, immer mehr Prämonstratenser baten um Aufnahme.

Propst Burchard starb am 3. August 1140. Über seine Grabstätte ist nichts überliefert.

Lydia

Christin
geboren: 1. Jh. in Thyatira, Kleinasien
gestorben: 1./2. Jh.
Patronin der Färber

Nach der Überlieferung hat sich die Purpurhändlerin Lydia mit ihrer ganzen Familie von Apostel Paulus in Philippi taufen lassen. Sie war damit angeblich die erste Christin in Philippi (heute Griechenland). Auch soll Lydia später Missionaren große Gastfreundschaft gewährt haben.

Petrus von Anagni

Bischof von Anagni
geboren: um 1035 in Salerno, Italien
gestorben: 3. August 1105 in Anagni, Italien
1109 Heiligsprechung

4. August

Johannes Maria Vianney (Pfarrer von Ars)

Priester
geboren: 8. Mai 1786 in Dardilly, Frankreich
gestorben: 4. August 1859 in Ars, Frankreich
Patron der Pfarrer

Ein Besuch in Ars-sur-Formans bleibt unvergessen. Nicht, daß der kleine Ort im Norden von Lyon so besonders schön wäre oder etwa große Kunstschätze beherbergen würde; nein, hier ist es etwas anderes, das den Besucher gefangennimmt. Es ist die Erinnerung an einen Mann, der mit seinem Leben zum Vorbild für die Pfarrer der ganzen Welt wurde, die Erinnerung an Johannes Maria Vianney, genannt „Pfarrer von Ars“. In Ars-sur-Formans, das man nach Möglichkeit außerhalb der Reisezeit und nicht an einem Wochenende besuchen sollte, gibt es kaum etwas, das nicht mit dem berühmtesten Einwohner des Ortes zu tun hat.

Johannes Maria Vianney. Dieses Porträt entstand nach dem Tod des Pfarrers von Ars.

Ortseinfahrt von Ars-sur-Formans. Im Hintergrund links ist die Johannes Vianney geweihte Kirche zu sehen.

Als Sohn gottesfürchtiger Bauersleute kam Johannes Maria Vianney am 8. Mai 1786 in Dardilly unweit von Lyon zur Welt. Seine Jugend fiel in die unruhige Zeit der Französischen Revolution, während der die katholischen Christen unter Verfolgung standen. In aller Heimlichkeit erhielt Johannes Religionsunterricht und empfing die Erste Heilige Kommunion. Bald schon wollte Johannes Priester werden. Als er mit 19 Jahren die dafür notwendige lateinische Sprache zu erlernen versuchte, scheiterten diese Versuche an seiner Unfähigkeit, Vokabeln zu behalten. Das Priesterseminar mußt er wieder verlassen, da er den Anforderungen nicht gewachsen war. Der Pfarrer des kleinen Ortes Ecully aber hatte längst erkannt, daß Johannes Maria Vianney zum Pfarrer berufen war und nahm sich seiner noch einmal an. Im Jahr 1815 schließlich empfing der knapp 30jährige in Grenoble dann doch die Priesterweihe, obwohl er den geistigen Anforderungen bei weitem nicht entsprach.

Nachdem Johannes vier Jahre lang in Ecully die Stelle des Vikars bekleidet hatte, übertrug man ihm 1818 die völlig heruntergekommene Pfarrei von Ars-sur-Formans. Als der neue Pfarrer eintraf, herrschte in der Gemeinde religiöse Gleichgültigkeit. Hier nun offenbarte sich die eigentliche Größe des einfachen Priesters aus Dardilly. Leidenschaftlich und aufopfernd wirkte Vianney für die sittliche Erneuerung innerhalb seiner Pfarrei. Sein priesterlicher und persönlicher Kampf war hart, aber alle Mühen lohnten sich schließlich. Nach einigen Jahren war das Dorf Ars völlig umgewandelt. Durch unerschöpfliche Geduld, immerwährende Güte und nicht zuletzt durch seine übernatürlichen Gnadenbegabungen – er besaß die Gabe der Krankenheilung und der Prophezeiung – war Johannes Maria Vianney ein Wunder gelungen. Aus einem kirchlichen Wrack hatte er in mühevoller Seelsorgearbeit ein strahlendes Schiff Gottes gemacht.

Bald setzten regelrechte Wallfahrten nach Ars ein, die Volksmassen strömten zu den einfachen Predigten Vianneys, von dem ein starkes Charisma ausging. Seine eigenen Bedürfnisse hatte der Pfarrer von Ars, wie er bald nur noch hieß, völlig in den Hintergrund gedrängt, er aß wenig und schlief kaum, so daß er Tag und Nacht tätig sein konnte, tagsüber auf der Kanzel, nachts im Beichtstuhl. Der Diözesanbischof ernannte Johannes Maria Vianney schließlich sogar zum Ehrendomherrn, die Regierung 1855 zum Ritter der Ehrenlegion. Zeitweise sah er sich allerdings auch schweren Anfeindungen durch neidische Pfarrer ausgesetzt, die ihm seinen Erfolg nicht gönnten.

Im Alter von 73 Jahren starb Abbé Vianney am 4. August 1859, ausgezehrt und erschöpft, in seiner Pfarrei. Kurz vor seinem Tod hatte er noch eine Mädchenschule und ein Waisenhaus gegründet, die allein durch Spenden unterhalten wurden.

Wer heute das Glück hat, ungestört von Menschenmassen durch die wenigen Straßen von Ars-sur-Formans wandern zu können, kann sich in der tiefen Ruhe, die dann hier herrscht, gut zurückversetzen in die Zeit vor eineinhalb Jahrhunderten, als sich der unscheinbare Priester Vianney aus dem Nichts zu einer der herausragenden Persönlichkeiten der katholischen Kirche erhob. In einem vergoldeten Bronzeschrein von Pierre Bossan ruhen heute die sterblichen Überreste Vianneys in der neuzeitlichen Basilika, die über der alten Pfarrkirche von Ars erbaut wurde.

Im Kirchenvorraum steht man noch in der Ur-Kirche, in der die einfache Kanzel von Johannes Maria Vianney und rechts vom Eingang der Beichtstuhl des Seelsorgers zu sehen sind. In der von der Kirche nur wenige Schritte entfernten, weißgetünchten Chapelle du Coeur stehen ein Reliquiar mit dem Herzen des Pfarrers von Ars sowie die berühmte Statue des betenden Geistlichen, der am 31. Mai 1925 von Papst Pius XI. heiliggesprochen und 1929 zum Patron aller Pfarrer ernannt wurde.

Ergreifend ist auch ein Rundgang durch das armselige Pfarrhaus Vianneys, in dem alles noch so bewahrt wird, wie es zu Lebzeiten des Pfarrers aussah. Da stehen noch sein hohes Bett in seinem Schlafraum, irdenes Geschirr auf Tisch und Schränken in der Küche, in einer Kammer liegen noch die Bücher auf dem Schreibtisch. Ein paar Meter die Dorfstraße hinunter steht der Besucher plötzlich vor einer nüchternen, riesigen Krypta, die 1960 gebaut wurde, um die Pilgermassen aufzunehmen, die Jahr für Jahr in dieses kleine Dorf im mittleren Frankreich strömen, um dem Pfarrer von Ars ihre Verehrung zu erweisen. Bis zum heutigen Tag gilt Johannes Maria Vianney als Vorbild der Priester und Seelsorger in aller Welt.

Darstellung: Johannes Maria Vianney ist auf Bildern als Pfarrer mit Rochett (Chorhemd) und Stola zu sehen.

Die bescheidenen Wohnräume des Pfarrers von Ars – hier die Küche – sind noch authentisch erhalten.

Der Schrein mit den bekleideten Gebeinen von Johannes Maria Vianney in der Pfarrkirche in Ars-sur-Formans.

Rainer von Spalato

Erzbischof von Spalato (Split) OSBCam
geboren: 12. Jh. in Italien(?)
gestorben: 4. August 1180 bei Split, Kroatien
Patron von Split

5. August

Nonna

Nonne OBas
geboren: um 280 in Kappadokien
gestorben: 374 in Nazianz, heute Türkei

Nonna war die Ehefrau des berühmten Gregor von Nazianz dem Älteren, den sie zum Christentum bekehrte, sowie die Mutter von Gregor von Nazianz dem Jüngeren und Cäsarius von Nazianz. In den Jahren vor ihrem Tod lebte Nonna als Basilianernonne.

Oswald

König
geboren: um 604 in England
gestorben: 5. August 642 in England
Patron der englischen Könige; von Stadt und Kanton Zug; der Kreuzfahrer; der Schnitter; des Viehs; gegen die Pest

In den deutschsprachigen Alpenländern wird Oswald als Nothelfer verehrt. Er ist außerdem der Patron des Kantons und der Stadt Zug in der Schweiz, und die Bauern rufen ihn um Schutz für ihr Vieh und als Wetterherr an. Der König aus Nordengland regte Dichter und Schriftsteller zu allen Zeiten zu Werken an, und der große Kirchenlehrer Beda Venerabilis berichtete von zahlreichen Wundern, die sich an Oswalds Grab ereignet haben sollen.

Oswald kam um das Jahr 604 als Sohn des Königs von Northumbrien, Ethelfrid, zur Welt. Als sein Vater bei einem Aufstand umkam, mußte Oswald fliehen und zog sich in das von Kolumban gegründete Kloster auf der Insel Hy im Südwesten von Schottland zurück. Nachdem Oswald 634 sein Land in einem Krieg wieder zurückerobert hatte, widmete er sich mit Leidenschaft der Christianisierung seiner Heimat. Zusammen mit dem Mönchsbischof Aidan, der ihm im Laufe der Jahre ein treuer Helfer und Berater wurde, gründete

Kopfreliquiar von König Oswald.

Oswald 635 das berühmte Benediktinerkloster Lindisfarne auf der Insel Holy Island. Dieses Ordenshaus entwickelte sich bald zum Mittelpunkt der Missionstätigkeit in England.

Oswald, der so viel für den christlichen Glauben in England getan hatte, starb während einer Schlacht gegen den heidnischen König von Mercia am 5. August 642, nicht einmal 40 Jahre alt. Die berühmten Schottenmönche, die als Glaubensboten nach Deutschland, Frankreich und Italien kamen, verbreiteten die Verehrung ihres königlichen Vorgängers und Vorbildes überall und bewirkten, daß der Name Oswalds bald einen großen Klang hatte.

Darstellung: Oswald ist fast immer in königlichen Gewändern dargestellt, oft mit einem Gefäß, aus welchem er Arme beschenkt. Auch einen Raben, eine Taube oder einen Hirsch hat Oswald manchmal bei sich. Abgebildet wurde er (seltener) auch als Krieger.

Stanislaus Hosius

Kardinal
geboren: 5. Mai 1504 in Krakau, Polen
gestorben: 5. August 1579 in Capranica bei Rom, Italien

Stanislaus Hosius studierte an den Universitäten von Krakau, Bologna und Padua und empfing 1543 die Priesterweihe. 1549 wurde er zum Bischof von Kulm (Chelmo) ernannt, 1551 von Ermland. Im Jahr 1561 schließlich erhielt Stanislaus Hosius die Ernennung zum Kardinal und päpstlichen Legaten. Bis zu seinem Tod setzte er sich unermüdlich für die Erhaltung des katholischen Glaubens in Polen ein und kümmerte sich aufopferungsvoll um die Wiederbelebung des Katholizismus in Sachsen. Der Seligsprechungsprozeß für Stanislaus Hosius läuft.

6. August

Gezelin(us) (Gozelin)

Laienbruder, Hirte SOCist
geboren: 11. Jh.
gestorben: 29. Juli 1149(?) in Altenberg, Nordrhein-Westfalen
Patron für Kindersegen; gegen Augenleiden und Kopfschmerzen, gegen Epilepsie bei Kindern

Gezelinus war Zisterzienserlaienbruder und kam 1135 von Kloster Morimond nach Altenberg, wo er bis zu seinem Tod 14 Jahre lang als Schafhirte auf dem Abteigut Alkenrath arbeitete. Bereits zu seinen Lebzeiten wurden um seine Person Wunder bekannt. Das berühmteste Ereignis ist jenes, wie angeblich auf sein Gebet hin während einer schlimmen Dürre-

Gezelin(us). Nach einem Holzschnitt aus dem Jahr 1729.

zeit eine Quelle entsprang. Über dieser Quelle, der bis heute Heilkraft bei Kopf- und Augenleiden zugeschrieben wird, steht noch immer eine Kapelle.

Gezelin starb während seiner Arbeit auf Gut Alkenrath, wahrscheinlich am 29. Juli 1149, wie eine alte Grabplatte berichtet. Auf seinen eigenen Wunsch hin wurde der Laienbruder unter der Dachtraufe der nahgelegenen Kirche von Schlebuschrath (Leverkusen-Schlebuschrath) beigesetzt. Seit 1814 befinden sich die Gezelin-Reliquien in der dortigen Kirche St. Andreas.

Verehrung/Brauchtum: Bis heute kommen die Pilger das ganze Jahr über zu der Quelle bei der Gezelin-Kapelle in Leverkusen-Schlebuschrath im Erzbistum Köln, um das Wasser zu trinken oder es, in Behältern abgefüllt, mitzunehmen. Die Festwoche zu Ehren des Gezelin beginnt jedes Jahr am Sonntag nach dem Fronleichnamsfest und endet am folgenden Samstag mit einer Abendmesse.

Darstellung: Gezelin ist als Einsiedler neben einem Brunnen, zusammen mit Schafen dargestellt.

Hormisdas

Papst
geboren: 5. Jh. in Frosinone, Italien
gestorben: 6. August 523 in Rom, Italien

Ein Denkmal in Frosinone, der Heimatstadt von Papst Hormisdas in der italienischen Region Kampanien, erinnert bis heute an den Nachfolger Petri, der von 514 bis 523 in Rom regierte. In die Amtszeit von Hormisdas fielen zahlreiche Erfolge für die katholische Kirche. Eines der bedeutendsten Ereignisse war dabei der Beitritt von rund 250 Ost-Bischöfen und des Patriarchen Johannes von Konstantinopel zur Union mit Rom. Die Kirchenfürsten unterzeichneten dabei die „Formula Hormisdae“, womit sie die Vorrangstellung und Autorität des Päpstlichen Stuhles in Rom anerkannten. Papst Hormisdas wiederum bestätigte den Patriarchen von Konstantinopel und dessen Vormachtstellung im Osten. Kurz bevor Papst Hormisdas am 6. August 523 starb, durfte er zu seiner größten Freude auch noch erleben, daß in Nord-Afrika die gewalttätigen Verfolgungen der Kirche durch den Vandalenkönig Trasamund ein Ende fanden.

Der Afra-Steinsarkophag in der Krypta der Basilika St. Ulrich und Afra in Augsburg.

Justus und Pastor von Madrid

Kinder, Märtyrer
geboren: um 295 in Alcalá de Henares bei Madrid, Spanien
gestorben: um 305 in Alcalá de Henares
Patrone von Madrid

Nach der legendarischen Überlieferung waren Justus und Pastor zwei Brüder, die während der Christenverfolgung des Diokletian im heutigen Alcalá de Henares in Spanien hingerichtet wurden.

Verehrung/Brauchtum: Der Kult um Justus und Pastor breitete sich außer in Spanien auch in Frankreich und auf Sardinien aus.

7. August

Afra

Märtyrerin
geboren: 3. Jh. auf Zypern(?)
gestorben: August 304 in Augsburg, Bayern
Patronin der Diözese Augsburg; der Büßerinnen; der armen Seelen; der Heilkräuter; gegen Feuersnot

Die Lebensgeschichte der Afra, der Bistumspatronin von Augsburg, beruht zum größten Teil auf Legenden. Historisch bezeugt ist, daß Afra während der Christenverfolgungen unter Kaiser Diokletian im Jahr 304 wegen ihres Gottesglaubens auf einer Lechinsel bei Augsburg den Martertod erlitt. Die Gebeine Afras, die im Afra-Altar in der Augsburger Basilika St. Ulrich und Afra aufbewahrt werden, zeigen Brandspuren.

Nach der Legende war Afra die Tochter des Königs von Zypern und kam in der zweiten Hälfte des 3. Jh. mit ihrer Mutter Hilaria über Rom nach Augsburg. Hier sollen die Frauen zusammen mit drei weiteren Gefährtinnen ein Bordell betrieben haben. Als einige Jahre später Narcissus, der Bischof von Gerona, auf der Flucht vor diokletianischen Christenverfolgern durch Augsburg kam, gewährten ihm Afra und ihre Mutter Zuflucht in ihrem Freudenhaus und versorgten ihn mit Nahrung. Ergriffen beobachtete Afra, wie der Bischof und der ihn begleitende Diakon Felix vor den Mahlzeiten jeweils ein inniges Dankgebet sprachen. Mit einem Mal erkannte die junge Frau, wie nichtig ihr bisheriges Leben gewesen war. Weinend warf sie sich Narcissus zu Füßen und bat um das Sakrament der Taufe. Auch Hilaria und die drei anderen Dirnen bekehrten sich zum christlichen Glauben. Nach einem siebentägigen Fasten empfingen die Frauen von Narcissus die Taufe.

Afras Standhaftigkeit wurde schon bald auf eine harte Probe gestellt. Heiden, die die Bekehrung der früheren Bordellbesitzerin verfolgt hatten,

„Martyrium der heiligen Afra."
Nach einem Stich aus der Bavaria Sancta aus dem Jahr 1615.

zeigten sie beim Richter von Augsburg an. Dieser ließ Afra verhaften und forderte von ihr Götzendienste. Afra aber antwortete ruhig und gefaßt, daß sie lieber sterben wolle, als noch einmal Sünde auf sich zu laden. Als keine Drohung die junge Christin von ihrem Glauben abbringen konnte, verurteilte man sie zum Tod durch Verbrennen. Auf einer Lechinsel wurde sie von den kaiserlichen Soldaten an einen Baum gebunden, der dann angezündet wurde. Afra starb unter furchtbarsten Qualen, die ihr aber keinen einzigen Laut der Klage entlockten. Das Todesdatum soll August 304 gewesen sein. Afras Mutter Hilaria und die anderen bekehrten Frauen wurden bald darauf, eingeschlossen in ein Haus, ebenfalls verbrannt.

Das Grab Afras befand sich noch im 8. Jh. in der Augsburger Afra-Kirche. Im Jahr 1064 – es war dasselbe Jahr, in dem Papst Alexander II. die Märtyrerin heiligsprach – fand man einen Sarkophag, in dem sich die mutmaßlichen Gebeine Afras befanden. Der spätantike Steinsarkophag steht heute in der Unterkirche der Augsburger Basilika St. Ulrich und Afra in einem neuangelegten, kreisrunden Kuppelbau.

Verehrung/Brauchtum: Afra-Reliquien waren einst außerordentlich begehrt. Viele Kirchen und Kapellen waren Afra geweiht und nach ihr benannt; in der Kathedrale von Le Mans widmete man ihr 834 einen Altar. Und im Mittelalter entstanden sogar zahlreiche Hymnen zu Ehren der Büßerin.

In der Diözese Augsburg feierten die Gläubigen in früheren Zeiten auch den 26. Oktober, den Tag von Afras Bekehrung. In der Erzdiözese Köln wurde der Afra-Tag bis 1913 am 5. August begangen.

Darstellung: Afra ist meist in vornehmer Kleidung dargestellt, oft trägt sie ein Kopftuch oder einen Schleier. Auch mit Krone als Hinweis auf ihre angeblich königliche Herkunft wurde sie abgebildet. Oft ist Afra auch an einen Baum gebunden zu sehen, oder sie steht auf einem Scheiterhaufen und ist von Flammen umgeben. Der Tannenzapfen auf Abbildungen ist wahrscheinlich die Zirbelnuß im Augsburger Stadtwappen. Auch gemeinsam mit dem Augsburger Bischof Ulrich wurde Afra dargestellt. Auf einem Glasgemälde in der Kirche St. Jakob in Straubing ist die Szene der Verweigerung des Götzendienstes festgehalten.

Agathangelus und Cassian

Mönche, Märtyrer OFMCap
geboren: Agathangelus: 31. Juli 1598 in Vendôme, Frankreich
Cassian: 15. Januar 1607 in Nantes, Frankreich
gestorben: beide 7. August 1638 in Gondar, Äthiopien

Die Kapuzinermönche Agathangelus und Cassian, beide in Frankreich geboren, trafen sich 1634 in Kairo, wo sie für ihren Orden wirkten. Im Jahr 1637 entsandte man beide nach Äthiopien, wo sie wenige Monate später von Mohammedanern festgenommen und in den Kerker geworfen wurden. Schließlich wurden sie in Gondar zum Tode verurteilt und an ihren eigenen Gürteln erhängt. Die Seligsprechung beider Mönche erfolgte am 1. Januar 1905.

Albert von Trapani

Mönch, Prediger OCarm
geboren: 1212 in Trapani auf Sizilien, Italien
gestorben: 7. August 1307 in Messina auf Sizilien
31. Mai 1476 Bestätigung des Kultes

Donatus von Arezzo

Bischof, Märtyrer
geboren: um 300
gestorben: 7. August 362 in Arezzo, Italien
Patron von Arezzo

Donatus war der vierte (zweite?) Bischof von Arezzo. Die Überlieferungen berichten, er sei am 7. August 362 von den Christenverfolgern des Julian Apostata enthauptet worden. Von Donatus werden zahlreiche Wundertaten berichtet; so soll er einen Drachen überwältigt haben, der einen Brunnen vergiftet hatte, und einen zerbrochenen Kelch auf wundersame Weise wieder zusammengefügt haben. Die Person des Donatus von Arezzo wurde häufig mit anderen Trägern des gleichen Namens verwechselt.

Darstellung: Vor allem in Arezzo gibt es zahlreiche Darstellungen des dort hochverehrten Bischofs. Die Abbildungen zeigen Donatus im Ornat mit Buch, Kelch oder/und Drachen. Ohne Bischofsgewand mit einem Schwert als Hinweis auf sein Martyrium zeigt Donatus ein Relief von Andrea della Robbia in der Cappella del Camposanto in Arezzo.

Felicissimus und Agapitus

Diakone, Märtyrer (mit Papst Sixtus II.)
geboren: 3. Jh.
gestorben: 6. August 258 in Rom, Italien

Friedrich Spee

Schriftsteller, Priester, Mönch SJ
geboren: 25. Februar 1591 in Kaiserswerth/Düsseldorf, Nordrhein-Westfalen
gestorben: 7. August 1635 in Trier, Rheinland-Pfalz

„Nun seht selbst, ob ich ein guter Hirte bin.“ Friedrich Spee sprach diese Worte 1629 in einer Kirche in der Grafschaft Peine, nachdem er wenige Minuten zuvor von einem Fanatiker überfallen, mißhandelt und schwer verletzt worden war. Danach brach er zusammen. Erst nach langem Krankenlager gesundete der Priester und Jesuit, erholte sich jedoch nie mehr von dem Angriff auf sein Leben.

In die Gegend um Peine war Friedrich Spee gekommen, weil er dort im Auftrag seines Ordens die während des Dreißigjährigen Krieges größtenteils protestantisch gewordenen Bewohner wieder zum katholischen Glauben zurückführen sollte. Eigentlich war es der Wunsch des jungen Jesuiten gewesen, ebenso wie sein Vorbild Franz Xaver nach Indien zu gehen und dort in der Seelsorge zu arbeiten; doch er wurde in Deutschland gebraucht. Vor seiner Tätigkeit in Peine war Spee in Paderborn, Speyer und Köln als Philosophieprofessor tätig gewesen.

In Peine war Friedrich Spee überaus erfolgreich: In kurzer Zeit gewann er durch seinen leidenschaftlichen seelsorgerischen Einsatz 26 Dörfer für den katholischen Glauben zurück. Mutig prangerte Spee die sogenannten Hexenprozesse an und schonte dabei auch seine eigenen Oberen nicht. In vielbeachteten Schriften – Spee war einer der bedeutendsten Schriftsteller seiner Zeit – rechnete der Priester schonungslos mit Verfahren, Häschern und sogenannten Richtern ab.

Friedrich Spee. Der Priester war der Verfasser des Werkes „Cautio criminalis“ (Vorsicht im Urteil), in dem er die Hexenprozesse anprangerte.

Für Aufsehen sorgte dann 1631 das Werk „Cautio criminalis" (Vorsicht im Urteil), das Spee geschrieben, aber (noch) nicht zur Veröffentlichung freigegeben hatte. Ein Ausschluß Spees aus dem Orden – kurz zuvor hatte ihm der Ordensobere bereits die Lehrerlaubnis entzogen – stand bevor; nur der persönliche Einsatz des neuen Provinzials Goswin Nickel ersparte Friedrich Spee dieses Schicksal. Nickel entsandte Spee schließlich nach Trier, damit er dort als Moraltheologe wirken konnte. Doch während der Kriegswirren stand Spee dort zunächst einmal den Verwundeten und Sterbenden in ihren schweren Stunden bei, außerdem kümmerte er sich um freigelassene Gefangene. Als dann im Sommer 1635 in Trier das epidemische Fieber ausbrach, erkrankte auch Friedrich Spee während der Pflege der Kranken; im Alter von erst 44 Jahren starb er am 7. August 1635.

Immer wieder gab es in der Folge und bis in die heutige Zeit hinein Bemühungen, die Heiligsprechung Friedrich Spees zu erwirken – bis jetzt vergeblich. In einer Gruft der Jesuitenkirche in Trier fand man 1980 die Gebeine des großen Seelsorgers wieder auf; sie wurden in einem römischen Steinsarkophag beigesetzt, der die Aufschrift „P. FRE SPE" erhielt, so, wie man es in dem Grabgewölbe vorgefunden hatte.

Jordanus Forzaté

Prior OSBCam
geboren: 1158 in Padua, Italien
gestorben: 7. August 1248 in Celestia bei Venedig, Italien

Im Dom S. Maria Assunta an der Piazza Duomo in Padua werden seit 1810 die Reliquien von Jordanus Forzaté aufbewahrt. Jordanus, der 1158 hier in Padua zur Welt gekommen war, trat mit 16 Jahren dem Kamaldulenserorden bei und wurde rund zwei Jahrzehnte später Prior des Klosters S. Benedetto Novelli in Padua. Als Mitglied des Senats der Stadt nahm der gelehrte Ordensmann über viele Jahre hinweg großen Einfluß auf das politische Geschehen Paduas. Als Gründer des ostlombardischen Städtebundes ging Jordanus in die Geschichte ein. Auch der Papst zog ihn immer wieder als Ratgeber heran. Nach einem Sieg der Truppen des Stauferkaisers Friedrich II. wurde Jordanus Forzaté, der auf der Seite des Papstes gestanden hatte, 1236 gefangengesetzt und drei Jahre eingekerkert. Erst 1239 ließ man ihn wieder frei. Ein knappes Jahrzehnt lebte Jordanus Forzaté danach noch in dem Zisterzienserkloster Celestia bei Venedig, wo er am 7. August 1248 starb.

Kajetan von Tiene

Ordensgründer OTheat
geboren: 1480 in Vicenza, Italien
gestorben: 7. August 1547 in Neapel, Italien
Patron von Bayern; der Theatiner; gegen die Pest

Eine der schönsten Kirchen Münchens, neben der Frauenkirche ebenfalls ein Wahrzeichen der Isar-Stadt, ist dem heiligen Kajetan geweiht: die berühmte Theatinerkirche St. Kajetan bei der Feldherrnhalle. Ordensgründer Kajetan hat eine ganz besondere Verbindung zu München und zu Bayern. Von 1672 an verehrte das Haus der Kurbayern ihn als Schutzpatron. Die Kajetanskirche, ein Barockgotteshaus mit einer mächtigen Kuppel, war 1662 von Ferdinand Maria aus Dankbarkeit über die Geburt des Erbprinzen Max II. Emanuel gegründet worden. Neben vielen Kirchen tragen auch mehrere Brücken im europäischen Raum den Namen des Ordensstifters aus Italien, so etwa die Kajetansbrücke am Fuße des Reschenpasses in Österreich.

Kajetan kam im Herbst des Jahres 1480 in dem Örtchen Tiene, wenige Kilometer nördlich von Vicenza, als Sohn des Herrn dieser Gegend zur Welt. Die Adelsfamilie entstammte dem berühmten italienischen Geschlecht der Gaëtani, der Name Kajetan (Gaëtano) bedeutet soviel wie „aus Gaëta kommend". Schon als Kind wurde der gottesfürchtige Kajetan „der kleine Heilige" genannt. Seine Tugendhaftigkeit auch in den ungestümen Jugendjahren war außergewöhnlich. Nach Beendigung der Schulzeit studierte Kajetan an der berühmten Universität von Padua Rechtswissenschaften, mit 25 Jahren machte der hochgebildete Student seinen Doktor. Danach berief ihn Papst Julius II., der von Kajetans

Kajetan von Tiene. Nach einem Fresko in der Sakristei der Kirche S. Paolo Maggiore in Neapel.

Geistes- und Seelenbildung gehört hatte, als seinen Geheimsekretär nach Rom. Im Jahr 1516 empfing Kajetan die Priesterweihe. Unermüdlich setzte er sich in den folgenden Jahren für eine Reform innerhalb des Klerus ein, besonders lag ihm dabei die Bildung der Priester am Herzen.

In seine Heimat zurückgekehrt, trat Kajetan 1519 in Vicenza der „Bruderschaft des heiligen Hieronymus" bei, die sich den Dienst an Kranken und Armen zur Aufgabe gemacht hatte. 1523 kehrte er nach Rom zurück und widmete sich dort ebenfalls Werken der Nächstenliebe. Hier lernte Kajetan während seiner selbstlosen Arbeit einen Gleichgesinnten kennen: Giampietro Caraffa, vier Jahre älter als Kajetan und Bischof von Theate, dem heutigen Chieti in den Abruzzen. Kajetan, der in all den Jahren zuvor mit Trauer und Sorge beobachtet hatte, daß innerhalb des Klerus immer mehr der kirchliche Eifer fehlte, konnte Caraffa schließlich für ein gemeinsames Werk gewinnen: Zusammen gründeten die beiden Geistlichen 1524 die Kongregation der „Regulierten Kleriker", die nach dem Bischofssitz von Caraffa Theatiner, manchmal auch nach Kajetan Kajetaner genannt wurden. Bereits wenige Wochen nach der Gründung, am 24. Juni 1524, bestätigte Papst Clemens VII. den neuen Orden, der sich neben der Hebung der Priesterbildung auch die Förderung des religiösen Lebens innerhalb des Volkes zur Aufgabe gemacht hatte.

Drei Jahre später mußte der junge Theatinerorden die erste schwere Prüfung bestehen. Während des „Sacco di Roma", eines Einfalls fremder Truppen in Rom, verbunden mit furchtbaren Verwüstungen und Plünderungen, wurde auch das Ordenshaus zerstört. Die mißhandelten Ordensbrüder, unter ihnen der verletzte Kajetan, mußten die Stadt verlassen. Die Theatiner wanderten nach Venedig, wo sie freudig aufgenommen wurden. Sie erhielten das Kloster „Vom heiligen Nikolaus von Tolentino" übereignet und wirkten fortan voller Tatkraft als Seelsorger in der Lagunenstadt. Als 1528 eine schwere Pestepidemie und darauf folgend eine fürchterliche Hungersnot Venedig heimsuchten, gehörten die Theatiner zu den unermüdlichsten aller Helfer.

Von Venedig aus breitete sich die noch junge Kongregation schnell über ganz Italien aus. Mittelpunkt und Vorbild der Theatinerbrüder war und blieb Kajetan von Tiene, der opferstarke, bescheidene Ordensstifter. Neben dem Jesuitenorden entwickelte sich die Theatinerkongregation zur beherrschenden Kraft der Kirchenreform in Italien.

Die letzten fünf Jahre seines Lebens lebte Kajetan als Abt eines Theatinerklosters in Neapel. Als er seinen Tod kommen fühlte, ließ er sich von seinen Mitbrüdern auf ein auf dem Boden ausgebreitetes Bußgewand legen und empfing so die Sterbesakramente. In Frieden, demütig für alles Erlebte dankend, starb Kajetan am 7. August 1547. Beigesetzt wurde der Ordensgründer in der Kirche S. Paolo Maggiore an der Piazza S. Gaëtano, einer der schönsten Frühbarockkirchen Neapels. Sehenswert ist in der Sakristei des Gotteshauses ein Fresko mit dem Antlitz Kajetans, das von einem unbekannten Künstler noch zu Lebzeiten des Ordensmannes gemalt wurde. Papst Clemens X. sprach Kajetan von Tiene 1671 heilig. 1673 wurde der Ordensgründer in den römischen Kalender aufgenommen.

Darstellung: Kajetan von Tiene ist fast immer als Theatiner, oft mit Bart, dargestellt. Als Attribute hat er Kreuz, geflügeltes Herz, Lilie, Vögel, Regelbuch, Ähren und Füllhorn bei sich. Auf späteren Darstellungen ist Kajetan meist mit dem Jesuskind in den Armen zu sehen, so bei einer Skulptur von Bernini (1694) in der Kirche S. Maria Maggiore in Rom. Auf einigen wenigen Abbildungen trägt Kajetan auch einen Totenkopf, etwa auf einem Gemälde von Palma il Giovane (16. Jh.) in der Kirche S. Nicola da Tolentino in Venedig.

Sixtus II.

Papst, Märtyrer
geboren: 2./3. Jh.
gestorben: 6. August 258 in Rom, Italien
Patron hoffender Frauen; für ein gutes Gedeihen von Bohnen und Trauben; gegen Halsschmerzen

Papst Sixtus wurde nach nur wenigen Pontifikatmonaten im Verlauf der Christenverfolgung unter Kaiser Valerian während eines Gottesdienstes festgenommen und noch am selben Tag enthauptet. Mit ihm starben mehrere seiner Gefährten, unter anderem Diakon Laurentius, mit dem Sixtus II. ein besonders inniges Verhältnis verbunden hatte. Die Gebeine von Sixtus wurden im 6. Jh. in die Kirche S. Sisto in Rom überführt, nachdem der Papst zunächst im Calixtus-Cömeterium beigesetzt worden war.

Verehrung/Brauchtum: Am 6. August, dem Todestag von Papst Sixtus II., wurden früher vielerorts die Trauben gesegnet (Patronat).

Der Gedenktag für Sixtus II. wurde auf den 7. August verlegt, weil man in Rom am 6. August den Kirchweihtag der Kirche Santa Maria Maggiore feierte.

Darstellung: Sixtus II. wurde häufig mit seinem Diakon Laurentius dargestellt. Als Attribut hat er meist einen Kreuzstab bei sich; oft sieht man Sixtus aber auch mit einem Geldbeutel, da er nach der Überlieferung vor seinem Tod Laurentius den Kirchenschatz übergeben hat.

Ulrich von Passau

Bischof von Passau
geboren: um 1027 in Veringen, Bayern
gestorben: 7. August 1121 in Passau, Bayern

8. August

Altmann von Passau

Bischof
geboren: um 1015 in Westfalen
gestorben: 8. August 1091 in Zeiselmauer, Österreich

Am Ostausgang der niederösterreichischen Wachau, wenige Kilometer südlich von Krems, liegt Göttweig mit seinem berühmten Stift und der Stiftskirche Mariä Himmelfahrt. Bis zum heutigen Tag erinnern die prächtigen Bauten an einen berühmten Kirchenmann, der hier im Jahr 1083 das Ur-Stift, ein Augustiner-Chorherrenstift, gründete: an Bischof Altmann von Passau. In der Altmannikrypta unter dem erhöhten Presbyterium befindet sich in der nördlichen Apsis das Hochgrab Altmanns, in der südlichen Apsis der Schrein mit den Reliquien. Die Kirche mit der mäch-

In einem aufwendigen Goldschrein wird im Stift Göttweig in Österreich der Schädel von Altmann aufbewahrt.

Stift Göttweig in Österreich. Hier befinden sich Grab und sterbliche Überreste von Bischof Altmann.

tigen Freitreppe ist einer der meistbesuchten Wallfahrtsorte in Österreich.

Wie nun kam der Bischof von Passau nach Österreich? Altmann entstammte einem Adelsgeschlecht und war im Jahr 1015 in Westfalen zur Welt gekommen. Nach dem Studium der geistlichen Wissenschaften an zahlreichen europäischen Universitäten, unter anderem in Paris, übernahm Altmann das Amt eines Kanonikers an der Paderborner Domschule. Von 1051 an war er Hofkaplan von Kaiser Heinrich III. Nach dem Tod Heinrichs im Jahr 1056 kam Altmann mit Kaiserin Agnes, deren Vertrauter er war, nach Passau. Neun Jahre später empfing der geschätzte Kirchenmann die Weihe zum Bischof von Passau. Das Volk jubelte, Klerus und Adel waren mit der Wahl hochzufrieden. Von Beginn seiner Amtszeit an bemühte sich Altmann um die Hebung der Moral innerhalb des Klerus, als einer der wenigen deutschen Bischöfe unterstützte er die Reformbewegungen von Papst Gregor VII., die die Bekämpfung von Laieninvestitur und Priesterehe zum Ziel hatten.

Im Jahr 1078 mußte Altmann dann vor Kaiser Heinrich IV. fliehen, dessen Absetzung er 1077 mit unterstützt hatte. Obwohl ihn der Papst 1080 zum päpstlichen Vikar für Deutschland ernannte, konnte Altmann nicht mehr in seine Diözese zurückkehren. So wirkte er in dem Jahrzehnt bis zu seinem Tod am 8. August 1091 im österreichischen Teil seiner Diözese, wo er 1083 das Stift Göttweig gründete; hier fand er auch seine letzte Ruhestätte.

Verehrung/Brauchtum: In den Diözesen Passau, Linz, St. Pölten und Wien wird Altmann am 9. August gefeiert.

Darstellung: Altmann ist meist im Bischofsgewand dargestellt, oft hält er ein Buch. Auch mit Kaiserin Agnes wurde Altmann abgebildet, so in einer Darstellung in der Kirche St. Nikola in Passau. In der Stiftskirche Göttweig existieren zahlreiche Darstellungen; die barock bemalte Liegefigur in der Krypta stammt von 1530.

Cyriacus

Erzdiakon, Märtyrer
geboren: 3. Jh.
gestorben: um 304 in Rom, Italien
Patron gegen Besessenheit; gegen Anfechtungen; in der Sterbestunde; der Zwangsarbeiter; bei schwerer Arbeit; Nothelfer

Nothelfer Cyriacus gehört zu den weniger bekannten unter den 14 Nothelfern. In Altbayern verehren die Gläubigen statt seiner den heiligen Leonhard. Die Lebensgeschichte von Cyriacus ist stark mit Legenden ausgeschmückt; sicher bezeugt ist, daß er um das Jahr 304 unter der Schreckensherrschaft des Christenverfolgers Diokletian wegen seines Christenglaubens in Rom das Martyrium erlitt.

Nach der Legende hatte Cyriacus jahrelang als Gefangener des Kaisers Zwangsarbeit in den römischen Lehmgruben geleistet, bis er wegen seiner standhaften Weigerung, Götzenopfer darzubringen, grauenvollen Martern ausgesetzt und schließlich enthauptet wurde.

Vor seiner Verhaftung soll Cyriacus Archidiakon von Papst Marzellinus gewesen sein, weshalb er in der berühmten oberfränkischen Wallfahrtskirche Vierzehnheiligen als Erzdiakon dargestellt wird.

Eine bekannte Legende erzählt von Cyriacus, daß er, während er im Kerker festgehalten wurde, Artemia, die Tochter von Christenverfolger Diokletian, von der Besessenheit heilte.

Die Grabstätte von Cyriacus befand sich ursprünglich an der Via Ostiensis in Rom. Reliquien kamen in der Folgezeit an die verschiedensten Orte in Europa, so auch eine Armreliquie in den Dom von Bamberg und andere Reliquien in die Kirche St. Cyriacus in Neuhausen bei Worms. In der Kathedrale S. Ciriaco in Ancona werden Cyriacus-Reliquien in der Krypta verehrt.

Verehrung/Brauchtum: Cyriacus wird vor allem im rheinischen Raum sehr verehrt. Dort gibt es auch zahlreiche Darstellungen von seiner Person.

Darstellung: Cyriacus ist immer als Diakon dargestellt, meist jung an Jahren. Als Attribute hat er Buch, Palme, Schwert sowie Drachen oder Teufel bei sich. Manchmal ist Cyriacus auf Abbildungen auch mit einem Mädchen zu sehen, welches die von ihm nach der Legende geheilte Artemia sein soll. Eine der ältesten Darstellungen des Märtyrers ist ein Fresko in S. Prassède in Rom (9. Jh.). Eine Skulptur von Tilman Riemenschneider (1510) im Landesmuseum Hannover zeigt den Nothelfer als Diakon mit einem geschlossenen Buch.

Dominikus

Ordensgründer OP
geboren: um 1170 in Caleruega, Spanien
gestorben: 6. August 1221 in Bologna, Italien
Patron der Dominikaner; von Bologna; der Schneider; gegen Hagel; gegen Fieber

Stille umfängt den Besucher, betritt er, von den lauten Straßen und Plätzen der Stadt kommend, das Gotteshaus S. Domenico am gleichnamigen Platz im Zentrum Bolognas. Denkt man an die Pilgerströme am Grab des heiligen Franziskus im umbrischen Assisi, dann kann man kaum glauben, daß hier in dieser Kirche ebenfalls ein berühmter Ordensgründer seine letzte Ruhestätte gefunden hat: der heilige Dominikus. Würde man diese Persönlichkeit der Kirchengeschichte „nur" Ordensstifter nennen, dann wäre ihre Bedeutung für die Kultur des Abendlandes wohl kaum erfaßt. Doch durch die übergroße Bescheidenheit, die das Wesen dieses einzigartigen Seelsorgers auszeichnete, trat der Mensch Dominikus im Laufe der Jahrhunderte immer mehr hinter seinem Werk, dem Dominikanerorden, zurück.

Eindrucksvoll ist das Grabmal des heiligen Dominikus, die Arca di S. Domenico in einer der rechten Seitenkapellen des Gotteshauses. Das großartige Werk wurde 1265 bei dem berühmten Bildhauer Nicola Pisano in Auftrag gegeben und zwei Jahrhunderte später von dem nicht weniger bekannten Künstler Niccolò dell' Arca ergänzt. Bemerkenswert sind der kniende Engel vorne rechts sowie die beiden Heiligenfiguren Procolus und Petronius. Es handelt sich dabei um Frühwerke Michelangelos. Unter dem Altar befindet sich das Reliquiar mit den Gebeinen des heiligen Dominikus.

Als Sohn der Adelsfamilie Guzman kam Dominikus um das Jahr 1170 in dem altkastilischen Ort Caleruega, südöstlich von Burgos, zur Welt. Nach einer hervorragenden Schulausbildung studierte er an der Domschule von Palencia Philosophie und Theologie. Nach zehn Jahren empfing er die Priesterweihe und wurde Mitglied des regulierten Domstiftes von El Burgo de Osma unweit seines Heimatortes (El Burgo de Osma ist einer der ältesten Bischofssitze Spaniens und wurde bereits in der westgotischen Epoche gegründet). Während einer Reise mit Bischof Diego von Azevedo nach Rom kam Dominikus auch durch Südfrankreich. Dort bedrohten zu jener Zeit – man schrieb das Jahr 1206 – die Lehren der Albigenser und Waldenser die katholische Kirche.

Beim Anblick der allgemeinen Verwirrungen, die hier herrschten, erwachte in Dominikus der Wunsch, als Missionar zu wirken. Er erkannte, daß nur das eigene gute Vorbild dabei helfen konnte, die Abgefallenen wieder zum katholischen Glauben zurückzuführen. Zusammen mit Bischof Diego gründete Dominikus in dem Ort Prouille bei Toulouse eine Missionsstation, die er nach dem Tod Diegos (1207) leitete. Der Glaubensbote und seine gleichgesinnten Gefährten zogen von nun an Tag für Tag durch die Ortschaften und Städte,

Dominikus. Nach einem Gemälde aus dem 13. Jh. im Kloster S. Domenico in Bologna, wo der Ordensgründer starb.

Reliquiar mit dem Haupt von Dominikus in S. Domenico in Bologna, geschaffen von Jacopo Roseto im Jahr 1383.

Grabmal des heiligen Dominikus in S. Domenico in Bologna, geschaffen von Nicola Pisano um 1265. Einige Figuren am Grab sind von Michelangelo.

demütig und bescheiden, gekleidet wie armselige Bettler, heroisch im Fasten, auf die Hilfsbereitschaft der Bevölkerung angewiesen. Allein durch dieses Vorbild wurden viele den Irrlehren verfallene Gläubige wieder zum Katholizismus zurückgeführt. Die ergreifenden Predigten, die Dominikus und seine Mitgefährten hielten, taten ein übriges. Mit seiner großen Menschenkenntnis und seiner überfließenden Liebe zu den Menschen gelang es dem Missionar aus Kastilien, die Herzen der Südfranzosen zu gewinnen.

Dieses Wirken von Dominikus war die Keimzelle seines Predigerordens. Im Jahr 1215 gründete Dominikus in Toulouse eine Gemeinschaft von Predigern, der er die Regel des heiligen Augustinus gab. Armut und Studium sollten die beiden Grundsätze des Prediger- und Bettelordens sein. Vor jeder Predigt mußten sich die Mitglieder der Gemeinschaft ausführlich unterrichten. Der neue Orden sollte die Rechte der katholischen Kirche gegen alle Angriffe von außen verteidigen, bereits Verlorenes sollte von den Ordensbrüdern wieder zurückgewonnen werden.

Die Ideen von Dominikus zündeten schnell. Mit kaum vorhersehbarer Geschwindigkeit breitete sich der Predigerorden in ganz Europa aus. Auch zahlreiche Dominikanerinnenklöster entstanden. Etwa eineinhalb Jahre nach der Gründung der Prediger-Gemeinschaft in Toulouse bestätigte Papst Honorius III. am 22. Dezember 1216 den Orden der Dominikaner. Jahre später sollte dieser Papst auch den neugegründeten Franziskanerorden anerkennen. Die beiden Ordensstifter Dominikus und Franziskus, die ja zur selben Zeit wirkten, lernten sich übrigens im Frühjahr 1217 in Rom kennen, als Franziskus noch auf die Bestätigung seines Bettelordens wartete, Dominikus die Erlaubnis schon hatte.

Leben und Wirken von Dominikus waren geprägt vom Kampf um das Seelenheil der Menschen. Dominikus war der Seelsorger schlechthin, sein Orden im wesentlichen das Vorbild aller Seelsorgeorden. Die große Persönlichkeit des Ordensgründers, seine Unbeugsamkeit bei der Durchsetzung seiner Vorstellungen und nicht zuletzt sein großartiges Organisationstalent verhalfen dem Dominikanerorden schnell zu großem Ansehen.

„Tod des Dominikus." Nach einem Gemälde eines unbekannten Künstlers, heute in der Sammlung Sanchez de Muniain, Madrid.

Nicht lange aber durfte Dominikus seine Erfolge erleben; bereits am 6. August 1221 starb er während einer Missionsreise in Bologna, wo er dann seine letzte Ruhestätte fand. Papst Gregor IX. sprach den Ordensgründer bereits dreizehn Jahre später, am 3. Juli 1234, heilig; er hatte 1228 auch Franziskus heiliggesprochen.

Verehrung/Brauchtum: Der Gedenktag von Dominikus wurde bis Mitte des 16. Jh. am 5. August begangen, dann am 4. August und erst seit 1972 am 8. August. Die Verehrung für den Ordensgründer verbreitete sich vor allem durch die Ausweitung seiner Ordensgemeinschaft. Einen weiteren Aufschwung erlebte der Kult durch die Rosenkranzandacht, was sich auch in der darstellenden Kunst häufig niederschlug.

Darstellung: Dominikus ist meist als Prediger dargestellt. Er trägt den Dominikanerhabit, ein schmaler Haarkranz liegt um seinen Kopf; in den Händen hält er verschiedene Attribute, manchmal hat er eine Hand auch zum Segen erhoben. Bei den Attributen handelt es sich oft um Buch und Lilie sowie um Stein, Sperling, Stab, Rosenkranz und Stern (über der Stirn oder der Brust). Zu seinen Füßen hat Dominikus häufig einen kleinen, schwarz-weißen Hund, der eine Fackel in der Schnauze trägt und oft auch um eine Weltkugel läuft.

Zahlreiche Dominikus-Darstellungen gibt es von dem berühmten Dominikanermönch Fra Angelico, so vor allem im Kloster S. Marco in Florenz. Eines der berühmtesten Freskenwerke in S. Marco ist jenes, wie Dominikus das Kreuz mit dem Leib Jesu umarmt. Tintoretto malte Dominikus, wie er von Papst Honorius III. die Bulle mit der Ordensbestätigung erhält (Venedig, S. Giovanni e Paolo). Eine der wohl ältesten Darstellungen von Dominikus auf deutschem Boden findet sich im ehemaligen Paulinerkloster in Leipzig: Im dortigen Kreuzgang zeigt der Stammbaum der Dominikaner den Ordensgründer vertieft in ein Buch, aus seiner Brust wachsen Weinranken mit vielen verschiedenen Blumenornamenten, aus diesen wiederum berühmte Dominikaner. Häufig wurde Dominikus mit der Rosenkranzmadonna abgebildet; eine der schönsten dieser Darstellungen ist jene von Domenichino in der Pinakothek in Bologna.

Hugolina von Novara

Einsiedlerin OFM
geboren: 1239 in Novara, Italien
gestorben: um 1300 bei Vercelli, Italien

Die ungewöhnlich schöne Hugolina aus Novara zog sich vor unerwünschten Annäherungen junger Männer in den Franziskanerorden zurück und lebte fast ein halbes Jahrhundert als Einsiedlerin, verkleidet als Mann „Hugo", in einer Höhle bei Vercelli.

Die Gebeine der hochverehrten Einsiedlerin ruhen bis heute in der Minoritenkirche in Vercelli.

Rathard(us) von Andechs

Graf, Priester, Klosterstifter
geboren: 8. Jh. in Dießen, Bayern
gestorben: 9. Jh. in Dießen

Rathardus aus dem Geschlecht der Grafen von Dießen-Andechs gilt als Stifter des Klosters St. Georg in Dießen am Ammersee (815). Das Kloster wurde später nach St. Stephan in Dießen verlegt. Bis heute zeugt die St. Georgskirche im Dießener Ortsteil St. Georgen vom Ursprungskloster. Die Gebeine von Rathardus wurden unter den Trümmern der 955 von den Ungarn zerstörten Kirche wieder aufgefunden; die sterblichen Überreste befinden sich bis heute in einem Glasschrein in der Dießener Klosterkirche Mariä Himmelfahrt. Die Erhebung der Rathardus-Gebeine fand 1114 statt.

Darstellung: Gemeinsam mit den anderen Heiligen und Seligen des Grafengeschlechtes von Dießen-Andechs ist Rathardus in dem Deckenfresko von Georg Bergmüller (1736) in der Dießener Klosterkirche (Dießener Himmel) dargestellt.

Wardo (Famianus)

Einsiedler, Mönch OCist
geboren: um 1090 in Köln, Nordrhein-Westfalen
gestorben: 8. August 1150 in Gallese, Italien

Wardo lebte nach verschiedenen Pilgerreisen 25 Jahre lang als Einsiedler in Nordspanien. Danach wurde er Mönch im neugegründeten Zisterzienserorden. Auf der Rückreise von einer weiteren Wallfahrt nach Jerusalem starb Wardo in Gallese am Tiber. Als sich an Wardos Grab in Gallese unzählige Wunder ereigneten, nannte man den Einsiedler und Pilger schon bald „Famianus". Bereits vier Jahre nach Wardos Tod sprach ihn Papst Hadrian IV. 1154 als ersten Zisterziensermönch überhaupt heilig. Der Leib von Famianus ist bis zum heutigen Tag unverwest.

Verehrung/Brauchtum: Wardo wird bis heute im spanischen Oseira verehrt, wo er Mönch gewesen war.

Darstellung: Wardo ist meist als Pilger dargestellt, so auch auf einem Fresko in der Klosterkirche von Ebrach, einer der bedeutendsten Zisterzienserkirchen in Deutschland.

9. August

Edith Stein

Konvertitin, Nonne, Märtyrerin OCarm
geboren: 12. Oktober 1891 in Breslau, Polen
gestorben: 9. August 1942 im KZ Auschwitz, Polen
Schutzpatronin Europas (seit 1999)

„Was immer auch kommen mag, ich bin auf alles gefaßt. Jesus ist auch hier mitten unter uns." Mit diesen Worten tröstete Edith Stein ihre Mitgefangenen auf dem Weg ins Konzentrationslager Auschwitz, wo sie gemeinsam mit mehreren hundert anderen Juden, Judenchristen und weiteren Verfolgten am 9. August 1942 den Tod in der Gaskammer fand. Stärke war es, die Edith Stein ein Leben lang auszeichnete, Stärke im Treffen klarer Lebensentscheidungen, die allerdings nicht immer die Erwartungen ihr Nahestehender erfüllten.

Edith Stein kam am 12. Oktober 1891 in Breslau zur Welt, insgesamt hatten ihre jüdischen Eltern elf Kinder miteinander. Nachdem sie in Breslau und Göttingen Philosophie studiert und ihren Doktor gemacht hatte, war Edith Stein ab 1916 einige Jahre Mitarbeiterin des damals berühmten Phänomenologen Edmund Husserl in Freiburg. Nach der Lektüre der Biographie von Theresia von Ávila stand dann der Entschluß fest: Edith Stein, inzwischen 31 Jahre alt, konvertierte zum Katholizismus und ließ sich in Bergzabern taufen. In den folgenden Jahren wirkte die junge Frau als Dozentin und Lehrerin. Trotz Schuldgefühlen ihrer alten

Links: Edith Stein in Breslau. Nach einem historischen Foto aus dem Jahr 1920.

Oben: Als Schwester Teresa Benedicta a Cruce trat Edith Stein 1933 dem Karmelitenorden bei.

Mutter gegenüber, trat Edith Stein 1933 in den Kölner Karmel ein und nahm den Namen Teresa Benedicta a Cruce (Teresia, die von Kreuz Gesegnete) an. Im Pogromjahr 1938, als die Juden in Deutschland vollkommen geächtet wurden, legte sie die Ewigen Gelübde ab. Bereits 1936, kurz nach dem Tod der 84jährigen Mutter, war auch Ediths Schwester Rosa im Kölner Karmel eingetroffen und hatte sich ebenfalls taufen lassen. Um das Kloster sowie die Mitschwestern nicht in Gefahr zu bringen, ging Edith Stein an Neujahr 1939 in das holländische Kloster Echt, das Karmeliterinnen in der Zeit des preußischen Kulturkampfes gegründet hatten. Ein Jahr später kam Schwester Rosa nach und trat ebenfalls in den Karmeliterorden ein. In Echt verfaßte Edith Stein noch einmal einige wissenschaftliche Schriften, unter anderem ein Werk zum 400. Geburtstag des heiligen Johannes vom Kreuz. An diesem Buch arbeitete sie noch am 2. August 1942, dem Tag, an welchem sie und ihre Schwester Rosa von der Gestapo abgeholt wurden. Die Möglichkeit, in einen Karmel in der Schweiz zu fliehen, wo sie sicher gewesen wäre, hatte Edith Stein nicht genutzt, weil sie Rosa nicht hätte mitnehmen können. Zu ihr sagte Edith im Augenblick der Verhaftung: „Komm, wir gehen für unser Volk." Bereits am 7. August wurden die beiden Schwestern nach Auschwitz deportiert, nur zwei Tage danach, am 9. August 1942, starben Edith und Rosa Stein in der Gaskammer.

Josef Kardinal Frings eröffnete 1962 den Seligsprechungsprozeß für die Märtyrerin jüdischer Abstammung. Bei seinem zweiten Deutschlandbesuch sprach Papst Johannes Paul II. Edith Stein am 1. Mai 1987 in Köln selig; in Rom erfolgte am 11. Oktober 1998 die Heiligsprechung.

Franz Jägerstätter

Bauer, Mesner
geboren: 20 Mai 1907 in St. Radegund, Österreich
gestorben: 9. Augus 1943 in Brandenburg

„Ich glaube, es ist besser, gleich das Leben zu opfern, als sich zuerst noch in die große Gefahr zur Sünde zu begeben und dann erst zu sterben." Diese bewegenden Worte stammen von Franz Jägerstätter, der den Nationalsozialisten die Militärpflicht verweigerte und eher zum Sterben bereit war. Jägerstätter bezahlte seinen Mut mit dem Leben: Am 9. August 1943 wurde er in Brandenburg enthauptet.

Franz Jägerstätter, ein tief gläubiger Bauer und Mesner aus dem oberösterreichischen St. Radegund in der Diözese Linz, verweigerte den Dienst mit der Waffe aus religiösen Gründen. Als Katholik könne er nicht für den Nationalsozialismus kämpfen, erklärter Jägerstätter, der als einziger in seinem Heimatort 1938 gegen den Anschluß Österreichs an das Deutsche Reich gestimmt hatte. Die einzige Konzession, die der junge Mann zu machen bereit war: Er bot seine Dienste als Sanitäter an. Diese Möglichkeit verwehrten ihm die Nationalsozialisten jedoch. Wegen „Zersetzung der Wehrkraft" wurde Jägerstätter schließlich zum Tode verurteilt und enthauptet. 1990 fand sich das NS-Urteil zum Fall Jägerstätter im Historischen Militärarchiv in Prag wieder auf.

Haltung und Einstellung Franz Jägerstätters hatten sowohl zu seinen Lebzeiten als auch nach seiner Ermordung Erstaunen, ja sogar Unverständnis hervorgerufen. Das Zweite Vatikanische Konzil erkannte Jägerstätters heroische Haltung dann aber ganz offiziell an. In der Diözese Linz laufen seit Jahren Bemühungen für einen Seligsprechungsprozeß.

Hathumar von Paderborn

1. Bischof von Paderborn
geboren: 8. Jh. in Sachsen
gestorben: 9. August 815 in Paderborn, Nordrhein-Westfalen

10. August

Erich Plovpenning

König, Märtyrer
geboren: 1216 in Dänemark
gestorben: 10. August 1250 in Schleswig, Schleswig-Holstein

Erich (Erik) regierte von 1241 bis zu seinem Tod 1250 als König von Dänemark. Er war religiös und stand dem Papst treu bei. Seinen Namen Plovpenning erhielt Erich folgendermaßen: Um Geld für einen Kreuzzug zu gewinnen, mußte jeder, der einen Pflug (Plov) besaß, einen Pfennig (Penning) Steuer bezahlen.

Zu dem Kreuzzug kam es aufgrund familiärer Streitigkeiten dann aber nicht. Vor allem mit seinen beiden Brüdern hatte Erich ständig Zwist. Während eines Besuchs bei seinem Bruder Abel in Schleswig wurde Erich von Dänemark schließlich sogar gefangengenommen und am 10. August 1250 ermordet.

Laurentius (Lorenz)

Erzdiakon, Märtyrer
geboren: um 230(?) in Spanien(?)
gestorben: 10. August 258 in Rom, Italien
Patron von Wuppertal, Nürnberg, Merseburg und Kulm; der Bibliothekare, Archivare, Köche, Bierbrauer, Wirte, Verwalter, Wäscherinnen, Büglerinnen, Konditoren, Glaser, Glasbrenner; der Feuerwehr; der Schüler und Studenten; gegen Augenleiden, Hexenschuß, Ischias, Fieber, Hauterkrankungen; gegen Feuersgefahren; gegen Qualen des Fegefeuers; für das Gedeihen der Weintrauben; der Weinberge; der Armen Seelen; gegen die Pest

„Das Feuer, das in ihm brannte, half ihm, das äußere Feuer des Martyriums zu bestehen." Diese Worte von Papst Leo dem Großen, gesprochen zwei Jahrhunderte nach dem Tod von Laurentius, drücken aus, was die Größe dieses Märtyrers ausmachte: leidenschaftliche Liebe zu Jesus Christus bis in den Tod. Laurentius gehörte und gehört zu den meistverehrten Heiligen in aller Welt. In Rom folgt er gleich auf Petrus und Paulus, was die Stärke seiner Verehrung angeht. Außer der berühmten Basilika S. Lorenzo fuori le mura, die um 330 über dem Grab des Märtyrers erbaut wurde, tragen in der Ewigen Stadt noch 30 weitere Kirchen den Namen von Laurentius, weltweit sind es viele tausend. Es gibt sogar eine griechische Übersetzung der Lebensgeschichte des heiligen Laurentius. Nachdem die Heerschar von Kaiser Otto I. am 10. August 955, dem Gedenktag von Laurentius, auf dem Lechfeld bei Augsburg die Ungarn besiegt hatte, verbreitete sich der Laurentius-Kult noch stärker.

Über die Herkunft von Laurentius, der in Deutschland auch Lorenz genannt wird, weiß man so gut wie nichts. Eine Überlieferung sagt, er sei aus Spanien nach Rom gekommen, wo er Erzdiakon von Papst Sixtus II. wurde. Der Papst war für den jungen Christen nicht nur sein Vorgesetzter, er war sein väterlicher Freund und vor allem Vorbild. Die weitere Überlieferung ist wahrscheinlich durch Legenden ausgeschmückt, entspricht in ihrem Kern jedoch der Wahrheit. In den ersten Augusttagen des Jahres 258 ließ Christenverfolger Valerian, jener Kaiser, auf den die Gläubigen

Dies soll der Rost sein, auf welchem Laurentius ermordet wurde; er befindet sich hinter dem Reliquienaltar in S. Lorenzo fuori le mura in Rom.

„Martyrium des Laurentius." Stich von Louis Vorstermann nach einem Gemälde von Peter Paul Rubens.

nach der Schreckensherrschaft von Decius zuerst so große Hoffnungen gesetzt hatten, Papst Sixtus II. festnehmen und am 6. August enthaupten. Auf dem Weg zur Hinrichtungsstätte begleitete ihn der weinende Laurentius. Er wollte nicht mehr leben und rief aus: „Wo gehst du hin, Vater, ohne deinen Sohn?" Sixtus tröstete seinen Diakon und prophezeite ihm sein eigenes Martyrium wenige Tage später. Er erteilte Laurentius den Auftrag, zuvor noch den gesamten Kirchenschatz unter den Armen auszuteilen.

Nach der Ermordung von Sixtus II. erhob Valerian Anspruch auf den Kirchenbesitz. Laurentius verweigerte die Herausgabe und bat um drei Tage Bedenkzeit. In dieser Zeit verteilte er die Güter der Kirche unter den Notleidenden und führte am dritten Tag alle diese Menschen Valerian vor. Er erklärte dem Herrscher, daß hier die wahren Kirchenschätze vor ihm stünden.

Da kannte Valerian keine Gnade mehr. Er ließ den Diakon festnehmen und verurteilte ihn zum Tode. Die kaiserlichen Häscher schlugen Laurentius mit Bleiklötzen und legten ihn zwischen glühende Platten, doch der Christ blieb standhaft. Keine Klage kam über seine Lippen, im Gegenteil, er pries Gott und betete. Schließlich ließ der Kaiser Laurentius auf einem Rost zu Tode brennen. Nach der Legende soll der Märtyrer noch kurz vor seinem Tod zu seinem Henker gesagt haben: „Der Braten ist schon fertig, dreh ihn um und iß." Der Todestag von Laurentius war der 10. August 258.

Bis zum heutigen Tag ruhen die Gebeine von Laurentius zusammen mit denen des heiligen Stephanus in einem antiken Sarkophag in der Kirche S. Lorenzo fuori le mura an der Piazza di S. Lorenzo, direkt beim römischen Campo Verano. Die von Kaiser Konstantin errichtete Basilika gehört noch heute zu den sieben Hauptkirchen Roms und wurde in den vergangenen Jahrhunderten mehrfach umgebaut. Der heutige Bau ist in seiner Art wohl einzigartig. Zwei aneinandergrenzende Kirchen wurden unter Papst Honorius III. um 1220 vereinigt, eine der Kirchen bildet nun den Chor des Haupthauses. Auf Wunsch führt der Mesner den Besucher in die tiefer liegende Pelagius-Basilika aus dem 6. Jh., einen Erweiterungsbau der ursprünglichen konstantinischen Basilika. Zu den Resten der wirklich allerersten Laurentius-Kirche, eben jener von Konstantin errichteten, gelangt man am Ende des ersten Seitenschiffes. Bemerkenswerte alte Fresken sind hier zu sehen, außerdem interessante Ausgrabungen.

Im „Tesoro delle Reliquie" im Vatikan wird seit Jahrhunderten das Haupt des heiligen Laurentius aufbewahrt, eine der kostbarsten Reliquien der Christenheit überhaupt.

Verehrung/Brauchtum: Im bäuerlichen Kalender gilt der Laurentiustag als Los- und Wettertag. Laurentius ist der erste „Herbstbruder", der den Anbau der herbstlichen Feldfrüchte einleitet. Soll etwa der Raps gut gedeihen, dann, so sagt es das Brauchtum, sollte er am Todestag von Laurentius, also am 10. August, gesät werden. In früheren Zeiten wurden am Laurentiustag auf dem Land die Glocken geläutet. Auch Sprüche aus dem Bauernleben gibt es: „Ist Lorenz und Bertl schön, wird der Herbst gut ausgehn." Und: „Auf Laurenzi ist es Brauch, hört das Holz zu wachsen auf."

Auch „Laurentiustränen" gibt es; genannt werden so die Sternschnuppen in den Nächten Mitte August. Das „Laurentiusbrot" hatte ebenfalls seine Bedeutung: Am 10. August brachten die Bauern früher eines oder mehrere Brote zur Kirche, wo sie gesegnet und danach an die wartenden Bedürftigen verteilt wurden. Auch das Vieh erhielt oft ein Stück „Laurenzibrot", damit es ebenfalls gesegnet war.

Als Heilmittel bei verschiedenen Krankheiten wurden früher das „Laurenzikräutl" oder „Laurenzilorbeer" angesehen, die Pflanze Goldrute. Vor Feuergefahren sollten „Laurenzikohlen" bewahren, der „Laurentiussegen" galt als Brandsegen bei Feuer, aber auch bei seelischen, brennenden Qualen.

Eine bedeutende Laurentius-Wallfahrt gibt es in Gau-Algesheim im Bistum Mainz. Auf dem dortigen Laurenziberg steht eine Kapelle, die im 17. Jh. während einer Pestepidemie dem heiligen Laurentius, dem Pestpatron, geweiht wurde. Die Festoktav beginnt an dem Sonntag, der dem 10. August am nächsten liegt; während der Oktav werden eine Monstranz mit einer Laurentius-Reliquie ausgestellt und den Wallfahrern der Laurentius-Segen erteilt. Auch Pferde und Autos werden gesegnet.

Darstellung: Laurentius ist immer als junger Diakon, meist mit einem Rost, dargestellt; auch einen Geldbeutel oder Brote als Sinnbilder für das Verteilen der Kirchengüter an die Bedürftigen hat er oft bei sich. Häufig wurde auch das Martyrium dargestellt, so um 1558 von Tizian (Venedig, Jesuitenkirche). Berühmt sind auch die Fresken von Fra Angelico in der Nikolaus-Kapelle des Vatikan (15. Jh.), die sich Papst Nikolaus V. als Privatoratorium hatte erbauen lassen; die Darstellungen zeigen Szenen aus dem Leben von Laurentius und Stephanus. Unter anderem findet sich hier auch das Bildnis, wie Laurentius Almosen an die Armen verteilt. Im Dom von Spello ist ein Fresko von Pinturicchio zu sehen (um 1501), auf dem Laurentius mit Rost und Buch zu sehen ist. Ein Gemälde von Giuseppe Ribera in der Galerie Dresden (17. Jh.) zeigt das Martyrium des Laurentius. Die möglicherweise ältesten Darstellungen von Szenen aus dem Leben des Diakons Laurentius sind wahrscheinlich jene Fresken, die die Vorhalle von S. Lorenzo fuori le mura in Rom schmükken; sie entstanden wohl um 1217.

Altar des Laurentius in der Kirche S. Lorenzo fuori le mura in Rom unter dem Hauptaltar. Unter der roten Decke werden die Laurentius-Reliquien aufbewahrt.

Plektrudis (Bliktrud)

Königin, Stifterin
geboren: 7. Jh.
gestorben: 10. August 725 in Köln(?), Nordrhein-Westfalen

Plektrudis stiftete gemeinsam mit ihrem Ehemann Pippin dem Mittleren zahlreiche Güter für Kirchen und Klöster; darüber hinaus gründete sie das Stift St. Maria im Kapitol in Köln. Dorthin zog sie sich 717 nach dem Tod ihres Mannes und der Vertreibung aus ihrer Kölner Residenz durch ihren Stiefsohn Karl Martell zurück. In St. Maria im Kapitol existiert heute noch eine um 1200 gefertigte Platte vom Plektrudis-Grab.

Darstellung: In St. Maria im Kapitol in Köln finden sich zahlreiche Darstellungen der Plektrudis, so eine Reliefplatte, die sie als Königin mit Krone und einem Modell der Kirche zeigt.

11. August

Gaugerich von Cambrai

Bischof von Cambrai
geboren: um 540 in Yvoy, Luxemburg
gestorben: um 625 in Cambrai, Frankreich

Klara von Assisi

Ordensgründerin OSCI
geboren: 1194 in Assisi, Italien
gestorben: 11. August 1253 in S. Damiano bei Assisi
Patronin der Klarissen; von Assisi; der Wäscherinnen, Vergolder, Stickerinnen, Glaser, Glasmaler; gegen Fieber und Augenleiden; der Blinden; des Fernsehens

San Damiano – kein anderer Ort könnte eindrucksvoller den Geist des Klarissenordens versinnbildlichen als diese zauberhafte, weltabgeschiedene Oase inmitten von Wiesen und Olivenhainen unterhalb des umbrischen Städtchens Assisi. Fast jeder der Pilger und Touristen verweilt oben im

Klara von Assisi. Nach dem weltberühmten Fresko von Simone Martini aus dem Jahr 1330. Das Werk befindet sich in der Unterkirche der Basilika S. Francesco in Assisi und entstand 77 Jahre nach dem Tod der Ordensgründerin.

Der mumifizierte Leichnam der heiligen Klara in einem Glasschrein in der Kryta der Kirche S. Chiara in Assisi.

Ort an Klaras Glasschrein in der ihr geweihten Kirche S. Chiara und natürlich in der Basilika S. Francesco am Grab des heiligen Franz von Assisi. Aber hier herunter, nach San Damiano, zu dieser Insel des Friedens, kommen nur wenige, nur jene, die mehr wissen möchten über das Mädchen Chiara (Klara) dei Scifi, dessen Leben so eng mit dem des großen Ordensgründers Franziskus verbunden war.

Klara, 1194 in Assisi geboren, hatte mit Staunen den Wandel im Leben des zwölf Jahre älteren Franz beobachtet. Sein Verzicht auf jeglichen Besitz wurde auch für sie zum Lebensideal. Im Jahr 1212 floh die 18jährige aus ihrem vornehmen Elternhaus und begab sich zu Franz in das Portiuncula-Kirchlein in der Ebene unterhalb von Assisi, dem Stammsitz der von Franz gegründeten Gemeinschaft der Minderbrüder. Nach der Legende soll Franz der jungen Klara die langen Haare abgeschnitten haben, bevor er ihr Ordensgewand und Schleier übergab.

Die Flucht Klaras aus dem Reichtum in die Armut war die Geburtsstunde des Klarissenordens, des sogenannten Zweiten Ordens der Franziskaner. Zusammen mit ihrer Schwester Agnes ließ sich Klara bei dem Kirchlein S. Damiano nieder, wo in der Folgezeit ein kleines Kloster entstand. Immer mehr junge Frauen schlossen sich Klara in den nachfolgenden Jahren an, und im Jahre 1216 erhielt die Ordensbegründerin von Papst Innozenz III. das sogenannte Armutsprivileg.

Klara, die schon von Kindheit an schwächlich gewesen war, blieb von 1224 an ständig ans Bett gefesselt. Vom Krankenlager aus erlebte sie, wie sich ihr Orden durch mehrere neue Klöster ausbreitete. Die Legende erzählt, daß Klara mit ihrer Gabe, Wunder zu vollbringen, erreicht habe, daß die Sarazenen bei ihren Einfällen in den Jahren 1240 und 1241 das Kloster S. Damiano jedesmal verschonten.

Schon im Angesicht des Todes, erhielt Klara am 9. August 1253 von Papst Innozenz IV. die Bestätigung ihrer Ordensregel. Zwei Tage später, am 11. August 1253, schloß die Ordensfrau für immer die Augen. Klaras Leichnam wurde zuerst in der Kirche S. Giorgio in Assisi beigesetzt, bis 1265 das angebaute Gotteshaus S. Chiara fertiggestellt war und die Gebeine dorthin übertragen werden konnten. Unversehrt ruht der Leichnam der Heiligen bis zum heutigen Tag in der Krypta. Im Dom S. Rufino in Assisi kann man noch das Taufbecken besichtigen, über dem Klara und Franz sowie der spätere Stauferkaiser Friedrich II. das Taufsakrament empfangen haben. Die Heiligsprechung Klaras erfolgte bereits zwei Jahre nach ihrem Tod, am 15. August 1255, durch Papst Alexander IV.

Kommt der Besucher heute nach San Damiano, fühlt er sich in eine andere Welt, in jene Welt der Klara vor sieben Jahrhunderten versetzt. Das kleine Kloster strahlt eine beschauliche Ruhe aus; seit dem 13. Jh., als Klara hier lebte, wurde kaum etwas verändert. Im Refektorium, wo die Ordensbegründerin einst mit ihren Mitschwestern speiste, steht immer ein frischer Blumenstrauß an ihrem damaligen Platz. Beim weiteren Gang durch das Kloster kann man die Zelle besichtigen, in der Klara starb. Voller Erinnerung ist auch der Terrassengarten: Hier schrieb der heilige Franz von Assisi seinen berühmten „Sonnengesang", dessen Inhalt noch heute bewegt.

Verehrung/Brauchtum: Mit Hilfe des sogenannten „Klara-Wassers", gesegnet in S. Chiara in Assisi, versuchen an Augenkrankheiten leidende Menschen, Heilung zu erlangen.

Darstellung: Klara ist meist im schwarzen Ordenshabit dargestellt. Eine der wenigen Ausnahmen dieser Abbildungsweise ist das berühmte Fresko von Simone Martini (1330) in der Unterkirche der Basilika S. Francesco in Assisi; das Gemälde zeigt die Ordensgründerin in einem weißen, lockeren Gewand mit Kopftuch und Heiligenschein. Als Attribute hat Klara Regelbuch, Monstranz, Kreuz, Ziborium oder Lilie bei sich. Mit Lilie zeigt Klara so ein Fresko von Giotto in der Kirche S. Croce in Florenz. Eine außergewöhnliche Darstellung ist in der Kathedrale von Barcelona zu sehen: Auf einem Retabel aus dem 15. Jh. hält Klara einen Äbtissinnenstab.

Manchmal wurde Klara auch mit anderen Heiligen abgebildet; ein Beispiel dafür: das Gemälde von Rubens im Prado zu Madrid, das die Ordensgründerin gemeinsam mit Thomas von Aquin und Norbert sowie den lateinischen Kirchenvätern zeigt. Natürlich gibt es auch Darstellungen von Klara zusammen mit Franziskus; diese sind vor allem in Assisi zu finden.

Schetzel von Luxemburg

Einsiedler
geboren: 11. Jh.
gestorben: 11. August um 1138 bei Luxemburg (Schetzelhöhle), Luxemburg

Schetzel lebte als Einsiedler in einer Höhle im Grünenwald bei Luxemburg. Bis zum heutigen Tag existiert die Behausung des hochverehrten Eremiten, noch heute wird sie von Pilgern aufgesucht. Schetzel war nach seinem Tod in der Marienkirche Altmünster in Luxemburg beigesetzt worden; seit die Abtei 1544 von Karl V. zerstört wurde, sind die Reliquien verschollen.

Susanna von Rom

Stifterin(?), Märtyrerin(?)
geboren: 3. Jh. in Rom(?), Italien
gestorben: um 304 in Rom
Patronin von Rom; gegen Unglück; gegen Verleumdungen; gegen Regen

Die Lebensgeschichte Susannas beruht auf Legenden und kann nicht exakt nachvollzogen werden. Entweder war sie die Stifterin der Kirche bei den Thermen des Diokletian oder, so sagt es eine Überlieferung aus dem 6. Jh., sie starb um 304 den Märtyrertod, weil sie sich weigerte, den Sohn Diokletians zu heiraten. Bekannt ist, daß Susanna in Rom bereits um 400 hoch verehrt wurde. An der Stelle ihres angeblichen Martyriums soll dann später die Kirche S. Susanna errichtet worden sein. Reliquien von Susanna werden heute in der Kirche S. Susanna auf dem Quirinal in Rom verehrt.

Darstellung: Susanna ist in den vornehmen Gewändern einer römischen Jungfrau dargestellt, als Attribute hat sie Palme, Buch und Schwert bei sich. Auch das angebliche Martyrium wurde dargestellt, so auf einem Fresko in der Kirche S. Susanna in Rom. Abbildungen von Susanna existieren hauptsächlich in Rom.

Taurinus von Évreux

1. Bischof von Évreux
geboren: 4./5. Jh. in Rom(?), Italien
gestorben: 5. Jh. in Évreux, Frankreich

Verehrung/Brauchtum: Zu Ehren und zur Aufbewahrung der Gebeine von Taurinus wurde in Évreux eine Kirche erbaut, aus der sich im Laufe der Zeit die Benediktinerabtei St-Taurin entwickelte. In der Kirche kann bis heute der bemerkenswerte Goldreliquienschrein (13.Jh.) mit den Gebeinen des Bistumsgründers bewundert werden, der im 5. Jh. in Évreux wirkte.

12. August

Andreas Abellon

Priester, Mönch, Prediger OP
geboren: um 1375 in Frankreich
gestorben: 15. Mai 1450 in Aix, Frankreich
12. August 1902 Approbation des Kultes

Eusebius von Mailand

Bischof von Mailand
geboren: um 400
gestorben: 12. August 462 in Mailand, Italien

Hilaria von Augsburg

Märtyrerin
geboren: 3. Jh. in Afrika(?)
gestorben: August 304 in Augsburg, Bayern

Hilaria war nach der Überlieferung die Mutter von Afra, die in der Christenverfolgung des Diokletian verbrannt wurde. Es heißt, Hilaria habe gemeinsam mit ihren Dienerinnen kurz nach dem Tod Afras ebenfalls den Feuertod gefunden.

Innozenz XI.

Papst
geboren: 19. Mai 1611 in Como, Italien
gestorben: 12. August 1689 Rom, Italien

Innozenz XI., der mit bürgerlichem Namen Benedetto Odescalchi hieß und einer reichen Kaufmannsfamilie aus Como entstammte, war einer jener Päpste, die vom Volk schon zu Lebzeiten wie Heilige verehrt wurden. Das Pontifikat von Innozenz galt als das bedeutendste des 17. Jh.

Innozenz, am 19. Mai 1611 geboren, bestieg am 21. September 1676 den Stuhl Petri. Der tief religiöse, asketisch lebende Papst war milde und freigebig den Armen gegenüber; gegen sich selbst und gegenüber dem Klerus dagegen waltete er streng und unnachgiebig. Er bekämpfte den Nepotismus, reformierte mehrere Behörden der Kurie, ordnete die Finanzen des Kirchenstaates und war ein unerbittlicher Verfechter der päpstlichen Autorität. Gradlinigkeit, Offenheit und eine makellose Lebensführung bestimmten sein Pontifikat. Seine Strenge brachte Innozenz XI. aber auch viele Feinde. Zahlreiche Auseinandersetzungen beherrschten seine Beziehung zu den Jesuiten, schwere Differenzen gab es mit dem französischen König Ludwig XIV. und dessen Staatskirchentum in Frankreich. Da sich der Papst weigerte, die von Ludwig ernannten Bischöfe anzuerkennen, waren in Frankreich nach kurzer Zeit 35 Bistümer ohne Oberhirten. Der „Sonnenkönig" wieder-

Papst Innozenz XI. Nach einer Medaille aus dem 17. Jh.

um erkannte viele kirchliche Erlasse des Papstes nicht an.

Im Krieg gegen die Türken erwarb sich Innozenz XI. große Verdienste. Er unterstützte das bedrohte Österreich und brachte schließlich ein Bündnis zwischen dem österreichischen Kaiser Leopold I. und dem Polenkönig Sobieski zustande, auf dessen Grundlage 1683 der Sieg gegen die Türken errungen und Wien befreit wurde. In Rom brachen nach dem Sieg Freudenstürme los, die Gläubigen sprachen den glücklichen Ausgang der Schlacht ihrem verehrten Papst zu, der für die Befreiung Wiens übrigens eineinhalb Millionen Gulden zur Verfügung gestellt hatte. Drei Jahre später konnte aufgrund dieses Sieges die türkische Herrschaft in Ungarn gebrochen werden.

Am 12. August 1689 starb Papst Innozenz XI. im Alter von 78 Jahren im römischen Quirinalpalast. Obwohl das Volk Innozenz immer als Heiligen verehrte, sprach ihn erst Papst Pius XII. am 7. Oktober 1956 selig. Der Heiligsprechungsprozeß wurde immer wieder von der französischen Regierung unterbrochen, die den Streit zwischen Innozenz und Ludwig nie vergessen konnte. Der Leichnam des großen Papstes ruht unter dem Sebastians-Altar im Petersdom zu Rom.

Darstellung: Da Papst Innozenz XI. bereits zu Lebzeiten häufig porträtiert wurde, sind seine Gesichtszüge authentisch überliefert; sein längliches Gesicht zieren Spitz- und Schnurrbart. Von Gestalt war Innozenz groß und schlank, auf Abbildungen trägt er immer den Papstornat und die Tiara. Als Sitzfigur ist er auf seinem Grabmal im Petersdom zu Rom zu sehen, die Tiara stützt er dort auf das Knie. Auf einigen Darstellungen ist Innozenz XI. auch kniend vor der Maria Immaculata abgebildet.

Karl Leisner

Priester
geboren: 28. Februar 1915 in Kleve, Nordrhein-Westfalen
gestorben: 12. August 1945 in Dachau, Bayern
Seligsprechung 23. Juni 1996 in Berlin

„Sie haben dem Himmel einen Heiligen geschenkt." Diese Worte schrieb der große Kardinal Clemens August von Galen an die Eltern von Karl Leisner nach dessen frühem Tod am 12. August 1945. „Prophet eines neuen Europa" nannte Professor René Lejeune, Verfasser einer Biographie über Karl Leisner, den so jung verstorbenen Priester aus Kleve. Als „Engel des Trostes", so Lejeune, habe Leisner, für den jetzt der Seligsprechungsprozeß läuft, im Konzentrationslager gewirkt. Lejeune: „Karl Leisner wurde zum Rufer und Vorbild in der neuen Evangelisation Europas, der großen Herausforderung für die Christen im kommenden Jahrhundert."

Karl Leisner. Der „Engel des Trostes" starb nur wenige Monate nach seiner Befreiung aus dem Konzentrationslager Dachau.

Karl Leisner, junger Diakon, hörte im November 1939 in einem Sanatorium im Schwarzwald, in welchem er eine Tuberkulose auskurierte, von dem mißglückten Attentat auf Adolf Hitler in München. Sein Kommentar „schade" wurde danach von einem Denunzianten unter den Mitpatienten an die Häscher Hitlers weitergegeben; noch am selben Tag verhafteten diese Karl Leisner.

Für den Diakon Leisner setzte ein Leidensweg ein, der ihm sechs Jahre später den Tod bringen sollte. Der 24jährige, der eigentlich wenige Monate später die Priesterweihe empfangen sollte und sich kurz zuvor erst gegen die Liebe zu einem Mädchen entschieden hatte, kam zunächst in die Gefängnisse von Freiburg und Mannheim, wo durch schlimme Haftbedingungen die Tuberkulose wieder aufbrach. Die nächsten Stationen waren die Konzentrationslager Sachsenhausen und Dachau, wo Leisner schließlich auch das Ende des Krieges erlebte, dieses jedoch nur ein paar Monate überlebte.

Im KZ Dachau hatte Karl Leisner nur noch kurze Zeit als Häftling Nummer 22356 in der Gärtnerei gearbeitet. Die Tuberkulose-Krankheit machte sich bei ihm wieder so stark bemerkbar, daß er die folgenden Jahre bis zur Befreiung im Krankenrevier verbringen mußte. Den eigentlich glücklichen Tag der Rettung durch die Amerikaner erlebte der 30jährige nur noch vom Krankenlager aus – als Priester. 1944 nämlich war er von Bischof Piguet von Clermont-Ferrand, der ebenfalls in das KZ eingeliefert worden war, zum Priester geweiht worden. Großes Glück im tiefen Unglück. Wenige Monate nach der Lagerbefreiung starb Karl Leisner, ausgezehrt, geschwächt, am 12. August 1945. Seine letzte Ruhestätte fand er in der Krypta des Xantener Domes. Seligsprechung am 23. Juni 1996.

Die Schuldigen am Tod von Karl Leisner? Es waren viele. Der Urheber des Unglücks, der Denunziant aus dem Sanatorium, erfuhr nach dem Krieg von Leid und Tod des Mitpatienten Karl Leisner aus der Kirchenzeitung und wäre beinahe zerbrochen daran. Doch ihm und den späteren Greueltätern galten die großen Worte von Karl Leisner in seiner letzten Tagebucheintragung: „Segne auch, Höchster, meine Feinde."

Leo Dehon, Gründer der „Priester des heiligsten Herzen Jesu".

Leo Dehon

Ordensgründer SCJ
geboren: 14. März 1843 in La Capelle, Frankreich
gestorben: 12. August 1925 in Brüssel, Belgien

Der Kanonikus Dr. Leo Dehon ist der Gründer der Kongregation der „Priester des heiligsten Herzen Jesu". Der gebildete und welterfahrene Franzose, der 1868 in Rom zum Priester geweiht wurde, hatte sich angesichts der religiösen Verwahrlosung seines Volkes dazu berufen gefühlt, ein Heilmittel zu finden. Er selbst hatte immer schon nach einem klösterlichen Leben gestrebt, fand jedoch keinen Orden, der seinen Neigungen und Wünschen voll entsprochen hätte. So schlug am 28. Juni 1878 in St-Quentin die Geburtsstunde der Herz-Jesu-Priester, gegründet von Dr. Leo Dehon. Zehn Jahre später, am 25. Februar 1888, traf die päpstliche Bestätigung der Kongregation aus Rom ein.

Bereits 1883 hatten die Brüder in Sittard in der niederländischen Provinz Limburg den Grundstock zur heutigen deutschen Ordensprovinz gelegt; nach dem Ersten Weltkrieg folgten dann die ersten Niederlassungen in Deutschland selbst: 1919 Krefeld, 1920 Düsseldorf, 1925 Freiburg. Zuvor schon hatten sich die Herz-Jesu-Priester im Rheinland, in Westfalen, in Hannover und in Sachsen seelsorgerisch betätigt. Vor allem die Seelsorge im Arbeiterstand wird den Herz-Jesu-Priestern in ihren Satzungen besonders ans Herz gelegt, aber auch die Pressetätigkeit fällt in das Aufgabengebiet der Kongregation. Bis heute hat sich die Gemeinschaft in ganz Europa, in Übersee (USA, Brasilien) und in der Mission ausgebreitet. Leo Dehon durfte sein Werk fast ein halbes Jahrhundert wachsen sehen; er starb am 12. August 1925 in Brüssel.

Quiriacus von Augsburg und Gefährten

Märtyrer
geboren: 3. Jh.
gestorben: 12. August 304 in Augsburg, Bayern

Quiriacus erlitt gemeinsam mit 25 Gefährten am 12. August 304 in Augsburg, an der Stelle der heutigen Basilika St. Ulrich und Afra, den Martertod durch Enthauptung. Reliquien von einigen der Märtyrer, die der Christenverfolgung des Diokletian zum Opfer gefallen waren, befinden sich bis heute in St. Ulrich.

13. August

Benildus (Pierre Romançon)

Lehrer, Mönch FSC
geboren: 14. Juni 1805 in Thuret, Frankreich
gestorben: 13. August 1862 in Saugues, Frankreich
Patron der Lehrer

Benildus, Mitglied der „Schulbrüder vom heiligen Johannes de la Salle", galt als einer der vorbildlichsten Lehrer überhaupt. In der Stadt Saugues gründete er selbst eine Schule und leitete sie ab 1841.

Benildus wurde 1948 seliggesprochen, Papst Paul VI. sprach ihn am 29. Oktober 1967 heilig.

Darstellung: Benildus ist als Lehrer inmitten von Schülern dargestellt, meist hält er den Katechismus.

Cassianus (Kassian)

Märtyrer, Bischof(?)
geboren: 3. Jh. in Rom, Italien
gestorben: um 305 in Imola, Italien
Patron der Diözese Brixen; der Lehrer und Erzieher, der Stenographen (seit 1952); in Bedrängnis

Die Vita von Cassianus ist stark legendarisch. So soll er einerseits ein Lehrer gewesen sein, den seine heidnischen Schüler mit ihren spitzen Stiften zu Tode marterten; zum anderen heißt es, er sei der erste Bischof der Diözese Säben (Brixen) gewesen. In anderen Überlieferungen werden ihm auch die Bistümer Todi und Benevent zugesprochen. Wahrscheinlich ist, daß Cassianus in der Christenverfolgung unter Diokletian in Imola den Martertod erlitt. Seine letzte Ruhestätte fand er in Imola, wo im 11. Jh. über seinem Grab die erste Kathedrale der Stadt errichtet wurde. Bis heute trägt das Gotteshaus den Namen S. Cassiano. Im Jahr 1704 wurde eine Armreliquie von Cassianus in den Dom von Brixen übertragen.

Verehrung/Brauchtum: Nachdem Brixen 1704 die Cassianus-Reliquie erhalten hatte, wurde der Märtyrer dort zu einem der meistverehrten Heiligen. Am zweiten Sonntag nach Ostern fanden über lange Zeit Cassianus-Prozessionen für den Erntesegen statt.

Darstellung: Cassianus ist meist im Bischofsgewand dargestellt, als Attribute hat er Griffel und Schulgeräte bei sich, manchmal auch Bischofsstab oder Buch. Auch das Martyrium fand seinen Niederschlag in der darstellenden Kunst. In der Kirche S. Cassiano in Venedig ist Cassianus auf einem Gemälde von Tintoretto (1565) gemeinsam mit der Märtyrerin Cäcilia bei der Auferstehung Christi zu sehen.

Concordia und Gefährten

Amme, Märtyrerin
geboren: 3. Jh.
gestorben: 258 in Rom, Italien
Patronin der Ammen und Kindermädchen

Die Amme Concordia wurde während der Christenverfolgung unter Kaiser Valerian mit Bleiruten zu Tode gegeißelt. Mit ihr starben der Soldat Hippolytus und ein Christ namens Eusebius.

Gertrud von Altenberg

Meisterin, Mystikerin OPraem
geboren: 29. September 1227
in Thüringen
gestorben: 13. August 1297 in
Altenberg, Hessen

Gertrud war eine Tochter von Elisabeth von Thüringen. Zweijährig übergab man sie den Prämonstratenserinnen von Altenberg bei Wetzlar zur Erziehung. Später trat sie dem Orden bei und wurde, erst 21 Jahre alt, Meisterin in Altenberg. Gertrud hatte die Gaben der Weissagung und der Wunder. Nach ihrem Tod wurde sie in der Stiftskirche von Altenberg beigesetzt. Schon 1311 erfolgte die Approbation ihres Kultes.

Verehrung/Brauchtum: Heute bewahren die evangelischen Diakonissen in Altenberg das Andenken an Gertrud.

Darstellung: Auf Abbildungen ist Gertrud von Altenberg oft mit einem Löwen zu sehen, der ihr nach der Überlieferung immer zu Diensten gewesen sein soll; so zeigt sie auch ein Fresko aus dem 18. Jh. in der Abteikirche von Windberg.

Hippolyt von Rom

Kirchenschriftsteller, Märtyrer
geboren: 2. Jh. in Kleinasien(?)
gestorben: um 236 auf Sardinien, Italien
Patron der Stadt und der Diözese
St. Pölten; von St. Pilt (Elsaß); der
Gefängnisbediensteten; der Pferde;
gegen Körperschwäche

Hippolyt, einer der größten griechischen Kirchenschriftsteller, hatte in der Zeit unter Papst Victor I. (189 bis 199) großen Einfluß im römischen Klerus. Als dann 217 der ehemalige Sklave Calixtus Papst wurde, ließ sich Hippolyt zum ersten Gegenpapst der Kirchengeschichte ausrufen. Gegenseitig beschuldigten sich Hippolyt und Calixtus der Verbreitung von Irrlehren. Auch unter den Calixtus folgenden Päpsten Urban I. und Pontianus dauerte das Schisma an. Kaiser Maximinus Thrax verbannte Hippolyt und Pontianus schließlich um 234 auf die Insel Sardinien, wo beide in der Folge abdankten. Sowohl Hippolyt als auch Pontianus starben wohl 236 an den Strapazen, die sie während ihrer Zwangsarbeit in den Bergwerken auf Sardinien zu erleiden hatten. Deshalb verehrte man sie

Marmorstatue des Hippolyt von Rom im Lateran-Museum in Rom. Gefunden wurde die kostbare Arbeit in den Katakomben bei der Kirche S. Lorenzo fuori le mura in Rom.

schon immer als Märtyrer. Beigesetzt wurden sie am 13. August 236 in Rom, Hippolyt in dem nach ihm benannten Cömeterium an der Via Tiburtina. Seine Gebeine wurden angeblich im 18. Jh. nach St. Pilt im Elsaß übertragen.

Der Hippolyt-Kult ist in Rom schon im 4. Jh. erwähnt.

Darstellung: Hippolyt ist fast immer im Gewand eines Gelehrten abgebildet, meist sitzt er auf einem Lehrstuhl. Auch als römischer Soldat wurde er dargestellt, mit Fahne oder mit Lanze und Schild. Aufgrund einer anderen Überlieferung ist Hippolyt manchmal auch zu sehen, wie Pferde ihn zu Tode schleifen.

Johannes Berchmans

Mönch SJ
geboren: 13. März 1599 in Diest, Belgien
gestorben: 13. August 1621 in Rom,
Italien
Patron der studierenden Jugend und der
Jugend insgesamt

In der römischen Kirche S. Ignazio hat der Jesuit Johannes Berchmans direkt gegenüber der Grabstätte des heiligen Aloisius von Gonzaga seine letzte Ruhestätte gefunden. Johannes, der 1599 in Diest in Brabant zur Welt gekommen war, trat 17jährig in den erst wenige Jahrzehnte alten Jesuitenorden ein. Zwei Jahre später ging er nach Rom, wo er studierte und innerhalb seiner Ordensgemeinschaft ein leuchtendes Vorbild an Tugendhaftigkeit und stetiger Fröhlichkeit war. Sein Umgang mit seinen Mitbrüdern war geprägt von großer Herzlichkeit. Äußerst streng befolgte er jedoch alle Ordensregeln.

Nur 22 Jahre alt, starb Johannes Berchmans an einer heimtückischen Krankheit. Sein Todestag war der 13. August 1621. Papst Leo XIII. sprach den Jesuiten am 15. Januar 1888 heilig und erhob ihn gleichzeitig zum Patron der studierenden Jugend. Zusammen mit Aloisius von Gonzaga und Stanislaus Kostka, beide ebenfalls Jesuiten, ist Berchmans auch Schutzheiliger der Jugend allgemein.

Darstellung: Johannes Berchmans ist als Jesuit abgebildet, seine Attribute sind Regelbuch, Kreuz, Rosenkranz und manchmal auch ein Totenkopf. Häufig wurde Berchmans vor einem Marienbild kniend dargestellt. Die Benediktinerinnen des römischen Klosters Via di Tor de' Specchi besitzen ein Porträt, welches an seinem Totenbett angefertigt wurde.

Johannes Berchmans. Nach einem Gemälde im Kloster an der Via di Tor de' Specchi in Rom. Das Bild ist eine Kopie eines vom Leichnam des Heiligen angefertigten Porträts.

Markus von Aviano. Der Kapuzinermönch und Prediger war ein enger Freund des österreichischen Kaiser Leopold I.

Ludolf von Korvey

Abt von Korvey OSB
geboren: um 915
gestorben: 13. August 983 in Korvey, Nordrhein-Westfalen
1100 Erhebung der Gebeine

Markus von Aviano

Priester, Mönch, Prediger OFMCap
geboren: 17. November 1631 in Aviano, Italien
gestorben: 13. August 1699 in Wien, Österreich

Markus von Aviano wurde 17jährig Kapuzinermönch, 1655 empfing er die Priesterweihe. Etwa ab 1665 wirkte er als hochverehrter Prediger in Venetien, die Menschen sahen in ihm einen Wundertäter. Nachdem Markus 1676 eine Wunderheilung vollbracht hatte, war er ständig von Heilsuchenden umlagert. Jeder, der von ihm gesegnet werden wollte, mußte aber zuvor das Bußsakrament der Reue empfangen. Es heißt, die Bekehrungen und Heilungen durch Markus seien so zahlreich gewesen, daß er als einer der fruchtbarsten Seelsorger des 17. Jh. in die Geschichte einging.

Unvergessen wurde Markus von Aviano durch seine Freundschaft mit Kaiser Leopold I. und die daraus resultierenden Folgen. Als Wien von den Türken belagert war, reiste

Markus in die Stadt und erreichte durch seinen diplomatischen Einsatz und seine begeisternden Reden, die er an die Truppen richtete, mit, daß die Kaiserstadt am 12. September 1683 befreit wurde. In nachfolgenden fünf Feldzügen wurden Belgrad und Budapest zurückerobert. Auch an der zweiten Befreiung Wiens 1697 unter Prinz Eugen hatte Markus von Aviano entscheidenden Anteil.

Kurz vor seinem Tod versuchte Markus 1699 auch noch, eine Aussöhnung zwischen dem Papst und der kaiserlichen Regierung herbeizuführen. Völlig ausgezehrt, starb Markus am 13. August 1699 in Anwesenheit des Kaiserehepaares. Der Andrang an seinem Grab war so groß, daß Militär eingesetzt werden mußte. Der Leichnam von Markus ruht in der Wiener Kapuzinerkirche.

Maximus Confessor

Mönch, Theologe
geboren: um 580 in Konstantinopel
gestorben: 13. August 662 in Kastell Schemarium am Schwarzen Meer

Der Mönch und berühmte Theologe seiner Zeit, Maximus Confessor, sprach sich entschieden gegen Monophysitismus und Monotheletismus aus und wurde deshalb vom Kaiser verbannt. Später peinigte man ihn, schnitt ihm die Zunge aus dem Mund und hackte ihm die rechte Hand ab. Der große Schriftsteller und Kämpfer für die Orthodoxie starb in Kastell Schemarium am Schwarzen Meer, wohin er vertrieben worden war.

Pontianus

Papst, Märtyrer
geboren: 2. Jh. in Rom, Italien
gestorben: 236 auf Sardinien, Italien

Pontianus, Papst ab 230, wurde zur Zeit des ersten Schismas der Kirchengeschichte gemeinsam mit seinem Gegenpapst Hippolyt auf die Insel Sardinien verbannt, wo beide abdankten. An den erlittenen Strapazen in den Bergwerken starben Pontianus und Hippolyt 236. Beigesetzt wurden die beiden Märtyrer am 13. August 236, Pontianus in der Papstgruft der Calixtus-Katakombe in Rom. Seine Grabplatte entdeckte man 1909 wieder.

Radegundis von Thüringen

Königin
geboren: 518 in Thüringen
gestorben: 13. August 587 in Poitiers, Frankreich
Patronin von Poitiers; der Töpfer und Weber; gegen Fieber bei Kindern; gegen Aussatz, Geschwüre und Krätze; gegen Wassergefahren

Bis zum heutigen Tag ist das Grab der Radegundis von Thüringen ein beliebtes Wallfahrtsziel. Die Frankenkönigin hat ihre letzte Ruhestätte in einer ihr geweihten Kapelle in der französischen Stadt Poitiers gefunden. Die Grabkapelle wurde später durch die größere Kirche Sainte-Radegonde ersetzt, ein romanisch-gotisches Gotteshaus an einem kleinen, baumgesäumten Platz der Stadt. Kapellen und Säulen gruppieren sich heute um die Krypta mit dem Grab der Heiligen.

Radegundis, die im Jahr 518 zur Welt kam, war die Tochter des thüringischen Königs Berthachar. Als das Mädchen 13 Jahre alt war, wurde das Reich des Vaters von den Franken vernichtet. Radegundis kam als Geisel von Frankenkönig Chlotar I. in dessen Reich und mußte den Herrscher 536 unter Zwang ehelichen. Knapp zwei Jahrzehnte später entfloh Königin Radegundis ihrem brutalen Ehemann, der sie oft grausam behandelt hatte, und legte die Gelübde als Nonne ab. In Poitiers gründete die tiefreligiöse Königin bald darauf ein Frauenkloster, in dem sie selbst bis zu ihrem Tod am 13. August 587 lebte und sich ganz den Werken der Nächstenliebe widmete. Der Dichter Venantius Fortunatus, der um 600 starb, beschrieb das Leben von Radegundis.

Verehrung/Brauchtum: In der Diözese Fulda begeht man den Gedenktag von Radegundis am 12. August.

Darstellung: Radegundis von Thüringen ist als Äbtissin abgebildet, meist liegt ihre Krone am Boden. Manchmal ist sie auch als Königin zu sehen oder wie sie Arme bedient. Zahlreiche Bilder der Königin von Frankreich gibt es in Ste-Radegonde in Poitiers.

Radegundis von Wellenburg

Magd
geboren: 13. Jh. in Bayern
gestorben: um 1290 (1340?) bei Waldberg, Bayern

In dem kleinen Dorf Waldberg im bayerisch-schwäbischen Landkreis Augsburg liegt inmitten von Bauernhöfen und ländlichen Anwesen eine unscheinbare kleine Pfarrkirche, umgeben von einem Friedhof. Im barocken Hochaltar befindet sich seit 1977 der gläserne Sarkophag mit den festlich bekleideten Gebeinen der Radegundis von Wellenburg.

Radegundis, die auch Radiana genannt wird, stammte aus dem Dorf Wulfertshausen bei Friedberg in der Nähe von Augsburg. Als junges Mädchen kam sie als Viehmagd auf das Schloß Wellenburg vor den Toren Augsburgs. Die Legende erzählt, daß sich Radegundis nach getaner Arbeit am Abend um die Aussätzigen kümmerte, die in einem am Fuß des Schloßberges gelegenen Leprosenheim untergebracht waren. Sie wusch und kämmte die Kranken und brach-

Der Glasschrein mit den bekleideten Gebeinen der Radegundis von Wellenburg; er steht heute in der Pfarrkirche von Waldberg bei Augsburg.

te ihnen übriggebliebene Speisereste aus der Schloßküche. Als Radegundis wieder einmal auf dem Weg ins Leprosenheim war, wurde sie in der Dunkelheit von Wölfen angefallen und lebensgefährlich verletzt. Zwei Diener fanden sie und brachten sie ins Wellenburger Schloß zurück, wo sie drei Tage später ihren Verwundungen erlag. Das Todesjahr von Radegundis war wohl 1290. An der Stelle, an der die Wölfe das Mädchen angefallen hatten, errichtete man der Verstorbenen eine Kapelle – im heutigen Weiler Radegundis –, die später von Bischöfen und Kardinälen mit zahlreichen Privilegien bedacht wurde. Am 5. August 1812 wurden die Radegundis-Reliquien dann nach Waldberg überführt, wo sie bis heute ruhen.

Verehrung/Brauchtum: Seit 1819 wird das Radegundis-Fest in Waldberg mit einer Prozession begangen. Früher war es dabei Brauch, daß acht Mädchen eine Statue der Heiligen trugen. Die Hauptwallfahrtstage sind der vierte Sonntag nach Pfingsten und der nachfolgende Montag.

Darstellung: Radegundis ist als Dienstmagd dargestellt, oft mit Kopftuch; bei sich hat sie Kübel, Kamm und Bürste (für die Krankenpflege). Meist ist auf Abbildungen die Szene zu sehen, wie sie von Wölfen angefallen wird, so auch auf einem berühmten Holzschnitt von Hans Burgkmair (1521).

Wigbert von Fritzlar

Abt OSB
geboren: um 680 in Wessex, England
gestorben: 737 oder 738 in Fritzlar, Hessen

Der gebürtige Angelsachse Wigbert folgte Bonifatius nach Deutschland und wurde von diesem zum Abt des Klosters Fritzlar ernannt. In Ohrdruf richtete Wigbert später die erste Missionsschule Thüringens ein. Einige der erhaltenen Reliquien Wigberts werden bis heute in einem Hochgrab mit Reliquienschrein im Dom St. Petri in Fritzlar aufbewahrt, der größere Teil gelangte am 13. August 780 nach Hersfeld.

Darstellung: Die Darstellungen von Wigbert beruhen größtenteils auf Legenden. So ist der Abt häufig mit einem Vogel zu sehen, was darauf zurückgeht, daß ein Paradiesvogel den Leichnam des Kirchenmannes umflogen haben soll. Auch ist Wigbert oft mit einem Kelch und einer Traube abgebildet, da er angeblich, als einmal kein Meßwein vorhanden war, einfach eine Weintraube ausdrückte. Aus einer anderen Traube, die er in die Erde steckte, soll im Jahr darauf ein Weinstock gewachsen sein. Die Grabfigur in Fritzlar zeigt Wigbert als Priester in der Kasel mit dem Vogel auf der Schulter.

14. August

Eberhard von Einsiedeln

Gründer und 1. Abt von Einsiedeln
geboren: um 890
gestorben: 14. August 958 in Einsiedeln, Schweiz

Eusebius von Rom

Priester, Märtyrer(?)
geboren: 3./4. Jh. in Rom(?), Italien
gestorben: um 350 in Rom

An der Piazza Vittorio Emanuele II. in Rom liegt eine der ältesten Kirchen der Stadt: S. Eusebio. Im Jahr 474 wurde dieses Gotteshaus zum ersten Mal erwähnt. Die im 18. Jh. völlig erneuerte Kirche, heute von außen ziemlich unscheinbar und durch ein Gitter von der lebhaften Straße abgetrennt, soll über den Ruinen des Hauses von Eusebius erbaut worden sein. Die Reliquien des Heiligen werden unter dem Altar aufbewahrt.

Eusebius war Priester in Rom und wirkte im 4. Jh. Sein ganzes Streben galt der Bekämpfung des Arianismus. Nach der Legende ließ ihn um das Jahr 350 der arianische Kaiser Konstantius II. festnehmen und ermorden. Dieses Martyrium ist jedoch nicht sicher bezeugt. Sicher dagegen ist, daß Eusebius die Kirche, in der er heute begraben liegt, gestiftet hat.

Maximilian Kolbe

Priester, Mönch, Märtyrer OFMConv
geboren: 7. Januar 1894 in Zdunska Wola, Polen
gestorben: 14. August 1941 im KZ Auschwitz, Polen

„Pater Maximilian Kolbe starb in einer Zeit des Hasses und brutaler Rücksichtslosigkeit. Der Mensch wurde erniedrigt zum Roboter, er galt noch weniger als ein Sklave.“ Diese Worte stammen von Karol Wojtyla. Als polnischer Kardinal sprach er sie 1971 bei der Seligsprechung seines polnischen Landsmannes Kolbe, der im Konzentrationslager Auschwitz sein Leben für einen Familienvater geopfert hatte. Elf Jahre später, am 10. Oktober 1982, sprach derselbe Karol Wojtyla, diesmal als Papst Johannes Paul II., den

Maximilian Kolbe. Das obere Foto zeigt den Franziskanerpater während seiner Zeit in Japan, das untere kurz vor seiner Verhaftung.

tapferen polnischen Priester in Rom heilig.

Maximilian Kolbe wurde am 7. Januar 1894 in Zdunska Wola in Polen als Sohn eines armen Arbeiters geboren. Bereits mit 17 Jahren trat er in den Minoritenorden ein. Da Maximilian überaus begabt war, durfte er am Gregorianum in Rom studieren, wo er nach vier Jahren seinen Doktor machte. Weitere drei Jahre später empfing er die Priesterweihe. Während seiner Zeit in Rom rief Kolbe die geistliche Kampftruppe „Militia Immaculata“ ins Leben.

Als junger Priester kehrte Maximilian Kolbe 1922 in seine Heimat Polen zurück. Hier setzte er seinen in Rom begonnenen Weg fort und gründete zahlreiche christliche Zeitungen und Monatshefte. Sein missionarischer Drang rief ihn 1930 nach Japan, wo er sich sechs Jahre aufhielt. Auch hier widmete er sich ganz dem Aufbau des katholischen Schrifttums. 1936 kehrte Kolbe nach Polen zurück.

Als die Deutschen 1939 Polen besetzten, fiel der unbequeme Priester bald auf; nicht nur, weil Kolbe so engagiert predigte, auch, weil er entschieden gegen den Nationalsozialismus auftrat. Als Vertreter der Presse hatte er jeden Tag mit Verhaftung zu rechnen, was seinem Wagemut jedoch keinerlei Abbruch tat.

Franz Gajowniczek und seine Ehefrau 1982, vor sich auf dem Tisch die Bilder ihrer beiden 1944 ermordeten Söhne. Für Gajowniczek hatte Maximilian Kolbe 1944 im KZ sein Leben geopfert.

Maximilian Kolbe im Konzentrationslager Auschwitz-Birkenau (Gemälde).

Am 17. September 1940 wurde Maximilian Kolbe von den Nationalsozialisten verhaftet und ins Lager Oranienburg gebracht. Dieses Mal war das Glück noch auf seiner Seite, man ließ ihn bald wieder frei. Doch schon fünf Monate später verschleppten die Nationalsozialisten den Franziskaner-Pater ins Konzentrationslager Auschwitz, das er nie mehr verlassen sollte.

Der furchtbare Tod von Maximilian Kolbe begann am Morgen eines heißen Julitages 1941. Lagerführer Fritsch sonderte zehn Gefangene aus, die in den Hungerbunker eingeschlossen werden sollten, ein Verlies ohne Licht und Luft. Einer der Unglücklichen, der polnische Familienvater Franz Gajowniczek, schrie plötzlich verzweifelt auf und berichtete unter Tränen von seinen beiden Kindern. Da trat Maximilian Kolbe ruhig und gefaßt aus der Reihe der Verschonten und bot sein Leben für das von Gajowniczek. Fritsch akzeptierte den Tausch, Kolbes grauenhaftes Schicksal war besiegelt.

Mithäftlinge berichteten, daß man aus dem Hungerbunker tagelang Beten und Singen gehört habe, bis schließlich kein Laut mehr herausdrang. Am 14. August gab der Lager-Henker von Auschwitz dem zum Skelett abgemagerten Priester, obwohl er schon kein Lebenszeichen mehr von sich gab, eine tödliche Phenolspritze. Während der zwei Wochen andauernden Qualen im Hungerbunker war keine einzige Klage über die Lippen Kolbes gedrungen.

Bei der Heiligsprechungsfeier von Maximilian Kolbe im Jahr 1982 befand sich der greise Franz Gajowniczek mit seiner Familie unter der Menschenmenge auf dem Petersplatz. Tränen rannen über sein faltiges Gesicht. Es war einer der bewegendsten Augenblicke – für ihn und für jeden gläubigen Christen.

Verehrung/Brauchtum: In der Diözese Fulda gedenken die Gläubigen Maximilian Kolbes am 17. August.

15. August

Altfrid (Altfred) von Hildesheim

Bischof
geboren: um 798
gestorben: 15. August 874 in Hildesheim, Niedersachsen

Altfrid war zunächst Leiter der Klosterschule in Korvey, bevor er 851 zum vierten Bischof von Hildesheim ernannt wurde. Altfrid, wichtiger Ratgeber von König Ludwig dem Deutschen, wurde zum Begründer des Hildesheimer Domes, des Essener Stiftes und der Stifte in Gandersheim und Lamspringe.

Nach seinem Tod wurde Bischof Altfrid in Essen beigesetzt; seine Reliquien in der dortigen Münsterkirche werden noch heute verehrt. Die Bestätigung des Altfrid-Kultes erfolgte im Jahr 1965.

Verehrung/Brauchtum: In den Diözesen Essen und Hildesheim feiern die Gläubigen den Gedenktag Altfrids am 16. August.

Arnulf von Soissons

Bischof OSB
geboren: um 1040 in Tiegem, Flandern, Belgien
gestorben: 15. August 1087 in Oudenbourg, Flandern
Patron der Bierbrauer und Müller

Arnulf ging als Gründer der berühmten Benediktinerabtei Oudenbourg bei Brügge in die Geschichte ein. Der um 1040 in Flandern geborene Sohn einer vornehmen Familie übte den Ritterberuf aus, bevor er 1060 die Gelübde als Benediktinermönch ablegte. Danach lebte Arnulf über 15 Jahre als Rekluse beim Kloster Saint-Médard in Soissons. Im Jahr 1076 wurde er zu dessen Abt und 1081 zum Bischof von Soissons ernannt. Er war in der Folgezeit einer der härtesten Verfechter der Reformpläne von Papst Gregor VII. Immer wieder versuchte Arnulf während seiner Amtszeit, Flandern den Frieden zu schenken. Deshalb wird er auch oft „Apostel des Friedens“ genannt. 1085 trat der Bischof von seinem Amt zurück. Arnulf starb am 15. August 1087 auf einer Reise in Flandern. Papst Kalixtus II. sprach den Bischof 1121 heilig.

Darstellung: Arnulf ist oft als Einsiedler mit einem Wolf dargestellt, da er nach der Legende von einem Wolf entdeckt wurde, wie er sich vor der Wahl zum Abt verstecken wollte. Auch mit einer langen Gabel ist Arnulf manchmal abgebildet, weshalb er von den Bierbrauern als Patron verehrt wird (Brauergabel).

Hyacinthus von Polen (Hyazinth Odrowaz)

Mönch, Prediger OP
geboren: 12. Jh. in Oppeln, Polen
gestorben: 15. August 1257 in Krakau, Polen
Patron der Dominikaner; von Polen, Litauen, Preußen, Pommern, Rußland; von Krakau, Kiew, Breslau; in der Gefahr des Ertrinkens; für eine gute Entbindung; gegen eheliche Unfruchtbarkeit

Im Jahr 1594 sprach Papst Clemens VIII. Hyacinthus von Polen heilig, der im 13. Jh. einer der bedeutendsten Dominikanermönche und -prediger gewesen war. Nach seinen Studien in Krakau, Bologna und Prag und dem Erwerb des Doktortitels lernte Hyacinthus auf einer Reise nach Rom Ordensgründer Dominikus kennen und trat schließlich der jungen Ordensgemeinschaft der Dominikaner bei. Wenig später entsandte Dominikus Hyacinthus in seine alte Heimat, wo der junge Mönch in der Folge zahlreiche Niederlassungen des Dominikanerordens gründete. Auch Friesach in Kärnten geht auf Hyacinthus zurück (1221). Hyacinthus war es, der die polnische Ordensprovinz schuf, die Polen, Rußland, Böhmen, Mähren, Brandenburg, Schlesien, Preußen und Pommern umfaßte. Darüber hinaus predigte der Dominikanermönch unermüdlich und mit großen Erfolgen. Nach seinem Tod fand Hyacinthus seine letzte Ruhestätte in der Dominikanerkirche in Krakau.

Verehrung/Brauchtum: In den Diözesen Görlitz, Berlin und Gurk-Klagenfurt ist der 17. August Gedenktag.

Darstellung: Durch den Dominikanerorden wurde die Darstellung von Hyacinthus von Polen schnell in ganz Europa verbreitet. Abgebildet ist der Mönch im Dominikanergewand, in den Händen Monstranz oder Ziborium, Kelch und Marienstatue tragend, da er diese Gegenstände angeblich bei der Zerstörung Kiews gerettet hat.

Mechthild von Magdeburg

Begine, Mystikerin, Schriftstellerin
geboren: um 1210 bei Magdeburg, Sachsen-Anhalt
gestorben: 1282 oder 1294 in Helfta, Sachsen-Anhalt

Gerade zwölfjährig, erfuhr Mechthild von Magdeburg ihre erste mystische Begnadung. Als sie etwa 20 Jahre alt war, begann die junge Frau ein Leben als Begine, das sie 30 Jahre lang führte. Sie lebte nach den Regeln der Dominikaner, scheute sich aber nicht, von ihr als Mißstände empfundene Gegebenheiten in der Ordensgemeinschaft sowie im Klerus allgemein anzuprangern. Während all der Jahre durchlebte Mechthild immer wieder mystische Erfahrungen, die sie etwa ab 1250 in Hymnen und Versen niederschrieb. Ihre Aufzeichnungen gelten als die ersten deutschen Berichte über die Deutsche Mystik.

Aufgrund der vielen Verleumdungen und Verfolgungen, die Mechthild von Magdeburg wegen ihrer Erlebnisse zu erleiden hatte, zog sie sich schließlich in das Zisterzienserinnenkloster in Helfta zurück, wo sie bis zu ihrem Tod noch zwölf Jahre unter verständnisvollen und wohlmeinenden Mitschwestern lebte, die sie alle hoch verehrten. In Helfta fügte Mechthild ihren bis dahin sechs Büchern ein siebtes hinzu. Mechthilds Werk zählt heute zu den beeindruckendsten Zeugnissen der deutschen Frauenmystik. Das niederdeutsche Original des Buches „Das fließende Licht der Gottheit“ ist verlorengegangen; erhalten ist aber noch eine alemannische Übertragung.

Darstellung: Mechthild von Magdeburg ist im Gewand einer Nonne dargestellt; sie schreibt in einem Buch, während ein Gnadenstrahl ihr Herz berührt.

Rupert von Ottobeuren

Abt OSB
geboren: 11. Jh.
gestorben: 15. August 1145 in Ottobeuren, Bayern

Abt Rupert I. war es, der im bayerischen Kloster Ottobeuren die Reform von Hirsau einführte. Die Gebeine des Benediktiners ruhen seit 1964 in der Rupertkapelle in der Klosterkirche Ottobeuren.

Tarsicius

Diakon, Märtyrer
geboren: 3. Jh.(?)
gestorben: 3. Jh.(?) in Rom, Italien
Patron der Arbeiter; der Ministranten

Die Legende berichtet, Tarsicius sei in Rom von Heiden erschlagen worden, als er auf dem Weg zu Kranken war, um ihnen die Eucharistie zu bringen. Dies erzählte auch Papst Damasus I. (366 bis 384) in einem Gedicht. Der Grund für die Ermordung soll gewesen sein, daß sich Tarsicius weigerte, den neugierigen Heiden, die sich über ihn lustig machten, die Eucharistie zu zeigen.

Darstellung: Tarsicius ist in Knabenkleidung oder als Diakon dargestellt, als Attribute hat er Palme, Hostie und Steine bei sich. Manchmal wurde auch das Martyrium, die Erschlagung durch Steine, abgebildet.

16. August

Beatrix da Silva Meneses

Ordensgründerin
geboren: 1424 in Ceuta, Marokko
gestorben: 16. August 1490 in Toledo, Spanien

Papst Paul VI. sprach am 3. Oktober 1976 die Gründerin des Ordens der Konzeptionistinnen (Von der Unbefleckten Empfängnis) heilig: Beatrix da Silva Meneses. Die Schwester des seligen Amadeus IX. von Savoyen war zunächst Hofdame von Königin Isabella von Kastilien gewesen, bevor sie sich in das Zisterzienserinnenkloster von Toledo zurückzog und dort 30 Jahre lang – ohne Gelübde – wie eine Nonne lebte und ihr Vermögen an Bedürftige verteilte. Im Jahr 1484 dann gründete sie ihren Orden für ein beschauliches Leben. Die Schwesterngemeinschaft verbreitete sich außer in fast ganz Europa auch in Amerika.

Rochus von Montpellier

Pilger
geboren: um 1295(?) in Montpellier, Frankreich
gestorben: 16. August 1327 in Montpellier
Patron von Venedig, Montpellier und Parma; der Gefangenen; der Kranken und Krankenhäuser; der Ärzte, Apotheker, Chirurgen, Bauern, Kunsthändler, Gärtner, Bürstenbinder, Schreiner, Pflasterer; gegen die Pest; gegen Seuchen; gegen Cholera, Tollwut, Bein- und Knieleiden; gegen Unglücksfälle

Rochus gehört zwar nicht zu den klassischen 14 Nothelfern, wird jedoch in manchen Gebieten dazu gezählt, da er vor Jahrhunderten einer der beliebtesten Pestpatrone war. Obwohl sichere Überlieferungen über das Leben von Rochus fehlen, obwohl er nie ein Amt innerhalb der Kirche innegehabt hat, gehört er bis zum heutigen Tag zu den volkstümlichsten und vielverehrten Kirchengestalten.

Rochus kam um das Jahr 1295 in der südfranzösischen Stadt Montpellier als Sohn frommer Eltern zur Welt. Nachdem er Vater und Mutter früh verloren hatte, verschenkte er seinen gesamten Besitz unter den Armen der Stadt, um fortan als mittelloser Pilger durch die Welt zu ziehen. Der erste Weg führte Rochus nach Rom. Unterwegs offenbarte der junge Mann seine Gabe der Wunderheilung: Er heilte unzählige Pestkranke allein durch das Kreuzzei-

„Rochus bei den Pestkranken." Stich von P. Pontius nach einem Gemälde von Peter Paul Rubens.

Rochus in einer typischen Darstellung. Nach einem Gemälde von L. Beci in der Kirche von Binanuova di Gabbioneta.

chen. Auch in Rom rettete er auf diese Art viele Kranke vor dem Tod. Auf der Rückreise in die Heimat erkrankte Rochus in Piacenza selbst an der Pest.

Über das weitere Geschehen berichtet ebenfalls eine Legende: Rochus, stark geschwächt und dem Tod nahe, legte sich in einer Hütte vor der Stadt zum Sterben nieder. Da erschien ihm plötzlich ein Engel und sprach ihm Mut zu. Ein Hund brachte dem Todkranken täglich frisches Brot. Rochus gesundete schließlich und konnte seine Heimreise fortsetzen. In seiner Heimatstadt Montpellier aber erkannte ihn niemand mehr; man hielt Rochus für einen Spion und warf ihn in den Kerker. Demütig, wie er immer gewesen war, ertrug Rochus alles Leid, das ihm zugefügt wurde, und verschwieg seine wahre Herkunft. Nach fünfjähriger qualvoller Haft erlöste am 16. August 1327 der Tod den erst 32jährigen Christen. Die Legende erzählt, daß man Rochus erst auf dem Sterbebett an einem Muttermal erkannt habe.

Verehrung/Brauchtum: Die Verehrung für Rochus nahm vor allem im 15. Jh. großen Aufschwung, nachdem seine Reliquien nach Venedig gelangt waren. Vor allem entlang der venezianischen Handelswege und der Pestzüge erlangte Rochus große Berühmtheit. In Venedig selbst erbaute man zu seinen Ehren die Kirche S. Rocco, von deren erstem Bau man heute noch das Presbyterium besichtigen kann; darüber hinaus sind in dem Gotteshaus Gemälde großer Künstler zu sehen, so von Tintoretto die Szene „Rochus im Spital".

Im französisch-spanischen Grenzgebiet wird teilweise bis zum heutigen Tag der Brauch gepflegt, an den Häusern die Buchstaben VSR anzubringen: „Vive Saint Roche" (es lebe der heilige Rochus).

Nach dem Tod von Rochus entstanden an vielen Orten in Europa Rochus-Wallfahrten; die berühmteste in Deutschland ist jene auf den Rochus-Berg in Bingen, die ihren Ursprung 1666 hat. 1754 wurde hier die Rochus-Bruderschaft gegründet, die zur weiteren Ausbreitung des Rochus-Kultes beitrug. Nachdem die Bingener Rochus-Kapelle 1795 durch französische Truppen zerstört worden war, wurde das Gotteshaus nach einer Typhusepidemie 1814 wieder aufgebaut. Bei der Einweihung dieser Kapelle war auch Johann Wolfgang Goethe anwesend, der die Feier später in seinem Bericht „Aus einer Reise an Rhein, Main und Neckar 1814 und 1815" beschrieb.

Weitere Rochus-Wallfahrten in Deutschland gibt es in Balkhausen im Erzbistum Köln, in Hainhausen im Bistum Mainz und in Kämmerzell im Erzbistum Fulda.

Darstellung: Rochus wurde oft gemeinsam mit Sebastian als Pestheiliger dargestellt. Manchmal ist er im Jünglingsalter, häufiger als Pilger mit Bart und Hut abgebildet. Weitere Attribute: Stab, Tasche, Flasche, Dose, Schwert und Hund. Auf vielen Darstellungen zeigt Rochus auf eine Pestbeule an seinem Bein; künstlerische Beispiele dafür sind: Holzskulptur von Veit Stoß (15. Jh.) in der Kirche S. Maria Annunziata in Florenz, eine Steinplastik (1617) in der Kirche St. Georg in Kipfenberg und eine Holzskulptur von H. Wydyz (16. Jh.) im Augustinermuseum in Freiburg.

Simplicianus von Mailand

Bischof
geboren: 4. Jh.
gestorben: 16. August 400 in Mailand, Italien

Simplicianus war der Nachfolger des berühmten Ambrosius auf dem Bischofsstuhl von Mailand. Er war es auch gewesen, der Ambrosius 374 getauft hatte. Darüber hinaus erteilte Simplicianus dem Ordensgründer Augustinus Taufunterricht. Auch als Begründer des Bistums Turin ging der Bischof in die Geschichte ein.

Stephan I. von Ungarn

König
geboren: um 969 in Gran, Ungarn
gestorben: 15. August 1038 in Ungarn
Patron von Ungarn

Stephan I. ist der Patron und Nationalheilige von Ungarn. Der 20. August, sein Begräbnistag, war bis 1948 Nationalfeiertag in Ungarn; seit jenem Jahr wird der Tag „Verfassungsfest" genannt. Stephans bis heute unverweste rechte Hand ist immer noch eine nationale Reliquie; die berühmte „Stephanskrone", die 1945 in die Vereinigten Staaten gekommen war und erst 1978 wieder an Ungarn zurückgegeben wurde, ist ebenfalls ein Heiligtum der Ungarn.

Stephan kam 969 als Sohn von Arpadenfürst Géza zur Welt. Von einem Missionspriester wurde er von Kindheit an christlich erzogen. Im Alter von 26 Jahren heiratete Stephan Gisela, die Schwester von Heinrich II. Durch mehrere Siege über heidnische ungarische Fürsten förderte Stephan das Vordringen des Christentums im ganzen Land. Zusammen mit seiner Frau Gisela stiftete er Kirchen und Klöster, unterstützte die Arbeit von Mönchen und Missionaren und gründete zahlreiche Bistümer und Erzbistümer in Ungarn. Durch ihn wurde die gesamte Kirche Ungarns geordnet.

An Weihnachten des Jahres 1000 wurde Stephan zum ersten König seines Landes gekrönt. Vier Jahrzehnte später starb der Herrscher,

Reliquiar mit der Hand von König Stephan I. in der Basilika St. Stephan in Budapest. Die Hand ist bis heute unverwest.

dem das Christentum viel zu verdanken hatte. Beigesetzt wurde er in der Basilika von Stuhlweißenburg, nordöstlich vom Plattensee, die er selbst hatte erbauen lassen. Die Gebeine Stephans wurden 1083 gemeinsam mit denen seines Sohnes Emerich feierlich erhoben.

Darstellung: Stephan I. ist fast immer als älterer oder alter König mit Krone und Zepter sowie mit Globus und Kreuz als Zeichen für seine missionarische Tätigkeit dargestellt. Die älteste Darstellung befindet sich auf dem ungarischen Krönungsmantel aus dem Jahr 1031 (Vatikanische Bibliothek).

Theodor (Theodul)

Bischof
geboren: 4. Jh.
gestorben: 4./5. Jh. in der Schweiz
Patron des Kantons Wallis; des Bistums Sitten; des Wetters; des Viehs; der Winzer; der Glocken

Theodor oder Theodul war der erste bekannte Bischof im Schweizer Wallis; er hatte seinen Sitz in Octodurum, dem heutigen Martigny. Überliefert ist, daß er 381 an der Synode von Aquileja und 396 an der Synode von Mailand teilnahm. Es heißt auch, daß es Theodor war, der die Gebeine von Mauritius und seinen Gefährten (Thebäische Legion) auffand und sie in der von ihm erbauten Basilika St-Maurice in Agaunum beisetzte.

An der späteren Grabstätte Theodors in Sitten entwickelte sich im Mittelalter eine bedeutende Wallfahrt. Die Gebeine des Bischofs sind seit der Besetzung Sittens 1798 durch die Franzosen verschollen.

Darstellung: Theodor ist im bischöflichen Gewand dargestellt, oft mit dem Teufel zu Füßen, der eine Glocke trägt; diese Darstellung bezieht sich auf die Legende, nach der der Teufel Theodor mit einer vom Papst geschenkten Glocke über den Theodul-Paß bei Zermatt tragen mußte. Manchmal ist Theodor auch zu sehen, wie er die Gebeine von Mitgliedern der Thebäischen Legion aufsammelt oder wie er ein ertrunkenes Kind wieder zum Leben erweckt. Da er ein Weinwunder vollbracht haben soll, wird Theodor auch mit einer Traube abgebildet.

Der prachtvolle Innenraum der ehemaligen Abteikirche von Amorbach. Das sehenswerte Gotteshaus birgt viele Schätze; es ist heute evangelische Pfarrkirche von Amorbach.

17. August

Amor

Missionar OSB
geboren: 7. Jh. in Schottland(?), Frankreich(?)
gestorben: um 777 in Amorbach(?), Bayern

Amorbach, das kleine Städtchen im Odenwald, südwestlich von Würzburg, verdankt seinen Namen und möglicherweise auch seine Entstehung einem Missionar namens Amor. Über die Herkunft des Glaubensboten gibt es keine sicher bezeugten Überlieferungen; die einen Quellen sagen, er sei aus Schottland gekommen, andere geben Aquitanien als seine Heimat an. Sicher aber ist, daß sich Amor dem im 8. Jh. im Odenwald missionierenden Pirmin anschloß. Ein weiterer Gefährte der beiden war Burkhard, der spätere erste Bischof von Würzburg. Im Jahr 734 gründete Amor das Kloster Amorbach, das sich zu einer bedeutenden Benediktinerabtei entwickelte. Erst rund 30 Jahre später entstand die Schwesterabtei Lorsch an der Bergstraße, die zu noch größerer Berühmtheit gelangte. Der Glaubensbote Amor, der für die Missionierung im Odenwald so viel geleistet hatte, starb um das Jahr 777. Über seine Grabstätte ist nichts überliefert.

Franz Sales Handwercher. In Niederbayern ist der Priester als „Segenspfarrer“ bekannt.

Die ehemalige Abteikirche in Amorbach, heute evangelisches Gotteshaus, gehört zu den sehenswertesten Kirchen der Gegend. Anläßlich des 1000jährigen Jubiläums von Kloster Amorbach wurde sie 1734 unter Einbeziehung des alten Kirchenbaues neu erbaut.

Darstellung: Amor ist als Pilger mit dem Pilgerstab und einem Kirchenmodell in den Händen dargestellt. Abbildungen existieren hauptsächlich in und um Amorbach.

Clara von Montefalco (vom Kreuz)

Äbtissin, Mystikerin OESA
geboren: 1268 in Montefalco, Italien
gestorben: 17. August 1308 in Montefalco
8. Dezember 1881 Heiligsprechung

Eusebius

Papst (18. April bis 17. August 309 oder 310), Märtyrer
geboren: 3. Jh. in Griechenland
gestorben: 17. August 309 oder 310 in Rom, Italien

Franz Sales Handwercher

Priester, „Segenspfarrer“
geboren: 3. Juni 1792 in Oberhausen, Bayern
gestorben: 17. August 1853 in Oberschneiding, Bayern

Als „Segenspfarrer aus Oberschneiding“ ging Franz Sales Handwercher in die Geschichte Niederbayerns ein. Der Priester erschloß den Gläubigen seiner Zeit, ganz besonders aber den Mitgliedern seiner jeweiligen Pfarreien, wie zuletzt in Oberschneiding, den eucharistischen Segen. Hunderte von Menschen kamen sonntags in die Messe zu Pfarrer Handwercher, und selbst an den Werktagen, auch während der Ernten, war die Kirche gut gefüllt. Erfüllt von unerschütterlichem Vertrauen in die Kraft des Priestersegens, segnete Franz Sales Handwercher Gesunde und Kranke, Lebende und Verstorbene, Wohnungen und Ställe. Von weither brachten ihm Angehörige kranke Familienmitglieder, und es heißt, Handwercher habe manche Heilung vollbracht. Die Überzeugung des Pfarrers war es: Wenn der Priester segnet, dann segnet der Heiland.

Franz Sales Handwerchers Gebeine wurden 1953 in die Pfarrkirche von Oberschneiding übertragen, und bis heute ist der große Pfarrer des Gäubodens unvergessen. Immer noch pilgern Gläubige an sein Grab.

Hieron (Jeron)

Missionar, Märtyrer
geboren: 9. Jh. in Schottland(?)
gestorben: 856(?) in Noordwijk, Niederlande
Patron zur Wiedererlangung verlorener Gegenstände

Hieron, der wahrscheinlich aus Schottland stammte, war als Glaubensbote in Friesland und in den Niederlanden tätig und wurde wohl bei einem Angriff der Normannen 856 in Noordwijk ermordet. Gebeine von ihm befinden sich bis heute in der dortigen Kirche.

Johanna vom Kreuz (Jeanne Delanoue)

Gründerin des Instituts der „Schwestern der heiligen Anna von der Vorsehung“
geboren: 18. Juni 1666 in Saumur, Frankreich
gestorben: 17. August 1736 in Saumur
31. Oktober 1982 Heiligsprechung

Mammas

Hirte, Märtyrer
geboren: um 255/260 in Gangra, Türkei
gestorben: um 270/275 in Cäsarea, Kappadokien, Türkei
Patron des Viehs

Der Hirte Mammas soll im Alter von 15 Jahren während der Christenverfolgung unter Kaiser Aurelian den Martertod erlitten haben. Dies berichten übereinstimmend Basilius der Große und Gregor von Nazianz der Jüngere. Die Kathedrale von Langres in Frankreich ist nach Mammas benannt: Saint-Mammès; sie ist im Besitz eines Armes von Mammas und seines Hauptes.

Verehrung/Brauchtum: In der griechischen Kirche wird Mammas als Viehpatron verehrt. Die Griechen feiern Mammas an drei Tagen des Jahres: am 2. September sowie am 12. und am 13. Juli.

18. August

Agapitus von Praeneste

Märtyrer
geboren: 255/260 in Praeneste (Palestrina) bei Rom, Italien
gestorben: 270/275 in Praeneste
Patron der kranken Kinder; der Schwangeren; gegen Koliken; gegen Leibschmerzen

Der Christ Agapitus soll im Alter von erst 15 Jahren während der Christenverfolgung des Aurelian in Praeneste, dem heutigen Palestrina bei Rom, gefoltert und schließlich enthauptet worden sein. Dies berichtet unter anderem eine Überlieferung aus dem 6./7. Jh.

Es heißt, über dem Grab von Agapitus sei bereits im 4. Jh. eine kleine Kirche errichtet worden; es soll dieses Gotteshaus gewesen sein, das man im Jahr 1864 wiederentdeckte und freilegte.

Verehrung/Brauchtum: Die Verehrung von Agapitus ist in mehreren Sacramentarien bezeugt. Die Zentren des Kultes sind neben Palestrina auch Bologna und Kremsmünster, wo jeweils mutmaßliche Reliquien aufbewahrt werden.

Darstellung: Agapitus von Praeneste ist immer als Jüngling dargestellt. Oft wurde sein Martyrium abgebildet, so auch auf dem Agapitus-Altar in Kremsmünster. Als Attribute hat Agapitus Palme, Krone, brennende Kohlen, Löwen (die ihm bei Folterungen nichts antaten) oder Drachen bei sich. Ohne Attribut zeigt Agapitus ein Fresko aus dem 8. Jh. in der Kirche S. Crisogono in Rom.

Florus und Laurus

Märtyrer
geboren: 2. Jh.(?) in Byzanz(?), heute Türkei
gestorben: 2. Jh.(?) in Illyricum, heute Bosnien
Patron der Bildhauer; des Viehs

Die Zwillingsbrüder Florus und Laurus sollen nach der möglicherweise rein legendarischen Überlieferung im 2. Jh. im heutigen Bosnien das Martyrium erlitten haben, nachdem sie heidnische Götzenbilder zerstört hatten.

Verehrung/Brauchtum: In Rußland werden die hoch verehrten Viehpatrone Florus und Laurus „die heiligen Pferdehirten" genannt.

Helena

Kaiserin
geboren: um 255 in Bithynien, heute Türkei
gestorben: 18. August 330 in Nikomedien, heute Izmid, Türkei
Patronin von Frankfurt, Pesaro und Ascoli; der Bistümer Trier, Bamberg und Basel; der Färber und Nadler; der Bergwerke; der Schatzgräber; gegen Blitz und Feuer; zur Auffindung verlorener Gegenstände; zur Aufdeckung von Diebstählen

Jeder Rom-Besucher kommt während seines Aufenthaltes in der Ewigen Stadt am Capitol-Hügel vorbei. Fast jeder steigt auch hinauf und genießt den Blick, nach vorne zum Emanuel-Nationaldenkmal, nach hinten über das ihm zu Füßen liegende Forum Romanum. Die wenigsten aber beachten die schlichte Kirche mit der mittelalterlichen Fassade, die nur wenige Meter neben den Gebäuden auf dem Capitol liegt: S. Maria in Aracoeli. Doch ein Besuch in dem Gotteshaus, zu dem eine gewaltige Freitreppe mit 122 Stufen hinaufführt, lohnt sich. Das Bemerkenswerteste in dem Gotteshaus ist eine kleine, achtsäulige Kapelle im ersten Querschiffsflügel der Kirche. Sie ist Helena, der römischen Kaiserin und Mutter von Konstantin dem Großen, geweiht. In dem zierlichen Grabmal werden in einer Porphyr-Urne Reliquien Helenas aufbewahrt. Weitere Reliquien der Kaiserin beanspruchen die Städte Hautvillers und Paris in Frankreich sowie Trier.

Helena, die Tochter eines heidnischen Gastwirtes, wurde um das Jahr 255 im damaligen Bithynien, an der Nordwestküste der heutigen Türkei, geboren. Aus ihrer Beziehung zu dem späteren Kaiser Constantius I. Chlorus stammte ihr Sohn Konstantin, der als „der Große" in die Geschichte eingehen würde. Kaiser Konstantin empfing zwar erst 337 auf dem Sterbebett das Taufsakrament, stand dem Christentum – nach den grausamen Christenverfolgungen seiner Vorgänger – jedoch immer freundlich gegenüber. Helena hatte sich bereits im Jahr 312 bekehrt und taufen lassen.

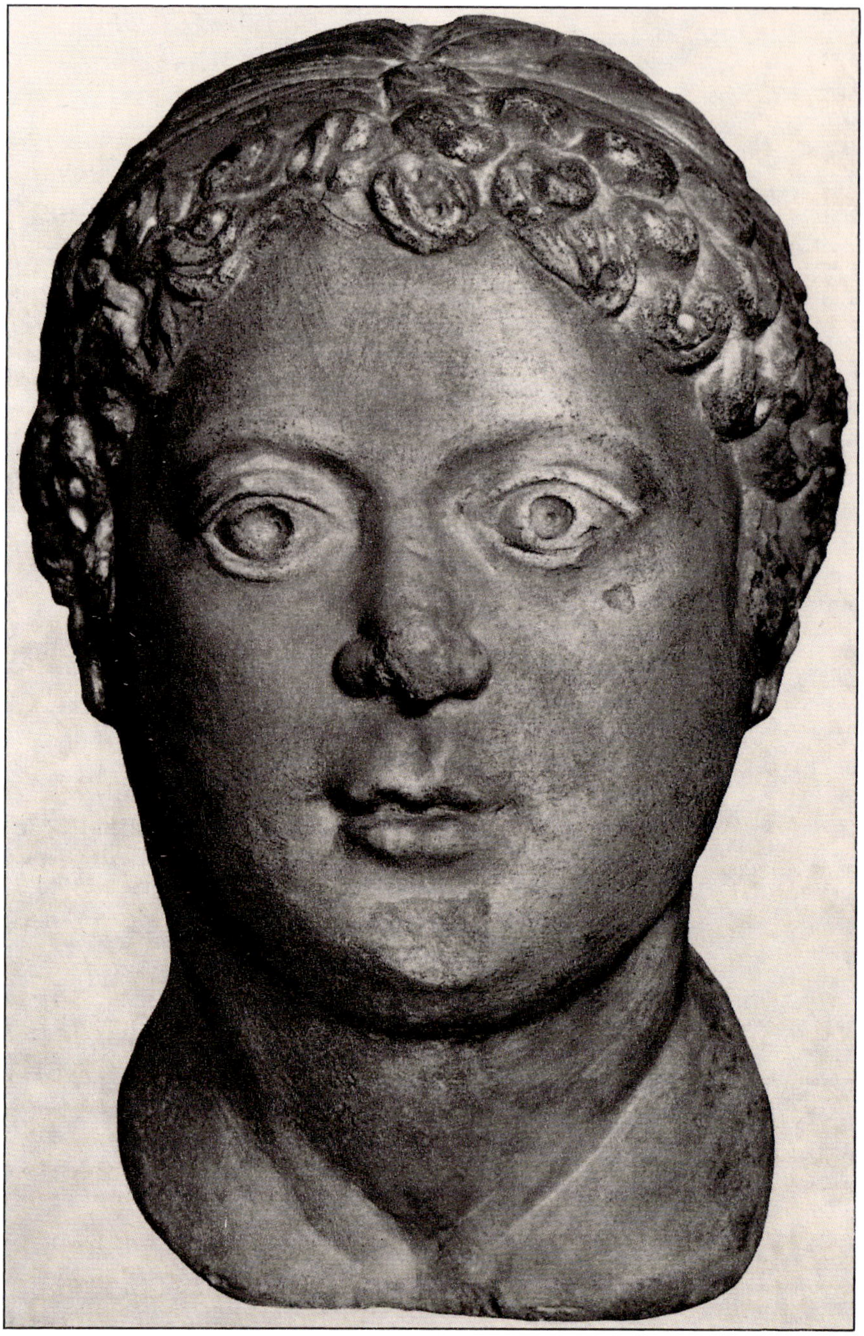

Kaiserin Helena. Die Marmorbüste wurde im 4. Jh. angefertigt, wahrscheinlich noch zu Lebzeiten Helenas.

Die Kirche S. Maria in Aracoeli in Rom. Das schlichte Gotteshaus bewahrt Reliquien von Kaiserin Helena auf.

Eifrig bemühte sie sich danach um das Christentum. Unter Mithilfe ihres Sohnes ließ sie zahlreiche große Kirchen bauen; so gehen angeblich die Kreuzeskirche in Jerusalem, die Apostelkirche in Konstantinopel und die Geburtskirche in Betlehem auf Helena zurück.

Erwähnenswert ist auch der Bau der römischen Kirche S. Croce in Gerusalemme (Heiliges Kreuz in Jerusalem). Diese Basilika, eine der sieben römischen Pilgerkirchen, soll auf Bitten Helenas von Konstantin errichtet worden sein und als Aufbewahrungsort des Kreuzes Christi, das Helena 326 in Jerusalem gefunden haben soll, gedient haben. Heute geht der Besucher von der unterirdisch gelegenen Helena-Kapelle aus in die sogenannte Reliquienkapelle, die einige der kostbarsten Besitztümer der römisch-katholischen Kirche birgt: drei Bruchstücke des Heiligen Kreuzes, zwei Dornen der Dornenkrone Christi, einen Kreuznagel, ein Stück der Inschrifttafel (INRI) und den Finger des „ungläubigen" Thomas.

Grabmal von Kaiserin Helena in der Kirche S. Maria in Aracoeli in Rom.

Kaiserin Helena – ihr Sohn hatte ihr 327 diesen Titel verliehen – soll es auch gewesen sein, die die Reliquien des Apostels Matthias nach Trier brachte.

Helena starb sieben Jahre vor ihrem Sohn Konstantin am 18. August 330 in Nikomedien, dem heutigen Izmid in der West-Türkei.

Verehrung/Brauchtum: In der Ostkirche wird der Gedenktag Helenas gemeinsam mit dem ihres Sohnes Konstantin am 21. Mai begangen.

Darstellung: In der östlichen Darstellung erscheint Helena meist zusammen mit ihrem Sohn, beide halten einen Kranz. Abbildungen von Helena im Osten sind seit dem 9. Jh. bekannt. In der abendländischen Kunst ist die Kaiserin etwa ab dem 12. Jh. dargestellt worden, fast immer mit Kaiserkrone und Kirchenmodell und/oder Nägeln (Gründungen und Kreuzauffindung).

Massa Candida

Märtyrergruppe
geboren: 2./3. Jh.
gestorben: um 255 in Utica bei Karthago, Tunesien

Nach der Überlieferung soll es sich bei der Massa Candida um mehrere hundert Christen handeln, die in der Christenverfolgung den Tod fanden. Angeblich wurden sie nahe Karthago in eine Grube mit gebranntem Kalk gestürzt, weil sie nicht den Götzen opfern wollten.

Verehrung/Brauchtum: Das Martyrologium Romanum nennt als Tag des Martyriums der Massa Candida den 24. August, andere Kalender sprechen vom 18. August.

Rainald von Ravenna

Erzbischof
geboren: um 1250 in Mailand, Italien
gestorben: 18. August 1321 in Ravenna, Italien

Rainald, der zunächst Bischof von Vicenza gewesen war und 1303 zum Erzbischof von Ravenna ernannt wurde, bemühte sich während seiner Amtszeit intensiv um eine Lösung des gärenden Konfliktes um den 1119 gegründeten Templerorden, den er immer wieder rechtfertigte. Der Ritterorden widmete sich dem Schutz der Christen im Heiligen Land und war wegen seines Reichtums beim französischen König in Mißkredit geraten. Der Herrscher vernichtete die Gemeinschaft schließlich: Als nämlich selbst der Papst dem Franzosen und nicht dem Orden glaubte, kam es 1312 zur Auflösung. Auch die

Rechtfertigungsversuche Rainalds hatten nicht mehr gefruchtet.

Rainald von Ravenna starb 1321, und schon bald nach seinem Tod wurde der Erzbischof hoch verehrt. Die Approbation des Kultes erfolgte am 15. Januar 1852.

19. August

Caritas Pirckheimer

Äbtissin OSCI
geboren: 21. März 1467 in Eichstätt, Bayern
gestorben: 19. August 1532 in Nürnberg, Bayern

Seit 1962 läuft der Seligsprechungsprozeß für Caritas Pirckheimer, die als Äbtissin des Nürnberger Klarissenklosters St. Klara unvergessen ist. Unermüdlich und mit scharfem Verstand hatte sich die Ordensfrau in der ersten Hälfte des 16. Jh. dagegen gewehrt, das Kloster St. Klara aufzugeben, nachdem sich die Stadt Nürnberg der Lehre Martin Luthers angeschlossen hatte. Alle Bemühungen des Nürnberger Rates, das Kloster und seine Äbtissin zur Aufgabe zu bewegen, blieben erfolglos. In letzter Konsequenz allerdings war das Kloster dann doch zum Aussterben verurteilt. Caritas Pirckheimer aber hatte nie nachgegeben.

Im Jahre 1959 fand man die Grabstätte der Äbtissin wieder.

Caritas Pirckheimer. Dieses Bildnis ist das einzige Abbild der Klarissin. Die Gebeine der Äbtissin wurden 1959 wieder aufgefunden.

Ezechiel Moreno y Dias

Bischof OESA
geboren: 10. April 1848 in Alfaro, Spanien
gestorben: 19. August 1906 in Monteagudo, Spanien

Der Missionar und Priester Ezechiel Moreno y Dias aus Spanien wurde 1894 Weihbischof in Kolumbien, 1895 Bischof von Pasto in Südkolumbien. Durch sein Wirken trug er maßgeblich zur Beendigung des herrschenden Bürgerkrieges bei. Papst Johannes Paul II. sprach Ezechiel Moreno y Dias am 11. Oktober 1992 heilig.

Johannes Eudes

Ordensgründer CJM
geboren: 14. November 1601 in Ri bei Argentan, Frankreich
gestorben: 19. August 1680 in Caen, Frankreich

Johannes Eudes – wenige nur kennen diesen Namen, und doch hat dieser Mann im 17. Jh. viel für die Erneuerung des religiösen Lebens in Frankreich geleistet. „Urheber, Lehrer und Apostel der liturgischen Verehrung des heiligsten Herzens Jesu“ nannte Papst Pius X. den Ordensgründer bei seiner Seligsprechung im Jahr 1909. Papst Pius XI. sprach Johannes Eudes dann am 31. Mai 1925 heilig.

Johannes Eudes kam am 14. November 1601 in dem Örtchen Ri bei Argentan in der Normandie zur Welt. Der hochgebildete junge Mann schloß mit 22 Jahren seine Studien ab und trat in Paris den Oratorianern, der Weltpriestervereinigung, bei. Als in seiner Heimat eine furchtbare Pestepidemie wütete, kehrte Johannes Eudes aber in die Normandie zurück, um Kranken und Sterbenden in ihren schweren Stunden beizustehen. Bald schon hatte er einen großen Ruf als Volksmissionar, die Menschen schätzten, ja liebten ihn. Als Prediger umgab ihn ein starkes Charisma. Johannes Eudes hielt insgesamt 110 Missionen, zu denen riesige Menschenmengen strömten.

Johannes Eudes. Kupferstich von Pierre Drevet, nach einem Bild von Jean Leblond.

Der Missionar Eudes erkannte, daß den Gläubigen nichts so sehr fehlte wie gute Seelsorger. Er trat deshalb bei den Oratorianern aus und gründete 1643 sein eigenes Werk, die „Kongregation von Jesus und Maria“, deren Mitglieder auch Eudisten genannt wurden. Bei diesem neuen Orden handelte es sich um eine Weltpriester-Kongregation, die sich die Erziehung und die Ausbildung von Priestern und Volksmissionaren zur Aufgabe machte. In ihren Seminaren wirkten die Eudisten besonders dem zu jener Zeit in Frankreich emporgekommenen Jansenismus, einer romfeindlichen Strömung, entgegen. Dies führte in der Folge zu einem harten jansenistischen Verleumdungsfeldzug gegen den Orden von Eudes.

Johannes Eudes, der als größter Missionar Frankreichs in die Geschichte einging, starb knapp 80jährig am 19. August 1680 in Caen an der französischen Nordküste. Über seine Grabstätte ist nichts bekannt; in Caen ist die Kirche Saint-Jean nach Eudes benannt.

Darstellung: Johannes Eudes ist als Priester mit einem Buch und dem Herzen Jesu abgebildet.

Ludwig von Toulouse

Erzbischof von Toulouse OFM
geboren: 1274 in Nocera dei Pagani bei Neapel, Italien
gestorben: 19. August 1297 in Brignoles, Frankreich
1317 Heiligsprechung

Sebaldus

Einsiedler
geboren: 7./8. Jh.(?)
gestorben: 8. Jh.(?) in Nürnberg, Bayern
Patron von Nürnberg; des Viehs; gegen Kälte

Das berühmte Sebaldusgrab in der evangelischen Stadtpfarrkirche St. Sebaldus in Nürnberg zählt zu den bemerkenswertesten Reliquienschreinen der Christenheit. Peter Vischer, der berühmte deutsche Erzgießer der Spätgotik, schuf zusammen mit seinen Söhnen das auffallende Bronzegehäuse rund um den gotischen Reliquienschrein aus gestanztem Silberblech. Der Baldachin, der das monumentale Kunstwerk überwölbt, gilt als Meisterleistung des Bronzegusses.

Der Heilige, dem dieses Denkmal geschaffen wurde, ist der Einsiedler Sebaldus, Stadtpatron von Nürnberg. Nach der Überlieferung war Sebaldus im 8. Jh. (möglicherweise aber auch erst im 10./11. Jh.) in die Nürnberger Gegend gekommen, wo er als Glaubensbote wirkte. Mit ziemlicher Sicherheit weiß man auch, daß der Missionar und Eremit vor dem Jahr 1070 in der Nürnberger Peterskapelle, dem Vorgängerbau der heutigen Sebalduskirche, beigesetzt wurde. Woher Sebaldus stammte, läßt sich nicht nachvollziehen. Aufgrund der vielen Widersprüche, die die Person des Sebaldus umgaben, erreichten die Nürnberger die Heiligsprechung ihres Stadtpatrons auch erst 1425; Papst Martin V. nahm die Kanonisation vor. Die Originalurkunde befindet sich heute im Nürnberger Staatsarchiv.

Verehrung/Brauchtum: Der Kult um Sebaldus ist hauptsächlich auf Nürnberg beschränkt. Im Mittelalter genoß der Glaubensbote hier besonders große Verehrung, um seine Gestalt gab es zahlreiche Bräuche; so schlüpften Gläubige unter dem Sebaldus-Sarg hindurch, um Heilung von bestimmen Gebrechen zu erlangen, oder man brachte das Haupt von Sebaldus zu schwangeren Frauen, die sich in gesundheitlicher Gefahr befanden.

Darstellung: Sebaldus ist fast auf allen Abbildungen als Pilger mit Mantel und Hut dargestellt. Seine Attribute sind Stab, Rosenkranz und Muschel, manchmal hat er auch das Kirchenmodell von St. Sebaldus in Nürnberg bei sich. Verschiedene Szenen aus dem Leben des Einsiedlers sind am Sebaldusschrein von Peter Vischer in der Nürnberger Sebalduskirche zu sehen.

Sebaldusgrab in der Stadtpfarrkirche St. Sebaldus in Nürnberg. Nach einem Foto aus dem 19. Jh. Die Tumba ist eine Arbeit des Erzgießers Peter Vischer.

Sixtus III.

Papst (432 bis 440)
geboren: 4. Jh. in Rom, Italien
gestorben: 19. August 440 in Rom

20. August

Bernhard von Clairvaux

Abt, Kirchenlehrer OCist
geboren: um 1090 in Fontaines-lès-Dijon, Frankreich
gestorben: 20. August 1153 in Clairvaux, Frankreich
Patron der Zisterzienser; von Burgund und Ligurien; von Genua und Gibraltar; gegen Kinderkrankheiten und Besessenheit; gegen Tierseuchen; gegen Gewitter und Unwetter; in der Todesstunde; der Bienen, Imker und Wachszieher.

Begibt man sich auf die Spuren von Bernhard, einem der Großen der katholischen Kirche, nach dem sogar das „Bernhardinische Zeitalter" benannt wurde, erlebt man zuerst einmal Enttäuschungen: Bernhards berühmtes Zisterzienserkloster, von ihm selbst im 12. Jh. in Clairvaux zwischen Troyes und Chaumont gegründet, ist seit 1802 ein Zuchthaus. Bei der Ankunft in Cîteaux, südlich von Dijon, wo Bernhard als junger Mann dem noch jüngeren Zisterzienserorden beitrat – dessen eigentlicher Begründer er dann später wurde – findet man von dem einst mächtigen Kloster nur noch Mauerreste inmitten von schönen Buchen- und Eichenhainen vor. Mehr Glück hat man in Troyes: Im Domschatz der Kathedrale Saint-Pierre-et-Saint-Paul wird seit 1813 das Haupt des Ordensmannes aufbewahrt.

Bernhard erblickte um das Jahr 1090 als drittes von sieben Kindern des burgundischen Edelmannes Tezelin auf dem Familienschloß Fontaines-lès-Dijon das Licht der Welt. Zusammen mit vier seiner Brüder und rund 30 jungen Männern, die er alle geworben hatte, trat der 22jährige Bernhard 1112 in das Reformkloster Cîteaux ein, dem ersten Kloster des 1098 von Robert von Molesme gegründeten Zisterzienserordens. Bereits drei Jahre später wurde der 25jährige zum Gründerabt des Klosters Clairvaux. Fast 70 weitere Klosterneugründungen erfolgten noch zu Lebzeiten Bernhards.

Bernhard von Clairvaux, der als „zweiter Stifter" des Zisterzienserordens in die Geschichte einging, unterhielt in den folgenden vier Jahrzehnten bis zu seinem Tod Beziehungen zu fast allen großen Persönlichkeiten seiner Zeit. Nicht nur Päpste, Bischöfe und Brüder sämtlicher Orden fragten den hochgebildeten Kirchenmann um seinen Rat, auch mit den Herrschern verschiedener Länder pflegte Bernhard Kontakt.

Große Berühmtheit erlangte Bernhard von Clairvaux als leidenschaftlicher Kreuzzugsprediger. Untrennbar ist mit seinem Namen der von Vézelay verbunden. In dieser burgundischen Basilika hielt Bernhard an Ostern 1146 vor Ludwig VII. seine erste flammende Predigt. Er sprach so überzeugend, daß der König und alle Edelleute, die sich versammelt hatten, begierig das Kreuz aus der Hand des Abtes von Clairvaux entgegennahmen. Von Vézelay aus zog Bernhard auch noch in den Norden des Landes sowie nach Flandern und ins Rheinland. Überall schlug ihm große Begeisterung entgegen. Bernhard, der alle Möglichkeiten zum „Aufstieg" innerhalb der Kirchenhierarchie gehabt hätte, blieb zeitlebens demütig und bescheiden. Er verkörperte das Idealbild eines Mönches. Alle Ehrenämter, die ihm angeboten wurden, lehnte er entschieden ab, so auch Ernennungen zum Bischof von Genua und Mailand. Seine schwerste Enttäuschung erlebte Bernhard von Clairvaux, als der von ihm so leidenschaftlich unterstützte Zweite Kreuzzug 1149 scheiterte. Von diesem Schmerz erholte er sich nie mehr ganz.

Im Alter von 63 Jahren starb der unvergessene Ordensmann Bernhard von Clairvaux an einer schweren Magenkrankheit am 20. August 1153, erschöpft und aufgezehrt. Beigesetzt wurde er in der Abtei Cluny, das Grab ist heute nicht mehr vorhanden.

Welches Ansehen dieser Mönch nicht nur in seiner Zeit, sondern auch bei Kirchenwissenschaftlern und Gelehrten aller Jahrhunderte genoß, zeigen folgende Beinamen, die Bernhard von Clairvaux erhielt: Erzvater des europäischen Gefühls (Friedrich Heer), Führer und Richter seiner Welt (Joseph Lortz), religiöses Genie seiner Zeit (Adolf von Harnack). Wegen seiner leidenschaftlichen Art zu predigen, erhielt er außerdem den Titel „Doctor mellifluus" (honigfließender Lehrer).

Bernhard von Clairvaux. Darstellung aus dem 16. Jh. Das Bild befindet sich heute in der Kathedrale von Troyes.

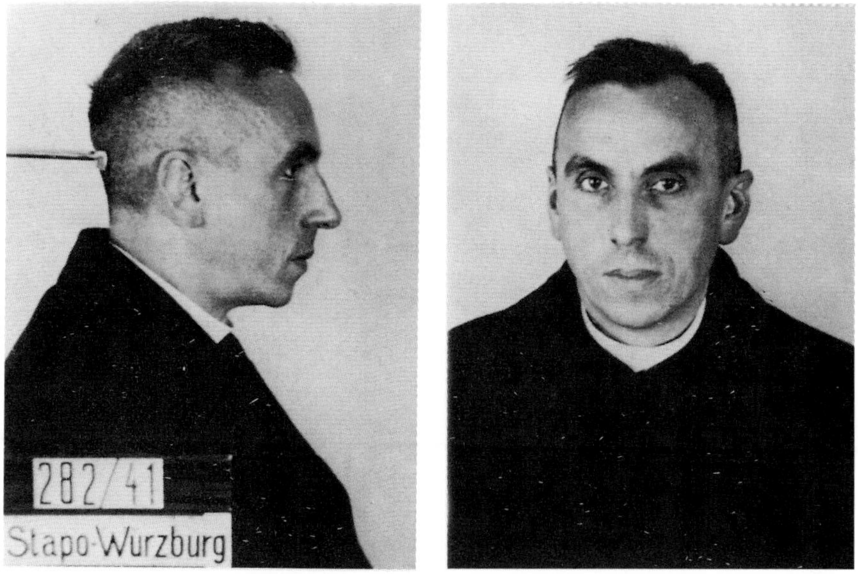

Georg Häfner. Polizeifotos der Gestapo von Würzburg aus dem Jahr 1941.

Papst Alexander III. sprach Bernhard bereits am 18. Januar 1174 heilig, Papst Pius VIII. ernannte ihn 1830 zum Kirchenlehrer.

Darstellung: Bernhard von Clairvaux ist meist in Abts- oder Mönchskleidung dargestellt, seine Gesichtszüge sind häufig jugendlich. Eines der häufigsten Attribute, welches Bernhard bei sich hat, ist der Bienenkorb, was sich auf seinen Titel „honigfließender Lehrer“ bezieht. Auf Darstellungen ab dem 15. Jh. ist er manchmal auch mit einem Teufel an der Kette zu sehen als Hinweis auf die Überwindung aller Versuchungen. Mit dem Teufel zeigt ihn so eine Skulptur aus dem 15. Jh. in der Kirche S. Maria Maggiore in Rom. Weitere Attribute sind Kreuz, Totenschädel, Leidenswerkzeuge, Rosenkranz oder weißes Hündchen, welches sich auf die Legende bezieht, Bernhards Mutter habe vor seiner Geburt geträumt, sie werde einen weißen Hund zur Welt bringen, der seine Stimme laut gegen die Feinde erheben wird. Häufig wurde Bernhard auch gemeinsam mit Maria dargestellt; eine oft wiederkehrende Szene ist jene, wie Maria das Gebet Bernhards beantwortet, indem sie seine Lippen mit Milch ihrer Brust benutzt (Lactatio). Ebenfalls oft zu finden ist die Szene, wie sich Bernhard und der am Kreuz hängende Jesus umarmen (Amplexus); ein Beispiel hierfür: das Gemälde von Körbeke (15. Jh.) im Freiburger Münster.

Georg Häfner

Priester
geboren: 19. Oktober 1900 in Würzburg, Bayern
gestorben: 20. August 1942 im KZ Dachau, Bayern

Am 31. Oktober 1941 wurde der Priester Georg Häfner in seiner Pfarrei Oberschwarzach von der Gestapo festgenommen, am 20. August 1942 starb er im KZ Dachau den Hungertod. Am 11. Dezember 1941 noch schrieb er aus Dachau: „Ich setze mein ganzes Vertrauen auf das Gebet … Meine Leidenstage opfere ich auf für meine Pfarrei.“

Nicht irgendeine spektakuläre Aktion, sondern der normale priesterliche Dienst habe Pfarrer Häfners Verhaftung ausgelöst, sollte später ein Theologe über das Schicksal Häfners schreiben, und Pater Sales Heß, der in der Lagerkapelle den Nachruf auf Häfner sprach, erklärte: „Ich glaubte, beim Nachruf auf Pfarrer Häfner sein Priesterleben nicht besser zeichnen zu können als mit den zwei inhaltsschweren Worten ‚Sacerdos et hostia‘, Priester und Opfer.“ Die Gestapo hatte als Verhaftungsgrund angegeben, Georg Häfner hetze die Bevölkerung auf.

Maria de Mattias

Ordensgründerin
geboren: 4. Februar 1805 in Vallecorsa, Italien
gestorben: 20. August 1866 in Rom, Italien

Maria de Mattias ist die Gründerin der Kongregation der „Anbeterinnen des Kostbaren Blutes“ zur Erziehung der weiblichen Jugend. Ihre Seligsprechung nahm am 1. Oktober 1950 Papst Pius XII. vor.

Oswin

König
geboren: 7. Jh. in England
gestorben: 20. August 651 in Gilling, England

Oswin war der Herrscher in einem angelsächsischen Teilkönigreich. Nach Kräften bemühte sich der Regent um die Festigung des noch jungen Christentums in seinem Reich. Er war wohltätig und kümmerte sich um Bedürftige in seinem Volk. Doch Oswin hatte auch Feinde, die ihn schließlich in Gilling (Yorkshire) gefangennehmen und zusammen mit seinem Diener ermorden ließen. Am Ort der Tat ließ die Witwe Oswins später ein Kloster errichten.

21. August

Balduin (Baldwin) von Rieti

Abt OCist
geboren: 11. Jh.
gestorben: 1140 in Rieti, Italien

Bernhard Tolomei

Ordensgründer OSBOliv
geboren: 1272 in Siena, Italien
gestorben: 21. August 1348 in Ancona, Italien

Bernhard Tolomei gilt als einer der Begründer der Olivetaner-Kongregation. Der Sieneser hatte sich nach einem Studium der Rechte 1313 mit zwei Gefährten in eine Einsamkeit nahe Ancona zurückgezogen und einige Jahre später dort das Kloster „Unserer Lieben Frau vom Ölberg“ (Montoliveto) gegründet. Daraus entwickelte sich dann die Benediktinerkongregation der Olivetaner. Ihr erster Oberer war bis zu seinem Tod im Jahr 1348 Bernhard Tolomei. Die

Olivetaner trugen maßgeblich zum Wiedererstarken des klösterlichen Lebens im Italien des 14. und des 15. Jh. bei. 1961 gab es noch rund 260 Olivetanermönche in Europa, USA, Südamerika und im Libanon.

Verehrung/Brauchtum: In Siena gedenkt man Bernhards am 4. September.

Darstellung: Auf Abbildungen ist Bernhard Tolomei meist mit einer Leiter zu sehen, da er nach der Legende im Traum eine Leiter sah, auf welcher Mönche in den Himmel hinaufstiegen.

Franz Reinisch

Priester, Mönch SAC
geboren: 1. Februar 1903 in Feldkirch-Levis, Österreich
gestorben: 21. August 1942 in Berlin-Brandenburg

Grund für das Todesurteil über Franz Reinisch: Verweigerung des Fahneneides auf Adolf Hitler. Der Priester und Pallottiner-Pater starb als Märtyrer des Gewissens unter dem Fallbeil. Die süddeutsche Herz-Jesu-Provinz der Pallottiner mit Sitz in Friedberg bei Augsburg bereitet den Seligsprechungsprozeß vor.

Der gebürtige Tiroler Franz Reinisch hatte 1928 die Priesterweihe empfangen und legte 1930 bei den Pallottinern in Untermerzbach bei Bamberg seine erste Profeß ab. Nach einer Zwischenstation in Friedberg kam Reinisch 1938 nach Schönstatt, wo er in der Männerseelsorge arbeitete. Mutig und kraftvoll verkündete er in jener schwierigen Zeit den katholischen Glauben und scheute sich auch nicht, gegen den Nationalsozialismus Stellung zu beziehen. Schon früh war er überzeugt: Sollte er einmal in die Armee Hitlers eingezogen werden, würde er den Dienst ablehnen.

Am 12. September 1940 erhielt Franz Reinisch Predigt- und Redeverbot für das ganze Reich. Am 1. März 1941 erreichte ihn der erste Bereitschaftsbefehl. Sowohl bei diesem als auch bei einem weiteren konnte durch Übernahme einer Seelsorgevertretung die Zurückstellung erreicht werden. Mit der endgültigen Einberufung am Osterdienstag 1942 begann für Franz Reinisch dann der entscheidende Lebensabschnitt, der nur noch wenige Monate dauern

Franz Reinisch. Dies war das letzte Foto vor seinem Tod.

sollte. Er liebe das deutsche Volk, besonders seine Heimat Tirol, und deshalb sehe er sich gezwungen, gegen den Nationalsozialismus in der Heimat zu kämpfen bis zur Lebenshingabe, dies erklärte der unerschrockene Priester bei seiner späteren Vernehmung. Die Folge: Reinisch wurde verhaftet und nach Berlin-Tegel ins dortige Wehrmachtsgefängnis gebracht. Am 7. Juli 1942 fand die Verhandlung vor dem Reichskriegsgericht statt: Franz Reinisch wurde zum Tode verurteilt. Die Hinrichtung folgte am 21. August 1942. In seiner Schlußbemerkung zum Urteil hatte Reinisch erklärt: „Der Verurteilte ist kein Revolutionär, das heißt Staats- und Volksfeind, der mit Faust und Gewalt kämpft; er ist ein katholischer Priester, der die Waffen des Geistes und des Glaubens gebraucht. Und er weiß, wofür er kämpft."

Pius X.

Papst
geboren: 2. Juni 1835 in Riese, Italien
gestorben: 20. August 1914 in Rom, Italien
Patron der Esperantisten; des Päpstlichen Werkes der Heiligen Kindheit

Direkt an der Hauptdurchgangsstraße in dem kleinen Ort Riese in Venetien, unweit der Stadt Castelfranco, steht ein unscheinbares Häuschen. Es gehörte einmal der Familie Sarto, einfachen Bauersleuten. Am 2. Juni 1835 wurde hier Giuseppe Sarto geboren, der seine Kinder- und Jugendjahre in größter Armut verlebte. Mit 23 Jahren empfing Giuseppe die Priesterweihe. In den folgenden 17 Jahren wirkte er an verschiedenen Orten als Kaplan und Pfarrer, bevor er 1875 Domherr in Treviso wurde. Im Jahr 1884 schließlich empfing der Bauerssohn aus Riese die Weihe zum Bischof von Mantua, 1893 gar zum Patriarchen von Venedig. Und am 4. August 1903 waren die Einwohner von Riese die stolzesten Bürger von ganz Italien: Ihr Giuseppe Sarto bestieg als Pius X. den Papststuhl. Am Häuschen der Sartos befindet sich heute eine Tafel, auf der steht, daß der große Pius einst hier zu Hause war.

Pius X. ging als Reformpapst in die Geschichte ein. Sein Motto lautete: „Alles in Christus erneuern“. Pius X. erneuerte den Gregorianischen Choral, das Meßbuch, den Kalender und das Stundengebet. Er förderte die frühe Erstkommunion und den häufigen Empfang der Eucharistie. Er erneuerte das religiöse Leben im Volk und beim Klerus und sorgte für die dringend notwendige Verbesserung der Priesterausbildung. Außerdem vertrat Pius X. die Ansicht, daß der Papst sich auch um politische Angelegenheiten kümmern müsse, daß Kirche und Staat enger zusammenarbeiten sollten.

Pius X. Der Leitspruch des Papstes war: „Alles in Christus erneuern.“

Geburtshaus von Papst Pius X. in Riese in Venetien. Eine Gedenktafel über der Haustür erinnert bis heute an den hier 1835 geborenen Giuseppe Sarto.

So groß die Erfolge des Papstes im eigenen Land und bei der Vermittlung in den Grenzstreitigkeiten Südamerikas waren, so schwere Rückschläge mußte er in Frankreich und in Spanien hinnehmen. Beide Länder und auch Portugal stellten sich gegen den Papst, Spanien brach 1910 sogar für einige Zeit die Beziehungen zu Rom ab. Während seines Pontifikats erlebte Pius X. immer nur große Zustimmung oder völlige Ablehnung. Doch von seinem gewählten Weg konnte ihn nichts abbringen.

Im Alter von fast 80 Jahren starb der große Reformpapst am 20. August 1914 in Rom; beigesetzt wurde er in einem Seitenaltar des Petersdomes. An seinem Grab ereigneten sich im Laufe der Jahre zahlreiche wundersame Begebenheiten. Papst Pius XII. sprach seinen großen Vorgänger am 29. Mai 1954 heilig, die Seligsprechung war 1951 erfolgt.

Der Ort Riese hat seinem großen Sohn auf der Straßenkreuzung vor seinem Elternhaus eine Statue errichtet.

Darstellung: Auf Abbildungen ist Pius X. entweder in Bischofs-, Kardinals- oder Papstgewändern zu sehen.

22. August

Philippus Benitius

Ordensgründer OSM
geboren: 15. August 1233 in Florenz, Italien
gestorben: 22. August 1285 in Todi, Italien
Patron der Serviten

In der über einem achteckigen Grundriß erbauten Servitenkirche S. Filippo Benizzi in der umbrischen Etruskerstadt Todi hat der Namensgeber und Patron des Gotteshauses seine letzte Ruhestätte gefunden: Philippus Benitius. Benitius gilt als zweiter Gründer des Servitenordens, da er als fünfter Generalprior des 1240 gegründeten Ordens die Satzungen völlig neu bearbeitete und außerdem später den weiblichen Zweig der Servitinnen ins Leben rief.

Philippus Benitius war 1233 in Florenz zur Welt gekommen und hat-

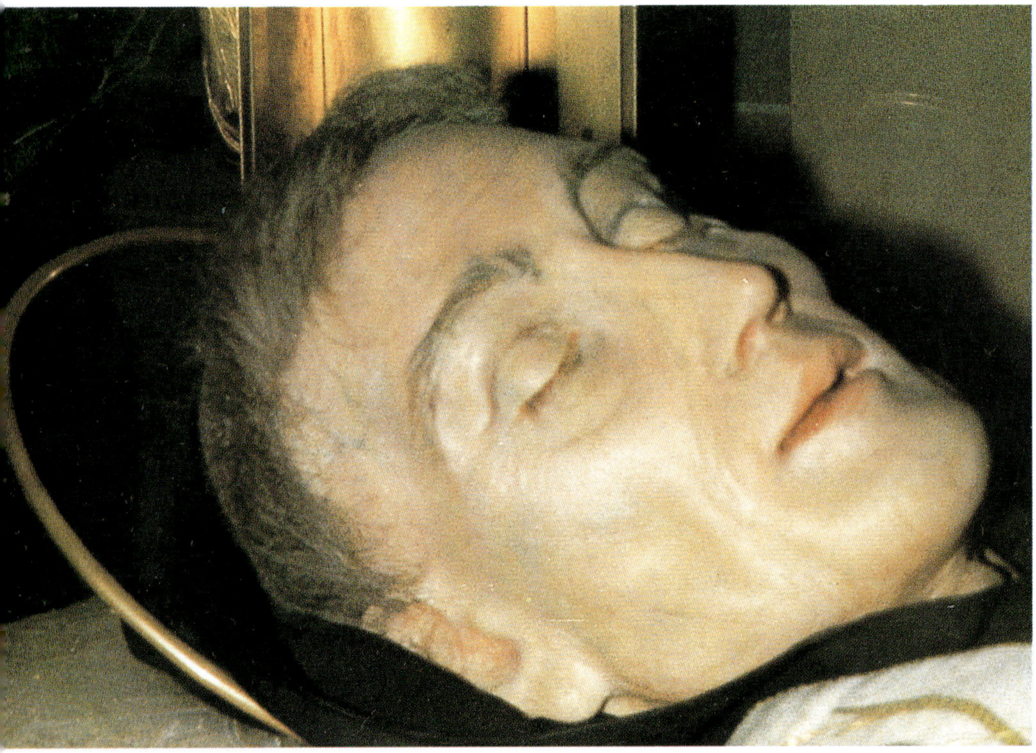

Wachsmaske vom Antlitz des heiligen Philippus Benitius. Reliquienschrein im Dom von Todi.

te in Paris und Padua Medizin und Philosophie studiert. Als 19jähriger trat er dem Servitenorden bei, und sieben Jahre später, 1259, empfing er die Priesterweihe. Das Amt des Generalpriors im Servitenorden übernahm Philippus 1267. Durch ihn gewann der noch ungefestigte Orden rasch an Bedeutung und Stärke, durch seine ausgedehnte Missionsreisen in Italien und Deutschland wurde der Orden überall bekannt.

Besonders am Herzen lag Philippus Benitius das Schicksal der Armen und der Kranken, um sie kümmerte er sich selbstlos und gütig bis zu seinem Tod am 22. August 1285 in Todi. Papst Clemens X. sprach Benitius 1671 heilig.

Darstellung: Die wohl älteste Darstellung von Philippus Benitius befindet sich in der Kirche S. Maria dei Servi in Siena; es handelt sich dabei um ein Fresko aus dem 14. Jh., auf welchem Philippus im Serviten-Gewand mit Buch und Aureole abgebildet ist. Ein Freskenzyklus mit Szenen aus dem Leben des Priesters und Ordensmannes (15. Jh.) ist im Kreuzgang der Kirche SS. Annunziata in Florenz zu sehen. Auch mit einer abgelegten Tiara ist Philippus Benitius dargestellt; angeblich nämlich soll er die Papstwürde abgelehnt haben.

Symphorianus von Autun

Märtyrer
geboren: um 165 in Autun, Frankreich
gestorben: um 180 in Autun
Patron der Kinder und Schüler; der Falkner; gegen Dürre

Der Jüngling Symphorianus soll sich nach der Überlieferung geweigert haben, vor dem Prokonsul von Autun seinem christlichen Glauben abzuschwören. Daraufhin wurde er enthauptet.

Verehrung/Brauchtum: Im 3. Jh. war Symphorianus der wohl meistverehrte Märtyrer in Frankreich. Schon im 5. Jh. gab es in Autun über seinem Grab eine Kirche mit einem Kloster, erbaut von Bischof Euphronius von Autun. Der Kult des jugendlichen Märtyrers verbreitete sich besonders stark auch in der Provence.

Darstellung: Die sicher berühmteste Darstellung des Symphorianus befindet sich in der Kathedrale St-Lazare in Autun: das Gemälde „Martyrium des heiligen Symphorianus“ von Jean August Dominique Ingres (1834).

23. August

Richildis (Richilt)

Nonne, Rekluse
geboren: 11. Jh.
gestorben: 23. August 1100 in Hohenwart, Bayern
Patron gegen Steinleiden; gegen Gewitter und Unwetter

Über Leben und Wirken von Richildis gibt es nur wenige Angaben; wahrscheinlich lebte sie als Rekluse (freiwillig Eingemauerte) beim Benediktinerkloster in Hohenwart bei Schrobenhausen. Da sie ein heiligmäßiges Leben geführt hatte und schon zu Lebzeiten sehr verehrt worden war, wandelte man nach ihrem Tod ihre Zelle in eine Kapelle um. Beigesetzt wurde Richildis unter dem Altar; an der Begräbnisstätte ereigneten sich zahlreiche Wunder.

Verehrung/Brauchtum: Das Grab von Richildis entwickelte sich zu einem vielbesuchten Wallfahrtsort; die Wallfahrt blieb bis heute lebendig. Die Gebeine der Hochverehrten wurden 1869 in einen Glasschrein übertragen. Ein alter Brauch am Grab von Richildis: Wallfahrer, die an Steinleiden erkrankt waren, krochen durch eine Öffnung, um Heilung zu erlangen.

Darstellung: Obwohl sie dem Benediktinerorden nie beigetreten ist, sondern nur beim Kloster lebte, ist Richildis auf Abbildungen im Gewand der Benediktinerinnen zu sehen.

Rosa von Lima (Isabella Flores)

Terziarin, Mystikerin OSD
geboren: 20. April 1586 in Lima, Peru
gestorben: 24. August 1617 in Lima
Patronin von Südamerika; von Peru, der Philippinen und von West-Indien; von Lima; der Gärtner und Blumenhändler; bei Verletzungen; gegen Ausschlag; bei Entbindungen; bei Familienstreitigkeiten

„Die erste Blüte der Heiligkeit in Südamerika“ nannte das frühere Brevier Rosa von Lima, die als Schutzpatronin von Peru und seiner Hauptstadt Lima sowie von ganz Südamerika verehrt wird. Als Rosa starb, war der Andrang des Volkes, das die Leiche der Dominikaner-Terziarin noch einmal sehen wollte, so groß, daß die Beisetzung mehrfach verschoben werden mußte.

Rosa wurde am 20. April 1586 in der peruanischen Hauptstadt Lima als Tochter eines spanischen Ehepaares geboren. Bei der Taufe erhielt sie den Namen Isabella; da ihre Mutter bald nach der Geburt eine blühende Rose über der Wiege ihrer Tochter schweben sah – so berichtet die Legende –, wurde Isabella fortan Rosa gerufen. Schon als Kind bewies Rosa übergroße Selbstbeherrschung, ein erstes Anzeichen ihrer mystischen Begnadung. Als man ihr einmal einen Finger, den sie sich gequetscht hatte, abnehmen mußte, kam kein Laut des Schmerzes über ihre Lippen.

Rosa wuchs im Laufe der Jahre zu einem hübschen jungen Mädchen heran, und ihre Eltern wollten sie mit einem wohlhabenden Jüngling verheiraten. Rosa aber hatte sich für einen anderen Lebensweg entschieden: Sie schnitt sich ihre schönen langen Haare ab und erklärte ihren Eltern, daß sie Ordensfrau werden wolle. Wegen dieses Entschlusses wurde das Mädchen von seiner Mutter sogar gezüchtigt und mißhandelt.

Im Jahr 1606 war Rosa endlich am Ziel ihrer Wünsche: Sie wurde Dominikaner-Terziarin. Im Garten ihres Elternhauses errichtete sie sich eine Bretterhütte, in der sie von nun an lebte und sich dem Gebet hingab. Sie nahm kaum noch Nahrung zu sich und schlief fast nie. Schwerste seelische und körperliche Schmerzen ertrug sie mit unsagbarer Geduld. Immer wieder wurden Rosa mystische Gnadenbeweise zuteil. Oft flehte sie zu Gott: „Herr, vermehre meine Leiden, aber auch meine Liebe."

Rosa von Lima. Nach einem Gemälde im Santuario de Santa Rosa in Lima. Der Maler Angelino Medoro hatte Rosa auf dem Totenbett gemalt.

Am 24. August 1617 erlöste der Tod Rosa von Lima von ihren schweren, aber voller Freude und Dankbarkeit ertragenen mystischen Leiden. Beigesetzt wurde Rosa in der Dominikanerkirche zu Lima. An ihrem Grab ereigneten sich immer wieder Wunder. Papst Clemens X. sprach Rosa von Lima im Jahr 1671 heilig.

Darstellung: Schon bald nach dem Tod der Rosa von Lima entstanden unzählige Bilder der jung verstorbenen Ordensfrau, vor allem in Amerika und in Europa. Fast immer wurde Rosa als junge Frau im schwarzen Ordensgewand dargestellt, auf dem Haupt trägt sie einen Kranz von Rosen; manchmal hält auch das Jesuskind den Kranz, wie auf einem Gemälde von Claudio Coello im Prado zu Madrid. Oft trägt Rosa auch einen Rosenstrauß im Arm. Weitere Attribute: Nachtigall, Hasen und Anker. Auch die Stadt Lima wurde zu Füßen Rosas abgebildet, was darauf zurückzuführen ist, daß die Nonne ihre Heimatstadt einmal vor einem Erdbeben geschützt haben soll.

24. August

Bartholomäus

Apostel, Märtyrer
geboren: 1. Jh. in Kana, Galiläa
gestorben: 1. Jh. in Syrien(?)
Patron von Frankfurt am Main, Maastricht, Pilsen und Altenburg; des Bistums Lüttich; der Bergleute, Metzger, Buchbinder, Schneider, Bauern, Winzer, Bäcker, Hirten, Sattler, Gerber, Schuhmacher, Stukkateure und in Florenz der Öl-, Käse- und Salzhändler; gegen Nervenkrankheiten, Zuckungen und Hauterkrankungen

Die Passio des Apostels Bartholomäus enthält viele Unsicherheiten, die Berichte über Leben, Wirken und Martyrium des Heiligen sind mit zahlreichen Legenden durchsetzt. Der wahre Name des Apostels war mit ziemlicher Sicherheit Nathanael. Als Bartholomäus erschien er nur in den Apostellisten. Bartholomäus leitete sich wahrscheinlich ab von dem hebräischen Wort „bar tolmai", Sohn des Furchenziehers, was auf den Beruf seines Vaters schließen läßt. Geboren wurde Bartholomäus zu Beginn des 1. Jh., seine Heimat war Kana in Galiläa.

Die Überlieferung berichtete, daß Bartholomäus durch den Apostel Philippus zu Jesus kam. Christus soll, als er seinen neuen Jünger empfing und in den Kreis der zwölf Apostel aufnahm, gesagt haben: „Seht, ein wahrer Israelit, an dem kein Falsch ist."

Nach der Auferstehung Christi zog Bartholomäus als Wanderprediger durch Armenien, Indien und Mesopotamien und verkündete das Evangelium. Berühmt wurde er durch seine Fähigkeit, Kranke und vor allem Besessene heilen zu können. So soll er angeblich auch die Tochter des armenischen Königs Polimius von der Besessenheit geheilt haben, worauf sich die ganze Königsfamilie zum Christentum bekehrte. Wütende Götzenpriester hetzten daraufhin den heidnischen Bruder des Königs gegen Bartholomäus auf. Durch seine Soldaten ließ dieser den Apostel schließlich gefangennehmen und grausam foltern. Danach wurde Bartholomäus zur sogenannten Persischen Todesstrafe verurteilt: Bei lebendigem Leib zog man ihm die Haut vom Körper ab, danach kreuzigte man ihn. Manche Überlieferungen sprechen auch von einer Enthauptung. Das Todesjahr von Bartholomäus lag um die Mitte des 1. Jh., der Ort des Martyriums möglicherweise in Syrien.

Seit Ende des 10. Jh. ruhen die Gebeine des Märtyrer-Apostels in der Kirche S. Bartolomeo auf der Tiberinsel in Rom. Das Gotteshaus, an der Stelle eines antiken Äskulaptempels errichtet, wurde von Kaiser Otto III. in Auftrag gegeben.

Die Hirnschale des Märtyrers Bartholomäus befindet sich seit 1238 in der früheren Pfarrkirche St. Bartholomäus, dem heutigen Dom in Frankfurt am Main.

Verehrung/Brauchtum: Einer der bekanntesten Bräuche zum Bartholomäustag ist die Almer-Wallfahrt, bei der am Sonntag vor oder nach dem Gedenktag für den Apostel die Bewohner des österreichischen Ortes Alm nach St. Bartholomä am Königssee im Berchtesgadener Land pilgern. Die ersten Wallfahrten fanden bereits im 17. Jh. statt und gehen auf ein altes Gelübde zurück; angeblich soll eine Pestepidemie erloschen sein, woraufhin die Almer gelobten, alljährlich an Bartholomä diese Wallfahrt durchzuführen. Andere Überlieferungen sagen, die Almer pilgern nach St. Bartholomä, um Bartholomäus um Schutz für das Vieh vor wilden Tieren zu bitten.

In Frankreich gibt es bis heute den Brauch der Bartholomäus-Kerzen. Für die Franzosen verbinden sich mit dem Namen Bartholomäus aber auch schlechte Erinnerungen: In der „Bartholomäusnacht" im Jahre 1572 („Pariser Bluthochzeit") wurden auf Geheiß von Katharina von Medici 2000 protestantische Hugenotten ermordet.

Das Bartholomäus-Fest ist seit 1568 im römischen Kalender am 24. August aufgeführt.

Darstellung: Bartholomäus gehört zu den in der Kunst häufig dargestellten Heiligen. Abgebildet ist er meist mit schwarzem, krausem Haar, manchmal trägt er auch einen kurzen Bart. Auf einigen Darstellungen ist Bartholomäus allerdings auch blond oder er hat einen blonden, langen Bart. Bekleidet ist der Apostel oft mit

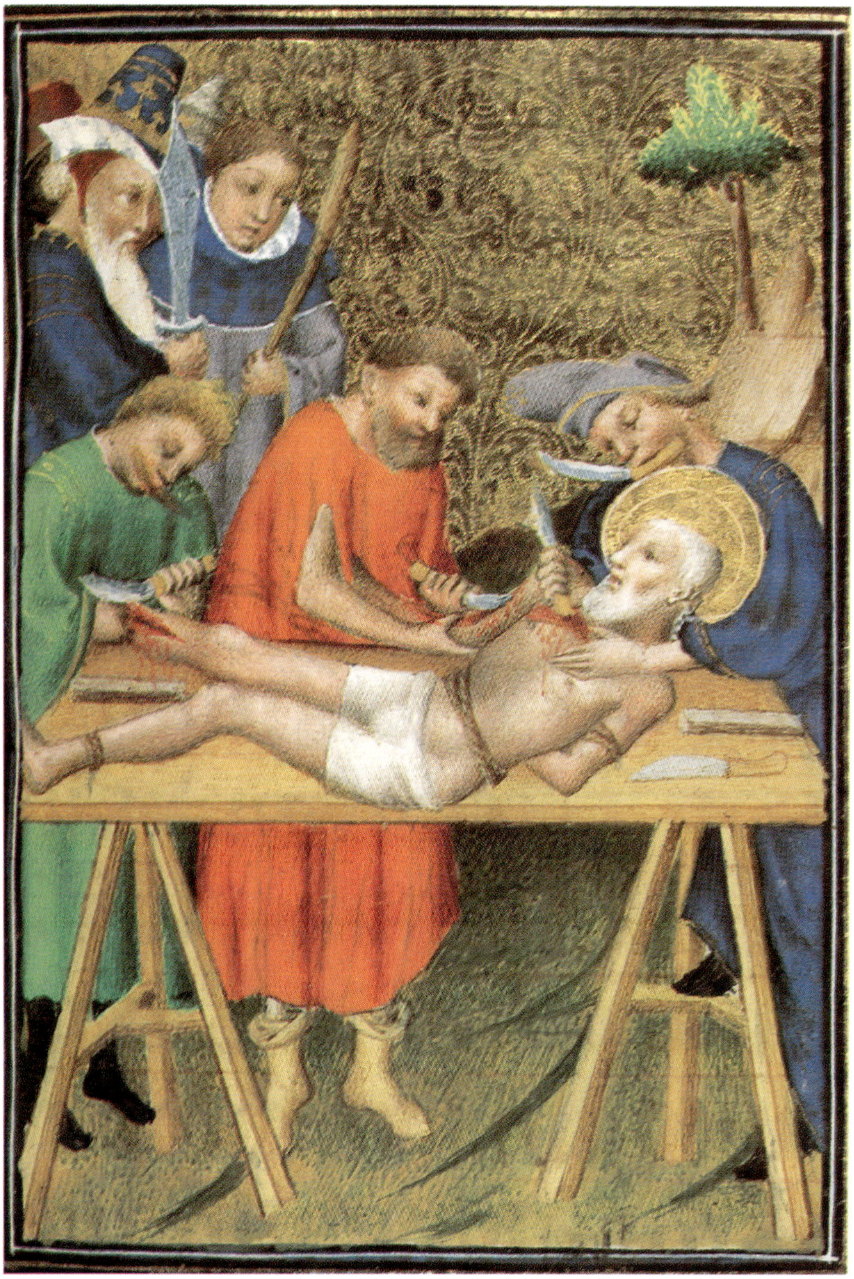

„Martyrium des Bartholomäus." Nach einer mittelalterlichen Miniatur, heute in der British Library.

einem weißen Mantel, er trägt Sandalen oder ist barfüßig. Als Attribute hat Bartholomäus bei sich: Buch, Schriftenrolle, Fahne, Schindmesser, Pilger- oder Kreuzstab; bei ihm ist häufig ein bezwungener Teufel zu sehen; auch hat er seine eigene abgezogene Haut über dem Arm oder seinen abgeschlagenen Kopf in der Hand (Martyrium).

Mit abgezogener Haut ist Bartholomäus am Dreikönigsschrein im Kölner Dom und auf einem Fresko von Michelangelo (um 1540) in der Sixtinischen Kapelle im Vatikan zu sehen. Tiépolo malte 1722 die Szene, wie Schergen Bartholomäus die Haut abziehen (Venedig, S. Stae). Die Vorbereitungen zum Martyrium hielt Ribera in einem Gemälde von 1630 fest, das heute im Prado zu Madrid zu sehen ist. Im Frankfurter Dom zeigen Wandmalereien von Stephan Lochner über dem Chorgestühl die Legende des Heiligen. Ein Glasfenster im Dom zu Naumburg (um 1250) zeigt Bartholomäus, über dem bezwungenen König Astyages stehend.

Emilie de Vialar

Ordensgründerin, Mystikerin
geboren: 12. September 1797 in Gailac, Frankreich
gestorben: 24. August 1856 in Marseille, Frankreich

Emilie de Vialar ist die Gründerin der Kongregation „St. Joseph von der Erscheinung", deren Schwestern sich der Sorge um Arme und Kranke widmen. Schon bald nach der Gründung 1835 breitete sich die Gemeinschaft bis nach Afrika, Australien, Indien und Palästina aus. Allerdings hatte die Kongregation auch überaus viele Schwierigkeiten zu meistern und Anfeindungen zu widerstehen. Im Bischof von Marseille fand Emilie de Vialar schließlich großen Beistand, so daß sie dort das Mutterhaus errichtete. Die Gründerin wurde 1939 selig- und am 24. Juni 1951 von Papst Pius XII. heiliggesprochen.

Johanna Antida Thouret

Ordensgründerin
geboren: 27. November 1765 in Sancey-le-Long, Frankreich
gestorben: 24. August 1826 in Neapel, Italien

Johanna Antida Thouret.

Papst Pius XI. sprach am 14. Januar 1934 Ordensgründerin Johanna Antida Thouret aus Frankreich heilig; 1926 war sie seliggesprochen worden. Johanna Antida Thouret hatte 1799 in Besançon die Kongregation der „Töchter der Liebe von Besançon" gegründet. Die Schwestern der Gemeinschaft, die sich der Erziehung von Mädchen sowie karitativen Tätigkeiten widmen, werden auch „Graue Nonnen" genannt. Die Kongregation ist heute in Europa und in Afrika verbreitet. Die Regeln waren 1819 von Papst Pius VIII. bestätigt worden.

Verehrung/Brauchtum: In Lausanne, Genf, Freiburg (Fribourg) und Neuchâtel in der Schweiz gedenken die Gläubigen Johanna Antida Thourets am 4. September.

Maria Michaela Desmaisières

Ordensgründerin
geboren: 1. Januar 1809 in Madrid, Spanien
gestorben: 24. August 1865 in Valencia, Spanien

Maria Michaela Desmaisières, eine spanische Gräfin, gründete 1859 die Kongregation der „Dienerinnen des heiligsten Sakramentes und der Liebe" zur Anbetung der Eucharistie und zu Werken der Nächstenliebe. Sie selbst opferte sich in der Hilfe für Kranke, Arme und Gestrauchelte auf und starb nur 54jährig in Valencia. Beigesetzt wurde sie in der Kirche ihrer Gemeinschaft in Valencia. Papst Pius XI. sprach die Gründerin am 4. März 1934 heilig (Seligsprechung: 1925).

25. August

Gaudentius von Gnesen

1. Erzbischof von Gnesen OSB
geboren: um 965
gestorben: 25. August um 1008 in Gnesen, Polen

Hunegundis

Nonne OSB
geboren: 7. Jh. in Frankreich
gestorben: 7. Jh. in Homblières, Frankreich
1679 Erhebung der Gebeine

Joseph von Calasanza

Ordensgründer SP
geboren: 11. März 1556 bei Peralta, Spanien
gestorben: 25. August 1648 in Rom, Italien
Patron der Piaristen; der Kinder; der christlichen Volksschulen

Unter dem Hochaltar der Kirche S. Pantaleo am gleichnamigen Platz in Rom hat der Gründer des Piaristenordens, Joseph von Calasanza, seine letzte Ruhestätte gefunden. Tausende von Touristen fahren Monat für Monat an dem kleinen, unscheinbaren Gotteshaus vorbei, denn es liegt genau an dem zum Petersdom hinführenden Corso Vittorio Emanuele. Doch kaum jemand findet einmal den Weg in dieses Kirchlein mit der einfachen Fassade. Wie viele Menschen kennen überhaupt den Namen Joseph von Calasanza?

Joseph kam am 11. März 1556 auf dem Bergschloß Calasanza in Nordspanien zur Welt. Sein Vater war Statthalter im nahegelegenen Peralta. Nach einem Philosophie- und Theologie-Studium an mehreren spanischen Universitäten empfing Joseph, der inzwischen Doktor der Theologie war, 1583 die Priesterweihe. Als 1592 sein Vater starb, verschenkte Joseph sein gesamtes Erbe und zog nach Rom. Voller Schmerz beobachtete der junge Priester dort viele verwahrloste, obdachlose Kinder, die

Totenmaske von Joseph von Calasanza, Gründer des Piaristenordens, im Ordensgeneralat in Rom. Seine letzte Ruhestätte fand Calasanza in der Kirche S. Pantaleo in Rom.

ihre Eltern bei den vorhergegangenen schweren Seuchen verloren hatten und nun auf den Straßen herumstreunten. Joseph beschloß, Abhilfe zu schaffen.

Im Jahr 1597 gründete Joseph, der in Rom als Theologe von Kardinal Marcantonio Colonna tätig war, die erste öffentliche, unentgeltliche Schule Europas. Immer mehr gleichgesinnte Geistliche und Lehrer schlossen sich Joseph Calasanza an, und so konnten schon bald täglich über 1000 Kinder unterrichtet werden. Die Schule befand sich im Pfarrhaus von S. Dorotea im römischen Stadtteil Trastevere. Mit seinen Gefährten führte Joseph Calasanza ein Leben in der Gemeinschaft und begründete daraus schließlich die Genossenschaft der „Regularkleriker von der frommen Schule". Aus dem lateinischen Begriff „Scholarum Piarum" entwickelte sich dann im Laufe der Zeit der Name Piaristen für die Mitglieder der Genossenschaft. Papst Paul V. bestätigte die Gemeinschaft 1617 als Kongregation mit einfachen Gelübden, Papst Gregor XV. erhob sie 1621 zum Orden mit feierlichen Gelübden. Joseph Calasanza wurde der erste General.

Im Laufe der Jahrzehnte hatte der junge Orden der Piaristen, der sich besonders in Österreich stark verbreitete, neben vielen Erfolgen auch zahlreiche Krisen zu überwinden; für einige Zeit wurde er sogar ganz aufgelöst, 1656 aber wiedererrichtet. Ordensgeneral Calasanza trat immer wieder als Vermittler und Versöhner auf. Am 25. August 1648 starb der Ordensgründer, 92 Jahre alt. Heute noch gehen viele tausend Kinder auf der ganzen Welt in die Schulen der Piaristen. Papst Clemens XIII. sprach Joseph von Calasanza 1767 heilig.

Darstellung: Joseph von Calasanza ist im Gewand der Piaristen dargestellt, oft umringt von Kindern, manchmal vor einem Marienaltar kniend.

Ludwig IX. (der Heilige)

König
geboren: 25. April 1214 in Poissy, Frankreich
gestorben: 25. August 1270 bei Tunis, Tunesien
Patron von München, Saarbrücken, Berlin, Saarlouis, Paris, Poissy und allen Orten in Frankreich, die den Namen Louis (Ludwig) tragen; der Wissenschaft; der Pilger und Reisenden; der Bäcker, Friseure, Stukkateure, Tapezierer, Anstreicher, Bauarbeiter, Steinhauer, Buchbinder, Buchdrucker, Fischer, Bürstenbinder, Juweliere, Kaufleute, Maurer, Zimmerer, Knopfmacher, Leinenverkäufer und Gerichtsdiener; gegen Blindheit und Gehörkrankheiten; gegen die Pest

Ludwig IX., der 1226 mit elf Jahren König von Frankreich geworden war, wurde schon zu Lebzeiten „ungekrönter Kaiser des Abendlandes" genannt. Er galt als eine der größten Persönlichkeiten seiner Zeit. Als Herrscher war er erfolgreich, im eigenen Staat führte er zahlreiche bahnbrechende Reformen durch. Zu allen Zeiten bewahrte er, selbst tiefreligiös, die Rechte des Königs gegenüber der Kirche. So, wie er die Kirche bei der Durchsetzung wichtiger Beschlüsse unterstützte, so verurteilte er gleichermaßen kirchliche Mißbräuche. Unter Ludwig IX. wurde Frankreich zum mächtigsten Staat in ganz Europa.

Von 1248 bis 1254 unternahm Ludwig den siebten Kreuzzug nach Damiette in Ägypten, das er eroberte, und nach Palästina, wo er den bedrängten Kreuzfahrern eine große Unterstützung und Hilfe war. Während eines erneuten Kreuzzuges, bei dem er noch die Burg von Karthago eroberte, starb der Herrscher am 25. August 1270 bei Tunis an einer Seuche, die in seinem Heer ausgebrochen war.

Bereits 1297 wurde Ludwig IX. von Papst Bonifaz VIII. heiliggesprochen. Das Herz Ludwigs wird bis heute in einer Urne im Altar des normannischen Domes von Monreale auf Sizilien aufbewahrt, seine Gebeine befinden sich in dem gewaltigen Gotteshaus St-Denis in Paris.

Verehrung/Brauchtum: Die große Verehrung für Ludwig IX. setzte unmittelbar nach seiner Heiligsprechung ein. Die Familie der Anjou brachte den Kult nach Neapel, von wo aus er sich bald in ganz Italien ausbreitete. Im 16. Jh. erreichte die Verehrung auch Deutschland, im 17. Jh. Spanien und die Schweiz. Der Jesuitenorden brachte Ludwig IX. so große Verehrung entgegen, daß er ihn in die Reihe seiner Patrone einfügte. Die französischen Botschaftskirchen in der ganzen Welt sind dem heiligen Ludwig geweiht.

Darstellung: Ludwig IX. ist fast immer im königlichen Gewand mit Krone und Zepter dargestellt; oft sitzt er auf dem Thron. Auch in Rüstung wurde der Herrscher in späteren Jahrhunderten manchmal abgebildet, wobei diese oft unter dem königlichen Mantel verborgen ist. Als

Reliquienbüste von Ludwig IX. in der Schatzkammer von Notre-Dame in Paris.

Attribute hat Ludwig IX. bei sich: Dornenkrone, Kreuzstab, Schwert, Lanze, Lilie, Wappen mit Lilien, Buch, Geißel, Jagdvogel, Ring. Einige Darstellungen sind bereits zu Lebzeiten des Königs entstanden, so unter anderem ein Glasfenster mit seinem Abbild (um 1246) in der Sainte-Chapelle in Paris, die Ludwig für die Aufbewahrung der von ihm erworbenen Passions-Reliquien hatte erbauen lassen.

Ludwig IX. wurde oft auch in Verbindung mit dem Franziskanerorden dargestellt, welcher den Herrscher auch zu seinen Patronen zählt. Häufig ist er mit dem Franziskaner Ludwig von Toulouse abgebildet, aber auch mit Franziskus und zahlreichen anderen Heiligen des Franziskanerordens. In einer Figurengruppe in der Theatinerkirche in München ist Ludwig IX. zusammen mit Birgitta von Schweden, Karl dem Großen und Margareta von Savoyen zu sehen.

Mariam Baouardy Maria vom gekreuzigten Jesus

Nonne, Mystikerin OCarm
geboren: 5. Januar 1846 in Abellin bei Nazaret, Palästina
gestorben: 25. August 1878 in Betlehem

„Ich kann nichts, ich bin nichts, aber ich hoffe auf Gottes Barmherzigkeit." Dies war der Leitspruch von Mariam Baouardy, die Papst Johannes Paul II. am 13. November 1983 seligsprach. Der Papst wies bei der Zeremonie auf die Bedeutung der jung Verstorbenen für die Ökumene hin, für die Versöhnung unter den Arabern, Juden und Moslems und für Frieden in deren Heimatregionen.

Mariam Baouardy, die bereits mit zwei Jahren Vollwaise geworden war, trat zunächst in Frankreich, wo sie als Hausgehilfin arbeitete, bei den Josephsschwestern ein; sie wurde dort jedoch wieder weggeschickt, nachdem man bei ihr ekstatische Zustände, Verzückungen und schließlich sogar die Stigmata entdeckt hatte. Unter Schwierigkeiten erreichte das Mädchen danach die Aufnahme in den Karmel von Pau in Frankreich, 1871 legte es im Karmel Mangalore in Indien die Profeß ab. Doch auch von hier wurde Mariam wegen außergewöhnlicher Begebenheiten um ihre Person wieder weggeschickt und

Mariam (Mirjam) Baouardy, die auch den Namen Maria vom gekreuzigten Jesus oder „die kleine Araberin" trug.

1875 nach Betlehem entsandt, wo sie zusammen mit anderen Schwestern in der Folgezeit einen Karmel gründete.

Während des Aufbaues des Klosters stürzte Mariam eines Tages beim Wassertragen und zog sich eine Wunde zu, die sich so infizierte, daß die junge Klosterfrau daran schließlich starb. Gradlinig, so später Papst Johannes Paul II., war ihr Weg auf Gott zugegangen, dem sie sich restlos anvertraut habe.

Patricia

Jungfrau
geboren: 7. Jh. in Konstantinopel(?)
gestorben: 25. August um 665 in Neapel, Italien

Patricia war nach den teilweise legendarischen Überlieferungen eine Verwandte von Kaiser Constans II. und lebte an seinem Hof in Konstantinopel. Auf einer Wallfahrt ins Heilige Land legte ihr Schiff in Neapel an, wo Patricia bald darauf starb. Patricia wurde im Basilianerkloster Ss. Nicandro e Marciano in Neapel beigesetzt, später wurde daraus das ihr geweihte Benediktinerinnenkloster S. Patricia. Die Gebeine der Verehrten fand man 1549 wieder auf; an der Aufbewahrungsstätte der Reliquien sollen sich zahlreiche Blutwunder ereignet haben.

26. August

Gregor von Pfalzel (von Utrecht)

Abt, Administrator OSB
geboren: um 707
gestorben: 25. August um 776 in Utrecht, Niederlande
Patron gegen Lähmung

Als Kind wurde Gregor Schüler von Bonifatius und später dann sein Gehilfe. Nachdem Bonifatius gestorben war, übernahm Gregor die Friesenmission; außerdem war er inzwischen Abt des Benediktinerklosters St. Martin in Utrecht und Administrator des Bistums Utrecht geworden. Die Bischofswürde bekam er ebenfalls angetragen, lehnte sie jedoch ab, da er immer nur Mönch bleiben wollte.

Bis heute wird das Haupt Gregors in Susteren im dortigen Kirchenschatz aufbewahrt.

Verehrung/Brauchtum: Im Bistum Trier gedenken die Gläubigen Gregors am 25. August. In der Diözese Utrecht wird Gregor gemeinsam mit anderen Bischöfen am 8. November gefeiert.

Darstellung: Auf Abbildungen ist Gregor von Pfalzel oft zu sehen, wie er Bedürftige beschenkt, so etwa mit Geld aus einer Geldbörse. Die älteste Darstellung von Gregor von Pfalzel ist jene auf dem Evangeliar der Abteikirche von Susteren, wo der Abt besonders verehrt wird.

Johanna Elisabeth Bichier des Ages

Ordensgründerin
geboren: 5. Juli 1773 in Des Ages, Frankreich
gestorben: 26. August 1838 in La Puye, Frankreich

Die Andreas-Schwestern, die bis heute in Frankreich, Italien, Spanien und Kanada wirken, sind die Gründung von Johanna Elisabeth Bichier des Ages. Mit Hilfe von Andreas Hubert Fournet hatte die junge Frau zu Beginn des 19. Jh. in La Puye diese Gemeinschaft der „Kreuztöchter vom heiligen Andreas" ins Leben gerufen; 1867 wurde die Kongregation durch Papst Pius IX. bestätigt. Johanna Elisabeth Bichier wurde 1934 selig- und am 6. Juli 1947 von Papst Pius XII. heiliggesprochen.

Theresia von Jesus (Teresa Jornet y Ibars)

Nonne, Gründerin OSCI
geboren: 9. Januar 1843 in Aytona, Spanien
gestorben: 26. August 1897 in Liria, Spanien

Papst Paul VI. sprach am 27. Januar 1974 die spanische Klarissin Theresia von Jesus heilig, die mit bürgerlichem Namen Teresa Jornet y Ibars hieß. Die 1843 in Aytona in Katalonien geborene Ordensfrau hatte 1872 in Barbastro, der alten Bischofsstadt am Rio Vera in Aragonien, das „Institut der Kleinen Schwestern für die verlassenen Greise" gegründet. Die Schwestern dieser Einrichtung widmeten sich aufopferungsvoll der Pflege alleinstehender alter Männer. Theresia leitete das Institut bis zu ihrem Tod am 26. August 1897.

Zephyrinus

Papst (199 bis 217)
geboren: 2. Jh. in Rom, Italien
gestorben: 217 in Rom

27. August

Amadeus von Lausanne

Bischof von Lausanne OCist
geboren: um 1110 in Chatte, Frankreich
gestorben: 27. August 1159 in Lausanne, Schweiz
1710 und 1903 Approbation des Kultes

Verehrung/Brauchtum: In der Diözese Lausanne-Genf-Fribourg verehren die Gläubigen Amadeus am 30. August. Sein Grab wurde 1911 in der Kathedrale von Lausanne wieder aufgefunden, einige Reliquien waren noch erhalten.

Cäsarius von Arles

Erzbischof
geboren: um 470 bei Châlon-sur-Saône, Frankreich
gestorben: 27. August 542 in Arles, Frankreich
Patron gegen Feuergefahren

Cäsarius war zunächst Mönch auf der Insel Lérins vor Nizza und kam dann nach Arles, wo er studierte und die Priesterweihe empfing. Nachdem er danach einige Zeit Abt eines Klosters gewesen war, für das er auch eine eigene Regel schrieb, erhielt Cäsarius im Jahr 502 die Ernennung zum Erzbischof von Arles. In der Folge wurde er als Reformbischof berühmt, er berief mehrere Reformsynoden ein, so jene von Orange im Jahr 529. Cäsarius, ein leidenschaftlicher Seelsorger, hinterließ viele Predigten und Homilien aus seiner Wirkungszeit als Erzbischof.

In der Zeit vor seinem Tod lebte Cäsarius im Kloster von Marseille, das er gegründet hatte und das seine Schwester Cäsaria leitete. Der Erzbischof von Arles fand seine letzte Ruhestätte in der Basilika St-Marie in Arles.

Darstellung: Cäsarius von Arles ist immer im bischöflichen Gewand, oft segnend oder predigend, dargestellt. Auf zahlreichen Abbildungen betet Cäsarius vor einer brennenden Stadt; nach der Legende nämlich soll der Erzbischof einmal ein Feuer durch sein leidenschaftliches Gebet gelöscht haben (Patronat).

Dominikus a Matre Dei (Domenico Barberi)

Provinzial CP
geboren: 22. Juni 1792 in Palanzano bei Viterbo, Italien
gestorben: 27. August 1849 in Reading, England

„Apostel Englands des 19. Jahrhunderts" wird Dominikus a Matre Dei genannt, weil er die katholische Kirche in England förderte und stärkte. Der Provinzial des Passionistenordens, der auch Verfasser vieler Schriften über die Philosophie war, stand zeitlebens in engem Kontakt zu den englischen Katholiken in Rom und gründete 1842 das erste Passionistenkloster in England (Aston Hall).

Papst Paul VI. sprach Dominikus a Matre Dei am 27. Oktober 1963 in Rom selig.

Gebhard II. von Konstanz

Bischof
geboren: 949 bei Bregenz, Österreich
gestorben: 27. August 995 in Konstanz, Baden-Württemberg
Patron der Diözese Feldkirch; gegen Halsleiden; für eine glückliche Entbindung

Gebhard, ein Graf von Bregenz, wurde 30jährig von Kaiser Otto II. zum Bischof von Konstanz ernannt. Zeitlebens kümmerte er sich um die Armen in seiner Diözese. In Petershausen bei Konstanz gründete er 983 eine Benediktinerabtei und stattete sie mit eigenen Gütern aus. Dort wurde Gebhard II. nach seinem Tod auch beigesetzt. In den Jahren 1134 und 1259 fand die Erhebung der Gebhard-Gebeine statt.

Verehrung/Brauchtum: In den Bistümern Rottenburg und St. Gallen sowie im deutschen Regionalkalender ist das Fest von Bischof Gebhard II. am 26. November vermerkt; das Gedächtnis wird da gemeinsam mit jenem an Bischof Konrad von Konstanz begangen. Auf dem Gebhardsberg bei Bregenz, wo einst das Geburtsschloß von Graf Gebhard stand, steht heute eine Wallfahrtskirche.

Darstellung: Gebhard ist in bischöflichen Gewändern, meist mit Stab dargestellt. Den Stab soll er einmal einem Lahmen gereicht haben, woraufhin dieser wieder gehen konnte. Weitere Attribute, die der Bischof bei sich hat: Kirchenmodell, Tiara und Totenkopf. Auf einem Fenstergemälde im Freiburger Münster (1512) ist Gebhard II. ganz ohne Attribute zu sehen.

Margareta von Bayern

Herzogin
geboren: 1372
gestorben: 27. August 1434 in Nancy, Frankreich

Margareta war die Tochter von Ruprecht von der Pfalz, dem Wittelsbacher und späteren deutschen König (1400 bis 1410). 20jährig wurde sie 1392 mit Herzog Karl II. von Lothringen verheiratet, mit dem sie eine nicht besonders glückliche Ehe führte. Margareta war tiefgläubig und fand ihr ganzes Glück in der selbstlosen Hilfe für Arme und Kranke. Viel Zeit verbrachte die Herzogin in den Spitälern, wo sie die Leidenden tröstete und den Sterbenden in ihrer schwersten Stunde beistand. Einige Spitäler waren von ihr selbst gestiftet.

Eine berühmte Legende erzählt, Margareta habe im Jahre 1407 durch ihr inniges Gebet die Schlacht zwischen dem Heer Lothringens und dem von Ludwig von Orléans zugunsten ihres Landes entschieden. Nach dem Tod ihres Mannes 1431 führte Margareta bis zu ihrem Tod am 27. August 1434 zeitweise sogar die Regierungsgeschäfte.

Beigesetzt wurde die Herzogin von Lothringen in der Familiengruft in der Kirche Saint-Georges in Nancy.

Monika

Mutter von Augustinus
geboren: um 332 in Tagaste, Numidien, heute Algerien
gestorben: Oktober 387 in Ostia, Italien
Patronin der christlichen Frauen und Mütter; für die Seelenrettung der Kinder

Aus Steinen des römischen Kolosseums wurde die Fassade der Kirche S. Agostino in Rom errichtet. Das unscheinbare Gotteshaus – eine der wenigen Frührenaissance-Bauten der Ewigen Stadt – steht dort, wo kaum einmal ein Tourist hinkommt, obwohl es nur einige Meter vom Pantheon und von der Piazza Navona entfernt seinen Platz hat. Voller Staunen betrachtet man hier herrliche Gemälde, Plastiken und Fresken von Raffael, Sansovino und Caravaggio. Über dem wuchtigen Hauptaltar, geschaffen von Bernini, kann man eine alte byzantinische Madonna bewundern, die aus Konstantinopel stammt. Links vom Chor befindet sich die Kapelle der heiligen Monika. Hier hat die Mutter des großen Augustinus ihre letzte Ruhestätte gefunden. Das Grabmal und die Statue stammen von Isaia da Pisa.

„Ein Sohn so vieler Tränen kann nicht verlorengehen", sagte ein unbekannter afrikanischer Bischof zu Monika, als diese wieder einmal völlig verzweifelt war über das ausschweifende, ziellose Leben ihres Sohnes Augustinus. Die Mutter von drei Kindern, gebürtig aus Numidien, dem heutigen Algerien, war ihrem Sorgenkind aus der Heimat zuerst nach Rom und dann nach Mailand nachgefolgt. Unter Tränen bat sie ihren Sohn, der zu jener Zeit noch der Irrlehre der Manichäer anhing, sich zu bekehren und die Taufe zu empfangen. Sie war schließlich maßgeblich daran beteiligt, daß Augustinus den Weg fand, auf dem er einer der Größten der ganzen Christenheit werden sollte. Und er wurde es, neben Ambrosius, Papst Gregor und Hieronymus.

Die Urne mit den sterblichen Überresten Monikas in S. Agostino in Rom.

Doch Monika durfte Triumph und Glück nicht mehr erleben: Auf der Heimreise von Italien nach Afrika, gemeinsam mit Augustinus, der bald darauf Bischof wurde, starb sie im Oktober 387 in Ostia. Reliquien der Patronin der Mütter und christlichen Müttervereine werden außer in S. Agostino in Rom auch im Augustinerkloster Arrouaise bei Arras in Nordfrankreich verehrt. In seinen berühmten „Confessiones", einem sehr persönlichen Werk, stattete Augustinus seiner Mutter später seinen Dank ab.

Verehrung/Brauchtum: Bei der Erneuerung des römischen Kalenders 1969 wurde der Gedenktag Monikas auf den 27. August gelegt, auf den Tag vor dem Festtag ihres Sohnes Augustinus.

Darstellung: Monika ist entweder als Matrone oder mit Witwenschleier dargestellt; bei sich hat sie Buch, Kruzifix oder Rosenkranz. Bezugnehmend auf ihren Sohn Augustinus, wurde Monika aber mehrfach auch als Augustinerin abgebildet, so unter anderem bei der Liegefigur auf ihrem Sarkophag in der Kirche S. Agostino in Rom (15. Jh.). Zu den wohl schönsten Darstellungen von Monika und Augustinus gehören die Fresken von Benozzo Gozzoli in der Kirche S. Agostino in San Gimignano. Kaum dürften Szenen aus dem Leben von Mutter und Sohn noch einmal so einfühlsam und eindrucksvoll wiedergegeben worden sein.

28. August

Adelinde

Äbtissin
geboren: 9. Jh.
gestorben: 28. August 926 in Buchau, Baden-Württemberg

Gräfin Adelinde war Stifterin und Äbtissin des frei-weltlichen Damenstiftes Buchau am württembergischen Federsee in der ehemaligen Diözese Konstanz. König Ludwig der Deutsche schenkte das Stift später seiner Tochter Irmingard, heute ist es ein Heim. Das Grab von Adelinde fand man 1939 wieder auf.

Darstellung: Adelinde ist auf verschiedene Weise dargestellt: entweder als Nonne oder als Witwe mit ihren drei ermordeten Söhnen oder in fürstlichen Gewändern mit dem Markgrafenhut.

Augustinus

Bischof, Kirchenlehrer
geboren: 13. November 354 in Tagaste, Numidien, heute Algerien
gestorben: 28. August 430 in Hippo, Numidien
Patron der Theologen; der Buchdrucker und Bierbrauer; für gute Augen

In der lombardischen Stadt Pavia hat im 8. Jh. der große Augustinus, einer der wichtigsten Kirchenschriftsteller aller Zeiten und Wegbereiter der Augustiner-Ordensgenossenschaften, seine letzte Ruhestätte gefunden. In der beeindruckenden Kirche S. Pietro in Ciel d'Oro, einem dreischiffigen, ro-

Bischof Augustinus von Hippo nach der ältesten bekannten Darstellung des Kirchenvaters aus dem 6. Jh. Das Abbild wurde an einer Mauer der Kapelle Sancta Sanctorum gefunden, die zur Lateran-Bibliothek von Papst Gregor dem Großen gehörte.

manisch-langobardischen Kirchenbau, erhebt sich über dem Hochaltar im Chor das Grabmal des Augustinus, die Arca di S. Agostino. Das dreigeschossige Kunstwerk aus weißem Marmor ist ein Werk der Campioneser Meister (Maestri Campionesi).

Augustinus, der neben Ambrosius, Gregor dem Großen und Hieronymus zu den vier großen abendländischen Kirchenvätern gehört, kam am 13. November 354 im numidischen Tagaste im heutigen Algerien zur Welt. Sein Vater war Heide, seine Mutter Monika eine fromme Christin. Monika sorgte dafür, daß Augustinus von Kindheit an eine christliche Erziehung erhielt; das Sakrament der Taufe empfing er jedoch noch nicht.

Während seiner Studienjahre entfernte sich Augustinus immer mehr von der christlichen Lehre und verfiel den Lastern und dem Müßiggang. Er wurde 20jährig Lehrer der Künste in Tagaste und ging 384 als Rhetorikprofessor nach Mailand. Während der nächsten zehn Jahre gehörte Augustinus den Manichäern an, den Anhängern des Persers Mani, der im 3. Jh. die dualistische Mischreligion begründet hatte. Doch auch in dieser Lehre fand der gebildete Gelehrte Augustinus nicht das, wonach er rastlos suchte.

In Mailand kam es dann zum entscheidenden Erlebnis für Augustinus: Er hörte mehrere Predigten von Ambrosius, dem Erzbischof der Stadt und späteren Kirchenlehrer, und war stark beeindruckt. Seine bisher gehegten Vorurteile gegen die Heilige Schrift schwanden, und durch starke Beeinflussung, vor allem von Seiten seiner Mutter Monika, wandelte sich Augustinus zu einem überzeugten Christen. Zusammen mit seinem Sohn Deodatus empfing er dann 387 von Ambrosius die Taufe und kehrte in seine Heimat Tagaste zurück. Während der Heimreise starb seine Mutter Monika in Ostia. Sie fand ihre letzte Ruhestätte in der Kirche S. Agostino in Rom.

In Tagaste führte Augustinus zuerst über mehrere Jahre ein gemeinsames christliches Leben mit gleichgesinnten Gefährten. Im Jahr 394 empfing er die Priesterweihe, und 396 wurde er zum Bischof von Hippo in Nordafrika ernannt. Unermüdlich wirkte Augustinus in den folgenden 34 Jahren seiner Amtszeit als Seelsorger. Sein Einfluß reichte weit über seine Bistumsgrenzen hinaus. Er war einer der begabtesten Prediger aller Zeiten und ein unerbittlicher Bekämpfer sämtlicher Irrlehren. Augustinus entfaltete eine oberhirtliche Tätigkeit, die das ganze Abendland beeinflußte. Er war geprägt von glühender Gottesliebe und aufopfernder Nächstenliebe, seine Güte war grenzenlos.

Das Schrifttum des genialen Analytikers und begnadeten Menschenkenners beherrschte die Theologie und die Philosophie der folgenden Jahrhunderte. Bis ins 13. Jh. hinein

Basilika S. Pietro in Ciel d'Oro in Pavia. Hier werden die Gebeine von Augustinus aufbewahrt.

gab es keinen Theologen, der sich Augustinus auch nur annähern konnte. Oft wird er als fruchtbarster Kirchenschriftsteller überhaupt bezeichnet. Zu den bedeutendsten Schriften von Augustinus gehören die „Bekenntnisse" (Confessiones) und der „Gottesstaat" (De Civitate Dei), eine Apologie des gesamten Christentums. Aus diesem Werk nahm sich das gesamte Mittelalter sein Wissen über die antike Kultur.

Im Alter von 75 Jahren starb Augustinus während der Belagerung Hippos durch den Vandalenkönig Geiserich. Der Todestag war der 28. August 430. Langobardenkönig Luitprand überführte die Gebeine im 8. Jh. nach Pavia.

Die Theologen verehren Augustinus weltweit als ihren Schutzpatron. Aus einer Regel, die Augustinus in seinem Brief 211 für das Frauenkloster in Hippo verfaßte (Regula ad Servos Dei), entwickelten sich im Laufe der Jahrhunderte zahlreiche Augustiner-Genossenschaften im weiteren Sinn, deren Verfassungen auf der sogenannten Augustinerregel beruhen.

Im engeren Sinn gibt es zwei Hauptzweige der Augustiner: die Augustiner-Chorherren und Chorfrauen sowie die Augustiner-Eremiten.

Verehrung/Brauchtum: Das Fest von Augustinus wird in Rom seit dem 8. Jh. gefeiert.

Darstellung: Augustinus ist meist im Bischofsgewand dargestellt, oft sieht man ihn auf Abbildungen auch als Gelehrten, manchmal auf einem Thron. Bei ihm ist häufig ein Engel oder das Jesuskind. Als Attribute hat Augustinus Buch, Schreibfeder, Kirchenmodell und/oder Herz bei sich, das manchmal brennt oder mit Pfeilen durchbohrt ist.

Gemeinsam mit den drei anderen lateinischen Kirchenvätern Hieronymus, Gregor dem Großen und

Grabmal von Augustinus im Hauptaltar der Kirche S. Pietro in Ciel d'Oro in Pavia. Die Reliquien wurden im 8. Jh. hierher überführt, die Arca di S. Agostino stammt aus dem 14. Jh.

Silberkassette mit der Urne des Augustinus; das kostbare Stück stammt aus dem 8. Jh. (S. Pietro in Ciel d'Oro).

Ambrosius wurde Augustinus von Michael Pacher auf dem berühmten Kirchenväteraltar (1483) abgebildet, der in der Alten Pinakothek in München zu sehen ist. Auf einem Gemälde aus dem Jahr 1477 in der Nürnberger Lorenzkirche ist Augustinus mit Brille abgebildet, was auf seine Gelehrtheit hinweisen soll. Szenen aus dem Leben von Augustinus und dem seiner Mutter Monika sind in der Kirche S. Agostino in S. Gimignano zu finden; die Fresken stammen von Benozzo Gozzoli. Botticelli malte den Kirchenlehrer, an einem Tisch in der Studierstube sitzend, die Tiara abgelegt, im Gebet versunken (Florenz, Kirche Ognissanti). Außergewöhnlich auch der Barock-Zyklus in der Augustinerkirche zu Mainz: Die Augustinus-Fresken von Johannes Baptist Enderle entstanden 1771/72.

Ghebre Michael

Priester, Märtyrer
geboren: 1788 in Mertule Mariam, Äthiopien
gestorben: 28. August 1855 in Äthiopien

Papst Pius XI. sprach am 31. Oktober 1926 den Äthiopier Ghebre Michael selig, der 1855 in seinem Heimatland so lange von Glaubensgegnern gefangengehalten und gequält worden war, bis er an den Leiden starb. Ghebre Michael war vom koptischen Glauben zum Katholizismus übergetreten und zum Priester geweiht worden. Er verfaßte einen Katechismus und ein Wörterbuch in äthiopischer Sprache und formte einen einheimischen Klerus, den er ausbildete. Koptische Mönche erreichten schließlich durch Verleumdungen, daß Ghebre Michael verhaftet und zu Tode gequält wurde.

Hermes von Rom

Märtyrer
geboren: 2./3.(?) Jh. in Rom(?), Italien
gestorben: 3. Jh.(?) in Rom(?)

Hermes war nach der Legende Stadtpräfekt von Rom und wurde wegen seines christlichen Glaubens enthauptet. Gesicherte Angaben über ihn gibt es aber nicht. Seine letzte Ruhestätte soll Hermes im Cömeterium S. Ermete in Rom gefunden haben, wo es auch ein Fresko mit seiner Darstellung aus dem 4. Jh. gibt.

Joachima Vedruna

Ordensgründerin
geboren: 16. April 1783 in Barcelona, Spanien
gestorben: 28. August 1854 in Vich, Spanien

Die Spanierin Joachima Vedruna gründete 1826 die Kongregation der „Karmelitinnen von der Liebe", deren Schwestern sich um verlassene Kranke und Mädchen kümmern. Die Kongregation nahm im Lauf der folgenden Jahrzehnte bis heute großen Aufschwung und hat viele Mitglieder. Papst Johannes XXIII. sprach Joachima Vedruna am 12. April 1959 heilig (Seligsprechung: 1940). Die Ordensgründerin war an der Cholera gestorben, mit der sie sich bei der Pflege Kranker infiziert hatte.

29. August

Adelphus von Metz

Bischof von Metz
geboren: 4. Jh. in Frankreich
gestorben: 5. Jh. in Metz, Frankreich

Bronislawa

Nonne OPraem
geboren: um 1200 in Kamień, Polen
gestorben: 29. August 1259 in Zwierzyniec, Polen
Patronin gegen die Pest und die Cholera

Die Nonne Bronislawa sah in einer Vision exakt den Tod des Hyazinthus von Polen vorher, der dann genau zwei Jahre vor ihr starb. Der Kult um Bronislawa wurde für die Diözese Krakau und für den Prämonstratenserorden bestätigt.

Verehrung/Brauchtum: In der Diözese Görlitz wird der Gedenktag Bronislawas am 1. September begangen.

Candida

Märtyrerin
geboren: 3./4. Jh.(?) in Rom, Italien
gestorben: 3./4. Jh.(?) in Rom

Gemeinsam mit mehreren Gefährten starb die Christin Candida in frühchristlicher Zeit in Rom den Martertod. Papst Paschalis, der von 817 bis 824 regierte, übertrug ihre Gebeine an einem 29. August in die Kirche S. Prassède in Rom, woher sich der Gedenktag ableitet.

Sabina

Märtyrerin
geboren: 1. Jh. in Rom, Italien
gestorben: August 120 (126?) in Rom
Patronin von Rom; der Hausfrauen; der Kinder; gegen Blutfluß; gegen Regen

Auf dem Aventin in Rom erhebt sich die Kirche S. Sabina, eine der sehenswertesten Basiliken der Ewigen Stadt; das Gotteshaus wurde um 425 über den Fundamenten eines antiken „Titulus Sabinae“ erbaut. Der beeindruckende Innenraum mit seinen 24 korinthischen Säulen, die zu den

Innenraum der Kirche S. Sabina in Rom, erbaut um 425.

„Grablegung der heiligen Sabina.“ Darstellung aus dem 19. Jh.

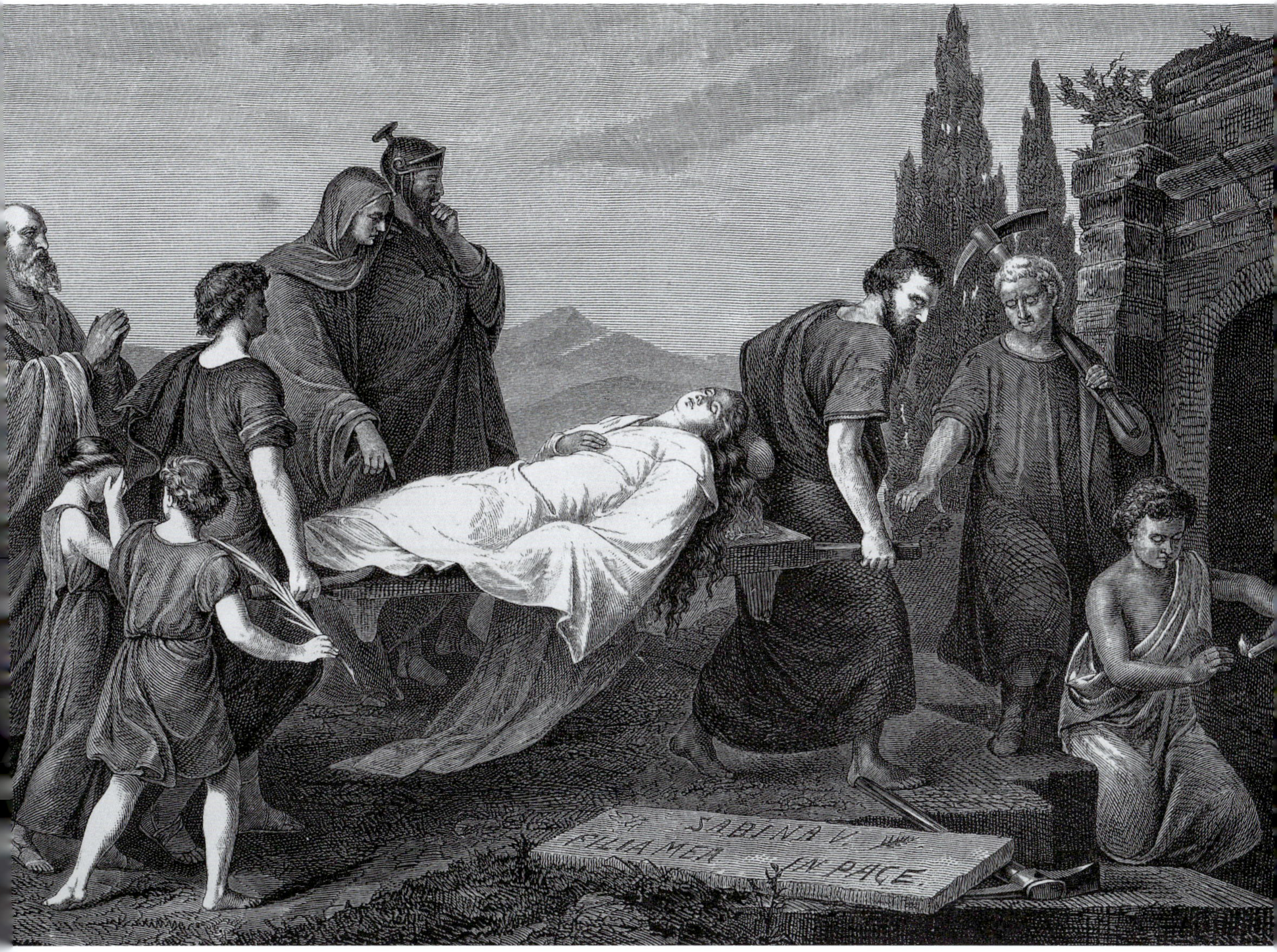

besterhaltenen in ganz Rom gehören, und mit der schlichten Architektur strahlt eine ergreifende Feierlichkeit aus. Hier wurde 1219 von Dominikus der Dominikanerorden gegründet. Im angrenzenden Klostergarten wird noch ein Orangenbaum gezeigt, den Dominikus bei der Ordensgründung gepflanzt haben soll. Auch die Klosterzelle von Dominikus – heute eine Kapelle – kann noch besichtigt werden.

Die Patronin der Kirche S. Sabina ist die heilige Sabina. Nach der Legende war sie eine wohlhabende, vornehme Witwe heidnischen Glaubens, die durch Seraphia, eine ihrer vielen Sklavinnen, zum christlichen Glauben bekehrt wurde. Zusammen mit Seraphia stieg Sabina danach in den Nächten in die römischen Katakomben hinab, wo sich aus Angst vor den kaiserlichen Christenverfolgern die Christen regelmäßig trafen. Von einem Priester empfing Sabina hier das Taufsakrament. Als Seraphia bald darauf festgenommen und zu Tode geprügelt wurde, verlor Sabina jeglichen Lebenswillen. Im August des Jahres 120 wurde sie verhaftet und nach Martern enthauptet.

Möglicherweise handelt es sich bei der Kirchenpatronin Sabina aber auch um die Stifterin der Kirche.

Darstellung: Sabina ist meist als jugendliche Märtyrerin abgebildet, ihre Attribute sind Palme, Buch und Krone. Mit Krone und Palme wird sie auf der wohl frühesten Darstellung (6. Jh.) in der Kirche S. Apollinare Nuovo in Ravenna dargestellt. Auch das Martyrium war immer wieder Motiv für Künstler.

Verona

Nonne
geboren: 9. Jh.
gestorben: um 900 in Mainz, Rheinland-Pfalz

Verona war eine Tochter des Karolingers Ludwig des Deutschen. Nachdem der Vater 876 gestorben war, ging sie ins Kloster. Nach ihrem Tod wurde Verona in der Mainzer Kirche Heiligkreuz beigesetzt; die Örtlichkeit erhielt später ihren Namen: Veronshofen.

Verehrung/Brauchtum: Vor der Grabkirche Veronas gab es einen Brunnen, dessen Wasser von Fieberkranken getrunken wurde.

Felix (rechts) und Adauctus mit der Gottesmutter.

30. August

Felix und Adauctus

Märtyrer
geboren: 3. Jh. in Rom(?), Italien
gestorben: um 300 in Rom

Die Legende erzählt, daß der Priester Felix während der Christenverfolgung unter Maximian und Diokletian um das Jahr 300 in Rom gefangengenommen wurde und in einem Tempel den Götzen opfern sollte. Felix habe dort aber, nur durch einen Atemstoß, die Götterstatue zum Umfallen gebracht und vor dem Tempel einen den Göttern geweihten Baum entwurzelt. Daraufhin wurde er zum Tode verurteilt. Als der Priester zur Hinrichtungsstätte geführt wurde, sprang plötzlich ein Zuschauer aus der Menge auf ihn zu, küßte ihn und bekannte sich zum Christentum. Zusammen mit Felix wurde auch er enthauptet. Da niemand seinen Namen kannte, nannte man ihn „Adauctus“, der Hinzugekommene.

Soweit die Legende. Sicher ist, daß es sich bei Felix und Adauctus um römische Märtyrer aus der Zeit um 300 handelte. Im Jahr 1905 wurde bei Grabungen im Cömeterium der Commodilla an der Straße von Rom nach Ostia hinaus das Grab der beiden wieder aufgefunden. Von einer Platte, auf der Papst Damasus I. ein Lobgedicht auf die Märtyrer hatte einmeißeln lassen, wurde ebenfalls ein größeres Stück entdeckt.

Darstellung: Felix und Adauctus wurden häufig zusammen mit der Gottesmutter dargestellt, so auch auf der wohl ältesten Abbildung, einem Fresko von 528 in der Katakombe der Commodilla in Rom. Auch mit zertrümmerten Götzenbildern wurden die beiden oft dargestellt.

Fiacrius

Mönch, Einsiedler
geboren: um 610 in Irland
gestorben: um 670 in Meaux, Frankreich
Patron der Gärtner, Blumenhändler, Kupferschmiede, Gittermacher, Kistenmacher, Packer, Töpfer, Zinngießer, Ziegelbrenner und Notare; gegen Hautkrankheiten

Der irische Mönch Fiacrius ließ sich Mitte des 7. Jh. in Meaux in der Nähe von Paris als Einsiedler nieder und lebte dort bis zu seinem Tod. Die Legende erzählt, er habe von Bischof Faro ein Waldstück erhalten, das sich, als er es mit seinem Stab berührte, in einen blühenden Garten verwandelte. Die Reliquien des nach seinem Tod Hochverehrten befinden sich bis heute in der Kathedrale von Meaux.

Verehrung/Brauchtum: Die Lohnkutscher, die sogenannten Fiaker, haben ihren Namen von Fiacrius; dies rührt daher, daß die Kutscher von Paris ihren Wartestand bei der Kirche des Fiacrius hatten.

Darstellung: Fiacrius ist fast immer mit einer Schaufel (Legende) dargestellt; er trägt meist ein Einsiedlergewand, manchmal aber auch bäuerliche Kleidung. Oft steht Fiacrius auf Abbildungen in einem Garten, den er manchmal auch mit der Schaufel umgräbt.

Guarinus (Warin) von Sitten

Bischof von Sitten
geboren: um 1065 in Pont-à-Mousson, Frankreich
gestorben: 30. August 1150 in Aulps, Schweiz
Patron des Viehs und gegen Viehseuchen

31. August

Johannes Juvenal Ancina

Bischof von Saluzzo
geboren: 19. Oktober 1545 in Fossano, Italien
gestorben: 31. August 1604 in Saluzzo, Italien
1890 Seligsprechung

Marcello Candia

Stifter, Wohltäter
geboren: 27. Juli 1916 in Portici bei Mailand, Italien
gestorben: 31. August 1983 in Mailand

Die Lebensgeschichte von Dr. Marcello Candia gehört wohl zu den außergewöhnlichsten. Geboren als Industriellensohn, arbeitete Candia zunächst in der Firma des Vaters in Mailand; 1946 übernahm er das Unternehmen. Im Laufe einer Geschäftsreise, die ihn auch durch die Dritte Welt führte, sah Candia in zahlreichen Ländern bitterste Armut und viel Elend. Daraufhin gründete er in Italien eine Institution zur Unterstützung der Missionen, außerdem förderte und finanzierte er fortan moderne Projekte in hilfebedürftigen Ländern.

Ende der vierziger Jahre lernte Marcello Candia einen Missionar kennen, mit dem zusammen er ein Krankenhaus im brasilianischen Mündungsgebiet des Amazonas plante – und auch verwirklichte. Candia gab das Geld dafür.

Dann die große Wende 1965: Dr. Marcello Candia verkaufte sein Hab und Gut in Mailand und zog selbst ganz in den Nordosten von Brasilien, wo er sich von nun an um Aussätzige und Arme kümmerte. Candias neue Lebensphilosophie lautete: „Es genügt nicht, einen Scheck auszustellen. Ich muß mich persönlich einsetzen.“ Candia errichtete eine Sozialstation und eine religiöse Gemeinschaft, in welcher Patres und Schwestern gemeinsam mit den Aussätzigen lebten. Er organisierte Einrichtungen und Schulen für Behinderte, Gefangene, Krankenpfleger, verwahrloste Jugendliche, alle über ganz Brasilien verteilt. Darüber hinaus gelang es Candia, Ordensschwestern aus Italien dazu zu bewegen, an den Amazonas zu kommen und Leprakranke zu pflegen.

Alle diese Einrichtungen und Organisationen existieren dank einer Stiftung, die Marcello Candia vor seinem Tod einrichtete, bis zum heutigen Tag weiter. Candia starb im Alter von 67 Jahren am 31. August 1983 in seiner Heimatstadt Mailand. Nur acht Jahre später wurde 1991 der Seligsprechungsprozeß eröffnet – dies ist ebenso ungewöhnlich wie das ganze Leben von Dr. Marcello Candia.

Paulinus von Trier

Bischof, Märtyrer
geboren: um 300 in Aquitanien, Frankreich
gestorben: 31. August 358 in Phrygien, heute Türkei

In der Pfarrkirche St. Paulin in Deutschlands ältester Stadt Trier werden in der Krypta bis heute die Gebeine von Bischof Paulinus verehrt. In einem Sarg aus Zedernholz soll Bischof Felix, einer der Nachfolger von Paulinus, die Reliquien seines Vorgängers Ende des 4. Jh., rund 30 Jahre nach dessen Tod, nach Trier übertragen und in der Krypta der Ur-Kirche beigesetzt haben. Später wurde der kostbare Sarg, von dem heute noch Teile erhalten sind, in einen Sarkophag übertragen, in dem man 1072 die Gebeine vorfand. In den Jahren 1402 und 1883 wurde der Holzschrein nochmals geöffnet.

Holzsarg mit den Gebeinen von Paulinus von Trier in der Kirche St. Paulin in Trier. Die Rekonstruktionszeichnung wurde von einem Augenzeugen der Graböffnung im Jahr 1883 angefertigt.

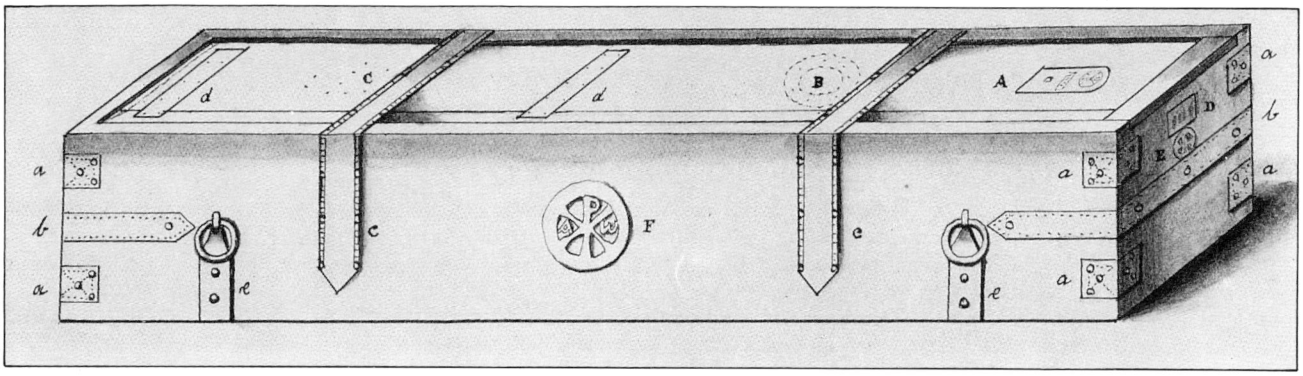

Kaiser Diokletian auf einer Münze aus dem Jahr 303; sie wurde zur Zeit von Paulinus in Trier gedruckt.

Paulinus, der aus einer vornehmen aquitanischen Familie stammen soll und um das Jahr 300 zur Welt kam, wurde 346 Nachfolger von Maximinus auf dem Bischofsstuhl von Trier. Von seinem Vorgänger, mit dem zusammen er nach Trier gekommen war, hatte Paulinus auch die Priesterweihe empfangen. Als Kaiser Konstantius einige Jahre später auf dem Konzil von Arles die Verurteilung des Patriarchen von Alexandria, Athanasius, forderte, sprach sich Paulinus als einziger der Bischöfe dagegen aus. Konstantius verbannte den Trierer Bischof deshalb nach Phrygien, heute in der westlichen Türkei, wo Paulinus am 31. August 358 nach fünfjährigem Exil voller Demütigungen und Entbehrungen entkräftet starb.

Darstellung: Paulinus wurde in bischöflichen Gewändern, häufig mit Taube, dargestellt.

Raimundus Nonnatus

Mönch, Kardinal(?) OdeM
geboren: um 1204 in Portello, Spanien
gestorben: 31. August 1240 in Cardona, Spanien
Patron der Schwangeren; der Ammen; der Kinder; der unschuldig Angeklagten; für eine glückliche Geburt; gegen Fieber

Seinen ungewöhnlichen Namen Nonnatus, der Ungeborene, erhielt Raimundus, weil er nach der Überlieferung aus dem Leib seiner bereits verstorbenen Mutter herausgeschnitten werden mußte. Als junger Mann trat Raimundus in Barcelona dem Mercedarierorden bei, der sich dem Freikauf von christlichen Gefangenen in Afrika widmete. Um eingekerkerte Christen zu retten, bot er sich einmal sogar selbst als Preis an und verbrachte daraufhin mehrere Monate im Kerker.

Erst 36jährig, starb Raimundus Nonnatus 1240 während einer Reise nach Rom im katalanischen Cardona. Daß Raimundus Kardinal gewesen ist, wird in einigen Quellen behauptet, ist aber nicht erwiesen.

Verehrung/Brauchtum: Raimundus Nonnatus wurde 1657 in das Martyrologium Romanum aufgenommen, im Jahre 1681 gestattete man seinen Kult für die ganze Kirche.

Darstellung: Raimundus Nonnatus ist im Ordensgewand der Mercedarier dargestellt, meist umgeben von freigekauften Christensklaven. Oft ist der Mund von Raimundus mit einem Schloß verschlossen, manchmal hat er eine Palme bei sich. Hin und wieder ist Raimundus auch mit dem Kardinalshut oder in Kardinalskleidung zu sehen, was auf seine mögliche Kardinalswürde hinweist.

Wala

Abt OSB
geboren: um 755 in Deutschland
gestorben: 31. August 836 in Bobbio, Italien

Wala, ein Vetter von Karl dem Großen, trat als schon älterer Mann dem Benediktinerorden bei und gründete 822 das Kloster Korvey bei Höxter. 826 trat er die Nachfolge seines Bruders als Abt von Kloster Corbie in der Diözese Amiens an. Als Verteidiger der kirchlichen Reformen geriet Wala in der Folge in Konfrontation zu König Ludwig dem Frommen, der ihn 830 für drei Jahre verbannte. Danach erhielt Wala die Abtswürde des berühmten Benediktiner-Klosters Bobbio in Oberitalien übertragen. Nach Walas Tod wurden seine Gebeine in das Damenstift Herford bei Osnabrück übertragen.

1. September

Ägidius (Gilles, Till)

Einsiedler OSB
geboren: 7. Jh. in Athen(?), Griechenland
gestorben: 1. September 720 in St-Gilles, Frankreich
Patron von Kärnten und der Steiermark; von Nürnberg, Osnabrück, Braunschweig, Toulouse, Graz und Edinbourgh; der Jäger, Hirten, Pferdehändler; der Schiffbrüchigen; der Bogenschützen; der Bettler; der Aussätzigen; der stillenden Mütter; gegen Geisteskrankheit; gegen Unfruchtbarkeit bei Mensch und Tier; gegen Trockenheit, Feuer und Sturm; um Beistand für eine gute Beichte; bei Verlassenheit; Nothelfer

Eine der interessantesten Kirchen Südfrankreichs ist die Abteikirche Saint-Gilles in dem gleichnamigen Städtchen am Rande der Camargue, wenige Kilometer westlich von Arles. Nicht nur wegen der außergewöhnlichen romanischen Fassade des Gotteshauses, sondern auch wegen der Erinnerungen, die sich mit diesem heute verschlafenen Ort verbinden, lohnt sich ein Besuch.

Wie ein Märchen möchte man die Geschichte vom Einsiedler Ägidius beginnen: Es war einmal ein Pilger, der aus dem fernen Athen in das Rhônetal kam und sich in der Nähe von Arles tief im Wald als Eremit niederließ. Der Mann hieß griechisch Ägidios, auf deutsch der Schildhalter, französisch Gilles. Die Legende berichtet, daß Ägidius in seiner Höhle jeden Tag von einer Hirschkuh besucht wurde, die ihn mit ihrer Milch nährte.

Eines Tages wollten die Jäger des Königs das Wild erlegen, doch eine unsichtbare Kraft verhinderte, daß sie sich dem Tier nähern konnten. So ging es mehrere Tage, bis der König selbst mit auf die Jagd ging, um die Hirschkuh zu schießen. Das Tier hatte sich zu Ägidius in die Höhle geflüchtet und lag dort zu seinen Fü-

Oben: Ägidius mit der Hirschkuh. Statue am Rathaus von Saint-Gilles in Südfrankreich.

Abteikirche St-Gilles. In diesem Gotteshaus ist Ägidius (Gilles) beigesetzt. Der Baubeginn für die Kirche ist mit dem Jahr 1116 angegeben.

Krypta mit der Grabstätte von Ägidius in der Kirche St-Gilles in Frankreich.

ßen. Der König schoß blind einen Pfeil in die mit Gestrüpp völlig zugewachsene Höhlenöffnung. Als er nachsah, ob er getroffen hatte, fand er Ägidius blutend in seiner Höhle vor, die Hirschkuh unverletzt an ihn geschmiegt. Der Herrscher, der dieses Unglück verschuldet hatte, bot Ägidius ärztlichen Beistand und Geld an. Der Einsiedler aber wollte sich nicht helfen lassen. Er bat den König nur um eines: Er sollte ihm hier in der Einsamkeit ein Kloster bauen lassen.

Der König, froh, seine Schuld wiedergutmachen zu können, erfüllte Ägidius den Herzenswunsch. So entstand hier in der Provence um das Jahr 680 das Kloster Saint-Gilles, das bald eine große Zahl frommer Mönche beherbergte. Ägidius war der erste Abt und leitete das Kloster bis zu seinem friedlichen Tod am 1. September 720. Seine letzte Ruhestätte fand er in der Klosterkirche.

Das Grab des Einsiedlers, das man heute noch besichtigen kann, war im Mittelalter ein berühmter Wallfahrtsort. Saint-Gilles lag an der wichtigen Pilgerstraße nach Santiago de Compostela in Nordwest-Spanien und war einst Sammelstelle für Hunderttausende von Wallfahrern. Die Reliquien von Ägidius, der zu den 14 Nothelfern zählt, werden heute größtenteils in der Basilika Saint-Sernin in Toulouse aufbewahrt, dem größten romanischen Bauwerk Frankreichs.

Verehrung/Brauchtum: Die Verehrung für Ägidius war vor allem im Mittelalter überaus groß, nicht nur in Frankreich, sondern auch im gesamten deutschen Sprachraum. Von diesem Kult zeugen bis heute zahlreiche Ortsnamen wie Gillenberg, Gillersheim, Gilden, Gillersdorf, St. Gilgen, St. Ilgen, Ilgesheim oder St. Ägyd. Zu vielen dieser Orte existierten besonders im Mittelalter berühmte Wallfahrten, die Tausende von Gläubigen anzogen. An einigen Orten gibt es die Ägidius-Wallfahrten bis zum heutigen Tag; sie werden besonders von Bauern und Jägern besucht. Eine dieser noch existierenden Wallfahrtsorte ist Schildthurn im bayerischen Bistum Passau.

Auch einen Ägidius-Brauch gibt es: Manche Bauern mischen ihrem Vieh am Ägidius-Tag geweihten Fenchel unter das Futter.

In Pestzeiten verehrten die Gläubigen Ägidius auch als Pestpatron, man bat ihn um persönlichen Schutz vor der Krankheit und um das Ende der Epidemie.

Der 1969 reformierte römische Kalender führt Ägidius nicht mehr auf.

Darstellung: Ägidius ist als Einsiedler in einer Höhle, meist mit einer Hirschkuh, dargestellt; oft hat er einen Pfeil in der Brust, manchmal ist auch die Hirschkuh vom Pfeil getroffen. Bekleidet ist Ägidius fast immer mit dem Benediktinergewand des Abtes, auch Abtattribute (Buch, Stab) hat er auf Abbildungen manchmal bei sich. Eine der ältesten Darstellungen findet sich in der Unterkirche von S. Clemente in Rom: ein Fresko aus dem 11. Jh. Mit Buch und Pfeil in der Brust, die Hirschkuh neben ihm, zeigt eine Altarfigur im Wallraf-Richartz-Museum in Köln den Einsiedler. Auch zusammen mit anderen Nothelfern oder mit bekannten Einsiedlern wurde Ägidius dargestellt.

Harald

Märtyrer
geboren: um 520 in Italien(?)
gestorben: 574 bei Brescia, Italien

Über das Leben von Harald gibt es keine Überlieferungen. Man weiß nur, daß er gemeinsam mit seinen beiden Söhnen Oderich und Carillus im Jahr 574 in der Nähe von Brescia in Oberitalien von den Häschern des heidnischen Fürsten Alachis festgenommen und ermordet wurde. Außer Harald und seinen Söhnen fanden viele andere Christen in der Region um Brescia in dieser Verfolgung den Tod.

Nivard von Reims

Erzbischof von Reims
geboren: um 600 in Frankreich
gestorben: 1. September 673 in Reims, Frankreich

Pelagius von Aemona

Märtyrer
geboren: 3. Jh.(?)
gestorben: 283/284(?) in Aemona(?), heute Cittanova, Istrien
Mitpatron des Bistums Konstanz (1821 aufgelöst) und des Konstanzer Münsters

Über Leben und Wirken von Pelagius fehlen gesicherte Angaben. Die Legende berichtet, Pelagius sei Christ gewesen und wegen seines Glaubens um 283/284 enthauptet worden. Der Ort der Ermordung soll Aemona in Istrien (heute Cittanova) gewesen sein. Im Jahr 904 brachte dann der Konstanzer Bischof Salomon III. Reliquien von Pelagius nach Konstanz, außerdem erhob er den Märtyrer zum Mitpatron der Diözese und des Münsters. Dem Schweizer Stift Bischofszell übergab Salomon III. ebenfalls einige Reliquien; das Stift erhielt in der Folge den Namen St. Pelagius.

Verehrung/Brauchtum: Sofort nach der Übertragung der Pelagius-Reliquien in den Konstanzer Dom breitete sich der Kult des Märtyrers im alemannischen Raum aus. Pelagius gehörte im 10. und im 11. Jh. zu den meistverehrten Gestalten in dieser Region.

Darstellung: Auf Abbildungen ist Pelagius von Aemona meist als Edelmann in vornehmer Kleidung zu sehen, als Attribute hat er Palme, Schwert und/oder Buch bei sich; so zeigt ihn unter anderem ein Glasgemälde aus dem 15. Jh. im Konstanzer Münster.

Verena von Zurzach

Jungfrau, Missionarin
geboren: um 300 in Ägypten(?)
gestorben: um 350 in Zurzach, Schweiz
Patronin der Pfarrhaushälterinnen, Fischer, Schiffer und Müller; der Armen und von Menschen in Not; für Kindersegen

Der Kurort Zurzach im Schweizer Kanton Aargau, nahe der Grenze nach Deutschland, besitzt einen der außergewöhnlichsten Kirchenbauten der ganzen Schweiz: das Verena-Münster. Das Gotteshaus mit seinem eigenwilligen Turmchor, einem interessanten Bauwerk der Gotik, erhebt sich über dem Grab der verehrten Missionarin Verena. Zurzach, das im Mittelalter zu den wichtigsten Wallfahrtsorten der Schweiz gehörte und auch heute noch viele Pilger anzieht, ist eng mit Leben und Wirken Verenas verbunden.

Der Legende nach kam Verena nach dem grausamen Martyrium eines Teiles der Thebäischen Legion in die Nordschweiz. Auf das unermüdliche Bemühen der jungen Christin, die einem anderen Truppenteil der Legion angehört hatte, ist die Bekehrung vieler Alemannen zurückzuführen. Die letzten Jahre ihres Lebens verbrachte Verena in Zurzach, wo sie sich selbstlos um die Krankenpflege kümmerte und sich liebevoll der Ärmsten der Gegend annahm. Auch soll sie die Haushälterin des Zurzacher Pfarrers gewesen sein.

Nach dem Tod Verenas um das Jahr 350 wurde über ihrer Grabstätte schon bald eine Kirche errichtet. Das Kaiserhaus schloß dem Gotteshaus dann etwa um 800 ein Benediktinerkloster an, dessen Angehörige die immer größer werdende Wallfahrtsstätte betreuten. Heute ist das Verena-Münster der einzige noch bestehende Teil der gesamten Klosteranlage. Das kostbarste Stück des Kirchenschatzes ist das Armreliquiar, ein Kleinod hochgotischer Goldschmiedearbeit, das vom Haus Habsburg zu Beginn des 14. Jh. zur Aufbewahrung der Verena-Reliquie gestiftet wurde. Das Heiligengrab im Kirchenraum – ein Sarkophag mit einer Liegefigur der Verena – ist von einem Renaissance-Gitter umstellt.

Verehrung/Brauchtum: Verena gehört bis heute zu den meistverehrten Kirchengestalten in der Schweiz; ihr sind viele Kirchen und Kapellen geweiht. Auch in S. Verena bei Bozen in Italien wird Verena bis heute verehrt. In Solothurn gibt es noch die Verena-Schlucht, wo Verena einige Zeit gelebt haben soll; auch hierher kommen noch immer Pilger.

Darstellung: Verena von Zurzach ist als Jungfrau oder im Einsiedlerinnengewand abgebildet; als Attribute hat sie Krug, Brot und Kamm als Zeichen für die Armen- und Krankenpflege bei sich, manchmal auch einen Fisch. In der Zurzacher Kirche gibt es elf Gemälde aus der Zeit um 1630, die Szenen aus dem Leben Verenas zeigen.

Armreliquiar der Verena. Goldschmiedearbeit aus dem 14. Jh. Das kostbare Kunstwerk befindet sich im Kirchenschatz von St. Verena im schweizerischen Zurzach.

Zwölf Brüder

Märtyrer
geboren: 3. Jh. in Tunesien
gestorben: um 250 in Italien

Die zwölf Brüder, von denen einige wahrscheinlich auch nur nahe Verwandte waren, lebten im 3. Jh. in Nordafrika, vermutlich in Tunesien. Wegen ihres christlichen Glaubens wurden sie während der Herrschaft des Christenverfolgers Decius festgenommen, gefoltert und schließlich nach Italien gebracht, wo die Häscher von Decius sie ermordeten. Die Gebeine der zwölf Märtyrer gelangten um 760 in die Kirche S. Sofia im italienischen Benevent.

2. September

Apollinaris Morel von Posat

Priester, Märtyrer OFMCap
geboren: 12. Juni 1739 in Prez-vers-Noréaz, Schweiz
gestorben: 2. September 1792 in Paris, Frankreich

Der Schweizer Apollinaris Morel von Posat starb am 2. September 1792 in Paris den Martertod, weil er den Eid auf die französische Zivilkonstitution verweigert hatte. Zusammen mit ihm wurden zahlreiche weitere Geistliche hingerichtet, die ebenfalls mutig ihre Überzeugung vertreten hatten.

Apollinaris Morel hatte 1762 die Priesterweihe empfangen, bereits zwei Jahre zuvor war er dem Kapuzinerorden beigetreten. Später war

Morel in der Schweiz als Lehrer, Lektor und Seelsorger tätig, 1788 kam er nach Paris und kümmerte sich dort bis zu seinem Tod als Kaplan um rund 5000 Deutsche sowie um viele Gefangene.

Papst Pius XI. sprach Apollinaris Morel am 17. Oktober 1926 selig.

Franz Urban Salins de Niart

Priester, Märtyrer
geboren: 1760 in Neu-Breisach, Elsaß, Frankreich
gestorben: 2. September 1792 in Paris, Frankreich

Der Priester Franz Urban Salins de Niart fand bei den Septembermorden während der Französischen Revolution im Karmelitenkloster in Paris den Tod. Papst Pius XI. sprach den Kanoniker im Jahr 1926 selig.

Ingrid Elovsdotter

Gründerin, Priorin OP
geboren: um 1220 in Schweden
gestorben: 2. September 1282 in Skenninge, Schweden

Ingrid Elovsdotter gründete gemeinsam mit ihren Geschwistern das erste Dominikanerinnenkloster in Schweden (in Skenninge) und trat dort selbst als Nonne ein. Bis zu ihrem Tod wirkte sie als Priorin.

Verehrung/Brauchtum: In Schweden wurde Ingrid Elovsdotter bis ins späte Mittelalter hinein hoch verehrt. Zu einer offiziellen Heiligsprechung kam es jedoch nie.

Darstellung: Auf Abbildungen ist Ingrid im Dominikanerinnengewand mit einem Kreuz zu sehen.

Margareta von Löwen

Magd, Märtyrerin
geboren: um 1207 in Leuven, Belgien
gestorben: 2. September 1225 in Belgien

Die Magd Margareta hatte schon als junges Mädchen den Wunsch gehabt, in ein Kloster einzutreten. Es kam aber nie dazu: Als sie 20 Jahre alt war, wurde Margareta von Räubern gefangengenommen und schließlich am 2. September 1227 ermordet. Die sterblichen Überreste der jungen Frau, die von den Tätern zunächst in einen Fluß geworfen worden waren, wurden später in Leuven bestattet.

Der Dom von Freising. Hier fand Nonnosus seine letzte Ruhestätte.

Nonnosus

Abt OSB
geboren: um 500
gestorben: um 565 auf dem Monte Seratto (Soracte), Italien
Patron von Freising (Mitpatron); des Bistums Nepi; gegen Gebrechen; gegen Nöte in der Schule

Einer der Schutzpatrone des Freisinger Domes ist Nonnosus. Der Ordensmann, dem besonders in Oberbayern im Mittelalter starke Verehrung bezeugt wurde, war zuerst Mönch und dann später Abt des berühmten Benediktinerklosters Monte Seratto (Soracte) im Norden Roms. Während seiner Zeit als einfacher Bruder hatte Nonnosus schwer unter seinem groben und herrschsüchtigen Abt zu leiden, der jede Gelegenheit nutzte, den Mönch zu maßregeln oder gar zu quälen. Doch Nonnosus ertrug die Prüfungen demütig und gottergeben und war dann, als er selbst Abt wurde, ein gütiger, immer freundlicher Vorsteher seiner Mönche.

Nach seinem Tod um das Jahr 565 wurde Nonnosus zuerst in seinem Kloster beigesetzt. Im 11. Jh. gelangten seine Reliquien als Geschenk nach Freising in den dortigen Mariendom, in dem auch Korbinian seine letzte Ruhestätte gefunden hat. Von Anfang an war das Nonnosus-Hochgrab in der Dom-Krypta ein vielbesuchtes Wallfahrtsziel. Heute noch bestaunen viele Besucher den eigenwilligen Steinsarg aus dem Jahr 1161: Eine Öffnung unter dem Sarg ermöglichte es den Pilgern hindurchzuschlüpfen.

Verehrung/Brauchtum: Dem Nonnosus-Hochgrab im Freisinger Mariendom kam in der Verehrung für den Abt vom Soracte große Bedeutung bei. So entnahmen Wallfahrer entweder der Grablampe Öl, da ihm Heilkraft zugesprochen wurde, oder die Gläubigen krochen durch die Öffnung des Steinsarges, um Heilung und Hilfe zu finden. Das Durchschlupfen sollte vor allem bei Schulnöten und bestimmten körperlichen Gebrechen helfen.

Darstellung: Nonnosus ist meist im schwarzen Benediktinerhabit mit den Attributen Ölzweig, Glasampel oder Felsberg dargestellt. Im Dom zu Freising existieren zahlreiche Darstellungen.

Wolfsindis

Märtyrerin
geboren: 6./7. Jh.
gestorben: 7. Jh. in Reisbach, Bayern
Patronin gegen Augenleiden und bei Krankheiten allgemein

Daten über Geburt, Abstammung und Tod von Wolfsindis sind nicht überliefert, ihre geschichtliche Existenz ist jedoch in mehreren Quellen bestätigt. So schrieb der Wessobrunner Abt Benedikt (933 bis 943) in einem Nekrolog: „Das Fest der heiligen Jungfrau und Märtyrerin (Wolfsindis) wird immer gefeiert am vierten der Nonen des Septembers" (dem 2. September). Alle Zeugnisse über das Leben von Wolfsindis grenzen ihre Zeit auf das 6. und das 7. Jh. ein.

Über den Tod von Wolfsindis gibt es zwei Legenden. So sagt die eine, das Mädchen sei von seinem heidnischen Vater wegen seines Christenglaubens zu Tode geschleift worden; die andere Legende überliefert, ein Freier habe das Mädchen zu Tode geschleift, weil es seine Jungfräulichkeit verteidigte. An der Stelle des Martyriums soll in beiden Fällen eine Quelle entsprungen sein. Es gibt darüber hinaus noch eine Geschichtsschreibung aus dem 19. Jh., die den Tod von Wolfsindis mit der Verfolgung der Katholiken durch die Arianer in Verbindung bringt.

Verehrung/Brauchtum: Wolfsindis ist bis heute Namenspatronin vieler Frauen und Mädchen im Raum Reisbach im Bistum Passau. An dem als heilkräftig geltenden „Fieberbrünnl" in Reisbach wurde 1761 zunächst eine Kreuzsäule mit einem Bildnis von Wolfsindis errichtet, 1816 dann eine Kapelle für die vielen Wallfahrer. Die Quelle entsprang unter dem Hochaltar, dem Wasser wird bis heute Heilkraft vor allem bei Augenleiden nachgesagt. Am 2. September wird in der Kapelle eine Messe gefeiert, am darauffolgenden Sonntag findet eine Bittprozession statt. Zahlreiche Votivtafeln in dem Kirchlein berichten von Heilungen durch Wolfsindis.

Darstellung: Wolfsindis ist als Jungfrau mit Krone und Palme als Zeichen für ihr Martyrium dargestellt, außerdem trägt sie meist einen Wasserkrug. Mit diesen Attributen ist sie unter anderem in einer Holzplastik aus der Zeit um 1515 in der Kirche St. Martin in Dirnaich nahe Reisbach zu sehen.

3. September

Basilissa

Kind, Märtyrerin
geboren: um 290 in Nikomedien, heute Izmid, Türkei
gestorben: um 300 in Nikomedien
Patronin der stillenden Mütter; gegen Frostbeulen

Basilissa erlitt im Alter von neun Jahren um 300 während der Christenverfolgung unter Kaiser Diokletian in Nikomedien den Martertod. Überlieferungen berichten, daß das Mädchen die furchtbarsten Folterungen so tapfer aushielt, daß sich der heidnische Statthalter zu Gott bekannte.

Verehrung/Brauchtum: Die Verehrung für Basilissa entwickelte sich vor allem in Konstantinopel.

Gregor I. (der Große)

Papst, Kirchenlehrer
geboren: um 540 in Rom, Italien
gestorben: 12. März 604 in Rom
Patron der Bergwerke; der Sänger, Musiker, Scholaren; des Chor- und Choralgesanges; der Maurer und Knopfmacher; der Gelehrten, Lehrer, Studenten und Schüler; des kirchlichen Schulwesens; gegen Gicht und gegen die Pest

Idealgestalt eines Papstes nannte man Gregor I. Kaum ein anderer Inhaber des Stuhles Petri gereichte dem Papsttum so zur Ehre wie er, der als einer der bedeutendsten Seelsorger unter den Päpsten in die Geschichte einging. Er vertrat sein Amt in so herausragender Weise, daß er zum Vorbild für alle seine Nachfolger wurde und von seiner Nachwelt den Titel „der Große" erhielt. Zusammen mit Ambrosius, Augustinus und Hieronymus gehört Gregor der Große zu den vier lateinischen Kirchenvätern und seit 1295 auch zum Kreis der Kirchenlehrer.

Gregor kam um das Jahr 540 in Rom als Sohn einer angesehenen Familie zur Welt. Nach dem Tod seines Vaters wandelte er den elterlichen Palast in ein Benediktinerkloster um und weihte es dem heiligen Andreas. Nachdem Gregor von 572 bis 573 römischer Stadtpräfekt gewesen war, zog er sich 575 zusammen mit einigen Gefährten selbst in das Andreaskloster zurück.

Im Jahr 579 empfing Gregor von Papst Pelagius II. die Diakonweihe und wirkte in den folgenden sieben Jahren als Papstvertreter am Kaiserhof von Konstantinopel. Nach seiner Rückkehr nach Rom wurde Gregor ein enger Berater von Pelagius, und nach dessen Tod, 590, bestieg Gregor als erster dieses Namens den Papststuhl. Die Bischofsweihe – der Papst ist gleichzeitig Bischof von Rom – empfing er am 3. September 590. Dieser Tag wurde als Gedenktag dem Sterbedatum Gregors vorgezogen.

Die Barbara-Kapelle neben der Kirche S. Gregorio Magno in Rom. Hier steht noch der Steintisch, an welchem Gregor der Große Arme speiste.

Gregor der Große mit einer Taube am Ohr. Nach einer Miniatur aus dem 12. Jh., heute Königliche Bibliothek, Brüssel. Die Darstellung entstand begleitend zu den „Dialogi" des Papstes und zeigt die Legende, nach der sich der Heilige Geist in Gestalt einer Taube neben Gregors Haupt niederließ und ihm Gedanken und Worte eingab.

Unter dem Pontifikat von Gregor I. kamen drei wichtige Völker zur katholischen Kirche: England, Spanien und die Langobarden. Gregor unterstützte die langobardische Königin Theodelinde, der die Bekehrung ihres größtenteils arianischen Volkes zu verdanken war. Auch dem in Spanien regierenden westgotischen König Reccared, der dem Arianismus abgeschworen hatte und mit seinem Volk zum katholischen Glauben übergetreten war, brachte er großes Wohlwollen entgegen. Die wohl glücklichste – und folgenreichste – Entscheidung Gregors aber war die Entsendung von Augustinus, Prior des Andreasklosters, und weiteren 40 Mönchen nach England zur Missionierung. England gehörte danach zu den treuesten Anhängern des Papsttums.

Unermeßliche Verdienste erwarb sich Gregor I. als Seelsorger. Den Besitz der römischen Kirche – er nannte ihn „Eigentum der Armen" – verwandte er für die Linderung von Not und Elend unter der Bevölkerung Italiens. Sein karitativer Einsatz, seine soziale Fürsorge und seine Schutzmaßnahmen gegen die Ausbeutung der Kleinen und Schwachen waren richtungsweisend für alle Päpste der Folgezeit.

Gregor der Große ging auch als bedeutender theologischer Schriftsteller in die Geschichte ein. Seine „Moraltheologie" beeinflußte das gesamte Mittelalter. Große Bedeutung erlangten seine Werke „Liber regulae pastoralis" über die Aufgaben des Seelsorgers, seine „Dialogi", eine Art Heiligenlegende in vier Büchern, und sein Kommentar zum Job-Buch, genannt „Moralia". In den „Dialogi" beschrieb Gregor Person und Wirken des großen Benedikt von Nursia und rückte den Ordensgründer und Mitformer der abendländischen Kultur somit überhaupt erst wieder ins Bewußtsein. Von Gregors Homilien werden noch heute einige im Brevier gelesen.

Auch eine Legende gibt es über das Leben von Papst Gregor I. Danach soll er gleich in seinem ersten Amtsjahr eine Bittprozession zur Abwendung der in Rom wütenden Pest durchgeführt haben. Während der Zug durch die Tiber-Stadt zog, soll über dem Hadrian-Mausoleum der Erzengel Michael erschienen sein und als Zeichen für das Ende der Seuche sein Schwert in die Scheide gesteckt haben. Seit jenem Tag heißt das Kaiser-Grabmal „Engelsburg".

Gregor I., der Zeit seines Lebens an einer schweren Magenkrankheit gelitten hatte, starb am 12. März 604. Seine letzte Ruhestätte fand der Papst im Petersdom zu Rom. In der römischen Kirche S. Gregorio Magno auf dem Celio, von Gregor einst auf eigenem Familiengrund erbaut, kann man noch heute die Zelle des Heiligen besichtigen und auch die Stufe, auf der der Papst oft schlief. Hier stehen auch Gregors Bischofsstuhl und ein Schrein mit einigen Reliquien. Neben der Kirche versteckt sich hinter einem grasüberwachsenen Platz, kaum bemerkt, ein kleiner Sakralbau mit der Barbara-, der Andreas- und der Silvia-Kapelle. In der Barbara-Kapelle steht bis heute der Steintisch, an dem Gregor I. jeden Tag zwölf Arme oder Pilger gespeist hat.

Verehrung/Brauchtum: Früher wurde das Fest von Gregor an seinem Todestag, dem 12. März, gefeiert. Da dieser Tag jedoch in die Fastenzeit fällt, legte man den Gedenktag 1969 auf den 3. September, den Jahrestag von Gregors Bischofsweihe im Jahr 590. Im Bistum Roermond ist der 4. September der Festtag.

Seit vielen Jahrhunderten schon gibt es den Brauch der „Gregorianischen Messen"; dabei lassen Gläubige 30 Messen an 30 aufeinanderfolgenden Tagen für einen nahestehenden Verstorbenen lesen. Die Bezeichnung kommt daher, daß Papst Gregor I. einmal als Abt des Andreasklosters für den verstorbenen Mönch Justus an eben 30 Tagen die Messe feiern ließ.

Darstellung: Gregor der Große ist fast immer im Papstgewand dargestellt, als Attribute hat er Buch, Schreibfeder oder Taube bei sich. Oft speist er Arme an seinem Tisch. Auch die Darstellung der „Gregorius-Messe" wurde häufig wiedergegeben: Gregor hält eine Heilige Messe ab, dabei erscheint ihm Christus als Schmerzensmann; dazu kam später noch die Hinzufügung des Fegefeuers, aus welchem arme Seelen erlöst werden.

Eine sehr frühe, möglicherweise die früheste Darstellung von Gregor dem Großen war im Andreaskloster in Rom zu finden; sie zeigte Gregor zusammen mit seinen Eltern (nicht mehr vorhanden, nur noch Reproduktionen). In der Kirche S.Maria Antiqua in Rom zeigt ein Fresko Gregor I. ohne Haare, bekleidet mit dem Meßgewand. Mit einer Dreifach-Tiara ist Gregor unter anderem in einer Holzskulptur (16. Jh.) im Münster zu Breisach zu sehen. Mit einer Taube stellte Luca della Robbia Gregor den Großen auf einer Bronzetür (1450) im Dom von Florenz dar. Hans Baldung Grien malte Gregor, wie ihm bei der Messe Jesus als Schmerzensmann erscheint (um 1510); das Gemälde befindet sich heute im Museum of Art in Cleveland.

Hereswitha

Königin von England, Nonne OSB
geboren: 7. Jh. in England (Northumberland)
gestorben: 7. Jh. in Chelles bei Paris, Frankreich

Verehrung/Brauchtum: Auch der 20. September und der 1. Dezember sind Gedenktage für Hereswitha.

Hermann von Niederaltaich

Einsiedler OSB
geboren: 13. Jh. in Heidelberg, Baden-Württemberg
gestorben: 1326/1327 in Frauenau, Bayern

Hermann war zunächst Laienbruder im Benediktinerkloster Niederaltaich und lebte dann als Einsiedler in einem Wald nahe des Klosters. Später zog er weiter und ließ sich in Frauenau bei Zwiesel wieder als Einsiedler nieder. Schon bald genoß er hohes Ansehen und große Verehrung in der Bevölkerung. Als Hermann starb, begleiteten ihn viele Menschen zu seiner letzten Ruhestätte. Auf seinen Wunsch hin wurde Hermann vor der Tür der Kirche zu Rinchnach bei Frauenau beerdigt, wo man später eine Kapelle zu seinen Ehren errichtete. Die Reliquien des Einsiedlers werden bis heute in der Rinchnacher Kirche aufbewahrt.

Hildebold von Köln

Erzbischof
geboren: 8. Jh.
gestorben: 3. September 818 in Köln, Nordrhein-Westfalen

Während der Amtszeit dieses Erzbischofs wuchs das Ansehen des Bistums Köln außerordentlich. Hildebold, seit 787 Bischof und ab 791 auch Hofkaplan bei Karl dem Großen, stand mit Herrschern und Kirchenfürsten in engem Kontakt. Auf ihn gehen die Gründungen der Domschule und der Dombibliothek sowie der Neubau des Kölner Domes zurück. Hildebold starb am 3. September 818 und fand seine letzte Ruhestätte in der Kirche St. Gereon in Köln, der christlichen Märtyrerkirche aus dem 4. Jh.

Darstellung: Hildebold ist dargestellt, wie er Karl dem Großen die Sterbesakramente reicht.

Ludwig Josef François

Priester, Mönch, Märtyrer CM
geboren: 3. Februar 1751 in Busigny, Frankreich
gestorben: 3. September 1792 in Troyes, Frankreich

Papst Pius XI. sprach am 17. Oktober 1926 den Priester und Generalsekretär des Vinzentinerordens, Ludwig Josef François, selig. François hatte sich durch seine Schriften gegen die Zivilkonstitution den Haß der französischen Revolutionäre zugezogen und war am 3. September 1792 von ihnen aus dem ersten Stock seines Ordenshauses auf die Straße geworfen und dort erschlagen worden.

Mansuetus

1. Bischof von Toul
geboren: 3./4. Jh.
gestorben: 4. Jh. in Toul, Frankreich

Darstellung: Auf Abbildungen ist Mansuetus, dessen Namen „der Milde, Sanftmütige" bedeutet, entweder predigend abgebildet oder auch, wie er Tote zum Leben erweckt.

Otto von Niederaltaich

Einsiedler OSB
geboren: 13. Jh. in Heidelberg, Baden-Württemberg
gestorben: 1344 auf dem Frauenberg bei Niederaltaich, Bayern

Ebenso wie sein Bruder Hermann von Niederaltaich kam Otto zunächst ins Kloster Niederaltaich, wo er Mönch wurde und die Priesterweihe empfing. Wie Hermann zog auch Otto dann als Einsiedler in die Stille des Bayerischen Waldes. Nach dem Tod von Hermann übernahm Otto dessen Zelle in Frauenau bei Zwiesel. Vor seinem Tod ließ er sich noch für einige Zeit auf dem Frauenberg bei Niederaltaich nieder. Seine letzte Ruhestätte fand Otto im Kloster Niederaltaich.

Verehrung/Brauchtum: Auch der 28. Dezember ist ein Gedenktag für Otto von Niederaltaich.

Phöbe (Phoibe)

Diakonissin
geboren: 1. Jh.
gestorben: 1. Jh. in Korinth(?), Griechenland

Die Überlieferungen berichten, Phöbe sei Diakonissin in der Kirche von Kenchreai bei Korinth gewesen und habe sich sehr um Paulus sowie viele andere Christen gekümmert. Sie soll auch die Überbringerin des Römerbriefes gewesen sein.

Remaklus (Rimagilus)

Abtbischof OSB
geboren: um 600 in Aquitanien, Frankreich
gestorben: um 673 in Stablo, Belgien
Patron der Ardennen; gegen Unfruchtbarkeit bei Frauen

Remaklus war der erste Abt des von ihm mitbegründeten Klosters Solignac bei Limoges. Etwa ab 650 leitete er die Klöster Malmédy und Stablo in Belgien. Von Bischof Amandus von Maastricht erhielt Remaklus zusätzlich noch die Bischofswürde übertragen. Einen großen Namen machte sich der Abtbischof in der Folge als unermüdlicher Missionar unter der heidnischen Bevölkerung in den Ardennen.

Die Gebeine von Remaklus wurden 1042 erhoben; sie ruhen seit dem 13. Jh. in einem kostbaren Schrein in der Pfarrkirche von Stablo.

Darstellung: Remaklus ist auf Abbildungen mit einem Wolf oder einem Bär, der Lasten trägt, dargestellt. In der Hand hält der Abtbischof oft ein Kirchenmodell.

4. September

Bonifatius I.

Papst (418 bis 422)
geboren: 4. Jh. in Rom, Italien
gestorben: 4. September 422 in Rom

Hadwig von Herford

Äbtissin von Kloster Herford OSB
geboren: um 800 in Sachsen
gestorben: um 870 in Herford, Nordrhein-Westfalen

Ida (Itha) von Herzfeld

Stifterin, Wohltäterin
geboren: um 775
gestorben: 4. September 825 in Herzfeld, Nordrhein-Westfalen
Patronin der schwangeren Frauen

Traumgesicht: Ida erhält den Auftrag zum Bau der Kirche in Herzfeld im Bistum Münster. Glasfenster in der Ida-Kapelle in der Kirche St. Ida, Herzfeld.

Ida war die erste Heilige von Westfalen. Die fränkische Gräfin hatte gemeinsam mit ihrem Ehemann um das Jahr 790 in Herzfeld (Bistum Münster) eine Kirche gegründet, so, wie es ihr im Traum vorgegeben worden war. Als Ida 811 Witwe wurde, ließ sie sich über dem Grab ihres Mannes neben der Basilika in Herzfeld eine Halle errichten, in welcher sie von da an bis zu ihrem Tod am 4. September 825 lebte. Während all dieser Jahre kümmerte sich Ida um die Bedürftigen und Notleidenden der Umgebung, das Volk nannte sie „Mutter der Armen". Darüber hinaus gründete Ida die erste christliche Gemeinde im südlichen Westfalen.

Die Erhebung der Gebeine der Ida von Herzfeld erfolgte am 26. November 980 durch Bischof Dodo; an diesem Tag fand auch die erste sogenannte „Identracht" statt, ein Umzug durch Herzfeld mit den Reliquien der Stifterin. Die Wohnung Idas wurde zur Ida-Kapelle; bald schon hieß das ganze Gotteshaus Ida-Kirche (ursprünglich war es Germanus geweiht).

Das Grab von Ida von Herzfeld entwickelte sich schnell zu einer vielbesuchten Wallfahrtsstätte. Die „Confessio" enthält den Steinsarkophag sowie einen kostbaren Goldschrein mit den Reliquien der Wohltäterin. Das Hauptreliquiar aus Silber am Eingang zur Krypta wurde für das Haupt Idas geschaffen.

Verehrung/Brauchtum: Ida von Herzfeld gehörte im Mittelalter zu den besonders stark verehrten Heiligen, ihre Grabstätte in Herzfeld war der Mittelpunkt des Ida-Kultes. Bis zum heutigen Tag berühren Gläubige den Steinsarkophag durch eine Öffnung in der ihn umgebenden Glaswand; vor allem schwangere Frauen beten zu Ida von Herzfeld (Patronat) und tragen den geweihten „Ida-Gürtel".

Neben dem Hauptgedenktag 4. September ist auch der 26. November ein Ida-Festtag. Die sogenannte „Ida-Woche" wird in der Woche nach dem 4. September in Herzfeld begangen; sie beginnt mit der feierlichen Überführung des Reliquienschreines von der Krypta in die Oberkirche von St. Ida und endet mit der „Identracht", der Prozession durch Herzfeld, bei der außer dem Schrein auch das Hauptreliquiar mitgeführt wird. An den Prozessionsstationen wird der „Ida-Segen" erteilt.

Darstellung: Ida von Herzfeld ist meist im vornehmen Kleid, manchmal mit einem leichten Schleier dargestellt. Als Attribut hat sie oft ein Kirchenmodell bei sich, neben ihr steht manchmal eine Hirschkuh (nach der Legende schützte Ida eine Hirschkuh vor Jägern). Szenen aus dem Leben der Idas zeigen die Dachplatten des Goldschreines in der Herzfelder Kirche; sie sollen von Dürer-Schülern stammen.

Irmgard von Süchteln (von Köln)

Wohltäterin, Einsiedlerin
geboren: um 1020 auf Burg Aspel, Nordrhein-Westfalen
gestorben: 4. September um 1085 in Köln, Nordrhein-Westfalen

In der mit bemerkenswerten Fresken ausgestatteten Agnes-Kapelle im Kölner Dom ruhen in einem Sarkophag aus dem 14. Jh. die Gebeine der Irmgard von Süchteln, auch Irmgard von Köln genannt. Leben und Wirken Irmgards sind stark von verschiedenen Legenden überfrachtet, so daß es schwerfällt, eine einigermaßen authentische Lebensgeschichte zu erzählen.

Irmgard erblickte wohl um das Jahr 1020 auf der Burg Aspel am Niederrhein als Tochter des Grafen von Aspel das Licht der Welt. Nachdem ihre Eltern gestorben waren, verteilte sie ihr Erbe großzügig unter den Krankenhäusern, Kirchen und Bedürftigeneinrichtungen. Danach unternahm sie mehrere Pilgerreisen nach Rom. In Süchteln, in der Nähe von Krefeld, soll die Gräfin einige Zeit als Einsiedlerin gelebt haben. Dort gibt es seit 1500 eine ihr geweihte Kapelle. Ihre letzten Lebensjahre verbrachte Irmgard in Köln, wo sie Stifte und Klöster unterstützte. Irmgard starb an einem 4. September um 1085. Die Bestätigung ihres Kultes erfolgte 1319.

Verehrung/Brauchtum: Um die Gestalt der Irmgard von Süchteln gibt es ein reiches Brauchtum. So gedenken die Gläubigen im niederrheinischen Viersen-Süchteln ihrer mit der „Irmgardis-Oktav" und der „Appelstaten-Kirmes" während der ersten Septemberwoche. Die Irmgard-Kapelle in Süchteln stammt in ihrer heutigen Form aus dem Jahr 1664; in ihr werden zum Irmgard-Fest Gottesdienste abgehalten. An die Wallfahrer werden Apfeltörtchen (Appelstaten) verkauft.

Darstellung: Irmgard von Süchteln ist auf Darstellungen entweder als Pilgerin mit Stab oder als Jungfrau mit Stirnreif abgebildet. Auch mit einem blutigen Handschuh wurde sie dargestellt, was auf die Legende zurückgeht, daß Irmgard Erde vom Grab der heiligen Ursula nach Rom gebracht und diese ihren Handschuh gerötet haben soll.

Marinus von Rimini

Einsiedler
geboren: um 285
gestorben: um 360 in San Marino
Patron von San Marino

Marinus von Rimini gilt als Begründer des Zwergstaates San Marino an der italienischen Adria. Der Ort, der nach Marinus benannt wurde, entstand an der Stelle auf dem Monte Titano, an der sich im 4. Jh. die Zelle des Einsiedlers befand. Bevor Marinus sich als Eremit auf den Adria-Berg begab, hatte der Christ um 305 in Rimini als Zwangsarbeiter unter den diokletianischen Christenverfolgern arbeiten müssen.

Robert Schuman

Politiker, „Vater Europas"
geboren: 29. Juni 1886 in Luxemburg
gestorben: 4. September 1963 in Scy-Chazelles, Lothringen, Frankreich

„Vater Europas" und „Pilger für Europa" wird der französische Politiker Robert Schuman genannt. Als Ministerpräsident und Außenminister Frankreichs hat er ab 1947 maßgeblich an der Überwindung der Feindschaft zwischen Deutschland und Frankreich mitgewirkt. Der Seligsprechungsprozeß läuft.

Suitbert (Swidbert)

Bischof, Missionar OSB
geboren: 7. Jh. in England
gestorben: 1.(?) März 713 in Kaiserswerth/Düsseldorf, Nordrhein-Westfalen
Patron gegen Halsschmerzen

Im Düsseldorfer Stadtteil Kaiserswerth ragt die monumentale Pfarrkirche St. Suitbertus aus den Häuserzeilen heraus. Die gewaltige, frühromanische Pfeilerbasilika stammt aus dem späten 12. Jh. und ist Suitbert, einem angelsächsischen Glaubensboten, geweiht. Im kostbaren Suitbertus-Schrein (1264), aus vergoldeten

Der kostbare Schrein mit den Gebeinen von Suitbert in Kaiserswerth.

Kupferplatten gearbeitet und über eineinhalb Meter lang, werden heute die Reliquien des Wanderbischofs aufbewahrt.

Suitbert gehörte zu jenen Benediktinermönchen, die im Jahr 690 als Missionare nach Friesland kamen, um bei den Heiden zu missionieren. Bei seiner Rückkehr nach England weihte ihn Bischof Wilfrith von York 693 zum Wanderbischof ohne bestimmte Diözese. Danach wirkte Suitbert noch einmal einige Jahre als Missionar in Westfalen. Als sein langjähriges Werk aber von heidnischen Sachsen zerstört wurde, zog er sich enttäuscht auf die Rheininsel bei Düsseldorf zurück und errichtete dort 710 ein Kloster, aus dem sich später Kaiserswerth entwickelte. Hier in seiner Gründung starb Suitbert im Jahr 713. Papst Leo III. soll Suitbert an einem 4. September um 810 heiliggesprochen haben.

Verehrung/Brauchtum: In den beiden Bistümern Rotterdam und Utrecht ist der Suitbert-Gedenktag der 1. März jeden Jahres.

Darstellung: Suitbert ist auf Darstellungen im Bischofsgewand mit Stab zu sehen; als Attribute hat er einen Stern bei sich, entweder in der Hand oder am Stab. Nach der Legende soll ein Stern die Mutter von Suitbert darauf hingewiesen haben, daß ihr Sohn einmal eine bedeutende Persönlichkeit werden würde. Eine Figur am Grabschrein zeigt Suitbert zwischen Pippin dem Mittleren und dessen Ehefrau Plektrudis.

5. September

Ferreolus und Ferrutius von Besançon

Misssionare, Märtyrer
geboren: 2. Jh.
gestorben: um 200 in Besançon, Frankreich
Patrone der Stadt Besançon und Mitpatrone der Erzdiözese Besançon

Der Priester Ferreolus und der Diakon Ferrutius waren von Bischof Irenäus von Lyon zur Missionierung nach Besançon entsandt worden. Dort wurden die beiden Christen um 200 wegen ihres Glaubens und ihrer Missionstätigkeit ermordet. Am 5. September 370 fand man ihre Gebeine und setzte sie bei. Bereits in der zweiten Hälfte des 6. Jh. gab es in Besançon eine Kirche, die den beiden Märtyrern geweiht war.

Ursicinus von Ravenna

Erzbischof
geboren: um 470 in Italien
gestorben: 536 in Ravenna, Italien

Ursicinus, dessen Name sich vom Lateinischen „ursus", der Bär, ableitet, empfing 530 die Weihe zum Erzbischof der Diözese Ravenna. Während seiner Amtszeit blühte die Stadt Ravenna auf. In die Geschichte ging Ursicinus außerdem als Begründer und Erbauer der Basilika S. Apollinare in Classe ein, die heute rund fünf Kilometer südlich des Stadtzentrums in der Ebene liegt. Der Kirchenbau, in seiner Art einzigartig, wurde erst nach dem Tod des Erzbischofs im Jahre 549 beendet und diente als Grabstätte für den ersten Bischof von Ravenna, von dem sie auch den Namen hat: Apollinaris. Ursicinus starb im Jahr 536. Seine Nachfolger setzten ihm ein Denkmal, indem sie in das Apsismosaik in S. Apollinare in Classe auch sein Bild mit hineinarbeiten ließen.

Ursicinus. Nach einem Mosaik aus dem 6. Jh. in der Basilika S. Apollinare in Classe in Ravenna.

6. September

Eskil von Lund

Erzbischof
geboren: um 1100
gestorben: 6. September 1181 in Clairvaux, Frankreich

Erzbischof Eskil von Lund war es, der der schwedischen Kirche die Selbständigkeit brachte. Im Alter von 56 Jahren wurde Eskil, der in Hildesheim studiert hatte und einige Jahre auch Bischof von Roskilde in Dänemark gewesen war, Primas von Schweden und Päpstlicher Legat. Da er im Streit zwischen Kaiser und Papst zur Kirche hielt, wurde Eskil Jahre später gefangengenommen und für sechs Jahre nach Frankreich ins Exil verbannt. Im Jahr 1177 resignierte Eskil und zog sich in das Zisterzienserkloster Clairvaux, das sein früherer Freund Bernhard gegründet hatte, zurück; dort starb er vier Jahre später.

Magnus (Maginold)

Missionar
geboren: um 699 bei St. Gallen(?), Schweiz
gestorben: 6. September um 772 in Füssen, Bayern
Patron des Allgäus; von Kempten und Füssen; des Viehs; gegen Schlangenbiß; bei Augenkrankheiten; gegen Mäuse, Ratten, Würmer und Ungeziefer

Das bayerische Allgäu hat seinen ganz besonderen Schutzpatron, einen Heiligen, der die Christianisierung im südlichen Deutschland in Bewegung gebracht und stark gefördert hat: Magnus, im Allgäu auch St. Mang genannt. Das Zentrum der Verehrung ist bis heute Füssen nahe der österreichischen Grenze. Alles erinnert in diesem Städtchen an St. Mang.

Magnus, der eigentlich Maginold hieß und erst später wegen seiner vollbrachten Wundertaten Magnus (der Große) genannt wurde, kam wahrscheinlich um 699 zur Welt und war alemannischer oder rätoromanischer Abstammung. Zusammen mit mehreren Einsiedlern lebte er bis um 730 am Grab von Gallus im heutigen St. Gallen in der Schweiz. Danach missionierte Magnus im Auftrag des Augsburger Bischofs Wikterp gemeinsam mit den Glaubensboten Tozzo und Theodor im Ostallgäu, später in der Gegend um Füssen. In dem Dorf Waltenhofen bei Füssen errichtete Magnus eine Kapelle, in der Tozzo dann weiterhin als Seelsorger wirkte.

Für sich selbst baute Magnus an der Stelle des heutigen Füssen, wenige Meter vom Lech, eine Zelle, die sich im Laufe der Jahre durch großzügige Schenkungen von Pippin dem Jüngeren zu einem stattlichen Benediktinerkloster entwickelte. Der Zulauf war groß, die Kunde vom ruhmreichen Wirken des Missionars Magnus sowie seiner Fähigkeit, Wunder zu vollbringen, hatte sich bald herumgesprochen.

Dazu eine Legende: Mit dem Stab des Gallus, den Magnus auf seine Missionsreise mitgenommen hatte, soll der Glaubensbote in der Gegend von Kempten Bären und Schlangen, die die Einwohner bedrohten, vertrieben haben. Die Schlangen sind möglicherweise auch als Sinnbild für die Heiden zu sehen, die Magnus zum Christentum führte. In der Nähe von Füssen hat Magnus nach der legendarischen Überlieferung sogar einmal einen gefährlichen Drachen bezwungen, der ihm den Weg versperrte.

Magnus, der Patron des Allgäus, starb an einem 6. September um das Jahr 772. Um 850 wurden seine Gebeine vom Augsburger Bischof Lanto feierlich erhoben und in die Krypta einer neuerbauten Kapelle in Füssen übertragen. Heute erhebt sich an dieser Stelle die Kirche St. Mang, in deren Krypta eine Statue des Kirchen- und Ortspatrons steht, aber keine Gebeine mehr vorzufinden sind. Einige Magnus-Reliquien kamen im 9. Jh. in das berühmte Benediktinerkloster Lorsch an der Bergstraße und wurden dort verehrt.

Statue des Missionars Magnus aus dem 18. Jh. in St. Mang in Füssen.

Verehrung/Brauchtum: Der Magnus-Kult verbreitete sich außer im Allgäu auch stark in Österreich, im Elsaß und in der Schweiz.

Darstellung: Magnus wurde häufig dargestellt, wie er mit dem Abtsstab einen Drachen oder wilde Tiere bekämpft und besiegt. Gekleidet ist der Missionar auf Abbildungen meist mit dem Benediktinergewand. Auch mit einem Bär, der ihm nach der Legende beim Suchen behilflich gewesen ist, wurde Magnus manchmal abgebildet. Gemeinsam mit Gallus ist Magnus auf einem Fresko in der Füssener Kirche St. Mang zu sehen. In der Krypta der Kirche befindet sich die möglicherweise älteste Darstellung des Missionars, ein Fresko aus der Zeit um 1000; es zeigt Magnus mit einem Gewand, das ihm nur bis zu den Knien reicht.

Stephan von Die

Bischof, Mystiker OCarth
geboren: um 1150 in Lyon, Frankreich
gestorben: 6. September 1208 in Die, Frankreich

Stephan, Bischof von Die für einige wenige Monate, führte ein so vorbildliches Leben, daß ihn die Gläubigen schon zu Lebzeiten wie einen Heiligen verehrten. Er besaß die Gabe der Visionen und der Wunder. Papst Pius X. approbierte den Kult Stephans am 9. Dezember 1903.

7. September

Chlodwald

Einsiedler, Priester
geboren: um 520 in Orléans, Frankreich
gestorben: 7. September um 560 in Nogent, Frankreich
Patron der Nagelschmiede

Johannes von Lodi

Bischof OSB
geboren: 1026 in Lodi, Italien
gestorben: 7. September 1105 in Gubbio, Italien

Die Kirche S. Giovanni in der mittelalterlichen umbrischen Stadt Gubbio verdankt ihren Namen einem der Bischöfe, die hier im Mittelalter gewirkt haben: Johannes (Giovanni) von Lodi.

Johannes stammte aus Lodi, der kleinen Stadt südöstlich von Mailand, wo er im Jahr 1026 zur Welt gekommen war. Nach dem Empfang der Priesterweihe lebte er zuerst einige Jahre als Einsiedler in dem berühmten Eremitenkloster Fonte Avellana in der Nähe von Gubbio. Hier lernte Johannes den großen Benediktiner Petrus Damiani kennen und schloß sich ihm als Schüler an. Petrus Damiani war von 1043 an Prior des Klosters Fonte Avellana; als er 1072 Kardinalbischof von Ostia wurde, wählten die Eremiten Johannes zum Nachfolger als Prior.

Im hohen Alter von fast 78 Jahren bestieg Johannes dann 1104 den Bischofsstuhl von Gubbio. Bereits ein Jahr später, am 7. September 1105, starb er. Ihm verdankt die Nachwelt die großartige Biographie über Leben und Wirken des Petrus Damiani.

Madelberta (Amalberte)

Äbtissin von Maubeuge OSB
geboren: 7. Jh.
gestorben: um 705 in Maubeuge, Frankreich
Patronin der Schwangeren und für eine glückliche Entbindung

Märtyrer des Grazer Jesuitenkollegs

Priester, Märtyrer
geboren: 16. Jh.
gestorben: 7. und 8. September 1619 in Kaschau, Slowakei

Papst Johannes Paul II. sprach am 2. Juli 1995 drei Märtyrer heilig, die als die „Märtyrer des Grazer Jesuitenkollegs" in die Geschichte eingegangen sind: Markus Stephan Crisinus, geboren 1580 in Krizevci im heutigen Kroatien, Melchior Grodecz, geboren 1584 in Teschen, heute Polm'sch Cieszyn, und Stephan Pongracz, geboren auf Schloß Alvinc in Siebenbürgen, heute Rumänien. Alle drei hatten am Jesuitenkolleg in Graz studiert; Pongracz und Grodecz traten dem Jesuitenorden bei.

Gemeinsam waren die jungen Priester in das damals fast völlig protestantische Kaschau in der östlichen Slowakei gekommen. Im Zuge einer kriegerischen Auseinandersetzung wurden sie schon bald verhaftet, gefoltert und schließlich unter furchtbaren Martern am 7. und am 8. September 1619 getötet. Eine Gräfin barg die Leichname und ließ sie feierlich in der damaligen Jesuitenkirche in Tyrnau in der Slowakei beisetzen.

Im Bistum Graz begehen die Gläubigen am Festtag von Crisinus, Grodecz und Pongracz auch das Gedenken von John Ogilvie (10. März) und Johannes Sarkander (17. März); die beiden Heiligen hatten ebenfalls am Grazer Jesuitenkolleg studiert.

Regina

Märtyrerin
geboren: 3. Jh.(?) in Alise-Ste-Reine, Frankreich
gestorben: um 300(?) in Alise-Ste-Reine
Patronin der Zimmerleute;
gegen die Krätze und gegen Geschlechtskrankheiten

Über das Leben von Regina gibt es nur legendarische Überlieferungen. Danach soll sie wegen ihres christlichen Glaubens in ihrem Heimatort enthauptet worden sein. Es heißt, daß ihr eigener – heidnischer – Vater der Auftraggeber für den Mord gewesen war.

Verehrung/Brauchtum: Schon um 620 ist in Alise-Ste-Reine, das früher Alésia hieß, ein Regina-Kult nachweisbar. Der Märtyrerin wurden viele Wunder zugeschrieben, worauf sich zu ihrem Grab eine große Wallfahrt entwickelte. Im Jahr 854 wurden die vermeintlichen Reliquien Reginas in das zwölf Kilometer entfernt liegende Flavigny-sur-Ozerain übertragen, wo in der Folge ebenfalls eine Wallfahrt entstand. Zur Aufbewahrung der Gebeine errichtete man eine Abtei, von der bis heute karolingische Krypten und Gebäude erhalten sind. Seit dem 17. Jh. werden auch in Osnabrück Reliquien aufbewahrt. In Alise-Ste-Reine zeigt man bis zum heutigen Tag Sarkophag und Ketten der Regina.

Darstellung: Bei Darstellungen von Regina überwiegen Abbildungen des Martyriums; sie wird als junge Märtyrerin mit Krone, Schwert, Kreuz und Taube gezeigt, sie sitzt in einem Kessel oder im Feuer. Auch als Schäferin inmitten von Schafen wurde Regina dargestellt, so auf späten Andachtsbildern. Eine alte Darstellung (13. Jh.) ist eine Statue in der Regina-Kapelle in Alise-Ste-Reine.

8. September

Franziskus Jordan

Ordensgründer SDS
geboren: 16. Juni 1848 in Gurtweil, Baden-Württemberg
gestorben: 8. September 1918 in Tafers bei Freiburg, Baden-Württemberg

Franziskus Jordan ist der Gründer der „Gesellschaft des Göttlichen Heilands", der Salvatorianer. Das Gründungsjahr war 1881, die erste päpstliche Bestätigung erfolgte 1905, die zweite, endgültige, am 23. März 1922, nach dem Tod Jordans. Die Salvatorianer widmen sich der inneren und äußeren Mission mit allen Mitteln, „die die Liebe Christi eingibt". Die Patres und Brüder arbeiten bis heute in Schulen, Pfarreien, Erziehungsanstalten, Wallfahrtsorten, Missionen, in der Eltern- und Arbeiterfürsorge.

Franziskus Jordan, Gründer der Kongregation der Salvatorianer.

Das Mutterhaus der Kongregation stand von Anfang an in Rom, Niederlassungen gibt es außer in Italien in Deutschland, Spanien, der Schweiz, Österreich, England, Polen, Belgien, Australien, den USA und Südamerika. Auch in Afrika und auf Formosa sind die Salvatorianer tätig. Gemeinsam mit Theresia von Wüllenweber gründete Franziskus Jordan 1888 in Tivoli bei Rom auch die Kongregation der Salvatorianerinnen.

Franziskus Jordan stammte aus dem badischen Gurtweil und erlernte zunächst den Beruf des Dekorationsmalers. Im Alter von 26 Jahren machte er das Abitur nach und studierte danach in Freiburg Philosophie und Theologie; 1878 empfing er in St. Peter die Priesterweihe. Nach einigen Reisen rief Jordan schließlich in Rom, wo er geblieben war, seine religiöse Genossenschaft ins Leben. Die erste Niederlassung befand sich im Haus von Ordensgründerin Birgitta von Schweden. Der Seligsprechungsprozeß läuft.

Hadrianus (Adrian)

Märtyrer
geboren: 3. Jh. in Nikomedien, heute Izmid, Türkei
gestorben: um 290 in Nikomedien
Patron von Lissabon und Grammont; der Soldaten; der Bierbrauer, Schmiede, Boten und Gefängniswärter; gegen den plötzlichen Tod; gegen die Pest (Lissabon); gegen eheliche Unfruchtbarkeit

Nach der Legende war Hadrianus ein römischer Soldat, der wegen seines christlichen Glaubens während der Verfolgung unter Kaiser Maximian um das Jahr 290 in Nikomedien ermordet wurde. Hadrianus, der mit der Christin Natalie verheiratet war, fand den Tod, nachdem ihm die Häscher des Kaisers die Arme abgehauen und die Beine auf einem Amboß zerschmettert hatten. Natalie brachte die Gebeine des Ermordeten ins damalige Byzanz, wo sie beigesetzt wurden.

Verehrung/Brauchtum: Schon bald nach der Überführung der Reliquien von Hadrianus nach Byzanz (heute Istanbul) setzte eine starke Verehrung für den Märtyrer ein. Im 7. Jh. wurden Reliquien nach Rom übertragen; Papst Honorius I. (625 bis 638) weihte Hadrianus daraufhin die Kirche beim Forum Romanum. Im 12. Jh. verbreitete sich der Hadrianus-Kult auch in Nordfrankreich und in den Niederlanden.

In der Ostkirche ist der Gedenktag für Hadrianus der 26. August, im Martyrologium Hieronymianum ist als Festtag der 4. März eingetragen.

Darstellung: Hadrianus ist fast immer als junger Soldat mit Harnisch und Schwert sowie mit den Attributen Amboß und Blei und abgeschlagener Hand dargstellt. Mit einem Beil zeigt eine Abbildung auf einem Alterflügel (1525) im Landesmuseum Hannover den Märtyrer. Auch das Martyrium ist auf Bildern häufig zu sehen.

Korbinian von Freising

Bischof
geboren: um 680 bei Melun (heute Arpajon), Frankreich
gestorben: 8. September zwischen 720 und 730 in Freising, Bayern
Patron des Erzbistums München-Freising

Die Krypta im Dom von Freising ist bis heute das Ziel vieler Wallfahrer, die hierher in die oberbayerische Stadt kommen, um ein Gebet zu Korbinian zu sprechen. Die Gebeine

Der Korbinianschrein im Dom zu Freising. Das Kunstwerk wurde 1863 von dem Münchner Goldschmied Harrach geschaffen; die Entwürfe stammen von Kaspar Zumbusch und Heinrich von Heß.

Die älteste Darstellung von Korbinian mit dem Bären. Holztafelbild aus dem 15. Jh. in St. Andreas in Freising.

des Patrons des Erzbistums München-Freising befinden sich in einem goldenen Schrein, der auf dem Korbinian-Sarkophag steht. Der romanische Freisinger Dom, Maria und Korbinian geweiht, gehört zu den sehenswertesten Gotteshäusern Deutschlands; die Brüder Asam malten ihn 1724 verschwenderisch mit Fresken aus.

Korbinian, der später erster Bischof der wichtigen Diözese Freising werden sollte, kam um das Jahr 680 in der Nähe von Chartres in Frankreich zur Welt. Seinen Namen hatte er von seiner keltischen Mutter Corbiniana. Als Korbinian 22 Jahre alt war, baute er sich in der Nähe seines Elternhauses neben einer kleinen Kapelle eine Zelle, in der er in den folgenden Jahren als Einsiedler lebte.

Um das Jahr 710 pilgerte Korbinian nach Rom, wo er mit Papst Konstantin I. zusammentraf. Dieser überredete den Einsiedler, sein Eremitenleben aufzugeben und sich der Missionsarbeit zu widmen. Er weihte Korbinian zum Bischof und sandte ihn ins Frankenreich zurück. Auf Bitten des bayerischen Herzogs Grimoald ließ sich Korbinian in Freising in der Nähe von München nieder und war so der erste in der Reihe der Freisinger Bischöfe. Seinen Sitz nahm der Missionsbischof auf einem Hügel westlich von Freising, wo er eine Kirche zu Ehren des heiligen Stephan gründete. Dies war die Geburtsstunde der späteren Abtei Weihenstephan. Korbinian entfaltete in Bayern eine überaus segensreiche seelsorgerische Tätigkeit; leidenschaftlich bekämpfte er das Heidentum in seiner Diözese.

Doch Korbinians Wirken wurde jäh unterbrochen. Nachdem er Grimoald seine unrechtmäßige Verbindung mit der ihm blutsverwandten Plektrudis vorgeworfen hatte, trennte sich der Herzog zwar von der Frau, vor dem Haß von Plektrudis aber, die aus Rache sogar einige Attentate auf Korbinian plante, war der Bischof von nun an nicht mehr sicher. Schließlich mußte er sogar nach Kains in Südtirol, nahe Meran, fliehen, wo er Jahre zuvor während seiner Reise nach Rom ein kleines Kloster gegründet hatte.

Nach einigen Jahren holte Grimoalds Nachfolger Hugibert Bischof Korbinian nach Freising zurück, wo ihn das Volk begeistert empfing. Doch viel Zeit war ihm nicht mehr vergönnt. An einem 8. September zwischen 720 und 730 erlag Korbinian einem Herzleiden. Wie er es gewünscht hatte, wurde sein Leichnam in Südtirol bestattet, am 20. November 765 jedoch wieder nach Freising zurückgebracht.

Erzählt sei noch die berühmteste aller Korbinian-Legenden: Als der Einsiedler während seiner Reise nach Rom die Alpen überquerte, überfiel ihn ein Bär und zerriß das Maultier Korbinians. Als Strafe dafür ließ Korbinian den Petz sein gesamtes Gepäck bis nach Rom tragen. Von dieser Legende rührt auch die Darstellung des Bischofs zusammen mit einem Bär.

Verehrung/Brauchtum: Im Erzbistum München-Freising feiern die

Gläubigen des Korbinian-Fest am 20. November, dem Gedenktag an die Überführung der Reliquien von Südtirol nach Freising. In der Diözese Bozen-Brixen ist der 9. September der Festtag für Korbinian. In früheren Zeiten war Korbinian der Patron der Diözese Freising (gemeinsam mit Sigismund.

Darstellung: Korbinian ist auf Darstellungen als Abt, Bischof, Priester oder Mönch zu sehen. Als Attribute hat er Kirchenmodell und/oder Buch bei sich sowie oft den Bären. Viele Darstellungen gibt es in Freising und in München. In der Alten Pinakothek in München sind die Altarflügel des ehemaligen Hauptaltares der Klosterkirche von Weihenstephan mit den Szenen Bärenwunder und Tod Korbinians geschmückt.

Maria (Mariä Geburt)

Mutter Gottes
Patronin der Christenheit; von Bayern; der Bistümer Aachen und Speyer; der Stadt Lausanne; der Gastwirte, Köche, Kürschner, Tuchmacher, Töpfer, Schiffer, Lebkuchenbäcker, Seidenarbeiter, Essigbrauer; gegen Gewitter und Blitz; in allen Nöten

Das Leben von Maria läßt sich anhand des Lukas-Evangeliums sowie apokrypher Evangelien, beispielsweise jenem von Jakobus, gut begleiten. Die Eltern von Maria waren Joachim und Anna, beide bereits betagt und zuvor zu ihrem großen Leid kinderlos geblieben. Wie es ein Engel, der Anna und Joachim erschien, voraussagte, gebar Anna, bestaunt von ihrer Umwelt, in hohem Alter dann tatsächlich doch noch ein Kind, ihre Tochter Maria.

Nach einer sorgfältigen Erziehung während einer behüteten Kinder- und Jugendzeit verlobte sich Maria mit Joseph, dem Zimmermann aus Nazaret. Noch vor der Hochzeit empfing Maria ein Kind, und Joseph wollte sich, verzweifelt über die angenommene Untreue seiner Braut, von ihr trennen. Ein Engel klärte ihn jedoch über das Wunder auf, das sich an Maria vollzogen habe. Joseph heiratete Maria, lebte aber fortan in jungfräulicher Ehe mit ihr (Josephs-Ehe).

Auf Befehl von Kaiser Augustus begaben sich Maria und Joseph bald darauf nach Betlehem, wo eine Volkszählung durchgeführt wurde. Nach der Überlieferung gebar Maria auf dem Weg dorthin in einem Stall ihren Sohn Jesus. Nach der Rückkehr aus Ägypten, wohin die Familie nach der Volkszählung vor König Herodes geflüchtet war, traten Maria und Joseph in den Hintergrund, die Spur von Joseph verlor sich bald ganz. Dies ist entweder auf seinen Tod zurückzuführen oder auf die große Bescheidenheit, mit der sich Joseph immer im Hintergrund hielt.

Das letzte gemeinsame Bild der Familie zeigt das Elternpaar auf der Suche nach ihrem zwölfjährigen Sohn Jesus, den sie dann bei den Schriftgelehrten im Tempel fanden. Danach soll Maria rund 18 Jahre lang mit Jesus in Nazaret gelebt haben. Mehr ist aus dieser Zeit nicht überliefert. Im öffentlichen Leben erschien Maria noch einmal bei der Hochzeit von Kana. Dann zeigen die Evangelien die trauernde Mutter von Jesus wieder unter dem Kreuz, an dem ihr Sohn starb. Nach dem Tod Jesu lebte sie möglicherweise bei dem Jünger Johannes, zu dem Jesus vor seinem Dahinscheiden noch gesagt hatte: „Siehe da, deine Mutter." Das letzte öffentliche Auftreten Marias fand statt, als sie nach Christi Himmelfahrt mit den Jüngern um den Heiligen Geist betete. Als Ort des Todes von Maria werden Jerusalem und Ephesus genannt.

Verehrung/Brauchtum: Der Marienkult entwickelte sich stetig durch die Jahrhunderte hindurch. Zu Beginn war die Verehrung der Gottesmutter eng mit der Christusverehrung verbunden. Im 4. Jh. tauchen dann die ersten Spuren der Marienfeste auf, seither werden im Osten und im Westen regelmäßig mindestens vier große Marienfeste gefeiert.

Schon im 4. Jh. gab es mehrere Marienkirchen, beispielsweise S. Maria in Trastevere und S. Maria Maggiore in Rom sowie die Marienkirche in Ephesus. Um das Jahr 350 verfaßte der Kirchenlehrer Ephräm der Syrer seine ersten Hymnen auf die Gottesmutter Maria.

Im 9. Jh. versuchten die Bilderstürmer, die Marienbildnisse zu zer-

Maria mit dem Jesuskind und Engeln. Nach einem Gemälde von Botticelli.

Die Schwarze Madonna von Czenstochau. Diese Darstellung der Gottesmutter ist eines der berühmtesten Heiligtümer der Marienverehrung.

stören, konnten die Verehrung für die Mutter Christi dadurch jedoch nicht antasten. Etwa auch seit dem 9. Jh. besteht der Brauch, Maria den Samstag zu weihen und ihr eine Messe zu lesen. Die Anfänge des Rosenkranzes sind im 12. Jh. zu finden. Nicht lange danach entwickelten sich die Marienwallfahrtsorte, so im 14. Jh. Loreto in Italien. Es folgten Altötting, Maria Einsiedeln, Czenstochau, Montserrat, Guadeloupe, Lourdes, La Salette, Kevelaer und Fatima, um nur einige zu nennen. Viele Ordensgemeinschaften, die im Laufe der Jahrhunderte entstanden, widmeten sich besonders intensiv der Verbreitung der Marienverehrung. Der Name Mariens hat in der katholischen Kirche bis zum heutigen Tag nichts von seiner Bedeutung verloren.

Im Jahreslauf gibt es zahlreiche Marienfeste, Tage, an welchen bestimmten Ereignissen in und um Marias Leben gedacht werden. Die wichtigsten Marienfeste sind: Hochfest der Gottesmutter Maria (1. Januar), Mariä Lichtmeß (2. Februar), Mariä Verkündigung (25. März), Mariä Heimsuchung (2. Juli), Mariä Himmelfahrt (15. August), Maria Königin (22. August), Mariä Geburt (8. September), Mariä Namen (12. September), Hochfest der Unbefleckt Empfangenen Gottesmutter Maria (8. Dezember).

Darstellung: Die Quellen für die Darstellung Marias in der Kunst sind vor allem das Evangelium von Lukas und apokryphe Evangelien, besonders jenes von Jakobus. In der Abbildung von Maria gibt es unzählige Szenen, die immer wiederkehren; einige sind besonders häufig zu sehen.

So gut wie alle großen Künstler aller Jahrhunderte, vor allem aber des Mittelalters und der Renaissance, haben der Gottesmutter zumindest ein Werk gewidmt. Dazu verschiedene Beispiele: „Maria mit dem Kinde“ von Albrecht Dürer (15. Jh.), Kunsthistorisches Museum, Wien; „Die Madonna mit den Bäumen“ von Giovanni Bellini (1487) Accademia, Venedig; „Madonna unter den Tannen“ von Lucas Cranach dem Älteren (um 1510), Dom zu Breslau; „Madonna von Solothurn“ von Hans Holbein dem Jüngeren (1522), Städtisches Museum Solothurn; „Madonna mit Kind“ von Murillo (um 1652), Palazzo Pitti, Florenz; „Madonna aus dem Hause Alba“ von Raffael (um 1508), Sammlung Mellon, Washington; „Muttergottes in der Rosenlaube“ von Stefan Lochner, Wallraf-Richartz-Museum, Köln; „Madonna in der Felsengrotte“ von Leonardo da Vinci (um 1492), Louvre, Paris. Alle diese Gemälde geben das Bildnis Mariens mit dem Jesuskind wieder.

Die „Heilige Familie“ zeigt das Gemälde von Michelangelo (1504) in den Uffizien in Florenz, ein rundes Holzbild, das wegen seiner Form auch „Tondo“ genannt wird.

Auch die Verkündigung war ein immer wiederkehrendes Motiv der Künstler. Bekannt sind hier unter anderen das Fresko von Giotto di Bondone (um 1304) in der Arena-Kapelle in Padua; die Verkündigung vom Isenheimer Altar von Grünewald im Museum Unterlinden in Colmar und die „Verkündigung Mariä“ von Martin Schaffner, Alte Pinakothek, München. Ein berühmtes Gemälde ist auch Jacopo Tintorettos „Tempelgang Mariä“ (um 1560), das in der Kirche S. Maria dell’Orto in Venedig zu sehen ist.

Bekannt sind auch die Muttergottes vom Dresdner Altar, den Albrecht Dürer 1486 schuf (Gemäldegalerie Dresden), die „Krönung Mariens“ von Velasquez (um 1642) im Prado in Madrid und die Maria am Altar von Rueland Frueauf, heute im Städtischen Museum in Regensburg.

Die Heilige Familie zusammen mit dem kleinen Johannes dem Täufer. Gemälde von Caravaggio aus dem Jahr 1590. Zahlreiche Künstler stellten Maria zusammen mit ihrer Familie dar.

Maria Toribia

Ehefrau von Isidor von Madrid
geboren: 11./12. Jh. in Torrejon(?), Spanien
gestorben: 8. September 1140 oder 1175 in Caraquiz, Spanien
1697 Approbation des Kultes

Petrus Claver

Missionar, Priester, Mönch SJ
geboren: 1580/81 in Verdú, Spanien
gestorben: 8. September 1654 in Cartagena, Kolumbien
Patron der Negermissionen (1896); der Missionsschwestern vom heiligen Petrus Claver

Im Alter von 22 Jahren trat Petrus Claver, der 1580/81 in Verdú in Nordost-Spanien zur Welt gekommen war, dem Jesuitenorden bei. Während eines folgenden Philosophiestudiums auf der spanischen Insel Mallorca wurde Petrus vom Klosterpförtner Alfons Rodriguez für die Negermission begeistert. Nach Zwischenstationen in Westindien und in Santa Fé de Bogotá empfing er 1616 in der nordkolumbianischen Stadt Cartagena die Priesterweihe.

Und hier in diesem Zentrum des Sklavenhandels wirkte Petrus Claver dann fast 40 Jahre als Seelsorger, oft bis zur völligen Erschöpfung. Er kümmerte sich sowohl um das körperliche als auch um das Seelenwohl der Einwohner Cartagenas und Tausender Sklaven. Er betätigte sich als Arzt, Almosensammler, Lehrer, Krankenpfleger und natürlich als Priester. Kurz vor seinem Tod sagte er einmal, er habe während der vier Jahrzehnte seines Wirkens in Cartagena rund 300 000 Neger getauft. So hieß Claver auch schon zu Lebzeiten „Apostel der Neger".

Erschöpft und ausgezehrt, starb Petrus Claver am 8. September 1654 in Cartagena. Papst Leo XIII. sprach ihn 1888 heilig und ernannte ihn 1896 zum Patron der Negermission. Noch heute unterstützen die Missionschwestern vom heiligen Petrus Claver die afrikanische Mission.

Darstellung: Auf Abbildungen ist Petrus Claver immer inmitten von Negern dargestellt; bekleidet ist er meist mit dem Priestergewand.

Petrus Claver. Der Missionar trug den Beinamen „Apostel der Neger".

Seraphina

Äbtissin OSCI
geboren: 1434 in Urbino, Italien
gestorben: 8. September 1478 in Pesaro, Italien

Nach einer leidvollen Ehe mit einem brutalen Adligen, der sie nach vielen Mißhandlungen zur Scheidung zwang, wurde Seraphina im Klarissenkloster von Pesaro Nonne und später Äbtissin. Sie starb jung, ihr Leichnam ruht bis heute unverwest in der Klosterkirche von Pesaro. Papst Benedikt XIV. approbierte den Kult Seraphinas im Jahr 1754.

Sergius I.

Papst
geboren: 7. Jh. in Palermo auf Sizilien, Italien
gestorben: 8. September 701 in Rom, Italien

Der Syrer Sergius I. förderte während seiner Amtszeit das Ansehen des Papsttums und hielt enge Beziehungen zu England und zum Frankenreich. Er war es, der Willibrord zum Bischof weihte und ihn zum Metropoliten für die Nordmissionen ernannte. In der Meßliturgie führte Sergius I. das Agnus Dei ein, im Kirchenjahr mehrere Marienfeste und das Fest der Kreuzerhöhung.

9. September

Bernhard August Thiel

Bischof CM
geboren: 1. April 1850 in Elberfeld, Nordrhein-Westfalen
gestorben: 9. September 1901 in San José, Costa Rica

Der Elberfelder Bernhard August Thiel, Sohn eines Schreinermeisters, entschloß sich schon als Junge, dem Orden der Vinzentiner beizutreten. Während des Kulturkampfes ging er später nach Paris, wo er im dortigen Mutterhaus der Vinzentiner zum Priester geweiht wurde. Die erste Station des Ordensmannes war Quito, die Hauptstadt von Ecuador. Unter schlimmen politischen Voraussetzungen wirkte Thiel dort am Priesterseminar. Die kirchenfeindlichen Kräfte hatten zu jener Zeit große Macht in Ecuador; 1877 wurde der amtierende Erzbischof der Diözese während des Gottesdienstes vergiftet.

Einige Jahre später entsandte der Orden Bernhard August Thiel nach Costa Rica, wo ihn sein Wirken bald berühmt machte. Die Folge: Am 27. Februar 1880 erhielt er die Ernennung zum Bischof von San José; er war noch nicht einmal ganz 30 Jahre alt. Nach zahlreichen Erfolgen wurde

Bernhard August Thiel. Der Vinzentiner aus Deutschland leistete in Ecuador und Costa Rica Großes.

Thiel 1883 erneut Opfer der Politik: Man verwies ihn des Landes. Einige Monate leitete er sein Bistum von Panama aus, im Mai 1885 konnte er dann nach San José zurückkehren.

In den folgenden Jahren war Thiel Seelsorger durch und durch. Vor allem um die Mission unter den Indianern bemühte er sich. Doch die vielen beschwerlichen Reisen zerschlissen die Gesundheit des Bischofs, er erlitt zahlreiche Schwächeanfälle. Am 9. September 1901 starb Bernhard August Thiel, erst 51 Jahre alt. Die Regierung ordnete ein Staatsbegräbnis an, die Nationalflagge war fünf Tage auf Halbmast gesetzt.

Engelram

Bischof von Metz OSB
geboren: 8. Jh.
gestorben: 8./9. Jh. in Metz, Frankreich

Gorgonius von Rom

Märtyrer
geboren: 3. Jh. in Rom, Italien
gestorben: um 305 in Rom
Patron von Minden

Gorgonius gehört zu den bekannten Märtyrergestalten, obwohl man kaum etwas über sein Leben weiß. Er starb wegen seines christlichen Glaubens während der Verfolgungen unter Diokletian um 305. Der Ort seiner Hinrichtung war Rom. Überliefert ist weiter, daß Gorgonius in einem frühchristlichen Friedhof an der römischen Via Labicana beigesetzt wurde, heute eine breite, starkbefahrene Straße, die an der Ostseite des Kolosseums stadtauswärts führt. Das Cömeterium konnte jedoch bisher nicht ausfindig gemacht werden.

Der Festtag von Gorgonius wurde bereits in einem Märtyrerverzeichnis aus dem Jahr 354 erwähnt. Im 8. Jh. gelangten Gorgonius-Reliquien in die berühmte Benediktinerabtei Gorze in Lothringen, die dann dem Märtyrer zu Ehren Monasterium S. Gorgonii genannt wurde. Weitere Reliquien kamen später nach Minden in Westfalen, das Gorgonius zum Patron ernannte. Der Dom der Stadt trägt bis heute den Namen des Märtyrers.

Darstellung: Gorgonius ist meist als Ritter in Rüstung, oft mit Schwert abgebildet. Mit Schild und Schwert zeigt ihn eine kleine Statue (16. Jh.) im Mindener Domschatz. Manchmal wurde Gorgonius von Rom auf Darstellungen auch mit Gorgonius von Nikomedien verwechselt.

Jakob Laval

Mönch, Missionar, CSSp
geboren: 18. September 1803 in Croth, Frankreich
gestorben: 9. September 1864 in Port-Louis auf Mauritius

Papst Johannes Paul II. sprach am 29. April 1979 den „Apostel von Mauritius", Jakob Laval, selig. Laval hatte über zwei Jahrzehnte als Missionar auf der Insel gewirkt und dort große positive Veränderungen erreicht. Als Jakob Laval beigesetzt wurde, folgten seinem Sarg über 40000 Menschen aller Rassen und Religionen. Regierungschef Ramgoolam erklärte 1976 den 9. September zum Staatsfeiertag auf Mauritius.

Jakob Laval hatte in seiner Heimat zunächst Medizin studiert und war Arzt geworden. Danach entschloß er sich zum Studium der Theologie und empfing die Priesterweihe. Jahre später trat er der neugegründeten Kongregation „Vom Unbefleckten Herzen Mariens" bei. Der erste – und einzige – Einsatzort des jungen Spiritanermissionars: Mauritius, die Zukkerrohrinsel im Indischen Ozean. Kurz bevor Laval 1841 auf der Insel eintraf, waren 70000 Sklaven freigelassen worden, eine riesige Herausforderung für den Missionar.

Jakob Laval. Der „Apostel von Mauritius" wurde 1979 seliggesprochen.

Da Laval aus Frankreich keine Hilfe erhielt, bildete er sich in der Folge aus den Reihen der Eingeborenen seine Mitarbeiter heran. Es entstand das noch heute bewunderte Pastoral-Modell: Laval teilte die Insel in übersichtliche Bezirke ein, in denen Katechetinnen und Katecheten Unterricht erteilten, Wortgottesdienste feierten und sich um die Armen und Kranken kümmerten. Durch seine für damalige Zeiten geradezu sensationellen Seelsorgemethoden verwandelte Pater Jakob Laval nach und nach die ganze Insel. Die Einwohner nannten ihn schließlich „Vater". Gefragt, warum, antworteten sie: „Weil er die Armen geliebt hat."

Maria Euthymia (Emma Üffing)

Nonne
geboren: 8. April 1914 in Halverde, Nordrhein-Westfalen
gestorben: 9. September 1955 in Münster, Nordrhein-Westfalen

„Ihr Leben war bei aller Schlichtheit und Alltäglichkeit von einer herausragenden menschlichen und christlichen Größe geprägt." Diese Worte von Bischof Reinhard Lettmann (Münster) bei der Wiederbeisetzung der Gebeine von Schwester Maria Euthymia am 17. Juni 1985 drücken aus, was das Leben dieser bewunderten Frau ausmachten: Bescheidenheit, Herzlichkeit, Hingabe an Gott, Treue im Glauben. Im Alter von nur 41 Jahren war Maria Euthymia, die mit Geburtsnamen Emma Üffing hieß, am 9. September 1955 in der Raphaels-Klinik in Münster gestorben. Der Informationsprozeß wurde schon 1959 eröffnet, die Seligsprechung erfolgte am 7. Oktober 2001 durch Papst Johannes Paul II.

Emma Üffing war 1934, knapp 20jährig, in den Orden der Barmherzigen Schwestern von Münster (Clemensschwestern) eingetreten, 1940 legte sie die Ewigen Gelübde ab. Unermeßliche Verdienste erwarb sich die stille, zurückhaltende Ordensfrau im Verlaufe des Zweiten Weltkrieges, als sie sich aufopferungsvoll um kranke Kriegsgefangene kümmerte. Bald schon hieß sie „Engel der Liebe". „In ihrer Sorge um die Kriegsgefangenen schuf sie mitten im Krieg eine Atmosphäre des Friedens. Ihre Liebe überwand die Grenzen der Volkszugehörigkeit und der Sprache", erinnerte Bischof Lettmann bei der Wiederbeisetzung von Schwester Euthymias Gebeinen auf dem Zentralfriedhof in Münster. An der Feier nahmen mehrere tausend Menschen teil, darunter auch hunderte Clemensschwestern; jede von ihnen legte am Grab von Euthymia eine einzelne weiße Rose nieder.

Maria Euthymia Üffing, auch „Engel der Liebe" genannt.

Wulfhilda von Barking

Äbtissin von Barking OSB
geboren: um 940 in England
gestorben: 9. September um 1000 in Barking, England

10. September

Nikolaus von Tolentino

Mönch, Volksprediger OESA
geboren: um 1245 in Sant'Angelo in Pontano, Italien
gestorben: 10. September 1305 in Tolentino, Italien
Patron von Bayern (Mitpatron); von Rom, Tolentino, Venedig, Genua, Antwerpen, Córdoba, Lima; für das tägliche Brot; der Armen Seelen im Fegfeuer; der Freiheit; der Armen-Seelen-Bruderschaft

Tolentino – nur wenige Reiseführer weisen auf dieses kleine Städtchen im Herzen der italienischen Region Marken hin. Und doch lohnt sich der Besuch. Hier kann man noch italienische Lebensfreude, Temperament und Herzlichkeit erleben, wie es nur in solchen abgelegenen Orten möglich ist. Ein Besuch gilt der Grabstätte des berühmtesten „Bürgers" der Stadt: von Nikolaus von Tolentino. Am Dom vorbei führt der Weg in eine unscheinbare Seitenstraße, wo sich plötzlich in der Häuserzeile eine Lücke auftut: Etwas zurückgesetzt erhebt sich die Basilika S. Nicola da Tolentino.

Schon das Portal dieses Gotteshauses gehört zu den sehenswertesten in ganz Italien. Über dem weiten, hellen Kirchenraum mit den zahlreichen Seitenkapellen wölbt sich eine einzigartige Kassettendecke. Vom rechten Seitenschiff aus führt dann eine breite Treppe hinunter zur Krypta mit dem Schrein des heiligen Nikolaus.

Nikolaus kam um das Jahr 1245 in dem kleinen Ort Sant'Angelo in Pontano in den Marken zur Welt. Schon als Junge trat er 1256 in seinem Heimatort den Augustiner-Eremiten bei. In den folgenden zwei Jahrzehnten wirkte Nikolaus als leidenschaftlicher Prediger und als Beichtvater in zahlreichen Orten seiner näheren und weiteren Heimat. Dann empfing er die Priesterweihe und war schließlich als Novizenmeister in Sant' Elpidio tätig.

Nikolaus von Tolentino. Nach einem Gemälde aus dem 14. Jh., heute in der Kirche S. Nicola in Tolentino.

Im Jahr 1275 kam Nikolaus nach Tolentino und beschloß, sich hier für immer niederzulassen. In kürzester Zeit gewann er die Herzen der Bewohner Tolentinos, kaum jemand konnte sich dem gewinnenden Wesen dieses Priesters entziehen. Zu den täglichen Predigten von Nikolaus strömten immer größere Menschenmengen in die Ortskirche. Schon bald verehrte man ihn wie einen Heiligen. Als sich dann auch noch zahlreiche Wunder um die Person von Nikolaus ereigneten, kannte die Verehrung keine Grenzen mehr.

Die besondere Liebe des streng asketisch lebenden Priesters galt den Armen und Kranken. Durch die ihm eigene Wundergabe vollbrachte Nikolaus von Tolentino mehrere Heilungen, die vom Volk voller Staunen beobachtet wurden.

Nach 30jährigem, unermüdlichen Wirken für seine Gemeinde starb Nikolaus am 10. September 1305 eines friedlichen Todes. Schon bald errichtete man über seiner Grabstätte eine Basilika. Auch am Nikolaus-Grab ereigneten sich in der Folgezeit Wunder; offiziell bestätigt wurden in den Jahren zwischen 1305 und 1325 über 300. An den Armen des toten Nikolaus, die vom Körper abgetrennt worden waren, sollen bei Ereignissen, die für die Kirche von besonderer Bedeutung waren, regelmäßig Blutergüsse aufgetreten sein. Insgesamt geschah dies 25 Mal.

Am 4. Februar 1926 wurden die Gebeine des 1446 heiliggesprochenen Nikolaus von Tolentino bei Grabungen wiederentdeckt, nachdem die Grabstätte zuvor durch zahlreiche Ereignisse verlorengegangen war. Für die würdevolle Aufbewahrung der Reliquien wurde unter der Basilika S. Nicola eine Krypta errichtet, in der der Heilige seine endgültig letzte Ruhestätte fand. In dem dunklen Raum steht jetzt der erleuchtete Glasschrein mit den festlich bekleideten Gebeinen des Volksheiligen. Für die Einheimischen ist die Krypta zu einer Wallfahrtsstätte geworden.

Verehrung/Brauchtum: Nikolaus von Tolentino gehörte in der Zeit zwischen dem 16. und dem 18. Jh. zu den meistverehrten Heiligen in Europa und in Amerika.

Darstellung: Nikolaus von Tolentino ist immer als Augustinereremit dargestellt; meist ist er jung und ohne Bart. Als Attribute hat er bei sich: Lilienstengel, Buch, Schüssel mit zwei gebratenen Vögeln (nach der Legende soll Nikolaus während einer Krankheit die ihm gebrachten Tiere abgewiesen haben, woraufhin diese vom Teller aufgeflogen seien), Teufel, Kelch, Kreuz und Geißel. Die wohl älteste Darstellung des Predigers befindet sich in der Basilika S. Nicola in Tolentino (um 1340); sie zeigt den Heiligen mit Lilie und Buch sowie Sternen auf seinem Mantel und um den Nimbus herum. Mit einer Flammenscheibe mit Christuskopf darauf ist Nikolaus auf einem Fresko von Benozzo Gozzoli in der Kirche S. Agostino (15. Jh.) in San Gimignano zu sehen.

Die Gebeine des heiligen Nikolaus von Tolentino in der Krypta von S. Nicola in Tolentino.

Pulcheria Aelia

Kaiserin
geboren: 19. Januar 399 in Byzanz, heute Istanbul, Türkei
gestorben: Juli 453 in Byzanz

Im Alter von gerade 15 Jahren wurde Pulcheria Aelia zur Kaiserin ernannt. Für einige Zeit führte sie für ihren noch jüngeren Bruder Theodosius II. die Regierungsgeschäfte; sie veranlaßte Kirchenbauten, bekämpfte Irrlehrer und ließ die Gebeine der 40 Märtyrer von Sebaste erheben. Aufgrund von Schwierigkeiten verließ Pulcheria 447 den Kaiserhof und zog sich in die Einsamkeit eines Klosters zurück.

Nachdem ihr Bruder gestorben war, kehrte Pulcheria Aelia zurück und heiratete den Feldherrn Markion, der bald darauf zum Kaiser ausgerufen wurde. Trotz vieler Widerstände setzte Pulcheria Aelia das später berühmte Konzil von Chalkedon (451) durch.

Verehrung/Brauchtum: Die Verehrung für Pulcheria Aelia ist seit dem Mittelalter nachweisbar.

Darstellung: Pulcheria Aelia ist in kaiserlichen Gewändern mit Lilie und Zepter abgebildet.

Theodard (Dodart) von Tongern-Maastricht

Bischof, Märtyrer
geboren: um 615/620 bei Speyer, Rheinland-Pfalz
gestorben: nach dem 6. September 669 in Bienwald, Rheinland-Pfalz
Patron der Viehhändler

Um das Jahr 660 ist Theodard als Bischof von Tongern-Maastricht bezeugt. Als er sich über Plünderungen des Kirchengutes bei König Childerich II. beschweren wollte, wurde er auf dem Weg zu ihm in Bienwald nahe Speyer von Gegnern überfallen und ermordet. Sein Nachfolger, Bischof Lambert, überführte die Gebeine Theodards nach Lüttich; sie wurden 1489 erhoben.

Verehrung/Brauchtum: Im Bistum Roermond gedenken die Gläubigen Theodards am 15. Mai, gemeinsam mit anderen Bischöfen.

Darstellung: Auf Darstellungen hält Theodard ein Schwert, das nach oben gerichtet ist.

11. September

Bonaventura von Barcelona

Laienbruder OFM
geboren: 24. November 1620 in Riudoms, Spanien
gestorben: 11. September 1684 in Rom, Italien

Bonaventura, gebürtig aus Spanien, hatte vom Papst die Erlaubnis erhalten, Häuser für Franziskaner zu gründen, in welche sich die Brüder des Ordens zurückziehen konnten (retiri). So entstand unter anderem der Konvent Maria della Grazia in der Nähe von Rom. Die Seligsprechung des Franziskanerlaienbruders Bonaventura erfolgte am 21. Mai 1906 durch Papst Pius X.

Felix und Regula

Märtyrer
geboren: 3. Jh.
gestorben: um 302 in Zürich, Schweiz
Patrone von Zürich

Der wuchtige Kirchenbau des Großmünsters ist heute das Wahrzeichen der Schweizer Stadt Zürich. Das Gotteshaus wurde im 9. Jh. – in der heutigen veränderten Form allerdings erst um das Jahr 1100 – bei der Grabstätte der beiden Märtyrer Felix und Regula errichtet. Die Reliquien der Heiligen befinden sich seit der Reformation in Andermatt im Schweizer Kanton Uri. In Zürich werden Felix und Regula aber weiterhin als Patrone verehrt.

Nach der legendarischen Passio gehörten die Geschwister Felix und Regula zum Gefolge der Thebäischen Legion um Mauritius, die im Jahr 302 bei Agaunum, dem heutigen St-Maurice im Schweizer Kanton Wallis, unter Kaiser Maximianus das Martyrium erlitten haben sollen. Fe-

Regula. Die Märtyrerin aus der Thebäischen Legion ist mit abgeschlagenem Haupt auf einem Glasfenster (1557) im Schweizer Kloster Muri zu sehen.

lix und Regula konnten dem Gemetzel zunächst entgehen, da sie, so die Legende, von Mauritius in die innere Schweiz entsandt worden waren, um dort das Evangelium zu verkünden.

Die beiden Christen kamen bis nach Zürich. Dort traf sie dasselbe Schicksal wie ihre Leidensgenossen in Agaunum: Von den Christenverfolgern des Kaisers wurden sie festgenommen und unter größten Qualen hingerichtet. Die Legende des Mönches Florentinus erzählt, die Märtyrer hätten selbst ihre abgeschlagenen Köpfe zur Grabstätte getragen.

Darstellung: Felix und Regula sind mit Palme und Buch dargestellt; auf manchen Abbildungen tragen sie ihre eigenen Köpfe in Händen (Legende). Die möglicherweise älteste Abbildung der beiden Märtyrer ist in einem Relief (12. Jh.) im Großmünster von Zürich zu sehen.

Johannes Gabriel Perboyre

Priester, Mönch, Märtyrer CM
geboren: 6. Januar 1802 in Puech, Frankreich
gestorben: 11. September 1840 in China

Der Franzose Johannes Gabriel Perboyre war 1820 den Lazaristen beigetreten. Zehn Jahre später kam er als Novizenmeister nach Paris, wo sein China-Ideal, wegen dem er dem Orden einst beigetreten war, neu entfacht wurde. Auf seine Bitte hin entsandte ihn die Kongregation 1835 endlich in die chinesische Mission. Heroisch wirkte Perboyre dort während der Christenverfolgungen in den Provinzen Honan und Hupe.

Im September 1839 aber wurde der junge Ordensmann festgenommen und danach ein Jahr lang grausam gefoltert. Am 11. September 1840 erdrosselten ihn seine Häscher an einem Kreuzesbalken. Die Gebeine von Perboyre kamen 1860 ins Mutterhaus der Lazaristen nach Paris; am 10. November 1889 wurde der Märtyrer von Papst Leo XIII. seliggesprochen.

Josef Müller

Priester
geboren: 19. August 1894 in Salmünster, Hessen
gestorben: 11. September 1944 in Brandenburg

Josef Müller, Pfarrer in Groß-Düngen im Bistum Hildesheim, wurde von den Nationalsozialisten wegen des Weitererzählens eines politischen Witzes verhaftet. Da er sich weigerte, den Namen jenes Mannes preiszugeben, der ihm den Witz zuvor erzählt hatte, mußte Müller schließlich sterben: Der Priester wurde am 11. September 1944 in Brandenburg auf dem Schafott hingerichtet. Josef Müller hinterließ ergreifende Schriften, die er im Gefängnis verfaßt hatte. Immer wieder wird seither um die Seligsprechung des Priesters gebetet.

Ludwig IV. (der Heilige)

Landgraf
geboren: 28. Oktober 1200 in Thüringen
gestorben: 11. September 1227 in Otranto, Italien

Ludwig IV., genannt „der Heilige", wurde nie offiziell heiliggesprochen. Das Volk aber verehrte den jung verstorbenen Landgrafen von Thüringen immer schon, auch zu Lebzeiten, wie einen Heiligen.

Ludwig, am 28. Oktober 1200 geboren, wurde 1217 Landgraf von Thüringen. Schon seit 1211 offiziell mit ihr verlobt, heiratete Ludwig 1221 die junge Elisabeth, die als eine der größten christlichen Frauengestalten in die Geschichte eingehen sollte. Ludwig, der selbst tief religiös war, förderte in der Folge mit allen Mitteln die Freigebigkeit und Frömmigkeit seiner Ehefrau.

Seinem Kaiser Friedrich II. treu ergeben, folgte Ludwig IV. diesem 1227 nach Apulien, von wo das Heer in Brindisi zu einer Kreuzfahrt ins Heilige Land aufbrechen wollte. Doch schon auf der Anreise erkrankte der junge Landgraf schwer; er starb am 11. September 1227 in Otranto in Apulien. Ludwigs Leichnam wurde in die thüringische Heimat überführt und in Reinhardsbrunn, am Nordfuß des Thüringer Waldes bei Friedrichroda, beigesetzt.

Marbod von Rennes

Bischof, Schriftsteller
geboren: um 1035 in Angers, Frankreich
gestorben: 11. September 1123 in Angers

Im Jahr 1096 wurde Marbod zum Bischof von Rennes ernannt. Als er nach zwei Jahrzehnten fruchtbarer Tätigkeit nach und nach erblindete, trat er schließlich von seinem Amt zurück und zog sich in ein Kloster in seiner Heimatstadt Angers zurück. Einen großen Namen hatte sich Marbod auch durch sein umfangreiches schriftstellerisches Werk gemacht, das zu den größten seiner Zeit gehörte; erhalten sind unter anderem noch sechs Briefe zu theologischen Themen.

Paphnutius von Ägypten

Bischof
geboren: 3. Jh. in Ägypten
gestorben: um 360 in Ägypten
Patron der Bergleute

Paphnutius wurde durch das grausame Schicksal, das ihm unter dem Christenverfolger Maximinus Daja widerfuhr, bekannt: Der Kaiser hatte dem Christen im Jahr 308 das Auge ausstechen und die Kniekehle durchtrennen lassen; danach mußte Paphnutius als Schwerstkranker im Bergwerk Zwangsarbeit verrichten.

Nach seiner Befreiung etwa um das Jahr 311 lebte Paphnutius mehrere Jahre als Mönch bei Antonius dem Großen. Bald darauf wählte man ihn zum Bischof der oberägyptischen Thebais. Sein ganzer Kampf galt in der Folge der Verhinderung der Lehre des Arianismus, die er auch auf dem berühmten Konzil von Nicäa (325) heftig angriff. Das Wort von Paphnutius galt viel; der Bischof stand in höchstem Ansehen und genoß schon zu Lebzeiten große Verehrung.

Verehrung/Brauchtum: Die Kopten begehen die Festtage von Paphnutius am 9. Februar und am 1. Mai.

Darstellung: Paphnutius ist meist als Bischof dargestellt, in den Händen hält er die Heilige Schrift. Oft ist er auch abgebildet, wie er im Steinbruch arbeitet; manchmal steht ein Engel neben ihm.

Protus und Hyacinthus

Märtyrer
geboren: 3. Jh. in Rom(?), Italien
gestorben: um 265 oder um 305 in Rom

Protus und Hyacinthus wurden in Rom wegen ihres christlichen Glaubens ermordet. Die Grabstätte von Hyacinthus entdeckte man 1848 in der Hermes-Katakombe in Rom wieder; eine Inschrift sagt, daß der Begräbnistag ein 11. September gewesen ist. Auch die Reliquien von Protus sind erhalten.

12. September

Degenhard

Einsiedler OSB
geboren: um 1300 in Bayern
gestorben: 1374 bei Bischofsmais, Bayern

Degenhard war zunächst Laienbruder im Benediktinerkloster Niederaltaich in Niederbayern. Gemeinsam mit zwei Gefährten zog er sich später in die Einsamkeit des Bayerischen Waldes zurück, dann schließlich in eine Einöde bei Bischofsmais, ebenfalls in Niederbayern. Dort errichtete er sich eine Kapelle und weihte sie Bartholomäus.

Verehrung/Brauchtum: Degenhards Grabstätte entwickelte sich nach seinem Tod zu einer Wallfahrtsstätte. Die Kapelle ist heute nicht mehr vorhanden.

Darstellung: Degenhard ist auf Abbildungen als Einsiedler in einfacher Bekleidung zu sehen.

Gerfried von Münster

Bischof
geboren: 8. Jh. in Nottich, Nordrhein-Westfalen
gestorben: 12. September 839 in Münster, Nordrhein-Westfalen

Gerfried war der Nachfolger des großen Liudger auf dem Bischofsstuhl von Münster und setzte die Arbeit in dessen Sinne fort. Beigesetzt ist Gerfried in der Abtei Werden, die Liudger gegründet hatte.

Guido (Wido) von Anderlecht

Küster, Pilger
geboren: 10. Jh. in Brabant, Belgien
gestorben: 12. September 1012 in Anderlecht, Belgien
Patron von Anderlecht; der Bauern, Knechte, Küster, Glöckner, Kaufleute, Fuhrleute; der Pilger; des Viehs; gegen Viehseuchen; gegen die Ruhr

Guido von Anderlecht gehört zu den besonders verehrten Kirchenpersönlichkeiten in Belgien. Der Sohn eines Bauern aus Brabant war zunächst Küster in einer Kirche in Laeken bei Brüssel. Danach arbeitete er als Kaufmann. Schließlich begab sich Guido auf lange Pilgerreisen nach Jerusalem und Rom.

Schwer krank kehrte Guido zurück, am 12. September 1012 starb er in Anderlecht. In der Folge ereigneten sich zahlreiche Wunderheilungen an der Grabstätte Guidos, so daß die Verehrung für ihn ständig anwuchs. Heute ruhen die Gebeine des Hochverehrten in der Stiftskirche von Anderlecht.

Darstellung: Guido ist entweder als Pilger oder in bäuerlicher Kleidung abgebildet; oft hat er einen Ochsen bei sich. Mit Pferd und Ochs ist Guido in einer Figur (18. Jh.) in der Kirche St-Pierre-et-Guidon in Anderlecht zu sehen.

Maximinus von Trier

Bischof
geboren: um 280 in Silly, Frankreich
gestorben: 12. September 346(?) in Poitiers, Frankreich
Patron gegen Meineid; gegen Gefahren des Meeres; gegen Regen

In der Kirche St. Maximin in Trier werden die Reliquien von Maximinus verehrt, Bischof der Stadt von 330 bis zu seinem Tod am 12. September 346(?). Ihm zu Ehren erhielt die frühere Johanneskirche den Namen St. Maximin.

Maximinus kam um 280 in Silly in West-Frankreich zur Welt und folgte Agritius auf dem Bischofsstuhl von Trier. Während seiner Amtszeit erwies sich Maximinus als unerbittlicher Bekämpfer des Arianismus. Dem von den Arianern stark bedrängten Patriarchen von Alexandria, Athanasius, gewährte Maximinus von 335 bis 337 Exil in Trier und verteidigte ihn bei Kaiser Konstantin II. Der Trierer Bischof konnte schließlich sogar erreichen, daß Athanasius nach Alexandria zurückkehren durfte. Maximinus selbst geriet immer mehr in die Schußlinie der arianischen Ost-Bischöfe, die in ihrem Haß so weit gingen, ihn auf der Scheinsynode von Philippopel zu bannen und ein öffentliches „Sündenregister“ über angebliche Vergehen des Bischofs aufzustellen. Daraufhin traten die westlichen Bischöfe zusammen und bannten ihrerseits die Ost-Bischöfe.

Um über einen Frieden zu beraten, reiste Maximinus nach Konstantinopel. Auf der Rückreise machte er Station bei seiner Familie in der Nähe von Poitiers, wo er dann überraschend starb. Bischof Paulinus übertrug die Gebeine seines Amtsvorgängers nach Trier.

Verehrung/Brauchtum: Von Trier aus verbreitete sich die Verehrung für Maximinus schon bald nach seinem Tod. Der Kult des Bischofs war bezeugt im Elsaß, in der Schweiz, im Bistum Köln, in der ganzen Trierer Kirchenprovinz und in Frankreich. In der Diözese Trier begehen die Gläubigen den Festtag von Bischof Maximinus am 29. Mai, dem Translationstag.

Darstellung: Maximinus ist als Bischof dargestellt, bei sich hat er fast immer einen Bären; nach der Legende nämlich mußte ein Bär das Gepäck von Maximinus tragen, nachdem er das Lasttier des Bischofs aufgefressen hatte. Als Attribute hat Maximinus auch Buch und Kirchenmodell bei sich. Verschiedene Darstellungen gibt es in St. Maximin in Trier.

13. September

Amatus von Sitten

Bischof von Sitten
geboren: 7. Jh.
gestorben: 13. September um 690 in Bruel-sur-la-Lys, Frankreich

Darstellung: Auf Bildern ist Amatus von Sitten zu sehen, wie er Geld in einen Fluß wirft; dies bezieht sich auf die Legende, daß der Bischof so gehandelt habe, um nicht habsüchtig zu werden.

Johannes Chrysostomus

Patriarch, Kirchenlehrer
geboren: 354 in Antiochien, heute Syrien
gestorben: 14. September 407 in Kumana, Pontus
Patron der Prediger (1908); gegen Epilepsie

Sein größter Wunsch war es, einmal in der Nähe des Apostels Petrus beigesetzt zu werden. Der Wunsch ging in Erfüllung: Der große Kirchenlehrer des Morgenlandes, Patri-

Johannes Chrysostomus. Nach einem Mosaik in der Cappella Palatina im Normannenpalast von Palermo auf Sizilien.

arch Johannes Chrysostomus, hat seine letzte Ruhestätte in der Chorkapelle des Petersdomes zu Rom gefunden.

Johannes kam im Jahr 354 in Antiochien zur Welt (einige Quellen sprechen auch von 344). Im Jahr 372 empfing er das Taufsakrament. In den folgenden Jahren lebte Johannes als Mönch und Einsiedler. Als er in seiner Eremitenhöhle erkrankte, mußte er das Einsiedlerleben aufgeben; sein Körper war durch sein extrem asketisches Leben stark geschwächt.

Wieder einigermaßen gesundet, trat Johannes 381 die Diakonstelle bei Bischof Meletios von Antiochien an, fünf Jahre später empfing er die Priesterweihe. Im Laufe des folgenden Jahrzehntes erwarb sich Johannes seinen Beinamen „chrysostomus“, Goldmund. Der Ruf seiner mitreißenden Predigten, die er als offizieller Prediger des Bischofs hielt, drang bald weit über die Grenzen Antiochiens hinaus. Noch heute sind die Predigten des Johannes für viele Theologen, aber auch für Geschichtsforscher von großem Interesse. Die außergewöhnliche Redefähigkeit von Johannes und seine leidenschaftlichen Verkündigungen des Wortes Gottes legten die Grundlage für seine spätere Ernennung zum Kirchenlehrer, die Papst Pius V. im Jahr 1568 bekanntgab.

Im Jahr 398 wurde Johannes zum Nachfolger des verstorbenen Patriarchen von Konstantinopel ernannt. Nun wirkte Johannes in erster Linie als Seelsorger seiner großen Gemeinde. Er ließ Krankenhäuser errichten, unterstützte die arme Bevölkerung und förderte die Missionsarbeit. Eine Welle der Sympathie schlug Johannes in den ersten Jahren auch hier in Konstantinopel entgegen. Doch als er sich immer häufiger gegen die Prunksucht am Kaiserhof aussprach, geriet er mit Kaiserin Eudokia in Streit. Eudokia, eine Heidin aus Athen, intrigierte so lange gegen den Patriarchen, bis dieser dann schließlich auf der berühmten „Eichensynode“ bei Chalkedon im Jahr 403 abgesetzt und verbannt wurde.

Der Kampagne gegen Johannes hatten sich auch einige Bischöfe angeschlossen, an ihrer Spitze Theophilus von Alexandria. Theophilus hatte vor der „Eichensynode“ alle Feinde von Johannes um sich gesammelt und so die Absetzung des Patriarchen vorbereitet.

Als Eudokia zwei Monate später eine Fehlgeburt erlitt, ließ sie Johannes, auf dessen Vertreibung sie das Unglück zurückführte, wieder zurückholen. Nachdem sie sich aber wieder erholt hatte, wurde er erneut verbannt. Drei Jahre setzte man den Bischof in Kukusus in Armenien fest, dann ließ man den gesundheitlich schwer Angeschlagenen eine weite Reise zu einem neuen Verwahrungsort antreten. Wie man es wohl beabsichtigt hatte, erkrankte Johannes Chrysostomus unterwegs schwer und erlag am 14. September 407 seinem Leiden. Seine letzten Worte auf dem Sterbebett waren: „Gott sei gepriesen für alles.“ Beigesetzt wurde Johannes zuerst in der Apostelkirche in Konstantinopel, um das Jahr 1200 kamen die Reliquien dann nach Rom.

Papst Pius X. erhob Johannes Chrysostomus, der wie kaum ein anderer Einfluß auf die Predigt und auf die asketische Literatur seiner griechischen Nachwelt ausgeübt hat, am 8. Juli 1908 zum Patron der christlichen Prediger.

Verehrung/Brauchtum: In den Diözesen Passau und Innsbruck wird Johannes Chrysostomus am 11. September gedacht.

Darstellung: Johannes Chrysostomus ist als griechischer Bischof dargestellt, fast immer hat er das Evangelienbuch bei sich. Oft ist er mit einem Bienenkorb zu sehen, was auf seinen Bienenfleiß hinweisen soll, manchmal mit einem Engel oder auch mit einer Taube als Symbol für den Heiligen Geist. Zu den ältesten Abbildungen gehört ein Fresko in der Kirche S. Maria Antiqua in Rom (um 705). Ein Fresko aus dem Jahr 1469 in der Kirche S. Maria della Verità in Viterbo zeigt Johannes Chrysostomus mit Mitra, schreibend.

Maria von Jesus (Maria Lopez de Rivas)

Priorin, Mystikerin OCD
geboren: 18. August 1560 in Tartanedo, Mexiko
gestorben: 13. September 1640 in Toledo, Spanien

Papst Pius VI. sprach am 14. November 1976 Maria von Jesus selig, die drei Jahrhunderte zuvor zu den außergewöhnlichen Frauengestalten ihrer Zeit gehört hatte. Im Alter von 18 Jahren war sie dem Orden der Unbeschuhten Karmelitinnen in Toledo beigetreten; bald schon wurde sie Priorin, über 20 Jahre lang war sie Novizenmeisterin. Von Geistlichen und Politikern wurde Maria von Jesus regelmäßig um Rat gefragt, selbst König Philipp III. suchte sie auf.

Maurilius von Angers

Bischof von Angers
geboren: um 364 in Mailand, Italien
gestorben: 13. September 453 in Angers, Frankreich
Patron von Angers; der Fischer und Gärtner; gegen Wassergefahren

Tobias

Gestalt aus dem Alten Testament
Patron der Totengräber

14. September

Albert von Jerusalem

Patriarch OCarm
geboren: um 1150 in Gualtieri, Italien
gestorben: 14. September 1214 in Akkon, Palästina

Die Karmeliter verehren Albert von Jerusalem als „Gesetzgeber des Ordens". Dies beruht darauf, daß Albert, selbst Karmelit, während seiner Tätigkeit als lateinischer Patriarch von Jerusalem (1206 bis 1214) eine Lebensregel für die Einsiedler bei der Eliasquelle am Berg Karmel schrieb; diese legte großen Wert auf den Geist des neuen Ordens: auf inneres und äußeres Schweigen, beständiges Gebet und Betrachtung des Wortes Gottes. Die Texte von Albert von Jerusalem sind für den Karmeliterorden bis heute maßgebend.

Bevor Albert 1206 nach Jerusalem kam, um auf Bitten von Papst Innozenz III. das Amt des lateinischen Patriarchen zu übernehmen, war der Italiener 20 Jahre lang Bischof von Vercelli gewesen. Papst und Herrscher hatten in dieser Zeit um seinen Rat nachgesucht, in verschiedenen kirchlichen und weltlichen Streitigkeiten war Albert als Schiedsrichter angerufen worden.

Im April 1214 lud Papst Innozenz III. Albert von Jerusalem zum vierten Laterankonzil nach Rom ein; bevor sich der Patriarch jedoch auf die Reise machen konnte, wurde er von einem Gegner während einer Prozession in Akkon ermordet.

Verehrung/Brauchtum: Sowohl bei den Beschuhten als auch bei den Unbeschuhten Karmeliten wird der Gedenktag Alberts am 17. September begangen.

Maternus von Köln

Bischof
geboren: 3. Jh.
gestorben: 14. September nach 314
Patron gegen Fieber und bei ansteckenden Krankheiten; für das Gedeihen der Weinreben

Maternus ist der erste historisch bezeugte Bischof von Köln; es ist überliefert, daß er als solcher 313 und 314 an Synoden in Rom und Arles teilgenommen hat. Nach einer von vielen – unrichtigen – Legenden um seine Gestalt soll Maternus von Petrus an den Rhein gesandt worden sein; nach seinem Tod sei er durch den Stab des Petrus wieder zum Leben erweckt worden und habe danach die Gemeinde von Köln gegründet. Andere Quellen sagen, Maternus sei Bischof von Trier gewesen; diese Überlieferung erhielt Nahrung dadurch, daß es in Trier ab 760 Maternus-Reliquien gab, jedoch in Köln nie. Die Reliquien in Trier könnten aber von einem anderen Maternus herrühren. Auch als Bischof von Tongern ist Maternus in einigen Quellen genannt.

Verehrung/Brauchtum: In den Diözesen Limburg, Köln, Aachen, Essen und Trier gedenken die Gläubigen Maternus am 11. September,

Gegenüberliegende Seite: Das vergoldete Skelett der heiligen Notburga auf dem Hochaltar der Kirche von Eben in Österreich. Zu Ehren der Schutzheiligen der Mägde wurde das ursprünglich gotische Gotteshaus 1735 umgebaut.

im Bistum Straßburg ist der 12. September der Gedenktag.

Darstellung: Maternus ist entweder mit drei Mitren oder drei Kirchenmodellen oder einer dreitürmigen Kirche dargestellt; alle diese Abbildungen sollen auf seine angeblichen Bischofstitel Köln, Trier und Tongern hinweisen. Mit drei Kirchenmodellen wird er so auf einem Bild in der Kirche St. Matthias in Trier gezeigt. Auch die Szene, wie Maternus einen vom Teufel besessenen Mann heilt, wurde dargestellt.

Notburga von Eben

Dienstmagd
geboren: um 1265 in Rattenberg, Österreich
gestorben: 14. September 1313 in Rottenburg, Österreich
Patronin der Dienstmägde; der Bauern; des Feierabends; für eine glückliche Geburt; bei Viehkrankheiten; bei allen Nöten in der Landwirtschaft

Ein außergewöhnlicher Anblick bietet sich dem Besucher der Barockkirche im österreichischen Eben am Achensee: Am Hochaltar steht, aufrecht in einem Glasschrein und in kostbare Brokatgewänder gekleidet, das vollkommen erhaltene Skelett einer Frau, die in der rechten Knochenhand eine Sichel hält. Eine Heiligenverehrung dieser Art erlebt man selten, sie beweist die Volksnähe der Patronin dieses Gotteshauses, von Notburga. Zu Ehren der Schutzheiligen der Mägde und Dienstboten wurde das ursprünglich gotische Gotteshaus 1735 umgebaut, die Gebeine Notburgas am Altar aufgestellt.

Notburga kam um das Jahr 1265 in dem Tiroler Dorf Rattenberg bei Kramsach zur Welt und wurde, kaum dem Kindesalter entwachsen, Dienstmagd bei den Grafen von Rottenburg im Unterinntal. Täglich sparte sich das Mädchen dort Nahrung vom Mund ab, um den Armen und Bettlern etwas zukommen zu lassen.

Dann aber starb die Gräfin, und deren Schwiegertochter Ottilie verbot Notburga, den Bedürftigen zu helfen. Nach schweren Auseinandersetzungen mußte die Dienstmagd die Grafenburg verlassen und wurde Magd bei einem Bauern in Eben. Doch auch hier bekam Notburga bald Schwierigkeiten. Als der Bauer eines Tages befahl, auch noch nach dem Feierabendläuten auf dem Feld den Weizen zu schneiden, erhob sich Notburga, rief laut das Wort „Feierabend" und warf ihre Sichel in die Luft. Und wie durch ein Wunder blieb das Handwerkszeug in der Höhe schweben. Noch heute kann man an einem Bauernhaus wenige Meter von der Ebener Kirche entfernt lesen, daß an dieser Stelle das Sichel-Mirakel geschehen sei.

Nach dem Tod von Gräfin Ottilie durfte Notburga dann wieder zum Schloß Rottenburg zurückkehren, wo sie bis zu ihrem Tod treu und verantwortungsbewußt diente. Am 14. September 1313 starb Notburga, noch nicht 50 Jahre alt. Die Verehrung für die Dienstmagd breitete sich rasch aus, und bis heute gehört Notburga zu den meistverehrten Heiligen Tirols; ihr Kult wurde 1862 approbiert. Die Isidor- und Notburga-Bruderschaft in München schenkte der Ebener Notburga-Kirche zum 100jährigen Jubiläum der Approbation eine riesige Votivkerze.

Verehrung/Brauchtum: Die Grabstätte Notburgas in Eben ist bis heute ein vielbesuchter Wallfahrtsort. Leben und Wirken der Dienstmagd wurden in verschiedenen Geschichten, Schauspielen und Liedern festgehalten. In Innsbruck und in Salzburg wird das Fest Notburgas am 13. September begangen.

Darstellung: Notburga von Eben ist als einfache Dienstmagd dargestellt, oft trägt sie auf Abbildungen einen Krug oder Brot in ihrer Schürze als Hinweis auf ihre Mildtätigkeit gegenüber den Armen. Oft wurde natürlich auch das Sichelwunder dargestellt. Die Deckenfresken in der Ebener Notburga-Kirche erzählen die gesamte Lebensgeschichte der hochverehrten Dienstmagd.

Josef Kentenich. Der Seligsprechungsprozeß für den Pallottinerpater läuft seit 1975. Kentenich war der Begründer des Schönstatt-Werkes.

15. September

Josef Kentenich

Mönch, Priester, Gründer SAC
geboren: 18. November 1885 in Gymnich bei Köln, Nordrhein-Westfalen
gestorben: 15. September 1968 in Schönstatt, Nordrhein-Westfalen

Josef Kentenich ist der Begründer des Schönstatt-Werkes. Er starb 1968, seit 1975 läuft der Seligsprechungsprozeß für den Pallottinerpater aus Gymnich.

Das Schönstatt-Werk war 1914 entstanden; es hatte sich aus der Erziehungsarbeit Josef Kentenichs bei Nachwuchsgymnasiasten der Pallottiner in Schönstatt bei Vallendar entwickelt. Nach dem Statut von 1953 versteht sich das Werk als „Apostolische Bewegung zur Verbreitung, Verteidigung und Verinnerlichung des christlichen Lebens". Schönstatt ist eine der wenigen katholischen Laienbewegungen, die in Deutschland entstanden sind und in der Folge Weltgeltung erlangten. Die Bewegung hat sich inzwischen auf allen fünf Kontinenten in immer neuen Nationen und Kulturräumen integriert. Kentenich selbst war es, der die Internationalisierung seiner Gründung gefördert hatte.

Eine jähe Unterbrechung des Wirkens von Josef Kentenich brachte das Dritte Reich: Als „gefährlicher Staatsfeind" wurde Kentenich verhaftet

und vier Jahre im Konzentrationslager Dachau festgehalten. Auch im Lager unterbrach Kentenich seine Priestertätigkeit nicht und wirkte unter den Gefangenen als unermüdlicher Seelsorger. Bei Kriegsende kam der Priester frei, in den folgenden Jahren unternahm er mehrere Weltreisen zum Ausbau der Schönstatt-Bewegung.

Bald schon kam die nächste Belastungsprobe: Josef Kentenich und sein Schönstatt-Werk gerieten in die Kritik der Kirche. Der Grund: Mit Mißtrauen beobachteten einige Kirchenoberen das Charisma Kentenichs und die Auswirkungen auf seine Gründung, man befürchtete kritische Strömungen gegen die gewohnten Vorstellungen in der Kirche deswegen. 1951 wurde Josef Kentenich seines Amtes enthoben und ins Exil nach Milwaukee (USA) gesandt, wo er die folgenden 14 Jahre verbrachte. Ab 1959 wirkte der Pallottinerpater als Seelsorger der deutschen Gemeinde von Milkauwee.

Erst 1965 wurde Josef Kentenich rehabilitiert: Papst Paul VI. empfing ihn während des Zweiten Vatikanischen Konzils und gab ihm seine Freiheit zurück. Kentenich kehrte nach Schönstatt zurück, wo er bis zu seinem Tod 1968 Bischöfe, Theologen, Priester, Laien, Pädagogen und christliche Politiker aus der ganzen Welt empfing. Seiner Schönstatt-Familie gab der Priester die letzten wichtigen Ausrichtungen.

Josef Kentenich starb am 15. September 1968 in der Sakristei der neuerbauten Dreifaltigkeitskirche in Schönstatt, kurz, nachdem er dort die Heilige Messe gelesen hatte. An seinem Sterbeort wurde er beigesetzt, auf seinem Basaltsarkophag stehen die Worte: „Dilexit Ecclesiam – Er liebte die Kirche, er lebte für die Kirche."

Katharina von Genua (Katharina Fieschi-Adorno)

Krankenpflegerin, Mystikerin
geboren: 1447 in Genua, Italien
gestorben: 15. September 1510 in Genua
Patronin von Genua; Zweitpatronin der italienischen Krankenhäuser (1944)

Katharina, eine Tochter der Genueser Adelsfamilie Fieschi, hatte von Kindheit an den Wunsch, in ein Kloster einzutreten. Doch mit 16 Jahren mußte sie 1463 auf Befehl ihrer Eltern den Patrizier Giuliano Adorno heiraten, mit dem sie fortan in Genua lebte. Das Leben an der Seite des ausschweifenden, leichtsinnigen Mannes war schwer, und Katharina verlebte eine qualvolle Zeit.

Katharina von Genua. Nach einem zeitgenössischen Gemälde (um 1510) von Tomasina Fieschi.

Im Jahr 1474 hatte Katharina ihre erste Vision, kurz darauf verlor ihr Ehemann seinen gesamten Besitz. Katharina war überglücklich, sah sie doch zwischen den beiden Ereignissen einen engen Zusammenhang, von Gott so vorbestimmt. Giuliano Adorno bekehrte sich völlig und lebte von nun an tief religiös. Katharina widmete ihr weiteres Leben der Pflege von Kranken im Spital Pammatone in Genua, dessen Vorsteherin sie 1491 wurde. Selbstlos opferte sie sich im Krankendienst auf, in zwei schweren Pestepidemien in der Hafenstadt leistete sie fast Übermenschliches. Während der Fastenzeit lebte Katharina viele Jahre lang nur von der Kommunion.

Katharina von Genua, wie sie nach ihrem Tod bald genannt wurde, starb am 15. September 1510. Papst Clemens XII. sprach sie 1737 heilig. Der unverweste Leichnam der großen Wohltäterin Katharina ruht in der Kirche S. Caterina e S.ma Annunziata in Portoria in Genua.

Darstellung: Im Krankenhaus Pammatone in Genua gibt es ein Porträt von Katharina, das möglicherweise ein vera effigies (wahres Abbild) ist. In der Kirche S. Caterina e S.ma Annunziata in Genua ist ein Freskenzyklus (1837) von Passano mit Szenen aus Katharinas Leben zu sehen.

Ludmilla (Lidmilla) von Böhmen

Herzogin
geboren: um 860 in Böhmen(?)
gestorben: 15. September 921 in Tetin bei Prag, Tschechische Republik

Ludmilla war die Ehefrau von Herzog Boriwoj von Böhmen; beide ließen sich von Missionar Methodius taufen. Ludmilla hatte großen Einfluß auf ihren Enkel Wenzeslaus, den sie christlich erzog. Die Schwiegertochter Ludmillas und Mutter von Wenzeslaus war aber so von Haß auf ihre Schwiegermutter erfüllt, daß sie sie am 15. September 921 erdrosseln ließ.

Wenzeslaus wurde übrigens später von seinem Bruder Boleslaw I. ebenfalls ermordet; er ist Nationalheiliger und Landespatron von Böhmen. Das Grab von Herzogin Ludmilla befindet sich in der Ludmilla-Kapelle in der Kirche St. Georg auf der Prager Burg.

Darstellung: Herzogin Ludmilla wurde meist mit einem Strick oder einem Tuch um den Hals dargestellt, was auf ihren gewalttätigen Tod hinweisen soll.

Melitta

Märtyrerin
geboren: 2. Jh. in Bulgarien
gestorben: um 150 in Preslav, Bulgarien

Der Christenverfolger Antonius Pius ließ Melitta verhaften, weil sie die christliche Lehre verbreitete. Nach schweren Folterungen wurde die junge Frau enthauptet. Die Gebeine der Märtyrerin werden bis heute auf der griechischen Insel Lemnos verehrt.

Darstellung: Melitta ist meist neben Götzenbildern abgebildet, da diese auf ihr Gebet hin zusammengestürzt sein sollen. Das Attribut Schwert auf Darstellungen weist auf Melittas Martyrium durch Enthauptung hin.

Notburga von Hochhausen

Einsiedlerin
geboren: 7. Jh.
gestorben: 7. Jh. in Hochhausen, Baden-Württemberg

Nach der legendarischen Überlieferung soll Notburga im 7. Jh. als Einsiedlerin in Hochhausen am Neckar gelebt haben. Es heißt, eine Hirschkuh habe ihr regelmäßig Essen gebracht.

Verehrung/Brauchtum: Das Grab von Notburga in der Kirche von Hochhausen war über Jahrhunderte ein vielbesuchter Wallfahrtsort; heute ist das Gotteshaus allerdings evangelisch.

Darstellung: Notburga von Hochhausen trägt auf Abbildungen das Gewand einer Einsiedlerin. Oft fehlt ihr ein Arm, den ihr, so die Legende, ihr Vater aus Verärgerung über ihr christliches Leben ausgerissen haben soll. Auch die legendarische Szene, wie eine Schlange Notburga Heilkräuter bringt, fand ihren Niederschlag in der darstellenden Kunst.

Oranna

Königstochter, Missionarin
geboren: 5./6. Jh.(?) in Schottland (?)
gestorben: 6. Jh.(?)
Patronin des alten Deutsch-Lothringen; gegen Ohrenleiden und Schwindel

Nach der Legende soll Oranna eine schottische Königstochter gewesen sein, die von ihrem Vater verstoßen wurde, weil sie nicht gut hörte. Möglicherweise war der Vater aber auch Herzog in Lothringen. In ihrer Verzweiflung zog sich Oranna in die Einsamkeit bei Berus im Bistum Trier zurück, wo sie in der Folge auf wundersame Weise geheilt worden sein soll. Danach, so heißt es, habe Oranna im Gebiet zwischen Saar und Mosel als Missionarin gewirkt.

Nach ihrem Tod soll Oranna in Eschweiler, einem Ort, der dann im Mittelalter zerstört wurde, beigesetzt worden sein. Die Prämonstratenser der ehemaligen Abtei Wadgassen bei Saarlouis pflegten die Oranna-Verehrung über lange Zeit. Reste der frühgotischen Kirche mit der Grabstätte von Oranna im heutigen Überherrn-Berus bei Saarlouis sind in der jetzigen Kapelle enthalten. Die Gebeine von Oranna ruhen seit 1969 in einer hölzernen Reliquienlade neben dem Altar; 250 Jahre lang waren sie in der Pfarrkirche von Berus aufbewahrt worden.

Verehrung/Brauchtum: Die Gläubigen begehen noch heute im September den „Orannentag".

Darstellung: Oranna ist als Jungfrau oder Einsiedlerin dargestellt, in der Hand hält sie ein Ohr; oft hat sie auch ein Kreuz als Attribut bei sich.

Roland von Medici

Einsiedler
geboren: 14. Jh. in Florenz, Italien
gestorben: 15. September 1386 in Bargone, Italien
Patron gegen Kopfschmerzen

Roland, ein Mitglied der florentinischen Adelsfamilie Medici, entsagte dem herrschaftlichen Leben und zog sich in die Wälder bei Salsomaggiore in der Provinz Parma zurück, um dort als Einsiedler zu leben. Er übte sich über 25 Jahre in Aszese und Schweigen. Am Grab von Roland in S. Bartolomeo di Busseto sollen sich zahlreiche Wunder ereignet haben.

Darstellung: Roland von Medici ist als Einsiedler dargestellt, versunken im Gebet; bekleidet ist er mit Tierfellen.

16. September

André Kim

Priester, Märtyrer
geboren: 1821 in Korea
gestorben: 16. September 1846 in Seoul, Südkorea

André Kim war der erste einheimische Priester Koreas. Christlich erzogen, war in André bereits im Alter von 15 Jahren der Wunsch erwacht, Seelsorger zu werden. Nach einem Lateinstudium in Macao versuchte der knapp 20jährige, französische Missionare nach Korea einzuschleusen; der Plan scheiterte jedoch. Nach seiner Weihe zum Diakon missionierte André Kim zunächst selbst, ging dann nach Shanghai, wo er bald die Priesterweihe empfing, und kehrte schließlich unter größten Gefahren nach Korea zurück. Dabei gelang es ihm, weitere Geistliche einzuschmuggeln.

Nach nur einjährigem Wirken in Seoul wurde André Kim dann 1846 von Christenverfolgern gefangengenommen und grausam ermordet. Die Gebeine des Märtyrers werden in Seoul aufbewahrt. Kims Heiligsprechung erfolgte am 6. Mai 1984.

Cyprian von Karthago

Bischof, Märtyrer
geboren: um 200 in Karthago, Tunesien
gestorben: 14. September 258 in Karthago
Patron gegen die Pest

Die Lebensgeschichte von Cyprian, dem großen Bischof von Karthago, steht in engem Zusammenhang mit der von Papst Kornelius. Wie das Haupt des Papstes wird auch das von Cyprian in Kornelimünster bei Aachen verehrt. Auch Cyprian ist Kanon-Heiliger, auch er starb, wie Kornelius, an einem 14. September. Beider Gedenktag wurde auf den 16. September gelegt.

Cyprian, einer der bedeutendsten Kirchenschriftsteller der Frühkirche, kam als Sohn reicher, heidnischer Eltern um das Jahr 200 in Karthago in

Cyprian von Karthago vor seiner Bekehrung. Detail aus einer Miniatur einer byzantinischen Handschrift.

Nordafrika zur Welt. Erst später bekehrte er sich zum Christentum. Er empfing 248 die Taufe, dann die Priesterweihe, und schon bald darauf wurde er zum Bischof von Karthago und damit zum Oberhaupt der nordafrikanischen Kirche gewählt.

Während der Christenverfolgung unter Kaiser Decius leitete Cyprian seine Gemeinde nur mit Hilfe von Briefen vom Verborgenen aus. Wie Papst Kornelius zur selben Zeit in Rom mußte sich auch Cyprian nach seiner Rückkehr nach Karthago mit der Frage der sogenannten „Lapsi", der während der Verfolgung vom Christentum Abgefallenen, befassen. Auch er neigte wie Kornelius zu Milde und Vergebung. Mit dem Papst setzte er sich über dieses Problem in Briefen auseinander.

Während einer erneuten Verfolgung wurde der mächtige Cyprian von Kaiser Valerian verbannt und schließlich am 14. September 258 in Karthago enthauptet. Reliquien des afrikanischen Märtyrers kamen auch in die französischen Städte Compiègne und Lyon.

Verehrung/Brauchtum: Der Kult Cyprians ist in Rom seit dem 4. Jh. bekannt.

Darstellung: Auf Darstellungen ist Cyprian immer in bischöflichen Gewändern abgebildet. Wohl bezugnehmend auf sein Martyrium, hat er als Attribut manchmal ein Schwert bei sich; auch Buch und Palme sind Attribute. Häufig wurde Cyprian auch mit Papst Kornelius abgebildet, so auf dem berühmten Gemälde von Veronese in der Pinacoteca di Brera in Mailand.

Johannes Massias

Laienbruder OP
geboren: 2. März 1585 in Ribera de Fresno, Spanien
gestorben: 16. September 1645 in Lima, Peru

Papst Paul VI. sprach am 28. September 1975 einen Dominikanerlaienbruder heilig, der sich selbst und sein Leben ergeben in die Hand Gottes gelegt und über 23 Jahre lang als Klosterpförtner Dienst getan hatte: Johannes Massias aus Südspanien.

Massias war 1619 nach Kolumbien ausgewandert und 1622 nach Lima in Peru gekommen. Dort trat er dem Dominikanerorden als Laienbruder bei und war danach bis zu seinem Tod Pförtner im Magdalenenkloster. Schon zu Lebzeiten wußte Massias, an welchem Tag und zu welcher Stunde er sterben würde.

Kornelius

Papst, (Märtyrer)
geboren: 3. Jh. in Rom, Italien
gestorben: 14. September 253 in Civitavecchia, Italien
Patron der Bauern; des Hornviehs; gegen Ohrenleiden, Krämpfe, Nervenleiden und Epilepsie („Kornelkrankheit")

In kostbaren, kunstvoll gearbeiteten Horn-Reliquiaren werden in verschiedenen Kirchen in Deutschland Reliquien von Kornelius aufbewahrt. Der Name des großen Papstes aus dem 3. Jh. leitet sich nämlich ab vom lateinischen Wort „cornus", das Horn. Das berühmte Kornelimünster bei Aachen, früher ein Benediktinerkloster, bewahrt außerdem das Haupt des Papstes als kostbare Reliquie. Jedes Jahr strömen am 14. September, dem Todestag von Kornelius, viele Pilger zu der heutigen Pfarrkirche, um die Reliquie zu verehren. Kornelius gehört neben Antonius, Hubertus und Quirinus zu den sogenannten Vier heiligen Marschällen und zählt zu den Kanon-Heiligen.

Kornelius bestieg im Jahr 251 nach vorhergehender fünfzehnmonatiger Sedisvakanz den Stuhl Petri. Obwohl er von der Mehrheit gewählt worden war, konnte er nicht verhindern, daß eine mächtige Minderheit den Gegenpapst Novatian aufstellte. Dieser war übrigens der erste Theologe Roms, der in lateinischer Sprache schrieb; bis dahin war in Rom die griechische Sprache gebräuchlich gewesen. Rom hatte mit Novatian seinen zweiten Gegenpapst nach Hippolytus.

Kornelius und Novatian vertraten völlig konträre Ansichten hinsichtlich der Bußpraxis gegenüber den vom Glauben abgefallenen Christen. Kornelius war der Vergebende, Novatian der Unnachgiebige in dieser Frage. Schon nach kurzer Zeit wurde Novatian aber verurteilt und auf der römischen Synode des Jahres 251 abgesetzt. Kornelius hatte sich in der Gesamtkirche durchgesetzt. Zwei Briefe von ihm aus dieser Zeit an Bischof Cyprian sind noch erhalten.

Nach nur knapp zweijähriger Amtszeit wurde Papst Kornelius von Kaiser Gallus während einer erneuten Christenverfolgung in das damalige Centumdellae (heute Civitavecchia bei Rom) verbannt, wo er am 14. September 253 an den Qualen dieser Demütigung starb. Oft wird Kornelius deshalb auch als Märtyrer bezeichnet.

Verehrung/Brauchtum: Die Verehrung für Papst Kornelius ist in Kornelimünster bis heute wach geblieben. Die Hauptreliquien – das Grabtuch, das Schweißtuch und das Schürztuch – werden alle sieben Jahre während der sogenannten Aachener Heiligtumsfahrt den Gläubigen gezeigt. Untersuchungen haben übrigens ergeben, daß die Stoffe der

Reliquiar mit dem Haupt von Papst Kornelius. Die Arbeit aus dem Jahr 1360 befindet sich in Kornelimünster.

Tücher aus der Zeit Christi stammen. Der übrige Kirchenschatz von Kornelimünster wird jedes Jahr in den Tagen um den Kornelius-Gedenktag in dem Gotteshaus gezeigt.

Darstellung: Kornelius ist als Papst, meist mit Tiara, dargestellt. Sein individuelles Attribut, das er fast immer auf Abbildungen bei sich trägt, ist das Horn. Häufig wurde Kornelius auch gemeinsam mit Bischof Cyprian abgebildet, so auf einem Fresko (6. Jh.) in der Lucina-Gruft der römischen Calixtus-Katakombe, in der Kornelius beigesetzt wurde. In der Alten Pinakothek in München ist Kornelius auf einem Bildnis von Stephan Lochner mit dem Einsiedler Antonius und Maria Magdalena zu sehen.

Victor III. (Victor Daufari)

Papst OSB
geboren: um 1027 in Benevent, Italien
gestorben: 16. September 1087 in Montecassino, Italien

Der Benediktiner Victor Daufari war zunächst Einsiedler und dann Abt des berühmten Klosters Montecassino. Unter seiner Führung erlebte die Abtei eine literarische Hochblüte. Im Jahr 1059 wurde Viktor zum Kardinal und päpstlichen Vikar für Unteritalien ernannt. Am 24. Mai 1086 schließlich erfolgte seine Wahl zum Papst. Victor bestieg den Papststuhl jedoch erst im März 1087, da er zuvor noch die Versöhnung mit den Normannen suchte. Bereits wenige Monate nach seinem Amtsantritt starb Victor III. in „seinem" Kloster Montecassino.

17. September

Badurad

Bischof
geboren: um 780 in Sachsen
gestorben: 17. September 862 in Paderborn, Nordrhein-Westfalen

Der gebürtige Sachse Badurad wurde schon in jungen Jahren (815) Bischof von Paderborn. Er gründete in der Folge den Dom, die Domschule und das Domstift. Er war es auch, der die Liborius-Gebeine nach Paderborn überführen ließ.

Franz von Camporosso. Nach einer Litographie, die nach dem Tod des Kapuziners verbreitet wurde.

Franz von Camporosso

Mönch OFMCap
geboren: 27. Dezember 1804 in Camporosso, Italien
gestorben: 17. September 1866 in Genua, Italien

Im Alter von 20 Jahren trat der Italiener Franz von Camporosso in Genua dem Kapuzinerorden bei. Danach arbeitet er vier Jahrzehnte lang aufopferungsvoll als Sammel- und Küchenbruder, außerdem pflegte er Kranke. In der Bevölkerung von Genua wurde Franz „Padre Santo" genannt.

Camporossos Seligsprechung erfolgte 1929, seine Heiligsprechung am 9. Dezember 1962 durch Papst Johannes XXIII.

Hildegard von Bingen

Äbtissin, Mystikerin OSB
geboren: um 1098 in Bermersheim, Rheinland-Pfalz
gestorben: 17. September 1179 auf dem Rupertsberg bei Bingen, Rheinland-Pfalz
Patronin der Naturwissenschaftler, Sprachforscher und Esperantisten

Naturwissenschaftlerin, Mystikerin, Kirchenpolitikerin, Dichterin, Ärztin – all das war Hildegard von Bingen. „Deutschlands größte Frau" nannte Theodor Schnitzler diese Persönlichkeit der deutschen, der Welt-Kirchengeschichte. Hildegards kritische Stimme war in ihrer Zeit nicht zu überhören; wenn sie etwas zu sagen hatte zur Situation der Kirche, dann machte sie auch vor Großen und Mächtigen nicht halt, auch nicht vor Kaiser Friedrich Barbarossa, dem sie glühende Briefe schrieb.

In Bermersheim im Rheingau kam Hildegard um das Jahr 1098 zur Welt. Ihre Eltern übergaben sie, kaum achtjährig, der Reklusin Jutta von Sponheim, die sich bei der Abtei Disibodenberg in der Rheinpfalz niedergelassen hatte und das Kloster leitete. Hier in der klösterlichen Gemeinschaft erlernte Hildegard allerdings nur Lesen und Schreiben und ein wenig Latein.

Als Jutta 1136 starb, übernahm Hildegard die Führung des Klosters auf dem Disibodenberg, verlegte die Gemeinschaft aber zehn Jahre später auf den Rupertsberg bei Bingen, wo sie ein neues Kloster gegründet hatte. Über drei Jahrzehnte wirkte Hildegard hier und unternahm trotz ihrer angegriffenen Gesundheit viele Reisen zu den Großen jener Zeit. Überall predigte die gefürchtete, aber geach-

Hildegard von Bingen. Nach einer Buchmalerei aus der Zeit um 1240, heute Staatsbibliothek Lucca, Italien.

Der Reliquienschrein mit den Gebeinen der Hildegard von Bingen in der Pfarrkirche von Eibingen bei Rüdesheim. In Eibingen hatte Hildegard 1165 ihr zweites Benediktinerinnenkloster errichtet. Die heutige Abtei stammt von 1900.

tete Äbtissin dem Volk und dem Klerus Sittenstrenge und Bußbereitschaft. Immer wieder wurde sie von Fürsten und Bischöfen, von Königen und vom einfachen Volk um Rat gefragt. Hildegard gehörte im 12. Jh. zu den meistbeachteten Persönlichkeiten der Kirchenwelt.

Schon seit ihrer Kinderzeit hatte Hildegard regelmäßig Visionen, die sich im Alter mehrten. Diese Erfahrungen legte sie in späteren Jahren – unter Mithilfe eines Schreibers, da sie die lateinische Sprache nicht gut beherrschte – in ihren berühmt gewordenen Schriften nieder. Die Werke Hildegards gelten als Erstlinge der deutschen Mystik. Außerdem ging die Äbtissin vom Rupertsberg als erste schreibende Ärztin in die deutsche Geschichte ein. Hildegards Schriften zu Gesundheitsthemen erreichen seit Jahren immer höhere Auflagen.

Hildegard von Bingen starb am 17. September 1179 in ihrem Kloster auf dem Rupertsberg, wo sie auch ihre letzte Ruhestätte fand. Reliquien der Äbtissin, die bis heute nicht offiziell heiliggesprochen wurde, befinden sich im Kloster Eibingen bei Rüdesheim, das Hildegard um das Jahr 1148 gegründet hatte. Der Heiligsprechungsprozeß für Hildegard von Bingen läuft seit Jahren und steht kurz vor der Vollendung.

Verehrung/Brauchtum: Vor allem in der jüngeren Zeit hat Hildegard von Bingen wieder stark an Beachtung und Bedeutung gewonnen. Ihre Lehre, was Gesundheitsbelange sowie vor allem die Ernährung angeht, ist in aller Munde; Bücher mit Abhandlungen darüber stoßen auf immer größeres Interesse.

Darstellung: Eine der berühmtesten Abbildungen der Hildegard von Bingen ist jene Miniatur, auf welcher die Ordensfrau ihre Visionen diktiert; sie lauscht und schreibt, um ihr Haupt züngeln Flammen. Dargestellt wurde Hildegard auch als Klostergründerin mit Kirchenmodell, als Äbtissin mit Stab oder als Schriftstellerin mit Buch. In der Bingener Rochuskapelle ist sie auf einem Gemälde (1712) mit Schreibfeder zu sehen. Manchmal überreicht Hildegard auf Abbildungen einem Boten einen Brief oder sie verteilt Almosen an die Armen. Auch in jüngerer Zeit entstanden Darstellungen.

Reginfried

Märtyrer
geboren: 7. Jh. in Frankreich
gestorben: 17. September um 710 bei Croix, Frankreich

Robert Bellarmin

Kardinal, Kirchenlehrer SJ
geboren: 4. Oktober 1542 in Montepulciano, Italien
gestorben: 17. September 1621 in Rom, Italien

Kardinal Robert Bellarmin gehört zu den unbekannteren unter den Kirchenlehrern der katholischen Kirche. Wer in Rom die Kirche S. Ignazio unweit des Pantheons besucht, findet das Grab Bellarmins direkt bei jenem Altar, unter dem in einer Lapislazuli-Urne die Gebeine des heiligen Aloisius von Gonzaga aufbewahrt werden. Es war der Wunsch von Robert Bellarmin, in der Nähe des von ihm verehrten Jesuiten Gonzaga, dessen Seligsprechung er eifrig befürwortet hatte, beigesetzt zu werden. Diesen letzten Willen erfüllte ihm Papst Pius XI. bei der Heiligsprechungsfeier am 29. Juni 1930. Derselbe Papst erhob Bellarmin ein Jahr später, 1931, auch zum Kirchenlehrer.

Robert Bellarmin kam am 4. Oktober 1542 in dem Toskana-Ort Montepulciano unweit des Trasimenischen Sees zur Welt. Mit 18 Jahren trat der tiefgläubige Jüngling dem Jesuitenorden bei, neun Jahre später sandte ihn der Orden nach Löwen,

Robert Bellarmin. Nach einem Porträt von Passerotti im Jesuitenkolleg Chamartin de la Rosa in Madrid.

Altar und Grab von Robert Bellarmin in der Chiesa S. Ignazio in Rom.

wo Bellarmin mehrere Jahre als hochgeschätzter Prediger wirkte.

Papst Gregor XIII. rief den inzwischen zu Weltruhm gelangten Jesuiten dann 1576 nach Rom, wo Bellarmin in den folgenden zwölf Jahren als begehrter Professor für Kontrovers-Theologie am Collegium Romanum, der heutigen Gregoriana, wirkte. Der Zulauf zu seinen Vorlesungen war unvorstellbar. Aus diesen Unterrichtungen entstand später Bellarmins berühmtestes Werk, seine „Disputationen über die Streitfragen des christlichen Glaubens". Diese Schrift gegen die Häretiker jener Zeit gehört zu den glänzendsten Leistungen des Kirchenschriftstellertums überhaupt. Im Jahr 1597 veröffentlichte Robert Bellarmin seinen „Kleinen Katechismus für das Volk", der 400 Auflagen erreichte und in 60 Sprachen übersetzt wurde. In Italien wird er noch heute angewandt.

Die weiteren Stationen im Leben von Robert Bellarmin: 1599 Ernennung zum Kardinal, ab 1602 – nach Differenzen mit dem Papst – Erzbischof von Capua, ab 1605 wieder in Rom und bis zu seinem Tod am 17. September 1621 in zahlreichen hohen Ämtern der Kurie tätig. Der Seligsprechungsprozeß für den großen Theologen wurde bereits 1627 eingeleitet, fand jedoch erst 1923 seinen Abschluß.

Darstellung: Robert Bellarmin ist entweder im Kleid der Jesuiten oder im Kardinalsgewand abgebildet. Als Attribute hat er Kreuz und Buch bei sich.

Roding (Chrauding)

Abt OSB
geboren: um 600 in Frankreich(?)
gestorben: 7. Jh. bei
Beaulieu-en-Argonne, Frankreich

Unni (Unno, Wimo)

Erzbischof, Missionar
geboren: 9. Jh.
gestorben: 17. September 936
auf Birka, Schweden

Unni war zunächst Mönch im Kloster Korvey. Im Jahr 918 ernannte ihn König Konrad I. dann zum Erzbischof von Bremen-Hamburg. Unni aber wollte lieber als Missionar wirken und zog ab 935 wieder durch die nördlichen Länder. Auf einer seiner Missionsreisen starb er auf der schwedischen Insel Birka im Mälarsee; dort wurde er auch beigesetzt. Unnis Haupt kam nach Bremen.

Darstellung: Unni ist als Mönch oder als Bischof dargestellt; neben sich hat er ein umstürzendes Götzenbild, was auf seine Missionstätigkeit hinweisen soll.

18. September

Balthasar Ravaschieri

Priester, Mönch OFM
geboren: 15. Jh. in Italien
gestorben: 18. September 1492 bei
Mailand, Italien
8. Januar 1930 Approbation des Kultes

Ferreolus von Vienne

Märtyrer
geboren: 3. Jh.
gestorben: um 305 in Vienne, Frankreich
Patron von Marseille; der Gefangenen

Verehrung/Brauchtum: Ferreolus von Vienne wurde sofort nach seinem Martertod, den er wegen seines christlichen Glaubens erlitten hatte, stark verehrt. Bischof Mamertus von Vienne erhob seine Gebeine 473 und übertrug sie in eine eigens zu ihrer

Aufbewahrung erbauten Kirche bei Vienne.

Darstellung: Die Darstellungen des Ferreolus von Vienne beziehen sich fast ausschließlich auf sein Martyrium. So ist er neben einem Galgen zu sehen, da er nach der Legende einen zum Tod Verurteilten dadurch gerettet hat, daß er sich selbst anbot. Manchmal hat Ferreolus auch zerrissene Ketten in der Hand, da er auf wunderbare Weise aus dem Kerker befreit worden sein soll.

Joseph von Copertino

Mönch, Mystiker OFMConv
geboren: 17. Juni 1603 in Copertino, Italien
gestorben: 18. September 1663 in Osimo, Italien
Patron für gute Prüfungen; der Schuhmacher; für die Bekehrung von Sündern; der Weltraumfahrer (1963); der amerikanischen Piloten im Zweiten Weltkrieg

Der Franziskanerkonventuale Joseph von Copertino, der nur unter größten Schwierigkeiten in den Orden aufgenommen worden war, erlebte ab 1630 die außergewöhnlichsten, teilweise stundenlangen Ekstasen und Levitationen (Flüge). Darüber hinaus vollbrachte er zahlreiche Krankenheilungen und mehrere andere Wunder.

Da das Volk immer mehr auf Joseph aufmerksam wurde und die Kirche Unruhe vermeiden wollte, versetzte der Orden ihn in immer abgelegenere Klöster, was Joseph aber freudig erduldete. Zuvor war er in einem Prozeß, in welchem er der Scheinheiligkeit angeklagt gewesen war, freigesprochen worden.

Am 18. September 1663 starb Joseph von Copertino im Kloster zu Osimo, seiner letzten Station, an die man ihn verbannt hatte. Seine Seligsprechung erfolgte 1753, seine Heiligsprechung 1767 durch Papst Clemens XIII.

Darstellung: Das außergewöhnliche Leben des Joseph von Copertino fand seinen Niederschlag immer wieder in der darstellenden Kunst. Meist wurde der Franziskaner schwebend, manchmal sogar mit Flügeln gemalt. Viele dieser Darstellungen sind im Museo Francescano in Rom zu sehen.

Totenmaske des heiligen Joseph von Copertino. Diese Erinnerung an den berühmten Franziskaner befindet sich im Franziskanerkloster Osimo bei Ancona, wo Joseph 1663 starb.

Lambert (Lambrecht, Lantpert) von Maastricht (von Lüttich)

Bischof, Märtyrer
geboren: 7. Jh. in Maastricht, Niederlande
gestorben: 17. September um 705 in Lüttich, Belgien
Patron des Bistums Lüttich; von Freiburg/Breisgau; der Chirurgen und Zahnärzte; der Bauern; bei Nierenleiden

Lambert von Maastricht war eine im Mittelalter hoch verehrte Kirchenpersönlichkeit. Um 672 war der Niederländer Bischof von Maastricht geworden, 675 aber wurde er vom fränkischen Hausmeier Ebroin verbannt; er lebte danach mehrere Jahre im Kloster Stablo. Als Ebroin gestürzt wurde, konnte Lambert wieder auf seinen Bischofsstuhl zurückkehren. In den folgenden zwei Jahrzehnten widmete sich der Kirchenfürst der Organisation von Mission und Klerus.

Eines Tages geriet Lambert mit einem Grafen bei der Verteidigung der Kirchenrechte so sehr in Streit, daß ihn dieser in Lüttich ermorden ließ.

Dieses Kopfreliquiar (1514) im Münsterschatz von Freiburg im Breisgau birgt eine Kopfreliquie von Lambert.

Da der Bischof sich nicht wehrte, verehrte das Volk ihn nach seinem Tod als Märtyrer. Die Gebeine Lamberts wurden zunächst nach Maastricht überführt, von Bischof Hubert 715 aber wieder nach Lüttich übertragen, wo dann der offizielle Bischofssitz war. Die Reliquien wurden in der Französischen Revolution vernichtet; im Münster zu Freiburg im Breisgau wird seit dem 12. Jh. eine Kopfreliquie aufbewahrt.

Darstellung: Lambert von Maastricht ist meist dargestellt, wie er, kniend, von einer Lanze durchbohrt wird. Als Attribute hat er Schwert, Pfeile, Kirchenmodell oder Handkreuz bei sich; manchmal trägt er auf Abbildungen auch glühende Kohlen in seinem Rochett zum Altar.

Lantpert (Lambert) von Freising

Bischof
geboren: 9. Jh. in Ebersberg, Bayern
gestorben: 19. September 957 in Freising, Bayern

Lantpert entstammte dem Grafengeschlecht von Ebersberg, das seinen Sitz im Osten von München hatte.

Sein Geburtsjahr ist nicht sicher bezeugt, lag aber wahrscheinlich im letzten Jahrzehnt des 9. Jh. Von 937 bis zu seinem Tod am 19. September 957 hatte Lantpert den Bischofsstuhl von Freising inne.

Lantperts Amtsperiode fiel in die schwierige Zeit der andauernden Ungarneinfälle. Nach einer im 15. Jh. entstandenen Legende soll Lantpert durch sein inniges Gebet erreicht haben, daß 955 bei einem Sturm der Ungarn auf Freising der Dom mehrere Tage von dichtem Nebel eingehüllt war und so vor der Einäscherung durch die Feinde bewahrt werden konnte.

Verehrung/Brauchtum: Bis heute gehört Lantpert, dessen Kult seit dem 11. Jh. bezeugt ist, zu den volkstümlichen Kirchenpersönlichkeiten in Bayern. Sein Gedenken wird im Freisinger Dom bewahrt, dessen Schutzheiliger er auch ist. In der Krypta der Kirche auf dem Domberg steht das Reliquiar, das 1973 von Kardinal Julius Döpfner gestiftet wurde.

Darstellung: Lantpert ist immer als Bischof dargestellt; häufig hat er ein Lamm bei sich, was wohl auf sein Amt als Seelenhirte hinweisen sollte. Die Abbildungen beschränken sich hauptsächlich auf die Erzdiözese München-Freising. Gemeinsam mit Korbinian ist Lantpert im Deckenfresko des Freisinger Mariendomes abgebildet, das Cosmas Damian Asam 1723 schuf.

Richardis

Kaiserin
geboren: 9. Jh. im Elsaß, Frankreich
gestorben: 18. September um 895 in Andlau, Elsaß
Patronin von Andlau; der Kranken; gegen Feuer

Richardis war die Ehefrau von Kaiser Karl III. (dem Dicken). Als sie 887 grundlos des Ehebruchs mit Kanzler Liutward verdächtigt wurde, zog sie sich tief gedemütigt in das von ihr gegründete Kloster Andlau im Elsaß zurück, wo sie wenige Jahre später starb. Papst Leo IX. erhob 1049 die Gebeine der Kaiserin.

Verehrung/Brauchtum: Das um 1350 errichtete Hochgrab von Kaiserin Richardis in Andlau ist bis zum heutigen Tag ein vielbesuchter Wallfahrtsort. Im Elsaß wird die Herrscherin immer noch verehrt.

Darstellung: Richardis ist meist in kaiserlichen Gewändern dargestellt, manchmal auch als Nonne mit abgelegter Krone. Es gibt viele Abbildungen, auf denen Flammen an ihrem Kleid züngeln oder auf denen ihr brennende Holzscheite beigegeben sind; dies bezieht sich darauf, daß sich Richardis der Feuerprobe unterzogen haben soll, um ihre Unschuld hinsichtlich des Ehebruchvorwurfes zu beweisen (wie Kunigunde).

19. September

Igor von Kiew

Großfürst, Märtyrer
geboren: um 1100 in Kiew, Ukraine
gestorben: 19. September 1147 in Kiew

Großfürst Igor von Kiew wurde bei einem Aufstand zum Abdanken gezwungen und bald darauf in einem Kloster, in das er sich vor der wütenden Menge geflüchtet hatte, während des Gebetes ermordet.

Januarius

Bischof, Märtyrer
geboren: 3. Jh. in Neapel(?), Italien
gestorben: 305 in Neapel
Patron von Neapel; gegen Vulkanausbrüche

Die Stadt Neapel bewahrt einen ihrer kostbarsten Schätze in der Cappella S. Gennaro auf: den Schädel des Januarius (Gennaro) und zwei Ampullen mit seinem Blut. Die prächtige barocke Kapelle im gotischen Dom an der Via del Duomo gehört zu den bedeutendsten Wallfahrtszielen Italiens. Vor allem natürlich die Neapolitaner kommen hierher, um den Schutzpatron ihrer Stadt um Beistand und Hilfe zu bitten. Unter der Hauptapsis des Domes liegt die Krypta S. Gennaro, die im 15. Jh. zur Aufbewahrung der Gebeine des Märtyrers errichtet wurde.

Bekannter als die Lebensgeschichte des Verehrten ist bis heute das sogenannte „Blutwunder des heiligen Januarius". An den Hauptfesten des Bischofs, wie etwa am 19. September, verflüssigt sich das Blut von Januarius, das in den Ampullen aufbewahrt wird. Tritt das Wunder erst mit Verzögerung oder vielleicht sogar einmal überhaupt nicht ein, dann befürchten die Neapolitaner, die diesem Ereignis aufgeregt und ängstlich beiwohnen, das Schlimmste für ihre Stadt. Bis heute gibt es für dieses „Blutwunder" keine natürliche Erklärung.

Januarius war zu Beginn des 4. Jh. Bischof von Neapel (manche Überlieferungen sagen, auch von Benevent, der nicht weit von Neapel entfernt liegenden Stadt). Während seiner Amtszeit fanden die gefürchteten Christenverfolgungen unter Kaiser Diokletian statt. Unermüdlich besuchte Januarius die unglücklichen Verhafteten in den Kerkern und sprach ihnen Mut zu. Timotheus, der Statthalter von Kampanien, wurde darüber so wütend, daß er den Bischof schließlich festnehmen und zum Tode verurteilen ließ.

Die Legende erzählt, man habe Januarius zuerst in einen brennenden Ofen geworfen, doch die Flammen

Silberbüste mit dem Haupt von Januarius. Das kostbare Reliquiar befindet sich in der Schatzkammer der Cappella S. Gennaro in Neapel, wo auch die berühmten Ampullen mit dem Blut des Märtyrers aufbewahrt werden. Das Blut in den Gefäßen verflüssigt sich regelmäßig auf geheimnisvolle Weise.

konnten ihm nichts antun. Als der Bischof den Löwen zum Fraß vorgeworfen wurde, legten sich die Tiere brav zu seinen Füßen nieder. Daraufhin wurde Januarius zusammen mit sieben Gefährten, unter ihnen sein Diakon und sein Lektor, öffentlich enthauptet. Der Ort des Martyriums lag bei den Schwefelquellen von Pozzuoli vor den Toren der Stadt. Das Todesjahr war 305.

Bevor die Gebeine von Januarius ihren letzten Aufbewahrungsort im Dom von Neapel fanden, wurden sie mehrmals an verschiedene Orte übertragen. Die erste Überführung fand an einem 19. September statt, weshalb dieser Tag der Gedenktag des Märtyrers ist. Im Norden des Stadtzentrums von Neapel kann man noch heute die sogenannten Catacombe di S. Gennaro besichtigen, wo Januarius ebenfalls einmal beigesetzt war.

Verehrung/Brauchtum: Bis heute gibt es in und um Neapel verschiedene Prozessionen zu Ehren von Januarius. Der Januarius-Kult beschränkt sich fast ausschließlich auf die Region Neapel.

Darstellung: Januarius ist fast immer in bischöflichen Gewändern dargestellt; auf diesen Abbildungen fehlen auch selten die Blutampullen. Häufig fand auch das Martyrium des Bischofs seinen Niederschlag in der Kunst, so auf dem bekannten Gemälde von Compagne im Kunsthistorischen Museum Wien (Januarius wird enthauptet) oder auf einem Bild von Ribera in der Kathedrale von Neapel (Januarius entkommt dem Feuerofen).

Lucia vom Berg

Hirtin
geboren: 11. Jh. in Schottland(?)
gestorben: 19. September 1090 in Sampigny, Frankreich
Patronin der unfruchtbaren Frauen

Die Geschichte der Lucia vom Berg ist von einigen Legenden durchsetzt. Danach war sie eine schottische Königstochter und kam auf dem Weg zu einem Einsiedlerinnenleben Mitte des 11. Jh. bis an die Maas in Lothringen. Dort blieb sie bei einer Bauersfamilie auf einer Anhöhe, arbeitete als Hirtin und widmete sich, wann immer sie konnte, dem Gebet und Diensten der Nächstenliebe. Bald schon war Lucia im Volk sehr verehrt. Nach ihrem Tod wurde ihr Beisetzungsort von vielen Pilgern besucht. Angeblich soll Lucias Leichnam zeitweise in dem Kirchlein auf dem Lucia-Berg, das sie sich selbst erbaut hatte, aufgebahrt gewesen sein.

Verehrung/Brauchtum: Zur Patronin der unfruchtbaren Frauen wurde Lucia, nachdem Anna von Österreich, die Ehefrau von Ludwig XIII. von Frankreich, 1637 eine Wallfahrt zu ihrem Grab gemacht hatte und danach, nach jahrelanger Unfruchtbarkeit, Mutter des späteren Königs Ludwig XIV. wurde. Viele Frauen folgten Annas Wallfahrt.

Maria Wilhelma Ämilia de Rodat

Gründerin, Mystikerin
geboren: 6. September 1787 in St-Martin-de-Limouze, Frankreich
gestorben: 19. September 1852 in Villefranche, Frankreich

Maria Wilhelma Ämilia de Rodat gründete 1815 bei Villefranche ein Institut, dessen Schwestern sich gefallener Mädchen, verwahrloster Kinder, Gefangener und der häuslichen Krankenpflege widmeten; sie selbst war die Oberin. Maria Wilhelma Ämilia de Rodat war mystisch hoch begnadet, wovon jedoch kaum jemand etwas wußte. Die Gründerin wurde 1940 selig- und am 23. April 1950 von Papst Pius XII. heiliggesprochen.

Theodor von Canterbury

Erzbischof
geboren: 602 in Tarsus, Türkei
gestorben: 19. September 690 in Canterbury, England

Theodor von Canterbury war eine der bedeutendsten Kirchenpersönlichkeiten der englischen Geschichte. Geboren in Tarsus in Kleinasien, ausgebildet in Athen, Ordensgelübde in Rom, wurde er 668 zum Erzbischof von Canterbury geweiht. In der Folge organisierte Theodor das gesamte Kirchenwesen in den angelsächsischen Königreichen, stellte klare Grenzen für die Bistümer auf und gründete eine Kathedralschule. Alles geschah nach römischem Vorbild. Unter Theodor von Canterbury erreichte die katholische Kirche in England höchste Blüte.

20. September

Eustachius

Märtyrer
geboren: 1. Jh. in Rom(?), Italien
gestorben: 118 in Rom
Patron von Paris und Madrid; der Förster, Jäger, Krämer, Klempner, Tuchhändler; bei Trauer in der Familie; gegen schädliche Insekten; Nothelfer

Eustachius gehört zu den unbekannteren der 14 Nothelfer. Vielleicht rührt dies daher, daß man über sein Leben nur Widersprüchliches weiß, mehrere Legenden erzählen unterschiedliche Geschichten, hier ist eine davon:

Eustachius, der vor seiner Bekehrung Placidus hieß, kam Mitte des

1. Jh. zur Welt. Er wurde im heidnischen Glauben erzogen und erhielt eine militärische Ausbildung. In mehreren Kriegen zeichnete sich Eustachius durch besondere Tapferkeit und Heldenmut aus. Kaiser Trajan ernannte ihn später zum Oberst einer römischen Legion in Kleinasien.

Als Eustachius bereits verheiratet und Vater von zwei Söhnen war, kam die Wende in seinem Leben. Die Legende erzählt, daß ihn eine wunderbare Erscheinung auf der Jagd dazu bewog, Christ zu werden: In der Einsamkeit des Waldes hatte er einen Hirsch gesehen, zwischen dessen Geweih ein Kreuz glänzte. Daraufhin bekehrte er sich zusammen mit seiner Frau und seinen Söhnen und empfing das Taufsakrament.

In der Folgezeit erlitt die Familie von Eustachius viel Leid. Durch die verschiedensten Unglücksfälle verlor sie Hab und Gut und mußte völlig verarmt das Land verlassen. Ihr Ziel war Ägypten. Da Eustachius bei der Landung die Überfahrt nicht bezahlen konnte, nahm man ihm seine Frau und verkaufte sie als Sklavin. Seine beiden Söhne fanden in der Wüste den Tod. Lange Zeit diente der kaiserliche Feldherr Eustachius dann bei einem Bauern als Knecht.

Das römische Reich, von Feinden hart bedrängt, vermißte seinen sieggewohnten Feldherrn aber bald, und Kaiser Trajan ließ schließlich nach Eustachius forschen. Soldaten fanden ihn bei der Feldarbeit in Ägypten. Eustachius wurde nach Rom zurückgeführt und errang an der Spitze der Legionen erneut glänzende Siege.

In Rom wurde der siegreiche Eustachius von Kaiser Hadrian, dem Nachfolger Trajans, danach mit Ehren empfangen. Als Hadrian jedoch erfuhr, daß Eustachius Christ war, ließ er ihn vorführen und, als er sich weigerte, den Göttern zu opfern, zum Tod verurteilen. Eustachius starb im Jahr 118 den Martertod durch Verbrennen.

Der Leib des Märtyrers ruht bis heute in einem kostbaren Porphyrsarg in der Kirche S. Eustachio in Rom, ein Teil der Reliquien kam in die Pfarrkirche St-Eustache in Paris.

Verehrung/Brauchtum: In manchen Gegenden feierte man das Eustachius-Fest auch am 3. November (manchmal auch am 2. November), dem Tag, an welchem auch das Gedenken an Hubertus begangen wird. Dies rührt daher, daß Eustachius und Hubert ab dem 11. Jh. manchmal miteinander verwechselt wurden.

Darstellung: Eustachius ist meist in Jägerkleidung dargestellt, manchmal auch als Ritter, oft auf einem Pferd sitzend. Abgebildet wurden entweder die Legenden-Szene, wie er im Geweih eines Hirsches das Kreuz entdeckt, oder das Martyrium: Eustachius wird in einen Ofen hinein- oder wilden Tieren vorgeworfen. Als Krieger mit Banner ist Eustachius auf dem berühmten Paumgartner-Altar von Albrecht Dürer (1502) zu sehen (Alte Pinakothek, München). Zusammen mit seiner Frau malte Filippo Lippi Eustachius 1491 (Uffizien, Florenz).

Gegenüberliegende Seite: Eustachius. Nach einem Gemälde von Albrecht Dürer (1502/1504). Bei der Darstellung handelt es sich um die rechte Tafel des berühmten Paumgartner-Altares, Alte Pinakothek, München.

Fausta

Märtyrerin
geboren: 3. Jh.(?) in Griechenland(?)
gestorben: um 300(?) in Griechenland(?)

Nach der Legende war Fausta ein 13jähriges Mädchen, das wegen seines christlichen Glaubens vor den heidnischen Richter ihres Heimatortes geschleppt und dort verhört wurde. Der Richter war schließlich so beeindruckt von Fausta, daß er sich selbst zum Glauben bekehrte. Beide wurden danach zu Tode gemartert.

Maria Tauscher

Ordensgründerin DCJ
geboren: 19. Juni 1855 in Sandow, Polen
gestorben: 20. September 1938 in Sittard, Niederlande

Maria Tauscher, die Gründerin der Kongregation der „Karmeliterinnen vom Göttlichen Herzen Jesu", kam als Tochter des evangelischen Berliner Superintendenten zur Welt. Mit 33 Jahren konvertierte sie in Köln zur katholischen Kirche. Mit Erlaubnis des fürstbischöflichen Legaten gründete Maria Tauscher am 2. August 1891 in Berlin ein dem heiligen Josef geweihtes Heim für arme und hilfebedürftige Kinder, das „Heim für Heimatlose". In den ersten Jahren danach arbeitete die Stifterin nur mit bezahlten Kräften.

Maria Tauscher, Gründerin der Kongregation der „Karmeliterinnen vom Göttlichen Herzen Jesu."

1893 dann schlossen sich Maria Tauscher mehrere gleichgesinnte Gefährtinnen an, gemeinsam begannen sie ein streng klösterliches Leben nach den Regeln der reformierten Karmeliterbarfüßerinnen Theresias. Im Jahr 1899 verlegte Maria Tauscher, die in ihrer Genossenschaft den Namen Maria-Theresia vom heiligen Josef erhielt, den Zentralsitz der Gemeinschaft ins niederländische Sittard. Doch auch dies sollte nicht die endgültige Heimat werden. In den folgenden Jahren fanden die Schwestern in mehreren Ländern immer wieder neue Unterkunft, bis schließlich Rocca di Papa nahe Rom zum Zentralsitz wurde. Im selben Jahr, man schrieb 1904, erhielt der Karmel durch Papst Pius X. die kirchliche Anerkennung. In der Zwischenzeit hatte sich die Gemeinschaft mit zahlreichen Klöstern in ganz Europa ausgebreitet, ab 1912 auch in Amerika.

Die Stifterin des Karmels vom Göttlichen Herzen Jesu starb am 20.

September 1938 in Sittard, wohin sie 1920 erneut das Generalat verlegt hatte. Pius XI. hatte 1930 den Karmel der Maria Tauscher endgültig gutgeheißen. Als die Gründerin starb, zählte die Gemeinschaft bereits 58 Klöster und über 1000 Schwestern. Ihre letzte Ruhestätte fand Schwester Maria-Theresia Tauscher auf dem Friedhof des Mutterhauses der Karmelitinnen DCJ in Sittard. Der Seligsprechungsprozeß wurde am 2. Februar 1953 eingeleitet.

Warin von Korvey

Abt von Korvey OSB
geboren: 8. Jh.
gestorben: 20. September 856 in Korvey, Nordrhein-Westfalen

21. September

Gerulf

Märtyrer
geboren: um 740 in Merendree, Belgien
gestorben: um 750 bei Gent, Belgien

Der Junge Gerulf wurde auf dem Heimweg von seiner Firmfeier in Gent von seinem Firmpaten ermordet. Im Jahr 915 übertrug man seine Gebeine in die Marienkirche von Droughem.

Verehrung/Brauchtum: In der Diözese Gent wird der Gedenktag Gerulfs bis zum heutigen Tag am 25. September begangen.

Johannes Prandota

Bischof von Krakau
geboren: um 1200 in Bialaczow, Polen
gestorben: 21. September 1266 in Krakau, Polen
1444 Erhebung der Gebeine

Jonas

Prophet (Altes Testament)

Darstellung: Jonas wurde meist mit einem großen Fisch oder einem Seeungeheuer dargestellt, das ihn verschlingt oder wieder ausspeit. Dies beruht auf der Legende, daß der Prophet von einem Meerestier verschlungen, nach drei Tagen aber wieder unversehrt an Land gespieen worden sei.

Marcus von Modena

Mönch, Volksprediger OP
geboren: um 1420 in Modena, Italien
gestorben: 21. September 1498 in Pesaro, Italien
1857 Approbation des Kultes

Matthäus

Apostel, Evangelist, Märtyrer(?)
geboren: 1. Jh.
gestorben: 1. Jh. in Äthiopien(?), Persien(?)
Patron von Stadt und Bistum Salerno; der Buchhalter, Finanzbeamten, Zöllner, Bankbeamten; gegen Trunksucht

Schon beim Eintreten in den Dom S. Matteo in Salerno wird man auf den Patron des Gotteshauses aufmerksam: Ein großes normannisches Mosaikbild aus dem 13. Jh. über dem Eingangsportal zeigt den Evangelisten Matthäus, der hier in der Kathedrale beigesetzt ist. Die Reliquien des Apostels sind seit 954 in der süditalienischen Stadt und werden heute in der Krypta des 1085 von Papst Gregor VII. eingeweihten Domes aufbewahrt. Der Kirchenbau entstand während der Herrschaft des Normannen Robert Guiscard. Schon bald nach der Weihe wurde das Matthäus-Gotteshaus zum Ziel riesiger Pilgerströme.

Matthäus, der Verfasser des ersten Evangeliums, hieß ursprünglich Levi und war Zöllner in Kapharnaum am See Genezareth. Eines Tages sah Jesus ihn bei der Arbeit und sprach: „Levi, folge mir nach!" Der Angesprochene stand auf, verließ sein Zollhaus und folgte dem Herrn. Christus nahm Levi in den Kreis der Apostel auf. Von diesem Tag an trug der Zöllner den Namen Matthäus, was im Hebräischen soviel wie „ein Geschenk Gottes" bedeutet.

Spärlich sind die Überlieferungen über das weitere Leben von Matthäus. Um das Jahr 42, einige Jahre nach Christi Himmelfahrt, soll der Apostel Palästina verlassen haben und zur Verkündigung des Evangeliums nach Ägypten und Äthiopien gezogen sein. In Äthiopien machte Matthäus durch zahlreiche Wunder, die er vollbrachte, auf sich aufmerksam. So soll er den Sohn des Königs vom Tode erweckt und die Königstochter vom Aussatz geheilt haben.

Wie lange Matthäus gewirkt, wie lange er überhaupt gelebt hat, ist nicht authentisch überliefert. Auch über seinen Tod gibt es die unterschiedlichsten Berichte. So soll er einerseits eines friedlichen Todes gestorben sein, in anderen Erzählungen heißt es, er sei zu Tode gesteinigt worden, wieder andere sagen, Matthäus sei verbrannt worden. Die lateinische und die griechische Kirche verehren den Apostel und Evangelisten jedenfalls als Märtyrer.

Matthäus hat sein Evangelium vor seinem Weggang aus Palästina niedergeschrieben, also um das Jahr 41/42. Im Matthäus-Evangelium werden hauptsächlich Worte und Taten Jesu Christi wiedergegeben. Den Schluß des Evangeliums bilden die Leidensgeschichte und Berichte über den auferstandenen Jesus. Mit dieser Schrift wollte Matthäus besonders die Juden ansprechen und sie für das Christentum gewinnen. Die Bibelkommission des Jahres 1911 erklärte den Apostel Matthäus zum „Verfasser eines in palästinischer Sprache verfaßten Evangeliums, nicht bloß einer Redesammlung". Glaubwürdigkeit und Integrität seien anzuerkennen.

Es gibt allerdings auch Stimmen, die sagen, der Zöllner Levi, der Apostel Matthäus und der Evangelist Matthäus seien drei verschiedene Personen gewesen.

Verehrung/Brauchtum: Um die Gestalt des Matthäus hat sich ein reichhaltiges Brauchtum entwickelt. Die im Volksmund übliche Redensart „Bei ihm ist Matthäi am letzten" bedeutet, daß jemand kein Geld mehr hat; der Spruch geht auf die Tätigkeit von Matthäus als Zöllner zurück. In alter Zeit galt der 21. September vor allem im bäuerlichen Kalender als Winteranfang; der Tag wird noch heute in Teilen der Niederlande und Belgiens „Wintertag" genannt. Allgemein ist der Matthäus-Tag ein beachteter Wetterlostag. Kindern, die in der Matthäi-Nacht geboren wurden, sagte man früher nach, daß sie geistersichtig würden. Am Vorabend des

Gegenüberliegende Seite: In der Kirche S. Luigi dei Francesi in Rom befindet sich der wohl berühmteste Bilderzyklus über das Leben des Apostels Matthäus, gemalt 1602 von Michelangelo Caravaggio. Links: die Berufung zum Jünger; rechts: Matthäus mit einem Engel.

Matthäus-Tages versuchten junge Mädchen und heiratswillige Frauen früher zu ergründen, wann mit ihrer Heirat zu rechnen und wer der Glückliche sei; dazu ließen sie Körner oder Papierstückchen im Wasser schwimmen. Auch erzählte man früher, das Weihwasser gehe auf den Apostel Matthäus zurück.

Darstellung: Matthäus ist mit dem Menschensohn oder einem Engel als Evangelistensymbol dargestellt; oft hat er eine Buchrolle als Attribut bei sich. Meist ist der Apostel auf Bildern höheren Alters und mit langem Bart zu sehen. Weitere Attribute: Geldbeutel, Beil, Schwert, Zählbrett, Prozessionsfahne. Mit Geldbeutel und Schwert zeigt Matthäus eine Skulptur am Triumphbogen im Ulmer Münster. In der Lübecker Marienkirche ist der Apostel am Bergenfahreraltar im Meßkleid abgebildet. Italienische Künstler stellten Matthäus häufig mit dem Engel dar, so etwa in einer Statue nach einem Entwurf von Giovanni da Bologna im Dom zu Orvieto.

Maura von Troyes

Jungfrau, Mystikerin
geboren: um 800 in Troyes, Frankreich
gestorben: um 850 in Troyes
Patronin der Wäscherinnen, Kindermädchen und Ammen

22. September

Emmeram

Bischof, Märtyrer
geboren: um 600 in Poitiers(?), Frankreich
gestorben: um 652 in Kleinhelfendorf bei Aibling, Bayern
Patron des Bistums Regensburg

Klangvoll ist der Name St. Emmeram. Das Benediktinerkloster in Regensburg, das sich aus der römischen Friedhofskirche St. Georg mit dem Emmeramsgrab entwickelt hat, gehörte viele Jahrhunderte zu den bedeutendsten Stiften im deutschen Sprachgebiet. Viele seiner Äbte gingen in die Geschichte ein. Im Jahr 1812 wurde das Kloster förmlich aufgehoben, das Gebäude mit dem gotischen Kreuzgang ging an die Fürsten von Thurn und Taxis, die Kirche, die 1733 von den Brüdern Asam restauriert worden war, ist heute Pfarrkirche. Die unschätzbaren Klosterschätze kamen nach München.

Emmeram, der dem Stift zu Regensburg seinen Namen gab, kam nach der legendarischen Passio im Jahr 649 nach Bayern. Er stammte möglicherweise aus Poitiers in Frankreich und hatte dort bereits die Weihe zum Missionsbischof empfangen. Emmeram nahm seinen Sitz in Regensburg und wanderte in den folgenden drei Jahren predigend durch das Land. Er bekehrte und taufte viele Heiden und war beim Volk beliebt und geachtet.

Im dritten Jahr seiner Missionstätigkeit in Bayern wollte Emmeram nach Rom reisen, um dem Papst Bericht zu erstatten. Auf der Reise dorthin fiel er einem Mißverständnis am Hofe zum Opfer: Der Bischof hatte sich kurz zuvor als Vater des unehelichen Kindes ausgegeben, das Ota, die Tochter des Herzogs, erwartete. Er wollte das Mädchen auf diese Weise vor einer schweren Bestrafung schützen. Aufgrund dieser Aussage ließ Lantpert, der Sohn des Herzogs, den unschuldigen Bischof verfolgen und in dem Weiler Kleinhelfendorf bei Aibling überfallen und schwer mißhandeln. Zur „Bestrafung" wur-

Epitaph mit der Figur des Emmeram (10. Jh.). Die Darstellung befindet sich in St. Emmeram in Regensburg.

Reliquienschrein des Emmeram (um 1440) in St. Emmeram in Regensburg.

de Emmeram zuerst auf eine Leiter gebunden, dann stachen ihm Lantperts bewaffnete Männer die Augen aus, rissen ihm die Zunge aus dem Mund und hackten ihm Hände und Füße ab. An den Folgen dieser Qualen starb der Bischof.

Ein Priester, dem Emmeram zuvor alles anvertraut hatte, klärte den Herzog danach über die wahren Hintergründe auf. Der entsetzte Vater von Lantpert und Ota ließ den Leichnam des Ermordeten daraufhin in die Georgskirche nach Regensburg überführen. Das Todesjahr Emmerams lag wohl um 652.

Die Emmeramskrypta in der heutigen Pfarrkirche St. Emmeram, die um 740 entstand, war lange Zeit verschollen und wurde erst 1894 wiederentdeckt. Sie liegt unter der Hauptapsis und ist durch einen Gang mit der Ramwold-Krypta, die 980 errichtet wurde, verbunden.

Darstellung: Emmeram ist meist in bischöflichen Gewändern dargestellt, manchmal wurde auch sein Martyrium abgebildet. Als Bischof mit Kasel zeigt ihn eine Steinplastik in der Vorhalle von St. Emmeram in Regensburg (1050). In einem Deckenfresko in St. Emmeram von Cosmas Damian Asam (17. Jh.) ist das Bild zu sehen, wie Emmeram geköpft wird und Gott ihm eine Leiter vom Himmel herabreicht.

Gunthildis von Suffersheim

Magd
geboren: 10. Jh.
gestorben: um 1050 in Suffersheim, Bayern
Patronin der Dienstboten; des Viehs; gegen Aussatz

Verehrung/Brauchtum: Der früher weit verbreitete Kult um die Magd Gunthildis beschränkt sich heute auf die Diözese Eichstätt, auf Schambach in Franken und auf Biberbach nahe Beilngries, wo es eine Wallfahrt gibt.

Darstellung: Gunthildis ist in bäuerlicher Kleidung oder im langen Kleid mit Mantel abgebildet. Als Attribute hat sie Milchkübel oder Milchkanne bei sich, manchmal auch einen Käselaib. Mit einer Kuh ist Gunthildis bei einer Statue (um 1500) in der Kirche St. Michael in Biberbach zu sehen; in diesem Gotteshaus existiert auch ein neunteiliger Gemäldezyklus mit Szenen aus dem Leben der Magd (um 1515).

Ignatius von Santhià

Priester, Mönch, Mystiker OFMCap
geboren: 5. Juni 1681 in Santhià, Italien
gestorben: 22. September 1770 in Turin, Italien
17. April 1966 Seligsprechung

Landelin

Einsiedler, Märtyrer(?)
geboren: 6. Jh.
gestorben: 7. Jh. in Ettenheimmünster, Baden-Württemberg

Landelin war ein Einsiedler, der zu Beginn des 7. Jh. bei Ettenheimmünster in der Ortenau lebte. Als Märtyrer wird Landelin verehrt, weil eine Legende berichtet, er sei durch einen heidnischen Jäger ermordet worden. Beigesetzt ist Landelin in Münchweier nahe Ettenheimmünster.

Verehrung/Brauchtum: Die Verehrung von Landelin ist seit dem Mittelalter in der Ortenau und in Straßburg bezeugt.

Mauritius und Gefährten

Märtyrer
geboren: 3. Jh. in Ägypten
gestorben: 302 bei Agaunum, heute St-Maurice, Schweiz
Patron der Soldaten; der Kaufleute, Wäscher, Färber, Hutmacher, Glasmaler, Waffenschmiede, Messerschmiede, Tuchmacher; der Pferde; der Weinstöcke; in Kämpfen; gegen Gicht, Ohrenleiden und Besessenheit; bei Pferdekrankheiten

Märtyrer der Thebäischen Legion werden sie genannt: Mauritius und seine Gefährten Exsuperius, Candidus, Victor, Innocentius und Vitalis sowie weitere christliche Soldaten, die alle aus der Thebäis in Oberägypten stammten und bei Agaunum im Wallis – heute St-Maurice – das Martyrium erlitten. Nach der glaubhaften Überlieferung wurden die Soldaten unter ihrem Hauptmann Mauritius 302 im Zuge der allgemeinen Christenverfolgung unter Kaiser Diokletian von dessen Mitregent Maximian gezwungen, gegen ihre christlichen Glaubensgenossen in der Gegend um Agaunum vorzugehen. Die Soldaten weigerten sich, den Befehl zu befolgen. Da ließ Maximian als Abschreckung jeden zehnten Mann der Legion ermorden. Doch keiner der Überlebenden wankte deshalb. Immer wieder mußte nun jeweils der zehnte Soldat sterben, bis die gesamte Legion getötet war. Das Blutbad von Agaunum ging so in die Geschichte ein.

Die Gebeine der Märtyrer wurden bereits um das Jahr 380 wiederaufgefunden. Der Walliser Bischof Theodor ließ über der Fundstelle eine kleine Gedächtniskirche errichten. Das Heiligtum am Fuße einer Felswand entwickelte sich schon bald zu einem beliebten Wallfahrtsort an der alten Straße von Gallien nach Italien.

Die Kirche wurde erweitert, ein Hospiz angegliedert. Dies war die Keimzelle des Klosters St-Maurice, das dann später im 6. Jh. gegründet wurde.

Im Jahr 1128 nahm das berühmte Stift die Augustinerregel an. Bis zum heutigen Tag ist das Kloster St-Maurice keinem Bistum unterstellt. Die Äbte bekleiden seit 1840 die Titularwürde eines Bischofs von Betlehem und trugen von 1782 bis 1951 sogar den Grafentitel. Der weltweite Ruhm des Stiftes im West-Wallis beruht heute vor allem auf dem Kirchenschatz, dem bedeutendsten der ganzen Schweiz. Für die Märtyrer der Thebäischen Legion wurden Reliquiare selten gesehener Pracht geschaffen. Die sehenswertesten sind der Mauritius-Schrein und das vom Haus Savoyen gestiftete Kopfreliquiar des Candidus.

Verehrung/Brauchtum: In mehreren weiteren Orten neben St-Maurice sollen Mitglieder der Thebäischen Legion ermordet worden sein, weshalb sich an diesen Stätten ebenfalls ein starker Kult entwickelte; unter anderem sind dies Zürich (Felix und Regula), Zurzach (Verena), Trier (Thyrsus und Gefährten), Köln (Gereon), Xanten (Viktor), Solothurn (Urs und Viktor) und zahlreiche italienische Orte wie Turin. Agaunum war früher eine Station auf dem Weg über den Großen St. Bernhard, wodurch sich die Verehrung für die Märtyrer der Thebäischen Legion rasch verbreitete. An zahlreichen Orten entwickelten sich in den folgenden Jahrhunderten Wallfahrtsstätten, meist Mauritius geweiht. Die berühmteste Wallfahrt dürfte bis heute jene von St-Maurice geblieben sein; eine kleinere existiert auch in Allmannshofen im Bistum Augsburg.

Darstellung: Mauritius wurde meist als Ritter in Rüstung mit einer Fahne dargestellt, er ist entweder zu Fuß oder zu Pferd. Auch in gewöhnlichem Soldatengewand wurde er abgebildet. Auffallend ist, daß Mauritius häufig mit dunkler Hautfarbe dargestellt wurde, was wohl entweder auf seinen Namen oder seine ägyptische Herkunft zurückzuführen sein dürfte.

„Das Martyrium des heiligen Mauritius und seiner Thebäischen Legion.“ Nach einem Gemälde von Domenikos Theotokopoulos, besser bekannt als El Greco. Das Bild (1582) befindet sich heute im Kloster des Escorial in Madrid.

Kopfreliquiar (1150) des thebäischen Märtyrers Candidus, der mit Mauritius starb.

Otto von Freising

Bischof OCist
geboren: 1112 in Neuburg bei Wien, Österreich
gestorben: 22. September 1158 in Morimond, Frankreich

Otto, Sohn von Kaisertochter Agnes und von Markgraf Otto Leopold III., wurde zunächst zum Abt im Kloster Morimond, jedoch noch im gleichen Jahr, erst 26jährig, zum Bischof von Freising ernannt. Er ging als Wiederbegründer des Bistums in seiner Arbeit auf, reformierte das religiöse Leben und hob die Moral auch im Klerus. Die von Otto erneuerte Domschule von Freising wurde zum geistigen Mittelpunkt des Landes. Immer setzte sich der Bischof, der sein Zisterziensermönchsgewand nie ablegte, auch für die Versöhnung zwischen Kirche, Reich und Herzogtum ein. In die Geschichte ging Otto von Freising aber auch aufgrund seiner großartigen schriftstellerischen Leistungen ein; berühmt wurde unter anderem sein „Chronicon“ in acht Büchern.

Otto von Freising starb während des Generalkapitels in Morimond; seine letzte Ruhestätte fand er in der dortigen Klosterkirche neben dem Hochaltar.

Verehrung/Brauchtum: Im Erzbistum München-Freising, wird der Gedenktag Ottos am 7. September begangen.

Darstellung: Otto von Freising wird entweder in Bischofskleidung oder – seltener – im Mönchshabit dargestellt. Als Attribute hat er meist Buch und Feder bei sich. Zahlreiche Abbildungen von Otto gibt es in und um Freising.

Phokas der Gärtner

Märtyrer
geboren: 3. Jh.(?)
gestorben: um 305(?) in Sinop, Türkei
Patron der Gärtner und Seeleute

Nach einer Überlieferung war Phokas Gärtner in Sinope am Schwarzen Meer; er war bekannt dafür, daß er Arme und Reisende in seinem Haus versorgte. Ein Neider soll Phokas schließlich als Christ angezeigt haben, woraufhin die Christenverfolger nach ihm suchten. Bevor Phokas sich zu erkennen gab, soll er noch sein eigenes Grab geschaufelt haben. Dann wurde er enthauptet. Es heißt, daß es schon im 4. Jh. eine Kirche über seinem Grab gab.

Verehrung/Brauchtum: Von Sinope (heute Sinop in der Türkei) aus verbreitete sich die Verehrung für Phokas im ganzen Mittelmeerraum, so bis nach Rom, Sizilien und Konstantinopel, wo es auch Phokas-Kirchen gab. In der griechischen Kirche wird der Gedenktag am 22. Dezember begangen.

Darstellung: Phokas ist auf Darstellungen als Gärtner mit Gartengeräten oder einem Schwert als Hinweis auf sein Martyrium abgebildet.

23. September

Linus

1. Papst nach Petrus
geboren: 1. Jh. in der Toskana, Italien
gestorben: 23. September 67 in Rom, Italien

Linus war der erste Nachfolger von Petrus in der Führung der römischen Gemeinde; zuvor soll er Vikar bei Petrus gewesen sein. Für die Annahme, Linus habe das Martyrium erlitten, gibt es keine gesicherten Angaben. Es heißt, Linus sei nach seinem Tod neben Petrus begraben worden.

Rotrud (Rutrud) von Neuburg

Äbtissin von Neuburg
geboren: 10. Jh.
gestorben: um 1020 in Neuburg/Donau, Bayern

Thekla

Erzmärtyrerin
geboren: 1. Jh. in Ikonion (Konya), Türkei
gestorben: 1. Jh. in Ikonion
Patronin der Sterbenden; gegen Augenleiden; der Thekla-Bruderschaften; gegen Feuergefahren; gegen die Pest

Thekla gilt nach der Legende als Erzmärtyrerin, als erste Märtyrerin des Christentums. Die Christin soll allerdings tatsächlich eines friedlichen Todes gestorben sein.

Nach den legendarischen Überlieferungen war Thekla eine Schülerin von Paulus, der sie an ihrem Geburtsort Ikonion bekehrt haben soll. Kurz darauf wurde Thekla erstmals zum Tod verurteilt, vor den Flammen auf dem Scheiterhaufen retteten sie jedoch auf wunderbare Weise Regen und Hagel. Danach wurde Thekla freigelassen und traf wieder auf Paulus, mit dem sie dann nach Antiochien ging. Dort verklagte sie in der Folgezeit ein abgewiesener Freier, und Thekla wurde erneut zum Tod verurteilt, dieses Mal zum Tierkampf. Während des Kampfes soll die junge Frau in einen Wassergraben gesprungen sein, um sich selbst zu taufen. Die Tiere ließen sie in Frieden, woraufhin Thekla erneut freikam.

Thekla folgte Paulus nach Myra und kehrte schließlich, nach dem Tod von Paulus, nach Ikonion zurück, wo sie friedlich gestorben sein soll. Diese Lebensgeschichte Theklas entstand um das Jahr 180; bereits Tertullian, der um 200 starb, kannte sie.

Verehrung/Brauchtum: Der Thekla-Kult gehörte zu den größten überhaupt. Bereits im 4. Jh. sind Verehrungsstätten bekannt; die wichtigste lag bei Seleuka am Tigris im heutigen Irak, wo ein Thekla-Heiligtum bestand. Tausende von Pilgern strömten um das Jahr 500 zu der dort gebauten Wallfahrtskirche, deren Ruinen noch heute vorhanden sind. Von dort aus gelangte der Thekla-Kult in das Abend- und das Morgenland. Thekla-Heiligtümer gab es in Libyen und bei Jerusalem, aber auch in Rom und Mailand. Der Hauptort der Thekla-Verehrung in Spanien war Tarragona, und auch in Köln und in Bayern genoß Thekla schon früh größte Verehrung. Auf der Insel Zypern hießen fünf Orte Hagia Thekla.

In Deutschland gab – und gibt es noch – den Brauch des Thekla-Brotes zum Schutz oder zur Heilung von Mensch und Tier.

Darstellung: Thekla wurde im Osten und im Westen unterschiedlich dargestellt. In der östlichen Kunst ist die Erzmärtyrerin meist halbbekleidet, an einen Pfahl gebunden, zu sehen, in der westlichen Darstellung meist als Jungfrau mit Kruzifix, Lilie, Palme, Löwen, Scheiterhaufen, Bären oder Schlangen. Auch die verschiedenen Martyriumssituationen fanden ihren Niederschlag in der Kunst. Häufig wurde Thekla auch mit ihrem Lehrer Paulus abgebildet, so auf einem Tafelgemälde am Thekla-Reliquiar im Diözesanmuseum von Tarragona. Zusammen mit dem Propheten Daniel ist Thekla auf einem Fresko (12. Jh.) im Kapitelsaal in Brauweiler zu sehen.

24. September

Gerhard von Csanád (Gellért)

Bischof, Märtyrer OSB
geboren: 10. Jh. in Venedig, Italien
gestorben: 24. September 1046 in Budapest, Ungarn
Patron von Budapest; der Erzieher

Noch heute gibt es in Budapest den Gerhardsberg; er ist nach Bischof Gerhard von Csanád benannt, der hier am 24. September 1046 den Martertod erlitt. Gerhard (Gellért) war 1030 der erste Bischof der von König Stephan neu errichteten Diözese Csanád in Südost-Ungarn geworden, die er in der Folge gemeinsam mit Benediktinermönchen organisierte. Auch Gerhard, der aus Venedig stammte und zunächst Abt des dortigen Klosters S. Giorgio gewesen war, gehörte dem Benediktinerorden an.

Im Verlaufe eines Heidenaufstandes fand Gerhard 1046 durch Steinwürfe und Lanzenstiche auf dem heutigen Gerhardsberg den gewaltsamen Tod. Die Heiligsprechung des Bischofs erfolgte bereits 1083 durch Papst Urban II. In Budapest gibt es heute ein riesiges Steindenkmal, das den großen Stadtheiligen mit langem Haar und Bart zeigt.

Verehrung/Brauchtum: Zum Patron der Erzieher wurde Gerhard von Csanád, weil er der vielgerühmte Lehrer von König Stephans Sohn Emmerich war.

Darstellung: Gerhard von Csanád trägt auf Abbildungen immer das Bischofsgewand und hält meist den Bischofsstab. Auch ein von einem Pfeil durchbohrtes Herz hat er manchmal in der Hand. Auf verschiedenen Darstellungen kniet er vor einem Muttergottesbild.

Hermann der Lahme

Mönch, Schriftsteller OSB
geboren: 18. Juli 1013 in Saulgau, Baden-Württemberg
gestorben: 24. September 1054 in Altshausen, Baden-Württemberg

Der von Geburt an gelähmte Hermann war zunächst Schüler im Kloster Reichenau auf der gleichnamigen Bodenseeinsel und trat dann dort, 30jährig, dem Benediktinerorden bei. In der Folge entwickelte sich Hermann zu einem der größten Schriftsteller und Wissenschaftler seiner Zeit. Er verfügte über größtes Wissen auf den Gebieten der Astronomie, Mathematik, Musik und Geschichte und verfaßte zahlreiche Schriften darüber. Doch zum bedeutendsten Werk Hermanns wurde sein „Chronicon", eine Weltgeschichte, beginnend bei Christi Geburt.

Pacificus von San Severino

Priester, Prediger, Mystiker OFM
geboren: 1. März 1653 in San Severino, Italien
gestorben: 24. September 1721 in San Severino
26. Mai 1839 Heiligsprechung

Rupert von Salzburg

Bischof
geboren: 7. Jh. in Worms(?), Rheinland-Pfalz
gestorben: 27. März um 718 in Salzburg, Österreich
Patron von Land und Erzbistum Salzburg; von Kärnten; des Salzbergbaus; der Salzarbeiter; der Hunde

Rupert war der erste Bischof von Salzburg und der Gründer des bedeutenden Klosters St. Peter. Auch das Frauenkloster auf dem Salzburger Nonnberg geht auf Rupert zurück; seine Nichte Erentrud setzte er dort als erste Äbtissin ein.

Rupert war um das Jahr 700 an die Salzach in das damalige Juvavum gekommen. Von dort aus zog er in die Region hinaus, um zu missionieren; in dieser Zeit gründete er zahlreiche Kirchen, die teilweise bis heute erhalten sind. Zunächst begleiteten ihn die beiden Missionare Chunibald und Gislar, später holte er sich weitere Glaubensboten aus seiner Heimat – wahrscheinlich die Gegend um Worms – hinzu. Das Wirken Ruperts war für Salzburg und seine Umgebung äußerst segensreich. Von Herzog Theodo hatte der Kirchenmann einen Teil der Reichenhaller Salzquelle und den Ort Juvavum geschenkt bekommen.

Rupert starb am 27. März um 718, kurz nach dem Hochamt, das er gehalten hatte. Bischof Virgilius setzte seine Gebeine zusammen mit denen von Chunibald und Gislar am 24. September 774 im neuerbauten Salzburger Dom bei. Heute ruhen die Reliquien von Rupert und Virgilius im Hochaltar des Domes. Ruperts Gedenken wird auch in St. Peter in Salzburg bewahrt: Im rechten Seitenschiff kann man das ursprüngliche Felsengrab des Bischofs sehen. Und hinter einer Grabplatte am Rupert-Altar werden in einem Schrein einige

Die Grabstätte von Bischof Rupert von Salzburg in St. Peter in Salzburg.

Barockfiguren der beiden Salzburger Bischöfe Virgilius (links) und Rupert am Hochaltar der Abteikirche St. Peter in Salzburg.

Rupert-Reliquien aufbewahrt; sie werden jeweils am 24. September ausgestellt.

Verehrung/Brauchtum: Der Gedenktag Ruperts und jener von Virgilius wurden beide auf den 24. September gelegt. In der Diözese Gurk-Klagenfurt (Kärnten) feiert man Virgilius gemeinsam mit Modestus am 24. November.

Darstellung: Rupert ist auf allen Darstellungen als Bischof zu sehen. Verschiedene Szenen wurden festgehalten: Rupert hält einen Salzeimer in der Hand; Rupert tauft Herzog Theodo; Rupert mit dem Altöttinger Gnadenbild – das er angeblich gestiftet hat – in der Hand; Rupert zusammen mit Virgilius; Rupert tauft Heiden. Ein Altargemälde in St. Peter in Salzburg (1661) zeigt den Tod des Bischofs. Während des 18. Jh. wurde Rupert öfters mit dem Gnadenbild von Altötting dargestellt; Rupert könnte der Gründer von Altötting gewesen sein.

Virgilius von Salzburg

Bischof
geboren: um 700 in Irland
gestorben: 27. November 784 in Salzburg, Österreich
Patron des Erzbistums Salzburg; der Kinder; in Geburtsnöten

Virgilius wurde 743 von Herzog Odilo von Bayern die Leitung des Bistums Salzburg übertragen. Der irische Mönch war zunächst allerdings nur Abt des von Bischof Rupert gegründeten Klosters St. Peter; erst 755 empfing er die Bischofsweihe. Aufgrund unterschiedlicher Ansichten zu verschiedenen Kirchenthemen war Virgilius zuvor mit dem großen Bonifatius in Streit geraten, konnte sich jedoch behaupten.

Große Verdienste erwarb sich Virgilius durch die Missionierung im frisch eroberten Kärnten (Karantanien). Er entsandte Chorbischof Modestus und mehrere Priester zur Bekehrung der Heiden in dieser Region, die er der Diözese Salzburg anschloß. Virgilius ging auch als Erbauer des ersten Domes von Salzburg in die Geschichte ein; am 24. September 774 ließ er die Gebeine von Bischof Rupert sowie von Chuniald und Gislar in das neue Gotteshaus übertragen. Auch Virgilius selbst, der am 27. November 784 starb, fand seine letzte Ruhestätte im Dom. Im Jahr 1233 wurde der Bischof heiliggesprochen.

Verehrung/Brauchtum: Im Bistum Gurk-Klagenfurt gedenken die Gläubigen Bischof Virgilius am 27. November, gemeinsam mit seinem Chorbischof Modestus.

Darstellung: Virgilius ist meist in bischöflichen Gewändern mit einem Kirchenmodell abgebildet; auch eine Geldschüssel hat Virgilius manchmal bei sich oder eine Weltkugel, da er die Ansicht vertreten hatte (im Gegensatz zu Bonifatius), daß die Welt rund sei.

25. September

Ermenfrid von Cusance

Abt von Cusance
geboren: um 600
gestorben: 25. September um 670 in Cusance, Frankreich

Firminus der Ältere von Amiens

Bischof, Märtyrer
geboren: 3. Jh. oder 6. Jh. in Pamplona, Spanien
gestorben: 3. Jh. oder 6. Jh. in Amiens, Frankreich
Patron der Picardie; von Amiens und Pamplona; der Kinder; der Bäcker, Weinhändler und Böttcher; gegen Fieber, Krämpfe und Rheuma; gegen Trockenheit

Leben und Wirken von Firminus sind nur durch, teilweise unglaubwürdige, Legenden überliefert. Danach hat er entweder im 3. oder im 6. Jh. gelebt. Er soll von Pamplona nach Frankreich gekommen sein und dort als Missionar gewirkt haben. Schon während dieser Zeit soll Firminus erstmals wegen seines Glaubens verhaftet und eingekerkert worden sein, konnte sich jedoch befreien. Danach, so die Überlieferungen, kam er nach Amiens, wo er zum Bischof ernannt wurde. Auch hier soll er wieder ins Gefängnis geworfen worden sein. Nach zahlreichen Folterungen habe er dann den Martertod erlitten.

Nach einer anderen Überlieferung fand man Ende des 6. Jh. die Gebeine von Firminus und setzte sie bei. Noch in der heutigen Kathedrale Notre-Dame in Amiens erinnert vieles an Firminus, unter anderem das Portail de Saint-Firmin (Firminus-Tor).

Darstellung: Firminus wurde in bischöflichen Gewändern dargestellt, manchmal, wie er sein eigenes Haupt in Händen hält. Als Attribute hat er Palme, Schwert oder Einhorn bei sich.

Nik(o)laus von (der) Flüe (Bruder Klaus)

Einsiedler, Mystiker
geboren: 1417 auf dem Flüeli bei Sachseln, Schweiz
gestorben: 21. März 1487 bei Sachseln
Patron der Schweiz

Niklaus von Flüe, im Volksmund „Bruder Klaus" genannt, war einer der letzten großen Mystiker des späten Mittelalters. Das Unverständnis, das diesem Einsiedler vielerorts jahrhundertelang entgegengebracht wurde, war vielleicht ein Grund dafür, daß seine Heiligsprechung erst 1947 durch Papst Pius XII. erfolgte. Die Grabstätte von Niklaus hatte sich jedoch bereits bald nach dem Tod des Einsiedlers zu einem der wichtigsten Wallfahrtsorte der Schweiz entwickelt. Heute noch kann man in Sachseln die von den Händen der Pilger völlig abgegriffene ehemalige Grabplatte sehen.

Niklaus von der Flüe kam im Jahr 1417 auf dem Flüeli bei Sachseln zur Welt. Um das Jahr 1444 heiratete er Dorothea Wyss, die ihm im Laufe der Ehejahre zehn Kinder schenkte. Niklaus war Landwirt auf seinem ei-

Niklaus von der Flüe. Darstellung nach einem Teil des Flügelaltares in der Wallfahrtskirche von Sachseln.

genen Hof, Ratsherr und Richter und gehörte zu den angesehensten Bürgern der Gegend. In den Jahren 1440 bis 1444 nahm er am Krieg gegen Zürich und 1460 am Thurgauer Feldzug teil.

Am 16. Oktober 1467 dann verließ Niklaus von der Flüe Frau, Kinder – das jüngste war gerade 16 Monate alt –, um fortan als Einsiedler zu leben. In mehreren Visionen war dem 50jährigen zuvor dieses Leben als das für ihn richtige erschienen. Niklaus hatte nicht gezögert, den für seine Umgebung, vor allem für seine Familie schwer verständlichen Schritt zu vollziehen.

Niklaus wollte ins Elsaß wandern, wo zu jener Zeit viele Mystiker lebten. Schon auf dem Weg erfaßten ihn jedoch großes Heimweh und ein innerer Schmerz, worauf er in seine Heimat zurückkehrte und sich in der Ranft-Schlucht eine Zelle baute. Hier nun lebte Niklaus in den folgenden 19 Jahren. Er aß in diesen zwei Jahrzehnten nichts, lebte nur von der Eucharistie, die er in der Kirche von Sachseln empfing. Eine vom Diözesanbischof angeordnete Untersuchung bezeugte diese Tatsache. „Bruder Klaus", wie er jetzt hieß, wurde, erleuchtet durch Visionen, zum Ratgeber für die Großen und Mächtigen, aber auch für kleine Bauern, für Hilfesuchende aus der Umgebung und für weit Angereiste. Mit durch seinen politischen Einfluß konnte auf der „Tagsatzung" zu Stans am 22. Dezember 1481 die Einheit der Eidgenossenschaft gerettet werden.

Niklaus von Flüe starb am 21. März 1487 in seiner Einsiedelei, 70 Jahre alt. Bis heute wird er als erster Patron der Schweiz verehrt, zu seiner Klause pilgern noch immer viele Wallfahrer. Die Reliquien des Einsiedlers wurden 1934 neu gefaßt und in einem silbernen Schrein beigesetzt.

Verehrung/Brauchtum: Neben der Wallfahrt in den Ranft findet regelmäßig auch eine Wallfahrt zum Grab von Niklaus von Flüe in Sachseln statt. Schon 1669 war der Einsiedler durch Beatificatio aequipollens seliggesprochen worden.

Darstellung: Niklaus von Flüe ist meist als hagerer, bärtiger Einsiedler dargestellt, als Attribute hat er Stock und Rosenkranz bei sich, oft kniet er. Auch ein Dornbusch ist auf Darstellungen von Niklaus von Flüe manchmal zu sehen, da der Einsiedler nach der Legende vom Teufel in einen Dornenstrauch geworfen worden sein soll; auch der Teufel selbst wurde neben Niklaus abgebildet. In der unteren Ranftkapelle sind Wandmalereien (1520) zu sehen, die das Leben des Einsiedlers erzählen.

Sergius Radonež

Priester, Gründer
geboren: 1314 in Radonež, Rußland
gestorben: 25. September 1392 bei Moskau, Rußland

Als Reformator des nordrussischen Klosterlebens ging Sergius Radonež in die Geschichte seines Landes ein. Der Priester gründete in seiner Heimat über 40 Klöster, unter anderem das berühmte Sergius-Dreifaltigkeits-Lawra-Kloster bei Moskau. Sergius Radonež selbst lebte demütig und bescheiden, er war ein gesuchter Ratgeber seiner Zeit. Durch seinen persönlichen Einsatz gelang es ihm sogar, eine wichtige Kriegsschlacht so zu beeinflussen, daß der Kampf gewonnen wurde.

Verehrung/Brauchtum: Sergius Radonež genießt im russischen Volk ebenso wie Seraphim von Sarow große Verehrung. Die orthodoxe Kirche sprach den Priester 1448 heilig.

26. September

Cyprian von Antiochia

Bischof, Märtyrer
geboren: 3. Jh. in Antiochia, heute Syrien
gestorben: um 304 in Nikomedien, heute Izmid, Türkei

Cyprian war ein Heiden-Zauberer, der sich durch die Liebe der jungen Christin Justina bekehren ließ. Nach einem späteren, mehrjährigen Büßerleben wurde Cyprian zum Bischof von Antiochia ernannt. Während der Christenverfolgung erlitt er um 304 gemeinsam mit Justina den Martertod.

Darstellung: Cyprian von Antiochia, der häufig mit Cyprian von Karthago verwechselt wird, ist in bischöflichen Gewändern mit Zauberbüchern in der Hand dargestellt. Oft wurde auch das Martyrium abgebildet: Cyprian und Justina in einem Kessel mit siedendem Pech oder Cyprian mit einem Rost oder mit Schwert.

Kaspar Stanggassinger

Pater, Priester CSSR
geboren: 12. Januar 1871 auf dem Unterkälberstein in Berchtesgaden, Bayern
gestorben: 26. September 1899 in Gars, Bayern

„Ein nachahmenswertes Beispiel für die ganze Kirche" nannte Papst Johannes Paul II. Kaspar Stanggassinger bei der Seligsprechungsfeier am 24. April 1988 auf dem Petersplatz in Rom. Durch „stillen Dienst" habe der Priester und Redemptoristenpater von sich reden gemacht. Auch seine Mitbrüder hatten immer wieder betont, daß der gebürtige Berchtesgadener eigentlich ein „normaler Mensch" war, daß aber das Besondere an ihm gewesen sei, wie er seinen Dienst tat: Sein Leben und Wirken seien von einer unerschütterlichen Glaubenskraft geprägt gewesen, er sei ständig bemüht gewesen, Christus in vollkommener Weise nachzufolgen.

Kaspar Stanggassinger, am 12. Januar 1871 in Berchtesgaden als zweites von insgesamt 16 Kindern der Familie geboren, war schon als Bub entschlossen, Priester zu werden. Nachdem ihm die Schule nicht immer leicht gefallen war, begann er nach dem Abitur 1890 mit dem Theologiestudium in Freising. Nach zwei Jahren schon erkannte Kaspar Stanggassinger aber, daß Gott, wie er es nannte, etwas anderes mit ihm vorhatte. Ein Besuch in dem Redemptoristenkloster in Gars am Inn ließ in ihm den Entschluß reifen, dieser Gemeinschaft beizutreten. Gegen den Willen des Vaters, der nicht einsehen wollte, warum sein Sohn einem damals in Deutschland verbotenen Orden beitreten wollte, begann Kaspar 1892 sein Noviziat. Ein Jahr später legte er im österreichischen Dürrnberg bei Hallein die Profeß ab, 1895 empfing er die Priesterweihe.

Redemptoristenpater war Kaspar Stanggassinger eigentlich geworden, weil er sich leidenschaftlich wünschte, in der Mission zu arbeiten. Doch die Enttäuschung folgte bald: Die Oberen beauftragten Kaspar, als Erzieher im Ordensinternat zu arbeiten. Ergeben verrichtete der junge Priester seine neue Aufgabe; in den vier Jahren, die er am Internat wirkte, verausgabte er sich vollkommen. Am Vormittag unterrichtete er, am Nachmittag und Abend beaufsichtigte er die Buben während der Freizeit. Nie kam ihm ein böses Wort über die Lippen, immer bemühte er sich um Gerechtigkeit.

Kaspar Stanggassinger. Der Seligsprechungsprozeß für den jung verstorbenen Pater wurde 1935 eröffnet.

Nachdem die Redemptoristen in Deutschland wieder zugelassen worden waren, errichtete der Orden 1899 in Gars eine Schule und ein Internat. Pater Kaspar Stanggassinger leitete den Umzug von Dürrnberg nach Gars, im September 1899 wurde er zum Direktor des Internats ernannt. Nur wenige Tage später aber starb er an einer Blinddarmentzündung. Der Todestag von Kaspar Stanggassinger wird in Gars bis heute jedes Jahr gefeiert.

Der Seligsprechungsprozeß für Kaspar Stanggassinger wurde 1935 in München eröffnet, nachdem eine Krankenschwester nach einer Novene zu dem Redemptoristenpater von ihrer schweren Magenkrankheit geheilt worden war. Im selben Jahr waren die Gebeine Stanggassingers vom Münchner Kardinal Michael von Faulhaber von der Totengruft in die Herz-Jesu-Kapelle in Gars umgebettet worden. Bei der Feier bezeichnete Faulhaber Kaspar Stanggassinger als „Vorbild für seinen Orden, für die studierende Jugend und das gesamte gläubige Volk".

Kosmas und Damian

Ärzte, Märtyrer
geboren: 3. Jh. in Syrien(?)
gestorben: um 305 in Syrien (Killiz?)
Patrone von Florenz; der Apotheker, Ärzte, Chirurgen, Drogisten, Zahnärzte, Ammen, Physiker, Friseure, Zuckerbäcker, Krämer; der medizinischen Fakultäten; gegen Krankheiten bei Pferden; gegen Geschwüre; gegen Epidemien

Eine der interessantesten Kirchen Roms übersieht man beim ersten Vorbeigehen fast, so nahtlos ist sie in die Häuserreihe eingefügt, die an der Via dei Fori Imperiali das antike Forum Romanum begrenzt: S. Cosma e Damiano. Zwei antike Tempel wurden im 6. Jh. zu diesem Kirchenbau vereint; aus dieser Zeit gibt es hier noch bemerkenswerte Mosaiken zu sehen. Während einer Renovierung 1632 legte man den Fußboden der Kirche höher, so daß eine Unterkirche entstand. Unter dem Altar befindet sich ein Schrein mit Reliquien der Ärzte und Märtyrer Kosmas und Damian, denen das Gotteshaus geweiht ist.

Nicht nur in Rom werden Reliquien der beiden Märtyrer aufbewahrt. Auch in der Münchner Michaelskirche in der Fußgängerzone ruhen in einem kostbaren Goldschrein in einer der rechten Seitenkapellen Reliquien von Kosmas und Damian. Auch im Dom zu Hildesheim und im Kanonissenstift von Essen verehrt man Reliquien der syrischen Ärzte, die wegen ihres christlichen Glaubens sterben mußten.

Goldschrein mit Reliquien der Märtyrer Kosmas und Damian in der Münchner Michaelskirche.

Die meisten Überlieferungen über das Leben der Zwillingsbrüder sind mit Legenden ausgeschmückt. Danach waren Kosmas und Damian zu Beginn des 4. Jh. in Syrien als Ärzte tätig. Während der Behandlungen sollen die Brüder, die beide tief gläubig waren, immer wieder heidnische Patienten zum Christentum bekehrt haben.

Das Leben zu jener Zeit war überschattet von den grausamen Christenverfolgungen unter Kaiser Diokletian, und so begaben sich Kosmas und Damian immer wieder in Lebensgefahr, indem sie nicht nur selbst ihre Religion ausübten, sondern sogar immer noch versuchten, Heiden zu bekehren.

Eines Tages, man schrieb die Zeit um das Jahr 305, ließ Statthalter Lysias, ein Christenhasser, die beiden Brüder verhaften und verhören. Als sich Kosmas und Damian mutig zu ihrem Glauben bekannten, wurden sie brutal gefoltert und nach harter Kerkerhaft enthauptet. Über den Ort des Martyriums gehen die Meinungen auseinander.

Bereits im 5. Jh. ist die Verehrung für das Brüderpaar, das seine Patienten immer unentgeltlich behandelt hatte, mit Sicherheit bezeugt. Die beiden wurden auch in den Kreis der Kanon-Heiligen aufgenommen. Um das Jahr 850 kamen die Reliquien der Ärzte- und Apotheker-Patrone dann nach Europa.

Verehrung/Brauchtum: In der Ostkirche wird das Gedenken an Kosmas und Damian am 1. Juli, am 17. Oktober und am 1. November begangen. Auf Sizilien haben sich bis heute Prozessionen zu Ehren der beiden Märtyrer erhalten. In früheren Jahrhunderten gab es auch im Rheinland, im alemannischen Raum, in den Hansestädten, in Südtirol, im Piemont und in Spanien zahlreiche Kultstätten zu Ehren von Kosmas und Damian. Auch in Kaufbeuren im Allgäu wurden Kosmas und Damian immer besonders verehrt; dort gibt es auch eine Cosmas-Damian-Kirche (1494).

Darstellung: Von Kosmas und Damian gibt es im Westen und im Osten viele Darstellungen, vor allem, was ihre Patronate für Ärzte und Kranke betrifft. Beide Märtyrer sind meist jung dargestellt, gekleidet in vornehme Gewänder, oft mit Pelzbesatz; als Attribute haben sie medizinisches Gerät, Gläser, Salbenspatel, Mörser und Schlangenstab bei sich. Auch auf das Martyrium weisen viele Darstellungen hin, so mit Scheiterhaufen oder Steinen. Berühmt ist das Gemälde, wie Kosmas und Damian einem Kirchendiener das Bein eines Mohren verpflanzen (Württembergisches Landesmuseum, Stuttgart).

Maria Victoria Theresia Couderc

Ordensgründerin
geboren: 1. Februar 1805 in La Mas de Sablières, Frankreich
gestorben: 26. September 1885 in Lyon, Frankreich

Papst Paul VI. sprach am 10. Mai 1970 die französische Ordensgründerin Maria Victoria Theresia Couderc heilig, die 1827 in Frankreich die Kongregation der „Schwestern vom Cönaculum" ins Leben gerufen hatte. Unter dem Symbol des Abendmahlsaales (Cönaculum) widmeten sich die Schwestern dem Chorgebet, der Förderung von Exerzitien und der religiösen Bildung von Frauen.

Meingold von Würzburg

Bischof von Würzburg
geboren: 8. Jh.
gestorben: 26. September 794/795 in Würzburg, Bayern

Meinhard von Hersfeld

Abt von Hersfeld OSB
geboren: 10. Jh.
gestorben: 26. September 1059 in (Bad) Hersfeld, Hessen

27. September

Hiltrud (Helmtrud) von Liessies

Reklusin
geboren: 8. Jh. in Frankreich
gestorben: um 790 in Liessies, Frankreich
Patronin gegen Fieber

Hiltrud, eine Grafentochter, verweigerte die Hochzeit mit einem Fürsten und lebte lieber als Reklusin.

Darstellung: Hiltrud trägt auf Abbildungen einen Kranz um das Haupt, als Attribute hat sie Buch und Öllämpchen bei sich.

Ignatius Capizzi

Priester, Prediger
geboren: 2. September 1708 in Bronte auf Sizilien, Italien
gestorben: 27. September 1783 in Palermo auf Sizilien

Der Priester Ignatius Capizzi übte auf der Insel Sizilien eine intensive Apostolatstätigkeit aus und zog unermüdlich als Volksprediger über das Land. In seinem Heimatort Bronte gründete er ein Kolleg zur Erziehung und Unterrichtung der Jugend. Er war ein reich begnadeter Priester mit außergewöhnlichen charismatischen Gaben. Durch seinen Einsatz für Jugendliche, Kranke, Arme und Alte erwarb sich Ignatius Capizzi Anerkennung und Zuneigung in allen Ständen.

Ignatius Capizzi starb, aufgezehrt und erschöpft, genau an dem Tag, den er immer vorausgesagt hatte. Der Seligsprechungsprozeß wurde 1819 eingeleitet, am 27. Mai 1858 der heroische Tugendgrad des großen Priesters anerkannt.

Marcus Criado

Mönch, Missionar, Märtyrer, OSTDisc
geboren: 25. April 1522 in Andújar, Spanien
gestorben: 27. September 1569 bei Granada, Spanien
1899 Bestätigung des Kultes

Nektarios von Konstantinopel

Patriarch von Konstantinopel
geboren: 4. Jh. in Tarsus, Türkei
gestorben: 27. September 397 in Konstantinopel, heute Istanbul, Türkei

Sigebert

König, Mönch
geboren: 6. Jh.
gestorben: 23. September 637 in Suffolk, England

Vinzenz von Paul

Ordensgründer CM
geboren: 24. April 1581 in Pouy, Frankreich
gestorben: 27. September 1660 in Paris, Frankreich
Patron aller karitativen Einrichtungen; der Vinzentiner (Lazaristen) und Vinzentinerinnen; des Klerus; der Waisen- und Krankenhäuser; der Waisen; der Gefangenen; für das Auffinden verlorener Gegenstände

In der Kathedrale von Lyon wird das Herz des Ordensgründers Vinzenz von Paul als kostbare Reliquie aufbewahrt, in der Kirche der Lazaristen in Paris befinden sich die anderen Reliquien des Heiligen, der als Stifter der Vinzentiner (Lazaristen) und der Vinzentinerinnen (Barmherzige Schwestern) in die Geschichte einging. Vinzenz von Paul gilt als Begründer der organisierten Caritas.

Vinzenz von Paul wurde am 24. April 1581 als Sohn armer Bauersleute in dem kleinen Dorf Pouy in der Gascogne geboren. Als 19jähriger empfing er die Priesterweihe, und nach einigen anderen kirchlichen Stationen übernahm er 1612 die Pfarrei Clichy in Paris. Danach wirkte Vinzenz von 1613 bis 1626 als Geistlicher im Haus des Galeerengenerals de Condi. Während dieser Zeit wandte er sich ganz der Seelsorge zu und gelobte 1617 lebenslangen Dienst für die Armen.

Um seine Pläne besser verwirklichen zu können, gründete Vinzenz von Paul im August 1617 für eine streng organisierte Armenfürsorge die „Confrérie de la Charité", eine Gemeinschaft von Laien-Schwestern, und gab ihr eine ausführliche Satzung. Damit hatte Vinzenz von Paul das erste seiner Caritaswerke ins Leben gerufen. 1620 folgte die gleiche Gemeinschaft für männliche Laienkräfte; sie hieß „Serviteurs des pauvres".

Im Jahr 1625 schließlich schuf Vinzenz von Paul sein drittes Caritas-Werk: die „Congregatio Missionis", deren Mitglieder nach ihrem Sitz bei der Pariser Lazaristenkirche auch Lazaristen (neuerdings auch Vinzentiner) genannt wurden. Im Mittelpunkt ihrer Tätigkeit stand der Aufbau von Missionen, aber auch die Ausbildung des Klerus lag ihnen am Herzen. Am 29. November 1633 folgte die Gründung der „Filles de la Charité", die in Deutschland Barmherzige Schwestern oder nach dem Ordensstifter Vinzentinerinnen genannt werden. An diesem Werk war Louise de Marillac maßgeblich beteiligt. Die Vinzentinerinnen, die ohne Klausur und ohne Ordenstracht lebten, gingen hinaus in Stadt und Dörfer, betreuten dort Kranke, Alte und Waisen, kümmerten sich um Häftlinge und sorgten in den Spitälern für eine organisierte Krankenpflege.

Schrein mit den bekleideten Gebeinen des Vinzenz von Paul in der Kapelle des Maison-Mère des Lazaristes, Paris.

Vinzenz von Paul. Nach einer Miniatur, die noch zu Lebzeiten des Heiligen entstand.

Als es Mitte des 17. Jh. in Paris zu blutigen Aufständen gegen die absolutistische Königsherrschaft kam, richtete Vinzenz von Paul in St-Lazare Volksküchen und Lazarette ein und konnte so die Bevölkerung mehrerer verwüsteter Provinzen vor dem Hungertod retten und ihre Verletzungen und Krankheiten linden.

Vinzenz von Paul, Helfer der Armen, Tröster der Kranken und Vater der Waisenkinder, der Begründer der allgemeinen Caritas, starb fast 80jährig am 27. September 1660 in Paris. Papst Clemens XII. sprach den Ordensgründer am 16. Juni 1737 heilig (Seligsprechung: 1729).

Verehrung/Brauchtum: Lazaristen und Vinzentinerinnen feiern Vinzenz von Paul auch am 20. Dezember.

Darstellung: Vinzenz von Paul wurde meist im Priestergewand abgebildet, oft inmitten von Kindern, Sklaven oder Gefangenen; manchmal trägt er auf Darstellungen ein Kind auf dem Arm. Im Pariser Mutterhaus der Lazaristen gibt es ein Porträt von Vinzenz von Paul, das im Jahr 1660, kurz vor seinem Tod, entstanden ist und den Ordensgründer als gütig blickenden, alten Mann mit Kappe auf dem Kopf zeigt. Auch mit einem flammenden Herzen in der Hand wurde Vinzenz von Paul abgebildet.

28. September

Adelrich von Einsiedeln

Mönch, Einsiedler
geboren: 10. Jh. in Schwaben, Baden-Württemberg
gestorben: 973, auf der Insel Ufnau, Schweiz
1141 Erhebung der Gebeine

Darstellung: Adelrich, dessen Gebeine 1953 nach Einsiedeln übertragen wurden, ist als Mönch dargestellt; so ist er auch auf seinem Grabstein an der Kirche St. Peter und Paul auf der Insel Ufnau zu sehen. Mit Buch und Spruchband zeigt ihn ein Gemälde in der Kirche.

Bernhardin von Feltre

Priester, Prediger, Mönch OFM
geboren: 1439 in Feltre, Italien
gestorben: 28. September 1494 in Pavia, Italien
Patron der Pfandleiher

Bernhardin von Feltre gehörte zu den bedeutendsten Volkspredigern Italiens. Darüber hinaus gründete der Franziskaner zahlreiche Pfandleihanstalten, um der Ausbeutung des Volkes entgegenzuwirken. Bernhardin war eine der großen Persönlichkeiten seiner Zeit in Italien.

Papst Innozenz X. bestätigte Bernhardins Kult 1654.

Darstellung: Bernhardin von Feltre ist als Mönch in der Kukulle dargestellt, als Attribute hat er Buch und Dreiberg bei sich; so malte ihn unter anderem Perugino auf einem Bild, das heute im Musée des Beaux Arts in Nantes zu sehen ist.

Chuniald und Gislar (Giselher)

Priester, Missionare(?)
geboren: 7./8. Jh.
gestorben: 8. Jh. in Österreich

Chuniald und Gislar waren Priester; sie begleiteten Rupert, den Bischof von Salzburg. Die Legende überliefert, sie seien auch Missionare bei den Awaren in der Region um das heutige Wien gewesen, wofür es aber keine gesicherten Angaben gibt. Die Gebeine von Chuniald und Gislar ruhen im Dom zu Salzburg. Bischof Virgilius soll sie 774 dorthin übertragen haben.

Eberhard von Tüntenhausen

Hirte
geboren: 13./14. Jh. in Tüntenhausen, Bayern
gestorben: 1370 in Tüntenhausen
Patron der Hirten; der Haustiere; gegen Viehseuchen

Rege Betriebsamkeit entwickelten die Bewohner der kleinen Gemeinde Tüntenhausen bei Freising in Oberbayern im Mai 1984. Ein großes Fest stand an, das gebührend gefeiert werden sollte: Genau 250 Jahre war es her, daß der Ortsheilige Eberhard,

Die Dorfkirche in Tüntenhausen, die die Gebeine von Eberhard bewahrt.

genannt „von Tüntenhausen", von Papst Clemens XII. für verehrungswürdig befunden wurde. Ein Hirte war damit in den Kreis der Heiligen aufgenommen worden – und eben ein Tüntenhauser, was die Einheimischen noch immer mit großem Stolz erfüllt. So war es ihnen ein Bedürfnis, die kleine Dorfkirche von Tüntenhausen, in der die Reliquien Eberhards verehrt werden, zur großen Feier festlich herauszuputzen. Eine umfassende Renovierung wurde durchgeführt, und so erstrahlte das Gotteshaus in völlig neuem Glanz, als Regionalbischof Heinrich Graf von Soden-Fraunhofen am 13. Mai 1984 die Festmesse zu Ehren des heiligen Eberhard zelebrierte. Die Predigt hielt übrigens der Prior eines Prämonstratenserklosters, ein Vertreter jener Ordensgemeinschaft, die vor zweieinhalb Jahrhunderten das Verfahren für den bayerischen Hirten eingeleitet und schließlich auch durchgesetzt hat.

Eberhard war Schafhirte und zog mit seiner Herde im 14. Jh. von Tüntenhausen bis vor die Tore von München. Wunderkräfte wurden ihm nachgesagt. Wo immer Eberhard seinen Hirtenstab in den Boden stieß, soll ein Baum gewachsen sein, erzählt die Legende. Weitere sichere Daten über das Leben des bayerischen Hirten fehlen. Mit ziemlicher Sicherheit starb Eberhard in der zweiten Hälfte des 14. Jh.

Seit 1938 ruhen die Gebeine des heiligen Eberhard in der Tüntenhauser Kirche in einem gläsernen Schrein, den der Münchner Kardinal Faulhaber gestiftet hat. Das ursprüngliche Grab wurde geschlossen, eine Entnahme von Erde ist nicht mehr möglich; zuvor war dies bei den Gläubigen Brauch gewesen.

Verehrung/Brauchtum: In den Akten des Kanonisationsverfahrens heißt es, die Verehrung Eberhards „reicht bis in unvordenkliche Zeiten zurück". Vor allem die Bauern waren es, die ein besonderes Vertrauensverhältnis zu „ihrem" Patron entwickelten. Sie baten den für sie immer schon „Heiligen" um Hilfe, wenn eines ihrer Tiere erkrankt war, oder flehten um Schutz vor Viehseuchen. Doch die Bauern baten nicht nur um Eberhards Beistand; sie entnahmen auch heimlich dem Grab des wundertätigen Hirten Erde und mengten diese unter das Futter ihrer kranken Tiere. Es ist offiziell bezeugt, daß die grauweiße Erde tatsächlich das Heilverfahren bei zahlreichen kranken Tieren beeinflußt hat.

Darstellung: Eberhard von Tüntenhausen ist immer als Hirte dargestellt; die Abbildungen seiner Person beschränken sich größtenteils auf die Gegend um Tüntenhausen. Kniend zwischen Tieren, umgeben von einem Strahlenkranz, zeigt Eberhard eine Holzstatue (1613) auf dem Hochaltar der Tüntenhauser Kirche.

Lioba

Äbtissin OSB
geboren: um 710 in England
gestorben: 28. September 782 in Schornsheim bei Mainz, Rheinland-Pfalz

Lioba, die einer angelsächsischen Adelsfamilie entstammte, war Benediktinerin im südenglischen Kloster Wimborne. Zu Beginn des 8. Jh. folgte sie dem Ruf ihres Verwandten Bonifatius, um ihm bei der Christianisierung Germaniens zu helfen. Bonifatius ernannte Lioba 735 zur ersten Äbtissin des neugegründeten Klosters Tauberbischofsheim in Nordbaden. In den folgenden Jahren gründete auch Lioba zahlreiche Klöster. Die Äbtissin galt als herausragende Erzieherpersönlichkeit und war auch am Königshof gern gesehen. Mit der Frau von Karl dem Großen verband sie eine tiefe Freundschaft.

Auf einer ihrer Visitationsreisen starb Lioba am 28. September 782 in Schornsheim bei Mainz. Ihre letzte Ruhestätte fand die Äbtissin aus England 838 in der Krypta der Frauenklosterkirche auf dem Petersberg in Fulda, ganz in der Nähe des Grabes von Bonifatius. Das Haupt von Lioba ist heute im Domschatz von Fulda zu sehen; es ist neben den Häuptern von Bonifatius und Sturmi ausgestellt. Die Erhebung von Liobas Gebeinen fand 819 statt.

Darstellung: Lioba trägt auf Abbildungen das Gewand einer Äbtissin, oft auch einen Schleier. Als Attribute hat sie Wimpel, Buch und Glocke bei sich, manchmal ist sie von Blitzen umgeben.

Salonius von Genf

Bischof von Genf
geboren: um 400 in Lyon, Frankreich
gestorben: nach 451 in Genf, Schweiz

Kopfreliquiar der Lioba im Diözesanmuseum Fulda.

Thiemo (Dietmar) von Salzburg

Erzbischof, Märtyrer(?) OSB
geboren: um 1040 in Bayern(?)
gestorben: 28. September 1102 in Askalon(?) bei Jerusalem
Patron der Maurer, Bildhauer, Zimmerer und Erzgießer

Der Adlige Thiemo wurde zunächst Mönch im Kloster Niederaltaich und dann, noch sehr jung, Abt des Salzburger Klosters St. Peter. Da er ein Anhänger der Reformen innerhalb des Ordenslebens war, wurde Thiemo aber 1081 vertrieben und lebte danach einige Zeit in der Reformabtei Hirsau. 1085 konnte er nach Salzburg zurückkehren, 1090 wurde er zum Erzbischof ernannt.

Doch das nächste Unheil für Thiemo kam bald: Da der Kirchenfürst im Investiturstreit fest auf Seiten des Papstes stand, wurde er vom kaiserlichen Gegenbischof festgenommen. Thiemo konnte aber fliehen und nahm daraufhin am ersten Kreuzzug teil; nach möglicherweise legendarischen Überlieferungen erlitt er dabei in Askalon bei Jerusalem das Martyrium; angeblich wurden ihm die Eingeweide herausgewunden.

Darstellung: Thiemo von Salzburg ist meist als älterer Erzbischof dargestellt, in Händen hält er Stab und Buch. Auch das mögliche Martyrium wurde mehrfach abgebildet.

Silberner Reliquienschrein des heiligen Wenzeslaus aus dem 15. Jh. im Domschatz von St. Veit in Prag. Wenzeslaus ist böhmischer Patron.

Wenzeslaus (Wenzel) von Böhmen

Herzog, Märtyrer
geboren: um 904 in Altbunzlau, Tschechische Republik
gestorben: 28. September 929 in Altbunzlau
Patron von Böhmen

Wenzeslaus ging als erster slawischer Heiliger in die Geschichte ein. Der bis heute als Patron Böhmens verehrte Herzog, um das Jahr 904 in Altbunzlau im Nordosten von Prag geboren, war von seiner Großmutter Ludmilla im christlichen Glauben erzogen worden. Nach dem Tod des Vaters und einer kurzen Regierungszeit seiner Mutter übernahm Wenzel 922 selbst die Herrschaft in Böhmen. Von Anfang an bemühte sich der junge Regent um eine soziale und kulturelle Förderung seines Landes. Die größten Verdienste aber erwarb sich Wenzeslaus bei der Christianisierung Böhmens, die er nachdrücklich betrieb und förderte. Durch seine Bemühungen schloß sich die böhmische Kirche an Rom an.

Diese Entwicklung aber rief die Gegner von Wenzeslaus auf den Plan, die ihre heidnische Religion bewahren wollten. Am 28. September 929 kam es zur Katastrophe. Unter Mitwirkung seines eigenen Bruders Boleslaw wurde der junge Herzog nahe seines Heimatortes Altbunzlau hinterrücks überfallen und brutal ermordet.

Schon bald nach dem Tod von Wenzeslaus – noch zu Lebzeiten seines Bruders und Nachfolgers Boleslaw, der sein Verbrechen bald einsah und bereute – setzte eine starke Verehrung für den Märtyrer ein. Wenzel, der zum böhmischen Nationalhelden wurde, fand seine letzte Ruhestätte in der Wenzelkapelle im Prager Veitsdom, den er selbst gegründet hatte. Reliquien werden außerdem in Bamberg, Trier, Erfurt, Halberstadt, Quedlinburg und Tegernsee verehrt.

Das Fest Wenzels wurde im Jahr 1670 in den römischen Kalender aufgenommen.

Darstellung: Wenzeslaus ist entweder als junger Herzog oder als älterer, bärtiger König dargestellt. Als Attribut hat er fast immer die Lanze der deutschen Herzöge bei sich, häufig auch das Adlerschild (Wenzelswappen). Auch als Reiter mit Harnisch wurde er abgebildet, ebenso mit Herzoghut. Zu sehen ist Wenzel auf Abbildungen oft auch mit anderen böhmischen Heiligen.

29. September

Gabriel

Erzengel
Patron der Postboten und -beamten, der Boten; der Briefmarkensammler; des Fernmelde- und Nachrichtenwesens (1951); gegen eheliche Unfruchtbarkeit

Verehrung/Brauchtum: Erst 1969 wurde das Fest Gabriels mit jenem von Michael und Raphael am 29. September vereint; zuvor war der 24. März der Gabriel-Tag.

Darstellung: Gabriel gilt als der Verkündigungsengel (er verkündete Maria die Geburt ihres Sohnes Jesus); auf Darstellungen ist er daher meist leuchtend abgebildet, in der Hand hält er eine Lilie. Auf östlichen Abbildungen trägt er manchmal eine Weltkugel.

Johannes von Dukla

Mönch, Prediger OFM
geboren: 1414 in Dukla, Polen
gestorben: 29. September 1484 in Lemberg, Polen
Patron von Polen

Johannes von Dukla war zunächst Franziskaner-Konventuale, später trat er zu den Franziskaner-Observanten über. Berühmt wurde er durch seine mitreißenden Volkspredigten, die er trotz seiner Blindheit regelmäßig hielt. Großen Zustrom hatte Johannes auch als Beichtvater; einfache

Bürger und hochgestellte Persönlichkeiten suchten seinen Rat.

Die Verehrung, die ihm während des Lebens entgegengebracht wurde, verstärkte sich nach dem Tod von Johannes ins Vielfache. Er war eine der meistverehrten Kirchenpersönlichkeiten Polens. Am 21. Januar 1773 wurde Johannes von Dukla seliggesprochen, Papst Johannes Paul II. sprach Johannes am 10. Juni 1997 heilig.

Verehrung/Brauchtum: Die Einsiedelei bei Dukla, in welcher der große Marienverehrer Johannes vor seinem Ordensbeitritt mehrere Jahre gelebt hatte, ist seit 1908 eine Wallfahrtskirche.

Karl von Blois

Herzog
geboren: 1319 in Châtillon-sur-Seine, Frankreich
gestorben: 29. September 1364 in Auray, Frankreich
1904 Bestätigung des Kultes

Konrad von Zähringen (von Urach)

Kardinalbischof OCist
geboren: um 1180 in Urach, Baden-Württemberg
gestorben: 29. September 1227 in Rom, Italien

Der Zisterzienser Konrad von Zähringen, ein Graf aus Urach nahe Stuttgart, trat knapp 20jährig dem Zisterzienserorden bei; 1209 wurde er zum Abt des Klosters Villers-en-Brabant ernannt, 1214 dann zum Abt des berühmten Klosters Clairvaux und 1217 von Cîteaux. Papst Honorius III. achtete den Kirchenmann über alle Maßen und suchte immer wieder seinen Rat. Schließlich ernannte er Konrad sogar zum Kardinalbischof von Porto und S. Rufina. In der Folge bemühte sich Konrad von Zähringen unermüdlich um die Bekehrung der Albigenser, um die Förderung des Kreuzzugsgedankens in Deutschland sowie um die Hebung der Klöster- und Kirchenzucht in ganz Europa.

Darstellung: Die Darstellungen des Konrad von Zähringen zeigen etwas Ungewöhnliches: Auf Abbildungen leuchten zwei oder drei Finger seiner linken Hand, um ihm das Schreiben bei Nacht in seiner Mönchszelle zu erleichtern. In der St. Martin-Kirche von Meßkirch gibt es ein Medaillon von Cosmas Damian Asam, das Konrad in Papstkleidung zeigt, allerdings, als Zeichen für die Ablehnung der Papstwürde, die Tiara nach unten haltend. Darstellungen existieren hauptsächlich in Baden-Württemberg.

Liutwin von Trier

Bischof
geboren: 7. Jh. in Deutschland oder Frankreich
gestorben: 29. September um 720 in Reims, Frankreich

Der fränkische Adlige Liutwin war zunächst in der Verwaltung des fränkischen Reiches tätig. Aus eigenem Besitz gründete er um das Jahr 690 das Kloster Mettlach, das er mit Benediktinermönchen besiedelte. 705 wurde Liutwin dann zum Bischof von Trier ernannt; in den Jahren vor seinem Tod übertrug man ihm auch noch die Bistümer Laon und Reims.

Verehrung/Brauchtum: In der Diözese Trier feiern die Gläubigen Liutwin am 23. September.

Michael

Erzengel
Patron der katholischen Kirche; der Deutschen; der Soldaten; der Apotheker, Schneider, Glaser, Maler, Drechsler, Bäcker, Kaufleute, Eicher, Waagenhersteller, Blei- und Zinngießer, Vergolder, Bankangestellten (1958) und Radiomechaniker; der Sterbenden und für einen guten Tod; der Armen Seelen; der Friedhöfe; gegen Blitz und Unwetter

In Monte Sant'Angelo, hoch über der apulischen Küste, drängen sich die Pilgerscharen. Busse und Autos mit den verschiedensten italienischen und ausländischen Kennzeichen stehen auf den großen Parkplätzen. Es gibt nur einen Grund, hier herauf in diesen unscheinbaren Bergort des Gargano zu kommen: die Michaelsgrotte. Diese Wallfahrtsstätte gehört zu den ältesten Michaels-Heiligtümern Italiens und der ganzen Welt. Die Kirche im Felsen wurde Ende des

Die uralte Grotte mit dem berühmten Michaelsheiligtum auf dem Monte Sant'Angelo in Apulien, Italien.

„Kampf des Erzengels Michael mit dem Drachen." Statue in der Pfarrkirche von Mont Saint Michel in Frankreich.

5. Jh. von Bischof Laurentius von Siponto errichtet, nachdem am 8. Mai 495 an dieser Stelle der Erzengel Michael mehreren Hirten erschienen sein soll. Über der Grotte erhebt sich, das Dorf überragend, ein achteckiger Glockenturm aus dem 13. Jh.

Die berühmte Abtei Mont-Saint-Michel an der Atlantikküste in der Normandie, im Mittelalter einer der berühmtesten Michaels-Wallfahrtsorte, entstand 709 unter Bischof Autbert, der in einer Vision Michael auf einem Felsen im Atlantik gesehen hatte. Im Stil wurde Mont-Saint-Michel der Michaelskirche auf dem Gargano nachempfunden.

Es gibt nur wenige Kirchengestalten mit so vielen Patronaten wie den Erzengel Michael. Der Gedenktag am 29. September besteht seit dem 5. Jh., als Leo I. an diesem Datum die Kirche S. Michele in Rom weihte.

Der Erzengel Michael hat viele Namen. In den religiösen Überlieferungen wird er Engelsfürst, Engel der Gerechtigkeit, Hüter des Paradieses, Beschützer der Kirche Christi oder Fürst der Seelen genannt. Auch als Vertrauter Gottes wird er bezeichnet, der Vertraute, der die Weisungen des Herrn an die Menschen weitergibt.

Verehrung/Brauchtum: Der Michaelstag gilt, da er am Ende eines Vierteljahres steht, als Wetter- und Lostag. Allerorten finden um diese Zeit Michaelsmärkte und -dulten statt; berühmt ist hier vor allem der Dürkheimer Michaelismarkt, im Volksmund Wurstmarkt genannt. In Fürth beginnt am Wochenende nach dem Michaelstag die elf Tage andauernde Michaelis-Kirchweih, auch „Färther Kärwa" genannt.

In Deutschland hat Michael noch eine ganz besondere Bedeutung: Der Deutsche wird oft „Michel" genannt, vor allem auch im Ausland. Im 18. Jh. nannte man einen Knecht oder einen jungen Bauern „Michel" oder „Vetter Michel".

Der Festtag Michaels wird seit 1969 gemeinsam mit dem der Erzengel Gabriel und Raphael gefeiert (Fest der Erzengel).

Darstellung: Michael ist meist in Ritterrüstung mit Helm, Schwert, Lanze und Schild abgebildet; die bekannteste Darstellung ist, wie er den Drachen durchbohrt. Seit der Gegenreformation wurde Michael häufig im Kampf mit Luzifer dargestellt, er selbst ist der Anführer des Engelheeres. Oft hat Michael auf Abbildungen auch eine Waage bei sich.

Raphael

Erzengel
Patron der Apotheker, Bergleute, Dachdecker und Schiffsleute; der Pilger, Reisenden, Auswanderer; der Kranken; gegen Augenleiden und gegen die Pest

Verehrung/Brauchtum: Das Fest von Raphael wurde seit dem Mittelalter an verschiedenen Tagen gefeiert, bis Papst Benedikt XV. es 1921 auf den 24. Oktober legte. Seit 1969 gilt der gemeinsame Gedenktag mit Michael und Gabriel. Im Jahr 1871 wurde der sogenannte „Raphael-Verein" gegründet; er sollte katholischen Auswanderern Schutz geben.

Darstellung: Raphael ist meist in Pilgerkleidung dargestellt und trägt typische Reiseattribute bei sich wie Flasche und Stab. Auch mit dem jungen Tobias aus dem Alten Testament wurde Raphael häufig abgebildet, beide holen einen Fisch aus dem Wasser.

Gegenüberliegende Seite: Firminus Wickenhäuser, „das Hergottsbrüderle von Düsseldorf".

30. September

Firminus Wickenhäuser

Mönch, Bildhauer OFM
geboren: 19. Januar 1876 in Massenbachhausen, Baden-Württemberg
gestorben: 30. September 1939 in Düsseldorf, Nordrhein-Westfalen

„Das Hergottsbrüderle von Düsseldorf" wurde Bruder Firminus Wickenhäuser im Volksmund genannt. Seit 1951 ist der Seligsprechungsprozeß für ihn im Gang. Im Jahr 1906 war der gelernte Steinmetz in den Franziskanerorden aufgenommen worden, 1908 kam er nach Düsseldorf, 1911 ins Kloster Dorsten. Nach dem Ersten Weltkrieg, in welchem Firminus als Sanitäter und als Bildhauer tätig war, kehrte er nach Düsseldorf zurück und legte die Ewigen Gelübde ab. In den folgenden Jahren zeichnete sich der Ordensmann vor allem durch große Nächstenliebe aus, immer war er bereit, zu dienen und zu helfen. Bekannt wurde er aber fast noch mehr durch seine bildhauerischen Arbeiten; so restaurierte er die Kirchen St. Apollinaris in Remagen und Kreuzberg in Bonn sowie viele andere Klosterkirchen seines Ordens.

Verehrung/Brauchtum: In Düsseldorf, wo Bruder Firminus Wickenhäuser beigesetzt wurde, wird alljährlich Ende September die Bruder-Firminus-Woche gefeiert, die sich stets einer regen Beteiligung der Bevölkerung erfreut. Schon bald nach dem Tod des bekannten Franziskaners hatten sich alljährlich mehrere tausend Menschen an seinem Grab auf dem Stoffeler Friedhof in Düsseldorf eingefunden.

Hieronymus

Priester, Kirchenlehrer
geboren: um 347 in Stridon, Kroatien
gestorben: 30. September 419/420 in Betlehem
Patron von Dalmatien; von Lyon; der Theologen, Gelehrten, Lehrer, Studenten, Schüler, Übersetzer; der Universitäten und wissenschaftlichen Vereinigungen; der Asketen; gegen Augenleiden

Er gehört zu den bedeutendsten Persönlichkeiten der gesamten Kirchengeschichte, er ist Kirchenlehrer und einer der vier lateinischen Kirchenväter, er zählt zu den größten Gelehrten innerhalb der katholischen Kirche. Aber nie wurde ein Kanonisationsprozeß eingeleitet, nie wurde der große Hieronymus offiziell heiliggesprochen. Der Grund für diese außergewöhnliche Tatsache ist möglicherweise in dem oft ungestümen Temperament des Cholerikers Hieronymus zu suchen, der aufgrund zahlreicher Krankheiten und eines strengen Asketenlebens häufig überreizt und kränkend war und polemisch urteilte. Doch trotz aller Schwächen war Hieronymus bei den Großen seiner Zeit hochgeschätzt, das Volk verehrte ihn bereits im Mittelalter wie einen Heiligen.

Hieronymus Sophronius Eusebius kam um das Jahr 347 im dalmatinisch-pannonischen Grenzort Stridon Kroatien zur Welt. Seine katholischen Eltern erzogen ihn im christlichen Glauben. Nach einem umfassenden Studium in Rom, wo er auch das Taufsakrament empfing, zog Hieronymus zunächst nach Trier, wo er das Mönchtum kennen und schätzen lernte. Die nächste Station im Leben von Hieronymus war Aquileja östlich von Venedig, wo er sich um das Jahr 370 einem asketischen Freundeskreis, dem „Chor der Seligen", anschloß. 373 verließ der inzwischen 26jährige Hieronymus Aquileja wieder und unternahm mehrere Pilgerfahrten in den Orient. Einige Zeit lebte er in strengster Abgeschiedenheit in einer Mönchsgemeinschaft bei Aleppo im heutigen Nord-Syrien. Doch die Streitigkeiten unter den Mönchen vertrieben ihn bald wieder.

Über Antiochien, wo ihn eine schwere Krankheit aufhielt, und Konstantinopel kehrte Hieronymus, inzwischen zum Priester geweiht, nach Rom zurück und wurde Sekretär von Damasus I. Als der Papst 384 starb, machte sich der gelehrte Hieronymus, der mehrere Sprachen fließend beherrschte, Hoffnungen, als Nachfolger den Stuhl Petri zu besteigen. Doch er hatte zuviele Feinde, ein anderer – Siricius – wurde gewählt.

Enttäuscht verließ Hieronymus 385 Rom und ließ sich mit einer Gruppe von Witwen, die sich im Laufe der Jahre in Rom um ihn gesammelt hatten, in Betlehem nieder, wo er in den folgenden Jahren ein Männer- und drei Frauenklöster gründete. In den 35 Jahren, die Hieronymus hier in Betlehem lebte, wurde er zu einem der größten Theologen aller Zeiten. Man sagte, Hieronymus sei nach Augustinus der gelehrteste lateinische Kirchenschriftsteller gewesen. Hieronymus war es, der dem Klosterleben im Abendland wichtige Impulse gab und ihm den Weg bereitete. Seine Schriften sind von außergewöhnlicher Klarheit. Bis heute sind noch 117 Briefe von Hieronymus erhalten, darunter 19 an Augustinus, seinen Zeitgenossen. Als „Krone seines Schaffens", so der Theologe Theodor Schnitzler, wird die „Vulgata" bezeichnet, eine allgemein gebräuchliche Bibelübersetzung, die Hieronymus im Auftrag von Papst Damasus I. erarbeitet hatte. Die Arbeit an diesem monumentalen Übersetzungswerk dauerte Jahre.

Im Alter von etwa 73 Jahren starb der große Kirchenwissenschaftler nach vielen Wirren um seine Person und vielen menschlichen Enttäuschungen am 30. September 420 (419?) in seinem Kloster in Betlehem. Ende des 13. Jh. gelangten die Hieronymus-Gebeine in die Kirche S. Maria Maggiore in Rom.

Verehrung/Brauchtum: Vor allem zwischen dem 14. und dem 16. Jh. wurde Hieronymus als Patron angerufen. Generell ist die Verehrung für den Kirchenlehrer hauptsächlich im Westen nachgewiesen; im Osten gibt es daher auch kaum Darstellungen.

„Hieronymus in der Höhle." Gemälde von Caravaggio, heute Galleria Borghese, Rom.

In der Diözese Bamberg gedenkt man Hieronymus am 3. Oktober, in der Diözese Basel am 1. Oktober.

Darstellung: Hieronymus ist fast immer als alter Mann dargestellt, oft trägt er einen langen weißen Bart. Auf vielen Darstellungen ist er mit Kardinalshut zu sehen, obwohl er nie zum Kardinal ernannt wurde. Häufig ist auch die Abbildung, wie Hieronymus an einem Schreibpult sitzt und an einem Buch schreibt. Und schließlich gibt es auch noch die Darstellungsform des Einsiedlers Hieronymus in oder vor seiner Höhle; meist ist er dabei völlig abgemagert, was auf sein asketisches Leben hinweisen soll. Auch mit einem Löwen, den er angeblich heilte, ist Hieronymus abgebildet.

Einige der bekanntesten Darstellungen: Der büßende Hieronymus von Hans Burgkmair (16. Jh.), Alte Pinakothek, München. Hieronymus in italienischer Landschaft von Bartolomeo Montagna (15. Jh.), Pinacoteca di Brera, Mailand. Die Löwenheilung ist in einer Holzskulptur (um 1465) im Kölner Schnütgen-Museum zu sehen. Ein Gemälde von Filippo Lippi in der Kathedrale zu Prato zeigt Hieronymus sterbend, am Boden liegend. Und nicht zu vergessen natürlich die berühmte Darstellungsform „Hieronymus im Gehäuse", die vor allem durch einen Kupferstich von Albrecht Dürer (1514) berühmt wurde. Nach diesem Stich schuf Lucas Cranach das nicht minder bekannte Gemälde „Kardinal Albrecht von Brandenburg als Hieronymus in seiner Klause" (1525).

Sophia von Rom und ihre drei Töchter

Märtyrerinnen
geboren: 1. Jh. in Mailand(?), Italien
gestorben: um 125 in Rom, Italien
Patronin der Witwen; in Bedrängnis und Nöten

Die Lebensgeschichte von Sophia und ihren Töchtern dürfte wohl stark legendarisch sein. Angeblich soll Sophia die Witwe eines wohlhabenden Mailänders gewesen sein. Nach dem Tod des Ehemannes ging die Christin gemeinsam mit ihren drei Töchtern Fides, Spes und Caritas (Glaube, Hoffnung, Liebe) nach Rom, in der Hoffnung, daß sich dort ihre Sehnsucht nach einem Martyrium erfülle. Und es geschah tatsächlich so: Zunächst erlitten die drei Töchter den gewaltsamen Tod, drei Tage später wurde Sophia ermordet.

Verehrung/Brauchtum: Der Gedenktag der drei Töchter Sophias wird am 1. August begangen. Die Verehrung für Sophia war besonders im Mittelalter groß; damals ließen Gläubige in Not und Bedrängnis sogenannte „Sophien-Messen" lesen.

Darstellung: Sophia ist fast immer zusammen mit ihren drei Töchtern abgebildet, oft mit Schwertern, was auf ein Martyrium durch Enthauptung hinweisen soll. Auch mit Buch und Palme wurde Sophia manchmal dargestellt. In der Agneskapelle im Kölner Dom sind die drei Töchter ohne Mutter auf einem Fresko aus dem 14. Jh. zu sehen.

Urs und Victor

Märtyrer
geboren: 3. Jh.
gestorben: um 303 in Solothurn, Schweiz
Patrone von Solothurn; des Bistums Basel

Nach der Legende gehörten Urs und Victor der Thebäischen Legion an und erlitten gemeinsam mit 66 Gefährten in Solothurn das Martyrium. Christenverfolger Maximian hatte zuvor versucht, sie zum Abfall vom christlichen Glauben zu bewegen, jedoch vergeblich. Es ist überliefert, daß die Märtyrer gefesselt, geschlagen und ins Feuer getrieben und danach enthauptet wurden. Christen bestatteten danach die Leichname der 68 Toten in der Umgebung von Solothurn; später wurde dort die Peterskapelle errichtet. Die Gebeine von Victor gelangten um 500 nach Genf und fielen dort später der Reformation zum Opfer. Die Reliquien von Urs wurden in Solothurn in der St.-Ursen-Kirche beigesetzt. Die Gebeine der beiden Märtyrer wurden 1473 und 1519 erhoben.

Darstellung: Urs und Victor sind als Soldaten mit Fahne und Schwert abgebildet. Auf einem Siegel in der Victor-Kirche zu Genf ist Victor in Rüstung mit seinem abgeschlagenen Haupt in Händen zu sehen.

1. Oktober

Angelus de Scarpettis

Mönch OESA
geboren: um 1230 in Borgo Sansepolcro, Italien
gestorben: 1. Oktober 1306 in Borgo Sansepolcro

Der Augustiner-Eremit Angelus de Scarpettis machte sich vor allem um die Ausbreitung seiner Ordensgemeinschaft in England verdient. Zahlreiche Klöster dort wurden von ihm gegründet. Papst Benedikt XV. approbierte den Kult des Mönches am 27. Juli 1921.

Bavo (Allowin, Baaf)

Rekluse, Mönch OSB
geboren: um 590 in Haspengau, Belgien
gestorben: 1. Oktober 658 in Gent, Belgien
Patron der Diözesen Gent und Haarlem; der Falkner, gegen Keuchhusten

Verehrung/Brauchtum: Außer in Gent, Haarlem und Lüttich feierte man das Gedenken an Bavo bis 1913 auch in der Erzdiözese Köln. Die Reliquien befinden sich in der Genter Kathedrale.

Emanuel von Cremona

Bischof von Cremona
geboren: 12. Jh. in Italien
gestorben: 1. Oktober 1298 in Cremona, Italien

Franz de Borja (Borgia) y Aragon

Herzog, Ordensgeneral SJ
geboren: 28. Oktober 1510 in Gandía, Spanien
gestorben: 1. Oktober 1572 in Rom, Italien
Patron gegen Erdbeben

Die Einwohner der Stadt Gandía an der spanischen Costa Blanca zwischen Valencia und Alicante feiern jedes Jahr vom 9. bis 20. Oktober ein großes, buntes Fest. Zwölf Tage lang gedenken sie ihres Stadtpatrones, des einstigen Vizekönigs von Katalonien und großen Heiligen Franz de Borja y Aragon. Der vierte Herzog von Gandía war noch von Ordensgründer Ignatius von Loyola persönlich in die 1540 gegründete Gesellschaft Jesu aufgenommen und Jahre später zum Generalkommissar von Portugal und Spanien ernannt worden. Doch bis Francisco de Borja y Aragon an dieser Lebensstation angekommen war und dann 1565 sogar zum Ordensgeneral gewählt wurde, war es ein langer und für ihn beschwerlicher Weg.

Franz erblickte am 28. Oktober 1510 als Sohn des Herzogs von Gandía und von Johanna von Aragonien das Licht der Welt. Nach dem frühen Tod der Mutter kam Franz zur weiteren Erziehung zu seinem Onkel, dem Erzbischof von Saragossa. Als gerade 17jähriger trat der Herzogssohn in den Hofdienst von Karl V. und seiner Frau Isabella ein. Hier am Hof lernte Franz auch seine spätere Ehefrau kennen: Eleonora de Castro, eine Hofdame Isabellas.

Im Jahr 1539 veränderte sich das Leben von Franz de Borja einschneidend. Er erlebte den frühen Tod von Isabella mit und war tief erschüttert. Er beschloß, sein weiteres Leben Gott zu weihen. Kurz darauf aber wurde er zum Vizekönig von Katalonien ernannt und mußte zunächst alle seine Pläne zurückstellen.

Vier Jahre später stellte Franz sich bei Ignatius von Loyola vor und machte bei ihm heimlich Exerzitien. Im Jahr 1546 trat er, ohne daß jemand etwas davon erfuhr, dem Jesuitenorden bei. Franz, der inzwischen mit seiner Frau acht Kinder hatte, wollte zuerst seine Familie versorgt wissen und seine Regierungsgeschäfte regeln, bis er seinen Schritt bekanntgab. So lebte er vier Jahre lang im Inneren seines Herzens als Ordensmann, nach außen als Herzog von Gandía.

Im Alter von inzwischen 40 Jahren erklärte sich Franz de Borja schließlich, 1551 empfing er die Priesterweihe. In seiner Funktion als Generalkommissar trug er ab 1554 viel zur Entwicklung des Jesuitenordens in Spanien bei und unterstützte die Gesellschaft Jesu auch bei Neugründungen in anderen Ländern. Nach vielen Freuden, aber auch zahlreichen durch Neider und Mißgünstlinge bewirkten Angriffen und Demütigungen wurde Franz de Borja 1565

Franz de Borja. Nach einem Gemälde von Leo Samberger.

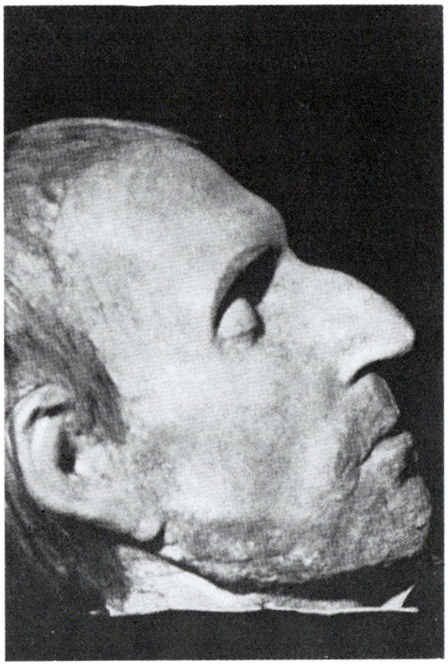

Totenmaske von Franz de Borja in der Cappellette di S. Ignazio in der Kirche Al Gesù in Rom.

zum dritten Ordensgeneral der Jesuiten ernannt. Sieben Jahre leistete der Herzog und Mönch für den Orden Großes. Unter ihm faßten die Jesuiten vor allem in Mittel- und Südamerika Fuß.

Nach einem erfüllten Leben starb Franz de Borja am 1. Oktober 1572 in Rom. Seine letzte Ruhestätte fand er in der Jesuitenkirche von Madrid, die sein Enkel Franz von Lerma zur ehrenvollen Aufbewahrung der Gebeine hatte errichten lassen. Papst Clemens X. sprach Franz von Borja am 12. April 1671 heilig.

Darstellung: Franz de Borja ist in Jesuitentracht dargestellt, als Attribute hat er Buch, Totenkopf, Herzoghut oder Krone bei sich. Ein berühmtes Gemälde von Goya (1788) zeigt den Herzog und Mönch, wie er einen Sünder zu bekehren versucht; das Bild gehört zu einem Bilder-Zyklus von Goya im Dom von Valencia.

Giselbert von Zusmarshausen

Königssohn, Hirte
geboren: 10./11. Jh.(?) in Schottland(?)
gestorben: 11. Jh. in Zusmarshausen, Bayern

Verehrung/Brauchtum: Giselbert, wahrscheinlich ein schottischer Königssohn, der im 11. Jh. im bayerischen Zusmarshausen als Hirte lebte, genoß im Volk schon zu Lebzeiten große Verehrung; nach seinem Tod sollen an seinem Grab zahlreiche Wunder geschehen sein, was den Kult noch vergrößerte.

Darstellung: Giselbert ist auf Darstellungen als Hirte abgebildet, neben sich hat er eine abgelegte Krone, was auf seine Abstammung hinweist. Oft betet er, während ein Engel seine Schafe auf der Weide hütet.

Theresia von Lisieux (vom Kinde Jesus)

Mystikerin, Kirchenlehrerin OCD
geboren: 2. Januar 1873 in Alençon, Frankreich
gestorben: 30. September 1897 in Lisieux, Frankreich
Patronin von Frankreich (1944); der Missionen; der Karmelitinnen

„Kleine heilige Theresia" wird sie genannt, die große Ordensfrau und Mystikerin Theresia von Lisieux. Die Bezeichnung „klein" diente zum einen wohl zur Unterscheidung von der Ordensreformatorin Theresia von Ávila, zum anderen drückt sie aber auch aus, daß man Theresia von Lisieux lange Zeit als kindliche Beterin beurteilt hat. Doch diese Kindlichkeit hat die übrigen Wesenszüge Theresias stark überdeckt, ihr wahres Ich wurde dabei in den Hintergrund gedrängt.

Theresia vom Kinde Jesus, wie sie auch genannt wird, kam am 2. Januar 1873 in dem Örtchen Alençon in der Normandie zur Welt und hieß mit Familiennamen Martin. Ihr einziger Wunsch war schon als Kind, dem Karmeliterorden beitreten zu dürfen.

Nach mehreren vorangegangenen Ablehnungen wurde Theresia dann im Alter von 15 Jahren in den Karmel von Lisieux, wo sie mit ihrer Familie

Theresia von Lisieux im Klostergarten (kurz vor ihrem Tod).

Die Basilika von Lisieux sowie der Glasschrein mit der Wachsfigur der Theresia von Lisieux.

seit dem frühen Tod der Mutter lebte, aufgenommen. Die Schwestern im Kloster kamen mit der Persönlichkeit Theresias von Anfang an nicht zurecht, niemand kannte sich in ihrem Wesen aus. Man hielt das Mädchen, das aufgrund einer Sondererlaubnis täglich kommunizieren durfte, für eingebildet und stolz und bemerkte nicht, welche inneren Kämpfe es Tag für Tag auszufechten hatte. Die Oberin erschwerte Theresia durch ständige Demütigungen das Leben noch zusätzlich.

Theresia, die nach außen so ruhig und beherrscht wirkte, litt ihr Leben lang unter Angstzuständen. Sie wurde oft vom Gedanken gequält, Gott habe sie verlassen und geriet dadurch in schwere innere Konflikte. Immer wieder jedoch konnte Theresia den stärksten Versuchungen widerstehen. Manchmal war sie überzeugt, sie sei zur Verdammnis verurteilt. Dennoch gab sie sich ganz der Liebe Christi hin. Ihr Leitspruch war: „Alles ist Gnade." Sie wollte sich mit ihren inneren Leiden, zu denen sich auch noch schwere Krankheiten wie Tbc gesellten, für die Sünder der Welt aufzuopfern.

Im Alter von erst 24 Jahren starb Theresia von Lisieux am 30. September 1897 in ihrem Kloster. Papst Pius XI. sprach die Mystikerin am 17. Mai 1925 heilig und ernannte sie 1927 zur Patronin aller Missionen, Missionare und Missionsschwestern, 1929 Patronin der christlichen Arbeiterjugend. Seit 1944 ist Theresia zweite Patronin von Frankreich. 1997 erklärte sie Papst Johannes Paul II. zur Kirchenlehrerin.

Verehrung/Brauchtum: Zur Basilika Ste-Thérèse in Lisieux strömen bis zum heutigen Tag Hunderttausende von Pilgern. Eine Wachsfigur der Heiligen ist in einem Glassarg aufgebahrt, der zu einer Pilgerstätte wurde.

Darstellung: Auf Abbildungen ist Theresia von Lisieux fast immer im Ordenshabit der Karmelitinnen (braunes Gewand, weißer Mantel) zu sehen. Als Attribute hat sie oft Rosen bei sich, da sie vor ihrem Tod versprochen haben soll, Rosen vom Himmel herab zu streuen.

Werner von Wilten

Abt von Wilten OPraem
geboren: 13. Jh.
gestorben: 1. Oktober 1332 in Wilten bei Innsbruck, Österreich

Verehrung/Brauchtum: Der Kult um Werner von Wilten beschränkt sich auf Wilten und die Umgebung; der Abt wird dort als Seliger verehrt.

2. Oktober

Leodegar (Lutgar, Léger) von Autun

Bischof
geboren: um 616
gestorben: 2. (3.?) Oktober 679 bei Sarcing, Frankreich
Patron des Kantons Luzern; von Autun und Murbach; der Müller; gegen Augenkrankheiten und Besessenheit

Leodegar, Sohn einer adligen, fränkischen Familie, übernahm 653 das Amt des Abtes von St-Maixent in

Poitiers. Königin Balthild, die er in vielen Fragen beriet, ernannte den Kirchenmann 663 zum Bischof von Autun. Seine Bemühungen, die Kirchenzucht wiederherzustellen und reformerisch zu wirken, brachten Leodegar in der Folge in Schwierigkeiten, 675 wurde er von König Childerich II. sogar für kurze Zeit verbannt. Das erneute Wirken Leodegars nach seiner Rückkehr dauerte dann auch nur noch kurze Zeit: Bereits 676 ließ ihn der gefürchtete neustrische Hausmeier Ebroin verhaften, blenden und ihm die Zunge herausreißen; danach setzte er den Bischof gefangen. Drei Jahre später, 679, wurde Leodegar enthauptet.

Die Gebeine von Bischof Leodegar wurden 681 in das Kloster St-Maixent übertragen; einige Reliquien gelangten auch in die Kirche St-Léger in Ebreuil.

Verehrung/Brauchtum: Leodegar wird außer in Frankreich vor allem in der Schweiz sowie im Raum Trier verehrt.

Darstellung: Leodegar ist immer in bischöflichen Gewändern abgebildet. Die wahrscheinlich älteste noch erhaltene Darstellung befindet sich auf einem Relief im Kreuzgang der Kirche auf dem Odilienberg im Elsaß (Leodegar war mit der heiligen Odilia verwandt). Als Attribute hat der Bischof Schwert, Palme und Bohrer (Blendung) bei sich.

Thomas von Hereford

Bischof von Hereford
geboren: um 1218 in England
gestorben: 2. Oktober 1282 in Montefiascone, Italien

Verehrung/Brauchtum: Über lange Zeit war der Reliquienschrein mit den Gebeinen von Thomas in der Kathedrale von Hereford in England ein bedeutender Wallfahrtsort. Im Jahr 1320 hatte Papst Johannes XXII. den Bischof heiliggesprochen.

Warin von Poitou

Statthalter, Märtyrer
geboren: 7. Jh. in Frankreich
gestorben: 678/679 in Frankreich

Warin, Statthalter von Poitou und Christ, war der Bruder von Bischof Leodegar von Autun und wurde in derselben Zeit wie dieser ermordet.

3. Oktober

Adelgott von Chur

Bischof von Chur OCist
geboren: um 1100
gestorben: 3. Oktober 1160 in Chur, Schweiz

Brüder Ewald (Ewaldi)

Missionare, Märtyrer
geboren: 7. Jh. in England
gestorben: um 695(?) in Deutschland
Patrone von Westfalen

„Der weiße und der schwarze Ewald“ wurden sie wegen ihrer Haarfarben genannt, jene beiden Glaubensboten, die Ende des 7. Jh. aus ihrer Heimat Angelsachsen zu den heidnischen Sachsen gekommen waren, um zu missionieren. Die beiden Priester verkündeten voller Leidenschaft das Evangelium und ließen sich dabei auch nicht durch Drohungen von Seiten aufgebrachter Heiden einschüchtern. Als Ewald und Ewald, die auch Brüder Ewald genannt wurden, wieder einmal eine ihrer Predigten hielten, wurden sie überfallen, schwer mißhandelt und dann ermordet. Der genaue Ort ihres Martyriums ist nicht bekannt.

Die Gebeine der Brüder Ewald wurden am 3. Oktober 1074 von Bischof Anno von Köln feierlich erhoben und ruhen bis heute in der Kölner Kirche St. Kunibert, einem spätromanischen Gotteshaus am Kaiser-Friedrich-Ufer. Zum reichen Kirchenschatz gehört auch die sogenannte „Ewaldi-Decke“, das Bahrtuch der beiden Missionare, welches früher als Altartuch verwendet wurde. Auch im Dom zu Münster werden Reliquien verehrt.

Verehrung/Brauchtum: Auch der 22. Oktober ist in Köln ein Gedenktag für die Brüder Ewald, die hier besonders verehrt werden.

Darstellung: Die Missionare Ewald und Ewald sind in Priestermeßgewändern dargestellt, der eine mit dunklen, der andere mit hellen Haaren. Als Attribute haben die beiden Schwert (der Weiße) oder Keule (der Schwarze) als Hinweis auf ihr Martyrium bei sich, oft auch eine Palme. Mit den Marterwerkzeugen und Palme sind Ewald und Ewald am Reliquienschrein in St. Kunibert in Köln (um 1400) zu sehen.

Gerhard von Brogne

Abt von Brogne OSB
geboren: 9. Jh. in Stave, Belgien
gestorben: 3. Oktober 959 in Brogne (St-Gérard), Belgien

Niketius von Trier

Bischof
geboren: 5. Jh. in Limoges(?), Frankreich
gestorben: um 565 in Trier, Rheinland-Pfalz

Niketius gehört zu den bedeutenden Bischöfen von Trier. Er reformierte das gesamte Bistum, förderte das Mönchtum, sorgte für eine bessere Bildung im Klerus und ließ Kirchen wieder aufbauen oder neu errichten. Den einfachen Menschen war Niketius Freund und Helfer, gegenüber dem Adel verteidigte er deren Rechte und Besitz. Über das Todesjahr von Niketius gehen die Überlieferungen auseinander; es lag aber sicher um 565. Beigesetzt wurde der Bischof in der Abtei St. Maximin in Trier.

Darstellung: Bezugnehmend auf seine rege Kirchenbautätigkeit, wurde Niketius meist mit einem Kirchenmodell als Attribut abgebildet.

Odilo von Stablo

Abt von Stablo OSB
geboren: 9. Jh.
gestorben: 3. Oktober 954 in Stablo, Belgien

Utto (Udo) von Metten

Abt OSB
geboren: 8. Jh. in Mailand, Italien
gestorben: 3. Oktober 829 in Metten, Bayern
Patron der Roder; der Neusiedler

Utto war Begründer und erster Abt des Benediktinerklosters Metten in Niederbayern, das er 766 auf einem ihm gehörenden Besitz errichtet haben soll. Andere Quellen berichten, Gamelbert habe das Kloster 766 gegründet und danach seinen Patensohn Utto, Mönch auf der Reichenau, zum Abt berufen. Auch Karl der Große wurde hin und wieder als Gründer des Klosters genannt.

Nach seinem Tod wurde Utto im Kloster Metten beigesetzt. Einige Reliquien werden bis heute in einem Schrein aufbewahrt. Im nördlichen Obergeschoß der Klostergebäude steht ein im 14. Jh. aus Granit geschaffenes Hochgrab, das seinen Platz früher vor dem Hochaltar in der Klosterkirche hatte. Im Regularchor wird der berühmte Utto-Stab aufbewahrt; ihn soll Utto von Papst Leo III. erhalten haben.

Darstellung: Abbildungen von Utto kommen fast ausschließlich im Gebiet um Metten vor. Zu sehen ist der Abt darauf in Mönchskleidung oder im Meßgewand, als Attribute hat er Abtsstab, Beil oder Axt (er soll Wälder für das Kloster gerodet haben) bei sich. Am Hauptaltar der Kirche in Michaelsbuch ist Utto zusammen mit Gamelbert in Figuren dargestellt.

4. Oktober

Franz (Franziskus) von Assisi

Ordensgründer OFM
geboren: 1181/82 in Assisi, Italien
gestorben: 3. Oktober 1226 in Assisi
Patron von Italien (1939); von Assisi; des Bistums Basel; der Katholischen Aktion in Italien (1939); der Franziskaner; der Armen; der Sozialarbeit; des Umweltschutzes; der Kaufleute, Schneider, Tuchhändler, Weber, Flachshändler und Tapetenhändler; gegen Kopfschmerzen; gegen die Pest

Eines der schönsten Worte über Franz von Assisi sprach der berühmte Dante Alighieri, Italiens großer Dichter: „Wie eine Sonne ging er in der Welt auf." Kann man inniger ausdrücken, was dieser „Poverello" aus Umbrien, der „seraphische Heilige", der Menschheit geschenkt hat? Hunderttausende strömen Jahr für Jahr in das mittelalterliche Städtchen Assisi unter dem Monte Subasio, um ein wenig von dieser Sonne zu spüren, die Leben und Wirken des heiligen Franz umgab. Sie stehen ergriffen in der einzigartig schönen Basilika S. Francesco, mit deren Bau zwei Jahre nach dem Tod des Ordensgründers begonnen wurde, steigen hinunter in die Unterkirche und von dort noch einmal hinab in die Krypta, in der sich das Grab von Franziskus befindet. Was mag in dem Brautpaar vorgehen, das hier im Angesicht des Franziskus-Schreines in der Grabkapelle die Ringe wechselt? Was empfinden die Eltern, die hier ihr neugeborenes Kind taufen lassen?

Franz von Assisi. Nach dem berühmten Fresko von Giovanni Cimabue in der Unterkirche der riesigen Basilika S. Francesco in Assisi.

Franz erblickte um die Jahreswende 1181/82 als Sohn des Kaufmannes Pietro Bernardone und der Französin Johanna Pica in Assisi das Licht der Welt. Noch heute kann man Teile des Bernardone-Hauses und den Raum der Geburt (heute eine Kapelle) besichtigen. Der Taufname des kleinen Franz war eigentlich Giovanni, wegen der Abstammung seiner Mutter wurde er jedoch von Geburt an Francesco (das Französlein) genannt. Während seiner Jugendzeit war Franz den weltlichen Genüssen keineswegs abgeneigt, er war ein lebenslustiger, fröhlicher Jüngling. Sein Ziel war eine Karriere als Ritter. Im Jahr 1202 zog er, etwa 20jährig, in den Städtekrieg zwischen Assisi und Perugia.

Eine einjährige Gefangenschaft in den dunklen Verließen von Perugia brachte den Wandel. Franz erkannte, daß es im Leben noch etwas anderes geben mußte als Wohlstand und leibliche Genüsse. Eine Pilgerreise nach Rom bestärkte ihn. Franz war fasziniert von der Verehrung, die man Jesus Christus entgegenbrachte. Doch noch wußte er nicht, wie er sein Leben gestalten sollte.

Im Jahr 1205 dann das entscheidende Ereignis: Wie so oft zuvor betete Franz in dem kleinen, verfallenen Kirchlein S. Damiano unterhalb von Assisi. Plötzlich hörte er, wie Christus vom Kreuz herab zu ihm sprach: „Franz, stelle mein verfallenes Haus wieder her!“ Franz nahm diese Aufforderung wörtlich, verkaufte zahlreiche Tuchballen seines Vaters und übergab den Erlös dem Pfarrer von S. Damiano, damit er die Kapelle wieder herrichten konnte. Der wütende Vater Bernardone forderte Franz auf, den Kaufpreis zurückzugeben oder er müsse auf sein Erbe verzichten. Franz gab alles zurück – und verzichtete zusätzlich noch auf das Erbe. Er entledigte sich vor den Augen des Bischofs und einer großen Menschenmenge seiner Kleider. Nackt rannte er aus der Stadt – es war sein Abschied von der Gesellschaft.

Kurz darauf hörte Franz während einer Messe in dem damals noch kleinen Kirchlein S. Maria degli Angeli in der Ebene unterhalb von Assisi die Worte des Lukas-Evangeliums: „Nehmt weder Beutel noch Tasche mit und keine Schuhe.“ Und da wußte Franz, daß ihm sein Weg aufgezeigt worden war. Der „Poverello“, der Ärmste der Armen, war geboren. Franz legte seine Schuhe ab, zog sich eine braune Kutte an, schnürte sie mit einem Strick und begab sich als Bettler auf Wanderschaft.

Bald schon schlossen sich Franz, der inzwischen von den Einwohnern von Assisi für verrückt erklärt worden war, mehrere gleichgesinnte Gefährten an. Wie die Jünger Jesu zogen sie predigend durch Umbrien. Jeder hatte zuvor Armut geloben müssen. Das Ideal des späteren Bettlerordens zeichnete sich ab.

Im Jahr 1210 zog Franz mit zwölf Gefährten zu Papst Innozenz III. nach Rom und erhielt von ihm die Bestätigung der ersten einfachen Franziskaner-Regel (die später allerdings verlorenging). Dies war die Geburtsstunde des Franziskanerordens. Der Zustrom zu Franz und seiner Armutsidee kannte bald keine Grenzen mehr. Um auch Frauen den Zugang zur Gemeinschaft zu öffnen, gründete Klara von Assisi, eine Freundin und treue Gefährtin von Franz, im Jahr 1212 den weiblichen Zweig der Franziskaner, den Klarissenorden, auch Zweiter Orden genannt.

Der Bettelorden wuchs und wuchs. Von den Benediktinern hatte Franz das Kirchlein S. Maria degli Angeli mit einem Stückchen Land geschenkt bekommen. Er nannte es „Portiuncula“ (kleines Teilchen) und errichtete neben der Kirche ein Haus, das zum Stammkloster des Franziskanerordens wurde. Bald schwärmten die Bettelmönche in alle Welt hinaus und kündeten von der neuen Idee, die in Umbrien geboren worden war. Franz selbst reiste 1212 nach Dalmatien und 1213 bis 1215 nach Spanien. Vergeblich versuchte er 1219, während des fünften Kreuzzuges, in der Stadt Damiette den ägyptischen Sultan el Malik el Kamil zu bekehren.

Als der Andrang von Laien, auch von Verheirateten, zu den Franziskanern immer größer wurde, gründete Franz für sie 1221 den sogenannten

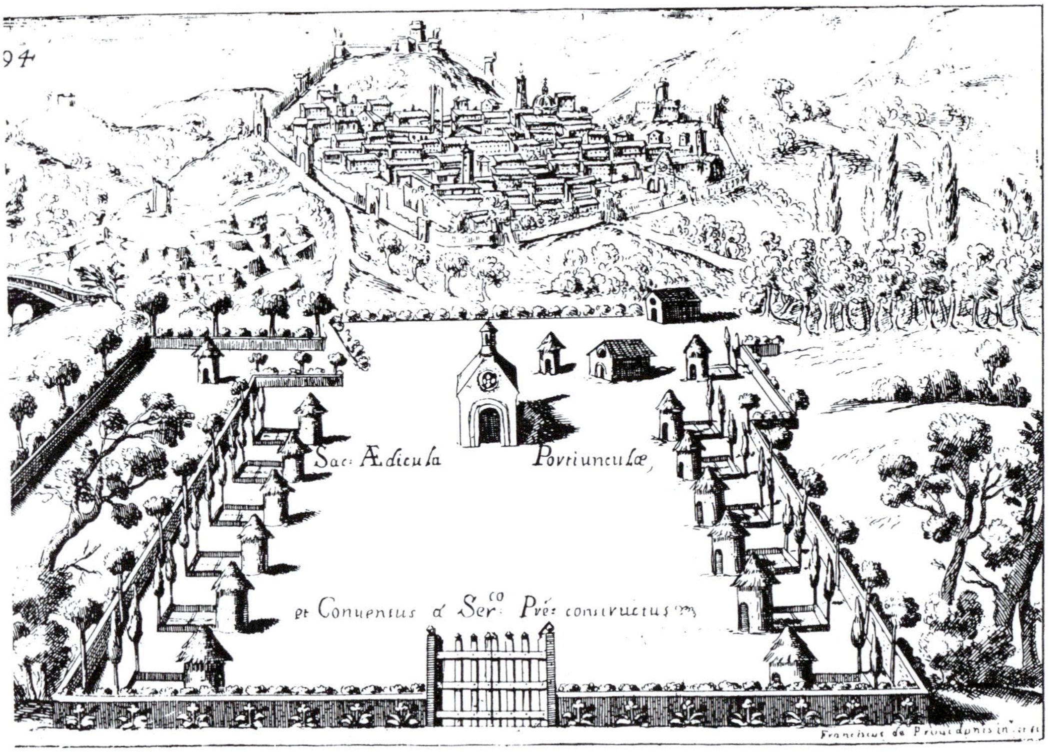

Die Portiuncula. Das linke Bild zeigt einen Stich aus dem 18. Jh., im Hintergrund ist Assisi zu sehen. Das Kirchlein war die Geburtsstätte des Franziskanerordens. – Das rechte Bild zeigt die Portiuncula heute; sie steht gut beschützt in der Kirche S. Maria degli Angeli in der Ebene unterhalb von Assisi.

Der Berg und die Einsiedelei von La Verna in Norditalien. Hier empfing Franz von Assisi 1224 die Wundmale (Stigmatisation).

Unten: Die letzte Ruhestätte des Franz von Assisi: Die Grabkapelle in Assisi mit dem Sarkophag über dem Altar.

Dritten Orden, die Terziaren, und öffnete damit einer weiteren Gruppe den Zugang zum Orden der Minderen Brüder, oder, wie er auch genannt wurde, Minoritenorden. Im November 1223 bestätigte Papst Honorius III. die neue, juristisch gefaßte Franziskaner-Ordensregel, genannt „die Endgültige".

Wie nur wenige andere Kirchenpersönlichkeiten nahm Franz von Assisi Einfluß auf Kirche und Gesellschaft des Abendlandes. Der Ordensgründer, den eine unerschöpfliche Liebe zu allen Geschöpfen auszeichnete – er nannte sie „meine Brüder und Schwestern" –, der zu den Tieren predigte und seine Empfindungen in wunderbaren Gedichten und Briefen ausdrückte – man denke nur an den berühmten „Sonnengesang" –, dieser bescheidene, demütige Mann veränderte die Welt. Für sich selbst sah er sein Leben lang nur ein Ziel: Er wollte Christus immer ähnlicher werden. Am 24. September 1224 kam er seinem Herrn näher als je zuvor: Während einer tiefen Ekstase auf dem Berg bei La Verna empfing Franz die Wundmale (Stigmata) Jesu Christi. Es handelte sich dabei um die erste mit Sicherheit bezeugte Stigmatisation überhaupt.

Franz, der aus Bescheidenheit sein ganzes Leben lang Diakon geblieben war und aus Demut die Priesterweihe nicht empfangen wollte, hatte in den letzten Jahren vor seinem Tod schwere körperliche Leiden zu ertragen. Zusätzlich zu Auszehrung und Erschöpfung aufgrund der unermüdlichen, schweren Missionstätigkeit drohte Franz auch noch zu erblinden; wegen starker Gliederschmerzen konnte er sich oft kaum noch bewegen, außerdem quälten ihn Magen- und Leberschmerzen. Um das Augenleiden zu heilen, brachte man Franz im Sommer 1226 nach Siena in die damals berühmte Medizinische Schule. Doch Franz fühlte in sich bereits eine Todesahnung, die sich seiner immer mehr bemächtigte. Er hatte keinen Lebenswillen mehr, wollte sich nicht mehr helfen lassen. Noch in Siena diktierte er seinem Nachfolger als Ordensgeneral, dem treuen Bruder Elias, sein Testament.

Auf einer Bahre brachten schwerbewaffnete Soldaten den Heiligen – das war er für das Volk schon lange geworden – in seine geliebte Portiuncula zurück, dorthin, wo einst alles begonnen hatte. Die scharfe Bewachung war notwendig, weil überall am Weg Räuber darauf warteten, sich der „kostbarsten Reliquie Italiens" zu bemächtigen. Reliquienraub gehörte zu jener Zeit in Italien zu den gebräuchlichen Vergehen. Es war kein ruhiger Tod, den Franz sterben durfte.

In der Portiuncula legte man Franz, wie er es gewünscht hatte, auf den Boden der Hütte, die eigentlich immer sein richtiges Zuhause gewesen war. Im Angesicht des Todes diktierte er noch ein paar Zeilen für seine Ordensgefährtin Klara. Seinen Brüdern sagte er, was mit seinem Leichnam geschehen sollte. In der Nacht dieses 3. Oktober 1226 schloß Franz von Assisi für immer die Augen. Erst am folgenden Tag entdeckte man die Wundmale an seinem ausgemergelten Körper.

Nicht einmal zwei Jahre nach seinem Tod erfolgte am 16. Juli 1228 die Heiligsprechung von Franz durch Gregor IX. Am Tag zuvor hatte der Papst den Grundstein zur Basilika S. Francesco gelegt, einem prächtigen Gotteshaus für die Beisetzung der Gebeine des Heiligen. Als 1230 die Unterkirche der Basilika fertiggestellt war, ließ Bruder Elias dort den Leichnam des Ordensgründers an einem geheimen Ort beisetzen, wieder aus Angst vor Reliquienräubern. Erst Jahrhunderte später, nach mehreren vergeblichen Grabungen, fand man 1818 die unterirdische Krypta mit den Gebeinen des Heiligen und schuf dann das beeindruckende Grabmal, das bis zum heutigen Tag von Hunderttausenden von Pilgern besucht wird.

Über Franz von Assisi, der seit 1939 als Hauptpatron Italiens verehrt wird, gäbe es noch viel zu erzählen, seine außergewöhnliche Lebensgeschichte ist unerschöpflich. Zum Schluß ein Wort von ihm selbst, ein Wort, das alles über das Wesen dieses einzigartigen Menschen ausdrückt: „Ich habe die heilige Armut zu meiner Herrin gewählt, um meiner geistigen und leiblichen Wonnen und Reichtümer wegen."

Verehrung/Brauchtum: Der Kult um Franziskus nahm schnell einen unglaublichen Aufschwung im ganzen Abendland, nicht zuletzt wegen des erstmaligen Tatbestandes der Stigmatisierung. Franziskus-Kirchen wurden bereits ab dem 13. Jh. an vielen Orten Europas errichtet, so unter anderem in Köln, Basel, Lausanne und Lyon; viele Städte ernannten Franz von Assisi zu ihrem Schutzpatron. Vor allem von Schiffbrüchigen, Blinden, Lahmen und Sträflingen wurde Franz im Mittelalter als Patron angerufen. Reliquien des großen Ordensgründers werden außer in Assisi auch in Rom, Arezzo, Cortona, Florenz und Kriens in der Schweiz verehrt.

Darstellung: Von höchster Bedeutung in der Darstellung des Franz von Assisi ist das wohl älteste Bildnis des Ordensgründers; das Fresko befindet sich in der Sacro Speco im Monastero die S. Benedetto in Subiaco (die Höhle, die Benedikt als Einsiedelei benützte) und wurde noch zu Lebzeiten von Franz angefertigt (1224). Einige Quellen nennen auch 1228 als Entstehungsjahr. Franz trägt dabei die Kapuze über dem Kopf. Berühmt ist auch das Fresko von Simone Martini in der Unterkirche der Basilika S. Francesco in Assisi (1326); es zeigt Franziskus im Gegensatz zu dem Abbild in Subiaco mit Heiligenschein. Ebenfalls in der Unterkirche ist das Fresko von Cimabue zu sehen, auf welchem Franz von Maria und Engeln umgeben ist.

Auf fast allen Darstellungen trägt Franz von Assisi ein einfaches Gewand, oft mit Kapuze. Als Attribute sind bekannt: Kruzifix, Totenkopf, Erdkugel, Reichsapfel, einstürzendes Haus, Lilienstab, Lamm und Wolf. Häufig trägt Franziskus die Stigmata. Viele Bildnisse zeigen den Ordensgründer mit Begebenheiten aus seinem Leben, so beispielsweise bei der Predigt zu den Vögeln, bei der Pflege von Aussätzigen, bei der Lossagung vom Vater, mit der Ordensregel bei Papst Innozenz III., beim Empfang der Stigmata oder bei der Begegnung mit Dominikus.

Aus der Vielfalt der künstlerischen Darstellungen – nach Maria gehört Franz zu den am häufigsten abgebildeten Heiligen – hier ein paar bekannte Beispiele: Peter Paul Rubens malte 1633 das Bild „Franziskus schützt die Welt" (Königliche Museen, Brüssel); „Franziskus verehrt das Kreuz" von Rembrandt (1657, British Museum, London); Franziskus und Dominikus, die Jungfrau Maria verehrend: Gemälde von Ludovico Carracci (um 1600, Pinakothek, Bologna); „Franziskus ekstaticus" von El Greco (um 1578, Prado, Madrid); „Stigmatisation" von Ludwig Seitz.

Josef Engling

Diener Gottes
geboren: 5. Januar 1898 in Prossitten, Polen
gestorben: 4. Oktober 1918 bei Cambrai, Frankreich

Seit 1952 läuft der Seligsprechungsprozeß für den Pallottinerschüler Josef Engling. Der Junge aus dem Ermland war 14jährig 1912 in das Pallot-

Josef Engling.

tinerstudienheim Schönstatt bei Koblenz gekommen, wo er sich in den folgenden vier Jahren durch einen außergewöhnlichen apostolischen Eifer auszeichnete. Gerade 18 Jahre alt, mußte Josef Engling 1916 wie andere seiner Mitschüler in den Ersten Weltkrieg ziehen. Hier zeigte der junge Mann in der Folge seine Herzens- und Glaubensgröße, er setzte an der Front sein Apostolat fort. Zwischen den Einschlägen schwerer englischer Granaten schrieb Josef Engling im Sommer 1918 in sein später aufgefundenes abgegriffenes Tagebuch: „Mater ter admirabilis ... Dein bin ich ... verfüge über mich, wie es Dir gefällt. Wenn es sich jedoch mit Deinen Plänen vereinigen läßt, laß mich ein Opfer sein für die Aufgaben, die Du unserer Kongregation gestellt hast." Genau vier Monate später starb Engling im feindlichen Artilleriehagel. Sein Soldatengrab nahe Cambrai wurde nie gefunden.

Jovianus von Trier

Märtyrer
geboren: 3. Jh.
gestorben: um 304 in Trier, Rheinland-Pfalz

Jovianus soll nach der Überlieferung zur Zeit des Christenverfolgers Diokletian in Trier wegen seines Glaubens den Martertod erlitten haben. Seine Gebeine wurden am 4. Oktober 1071 (1072?) wieder aufgefunden und in der Pauluskirche in Trier beigesetzt.

Marsus

Priester, Missionar
geboren: 3./4. Jh.
gestorben: 3./4. Jh.

Die Gebeine des Missionars Marsus, der im 3./4. Jh. in Gallien das Evangelium verkündet hatte, wurden von Bischof Altfrid von Hildesheim um 865 in das Kanonissenstift Essen übertragen.

Petronius von Bologna

Bischof
geboren: 4. Jh. in Italien
gestorben: 450 in Bologna, Italien
Patron von Bologna

Petronius war in den Jahren von 432 bis 450 Bischof der oberitalienischen Stadt Bologna. Bis heute wird er dort als Stadtpatron verehrt. Das Grab des Kirchenfürsten befindet sich in der außergewöhnlichen Kirche S. Stefano in Bologna, einem Kirchenbau, der sich aus fünf verschiedenen Sakralbauten zusammensetzt. Diese Basilika, eine der größten Sehenswürdigkeiten in Oberitalien, wurde von Petronius errichtet, ebenso das dazugehörige Kloster S.Stefano. Mit dem Kirchenbau wollte Petronius die Grabes- und die Kreuzeskirche von Jerusalem nachbilden. Die Prachtkirche im Herzen der Stadt, eines der größten Gotteshäuser der Christenheit, trägt den Namen des heiligen Petronius: S. Petronio.

Darstellung: Auf Darstellungen ist Petronius mit einem Modell „seiner" Stadt Bologna in der Hand abgebildet, so auch bei einer Statue in der Kirche S. Domenico in Bologna, die um 1540 von Michelangelo geschaffen wurde.

Gruft mit dem Grabmal des Petronius in der außergewöhnlichen Basilika S. Stefano in Bologna.

Quintinus von Villeparisis

Märtyrer
geboren: 5. Jh. in Frankreich
gestorben: um 500 in Frankreich

Die Überlieferung berichtet, daß der Christ Quintinus, Diener am Hof von König Chlodwig I., unsittliche Anträge der Schwiegertochter des Herrschers zurückgewiesen habe und deshalb auf Befehl der wütenden Frau ermordet wurde. In Meaux wurde lange Zeit eine Armreliquie des Märtyrers verehrt.

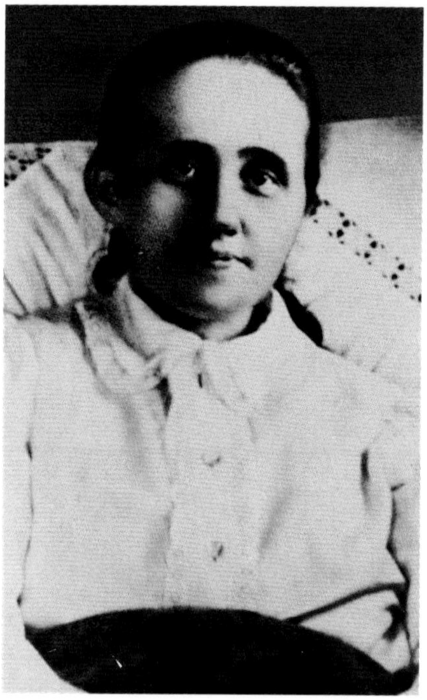

Anna Schäffer. Die Dienerin Gottes lebte ein Vierteljahrhundert mit den schwersten körperlichen und seelischen Leiden.

5. Oktober

Anna Schäffer

Dienerin Gottes, Mystikerin
geboren: 18. Februar 1882 in Mindelstetten, Bayern
gestorben: 5. Oktober 1925 in Mindelstetten

Heroisch ertrug Anna Schäffer fast 25 Jahre lang schwerste körperliche und seelische Leiden; 15 Jahre davon lebte sie, von der Umwelt unbemerkt, mit den Stigmata. Die junge Frau übte ein außergewöhnliches Briefapostolat aus, schrieb ihre mannigfaltigen mystischen Erlebnisse nieder, machte Aufzeichnungen über ihre Krankenerlebnisse und tröstete andere Schwerkranke in Briefen. Alle, die das Leiden von Anna Schäffer miterlebten, fragten sich, wie ein Mensch die Qualen, die diese Dienerin Gottes zu erleiden hatte, aushalten könne. An ihrem Sterbetag empfing Anna Schäffer noch einmal die Kommunion, machte unter größten Anstrengungen das Kreuzzeichen und betete: „Jesus, dir leb' ich." Dann schloß sie die Augen für immer.

An der Beerdigung der Verstorbenen am 8. Oktober 1925 auf dem Mindelstetter Friedhof nahm eine große Menschenmenge teil. Auf vielfachen Wunsch aus dem Volk wurden die Gebeine von Anna Schäffer 1972 vom Friedhof in die Pfarrkirche übertragen. 1973 begann der Seligsprechungsprozeß, die Seligsprechung erfolgt am 7. März 1999.

Attila von Zamora

Bischof von Zamora OSB
geboren: 9. Jh. in Tarragona, Spanien
gestorben: 5. Oktober 915 in Zamora, Spanien
1095 Heiligsprechung

Galla von Rom

Witwe
geboren: um 500 in Rom, Italien
gestorben: um 560 in Rom
Patronin der Witwen

Galla verlor sehr jung ihren Ehemann und lebte anschließend in einer Zelle bei St. Peter in Rom. Im Volk rühmte man ihre außergewöhnliche Nächstenliebe. Die Legende berichtet, daß Engel Galla während einer Speisung von Armen ein Marienbild in ihre Zelle gebracht haben, von dem in der Folge Wunder ausgingen. Diesem Bildnis wurde in Rom bei späteren Pestzeiten große Bedeutung beigemessen.

Darstellung: Auf einigen Abbildungen ist Galla mit einem Bart zu sehen, da sich die Witwe damit vor den Nachstellungen von Freiern geschützt haben soll.

Gerwich

Mönch, OCist
geboren: 11. Jh. in Volmudstein, Nordrhein-Westfalen
gestorben: 5. Oktober 1133 in Waldsassen, Bayern

Meinolf (Meinulf) von Paderborn

Priester, Archidiakon
geboren: um 795 in Westfalen
gestorben: 5. Oktober 857 in Böddeken, Nordrhein-Westfalen

In der Stiftskirche Busdorf in Paderborn werden seit 1803 die Gebeine von Meinolf aufbewahrt. Meinolf war 799 als Vierjähriger mit seiner verwitweten Mutter, einer Adligen, an den Hof von Karl dem Großen in Paderborn gekommen. Als er getauft wurde, übernahm Karl sogar die Patenschaft. Nach seiner Ausbildung, die er gemeinsam mit den Adelssöhnen des Hofes erhielt, empfing Meinolf die Priesterweihe. Im Jahr 836 ernannte ihn Bischof Badurad schließlich zum Archidiakon des Bistums Paderborn. Unter dem Jubel des Volkes überführte Meinolf noch im selben Jahr die Reliquien von Liborius, des hochverehrten Bischofs von Le Mans, nach Paderborn und gab dem Bistum damit einen Patron. Im Alter von 62 Jahren starb Meinolf am 5. Oktober 857 im Kanonissenstift Böddeken bei Paderborn, das er 836 selbst gegründet hatte.

Placidus von Subiaco

Mönch OSB
geboren: 6. Jh. in Italien(?)
gestorben: 6. Jh. in Subiaco, Italien
Patron der Schiffer; gegen die Gefahr des Ertrinkens

Placidus war nach der Überlieferung von Papst Gregor dem Großen ein Schüler von Benedikt von Nursia und lebte als Mönch in Subiaco. Spätere Legenden machen Placidus zum Märtyrer.

Raimund von Capua

Provinzial OP
geboren: um 1330 in Capua bei Neapel, Italien
gestorben: 5. Oktober 1399 in Nürnberg, Bayern
1899 Approbation des Kultes

6. Oktober

Adalbero von Würzburg

Bischof
geboren: um 1010 in Lambach, Österreich
gestorben: 6. Oktober 1090 in Lambach

Bischof Adalbero von Würzburg stellte sich im Investiturstreit auf die Seite des Papstes und war deshalb zahlreichen Repressalien unterworfen. Adalbero – Bischof ab 1045 – gilt als Erbauer des Domes und der Neumünsterkirche in Würzburg, außerdem begründete er St. Stephan in Würzburg. Das Kloster Münsterschwarzach am Main reformierte der Bischof grundlegend. Adalbero starb 1090 auf seiner Familienburg im oberösterreichischen Lambach, die er in ein Benediktinerkloster umgewandelt hatte; bereits zwei Jahre zuvor hatte er sein Bischofsamt niedergelegt. Papst Leo XIII. kanonisierte den verdienstvollen Kirchenfürsten 1883.

Darstellung: Abbildungen von Adalbero beschränken sich fast ausschließlich auf den Ort Lambach. Meist ist der Bischof auf Darstellungen mit einem Kirchenmodell zu sehen, so auch auf dem Tumbadeckel seines früheren Hochgrabes (1659) in der Stiftskirche von Lambach.

Bruno der Kartäuser

Ordensgründer OCarth
geboren: um 1030 in Köln, Nordrhein-Westfalen
gestorben: 6. Oktober 1101 in S. Stefano di Bosco, Italien
Patron gegen die Pest

Man fühlt sich in eine andere Welt versetzt, erreicht man nach interessanter Fahrt über eine schmale Straße, vorbei an Felsabhängen und Wasserfällen, in einem schmalen Tal das Ur-Kloster des Kartäuserordens: La Grande Chartreuse. Überragt von mächtigen Gebirgsmassiven, führen die Kartäusermönche hier, nördlich von Grenoble, noch heute ein völlig weltabgeschiedenes Leben. Es herrscht vollkommene Stille, die Luft ist rauh,

Bruno der Kartäuser. Der Kölner gründete den strengsten aller Orden.

der Schnee liegt hier oben noch, wenn woanders schon die Wiesen grünen. Der Besucher auf den Spuren Brunos und der Geschichte seines Ordens hat nur Zugang zum Musée de la Carrière, das von Laienbrüdern geleitet wird und eine Fülle von Material über die Entstehung des Ordens sowie Leben und Wirken seiner Mönche zeigt.

Wer war Bruno, der den strengsten aller Orden gründete? Geboren um das Jahr 1030 in Köln, wurde Bruno 1057 – nach Studium in Reims, Priesterweihe in seiner Heimatstadt und Tätigkeit als Kanoniker – Leiter der Domschule von Reims. Über 20 Jahre unterrichtete er hier als überaus geschätzter Lehrer und verhalf der Schule zu großem Ruhm.

Dann folgte eine Reihe schwerer Enttäuschungen: Die von Bruno erwartete Wahl zum Bischof von Reims vereitelte ein Kandidat, der sich das Amt erkaufte, und nach Schwierigkeiten mit eben diesem Bischof mußte Bruno sogar aus Reims fliehen. Nach der Absetzung des Konkurrenten durch Papst Gregor VII. machte er sich erneut Hoffnungen auf das Bischofsamt, aber wieder wurde ein bezahlender Bewerber, der königliche Kandidat Helinand von Laon, ernannt. Der von der Welt enttäuschte Bruno legte alle Ämter nieder und verließ 1083 Reims. Kurze Zeit verweilte er im Kloster Molesme, dann zog er mit sechs Gefährten nach Grenoble, wo Hugo, einer seiner früheren Schüler, inzwischen Bischof geworden war.

Hugo, seinem Lehrmeister Bruno sehr verbunden, schenkte dem Wanderer im Norden seiner Bischofsstadt ein unwegsames Gelände namens Cartusia. Hier entstand dann in mühevoller Arbeit die Große Kartause, die zu Beginn nur aus einer Kapelle bestand, umgeben von hölzernen Einzelzellen. Es war dies der Geburtsort des Kartäuserordens, obwohl Bruno nie die Absicht gehabt hatte, einen Orden zu gründen. Die päpstliche Bestätigung erfolgte übrigens erst am 2. September 1176, Jahrzehnte nach Brunos Tod, durch Papst Alexander III.

Ebenfalls ein früherer Schüler Brunos, der inzwischen zum Papst Urban II. gewählte Odo von Lagery, holte den gelehrten Einsiedler 1089 als Berater nach Rom, ließ ihn aber zwei Jahre später, auf eigenen Wunsch hin, wieder ziehen. Bruno ging nach Kalabrien und gründete in der Wildnis La Torre in der Nähe der Stadt Squillace die zweite seiner Kartausen: S. Maria dell'Eremo. In seiner dritten Gründung, in S. Stefano di Bosco nahe La Torre, starb Bruno Jahre später am 6. Oktober 1101. Hier in der Kirche fand er auch seine letzte Ruhestätte. Eine offizielle Heiligsprechung Brunos gab es nie; der Kult wurde aber 1514 und 1623 bestätigt.

Guigo, der fünfte Prior der Grande Chartreuse, schrieb den Kartäusermönchen neben den in anderen Orden üblichen Mönchsgelübden später auch noch ewiges Stillschweigen und Einsamkeit vor. Acht Stunden des Tages müssen die Kartäuser dem Gebet und geistlichen Übungen widmen. Der Genuß von Fleisch ist völlig untersagt, einmal in der Woche wird bei Brot und Wasser gefastet. Der Kloster-Kreuzgang trennt die Mönche von ihrer Umwelt. Bis zum heutigen Tag ist die Große Kartause das Kartäuser-Zentrum, der Prior dieses Klosters ist gleichzeitig Ordensgeneral.

La Grande Chartreuse (Große Kartause) heute. Dieser Ort im Norden von Grenoble war die Geburtsstätte des Kartäuserordens.

Eines der beeindruckendsten Kartäuserklöster Europas ist die Certosa di Pavia in Italien, wenige Kilometer südlich von Pavia. Im Chiostro Grande kann man die Zellen der Mönche besichtigen, die Kirche mit ihrer einzigartigen Fassade gehört bis zum heutigen Tag zu den größten Sehenswürdigkeiten Italiens und weit darüber hinaus.

Darstellung: Bruno ist immer im Gewand der Kartäuser abgebildet; oft hält er den Finger an die Lippen (Schweigegebot), manchmal steht er mit dem Fuß auf einer Weltkugel. Als weitere Attribute sind Bruno Lilie, Buch, Zepter und Olivenzweig beigegeben. In der Kirche der Grande

Chartreuse findet man Darstellungen von Eustache Le Sueur mit Szenen aus dem Leben Brunos (17. Jh.). Auch im Pariser Louvre sind zahlreiche Arbeiten Le Sueurs zu sehen, die sich mit Leben und Wirken des Ordensgründers befassen.

Konrad von Hildesheim

Provinzial OFM
geboren: 12. Jh.
gestorben: um 1250 in Hildesheim, Niedersachsen

Konrad von Hildesheim wird als Brückenheiliger verehrt, da er in der Stadt Hildesheim einige Zeit unter einer Brücke gelebt hat. Konrad war der erste Franziskanermönch, der im 13. Jh. nach Hildesheim kam. Aufgrund seiner Gabe, Wunder zu vollbringen, wurde er auch „der heilige Pater" genannt. Wenige Jahre vor seinem Tod ernannte der Orden Konrad zum Provinzial von Straßburg.

Maria Franziska von den fünf Wunden (Anna Maria Rosa Nicoletta Gallo)

Terziarin, Mystikerin OFM
geboren: 25. März 1715 in Neapel, Italien
gestorben: 6. Oktober 1791 in Neapel
1867 Heiligsprechung

Renatus von Sorrent (von Angers?)

Bischof
geboren: 4./5. Jh.
gestorben: 4./5. Jh.
Patron der Holzschuhmacher; für eine gute Geburt; gegen Hüftleiden

Bei der Person des Renatus vermischen sich möglicherweise die Viten von zwei Bischöfen gleichen Namens. So werden im 4./5. Jh. ein Bischof von Sorrent und ein Bischof von Angers mit Namen Renatus erwähnt. Im 7. Jh. ist in Sorrent und in Neapel ein Renatus-Kult nachweisbar, ab dem 13. Jh. taucht dann die Figur des Renatus von Angers in zahlreichen Überlieferungen auf; vor allem das Haus der Anjou trug zur Verbreitung des Kultes im Raum Angers bei (dort wird der Gedenktag allerdings am 12. November begangen).

Tutto (Tuto) von Regensburg

Bischof von Regensburg OSB
geboren: 9. Jh. in Deutschland
gestorben: 931 in Mondsee, Österreich

7. Oktober

Ernst von Neresheim

Abt, Märtyrer OSB
geboren: 11. Jh. in Deutschland
gestorben: 7. Oktober 1148 in Mekka, Saudi-Arabien

Der Mönch Ernst kam im Jahr 1119 vom Benediktinerkloster Zwiefalten in das 1106 neugegründete Kloster Neresheim im Nordwesten von Augsburg und wurde erster Abt der Abtei; unter ihm fand ihre eigentliche Besiedelung statt.

Während einer Kreuzfahrt ins Heilige Land wurde Ernst von Neresheim später von Sarazenen gefangengenommen und nach grausamen Martern in Mekka getötet.

Die Neresheimer Klosterkirche, die mehrfach Zerstörungen zum Opfer gefallen war, wurde 1750 nach Plänen des berühmten Baumeisters Balthasar Neumann wiederaufgebaut. Das Gotteshaus gehört zu den schönsten und außergewöhnlichsten Barockkirchen Europas.

Darstellung: Ernst von Neresheim ist auf Darstellungen mit Haspel und Winde zu sehen, da man ihm mit diesen Geräten die Eingeweide aus dem Leib gerissen haben soll.

Georg von Pfronten-Kreuzegg (Bruder Jörg)

Laienbruder OFMCap
geboren: 15. November 1696 in Kreuzegg, Bayern
gestorben: 7. Oktober 1762 in Frascati, Italien

„Bruder Jörg" oder „Bruder Georg" nannte man Georg von Pfronten-Kreuzegg in den Straßen von Rom. Dorthin war der junge Bäcker aus dem Allgäu 1724 gekommen, dort war er dem Kapuzinerorden beigetreten. Der hilfsbereite, immer fröhliche Laienbruder war bald der Liebling des Volkes; er packte mit an, wo immer es notwendig war, keine Arbeit war ihm zuviel.

Nach einem erfüllten Leben im Dienst am Nächsten starb Georg in Frascati nahe Rom. Die Gebeine des Bruders wurden 1922 in die Kapuzinerkirche von Kempten übertragen.

Gerold (Gerwald) von Köln

Pilger
geboren: 1201 in Köln, Nordrhein-Westfalen
gestorben: 7. Oktober 1241 bei Cremona, Italien

Auf einer seiner zahlreichen Wallfahrten wurde der Pilger Gerold von Köln auf dem Weg ins Heilige Land nahe Cremona von Räubern überfallen und ermordet. Seine Gebeine werden in der Kirche S. Maddalena in Cremona aufbewahrt, ein kleinerer Teil gelangte 1651 in die Jesuitenkirche nach Köln.

Justina von Padua

Märtyrerin
geboren: 3. Jh. in Padua, Italien
gestorben: um 300 in Padua

Die gewaltige Kirche S. Giustina in der oberitalienischen Stadt Padua geht auf die Märtyrerin Justina (Giustina) zurück. Über dem Grab der Christin, die während der brutalen Christenverfolgung von Kaiser Maximian um 300 den Martertod erlitten hatte, wurde bereits im 6. Jh. eine Basilika errichtet.

Marcus

Papst (18. Januar bis 7. Oktober 336)
geboren: 3. Jh. in Rom, Italien
gestorben: 7. Oktober 336 in Rom

Sergius und Bacchus

Märtyrer
geboren: 3. Jh.
gestorben: um 305 in Syrien

Die beiden Offiziere Sergius und Bacchus erlitten wegen ihres christlichen Glaubens den Martertod. Sergius wurde enthauptet, Bacchus zu Tode gepeitscht; sie starben in Syrien, wo sie bei den kaiserlichen römischen Grenztruppen stationiert gewesen waren.

Verehrung/Brauchtum: Sergius und Bacchus gehörten im Orient zu den besonders verehrten Märtyrern.

Darstellung: Sergius und Bacchus sind als römische Soldaten dargestellt, meist, wie sie ihre verschiedenen Martyrien erleiden.

8. Oktober

Benedicta

Märtyrerin
geboren: 4. Jh. in Rom, Italien
gestorben: 8. Oktober 362 in Origny-sur-Oise, Frankreich

Hugo der Malteser

Priester, Mönch
geboren: 12. Jh.
gestorben: 8. Oktober um 1230 in Genua, Italien

Darstellung: Hugo, Mitglied des Malteserordens (Johanniterorden), ist auf Abbildungen als großer, schlanker Priester dargestellt; auf seinem Mantel ist das Malteserkreuz zu sehen. Da Hugo nach der Legende ein Schiff aus Seenot rettete, ist auf Darstellungen manchmal auch ein Schiff abgebildet.

Simeon

Israelit
geboren: vor Christi Geburt in Jerusalem(?)
gestorben: 1. Jh. in Jerusalem
Patron für Kindersegen

Das Lukas-Evangelium berichtet, Simeon sei während der Darstellung Jesu im Tempel hinzugekommen, habe das Kind auf den Arm genommen und ein Dankgebet gesprochen. Danach sagte er voraus, daß Jesus eines Tages Heil über die Menschen bringen werde.

Über Leben und Wirken von Simeon ist sonst nichts bekannt; legendarische Berichte über ihn existieren nur noch in dem apokryphen Nikodemus-Evangelium. Reliquien von Simeon gelangten im 6. Jh. nach Konstantinopel, von wo sie 1243 nach Zara in Dalmatien gebracht wurden.

Verehrung/Brauchtum: In Zara werden die Reliquien von Simeon bis heute verehrt.

In der byzantinischen Kirche begeht man den Gedenktag für Simeon am 3. Februar.

Darstellung: Simeon ist auf Abbildungen als alter Mann dargestellt, das Jesuskind im Arm haltend. Als Attribut hat er manchmal auch eine Lilie bei sich.

Thais

Büßerin
geboren: 4. Jh. in Ägypten
gestorben: 4. Jh. in Ägypten

Die Legende berichtet, Thais sei in Ägypten Kurtisane gewesen. Bekehrt durch den Mönch Paphnutius, lebte sie danach in einem Kloster, um Buße zu tun.

Verehrung/Brauchtum: Joseph Benedikt Cottolengo gründete im 19. Jh. in Turin in Italien eine Genossenschaft von Büßerinnen, der er den Namen „Schwestern von der heiligen Thais" gab.

Viktrizius Weiß

Provinzial, Mystiker OFMCap
geboren: 18. Dezember 1842 in Eggenfelden, Bayern
gestorben: 8. Oktober 1924 in Vilsbiburg, Bayern

In der Wallfahrskirche Mariahilf in der bayerischen Stadt Vilsbiburg ist einer der bedeutendsten Kapuziner des bayerischen Raumes beigesetzt: Pater Viktrizius Weiß. Nach seinem Tod am 8. Oktober 1924 war der schon zu Lebzeiten wie ein Heiliger verehrte Pater zuerst auf dem Klosterfriedhof beerdigt worden. Nachdem die Zahl der Gläubigen, die das Grab von Weiß besuchen wollten, aber immer größer wurde, überführ-

Die Grabstätte von Viktrizius Weiß in Vilsbiburg.

Viktrizius Weiß. Nach einem erhaltenen Originalfoto.

te man den Leichnam 1927 in die Ordenskirche.

Anton Nikolaus Weiß kam am 18. Dezember 1842 in Eggenfelden an der Rott zur Welt, empfing 1866 die Priesterweihe und trat rund zehn Jahre später in Burghausen unter dem Namen Viktrizius dem Kapuzinerorden bei. Er hatte sich das Wort: „Du mußt heilig werden" zum Lebensinhalt gemacht.

Nachdem man die Fähigkeiten des Doktors der Theologie erkannt hatte, wurde er fünfmal hintereinander zum bayerischen Ordensprovinzial ernannt. Unter seiner Führung entstanden zahlreiche neue Klöster, der Kapuzinerorden erlebte unter Pater Weiß in Bayern einen enormen Aufschwung. Achtung und Zuneigung seiner Mitbrüder begleiteten den Pater während seiner gesamten Tätigkeit.

Die letzten 16 Jahre bis zu seinem Tod wirkte Viktrizius Weiß auf eigenen Wunsch als einfacher Seelsorger in Vilsbiburg, geliebt von der Bevölkerung. Schwere körperliche Leiden suchten ihn in dieser Zeit heim, doch in seinem Schmerz wurden ihm auch viele mystische Gnadenbeweise zuteil. Sein Tod 1924 wurde von allen, die ihn kannten, zutiefst betrauert.

Schon zu Lebzeiten stand der bescheidene Kapuzinerpater im Ruf der Heiligkeit. Der Seligsprechungsprozeß für Viktrizius Weiß steht kurz vor seinem Abschluß.

9. Oktober

Abraham

Biblischer Stammesvater,
Vater von Isaak
Gestalt des Alten Testamentes

Dionysius von Paris

Bischof, Missionar, Märtyrer
geboren: 2./3. Jh. in Italien(?)
gestorben: 258 in Paris, Frankreich
Patron der Schützen; gegen Kopfschmerzen und bei Hundebissen; gegen Tollwut; Nothelfer

Eine der berühmtesten Kirchen Frankreichs erinnert an Dionysius: die Kathedrale Saint-Denis bei Paris, die dem ersten Bischof der französischen Hauptstadt geweiht ist. Das Gotteshaus vor den Toren der Stadt entstand in seiner Urform unter Merowingerkönig Dagobert I. um das Jahr 625 über der Grabstätte von Dionysius. Bis heute wurde es mehrfach umgebaut und restauriert. Die über 100 Meter lange Kathedrale diente den französischen Königen als Beisetzungsort. Hier ruhen Chlodwig I., Dagobert I., Karl Martell, Pippin der Kurze, Ludwig XII., Franz I., Heinrich II., Ludwig XIV. und Ludwig XVI. mit ihren Ehefrauen.

Dionysius kam um die Mitte des 3. Jh. auf Wunsch von Papst Fabianus, der ihn zum Bischof geweiht hatte, von Rom nach Gallien, um hier zu missionieren. Er entfaltete eine segensreiche Tätigkeit und errichtete Kirchen in zahlreichen Städten, so in Chartres und Paris. Während einer furchtbaren Christenverfolgung in der zweiten Hälfte des 3. Jh. wurde

Eine typische Darstellung des Nothelfers Dionysius von Paris. Skulptur aus dem 13. Jh. im nordöstlichen Seitenschiff des Bamberger Domes. Dionysius von Paris gehört in Frankreich zu den bis heute besonders verehrten Heiligengestalten.

Dionysius dann 258 zusammen mit mehreren Gefährten in Paris verhaftet und zu Tode gemartert.

Dionysius gehört zu den Nationalheiligen Frankreichs und ist einer der 14 Nothelfer der katholischen Kirche. Seine Reliquien werden bis heute in Saint-Denis verehrt.

In verschiedenen Überlieferungen ist die Person von Bischof Dionysius mit Trägern des gleichen Namens vermischt.

Verehrung/Brauchtum: Vor allem in Frankreich, aber auch in Spanien genoß Dionysius große Verehrung. Als die Mönche des Regensburger Klosters St. Emmeram erklärten, ebenfalls im Besitz von Dionysius-Reliquien zu sein, verbreitete sich die Verehrung für den Pariser Bischof auch in Deutschland. Früher war Dionysius auch der Patron der französischen Könige, der Kampfruf der königlichen Truppen lautete: „Montjoie Saint-Denis!" Die Verehrung für Dionysius in Rom ist seit dem 11. Jh. bekannt.

Darstellung: Die wohl berühmteste Darstellung von Bischof Dionysius ist jene, die den Märtyrer mit seinem abgeschlagenen Haupt in den Händen zeigt. Nach der Legende soll der Bischof mit seinem Kopf bis zu der Stelle gegangen sein, wo später die Kirche St-Denis erbaut wurde. Bekleidet ist Dionysius immer mit bischöflichen Gewändern. Häufig fand auch das Martyrium selbst seinen Niederschlag in der Kunst; so unter anderem auf einem Fresko von Léon Bonnat (19. Jh.) im Pantheon in Paris. Oft wurde Dionysius mit anderen Heiligen dargestellt; Beispiele dafür: Relief am Portal von St. Emmeram in Regensburg (um 1050) mit Emmeram; Gemälde im Louvre in Paris (15. Jh.) mit Karl dem Großen.

Emanuela Theresia

Nonne OSCI
geboren: 4. August 1696 in München, Bayern
gestorben: 9. Oktober 1750 in München

Emanuela Theresia war eine Tochter des bayerischen Kurfürsten Max Emanuel. Nach einem Leben als Klarissin im Münchner Angerkloster starb Emanuela Theresia im Ruf der Heiligkeit; ihre Gebeine werden in der Frauenkirche in München verehrt.

Gislenus

Abt
geboren: um 650 in Belgien(?), Griechenland(?)
gestorben: 9. Oktober um 690 in Belgien
Patron der Schwangeren; gegen Epilepsie
818(?) Erhebung der Gebeine

Darstellung: Gislenus, der verschiedenen Legenden nach entweder aus Belgien oder aus Griechenland stammte, wurde mit einem Adler und einem Bär abgebildet, da ihm diese Tiere die Stelle gezeigt haben sollen, wo er später seine Kirche erbaute. Ein Beispiel für diese Darstellung ist eine Statue aus dem 15. Jh. in der Kirche Ste-Gertrude in Nivelles.

Goswin (Godvin) von Anchin

Abt von Anchin
geboren: 11. Jh. in Douai, Frankreich
gestorben: 9. Oktober 1165 in Anchin bei Douai

Gunther von Niederaltaich

Laienbruder, Einsiedler OSB
geboren: um 955 in Käfernburg bei Arnstadt, Thüringen
gestorben: 9. Oktober 1045 bei Hartmanitz, Tschechien

Gunther, Vetter von Kaiser Heinrich II. und Schwager von König Stephan von Ungarn, bat nach einem zuvor äußerst weltlich geführten Leben im Alter von etwa 45 Jahren im Kloster Niederaltaich um Aufnahme. Nachdem er die von Abt Godehard geforderte Rom-Wallfahrt unternommen hatte, durfte Gunther schließlich im Jahr 1005 als Konverse (Laienbruder) in das Kloster Hersfeld, dem Godehard inzwischen ebenfalls vorstand, eintreten.

Nach verschiedenen Enttäuschungen – er scheiterte unter anderem in der Leitung seines Familienklosters Göllingen in Thüringen – entschied sich Gunther 1008 für ein Einsiedlerleben. Einige Jahren verbrachte er auf einem Berg in der Nähe von Niederaltaich, danach begab er sich gemeinsam mit einigen Gefährten in den Bayerischen Wald. Dort rodeten die Männer ein ihnen von Kaiser Heinrich übereignetes Stück Land und machten es urbar; Straßen wurden angelegt, schließlich eine Kirche gebaut, aus der sich in der Folge das Kloster Rinchnach entwickelte.

Gunther, aus dessen Namen sich später der Name Günther ableitete, gehörte in den folgenden rund zweieinhalb Jahrzehnten bis zu seinem Tod am 9. Oktober 1045 zu den einflußreichsten Persönlichkeiten des Landes. Er konnte sogar mehrfach bei Kriegen zwischen dem deutschen Kaiser und dem böhmischen Herzog vermitteln. Sein Ansehen war überall außergewöhnlich groß.

Herzog Bretislav überführte Gunthers Gebeine später in die Abtei Brevnov bei Prag; die Reliquien wurden jedoch zerstört. Papst Bonifaz IX. bestätigte den Kult Gunthers im Jahr 1402.

Darstellung: Gunther von Niederaltaich ist auf Abbildungen entweder als Mönch oder als Einsiedler zu sehen. Häufig wurde er dargestellt, wie ihm ein Engel die Heilige Kommunion reicht. Auf der noch erhaltenen Grabplatte aus dem 14. Jh. in der Stiftskirche von Brevnov trägt Gunther Buch und Nimbus. Mit Sense ist er auf einem Fresko in der Kirche von Rinchnach (1727) zu sehen; diese Darstellung weist auf Gunthers Rodungen zur Urbarmachung des ihm geschenkten Landes hin.

Johannes Leonardi

Ordensgründer SP
geboren: 1541 in Diecimo bei Lucca, Italien
gestorben: 9. Oktober 1609 in Rom, Italien

Der Apothekergehilfe Johannes Leonardi aus dem toskanischen Ort Diecimo empfing im Alter von 32 Jahren die Priesterweihe. Ein Jahr später, 1574, gründete er für die Erziehung Jugendlicher die „Gesellschaft von der christlichen Lehre" sowie für die Seelsorge und den Armenschulunterricht die Kongregation der „Reformierten Priester" (später umbenannt in „Regularkleriker der Mutter Gottes"). Das Mutterhaus verlegte Johannes Leonardi von Lucca nach Rom, wo er 1603 gemeinsam mit Juan Baptista Vives auch noch ein Missionskolleg ins Leben rief. Darüber hinaus förderte er das Schul- und Krankenhauswesen in Rom und reformierte im Auftrag von Papst Clemens VII. verschiedene Kongregationen. Nach seinem Tod wurde Johannes Leonardi in der Kirche S. Maria in Campitelli in Rom beigesetzt. Papst Pius IX. sprach den Ordensgründer 1861 selig, Pius XI. erhob ihn am 17. April 1938 in den Kreis der Heiligen.

Darstellung: Johannes Leonardi ist im Ordensgewand dargestellt, das Regelbuch schreibend. Auf einigen Abbildungen ist der Ordensgründer auch mit einer Marienvision zu sehen.

Johannes Lobedau (Ignatius Hubenus)

Mönch OFM
geboren: um 1200 in Thorn, Polen
gestorben: 9. Oktober 1264 in Kulm, Polen
Patron der Schiffer und Fischer
1637 Approbation des Kultes

Ludwig Beltrán

Prior, Missionar OP
geboren: 1. Januar 1526 in Valencia, Spanien
gestorben: 9. Oktober 1581 in Valencia

Der Spanier Ludwig Beltrán wurde von Papst Clemens X. im Jahr 1671 in Anerkennung seiner großartigen Missionstätigkeit heiliggesprochen. Der Dominikanermönch hatte in den Jahren 1562 bis 1569 in Kolumbien Zehntausende von Indianern bekehrt und getauft. Ab 1569 wirkte Beltrán wieder in seiner Heimat, ab 1571 als Prior. Nach seinem Tod 1581 wurde Ludwig Beltrán in der Stephanskirche in Valencia beigesetzt.

Ludwig Beltrán. Der Missionar bekehrte Zehntausende von Indianern.

Sara

Ehefrau von Abraham, Mutter von Isaak
Gestalt des Alten Testamentes

10. Oktober

Daniel Comboni

Gründer, Bischof, Missionar FSCJ
geboren: 15. März 1831 in Limone, Italien
gestorben: 10. Oktober 1881 in Khartum, Sudan

Die aktive Gemeinschaft der Comboni-Missionare geht auf Daniel Comboni aus Limone am Gardasee zurück. Der Priester hatte 1867 in Verona den „Missionsverein vom Guten Hirten" gegründet und im selben Jahr in Kairo die erste Niederlassung eröffnet. Combonis Plan war seit seiner Jugendzeit die Evangelisierung Afrikas. Papst Pius IX., dem Daniel Comboni während des Ersten Vatikanischen Konzils 1870 seine Idee näherbrachte, unterzeichnete schließlich seinen Antrag; schon 1871 verfaßte Comboni eine Regel und reorganisierte sein Institut in Verona. Ein Jahr später gründete der Priester ebenfalls in Verona eine Schwesterngemeinschaft und die Missionszeitschrift, heute „Nigrizia". 1873 zog Daniel Comboni als Provikar in Khartum im Sudan ein, 1877 wurde er zum Bischof ernannt. Vier Jahre später starb er.

Als Daniel Combonis größter Verdienst ging die Rettung der zu jener Zeit fast völlig aufgegebenen Missionen in Zentralafrika in die Geschichte ein. Die Seligsprechung für den leidenschaftlichen Missionar erfolgte am 17. März 1996.

Noch heute arbeiten über 4000 Comboni-Missionare, Comboni-Missionsschwestern und Mitglieder des Comboni-Säkularinstituts in 24 Ländern Afrikas und Zentralamerikas. Vor allem in Afrika ist das Gedenken an Comboni wachgeblieben.

Daniel Comboni.

Gereon von Köln und Gefährten

Märtyrer
geboren: 3. Jh.
gestorben: um 304(?) bei Köln, Nordrhein-Westfalen
Patron der Soldaten; gegen Kopfschmerzen

Gereon war einer der Märtyrer der berühmten Thebäischen Legion. Die Überlieferungen berichten, er habe gemeinsam mit weiteren Gefährten auf einem Feld bei Köln (Mechtern) den Martertod durch Enthauptung erlitten. Das Todesjahr war möglicherweise 304. Die Leichname von Gereon und seinen Freunden sollen in einen Brunnen geworfen worden sein, über dem Kaiserin Helena später eine Kirche errichtete.

Den Kern der Kirche St. Gereon in Köln bildet noch heute ein spätantiker Ovalbau mit zehn Nischen, eine christliche Märtyrerkirche aus dem späten 4. Jh. Zu Beginn des 10. Jh. wurde der Bau zu der monumentalen zehneckigen Kirche von heute erweitert. Daß es in Köln Märtyrer gab, ist durch einen Grabstein und durch die Erwähnung im Martyrologium Hieronymianum bezeugt. Auch Gregor von Tours berichtete, daß in der Kirche, die wegen ihrer Mosaiken „ad sanctos" hieß, 50 Märtyrer der Thebäischen Legion ruhten. Im Jahr 1121 wurde ein Leichnam aufgefunden, der als jener von Gereon gilt.

Darstellung: Gereon ist immer als Soldat in Ritterrüstung, manchmal auch mit Panzer und Kreuz abgebildet; in der Hand hält er meist eine Kreuzfahne. Auf späteren Abbildungen trägt er manchmal ein Barett. Eine der bekanntesten Darstellungen von Gereon ist auf dem Kölner Domretabel von Stephan Lochner zu sehen: „Der heilige Gereon und sein Gefolge" (15. Jh.).

Kassius und Florentius

Märtyrer
geboren: 3. Jh.(?)
gestorben: 3. Jh.(?) in Bonn, Nordrhein-Westfalen
Patrone von Bonn

Die Überlieferungen über Leben und Schicksal der beiden Märtyrer Kassius und Florentius sind legendarisch. Danach erlitten die beiden Soldaten im 3. Jh. in Bonn das Martyrium. Einige Quellen machen sie zu Mitgliedern jenes Teiles der Thebäischen Legion, der von Gereon geführt wurde. Das Grab von Kassius und Florentius wurde schon zu Beginn des 4. Jh. verehrt. Noch heute gedenkt man im Bonner Münster der beiden Märtyrer, nach denen das Gotteshaus früher benannt war (Stiftskirche St. Cassius und Florentius).

Darstellung: Kassius und Florentius werden als Ritter oder Soldaten dargestellt. Als Attribute halten sie Fahne, Wappenschild oder Palme.

Paulinus von York

1. Erzbischof von York OSB
geboren: 6. Jh. in England
gestorben: 10. Oktober 644 in Rochester, England

Viktor und Gefährten

Märtyrer
geboren: 3.(?)/4.(?) Jh.
gestorben: 3.(?)/4.(?) Jh. in Xanten(?), Nordrhein-Westfalen

Der Dom von Xanten am Niederrhein hat seinen Namen von einem Märtyrer der Thebäischen Legion: Das Gotteshaus ist Viktor geweiht. Ausgrabungen Mitte der dreißiger Jahre haben bewiesen, daß sich beim Dom eine frühchristliche Kultstelle des 4. Jh. befand. Bei den Untersuchungen fand man unter anderem zwei männliche Skelette ebenfalls aus dem 4. Jh. Das Martyrium Viktors und seiner Gefährten wird auch in einer Überlieferung zum Tod von Gereon von Köln erwähnt.

Darstellung: Auch Viktor wird, wie fast alle Märtyrer der Thebäischen Legion, als Soldat oder Ritter in Rüstung dargestellt; als Attribut hat auch er oft eine Palme bei sich.

11. Oktober

Alexander Sauli

Ordensgeneral, Bischof CRSP
geboren: 15. Februar 1534 in Mailand, Italien
gestorben: 11. Oktober 1593 in Calosso d'Asti, Italien
Patron der Insel Korsika; von Pavia und Genua

Alexander Sauli. Nach einem Gemälde aus dem Jahr 1591, heute Kirche S. Carlo ai Catinari, Rom.

Einer der berühmtesten Prediger der Städte Mailand und Pavia war im 16. Jh. Alexander Sauli, Sohn einer lombardischen Adelsfamilie. Im Alter von erst 17 Jahren war Sauli 1551 dem neugegründeten Orden der Barnabiten (Paulaner) beigetreten und hatte fünf Jahre später die Priesterweihe empfangen. Als Sauli 23 Jahre alt war, begann seine faszinierende Karriere als Theologieprofessor und Prediger in Pavia. Seine Erfolge hier wie auch in seiner Heimatstadt Mailand waren überwältigend. Die Menschen strömten zu seinen Vorlesungen und zu seinen Predigten und waren begeistert von dem Charisma, das den jugendlichen Priester und Professor umgab. Auch der noch junge Paulanerorden erkannte die Fähigkeiten seines Mitgliedes: Im Jahr 1567 wurde der 33jährige Alexander Sauli zum Ordensgeneral ernannt.

Nur zwei Jahre später ernannte Papst Pius V. Alexander Sauli zum Bischof der Diözese Aléria auf Korsika. Sein Freund Karl Borromäus, seit 1563 Erzbischof von Mailand und früher sein Schüler, erteilte Sauli die Weihe. In den zwei Jahrzehnten seines Wirkens auf der Mittelmeer-Insel leistete Sauli fast Übermenschliches. Unter großen Entbehrungen und mit einem Einsatz ohnegleichen stellte er die völlig heruntergekommene Diözese wieder her und machte sie zu einem Vorbild für viele andere Bischöfe. Auf der Insel hatte Sauli schon bald den Namen „Schutzengel und Apostel Korsikas“.

Nachdem er zuvor die Bischofswürde von Genua und Tortona abgelehnt hatte, verpflichtete Papst Gregor XIV. Alexander Sauli 1591 zur Übernahme des Bistums Pavia. Doch bereits zwei Jahre später starb der große Kirchenmann während einer Visitationsreise in Calosso d'Asti. Papst Pius X. sprach Sauli am 11. Dezember 1904 heilig.

Die Grabstätte von Alexander Sauli befindet sich im Dom zu Pavia in einer ihm geweihten Kapelle. Der Leichnam des Bischofs ruht im vollständigen Bischofsgewand in einem reichverzierten Barock-Glasschrein.

Darstellung: In der Kirche S. Carlo ai Catinari in Rom existiert ein Porträt (vera effigies) von Alexander Sauli, entstanden 1591.

Brun(o) I. von Köln

Erzbischof
geboren: 925 in Deutschland
gestorben: 11. Oktober 965 in Reims, Frankreich

In der Kölner Abtei St. Pantaleon, die er selbst Mitte des 10. Jh. gegründet hat, wurde der bedeutende Kölner Erzbischof Bruno I. nach seinem Tod beigesetzt. Seine Gebeine ruhen heute in einem römischen Sarkophag in der Krypta des monumentalen Kirchenbaues. Das Gotteshaus diente früher nicht nur zu Gottesdiensten, sondern war für einige Zeit auch Gerichtsort und Sängertribüne.

Bruno, ein Sohn von König Heinrich I. und Königin Mathilde, wurde 940 im Alter von erst 15 Jahren Kanzler am Hof von König Otto I., seinem älteren Bruder. Im Jahr 951

Öffnung und Rekognition des Grabes von Bruno I. von Köln in St. Pantaleon in Köln. Links im Bild Kardinal Frings.

ernannte ihn Otto zum Erzkanzler. In diesem Amt bildete Bruno die Geistlichen des Hofes aus und leitete mehrere große Abteien, unter anderem das berühmte Kloster Lorsch. 953 bestieg Bruno dann den Erzbischofsstuhl von Köln; gleichzeitig trug er den Adelstitel „Herzog von Lothringen“.

Bruno I. ging als religiöser Erneuerer in die Geschichte ein. Er förderte während seiner zwölfjährigen Amtszeit Bildung und Moral bei Klerus und Volk und gründete außer St. Pantaleon noch andere Klöster sowie mehrere Kirchen. Seinem Bruder Otto I., der 962 zum Kaiser gekrönt wurde, war Bruno eine wichtige Stütze in reichs- und kirchenpolitischen Angelegenheiten.

Während der Rückreise von einem Besuch in Frankreich starb Bruno I. am 11. Oktober 965 in Reims, von wo seine Gebeine nach Köln überführt wurden.

Verehrung/Brauchtum: Die Verehrung für Bruno ist seit dem 13. Jh. in der Kölner Abtei St. Pantaleon nachweisbar. In Köln ist auch der 12. Oktober Gedenktag.

Darstellung: Bruno I. ist auf allen Darstellungen in der bischöflichen Kasel mit Pallium abgebildet; als Attribute sind ihm Kirchenmodell (oft St. Pantaleon), Buch, Reichsapfel, Fahne und Wimpellanze beigegeben.

Ethelburga von Barking

Äbtissin von Barking
geboren: um 600 in England
gestorben: um 670 in Barking, England

Gummar (Gommar) von Nivesdonck

Ritter, Einsiedler
geboren: um 710 in Emblehem, Belgien
gestorben: um 775 in Lier, Belgien
Patron von Antwerpen und Lier; der Handschuhmacher, Drechsler, Tischler, Holzhauer; gegen Bruchleiden; gegen bösartige Ehefrauen

Gummar war Ritter am Hof von Pippin dem Kurzen. Nach der Überlieferung soll er eine Ehefrau gehabt haben, die während seiner Abwesenheit bei Feldzügen die Dienstboten im Haus mißhandelte und quälte. Nach der Rückkehr von einem weiteren Kriegszug leistete Gummar Abbitte bei den Untergebenen, verließ seine Frau und zog sich als Einsiedler zurück. Gemeinsam mit Rumold von Mecheln gründete er später in Lier bei Antwerpen ein Kloster; in seiner Einsiedelei in Nivesdonck, das später Ledo hieß, erbaute Gummar eine Kirche, die er St-Petrus nannte.

Verehrung/Brauchtum: Gummar wird ganz besonders in Lier und Antwerpen verehrt. Große Verehrung genießt er in Belgien bei den Arbeitern der Holzverarbeitung. Dies geht auf die Legende zurück, daß Gummar einmal einen Baum gefällt hat und dessen Besitzer ihn deswegen anzeigen wollte; Gummar betete daraufhin die ganze Nacht hindurch, am folgenden Tag stand der Baum wieder an seinem Platz.

Darstellung: Gummar ist als Ritter oder als Pilger dargestellt, manchmal auch als römischer Centurio. Auf einem Tafelbild (15. Jh.) in der Kirche St-Rumold im belgischen Mecheln ist die Szene zu sehen, wie sich Gummar und Rumold von Mecheln begegnen.

Jakob Griesinger von Ulm (Alemannus)

Laienbruder, Künstler OP
geboren: 1407 in Ulm, Baden-Württemberg
gestorben: 11. Oktober 1491 in Bologna, Italien
Patron der Glasmaler und Glaser

In S. Domenico, jener Kirche in Bologna, in welcher der große Ordensgründer Dominikus seine letzte Ruhestätte gefunden hat, ist auch Jakob Griesinger, der „Jakob von Ulm", beigesetzt. Der gelernte Glasmaler aus der Donaustadt Ulm hatte zunächst, nach einer Wallfahrt nach Rom, mehrere Jahre als Söldner in Italien gelebt. 1441 schließlich trat er in Bologna als Laienbruder in den Dominikanerorden ein. In der Folge nahm Jakob Griesinger seine Arbeit als Glasmaler wieder auf und schuf vor allem in Bologna außergewöhnliche Werke. Berühmt wurde sein Fenster im Dom S. Petronio in Bologna (Cappella dei Notai). Papst Leo XII. sprach Jacopo Alemanno, wie er im Orden genannt wurde, 1825 selig.

Verehrung/Brauchtum: Außer in Bologna wird Jakob Griesinger auch in Ulm und im württembergischen Maria-Aufhofen verehrt.

Darstellung: Wegen seines Berufes wurde Jakob Griesinger häufig mit Malerpalette dargestellt; weitere Attribute sind Taube, Kreuz und Rosenkranz. Verschiedene Darstellungen des Dominikanerbruders sind in der Kirche S. Domenico in Bologna zu sehen, so etwa von Giacinto Bellini (17. Jh.) und von Ludovico Carracci (16. Jh.).

Glasschrein mit den bekleideten Gebeinen des Jakob Griesinger von Ulm in der Kirche S. Domenico in Bologna.

Maria Soledad

Ordensgründerin
geboren: 2. Dezember 1826 in Madrid, Spanien
gestorben: 11. Oktober 1887 in Madrid

Maria Soledad ist die Gründerin der Frauenkongregation „Mägde Mariens, Dienerinnen der Kranken", die sie selbst bis zu ihrem Tod als Generaloberin führte. Die Schwestern der Ordensgemeinschaft wirken bis heute in vielen Teilen der Welt. Die Seligsprechung der Gründerin erfolgte am 5. Februar 1950, Papst Paul VI. sprach Maria Soledad am 25. Januar 1970 heilig.

Quirinus von Malmédy (von Rouen)

Missionar, Märtyrer
geboren: 3.(?)/4.(?) Jh.
gestorben: 4.(?) Jh. in Gasny, Frankreich

Die Angaben über Leben und Wirken des Quirinus von Malmédy sind legendarisch. Danach kam er im 4. Jh. als Missionar in die Gegend von Rouen, wo er in der Folge missionierte. Während einer Christenverfolgung soll Quirinus später enthauptet worden sein; mit ihm starb Bischof Nicasius. Die Gebeine beider Märtyrer wurden im Jahr 872 erhoben. Bald darauf gelangten die Quirinus-Reliquien ins belgische Malmédy, wo sie 1042 noch einmal feierlich erhoben wurden.

12. Oktober

Edwin

König, (Märtyrer)
geboren: 584 in Northumbrien, England
gestorben: 12. Oktober 633 in Hatfield, England

König Edwin von Northumbrien, verheiratet mit der Christin Ethelburga, ließ sich im Jahr 627 taufen und förderte danach mit aller Kraft die Christianisierung in seinem Land. Im Verlauf der Schlacht bei Hatfield, in der Edwin gegen den heidnischen König Penda kämpfte, wurde er am 12. Oktober 633 getötet. Das christliche Werk Edwins war damit ebenfalls zerstört, seine Witwe Ethelburga mußte vor den Heiden fliehen. Aufgrund seines gewaltsamen Todes verehrten die Gläubigen König Edwin im Mittelalter als Märtyrer.

Darstellung: Auf Darstellungen ist Edwin meist als Ritter mit den königlichen Insignien abgebildet; manchmal hält er auch eine Lanze.

Herlinde (Herlind, Harlind)

1. Äbtissin von Aldeneyck OSB
geboren: um 695 in Maaseyck, Belgien
gestorben: 12. Oktober 750 in Aldeneyck, Belgien

Verehrung/Brauchtum: Im Bistum Lüttich gedenken die Gläubigen Herlindes am 13. Februar gemeinsam mit ihrer Schwester Reinhild, die ebenfalls Äbtissin in dem von beider Eltern gestifteten Kloster Aldeneyck gewesen war.

Jakob Rem

Mönch, Gründer, Mystiker SJ
geboren: Juni 1546 in Bregenz, Österreich
gestorben: 12. Oktober 1618 in Ingolstadt, Bayern

Vor dem Gnadenaltar im Ingolstädter Liebfrauenmünster wurde am 26. Juni 1935 der Jesuitenpriester Jakob Rem beigesetzt. Der Mystiker war hier in der Donaustadt am 12. Oktober 1618 gestorben. Rem stammte aus Bregenz und war 1566 nach seinen Studienjahren in Dillingen in Rom dem Jesuitenorden beigetreten. Jahre später kehrte er zurück und wirkte von da an fast 50 Jahre als Subregens in Ingolstadt, München und Dillingen. Pater Jakob Rems besonderes Anliegen war die religiöse Erziehung von Kindern und Jugendlichen.

Um diese Erziehungsarbeit tatkräftig zu unterstützen, gründete Jakob Rem 1574 in Dillingen die erste Marianische Kongregation in Deutschland, deren Wurzel eine starke Marienverehrung war. Durch seine tiefreligiöse Lebensweise wurde Rem für seine Zöglinge ein leuchtendes Vorbild. Im Jahr 1595 rief Jakob Rem, dem immer wieder mystische Gnadenbeweise zuteil wurden und der prophetische Gaben besaß, in Ingolstadt das später berühmte Colloquium Marianum ins Leben. Diesem marianischen Kreis gehorten nur Sodalen an, die sich im Stande der Gnade befanden. Ihr Mittelpunkt war die Kapelle der „Dreimal wunderbaren Mutter“ in Ingolstadt mit einem Maria-Schnee-Bild.

Die Gebeine von Jakob Rem wurden 1694 feierlich erhoben. Der Seligsprechungsprozeß für den Jesuitenpater ist eingeleitet.

Maximilian vom Pongau (von Lorch)

Bischof
geboren: 3. Jh. in Kroatien oder Österreich
gestorben: um 284 in Österreich
Patron der Diözesen Passau und Linz

Die Vita von Maximilian gilt als legendarisch. Danach stammte er aus der Steiermark oder aus Kroatien und wirkte, von Papst Sixtus II. entsandt, im 3. Jh. im damaligen Noricum als Wanderbischof. Später soll er zum Bischof von Lorch in Oberösterreich ernannt worden sein. Über den Tod Maximilians berichtet die Legende, der Bischof sei um das Jahr 284 während einer Christenverfolgung enthauptet worden.

Als historisch gesichert gilt, daß um das Jahr 710 in Bischofshofen im Pongau über der Grabstätte eines Maximilian eine Kapelle errichtet wurde. Dorthin übertrug Bischof Rupert von Salzburg die Maximilian-Reliquien, die später nach Altötting und danach nach Passau gelangten. Heute gelten sie als verschollen.

Darstellung: Maximilian ist auf Abbildungen stets in bischöflichen Gewändern mit Mitra dargestellt; als Attribute hat er Buch und Schwert bei sich. In der Pfarrkirche von Bischofshofen im Pongau ist Maximilian auf einem Tafelbild aus der Zeit um 1450 mit einem Buch abgebildet. Eine Statue aus dem 15. Jh. im Wiener Stephansdom zeigt den Bischof mit Schwert.

Pantalus von Basel

Bischof
geboren: 3. Jh.
gestorben: um 304(?) in Köln(?), Nordrhein-Westfalen
Patron des Bistums Basel

In der Benediktinerabtei Mariastein bei Basel wird seit 1833 das Haupt von Pantalus aufbewahrt. Das romanische Reliquiar, in dem die kostbare Reliquie einmal ihren Platz hatte, kann heute im Historischen Museum in Basel besichtigt werden.

Historisch bezeugte Daten über das Leben des angeblich ersten Bischofs von Basel gibt es nur wenige, die Lebensgeschichte von Pantalus ist stark durch die verschiedensten Legenden ausgeschmückt. Nach der sogenannten Ursula-Legende, von der große Teile erst seit dem 12. Jh. bekannt sind, schloß sich Bischof Pantalus Ursula und ihren Gefährtinnen an und begleitete die Frauen auf ihrer Wallfahrt nach Rom. Auf der Rückreise soll Pantalus dann zusammen mit den legendarischen 11000 Jungfrauen in Köln das Martyrium erlitten haben. Im Jahr 1157 fand man in der Stadt am Rhein eine Totentafel mit dem Namen des Bischofs und einem Zeichen für das erlittene Martyrium.

Elisabeth von Schönau, die die Verbreitung der Ursula-Legende entscheidend beeinflußte, förderte auch die Entwicklung der Pantalus-Legende. Das in Köln aufgefundene Haupt, das man Pantalus zuschrieb, kam bereits 1272 nach Basel. Pantalus wurde daraufhin zum Patron der Schweizer Diözese am Rhein ernannt.

Darstellung: Pantalus ist als Bischof abgebildet, als Attribute sind ihm Palme und Buch beigegeben. Zusammen mit Maria und Heinrich II. ist Pantalus als Sandsteinfigur (1593) am „Basler Hof“ in Freiburg zu sehen.

Serafin von Montegranaro

Laienbruder, Mystiker OFMCap
geboren: 1540 in Montegranaro, Italien
gestorben: 12. Oktober 1604 in Ascoli Piceno, Italien
1767 Heiligsprechung

Serafin von Montegranaro. Nach einem zeitgenössischen Porträt.

13. Oktober

Gerald von Aurillac

Graf, Gründer
geboren: um 855 in Aurillac, Frankreich
gestorben: 13. Oktober 909 in Saint-Cirgues bei Figeac, Frankreich

In dem Städtchen Aurillac im Departement Cantal erinnert bis heute viel an den Mann, den man fast so etwas wie den Stadtgründer nennen könnte: an Graf Gerald (Géraud) von Aurillac. Der 855 hier in der Auvergne geborene Graf, der seinen Untertanen ein gütiger und treusorgender

Herrscher war, gründete zu Beginn des 10. Jh. in seinem Heimatort eine Abtei, um die sich im Laufe der Zeit der erste Stadtkern entwickelte. Zu den berühmtesten Schülern des Klosters gehörte auch Gerbert de Aurillac, der 999 als Silvester II. den Stuhl Petri bestieg und als einer der bedeutendsten Päpste in die Geschichte einging.

Der gottesfürchtige Graf Gerald, der sein Leben seinem Volk und Jesus Christus geweiht hatte und nie heiratete, starb am 13. Oktober 909. Außer der Benediktinerabtei in Aurillac hatte er noch zahlreiche karitative Einrichtungen gestiftet. Beigesetzt wurde Graf Gerald von Aurillac in der ehemaligen Klosterkirche. An ihrer Stelle steht heute die Kapelle Saint-Géraud. Von der Benediktinerabtei ist nur noch die alte Hostellerie erhalten.

Koloman

Pilger, Märtyrer
geboren: 10. Jh. in Irland
gestorben: 17. Juli(?) 1012 in Stockerau bei Wien, Österreich
Patron von Melk; der zum Tod durch den Strang Verurteilten; des Viehes; der Reisenden; gegen Krankheiten; gegen die Pest; gegen Unwetter; gegen Feuergefahren; gegen Ratten- und Mäuseplagen

Bis 1663 war Koloman der Landespatron von Österreich, dann löste ihn Leopold ab. Trotzdem aber scheint Koloman oder Kolomani, wie er oft genannt wird, im Bewußtsein des Volkes gegenwärtiger zu sein als sein Nachfolger. Zahlreiche Sprichworte beinhalten den Namen des Märtyrers, so etwa: „... daß nicht das Kolomandl kommt!" – eine scherzhafte Drohung für Kinder.

Koloman war ein irischer Pilger, der sich zu Beginn des 11. Jh. auf einer Wallfahrt ins Heilige Land befand. Als er durch Österreich kam, begegneten ihm die Menschen wegen seiner fremdartigen Bekleidung voller Mißtrauen und Abneigung. Bald verdächtigte man den unschuldigen Christen sogar als Spion. Und als Koloman schließlich in Stockerau bei Wien ankam, ergriffen ihn aufgebrachte Bürger und erhängten ihn an einem Baum. Das Todesjahr des Pilgers war wohl 1012, der Todestag möglicherweise der 17. Juli. Der Gedenktag 13. Oktober entwickelte sich, weil die Gebeine Kolomans am 13. Oktober 1014 in das Kloster Melk überführt wurden.

Verehrung/Brauchtum: Die Verehrung für Koloman, der nie offiziell heiliggesprochen wurde, verbreitete sich im gesamten süddeutschen Raum. In Österreich und in Bayern wurde er zum Viehpatron. Gegen Unheil, Seuchen und Unwetter trugen die Menschen das „Kolomani-Büchlein" bei sich. Unzählige Kirchen wurden nach dem Märtyrer genannt; vor allem im bayerischen und im schwäbischen Raum gibt es viele Koloman-Kapellen und -kirchen.

Am Kolomanstag finden vielerorts Pferdeumritte statt; von Koloman geweihten Quellen erhofften sich Pilger zu allen Zeiten Heilung bei Leiden; der Koloman-Segen sollte vor Feuer schützen.

„Der Tod Kolomans." Nach einem Stich aus der Bavaria Sancta aus dem Jahr 1615. Die Legende berichtet, daß der Galgen und der Strick vom Martyrium Kolomans im Frühjahr darauf zu grünen begonnen haben. Der Leichnam des Märtyrers soll außerdem völlig unversehrt geblieben sein.

Darstellung: Koloman ist auf Darstellungen als Pilger zu sehen, als Attribute hat er Stab, Hut und Flasche bei sich, in der Hand hält er meist einen Strick (Martyrium). Auch mit Zange, Steinen und Ruten wurde er abgebildet, was ebenfalls auf verschiedene Formen des Martyriums hinweisen soll.

Als Pilger mit Strick in der Hand zeigt Koloman eine Statue aus dem 16. Jh. im Dom von Passau. Albrecht

Dürer stellte Koloman in einem Holzschnitt (um 1513) ebenfalls als Pilger mit Strick dar, außerdem zusammen mit den anderen Patronen Österreichs (Holzschnitt, 1515).

Lubentius

Priester
geboren: 4. Jh.
gestorben: 4. Jh. in Kobern(?), Rheinland-Pfalz

Eine der schönsten, in ihrer ursprünglichen Architektur noch vollständig erhaltenen romanischen Kirchen auf deutschem Boden ist die ehemalige Stiftskirche St. Lubentius in Dietkirchen bei Limburg. Das malerisch gelegene Gotteshaus an der Lahn birgt in seinem Kirchenschatz das bemerkenswerte Kopfreliquiar des Lubentius. Auch der Steinsarg des Priesters ist hier zu sehen, eine Inschrift aus dem 10. Jh. schmückt ihn.

Lubentius lebte im 4. Jh. und soll ein Schüler von Martin von Tours gewesen sein. Er kam nach Trier und wirkte unter Bischof Maximinus als Priester. Seine Gemeinde lag in Kobern an der Mosel, südlich von Koblenz, wo Lubentius wahrscheinlich um die Mitte des 4. Jh. auch starb. Nach seinem Tod wurden die Gebeine nach Dietkirchen übertragen, wo man Jahrhunderte später zu seinen Ehren die Lubentius-Kirche errichtete.

Verehrung/Brauchtum: In Dietkirchen ist der Lubentius-Kult seit dem 9. Jh. nachweisbar.

Darstellung: Lubentius ist als Priester im Meßgewand abgebildet, in der Hand hält er Kelch und Buch.

Reginbald

Bischof OSB
geboren: 10. Jh. in Schwaben
gestorben: 13. Oktober 1039 in Speyer, Rheinland-Pfalz

Bischof Reginbald hat den Bau einer der beeindruckendsten Kathedralen der Welt maßgeblich beeinflußt: den des Kaiserdomes zu Speyer. Reginbald war es, der die berühmtesten Bauhandwerker jener Zeit an den Rhein holte. Die bekanntesten Künstler besorgten die Ausgestaltung des gewaltigen Gotteshauses, das später zur Grabstätte für vier Kaiser, drei Kaiserinnen, vier Könige und fünf Bischöfe wurde. Auch für Bischof Reginbald, der am 13. Oktober 1039 starb, nachdem er zuvor noch selbst die Krypta – bis heute eine der großartigsten auf der Welt – eingeweiht hatte.

Reginbald, der einem schwäbischen Adelsgeschlecht entstammte, wurde zu Beginn des 11. Jh. Benediktinermönch im Kloster Tegernsee. Bischof Bruno von Augsburg holte ihn dann 1012 in seine Diözese und ernannte ihn zum ersten Abt der Augsburger Benediktinerabtei St. Ulrich und Afra. Nach weiteren Stationen als Abt des Klosters Ebersberg bei München und Lorsch in Hessen ernannte Kaiser Konrad II. Reginbald im Jahr 1032 zum Bischof von Speyer und Limburg. Hier wirkte Reginbald sieben Jahre segensreich und gütig.

Darstellung: Reginbald ist auf Darstellungen entweder als Bischof oder als Abt, wie er vor der Klosterpforte die Urkunde für seine Ernennung zum Bischof empfängt, zu sehen. Auf manchen Abbildungen trägt er einen Kronleuchter zum Altar Mariens.

Simpert (Sintpert) von Augsburg

Bischof
geboren: 8. Jh.
gestorben: 13. Oktober 807(?) in Augsburg, Bayern
Patron des Bistums Augsburg

Zu den schönsten Heiligengrabstätten auf deutschem Boden gehört die Grabkapelle des heiligen Simpert in der prächtigen Basilika St. Ulrich und Afra in Augsburg. Hinter einem schmiedeeisernen Gitter erhebt sich im rechten Seitenschiff das Simpertus-Denkmal, das möglicherweise aus dem sogenannten Füssener Kreis um den Künstler Johann Jakob Herkommer stammt. Das marmorne Bildhauer-Meisterwerk – eine überlebensgroße Liegefigur des heiligen Bischofs – entstand 1714. Die Gebeine Simperts ruhen seit 1980 in einem von Hermann Jünger aus München geschaffenen Schrein unter der Altarmensa. Die Simpertus-Kapelle ist überwölbt von dem sogenannten „Simpertusbogen“ aus den Jahren um 1495, der die Grabstätte beinahe zu schützen scheint.

Simpert, der möglicherweise ein Neffe von Karl dem Großen war, bestieg um das Jahr 778 den Augsburger Bischofsstuhl. Bald darauf erhielt er auch noch das bis dahin selbständige Bistum Neuburg-Staffelsee zur Verwaltung und gliederte es zwischen 800 und 807 seinem Bistum an. Während Simperts Amtszeit entstand der berühmte Augsburger Dom, den der Bischof selbst einweihte.

Bischof Simpert, der auch Sintpert genannt wird, starb am 13. Oktober wahrscheinlich des Jahres 807. An

Das berühmte Simpert-Grabmal in einer Seitenkapelle der Basilika St. Ulrich und Afra in Augsburg; das Werk entstand um das Jahr 1744.

seinem Grab ereigneten sich in der Folgezeit zahlreiche Wunder. Eine Legende erzählt die Geschichte einer Mutter, deren Kind von einer Wölfin verschleppt worden war und die an Simperts Grab um Hilfe betete. Da soll das Tier den Sohn der Betenden unversehrt in die Kirche gebracht haben. Papst Paul II. sprach Bischof Simpert von Augsburg am 6. Januar 1468 heilig.

Verehrung/Brauchtum: In der Diözese Straßburg wird Simperts Gedenken am 12. Oktober begangen.

Darstellung: Die wohl bekannteste Darstellungsform des Simpert ist jene mit dem Wolf, der ein Kind im Maul trägt (Legende). Als weitere Attribute hat Simpert Buch und Stab bei sich. Verschiedene Darstellungen sind in der Basilika St. Ulrich und Afra in Augsburg zu sehen.

Theophilus von Antiochia

Bischof von Antiochia, Schriftsteller
geboren: 2. Jh. in Antiochia, Syrien
gestorben: um 186 in Antiochia

14. Oktober

Hildegund(is) von Münchaurach

Jungfrau
geboren: um 1110 in Höchstadt/Aisch, Bayern
gestorben: um 1129 in Münchaurach, Bayern

Hildegund, die ewige Jungfräulichkeit gelobt hatte, wurde von ihrem Vater, dem Grafen Goswin von Höchstadt, trotzdem zur Heirat gezwungen. Am Tag der Hochzeit starb die junge Frau völlig überraschend. Der tief betroffene Vater stiftete daraufhin am Sterbeort von Hildegund, in Münchaurach, ein Benediktinerkloster. Dorthin wurden auch Hildegunds Gebeine übertragen.

Justus von Lyon

Bischof
geboren: 4. Jh. in Lyon, Frankreich
gestorben: 14. Oktober um 390 in Ägypten

Justus war nach der Überlieferung der 13. Bischof von Lyon. Um das Jahr 382 – Justus war bereits über 30 Jahre in seinem Amt – ließ ihn ein unglücklicher Vorfall resignieren: Ein geistig verwirrter Mann war, nachdem er zuvor auf offener Straße mehrere Menschen verletzt hatte, zu Justus in die Kirche geflüchtet. Die aufgebrachte Menge vor dem Gotteshaus forderte die Herausgabe des Mannes, was der Bischof aber erst zusagte, nachdem ihm versprochen worden war, daß dem Gewalttäter nichts angetan werde. Als dieser aber aus der Kirche heraustrat, wurde er von den wütenden Menschen sofort getötet. Justus legte daraufhin sein Amt nieder und zog sich als Büßer in eine Mönchsgemeinschaft in die oberägyptische Wüste zurück, wo er um 390 starb. Im 5. Jh. überführte man die Gebeine des Bischofs nach Lyon.

Verehrung/Brauchtum: In der Diözese Lyon feierten die Gläubigen das Gedenken an Justus am 4. August, dem Translationstag.

Kalistus I. (Kalixtus)

Papst, (Märtyrer)
geboren: 2. Jh. in Rom, Italien
gestorben: 222 in Rom

Fast jeder Besucher Roms streift einmal durch das malerisch-verkommene Stadtviertel Trastevere. Eine der Hauptsehenswürdigkeiten ist hier eines der ältesten Gotteshäuser der Ewigen Stadt und die älteste Marienkirche Roms überhaupt: S. Maria in Trastevere. Der Bau wurde wahrscheinlich von jenem Papst errichtet, der hier auch seine letzte Ruhestätte gefunden hat, von Kalistus I.

Kalistus kam in der zweiten Hälfte des 2. Jh. zur Welt und wurde um das Jahr 200 Sklave eines Christen. Jahre später wurde er in Rom Diakon von Papst Zephyrinus. Der Papst übertrug Kalistus die Verwaltung der Begräbnisstätten der römischen Christengemeinde an der Via Appia, die später den Namen Kalistus-Katakomben erhielten und heute das Ziel vieler Rom-Touristen sind. Von Zephyrinus bis Eusebius, der im Jahr 309 starb, fanden hier alle Päpste ihre letzte Ruhestätte.

Als Papst Zephyrinus 217 starb, wurde der ehemalige Sklave Kalistus sein Nachfolger auf dem Stuhl Petri. Sofort bildete der konservative Teil Roms und des römischen Klerus' eine Opposition. Ein Gegenpapst, der erste in der Geschichte überhaupt,

Kalistus I. Nach einem Fresko von Domenico Ghirlandaio aus dem 15. Jh., heute Sixtinische Kapelle, Vatikan.

wurde gewählt: Hippolyt. Das erste Schisma der Kirchengeschichte war entstanden. Hippolyt bekämpfte Kalistus I. bald mit allen Mitteln. Er bezichtigte den rechtmäßigen Papst eines unlauteren Vorlebens, ja sogar der Unzucht. Als Kalistus die Eheschließung zwischen hochgestellten Frauen und Sklaven akzeptierte, begann Hippolyt eine neue Hetzkampagne. Kalistus aber ließ sich, so bewegt er über das Schisma auch war, dadurch nicht in seiner Schaffenskraft und in seinem Elan beeinträchtigen. Er war es auch, der die Kirchenmalerei sowie die drei Sabbate als Fastentage einführte. Kalistus ging als einer der bemerkenswertesten, aktivsten und lebensbejahendsten Päpste der Frühzeit in die Geschichte ein.

Papst Kalistus I. starb im Jahr 222 und wurde am 14. Oktober beigesetzt. Dieser Tag wurde deshalb als Gedenktag gewählt. Etwa 100 Jahre nach seinem Tod wurde Kalistus als

Märtyrer verehrt. Die Überlieferung über ein mögliches Martyrium sind allerdings legendarisch; danach soll Kalistus mit einem Stein um den Hals aus einem Kerkerfenster in einen Brunnen gestürzt worden sein.

Reliquien von Kalistus I. wurden im 9. Jh. in die Abtei Cysoing bei Tournai übertragen, später auch nach Reims, Fulda sowie in mehrere römische Kirchen und nach S. Maria Maggiore in Neapel.

Darstellung: Kalistus I. ist auf Darstellungen fast immer in päpstlichen Gewändern abgebildet, er ist meist bärtig und trägt das Pallium. Häufig fand auch sein angebliches Martyrium seinen Niederschlag in der künstlerischen Darstellung, indem dem Papst Mühlstein oder Brunnen als Attribute beigegeben wurden. Mit kegelförmiger Tiara, dem bischöflichen Rationale sowie einem Buch in der Hand zeigt eine Skulptur (um 1225) am Kalixtus-Portal der Kathedrale von Reims den Papst.

Paul Capelloni

Priester, Mönch SJ
geboren: 21. Februar 1776 in Rom, Italien
gestorben: 14. Oktober 1857 in Neapel, Italien
1909 Einleitung des Seligsprechungsprozesses

15. Oktober

Aurelia

Märtyrerin(?), Reklusin
geboren: 3.(?) Jh./10.(?) Jh.
gestorben: um 304(?)/15. Oktober 1027(?) in Regensburg(?), Bayern

Die Lebensgeschichte der Aurelia nachzuvollziehen, ist nicht ganz einfach, da sich in der Überlieferung möglicherweise die Viten von verschiedenen Trägerinnen dieses Namens vermengen. Eines aber ist gesichert: Über Jahrhunderte hinweg wurde Aurelia an mehreren europäischen Orten hoch verehrt.

Die wahrscheinlichste Geschichte über das Leben Aurelias ist wohl folgende: Aurelia lebte etwa ab 975 als Reklusin beim Kloster St. Emmeram in Regensburg. Ihr Seelenführer war der große Regensburger Bischof Wolfgang. Nach über fünf Jahrzehnten in ihrer Klause starb Aurelia, so diese Überlieferung, am 15. Oktober 1027. Ihre Gebeine wurden in die Benediktinerklosterkirche St. Emmeram übertragen. Ein kostbares Hochgrab aus dem Jahr 1330 erinnert in dem von den beiden Brüdern Asam ausgestalteten Kirchenbau bis heute an Aurelia.

Verehrung/Brauchtum: Einen besonders ausgeprägten Aurelia-Kult gab es im Mittelalter im elsässischen Straßburg. Dort hieß es, Aurelia sei eine der Begleiterinnen von Ursula gewesen und habe mit ihr um 304 das Martyrium erlitten. Man war sich auch lange Zeit sicher, daß sich das Grab der Verehrten in der früheren Mauritius-Kirche in Straßburg befand. Bis heute erinnert im Straßburger Münster ein Glasgemälde aus dem 13. Jh. an Aurelia.

In der österreichischen Bodenseestadt Bregenz gab es im frühen Mittelalter eine Kirche, die den Namen Aurelias trug. Kolumban, der nach seiner Ausweisung aus Burgund um das Jahr 611 nach Bregenz kam, fand dort das Gotteshaus vor und erwähnte es später in seinen Schriften.

Grabstätte der Aurelia in der Klosterkirche St. Emmeram in Regensburg.

Thekla von Kitzingen

Äbtissin OSB
geboren: 8. Jh. in England
gestorben: um 790 in Kitzingen, Bayern

Thekla kam ebenso wie ihre berühmte Verwandte Lioba auf den Ruf von Bonifatius hin nach Deutschland, um dort den Glauben zu verkünden. Zunächst lebte sie als Nonne im Benediktinerinnenkloster Tauberbischofsheim, das Lioba leitete. Um das Jahr 750 wurde Thekla dann Nachfolgerin von Hadeloga als Äbtissin der Klöster Kitzingen und Ochsenfurt.

Verehrung/Brauchtum: In der Diözese Würzburg gedenkt man Theklas gemeinsam mit Lioba am 28. September.

Theresia von Ávila (von Jesus)

Ordensgründerin, Mystikerin, Kirchenlehrerin OCD
geboren: 28. März 1515 in Ávila, Spanien
gestorben: 4. Oktober 1582 in Alba de Tormes, Spanien
Patronin von Spanien; des Erzbistums Mexiko; von Ávila, Alba de Tormes und Neapel; aller Karmelitergenossenschaften; der spanischen Schriftsteller (1965); in geistlichen Nöten; um die Gnade, beten zu können; für ein innerliches Leben; der Bortenmacher; gegen Herz- und Kopfleiden

Theresia von Ávila – dieser Name steht für ein einzigartiges Leben. Es ist das Leben einer Frau, die das Ordenswesen wie keine andere beeinflußt hat, die vielleicht die größte Mystikerin aller Zeiten war und von der Papst Pius X. einmal sagte, sie sei die Meisterin der Psychologie der Mystik. Einer der Nachfolger von

Pius auf dem Stuhl Petri, Papst Paul VI., erhob diese großartige Frau am 29. September 1970 zur Kirchenlehrerin – eine Ehre, die außer Theresia nur noch der heiligen Katharina von Siena zuteil wurde.

Ávila, die Geburtsstadt von Theresia im Süden von Salamanca, ist die höchstgelegene Stadt Spaniens (1130 Meter). Als Tochter von Alfonso Sanchez de Cepeda und seiner Frau Beatrix de Ahumada erblickte Theresia hier am 28. März 1515 das Licht der Welt. In der Kirche San Juan steht bis heute das Taufbecken, über dem Theresia das Sakrament der Taufe empfing. Wie es damals üblich war, erhielt das Kind dabei den Namen der Mutter, Ahumada. Schon während der Kindheit war das Mädchen anders als seine Geschwister: temperamentvoll, oft stürmisch. Theresia selbst drückte es später einmal so aus: „Wir waren drei Schwestern und neun Brüder, alle waren sie wie die Eltern tugendhaft, ich allein ausgenommen. Dennoch war ich meinem Vater die liebste."

Schon als kleines Kind war Theresia fasziniert von den Berichten über Christen, die bereit gewesen waren, ihres Glaubens wegen den Tod zu erleiden. Als sie sieben Jahre alt war, verließ Theresia mit ihrem älteren Bruder Rodrigo heimlich das Elternhaus, um – so wünschte sie es sich – bei den Mauren den Martertod zu sterben. Doch das Kind wurde gefunden und zurückgebracht.

Der Tod der Mutter 1527 war für die zwölfjährige Theresia ein kaum verwindbarer Schlag. In ihrer Verzweiflung weihte sie sich der Gottesmutter. Im Jahr 1531 übergab der Vater das Mädchen den Augustinerinnen in Ávila zur Erziehung. Während einer längeren Krankheit las Theresia die berühmten Briefe von Hieronymus. Ihre Entscheidung war danach gefallen: Am 2. November 1535 trat die 20jährige in das Karmelitenkloster Zur Menschwerdung in ihrer Heimatstadt ein.

Das Leben hatte für Theresia schwere Prüfungen vorgesehen. Nicht lange nach ihrer Profeß erkrankte die junge Ordensfrau schwer, lag vier Tage im Koma und war danach teilweise gelähmt, dann Jahre gehbehindert. Es kam zu den ersten mystischen Erlebnissen und 1539, angesichts eines Bildes vom leidenden Christus, zur „endgültigen Bekehrung", wie Theresia es später selbst nannte. In der Folgezeit häuften sich die Ekstasen. Theresia geriet immer mehr in das Licht der Öffentlichkeit, wurde zum Mittelpunkt heftig geführter Auseinandersetzungen. In ihrem Kloster bildete sich eine immer stärker werdende Opposition gegen sie, der Leitung des Ordens erschien sie nicht glaubwürdig. Berühmte Kirchenmänner jener Zeit aber hoben Theresias mystische Erlebnisse hervor, so auch Franz von Borja.

Im Jahr 1560 gab es wieder ein einschneidendes Erlebnis. Die inzwischen 45 Jahre alte Theresia hatte eine Vision der Hölle. Tief erschüttert, schwor sie, von diesem Tag an nach absoluter Vollkommenheit zu streben. Immer mehr kam Theresia zu der Erkenntnis, daß die Regel innerhalb des Karmeliterordens nicht mehr genügend ernst genommen wurde. Ja, sie erklärte öffentlich, „daß es für Eltern besser wäre, ihre Töchter zu verheiraten, als sie in Klöster ohne Zucht eintreten zu lassen".

Dies war die Geburtsstunde der Kongregation der Unbeschuhten Karmeliten. Zusammen mit Gleichgesinnten, unter ihnen Petrus von Alcántara,

Theresia von Ávila. Papst Paul VI. erhob die Ordensgründerin und Mystikerin 1970 zur Kirchenlehrerin.

Ordenserneuerer der Franziskaner und wichtiger Ratgeber Theresias, gründet die Karmelitin in Ávila das erste Kloster eines Reformordens. Man schrieb das Jahr 1562, das Kloster trug den Namen des heiligen Joseph. Der Papst und der Bischof von Ávila hatten die offizielle Genehmigung zu dieser Gründung erteilt. Doch nicht nur sie, auch der General des Karmelitenordens kam persönlich und sprach Theresia sein Wohlwollen aus. Die Absicht Theresias, die sich von nun an „von Jesus" nannte, war es, innerhalb des Karmlitenordens Eremitenklöster zu schaffen, Klöster mit weitaus strengeren Regeln, als sie bis dahin in den Klöstern der Beschuhten Karmeliten üblich war. Die Abneigung der Beschuhten und bösartige Angriffe waren ihr daher von Anfang an sicher. Doch ein zweites päpstliches Dekret unterstützte ihr Reformwerk.

Und noch jemand stand Theresia von Jesus in jenen Jahren treu zur Seite: Der Karmelit Johannes vom Kreuz. Ihn hatte die Ordensgründerin 1568 kennengelernt und schnell von ihrer Arbeit überzeugt. Johannes, der eigentlich zum strengen Kartäuserorden übertreten wollte, engagierte sich schon bald in ähnlichem Maß wie Theresia für die Reform des Karmelitenordens. Er war es, der den männlichen Zweig der Ordensgemeinschaft erneuerte. Wie Theresia mußte auch Johannes vom Kreuz viel Mißgunst und Neid erfahren, der Haß der Beschuhten Karmeliten schlug auch ihm entgegen. Im Jahr 1577 wurde er sogar für neun Monate eingekerkert.

Unter teilweise dramatischen Umständen gründeten Theresia und Johannes vom Kreuz insgesamt 17 Frauenklöster und 15 Männerklöster. Theresia schrieb darüber später eines ihrer berühmtesten Werke: „Das Buch der Gründungen." Die inzwischen berühmte Ordensfrau reiste in Erfüllung der sich selbst auferlegten Mission durch ganz Spanien und wurde zur großen Organisatorin und Predigerin und zum Vorbild vieler Gläubigen. Immer wieder überfie-

„Theresia von Ávila in Verzückung." Dieses berühmte Meisterwerk von Lorenzo Bernini befindet sich heute in der Kirche S. Maria della Vittoria in Rom.

len sie aber auch Ekstasen und Visionen von unvorstellbarer Heftigkeit.

Theresia von Jesus erlebte mystische Zustände in all ihren Höhen und Tiefen. Ihre große – und unvergängliche – Berühmtheit erlangte die Mystikerin durch ihre Schriften und Erklärungen über diese Erlebnisse, über die Vereinigungen mit Jesus Christus. Noch niemals zuvor hatte jemand den Bereich der Mystik so ausführlich und deutlich dargelegt und beschrieben wie Theresia von Ávila. Wohl auch niemand mehr danach. Alle ihre Bücher, ob ihre Selbstbiographie oder „Das große Buch von den Erbarmungen Gottes", „Der Weg zur Vollkommenheit" oder „Die Seelenburg" sind, obwohl in ständiger Hast geschrieben, von klassischer spanischer Sprache. Weit über 400 Briefe Theresias wurden später im „Epistolrio" zusammengefaßt. In Spanien nennt man Theresia wegen ihres umfassenden mystischen Werkes „seraphische Mutter" und „Doctora mystica".

Aufgezehrt und erschöpft von ihrem unermüdlichen Wirken und den vielen seelischen und körperlichen Leiden, aber auch von den jahrelangen Angriffen, denen sie ausgesetzt gewesen war, starb Theresia von Jesus am 4. Oktober 1582 während einer Visitationsreise in Alba de Tormes. Am Tag zuvor bereits hatte sie die Sterbesakramente empfangen. Der Leichnam der Ordensfrau wurde ungeschützt in der Erde bestattet; als man ihn nach über zwei Jahren wieder ausgrub, war er noch vollkommen unversehrt. Die Gebeine wurden später in das 1571 von Theresia gegründete Kloster in Alba de Tormes übertragen, wo sie bis heute in einem kostbaren Schrein über dem Altar der Klosterkirche ruhen. Die Truhe wurde von Isabella Clara Eugenia gestiftet, der Tochter von Philipp II. Das Städtchen Alba de Tormes, wenige Kilometer südlich von Salamanca, ist noch immer einer der meistbesuchten Wallfahrtsorte in Spanien.

Papst Gregor XV. sprach Theresia von Jesus am 12. März 1622 heilig (Seligsprechung: 24. April 1614), bereits fünf Jahre zuvor war die große Mystikerin zur Patronin von Spanien ernannt worden. Am Tag der Heiligsprechung legte man Theresias Gedenktag vom 4. auf den 5. Oktober, da am 4. Oktober bereits das Fest des heiligen Franz von Assisi gefeiert wurde. Da jedoch im Jahr von Theresias Tod genau am 5. Oktober der Gregorianische Kalender in Kraft trat, der das laufende Jahr um zehn Tage verkürzte, folgte also auf den 4. Oktober direkt der 15. Oktober. Somit wurde dieser Tag der Gedenktag Theresias. Innerhalb des Karmelitenordens wird das Fest bis zum heutigen Tag am 5. Oktober begangen.

Darstellung: Theresia von Ávila ist immer im Karmelitinnengewand dargestellt, im braunen Habit mit weißem Mantel und schwarzem Schleier. In der Hand hält sie oft ein Buch oder ein Herz mit der Inschrift IHS. Weitere Attribute, die Theresia auf Abbildungen beigegeben sind: Seraph, Taube, Geißel, Dornen, Pfeil, Schreibfeder und Buch. Häufig wurde die Ordensfrau auch bei einer Vision dargestellt. Auch ein Band mit der Schrift „Misericordias Domini in eternum cantabo" ist oft auf Darstellungen zu sehen. Unterschiedlich wurde das Alter von Theresia gemalt.

Eine der wohl berühmtesten Darstellungen der Theresia von Ávila ist jene am Altar von Lorenzo Bernini in der Kirche S. Maria della Vittoria in Rom: „Transverberation der heiligen Theresia" (1646). Bekannt ist auch des Deckenfresko von Tiépolo (1725) in der Chiesa degli Scalzi in Venedig (Gloriendarstellung). Mit einem Klostermodell ist Theresia in einer Holzplastik (17. Jh.) im Aachener Suermondt-Museum zu sehen. Im Kunsthistorischen Museum in Wien befindet sich das Gemälde von Gaspar de Crayer, das den Titel „Die heilige Theresia empfängt von Maria eine Kette und von Joseph einen Mantel" trägt (17. Jh.).

Sarkophag der Theresia von Ávila in der Klosterkirche Alba de Tormes.

Das Karmelitinnenkloster Alba de Tormes, wo Theresia 1582 starb.

16. Oktober

Florentinus von Trier

Bischof von Trier, (Märtyrer)
geboren: 2./3. Jh.
gestorben: 3. Jh. in Trier,
Rheinland-Pfalz

Gallus

Einsiedler
geboren: um 550 in Irland
gestorben: 16. Oktober 640 in Arbon, Schweiz
Patron von Bistum, Kanton und Stadt St. Gallen; der Gänse, Hühner und Hähne (gallus = Hahn); der Fieberkranken

Ein Kanton und eine Stadt tragen den Namen eines Einsiedlers: St. Gallen in der Schweiz entwickelte sich im Mittelalter aus der Zelle des irischen Glaubensboten Gallus, der um das Jahr 590 als Wandermönch auf den Kontinent gekommen war. Bis zum heutigen Tag zeugt die barocke Klosteranlage von St. Gallen von der Blüte einer der bedeutendsten Abteien Europas, deren Geschichte sich über zwölf Jahrhunderte erstreckte und die ihren Anfang nahm in dem kleinen Bethaus des Gallus. Von hier aus wurde die Kultur des Abendlandes maßgeblich mitgestaltet.

Gallus, der um 550 in Irland geboren wurde, gehörte zu den zwölf Mönchen des berühmten irischen Klosters Bangor, die um 590 zusammen mit Kolumban zuerst nach Frankreich kamen. Kolumban gründete dort das berühmte Kloster Luxeuil, westlich von Mülhausen. Zu zweit zogen Gallus und Kolumban dann später über Metz und Zürich weiter bis nach Tuggen am Ostende des Zürichsees. Dort ließen sich die beiden Glaubensboten in der Absicht nieder, die hier lebenden Heiden zu bekehren. Doch trotz täglicher Predigten, die Gallus sogar in alemannischer Sprache hielt, gingen die heidnischen Bewohner weiterhin zu den Opferstätten im Wald, um ihren Götzen zu dienen. Der hitzige Kolumban geriet darüber so in Zorn, daß er schließlich den heidnischen Opferaltar in Brand steckte und die Opfergaben in den See warf.

Diese unbesonnene Handlungsweise des irischen Mönches reizte die Bewohner von Tuggen bis aufs Blut. Bevor sie jedoch Rache nehmen konnten, flohen Gallus und Kolumban und ließen sich in Bregenz nieder. Auch hier war das Christentum noch nicht sehr verbreitet. Unermüdlich setzten sich die beiden Wandermönche erneut für die Verkündigung des Evangeliums ein, wirkten drei Jahre scheinbar erfolgreich, wurden dann aber erneut vertrieben.

Nachdem Kolumban und Gallus drei weitere Jahre an verschiedenen Orten rund um den Bodensee missioniert hatten, trennten sich ihre Wege. Kolumban zog nach Oberitalien, wo er in der Folge das Kloster Bobbio gründete. Gallus, dessen Gesundheitszustand stark geschwächt war, konnte dem Freund nicht auf dem beschwerlichen Weg über die Alpen folgen und blieb bis zu seiner

Gallus findet zusammen mit dem Diakon Hiltibold am Mühletobel den geeigneten Platz für eine Einsiedelei. Im Laufe der folgenden Jahrhunderte entwickelte sich aus der Gallus-Klause nach und nach die Stadt St. Gallen.

Gesundung bei Priester Willemar in Arbon am Bodensee. Zusammen mit dem Diakon Hiltibold zog sich Gallus danach in eine Wildnis südlich des Bodensees zurück und baute sich dort am sogenannten Mühletobel eine Klause.

In den folgenden Jahren wurde der Eremit Gallus zu einem begehrten Ratgeber bei Volk und Klerus. Im Jahr 615 trug man ihm die Bischofswürde von Konstanz an, doch Gallus lehnte ab. Klerus und Adel kamen immer wieder zu ihm und baten um seinen Rat und seine Hilfe. 625 erschien eine Abordnung aus Luxeuil in der Klause am Mühletobel, um Gallus die Abtswürde ihres Klosters anzutragen. Der Einsiedler lehnte auch dies ab. Er war glücklich und zufrieden in seinem Wald, hatte inzwischen eine größere Zahl von Gleichgesinnten um sich geschart und lebte mit ihnen nach der Regel seines einstigen Gefährten Kolumban.

Die folgenden 20 Jahre liegen bis heute im Dunkel. Gallus starb am 16. Oktober 640 in Arbon, 90 Jahre alt. Beigesetzt wurde er in seiner Klause zwischen dem Altar und der Chorwand. Schon 80 Jahre später entstand aus dieser Zelle mit dem Grab des Einsiedlers die Abtei St. Gallen, in der Abt Otmar die Benediktinerregel einführte. Die prächtige Kathedrale in St. Gallen mit der Gallus-Krypta trägt den Namen von Gallus und Otmar.

Verehrung/Brauchtum: Die Grabstätte von Gallus in St. Gallen war Wallfahrtsort bis zur Reformation; bis ins 19. Jh. gab es dort auch den Brauch der Weinsegnung (gegen Fieberkrankheiten). Gallus-Patrozinien gab es in großer Zahl in der Schweiz, in Süddeutschland und im Elsaß.

In der Diözese Straßburg gedenken die Gläubigen Gallus gemeinsam mit seinem Gefährten Kolumban am 23. November.

Darstellung: Gallus ist als Einsiedler oder (Benediktiner)Mönch, seltener auch als Abt dargestellt. Als Attribut hat er meist einen Wanderstab in der Hand. Oft befindet sich auch ein Bär auf Gallus-Abbildungen; dies geht auf die Legende zurück, daß der Einsiedler einmal einem Petz befahl, ihm als Strafe dafür, daß er ihm sein Essen hatte stehlen wollen, Brennholz zu bringen. Diese Darstellung mit dem Bären ist beispielsweise bei Schnitzfiguren aus der Zeit um 1490 in St. Stephan in Augsburg und in der Lorenz-Kapelle in Rottweil zu sehen. Ein Fresko aus dem 11. Jh. in der Krypta von St. Mang in Füssen zeigt Gallus als Mönch.

Gerhard Majella. Der Laienbruder und Mystiker trug den Beinamen „Engel der Mütter".

Gerhard Majella

Laienbruder, Mystiker CSSR
geboren: 23. April 1726 in
Muro Lucano, Italien
gestorben: 16. Oktober 1755 in
Caposele bei Neapel, Italien

Papst Pius X. sprach am 11. Dezember 1904 Gerhard Majella heilig, der von Beruf eigentlich Schneider gewesen war, 23jährig jedoch Laienbruder im Redemptoristenorden wurde. In seinem Kloster in Süditalien übte Majella die Ämter des Pförtners und des Sakristans aus und bewies dabei außergewöhnliche Gaben der Wunder und der Weissagung. Vielen seiner Patres war er dadurch bei ihren teilweise beschwerlichen Tätigkeiten behilflich.

Gerhard Majella wurde nach seinem Tod im Kloster Caposele bei Neapel beigesetzt; seine Grabstätte war von Beginn an das Ziel vieler Wallfahrer. Im Volk war Gerhard aufgrund seiner außergewöhnlichen Begnadungen schon von seiner Kindheit an verehrt und geliebt worden. Wenn er irgendwo in ein Dorf oder eine Stadt gekommen war, ging in Windeseile der Ruf herum: „Der Heilige ist da!"

Verehrung/Brauchtum: Gerhard Majella wird vor allem von Frauen, die sich ein Kind wünschen oder die schwanger sind, um Beistand angerufen. Aus diesem Grund trägt der Heilige auch den Beinamen „Engel der Mütter". In Italien, Belgien, England, Holland, aber auch in Norddeutschland und in den USA gehört Gerhard Majella zu den volkstümlichsten Heiligen.

Darstellung: Gerhard Majella ist im Ordenskleid der Redemptoristen dargestellt, als Attribute hat er Buch, Kreuz und Totenschädel bei sich.

Gauderich von Languedoc (von Perpignan)

Hirte
geboren: vor dem 10. Jh. in
der Languedoc, Frankreich
gestorben: vor dem 10. Jh. in
der Languedoc
Patron gegen anhaltende Regenfälle

Hedwig von Schlesien (von Andechs)

Herzogin
geboren: 1174 in Andechs, Bayern
gestorben: 15. Oktober 1243 in
Trebnitz, Polen
Patronin von Polen; von Schlesien; von
Berlin, Breslau, Trebnitz und Krakau;
der Heimatvertriebenen; der Brautleute

Auf Schloß Andechs am Ammersee wurde sie geboren, in Bayern heißt sie noch heute Hedwig von Andechs. In die Geschichte aber ging die Tochter von Graf Berthold IV. von Andechs als Hedwig von Schlesien ein. Vertriebene aus Schlesien versammeln sich seit dem Ende des Zweiten Weltkrieges immer wieder in der Klosterkirche zu Andechs, um ihrer Schutzheiligen und Trösterin zu gedenken, von der einige Reliquien

Hedwig von Schlesien (von Andechs). Nach einer Miniatur aus der Schlackenwerther Hedwigslegende von 1353.

auch hier auf dem „heiligen Berg“ am Ammersee aufbewahrt werden.

Hedwig kam im Jahr 1174 auf Schloß Andechs zur Welt und wurde schon als kleines Kind den Benediktinerinnen des Klosters Kitzingen zur Erziehung übergeben. Als das Mädchen zwölf Jahre alt war, wurde es von seinem Vater aus machtpolitischen Interessen mit dem späteren schlesischen Herzog Heinrich I. verheiratet. Was kaum möglich schien: Die Ehe wurde ausgesprochen glücklich. Bereits mit 13 Jahren gebar Hedwig ihr erstes Kind, im Laufe der Jahre kamen sechs weitere hinzu. Nach der Geburt des siebten Kindes bat Hedwig ihren Mann, von nun an in Enthaltsamkeit mit ihm leben zu dürfen. Heinrich I. erkannte die tiefe Sehnsucht seiner geliebten Frau und respektierte Hedwigs Wunsch. Bis zu Heinrichs Tod im Jahr 1238 lebte das Ehepaar in Glück und Harmonie miteinander.

Hedwig widmete sich während ihres ganzen Lebens dem Wohl ihres Volkes und der Vertiefung des christlichen Glaubens in der Bevölkerung. Neben zahlreichen Spitälern und Krankenpflege-Einrichtungen stiftete sie auch das berühmte Zisterzienserinnenkloster Trebnitz im Norden von Breslau. Es war dies der erste Frauenkonvent in Schlesien. Auch ebnete Hedwig den Weg für die Vertreter zahlreicher Orden, damit sie sich in Schlesien niederlassen konnten.

Hedwig von Schlesien mußte aber auch viel Leid ertragen. Ihr Heimatschloß Andechs wurde völlig zerstört, ihre Schwester Gertrud fiel einem Mordanschlag zum Opfer, 1238 starb ihr Mann, und nur drei Jahre später fiel ihr ältester Sohn Heinrich II. im Kampf gegen die Tataren. Nach dem Tod des Sohnes zog sich Hedwig in ihr Kloster Trebnitz zurück, wo sie am 15. Oktober 1243 knapp 70jährig starb. Hier in ihrer Lieblingsstiftung fand die Herzogin in einem prunkvollen Hochgrab auch ihre letzte Ruhestätte. Papst Clemens IV. sprach Hedwig bereits am 26. März 1267 heilig.

Verehrung/Brauchtum: In der Diözese Görlitz feiern die Gläubigen auch den Translationstag am 25. August als Hedwig-Fest.

Darstellung: Hedwig von Schlesien ist als Herzogin, seltener auch als Zisterziensernonne abgebildet. Oft hält sie ein Kirchenmodell (Trebnitz) in der Hand, manchmal betet sie vor einem Kruzifix oder spendet Almosen. Als weiteres Attribut hat Hedwig auf Darstellungen häufig eine Marienstatuette bei sich, manchmal auch ein Marienbild. In der Hand trägt sie oft ihre Schuhe, da sie nach der Überlieferung immer barfuß ging.

Auf einem Fresko von Johann Bergmüller (1736) im Dießener Marienmünster ist Hedwig im Kreis der weiteren Heiligen des Hauses Dießen-Andechs abgebildet. Einen Rosenkranz hält Hedwig bei einer Statue aus dem 15. Jh. in der Vorhalle des Breslauer Domes in der Hand. Auf einem Fresko von Ludwig Seitz (19. Jh.) in der Cappella Tedesca in Loreto trägt Hedwig ihre Schuhe.

Hochgrab der heiligen Hedwig von Schlesien in Trebnitz bei Breslau.

Heriburg von Nottuln

1. Äbtissin von Nottuln OSB
geboren: 8. Jh. in Friesland
gestorben: um 835 in Nottuln, Nordrhein-Westfalen

Johannes Baptist Berthier, Gründer der „Missionare von der heiligen Familie".

Johannes Baptist Berthier

Ordensgründer MSF
geboren: 24. Februar 1840 in Châtonnay, Frankreich
gestorben: 16. Oktober 1908 in Grave, Niederlande

Seit 1953 läuft der Seligsprechungsprozeß für Pater Johannes Baptist Berthier, Gründer der Kongregation der „Missionare von der heiligen Familie". Seine Inspiration hatte der Sohn einfacher Bauern von einem Berg, vom heiligen Berg von Salette, empfangen; dort war am 19. September 1846 die Mutter Gottes zwei Hirtenkindern erschienen, woraufhin sich der vielbesuchte Wallfahrtsort entwickelte. Berthier wurde – nach einer prägenden Erzählung über die Marienerscheinung während seiner Kindheit – 1862 in La Salette zum Priester geweiht, nachdem er zuvor schon der Kongegration der „Missionare von La Salette" beigetreten war. In der Folge wirkte der junge Geistliche segensreich als Volksmissionar bei der Wallfahrtskirche La Salette sowie nach und nach in 16 französischen Diözesen. Einen Namen machte er sich außerdem mit zahlreichen theologisch-asketischen Werken für alle christlichen Stände, die in viele Sprachen übersetzt wurden.

Ein Gedanke aber beherrschte Berthier all die Jahre: Er wollte viele junge Männer zum Priester- und Ordensstand hinführen. „Man hat so viel von den Menschenrechten geredet, daß wir darüber die Gottesrechte vergessen haben", sagte er einmal, seine tiefsten Empfindungen in Worte fassend. Die Folge dieser Berufung: Johannes Baptist Berthier gründete 1895 im holländischen Grave die Kongregation der „Missionare von der Heiligen Familie" für Spätberufene und Minderbemittelte. Diese Gründung hatte ihren Ursprung auch darin, daß Berthier im Laufe der Jahrzehnte seiner Missionstätigkeit viele Männer kennengelernt hatte, die wegen ihres höheren Alters oder ihrer Armut daran gehindert waren, Priester zu werden. Papst Leo XIII. kommentierte die Gründung Berthiers mit den Worten: „Das ist ein zeitgemäßes Werk, und ich wünsche sehnlichst, daß es bald verwirklicht werde."

Die Kongregation wirkt bis heute in fast 20 Ländern der Erde, auf vier Kontinenten. Die Ordensleitung befindet sich in Rom. 1953, dem Jahr der Eröffnung des Seligsprechungsprozesses, wurden die sterblichen Überreste von Johannes Baptist Berthier in eine kleine Grabkapelle im Klostergarten des Mutterhauses in Grave umgebettet. Auf der Grabplatte sind diese Worte eingemeißelt: „Ein guter Streiter Jesu, ein Künder der Wahrheit, eine Perle des Priestertums."

Luitgard (Lutgard) von Wittichen

Nonne, Gründerin, Mystikerin TOR
geboren: 1291 in Schenkenzell, Baden-Württemberg
gestorben: 16. Oktober 1348 in Wittichen, Baden-Württemberg

Luitgard, die aus dem Schwarzwaldort Schenkenzell stammte, wurde zwölfjährig Begine im badischen Oberwolfach. Um das Jahr 1323 gründete sie in der Nähe, in dem Ort Wittichen, ein Terziarinnenkloster vom heiligen Franz, das sie in der Folge leitete. Die Mystikerin, die von großer Liebe und Verehrung für Leben und Leiden Christi erfüllt war, wurde nach ihrem Tod nie offiziell seliggesprochen; trotzdem entwickelte sich zu ihrer Grabstätte in Wittichen eine rege Wallfahrt.

Grabstätte der Mystikerin Luitgard von Wittichen in Wittichen.

Darstellung: Luitgard von Wittichen ist als Nonne mit Rosenkranz dargestellt, manchmal auch mit flammendem Herzen oder mit Monstranz. Darstellungen kommen hauptsächlich im badischen Raum vor.

Lullus (Lul)

Erzbischof OSB
geboren: um 710 in Wessex, England
gestorben: 16. Oktober 786 in Hersfeld, Hessen

Lullus war der erste Erzbischof des Bistums Mainz. Der um 710 in Wessex in England geborene Benediktinermönch hatte 737 während einer Wallfahrt nach Rom den großen Bonifatius kennengelernt, der ihn mit nach Germanien nahm. Lullus wurde Archidiakon von Bischof Bonifatius und dessen Lieblingsschüler. Bonifatius, der vorhatte, Lullus zu seinem Nachfolger zu machen, weihte den Mönch 752 zum Chorbischof. Ein Jahr später wurde Lullus Bischof von Mainz. Er vereinigte die vakanten Bistümer Erfurt und Buraburg mit dem Mainzer Sprengel. Um das Jahr 781 erhielt Lullus dann von Papst Hadrian I. das Pallium und war damit der erste Metropolit der Kirchenprovinz Mainz.

Am 16. Oktober 786 starb Erzbischof Lullus während eines Aufenthaltes in Hersfeld in Hessen, wo er Jahre zuvor eine Abtei gegründet hatte. Hier im Kloster wurde er auch beigesetzt.

Verehrung/Brauchtum: Besonders in Hersfeld setzte bald nach seiner Beisetzung eine große Verehrung für Lullus ein.

Darstellung: Lullus ist im Bischofsgewand dargestellt, meist vor einem Schreibpult stehend.

Margareta Maria Alacoque

Nonne, Mystikerin OVM
geboren: 22. Juli 1647 in Lauthecour, Frankreich
gestorben: 16. Oktober 1690 in Paray-le-Monial, Frankreich

Paray-le-Monial ist ein kleines Städtchen im Westen von Mâcon in Frankreich und zählt etwas mehr als 12 000 Einwohner. Besucht man diesen Ort, ist es schwer vorstellbar, daß Paray-le-Monial einmal einer der Mittelpunkte des Mönchslebens war. Heute strömen die Wallfahrer in die Stadt am Ufer des Bourbince. Ihr Besuch gilt – neben der riesigen, in ihrer Art auf der Welt einzigartigen cluniazensischen Basilika du Sacré Cœur – der Chapelle de la Visitation, wo die heilige Margareta Maria Alacoque in einem vergoldeten Silberschrein ruht. In dieser Kapelle hatte die Ordensfrau 1675 ihre wichtigste Vision: Es erschien ihr das „von Liebe entflammte Herzen Jesu".

Margareta Maria Alacoque kam am 22. Juli 1647 in dem burgundischen Ort Lauthecour als Tochter eines Richters zur Welt. Als das Mädchen acht Jahre alt war, starb der Vater, mit zehn Jahren erkrankte es an schwerer Kinderlähmung, die aber wenige Jahre später auf nie geklärte Weise plötzlich geheilt war. Nach dieser schweren Jugendzeit war Margareta Maria Alacoque glücklich, als sie 1671 dem Orden der Heimsuchung (Salesianerinnen) beitreten durfte. Ihr Kloster befand sich in Paray-le-Monial.

Nachdem die junge Margareta Maria bereits vor dem Eintritt in das Kloster mehrere Visionen gehabt hatte, häuften sich die Ekstasen in der Folgezeit. Ihre Mitschwestern brachten ihr wegen dieser Erscheinungen starke Abneigung entgegen und demütigten die junge Ordensfrau, so oft sich Gelegenheit bot. Die Vorgesetzten erlegten Margareta Maria immer wieder besondere Prüfungen auf. Die junge Frau aber war fest in ihrem Glauben, ließ sich durch diese Anfechtungen nicht erschüttern und gewann eine immer größere Liebe zu Jesus Christus.

Am 16. Juni 1675 kam es dann zu der wichtigen Erscheinung in der Chapelle de la Visitation. Man schrieb den Fronleichnamsoktav. Margareta Maria Alacoque erblickte Jesus Christus, der ihr auftrug, am Freitag nach dem Oktavtag von Fronleichnam den sogenannten Herz-Jesu-Freitag einführen zu lassen.

In den folgenden Jahren widmete sich Margareta Maria, obwohl sie weiterhin schwersten Anfeindungen und Beschuldigungen ausgesetzt war, mit aller Kraft der Verbreitung der Herz-Jesu-Andacht. Einer ihrer treuesten Gefährten und Förderer in dieser Zeit war der Obere der Jesuitenniederlassung in Paray-le-Monial, Claude de la Colombière, der heute zu den Seligen zählt.

Margareta Maria war schon lange tot – ihr Todestag war der 16. Oktober 1690 –, als man zum ersten Mal eine Herz-Jesu-Feier abhielt; es war in Besançon. Es vergingen noch einmal rund 150 Jahre, bis Papst Pius IX. Mitte des 19. Jh. das Herz-Jesu-Fest offiziell einführte. Einer seiner Nachfolger, Benedikt XV., sprach die unvergessene Ordensfrau Margareta Maria Alacoque am 13. Mai 1920 heilig. Die Seligsprechung war 1864 erfolgt.

Darstellung: Margareta Maria Alacoque ist auf Abbildungen im Habit der Salesianerinnen dargestellt, meist, wie sie die Hände vor der Brust kreuzt; oft betrachtet sie auch das Herz Jesu.

17. Oktober

Contardo Ferrini

Professor
geboren: 4. April 1859 in Mailand, Italien
gestorben: 17. Oktober 1902 in Suna, Italien

Contardo Ferrini hatte Jura studiert und war, nach zwei weiteren Studienjahren in Berlin, ab 1882 Dozent und dann Professor für römisches Recht in Pavia, Messina und Modena. Darüber hinaus arbeitete er aufopferungsvoll im Jugend- und Männerapostolat und half, wo immer er konnte. Contardo Ferrini, der zu den größten Gelehrten und Wissenschaftlern seiner Zeit gehörte und bedeutende wissenschaftliche Werke verfaßte, stand bereits im Ruf der Heiligkeit, als er 1902 an Typhus starb, Papst Pius XII. sprach Ferrini am 13. April 1947 selig.

Verehrung/Brauchtum: In der Diözese Berlin wird Contardo Ferrinis am 22. Oktober gedacht.

Ignatius von Antiochien

Bischof, Märtyrer
geboren: 1. Jh.
gestorben: vor 117 in Rom, Italien
Patron gegen Halsschmerzen

Im europäischen Raum tragen viele Kirchen den Namen von Ignatius, des „Gottesträgers", wie er sich selbst nannte. Der Kanon-Heilige ge-

Das Martyrium des greisen Ignatius von Antiochien im flavischen Amphitheater in Rom, dem heutigen Kolosseum.

hört zu den wichtigsten, vor allem aber zu den frühesten Zeugen der alten Kirche. Ignatius, der möglicherweise noch mit Christus zusammengetroffen ist, war ein Schüler des Apostels Johannes. Dieser war es auch, der Ignatius im Jahr 69 zum zweiten oder, wenn man das Episkopat von Paulus hinzurechnet, zum dritten Bischof von Antiochien ernannte. Rund 40 Jahre hatte Ignatius in der Folge das Bischofsamt inne und war seiner Gemeinde ein gütiger und treusorgender Oberhirte.

Als Ignatius schon hochbetagt war, verurteilte ihn Kaiser Trajan, der zuvor schon jahrelang versucht hatte, den Bischof von seinem christlichen Glauben abzubringen, zum Tode. Zusammen mit weiteren Christen brachte man Ignatius auf einem Schiff von Antiochien nach Rom. Dort wurde der greise Bischof im flavischen Amphitheater, dem heutigen Kolosseum, Löwen zum Fraß vorgeworfen. Schon im Angesicht des Todes, rief Ignatius noch aus: „Ich bin der Weizen Christi, ich muß durch die Zähne der Tiere gemahlen werden, um als reines Brot befunden zu werden." Teile der Gebeine des Märtyrers gelangten später wieder nach Antiochien zurück, ein Großteil wird bis heute in der Kirche S. Clemente in Rom verehrt. Das Todesjahr von Ignatius lag vor 117.

Berühmt wurden die sogenannten „Sieben heiligen Briefe" von Ignatius. Es sind Schreiben, die der Bischof auf seiner Reise zur Hinrichtungsstätte in Rom an mehrere christliche Gemeinden richtete. Die ersten vier Briefe verfaßte Ignatius in Smyrna, dem heutigen Izmir an der türkischen Westküste. Sie waren gerichtet an Christen, die in Smyrna im Kerker einsaßen, und an die Christengemeinden von Rom, Ephesus, Tralles und Magnesia. In Troas schrieb Ignatius drei weitere Briefe an die Gemeinden von Philippi, noch einmal an Smyrna und an dessen Bischof Polykarp, mit dem er während seiner Reise zur Hinrichtung zusammengetroffen war.

Alle Briefe mußte Ignatius verschiedenen Christen, die ihn auf dem Schiff besuchen durften, diktieren, da seine Hände in Fesseln lagen. In diesen Schreiben, die später in die Geschichte eingehen sollten, kam erstmals das Wort „katholische Kirche" vor. In allen Briefen erklärte Ignatius, daß er erfüllt sei von der glühenden Liebe zu Jesus Christus, daß er ohne seinen Herrn nichts sei. Immer wieder betonte der zum Tod Verurteilte, wie sehr er sich nach dem Martyrium sehne.

Verehrung/Brauchtum: Die Ostkirche feiert den Gedenktag von Ignatius am 20. Dezember. Im Osten war der Kult um Ignatius zeitweise sehr ausgeprägt; der Bischof und Märtyrer wurde dort als einer der Väter der Orthodoxie (Rechtgläubigkeit) verehrt. Bei den Syrern feierte man den Gedenktag von Ignatius schon seit dem 4. Jh. am 17. Oktober, dem angeblichen Sterbetag.

Darstellung: Ignatius von Antiochien ist auf Abbildungen fast ausschließlich als alter Mann zu sehen, meist mit Bart. Die wohl älteste Darstellung des Bischofs dürfte ein Mosaik in der Hagia Sophia in Istanbul sein (9. Jh.). Ignatius wurde vor allem in der östlichen Kunst dargestellt, später aber auch in der italienischen. Ein Beispiel für die deutsche Darstellung: eine Statue an der St. Ignatius-Kirche in Mainz von Johann-Jakob Jurcker (1772), die Ignatius mit einem Löwen zu Füßen zeigt.

Rudolf von Gubbio

Bischof von Gubbio
geboren: um 1034 in Umbrien, Italien
gestorben: um 1064 in Gubbio, Italien

18. Oktober

Lukas

Evangelist
geboren: vor Christi Geburt in Antiochia, Syrien
gestorben: 1. Jh. in Böotien, Griechenland
Patron von Bologna, Padua und Reutlingen; der Ärzte, Maler, Notare, Chirurgen, Künstler, Goldschmiede, Bildhauer, Buchbinder, Metzger, Sticker, Glasmaler; des Viehes; des Wetters; der christlichen Kunst

Lukas, der Patron der Ärzte und der Metzger, der Maler und der Buchbinder, der Notare und der Bildhauer, ist der Verfasser des dritten Evangeliums und der Apostelgeschichte. Er gehört zu den beliebten und volkstümlichen Heiligengestalten, und gerade in jüngster Zeit wird der Taufname Lukas wieder häufiger. Was kaum jemand weiß: Auch in Europa gibt es eine Stätte der Verehrung für den Evangelisten und zwar in der Kirche S. Giustina in Padua, der Grabkirche der Justina. In einem Alabastersarkophag werden dort Reliquien von Lukas aufbewahrt.

Lukas war von Beruf Arzt und wirkte Mitte des 1. Jh. in seiner Heimatstadt Antiochia im heutigen Syrien. Er war von Geburt Heide; wie er zum Christentum kam, ist nicht authentisch überliefert. Um das Jahr

50/51 schloß sich Lukas in Troas dem Apostel Paulus an, dem er dann für etwa 17 Jahre ein treuer Begleiter wurde. Lukas weilte mit Paulus, den er sehr verehrte, in Philippi, Jerusalem und Rom. Nachdem Paulus im Jahr 67 in Rom enthauptet worden war, soll Lukas in Achaia auf dem griechischen Peloponnes gewirkt und dort auch sein Evangelium und seine Apostelgeschichte verfaßt haben.

Nach der Überlieferung starb Lukas im Alter von 84 Jahren eines friedlichen Todes. Seine Gebeine wurden im 4. Jh. in der neuerbauten Apostelkirche in Konstantinopel beigesetzt. Reliquien kamen dann später nach Padua, wo der außergewöhnliche Sarkophag geschaffen wurde.

Verehrung/Brauchtum: Schon seit dem frühen Mittelalter gibt es um die Person des Lukas zahlreiche Volkstumsbräuche. Unter anderem ließ man in früheren Zeiten das Vieh Zettel mit Segenssprüchen schlucken, die am Lukas-Tag geweiht worden waren, um so Seuchen und Unglück von den Tieren fernzuhalten. Bei den Bauern ist der Lukas-Tag auch ein Wetter-Lostag; es ist unter anderem der Beginn der Rübenernte. Die sogenannten „Lukas-Zettel" legte man früher auch unheilbar Kranken auf, manchmal auch Frauen bei einer schweren Geburt.

Überall auf der Welt gibt es die „Lukas-Gilden", Vereinigungen christlicher Ärzte, die sich mit ethischen Fragen auf dem Gebiet der Medizin befassen.

In Rom kannte man das Lukas-Fest schon im 9. Jh. und feierte es gebührend.

Darstellung: Dargestellt ist Lukas meist mit einem Stier, dem Symbol dieses Evangelisten. Oft sieht man ihn auch, ein Marienbild malend, was auf seine besondere Liebe zu der Gottesmutter Maria und deren ausführliche Schilderung, beispielsweise in den zwei Kapiteln in seinem Evangelium, zurückzuführen ist. Nach der Legende soll Lukas sogar der erste Maler eines Madonnenbildes gewesen sein. Ein frühchristliches Mosaik aus dem 4. Jh. mit dem Abbild des Evangelisten existiert in der Basilika S. Vitale in Ravenna.

Petrus von Alcántara

Ordensgründer, Mystiker OFMDisc
geboren: 1499 in Alcántara/Lissabon, Portugal
gestorben: 18. Oktober 1562 in Arenas, Spanien
Patron von Brasilien; der Diözesen Coria und Estremadura; der Nachtwächter; gegen Fieber

Petrus Alcántara ist der Patron der Nachtwächter. Der Grund: Er schlief, nachdem er ins Kloster eingetreten war, keine Nacht mehr als eineinhalb Stunden. Seine Berühmtheit erlangte der 1499 in dem spanischen Städtchen Alcántara geborene Sohn aus dem Adelsgeschlecht Alcántara als Reformer innerhalb des Franziskanerordens, als großer Förderer von

Der Evangelist Lukas. Nach einem Fresko aus der Zeit um 680 in der Grabeskirche der Märtyrer Felix und Adauctus in Rom.

Alabastersarkophag in der Kirche S. Giustina in Padua, in welchem Reliquien des Evangelisten Lukas aufbewahrt werden. Ursprünglich waren die Gebeine in Konstantinopel beigesetzt worden.

Theresia von Ávila und als Verfasser eines Lehrbuches, das 200 Auflagen erzielte.

Petrus trat bereits mit 16 Jahren dem Franziskanerorden bei und wurde 19jährig Pförtner eines Klosters. Nachdem er innerhalb seines Ordens zahlreiche Ämter bekleidet hatte, gründete Petrus von Alcántara 1555 mit dem Einverständnis von Papst Paul IV. die Gemeinschaft der Discalceaten, eine Reformkongregation von einer Strenge, wie es sie bisher noch nicht gegeben hatte. Die Brüder nannten sich „Fratres strictissimae observantiae“ oder nach ihrem Gründer Alcantariner. Sie lebten in Kleinstzellen, gingen jahraus, jahrein barfuß, schliefen auf dem Boden oder auf Brettern und aßen weder Fleisch und Fisch noch Eierspeisen. Petrus von Alcántara erlegte sich selbst die strengsten Regeln auf: Fast täglich geißelte er sich und schlief nachts höchstens eineinhalb Stunden im Sitzen. Auf seinem Körper trug er ein Hemd aus scharfem Blech. Immer wieder wurden ihm mystische Gnadenbeweise zuteil.

Petrus von Alcántara gehörte zu den bedeutendsten Persönlichkeiten seiner Zeit und hatte großen Einfluß auf alle Gesellschaftsschichten. Er machte sich als Gründer mehrerer Klöster einen Namen und war einer der geachtetsten religiösen Schriftsteller. Ganz entscheidend förderte Petrus die Arbeit von Theresia von Ávila bei der Reformierung des Karmelitenordens.

Petrus von Alcántara starb am 18. Oktober 1562 in Arenas, das seither den Zusatz „de San Pedro“ trägt und bis heute von der Erinnerung an seinen großen Heiligen lebt. Immer wieder stößt man hier auf den Namen Pedro. Die gotische Pfarrkirche allerdings, in der Petrus von Alcántara beigesetzt wurde, heißt „de la Asunción“. Etwas außerhalb der Stadt steht das Kloster San Pedro de Alcántara, das im 18. Jh. von König Karl III. erbaut wurde. Papst Clemens IX. sprach Petrus 1669 heilig.

Darstellung: Im einfachen Gewand seiner Reformkongregation wurde Petrus von Alcántara meist dargestellt, als Attribute sind ihm Geißel, Totenkopf, Taube, Stern, Buch und Tintenfaß beigegeben. Häufig ist er auf Abbildungen auch gemeinsam mit Gefährtin Theresia von Ávila zu sehen.

19. Oktober

Frideswida

Äbtissin von Oxford
geboren: 7. Jh. in Mercia, England
gestorben: um 735 in Oxford, England
Patronin von Oxford

Isaac Jogues. Nach einem Porträt aus dem Jahr 1644 (vera effigies).

Isaac Jogues

Missionar, Märtyrer SJ
geboren: 10. Januar 1607 in Orléans Frankreich
gestorben: 18. Oktober 1646 in Ossernenon, Kanada

Gemeinsam mit sieben anderen Jesuitenmissionaren wurde der Franzose Isaac Jogues am 29. Juni 1930 von Papst Pius XI. heiliggesprochen (Seligsprechung: 1925). Jogues war bereits mit dem Wunsch, in die Mission zu gehen, als 17jähriger bei den Jesuiten eingetreten. Rund zwölf Jahre später wurde er für die Kanada-Mission bestimmt, 1636 traf Isaac Jogues in Quebec ein. Mehrere Jahre wirkte der junge Mönch dann in der Huronenmission am Huronsee, die Jean de Brébeuf gegründet hatte. 1642 wurde Isaak Jogues von heidnischen Irokesen gefangengenommen und großen Qualen ausgesetzt. Doch selbst in der Gefangenschaft missionierte er weiter und taufte viele Irokesen.

Nach seiner Flucht kehrte Jogues unter den abenteuerlichsten Bedingungen nach Frankreich zurück, wo er von Papst und König geehrt wurde. Doch schon ein Jahr später zog es Isaac Jogues erneut nach Kanada; er wurde dort zum Friedensstifter zwischen Franzosen und Mohawks. Der Friede währte aber nur kurz: Im Oktober 1646 nahmen Mohawks Jogues fest und ermordeten ihn einige Tage später am Marterpfahl.

Isaac Jogues war der erste katholische Priester, der New York besucht hat.

Jean de Brébeuf und Gefährten

Priester, Mönch, Märtyrer SJ
geboren: 25. März 1593 in Condé-sur-Vire, Frankreich
gestorben: 16. März 1649 in St. Ignace, Kanada

Der Jesuit Jean de Brébeuf war einer der zahlreichen Märtyrer in Kanada. Der Franzose aus der Normandie war 1625, nach seiner Priesterweihe, nach Kanada gekommen, wo zu jener Zeit die erste Jesuitenmission entstand. Brébeuf machte sich in der Folge vor allem um die Mission bei den Huronen verdient; er schrieb einen Katechismus, ein Wörterbuch und eine Grammatik in Huronen-Sprache.

Nach vielen bewegten Jahren, in welchen er auch einmal von englischen Seeräubern entführt worden war, geriet Jean de Brébeuf in die Gefangenschaft der Irokesen und wurde gemeinsam mit weiteren Gefährten am 16. März 1649 am Marterpfahl getötet. Papst Pius XI. sprach Brébeuf gemeinsam mit sieben anderen Jesuitenmissionaren am 29. Juni 1930 heilig; die Seligsprechung war 1925 erfolgt.

Paul vom Kreuz

Ordensgründer, Mystiker CP
geboren: 3. Januar 1694 in Ovada, Italien
gestorben: 18. Oktober 1775 in Rom, Italien
Patron der Passionisten

Die Wiege des Passionistenordens stand dort, wo sich heute Touristen aus vielen Ländern zum Bade- und

Paul vom Kreuz. Der Italiener gründete 1737 den Passionistenorden.

Strandurlaub treffen: auf dem Monte Argentario auf der Lagune Orbetello an der toskanischen Mittelmeerküste. Im Jahr 1737 ließ sich hier Paul vom Kreuz zusammen mit seinem Bruder Johann Baptist nieder und gründete das erste Kloster des Ordens, der allerdings erst am 15. Mai 1741 von Papst Benedikt XIV. offiziell und endgültig bestätigt wurde. Die Congregatio Passionis wirkt bis heute in vielen Ländern der Welt, besonders segensreich in Amerika. Die Mitglieder des Ordens legen außer den drei üblichen Gelübden noch ein viertes ab: Sie geloben, die Andacht zum Leiden Christi zu fördern.

Paul wurde als erstes von 16 Kindern der verarmten Adelsfamilie Danei am 3. Januar 1694 in dem Ort Ovada in Piemont geboren. Schon während seiner Jugendzeit erteilte Paul Katechismus-Unterricht in seiner Pfarrgemeinde. Im Alter von 22 Jahren beschloß der tiefgläubige junge Mann nach einer Vision des Heilands, sein Leben ganz Gott zu weihen und nur ihm zu dienen. Für 40 Tage zog sich Paul daraufhin in eine Einsamkeit zurück und verfaßte eine Ordensregel, die Ursprungsregel des späteren Passionistenordens. Paul sagte dazu: „Ich fühlte die Worte mir aus dem Herzen kommen."

Bereits 1725 erhielt der 30jährige Paul von Papst Benedikt XIII. die Zustimmung zur Gründung einer Ordensgemeinschaft. Die Absicht des Italieners war es, einen Orden zu gründen, in dem die Brüder ihr Leben mit der Tatkraft der Jesuiten und in der Einsamkeit der Kartäuser führten. Als Papst Benedikt XIV. dann Jahre später die abgemilderte Regel von Paul anerkannte, sagte er: „Der Orden, der als erster hätte gestiftet werden müssen, wurde als letzter gegründet." In der Folgezeit, bis zur Errichtung des ersten Klosters der Passionisten-Gemeinschaft auf dem Monte Argentario, lebte Paul vom Kreuz teilweise in völliger Einsamkeit, teilweise zog er predigend durch das Land. Er unterrichtete das Volk, predigte Buße und erzählte den Gläubigen von den Leiden Jesu Christi. Das Volk achtete und liebte ihn und sah in ihm schon zu Lebzeiten einen Heiligen. Bis heute wird Paul vom Kreuz zu den größten Predigern seines Jahrhunderts gezählt.

Im Jahr 1769 wurde Paul Ordensgeneral der Passionisten. Von Orbetello aus verlegte er das Generalat in das Kloster S. Giovanni e Paolo in Rom, das er von Papst Clemens XIV., der ihn sehr schätzte, übereignet bekommen hatte. Hier starb der mystisch hochbegnadete Ordensgründer am 18. Oktober 1775 im Alter von 81 Jahren eines friedlichen Todes. Das Sterbezimmer von Paul vom Kreuz blieb so, wie es der Ordensstifter für immer verlassen hat. Die Ordensbrüder, die hier nach wie vor ihr Generalat haben, bewahren in den Räumen, die in den letzten Lebensjahren Pauls Zuhause waren, die Erinnerung an ihr großes Vorbild. Die Zimmer, die Paul vom Kreuz einst bewohnte und wo er starb, liegen im Erdgeschoß des wuchtigen Klosters am Celio in Rom, südlich vom Kolosseum, wohin sich heute selten ein Tourist verirrt. In der bemerkenswerten Klosterkapelle werden die Reliquien des großen Predigers, Gründers und Missionars aufbewahrt und verehrt.

Papst Pius IX. sprach Paul vom Kreuz, von dessen Wirken und Geisteshaltung über 2000 Briefe Zeugnis ablegen, am 29. Juni 1867 heilig.

Verehrung/Brauchtum: Vor 1969 war der 28. April der Gedenktag für Paul vom Kreuz.

Darstellung: Paul vom Kreuz ist auf Darstellungen im schwarzen Habit seiner Ordensgemeinschaft abgebildet; als Attribute hat er Buch, Lilie, Kreuz, Rosenkranz, Totenkopf oder Leidenswerkzeuge bei sich. Aus dem Jahr 1773 existiert ein vera effigies, ein authentisches Abbild von Paul vom Kreuz; auch wurde nach der Totenmaske ein Gemälde angefertigt.

Das Kloster S. Giovanni e Paolo in Rom. Hier starb Paul vom Kreuz am 18. Oktober 1775 im Alter von 81 Jahren, hier werden bis heute seine Reliquien aufbewahrt. Das Sterbezimmer von Paul vom Kreuz blieb so erhalten, wie es der Ordensstifter für immer verlassen hatte. Die Ordensbrüder der Passionisten, die hier immer noch ihr Generalat haben, pflegen die Stätte liebevoll.

20. Oktober

Franz Alexander Jakob Kern

Mönch, Priester OPraem
geboren: 11. April 1897
in Wien, Österreich
gestorben: 20. Oktober 1924
in Wien

Kurz vor seinem Abschluß steht in Rom der Seligsprechungsprozeß für den Wiener Prämonstratenserpriester Franz Alexander Kern, der im Orden den Namen Jakob trug. Kern, dessen Wunsch es schon als Kind gewesen war, Priester zu werden, war 19jährig an der italienischen Front im Ortlergebiet schwer verwundet worden, die Verletzung sollte nie mehr ausheilen. Nach dem Ende des Ersten Weltkrieges spürte Kern, daß er berufen war, in den Ordensdienst einzutreten; er trat im Prämonstratenserstift Geras im Waldviertel, nördlich von St. Pölten, der von Norbert von Xanten gegründeten Gemeinschaft bei. 1922 empfing er in Wien die Priesterweihe.

Voller Hingabe und Aufopferungsbereitschaft leistete Jakob Kern seinen Seelsorgedienst in den Pfarreien von Geras. Doch dann plötzlich brach die Kriegsverletzung wieder auf, an deren Folgen der junge Geistliche am 20. Oktober 1924 im Allgemeinen Krankenhaus in Wien starb. Schon bald nach dem Tod Kerns wurde der Seligsprechungsprozeß in Gang gebracht, die Seligsprechung erfolgte am 21. Juni 1999 in Wien.

Maria Bertilla Boscardin

Nonne SSD
geboren: 6. Oktober 1888 in
Brendola, Italien
gestorben: 20. Oktober 1922 in
Treviso, Italien

Papst Johannes XXIII. sprach am 11. Mai 1961 die italienische Dorotheenschwester Maria Bertilla Boscardin heilig, an deren Grabstätte in Vicenza sich zahlreiche Wunder ereignet haben. Maria Bertilla Boscardin war im Alter von 17 Jahren Dorotheenschwester geworden und hatte danach in aufopferungsvoller Weise, selbst schwer leidend, Kranke und Sterbende in den Lazaretten und Krankenhäusern des Ersten Weltkrieges gepflegt.

Die Grabplatte des Vitalis in St. Peter in Salzburg, geschaffen im Jahr 1497 von „Meister Hans".

Vitalis von Salzburg

Bischof
geboren: 7. Jh.
gestorben: 20. Oktober um 730 in
Salzburg, Österreich
Patron des Pinzgaues; der Kinder;
der Schwangeren

Unter den großen Bischöfen, die das Bistum Salzburg hervorgebracht hat, ist Vitalis einer der bedeutendsten, manche sagen, der bedeutendste überhaupt. In der einzigartigen Stiftskirche St. Peter in Salzburg wird der direkte Nachfolger des Bistumsgründers Rupert bis zum heutigen Tag besonders verehrt. Wenige Meter vom ehemaligen Felsengrab Ruperts entfernt, erhebt sich im südlichen Querhausarm der kleine Vitalis-Altar mit einer goldenen Vitalis-Statue. Darunter befindet sich das Grab des Bischofs, der übrigens nie offiziell kanonisiert wurde. Das Grabrelief von Vitalis, geschaffen 1497 von einem Meister mit dem Namen Hans, ist die bedeutendste mittelalterliche Grabplastik Salzburgs.

Über Herkunft, Jugendzeit und Hinwendung zum Seelsorgerdasein von Vitalis sind keine exakten Daten überliefert. Sein Name erscheint erst, als er Schüler von Abt-Bischof Rupert von Salzburg war. Nach Ruperts Tod am 27. März 718 wurde Vitalis zum Nachfolger seines Lehrmeisters ernannt und bekleidete in den folgenden zwölf Jahren das Amt des Abt-Bischofs der Salzachstadt. Rupert hatte Vitalis noch selbst zu seinem Nachfolger bestimmt. Eine besonders segensreiche Tätigkeit entfaltete Abt-Bischof Vitalis – die Salzburger Bischöfe waren zu jener Zeit auch Äbte des Stiftes St. Peter, der Keimzelle der Stadt Salzburg – außer an seinem Bischofssitz auch im Pinzgau. Rupert hatte dort ebenfalls schon eifrig missioniert, und Vitalis setzte das begonnene Werk mit großem Einsatz fort. So gilt Vitalis noch heute als Schutzpatron dieser Gegend südlich von Salzburg. Durch das unermüdliche und aufopferungsvolle Bemühen von Vitalis konnte sich das Christentum in und um Salzburg ausbreiten und erfuhr von ihm starke Unterstützung.

Vitalis starb an einem 20. Oktober um 730 und wurde in der Abteikirche St. Peter beigesetzt. Im Mittelalter war er der meistverehrte Bischof Salzburgs, seine Grabstätte wurde zu einer vielbesuchten Wallfahrtsstätte. Ein Heiligsprechungsverfahren wurde zwar eingeleitet, aber nie zu Ende geführt. Papst Leo X. gestattete 1519 die Verehrung von Vitalis für St. Peter, Papst Urban VIII. erweiterte sie 1628 auf die Diözese Salzburg.

Darstellung: Zahlreiche Darstellungen von Bischof Vitalis gibt es in Salzburg; die älteste, die den Bischof mit Meßkleidung zeigt, ist jene auf der Marmorgrabplatte in der Kirche St. Peter.

Wendelin (Wendel, Wandelin)

Einsiedler
geboren: um 550(?) in Schottland(?)
gestorben: 617(?) in Tholey, Saarland
Patron der Bauern, Hirten, Schäfer; des Viehes; gegen Viehseuchen; der Felder

Die Lebensgeschichte Wendelins beruht zum größten Teil auf Legenden. Danach war er ein schottischer Königssohn und kam um das Jahr 550 zur Welt. Im Alter von 20 Jahren entschloß sich der von einem Bischof erzogene Wendelin, eine Wallfahrt nach Rom zu unternehmen. Dort soll er vom Papst gesegnet worden sein. Danach zog er wieder in Richtung Norden und kam schließlich nach Trier, wo er sich als Einsiedler niederließ.

Um sich seinen Lebensunterhalt zu verdienen, übernahm Wendelin Hirtendienste bei einem Adligen. Die Legende erzählt, daß er mit seinen Herden gern zu einem weit vom Landgut entfernten Berg zog, um in Ruhe zu beten. Einmal nun kam sein Herr dort vorbei und war zornig, weil er annahm, daß Wendelin mit den Tieren nicht mehr rechtzeitig bis zum Abend in den Stall zurückkehren konnte. Als der Adlige jedoch zu Hause ankam, war Wendelin mit den Herden bereits eingetroffen. Er erkannte, daß dieser Viehhirte ein besonderer Mensch war, fiel vor ihm auf die Knie und bat ihn um Entschuldigung für sein ungeduldiges Verhalten.

Um sein Unrecht wiedergutzumachen, erfüllte der Adlige Wendelin einen großen Wunsch: Er erbaute dem Hirten in der Nähe des Gutes eine Einsiedlerzelle. Hier lebte Wendelin von nun an in Frieden und gab sich ganz dem Gebet und der Besinnung hin. Bald hörten die Mönche des nahegelegenen Klosters Tholey von der frommen Lebensweise Wendelins. Eine Abordnung suchte den Einsiedler in seiner Zelle auf und überbrachte ihm die Nachricht, daß man ihn zum Abt des Klosters ernannt habe. Wendelin nahm die Wahl an und lebte fortan im Kloster Tholey, wo er im Jahr 617 auch gestorben sein soll.

Zur Beisetzung Wendelins gibt es ebenfalls eine berühmte Legende: Die Mönche von Tholey bestatteten ihren Abt in einem Grab. Am folgenden Morgen aber lag der Leichnam neben der Begräbnisstätte. Da spannten die Mönche zwei Ochsen vor einen Karren und ließen die Tiere den Körper Wendelins dorthin ziehen, wohin sie wollten. Und so, als ob sie den Weg schon viele Male gegangen wären, zogen die Ochsen den Wagen auf jenen Berg hinauf, wo der Einsiedler früher immer so gern gebetet hatte. Dort wurde der Abt nun beigesetzt, und aus der Begräbnisstätte entwickelte sich bald eine berühmte Wallfahrtsstätte. Nach und nach entstand aus dem Pilgerort die Stadt St. Wendel an der Saar.

Verehrung/Brauchtum: Wendelin gehört zu den besonders volkstümlichen Heiligengestalten und genießt vor allem im Saarland, seiner Wirkungs- und Begräbnisstätte, sowie in Bayern große Verehrung. Künstler aller Jahrhunderte haben sich mit der Person des Einsiedlers und Hirten beschäftigt, so der Wessobrunner Meister Feichtmayr, der die Wendelin-Figur in der Nothelfer-Basilika Vierzehnheiligen in Franken schuf, eine der schönsten unter allen Nothelfer-Figuren in diesem Gotteshaus. Obwohl Wendelin nicht zu den klassischen 14 Nothelfern gehört, wurde er in bestimmten Regionen schon immer dazu gezählt. Er gilt als der große Schutzpatron der Hirten und Bauern. Wendelin-Kirchen gibt es inzwischen in der ganzen Welt, so auch in Südamerika, Afrika und sogar in China.

Auch heute noch pilgern viele Gläubige in die Pfarr- und Wallfahrtskirche St. Wendelinus in St. Wendel. Die kostbare Tumba und der Schrein hinter dem Hochaltar gehören zu den bedeutendsten Erinnerungsstücken an den Einsiedler. Das Grab Wendelins ist seit der Zeit um 1000 bezeugt.

Darstellung: Wendelin wurde als Pilger, Mönch, Einsiedler oder Hirte dargestellt, seltener auch einmal als Königssohn. Als Attribute hat er Stab, Tasche, Rosenkranz, Buch, Schaufel, Keule oder Krone bei sich. Ein berühmtes Gemälde von Hans Baldung Grien (1525) zeigt Wendelin mit Hirtentasche, Keule und Rosenkranz (Städelsches Kunstinstitut, Frankfurt).

21. Oktober

Hilarion von Gaza

Einsiedler
geboren: um 290 in Tabatha, Palästina
gestorben: um 370 auf Zypern

Hilarion von Gaza war zunächst einige Zeit Schüler des Mönchsvaters Antonius. Danach lebte er in einer

Wüste in Palästina als Einsiedler und gilt deshalb als Begründer des Mönchtums in seiner Heimat. Da Hilarion viele Wunder vollbrachte, suchten ihn immer mehr Menschen auf, weshalb der Eremit schließlich floh. Nach Stationen auf Sizilien und in Dalmatien starb er auf der Insel Zypern.

Verehrung/Brauchtum: Sofort nach dem Tod von Hilarion entwickelte sich im Osten eine starke Verehrung für den Einsiedler. Der Kult breitete sich im Lauf der Jahrhunderte auch nach Italien und Frankreich aus. Die Gebeine des Eremiten sollen angeblich in den französischen Ort Duravel übertragen worden sein. Auf der Insel Zypern wurden zahlreiche Kirchen nach Hilarion benannt, einige existieren noch.

Darstellung: Hilarion ist in der künstlerischen Darstellung entweder als Greis oder als Jüngling zu sehen. Als jungen Mann stellte ihn Sadeler um 1600 in einem Stich dar (Graphische Sammlung, München). Als Mönch malte der italienische Künstler Filippo Lippi Hilarion um 1450 (Uffizien, Florenz).

Malchos (Malchus)

Einsiedler
geboren: 4. Jh. in Nisibis, Syrien
gestorben: 4. Jh. in Chalkidike, Griechenland

Die Vita des Malchos ist möglicherweise mit Legenden durchsetzt. Nach den Überlieferungen soll Malchos als junger Mann um die Mitte des 4. Jh. in die Wüste geflohen sein, wo er in der Folge als Einsiedler lebte. Sarazenen nahmen ihn später gefangen und zwangen ihn zu einer Ehe mit einer jungen Christin. Beide konnten fliehen, Malchos kehrte in seine Einsiedelei in die Wüste von Chalkidike zurück, seine Frau trat in ein Kloster ein. Hieronymus, mit dem Malchos gut befreundet gewesen war, schrieb nach dem Tod des Eremiten dessen Vita.

Ursula und Gefährtinnen

Märtyrerinnen
geboren: 3. Jh.(?) in England(?)
gestorben: 3./4. Jh. in Köln, Nordrhein-Westfalen
Patronin von Köln; der Jugend; der Lehrerinnen und Erzieherinnen; der Universitäten von Paris und Coimbra; der Tuchhändler; für eine gute Heirat und eine gute Ehe; für einen ruhigen Tod; der kranken Kinder

Wie bei so vielen großen Heiligengestalten kann auch bei Ursula das Lebensbild nur anhand von Legenden gezeichnet werden. Eng verknüpft mit Ursulas Vita ist jene der legendarischen 11 000 Gefährtinnen, die mit ihrer Führerin zusammen in den Tod gingen. Man weiß inzwischen, daß die Zahl 11 000 auf einen Lesefehler zurückgeht und die Zahl elf wohl eher stimmt. Auch die Überlieferungen über Leben und Sterben von Ursula und ihren Begleiterinnen sind größtenteils Legende, nur ein Kern davon entspricht wohl der Wirklichkeit. Hier die klassische Ursula-Vita, wie sie allgemein bekannt ist:

Danach war Ursula eine englische Königstochter und lebte möglicherweise im 3. Jh. Bereits als junges

Der Schrein der Ursula in der Kirche St. Ursula in Köln. Das kostbare Kunstwerk stammt aus dem Jahr 1156, wurde allerdings im 19. Jh. neu gestaltet. Die Märtyrerin Ursula steht hier zwischen den beiden Erzengeln Michael und Gabriel.

Mädchen hatte sie ewige Jungfräulichkeit gelobt, wurde dann aber von ihrem Vater mit einem adeligen Christen verlobt. Einige Überlieferungen berichten, der junge Prinz habe den Namen Aetherius getragen. Die Legende erzählt nun, daß der Bräutigam Ursulas vom Kaiser für seine Treue ein Stück Land geschenkt erhielt, die heutige Bretagne in Frankreich. Hier wollte sich Aetherius mit seinen ebenfalls christlichen Soldaten niederlassen und eine neue Heimat schaffen. Ursula und die Bräute der Soldaten sollten später zusammen mit dem Schiff nachfolgen.

Ursula und ihre „11000 Gefährtinnen" sollen dann bei der Überfahrt zum Kontinent in einen schweren Sturm geraten und in die Rheinmündung getrieben worden sein. Von dort segelten die Frauen rheinaufwärts nach Köln, das zu jener Zeit von den Hunnen besetzt war. Die Krieger sollen in der Folge brutal über die Frauen hergefallen sein, sie mißhandelt und danach ermordet haben. Von Ursula wird erzählt, daß sie wegen ihrer außergewöhnlichen Schönheit vom Hunnenkönig begehrt wurde und deshalb am Leben blieb. Als sie sich dem Herrscher aber verweigerte, wurde sie mit dem Pfeil getötet. Nachdem alle Jungfrauen ermordet waren, kamen 11000 Engel vom Himmel herunter und trieben die Hunnen, so die Legende, in die Flucht. Christen der Stadt Köln sollen die Leichen aller Märtyrerinnen begraben und über der Beisetzungsstätte eine Kirche errichtet haben, die Ursula geweiht wurde. Das Todesjahr der Märtyrerinnen lag möglicherweise im 3. oder im 4. Jh., eventuell um 304.

Interessant ist eine Tafel, die heute an der Südwand des hochgotischen Chores von St. Ursula in Köln angebracht ist und auf der geschrieben steht, daß ein Kölner Bürger schon sehr früh hier eine Kapelle wiederherstellen ließ, „wo heilige Jungfrauen für den Namen Christi ihr Blut vergossen haben". In der sogenannten Goldenen Kammer in der gewaltigen Kirche St. Ursula sind heute alle Wände mit Reliquiennischen versehen und mit Menschengebeinen überzogen. Man hat die Gebeine im Jahr 1106 bei der Erweiterung der Kölner Stadtmauer gefunden und angenommen, daß sie von den „11000 Jungfrauen" stammten.

In der Kirche St. Ursula, heute umgeben von den großen Verkehrsadern der Stadt, erinnert vieles an die Märtyrerin. Die Grabkapelle der Kirchenpatronin befindet sich im nördlichen Querschiff. In weißem Alabaster gemeißelt, ruht Ursula wie im Schlaf auf einem schwarzen Marmorgrabmal. Im Unterbau der wuchtigen Tumba erblickt man durch drei große Öffnungen einen gotischen Sarkophag. Dieses Kunstwerk wurde Ende des 17. Jh. wieder aufgefunden. Hinter dem Hauptaltar steht der Ursula-Schrein, den die Kölner Goldschmiede Hermeling und Wüsten um 1880 schufen.

Verehrung/Brauchtum: Etwa ab dem 10. Jh. ging der Ursula-Kult in die ganze Welt hinaus, überall entstanden Ursula-Kirchen. Besonders die Zisterzienser setzten sich für die Verbreitung der Verehrung ein, die einen Höhepunkt im 15. Jh. erreichte. Im volkstümlichen Brauchtum gab es damals die sogenannten „Ursula-Schiffchen".

Die Ursulinen, der 1535 in Brescia gegründete Orden von Angela Merici, nannten sich nach der hochverehrten Ursula.

Darstellung: Künstler vieler Länder stellten das Martyrium der Ursula im Bild dar. Aber auch die Abbildung der Ursula als Schutzmantelfigur war häufig. Ein Beispiel dafür findet sich in der Ostapsis des Kölner Gotteshauses St. Ursula; die Märtyrerin birgt hier sechs ihrer Gefährtinnen unter ihrem Mantel. Nach Maria gilt Ursula als die am häufigsten dargestellte Schutzmantelfigur überhaupt.

Ein berühmtes Gemälde von Tintoretto in der Kirche S. Lazzaro in Venedig (1547) zeigt Ursula mit den Gefährtinnen in einem Zug. Skizzen von Peter Paul Rubens im Palazzo Ducale in Mantua (17. Jh.) zeigen das Martyrium der Ursula. Eine der schönsten Darstellungen der Ursula-Legende stammt von Vittorio Carpaccio und bedeckt, prächtig in Farbe und Ausdruck, einen ganzen Raum in der Galleria dell' Accademia in Venedig.

Wulflaik

Einsiedler, Gründer
geboren: 6. Jh.
gestorben: um 600 in St-Walfroy, Frankreich

Wulflaik (Walfroy) lebte zunächst als Einsiedler und gründete dann in Nordfrankreich ein Kloster; der Ort wurde nach ihm St-Walfroy genannt.

Verehrung/Brauchtum: In verschiedenen französischen Orten wird Wulflaik auch unter dem Namen St-Wulphy verehrt.

22. Oktober

Bertharius

Abt, Märtyrer OSB
geboren: um 810 in Italien
gestorben: 22. Oktober 884 in Montecassino, Italien

Bertharius war einer der bedeutendsten Äbte der berühmten Benediktinerabtei Montecassino, deren Leitung er Mitte des 9. Jh. übernommen hatte. Er war es auch, der die Exemtion für das wichtige Kloster erwirkte. Darüber hinaus war Bertharius ein vielbeachteter Schriftsteller und Dichter. Bei einem Überfall durch die Sarazenen wurde der Abt am 22. Oktober 884 in der Klosterkirche von Montecassino ermordet.

Cordula (Kordula)

Märtyrerin
geboren: 3. Jh.(?)
gestorben: 3./4. Jh.(?)/um 304(?) in Köln, Nordrhein-Westfalen
Patronin von Köln und Tortosa

Der Name Cordula, der in Deutschland lange Zeit zu den beliebten Mädchennamen gehörte, geht auf die Märtyrerin Cordula zurück. Cordula war eine der legendarischen 11000 Gefährtinnen von Ursula und erlitt demnach in Köln das Martyrium. Die junge Christin hätte die Möglichkeit gehabt, den Häschern zu entkommen, da sie sich auf einem Schiff verstecken konnte, wo sie unentdeckt blieb, während ihre Glaubensgenossinnen ermordet wurden. Doch als Cordula sah, wie tapfer und gottesgläubig die anderen Jungfrauen in den Tod gingen, trat sie aus ihrem Versteck hervor und stellte sich, so die Legende, den Mördern. Auch sie wurde daraufhin brutal getötet.

Die Gebeine der Märtyrerin gelangten später in die Kölner Johanniterkirche, wo sie 1278 von Bischof

Der Cordula-Schrein (1446/47) im Domschatz von Osnabrück.

Albertus Magnus erhoben wurden. Nach der Säkularisation kamen die Reliquien nach Königswinter, einige auch nach Rimini an der Adria.

Darstellung: Cordula ist meist in vornehmer Kleidung dargestellt, als Attribute hat sie Schiff(chen), Pfeil, Lanze, Kranz oder Krone bei sich. Eine der ältesten Abbildungen der Märtyrerin ist auf einem Glasgemälde aus dem Jahr 1220 in der Kölner Kirche St. Kunibert zu sehen.

Ingebert (Ingbert, Ingobert)

Einsiedler
geboren: 6./7. Jh.
gestorben: 7. Jh. in St. Ingbert, Saarland

Die saarländische Stadt St. Ingbert entstand an der Stelle, an welcher der Einsiedler Ingebert im 7. Jh. seine Zelle hatte.

Salome von Galiläa

Jüngerin Jesu
geboren: vor Christi Geburt
gestorben: 1. Jh. in Galiläa(?)

Salome von Galiläa war die Frau von Zebedäus und die Mutter der Apostel Johannes und Jakobus des Älteren. Ihr Name und ihr Wirken sind bei Lukas, Matthäus und Markus erwähnt. Gemeinsam mit anderen Frauen soll Salome unter dem Kreuz Jesu gestanden haben. Sie war auch dabei, als man am Ostermorgen das leere Grab Christi entdeckte.

Darstellung: Auf Abbildungen ist Salome von Galiläa mit einem Salbgefäß in Händen zu sehen. Manchmal wurde sie auch gemeinsam mit ihren beiden berühmten Apostel-Söhnen dargestellt.

23. Oktober

Heinrich von Köln (von Marsberg)

Gründer, Prior OP
geboren: um 1200 in Mühlhausen, Saarland
gestorben: 23. Oktober 1229 in Köln, Nordrhein-Westfalen

Johannes Bonus (von Mantua)

Gründer, Einsiedler
geboren: 1168 in Mantua, Italien
gestorben: 23. Oktober 1249 in Mantua, Italien

Nach einem bewegten Leben ließ sich Johannes Bonus im Alter von 40 Jahren in Oberitalien als Einsiedler nieder. Im Laufe der Zeit scharten sich immer mehr Gleichgesinnte um ihn, die er im gemeinsamen klösterlichen Leben unterrichtete. Als Folge davon entstanden nach und nach über 20 Klöster, die meisten in den Regionen Lombardei und Emilia Romagna. Im Jahr 1256 schloß Papst Alexander IV. die Eremiten des Johannes Bonus mit weiteren Einsiedlerkongregationen zur Gemeinschaft der Augustiner-Eremiten zusammen; die Mitglieder des Ordens wurden auch Jamboniten genannt, da Johannes auch Jambonus hieß. Auch der Name Johannboniten war geläufig. Papst Sixtus IV. sprach Johannes Bonus 1483 selig.

Johannes von Capestrano

Mönch, Prediger, Legat OFM
geboren: 24. Juni 1386 in Capestrano, Italien
gestorben: 23. Oktober 1456 in Ilok, Ungarn

Der Franziskanerorden hat viele bedeutende und einflußreiche Persönlichkeiten hervorgebracht. Eine der größten war Johannes von Capestrano, Wanderprediger, Friedensstifter, Beichtvater, Ordensreformator, genannt „Apostel Europas".

Johannes von Capestrano. Nach dem berühmten Gemälde von Bartolomeo Vivarini (1459).

Johannes kam am 24. Juni 1386 in dem kleinen Abruzzenort Capestrano östlich von L'Aquila als Sohn eines eingewanderten Barons zur Welt. Er studierte in Perugia Rechte und wurde 26jährig zum Bürgermeister dieser Stadt gewählt. Doch bei den folgenden Städtekämpfen stürzte man Johannes und nahm ihn gefangen. Während der harten Kerkerhaft erlebte er eine persönliche Bekehrung. Er ließ seine Ehe annullieren und trat nach seiner für viel Geld erkauften Freilassung in den Franziskanerorden ein. Im Jahr 1415 nahm Johannes von Capestrano das Ordenskleid.

Schon bald wurde Johannes von Capestrano der engste Freund des von ihm bewunderten großen Volksmissionars Bernhardin von Siena. Er begleitete seinen sechs Jahre älteren Ordensbruder auf dessen Missionsreisen und ging schließlich, nachdem er die Priesterweihe empfangen hatte, selbst auf Wanderpredigt. Bernhardin von Siena hatte sich innerhalb des Franziskanerordens der Gruppe der Observanten angeschlossen und war von 1438 bis 1442 deren Generalvikar. Zusammen mit Johannes von Capestrano sorgte Bernhardin für die Ausbreitung der Observanz innerhalb Italiens.

Wie zu Bernhardin strömten nun auch zu Johannes die Menschenmassen, wenn er auf den Plätzen und von den Kanzeln predigte. Wo er hinkam, wurde er feierlich empfangen und im Geleitzug in die Städte geführt. Die größten Kirchen waren zu klein, wenn Johannes zum Volk predigte. Beeindruckt von der Redefähigkeit des Franziskaners und von dem Charisma, das Johannes umgab, machte der Papst den Priester aus Capestrano mehrmals zu seinem Legaten. Johannes wirkte in Österreich und Mähren, in Böhmen und Deutschland, in Polen und in den Niederlanden. Während 40 Jahren predigte er jeden Tag, ohne sich jemals einen Ruhetag zu gönnen. Er griff mit seinen Kanzelworten auch in die Politik ein und versöhnte streitende Herrscher und einander bekämpfende Städte. In der berühmten Schlacht von Belgrad im Jahr 1456 rettet Johannes von Capestrano durch sein Charisma und sein mutiges Auftreten vor den schon fast geschlagenen Soldaten das Abendland vor dem Untergang. Mit dem Kreuz in der Hand hatte der Missionar die Krieger noch einmal zu einem Aufbäumen gegen die Türken angespornt.

Innerhalb des Franziskanerordens erwirkte Johannes von Capestrano in Fortführung des Werkes von Bernhardin die Loslösung der Observanten von den Minoriten (Konventualen), bewahrte dabei jedoch die Einheit der Ordensgemeinschaft.

Die große Persönlichkeit des 15. Jh., Sohn eines Einwanderers, Liebling des Volkes, starb am 23. Oktober 1456 in Ilok in Ungarn. Seine Gebeine sind nicht mehr auffindbar. Papst Alexander VIII. sprach Johannes von Capestrano 1690 heilig (Seligsprechung: 1622).

Johannes hatte sich vor seinem Tod intensiv um die Heiligsprechung seines Freundes Bernhardin von Siena bemüht; sie erfolgte 1450.

Darstellung: Die klassische Darstellung des Johannes von Capestrano ist jene, die den Heiligen mit der Kreuzfahne zeigt. Eines der bekanntesten Beispiele dafür: das Gemälde von Bartolomeo Vivarini, das 1459, vier Jahre nach Capestranos Tod, entstand und heute im Louvre in Paris zu sehen ist. Häufig hält der große Prediger auf Abbildungen auch eine Monstranz mit Hostie in der Hand, manchmal ist ihm auch das IHS-Zeichen beigegeben. Vor allem im Barock nahmen sich zahlreiche Künstler der Darstellung Capestranos an (nach der Heiligsprechung); ein Beispiel dafür ist die Abbildung des Franziskaners mit Kruzifix und Kreuzfahne, neben sich Paschalis Baylon, von Johannes Sing in der Straubinger Franziskanerkirche (18. Jh.).

Oda von Amay

Wohltäterin, Stifterin
geboren: 6. Jh. in Belgien
gestorben: 634 in Amay, Belgien

Romanus von Rouen

Bischof
geboren: 6. Jh.
gestorben: 23. Oktober 640 in Rouen, Frankreich
Patron der Kaufleute

Romanus war von 626 bis 638 Bischof von Rouen. Eine Legende des 14. Jh. erzählt, daß er mit Hilfe eines zum Tod Verurteilten einen gefährlichen Drachen gebändigt hat. Auf diese Überlieferung ging der Brauch zurück, jedes Jahr am Gedenktag von Romanus einen Strafgefangenen freizulassen (Privilège de St-Romain).

Darstellung: Zyklen mit Darstellungen der Legende von Romanus sind an der Fassade der Kathedrale von Rouen zu sehen (13. Jh.). In den Einzelabbildungen überwiegt die Szene, wie Romanus den Drachen bändigt.

Severin von Köln

Bischof
geboren: 4. Jh.
gestorben: 5. Jh. in Köln, Nordrhein-Westfalen
Patron von Köln; gegen Unglück; für gutes Wetter; der Weber (dürfte auf eine Verwechslung mit Severus von Ravenna zurückgehen)

Über Leben und Wirken von Severin weiß man kaum etwas. Bekannt sind nur folgende Überlieferungen: Severin war wohl um 400 und danach Bischof von Köln. Dies kann man exakt festhalten, da man weiß, daß Severin ein Zeitgenosse von Martin von Tours war, der 397 starb. Großen Einsatz zeigte der Bischof in der Bekämpfung des Arianismus. Das Todesdatum Severins lag wohl im ersten Drittel des 5. Jh.

Verehrung/Brauchtum: Der Severinskult ist in Köln sehr alt und schon früh nachweisbar. Neuzeitlichere Grabungen haben ergeben, daß der Bischof unter der Severinskirche beigesetzt wurde, die früher Papst Cornelius sowie Cyprian von Karthago geweiht gewesen war; nach Severin ist die Kirche seit dem 9. Jh. benannt. Es ist überliefert, daß die Gebeine Severins früher in einem Gold-Email-Schrein aufbewahrt waren, der aber in der Französischen Revolution zerstört wurde; erhalten blieb eine Emailplatte in St. Severin, die auf das Grab des Bischofs hinweist.

Darstellung: Auf allen Abbildungen trägt Severin die bischöflichen Gewänder. Über dem zweireihigen Chorgestühl von St. Severin in Köln zeigen 20 Gemälde aus der Werkstatt des Kölner „Meisters der Ursula-Legende" Szenen aus dem Leben Severins (um 1500). In den frühen Darstellungen ist Severin meist ein Buch als Attribut beigegeben, auf späteren Abbildungen – vor allem in Köln und in der umliegenden Region – hält der Bischof hingegen ein Kirchenmodell.

24. Oktober

Aloisius Guanella

Ordensgründer
geboren: 9. Dezember 1842 in Fraciscio, Italien
gestorben: 24. Oktober 1915 in Como, Italien

Der italienische Priester Aloisius Guanella, der mit Don Bosco befreundet war und in ihm eine große Stütze für seine Vorhaben fand, gründete ab 1886 in Como sowie in mehreren anderen Orten „Häuser der göttlichen Vorsehung"; in ihnen wurden geistig und körperlich behinderte Menschen betreut. Die Betreuung übernahmen Schwestern der von Guanella ins Leben gerufenen Kongregation „Töchter Mariens von der Vorsehung" und Brüder der Gemeinschaft „Diener der Liebe", ebenfalls ein Werk Guanellas. Der Ordensgründer wurde am 25. Oktober 1964 von Papst Paul VI. seliggesprochen.

Die Severin-Scheibe aus dem Domschatz von St. Severin in Köln.

Antonius Maria Claret

Ordensgründer, Erzbischof CMF
geboren: 23. Dezember 1807 in Sallent, Spanien
gestorben: 24. Oktober 1870 in Fontfroide, Frankreich

Er ist der Gründer des wichtigsten spanischen Missionsordens der jüngeren Zeit: Antonius Maria Claret, geboren am 23. Dezember 1807 in Sallent in Spanien. Mit 28 Jahren empfing Claret die Priesterweihe, etwa ab 1843 wirkte er als Volksmissionar.

Zur Gewinnung von Helfern für seine Missionstätigkeit gründete Antonius Maria Claret dann 1849 den Missionsorden der „Söhne des Unbefleckten Herzens Mariä", genannt Claretiner. Im Jahr 1855 folgten die Claretinerinnen. Von 1850 bis 1857 war der große Missionar auch Erzbischof von Santiago auf Cuba, von 1857 an Beichtvater von Königin Isabella II. von Spanien und ab 1859 auch Präsident des Escorial, des spanischen Königsschlosses bei Madrid.

Auf seiner Reise zum Ersten Vatikanischen Konzil starb Antonius Maria Claret am 24. Oktober 1870 im Zisterzienserkloster Fontfroide in Südfrankreich. Seine Gebeine wurden später nach Vich in Spanien übertragen und werden seither in der dortigen Kathedrale verehrt. Papst Pius XII. sprach den bedeutenden Volksmissionar und Ordensstifter am 7. Mai 1950 heilig. Die Seligsprechung war 1934 erfolgt.

Antonius Maria Claret. Der Spanier gründete 1849 einen der bedeutendsten Missionsorden der Neuzeit, die Claretiner.

Evergisil (Evergislus, Eberigisil, Evergisius)

Bischof, Märtyrer
geboren: 6. Jh. in Tongern(?), Belgien
gestorben: um 593 in Tongern(?)
Patron der Glaser und Glasmaler

Die spätgotische Basilika St. Peter in Köln besitzt zwei besondere Schätze: das Gemälde „Kreuzigung Petri" von Peter Paul Rubens, der hier im 16. Jh. in der Pfarrei St. Peter aufgewachsen ist und dessen Vater hier begraben liegt, und einen wertvollen goldenen Schrein mit den Reliquien von Bischof Evergisil. Der aus Tongern im heutigen Belgien stammende Evergisil war in der zweiten Hälfte des 6. Jh. Bischof von Köln. Über sein Wirken ist nicht viel bekannt, doch muß er beim Volk sehr beliebt gewesen sein, was die nach seinem Tod einsetzende starke Verehrung bewies. Gregor von Tours erwähnte Evergisil mehrmals. Das Todesdatum des Kölner Bischofs lag um 593, ganz genau kann es nicht angegeben werden. Erzbischof Bruno von Köln übertrug Evergisils Gebeine später von Tongern, wo der Bischof laut einer Legende während der Missionierung erschlagen worden sein soll, nach Köln.

Verehrung/Brauchtum: Der 24. Oktober ist als Gedächtnistag für Evergisil seit dem 13. Jh. bezeugt.

Darstellung: Evergisil ist meist in bischöflichen Gewändern mit Palme dargestellt, was die Überlieferung des Martyriums stärkt. Mit Palme und Spruchband ist er am Anno-Schrein in Siegburg (12. Jh.) abgebildet. Mit dem Attribut Schwert ist der Bischof auf einem Glasgemälde in der Kölner Kirche St. Gereon (14. Jh.) zu sehen; einen Stab hält Evergisil auf einem Glasgemälde in der Kirche St. Peter in Köln (1530).

Thaddäus McCarthy

Bischof
geboren: 1455 in Muskerry, Irland
gestorben: 24. Oktober 1492 in Ivrea, Italien

Thaddäus McCarthy, zunächst Bischof von Ross in Südirland, später von Cork und Cloyne, ebenfalls in Südirland, ist neben Oliver Plunket der einzige Ire, der in der Neuzeit seliggesprochen wurde. Es war Papst Leo XIII., der die Seligsprechung 1895 veranlaßte.

25. Oktober

Chrysanthus und Daria

Märtyrer
geboren: 3. Jh. in Ägypten
gestorben: um 304(?) in Rom, Italien
Patrone der Richter

Nach der Legende war Chrysanthus ein Ägypter, der zusammen mit seiner Frau Daria, die er unter dem Keuschheitsgelübde geheiratet hatte, nach Rom kam und dort mit ihr den Martertod starb. Beide sollen in der Verfolgung des Diokletian zunächst gesteinigt und dann bei lebendigem Leib vergraben worden sein. Die Überlieferung berichtet, Chrysanthus und Daria seien an der Via Salaria beigesetzt worden, Papst Damasus I. habe das Grab mit einer Inschrift versehen. Im 7. Jh. gab es in Rom eine Kirche zu Ehren der beiden Märtyrer. Angebliche Reliquien von Chrysanthus und Daria gelangten 844 in die Abtei Prüm in der Eifel, 848 in die Prümer Neugründung Münstereifel. Auch Wien, Salzburg, Neapel, Reggio Emilia und Oria erklären, im Besitz von Reliquien zu sein.

Darstellung: Chrysanthus und Daria sind in jugendlichem Alter, beide meist mit Palme, dargestellt. Die älteste Abbildung dürfte ein Mosaik in der Kirche S. Apollinare Nuovo in Ravenna (6. Jh.) sein. Am Grabmal (1587) in der Stiftskirche in Münstereifel ist Daria mit einem Löwen zu Füßen dargestellt. Auf einem Triptichon in derselben Kirche (15. Jh.) sind Chrysanthus mit Lanze und Daria mit Buch und Palme zu sehen. Vor allem in Deutschland ist Chrysanthus häufig als Ritter mit Lanze abgebildet.

Krispin und Krispinian

Märtyrer
geboren: 3. Jh. in Rom, Italien
gestorben: um 287 in Soissons, Frankreich
Patrone von Osnabrück und Soissons; des Bistums Osnabrück; der Schuhmacher, Sattler, Gerber, Schneider, Weber und Handschuhmacher

Das lateinische Wort „crispus" für Lockenkopf liegt den Namen der römischen Brüder Krispin und Krispinian zugrunde. Die beiden „Lockenköpfe" entstammten einer adligen Familie und lebten in der zweiten Hälfte des 3. Jh. Ihr Lebensweg läßt sich erst genau verfolgen, nachdem die beiden zusammen mit dem Sohn des römischen Senators nach Soissons in Nordfrankreich gekommen waren, um dort den Heiden das Evangelium zu verkünden. Während der Nächte verdienten sich Krispin und Krispinian als Schuhmacher ihren Lebensunterhalt. Für die Armen der Stadt arbeiteten die beiden Brüder jedoch immer unentgeltlich.

Eines Tages klagte ein haßerfüllter Heide die Brüder beim Richter von Kaiser Maximian an, der zu jener Zeit grausame Christenverfolgungen angeordnet hatte. Krispin und Krispinian wurden aufgefordert, dem Christentum abzuschwören und den Götzen zu opfern. Als sie dies jedoch mutig verweigerten, spannte man sie auf eine Folter und übergoß sie mit glühendem Blei. Danach warf man sie ins Feuer und dann in eiskaltes Wasser. Als jedoch alle Martern nicht die vom Richter erwünschte Reaktion bei den Brüdern erbrachten, ließ dieser Krispin und Krispi-

Krispinus-Schrein, Osnabrück, Dom.

nian wutentbrannt zum Tod durch Enthaupten verurteilen. Das Todesjahr der römischen Brüder soll 287 gewesen sein. Im 9. Jh. gelangten einige Reliquien der Märtyrer von Soissons nach Osnabrück.

Verehrung/Brauchtum: Bekannt ist der Spruch: „Krispinus macht den Armen die Schuh ...". Die Hinzufügung des Teiles: „und stahl das Leder auch dazu" geht auf die Fehldeutung des mittelalterlichen Wortes „stalt" zurück; „stalt" bedeutete nicht stahl, sondern stellte („stellte das Leder auch dazu"). Die Verehrung für Krispin und Krispinian verbreitete sich von Soissons und Osnabrück aus über ganz Europa.

Darstellung: Krispin und Krispinian wurden meist in bürgerlicher Kleidung dargestellt; als Attribute haben die Brüder auf Abbildungen entweder Schuhmachergeräte oder Marterwerkzeuge bei sich: Schwert, Mühlstein, Bleikessel, Messer, Scheiterhaufen. Auch Haut halten sie manchmal in Händen, da diese ihnen bei lebendigem Leib abgezogen worden sein soll. Auf der Zunftstange (1723) der Schuhmacher sind Krispin und Krispinian im Dom zu Eichstätt abgebildet. Außergewöhnlich ist die Darstellung auf dem Totenschild der Schustergilde im Landesmuseum Münster (1663): Dort tragen die beiden Mitra und Bischofsstab.

Ludwig III. von Arnstein

Graf, Gründer, Laienbruder OPraem
geboren: 1109 in Arnstein/Lahn, Rheinland-Pfalz
gestorben: 25. Oktober 1185 in Gommersheim, Rheinland-Pfalz

Ludwig III. von Arnstein, der letzte Nachkomme seines Geschlechts, wandelte sein Stammschloß in Arnstein südlich von Koblenz 1139 in ein Prämonstratenserkloster um. Er selbst trat dort als Laienbruder ein, seine Ehefrau Gunda wurde Reklusin beim Kloster. Mit seinem Besitz gründete Ludwig darüber hinaus auch noch mehrere Frauenklöster, alle im Prämonstratenserordensgeist.

Margareta von Roskilde

Märtyrerin
geboren: 12. Jh. in Dänemark
gestorben: 25. Oktober 1176 in Ølse auf Seeland, Dänemark

Basilika S. Miniato al Monte in Florenz, Grabstätte von Minias.

Verehrung/Brauchtum: Margareta, die von ihrem Ehemann ermordet wurde und an deren Grabstätte sich in der Folge zahlreiche Wunder ereigneten, gehörte auf der dänischen Insel Seeland zu den besonders verehrten Kirchengestalten. Ein Jahr nach ihrem gewaltsamen Tod wurden die sterblichen Überreste Margaretas von Erzbischof Absalon von Lund in die Liebfrauenkirche von Roskilde bei Kopenhagen übertragen.

Markianos und Martyrios

Märtyrer
geboren: um 300
gestorben: 358 in Konstantinopel, heute Istanbul, Türkei
Patrone der Waffenschmiede und Verwalter

Minias (Miniato)

Märtyrer
geboren: 3. Jh.
gestorben: um 250 in Florenz, Italien
Patron von Florenz

Eine der sehenswertesten Kirchen Italiens ist die Basilika S. Miniato al Monte, hoch über Florenz gelegen. Das unvergleichliche Gotteshaus wurde über der Grabstätte des unter Kaiser Decius ermordeten jungen Christen Minias errichtet. Minias war römischer Soldat und wurde während der Christenverfolgungen gezwungen, seinem Glauben abzuschwören. Er aber blieb standhaft, ertrug klaglos alle Martern und wurde schließlich um das Jahr 250 in Florenz enthauptet.

Die Legende berichtet dazu, daß Minias nach seiner Enthauptung, die an der Stelle der Kirche S. Candida in Florenz stattgefunden haben soll, seinen Kopf nahm, durch den Fluß Arno schwamm und das Haupt dann gegenüber an einem Hügel niederlegte. Im 4. Jh. entstand an dieser Stelle eine Kapelle, aus der sich im Laufe der Jahrhunderte die Basilika S. Miniato entwickelte.

Angebliche Reliquien von Minias sollen im Mittelalter auch nach Metz gelangt sein. In Florenz gibt es noch eine zweite Kirche, die dem Märtyrer Minias geweiht ist: S. Miniato fra le Torri.

Darstellung: Minias ist immer als junger Mann dargestellt, meist in kriegerischer Kleidung, manchmal aber auch als Prinz, da er nach einer

Legende ein verarmter Prinz gewesen sein soll. Verschiedene Darstellungen von Minias sind in der Basilika S. Miniato al Monte in Florenz zu sehen.

26. Oktober

Amandus von Straßburg

Bischof
geboren: um 290
gestorben: um 355 in Straßburg(?), Elsaß, Frankreich

Amandus ist der erste bekannte, historisch belegbare Bischof des elsässischen Bistums Straßburg. Erwähnt wird er in mehreren Überlieferungen als Teilnehmer am Konzil von Sardika im Jahr 343 und an der Synode von Köln im Jahr 346. Weiter ist über Amandus, sein Leben und sein Wirken nichts überliefert. Vom 10. Jh. an ist seine Verehrung in und um Straßburg nachweisbar, sie drang jedoch kaum weiter ins Land hinaus. Amandus-Reliquien werden bis heute in der Straßburger Kirche St. Peter verehrt.

Amandus von Straßburg wurde häufig mit Amandus von Belgien (von Maastricht), der drei Jahrhunderte später lebte und wirkte, verwechselt.

Darstellung: Amandus von Straßburg ist immer in bischöflichen Gewändern dargestellt, allzu viele Abbildungen des Bischofs gibt es aber nicht. Auf einem Glasfenster aus dem 13. Jh. im Straßburger Münster hält Amandus Stab und Buch in Händen, in seinem Heiligenschein steht sein Name geschrieben.

Demetrius von Saloniki

Märtyrer
geboren: 3. Jh.
gestorben: um 304 in Sirmium, heute Mitrovica, Serbien
Patron von Venedig, Saloniki und Konstantinopel (Istanbul); der Soldaten

Der Märtyrer Demetrius von Saloniki war im Osten einer der höchstverehrten Kirchengestalten. Über Leben und Wirken des Christen ist so gut wie nichts überliefert; man weiß nur, daß Demetrius wahrscheinlich um 304 während der Christenverfolgungen unter Diokletian und Maximianus in Sirmium im heutigen Serbien den Martertod erlitt.

Verehrung/Brauchtum: Der Kult um Demetrius gelangte schon bald nach Saloniki, wo ihm zu Ehren im 5. Jh. eine Kirche errichtet wurde. Von Saloniki aus verbreitete sich die Verehrung in den Orient und in den Westen. Das Grab mit den mutmaßlichen sterblichen Überresten von Demetrius entwickelte sich im Mittelalter zu einem bedeutenden Wallfahrtsziel. Am Gedenktag des Märtyrers gab es riesige Prozessionen, außerdem wurde ein großer Demetrius-Markt abgehalten. Wie groß die Verehrung in Griechenland auch heute noch ist, zeigt die Zahl von über 200 Kirchen, die Demetrius geweiht sind. Durch Kreuzfahrer, die Demetrius als ihren Patron verehrten, gelangten angebliche Demetrius-Reliquien nach Europa; so behauptet auch Anagni in Italien, im Dom aufbewahrte Reliquien stammten von Demetrius.

Überliefert ist weiter, daß aus dem Grab von Demetrius ein Öl geflossen sein soll, das Heilkraft hatte.

Darstellung: Nach Georg ist Demetrius der am häufigsten dargestellte Soldatenpatron. Der Märtyrer ist fast immer als römischer Soldat abgebildet, bei sich hat er Schwert, Lanze und/oder Pfeile, oft auch ein Kreuzschild. Die Darstellungen beschränken sich fast ausschließlich auf den Orient, im Westen gibt es kaum Demetrius-Abbildungen; ein seltenes westliches Beispiel: ein Glasgemälde aus dem 13. Jh. im Straßburger Münster.

Evaristus

Papst (97 bis 105)
geboren: 1. Jh. in Betlehem(?)
gestorben: 26. Oktober(?) 105 in Rom, Italien

Sigebald von Metz

Bischof von Metz
geboren: 7. Jh.
gestorben: 26. Oktober 741 in Metz, Lothringen, Frankreich
1107 Erhebung der Gebeine

Witta (Albuin)

Bischof
geboren: um 700 in England
gestorben: nach 760 in Buraburg, Hessen

Witta war ein Gefährte von Bonifatius und wurde wohl von diesem 742 zum ersten und einzigen Bischof der damaligen Diözese Buraburg in Hessen (beim heutigen Fritzlar) geweiht. Nach dem Tod Wittas wurde das Bistum Buraburg mit dem Mainzer vereinigt.

27. Oktober

Frumentius

Bischof
geboren: um 300 in Tyrus, heute Es Sur, Libanon
gestorben: um 360 in Äthiopien

„Apostel Abessiniens" wurde Frumentius wegen seiner herausragenden Missionserfolge als Bischof in Abessinien (Äthiopien) genannt. Frumentius hatte die Bischofsweihe um 343 von Patriarch Athanasius in Alexandrien empfangen.

Klara Isabella Gherzi

Äbtissin, Mystikerin OSCI
geboren: 23. Oktober 1742 in Pontedecimo, Italien
gestorben: 27. Oktober 1800 in Gubbio, Italien
1894 Anerkennung des heroischen Tugendgrades

Wolfhard

Einsiedler OSBCam
geboren: um 1070 in Augsburg, Bayern
gestorben: 30. April 1127 in Verona, Italien
Patron der Sattler

Wolfhard kam um das Jahr 1070 in Augsburg zur Welt und erlernte als junger Mann das Sattlerhandwerk. Wie es damals üblich war, ging auch er nach Abschluß der Lehrzeit auf Wanderschaft und gelangte um das Jahr 1095 in die oberitalienische Stadt Verona. Dort arbeitete Wolfhard in den folgenden Jahren bei einem Meister, der ihn sehr schätzte. Von den Ausschweifungen seiner Werkstattkollegen hielt der junge Mann aus Augsburg nichts, er brachte seine Abende damit zu, sich um die Armen und Notleidenden Veronas zu kümmern, unter denen er den größten Teil seines Lohnes verschenkte.

Reliquiar mit Gebeinen des Einsiedlers Wolfhard auf dem Wolfhard-Altar in der Kapuzinerkirche St. Sebastian in Augsburg. Die Reliquien gelangten am 27. Oktober 1602 hierher.

Als Wolfhard in Verona bekannter wurde und sich immer mehr Menschen lobend über ihn äußerten, verließ der Sattlergeselle die Stadt und zog sich in einen Wald im Etschtal zurück. Dort lebte er 20 Jahre lang als Einsiedler, fühlte sich wohl und konnte sich ungestört dem Gebet und der Besinnung hingeben.

Um das Jahr 1117 kehrte Wolfhard nach Verona zurück und trat in das Kamaldulenserkloster S. Salvatore ein. Er ließ sich als Rekluse in eine Zelle einschließen, in der er in den folgenden zehn Jahren lebte. Am 30. April 1127 starb er in seiner Klause. Zuvor hatte er seine Mitbrüder gebeten, auf der Straße beigesetzt zu werden, damit niemand sein Grab beachte oder gar pflege. Doch die Bevölkerung Veronas, die „ihren" Wolfhard schon zu Lebzeiten wie einen Heiligen verehrt hatte, setzte den Leichnam des Einsiedlers in einem schönen Sarg in der Kirche des Klosters S. Salvatore bei.

Am 27. Oktober 1602 wurden einige Reliquien Wolfhards in die neuerbaute Kapuzinerkirche St. Sebastian in Augsburg übertragen, und seither wird das Fest des Einsiedlers am 27. Oktober gefeiert. Die Veroneser Reliquien wurden später in die Kirche S. Fermo Maggiore in Verona überführt.

Darstellung: Wolfhard ist als Einsiedler in einer Flußlandschaft dargestellt, manchmal auch als Eremit in einer Ruine, während sein eigener Begräbniszug vorüberzieht. Einige Abbildungen zeigen Wolfhard auch als Einsiedler mit einem Steinsarg.

28. Oktober

Alfred der Große

König
geboren: um 848 in Wantage, England
gestorben: 28. Oktober 900 in England

Alfred der Große gehörte zu den bedeutenden angelsächsischen Herrschern. Bereits im Alter von fünf Jahren war er in Rom von Papst Leo IV. zum König gesalbt worden, 871 trat er die Regentschaft an, nachdem sein Bruder gestorben war. Alfreds Regierungszeit war geprägt von Rückeroberungskämpfen gegen die heidnischen Dänen, die große Teile Angelsachsens besetzt hielten. Alfred war es, der die erste englische Flotte errichtete, er organisierte das gesamte Heer neu und ließ viele Befestigungen bauen. Darüber hinaus gründete der Herrscher Klöster und schulische Einrichtungen und förderte das gesamte Geisteswesen in seinem Land. Bedeutende Werke, vor allem auch aus dem theologischen Bereich, ließ Alfred aus dem Lateinischen übersetzen und machte sie so dem Volk und den Gelehrten zugänglich.

Faro von Meaux

Bischof von Meaux OSB
geboren: um 600
gestorben: um 672 in Meaux, Frankreich

Judas Thaddäus

Apostel, Märtyrer
geboren: um Christi Geburt
gestorben: 28. Oktober(?) im 1. Jh. in Persien(?)
Patron von Goslar (mit Simon Zelotes); in schweren Nöten und verzweifelten Situationen

Judas Thaddäus, dessen Verehrung darunter litt, daß er oft mit dem Verräter Judas oder anderen Personen verwechselt wurde, gehört zu den weniger bekannten Aposteln. Selten einmal findet man eine Kirche, die ihm geweiht ist. Seit dem 18. Jh. ist die Judas-Verehrung allerdings ein wenig stärker geworden; der Apostel wird seither gern bei besonders schweren Anliegen angerufen.

Im Neuen Testament ist Judas Thaddäus nur selten erwähnt. Bei der Abschiednahme Christi von seinen Aposteln soll Judas ihn in seiner großen Bescheidenheit gefragt haben: „Herr, wie kommt es, daß du dich uns und nicht der Welt offenbaren willst?"

Nach einer anderen Legende soll Judas Thaddäus zusammen mit Simon Zelotes in Syrien, Mesopotamien und Persien gewirkt haben und dort schließlich von Magiern ermordet worden sein. Das Tatwerkzeug war nach dieser Überlieferung eine Keule. Auch der Gedenktag von Simon Zelotes wird am 28. Oktober begangen, was wohl auf das gemeinsame Wirken der beiden Apostel und den wahrscheinlich gemeinsamen Tod hinweisen soll. Reliquien von Judas Thaddäus werden im Petersdom in Rom aufbewahrt.

Verehrung/Brauchtum: In vielen katholischen Kirchen findet man heute neuere Darstellungen von Judas Thaddäus, was auf die gestiegene Verehrung für den Apostel hinweist. Besonders verehrt wird Judas Thaddäus in der Mainzer Kirche St. Quintin, der ältesten Kirche der Stadt.

Darstellung: Auf Darstellungen mit allen Aposteln nimmt Judas Thaddäus in fast allen Fällen einen bescheidenen Platz ein und wird manchmal sogar verdrängt durch Paulus. Als Attribute hat er Keule, Steine, Hellebarde und Buch bei sich. In S. Marco in Venedig ist ein Mosaik aus dem 13./14. Jh. zu sehen, auf welchem Judas Thaddäus Götzenbilder umwirft, während die Folterer bereits warten. Meist wurde der Apostel zusammen mit Simon Zelotes dargestellt, und dabei fand fast immer die Marterszene ihren Niederschlag. Berühmt wurde das Porträt von Judas Thaddäus, das Anton van Dyck im 17. Jh. malte; es befindet sich heute im Kunsthistorischen Museum in Wien.

Simon Zelotes (der Zelot)

Apostel, Märtyrer
geboren: um Christi Geburt
gestorben: 28. Oktober(?) im 1. Jh. in Persien(?)
Patron von Goslar (mit Judas Thaddäus); der Färber, Gerber, Lederarbeiter, Weber, Maurer, Waldarbeiter und Holzhauer

Simon gehörte vor seiner Berufung durch Christus der religiösen Gemeinschaft der Zeloten an und trägt deshalb den Beinamen „der Zelot" oder „Zelotes" zur Unterscheidung von den anderen Jüngern mit dem Namen Simon. Oft erhielt der Apostel in Überlieferungen auch den Beinamen „Kananäus", wodurch er in der Legende manchmal zum Bräutigam von Kana wurde. Simon wirkte wahrscheinlich als Missionar unter den Juden und erlitt zu einem unbekannten Zeitpunkt das Martyrium. Die einen Überlieferungen sagen, er sei enthauptet worden, andere berichten, man habe den Apostel zersägt. Auf Abbildungen ist Simon deshalb oft mit einer Säge zu sehen, weshalb ihn wiederum die Holz- und Waldarbeiter zu ihrem Schutzpatron erwählt haben. Reliquien des Apostels werden in mehreren Städten verehrt, so auch in Köln, Hersfeld und Rom.

Nach einer anderen Überlieferung soll Simon mit Judas Thaddäus, mit welchem zusammen er am 28. Oktober gefeiert wird, in Syrien, Mesopotamien und Persien als Missionar gewirkt haben und dann in Persien von Magiern ermordet worden sein. Der Legende nach sind dort beide Apostel mit einer Keule erschlagen worden.

„Das Martyrium des Simon Zelotes." Stich aus dem 16. Jh.

Verehrung/Brauchtum: In einigen Regionen kommt dem Simonstag als Lostag Bedeutung zu; so wird der Tag gebietsweise als Winteranfang eingestuft oder er hat hinsichtlich der Regenfälle Bedeutung. In Österreich gibt es Simon-Bruderschaften und den Simons-Markt. In Bayern existiert eine Simon-Wallfahrt in Pötzmes im Bistum Regensburg; sie beruht darauf, daß im Jahr 1590 ein Bauer an einer Straße ein hölzernes Bild erblickte, das seiner Ansicht nach den Apostel Simon darstellte. Er brachte das Bild in die nahegelegene Pfarrkirche, aber am folgenden Tag stand es wieder an seinem alten Platz. Daraufhin errichtete der Bauer an dieser Stelle eine Kapelle aus Holz und stellte das Bild dort auf. Zum Wallfahrtsort wurde das Kirchlein, nachdem eines Tages der Sohn vom Zimmermann des Ortes vom Baum gefallen und wie tot liegengeblieben war; der Bub wurde wieder gesund, als der Vater dem Apostel Simon eine neue Kapelle versprach und auch baute. Im 17. Jh. wurde an der Stelle dann eine richtige Kirche errichtet.

Darstellung: Der Apostel Simon Zelotes ist fast immer mit Marterwerkzeugen dargestellt: mit Säge, Lanze, Keule, Schwert oder Beil; manchmal hat er auch ein Kreuz, fast immer ein Buch bei sich. Entscheidend in der Darstellung des Simon ist, daß er fast ausschließlich gemeinsam mit Judas Thaddäus abgebildet wurde, was auf die gemeinsame Tätigkeit der beiden Apostel und ihren vielleicht gemeinsamen Tod hinweisen soll.

Mit einer übergroßen Säge ist Simon Zelotes in einer Altarskulptur (1709) in der Stadtpfarrkirche von Krems zu sehen. Mit Säge und Buch malte Rubens um 1613 den Apostel (Prado, Madrid).

29. Oktober

Berengar (Bernger)

Abt von Formbach OSB
geboren: 11. Jh.
gestorben: 29. Oktober 1108 in Formbach, Bayern

Ermelindis (Irmlind, Hermelinde)

Einsiedlerin, Büßerin
geboren: um 510 in Lovenjoel, Belgien
gestorben: um 590 bei Meldaert, Belgien
Patronin gegen Augenleiden, Fieber und Krankheiten der Gliedmaße

Um sich einer erzwungenen Heirat und der Zudringlichkeit von Freiern zu entziehen, flüchtete Ermelindis, Tochter einer adligen Familie in Brabant, in die Einsamkeit, wo sie bis an ihr Lebensende als Büßerin lebte. Nach ihrem Tod wurde sie am Ort ihres Einsiedlerlebens, einer einsamen Stelle beim heutigen Meldaert, beigesetzt. Bei ihrem Grab ließ Pippin der Ältere später ein Nonnenkloster errichten.

Verehrung/Brauchtum: Unter dem Grab von Ermelindis entsprang eine Quelle, deren Wasser Heilkraft nachgesagt wurde; aus diesem Grund kamen viele Pilger nach Meldaert.

Darstellung: Ermelindis ist entweder in vornehmer Kleidung oder im Gewand einer Einsiedlerin dargestellt; meist hält sie ein Buch in Händen. Manchmal wurde die Einsiedlerin auch mit zwei adligen Männern abgebildet, was die Zurückweisung von Freiern symoboliseren soll. In der Ermelindis-Kapelle in Meldaert sind auf Reliefs aus dem 17. Jh. Szenen aus dem Leben der Büßerin zu sehen.

Ferrutius

Märtyrer
geboren: 3. Jh.
gestorben: 4. Jh. in Mainz, Rheinland-Pfalz

Über Leben und genaue Todesumstände des Ferrutius sind keine authentischen Daten überliefert. Man weiß jedoch aufgrund einer Grabinschrift aus dem 4. Jh., daß Ferrutius ein römischer Soldat war und um 300 in Mainz seinen Dienst verrichtete. Er war überzeugter Christ und daher während der Christenverfolgungen unter Kaiser Diokletian in ständiger Lebensgefahr. Nachdem Ferrutius einige Zeit unbehelligt seinem Glauben hatte nachgehen können, wurde er eines Tages von einem Unbekannten als Christ angezeigt und vom Richter zum Tode verurteilt. Er erlitt das Martyrium zu Beginn des 4. Jh. in Mainz.

Erzbischof Lullus von Mainz übertrug die Gebeine des Märtyrers im Jahr 778 von Mainz in das Benediktinerkloster Bleidenstadt bei Wiesbaden. Jahre später wurde die Klosterkirche Ferrutius geweiht. Die Reliquien sind heute verschollen.

Narkissos (Narcissus) von Jerusalem

Bischof von Jerusalem
geboren: um 100
gestorben: nach 212 in Jerusalem

Darstellung: Bischof Narkissos von Jerusalem, der mit etwa 116 Jahren gestorben sein soll, wurde mit Wasserkrügen als Attribut abgebildet; dies geht darauf zurück, daß er nach der Legende Wasser in Lampenöl für seine Kirche verwandeln konnte. Es gibt auch Darstellungen, die Narkissos zeigen, wie Engel seine Seele in den Himmel tragen.

30. Oktober

Alfons Rodriguez

Mönch, Mystiker SJ
geboren: 25. Juli 1531 in Segovia, Spanien
gestorben: 31. Oktober 1617 in Palma auf Mallorca, Spanien

Alfons Rodriguez trat nach dem Tod von Frau und Kindern dem Jesuitenorden bei. Danach bekleidete er fast 40 Jahre lang das Amt des Klosterpförtners im Kolleg Montesión in Palma, der Hauptstadt der spanischen Insel Mallorca. Seinen Mitbrüdern war Alfons Rodriguez ein Vorbild an Demut, Gehorsam und Strenge gegenüber sich selbst. Der mystisch überaus begnadete Ordensmann verfaßte auch verschiedene aszetisch-mystische Schriften, von denen vor allem die „Memorias“ bekannt sind. Alfons Rodriguez wurde 1825 selig- und am 15. Januar 1888 heiliggesprochen.

Foillan

Mönch, Märtyrer OSB
geboren: 24. Oktober(?) um 600 in Irland
gestorben: 30. Oktober 655 beim heutigen Charbonnière, Belgien
Patron der Aachener Stadtkirche und im Mittelalter der Aachener Stadtgarde

Die berühmte Benediktinerabtei Fosses in der belgischen Provinz Namur, deren interessante Kirche noch erhalten ist, wurde im 7. Jh. von dem Benediktinermönch und Glaubensboten Foillan unter Mithilfe der später heiliggesprochenen Gertrud von Nivelles gegründet.

Foillan war gebürtiger Ire und kam in der ersten Hälfte des 7. Jh. zusammen mit zwei Gefährten nach Frankreich. Während einer Rom-Reise empfing er von Papst Martin I. die Weihe zum Regionarbischof und zog danach nach Nivelles in Belgien.

Dort übereignete ihm Gertrud, die zu jener Zeit Äbtissin und eine berühmte Klosterfrau in Nivelles war, ein Grundstück westlich von Namur, auf dem Foillan dann das Kloster Fosses erbaute. Einer seiner Begleiter aus Irland, wahrscheinlich sein Bruder, war der erste Abt dieser Benediktinerabtei. Foillan selbst wurde in Nivelles zu einem begehrten Lehrer von Nonnen und Mönchen.

Auf einer Reise zum Kloster Fosses wurde Foillan am 30. Oktober 655 von Heiden überfallen und brutal ermordet. Über Leben und Wirken des Benediktinermönches wurden später zahlreiche Viten verfaßt.

Verehrung/Brauchtum: In Fosses feiern die Gläubigen Foillan außer am 30. Oktober auch am 16. Januar (Auffindung der Gebeine), am 3. September (Translation der Reliquien) und am 24. Oktober (angebliches Geburtsdatum).

Theonestos von Philippi

Bischof(?), Märtyrer
geboren: 4. Jh. in Griechenland(?)
gestorben: 30. Oktober 425 in Altino, Italien

Theonestos soll der möglicherweise nicht ganz glaubwürdigen Überlieferung nach Bischof von Philippi in Griechenland gewesen sein. Nachdem er vertrieben worden war, soll er zunächst als Pilger nach Rom und dann nach Oberitalien gekommen sein, wo er in Altino den Martertod gefunden habe. Es ist aber möglich, daß diese Vita mit jener von Theonestes von Mainz vermischt worden ist. Bezeugt ist, daß Theonestos in mehreren anderen oberitalienischen Städten neben Altino ebenfalls verehrt wird (Vercelli, Treviso).

Thöger (Dietger, Theodgar) von Thüringen

Missionar
geboren: um 1000 in Thüringen
gestorben: 24. Juni um 1065 in Vestervig, Dänemark

Der Thüringer Thöger ging nach seinem Theologiestudium in England als Missionar nach Norwegen und wurde dort Kaplan von König Olaf II. Haraldsson. Nach dem Tod des Herrschers zog Thöger nach Dänemark, wo er nach über drei Jahrzehnten Missionstätigkeit starb. Die Erhebung der Gebeine fand 1067 statt, am 30. Oktober 1117 wurden die Reliquien in die Stiftskirche von Vestervig übertragen (Gedenktag).

31. Oktober

Christophorus von Romandiola (von Cahors)

Priester, Mönch OFM
geboren: um 1172 in Romandiola, Italien
gestorben: 31. Oktober 1272 in Cahors, Frankreich
12. April 1905 Seligsprechung

Elisabeth von Ungarn

Königstochter, Nonne OP
geboren: um 1293 in Ungarn
gestorben: 31. Oktober 1336 in Töß, Schweiz

Elisabeth von Ungarn war eine Tochter von König Andreas III. von Ungarn. Bereits als Kind wurde sie mit dem späteren König von Böhmen, Wenzel III., verlobt. Als Elisabeth 16 Jahre alt war, trat sie aber in Töß in der Schweiz den Dominikanerinnen bei. Die folgenden 25 Jahre bis zu ihrem Tod hatte Elisabeth unsägliche körperliche und seelische Schmerzen zu ertragen, aber nie kam auch nur ein Laut der Klage über ihre Lippen; gottergeben ertrug sie ihr Schicksal. Nach ihrem Tod wurde Elisabeth in der Pfarrkirche von Töß beigesetzt; ihre sterblichen Überreste ruhen in einem Hochgrab.

Notburga (Noitburgis) von Köln

Nonne
geboren: 7. Jh.
gestorben: um 700 in Köln, Nordrhein-Westfalen

Verehrung/Brauchtum: Auch der 14. Oktober ist Gedenktag.

Darstellung: Notburga, die in dem von ihrer Tante Plektrudis gegründeten Kanonissenstift St. Maria im Kapitol in Köln Nonne wurde und dort bis zu ihrem Tod lebte, ist als vornehm gekleidete Frau oder als Nonne dargestellt; oft trägt sie zwei brennende Kerzen und steht vor einer Bahre, auf der ein Toter zum Leben erweckt wird.

Quintinius

Märtyrer
geboren: 3. Jh. in Rom(?), Italien oder in Frankreich(?)
gestorben: um 300 in Amiens, Frankreich
Patron der Ärzte, Kapläne, Schneider, Schlosser, Lastenträger; gegen (Keuch-) Husten, Schnupfen und Wassersucht

Quintinius, der im Französischen Quentin heißt, war möglicherweise von Geburt Römer und Christ und wirkte um 300 als Glaubensbote in der Gegend um Amiens im damaligen Gallien. Wahrscheinlich erlitt er unter den Christenverfolgern von Kaiser Maximian den Martertod. Eine später hinzugekommene Legende erzählt, Quintinius sei zuerst mit Nägeln zerfleischt und dann mit siedendem Pech übergossen worden. Seine Leiche habe man in die Somme geworfen, wo sie etwa 40 Jahre später von einer Christin aufgefunden worden sei. Die Frau erbaute eine kleine Kapelle, in der sie die Gebeine von Quintinius beisetzte.

Infolge der stärker werdenden Pilgerströme mußte das kleine Gotteshaus immer mehr erweitert werden. Im Laufe der Zeit entwickelte sich dann die Stadt Saint-Quentin, die heute rund 70 000 Einwohner zählt und sich um die Stiftskirche Saint-Quentin ausdehnt. In der Krypta des Gotteshauses befindet sich das Grab von Quintinius, das noch immer viele tausend Wallfahrer anzieht.

Darstellung: Quintinius ist meist als vornehmer junger Märtyrer dargestellt, als Attribute hat er fast immer Nägel bei sich (Martyrium). In einem Zyklus (12. Jh.) in der Basilika von St-Quentin sind zahlreiche Szenen aus dem Leben von Quintinius zu sehen.

Thomas Bellaci

Mönch OFM
geboren: 1370 in Florenz, Italien
gestorben: 31. Oktober 1447 in Rieti, Italien
1771 Approbation des Kultes

Gegenüberliegende Seite: „Kampf Wolfgangs mit dem Teufel.“ Ausschnitt aus dem Wolfgang-Altar in der Pfarrkirche St. Wolfgang am gleichnamigen See im Salzkammergut. Der Maler war Michael Pacher.

Wolfgang von Regensburg

Bischof OSB
geboren: um 924 in Pfullingen, Baden-Württemberg
gestorben: 31. Oktober 994 in Pupping, Österreich
Patron von Bayern; der Diözese und der Stadt Regensburg; der Hirten, Zimmerleute, Bildhauer, Schiffer, Köhler, Holzfäller; der unschuldig Gefangenen; gegen Gicht, Lähmungen, Augenkrankheiten, Blutfluß, Fußleiden, Schlaganfall, Ruhr, Hautentzündungen (Wolf); gegen Unfruchtbarkeit und Mißgeburten; für das Vieh

Wolfgang, einer der volkstümlichsten Heiligen in Deutschland, entstammte einem angesehenen, aber armen Elternhaus in Pfullingen bei Reutlingen. Erzogen wurde er in der Klosterschule auf der Bodensee-Insel Reichenau. Als Wolfgangs Studienfreund Heinrich im Jahr 956 Erzbischof von Trier wurde, folgte ihm Wolfgang und war bis 964 Lehrer an der Trierer Domschule.

Dann entschied sich Wolfgang für ein anderes Leben. Er ging nach Einsiedeln in der Schweiz und legte im dortigen Benediktinerkloster die Gelübde ab. Vier Jahre später empfing er von Bischof Ulrich von Augsburg die Priesterweihe. In den folgenden Jahren zog der Mönch und Missionar durch Noricum, einem Teil des heutigen Österreich, und verkündete das Wort Gottes.

Pilgrim, der Passauer Bischof, wurde schließlich auf die großen Erfolge Wolfgangs aufmerksam und schlug den Wandermönch als neuen Bischof von Regensburg vor. Doch der Kaiser und zahlreiche Vertreter des Klerus zweifelten zunächst an Wolfgangs Eignung, dieses Amt ausüben zu können. Die Legende erzählt, daß kurz darauf einer der Zweifler erkrankte und von Wolfgang auf wundersame Weise geheilt wurde. Von diesem Wunder stark beeindruckt, ernannte Kaiser Otto II. den Benediktiner Wolfgang 972 zum Bischof von Regensburg.

In den folgenden 22 Jahren entwickelte Bischof Wolfgang eine überaus segensreiche Tätigkeit in seinem Bistum. Er reformierte die bestehenden Klöster, gründete neue Stifte, förderte die Zucht unter den Mönchen und Nonnen und die Ausbildung des Klerus, vertiefte die Religiosität im Volk und kümmerte sich um die Armen und Kranken. Schon zu Lebzeiten wurde der Bischof wie ein Heiliger verehrt. Dazu trug auch erheblich bei, daß Wolfgang selbst weiterhin äußerst asketisch und bescheiden lebte.

Während einer Reise durch Österreich, das Wolfgang sehr liebte, starb der Regensburger Bischof am 31. Oktober 994 im Alter von 70 Jahren in Pupping in Oberösterreich, das dadurch zu einem Wallfahrtsort wurde. Beigesetzt wurde Wolfgang in dem von ihm so geliebten Kloster St. Emmeram in Regensburg, dem er Jahre zuvor die Selbständigkeit gegeben und damit die Personalunion von Bischof und Abt beendet hatte. Die Grabstätte des großen Bischofs befindet sich heute in der Wolfgangskrypta in der ehemaligen Benediktiner-Klosterkirche St. Emmeram, die jetzt Pfarrkirche ist.

Die Verehrung für Wolfgang verbreitete sich schnell über die Grenzen seines früheren Wirkungskreises hinaus. Papst Leo IX. erhob 1052 die Gebeine des Bischofs und bestätigte damit den Kult. Zahlreiche Orte im deutschsprachigen Raum wurden nach dem Heiligen benannt; der berühmteste ist wohl St. Wolfgang am gleichnamigen See.

Verehrung/Brauchtum: Vor allem von St. Wolfgang am Abersee aus, später umbenannt in Wolfgangsee, breitete sich der Kult um Wolfgang aus. Nach der Legende hat Wolfgang hier einige Zeit als Einsiedler gelebt. Um eine Kapelle zu errichten, soll er einen Wald gerodet haben; als ein Helfer großen Durst hatte, soll Wolfgang auf der Stelle eine Quelle aufgetan haben, deren Wasser später als heilkräftig gerühmt und von Pilgern mit nach Hause genommen wurde. Neben der Wolfgangskapelle gibt es einen großen Stein, durch den die Gläubigen hindurchkrochen, um von ihren Leiden geheilt zu werden.

Die ehemalige Zelle des heiligen Wolfgang mit ihrer barocken Ummantelung aus dem Jahr 1713 in St. Wolfgang am Wolfgangsee im Salzkammergut. Von hier aus breitete sich der Kult aus.

Auch um das Patronat für das Vieh gibt es einen Brauch: In St. Wolfgang in der Steiermark bringen Bauern noch heute kleine eiserne Pferde, Kühe oder Schweine als Votivgaben dar, damit ihr Vieh im Stall vor Krankheiten geschützt ist. Das Bild von Wolfgang wurde in früheren Zeiten auch zum Schutz an den Stalltüren angebracht. Bekannt sind auch die sogenannten „Wolfgangsbeile"; sie wurden an einer Kette um den Hals oder am Rosenkranz getragen. Und in Regensburg gab es im 16. Jh. sogar ein Geldstück, den sogenannten „Wolfgangsgulden", das das Bild des Bischofs trug. Wolfgang Lenau schließlich schrieb im 19. Jh. das „Lied zu Ehren des heiligen Wolfgang".

Darstellung: Wolfgang ist entweder im Bischofsgewand oder im Benediktinerhabit dargestellt. Als Attribute hat er bei sich: Bischofsstab, Beil, Kirchenmodell, Buch, Axt, Wolf (Name) und Teufel. Das Attribut Beil bezieht sich darauf, daß Wolfgang angeblich ein Beil warf, um zu erfahren, wo er seine Kirche bauen sollte. Oft steckt auf Abbildungen das Beil auch im Dach des Kirchenmodells, so bei einer Statue in der Eggenfelder Pfarrkirche (15. Jh.). Berühmt sind auch die Altarfiguren eines Passauer Meisters in der Pfarrkirche des österreichischen Kefermarkt (um 1495); sie zeigen Bischof Wolfgang von Regensburg zusammen mit Petrus und Christophorus.

1. November

Dietburg (Dieburg, Dietbirg)

Mutter des heiligen Ulrich von Augsburg
geboren: um 865 in Augsburg, Bayern
gestorben: 924 in Augsburg
1683 und 1752 Erhebung der Gebeine

Gudmund von Hólar

Bischof von Hólar
geboren: 1161 in Island
gestorben: um 1237 in Hólar, Island

Luitpold

Graf, Einsiedler am Ammersee
geboren: 12. Jh. in Wolfratshausen, Bayern
gestorben: um 1250 in Lautbrunn, Bayern

Rainer von S. Sepolcro

Laienbruder OFM
geboren: 13. Jh. in S. Sepolcro, Italien
gestorben: 1. November 1304 in S. Sepolcro
Patron der werdenden Mütter

Verehrung/Brauchtum: An der Grabstätte des Franziskaner-Laienbruders Rainer in seiner umbrischen Heimatstadt S. Sepolcro bei Arezzo ereigneten sich zahlreiche Wunderheilungen; auch von Totenerweckungen berichten die Überlieferungen. Die Stadt S. Sepolcro weihte ihrem Ortsheiligen schon in dessen Todesjahr den Hochaltar in der Pfarrkirche. Die Approbation des Kultes von Rainer erfolgte allerdings erst im Jahr 1802 durch Papst Pius VII.

Rupert Mayer

Priester, Mönch SJ
geboren: 23. Januar 1876 in Stuttgart, Baden-Württemberg
gestorben: 1. November 1945 in München, Bayern

Der 3. Mai 1987 war für viele Gläubige, aber auch für die Stadt München ein großer und bewegender Tag: Vor über 80 000 Menschen sprach Papst Johannes Paul II. im Münchner Olympiastadion Pater Rupert Mayer selig. Jahrzehntelang hatten sich Hunderttausende dafür eingesetzt, die zahllosen Namenslisten aus der Münchner Bürgersaalkirche, dem Begräbnisort des Jesuitenpaters, sprachen eine eindeutige Sprache. Über 40 000 Gebetserhörungen sind in den Akten über Rupert Mayer, die der päpstlichen Ritenkongregation in Rom vorlagen, vermerkt. Die Bürgersaalkirche in der Neuhauserstraße in München gehört zu den meistbesuchten Wallfahrtsstätten in Deutschland.

Wer war Rupert Mayer, dieser Heilige des 20. Jahrhunderts? Hier seine eigene Lebensbeschreibung, die er abgab, als er 1937 unter den Nationalsozialisten eine Gefängnisstrafe in Landsberg am Lech antreten mußte: „Zu Stuttgart wurde ich geboren am 23. Januar 1876. Nach der Volksschule besuchte ich das zehnklassige humanistische Gymnasium, nach dem Abitur studierte ich ein Jahr Philosophie in Freiburg, Theolgie in München und fünf Semester Theologie in Tübingen. Zur Ausbildung zum Priestertum war ich im Priesterseminar in Rottenburg am Neckar, wo ich am 2. Mai 1899 zum katholischen Priester geweiht wurde. Ich war als Weltpriester in Spaichingen und Stuttgart tätig; am 1. Oktober 1900 erfolgte mein Eintritt in den

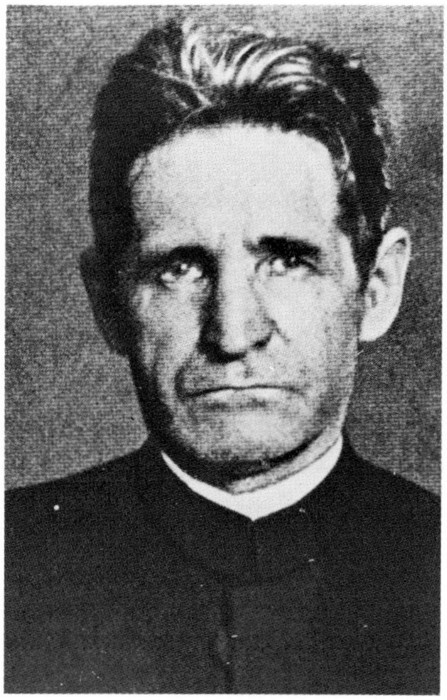

Dieses Foto von Rupert Mayer wurde am 17. Januar 1937 bei seiner Ankunft im Gefängnis in Landsberg aufgenommen.

Orden der Gesellschaft Jesu zu Feldkirch in Vorarlberg. Den Priester- und Ordensberuf ergriff ich aus Liebe zu den Menschen". Und was tat dieser tapfere, willensstarke Mann nicht alles aus Liebe zu den Menschen. Sein ganzes Leben lang war er nur für andere da, zehrte sich auf für sie, starb schließlich im Dienst für den Nächsten.

Im Jahr 1906 begann Rupert Mayer, als Volksmissionar durch die Schweiz und Holland, durch Deutschland und Vorarlberg zu ziehen. Bereits 1912 rief ihn Kardinal von Bettinger nach München, damit er sich dort um die Zugewanderten kümmere. Als 1914 der Erste Weltkrieg begann, zog Rupert Mayer freiwillig mit „seinen" Männern ins Feld, um ihnen Trost und Beistand zu sein. Er wurde Divisionspfarrer an der Front und verausgabte sich völlig in dieser Tätigkeit. Er zog mit der Truppe auf die Schlachtfelder in den Vogesen und in Galizien und auf jene an der Somme. Rupert Mayer war der erste Feldgeistliche, der mit dem Eisernen Kreuz ausgezeichnet wurde.

Feldseelsorger Rupert Mayer mit seiner Hündin Erna in den Vogesen.

Seine Liebe zum Menschen kostete Rupert Mayer in diesem Ersten Weltkrieg mehrfach fast das Leben. Einmal warf er sich im Kugelhagel schützend über einen schwerverletzten Soldaten und erlitt dabei selbst eine lebensgefährliche Verletzung. Ein Geschoß durchschlug sein linkes Bein, mehrere Amputationen bis weit über das Knie folgten.

Danach wirkte Mayer wieder in München, an die Front konnte er mit seiner Prothese nicht mehr ziehen. Unermüdlich predigte der Jesuiten-Pater in den Wirren des Krieges, die Klassenhaß schürten und große Not heraufbeschworen. Rupert Mayer kümmerte sich nicht um Politik, immer sah er nur den einzelnen Menschen in seiner Not, oft vom richtigen Weg abgekommen, aber eben doch ein Mensch, dem er helfen wollte.

Im Jahr 1921 – der furchtbare Erste Weltkrieg war zu Ende – wurde Rupert Mayer von Kardinal Michael von Faulhaber zum Präses der Marianischen Männerkongregation ernannt, eine Vereinigung, die in München bereits 300 Jahre bestand. Bis zu 70 Predigten hielt Mayer nun Monat für Monat, in der Stadt und auf dem Land sprach er zu den ihm anvertrauten Männern.

Dann senkte sich neues Unheil auf Deutschland hernieder. Der Nationalsozialismus nahm erste Konturen an. Pater Rupert Mayer erkannte die Gefahr und erhob schon früh seine Stimme dagegen. Auch die, vor denen er warnte, hörten ihn. Angriffe und Verfolgungen häuften sich. Für Mayer war dies jedoch nie ein Grund, Kompromisse zu schließen.

Im Jahr 1937 wurde Rupert Mayer verhaftet und zu sechs Monaten Haft auf Bewährung verurteilt. Doch der Jesuiten-Pater „bewährte" sich nicht und wurde schließlich „wegen des fortgesetzten Vergehens gegen Paragraph 130a des Strafgesetzbuches, den sogenannten Kanzelparagraphen", verurteilt. Mayers „Vergehen" war eine Predigt in der Münchner Kirche St. Michael, die den Inhalt hatte, daß der Mensch Gott mehr gehorchen müsse als den Menschen.

Sechs Monate saß Rupert Mayer in der Strafanstalt in Landsberg ein. Nach seiner Freilassung zog er sich jedoch nicht zurück, sondern predigte unerschrocken weiter von den Kanzeln. Erneute Verhaftung und Verurteilung folgten. Mayer kam in das Konzentrationslager Sachsenhausen, wo er sieben Monate lang in Isolationshaft gehalten wurde. Als er nur noch 50 Kilo wog und sich in akuter Lebensgefahr befand, ließ ihn die Gestapo unter der Maßgabe frei, daß ihm von seinen Vorgesetzten Predigtverbot erteilt würde. Dies kam für Rupert Mayer einer erneuten Verurteilung gleich. In seinem Tagebuch schrieb der Jesuitenpater: „Seitdem bin ich lebend ein Toter, ja dieser Tod ist für mich, der ich noch so voll Leben bin, viel schlimmer als der wirkliche Tod, auf den ich schon so oft gefaßt war."

Rupert Mayer mußte fünf Jahre lang an seinem Verbannungsort in Kloster Ettal in Oberbayern ausharren, dann kam die Erlösung für ihn – und für die Welt: Der Zweite Weltkrieg war zu Ende. Aber jetzt war auch die Kraft des großen Kämpfers erschöpft. Nicht, daß es Rupert Mayer an Willensstärke gefehlt hätte, sein Körper war es, der aufgezehrt war von einem schweren, leidenschaftlich geführten Kampf gegen das Unrecht und für den Menschen, den er so liebte. Nur noch sechs Monate durfte Rupert Mayer die kost-

Nach der Seligsprechungsfeier für Rupert Mayer 1987 im Münchner Olympiastadion besuchte Papst Johannes Paul II. das Grab Mayers in der Bürgersaalkirche in München.

bare Freiheit genießen, dann ging sein tapferes Leben zu Ende. Am 1. November 1945, dem Allerheiligentag, starb der große Kirchenmann vor dem Altar der Kreuzkapelle in der Münchner Michaelskirche. Während der Predigt wurde er vor den Augen der Gläubigen ohnmächtig, kurz darauf schloß er für immer die Augen.

Beigesetzt wurde der „Apostel der Männer", wie Rupert Mayer auch genannt wurde, zuerst im Klosterfriedhof bei München. Vom Tag der Beerdigung an strömten Tausende zu seinem Grab. Nach der Wiederherstellung der Gruft in der zerstörten Kongregationskirche in der Münchner Neuhauserstraße wurde der Leib von Rupert Mayer dorthin übertragen. Zehntausende gaben dem Sarg ihr Geleit, eine Ehrerweisung, wie sie München bis dahin noch nie erlebt hatte. Bis zum heutigen Tag ist der Strom der Gläubigen, die das Grab Rupert Mayers besuchen, nie abgebrochen.

Verehrung/Brauchtum: In der Erzdiözese München-Freising wird Rupert Mayer am 3. November verehrt.

Wolfhold von Admont

Abt OSB
geboren: 11. Jh. in Bayern
gestorben: 1. November 1137 in Admont, Österreich

Wolfhold war zunächst Dompropst im bayerischen Freising und ging dann als Benediktinermönch in das Kloster St. Georgen im Schwarzwald. Im Jahr 1115 wurde er zum Abt des Klosters Admont in der Steiermark ernannt, das unter ihm zu großer Blüte gelangte. Wolfhold machte Admont zu einem bedeutenden Zentrum der cluniazensischen Reform.

2. November

Margareta von Lothringen

Herzogin, Nonne OSCI
geboren: 1463 in Vaudémont, Lothringen, Frankreich
gestorben: 2. November 1521 in Argentan, Frankreich

Margareta von Lothringen, eine Tochter von Herzog Friedrich von Lothringen, hatte schon in ihrer Kindheit und Jugendzeit versucht, so zu leben, wie die von ihr sehr verehrte Elisabeth von Thüringen, mit der sie weitläufig verwandt war. Ihre ausgeprägte Religiosität und ihre Wohltätigkeit gegenüber Armen waren bald überall bekannt. Im Alter von 25 Jahren heiratete Margareta den Herzog René d'Alençon, der aber bereits nach vier Jahren Ehe starb. Die junge Witwe übernahm die christliche Erziehung ihrer drei Kinder und regierte über 20 Jahre als gütige und gerechte Herrscherin, geliebt und geachtet von ihrem Volk. Fast ihr ganzes Hab und Gut verteilte die Herzogin unter den Armen oder gründete damit Kirchen und andere kirchliche Einrichtungen, die sie in der Folge ebenfalls großzügig unterstützte und förderte.

Als Margareta ihre drei Kinder versorgt wußte, trat sie, ihrem tiefsten Wunsch folgend, in den Klarissenorden ein. Zusammen mit anderen Schwestern gründete sie bald darauf ein Kloster in Mortagne, westlich von Chartres, danach das Klarissenkloster von Argentan in der Nähe. In dieses Haus trat Margareta dann selbst ein und legte die Profeß ab.

Doch der gütigen, großherzigen Herzogin war nicht mehr viel Zeit vergönnt. Schon wenige Monate nach ihrem Klostereintritt starb sie am 2. November 1521 im Alter von 58 Jahren. Ihr Grab wurde während der Französischen Revolution zerstört, die Gebeine verstreut. Das Herz Margaretas wird bis heute in der Pfarrkirche in Argentan aufbewahrt.

Papst Benedikt XV. bestätigte am 20. März 1921 den Kult der lothringischen Herzogin.

Rathold von Aibling

Einsiedler, Priester
geboren: 9. Jh. in (Bad) Aibling, Bayern
gestorben: 10. Jh. in Tirol (Georgenberg), Österreich

Verehrung/Brauchtum: Zu einem Marienbild, das der Einsiedler Rathold von einer Wallfahrt in seine Zelle in Tirol mitgebracht hatte, entwickelte sich im Laufe der Zeit eine Wallfahrt, die bis heute lebendig geblieben ist. Das Kloster allerdings, das aus Ratholds Einsiedelei entstanden ist, wurde im 18. Jh. im Inntal neu errichtet.

Wichmann von Arnstein

Prior, (Bischof) OP
geboren: um 1185 in Sachsen
gestorben: 2. November 1270 in Neuruppin, Brandenburg

Der Sachse Wichmann von Arnstein war ab 1210 Propst im Magdeburger Prämonstratenserstift St. Marien und wurde 1221 zum Bischof von Brandenburg gewählt, vom Papst jedoch nie offiziell bestätigt. Einige Jahre später siedelte Wichmann in Magdeburg den Dominikanerorden an und trat der Gemeinschaft selbst bei. Ab 1246 schließlich war Wichmann Prior des von seinem Bruder gestifteten Dominikanerklosters in Neuruppin in Brandenburg; dort starb er 1270 auch. Von Wichmann sind zahlreiche mystische Schriften aus den Jahren 1252 bis 1270 erhalten.

Verehrung/Brauchtum: Nach seinem Tod wurde Wichmann lange Zeit als Wundertäter verehrt.

3. November

Bert(h)old von Engelberg

Abt von Engelberg OSB
geboren: 12. Jh.
gestorben: 3. (1.) November 1197 in Engelberg, Schweiz

Hubert von Maastricht-Tongern-Lüttich

Bischof
geboren: um 655 in Aquitanien, Frankreich
gestorben: 30. Mai 727 in Tervueren, Belgien
Patron der Ardennen; des Bistums Lüttich; der Jäger und Schützen; der Metzger, Kürschner, Drechsler, Optiker, Metallarbeiter, Gießer, Fabrikanten mathematischer Geräte, Mathematiker und Schellenmacher; der Jagdhunde; gegen Hundebiß; gegen Tollwut bei Hunden; gegen Schlangenbiß; bei Wasserscheu

Hubert ist eine jener Heiligengestalten, deren Leben und Wirken fast völlig von der Legende überdeckt werden. Kaum jemand denkt bei der Nennung seines Namens daran, daß dieser Hubert auch Bischof war und viel für die Christianisierung getan hat. Aber fast jeder weiß, daß Hubert der Patron der Jäger und Forstleute ist, daß ihm zu Ehren um den 3. November herum die traditionellen Hubertus-Jagden stattfinden und der Heilige in manchen Gegenden sogar zu den Nothelfern gezählt wird.

Nach der Legende entstammte Hubert einem aquitanischen Adelsgeschlecht und erblickte um die Mitte des 7. Jh. das Licht der Welt. Er heiratete jung, verlor seine Frau aber schon bei der Geburt des ersten Kindes. Vom Schmerz über diesen Verlust gebrochen, zog sich Hubert immer häufiger in die Wälder zurück und suchte Vergessen in der Jagd. Dort soll er eines Tages einen Hirsch erblickt haben, der zwischen dem Geweih ein leuchtendes Kreuz trug. Dieses Erlebnis bestärkte Hubert in seiner Absicht, sein Leben Gott zu weihen. Bald darauf empfing er die Priesterweihe und wirkte in der Folgezeit als Glaubensbote in Brabant und in den Ardennen. In der Bevölkerung trug er schon bald den Namen „Apostel der Ardennen".

Wann Hubert zum Bischof geweiht wurde, ist nicht überliefert. Das Datum dürfte um 700 einzuordnen sein. Man weiß, daß er seinen Bischofssitz von Maastricht nach Lüttich verlegte. Hier errichtete er an der Stelle, wo sein von ihm sehr verehrter Lehrer Lambert ermordet worden war, die Kathedrale der Stadt. Mit ganzem Einsatz widmete sich Hubert in den folgenden Jahren bis zu seinem Tod am 30. Mai 727 der weiteren Christianisierung der Bevölkerung in den Ardennen. Seine Bedeutung für das Christentum in dieser Gegend ist kaum zu ermessen.

Huberts Gebeine wurden am 3. November 743 erhoben; um 825 gelangten sie nach Andagium in den Ardennen, das heute St-Hubert heißt. Die Reliquien sind seit der Französischen Revolution verschollen, mutmaßliche Teile davon werden von mehreren Städten beansprucht. St-Hubert zählte lange zu den berühmtesten Wallfahrtsorten.

Hubertus gehört zu den sogenannten Vier heiligen Marschällen. Unter dieser Bezeichnung werden außer ihm noch Antonius, Kornelius und Quirinus verehrt. Diese vier galten lange Zeit als Gott nahestehend und deshalb bei Fürbitten als besonders hilfreich. Die Verbindung der vier Kirchenpersönlichkeiten kam durch die Wallfahrten zu den nicht weit voneinander entfernt liegenden Verehrungsstätten Kornelimünster, Neuß, St-Hubert und Köln zustande.

Verehrung/Brauchtum: Mit dem Gedenken an Hubert sind zahlreiche Volksbräuche verbunden. So weiht man in verschiedenen Gegenden am Hubertus-Tag Brot, Salz und Wasser, um nach deren Genuß gegen Hundebisse gefeit zu sein. Sogenanntes Hubertus-Brot bringen Pilger von St-Hubert zum Schutz für ihre Haustiere mit. Jagdhunden wurde der Abdruck eines sogenannten Hubertus-Schlüssels in die Stirn gebrannt, um den Tieren die Scheu vor dem Wasser zu nehmen. Die Tollwut wird in Frankreich und Belgien manchmal auch „mal de St-Hubert" genannt. Die Verehrung von Hubert nahm ab dem 15. Jh. einen starken Aufschwung, nachdem der Hubertus-Ritterorden und verschiedene Hubertus-Bruderschaften gegründet worden waren.

Darstellung: Hubert ist auf Darstellungen oft nur schwer zu identifizieren; dies rührt in erster Linie daher, daß auch andere Heilige mit dem Attribut Hirsch(-Geweih) dargestellt wurden, so Eustachius, Felix von Valois, Johannes Matha oder Meinolf. Zu erkennen ist Hubert daran, daß er das Bischofsgewand trägt; ist er als Jäger dargestellt, hat er meist Hunde und Jagdhorn als Attribute bei sich.

Auf einem Tafelgemälde aus der Zeit um 1510 im Wallraf-Richartz-Museum in Köln ist Hubert gemeinsam mit Papst Kornelius abgebildet. Eine Altarfigur von Stephan Lochner (15. Jh.) in der Alten Pinakothek in München zeigt Hubert mit Hirsch sowie Buch und Kreuz. Mit einem großen Hirsch zu Füßen ist der Bischof auf einem Glasgemälde (15. Jh.) in der Kölner Kirche St. Maria im Kapitol zu sehen.

Ida (Ita, Idda) von Toggenburg

Inklusin
geboren: 12. Jh. in der Schweiz
gestorben: 1226(?) in Fischingen, Schweiz
Patronin zur Auffindung von Vieh, das sich verlaufen hat.

Die Adlige Ida von Toggenburg lebte nach dem Tod ihres Mannes als Inklusin beim Benediktinerinnenkloster Fischingen im Schweizer Kanton Thurgau. Dort soll sie im Jahr 1226(?) auch gestorben und am 3. November eines nicht bekannten Jahres vor dem von ihrem Sohn gestifteten Nikolausaltar in der Klosterkirche beigesetzt worden sein. Die Reliquien Idas sind aber verschollen. Um die Gestalt der Ida von Toggenburg entwickelten sich im Laufe der Jahrhunderte verschiedene Legenden.

Verehrung/Brauchtum: Ein Kult um die Person der Ida ist ab 1410 bekannt; Ende des 16. Jh. erreichte die Verehrung nochmals einen neuen Höhepunkt.

Darstellung: Ida von Toggenburg ist entweder als Nonne oder als vornehme Dame dargestellt. Häufig ist sie mit einem Hirsch, dessen Geweih leuchtet, zu sehen, manchmal auch mit einem Raben, der ihren Ehering gestohlen haben soll, was zur Verdächtigung der ehelichen Untreue führte.

Johannes Baptist Stöger

Laienbruder CSSR
geboren: 4. Oktober 1810 in Enzersfeld bei Wien, Österreich
gestorben: 3. November 1883 in Eggenburg, Österreich

Im Jahr 1915 wurde in Rom der Seligsprechungsprozeß für Johannes Baptist Stöger eröffnet. Der Redemptoristen-Laienbruder hatte über Jahrzehnte vorbildlich seinen Dienst im Kloster Eggenburg in Niederösterreich geleistet, obwohl er schwere seelische und körperliche Leiden zu ertragen hatte. Stöger, der 1840 seine Profeß abgelegt hatte, war fast sein gesamtes Klosterleben in der Gärtnerei tätig. Seine letzte Ruhestätte fand er in der Eggenburger Klosterkirche.

Malachias (Maol) von Armagh

Erzbischof, Legat
geboren: um 1095 in Armagh, Nordirland
gestorben: 1./2. November 1148 in Clairvaux, Frankreich
Patron von Irland

Papst Clemens III. sprach am 6. Juli 1190 Malachias von Armagh heilig, der in Irland einige Jahrzehnte zuvor die römische Liturgie eingeführt hatte. Die Heiligsprechung erfolgte in Anerkennung eines bewegten Lebens, das Malachias Höhepunkte, aber auch Tiefschläge gebracht hatte.

Als Sohn des Lektors der Klosterschule von Armagh wurde Malachias um das Jahr 1095 geboren. Als Junge war er Schüler des Mönches Imar, der die Reform von Armagh, begonnen von Erzbischof Cellach, mittrug. Im Jahr 1119 empfing Malachias die Priesterweihe, 1123 wurde er zum Bischof von Connor ernannt. Als der große Reformer Cellach Malachias 1129 zu seinem Nachfolger auf den Erzbischofstuhl von Armagh berief, gab es zunächst heftige Opposition gegen diese Entscheidung. Die irischen Reformer setzten sich aber durch, Malachias übernahm das Erzbischofamt. Doch schon 1136 verzichtete er und wurde lieber Bischof von Down.

Im Jahr 1139 wurde Malachias von den irischen Bischöfen nach Rom entsandt, um dort vom Papst die Bestätigung für die irische Reform einzuholen. Papst Innozenz II. schickte Malachias zunächst aber als Legat nach Irland zurück, um die Reform fortzuführen. Nachdem Malachias sich mit dem Zisterzienser Bernhard von Clairvaux angefreundet hatte, begründete er zunächst das Zisterziensermönchtum, später auch die Lehre der Augustiner-Chorherren in Irland. Das erste Zisterzienserkloster in Irland war Mellifont; zahlreiche Augustiner-Chorherrenstifte folgten.

Auf einer zweiten Reise zum Papst nach Rom, wo Malachias die Pallien für die Klöster Armagh und Cashel sowie für weitere Abteien abholen wollte, erkrankte der Bischof in Frankreich schwer und starb schließlich im Kloster seines Freundes Bernhard in Clairvaux, wo er auch beigesetzt wurde. Die ursprüngliche Grabstätte existiert nicht mehr.

Martin von Porres

Laienbruder OP
geboren: 9. Dezember 1569 in Lima, Peru
gestorben: 3. November 1639 in Lima
Patron der sozialen Gerechtigkeit; gegen Ratten- und Mäuseplagen

Martin von Porres, der große Ordensmann, ist eine der wenigen südamerikanischen Kirchenpersönlichkeiten, die heiliggesprochen wurden. Papst Johannes XXIII. war es, der die Kanonisation am 6. Mai 1962 offiziell bestätigte.

Martin von Porres bei den Kranken. Nach einem Gemälde in der Basilika S. Sabina in Rom.

Martin von Porres wurde am 9. Dezember 1569 als Sohn eines Spaniers und einer Farbigen in Lima in Peru geboren. Von frühester Kindheit an hatte er darunter zu leiden, daß er Mulatte war, Beschimpfungen gehörten für ihn zum Alltag. Als Martin von Porres 15 Jahre alt war – er hatte inzwischen die Heilkunde erlernt –, trat er in seiner Heimatstadt dem Dominikanerorden als Laienbruder bei. Von Anfang an wußte er, daß ihm laut der damaligen Vorschriften wegen seiner Hautfarbe der Priesterstand verschlossen bleiben würde. Es fiel ihm schwer, sich mit diesem Gedanken abzufinden, doch immer, wenn er wieder besondere Traurigkeit über dieses Schicksal empfand, widmete er sich um so intensiver der Tätigkeit, der er sich verschrieben hatte: Martin von Porres kümmerte sich in aufopfernder Weise um die Kranken und Armen Limas. Sein Kloster wurde bald zu einem Ort, wo sich die Hilfesuchenden und Verzweifelten einfanden, um bei Martin Rat und Beistand zu erlangen. Einen Teil des Dominikanerklosters hatte Martin von Porres in ein Spital umgewandelt, in dem es – im Unterschied zu den anderen Spitälern der Stadt – keine Trennung gab zwischen den verschiedenen Hautfarben. Bei Bruder Martin waren alle gleich. Bald sprach es sich herum, daß Martin von Porres über Wunderheilkräfte verfügte. Der Platz im Kloster reichte längst nicht mehr aus. Da wandelte Martin das Haus seiner Schwester Johanna in ein Spital um und tat von nun an hier bescheiden und demütig seinen Dienst. Er selbst führte ein asketisches Leben, aß nur das zum Überleben Notwendige und schlief in den Nächten höchstens drei, vier Stunden.

Im Alter von 70 Jahren starb Martin von Porres am 3. November 1639 an Typhus. All seine Liebe hatte er im Laufe der Jahrzehnte an jedermann, der bei ihm Hilfe suchte, weitergegeben.

Verehrung/Brauchtum: Der Kult um Martin von Porres ist in ganz Amerika verbreitet.

Darstellung: Martin von Porres ist auf allen Abbildungen als Mulatte dargestellt; als Attribute hat er Kreuz, Rosenkranz, Bußwerkzeuge oder einen Korb mit Mäusen (Patronat) bei sich (er wurde in Lima auch als Schutzheiliger der Haustiere verehrt). Auf zahlreichen Darstellungen wurden auch die Szenen der Armenspeisung oder der Krankenpflege wiedergegeben. Im Dominikanerkloster in Pavia existiert ein angeblich authentisches Porträt von Martin von Porres (vera effigies), entstanden wohl in den Jahren kurz vor seinem Tod.

Odrada von Baelen

Jungfrau
geboren: 11./12. Jh. in Scheps bei Baelen, Belgien
gestorben: um 1150 in Belgien

Pirmin

Abtbischof, Missionar OSB
geboren: um 690
gestorben: 3. November 753 in Hornbach, Rheinland-Pfalz
Patron der Pfalz; des Elsaß; von Innsbruck; der Insel Reichenau; gegen Augenleiden, Rheumatismus und Essensvergiftungen; gegen die Pest; gegen Schlangen und Wurmschädlinge

Über die Herkunft Pirmins weiß man so gut wie nichts; die Überlieferungen berichten von keltischer oder gotischer Abstammung, einige sagen auch, Pirmin sei Iroschotte gewesen.

Um das Jahr 720 empfing Pirmin die Weihe zum Wanderbischof und kam danach auf seiner Missionsreise über das Frankenreich auch an den Oberrhein. Hier gründete Pirmin zahlreiche Klöster, so angeblich auch die Klöster Mittelzell-Reichenau und Murbach sowie Hornbach in Rheinland-Pfalz. Zahlreiche Abteien sollen durch ihn reformiert worden sein, bei mehreren ging er als Mitbegründer in die Geschichte ein, so bei Gengenbach im Schwarzwald. Obwohl Pirmin zur selben Zeit als Glaubensbote in Deutschland wirkte wie der große Bonifatius, lernten sich die beiden nie kennen.

Pirmin starb am 3. November 753 in Hornbach und wurde zuerst in seiner dortigen Klostergründung beigesetzt. Seit 1576 befinden sich seine Reliquien in der Jesuitenkirche in Innsbruck. Zahlreiche weitere Städte beanspruchen, im Besitz von Pirmin-Reliquien zu sein. Die Stadt Pirmasens hat von Pirmin ihren Namen.

Darstellung: Pirmin wurde häufig mit Kriechtieren, Fröschen und Schlangen um sich herum abgebildet; dies führt auf die Legende zurück, daß er die Insel Reichenau von giftigem Getier befreit haben soll, was gleichzusetzen ist mit der Vertreibung der Heiden. So zeigt ihn ein Kirchenfenster (1556) in Mittelzell mit einer Schlange in der rechten Hand und einem Frosch zu Füßen. Oft hält Pirmin auch ein Kirchenmodell, was auf seine rege Klöster- und Kirchengründungstätigkeit hinweist. Bekleidet ist der Abtbischof immer mit Pontifikalgewändern.

Pirmin erhält von Karl Martell die Insel Reichenau geschenkt, die er dann bewohnbar machte. Nach einem Stich aus der Bavaria Sancta von 1615.

Silvia

Mutter von Gregor dem Großen
geboren: um 520 in Rom(?), Sizilien(?), Italien
gestorben: um 592 in Rom

Simon Ballachi

Laienbruder OP
geboren: um 1250 in Sant' Archangelo bei Rimini, Italien
gestorben: 3. November 1319 in Rimini
1817 Approbation des Kultes

Viktorinus von Pettau

Bischof, Märtyrer
geboren: 3. Jh.
gestorben: um 304 in Ptuj, Slowenien

Viktorinus war Bischof von Pettau an der Drau, dem heutigen Ptuj in Slowenien. Er starb um 304 während der Christenverfolgung unter Diokletian. Viktorinus gilt als der erste Bibelerklärer im Abendland; er war der griechischen sowie der lateinischen Sprache mächtig.

Gregor von Cerchiara (von Burtscheid)

Abt von Cerchiara und Burtscheid OSB
geboren: 10. Jh. bei Cerchiara, Italien
gestorben: November 999 in Burtscheid, heute Aachen, Nordrhein-Westfalen

Karl Borromäus

Kardinal
geboren: 2. Oktober 1538 in Arona, Italien
gestorben: 3. November 1584 in Mailand, Italien
Patron des Bistums Lugano; der Universität Salzburg; vom „Borromäusverein"; der Seelsorger; der Seminare; der Borromäerinnen; gegen die Pest

„Karl wird große Dinge tun und einst in der Kirche glänzen wie ein Stern!" Diese Worte rief 1559 ein Professor der Universität Pavia aus, als einer der gelehrtesten und außergewöhnlichsten Studenten mit erst 21 Jahren sein Doktorexamen mit höchster Auszeichnung bestand: Karl Borromäus. Der weise Lehrer sollte nicht nur recht behalten, seine Prophezeiung traf weitaus rascher ein, als er es geahnt hatte, als es überhaupt jemand erwarten konnte. Carlo Borromeo, wie sein Name im Italienischen lautet, sollte eine der ganz großen Persönlichkeiten der Kirchengeschichte werden. Der Name des Erzbischofs und Kardinals ist bis zum heutigen Tag lebendig geblieben,

Karl Borromäus. Dieses Gemälde von Ambrogio Figino, das möglicherweise zu Lebzeiten von Karl entstand, gilt als bestes Kopfbild des Heiligen.

4. November

Egilbert von Freising

Bischof
geboren: 10. Jh. in Moosburg, Bayern
gestorben: 4. November 1039 in Freising, Bayern

Bischof Egilbert von Freising ist der Gründer des berühmten bayerischen Klosters Weihenstephan. Während seiner Amtszeit erwarb er darüber hinaus für die Kirche größere Güter in Österreich. Vor seiner Ernennung zum Bischof von Freising im Jahr 1006 war Egilbert, ein Graf von Geburt, Vertrauter von Kaiser Heinrich II. und Vorstand der kaiserlichen Kanzlei gewesen.

Franziska von Amboise

Priorin OCarm
geboren: 9. Mai 1427 in Rieux, Frankreich
gestorben: 4. November 1485 in Couets, Frankreich

Franziska von Amboise war die Gründerin des ersten Karmelitinnenklosters in Frankreich. Als ihr Ehemann verstorben war, trat sie selbst als Nonne in dieses Kloster in Vannes ein, später wurde sie dort Priorin. Franziska von Amboise starb 1485 in Couets, wohin ihr Kloster verlegt worden war. Papst Pius XI. bestätigte ihren Kult am 15. Juli 1863.

nicht zuletzt durch den „Borromäusverein“, der sich die Verbreitung religiöser Literatur zur Aufgabe gemacht hat.

Über der italienischen Stadt Arona am Südwestufer des Lago Maggiore erhebt sich heute die Ruine der historischen Borromäerburg, der Geburtsstätte von Karl Borromäus. Hier kam Carlone, wie der Junge liebevoll genannt wurde, am 2. Oktober 1538 als Sohn von Graf Gilbert Borromeo zur Welt. Die größten und wichtigsten Familien Italiens zählten zur Verwandtschaft, eine Tatsache, die für den späteren Kirchenmann äußerst hilfreich werden würde. Im Alter von erst zwölf Jahren war Karl, wie es damals öfters üblich war, bereits Abt eines nahegelegenen Klosters. Ihm standen die der Abtei zukommenden Pfründeneinkünfte zu, die er aber zum größten Teil an die Armen weitergab. Im Jahr 1552 nahm der 14jährige Grafensohn seine Studien an der Universität von Pavia auf. Karl unterschied sich stark von seinen Mitstudenten, die meist nur das fröhliche Studentenleben im Sinn hatten. Karl dagegen vertiefte sich so sehr in sein umfangreiches Lernpensum, daß er sein Studium mehrfach unterbrechen mußte, da er körperlich völlig erschöpft war.

Kurz, nachdem Karl Borromäus 1559 seine Doktorwürde erlangt hatte, bestieg sein Onkel, Kardinal Giovanni Angelo Medici, als Pius IV. den Papststuhl. Schon von Kindheit an war Carlo der Liebling des neuen Papstes gewesen. Nun holte dieser den jungen Doktor der Rechte zu sich nach Rom und ernannte ihn zu seinem Geheimsekretär, kurz darauf zum Kardinal-Diakon. Mit großer Besorgnis beobachteten viele, welche Verantwortung der junge Mann zu tragen hatte. Doch Karl erwies sich allen Erwartungen und Pflichten gewachsen.

Ein wunderbares Wort über Karl, sein Wesen und sein Wirken gibt es von Leopold von Ranke, dem Verfasser der „Geschichte der Päpste“: „Carlo Borromeo sah seine Stellung zu dem Papst, das Verhältnis, in das er hierdurch zu den wichtigsten Geschäften kam, nicht als ein Recht an, sich etwas zu erlauben, sondern als eine Pflicht, der er sich mit aller Sorgfalt zu widmen habe. Mit ebenso viel Ausdauer wie Bescheidenheit tat er dies.“ Und der Gesandte Hieronimo

Totenmaske von Karl Borromäus. Das kostbare Erinnerungsstück befindet sich heute im Kapuzinerkloster in Mailand.

Soranzo lobte Karl Borromäus: „Man weiß nichts anderes, als daß er rein von jedem Flecken ist. Er lebt so religiös und gibt ein so gutes Beispiel, daß er dem Besten nichts zu wünschen übrigläßt.“

Der Tod seines Bruders Federigo, den Karl sehr geliebt hatte, veränderte 1562 das Leben des 24jährigen. Nun entschloß er sich, in den Priesterstand zu treten und empfing im Sommer 1563 die Weihe. Wenige Monate später verlieh ihm der Papst die Bischofswürde und ernannte ihn zum Erzbischof und Kardinal von Mailand. Von nun an führte Karl Borromäus ein streng asketisches Leben, unterzog sich schweren Bußübungen, fastete oft und schlief kaum. Hieronimo Soranzo schrieb darüber: „Seine Religiosität ist so groß, daß man mit Fug sagen kann, er nütze durch sein Beispiel dem römischen Hof mehr als alle Konzilsbeschlüsse.“

Erst im Alter von 27 Jahren trat Karl Borromäus 1565 sein Amt als Erzbischof von Mailand, das er bis zu seinem Tod rund 20 Jahre später ausüben sollte, auch offiziell an. Die Zustände, die er in der lombardischen Stadt antraf, waren höchst unerfreulich. Die Kirchen waren völlig verwahrlost, die Menschen ohne Glauben und Sitten, viele von ihnen verschiedensten Irrlehren verfallen. Unermüdlich widmete sich der junge Erzbischof in den folgenden Jahren dem Wiederaufbau seiner Diözese und der Hebung der Religiosität in Volk und Klerus. Karl Borromäus gehörte zu den ersten Bischöfen, die Seminare für den Priesternachwuchs einrichteten.

Obwohl er immer wieder von Neidern und Uneinsichtigen in seiner Arbeit behindert wurde, sogar Attentatsversuche hinnehmen mußte, verzagte Karl Borromäus nicht und gewann schließlich auch das Herz des Volkes. Nie vergaßen ihm vor allem die einfachen Menschen, daß er sich während einer furchtbaren Pestepidemie im Jahr 1576 monatelang persönlich um die Kranken und Sterbenden gekümmert und auf allen nur möglichen Wegen Kleidung, Essen und Medikamente besorgt hatte. Karl Borromäus selbst lebte zu jener Zeit fast nur von Wasser und Brot, so daß sich jedermann fragte, woher der sowieso schon schmächtige Mann noch die Kraft für sein unermüdliches Werk nahm.

Dem berühmten Reformkonzil von Trient drückte Karl Borromäus ebenfalls seinen Stempel auf; er war es, der maßgeblich die Wiederaufnahme der Gespräche in die Wege leitete, den Ablauf mitbestimmte und einen erfolgreichen Abschluß gewährte, durch seinen Einfluß ordnete Papst Pius IV. unverzüglich die Durchführung der Konzilsbeschlüsse innerhalb der Kirche an. Karl Borromäus selbst hielt mehrere Synoden zur Durchführung der Reformbeschlüsse ab und ließ sich durch keinerlei Widerstände von Seiten des Klerus oder mächtiger Adelsgeschlechter von seinem Kurs abbringen.

Ausgezehrt, erschöpft und von Krankheit gezeichnet, erlag der große Carlo Borromeo am 3. November 1584 einem schweren Fieberanfall, den sein schmächtiger Körper nicht mehr hatte verkraften können. „Siehe, Herr, ich komme“, waren die letzten Worte des erst 46jährigen Kirchenfürsten, bevor er für immer die Augen schloß.

Die Menschenschlange, die in den folgenden Tagen an der Bahre des Erzbischofs vorbeizog, schien kein Ende zu nehmen. Die Trauer war unermeßlich. Die Welt und die Kirche hatten einen ihrer Größten viel zu früh verloren.

Beigesetzt wurde Karl Borromäus in der Krypta des Mailänder Domes. Papst Paul V. sprach den Erzbischof 1610 heilig; die Seligsprechung war 1602 erfolgt. Im Jahr 1613 wurde Karl Borromäus in den römischen Kalender aufgenommen.

Darstellung: Karl Borromäus ist entweder im Bischofsgewand oder im Kleid der Kardinäle dargestellt; oft hält er ein Kreuz in der Hand, manchmal hat er einen Strick um den Hals oder eine Geißel in der Hand (als Zeichen für das Büßen). Auch die Szene mit Pestkranken wurde häufig dargestellt. Das Antlitz von Karl Borromäus wurde meist der Totenmaske nachempfunden, die sich im Kapuzinerkloster Porta Monforte in Mailand befindet; sie zeigt kantige Züge, große Nase und lebhafte Augen.

Mit Totenkopf und Geißel stellt eine Figur (1738) von Egid Quirin Asam in der Ursulinenkirche in Straubing Karl Borromäus dar. Ein ausführlicher Zyklus mit Szenen aus dem Leben des Kardinals ist im Mailänder Dom zu sehen (1602/1604).

Modesta von Trier (von Öhren)

Äbtissin in Trier OSB
geboren: um 600
gestorben: um 660 (4. November?) in Trier, Rheinland-Pfalz

Verehrung/Brauchtum: In der Diözese Trier wird der Gedenktag am 6. November begangen. Modesta war die erste Äbtissin des Klosters St. Irminen in Öhren (Trier), das nach ihrer Nachfolgerin Irmina benannt wurde.

Vitalis und Agricola

Märtyrer
geboren: 3. Jh.(?) in Italien(?)
gestorben: um 300 in Bologna(?), Italien

Eine der interessantesten Kirchen Bolognas, die aus mehreren einzelnen Gotteshäusern entstandene Kirche S. Stefano, birgt die Grabstätten der Märtyrer Vitalis und Agricola. Die Gräber befinden sich in der rechten und der linken Seitenapsis der Teilkirche Ss. Vitale e Agricola. Hinter dem Hochaltar stehen zwei antike Sarkophage, die möglicherweise den Märtyrern zugeordnet werden können. Wann Vitalis und Agricola, möglicherweise Adliger (Agricola) und Diener, den Martertod erlitten haben, kann nicht genau festgelegt werden. Eine der zahlreichen Legenden legt das Martyrium in die Zeit von Kaiser Diokletian (um 300). Sicher ist aber, daß der Mailänder Bischof Ambrosius um das Jahr 380 die Gebeine der Märtyrer feierlich erhob und sich die Verehrung für beide bald in zahlreichen Ländern außerhalb Italiens ausbreitete

Die Kirche Ss. Vitale e Agricola in Bologna stammt in ihrer Urform bereits aus dem 5. Jh. Auch in Ravenna gab es schon im 6. Jh. ein Gotteshaus, das Vitalis geweiht war: die berühmte Basilika S. Vitale, die bis heute zu den schönsten und außergewöhnlichsten Kirchenbauten Italiens gehört. Die Kirche war der erste Zentralkuppelbau des ganzen Abendlandes und wurde zum Vorbild für die Palastkapelle von Karl dem Großen in Aachen.

Darstellung: Auf Abbildungen sind die Märtyrer Vitalis und Agricola manchmal als Edelmänner, häufig aber auch in einfacher Tunikakleidung dargestellt. Auf einem Glasfenster (15. Jh.) in der Kirche S. Petronio in Bologna hält Vitalis ein Schwert und eine Palme, Agricola ein Beil.

5. November

Bernhard Lichtenberg

Priester
geboren: 3. Dezember 1875 in Ohlau, Polen
gestorben: 5. November 1943 in Hof, Bayern

Sein mutiger Einsatz für den katholischen Glauben und für die Juden kostete Bernhard Lichtenberg das Leben. Der Ohlauer, 1899 zum Priester geweiht, 1932 zum Dompfarrer von St. Hedwig Berlin und 1938 zum Dompropst in Berlin ernannt, hatte öffentlich von der Kanzel herunter zum Gebet für Juden und Häftlinge in Konzentrationslagern und Gefängnisse aufgerufen. Der vorbildliche Seelsorger und tieffromme Kirchenmann wurde deshalb 1941 von den Nationalsozialisten verhaftet.

Die Märtyrer Vitalis und Agricola zusammen mit Jesus Christus auf einem Steinrelief über dem Portal der Kirche Ss. Vitale e Agricola in Bologna; es stammt aus dem 6. Jh.

Bernhard Lichtenberg.

und 1942 zu zwei Jahren Gefängnis in Berlin-Tegel verurteilt. Im Verlaufe der Haft, die er mit demütiger Geduld und außergewöhnlicher Haltung ertrug, erkrankte Bernhard Lichtenberg schwer. Dies hinderte die Gestapo aber nicht daran, den inzwischen fast 68jährigen noch für das Konzentrationslager Dachau „auszuwählen". Während der Überführung dorthin mußte Lichtenberg, der 66 Pfund Gewicht verloren hatte und dem Tode nahe war, ins Städtische Krankenhaus in Hof gebracht werden, wo er wenige Tage später, am 5. November 1943, starb.

Am 23. Juni 1996 erfolgte die Seligsprechung des mutigen Priesters Bernhard Lichtenberg in Berlin.

Berthild (Bertila) von Chelles

1. Äbtissin von Chelles OSB
geboren: um 630 in Frankreich
gestorben: 5. November um 705 in Chelles, Frankreich
1185 Erhebung der Gebeine

Elisabeth und Zacharias

Eltern von Johannes dem Täufer
geboren: vor Christi Geburt
gestorben: 1. Jh. in Jerusalem(?)
Elisabeth: Patronin der Brettschneider

Schon in sehr früher Zeit wurden Elisabeth und Zacharias, die Eltern von Johannes dem Täufer, als Heilige verehrt.

Elisabeth, die viele Jahre kein Kind hatte empfangen können und darüber ebenso wie ihr Mann Zacharias sehr unglücklich war, brachte doch noch hochbetagt ihren Sohn Johannes zur Welt. Der Erzengel Gabriel hatte den ungläubigen Eltern die Geburt vorausgesagt. Johannes der Täufer kam ein halbes Jahr vor Jesus zur Welt und wird als „Vorläufer des Messias" bezeichnet. Er sollte die Menschen auf das Kommen des Sohnes Gottes vorbereiten.

Maria, die also zur selben Zeit wie Elisabeth ein Kind, nämlich Jesus, unter dem Herzen trug, kam einmal zu Besuch zu Elisabeth, mit der sie verwandt war. Die Worte, mit denen Elisabeth die junge Maria begrüßte, sind bis heute Teil des Ave Maria: „Du bist gesegnet unter den Frauen, und gesegnet ist die Frucht deines Leibes."

Als Johannes geboren war, verkündete sein Vater Zacharias den erstaunten Menschen, die das Wunder der späten Geburt im Hause von Elisabeth und ihrem Ehemann nicht glauben konnten, folgende Worte: „Gepriesen sei der Herr, Gott Israels, denn er hat sein Volk heimgesucht und seine Erlösung bewirkt ... Und du, Kind, wirst der Prophet des Allerhöchsten genannt werden, denn du wirst vor dem Herrn hergehen, um seine Wege zu bereiten." Noch verstanden die Menschen an jenem Tag nicht, was Zacharias ihnen sagen wollte ...

Wie lange Elisabeth und Zacharias den Lebensweg ihres Sohnes Johannes noch begleiteten, ist nicht überliefert. Über den Tod von Elisabeth gibt es keine Nachrichten, über Zacharias erzählt eine Schrift aus dem 3. Jh., daß er im Tempel von Jerusalem ermordet worden sei.

Verehrung/Brauchtum: In der Lateranbasilika in Rom, wo sich Teile des Hauptes von Zacharias befinden, wird der Gedenktag von Zacharias am 6. November begangen. In der Ostkirche gedenkt man Zacharias am 11. Februar, an dem Tag, an welchem seine Reliquen aufgefunden wurden; sie gelangten im Jahr 415 nach Konstantinopel. An einem 28. Oktober feierte man dort die Einweihung einer Zacharias-Kirche.

Darstellung: Elisabeth und Zacharias wurden oft gemeinsam, häufig aber auch allein dargestellt. Als Priester mit Weihrauchfaß ist Zacharias bei einer Statue aus dem 13. Jh. im Meißner Dom zu sehen. Elisabeth und Zacharias zusammen zeigt eine Tafel von Hans von Kulmbach (1510) in der Alten Pinakothek in München. Eine Statue am Altar im oberösterreichischen Pfarrkirchen stellt Elisabeth mit Johannes und einem Lamm zu Füßen (1747) dar. Auch auf der berühmten Pala d'Oro im Markusdom in Venedig (um 1100) ist Elisabeth zu sehen. In der Kirche in Neustift bei Freising ist Zacharias in einer Altarfigur von Ignaz Günther (um 1766) eine Schrifttafel beigegeben.

Emmerich von Ungarn

Königssohn
geboren: zwischen 1000 und 1007 in Stuhlweißenburg, Ungarn
gestorben: 2. September(?) 1031 in Ungarn

Emmerich, der in den ersten Jahren des 11. Jh. zur Welt kam, war der Sohn des ungarischen Königs Stephan I., des späteren Nationalheiligen von Ungarn. Emmerichs Mutter ist ebenfalls unter den großen Persönlichkeiten der katholischen Kirche zu finden: Es ist Gisela, eine Schwester von Kaiser Heinrich II., der ebenfalls heiliggesprochen wurde.

Emmerich erhielt seine Erziehung von einem Bischof und wurde so schon von Kindheit an auf ein christliches, tugendhaftes Leben vorbereitet. Sein Vater, zu dem Emmerich ein enges Verhältnis hatte, wollte ihn schon früh an der Regierung beteiligen, doch wenige Tage vor der Krönung zum Mitregenten verunglückte Emmerich auf der Jagd und starb an den Folgen des Unfalls. Der Todestag war wahrscheinlich der 2. September 1031.

Am 5. November 1083 wurden die Gebeine Emmerichs feierlich erhoben, und seither wird der Gedenktag des Königssohnes an diesem Datum begangen. Beigesetzt ist Emmerich in der von seinem Vater erbauten, bedeutenden Kirche von Stuhlweißenburg, wo auch Stephan I. seine letzte Ruhestätte fand.

Darstellung: Emmerich ist als junger Mann – manchmal mit Bart – in Ritterrüstung oder in königlichen Gewändern dargestellt; als Attribute sind ihm auf Abbildungen Schwert und Lilie oder das Ungarn-Schild beigegeben.

Gomidas Keumurgian

Priester, Prediger, Märtyrer
geboren: 1656 in Istanbul, Türkei
gestorben: 5. November 1707 in Istanbul
23. Juni 1929 Seligsprechung

6. November

Christine von Stommeln (die Kölnische)

Begine, Mystikerin
geboren: 1242 in Stommeln bei Köln, Nordrhein-Westfalen
gestorben: 6. November 1312 in Stommeln

Christine hatte bereits als Kind ihre erste Heiland-Vision, von Jugend an durchlebte sie dämonische Versuchungen. Verschiedene gesicherte Überlieferungen berichten von ihrer Stigmatisation. Bis zu ihrem Tod im Alter von 70 Jahren lebte Christine, die den Beinamen „die Kölnische“ trug, als Begine, zunächst in Köln, dann in Stommeln.

Die Gebeine der berühmten Mystikerin aus Stommeln wurden im 16. Jh. nach Jülich übertragen. Papst Pius X. approbierte den Kult Christines am 12. August 1908.

Darstellung: Christine von Stommeln ist als Begine dargestellt, meist in der Szene, wie der Teufel versucht, sich ihr zu nähern.

Grabdenkmal der Mystikerin Christine von Stommeln, genannt „die Kölnische“, an der Friedhofskirche von Stommeln.

Iltut

Mönch, Klostergründer
geboren: um 450 in Frankreich
gestorben: um 530 in Wales, Großbritannien

Leonhard von Limoges (von Noblac)

Einsiedler, Abt
geboren: 5. Jh. in Frankreich
gestorben: 559(?) bei Limoges, Frankreich
Patron der Bauern, Stallknechte, Ställe; des Viehs und der Pferde; für alle Bauernanliegen; der Schlosser, Schmiede, Fuhrleute, Lastenträger, Böttcher, Obsthändler und Bergleute; der Wöchnerinnen und für eine gute Geburt; der Gefangenen; gegen Kopfschmerzen und Geisteskrankheiten

Leonhard erscheint oft als der bayerischste unter den bayerischen Heiligen. Zu früherer Zeit gab es in Bayern über 150 traditionelle Leonhardi-Wallfahrten, heute sind es immerhin noch über 50, die den Gläubigen jedes Jahr um den 6. November herum ein prächtiges Farbenschauspiel bieten. Der bekannteste aller Leonhardi-Umritte ist wohl jener von Bad Tölz, und auch nach Inchenhofen bei Aichach strömen Jahr für Jahr viele Zuschauer, um Zeuge dieses alten Brauchtums zu sein. Doch wie erstaunt sind viele, wenn sie erfahren, daß Leonhard, ihr bayerischer Nothelfer, der Patron der Pferde und der Bauern, ein Franzose war, in Frankreich lebte und wirkte und auch dort starb.

Die stark von Legenden überlagerte Lebensgeschichte Leonhards erzählt, daß er der Sohn einer adligen Familie war und von Bischof Remigius das Taufsakrament empfangen habe. Über Kindheit und Jugendzeit weiß man nichts, das Leben Leonhards läßt sich erst wieder verfolgen, als er sich – so die Legende – zu Beginn des 6. Jh. als Einsiedler in einer Hütte im damaligen Nobiliacum, dem heutigen St-Léonard-de-Noblat bei Limoges, niederließ. Leonhards Zelle im Wald wurde zum Ziel vieler Verzweifelter und Ratsuchender, die den weisen Mann in seiner Klause schon zu dessen Lebzeiten als Heiligen verehrten. Aus jener Zeit stammt auch die Tradition, daß Leonhard als Schutzpatron der Gefangenen verehrt wird. Die Überlieferung erzählt,

Der prachtvolle Leonhard-Altar in der Leonhardskirche in Inchenhofen bei Aichach. Im Mittelalter war Inchenhofen in Bayerisch-Schwaben die viertgrößte Wallfahrtsstätte der Welt nach Jerusalem, Rom und Santiago de Compostela in Spanien.

Leonhard habe immer ein besonderes Herz für Gefangene gehabt und vielen von ihnen durch seine gute Beziehung zum König die Freiheit vermittelt. Viele Gefangene, die im Kerker den Namen Leonhards ausriefen, sollen daraufhin augenblicklich von ihren Fesseln befreit gewesen sein und diese dann dem Einsiedler gebracht haben.

Aus der Zelle von Leonhard entwickelte sich im Laufe der Zeit das Kloster St-Léonard-de-Noblat, dem der Einsiedler in seinen letzten Lebensjahren dann auch als Abt vorstand. Das Todesjahr Leonhards wird mit 559 angegeben, beigesetzt wurde er in seinem Kloster. Bis heute ist das Leonhard-Grab in der romanischen Kirche Saint-Léonard ein vielbesuchter Wallfahrtsort. Die Gebeine Leonhards wurden im 11. Jh. erhoben.

Verehrung/Brauchtum: Rund sechs Jahrhunderte vergingen, bis der Kult Leonhards nach Bayern drang. So wurde Ende des 12. Jh. die Leonhardskirche in Kreuth errichtet, viele hundert weitere Gotteshäuser, die den Namen des Einsiedlers trugen, folgten. Leonhard wurde zu einem der beliebtesten und volkstümlichsten Heiligen überhaupt und gehört regional auch zu den Nothelfern. Um seinen Schutz und Beistand bitten neben den Landwirten und Viehzüchtern sowie den Gefangenen auch Bergleute und Böttcher, Fuhrleute und Schlosser, Stallknechte und Schmiede. Ebenfalls um Hilfe rufen ihn Mütter und Wöchnerinnen an. Überall entstanden im Mittelalter Leonhards-Wallfahrten, seit 1856 gibt es den Tölzer Leonhardi-Ritt. In der berühmten spätgotischen Leonhards-Kirche in Inchenhofen findet man noch heute den sogenannten Leonhards-Nagel. Dieses rund zweieinhalb Zentner wiegende Eisenstück wurde vom 15. Jh. an von Wallfahrern um die Kirche herum getragen als Beweis für ihre Bußbereitschaft. Mehrere Leonhards-Wallfahrtskirchen sind mit Ketten umspannt, so beispielsweise in Bad Tölz und im niederbayerischen Ganacker.

Darstellung: Leonhard ist fast immer in einem schwarzen Mönchsgewand dargestellt, oft mit den Abtsattributen, hauptsächlich mit Stab. Weitere Attribute auf Abbildungen sind Buch, Ketten, Fußblock sowie Ochsen und Pferde. Oft dargestellt wurde die Szene, wie Leonhard Gefangene befreit. In vielen Kirchen finden sich Zyklen, die Szenen aus dem Leben des Einsiedlers darstellen, so im bayerischen Willing bei Bad Aibling und im oberösterreichischen St. Leonhard bei Freistadt.

Auch die Verehrung für Leonhard und der damit verbundene Kult fanden ihren Niederschlag in der Kunst; dazu zwei Beispiele: Kirche St. Leonhard bei Dietramszell (Bayern), Deckenfresko, 18. Jh.; Kirche Ellbach (Bayern), Altarblatt, 1770. Interessant sind auch die Leonhard-Darstellungen auf Mosaiken im Markusdom in Venedig.

Protasius von Lausanne

Bischof von Lausanne
geboren: 6./7. Jh.
gestorben: 7. Jh. in der Schweiz

Verehrung/Brauchtum: Der Leichnam von Bischof Protasius wurde vom Sterbeort im Juragebirge nach Basuges am Genfer See überführt, das man später nach Protasius St-Prez nannte. Im Jahr 1400 fand die Erhebung der Protasius-Gebeine statt.

7. November

Antonius Baldinucci

Mönch, Missionar SJ
geboren: 19. Juni 1665 in Florenz, Italien
gestorben: 7. November 1717 in Pofi bei Frosinone, Italien

Der größte Wunsch von Antonius Baldinucci, der im Alter von 16 Jahren dem Jesuitenorden beigetreten war, war es, in die Heidenmission geschickt zu werden, um dort das Martyrium für Gott zu erleiden. Aufgrund seiner schwächlichen Gesundheit entsandten ihn seine Oberen aber in die Mission in der Heimat, wo Baldinucci bald einer der erfolgreichsten Prediger wurde.

Nach über 20jähriger Missionstätigkeit brach der 52 Jahre alte Ordensmann während einer Predigt in Pofi bei Frosinone völlig erschöpft zusammen; wenige Tage später starb er. Beigesetzt wurde er in der Kirche S. Giovanni in Florenz. Leo XIII. sprach Antonius Baldinucci 1893 selig.

Antonius Baldinucci. Nach einem Jugend-Gemälde.

Diese Goldfigur des heiligen Engelbert krönt den Prachtschrein mit den Gebeinen des Bischofs (Domschatz, Köln).

Engelbert von Köln

Erzbischof, Märtyrer
geboren: um 1185 in Köln, Nordrhein-Westfalen
gestorben: 7. November 1225 bei Gevelsberg, Nordrhein-Westfalen

Im Domschatz von Köln wird ein besonders kostbares Kunstwerk aufbewahrt: ein barocker Schrein mit den Gebeinen von Engelbert, der von 1216 bis 1225 Erzbischof der Stadt am Rhein war. Bereits im Alter von 14 Jahren war Engelbert zum Dompropst von Köln ernannt worden, wegen ihm vorgeworfener falscher Parteinahme im Thronstreit zwischen Philipp von Schwaben und Otto IV. wurde er aber wieder abgesetzt und sogar exkommuniziert. Noch war er zu jener Zeit zu jung, um zu erkennen, was in der Politik Recht und Unrecht bedeuteten.

Im Jahr 1216 wurde Engelbert, der sich inzwischen offiziell dem Papst unterworfen und Buße getan hatte, zum Erzbischof von Köln ernannt. Unermüdlich widmete er sich in den folgenden Jahren dem Wiederaufbau seiner in den vorausgegangenen politischen Wirren stark verwüsteten Diözese und förderte den religiösen, wirtschaftlichen und geistigen Neuanfang. Friedrich II. ernannte den geschätzten Erzbischof zum Vormund seines Sohnes Heinrich, den Engelbert dann 1222 in Aachen zum König krönte. Für die Armen und Schwachen der Gesellschaft wurde Engelbert zum Helfer und Beschützer, besonders energisch ging er gegen die Eingriffe der Landvögte vor. Durch dieses Eintreten zog sich der Erzbischof jedoch den Haß des Adels zu, der ihn immer massiver bekämpfte.

Der Sohn seines Vetters war es schließlich, der Engelbert in Gevelsberg nördlich von Köln während einer Visitationsreise überfallen und ermorden ließ. Der Todestag war der 7. November 1225. Das Volk, das Engelbert geliebt und geachtet hatte, trauerte lange um seinen Erzbischof, der ihm so viel Gutes getan hatte. Seine letzte Ruhestätte fand Engelbert im Kölner Dom.

Darstellung: Erzbischof Engelbert ist immer im bischöflichen Ornat mit Pallium, oft mit Palme und Schwert dargestellt. Mit Kreuz und Schwert ist er auf einem Gemälde (1300) im Chor des Kölner Domes zu sehen.

Florentius von Straßburg

Bischof
geboren: 6. Jh.
gestorben: 7. Jh. in Straßburg, Elsaß, Frankreich
Patron gegen Stein- und Bruchleiden; des Viehes

Florentius war der Nachfolger von Arbogast auf dem Straßburger Bischofsstuhl. Er gründete die Klöster St. Thomas in Straßburg und Niederhaslach, wohin 810 auch seine Gebeine übertragen wurden und wo sich in der Folge eine Wallfahrt entwickelte. Die Legende erzählt, Florentius habe zu Lebzeiten eine stumme Königstochter wieder zum Sprechen gebracht.

Darstellung: Florentius von Straßburg ist im Bischofsgewand oder als Einsiedler mit Tieren abgebildet. Auch zusammen mit der zuvor stummen Prinzessin wurde der Bischof dargestellt.

Rufus von Metz

Bischof von Metz
geboren: 4. Jh.
gestorben: um 400 in Metz, Lothringen, Frankreich

Vinzenz Grossi

Priester
geboren: 9. März 1845 in Pizzighettone, Italien
gestorben: 7. November 1917 in Vicobellignano, Italien

Papst Paul VI. sprach am 1. November 1975 einen Priester selig, dessen Namen kaum jemand kennt: Vinzenz Grossi. Grossi war am 9. März 1845 in dem kleinen Ort Pizzighettone, 20 Kilometer nordwestlich von Cremona, zur Welt gekommen, bereits als Kind unterschied er sich völlig von seinen kleinen Kameraden und hatte die größte Freude, wenn er in der Kirche dem Pfarrer helfen konnte. Im Alter von 24 Jahren empfing Vinzenz dann die Priesterweihe und erhielt vom Bischof von Cremona in der Folgezeit zwei ausgesprochen schwierige Pfarreien übertragen. Dies geschah nicht etwa, um Vinzenz zu bestrafen, sondern weil man zu ihm das Vertrauen hatte, daß er es schaffen würde, die Pfarreien wieder in Ordnung zu bringen. Und Vinzenz Grossi enttäuschte seinen Bischof nicht, er übertraf sogar noch alle Erwartungen: Er gründete ein Institut für karitative Aufgaben, dessen Mitglieder sich um Jugendliche kümmerten.

Willibrord

Erzbischof OSB
geboren: 658 in Northumbrien, England
gestorben: 7. November 739 in Echternach, Luxemburg
Patron von Luxemburg; der Diözesen Utrecht, Harlem und Luxemburg; gegen Epilepsie, Hautkrankheiten und Zuckungen

Willibrord war eine der Hauptpersönlichkeiten der angelsächsischen Mission auf germanischem Boden. Er legte die Grundlage für die Ausbreitung des christlichen Glaubens noch vor dem großen Bonifatius, der später eng mit ihm zusammenarbeitete und Willibrords Werk teilweise fortführte.

Willibrord war im Jahr 658 in Northumbrien zur Welt gekommen. Seine Ausbildung erhielt er von den Mönchen des Klosters Ripon, das unter der Führung des berühmten Wilfrith die Benediktinerregel übernahm. Auch Willibrord trat hier dem Orden des Benedikt bei. Als er 20 Jahre alt war, ging Willibrord 678 in das irische Kloster Rathmelsigi in Irland, das von Egbert geführt wurde; dort empfing der junge Mönch dann auch die Priesterweihe.

Bald darauf begann der neue, wichtige Lebensabschnitt des Ordensmannes: 690 verließ Willibrord gemeinsam mit zahlreichen Gefährten die Heimat und zog in die friesische Mission. Sowohl von Pippin dem Mittleren als auch von Papst Sergius I. holte er Zustimmung und Vollmacht für seine Missionstätigkeit ein. Am 21. November 695 empfing Willibrord vom Papst die Weihe zum Erzbischof der Reisen, außerdem den

Beinamen Clemens. Seine Bischofskirche errichtete Willibrord in Utrecht.

Willibrord konnte in der Folgezeit gute Missionserfolge in Friesland erzielen, nicht zuletzt auch durch die starke Unterstützung des fränkischen Hochadels. So schenkte ihm 698 die spätere Äbtissin Irmina von Öhren, Ehefrau eines Pfalzgrafen unter dem fränkischen König Chlodwig III., die Abtei in Echternach im heutigen Luxemburg, die zum Mittelpunkt von Willibrords Friesenmission wurde. Eine Unterbrechung erfuhr Willibrords erfolgreiche Tätigkeit nach dem Tod des fränkischen Hausmeiers Pippin dem Mittleren im Jahr 714. Ab 719 aber konnte der Erzbischof die Missionsarbeit wieder aufnehmen, jetzt tatkräftig unterstützt von Bonifatius, dem späteren „Apostel der Deutschen".

Nach langer und segensreicher Tätigkeit starb der große Willibrord am 7. November 739 in seinem Kloster in Echternach, wo er auch seine letzte Ruhestätte fand. Seine Gebeine wurden 1031 erhoben.

Verehrung/Brauchtum: In den Niederlanden wird bis zum heutigen Tag jedes Jahr der Willibrord-Tag festlich gefeiert. Vielerorts gibt es noch die sogenannten Willibrordi-Brunnen, die von Wallfahrern zur Entnahme von Wasser gegen Hautkrankheiten (Patronat) aufgesucht werden. In Echternach findet jedes Jahr am Pfingstdienstag die „Springprozession" statt, die seit dem 15. Jh. existiert und bei der Willibrord vor allem zur Heilung von Epilepsie angerufen wird (Patronat).

Darstellung: Willibrord ist als Bischof, seltener auch einmal als Abt abgebildet; seine Attribute sind Buch, Kind, Quelle, Krüge, Kirchenmodell, Faß, Brunnen und Kreuzstab. Auch Götzenbilder sind Willibrord auf Darstellungen häufig beigegeben, was auf die Bekämpfung des Heidentums hinweisen soll. Auf seltenen Abbildungen wird Willibrord von einem Diakon begleitet. Die häufigste Darstellungsform ist jene, wie der Erzbischof den Heiden predigt, so auf einem Retabel in der Basilika von Echternach (1604).

Gegenüberliegende Seite: Der Willibrord-Schrein in der Krypta der St.-Willibrordus-Kirche im luxemburgischen Echternach.

8. November

Claudius von Rom

Märtyrer
geboren: 3.(?) Jh.
gestorben: um 305(?)
Patron der Steinhauer, Bildhauer und Marmorarbeiter; des Viehes

Claudius von Rom gehört neben Castor, Symphorianus und Nicostratus zu den sogenannten Vier Gekrönten. In der Verfolgung von Kaiser Diokletian erlitt der Bildhauer wohl um 305 das Martyrium, wo genau und wie, ist nicht gesichert überliefert.

Darstellung: Claudius von Rom ist auf Abbildungen zu sehen, wie er zu Tode gefoltert wird. Dargestellt sind verschiedene Martyrien: Claudius in einem Kessel mit kochender Flüssigkeit, in einem Käfig im Meer versenkt, an einer Säule ausgepeitscht. Pfahl oder Säule als Attribute hat Claudius als Hinweis auf seinen Bildhauerberuf bei sich.

Gottfried von Amiens

Bischof von Amiens OSB
geboren: um 1065 bei Soissons, Frankreich
gestorben: 8. November 1115 in Soissons

Gottfried wurde um das Jahr 1065 als Sohn adliger Eltern in der Nähe der Stadt Soissons im Norden Frankreichs geboren. Seine Erziehung erhielt er in einem Kloster. Bereits als Fünfjähriger versuchte Gottfried, die Klosterbrüder im Fasten und in anderen klösterlichen Tugenden nachzuahmen. Für ihn gab es immer nur ein Ziel: Er wollte ebenfalls Mönch werden. Im Alter von 25 Jahren empfing Gottfried die Priesterweihe, ein Jahr später wurde er zum Abt des Klosters Nogent-sous-Coucy in der Champagne ernannt.

Über ein Jahrzehnt blieb Gottfried Abt, bevor er auf der Synode von Troyes gegen seinen Willen zum Bischof von Amiens gewählt wurde. Er beugte sich schließlich und zog barfuß und im Büßergewand in seine Bischofsresidenz ein. Auch in seinem hohen Amt änderte Gottfried seine asketische Lebensweise nicht, oft aß er nur trockenes Brot und gab seine Speisen den Armen. Jeden Tag lud er außerdem 13 Bedürftige an seinen Tisch und versorgte sie mit Essen. Die Zahl 13 sollte Jesus und seine zwölf Apostel symbolisieren.

Schon bald zog sich Gottfried den Haß seines Klerus zu, da er die Geistlichen seiner Diözese immer wieder wegen ihres allzu weltlichen Lebenswandels kritisierte und viele von ihnen deswegen sogar aus der kirchlichen Gemeinschaft ausschloß. Doch Gottfried, ein Mann des Volkes, kannte keinen Respekt vor Rang und Namen. So tadelte er auch einmal während seiner Predigt den Grafen von Artois, weil er mit seinem Hofstaat in ungeziemender Kleidung in das Gotteshaus gekommen war.

Am 8. November 1115 starb Gottfried im Kloster St-Crépin in Soissons, noch nicht ganz 50 Jahre alt. Beigesetzt wurde er zuerst im Chor der Abteikirche. Rund 20 Jahre später wurden die Gebeine erhoben und in einem Schrein im Hochaltar beigesetzt.

Darstellung: Dargestellt ist Bischof Gottfried oft mit einem toten Hund. Die Legende erzählt dazu, daß Gottfried einmal, einen Anschlag auf sein Leben ahnend, seinem Hund ein Stück Brot gab, das er zuvor in Wein getunkt hatte. Das Tier soll daraufhin tot umgefallen sein, denn der Wein war vergiftet.

Gregor von Einsiedeln

Abt von Einsiedeln OSB
geboren: 10. Jh. in England
gestorben: 8. November 996 in Einsiedeln, Schweiz

Johannes Duns Skotus

Mönch, Theologe OFM
geboren: 1265/1266 in Duns, Schottland
gestorben: 8. November 1308 in Köln, Nordrhein-Westfalen

Johannes Duns Skotus war einer der ganz großen Theologen. Von Geburt war er Schotte, daher sein Beiname Skotus, der Schotte; und Duns ist wahrscheinlich sein Geburtsort. Schon als Junge hatte Johannes Kontakt zu den Franziskanern; ab seinem 14. Lebensjahr ging er zu ihnen in die Schule, bald darauf trat er dem Orden bei. Nach Beendigung seines Theologiestudiums in Oxford und in Paris lehrte er zunächst in Oxford, dann in Paris und schließlich in Köln.

In Köln sollte Johannes Skotus auf Anordnung seines Ordensgenerals

Papst Johannes Paul II. am 15. November 1980 am Grab von Johannes Duns Skotus in der Minoritenkirche in Köln.

den Irrlehrern entgegenwirken, doch dazu kam es nicht mehr, weil er schon kurz nach seiner Ankunft am Rhein, erst 43jährig, starb. Beigesetzt wurde Johannes Skotus in der Kölner Minoritenkirche, wo 1980 Papst Johannes Paul II. an seinem steinernen Sarkophag betete.

Eine Armspeiche des Franziskaners war im Jahr 1954 durch Kardinal Frings in die Krypta der ehemaligen Franziskanerkirche von Köln übertragen worden; 1980 wurde die Reliquie dann in die Wallfahrtskirche von Neviges überführt.

Die Nachwelt nennt Johannes Skotus, der am 20. März 1993 seliggesprochen wurde, einen begnadeten Zeugen des christlichen Glaubens; zusammen mit Thomas von Aquin und Bonaventura gilt er als bedeutender Lehrer der Theologie. Der deutsche Philosoph Martin Heidegger sprach von Johannes Skotus als einem „Denker der Zukunft". Berühmt wurde der Franziskaner auch als Vorkämpfer der Lehre von der Unbefleckten Empfängnis Mariens.

Darstellung: Johannes Skotus ist als Franziskaner mit Jesuskind oder mit der Unbefleckten Empfängnis abgebildet. Darstellungen existieren vor allem im Kölner Raum.

Vier Gekrönte (Quattuor Coronati)

Märtyrer
geboren: 3.(?) Jh.
gestorben: um 305(?)
Patrone der Steinmetze und Bildhauer; des Viehes

Bei den Vier Gekrönten handelt es sich um vier Märtyrer, über deren Leben, Wirken und Tod die Überlieferungen verschiedene Angaben machen. Gesichert sind die Namen: Castor, Claudius, Nicostratus und Symphorianus. Die Reliquien der Märtyrer, die unter Kaiser Diokletian sterben mußten, werden seit dem 6. Jh. auf dem Mons Caelius in Rom in einer den Vier Gekrönten geweihten Kirche aufbewahrt und verehrt.

Darstellung: Die Vier Gekrönten sind als Steinmetze – möglicherweise waren sie zur Zwangsarbeit im Steinbruch verurteilt gewesen – dargestellt, als Attribute haben sie Meißel, Zirkel, Spitzhammer und Reißschiene bei sich.

Willehad von Bremen

Bischof
geboren: 745 in Northumbrien, England
gestorben: 8. November 789 in Blexem, Niedersachsen

Willehad weihte 789 den ersten Dom von Bremen, nur sieben Tage später starb er, gerade 44 Jahre alt. Der Angelsachse war um das Jahr 770 nach Friesland gekommen, um in der Mission zu arbeiten. Immer wieder geriet Willehad dabei in schwere Gefahren, beim Sachsenaufstand 782 mußte er fliehen. Nach einer Wallfahrt nach Rom zog sich Willehad für zwei Jahre in das von Willibrord gegründete Kloster Echternach zurück. Im Jahr 785 konnte er nach Friesland zurückkehren, zwei Jahre später wurde er in Worms zum Missionsbischof geweiht und nahm seinen Sitz in Bremen. Die Errichtung der Diözese Bremen fand im Jahr 805 statt.

Bischof Ansgar erhob Willehads Gebeine im Jahr 860 und übertrug sie in den neuen Dom in Bremen.

Darstellung: Willehad, dargestellt in bischöflichen Gewändern, ist meist abgebildet, wie er Götzenbilder zerstört oder Bekehrte tauft. Häufig ist er auch mit einem Kirchenmodell in der Hand zu sehen. Oft wurde Willehad mit dem Modell des von ihm gegründeten Bremer Domes dargestellt, so unter anderem im Stadtsiegel von Bremen von 1200 (zusammen mit Karl dem Großen) und auf einem Gestühlsrelief, das sich heute im Bremer Focke-Museum befindet.

9. November

Elisabeth von Dijon (Elisabeth Catez)

Nonne, Mystikerin OCarm
geboren: 18. Juli 1880 bei Bourges, Frankreich
gestorben: 9. November 1906 in Dijon, Frankreich

„Leben wir mit Gott wie mit einem Freund, haben wir lebendigen Glauben, um durch alles hindurch mit ihm vereinigt zu sein." Dies war der Lebensgrundsatz von Elisabeth von Dijon, die am 25. November 1984 von Papst Johannes Paul II. seliggesprochen wurde.

Elisabeth Catez, Tochter eines französischen Hauptmannes, war schon als Mädchen von tiefer Frömmigkeit erfüllt. Sie ergriff den Beruf der Pianistin, errang viele Preise, erhielt zahlreiche Heiratsanträge. Doch später einmal sollte sie niederschreiben: „Während ich wie die anderen tanzte und die Quadrillen spielte, war mein Herz ganz im Karmel, der mich anzog." Im Alter von 21 Jahren nahm Elisabeth dann 1901 im Karmel von Dijon den Schleier.

Danach verlief das Leben der jungen Frau nicht mehr so harmonisch wie zuvor. Aufgrund einer schweren Tuberkulose litt sie an verschiedenen zermürbenden Krankheiten, die sie durch körperliche und geistige Wellentäler führten. Am 9. November 1906 erfüllte sich der Wunsch der Ordensfrau: „Jesus, zu dir hat meine Seele Verlangen, ich will bald deine Braut sein. Mit dir zusammen möchte ich leiden und, um dich zu finden, sterben."

Ragnulf (Ranulf)

Märtyrer
geboren: 7. Jh.
gestorben: um 700 bei Arras, Frankreich

Theodor von Euchaïta

Märtyrer
geboren: 3. Jh. in Armenien oder Syrien
gestorben: 306 in Euchaïta, Kleinasien
Patron der Soldaten und Heere; in Kämpfen; bei Sturm

Vor dem Evangelisten Markus war Theodor Schutzpatron von Venedig. Im Mittelalter löste dann der Evangelist den Märtyrer als Beschützer der Lagunenstadt ab.

Theodor kam Ende des 3. Jh. in Syrien oder Armenien zur Welt. Bereits als Jüngling trat der überzeugte Christ dem römischen Heer bei. Bald darauf wurde wieder eine der grausamen Christenverfolgungen angeordnet. Dennoch hielt Theodor seinen Christenglauben nicht geheim und stellte sich der Gefahr bewußt. Tatsächlich wurde er auch bald verhaftet und dem Tribun der Legion und dem Statthalter der Provinz vorgeführt. Man verlangte von Theodor, daß er den Götzen opfern sollte. Er aber weigerte sich standhaft, obwohl er wußte, daß dies sein Todesurteil bedeutete.

Als man Theodor noch einmal einige Tage Bedenkzeit gewährte, zündete der mutige Christ den mitten in der Stadt stehenden Tempel der Göttermutter Kybele an und bekannte sich danach sogleich zu dieser Tat. Ohne Verhandlung wurde Theodor daraufhin zum Tode verurteilt und nach grausamen, tagelangen Martern bei lebendigem Leib verbrannt. Mutige Christen sollen seinen Leichnam den Flammen entrissen und bestattet haben. Als Todesjahr wird 306, als Todesort Euchaïta angegeben. Reliquien des Märtyrers werden von Venedig, Brindisi und Gaeta beansprucht.

Verehrung/Brauchtum: Theodor ist einer der Großmärtyrer des Orients, wo er früher hoch verehrt wurde. Der Kult gelangte aber auch bis ins Abendland.

Darstellung: Theodor ist in Ritterrüstung oder Soldatenkleidung abgebildet, als Attribute sind ihm auf Darstellungen Schild, Lanze, erlegter Drachen, Krokodil oder Fackel beigegeben, oft auch brennende Götzentempel.

10. November

Andreas Avellino

Priester, Mönch, Missionar OTheat
geboren: 1521 in Castronuovo auf Sizilien, Italien
gestorben: 10. November 1608 in Neapel, Italien

In einer der schönsten Kirchen Neapels, in dem frühbarocken Gotteshaus S. Paolo Maggiore an der Piazza S. Gaetano, befindet sich die Grabstätte des heiligen Andreas Avellino. Der 1521 geborene Sizilianer hatte nach dem Empfang der Priesterweihe in Neapel die Rechte studiert und betätigte sich nach Abschluß des Studiums als Rechtsanwalt für geistliche Belange. Doch in diesem Beruf fand Andreas Avellino keine Erfüllung. Sein Wunsch war es, als Seelsorger zu wirken. So trat der gebildete Sizilianer 1556 in Neapel dem Theatinerorden bei und war in der Folge ein halbes Jahrhundert lang als Missionar, Prediger und Seelenführer für viele Menschen tätig. Seine Wirkungsstätten erstreckten sich vom Golf von Neapel bis hinauf in die Lombardei. Innerhalb seines Ordens bekleidete Andreas Avellino über viele Jahrzehnte hinweg hohe Ämter, einige Zeit war er auch Oberer.

Theodor von Euchaïta. Statue am Südportal der Kathedrale von Chartres.

Andreas Avellino. Nach einem Porträt, das sich heute im Sterbezimmer des Heiligen in Neapel befindet. Der Heiligenschein wurde mit Sicherheit erst nach der Heiligsprechung Avellinos angebracht, während das Bild nachweislich zu Avellinos Lebzeiten entstand.

Am 10. November 1608 starb Andreas Avellino im Alter von 87 Jahren, während er gerade die Heilige Messe las. Papst Clemens XI. sprach den wenig bekannten, aber doch so bedeutenden Theatinerbruder 1712 heilig.

Johannes Scotus

Bischof, Märtyrer
geboren: um 990 in Irland oder Schottland
gestorben: 10. November 1066 in Mecklenburg

Nach den Überlieferungen war Johannes ein Priester aus Irland oder aus Schottland (Scotus), der um das Jahr 1055 zum Bischof von Mecklenburg ernannt wurde. Die Weihe nahm Erzbischof Adalbert von Bremen-Hamburg vor. Während der Ausübung seines Amtes erlitt Johannes nur elf Jahre später das Martyrium: Beim Slawenaufstand überfielen Heiden den Bischof und schlugen ihm Hände und Füße und schließlich den Kopf ab.

Leo I. (der Große)

Papst, Kirchenlehrer
geboren: um 400 in der Toskana, Italien
gestorben: 10. November 461 in Rom, Italien
Patron der Musiker, Sänger und Organisten

In der Cappella della Colonna im Petersdom zu Rom fällt ein besonders schönes Grabmal auf. Es ist die letzte Ruhestätte eines Papstes, der als einziger außer Gregor den Beinamen „der Große" erhielt, der als einer der bedeutendsten Nachfolger Petri in die Geschichte einging und der durch sein mutiges Verhalten die Stadt Rom vor der Zerstörung durch die Hunnen bewahrte: Es ist das Grab von Leo I. Auf dem berühmten Konzil von Chalkedon (451) rief die Versammlung bewundernd aus: „Petrus hat durch Leo gesprochen." Leo galt als idealer Nachfolger des Apostelfürsten und wurde von den Menschen seiner Zeit als wahrer Retter angesehen.

Wer war dieser Papst, mit dem das Papsttum seinen ersten Höhepunkt erreichte? Leo kam zu Beginn des 5. Jh. in Tuszien, der heutigen Region Toskana, zur Welt. Über sein Elternhaus ist nichts überliefert, ebenfalls nichts über Leos Kinder- und Jugendzeit. Der Lebensweg läßt sich erst von da an verfolgen, als Leo Archidiakon von Papst Cölestin wurde. Rund acht Jahre nach Cölestins Tod – dessen direkter Nachfolger war Sixtus III. – wurde Leo zum Papst ernannt. Während der Wahl befand er sich gerade auf einer Reise durch Gallien. Am 29. September 440 empfing er in Rom die Weihe.

Leo I. führte gleich zu Beginn seines Pontifikates eine wesentliche Veränderung innerhalb des Papsttums durch. Er entpersonalisierte das Amt des Papstes und betonte es rein als Erbe Petri. Leo sagte einmal, daß „im Nachfolger des Petrus der geehrt wird, der in sich auf ewig die Sorge aller Hirten mit der Obhut über die ihm anvertrauten Schafe vereint und auch bei einem unwürdigen Nachfolger nichts von seiner Würde einbüßt".

Unermeßliche Verdienste erwarb Leo I. der katholischen Kirche durch seine vehemente Verteidigung der kirchlichen Rechte sowie durch die Abwehr von zahlreichen Irrlehren in ganz Europa, etwa der des Manichäismus oder des Pelagianismus. In vielen Ländern ordnete der große Papst die Kirchenverhältnisse, indem er die Hierarchie wiederherstellte. Unüberhörbar verteidigte Leo I. immer wieder die beiden Naturen in Jesus Christus: die göttliche und die menschliche. Vor allem in seinen Schreiben an den Patriarchen von Konstantinopel betonte er diesen Tatbestand immer aufs neue. Es war eine Machtprobe mit der Kirche des Ostens, die nur eine Natur in Christus sah: die Mensch gewordene göttliche. Als die Ostkirche auf der Synode von Ephesus im Jahr 449 weiterhin auf dem Monophysitismus bestand, bezeichnete Leo die Versammlung als „Räubersynode". Auf dem zwei Jahre später einberufenen Konzil von Chalkedon, das als eines der wichtigsten in die Geschichte eingehen sollte, triumphierte dann der Papst, denn alle Kirchenvertreter stimmten Leos Ansicht zu.

Als ein Jahr später, man schrieb 452, die Hunnen in Italien einfielen, rettete Leo der Große die Ewige Stadt vor den Barbaren, die mordend und plündernd durch das Land zogen. Der Papst war dem Heer Attilas entgegengereist und traf in Mantua mit dem Hunnenführer zusammen. Leo trat Attila mit solch großer Würde und Überzeugungskraft gegenüber, daß dieser von sich aus auf eine Zerstörung Roms verzichtete. Drei Jahre später fielen die Vandalen unter König Geiserich in der Tiberstadt ein. Es gelang Leo dieses Mal zwar nicht, Rom vor der Plünderung zu schützen, doch durch seinen persönlichen Einsatz verschonten die Vandalen das Leben der römischen Bürger und äscherten die Stadt nicht, wie vorgesehen, ein. Durch diese beiden Ereignisse wurde Leo I. in den Augen der Bevölkerung zum großen Helden und Retter. Man verehrte den Papst schon zu Lebzeiten wie einen Heiligen. Leo war zur absolut beherrschenden Persönlichkeit seiner Zeit geworden, niemand konnte auch nur annähernd an ihn heranreichen.

Im Alter von etwa 60 Jahren starb Leo der Große am 10. November 461 in Rom. Als erster Papst wurde er in

Gegenüberliegende Seite: Grabdenkmal von Papst Leo I. von Alessandro Algardi im Petersdom in Rom. Das Relief zeigt Leo und Attila.

der Vorhalle der konstantinischen Petersbasilika beigesetzt. Papst Sergius I. erhob die Gebeine seines großen Vorgängers im Jahr 688 und übertrug sie in den Altar, der Leo geweiht war. Noch heute sind viele Briefe und Predigten des bedeutenden Papstes erhalten. Papst Benedikt XIV. ernannte Leo I. im Jahr 1754 zum Kirchenlehrer.

Darstellung: Leo I. ist in päpstlichen Gewändern dargestellt, meist mit Tiara und Papstkreuz, oft mit Evangelienbuch. Manchmal ist er auch mit einem Drachen zu sehen, was auf die Rettung Roms vor Attila hinweisen soll. Mit Pallium und Schriftrolle sowie Kodex ist der Papst auf Fresken in der Kirche S. Maria Antiqua in Rom zu sehen; es dürfte sich bei den aus dem 7. und dem 8. Jh. stammenden Darstellungen um die ältesten Abbildungen von Leo I. handeln. Auf einem Fresko von Raffael (1512) in der Stanza d'Eliodoro im Vatikan in Rom ist Leo auf dem Pferd sitzend abgebildet.

Nympha

Märtyrerin
geboren: 3. Jh. in Palermo auf Sizilien, Italien
gestorben: um 305 in Palermo

Verehrung/Brauchtum: Seit dem 17. Jh. existiert der Kult von Nympha auf Sizilien, wo die junge Frau nach der Legende während der Christenverfolgung von Kaiser Diokletian den Martertod erlitt. Das Haupt der Märtyrerin wird seit dem 16. Jh. in der Kathedrale von Palermo verehrt.

Tryphon

Märtyrer
geboren: 3. Jh. in Phrygien, Türkei
gestorben: 3. Jh. in Phrygien
Patron von Kotor; der Gärtner

Verehrung/Brauchtum: Der Kult um Tryphon, der angeblich Gänsehirt war und unter Kaiser Decius den Martertod starb, breitete sich von seinem Grab in Phrygien nach Konstantinopel, Dalmatien, Süditalien und Sizilien aus. In der griechischen Kirche gibt es seit dem 12. Jh. den sogenannten Tryphon-Segen gegen böse Geister und gegen Insektenplagen. Die Reliquien Tryphons werden in der Kathedrale von Kotor aufbewahrt.

Darstellung: Tryphon ist immer als sehr junger Märtyrer dargestellt, oft hält er ein Handkreuz. Die wohl ältesten Darstellungen befinden sich in Höhlenkirchen in Kappadokien in der Türkei, so dort unter anderem in Göreme (1070). Mit Kirchenmodell und Fahne ist Tryphon am Reliquienschrein (16. Jh.) in der Kathedrale von Kotor abgebildet.

11. November

Deusdedit

Abt von Montecassino, Märtyrer OSB
geboren: 8. Jh. in Italien
gestorben: 11. November 834 in Rocca Secca bei Neapel, Italien

Hademunda

Markgräfin, Pilgerin
geboren: 10. Jh. in Ebersberg, Bayern
gestorben: 11. November 1029 in Jerusalem

Heinrich von Heisterbach

Abt von Heisterbach, Mystiker OCist
geboren: um 1180
gestorben: 11. November 1242 in Heisterbach, Nordrhein-Westfalen

Martin von Tours

Bischof
geboren: um 316 in Sabaria, heute Steinamanger, Ungarn
gestorben: 8. November 397 in Candes bei Tours, Frankreich
Patron der Diözesen Rottenburg-Stuttgart und Mainz; des Burgenlandes; des Kantons Schwyz; der Soldaten, Kavalleristen und Reiter; der Pferde und Hufschmiede; der Waffenschmiede, Weber, Gerber, Schneider, Gürtelmacher, Handschuhmacher, Hutmacher, Ausrufer, Hoteliers, Müller, Bürstenbinder, Böttcher, Winzer, Hirten und Gastwirte; der Reisenden; der Armen und Bettler; der Gefangenen; der Abstinenzler; der Haustiere und Gänse; gegen Ausschlag, Schlangenbiß und Rotlauf; für das Gedeihen auf den Feldern

Martin nimmt seinen Abschied von der Armee. Nach einem Fresko (1333) von Simone Martini in der Unterkirche von S. Francesco in Assisi.

Wer einmal die leuchtenden Augen der Kinder gesehen hat, die an einem Martinsumzug teilnehmen, wer erlebte, mit welcher Freude die Kleinen zuvor die bunten Lampions bastelten und der Geschichte des Martin lauschten, der spürt, daß dieser Heilige ein ganz besonderer Freund der Kinder sein muß.

Martin wurde im Jahr 316 in Sabaria in Pannonien, dem heutigen Steinamanger in Ungarn, geboren. Sein Vater, ein Italiener, war hier angesiedelt worden, nachdem er seine Jahre als römischer Offizier abgedient hatte. Seine christliche Erziehung erhielt Martin in der Heimatstadt des Vaters, im oberitalienischen Pavia. Als der Junge zehn Jahre alt war, wurde er in die Reihe der Taufbewerber (Katechumenen) aufgenommen. Schon jetzt war in dem Kind der Wunsch vorhanden, einmal als Einsiedler zu leben.

Martins Vater aber, der selbst sein Leben lang nichts anderes gekannt hatte als das Soldatenleben, trug dafür Sorge, daß der Sohn in seine Fußstapfen trat und brachte ihn bereits im Alter von 15 Jahren in der gallischen Armee unter. Zwar nicht mit dem Herzen, aber trotzdem zuverlässig und mutig erfüllte Martin seine Pflicht als Soldat; schon bald wurde er zum Offizier ernannt.

In dieser Zeit nun geschah jenes Wunder, das Martin unvergessen machen sollte: das Mantel-Wunder. An einem eiskalten Winterabend ritt Martin auf ein Truppenlager in Amiens nördlich von Paris zu. Am Stadttor sprach ihn ein halbbekleideter Bettler an und flehte um eine Gabe. Martin hatte jedoch weder Geld noch Essen bei sich und wußte zunächst nicht, wie er dem Mann helfen sollte. Da aber kam ihm ein Gedanke: Er nahm seinen weiten Offiziersmantel und zerteilte ihn mit seinem Schwert in der Mitte. Eine Hälfte warf Martin dann dem vor Kälte zitternden Bettler zu, damit dieser sich wenigstens ein wenig erwärmen konnte.

Die Legende erzählt nun, daß Martin in der folgenden Nacht Jesus Christus erblickte, der mit der Hälfte seines Mantels bekleidet war. Und er hörte, wie der Sohn Gottes zu den Engeln sagte: „Martinus, der erst auf dem Weg zur Taufe ist, hat mich mit diesem Mantel bekleidet." Diese Worte Christi sollten bedeuten: Was du einem meiner geringsten Brüder tust, das tust du mir. Die Szene der Mantel-Teilung gehörte durch alle Jahrhunderte hindurch zu den beliebtesten Heiligenmotiven der Künstler.

Nach diesem tiefgreifenden Erlebnis ließ Martin sich taufen und nahm bald darauf Abschied vom Soldatendienst. Christentum und Kriegsdienst ließen sich in seinen Augen unmöglich miteinander verbinden. Er begab sich nach Poitiers, um dort von dem überall gerühmten Hilarius, der Jahre später Bischof von Poitiers werden sollte, mehr über den Christenglauben zu erfahren. Hilarius wurde Martins Lehrer und Vorbild.

Bald war Martin nur noch von einem Gedanken besessen: Er wollte in seiner Heimat missionieren, wollte unter seinen Landsleuten gegen Heidentum und Arianismus kämpfen. Martin ging nach Pannonien zurück und konnte als erstes seine Mutter bekehren. Doch damit war seine Mission auch schon beendet: Wütende arianische Bischöfe vertrieben Martin aus seiner Heimat. Enttäuscht und verbittert zog sich der Gescheiterte auf die Insel Gallinara zurück, ein winziges Eiland vor der Stadt Albenga an der italienischen Riviera, das sich heute in Privatbesitz befindet. Hier lebte Martin in den folgenden Jahren als Einsiedler, so, wie er es sich in seiner Kindheit immer gewünscht hatte.

Um das Jahr 360 rief Hilarius, der seit 356 Bischof von Poitiers war und gerade aus einer von arianischen Gegnern erwirkten Verbannung in Phrygien zurückgekehrt war, seinen einstigen Schüler nach Poitiers zurück. Etwa acht Kilometer südlich von Poitiers, in Ligugé, errichtete Martin bald darauf eine Einsiedlerzelle, aus der sich in der Folgezeit ein berühmtes Kloster entwickelte, das erste Kloster Galliens überhaupt. (Ligugé lohnt auch heute einen Besuch. Vor dem Portal der Kirche Saint-Martin sind bei Grabungen gallo-römische Reste entdeckt worden: die Apsis der von Martin erbauten Basilika, ein Martyrion aus dem 4. Jh. und merowingische Sarkophage aus dem 5. Jh.)

Etwa ein Jahrzehnt später, man schrieb 371/372, wählten Klerus und Volk den inzwischen berühmten Martin zum neuen Bischof von Tours, der Diözese nördlich von Poitiers. Auch in diesem hohen Amt behielt Martin seinen bescheidenen, ja asketischen Lebensstil bei. Er verließ das ihm zustehende Bischofshaus und zog mit ein paar Mönchen vor die Tore der Stadt in einige armselige Holzhütten. Aus dieser Einsiedelei entwickelte sich dann im Lauf der Jahre das bedeutende Kloster Marmoutier, das zu einem Mittelpunkt des asketischen und des kulturellen Lebens im Abendland wurde. Noch heute findet man hier zahlreiche Überreste der Abtei, so Teile der Kirche und unterirdische Zellen.

Voller Tatkraft und mit großem Gerechtigkeitssinn waltete Martin in den folgenden fast 30 Jahren seines Bischofsamtes. Leidenschaftlich verkündete er besonders in den ländlichen Gebieten das Evangelium und bekämpfte das hier vorherrschende Heidentum. Seine Missionsreisen führten Martin durch die gesamte Diözese, überall kümmerte er sich um bestehende Mißstände. Dieses große Engagement brachte ihm die Liebe und Achtung des Volkes, vor allem der von ihm unterstützten Armen ein, aber auch eine starke Abneigung von Seiten des sehr verweichlichten, teilweise zuchtlosen Klerus. Doch Martin ließ sich durch keinen Angriff gegen seine Person von seinem umfassenden Missionswerk abbringen. Für ihn kam seine Ernennung zum Bischof dem Auftrag zur Missionierung gleich, und diesen Auftrag Gottes wollte er voll und ganz erfüllen.

Auf einer Seelsorgereise durch sein Bistum starb Martin von Tours am 8. November 397 im Alter von etwa 80

Martin teilt seinen Mantel. Statue (13. Jh.) am Basler Münster.

Jahren in Candes, südwestlich von Tours. Der kleine Ort heißt heute Candes-Saint-Martin. Die schöne Kirche Saint-Martin stammt aus dem 11. Jh. Zur Beisetzung des Bischofs der Armut und der Armen, wie Martin genannt wurde, strömten riesige Menschenmengen nach Tours, darunter etwa 2000 Mönche. Der Tag der Bestattung war der 11. November 397, daher auch dieser Gedenktag. Über dem Grab Martins ließ Bischof Brictius, ein Schüler von Martin und sein Nachfolger auf dem Bischofsstuhl, zu Beginn des 5. Jh. eine Kapelle errichten. Bischof Perpetuus erweiterte den Bau Jahrzehnte später zu einer prächtigen Basilika.

Martins Grab war im gesamten Mittelalter das Ziel der Pilger und fränkisches Nationalheiligtum. König Chlodwig I. erklärte Martin von Tours zum „Schutzherrn der fränkischen Könige und des fränkischen Volkes". Martins Reliquien wurden zum großen Teil im 16. Jh. von den Hugenotten zerstört. Ein kleiner Teil verblieb in der Krypta der Martin-Basilika in Tours, über der um 1900 eine neue Kirche errichtet wurde. Noch heute ist die Basilika Saint-Martin in der Stadt an der Loire ein vielbesuchter Pilgerort.

Der Mantel Martins galt als fränkische Reichsreliquie und war auf allen Heerzügen mit dabei. In Ruhezeiten wurde das kostbare Erinnerungsstück im Palast des Königs in Paris aufbewahrt. Es heißt, daß die Sainte-Chapelle, die Palastkapelle in Paris, in der viele wichtige Reliquien aufbewahrt wurden, ihren Namen auch vom Martins-Mantel erhielt (cappa, capella = der Mantel).

Verehrung/Brauchtum: Der Martinstag ist für viele Menschen ein besonderes Datum im Jahr. Außer mit der jahrhundertealten Tradition des Martinsumzuges verbinden sich noch weitere Bräuche mit diesem Tag. Am Vorabend des Martinstages trifft man sich mit guten Freunden oder mit der ganzen Familie zur Martinsgans und zum Martinsgebäck; beides ist besonders fett, als wolle man sich auf den langen, kalten Winter vorbereiten. Früher war die Martini-Gans der letzte Braten vor dem sechswöchigen Adventsfasten.

Vielerorts wird am Vorabend von Martini ein Martinsfeuer abgebrannt, und in den Alpenländern, besonders in bayerischen Gemeinden, machen vermummte junge Burschen mit lautem Geschrei die Gegend unsicher. Im bäuerlichen Brauchtum war Martini früher der Beginn des Wirtschaftsjahres, an das Gesinde wurden die Löhne ausbezahlt, neue Knechte und Mägde wurden eingestellt, Pachtverträge abgeschlossen und Steuern entrichtet. Nicht zu vergessen ist, daß Martin bis heute zu den beliebten Jungennamen gehört.

Darstellung: In der künstlerischen Darstellung hat meist die Szene der Mantelteilung ihren Niederschlag gefunden. Beispiele dafür sind eine Holzskulptur (um 1480) im Bayerischen Nationalmuseum München (ohne Bettler) und eine Bleigußgruppe von Georg Raphael Donner (um 1730) im Dom von Preßburg (mit Bettler zu Füßen des Pferdes). Die Mantelteilung zusammen mit der nachfolgenden Traumvision Martins ist auf einem Tafelgemälde (um 1430) im Diözesanmuseum in Rottenburg zu sehen.

Aber auch andere Szenen aus dem Leben Martins wurden oft dargestellt; so die Erweckung eines toten Kindes durch Martin (Gemälde von Ferri, Kunsthistorisches Museum, Wien) oder der Tod und die Verklärung Martins, die Fällung eines Götzenbaumes durch den Bischof oder Martin im Gespräch mit Brictius. Auch die Legende, daß Martin von Tours das Blut der Märtyrer Mauritius und Gefährten in Agaunum aufgefangen habe, wurde mehrfach von Künstlern abgebildet, so auf dem berühmten Wandteppich (16. Jh.) im Musée des Tapisseries in Angers.

Menas (Mennas)

Märtyrer
geboren: 3. Jh.(?) in Ägypten
gestorben: 295(?) in Ägypten(?)
Patron der Kaufleute; zur Wiederauffindung verlorener Gegenstände; in schwerer Not

Menas gehört zu den legendarischen Heiligen, war jedoch über Jahrhunderte hinweg eine der bedeutendsten Gestalten der christlichen Welt. Vor allem in Ägypten ist Menas bis heute der volkstümlichste Heilige überhaupt, und jeder Ägypten-Reisende kennt wahrscheinlich die Ausgrabungsstätten von Menas-Stadt südlich von Alexandria, mit denen zu Beginn dieses Jahrhunderts begonnen wurde. Menas-Stadt war einst rund um die Grabstätte des Märtyrers entstanden, da die vielen tausend Pilger Häuser, Kirchen und Spitäler benötigten.

Die Legende berichtet von Menas, daß er in der zweiten Hälfte des 3. Jh. lebte und aus Ägypten stammte. Er soll seinen Soldatendienst aufgegeben und sich als Einsiedler in die Einsamkeit zurückgezogen haben. Von Christenverfolgern des Kaisers Diokletian

Menas mit Christus. Nach einer koptischen Ikone aus dem 6. Jh., die sich heute im Louvre in Paris befindet. In Ägypten gehört Menas bis heute zu den meistverehrten Heiligengestalten; Menas-Stadt südlich von Alexandria war rund um die Menas-Grabstätte errichtet worden.

soll er dann verhaftet, gefoltert und schließlich wegen seines nicht zu brechenden Christenglaubens enthauptet worden sein.

Andere Überlieferungen sagen, Menas sei in Phrygien in der heutigen Türkei ermordet worden; die Reliquien sollen von dort nach Ägypten übertragen und da beigesetzt worden sein, wo die Kamele stehenbleiben. Wieder andere Berichte erklären, Menas sei erst im 9. Jh. den Martertod gestorben und dies auch in einer ganz anderen Gegend.

Am Grab von Menas ereigneten sich zahlreiche Wunder, der Ort wurde später „altchristliches Lourdes" genannt.

Darstellung: Menas ist als Soldat auf dem Pferd, einen Drachen besiegend, manchmal auch betend zwischen Kamelen, abgebildet. Vor allem in Ägypten gibt es zahlreiche Darstellungen.

Theodor Studita

Abt, Bekenner
geboren: 759 in Konstantinopel, heute Istanbul, Türkei
gestorben: 11. November 826 in Akrita auf der Prinzeninsel vor Konstantinopel

Er sei würdig, neben römischen Päpsten zu stehen, hieß es einmal über Theodor Studita, den großen Förderer des byzantinischen Mönchtums und Kämpfer für die Bilderverehrung. Um das Jahr 800 hatte der Priester und Abt das Kloster Studion in Konstantinopel gegründet, das sich in der Folge zu einem geistlichen und geistigen Mittelpunkt der östlichen Kirche entwickelte. Die riesige Abtei galt als Herd der Erneuerung, geleitet und inspiriert von Theodor. Wegen seines Kampfes für die Bilderverehrung wurde Theodor dreimal verbannt.

Nach vielen Quälereien während der Haft, durch die Theodors Widerstand aber nicht gebrochen werden konnte, starb die große Persönlichkeit der Ostkirche im Jahr 826. Theodors Bedeutung wird bis heute bezeugt durch fast 600 erhaltene Briefe, elf Festreden, über 300 Katechesen, drei Lebensbeschreibungen, Epigramme, Kanones sowie durch sein Testament.

Darstellung: Theodor Studita ist auf Abbildungen meist als älterer oder alter Mönch mit kahler Stirn und langem, häufig zweigeteiltem Bart zu sehen. Darstellungen beschränken sich fast ausschließlich auf den östlichen Raum.

Veranus von Vence

Bischof von Vence
geboren: um 400 in Lyon, Frankreich
gestorben: um 475 in Vence, Frankreich

12. November

Ämilianus (Millán) Cucullatus (de la Cogolla)

Einsiedler, Abt OSB
geboren: um 474 in Bereco, Spanien
gestorben: 12. November 574 bei Verdejo

Hochverehrt von den Gläubigen, wirkte Ämilianus Cucullatus zuletzt als Pfarrer in seiner Heimat. Zuvor hatte er rund vier Jahrzehnte lang als Einsiedler in einer Höhle und als Abt einer Mönchsgruppe im Gebirge von Cogolla gelebt. Um die Person von Ämilianus ereigneten sich bereits zu seinen Lebzeiten zahlreiche Wunder, die alle überliefert sind.

Verehrung/Brauchtum: Vor allem in Nordspanien war die Verehrung für Ämilianus Cucullatus groß, ihr Zentrum war das Kloster S. Millán de la Cogolla.

Darstellung: Von Ämilianus gibt es in Spanien zahlreiche Darstellungen; meist ist er darauf als Hirte abgebildet, da er seinen Lebensunterhalt vor seiner Zeit als Einsiedler mit diesem Beruf verdiente. Bemerkenswert ist der Ämilianus-Schrein (11. Jh.), der sich heute im Archäologischen Nationalmuseum in Madrid befindet. Auf ihm sind zahlreiche Darstellungen von Ämilianus zu sehen, unter anderem ein Zyklus der Vita in 18 Tafeln.

Arsacius von Mailand

Bischof, Märtyrer
geboren: 3./4. Jh. (oder 6. Jh.) in Mailand, Italien
gestorben: 3./4. Jh. (oder 6. Jh.) in Mailand

Die Reliquien des Mailänder Bischofs Arsacius, der nach den verschiedenen Legenden entweder um 400 oder im 6. Jh. gelebt und gewirkt hatte, wurden von Papst Zacharias im 8. Jh. von Rom nach Ilmmünster bei Freising in das dortige Chorherrenstift überführt. Im Jahr 1495 gelangten die Gebeine dann in die Münchner Frauenkirche, 1846 wurden sie wieder nach Ilmmünster zurücktransferiert. Die dortige Pfarrgemeinde trägt bis heute den Namen von Bischof „Arsacius".

Didacus (Diégo) von Alcalá

Laienbruder, Mystiker OFM
geboren: um 1400 in Andalusien, Spanien
gestorben: 12. November 1463 in Alcalá, Spanien

Didacus war Laienbruder im Franziskanerorden. Ab 1441 missionierte er einige Jahre auf den Kanarischen Inseln, ab 1445 war er dort Guardian von Kloster Fuerteguerra. 1450 zog Didacus dann nach Rom, wo er in der Folge im Kloster Aracoeli Kranke pflegte. Nach seiner Rückkehr in seine spanische Heimat starb der Franziskaner 1463 in Alcalá bei Madrid. Sixtus V. sprach Didacus 1588 heilig.

Josaphat Kunzewitsch

Erzbischof, Märtyrer OBas
geboren: 1580 in Wlodzimierz, Rußland
gestorben: 12. November 1623 in Witebsk, Weißrußland

Josaphat Kunzewitsch, Sohn orthodoxer Eltern, trat als junger Mann zur ruthenisch-unierten Kirche über und wurde 1604 Basilianermönch. Im Alter von 38 Jahren bestieg Kunzewitsch den Erzbischofstuhl von Polozk im damaligen Polen (heute Weißrußland). Während seiner Amtszeit entwickelte Josaphat Kunzewitsch eine überaus segensreiche und erfolgreiche Tätigkeit, offen sprach er sich zum Ärger vieler Andersdenkender für eine Einheit mit dem Papst in Rom aus.

Gegner einer Union ermordeten den erst 43jährigen am 12. November 1623 während einer Visitationsreise in Witebsk. Josaphat Kunzewitsch wurde 1643 seliggesprochen, Papst Pius IX. sprach den Erzbischof 1867 heilig. Die Reliquien des Märtyrers gelangten 1916 zunächst nach Wien, 1949 dann nach Rom.

Josaphat Kunzewitsch. Nach einem Porträt aus dem Jahr 1623, dem Sterbejahr des Erzbischofs und Märtyrers.

Darstellung: Josaphat Kunzewitsch ist entweder im Habit eines Bischofs oder in jenem der Basilianermönche abgebildet; als Attribut hat er Beil oder Hackmesser bei sich, oft stecken diese auch in seinem Kopf (Martyrium).

Kunibert

Bischof
geboren: um 600 im Moselgebiet
gestorben: 12. November um 663 in Köln, Nordrhein-Westfalen
Patron bei Fieber und Kopfschmerzen

Dort, wo sich heute in Köln die spätromanische Kirche St. Kunibert erhebt, stand vor deren Errichtung einmal die Klemens-Kirche, ein Bau aus dem 7. Jh. Jenes Gotteshaus, eines der ältesten der Rheinstadt, wurde von einem ihrer großen Bischöfe gegründet: von Bischof Kunibert. Den Nachfolgebau, der 1247 fertiggestellt wurde, weihte man dann dem einstigen Gründer.

Kunibert kam um das Jahr 600 als Sohn einer vornehmen Familie in der Moselgegend zur Welt. Seine Erziehung erhielt er am Hof von Chlotar II. Noch keine 20 Jahre alt, wurde Kunibert Archidiakon in Trier und wenige Jahre später Bischof von Köln. Obwohl Kunibert auch bei dieser Wahl noch sehr jung war, brachte ihm das Volk bereits große Achtung und Wertschätzung entgegen. Und Kunibert rechtfertigte seine Ernennung; er brachte die Diözese Köln zur Blüte, unterstützte Klöster und Kirchen und kümmerte sich besonders großherzig um die Armen und Kranken im Volk. Zahlreiche karitative Einrichtungen wurden von dem tatkräftigen Bischof gegründet.

Kunibert starb nach rund vier Jahrzehnten Tätigkeit als Kölner Bischof an einem 12. November um 663 und wurde in der von ihm gegründeten Kirche St. Klemens beigesetzt. Heute befinden sich die Reliquien in St. Kunibert, dem späteren Bau.

Darstellung: Auf Abbildungen ist Bischof Kunibert oft mit einer Taube auf der Schulter oder über seinem Haupt dargestellt. Dies geht auf die Legende zurück, daß eine Taube Kunibert kurz nach seiner Ernennung zum Bischof bei einer Messe in der Kölner Ursulakirche die verschollene Grabstätte der heiligen Ursula offenbart habe. Auch mit Kirchenmodell in der Hand wurde Kunibert häufig abgebildet. Die wahrscheinlich älteste Darstellung des Bischofs befindet sich in einem Fenster in St. Kunibert in Köln (13. Jh.).

Lebuin (Livinus, Liebwin)

Missionar
geboren: 8. Jh. in England
gestorben: um 780 in Deventer, Niederlande
Patron der Sterbenden

13. November

Augustina Livia Pietrantoni

Nonne SC
geboren: 27. März 1864 in Pozzaglia, Italien
gestorben: 13. November 1894 in Rom, Italien

Augustina Pietrantoni, „Schwester Augustina“, war Mitglied bei den Barmherzigen Schwestern in Rom und wirkte aufopferungsvoll in der Pflege von Tuberkulosekranken. Im Alter von erst 30 Jahren wurde sie 1894 von einem gerade entlassenen Patienten ermordet. Papst Paul VI. sprach Augustina Pietrantoni am 12. November 1972 selig, Papst Johannes Paul II. am 18. April 1999 heilig.

Brictius von Tours

Bischof von Tours
geboren: 4. Jh. in Frankreich
gestorben: um 444 in Tours, Frankreich
Patron der Richter

Darstellung: Brictius, den seine neidischen Gegner eines zu weltlichen Lebens bezichtigten und schwer verleumdeten, ist als Bischof dargestellt, der in seinem Kleid glühende Kohlen trägt; dies soll ein Hinweis auf seine Unschuld sein. Manchmal hält der Nachfolger von Martin von Tours auch ein Wickelkind im Arm oder drei Ähren in der Hand.

Brictius. Darstellung auf dem „St-Brictius-Fenster“ in der Pfarrkirche von Oekoven am Niederrhein.

Eugenius II. von Toledo

Erzbischof von Toledo
geboren: um 600 in Toledo(?), Spanien
gestorben: 657 in Toledo
Patron der Müller

Gutmann (Homobonus) von Cremona

Kaufmann, Wundertäter
geboren: um 1150 in Cremona, Italien
gestorben: 13. November 1197 in Cremona
Patron der Bürger; der Schneider, Schuhmacher, Schmiede und Kaufleute

Nur zwei Jahre nach seinem Tod wurde Gutmann, der Wundertäter von Cremona, von Papst Innozenz III. heiliggesprochen. Homobonus (der gute Mann) war Tuchhändler gewesen und hatte in seiner Heimatstadt Cremona sehr viel Gutes getan. Er half Armen und Kranken, richtete Spitäler ein und kümmerte sich um die Waisenkinder. Drei Jahre nach der Heiligsprechung wurden die sterblichen Überreste von Gutmann in den Dom von Cremona übertragen.

Verehrung/Brauchtum: Über die Handelswege gelangte die Verehrung für Gutmann im Laufe der Jahre von der Lombardei aus nach Deutschland, Frankreich und in die Schweiz.

Darstellung: Gutmann von Cremona ist meist als Mann mittleren Alters, mit oder ohne Bart, dargestellt. Häufig hat er Schneiderwerkzeuge als Attribute in der Hand. Oft ist Homobonus auf Abbildung bei karitativen Tätigkeiten zu sehen, so beim Verteilen von Almosen oder beim Einkleiden von Kindern oder Armen. Auf einer Miniatur in den Uffizien in Florenz (15. Jh.) sind Arme der Stadt zu Füßen von Gutmann abgebildet.

Himerius (Himer, Immer)

Missionar
geboren: 6./7. Jh. in Lugnez, Schweiz
gestorben: 7. Jh. (610?) im Suze-Tal, Schweiz

Himerius wirkte als Missionar in der Schweiz. Nach seinem Tod wurde das Suze-Tal, in welchem er sich niedergelassen hatte, nach ihm St.-Immer-Tal genannt. Über dem Grab des Glaubensboten entstand ein Kloster, heute St-Imier. Erhalten geblieben ist davon aber nur noch die romanische Stiftskirche.

Darstellung: Himerius ist als bärtiger Einsiedler dargestellt; als Attribute hat er Spaten und Rechen, manchmal auch einen Greif (Adler mit Löwenklauen) oder Greifkrallen bei sich (nach der Legende hat Himerius eine Insel von diesem Fabeltier befreit).

Leonianus von Vienne

Abt von Vienne
geboren: 5. Jh. in Sabaria, heute Steinamanger, Ungarn
gestorben: 6. Jh. in Vienne, Frankreich
9. Dezember 1903 Bestätigung des Kultes

Nikolaus I.

Papst
geboren: um 800 in Rom(?), Italien
gestorben: 13. November 867 in Rom

Obwohl er nicht einmal zehn Jahre im Amt war, gilt Nikolaus I. als einer der bedeutendsten Päpste des frühen Mittelalters. Mit Sicherheit war er einer der autoritärsten und befehlsgewaltigsten Inhaber des Stuhles Petri, eine Tatsache, die ihm im kirchlichen und im weltlichen Bereich viele Feinde schuf.

Über Abstammung, Jugendzeit und Hinwendung zum Klerus gibt die Lebensgeschichte von Nikolaus keine Anhaltspunkte. Es ist nur bekannt, daß er von Geburt Römer war und aus vornehmem Haus kam. Er diente unter seinen drei Vorgängern Sergius II., Leo IV. und Benedikt III. und stieg in der Hierarchie der Kurie immer höher. Am 24. April 858 schließlich bestieg er selbst den Stuhl Petri und wurde als erster Papst der Geschichte mit der Tiara gekrönt.

Von Anfang an sah sich Nikolaus, der als erster Papst diesen Namen gewählt hatte, als Nachfolger von Petrus und war von dieser Mission tief erfüllt. Man sagte, Nikolaus sei der geborene Herrscher gewesen und habe vor nichts und niemandem zurückgeschreckt, wenn es um die Verteidigung der Kirchenrechte und der Reinheit der Kirche ging. Bischöfe, die sich seinen Weisungen nicht fügten, setzte er kurzerhand ab, und auch vor den weltlichen Herrschern, die nicht gottesfürchtig lebten, zeigte Nikolaus I. wenig Respekt. So verteidigte er gegenüber König Lothar II., einem Bruder von Kaiser Ludwig II., das kirchliche Eherecht und versagte dem Herrscher die Zustimmung, seine kinderlose Ehe mit Theutberga zu lösen und seine langjährige Konkubine Waldrada, mit der er ein Kind hatte, zu heiraten. Die Bischöfe, die Lothar dazu die kirchliche Erlaubnis erteilt hatten, setzte Nikolaus ab.

Papst Nikolaus I. Nach einer historischen Darstellung.

In schwere Konflikte geriet Nikolaus I. mit der Ostkirche. In die Geschichte ging vor allem seine aufreibende Auseinandersetzung mit dem rechtmäßig gewählten, aber von Nikolaus nicht anerkannten Patriarchen Photios ein. Der Streit ging so weit, daß Photios 867 in Konstantinopel eine Synode einberief, auf der die Ostkirche den Papst zum Ketzer erklärte, exkommunizierte und absetzte. Die Nachricht hiervon erreichte Nikolaus jedoch nicht mehr: Er starb am 13. November 867 in Rom. Über seine Grabstätte ist nichts bekannt.

Stanislaus Kostka

Novize SJ
geboren: 28. Oktober 1550 in Rostkow, Polen
gestorben: 15. August 1568 in Rom, Italien
Patron von Polen; von Warschau, Posen, Lublin, Lemberg und Gnesen; der studierenden Jugend; der Novizen des Jesuitenordens; gegen Gliederbrüche, Augenleiden und Fieber; gegen schwere Krankheiten; der Sterbenden

Er ist der Schutzpatron Polens und der studierenden Jugend in aller Welt. Er gilt als eine der bedeutendsten Persönlichkeiten des Jesuitenor-

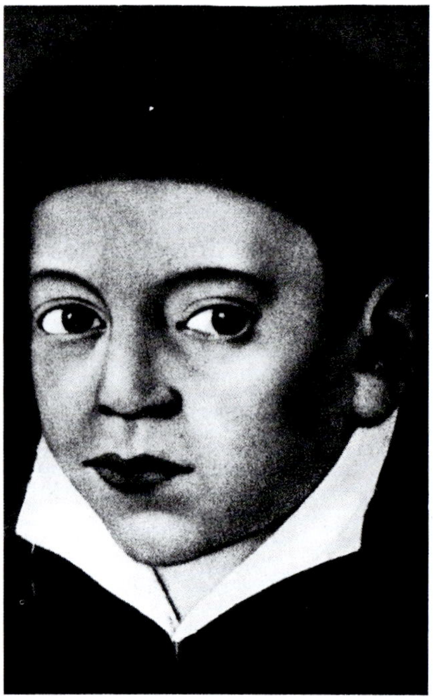

Stanislaus Kostka. Nach einem vera effigies von Delfini aus dem Jahr 1568.

dens. Seine Grabeskirche in Rom ist bis heute das Ziel vieler Gläubiger. Und das alles, obwohl Stanislaus Kostka schon im Alter von 17 Jahren gestorben ist, obwohl er zum Zeitpunkt seines Todes nur Novize in der Gesellschaft Jesu war.

Stanislaus Kostka kam am 28. Oktober 1550 auf dem Stammschloß seiner Eltern in Masovien, nördlich von Warschau, zur Welt. Seine Familie gehörte zu den führenden Geschlechtern Polens. Zusammen mit seinem Bruder kam Stanislaus 1564 nach Wien in das dortige Jesuitenkolleg. Bald schon war der 14jährige Stanislaus – im Gegensatz zu seinem leichtlebigen Bruder – vom Geist der Gesellschaft Jesu so erfüllt, daß er um Aufnahme in den Orden bat. Da die Oberen in Wien jedoch Schwierigkeiten mit dem Vater von Stanislaus befürchteten, wiesen sie den Jungen ab.

Stanislaus, der zu jener Zeit seine ersten Visionen hatte, floh nach der Ablehnung aus Wien und kam, als Bettler verkleidet, nach Augsburg und schließlich nach Dillingen an der Donau, wo zu jener Zeit der große Petrus Kanisius wirkte und sich des Jungen annahm. Der berühmte Jesuitenpater sandte Stanislaus nach Rom, wo Franz von Borja gerade Ordensgeneral der Gesellschaft Jesu war. Borja nahm den jungen Polen an seinem 17. Geburtstag als Novize in den Jesuitenorden auf. Schon nach kurzer Zeit hatte Stanislaus Kostka die Herzen seiner Mitbrüder erobert, jeder liebte ihn wegen seines fröhlichen, bescheidenen und hilfsbereiten Wesens. Eine große Zukunft schien dem jungen Novizen vorbestimmt.

Doch das Schicksal meinte es anders. Schon knapp zehn Monate nach seinem Eintritt in die Gesellschaft Jesu erlag Stanislaus einem schweren Fieberanfall. Man schrieb den 15. August 1568. Bereits Tage zuvor hatte Stanislaus seinen bevorstehenden Tod vorausgesagt.

Seine letzte Ruhestätte fand Stanislaus Kostka in der Kirche S. Andrea al Quirinale, direkt beim Quirinalspalast in Rom. Der elliptische Kirchenraum ist eine der Schöpfungen des großen Bernini. Über eine enge Treppe erreicht man auf Bitten beim Mesner das Kloster mit den Wohn- und Sterberäumen von Stanislaus Kostka. Noch heute schmücken die Ordensbrüder die schönen Zimmer und die Privatkapelle regelmäßig mit frischen Blumen. Auch nach über vier Jahrhunderten ist der Novize Stanislaus Kostka nicht vergessen. Benedikt XIII. kanonisierte ihn 1726.

Darstellung: Stanislaus Kostka ist meist im Gewand der italienischen Jesuiten abgebildet, also im Mantel mit stehendem Kragen. Seine Attribute sind Lilie (für seine Reinheit), Kruzifix, Rosenkranz und Marienbild; auch mit dem Jesuskind wurde Stanislaus manchmal dargestellt, was auf seine Visionen hinweisen soll. Von Stanislaus Kostka existieren auch drei vera effigies (authentische Porträts), eines aus dem Jahr 1562, eines von 1565 und eines aus dem Todesjahr 1568, das aber möglicherweise auch direkt nach dem Tod des 17jährigen gemalt wurde.

14. November

Alberich von Utrecht

Bischof von Utrecht OSB
geboren: um 710 in Köln(?), Nordrhein-Westfalen
gestorben: 14. November (21. August?) 784 in Utrecht, Niederlande

Marmor-Liegefigur des heiligen Stanislaus Kostka von Legros im Sterbezimmer des Jesuiten in seinem ehemaligen Kloster neben der Kirche S. Andrea al Quirinale in Rom. Bis zum heutigen Tag bewahren die Jesuiten das Andenken an Stanislaus Kostka und schmücken seine Wohn- und Sterberäume regelmäßig mit frischen Blumen.

Laurentius von Dublin

Erzbischof von Dublin CanAug
geboren: 1128 in Kildare, Irland
gestorben: 14. November 1180 in Eu, Frankreich
1225 Heiligsprechung

Nikolaus Tavelić und Gefährten

Märtyrer OFM
geboren: 14. Jh. in Dalmatien
gestorben: 14. November 1391 in Jerusalem

Am 21. Juni 1970 sprach Papst Paul VI. vier Männer heilig, die knapp 600 Jahre zuvor in Jerusalem den Martertod gestorben waren: Nikolaus Tavelić und seine drei Gefährten Deodatus, Petrus und Stephan. Nikolaus stammte aus einem Ort in Dalmatien und war bereits als junger Mann dem Franziskanerorden beigetreten. Über ein Jahrzehnt wirkte er danach als Glaubensbote in Bosnien, bevor er um 1385 nach Jerusalem ging. Dort lernte er Deodatus und Petrus aus Südfrankreich und Stephan aus Norditalien kennen.

Am 11. November 1391, einem hohen mohammedanischen Festtag, wollten die vier Missionare in der Omar-Moschee in Jerusalem predigen. Da sie wußten, daß dieses Vorhaben mit Schwierigkeiten verbunden sein könnte, wollten sie sich zuvor die Erlaubnis beim Kadi der Stadt einholen. Dieser aber war empört über das Ansinnen der Franziskaner und jagte sie unter den schlimmsten Drohungen aus dem Haus. Schnell sprach sich in Jerusalem herum, was Nikolaus Tavelić und seine Freunde vorhatten, große Aufregung machte sich breit, es kam zum Volksauflauf. Sobald sich Nikolaus oder seine drei Gefährten in den Straßen Jerusalems zeigten, wurden sie tätlich angegriffen und geschlagen. Schließlich kam es zur Verhaftung der vier Ordensbrüder. Man warf sie in den Kerker und verweigerte ihnen tagelang die Nahrung. Folterungen sollten die Haft noch erschweren. Als die vier Männer aber immer inbrünstiger zu Christus beteten und zu ihrem christlichen Glauben Zuflucht nahmen, wurden sie schließlich zum Tode verurteilt.

Alle vier Franziskanerbrüder starben am 14. November 1391 den Tod durch das Schwert. Nach der Hinrichtung verbrannten die haßerfüllten Folterer und Henker die vier Leichname der Christen und verstreuten die Asche in der ganzen Stadt Jerusalem.

Serapion

Mönch, Märtyrer OdeM
geboren: um 1200 in England
gestorben: 1240 in Algier, Algerien

Serapion war der erste Märtyrer des Mercedarier-Ordens. Er starb in Algier, wo man ihn wegen seiner Missionstätigkeit ans Kreuz geschlagen hatte und dann ermordete.

15. November

Albert der Große (Albertus Magnus)

Bischof, Provinzial, Kirchenlehrer OP
geboren: 1193(?) bei Lauingen, Bayern
gestorben: 15. November 1280 in Köln, Nordrhein-Westfalen
Patron der Theologen und Naturwissenschaftler; der Studenten; der Bergleute

Albert von Lauingen, eine der herausragenden Persönlichkeiten seines Jahrhunderts, erhielt als einziger Gelehrter den Beinamen Magnus, „der Große". Wegen seines umfassenden Wissens und seiner überragenden Bildung wurde der große Kirchenmann auch Doctor universalis genannt; er galt als Universalgenie seiner Zeit.

Der römische Sarkophag mit den Gebeinen des Kirchenlehrers Albertus Magnus in der Grabkapelle von St. Andreas in Köln.

Zwei deutsche Städte sind mit dem Namen von Albertus Magnus verbunden: Lauingen an der Donau, die Geburtsstadt des Heiligen, und Köln, die Stadt, in der Albert lange gewirkt und schließlich seine letzte Ruhestätte gefunden hat. In der mächtigen spätromanischen Basilika St. Andreas werden heute die Gebeine des Heiligen und Kirchenlehrers in einem römischen Sarkophag aufbewahrt und verehrt. Die Grabkapelle schließt sich an die wieder freigelegte Krypta des Ur-Kirchenbaus an.

Albert kam Ende des 12. Jh., möglicherweise 1193, als Sohn eines schwäbischen Ritters bei Lauingen im bayerischen Schwaben zur Welt. Nach einer ausgezeichneten Erziehung begann er 1223 an der berühmten Universität von Padua sein Studium und trat während dieser Zeit dem Dominikanerorden bei. Nach Beendigung der Studien lehrte der hochgebildete Albert an zahlreichen Schulen seines Ordens, so auch in Köln und in Paris. Im Jahr 1248 schießlich wurde Albert wieder nach Köln berufen, wo er eine Ordens-

Albert der Große (Albertus Magnus). Nach einem Gemälde von Modena aus dem Jahr 1352.

schule aufbaute und diese in der Folge leitete. Dieses Studium generale wurde im Laufe der Zeit ein Mittelpunkt geistiger und geistlicher Fortbildung. Berühmtester Schüler von Albert war ein junger Mann namens Thomas von Aquin, der einer der größten Scholastiker des Mittelalters werden sollte und in vielem auf den Lehren seines Meisters Albertus aufbaute.

Dann gab es im Leben Alberts eine tiefgreifende Veränderung. Das große Vertrauen seiner Ordensmitbrüder berief den begnadeten Lehrer in eine ganz andere Aufgabe: Er wurde zum deutschen Provinzial seines Ordens ernannt. Seine Provinz umfaßte alle Klöster des Ordens im deutschsprachigen Raum. In den folgenden Jahren zog Albert durch die deutschen Lande, fast immer zu Fuß, wie er es auch seinen Brüdern vorschrieb, und visitierte die Konvente. Getrieben wurde er von der ständigen Angst vor einer abflachenden Klosterzucht und einem möglichen Rückgang der Zahl der Mönche.

Im Jahr 1260 übernahm Albert wieder ein neues Amt. Auf ausdrücklichen Wunsch von Papst Alexander IV. wurde er Bischof von Regensburg. Vom Papst erhielt Albert dazu ein Schreiben, das unter anderem folgende Worte enthielt: „Da du am Quell der göttlichen Offenbarung dich labest mit dem heilbringenden Wasser der Wissenschaft, so daß dein Herz erfüllt ist, und du ein sicheres Urteil besitzest in allem, was Gott betrifft, so setzen wir die feste Hoffnung an dich, daß die Kirche von Regensburg, die in geistlicher und zeitlicher Hinsicht so stark zerrüttet ist, durch dich geheilt und alle ihre Schäden durch deine eifrigen Bemühungen behoben werden."

Bischof Albert II. von Regensburg übernahm sein neues Amt nicht mit übergroßer Freude und hoffte, daß für ihn bald ein geeigneter Nachfolger gefunden würde. Er blieb so auch nur ein gutes Jahr in Regensburg, ordnete in dieser kurzen Zeit viele bischöfliche Belange hervorragend und begab sich dann nach Rom, um bei Papst Urban IV., dem Nachfolger des inzwischen verstorbenen Alexander IV., um Entbindung von seinem Bischofsamt zu bitten.

Urban IV. kam diesem Wunsch nach, da er inzwischen schon eine neue Aufgabe für Albert hatte: Er entsandte ihn als Kreuzzugsprediger in alle deutschsprachigen Länder. Schon betagt, wanderte Albert in den folgenden eineinhalb Jahren von Stadt zu Stadt, von Land zu Land und predigte leidenschaftlich und erfolgreich über die Kreuzzugsidee.

Danach nahm Albertus Magnus wieder seine geliebte Lehrtätigkeit auf, wirkte einige Jahre in Würzburg, dann in Straßburg und kehrte schließlich 1269 nach Köln zurück, wo er bis zu seinem Tod blieb. Albert von Lauingen starb am 15. November 1280 hochbetagt. Mit seinem Tod hatte der Dominikanerorden einen seiner größten Vertreter verloren. Die Lehren und das Gedankengut dieses abendländischen Denkers und Theologen aber blieben der Nachwelt erhalten und gehören noch heute zum Wichtigsten, was die Kirche in ihren Schätzen bewahrt.

Es dauerte allerdings 650 Jahre, bis Albertus Magnus in den Kreis der Heiligen aufgenommen wurde. Papst Pius XI. war es, der die Kanonisation am 16. Dezember 1931 vornahm und Albertus Magnus gleichzeitig zum Kirchenlehrer erhob. Sein Nachfolger Pius XII. ernannte den schwäbischen Scholastiker 1941 in dem Breve „Ad Deum“ zum Patron der Naturwissenschaftler.

Verehrung/Brauchtum: Die Wallfahrt zum Grab Alberts setzte bereits kurz nach seiner Beisetzung ein. Große Verehrung genoß der Dominikaner zu allen Zeiten in seinem Orden. Die Hirnschale des Kirchenlehrers wird in Lauingen aufbewahrt, ein Schulterblatt in Regensburg.

In Österreich wird das Gedenken an Albert am 16. November begangen, da der Landespatron Leopold am 15. November gefeiert wird.

Darstellung: Albertus Magnus ist entweder im Gewand der Dominikaner oder im Bischofskleid abgebildet; meist sitzt er an einem Schreibpult und hat Buch und Schreibfeder als Attribute bei sich. Ab dem 14. Jh. sind Abbildungen bekannt, auf denen Albert mit Nimbus oder Strahlenkranz zu sehen ist. Mit Stab, Mitra und Buch ist Albert bei der Liegefigur an seinem Reliquienschrein (1671) in der Andreaskirche in Köln dargestellt. Bekannt sind auch die sogenannten Alberti-Tafeln mit dem Abbild des Gelehrten. Auch in den Dominikaner-Stammbäumen, zum Beispiel von Fra Angelico, ist Albertus Magnus immer mit dabei.

Desiderius von Cahors

Bischof von Cahors
geboren: um 590 bei Narbonne, Frankreich
gestorben: 15. November 655(?) in Cahors, Frankreich

Findan von Rheinau

Mönch, Inkluse OSB
geboren: um 800 in Irland
gestorben: 15. November 878 in Rheinau, Schweiz

Der Ire Findan trat auf der Heimreise von einer Rom-Wallfahrt zurück nach Irland in das Benediktinerkloster Rheinau bei Schaffhausen ein und lebte dort zunächst als Mönch. Später ließ er sich in eine Zelle in der Klosterkirche einmauern und verbrachte hier 22 Jahre bis zu seinem Tod im Jahr 878. In der Klosterkirche in Rheinau ist bis heute eine Stelle gekennzeichnet, wo Findans Zelle gewesen sein soll. In Rheinau werden auch die noch verbliebenen Gebeine des Mönches aufbewahrt.

Helena von Ungarn

Priorin, Mystikerin OP
geboren: 13. Jh. in Ungarn
gestorben: 15. November 1270 in Veszprém, Ungarn

Jean-Claude Colin

Ordensgründer SM
geboren: 7. August 1790 in St-Bonnet-le-Troncy, Frankreich
gestorben: 15. November 1875 in La Neylière, Frankreich

Papst Pius X. sprach 1908 Jean-Claude Colin, den Gründer der Maristen (Gesellschaft Mariens), selig. Die Gründung war 1824 erfolgt, Colin war der erste Generalobere der Gesellschaft. Im Jahr 1873, zwei Jahre vor dem Tode des Ordensgründers, erhielt die Genossenschaft die endgültige päpstliche Approbation. Colin hatte sein Amt bereits 1854 niedergelegt, um sich der Ausarbeitung der Ordensregel zu widmen. Die Mitglieder der Kongregation kümmern sich in vielen Ländern der Welt um die Jugenderziehung und die Jugendbildung, um die kategoriale Seelsorge und die Mission.

Jean-Claude Colin, Gründer der Maristen-Kongregation.

Joseph Pignatelli

Provinzial SJ
geboren: 27. Dezember 1737 in Saragossa, Spanien
gestorben: 15. November 1811 in Rom, Italien

Joseph Pignatelli gehört zu den Großen des Jesuitenordens. Er wirkte in einer Zeit, die eine der schwierigsten für die Gesellschaft Jesu war. Pignatelli erlitt Verfolgungen, wurde beschimpft und verjagt, verzagte jedoch nie und begann seine Arbeit immer wieder aufs neue. Papst Pius XII. sprach Joseph Pignatelli am 12. Juni 1954 heilig.

Joseph Pignatelli wurde am 27. Dezember 1737 in Saragossa in Spanien als Sohn einer angesehenen Familie geboren. Bereits mit 16 Jahren trat er 1753 in der ostspanischen Küstenstadt Tarragona dem Jesuitenorden bei, obwohl der Orden bereits im Mittelpunkt großer Auseinandersetzungen stand. Im Jahr 1767 schloß sich Pignatelli freiwillig – zusammen mit seinem Bruder, der ebenfalls Jesuit war – den 600 Jesuiten an, die von Spanien zuerst auf die Insel Korsika und ein Jahr später in die oberitalienische Stadt Ferrara deportiert wurden. Joseph Pignatelli opferte sich in den folgenden Jahren auf in der Sorge für seine verzweifelten Mitbrüder. Durch sein Vorbild und seinen unerschütterlichen Lebenswillen ermutigte er die verbannten Jesuiten immer wieder zum Durchhalten. Niemand wußte, woher er seine Zuversicht und seine Kraft nahm. In dieser Zeit der Unsicherheit legte Joseph Pignatelli 1771 seine Profeß ab. Zwei Jahre später wurde die Gesellschaft Jesu offiziell aufgehoben.

In den folgenden 24 Jahren lebte Pignatelli als Weltpriester in Bologna und bereitete im Stillen den Wiederbeginn des Ordens von Ignatius von Loyola vor. Unter Gutheißung des Generalvikars von Rußland – Zarin

Totenmaske von Joseph Pignatelli; sie wird in der Cappellette di San Ignazio in der Kirche Al Gesù in Rom aufbewahrt.

Katharina war ebenso wie Preußen der Aufhebung der Ordensgesellschaft nicht nachgekommen – erneuerte Joseph Pignatelli 1797 seine Gelübde und wurde 1803 Provinzial von Italien. Mit aller Kraft arbeitete Pignatelli für die Wiedereinrichtung des Ordens.

Doch er sollte diesen glücklichen Tag nicht mehr erleben: Joseph Pignatelli starb am 15. November 1811 in Neapel, und Papst Pius VII. stellte den Jesuitenorden erst 1814 wieder vollständig her. Pignatelli fand seine letzte Ruhestätte in der römischen Kirche Al Gesù, dort, wo auch der Gründer der Gesellschaft Jesu, Ignatius von Loyola, beigesetzt ist.

Leopold III.

Markgraf, Klostergründer
geboren: um 1075 in Gars, Österreich
gestorben: 15. November 1136 in Österreich
Patron von Österreich

Leopold ist der Patron von Österreich und trug einst maßgeblich zu der heutigen Größe des Landes bei. Der um 1075 geborene Sohn von Markgraf Leopold II. wurde im Kloster Melk von Bischof Altmann von Passau erzogen. Im Jahr 1106 heiratete Leopold III. Agnes, die Tochter von Kaiser Heinrich IV. Aus dieser Ehe gingen 18 Kinder hervor, unter anderem auch der spätere mächtige Bischof Otto von Freising. Während des Investiturstreites stand Leopold trotz dieser engen Beziehung zum Kaiserhaus immer treu zum Papst und unterstellte diesem im Jahr 1110 sogar das Stift Melk. Zahlreiche Klöster in Österreich wurden von Leopold gegründet, viele bereits bestehende großzügig ausgestattet. Im Jahr 1125 verzichtete Leopold III. auf die deutsche Königskrone.

Nach einem Jagdunfall starb Leopold III. am 15. November 1136, sieben Jahre vor seiner Frau Agnes. Beigesetzt wurde er im Kapitelsaal des Stifts Klosterneuburg bei Wien, das er 1113 erworben und reich ausgestattet hatte; ein Jahr später hatte Leopold auch den Grundstein zu der mächtigen Stiftskirche gelegt, die noch heute, obwohl sie mehrfach unvorteilhaft restauriert wurde, zu den großen Sehenswürdigkeiten Österreichs gehört. Die Erhebung zum österreichischen Landespatron erfolgte 1663, die Kanonisation Leopolds war schon 1485 von Papst Innozenz VIII. durchgeführt worden.

Darstellung: Leopold III. ist auf allen Abbildungen in fürstlicher Kleidung mit dem Markgrafenhut dargestellt. Vor allem in der Stiftskirche Klosterneuburg gibt es viele Darstellungen, so auch den berühmten Leopoldaltar (1507) von Rueland Frueauf. Oft wurde Leopold III. auch zusammen mit seiner Ehefrau Agnes abgebildet, nicht selten auch mit seinen sechs Söhnen. Ein Stich von Albrecht Dürer (1515) zeigt Leopold unter den Schutzheiligen Österreichs.

Markgraf Leopold III. Detail aus dem „Stammbaum der Babenberger" in Klosterneuburg. Leopold III. wurde im Jahr 1663 zum Landespatron von Österreich erhoben.

Marinus und Anianus

Missionare, Märtyrer
geboren: 7. Jh. in Irland(?), Frankreich(?)
gestorben: 7. Jh. in Bayern

Die Lebensgeschichte von Marinus und Anianus ist vollkommen durch Legenden überdeckt, kaum ein Datum oder ein Ereignis lassen sich sicher bezeugen. Und doch haben beide Märtyrer einen festen Platz in der Heiligenverehrung, besonders in der bayerischen.

Nach den unsicheren Überlieferungen stammten die Mönche Marinus und Anianus aus Irland oder aus Südfrankreich. Während einer Pilgerreise nach Rom wurden die beiden um das Jahr 655 von Papst Eugen I. empfangen. Der Papst weihte Marinus zum Wanderbischof und den jüngeren Anianus zu dessen Diakon. Auf ihrer Missionsreise kamen die beiden dann nach Bayern und errichteten sich bei Irschenberg ihre Einsiedlerhütten, in denen sie in den folgenden 40 Jahren lebten. Rund um ihre Klausen waren sie Tag für Tag unterwegs und verkündeten das Evangelium.

Ende des 7. Jh. wurden Marinus und Anianus auf einer ihrer Seelsorgewanderungen von Räubern überfallen, brutal mißhandelt und schließlich auf einem Scheiterhaufen verbrannt. Man legte den Gedenktag später auf den 15. November. Die Reliquien der Märtyrer, die im 18. Jh. zweimal erhoben wurden, werden bis heute in der Pfarrkirche von Wilparting bei Irschenberg verehrt.

Darstellung: Marinus ist als Bischof dargestellt, Anianus als Diakon. Marinus hat als Attribute Stab und Buch bei sich, Anianus ebenfalls ein Buch sowie eine Palme.

Raphael Joseph Kalinowski

Provinzvikar OCD
geboren: 1. September 1835 in Wilna, Litauen
gestorben: 15. November 1907 in Wadowice, Polen

Am 17. November 1991 sprach Papst Johannes Paul II. einen polnischen Landsmann heilig, der 1907 in seiner Heimatstadt Wadowice im dortigen Karmelitenkloster gestorben war: Raphael Joseph Kalinowski. Der in Wilna geborene Professorensohn hatte sich zunächst für die Offizierslaufbahn entschieden, während welcher er sich jedoch schon Werken der christlichen Nächstenliebe widmete; so gründete der junge Kalinowski eine Sonntagsschule für Jugendliche, in der er selbst unterrichtete.

Als dann 1863 die polnische Volkserhebung begann, gab Joseph Kalinowski seine Militärkarriere auf, schloß sich den Aufständischen an und wurde schließlich deren Anführer. Wenige Monate später schon wurde er aber verhaftet und zu zehn Jahren Kerkerhaft verurteilt. Während der nachfolgenden unmenschlichen Arbeit in sibirischen Bergwerken klagte Kalinowski nie, durch sein vorbildliches Beispiel tröstete er seine Mithäftlinge.

Als Joseph Kalinowski 1873 freigelassen wurde, ging er zunächst als Erzieher nach Paris und trat dann 1877 in Graz dem Karmelitenorden bei. Nach einem Theologiestudium empfing Pater Raphael, wie er jetzt hieß, die Priesterweihe und wirkte in der Folge für seinen Orden in Polen. Als Provinzvikar verhalf er den Karmelitern in seiner Heimat zu neuer Blüte. Darüber hinaus widmete sich Kalinowski der Bekehrung Rußlands.

Nach zahlreichen schweren Krankheiten starb Raphael Joseph Kalinowski am 15. November 1907 im Kloster zu Wadowice.

Raphael Joseph Kalinowski. Papst Johannes Paul II. sprach den Karmelitermönch im Jahr 1983 selig und bereits 1991 heilig.

16. November

Edmund von Abingdon

Erzbischof
geboren: um 1180 in Abingdon, England
gestorben: 16. November 1240 in Soisy, Frankreich

Ein Besuch in der Abteikirche von Pontigny gehört zu den unvergeßlichen Erlebnissen. Was man hier in diesem unscheinbaren Ort im Norden von Auxerre hinter dichten Bäumen entdeckt, ist ein Denkmal einer großen Zeit, unvergleichlich in seinem Ausdruck – und doch kaum noch beachtet. Es scheint, als ob hier, abseits jeglichen Autolärms und fern des Touristenrummels, etwas überlebt hat von jenem Geist des Mittelalters, der das Schaffen solcher Schönheiten erst möglich gemacht hat. Der Besucher dieses Kleinods der Christenheit, auf den Spuren des heiligen Edmund von Abingdon und der ersten Zisterzienser, erlebt ein gewaltiges Lichtspiel, sobald er den 108 Meter langen Kirchenbau betritt. Schmucklos zwar präsentiert er sich, doch seine Harmonie in sich selbst ist Schmuck genug. Im Chor, ihn beherrschend, ragt der Schrein des heiligen Edmund empor, eines der großartigsten Grabmale der Christenheit. Und das, obwohl Edmund von Abingdon ein Leben lang in England gewirkt und nur die letzten Monate seines Lebens in der 1114 gegründeten Zisterzienserabtei Pontigny verbrachte hatte.

Edmund, der mit Familiennamen Rich hieß, kam um 1180 in der englischen Stadt Abingdon nahe Oxford zur Welt. Nach Studienjahren in Paris wurde er 1212 Theologieprofessor in Oxford. Im Jahr 1222 erhielt Edmund die ehrenvolle Ernennung zum Kanonikus und Schatzmeister der Kathedrale von Salisbury, von 1227 an wirkte er gleichzeitig auch als Kreuzzugsprediger für England. Am 2. April 1234 empfing Edmund von Abingdon dann die Weihe zum Erzbischof von Canterbury.

Von Anfang an erwies sich Edmund als unbeugsamer und leidenschaftlicher Kämpfer für die Reinheit der kirchlichen Disziplin. Kein Zurückweichen oder Nachgeben kannte der Erzbischof, wenn es um die Wahrung der Kirchenposition gegenüber den weltlichen Herrschern ging. Mehrfach geriet Edmund deshalb in schwere Auseinandersetzungen mit König Heinrich III. Der in seiner Lebensführung und Amtsausübung unantastbare und vorbildliche Kirchenfürst resignierte schließlich 1240 vor dieser Situation und verließ heimlich das Land. In der Zisterzienserabtei Pontigny fand er Zuflucht.

Als Edmund Ende 1240 eine Reise nach Rom unternehmen wollte, erkrankte er schwer und starb unterwegs im Chorherrenstift Soissy. Der Todestag war der 16. November 1240. Edmunds Leichnam wurde dann feierlich in die Abteikirche von Pontigny überführt. Papst Innozenz IV. sprach den Erzbischof bereits 1246 heilig.

Verehrung/Brauchtum: In Abingdon begehen die Gläubigen das Fest von Edmund am 30. Mai; dies ist der Tag, an welchem die Kapelle eingeweiht wurde, die am Geburtsort des späteren Erzbischofs errichtet worden war.

Darstellung: Edmund von Abingdon ist immer in bischöflichen Gewändern dargestellt, als Attribute hat er Kreuzstab, Lilie, Buch oder Krone bei sich. Verschiedene Abbildungen zeigen die Szene, wie Maria mit dem Jesuskind Edmund erscheint. Auch vor Bischöfen lehrend, wurde Edmund von Abingdon dargestellt.

Abteikirche von Pontigny, in der Edmund von Abingdon beigesetzt ist.

Eucherius von Lyon

Bischof von Lyon
geboren: 4. Jh. in Frankreich(?)
gestorben: um 450 in Lyon, Frankreich

Hugo von Lincoln (von Avalon)

Bischof OCarth
geboren: 1140 in Avalon, Frankreich
gestorben: 16. November 1200 in London, England

Auf Bitten von König Heinrich II. von England gründete der Priester und Kartäusermönch Hugo in Witham die erste Kartause Englands. Bald darauf erhielt er die Ernennung zum Bischof von Lincoln. Hugo erneuerte die Diözese, die fast zwei Jahrzehnte lang verwaist gewesen war, von Grund auf und begann mit dem Bau einer Kathedrale. Darüber hinaus hatte der Bischof im Königshaus und im ganzen Reich großen Einfluß, er war geachtet und beliebt beim Adel und beim Volk.

Die Grabstätte Hugos in der Kathedrale von Lincoln entwickelte sich zu einer der meistbesuchten Wallfahrtstätten in England. Papst Honorius III. sprach Hugo schon 1220 heilig. Hugo von Lincoln war damit der erste offiziell kanonisierte Kartäuser.

Verehrung/Brauchtum: Der Kult Hugos wurde vor allem durch den Kartäuserorden verbreitet; die Verehrung war besonders stark in Frankreich, Deutschland, Spanien und Flandern.

Darstellung: Die berühmteste Darstellung von Hugo von Lincoln ist jene mit einem Schwan; nach der Legende soll das sonst scheue Tier den Bischof immer treu begleitet und seine Ankunft überall verkündet haben. Im Germanischen Nationalmuseum in Nürnberg ist Hugo auf einem Glasgemälde von Hans Baldung Grien (1515) mit Jesuskind und Kelch abgebildet (Eucharistie-Vision). Oft wurde Hugo auch gemeinsam mit Bruno, dem Gründer des Kartäuserordens, dargestellt.

Margareta von Schottland

Königin
geboren: um 1046 in Reska, Ungarn
gestorben: 16. November 1093 in Edinburgh, Schottland
Patronin von Schottland

Margareta von Schottland galt über viele Jahrhunderte hinweg als das Vorbild einer Landesmutter und Familienmutter. So gütig und liebevoll, wie die schottische Königin für ihre acht Kinder sorgte, so umsichtig widmete sie sich auch ihrem Volk.

Margareta war die Tochter des aus England verbannten Königs Eduard Atheling und der ungarischen Prinzessin Agatha; sie hatte um das Jahr 1046 in Reska in Ungarn das Licht der Welt erblickt. Von 1057 an lebte das Mädchen am Hof seines Onkels Eduard (dem Bekenner) in England. Nach der berühmten Schlacht von Hastings im Jahr 1066 floh die inzwischen etwa 20jährige Margareta nach Schottland, wo sie Jahre später König Malcolm III. heiratete.

Unermüdlich wirkte die junge Königin in den folgenden Jahren für die Reform des kirchlichen Lebens in ihrem Land, beseitigte die alten keltischen Bräuche und förderte die christliche Erziehung. Ein besonderes Herz hatte die Königin für die Armen des Landes, die sie großzügig unterstützte. Ein Denkmal setzte sich Margareta mit der Gründung der berühmten Abtei Dunfermline.

Margareta von Schottland starb am 16. November 1093 in Edinburgh. Sie wurde an der Seite ihres Mannes in der Abteikirche Dunfermline beigesetzt. Während der Reformation wurden die Gebeine von Margareta und Malcolm III. in die Escorial-Kapelle nach Madrid überführt. Die Jesuiten von Douai bewahren das Haupt der Patronin von Schottland auf.

Darstellung: Margareta von Schottland ist entweder als Königin mit ihrer Krone zu Füßen oder als Nonne dargestellt; manchmal heilt sie Kranke.

Otmar von St. Gallen

Gründerabt OSB
geboren: um 690 in der Schweiz(?)
gestorben: 16. November 759 auf der Insel Werd bei Stein, Schweiz
Patron des Bistums St. Gallen; der Kranken; der Kinder; der Schwangeren; der Verleumdeten

Otmar, um das Jahr 690 geboren, war Alemanne und übernahm im Jahr 719 die Führung der Mönche, die sich um das Grab von Gallus im heutigen St. Gallen angesiedelt hatten. Er war es, der die Einsiedelei zu einem Kloster ausbaute und ihm die Regel des heiligen Benedikt gab. Bei der Abtei gründete Otmar später das erste Heim für Aussätzige in der Schweiz.

Da Otmar die Rechte seines Klosters gegenüber mächtigen fränkischen Grafen, die ihm übel gesonnen waren, verteidigte, wurde er eines Tages gefangengenommen, falscher Tatsachen beschuldigt und schließlich auf die Rheininsel Werd bei Stein verbannt. Hier starb Otmar, gedemütigt und einsam, am 16. November 759. Ein Jahrzehnt nach Otmars Tod wurde sein Leichnam nach St. Gallen überführt, 100 Jahre später setzte man die Gebeine in der dortigen Otmar-Kirche bei.

Verehrung/Brauchtum: Der Otmar-Kult breitete sich im Mittelalter auch in Deutschland stark aus. Um die Gestalt des Abtes entwickelte sich vielerorts ein lebendiges Brauchtum; so werden Wasser, Öl und Kinderkleidchen geweiht, da sich die Gläubigen von Otmar Beistand und Hilfe erwarten. Als Helfer bei Kinderkrankheiten wird Otmar so bis heute in Eutenhausen im Bistum Augsburg verehrt. Die Wallfahrt zur dortigen Pfarrkirche und die Anrufung Otmars sind seit dem 18. Jh. bekannt. Die geweihten „Otmars-Kittelchen" wurden kranken Kindern früher neun Tage lang angezogen.

Auch in Attenhausen bei Krumbach, ebenfalls im Bistum Augsburg, besteht bis heute, wenn auch in schwächerer Form als früher, eine Otmar-Wallfahrt. Ihren Anfang nahm sie im 17. Jh., den Höhepunkt erreichte sie im Jahr 1750, als die Pfarrgemeinde Attenhausen vom Abt des Klosters St. Gallen eine Otmar-Reliquie geschenkt bekam. In der Folge sollen sich, so die Überlieferung, zahlreiche Wunder in der Attenhauser Otmarskirche ereignet haben, vor allem auch Krankenheilungen. Besondere Wallfahrtstage in Attenhausen sind jedes Jahr die Fastendonnerstage.

Auch auf der Insel Werd, dem Sterbeort von Otmar, ist die Wallfahrt bis heute lebendig geblieben.

Darstellung: Otmar ist meist als Abt abgebildet, bei sich hat er Weintrauben oder ein Weinfäßchen; dies beruht auf dem sogenannten Weinwunder (Weinvermehrung), nach welchem das Weinfäßchen von Otmar nie leer wurde, obwohl er Pilgern und Wallfahrern daraus laufend zu trinken gab. Verschiedene Darstellungen von Otmar gibt es in der Kathedrale von St. Gallen, so auf einem Deckengemälde aus den Jahren um 1764. Zusammen mit Gallus ist Otmar auf einem Steinrelief am Karlstor in St. Gallen zu sehen. Die Szenen aus Otmars Leben, die am häufigsten dargestellt wurden, sind die Weinvermehrung sowie die Reliquientranslation.

17. November

Dionysius der Große von Alexandrien

Bischof
geboren: um 170 in Ägypten
gestorben: um 265 in Alexandria, Ägypten

In hohem Alter wurde Dionysius Bischof von Alexandrien. Bald danach mußte er aber vor den Christenverfolgern unter Kaiser Decius fliehen; er ging in die Verbannung nach Libyen und später ins Nil-Delta. Nach Jahren konnte Dionysius in sein Bistum zurückkehren, wo inzwischen die schlimmsten Verhältnisse herrschten.

Hochbetagt, starb Dionysius um das Jahr 265. Bis heute sind von seinen Schriften noch einzelne Teile erhalten; sie beweisen den Mut und die Standhaftigkeit des Bischofs in kirchlichen Fragen, was ihm bei der Nachwelt auch den Beinamen „der Große" eintrug. Es ist überliefert, daß Dionysius jedes Jahr zum Osterfest einen Festbrief schrieb und versandte.

Die Otmar-Krypta in der Kathedrale St. Gallus und Otmar in St. Gallen.

Florinus vom Vinschgau

Priester
geboren: 8. Jh. in Matsch(?), Südtirol, Italien
gestorben: 17. November 856(?) in Remüs, Schweiz
Patron des Unterengadins und des Vinschgaues; 2. Patron der Diözese Chur

Florinus hat, obwohl über sein Leben und sein Wirken nur unsichere Daten überliefert sind, in einem großen Gebiet Europas Bedeutung erlangt: Er ist der Patron des Unterengadins in der Schweiz und des Vinschgaues in Norditalien; die Schweizer Diözese Chur verehrt Florinus als Patron.

Nach der Legende kam Florinus im 8. Jh. in Matsch im Vinschgau zur

Diese Statue des Florinus vom Vinschgau befindet sich im Kirchenschatz von Vaduz.

Welt; sein Vater soll Engländer gewesen sein. Florinus wurde von einem Pfarrer im Unterengadin erzogen und übernahm, nachdem er selbst als junger Mann die Priesterweihe empfangen hatte, die Pfarrei St. Peter in Remüs im Unterengadin. Das Wirken von Florinus soll von zahlreichen Wundern begleitet gewesen sein, unter anderem soll er Wasser in Wein verwandelt haben.

Florinus starb an einem 17. November, möglicherweise 856, und wurde in seiner Pfarrkirche in Remüs beigesetzt. Auch an seinem Grab ereigneten sich in der Folgezeit viele Wunder, so daß die Kirche zum Ziel vieler Pilger wurde.

Verehrung/Brauchtum: Florinus-Reliquien werden auch in der Koblenzer Marienkirche, die Florinus geweiht wurde, und in Regensburg verehrt.

Darstellung: Florinus ist auf Abbildungen immer als Priester in Meßkleidung oder mit Pluviale (Schultermantel) zu sehen; seine Attribute sind Buch oder Kelch. Auf einem Fresko (15. Jh.) in der Liebfrauenkirche in Oberwesel hat Florinus eine Kanne bei sich; dieses Attribut soll an die Weinwunder erinnern.

Gertrud von Helfta (die Große)

Nonne, Mystikerin OCist
geboren: 6. Januar 1256 in Eisleben (?), Sachsen-Anhalt
gestorben: 13. November 1302 in Helfta, Sachsen-Anhalt
Patronin von Peru; von Tarragona

„Die Prophetin des inneren Lebens“ nannte einmal ein Theologe die Mystikerin Gertrud von Helfta, der die Nachwelt den Beinamen „die Große“ gab. Lange Zeit war diese Frau, die oft als größte deutsche Mystikerin bezeichnet wird, von anderen Namen verdrängt, so unter anderem von ihrer Namensgefährtin Gertrud von Hackeborn, ihrer langjährigen Lehrerin. Doch gerade im 20. Jh. erleben ihre Schriften eine Renaissance, vielleicht, weil sie so klar und verständlich in ihrer Sprache sind.

Gertrud kam am 6. Januar 1256 in Sachsen-Anhalt, möglicherweise in Eisleben zur Welt. Schon mit fünf Jahren gaben die Eltern das Mädchen in das Zisterzienserinnenkloster in Helfta nahe Eisleben, dem Gertrud von Hakkeborn als Äbtissin vorstand. Kloster Helfta galt zu jener Zeit als das führende Frauenkloster im deutschsprachigen Raum. Gertrud war glücklich in diesem Haus und nahm, sobald sie das nötige Alter hatte, den Schleier.

Am 27. Januar 1281 hatte die 25jährige Gertrud ihre erste Christus-Vision. Von nun an sollten ihr bis zum Tod immer wieder innige Vereinigungen mit Christus zuteil werden, deren Verlauf und Empfindungen Gertrud ab 1289 schriftlich niederlegte. Für ihre Aufzeichnungen benutzte sie die lateinische Sprache,

Gertrud von Helfta. Wandbehang in der Benediktinerinnenabtei St. Gertrud in Tettenweis.

die sie im Kloster hervorragend erlernt hatte. In ihren mystischen Erlebnissen verlangte Gertrud immer wieder danach, für Christus sterben zu dürfen. Mit der Zeit lernte die junge Frau, diese Sehnsucht zu unterdrücken und gab sich von da an dem Wunsch hin, daß der Wille Gottes an ihr geschehe. Ihre glühende Gottesliebe schrieb Gertrud von Helfta in ihren Schriften „Gesandter der Gottesliebe" und „Geistliche Übungen" nieder. Gertrud trug im Mittelalter ganz entscheidend zur Verehrung des Herzens Jesu bei, viele Anrufungen der Herz-Jesu-Litanei schrieb sie Ende des 13. Jh. nieder.

Gertrud von Helfta starb am 13. November 1302 in ihrem Kloster. Unvergessen sind ihre Worte: „Dir, Christus, vermähle sich mein Geist zu einem Geist, zu einem Odem, zu einem Willen, zu einer Liebe." Erst 1738 wurde Gertrud in den römischen Kalender aufgenommen; eine Heiligsprechung erfolgte nie.

Verehrung/Brauchtum: Gertrud von Helfta wurde zu allen Zeiten vor allem in jenen Ländern hoch verehrt, die der spanischen Krone unterstanden; deshalb ist sie wohl noch immer Schutzheilige von Peru und von Tarragona in Spanien.

Auch der 16. November ist ein Gedenktag von Gertrud von Helfta.

Darstellung: Gertrud von Helfta ist als Nonne, manchmal auch als Äbtissin dargestellt. Auf fast allen Abbildungen ist ihr ein flammendes Herz, die feurige Liebe zu Jesus Christus symbolisierend, beigegeben. Weitere Attribute der Mystikerin sind Buch, Schreibfeder und Kruzifix; oft trägt sie sieben Ringe an der rechten Hand. In der Benedikt-Kapelle im Zwiefaltener Münster hält Gertrud bei einer Statue von Christian von Riedlingen (1750) ein Spruchband in der Hand. Häufig fanden auch die Visionen Gertruds ihren Niederschlag in der Kunst.

Gregor von Tours

Bischof
geboren: 30. November 538 oder 539 in Clermont-Ferrand, Frankreich
gestorben: 17. November 594 in Tours, Frankreich

Von Gregor von Tours stammen zahlreiche aufschlußreiche Schriften über das christliche und kirchliche Leben im 6. Jh. So verfaßte der Bischof von Tours unter anderem die berühmte „Historia Francorum", die aus zehn Büchern besteht und die erste nationale Geschichtsschreibung war.

Gregor war als Sohn einer römischen Senatorenfamilie am 30. November 538 oder 539 in Clermont-Ferrand zur Welt gekommen. Im Jahr 573 wurde er zum Bischof von Tours ernannt und war somit einer der Nachfolger des großen Martin von Tours. Die Stadt Tours war zu jener Zeit der religiöse Mittelpunkt Galliens, Gregor somit eine der einflußreichsten Persönlichkeiten des Landes. Über dem Grab seines großen Vorbildes Martin ließ Gregor Ende des 6. Jh. eine neue Basilika erbauen. Gregor von Tours, über dessen seelsorgerisches Wirken nicht so viel überliefert ist wie über seine schriftstellerischen Werke, starb am 17. November 594.

Darstellung: Frühe Darstellungen von Gregor von Tours gibt es so gut wie keine. Auf später entstandenen Abbildungen ist Gregor als Bischof mit den Attributen Buchrolle und Feder zu sehen. Oft hat Gregor auch einen Fisch als Attribut bei sich; dies geht auf die Legende zurück, daß Gregor seinen blinden Vater mit Hilfe einer Fischleber geheilt haben soll. Von dem Künstler Tiarini gibt es ein Gemälde (15. Jh.), das Gregor von Tours zeigt, wie er ein totes Kind wieder zum Leben erweckt.

Gregor der Wundertäter (Thaumaturgos)

Bischof
geboren: um 213
gestorben: um 270 in Neocäsarea (heute Niksar) am Schwarzen Meer

Von Bischof Gregor von Neocäsarea sind zahlreiche kostbare Schriften erhalten; von ihm stammt auch die angeblich erste christliche Selbstbiographie.

Verehrung/Brauchtum: Der Kult um Gregor Thaumaturgos setzte im Osten früh ein; in Moskau wurde dem Bischof eine Kathedrale geweiht.

Darstellung: Gregor der Wundertäter ist meist abgebildet, wie er den Teufel aus Götzenbildern austreibt, was seinen Kampf gegen das Heidentum symbolisiert. Attribut ist oft ein Stab.

Hilda von Streaneshalch

Äbtissin OSB
geboren: 614 in Northumbrien, England
gestorben: 17. November 680 in Streaneshalch (Whitby), England

Salomea (Salome)

Äbtissin OSCI
geboren: um 1210 in Krakau, Polen
gestorben: 17. November 1268 in Grodzisko, Polen
1673 Approbation des Kultes

18. November

Odo von Cluny

Abt OSB
geboren: um 878 in Aquitanien, Frankreich
gestorben: 18. November 942 in Tours, Frankreich
Patron der Musiker; für Regen und gegen Dürre

Unter Odo, dem zweiten Abt der zu den bedeutendsten Klöstern zählenden Abtei Cluny, erlebte dieses Zentrum der Christenheit seinen ersten Höhepunkt. Odo war der Begründer der Reform von Cluny, der sogenannten cluniazensischen Bewegung, die in den folgenden Jahrhunderten auf das gesamte Abendland übergriff. Wie alle Erzäbte der Abtei wurde Odo in die Reihe der Heiligen aufgenommen.

Odo stammte aus Aquitanien und kam um das Jahr 878 als Sohn eines Ritters zur Welt. Zu Beginn des 10. Jh. wurde Odo Benediktinermönch unter dem Begründer von Cluny, Abt Bernon (Berno). Bernon selbst bestimmte Odo vor seinem Tod zu seinem Nachfolger als Abt von Cluny. Odo gelang es gegen den Widerstand vieler Mönche, daß sich schon bald nach seinem Amtsantritt 17 Klöster der cluniazensischen Reformidee unterstellten. Er selbst wurde durch seine asketische und gütige Lebensweise zu einem großen Vorbild für viele Geistliche jener Zeit. Die besondere Liebe des großen Abtes galt immer der Musik. So komponierte Odo viel und machte sich auch einen Namen als Musiktheoretiker. Dies ist auch der Grund dafür, daß Odo noch heute als Patron der Musiker verehrt wird.

Odo von Cluny starb am 18. November 942 in Tours und wurde in der von Chlodwig gegründeten Klosterkirche St-Julien beigesetzt. Im Jahr 1407 fand die Erhebung seiner Gebeine statt. Die Reliquien wurden später nach Isle-Jourdain überführt.

Darstellung: Odo von Cluny ist im Abtsgewand mit Krummstab und/ oder Buch dargestellt, oft, wie er Arme bedient.

Philippine Duchesne

Nonne, Gründerin SC
geboren: 29. August 1769 in Grenoble, Frankreich
gestorben: 18. November 1852 in St. Charles, USA

Philippine Duchesne war eine enge Mitarbeiterin von Magdalena Sophie Barat, der Gründerin der „Gesellschaft der Ordensfrauen vom Heiligen Herzen Jesu". Sie wurde zunächst Sekretärin im Mutterhaus der Gesellschaft in Paris und ging dann 1818 in die USA, wo sie in St. Charles bei St. Louis sowie an anderen Orten der Vereinigten Staaten Niederlassungen ihrer Kongregation gründete. Philippine Duchesne war selbst Oberin in St. Charles, bis sie 1840 als Missionarin zu den Indianern in Sugar Creek ging. Die letzten Lebensjahre verbrachte die Ordensfrau dann wieder in St. Charles.

Papst Pius XII. sprach Philippine Duchesne am 12. Mai 1940 selig, die Heiligsprechung erfolgte am 3. Juli 1988.

19. November

David von Augsburg

Mönch, Mystiker OFM
geboren: um 1200 in Augsburg, Bayern
gestorben: 19. November 1272 in Augsburg

David, der um das Jahr 1200 in Augsburg geboren wurde, gehörte zu den ersten Deutschen, die dem 1223 endgültig bestätigten Franziskanerorden beitraten. Nachdem er einige Jahre am Generalstudium in Magdeburg gewirkt hatte, bekleidete David von 1235 bis 1250 das Amt eines Novizenmeisters in Regensburg. Von Augsburg aus wirkte David danach als Volksprediger, wanderte viel durch Deutschland und besuchte die jungen Stätten des Franziskanerordens.

Elisabeth von Thüringen besucht Kranke. Detail aus einem Glasfenster in der Elisabeth-Kirche in Marburg, entstanden um 1240. Es handelt sich hier um eine der ältesten Darstellungen der Heiligen.

David von Augsburg starb am 19. November 1272 in seiner Heimatstadt. Der Franziskaner ging als einer der ersten, wenn nicht sogar als erster deutscher Mystiker in die Geschichte ein. Seine Schriften gelten als klassische Zeugnisse mystischer Erfahrungen und überzeugen durch eine klare, von nichts überlagerten Sprache. Das Volk verehrte den großen Franziskanerprediger schon bald nach seinem Tod wie einen Heiligen, doch der Kult Davids wurde nie offiziell bestätigt.

Elisabeth von Thüringen

Landgräfin, Nonne TOR
geboren: 1207 in Ungarn(?), Preßburg(?)
gestorben: 17. November 1231 in Marburg, Hessen
Patronin von Hessen und Thüringen; der Caritas-Vereinigungen; des Deutschen Ordens; der Elisabeth-Vereine; der Witwen und Waisen; der Bettler; der unschuldig Verfolgten; der Kranken; aller Notleidenden; der Bäcker und Spitzenmacherinnen

Elisabeth von Thüringen gehört zu den großen Frauengestalten der katholischen Kirche, ja der Geschichte überhaupt. „Heilige der Gerechtigkeit" nannte der Theologe Theodor Schnitzler sie, Friedrich Heer porträtierte sie als „eine der zartesten, innigsten und liebenswertesten Heiligengestalten des Mittelalters". Elisabeth, adlig von Geburt, mächtig durch Heirat, gesegnet mit Gütern und Gesundheit, erwählte die Armut zu ihrem Lebensinhalt und verlor schließlich ihr Leben an dieses Ideal. Elisabeth hatte die Armutsidee des großen Franz von Assisi, der zur selben Zeit lebte wie sie, mit einer solchen Radikalität verwirklicht wie wohl kaum noch jemand nach ihr.

Elisabeth kam im Jahr 1207 als Tochter des ungarischen Königs Andreas II. wohl in Ungarn(?) zur Welt. Bereits als Vierjährige wurde sie mit dem thüringischen Landgrafen-Sohn

Ludwig IV. verlobt und dem Hof in Thüringen übergeben. Als Elisabeth 14 Jahre alt war, fand die prunkvolle Hochzeit statt. Das unmöglich Scheinende geschah: Die Ehe des jungen Paares wurde überaus glücklich. Innerhalb weniger Jahre schenkte Elisabeth drei Kindern das Leben. Das jüngste, 1227 geboren, sollte den Vater nicht mehr kennenlernen: Ludwig IV. starb am 11. September 1227 zu Beginn eines Kreuzzuges unter Kaiser Friedrich II. in Otranto in Apulien.

Bereits während der sechs kurzen Ehejahre mit Ludwig galt Elisabeths ganze Zuwendung und Liebe neben ihrer Familie den Ärmsten der Gesellschaft. Sie kümmerte sich um die Versorgung der Bedürftigen, stieg selber von der Wartburg, dem Sitz der Familie, in die Armenviertel hinab und leistete Hilfe, wo immer sie konnte. Gegen alle Angriffe, denen Elisabeth wegen ihres ganz und gar unhöfischen Lebensstiles von Seiten des Adels ausgesetzt war, verteidigte sie ihr ebenso tiefgläubiger wie herzensguter Mann Ludwig. Ein Wort von ihm ist überliefert: „Wenn sie mir nur die Wartburg nicht verschenkt, bin ich's wohl zufrieden." Während eines verheerenden Hungerjahres 1225/26 benutzte die junge Landgräfin Gelder aus der Staatskasse, um wenigstens die größte Not zu lindern. Von vielen Seiten mußte sie sich deshalb als Verschwenderin beschimpfen lassen.

Nachdem Ludwig IV. gestorben war, wurde Elisabeth, nun ohne jeglichen Schutz, für ihre „Vergehen" bitter bestraft. Nun waren ihre Feinde und Neider am Zug, und sie kosteten ihren Triumph aus. Ludwigs jüngerer Bruder Heinrich Raspe übernahm die Macht in Thüringen und stellte seine Schwägerin von Anfang an vor die Wahl: Entweder sie passe sich den höfischen Sitten an oder sie würde ihres gesamten Witwengutes beraubt und müsse die Wartburg verlassen. Elisabeth zögerte nicht: Sie wollte und konnte sich dem Gepränge und der Verschwendungssucht am Hof nicht anpassen, konnte also unter den von Heinrich Raspe gestellten Bedingungen nicht mehr bleiben. So verließ Elisabeth mit ihren drei kleinen Kindern die Wartburg.

Mit Hilfe einer Abfindung, die Heinrich Raspe auf Drängen einiger Verwandter und von Elisabeths Beichtvater Konrad von Marburg der jungen Witwe bezahlt hatte, gründete die 20jährige in Marburg in Hessen ein Spital, in dem sie jene Kranken pflegte, die in keinem anderen Krankenhaus aufgenommen wurden. Elisabeth nannte das Spital nach dem heiligen Franziskus, ihrem großen Vorbild. Ein Jahr später, 1228, geschah das, was im Rückblick für viele unverständlich scheint: Elisabeth gab ihre Kinder weg, trat als Terziarin in den Franziskanerorden ein und legte am Karfreitag die Gelübde ab. Sie hatte der Welt endgültig entsagt, wollte durch ihr Leben mithelfen, die Armut als oberste Tugend zu predigen. Ihr einziger Wunsch war es, wie Christus das Kreuz zu tragen, das Kreuz der Leiden und der Selbsterniedrigung. In völliger Selbstaufgabe widmete sich Elisabeth in den folgenden drei Jahren bis zu ihrem Tod Werken der Nächstenliebe, immer unter dem Auge ihres strengen Seelenführers Konrad von Marburg, der ihr durch seine Härte noch mehr Leid zufügte, als sie sich selbst schon aufgeladen hatte.

Elisabeth von Thüringen starb am 17. November 1231, aufgezehrt von der Sorge und dem Mitleid für andere – nie für sich selbst. Zwei Tage später, am 19. November, wurde sie im Franziskus-Hospital zu Marburg beigesetzt.

Alban Stolz, Professor für Pastoraltheologie, schrieb über Elisabeth, die schon am 27. Mai 1235, vier Jahre nach ihrem Tod, von Papst Gregor IX. heiliggesprochen wurde: „Man kann wohl sagen, daß außer der Mutter Gottes noch keine weibliche Person eine größere, weiter verbreitete Verherrlichung auf Erden gefunden hat als die heilige Elisabeth." Am Grab der Wohltäterin ereigneten sich in den Folgejahren Wunder über Wunder.

Im Jahr von Elisabeths Heiligsprechung, 1235, wurde in Marburg die neu erbaute Elisabethkirche geweiht, in die man die Gebeine der Heiligen überführte. Die Basilika war das erste rein gotische Bauwerk in Deutschland und gehört bis heute – jetzt evangelisch – zu den bedeutendsten Sakralbauten der Gotik auf deutschem Boden. Die Ausstattung aus der Entstehungszeit ist in großartiger Vollständigkeit noch erhalten. Das schönste Stück ist der Elisabethschrein, der heute in der Sakristei steht. Das Meisterwerk eines unbekannten Goldschmiedes ist über und über mit Edelsteinen besetzt und mit

Schrein der heiligen Elisabeth von Thüringen; das kostbare Stück befindet sich in der Sakristei der Elisabethkirche in Marburg.

Filigranarbeiten geschmückt. Im nördlichen Kreuzarm des Gotteshauses befindet sich über dem ehemaligen Grab der Heiligen das Mausoleum der Elisabeth, das ein steinerner Baldachin aus dem Jahr 1280 überspannt.

Nicht mehr vorhanden sind jedoch die Reliquien der heiligen Elisabeth. Philipp von Hessen, einer ihrer Nachkommen, hatte den Großteil der Gebeine 1539 entfernen lassen, um die Verehrung zu beenden. Es gelang ihm aber nicht, mit dieser Tat das Andenken an Elisabeth zu zerstören. Das Haupt und zwei Beinknochen von Elisabeth befinden sich seit 1588 im Kloster der Elisabetherinnen an der Landstraße in Wien. Weitere Reliquienteile, die Elisabeth zugesprochen werden, bewahrt das Historische Museum in Stockholm in einem kostbaren Reliquiar auf.

Verehrung/Brauchtum: Die Wallfahrt zur heiligen Elisabeth existiert bis zum heutigen Tag; die Pilger versammeln sich dazu in der Pfarrkirche Peter und Paul in Marburg. Außer Marburg ist Kaschau in der Slowakei ein weiteres Zentrum der Elisabeth-Verehrung; in der Nähe von Kaschau soll sich Elisabeths Geburtsort befunden haben. Weitere Verehrungsländer sind Schlesien, England, Spanien und Mexiko.

Außer im Franziskanerorden wird Elisabeth von Thüringen auch im Dominikanerorden (seit 1244) und im Zisterzienserorden (seit 1236) hoch verehrt.

Darstellung: Elisabeth von Thüringen ist auf Abbildungen in fürstlicher oder in einfacher Kleidung zu sehen; sie teilt Almosen aus oder wäscht Armen die Füße. Als Attribute hat sie einen Korb mit Broten, eine Schüssel mit Fischen oder einen Weinkrug bei sich, manchmal auch einen Rosenkorb, einen Löffel, ein Kirchenmodell (Marburger Elisabethkirche), ein Buch oder eine Krone. Auch mit Witwenschleier wurde Elisabeth dargestellt, so bei einer Statue von Herlin (15. Jh.) in der Jakobskirche in Rothenburg. Im bürgerlichen Kleid und mit Haube zeigt eine Statue von Tilman Riemenschneider (1492) die Heilige am Hauptaltar in der Pfarrkirche von Münnerstadt. Mit einem Kirchenmodell ist Elisabeth auf einem Relief (um 1340) im Magdeburger Dom zu sehen, mit Broten bei einer Statue (um 1350) im Münster von Straßburg. Oft wurde Elisabeth auch mit ihren Verwandten, vor allem jenen aus dem Haus der Grafen von Dießen-Andechs, dargestellt, so im Münster zu Dießen auf dem berühmten Deckengemälde von Johann Bergmüller (1736).

Mechthild von Hackeborn (von Helfta)

Nonne, Mystikerin OCist
geboren: 1241 in Hackeborn, Sachsen-Anhalt
gestorben: 19. November 1299 in Helfta, Sachsen-Anhalt

Mechthild von Hackeborn gilt als eine der größten Förderinnen der Herz-Jesu-Verehrung. Die Zisterzienserin war eine Schwester von Gertrud von Hackeborn, Äbtissin des Zisterzienserinnenklosters von Helfta, wo Mechthild von 1258 an bis zu ihrem Tod ebenfalls lebte. Ausgebildet von Gertrud, wurde Mechthild in der Folge Leiterin der Klosterschule in Helfta. Vor allem aufgrund ihrer künstlerischen Begabungen war sie bei ihren Mitschwestern sehr beliebt. Diese schrieben, zunächst ohne ihr Wissen, ihre mystischen Erlebnisse nieder, was Mechthild später gestattete. Die Aufzeichnungen wurden bekannt als „Liber specialis gratiae" (Buch der besonderen Gnade).

Verehrung/Brauchtum: Im Zisterzienserorden und im Benediktinerorden gedenkt man Mechthilds auch am 26. Februar.

Darstellung: Mechthild von Hackeborn ist im Gewand der Zisterzienserinnen dargestellt, als Attribute hat sie meist ein Buch bei sich, auf dem eine Taube sitzt. Manchmal wurde die Ordensfrau auch abgebildet, wie sie eine blinde Nonne wieder sehend macht.

Totto von Ottobeuren

Abt OSB
geboren: 8. Jh. in Schwaben
gestorben: 19. November 815 in Ottobeuren, Bayern

Nach der Überlieferung stiftete der Schwabe Totto, ein Adliger, im Jahr 764 gemeinsam mit seinem Vater und seinen Brüdern das Benediktinerkloster Ottobeuren bei Memmingen. Totto selbst soll der erste Abt gewesen sein.

20. November

Bernward von Hildesheim

Bischof
geboren: um 960 in Sachsen
gestorben: 20. November 1022 in Hildesheim, Niedersachsen
Patron der Diözese Hildesheim; der Goldschmiede

Die imposante Kirche St. Michaelis in Hildesheim, heute evangelische Hauptkirche der niedersächsischen Stadt südlich von Hannover, besitzt einen der wertvollsten Heiligen-Sarkophage des Mittelalters. Es ist die Grabstätte des heiligen Bernward, der von 993 bis zu seinem Tod am 20. November 1022 Bischof von

Bernward-Figur auf dem Bernward-Schrein in der Magdalenenkirche in Hildesheim. Während der Original-sarkophag Bernwards heute in der Hildesheimer Michaeliskirche steht, werden die Gebeine des Kirchenfürsten hier in St. Magdalena aufbewahrt.

Hildesheim war. Bernward hatte 1007 den Grundstein zu dem romanischen Gotteshaus gelegt, dessen Bau erst 1033, elf Jahre nach Bernwards Tod, vollendet wurde. Im Jahr 1015 hatte Bischof Bernward die Krypta eingeweiht, in der er dann Jahre später in dem von ihm entworfenen Sarkophag seine letzte Ruhestätte finden sollte.

Bernward, der um 960 als Sohn einer sächsischen Adelsfamilie geboren worden war, machte sich nach seiner Ernennung zum Bischof besonders im karitativen Bereich verdient. Er kümmerte sich gütig um die Armen und Kranken in seiner Diözese und um ihre Versorgung. Daneben galt Bernwards Hauptaugenmerk der Ordnung und der Disziplin innerhalb des Klerus. Klöster und Kirchen wurden von ihm großzügig gefördert und ausgestattet. Das erste Männerkloster in seinem Bistum, St. Michael, ist eine Gründung des Bischofs. Darüber hinaus gründete er die Hildesheimer Kunstschule.

Gegenüberliegende Seite: Bernward von Hildesheim. Darstellung auf der Gedächtnis-Grabplatte (1360), heute Domschatz Hildesheim.

Bernward, den die Goldschmiede als Schutzpatron verehren, wurde 1192 durch Papst Cölestin III. als erster Sachse heiliggesprochen. Während sich der Sarkophag Bernwards in der Michaeliskirche in Hildesheim befindet, ist der kostbare barocke Bernward-Goldschrein in der Hildesheimer Magdalenen-Kirche zu bewundern.

Darstellung: Bernward ist als Bischof und Künstler dargestellt, oft, wie er mit einem Schmiedehammer einen Kelch bearbeitet. Manchmal hält er auch ein Kreuz, das sogenannte Bernwardskreuz. In St. Michaelis und St. Magdalena in Hildesheim gibt es verschiedene Darstellungen des Bischofs.

Edmund von Ostanglien

König, Märtyrer
geboren: um 840 in England
gestorben: 870 bei Thetford, England
Patron gegen die Pest

Im Alter von 15 Jahren bestieg Edmund den Königsthron von Ostanglien. Als 870 heidnische Dänen in seinem Land einfielen, wurde der christliche König gefangengenommen und nach furchtbaren Martern enthauptet.

Felix von Valois

Ordensgründer OST
geboren: 1127 im Valois, Frankreich
gestorben: 1212 in Paris, Frankreich

Felix von Valois, dessen Vita besonders in den ersten Jahrzehnten seines Lebens einige Unsicherheiten enthält und von Legenden überlagert ist, ging als Mitbegründer des Trinitarierordens in die Geschichte ein. Zusammen mit Johannes von Matha hatte Felix den Orden von der Allerheiligsten Dreifaltigkeit Ende des 12. Jh. gestiftet. Papst Innozenz III. erteilte die Bestätigung.

Nach der Überlieferung kam Felix im Jahr 1127 im Valois, einer Gegend nahe Paris, als Sohn einer angesehenen Adelsfamilie zur Welt. Nach seiner Ausbildung empfing Felix die Priesterweihe und zog sich in eine verlassene Einöde in der Nähe seines Heimatortes zurück. Sein Wunsch war es, sein Leben als Einsiedler zu verbringen. Nach einigen Jahren gesellte sich ein junger Doktor aus Paris zu Felix. Es war Johannes von Matha, der kurz zuvor ebenfalls die Priesterweihe empfangen hatte. Die beiden Männer verstanden sich von Anfang an gut und beschlossen, ihr weiteres Leben einem großen Werk der Nächstenliebe zu widmen: Sie gründeten einen Orden zur Befreiung von Christensklaven, eben den Trinitarierorden.

Nach einem langen, segensreichen Wirken für diese Ordensidee, die sich rasch auch außerhalb Frankreichs verbreitete, starb Felix von Valois im Jahr 1212 in Paris. Es gibt allerdings auch Historiker, die die Existenz und das Wirken des Felix von Valois bezweifeln.

Darstellung: Felix ist auf Abbildungen im Gewand der Trinitarier zu sehen, in weißem Gewand mit Mantel und Skapulier, dazu mit weißblauem Kreuz. Neben sich hat Felix meist einen Hirsch, der in seinem Geweih ein rot-blaues Kreuz trägt; diese Darstellung geht darauf zurück, daß die Trinitarier ihr Hauptkloster Cerfroid dort erbaut haben sollen, wo ihnen ein Hirsch erschienen war.

Häufig wurde Felix von Valois auch mit zerbrochenen Ketten abgebildet, ein Hinweis auf die wichtigste Tätigkeit des Ordens, nämlich das Loskaufen von Sklaven.

Maria Fortunata (Anna Felice Viti)

Nonne OSB
geboren: 10. Februar 1827 in Veroli, Italien
gestorben: 20. November 1922 in Veroli
8. Oktober 1967 Seligsprechung

21. November

Emmanuel d'Alzon

Ordensgründer AA
geboren: 30. August 1810 in Vigan, Frankreich
gestorben: 21. November 1880 in Nîmes, Frankreich

Emmanuel d'Alzon war der Gründer der Assumptionisten, der „Augustiner von der Aufnahme Mariens". Die Kongregation hatte sich die Verteidigung und Verbreitung der christlichen Lehre sowie die Wiedervereinigung der schismatischen Kirchen zum Ziel gesetzt. Das erste Gelöbnis fand 1850 statt, die endgültige Approbation erfolgte 1923. Das Gründungsdatum selbst war das Jahr 1845.

Emmanuel d'Alzon war 45 Jahre lang Pfarrer und Generalvikar in Nîmes, wo er 1880 auch starb. Er gilt auch als Mitbegründer der Assumptionistinnen, denen er wichtige Ratschläge für ihr Werk gab. Lange Jahre seines Lebens bemühte sich Alzon auch um die Konversion Rußlands. Seit 1935 ist der Seligsprechungsprozeß für Emmanuel d'Alzon in Gang.

Gelasius I.

Papst
geboren: 5. Jh. in Afrika(?), Rom(?)
gestorben: 21. November 496 in Rom, Italien

Nur vier Jahre dauerte das Pontifikat von Gelasius I., und doch hat dieser Papst so viel bewirkt, daß er als einer der bedeutendsten des Mittelalters bezeichnet wird. Man sagt von Gelasius, daß er seinen großen Vorgänger Leo I., der nur wenige Jahre vor ihm regiert hatte, an theologischem Wissen sogar noch überragt habe. Und Leo I. wurde später immerhin zum Kirchenlehrer ernannt.

Gelasius war von Geburt wahrscheinlich Afrikaner, über Geburtsort oder Elternhaus ist aber nichts überliefert. Der Lebensweg des jungen Priesters läßt sich erst ab dem Jahr 483 verfolgen, als er von Papst Felix II. nach dessen Ernennung zum Oberhaupt der Kirche in die päpstliche Kanzlei geholt und dort schon bald zu einer der wichtigsten Persönlichkeiten wurde. Felix traf kaum eine Entscheidung, ohne den kirchenpolitisch versierten Theologen Gelasius vorher um Rat zu fragen.

Papst Gelasius I. Nach einer bekannten historischen Darstellung.

Als Gelasius I. bestieg der geachtete päpstliche Berater dann am 1. März 492 – nach dem Tod von Felix – selbst den Stuhl Petri. Von Beginn seiner Regierung an unterstrich Gelasius klar die Zwei-Gewalten-Theorie, die aussagte, daß die Welt von einer päpstlichen und einer kaiserlichen Gewalt regiert werde. Die kaiserliche Autorität unterstehe letztendlich jedoch immer der päpstlichen. Das Schreiben, das Papst Gelasius über diese Angelegenheit an Kaiser Anastasius (491 bis 518) sandte, endete mit den Worten: „Daraus ziehe nun gnädig den Schluß, daß niemand sich jemals ... über den Vorrang ... jenes Mannes erheben darf, den Christi Wort selbst über alle Menschen gestellt hat ..." Diese klare, unerschrockene Aussage von Gelasius ging als „Magna Charta des mittelalterlichen Papsttums" in die Geschichte ein.

Große Verdienste erwarb sich Gelasius I. auch in seiner Fürsorge für die Armen der Gesellschaft. Immer wieder forderte er den Klerus auf, ein Viertel der Kircheneinkünfte für die Bedürftigen zu verwenden. Er selbst war in seinen Bemühungen um die Armen und Schwachen ein so großes Vorbild, daß die Geistlichen immer wieder zu Taten der Nächstenliebe angeregt wurden. Besonders tatkräftig bemühte sich Gelasius auch um eine umfassende Neuordnung der Meßfeier. Zahlreiche heutige Meßformulare gehen auf den großen Papst des 5. Jh. zurück.

Gelasius I. starb am 21. November 496, betrauert vom Volk und auch vom Klerus, dem er zwar ein strenger, aber immer gerechter Oberhirte gewesen war. Über die Grabstätte des Papstes ist nichts bekannt.

Rufus von Rom

Schüler von Paulus
geboren: 1. Jh. in Rom, Italien
gestorben: 1./2. Jh. in Rom

22. November

Cäcilia

Märtyrerin
geboren: um 200 in Rom, Italien
gestorben: 22. November 230 in Rom
Patronin der Kirchenmusik, Musiker, Instrumentenbauer, Sänger, Orgelbauer und Dichter

Die Cäcilienlegende gehört zu den schönsten und ergreifendsten Dichtungen des christlichen Altertums. Nicht nur die Gläubigen ließen sich von ihr durch alle Jahrhunderte hindurch bezaubern, auch den Künstlern wurde das Martyrium der jungen Christin immer wieder zum Thema für Darstellungen.

Die Kirche S. Cecilia im römischen Stadtteil Trastevere zählt nicht zu den Kirchen, die von Gläubigen oder Touristen in Scharen aufgesucht werden. Hier kommt es oft vor, daß der Besucher den Zauber, der diese Insel des Friedens in einem ansonsten weniger ruhigen Stadtteil Roms umgibt, ganz allein genießen kann. Durch einen schönen Vorhof gelangt man in den dreischiffigen Kirchenraum, der bereits im 4. Jh. über den Fundamenten von Cäcilias Elternhaus errichtet wurde. Mittelpunkt und Höhepunkt ist die steinerne Liegefigur der Cäcilia unter dem Altar, wahrscheinlich eine von Stefano Maderna geschaffene, getreue Abbildung des Leichnams der Märtyrerin, wie man ihn 1595 nach Öffnung ihres Grabes fand. In der Krypta, die um 1900 ausgeschmückt wurde, stehen hinter einem Gitter die Sarkophage mit den Reliquien Cäcilias, ihres Ehemannes und dessen Bruder sowie der Päpste Lucius I. und Urban I.

Vom rechten Seitenschiff des Kirchenraumes führt ein reich geschmückter Gang in das sogenannte Caldarium, das Warmbad des alten römischen Gebäudes, wo Cäcilia nach der Legende das Martyrium erlitt. Noch heute sind Überreste der antiken Heizungsanlage zu sehen. In dem der Kirche angeschlossenen Kloster kann man auf Anmeldung Freskomalereien besichtigen, die zu den schönsten der mittelalterlichen Malerei gehören.

Wer war Cäcilia, die dem Abendland eine der schönsten Heiligen-Erzählungen geschenkt hat? Die Legende berichtet, daß das Mädchen dem römischen Adelsgeschlecht der Cäcilier entstammte und sich schon als Kind heimlich mit Jesus Christus verlobt habe. Zu jener Zeit – Cäcilia lebte in der ersten Hälfte des 3. Jh. – bedeutete Christsein ständige Lebensgefahr, da die Herrscher brutale Christenverfolgungen angeordnet hatten. Als Cäcilia, die niemals über ihre Verlobung mit Jesus Christus gesprochen hatte, zu einem schönen jungen Mädchen herangewachsen war, mußte sie auf Anordnung ihrer Eltern einen heidnischen Jüngling namens Valerianus heiraten. In ihrem Vertrauen darauf, daß Gott ihr den richtigen Weg aufzeigen würde, fügte sich Cäcilia den Eltern. Bei der prunkvollen Hochzeitsfeier soll sie unter dem Brautgewand ein hartes, schmerzendes Hemd getragen haben.

In der Hochzeitsnacht gestand Cäcilia ihrem Mann, daß sie ewige Keuschheit gelobt hatte und sprach zu Valerianus: „Ich bin eine gottgeweihte Jungfrau, und der Engel des Herrn steht mir als Beschützer meiner Reinheit zur Seite. Hüte dich also, mich zu berühren und den Zorn des Himmels auf dich herabzurufen." Als Valerianus daraufhin verlangte, den Engel sehen zu dürfen, erklärte ihm Cäcilia, daß er dies dann dürfe, wenn er sich vorher vom Papst taufen lasse.

Valerianus kam dieser Aufforderung tatsächlich bald darauf nach und empfing das Taufsakrament. Als er zu Cäcilia zurückkehrte, erblickte er seine junge Frau, wie sie gerade von einem Engel, der neben ihr stand, Rosen entgegennahm. Von diesem Erlebnis und der großen Überzeugungskraft, die von Cäcilia ausging, war Valerianus so ergriffen, daß er bald einer der eifrigsten Christen überhaupt war und auch noch seinen Bruder Tiburtius bekehrte.

In der Folgezeit kümmerten sich Cäcilia, Valerianus und Tiburtius Tag und Nacht um die verfolgten Christen in Rom, trösteten die Eingekerkerten und begruben die Hingerichteten. Keine Drohung der Verfolger konnte sie von ihrem Werk der Nächstenliebe abhalten. Doch dann schlug das Schicksal grausam zu: Valerianus und Tiburtius wurden verhaftet und auf Befehl des Präfekten Almachius enthauptet.

Auf der Suche nach Besitztümern der beiden Märtyrer stieß Almachius auf Cäcilia, die sich ihm unerschrocken in den Weg stellte und sich als Christin bekannte. Von so viel Mut und Standhaftigkeit gereizt, ließ der wutenbrannte Almachius die junge Frau in ihrem Haus in kochendes Wasser setzen, um sie so ebenfalls zu töten. Doch das sengende Wasser konnte Cäcilia nichts anhaben. Entsetzt über dieses Wunder, ordnete der Präfekt daraufhin die Enthauptung der Christin an. Dreimal zog der Henker das Schwert, dreimal überlebte Cäcilia.

Schwer verwundet lag Cäcilia noch drei Tage in ihrem Haus, vermachte in dieser Zeit ihren ganzen Besitz ihrer Dienerschaft und den Armen und starb schießlich, von Schmerzen gepeinigt, aber voller Vertrauen in Gottes Willen, am dritten Tag nach der versuchten Hinrichtung. Der Tag von Cäcilias Tod war der 22. November 230. Papst Urban I. bestattete den Leichnam Cäcilias in der Calixtus-Katakombe in Rom neben den Gräbern der Bischöfe. Das Haus der Märtyrerin weihte er zu einer Kirche, die dann ein Jahrhundert später zu einem richtigen Gotteshaus ausgebaut wurde.

Als man im Jahr 822 den Leichnam Cäcilias in den Katakomben fand, ließ Papst Paschalis I. ihn in die Kirche S. Cecilia übertragen und dort beisetzen. Bei der Sargöffnung 1595 soll Cäcilias Körper noch so vorgefunden worden sein, wie er einst bestattet wurde: zur Seite geneigt, das Gesicht nach unten, die Finger ausge-

Die berühmte steinerne Liegefigur der Cäcilia von Stefano Maderna in der Kirche S. Cecilia in Rom (Trastevere).

streckt. Stefano Maderna verewigte diesen ergreifenden Anblick in seiner unvergänglichen Marmorstatue. Reliquien von Cäcilia werden außer in Rom auch in Hildesheim und in Albi aufbewahrt.

Verehrung/Brauchtum: Cäcilia gehört bis heute zu den besonders volkstümlichen Heiligengestalten. Der Name Cäcilia war in früheren Jahren einer der häufigsten Mädchennamen. Das Patronat der Märtyrerin für Musiker und Instrumentenbauer führt auf folgende Geschichte ‚zurück: In den Märtyrerakten Cäcilias heißt es beim Bericht über die Hochzeitsfeier der Christin mit Valerianus: Cantantibus organis Cäcilia virgo in corde suo soli Deo cantabat dicens ... – Während die Musikinstrumente erklangen, sang Cäcilia in ihrem Herzen nur zu Gott gewandt...

Das Cäcilienfest wurde in der Kirche in Trastevere zu Rom bereits 545 gefeiert.

Darstellung: Durch alle Jahrhunderte hindurch gehörte Cäcilia zu den meistdargestellten Heiligen. Künstler aller Epochen haben sich Leben oder Martyrium der jungen Römerin zum Motiv gewählt. Dargestellt ist Cäcilia ab dem 15. Jh. häufig mit Musikinstrument wie Orgel oder Geige; in früheren Abbildungen ist die Märtyrerin eher mit den Attributen Palme und Buch oder auch mit Wunden am Hals zu sehen.

Eine bekannte Darstellung der Cäcilia, ihre Beziehung zur Musik symbolisierend, ist ein Deckenfresko (um 1510) in der Kathedrale zu Albi. Im Louvre in Paris hängt das Gemälde von Domenichino (um 1620), das Cäcilia mit Violoncello zeigt. Auf einem Gemälde von Moretto (um 1530) in der Kirche S. Clemente in Brescia ist Cäcilia Handorgel spielend zu sehen.

Ein Altarbild von Raffael (1505) im Metropolitan Museum in New York zeigt Cäcilia mit einem Blumenkranz aus roten und weißen Rosen; die gleiche Darstellung wählte Peter Candid (um 1615) auf seinem Bild von Cäcilia (München, ehemalige Franziskanerkirche). Eine einzelne Rose hält Cäcilia auf dem berühmten Triptychon des Meisters von St. Severin (um 1500) in der Kölner Andreas-Kirche. Eine der ältesten Cäcilien-Darstellungen ist ein Mosaik in S. Apollinare Nuovo in Ravenna; es stammt aus der Zeit um 570 und zeigt Cäcilia als Märtyrerin mit Krone zwischen Palmen. Zusammen mit Tiburtius und Valerianus stellte Stefano Maderna Cäcilia in einer Bronzefigur (16. Jh.) dar, heute im Straßburger Münster. Maderna schuf auch die wohl berühmteste Cäcilia-Darstellung: das steinerne Grabmal in S. Cecilia in Rom, die Liegefigur der Märtyrerin.

Philemon

Christ, Bischof(?), Märtyrer(?)
geboren: 1. Jh. in Kolossä, heute Khonas, Türkei
gestorben: 1. Jh. in Kolossä

Die Überlieferung berichtet, Philemon sei jener Bürger gewesen, den der Apostel Paulus in einem Brief aufforderte, den in Angst von ihm entlaufenen Sklaven Onesimus wieder freundlich bei sich aufzunehmen. Paulus selbst soll Philemon, der in Kolossä (heute Khonas in der Türkei) lebte, bekehrt und getauft haben. Eine andere Legende erzählt, Philemon sei später auch Bischof von Kolossä gewesen und habe das Martyrium erlitten.

Salvator Lilli

Mönch, Märtyrer OFM
geboren: 19. Juni 1853 in Cappadocia bei L' Aquila, Italien
gestorben: 22. November 1895 in Marasc, Armenien

„Ich kann meine Schafe nicht allein lassen. Ich will, wenn es notwendig ist, lieber mit ihnen sterben." Wenige Tage, nachdem der Franziskanerpater Salvator Lilli diese Worte gesprochen hatte, erlitt er das Martyrium – weil er vor seinen schon erwarteten Mördern nicht geflohen war. Papst Johannes Paul II. sprach den vorbildlichen Missionar am 3. Oktober 1982 in Rom selig; eines seiner Worte während des feierlichen Aktes war: „Der Lebenslauf des seligen Salvator ist einfach, aber reich an Tatsachen, die seine große Liebe zu Gott und zu seinen Brüdern bezeugen. Sie findet ihren Höhepunkt im Martyrium, das ein Leben der Treue zur franziskanischen und missionarischen Berufung krönt."

Salvator Lilli war 1880 von seinem Orden nach Marasc in Klein-Armenien entsandt worden, um dort in is-

Salvator Lilli.

lamischer Umgebung zu missionieren. Seine Arbeit war überaus erfolgreich. Als dann die Ausrottung des armenischen Volkes ihren Anfang nahm, wurde Salvator Lilli gewarnt und von gutmeinenden Christen gebeten, sich in Sicherheit zu bringen. Lilli aber weigerte sich, er wollte bei „seinen Schafen" bleiben. Am 22. November 1895 wurde Salvator Lilli mit weiteren sieben Christen gefangengenommen; weil sich alle standhaft weigerten, vom Christentum abzufallen und Mohammed zu huldigen, erlitten sie noch am selben Tag das Martyrium. Die Leichname der Ermordeten wurden von Soldaten verbrannt.

23. November

Clemens I.

Papst, Märtyrer(?)
geboren: 1. Jh. in Rom, Italien
gestorben: 101 in Rom(?), auf der Krim(?)
Patron von Sevilla, Aarhus und Compiègne; der Krim; der Steinmetzen, Marmorarbeiter, Hutmacher und Seeleute; gegen Kinderkrankheiten; der Kinder; gegen Wassergefahren; bei Sturm und Gewitter

Dir Kirche S. Clemente in Rom, gelegen an der Straße, die vom Kolosseum zum Lateranpalast führt, gehört kunsthistorisch zu den wichtigsten Kirchenbauten überhaupt, da sie am besten von allen den Charakter einer frühchristlichen Basilika bewahrt hat. Der von außen fast unscheinbar wirkende Bau erhebt sich über einem der ältesten christlichen Versammlungsorte Roms, dem Elternhaus von Clemens, der von 90/92 bis 101 als dritter Nachfolger von Petrus den Papststuhl innehatte. Die Unterkirche, die schon im 4. Jh. erwähnt wurde, ist seit 1108 von der Oberkirche überbaut. Lange Zeit war der Kirchenbau in der Tiefe vergessen, bis man ihn 1857 wiederentdeckte und freilegte. Heute gehört dieses einmalige Bau-Kunstwerk zu den größten Sehenswürdigkeiten Roms. Die Reliquien des großen Papstes Clemens I. werden im Hochaltar der Oberkirche aufbewahrt.

Clemens Romanus kam gegen Mitte des 1. Jh. in Rom zur Welt und wurde im heidnischen Glauben erzogen. Eines Tages hörte Clemens eine Predigt des Apostels Barnabas und hatte gefunden, wonach er immer schon gesucht hatte. Er ließ sich von Barnabas taufen und zu Petrus führen. Dieser lernte den jungen Clemens in der Folgezeit schätzen und ernannte ihn selbst noch zu seinem Nachfolger auf dem Stuhl Petri.
Doch nach dem Tod von Petrus im Jahr 64 weigerte sich Clemens, die Nachfolge des großen Apostelfürsten anzutreten. So wurden erst noch Linus und Anakletus zu Bischöfen von Rom gewählt, bis sich Clemens um 90/92 dem Druck von Klerus und Volk beugte und das Amt, wie von Petrus gewünscht, antrat. Über seine Amtszeit ist jedoch kaum etwas überliefert.

„Verehrung der Dreifaltigkeit durch den hl. Papst Clemens I." Nach einem Gemälde von Tiepolo, 1738.

Die Legende erzählt, daß Clemens I. Ende des 1. Jh. aus Rom vertrieben wurde und auf Anordnung des Kaisers – möglicherweise Trajan – in den berüchtigten Marmorsteinbrüchen von Chersones auf der Krim arbeiten mußte. In den Steinbrüchen herrschte akuter Wassermangel, die Zwangsarbeiter drohten teilweise zu verdursten. Als Clemens einmal sah, wie ein Lamm an einer bestimmten Stelle mit dem Huf scharrte, grub er mit den Händen nach, und – so die Legende – plötzlich sprudelte eine Quelle aus dem Boden. Der wutentbrannte Kaiser ließ Clemens daraufhin mit einem Anker um den Hals ins Meer stürzen und die Neugetauften hinrichten.

Der Slawenapostel Cyrillus, der Gefährte von Methodius, soll die Gebeine von Clemens dann im Jahr 868 nach Rom zurückgebracht haben, wo sie in der Kirche S. Clemente beigesetzt wurden. In Chersones gab es auch ein Clemens-Grab. Clemens I. gehört zu den Kanon-Heiligen.

Darstellung: Clemens I. ist in bischöflichen Gewändern dargestellt, oft mit Tiara und Pallium; als Attribute sind ihm auf Abbildungen Lamm, Anker und/oder Brunnen beigegeben, manchmal auch ein Buch. Häufig ist der Papst auf Bildern tonsiert. Zu den Szenen, die in der Darstellung von Clemens öfters ihren Niederschlag fanden, gehören das Quellwunder, die Weihe zum Papst durch Petrus und das Martyrium. Die möglicherweise älteste Abbildung des Papstes ist ein Fresko aus dem 4. Jh. in der Unterkirche von S. Clemente in Rom. Mit einem übergroßen Anker ist Clemens I. bei einer Hauptaltarstatue (1479) in Aarhus zu sehen. Ghirlandaio malte Clemens kniend vor der Gottesmutter Maria, neben sich die abgelegte Tiara (Uffizien, Florenz). Ein Beispiel für die Darstellung des Martyriums: Fresko von Ciampelli (14. Jh.) in S. Giovanni in Laterano in Rom.

Felicitas (und ihre Söhne)

Märtyrerin
geboren: 2. Jh. in Rom, Italien
gestorben: 2. Jh. (um 166?) in Rom
Patronin der Frauen und Mütter; für Kindersegen, vor allem für die Geburt von Söhnen

Felicitas. Nach einem Mosaik im erzbischöflichen Museum in Ravenna.

Die Märtyrerakten berichten über Felicitas, daß sie sich nach dem Tod ihres Mannes ganz dem Gebet hingegeben habe. Während der kaiserlichen Christenverfolgungen wurde sie dann zusammen mit ihren sieben Söhnen verhaftet. Nachdem alle Versuche, Felicitas vom Christenglauben abzubringen, zu keinem „Erfolg" führten, wurden zuerst die Söhne hingerichtet, dann enthaupteten die kaiserlichen Soldaten auch Felicitas. Schon bald nach dem Tod der Familie wurden in Rom mehrere Oratorien und Basiliken zu Ehren der Märtyrerin und auch ihrer Söhne errichtet.

Nicht alle Historiker erkennen übrigens Alexander, Felix, Januarius, Martial, Philipp, Silvanus und Vitalis als tatsächliche Söhne von Felicitas an.

Verehrung/Brauchtum: Der Festtag, an welchem Felicitas und ihrer sieben Söhne gemeinsam gedacht wird, ist der 10. Juli.

Darstellung: Vor allem in Rom gibt es viele Darstellungen von Felicitas, meist zusammen mit ihren sieben Söhnen. Felicitas ist als Matrone mit Kopftuch zu sehen, als Attribute hat sie Buch, Schwert und/oder Palme bei sich. Manchmal sind ihr auch die sieben Köpfe ihrer Söhne beigegeben, so bei einem Triptychonflügel (um 1515) im Deutschen Museum in Berlin. Bekannt ist auch das Bartholomäus-Retabel (um 1500) im Wallraf-Richartz-Museum in Köln, das sowohl Felicitas als auch die Märtyrerin Symphorosa jeweils mit ihren sieben Söhnen zeigt.

Joseph Alois Faller

Ordensgründer
geboren: 8. Mai 1816 in Barr, Elsaß, Frankreich
gestorben: 23. November 1894 in St-Cosme, Frankreich

Der Weltpriester Joseph Alois Faller gründete im Jahre 1851 in Bellemagny im Elsaß die Kongregation der „Schwestern der Ewigen Anbetung". Die Mitglieder der Gemeinschaft widmeten sich der ewigen Anbetung des Altarsakramentes sowie karitativen Tätigkeiten. Die Ordensregel war inspiriert von der benediktinischen, 1862 erhielt sie die kirchliche Approbation. Die Zahl der Schwestern wuchs rasch, noch zu Lebzeiten von Joseph Alois Faller wurden zahlreiche Niederlassungen in Frankreich und sogar in Nordamerika gegründet. Der Ordensstifter selbst verbrachte seine letzten Lebensjahre in St-Cosme, wo er sich seinen Lebenstraum verwirklicht hatte: die Gründung eines Waisenhauses.

Kolumban von Luxeuil und Bobbio

Abt, Gründer
geboren: um 542 in Leinster, Irland
gestorben: 23. November 615 in Bobbio, Italien
Patron von Irland; von Bobbio; gegen Überschwemmung; gegen Geisteskrankheit

Unbeachtet, ja vergessen ruht in dem kleinen Städtchen Bobbio, südlich der oberitalienischen Stadt Piacenza, einer der bedeutendsten Ordensmänner und Ordensreformer des frühen Mittelalters, ein Mönch, der die Kultur des Abendlandes beeinflußt und mitgeprägt hat. Kolumban, der als Gründer und erster Abt der wichtigen Klöster Luxeuil und Bobbio in die Geschichte einging, ist hier in der Krypta der Pfarrkirche beigesetzt. Von der einstmals großartigen Klosterkirche ist heute kaum noch etwas zu sehen. Renovierungen haben jegliche Erinnerung an Leben und Wirken des irischen Glaubensboten übertüncht. Selten, daß einmal ein Besucher in die dunkle Krypta hinuntersteigt, um den Geist jener Zeit vor 1400 Jahren zu erfühlen, Zwiegespräch zu halten mit einem der Wegbereiter des abendländischen Mönchtums.

Kolumban war von Geburt Ire und kam um das Jahr 542 in der Provinz Leinster in Mittelirland zur Welt. Noch nicht 20 Jahre alt, trat er um 560 in das gerade gegründete Kloster Bangor in der Provinz Ulster ein, das in der Folgezeit eines der bedeutendsten Klöster des Abendlandes werden sollte. In dieser Wiege des Mönchtums wirkte Kolumban in den folgenden 30 Jahren in verschiedenen Ämtern, sehr lange auch als Lehrer.

Zusammen mit zwölf Gefährten verließ Kolumban dann im Jahr 590 Bangor, um fortan als Glaubensbote zu wirken. Die Mönchsgemeinschaft predigte zuerst in England und zog von dort später weiter in die Bretagne und nach Burgund. Überall, wo Kolumban und seine ihm treu folgenden Gefährten weilten, gründeten sie Klöster, die alle starken Zustrom verzeichneten. Die Persönlichkeit Kolumbans und seine leidenschaftlichen Predigten zogen immer mehr Jünger an.

Die wichtigste Klostergründung Kolumbans war dann um 593 jene von Luxeuil, westlich von Mülhausen. Diese Stätte des Mönchtums, deren erster Abt Kolumban war, wurde in der Folgezeit eine der bedeutendsten überhaupt und gewann großen Einfluß auf die gesamte Entwicklung und Kultur des Abendlandes. Für seine Mönche, die bald mehrere Hundert zählten, schrieb Kolumban eine Mönchsregel, die sich durch ihre übergroße Strenge und Härte von allen bisherigen Klosterregeln abhob. Nach und nach verdrängte die Kolumban-Regel die bestehenden Konstitutionen, nicht nur in Frankreich, sondern auch in den angrenzenden Ländern; später allerdings mußte sie wieder der milderen benediktinischen Regel weichen.

Etwa ab dem Jahr 600 geriet Abt Kolumban immer wieder in Auseinandersetzungen mit den gallischen Bischöfen, vor allem wegen der umstrittenen Berechnung des Osterfesttermines. Kolumbans Ansehen geriet ins Wanken. Als der Abt dann auch noch König Theoderich II. wegen eines Konkubinates anprangerte, wurde er im Jahr 610 aus Luxeuil vertrieben. Zusammen mit einigen Getreuen missionierte Kolumban in den folgenden zwei Jahren im alemannischen Oberrheingebiet und ließ sich schließlich in Bregenz am Bodensee nieder. Mit ihm arbeitete zu jener Zeit auch Gallus, der ihm treu zur Seite stand.

Zu Beginn des Jahres 613 ließ Kolumban den schwer erkrankten Gallus am Bodensee zurück und wanderte mit einigen seiner Mönche über die Alpen in das langobardische Oberitalien. Im Val Trébbia, genannt nach dem Fluß Trébbia, der sich hier durch den Bergeinschnitt schlängelt, ließen sich die Wanderprediger dann endgültig nieder. In dieser friedlichen Abgeschiedenheit, fern jeglichen Streites und Machtstrebens, gründete Kolumban sein letztes Kloster: Bobbio. Er war am Ende seiner langen Reise angekommen, auch am Ende seiner Lebensreise.

Zwei Jahre nach der Ankunft in Bobbio starb Kolumban am 23. November 615 eines friedlichen Todes. Sein Werk aber überdauerte ihn lange, viele Mönchsgenerationen lebten weiter im Sinne von Kolumbans Theorien und in der Vorstellung von einem neuen, strengeren Christentum.

Verehrung/Brauchtum: In den Diözesen Chur, St. Gallen und Feldkirch begehen die Gläubigen den Gedenktag von Kolumban am 27. November. Im Oberrheingebiet nannte man Kolumban lange Zeit auch „Apostel Alemanniens“.

Darstellung: Kolumban ist entweder als Abt oder als Pilger dargestellt, häufig hält er einen Stab. Oft wurde der Mönch mit einem Bären abgebildet, was auf die bekannte Legende zurückgeht, daß Kolumban in einer Bärenhöhle eine Quelle entspringen ließ. Häufig wurde auch die Szene dargestellt, wie Kolumban den Segen erteilt; manchmal sitzen Pilger bei ihm. Verschiedene Darstellungen von Abt Kolumban gibt es in der Kirche S. Colomano in Bobbio und in der dortigen Schatzkammer.

Bobbio mit Brücke über die Trébbia. In Bobbio ist Kolumban beigesetzt.

Margareta von Savoyen

Markgräfin, Nonne OP
geboren: 1390 in Pinerolo, Italien
gestorben: 23. November 1464 in Alba, Italien
1669 Bestätigung des Kultes

Rachildis

Inkluse
geboren: um 900 in St. Gallen(?), Schweiz
gestorben: 23. November 946 in St. Gallen

Trudo von Haspengau

Priester, Mönch, Gründer
geboren: um 630 in Hesbaye, (Haspengau), Belgien
gestorben: um 695 in Sint-Truiden (St-Trond), Belgien

Das Kloster Sint-Truiden (St-Trond) in Belgien hat seinen Namen von seinem Gründer Trudo. Der Priester hatte die Abtei im Jahr 662 auf seinem eigenen Besitz im Osten von Brüssel gegründet. Trudo wurde selbst Mönch in seinem Kloster und missionierte in der Umgebung. Nach seinem Tod wurde er in Sint-Truiden beigesetzt. Im Jahr 1803 wurden die Reliquien Trudos in die Kirche Unserer Lieben Frau in Sint-Truiden überführt.

Verehrung/Brauchtum: In der Diözese Metz wurde der Festtag von Trudo früher am 27. November gefeiert. Heute wird das Gedächtnis auch dort, zusammen mit dem an andere Äbte, am 23. November begangen.

Darstellung: Trudo wurde häufig beim Vollbringen von Wundern dargestellt. So gibt es die Abbildungen, wie er einen dürren Stab zum Ergrünen bringt, wie er eine Quelle entspringen läßt und wie er eine Frau, die ihn als Kind verletzt hat, zunächst erblinden läßt und dann wieder heilt. Oft ist Trudo auch als Abt mit einem Kirchenmodell von Sint-Truiden zu sehen.

Wolftrud von Nivelles

Äbtissin von Nivelles
geboren: um 610 in Brabant, Belgien
gestorben: 669 in Nivelles, Belgien

24. November

Albert von Lüttich

Bischof von Lüttich, Märtyrer
geboren: um 1160 in Brabant, Belgien
gestorben: 24. November 1192 in Lüttich, Belgien

Balsam

Abt von La Cava OSB
geboren: 12. Jh. in Italien
gestorben: 24. November 1232 in La Cava bei Neapel, Italien
16. Mai 1928 Approbation des Kultes

Chrysogonus

Märtyrer
geboren: 3. Jh. in Rom, Italien
gestorben: um 303 in Aquileja, Italien

Im römischen Stadtviertel Trastevere erinnert an der Piazza Sonnino eine der ältesten Kirchen Roms an Chrysogonus: S. Crisògono. Der Ursprungsbau, von dem man heute im Untergeschoß der Kirche noch Teile besichtigen kann, stammt aus dem 5. Jh.

Chrysogonus, ein überzeugter Christ, lebte nach der Legende um das Jahr 300 in Rom und war der Lehrer von Anastasia. Kaiser Diokletian, der brutale Christenverfolger, ließ Chrysogonus dann um das Jahr 303 nach Aquileja in Oberitalien bringen und dort wegen seines Glaubens hinrichten. Warum dieser Ort für die Ermordung gewählt wurde, ist nicht überliefert. Reliquien gelangten später nach Verona und auch ins Kloster Tegernsee in Oberbayern.

Verehrung/Brauchtum: Die Verehrung für Chrysogonus breitete sich sehr rasch in Rom aus, daher gilt er als römischer Heiliger. Der erste Kirchenbau unter dem heutigen Gotteshaus S. Crisògono wurde bald nach der Hinrichtung von Chrysogonus errichtet. Der Gedenktag des Märtyrers, der zu den Kanon-Heiligen gezählt wird, ist der Tag, an dem „seine" Kirche in Rom geweiht wurde.

Darstellung: Chrysogonus ist fast immer als junger Mann dargestellt, manchmal mit Bart, häufig als Soldat. Auf einem Fresko aus dem 8. Jh. in S. Crisògono in Rom ist der Märtyrer in Tunika und mit Mantel, gemeinsam mit Anastasia, zu sehen. Einmal mit Kreuz, das andere Mal, wie er ein Schwert aus der Scheide zieht, ist Chrysogonus auf Mosaiken in der Cappella Palatina in Palermo (Palazzo dei Normanni) dargestellt. Zahlreiche Abbildungen gibt es bis heute im bayerischen Raum.

Maria Sala

Nonne
geboren: 21. April 1829 in Brivio bei Lecce, Italien
gestorben: 24. November 1891 in Mailand, Italien

Maria Sala.

„Von dieser neuen Seligen sollen vor allem die Ordensschwestern lernen, frohgemut und großmütig bei ihrer Arbeit zu sein, auch, wenn diese eintönig und bescheiden-demütig im Verborgenen geschieht." Diese Worte sprach Papst Johannes Paul II. am 26.Oktober 1980 bei der Seligsprechung der Marcellinen-Schwester Maria Sala. Die Ordensfrau hatte jahrzehntelang als vorbildliche Schulschwester, Lehrerin und Ordensassistentin gewirkt und zuletzt trotz einer schweren Krankheit heroisch ihre Aufgaben erfüllt. Papst Johannes Paul II. zum Leben von Maria Sala: „In der Erfüllung ihrer täglichen Pflicht und Arbeit wurde sie heilig."

25. November

Bernold Presbyter

Mönch OSB
geboren: 11. Jh.
gestorben: 11. Jh. in Ottobeuren, Bayern

In der Johannes-Nepomuk-Kapelle, einer Seitenkapelle der Benediktiner-Klosterkirche Ottobeuren im Allgäu, ist Bernold beigesetzt. Sein Grab befindet sich dort im Altar. Über Leben und Wirken des Mönches, der den Beinamen „Presbyter" trägt, ist nur bekannt, daß er Ordensbruder in dem 764 gegründeten Benediktinerkloster von Ottobeuren war und im 11. Jh. gelebt hat. Sein ganzes Leben soll ein einziges Bußwerk gewesen sein, um seine Person ereignete sich schon zu Lebzeiten Außergewöhnliches. Nach Bernolds Tod geschahen an seinem Grab viele Wunder. Etwa 100 Jahre nach der Beisetzung, am 25. November 1189, wurden die Gebeine des Mönches erhoben. Daher ist der Gedenktag von Bernold der 25. November.

Charles-Martial-Allemand Lavigerie

Kardinal, Primas PA
geboren: 31. Oktober 1825 in Huire bei Bayonne, Frankreich
gestorben: 25. November 1892 in Algier, Algerien

Der Priester und Professor Charles-Martial-Allemand Lavigerie wurde 1863 zum Bischof von Nancy er-

Charles-Martial-Allemand Lavigerie. Der Kardinal und Primas von Afrika gründete die „Weißen Väter“ und die „Weißen Schwestern“.

nannt, 1867 zum Erzbischof von Algier, 1882 zum Kardinal und 1884 gleichzeitig zum Erzbischof von Karthago und zum Primas von Afrika. Lavigerie ging als großer Missionar Afrikas in die Geschichte ein, sein größtes Bestreben war es, in Algerien ein Zusammenleben von Arabern und Europäern zu erreichen. Im Jahr 1868 gründete der Franzose die Missionsgesellschaft der „Weißen Väter“, ein Jahr später die der „Weißen Schwestern“ für die Arbeit bei den Muslimen. In Innerafrika begründete Lavigerie in der Folge mehrere Missionszentren, in Malta ein Institut zur Ausbildung einheimischer Katecheten. Am 12. November 1890 rief der Kardinal in dem berühmten „Toast von Algier“ zur Aussöhnung der französischen Katholiken mit der Republik Algerien auf.

Seine letzte Ruhestätte fand Charles-Martial-Allemand Lavigerie in der von ihm erbauten Kathedrale von Karthago. Seligsprechungsbemühungen gibt es seit dem Tod des großen Kirchenmannes.

Egbert (Ekkebert) von Münsterschwarzach

Abt von Münsterschwarzach OSB
geboren: um 1010 in Deutschland
gestorben: 25. November um 1076/1077 in Münsterschwarzach, Bayern

Elisabeth von Reute (Elsbeth Achler)

Terziarin, Mystikerin OFM
geboren: 25. November 1386 in Waldsee, Baden-Württemberg
gestorben: 25. November 1420 in Reute, Baden-Württemberg

Elisabeth von Reute, die auch den Beinamen „die gute Beth“ trug, war Franziskanerterziarin. Nachdem sie zunächst einige Jahre im elterlichen Haus in Waldsee in Oberschwaben ihr klösterliches Leben geführt hatte, ließ sie sich in einer Klause in Reute bei Waldsee nieder. Vom Volk wurde die junge Frau sehr verehrt, besonders, nachdem ihre mystischen Begnadungen bekannt geworden waren; Elisabeth hatte die Gabe der Visionen, sie trug die Wundmale Christi, und sie konnte ohne Nahrung existieren. Eine ihrer Schülerinnen in ihrer Klause war die später ebenfalls seliggesprochene Ursula Haider.

Nach ihrem Tod wurde die große Mystikerin in der Kirche zu Reute beigesetzt. Die Erhebung der Gebeine erfolgte 1623, Papst Clemens XIII. sprach Elisabeth von Reute 1766 selig.

Verehrung/Brauchtum: Zum Grab der Elisabeth in Reute existiert bis heute eine lebendige Wallfahrt. Vor allem in Oberschwaben bringen die Gläubigen der Mystikerin noch immer starke Verehrung entgegen. Früher wurde am 14. November die Erhebung der Reliquien gefeiert.

Darstellung: Elisabeth von Reute ist als Franziskanerterziarin mit den Wundmalen dargestellt; ihre Attribute sind Rosenkranz, Totenkopf, Geißel, Buch, Kruzifix oder ein Engel, der ihr die Eucharistie reicht. Auf dem Totenbett zeigt Elisabeth ein Bild in der Reuter Kirche; es befand sich früher am Elisabeth-Sarkophag.

Imma

Äbtissin von Karlburg
geboren: um 700 in Thüringen
gestorben: um 750 in Karlburg bei Würzburg, Bayern

Katharina von Alexandria

Märtyrerin
geboren: 3. Jh. in Alexandria, Ägypten
gestorben: um 306 in Alexandria
Patronin der Kantone Wallis und Sitten; der Stadt Fribourg; der Universität Paris; der Mädchen, Jungfrauen und Ehefrauen; der Lehrer, Studenten und Schüler; der Theologen und Philosophen; der Universitäten und Bibliotheken; der Redner; der Spitäler; aller Berufe, die mit Rad oder Messer zu tun haben: Wagner, Töpfer, Müller, Spinner, Seiler, Schiffer, Gerber, Friseure, Tuchhändler, Buchdrucker und Schuhmacher; der Näherinnen; der Anwälte und Notare; bei Migräne und Zungenleiden; zur Auffindung von Ertrunkenen; der Feldfrüchte; Nothelferin

Katharina von Alexandria. Nach einem Fresko von Masolino da Panicale aus dem Jahr 1425 in der Cappella di S. Caterina in der Basilika S. Clemente in Rom.

Die Lebensgeschichte Katharinas beruht ebenso wie die fast aller 14 Nothelfer zum großen Teil auf Legenden. Danach lebte Katharina zu Beginn des 4. Jh. als Tochter von König Costus im ägyptischen Alexandria. Sie war ein außergewöhnlich schönes Mädchen, hochgebildet und von Haus aus mit unermeßlichen Gütern gesegnet. Katharinas hervorstechendste Eigenschaft aber war ihr übermäßiger Stolz, mit dem sie auch jeden jungen Mann zurückwies, der um sie warb. Keiner war ihr auch nur annähernd gut genug, dem einen fehlte das Geld, dem anderen wieder das gute Aussehen.

Eines Tages traf Katharina mit einem greisen Einsiedler zusammen, der dem jungen Mädchen erklärte, daß Jesus Christus sein wahrer Bräutigam sei. Dieses Erlebnis bewirkte in Katharina eine tiefe Nachdenklichkeit. Sie erkannte in der Folge ihre bisherigen Fehler und erschrak ob ihrer hohlen Ansichten, die sie über alles und jeden gehabt hatte. Bald darauf suchte Katharina einen Priester auf und empfing von ihm das Taufsakrament.

Nicht lange danach wurde in Alexandria ein Opferfest zu Ehren der heidnischen Götzen gefeiert. Auch Katharina erhielt die Aufforderung, daran teilzunehmen. Die frisch getaufte Christin begab sich auch zu dem Festplatz, jedoch nur, um Kaiser Maxentius zu erklären, daß die Heidengötter Abgötter seien. Durch ihre außergewöhnliche Redegewandtheit gelang es Katharina, den Herrscher in Verlegenheit zu bringen. Maxentius rief daraufhin die 50 besten Philosophen und Meister der Rhetorik des Landes an den Hof. Sie sollten Katharina in aller Öffentlichkeit der falschen Aussage überführen. Doch als es zur Gegenüberstellung kam, widerlegte Katharina alle Argumente der 50 Weisen mit einer solchen Eindringlichkeit, daß sich die Männer alle bekehren und taufen ließen. Einer der Weisen sprach zu Kaiser Maxentius: „Du weißt, Kaiser, niemals stand vor uns ein Mensch, den wir nicht hätten bezwingen können. Aber aus dieser Jungfrau spricht der Geist Gottes. Jetzt wollen und können wir nicht mehr streiten gegen Christus."

Der vor Wut rasende Maxentius verurteilte die 50 Weisen daraufhin zum Tod auf dem Scheiterhaufen. Bis zum letzten Augenblick stand Katharina den Männern bei, dann wurde sie selbst gefangengenommen und in den Kerker geworfen. Sie erlitt grausame Foltern, wurde ausgepeitscht,

Das berühmte Katharinenkloster am Fuße des Berges Sinai. Nach der Legende wurde dieses Kloster im 6. Jh. gegründet, nachdem der Leichnam der Katharina von Alexandria von Engeln hierher getragen worden war.

auf Räder gebunden, die mit Nägeln besetzt waren, und wochenlang ohne Nahrung gelassen. Immer wieder aber gesundete Katharina auf wundersame Weise, so daß Kaiser Maxentius sie schließlich voller Entsetzen über diese Wunder enthaupten ließ. Das Todesjahr der Märtyrerin war wahrscheinlich 306. Über die Begräbnisstätte von Katharina, deren Verehrung sich schon früh verbreitete, ist nichts bekannt. Reliquien sollen später auf dem Berg Sinai gefunden worden sein, dort, wo heute das Katharinen-Kloster steht.

Katharina bildet zusammen mit Margareta und Barbara die Gruppe der „Drei heiligen Madeln" oder der „Drei heiligen Jungfrauen". Zur Nothelfer-Gruppe gehört sie seit dem 14. Jh.

Verehrung/Brauchtum: Die Verehrung der Katharina hat ihren Niederschlag besonders im bäuerlichen Leben gefunden. Am Kathrein-Fest endete früher die Weidezeit, auf den Höfen begann man mit der Schafschur. Für die Mägde und Knechte war „Kathrein" der Tag, an dem sie ihren Lohn erhielten und den Hof wechseln konnten. Und einer der Höhepunkte des Bauernjahres war der traditionelle Kathreinstanz am Abend des 25. November. Zahlreiche Kathreinsbräuche haben sich in bäuerlichen Gegenden noch bis in die heutige Zeit erhalten.

Ein steinernes, weltberühmtes Denkmal der Katharinen-Verehrung ist das Katharinen-Kloster auf dem Berg Sinai. Hierher sollen nach der Legende die Gebeine der Märtyrerin nach ihrer Hinrichtung von Engeln getragen worden sein. Zu Beginn des zweiten Jahrtausends pilgerten die Kreuzfahrer, die zum Heiligen Grab nach Jerusalem gewallfahrtet waren, traditionell auch hierher auf den Klosterberg.

Etwa ab dem 13. Jh. gehörte Katharina zu den meistverehrten weiblichen Heiligengestalten; lange Zeit kam ihr Gedenken sofort nach dem an Maria. Eine starke Neubelebung des Katharinen-Kultes entstand in der Barockzeit. Im römischen Kalender ist Katharina seit 1969, seit dem Zweiten Vatikanischen Konzil, nicht mehr enthalten.

Und noch ein Brauch: Die Schneiderinnen und Modistinnen der Pariser Modehäuser heißen nach Katherina „Catherinettes".

Darstellung: Die traditionelle Darstellung der Katharina ist jene mit Rad und/oder Schwert. Oft trägt die Märtyrerin eine Krone auf dem Haupt, seltener wird ihr langes Haar von einer Haube bedeckt. In der östlichen Darstellung hält Katharina oft ein Handkreuz. Nicht so häufig erscheinende Attribute sind Palme, Blume, Buch, Lilie, Scheibe mit den Namen der Wissenschaften oder abgeschlagenes Haupt.

Mit dem überwundenen Kaiser Maxentius zu Füßen zeigt eine Holzskulptur von Hans Witten (um 1515) im Bayerischen Nationalmuseum München die Märtyrerin. Mit Palme und einem kleinen Rad ist Katharina in einer Steinskulptur (um 1250) am Münsterturm in Freiburg zu sehen. Mit Rad, Palme und dem Schwert als Degen malte Caravaggio die Märtyrerin (Sammlung Thyssen, Lugano). Auch das Martyrium wurde häufig dargestellt; ein Beispiel: Retabel von Lucas Cranach dem Älteren (1506) in der Gemäldegalerie Dresden.

Livarius

Ritter, Märtyrer
geboren: um 410(?) in Frankreich
gestorben: 451(?) in Marsal bei Metz, Lothringen, Frankreich

Nach legendarischen Überlieferungen war Livarius ein Ritter, den die Hunnen im Jahr 451 wegen seines christlichen Glaubens im lothringischen Marsal ermordeten. Andere Quellen vermuten, daß der Tod von Livarius um 900 erfolgte und Ungarn seine Mörder waren.

Verehrung/Brauchtum: Zum Sterbeort von Livarius in Marsal existierte im Mittelalter eine Wallfahrt.

26. November

Adalbert (Albert) von Oberaltaich

Prior OSB
geboren: 1239 in Haigerloch, Baden-Württemberg
gestorben: 26. November 1311 in Oberaltaich, Bayern

Adalbert, Prior und Pfarrer in Oberaltaich, war der Begründer der Leprosenseelsorge im Donaugau. Die Gebeine des Benediktinermönches wurden mehrfach erhoben. Seit dem 17. Jh. gibt es Bestrebungen, die Seligsprechung von Adalbert zu erreichen.

Darstellung: Abbildungen von Adalbert existieren hauptsächlich an den Orten seiner Verehrung: in Ober- und Niederaltaich, in Regensburg (St. Emmeram) und in Bogen. Mit Nimbus, Kasel und Buch ist Adalbert von Oberaltaich auf dem Grabepitaph (1395) in der Oberaltaicher Kirche zu sehen. Auf dem Altargemälde (1730) von Cosmos Damian Asam in demselben Gotteshaus ist Adalbert bei der Aufnahme ins Kloster durch Abt Poppo abgebildet.

Delphina

Terziarin OFM
geboren: um 1283 in Puy-Michel, Frankreich
gestorben: 26. November 1360 in Apt, Frankreich

Delphina, Franziskanerterziarin und große Wohltäterin der Armen, ist gemeinsam mit ihrem Ehemann Eleazar von Sabran in der Kathedrale Sainte-Anne in Apt in Frankreich beigesetzt. Papst Innozenz XII. erkannte den Kult um die Ordensfrau im Jahr 1694 an.

Darstellung: Die wohl berühmteste Darstellung von Delphina ist die Szene, wie sie gemeinsam mit Ordensschwestern Almosen für die Armen sammelt; ein Stich mit diesem Motiv von Gerard Audran existiert im Franziskanermuseum in Rom. Auch mit einem Waisenkind im Arm wurde Delphina dargestellt.

Humilis

Laienbruder, Mystiker OFM
geboren: 26. August 1582 in Bisignano, Italien
gestorben: 26. November 1637 in Bisignano
29. Januar 1882 Seligsprechung

Konrad von Konstanz

Bischof
geboren: um 900 in Altdorf, Baden-Württemberg
gestorben: 26. November 975 in Konstanz, Baden-Württemberg
Patron der Diözesen Konstanz und Freiburg

Konrad von Konstanz. Nach einem Tafelbild aus der Werkstatt von Mattäus Gutrecht des Älteren aus der Zeit um 1500.

Konrad entstammte dem Geschlecht der Welfen und wurde um das Jahr 900 in Altdorf bei Konstanz geboren. Er erhielt eine hervorragende Ausbildung an der Domschule von Konstanz und war nach dem Studium als Dompropst tätig. Im Dezember 934 wurde der junge Konrad im Beisein seines Freundes, des Augsburger Bischofs Ulrich, zum Bischof von Konstanz gewählt. Der tiefreligiöse Konrad unternahm während seiner Regierungszeit drei Wallfahrten ins Heilige Land. Den größten Teil seines Erbes sowie seines Einkommens stiftete der Bischof für die Errichtung von Kirchen und Hospizen sowie für die Ausstattung von Klöstern.

Konrad von Konstanz starb nach über 40jähriger Amtszeit als Bischof am 26. November 975. Er hatte die Entwicklung der Diözese und der Stadt Konstanz entscheidend mitgeprägt. Beigesetzt wurde Konrad zuerst in der Konstanzer Mauritiuskirche, die er selbst gestiftet hatte. Einer seiner Nachfolger überführte die Gebeine rund 100 Jahre später in das Konstanzer Münster. Während der Reformation wurden die Reliquien des 1123 heiliggesprochenen Bischofs in den Bodensee geworfen. Das Haupt war zuvor jedoch gerettet worden und gehört heute zu den Kostbarkeiten des Münsterschatzes.

Verehrung/Brauchtum: Der Kult um Konrad von Konstanz verbreitete sich vor allem in den Diözesen Konstanz, Freiburg, Augsburg, Meißen, St. Gallen und Chur. Im deutschen Regionalkalender, in den Bistümern Rottenburg und St. Gallen sowie in Einsiedeln wird das Gedächtnis an Konrad gemeinsam mit jenem an Bischof Gebhard II. von Konstanz (27. August) gefeiert.

Darstellung: Konrad von Konstanz ist immer in bischöflichen Gewändern dargestellt. Meist hält er einen Kelch mit Spinne in der Hand; dies geht auf die Legende zurück, daß er einmal eine in den Kelch gefallene, giftige Spinne mitschluckte, ohne Schaden zu erleiden. Mit Kelch und Spinne stellte unter anderem Hans Burgkmair der Ältere den Konstanzer Bischof in einem Holzschnitt (1499) dar. Zusammen mit Pelagius, dem Patron von Konstanz, ist Konrad an einem Türrelief (1470) am Westportal des Konstanzer Münsters zu sehen.

Leonhard von Porto Maurizio

Mönch, Priester, Missionar OFMRef
geboren: 20. Dezember 1676 in Porto Maurizio (Imperia), Italien
gestorben: 26. November 1751 in Rom, Italien
Patron der Volksmissionare

Papst Pius XI. ernannte 1923 einen Heiligen zum Patron der Volksmissionare, den nur wenige kennen: Leonhard von Porto Maurizio, der schon zu Lebzeiten den Titel „Apostel Italiens“ trug. Fast 50 Jahre lang hatte der 1676 in Porto Maurizio bei Genua, heute die Stadt Imperia, geborene Priester in Ober- und Mittelitalien missioniert, lange und kräftezehrende Reisen unternommen und tagaus, tagein Predigten gehalten, wo immer sich ein paar Menschen um ihn scharten. Die Sprache Leonhards war volkstümlich und für jedermann verständlich, mit einfachen Worten verkündete er das Wort Gottes. Leonhard, der 1697 in Rom der Riformella, einem Reformzweig der Franziskaner, beigetreten war, war einer der größten Förderer der Marienverehrung und der Kreuzwegandacht; er richtete in Italien fast 600 Kreuzwege ein.

Der besonders vom einfachen Volk geliebte Prediger Leonhard, der ursprünglich Philosophie und Medizin studiert hatte, starb nach einem erfüllten Leben im Alter von 75 Jahren in Rom. Der Todestag war der 26. November 1751. Die Seligsprechung des Volksheiligen erfolgte 1796, und Papst Pius IX. sprach den „Apostel Italiens" am 29. Juni 1867 heilig. Der Leichnam Leonhards wird in einer Sichturne unter dem Hauptaltar der Klosterkirche S. Bonaventura al Palatino in Rom aufbewahrt; im Leonhard-Kloster S. Bonaventura befindet sich seit 1933 sogar ein Leonhard-Museum.

Darstellung: Leonhard von Porto Maurizio ist meist mit Totenkopf und Kruzifix abgebildet, häufig predigt er oder erteilt die Absolution. Im Kloster S. Bonaventura al Palatino in Rom existiert eine Totenmaske Leonhards. Ein Porträt des Volksmissionars, das wohl noch zu Lebzeiten entstand, wird im Sterbezimmer Leonhards im Kloster aufbewahrt.

Totenmaske des Leonhard von Porto Maurizio, die sich heute im Kloster S. Bonaventura in Rom befindet.

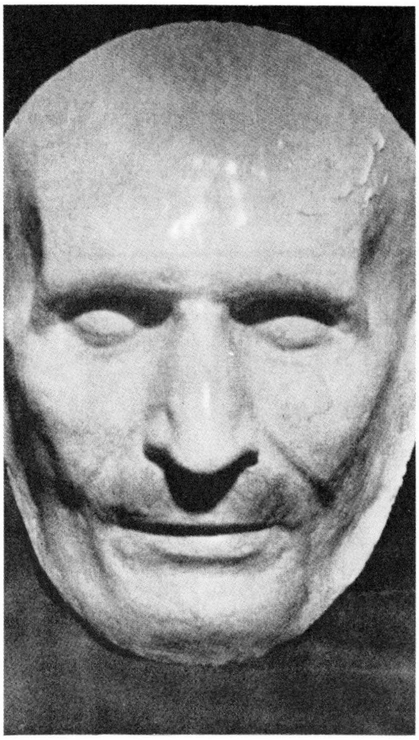

Nikon Metanoites

Einsiedler, Prediger, Gründer
geboren: um 925 in Kleinasien
gestorben: 998 in Sparta, Griechenland
Patron von Sparta

Darstellung: Nikon Metanoites, der auf dem Peleponnes mehrere Klöster gründete, ist meist als bärtiger Mönch in Orantenhaltung dargestellt.

Petrus I. von Alexandria

Bischof von Alexandria, Märtyrer
geboren: 3. Jh. in Alexandria, Ägypten
gestorben: 311 in Alexandria

Sebald (Sabandus) von Trier

Bischof von Trier
geboren: 6. Jh.
gestorben: um 600 in Trier, Rheinland-Pfalz

Silvester Guzzolini

Ordensgründer CSilv
geboren: um 1177 in Osimo, Italien
gestorben: 26. November 1267 auf dem Monte Fano bei Fabriano, Italien

Die Kongregation der Silvestriner ist die Gründung von Silvester Guzzolini; sie erhielt auch ihren Namen von ihm.

Guzzolini hatte zunächst Rechtswissenschaften studiert, dann aber ein Theologiestudium aufgenommen und sich später gegen den Willen des Vaters zum Priester weihen lassen. Die Überlieferung berichtet, daß Silvester dann im Alter von etwa 50 Jahren vom Anblick seines toten Freundes so erschüttert war, daß er beschloß, Einsiedler zu werden. Zunächst zog er sich in eine nahe Osimo, seinem Geburtsort, gelegene Grotte zurück; 1231 schließlich gründete er auf dem Monte Fano in der Nähe der Markenstadt Fabriano ein Kloster, in welchem er und seine Gefährten nach der Benediktinerregel lebten, sich jedoch darüber hinausgehende Verschärfungen auferlegten. Aus dieser Gemeinschaft entstand die Kongregation der Silvestriner, die Papst Innozenz IV. im Jahre 1247 bestätigte.

Ordensgründer Silvester Guzzolini wurde nach seinem Tod in der Kirche S. Silvestro auf dem Monte Fano beigesetzt; der Reliquienschrein befindet sich bis heute auf dem Hauptaltar. Papst Clemens VIII. kanonisierte Guzzolini 1598.

Darstellung: Silvester Guzzolini ist im schwarzen Benediktinergewand oder im blauen Kleid der Silvestriner dargestellt. Oft hat er auf Abbildungen einen Sarg mit dem Leichnam eines Mannes (Legende) neben sich; manchmal reicht ihm Maria die Heilige Kommunion.

Simeon von La Cava

Abt von La Cava OSB
geboren: um 1080
gestorben: 26. November 1141 in La Cava bei Neapel, Italien
16. Mai 1928 Approbation des Kultes

27. November

Bilhildis von Altmünster

Äbtissin OSB
geboren: 7. Jh. in Veitshöchheim, Bayern
gestorben: um 734 in Mainz, Rheinland-Pfalz

Abbildungen lassen einige Rückschlüsse auf das Leben von Bilhildis zu, über das ansonsten nur wenig überliefert ist. So soll Bilhildis Mitte des 7. Jh. in Veitshöchheim bei Würzburg geboren worden sein. Als junge Frau heiratete sie, so die Legende, den heidnischen Thüringerkönig Hetan I. Nach der Überlieferung soll es Bilhildis gelungen sein, ihren Ehemann zum Christentum zu bekehren. Nach Hetans Tod Anfang des 8. Jh. gründete die Witwe mit Unterstützung ihres Onkels, Erzbischof Sigibert, bei (in) Mainz das Kloster Altmünster, dem sie selbst bis zu ihrem Tod um das Jahr 734 als Äbtissin vorstand. Eine Grabstätte der Bilhildis gibt es heute nicht mehr, ein Teil ihrer Reliquien wird in der Mainzer Pfarrkirche St. Emmeram aufbewahrt.

Verehrung/Brauchtum: Die Verehrung für Bilhildis ist seit dem 9. Jh. nachweisbar.

Darstellung: Bilhildis ist auf Abbildungen mit dem Äbtissinnengewand bekleidet, als Attribute hält sie Kirchenmodell und Stab. Auf einem Stich von Bartholomäus Anton Cöntgen (um 1730) und in einer Steinfigur (1723) im Altertumsmuseum in Mainz ist Bilhildis jeweils im Fürstenhermelin mit dem Kirchenmodell von Altmünster dargestellt.

Jakob der Zerschnittene (Intercisus)

Märtyrer
geboren: 4. Jh. in Persien (Iran)
gestorben: 27. November um 420 in Persien

Der Hofbeamte Jakob fiel während einer Christenverfolgung durch König Jezdegerd I. zunächst vom Christenglauben ab, fand aber unter dem Einfluß seiner Ehefrau und seiner Mutter bald wieder zu Christus zurück. Dies sollte ihm den Tod bringen: Die Häscher des Königs (Bahram V.?), der die Christen haßte, nahmen Jakob gefangen und töteten ihn, indem sie ihm nach und nach alle Glieder abschnitten. Das Haupt Jakobs wird bis heute im Vatikan aufbewahrt.

Darstellung: Der Megalomärtyrer Jakob ist meist in jugendlichem Alter mit Bart dargestellt; als Kopfbedeckung trägt er einen Fürstenhut (adlige Abstammung) oder die phrygische Mütze. Vor allem im Osten sind Darstellungen von Jakob sehr häufig; im Westen ist der Märtyrer unter anderem auf dem Harbaville-Triptychon im Louvre in Paris zu sehen (10. Jh.). Auf einem Fresko von Ottaviano Nelli (um 1409) in S. Francesco in Gubbio ist Jakob mit zerschnittenen Gliedern abgebildet.

Josaphat von Indien

Königssohn,
Romanfigur

Nach einem Roman des Johannes von Damaskus war Josaphat ein Königssohn in Indien, der von seinem Vater vor allem Unangenehmen der Welt beschützt wurde. Der Mönch und Einsiedler Barlaam bekehrte Josaphat später gegen den Widerstand seines Vaters zum Christentum und führte ihn zum Mönchsleben.

Der Roman wurde im 11. Jh. in die lateinische und im 12. Jh. in die griechische Sprache übersetzt und fand überaus große Verbreitung. Bis heute ist nicht geklärt, ob es sich bei Josaphat und Barlaam um tatsächlich existierende Personen oder um legendarische Gestalten handelte.

Darstellung: Josaphat ist auf Darstellungen als junger König mit Krone zu sehen, manchmal mit leichtem Bart. Barlaam, mit dem zusammen er meist abgebildet ist, trägt als Greis einen langen weißen Bart. Neben Josaphat befindet sich oft ein Löwe.

Oda von Sint-Oedenrode

Königstochter, Einsiedlerin
geboren: 7. Jh. in Brabant, Belgien (Irland?)
gestorben: um 725 in Sint-Oedenrode, Belgien

28. November

Gregor III.

Papst
geboren: 7. Jh. in Syrien(?)
gestorben: 28.(?) November 741 in Rom, Italien

Gregor III. war von Geburt Syrer; über sein Leben bis zu seiner Ernennung zum Papst am 18. März 731 fehlen aber sämtliche Daten, man weiß nur, daß er Priester der römischen Kirche war. Während Gregors Pontifikat spitzte sich der schon stark schwelende Konflikt mit dem byzantinischen Kaiser Leon III. weiter zu. Im Mittelpunkt der Auseinandersetzungen stand der berühmte Bilderstreit. Gregor III. sandte gleich zu Beginn seiner Regierungszeit ein Mahnschreiben an Leon, in dem er den Kaiser aufforderte, von der Vernichtung religiöser Bilder Abstand zu nehmen. Der wütende Leon ließ den Überbringer des Briefes in den Kerker werfen und sandte, nachdem ihm der Papst mit dem Bann gedroht hatte, eine Flotte mit Soldaten nach Italien, die jedoch in einem Sturm auf dem Meer versank. Der gedemütigte Kaiser vereinnahmte daraufhin Sizilien, Griechenland und Illyrien und übereignete diese Gebiete danach schadenfroh dem Patriarchen von Konstantinopel.

Papst Gregor III. Nach einer bekannten historischen Darstellung.

Aber Gregor III. erhielt während seines Pontifikates auch gute Nachrichten: Bonifatius, der Apostel der Deutschen, trieb in Germanien mit großem Erfolg die Christianisierung voran. Gregor ernannte den großen Missionar zum Erzbischof und übersandte ihm das Pallium. Im Jahr 739 organisierte Bonifatius die bayerische Kirche und errichtete die Bistümer Freising, Passau, Regensburg und Salzburg; Würzburg und Eichstätt folgten bald danach. Erfolge gab es für Gregor III. auch in der Beziehung zur englischen Kirche, die er stark intensiviert hatte.

Nach über zehnjähriger Amtszeit, geprägt von Höhen und Tiefen, starb Papst Gregor III. am 28.(?) November 741 in Rom. Das Pontifikat von Gregor III. gilt als eines der schwierigsten überhaupt.

Hathumoda

Äbtissin von Gandersheim OSB
geboren: um 840 in Sachsen
gestorben: 28. November 874 in Gandersheim, Niedersachsen

Jacobus de Marchia

Mönch, Prediger OFM
geboren: um 1394 in Monteprandone, Italien
gestorben: 28. November 1476 in Neapel, Italien

Die älteste Franziskanerkirche der Millionenstadt Neapel ist S. Maria la Nuova. Das Gotteshaus aus dem 13. Jh. mit der Renaissance-Fassade und dem Rokoko-Kreuzgang birgt Kunstschätze von großen Künstlern des Mittelalters. Eine der Seitenkapellen ist dem heiligen Jacobus de Marchia geweiht: die Cappella di S. Giacomo della Marca. Hier ruht der bis heute unverweste Leib des vor über einem halben Jahrtausend verstorbenen Franziskanerpredigers.

Jakobus de Marchia war um das Jahr 1394 in dem Örtchen Monteprandone in der Provinz Ancona geboren worden und gehörte später zu

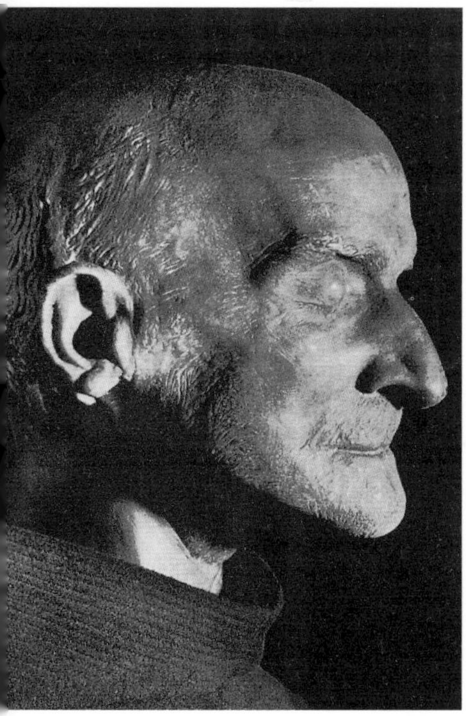

Totenmaske des Jacobus de Marchia, die heute in der Kirche S. Maria la Nuova in Neapel aufbewahrt wird.

den bedeutendsten Schülern des großen Bernhardin von Siena. Er trat als leidenschaftlicher Prediger gegen verschiedene Irrlehren in Italien auf. Im Jahr 1437 wurde Jacobus zum Inquisitor für Ungarn und Böhmen ernannt. Innerhalb seines Ordens, dem er 1416 beigetreten war, gehörte Marchia zu den Reformern und Erneuerern. Kein Glück hatte er jedoch mit seinen Bemühungen um eine Wiederzusammenführung der Observanten und der Konventualen, in die sich der Franziskanerorden gespalten hatte.

Jacobus de Marchia, von dem bis heute Predigten und Briefe erhalten sind, starb am 28. November 1476 in Neapel; Papst Benedikt XIII. sprach ihn am 10. Dezember 1726 heilig.

29. November

Brendan von Birr

Abt von Birr
geboren: um 500 in Irland
gestorben: 29. November (?) 573 in Birr, Irland

Dionysius a Navitate Domini und Redemptus a Cruce

Märtyrer OCarm
geboren: Dionysius: 12. Dezember 1600 in Honfleur, Frankreich; Redemptus: 16. Jh.
gestorben: Dionysius und Redemptus: November 1638 auf Sumatra

Dionysius a Navitate Domini und sein Gefährte Redemptus a Cruce, ein Laienbruder, waren die ersten Märtyrer des Karmeliterordens.

Dionysius war von Jugendzeit an Seefahrer und wurde später in die Dienste der Könige von Frankreich und Portugal aufgenommen. Im Jahr 1635 beendete er sein Seefahrerleben und trat während einer Indienreise dem Orden der Unbeschuhten Karmeliter bei. Drei Jahre später empfing er die Priesterweihe. Im selben Jahr reiste Dionysius als Seelsorger und See-Sachverständiger zusammen mit einer portugiesischen Gesandtschaft auf die Insel Sumatra. Kaum war die Reisegruppe an Land gegangen, wurde sie von einer Horde türkischer Seeleute überfallen und gefangengenommen. Der besondere Haß der Türken galt dem Priester Dionysius und seinem Begleiter Redemptus a Cruce. Die Peiniger kannten keine Gnade und beschlossen die Ermordung der beiden Männer. Sie spalteten Dionysius das Haupt und durchbohrten seinen Körper mit einem Schwert. Redemptus wurde mit einer Lanze getötet. Das Todesdatum beider war November 1638.

Papst Leo XIII. sprach die beiden Märtyrer am 10. Juni 1900 selig. Die von Dionysius gezeichneten Meereskarten werden heute im Britischen Museum in London gezeigt.

Francesco Antonio Fasani

Oberer, Prediger OFM
geboren: 6. August 1681 in Lucera, Italien
gestorben: 29. November 1742 in Lucera

Am 13. April 1986 sprach Papst Johannes Paul II. den italienischen Franziskanermönch Francesco Antonio Fasani heilig. In seiner Ansprache würdigte der Papst die Hingabe, mit welcher der Ordensmann sich für die Armen, Kranken und Elenden in seiner Heimatregion Apulien eingesetzt habe. Fasani, der vor seiner Hinwendung zu Orden und seelsorgerischer Tätigkeit Professor der Philosophie gewesen war, übte selbst strengste Armut. Als Ordensoberer von Apulien setzte er sich für eine Reform des geistlichen Lebens ein. Das Volk nannte Fasani schon zu Lebzeiten „il Santo dei poveri“, der Heilige der Armen. Das Grab des Mönches in der Kirche S. Francesco in seiner Heimatstadt Lucera ist bis heute eine Wallfahrtsstätte. Papst Pius XII. sprach Francesco Antonio Fasani am 15. April 1951 selig.

Franz Joseph Rudigier

Bischof
geboren: 7. April 1811 in Partennen, Österreich
gestorben: 29. November 1884 in Linz, Österreich

Der Vorarlberger Franz Joseph Rudigier bestieg 1852 den Bischofsstuhl von Linz. Um den katholischen Glauben bei gleichzeitig zunehmendem Liberalismus im Volk zu verankern, förderte er in der Folge das katholische Vereinswesen (Katholischer Volksverein, Katholischer Preßverein). Auch für die Wiedererstarkung der Marienverehrung setzte er sich ein.

Als Rudigier gegen die österreichischen Maigesetze von 1868 einen

Francesco Antonio Fasani.

Hirtenbrief herausgab und sich danach weigerte, vor Gericht zu erscheinen, wurde er verhaftet und zu zwei Wochen Kerkerhaft verurteilt. Kaiser Franz Joseph begnadigte den Bischof aber schon einen Tag später wieder.

Nach über drei Jahrzehnten bischöflichen Wirkens starb Franz Joseph Rudigier am 29. November 1884. Sein zweiter Nachfolger im Bischofsamt leitete 1909 den Seligsprechungsprozeß ein.

Friedrich von Regensburg

Laienbruder OESA
geboren: 13. Jh. in Regensburg, Bayern
gestorben: 29. November 1329 in Regensburg

Ein großes Jubiläumsfest feierten die Gläubigen von Regensburg Ende November 1979 anläßlich des 650. Todestages von Friedrich von Regensburg. Der Sohn der Stadt war als junger Mann in das Regensburger Kloster der Augustiner-Eremiten eingetreten und arbeitete in der Folge hauptsächlich in der Klosterschreinerei. Außer einigen überlieferten Legenden ist über das weitere Leben Friedrichs nichts bekannt, nur, daß er im Volk schon zu Lebzeiten verehrt wurde.

Verehrung/Brauchtum: Das Grab von Friedrich war im 15. und im 16. Jh. das Ziel vieler Wallfahrer, der Laienbruder wurde wie ein Seliger verehrt. Die offizielle Genehmigung dafür sprach am 12. Mai 1909 Papst Pius X. aus.

Als die Augustiner-Eremiten in Regensburg 1911 ein neues Kloster errichteten, fanden die Gebeine von Friedrich in der zugehörigen Pfarrkirche St. Cäcilia ihre letzte Ruhestätte. Obwohl das Augustinerkloster 1987 wegen Nachwuchsmangel aufgelöst wurde, verblieb der Reliquienschrein mit den Gebeinen Friedrichs bis heute in der Cäcilienkirche (Friedrichskapelle).

Darstellung: In der Friedrichskapelle in St. Cäcilia befindet sich das Gemälde eines unbekannten Künstlers aus dem Jahr 1699, auf welchem Friedrich als Augustiner-Eremit dargestellt ist, eingerahmt von zwölf Medaillons mit Abbildungen seines wunderbaren Wirkens.

Jutta (Julitta) von Heiligental

1. Äbtissin von Heiligental OCist
geboren: um 1200 in Franken
gestorben: 29. November um 1250 in Heiligental, Bayern

Paphnutius

Abt
geboren: um 300
gestorben: im 4. Jahrhundert

Er war Abt einer Mönchskolonie in Ägypten und soll die Kurtisane Thais bekehrt haben.

Radbod

Bischof von Utrecht OSB
geboren: um 850 bei Charleroi, Belgien
gestorben: 29. November 917 in Ootmarsum, Belgien

Saturninus (Sernin) von Toulouse

Bischof, Märtyrer(?)
geboren: 2. Jh.
gestorben: um 250 in Toulouse(?), Frankreich
Patron von Sardinien; von Navarra; von Toulouse, Cagliari, Weißenau, Minderau; gegen Kopfschmerzen und Schwindel; gegen die Pest; gegen Todesangst und für eine gute Sterbestunde; gegen Ameisenplagen

Eine der gewaltigsten und beeindruckendsten romanischen Basiliken der Welt ist Saint-Sernin in Toulouse.

Friedrich von Regensburg versäumte niemals die Kommunion. Als er aber eines Tages während der Heiligen Messe Brennholz machen mußte, erschien ihm ein Engel und gab ihm die Kommunion.

Der Bau, der sich über den Grab von Saturninus (Sernin) erhebt, wurde 1080 in Stein begonnen und später in Backstein vollendet. Im Mittelalter und noch darüber hinaus war Saint-Sernin eines der wichtigsten Pilgerzentren des Abendlandes. Das Grab Saturnins befindet sich in der Mitte der Apsis des 115 Meter langen und 64 Meter breiten Kirchenschiffes, das damals in seinen Ausmaßen nur noch von der Kathedrale von Cluny übertroffen wurde, die heute aber nicht mehr existiert.

Wer war Saturninus, dem zu Ehren man ein solches Bauwerk errichtete? So unwahrscheinlich es klingt, aber man weiß kaum etwas über ihn. Wahrscheinlich wurde er von Papst Fabian, der von 236 bis 250 regierte, ausgesandt, um zu missionieren. Zusammen mit einigen Gefährten kam Saturninus so in die Languedoc und in die Gascogne in Gallien, wo er das Evangelium verkündete und Heiden bekehrte und taufte. Möglicherweise wiederum von Papst Fabian wurde Saturnin dann zum ersten Bischof von Toulouse ernannt, wo er heute noch Patron ist.

Von einem wilden Stier, so erzählt es die Legende, soll Saturninus um das Jahr 250 erfaßt und zu Tode geschleift worden sein. An der Stelle, wo das Unglück geschah, wurde die Kirche Notre-Dame-du-Taur erbaut, die heute ebenfalls zu den Sehenswürdigkeiten von Toulouse gehört. Eine andere Überlieferung berichtet allerdings, Saturninus sei in der Verfolgung des Christenhassers Decius um 250 ermordet worden; wegen der Verweigerung eines Götzenopfers habe der Kaiser den Christen durch einen Stier zu Tode schleifen lassen.

Verehrung/Brauchtum: Der Kult um Saturninus ist schon seit dem 3. Jh. nachweisbar. Die Basilika St-Sernin war später eine der bedeutendsten Stationen auf dem Pilgerweg nach Santiago de Compostela; durch die Pilger verbreitete sich die Saturninus-Verehrung sehr stark in Nordspanien. Im späten Mittelalter gelangte der Kult dann auch nach Italien und Deutschland.

Darstellung: Saturninus ist immer in bischöflichen Gewändern, meist mit Stab, oft auch mit Stier dargestellt. Wie er von Engeln in den Himmel getragen wird, zeigt eine Statue von Rossat (1759) in der Basilika St-Sernin in Toulouse.

Walderich

1. Abt von Murrhardt OSB
geboren: 8. Jh. in Deutschland
gestorben: um 850 in Murrhardt, Baden-Württemberg

Verehrung/Brauchtum: Über Jahrhunderte hinweg war die Walderich-Kapelle in Murrhardt das Ziel katholischer und evangelischer Wallfahrer, die am Karfreitag hierher kamen.

30. November

Andreas

Apostel, Märtyrer
geboren: um Christi Geburt in Bethsaida, Galiläa
gestorben: 30. November 60/62 in Patras, Griechenland
Patron von Schottland, Rußland, Spanien und Griechenland; von Sizilien und Niederösterreich; von Neapel, Ravenna, Brescia, Amalfi, Mantua, Bordeaux, Brügge und Patras; der Fischer und Fischhändler, Metzger, Bergleute, Seiler und Wasserträger; gegen Gicht, Halsschmerzen, Krämpfe und Rotlauf (Andreas-Krankheit); für eine gute Heirat

Andreas. Nach einem Fresko aus dem 8. Jh. in der Kirche S. Maria Antiqua, Rom.

Mit dem Gedenktag von Andreas beginnt das neue Kirchenjahr. In den alten Brevieren eröffnete der Apostel das Sanctorale, das Jahr der Heiligen. Eine Stätte der Verehrung für Andreas befindet sich dort, wo sie kaum jemand vermutet, wo Tausende Jahr für Jahr Urlaub machen und nicht wissen, welch kostbare Reliquien hier verehrt werden: Gebeine von Andreas werden seit 1208 in dem ihm geweihten Dom S. Andrea in Amalfi, südlich von Neapel, aufbewahrt. Die Reliquien ruhen unter dem Altar in der Krypta der arabisch-normannischen Basilika, die nur wenige Meter vom Strand dieses berühmten Badeortes entfernt liegt und vor der sich im Sommer Abend für Abend Touristen und Einheimische drängen.

Andreas stammte aus Bethsaida in Galiläa und lebte mit seinem jüngeren Bruder Simon, dem späteren Apostelfürsten Petrus, in Karfanaum am See Genesareth. Die beiden Brüder verdienten sich ihren Lebensunterhalt als Fischer. Später wurde Andreas ein Jünger von Johannes dem Täufer, dann der erste mit Namen benannte Apostel Jesu Christi; deshalb wird Andreas auch der „Erstberufene" genannt. Andreas war es auch, der seinen Bruder Simon zu Jesus führte. Christus erteilte den Brüdern den Auftrag, das Evangelium zu verkünden und benutzte dazu folgende Worte: „Folget mir nach, so will ich euch zu Menschenfischern machen."

Wie Jesus es ihm aufgetragen hatte, machte sich der Apostel Andreas auf die Missionsreise, die ihn in Gebiete um das Schwarze Meer und nach Griechenland führte. Nach anderen Überlieferungen soll Andreas sogar im Kurdistan und in Georgien gepredigt haben. Nach glaubhaften Erzählungen ließ sich der Apostel schließlich in Patras in Griechenland nieder und verkündete dort unbehelligt das Evangelium.

Um das Jahr 60 – man schrieb die Regierungszeit von Nero – wurde Andreas vom Statthalter Ägeas verhaftet. Der Christenhasser zwang den Apostel, den Göttern zu dienen, was Andreas jedoch standhaft verweigerte. Dieser Widerstand bedeutete das Todesurteil für den Prediger: Am 30. November 60 (62) erlitt An-

Papst Paul VI. trägt am 23. September 1964 die Hauptreliquie des Apostels Andreas zur Abschiedsfeierlichkeit in den Petersdom. Danach kehrte die kostbare Reliquie, das Nationalheiligtum des griechischen Volkes, wieder nach Patras zurück.

dreas den Kreuzestod. Seine Hinrichtung erfolgte an einem schrägen Kreuz, das seither Andreaskreuz genannt wird.

Bis zu ihrer Überführung nach Amalfi ruhten die Gebeine des Märtyrers in der Apostelkirche von Byzanz/Konstantinopel. Das Haupt von Andreas gelangte 1462 nach Rom, Papst Paul VI. gab es aber 1964 nach Patras zurück.

Verehrung/Brauchtum: In Rom ist das Andreas-Fest bereits seit dem 6. Jh. bekannt.

Andreas war der Patron des burgundischen Herzoghauses, das Andreaskreuz das Emblem von Burgund. Die mutmaßliche Andreaskreuz-Reliquie befindet sich im Kloster Beaune. Auch der von Philipp dem Guten 1429 gegründete Orden vom Goldenen Vlies erwählte sich Andreas zu seinem Schutzpatron. „Andreas-Orden" wurden in späteren Jahrhunderten gegründet: jener von König Jakob V. von England (1540) und der von Zar Peter I. von Rußland (1698).

Bei den Bauern war der Andreas-Tag durch all die Jahrhunderte hindurch ein wichtiger Lostag für das Wetter. Lange Zeit galt die Andreas-Nacht auch als Orakelnacht für allerei Vorhaben. Und zwischen 1537 und 1878 wurde der Dezember oft Andreas-Monat genannt.

Darstellung: Nach Petrus und Paulus gilt Andreas als der dritte Apostel mit individuellen Gesichtszügen. Meist ist er mit vollem grauen Haar und langem oder zumindest starkem Bart dargestellt, fast immer in schon fortgeschrittenem Alter. Bekleidet ist Andreas auf vielen Abbildungen mit langer Tunika und meist langem Mantel; die Füße sind meist ohne Schuhe. Bei Darstellungen des Martyriums am Kreuz ist der Apostel fast immer nackt, nur mit einem Lendentuch bekleidet. Die Attribute Buch und/oder Schriftrolle weisen Andreas als Apostel aus; seine individuellen Beigaben sind Fisch, Fischernetz, Kreuz und Strick. Häufig wurde Andreas auch im Kreise der Zwölf Apostel abgebildet.

Beispiele aus der darstellenden Kunst: die Berufung von Andreas durch Christus, Mosaik (um 520) in S. Apollinare Nuovo in Ravenna; Peter Vischer bildete Andreas am Sebaldusgrab (14. Jh.) in der Kirche St. Sebald in Nürnberg mit dem schrägen Kreuz ab; die Kreuzabnahme malte Giuseppe Ribera (17. Jh., Alte Pinakothek, München); ein Zyklus mit Szenen aus dem Leben von Andreas ist in der Andreas-Kapelle in der römischen Kirche S. Gregorio Magno zu sehen, die Künstler waren Domenichino und Guido Reni (17. Jh.).

Attroban, Emming, Folkard, Benjamin von Sachsen, Grisold und Gerwald

Missionare, Märtyrer
geboren: 8. Jh.
gestorben: 30. November 782 an der Weser, Niedersachsen

Johannes Garbella

Provinzial OP
geboren: 13. Jh. in Mosso S. Maria bei Biella, Italien
gestorben: 30. November 1283 bei Montpellier, Frankreich
7. September 1903 Bestätigung des Kultes

1. Dezember

Antonius Bonfadini

Mönch, Missionar OFM
geboren: um 1420 in Ferrara, Italien
gestorben: 1. Dezember 1482 in Cotignola, Italien
13. Mai 1901 Approbation des Kultes

Blanca

Königin
geboren: 4. März 1188 in Palencia, Spanien
gestorben: 26. November 1252 in Paris, Frankreich

Blanca war die Mutter eines großen Heiligen: von Ludwig IX. von Frankreich (der Heilige). Ihr Leben war eng mit dem ihres Sohnes verbunden, da sie für ihn während seiner Kindheit viele Jahre die Herrschaft in Frankreich übernehmen mußte.

Blanca, Tochter von Alfons IX., dem König von Kastilien, war 1188 zur Welt gekommen und im Alter von erst zwölf Jahren mit dem späteren König Ludwig VIII. von Frankreich vermählt worden.

Nach dem Tod ihres Mannes im Jahr 1226 führte Blanca für ihren erst elfjährigen Sohn Ludwig IX. die Regierung, bis er 1236 selbst die Herrschaft übernahm. Tatkräftig und klug, mit großem Verständnis für politische Vorgänge und Hintergründe, vertrat Blanca ihren Sohn ein Jahrzehnt im Regierungsamt.

Während all der Jahre galt Blancas besonderes Augenmerk den Armen und Kranken im Land. Sie gründete Hilfseinrichtungen für die Bedürftigen, kümmerte sich um die Spitäler und unterstützte großzügig alle Kirchen und Klöster, damit diese ebenfalls ihrer Sorgepflicht nachkommen konnten.

Als Ludwig IX. im Jahr 1248 zum sechsten Kreuzzug aufbrach, übernahm Königin Blanca erneut die Regierungsgeschäfte. Vier Jahre später erkrankte sie jedoch schwer und zog sich, den nahenden Tod fühlend, in eine ihrer Stiftungen, das Zisterzienserinnenkloster Maubuisson, zurück. Dort starb die vom Volk über alle Maßen geliebte Königin am 1. Dezember 1252.

Darstellung: Auf Abbildungen ist Königin Blanca als gütige Frau in königlichen Gewändern dargestellt.

Charles de Foucauld

Priester, Mönch OCR
geboren: 15. September 1858 in Straßburg, Elsaß, Frankreich
gestorben: 1. Dezember 1916 in Tamanrasset, Algerien

Nach einem außergewöhnlichen Leben fand der Straßburger Charles de Foucauld am 1. Dezember 1916 in der südalgerischen Sahara den Tod durch Mörderhand. Sein dort begonnenes Werk aber wurde bis heute fortgesetzt, für Foucauld ist der Seligsprechungsprozeß eingeleitet.

Charles de Foucauld war zunächst Offizier, wurde wegen seiner unangenehm aufgefallenen Lebensführung jedoch suspendiert. Knapp 30jährig, bekehrte sich Foucauld während einer abenteuerlichen Forscherreise durch Marokko beim Anblick betender Moslems. Er wurde zunächst Trappist und wirkte in Frankreich und Syrien; danach lebte er einige Jahre als Einsiedler in Nazaret; 1901 schließlich empfing Foucauld die Priesterweihe.

Charles de Foucauld. Sein Werk lebt in Afrika fort.

Danach ging Charles de Foucauld in die algerische Sahara, wo er in der Folge unter den dortigen Stämmen missionierte. Er selbst lebte in absoluter Armut, den Armen galt seine ganz besondere Zuwendung. Immer hatte sich Foucauld Schüler gewünscht, die mit ihm gemeinsam wirken sollten, Regeln für eine Gemeinschaft hatte er bereits ausgearbeitet. Als Foucauld aber 1916 von Tuaregs erschossen wurde, war er immer noch allein. Erst 1936 entstand dann durch die Vorarbeit von Frère Charles die Genossenschaft der „Kleinen Brüder Jesu"; 1939 folgten die „Kleinen Schwestern Jesu".

Edmund Campion

Mönch, Priester, Märtyrer SJ
geboren: 25. Januar 1540 in London, England
gestorben: 1. Dezember 1581 in Tyburn bei London

Papst Paul VI. sprach am 25. Oktober 1970 insgesamt 40 Märtyrer von England und Wales heilig. Einer von ihnen war Edmund Campion, ein Jesuitenpriester, der 1581 im anglikanischen England wegen seines katholischen Glaubens öffentlich hingerichtet worden war.

Edmund Campion kam 1540 als Sohn eines Buchhändlers in London zur Welt. Er erhielt seine Erziehung im Christ's Hospital und bekam wegen seiner außergewöhnlichen Begabung ein Stipendium im St. John's College in Oxford. Noch nicht einmal 20 Jahre alt, gehörte Edmund schon zu den herausragenden Geisteswissenschaftlern in Oxford.

Im Jahr 1569 erhielt der 29jährige Edmund Campion die Ernennung zum Diakon der anglikanischen Kirche von England. Er legte den Suprematseid ab, war innerlich jedoch in seinen Gefühlen völlig zerrissen. Seine Gesinnung war und blieb katholisch. Nach und nach beschuldigten ihn deshalb immer mehr seiner Widersacher, die seinen inneren Kampf mitverfolgten. Edmund sah schließlich keinen anderen Ausweg mehr, als aus England zu fliehen. Er verkleidete sich und reiste 1571 unter falschem Namen nach Flandern. Im berühmten Seminar von Douai studierte er danach Theologie.

Edmund Campion. Nach einer Darstellung aus dem 17. Jh.

Im Jahr 1573 verließ Edmund Campion Douai und begab sich nach Rom, wo er dem Jesuitenorden beitrat. Nach dem Noviziat in Brünn unterrichtete Campion Rhetorik und andere Fächer an der Jesuitenschule in Prag. Der Andrang zu seinen Vorlesungen war riesig. In Prag empfing Edmund 1578 dann auch die Priesterweihe. Es war sein glücklichster Tag.

Im folgenden Jahr wurde Edmund zusammen mit Robert Persons auserwählt, in England eine Jesuitenmission einzurichten. Er wußte, daß er sich damit in große Gefahr begab. Campion verließ Rom, besuchte unterwegs noch Karl Borromäus, den Kardinal von Mailand, und reiste dann, verkleidet als Juwelenhändler, nach England ein. Ab 1580 wirkte Campion zusammen mit seinem Begleiter Persons auf der britischen Insel fast nur im Geheimen. Er besuchte die in den Gefängnissen gefangengehaltenen Katholiken, hielt Messen und verfaßte flammende katholische Schriften aus dem Untergrund. Edmund Campion war sehr beweglich und bereiste sämtliche Grafschaften des Landes. Durch ihn gewannen die verängstigten Katholiken wieder Mut und Rückhalt. Noch im Jahr 1580 verfaßte Edmund Campion sein berühmtes Werk „Decem Rationes“ (Zehn Gründe), das den katholischen Glauben gegen den anglikanischen verteidigte. Innerhalb kürzester Zeit waren 400000 Exemplare dieses Büchleins vergriffen.

Wenige Monate später wurde der Aufenthaltsort Edmund Campions verraten. Am 27. Juli 1581 erfolgten Verhaftung und Inhaftierung im Londoner Tower. Man bot Campion alle Güter der Erde, wenn er den katholischen Glauben aufgeben würde. Als man jedoch sah, daß der Jesuit nicht ein Jota von seinem Standpunkt abwich, begannen die Folterungen. Die Peiniger schreckten vor keiner noch so grausamen Quälerei zurück, doch Campion blieb standhaft.

Nach einem Scheinprozeß, der unter Zuhilfenahme gekaufter Zeugen ablief, wurde Edmund Campion schließlich zum Tode verurteilt. Am 1. Dezember 1581 sollte das Urteil in Tyburn vollzogen werden. Auf dem Hinrichtungsplatz hatte sich eine riesige Menschenmenge eingefunden, die dem Schauspiel beiwohnen wollte. Als Edmund Campion und die mit ihm zum Tod verurteilten Alexander Briant und Ralph Sherwin dann tapfer und beherrscht auf dem Podest standen, auf dem sie gehängt werden sollten, als sie noch einmal eine ruhige, aber von Herzensglut durchdrungene Rede zum Volk hielten, da standen manchem Zuhörer die Tränen in den Augen. Viele Beobachter der Hinrichtungen – Campion, Briant und Sherwin wurden gehängt und danach gevierteilt – bekehrten sich später zum Katholizismus.

Eligius

Bischof
geboren: um 588 bei Limoges, Frankreich
gestorben: 1. Dezember 660 in Noyon, Frankreich
Patron der Knechte und Bauern; der Gold- und Silberschmiede, Hufschmiede, Schmiede, Bergleute, Büchsenmacher, Schlosser, Metallarbeiter, Münzmeister, Graveure, Uhrenmacher, Wagner, Kutscher, Kutschenmacher, Sattler, Pferdehändler, Lampenmacher, Korbmacher, Pächter und Tierärzte; der Pferde und gegen Pferdekrankheiten

Eligius war ein hochangesehener Goldschmied und unter den fränkischen Königen Chlotar II. und Dagobert Münzmeister am Hof. Für die Herrscher wurde Eligius über sein Amt hinaus zu einem wichtigen Ratgeber. Bereits während seiner Tätigkeit im fränkischen Herrscherhaus widmete sich Eligius zahlreichen Werken der Nächstenliebe; er gründete Kirchen und Klöster und kaufte viele Sklaven frei.

Nach dem Tod von König Dagobert verließ Eligius, inzwischen über 50 Jahre alt, den Hof, bald darauf empfing er die Priesterweihe. Schon wenig später erhielt er die Ernennung zum Bischof von Noyon (641). Sein besonderes Augenmerk in den folgenden fast zwei Jahrzehnten Tätigkeit im Bischofsamt legte Eligius auf die Bekehrung von Heiden und die Missionierung Flanderns. Nach seinem Tod wurde Eligius vom Volk hoch verehrt. Die Reliquien des Bischofs befinden sich heute größtenteils in der Kathedrale Notre-Dame in Noyon.

Verehrung/Brauchtum: Aufgrund des Patronates für Gold- und Hufschmiede verbreitete sich die Verehrung für Eligius schon bald nach seinem Tod von Frankreich und Flandern aus im ganzen Abendland, sogar in Skandinavien.

Darstellung: Von Eligius gibt es eine Fülle von Darstellungen. Zu sehen ist er darauf entweder als Bischof, als Goldschmied oder als Hufschmied in der jeweiligen Kleidung. Doch auch Abbildungen, die Eligius im bischöflichen Gewand und mit Goldschmiede- oder sonstigen Schmiedewerkzeugen zeigen, gibt es. Manchmal steht auf Darstellungen ein Pferd mit einem abgenommenen Bein neben Eligius; dies geht auf die Legende zurück, daß der Bischof einmal einem unruhigen Pferd, das beschlagen werden sollte, das Bein abnahm, den Huf beschlug und dem Tier das Bein danach wieder ansetzte. Noch eine andere Legende wurde häufig in Abbildungen wiedergegeben: Vom fränkischen König erhielt Eligius genau die Menge Gold, um einen Thronsessel (sella) zu fertigen; er aber stellte aus dem Gold zwei Sessel her.

Einige künstlerische Beispiele: das Beschlagwunder auf einem Glasgemälde (14. Jh.) im Freiburger Münster; Eligius als Bischof mit Pluviale, Stab und Mitra auf einem Altargemälde von Botticelli (1490) in den Uffizien in Florenz; die vergebliche Verführung durch den Teufel auf einem Tafelgemälde (1540) im Diözesanmuseum in Passau.

Eligius als Goldschmied.

Maria Clemente Anuarite Nengapeta

Nonne, Märtyrerin
geboren: 29. Dezember 1939 in Zaire
gestorben: 1. Dezember 1964 in Zaire

Es heißt, der Mörder der Ordensfrau Maria Clemente Anuarite habe der großen Seligsprechungsfeier für die Märtyrerin am 15. August 1985 in Kinshasa im afrikanischen Zaire inmitten von 100 000 Gläubigen beigewohnt. Nach der Heiligen Messe, gehalten von Papst Johannes Paul II., soll er in der Menge untergetaucht und verschwunden sein. Maria Clemente Anuarite, die mit Familiennamen Nengapeta hieß, ist die erste Selige Afrikas. Die Feier in Kinshasa schloß den schnellsten Seligsprechungsprozeß der katholischen Kirche dieses Jahrhunderts ab.

Die 24jährige Ordensfrau Maria Clemente Anuarite war 1964 in den Wirren nach der Unabhängigkeit des ehemaligen Landes Belgisch-Kongo in die Gewalt von Aufständischen des Stammes der Simba geraten. Als einer der Männer sie zu sexuellen Handlungen zwingen wollte, weigerte sich die junge Nonne und wurde daraufhin vom Oberst erschossen. Nach der katholischen Überlieferung soll Maria Clemente Anuarite sterbend gesagt haben: „Ich verzeihe Dir, denn Du weißt nicht, was Du tust."

Bei der Seligsprechungsfeier am 15. August 1985 nannte Papst Johannes Paul II. die Märtyrerin „ein Beispiel von Reinheit und Keuschheit". Mutter und Vater der Seligen und ihre drei Schwestern saßen während des Gottesdienstes in einer der vordersten Reihen unter den Gläubigen. Nach der Messe wechselte der Papst einige Worte mit den betagten Eltern; sie erklärten ihm dabei, daß sie dem Mörder ihrer Tochter verziehen hätten. Der Täter war nach fünf Jahren Gefängnis 1969 begnadigt worden.

Marinus

Missionar
geboren: 8. Jh. in Irland(?)
gestorben: 8. Jh. in Österreich(?)

Marinus war möglicherweise als Gefährte von Virgil mit diesem im 8. Jh. aus Irland in die Gegend des heutigen Österreich gekommen (Virgil war ab 745 Bischof von Salzburg). Ein weiterer Begleiter war nach der Überlieferung Declanus (Teklan = Irland). Die Reliquien von Marinus und Declanus gelangten in das Prämonstratenserkloster Neustift bei Freising, gingen im Dreißigjährigen Krieg aber verloren.

Verehrung/Brauchtum: Auch wenn die Vita des Marinus historisch nicht absolut gesichert ist, kann seine Verehrung aufgrund eines starken Grabkultes nachgewiesen werden.

Natalia von Nikomedien

Wohltäterin
geboren: 3. Jh. in Nikomedien, heute Izmid, Türkei
gestorben: 4. Jh. in Konstantinopel, heute Istanbul, Türkei

Natalia war die Ehefrau des Märtyrers Hadrian. Vor dessen Tod um 303 hatte die Christin sich aufopferungsvoll um ihn und andere zum Tode Verurteilte gekümmert. Nach dem Tod von Hadrian ließ sich Natalia bei seinem Grab in Konstantinopel nieder, wo sie später starb.

Darstellung: Auf Abbildungen ist Natalia meist gemeinsam mit ihrem Mann Hadrian, der das Martyrium erleidet, zu sehen.

2. Dezember

Angela Astorch

Äbtissin, Mystikerin OSCICap
geboren: 1. September 1592 in Barcelona, Spanien
gestorben: 2. Dezember 1665 in Murcia, Spanien

„Möge sie uns lehren, die Wege jedes Menschen zu respektieren, indem wir uns den Weg Gottes öffnen." Diese Worte sprach Johannes Paul II. am 25. Mai 1982 auf dem Petersplatz in Rom bei der Seligsprechungsfeier für Angela Astorch. Die Äbtissin und Mystikerin, so der Papst, sei „ein weiteres Beispiel der Heiligkeit, das in Spanien herangereift ist".

Angela Astorch hatte im Alter von 17 Jahren die Ordensgelübde bei den Kapuzinerinnen in ihrer Heimatstadt Barcelona abgelegt und bereits acht Jahre später ein Kloster in Saragossa gegründet, das sie bald darauf als Äbtissin leitete. Danach gründete Angela Astorch, die überaus gebildet und klug war, ein ähnliches Kloster im spanischen Murcia, das in der Folge unter ihrer Leitung zu höchster Blüte kam. Berühmt wurde die Ordensfrau auch durch zahlreiche mystische Schriften; bis heute existieren solche noch unveröffentlicht im Klosterarchiv in Murcia. Während ihres gesamten Ordenlebens pflegte Angela Astorch das liturgische Stundengebet, weshalb Papst Johannes Paul II. sie bei der Seligsprechungsfeier eine „Mystikerin des Breviergebetes" nannte.

Bibiana

Märtyrerin
geboren: um 352 in Rom, Italien
gestorben: 367 in Rom
Patronin gegen Kopfschmerzen, Krämpfe, Epilepsie und Trunksucht; gegen Fallsucht; gegen Unfälle

Die Kirche S. Bibiana an der Via Giovanni Giolitti ist eines der ältesten Gotteshäuser in Rom. Papst Simplicius, der 468 bis 483 regierte, errichtete die Kirche, die heute an der Längsseite des riesigen römischen Bahnhofes Termini steht, umgeben von Hauptverkehrsstraßen und Fabrikgebäuden. Betritt der Besucher den Kirchenraum, der durch acht antike Säulen in drei Schiffe unterteilt ist, dann glaubt er, noch ein wenig von jener Zeit zu verspüren, als der Märtyrerin Bibiana dieses Gotteshaus errichtet wurde. Rechts vom Kircheneingang erkennt man als erstes die Säule, an der Bibiana ihr Martyrium erlitten haben soll. Auf dem Hauptaltar steht eine Statue der Bibiana, die der berühmte Bernini um 1625 geschaffen hat.

Nach der Legende war Bibiana die Tochter von Dafrosa und Flavian, einem kaiserlichen Beamten in Rom. Beide wurden später, ebenso wie Bibianas Schwester Demetria, hingerichtet. Auf Anordnung von Kaiser Julian dem Abtrünnigen brachen zu jener Zeit – man schrieb die Jahre um 350 – wieder Christenverfolgungen aus. Bibianas Elternhaus wurde zum Fluchtort vieler Verfolgter, die hier Unterschlupf und Verpflegung erhielten. Doch eines Tages ließ Statthalter Apronian Flavian verhaften, wenige Tage später auch Dafrosa. Beide wurden im Kerker so schwer mißhandelt, daß sie wenige Tage später starben.

Bibiana und Demetria beraubte man sämtlicher Familiengüter und setzte sie immer stärker unter Druck. Als jedoch keine Drohung die beiden Schwestern vom Christenglauben abbringen konnte, wurden sie gefangengenommen. Demetria starb nach fünfmonatiger Kerkerhaft, ausgezehrt und verwundet durch viele Folterungen. Bibiana wurde weitergequält. Als besondere Strafe ließ Statthalter Apronian das junge Mädchen schließlich an eine Säule binden und so lange mit Geißeln, an denen Bleizacken befestigt waren, auspeit-

Die Kirche S. Bibiana befindet sich in einer wenig schönen Gegend in Rom.

schen, bis es tot zusammenbrach. Das Todesjahr war 367. Ein Priester bestattete den Leichnam der Märtyrerin in der folgenden Nacht. Über dem Grab entstand dann rund 100 Jahre später die Bibiana-Kirche.

Verehrung/Brauchtum: Um die Märtyrerin Bibiana entwickelte sich ein volkstümliches Brauchtum: Staub von der Porphyrsäule ihrer Geißelung sowie Minzkraut von ihrem Grab wurden bis ins 18. Jh. hinein als Mittel gegen Fallsucht angewandt.

Darstellung: Bibiana ist meist in edlen Gewändern, oft mit Schleier und Krone dargestellt; auch Reichsapfel, Schwert, Buch und Pflug hat die Märtyrerin manchmal als Attribute bei sich. Ihre Gefangennahme zeigt ein Bild (um 1514) in St. Florian bei Linz.

Johannes von Ruysbroek

Priester, Mystiker, Prior CanReg
geboren: 1293 in Ruysbroek bei Brüssel, Belgien
gestorben: 2. Dezember 1381 in Groenendael, Belgien

Johannes von Ruysbroek gilt als einer der größten belgischen Mystiker; bald nach seinem Tod gaben ihm die Gläubigen den Beinamen „der Wunderbare". Von Johannes von Ruysbroek stammen herausragende mystische Schriften, sein Hauptwerk, „Zierde der geistlichen Hochzeit", wird eines der innigsten geistlichen Werke des Mittelalters genannt.

Johannes von Ruysbroek war zunächst Kaplan an der Domkirche in Brüssel. Zusammen mit ein paar Freunden zog sich der Priester dann 1343, inzwischen 50 Jahre alt, in einen einsamen Wald bei Waterloo im Süden von Brüssel zurück, wo er in der Folge die Augustiner-Chorherren-Abtei Groenendael gründete; Johannes wurde ihr erster Prior. Bereits während seiner Kaplantätigkeit in Brüssel hatte von Ruysbroek mit dem Schreiben mystischer Schriften begonnen, in Groenendael setzte er dies fort. Seine Werke fanden weite Verbreitung, Johannes erhielt die Beinamen „doctor divinus" und „der zweite Dionysius".

Nach seinem Tod wurde Johannes von Ruysbroek in Groenendael beigesetzt. Papst Pius X. approbierte den Kult des großen Mystikers am 9. Dezember 1908.

Lucius von Chur

Bischof, (Märtyrer)
geboren: 5./6. Jh. in der Schweiz
gestorben: 5./6. Jh. in der Schweiz
Patron der Diözese und der Stadt Chur

Obwohl über Leben und Wirken von Lucius nur wenig überliefert und viel von Legenden überlagert ist, gehört er in der ganzen Schweiz zu den großen Glaubensgestalten. Der geschichtliche Kern der St.-Luzi-Legende reicht bis in die Zeit der ersten Christianisierung zurück. Danach wirkte im 5./6. Jh. ein aus dem Prättigau stammender Priester namens Lucius in Bünden als Missionar und Glaubensbote. Die Gegend um Chur war zu jener Zeit noch überwiegend heidnisch. In mehreren Überlieferungen wird berichtet, Lucius sei zum ersten Bischof von Chur ernannt worden, nach anderen Berichten wurde Lucius in späteren Zeiten als christlicher König von Britannien verehrt, was aber wahrscheinlich auf einer Namensverwechslung beruht. Mit Sicherheit aber war Lucius die wichtigste Glaubenspersönlichkeit des Mittelalters in Rätien.

In der ersten Hälfte des 8. Jh. wurden die Gebeine von Lucius aus der Stephanskirche, die heute nicht mehr existiert, in die zur Aufbewahrung der Reliquien neuerbaute Kirche St. Luzi in Chur übertragen. Von diesem ersten Bau kann man noch heute die karolingische Ringkrypta besichtigen, ein im Halbkreis unter dem Chor geführter, unterirdischer Gang. Von diesem „Prozessionsweg" konnten die Pilger vom Scheitel her durch einen Seitenschacht das Grab des Lucius erreichen. Es handelt sich hier um eines der frühesten Beispiele für diese Art von Reliquienkult.

Darstellung: Entsprechend der Überlieferung, Lucius sei auch König gewesen, ist der Bischof auf Abbildungen häufig in königlichen Gewändern mit Krone, Zepter und Reichsapfel zu sehen; so ist er unter anderem auf einer Wandmalerei (12. Jh.) in der Lucius-Kirche in Werden abgebildet. Mit Krone und in Kutte zeigt Lucius eine Wandmalerei vom Anfang des 20. Jh. in der Züricher St.-Anton-Kirche. Manchmal ist Lucius auch mit einem Ochsen und einem Bär beim Pflügen dargestellt, was auf eine Legende zurückgeht; angeblich sollen ein Bär und ein Ochs Lucius' „Helfer" auf dem Feld gewesen sein.

Silverius

Papst, Märtyrer
geboren: 5. Jh. in Frosinone, Italien
gestorben: 2. Dezember 537 auf der Insel Ponza, Italien

Silverius war ein Sohn von Papst Hormisdas und wirkte zunächst als Subdiakon in Rom. Ostgotenkönig Theodahad ernannte ihn dann Mitte 536 zum Papst, der römische Klerus erkannte ihn aber nur unter Druck an. Im Dezember 536 gelang es Silverius durch Verhandlungen, Rom kampflos an den byzantinischen Feldherrn Belisar übergeben zu können.

Belisar aber bezichtigte Silverius in der Folge hochverräterischer Beziehungen zu den Goten, woraufhin der Papst verhaftet und nach Patara in Lykien verbannt wurde. In Rom wählte man inzwischen Vigilius zum Papst. Der Bischof von Patara erreichte einige Monate später, daß Silverius nach Rom zurückkehren konnte, um sich zu rechtfertigen und die Schuldfrage klären zu lassen. Silverius wurde aber sofort wieder verbannt, dieses Mal von Vigilius auf die italienische Insel Ponza vor Neapel. Enttäuscht und aufgezehrt, verzichtete Silverius am 11. November 537 auf sein Amt, genau drei Wochen später starb er auf Ponza. Wegen der Demütigungen und Schmerzen, die der Papst erlitt, wird er auch als Märtyrer verehrt.

3. Dezember

Attala von Straßburg

Äbtissin
geboren: um 690 im Elsaß, Frankreich
gestorben: 3. Dezember 741 in Straßburg, Elsaß, Frankreich

Als Kind wurde Attala, die Tochter des elsässischen Herzogs Adalbert, von ihrer Tante Odilia auf dem Odilienberg bei Straßburg erzogen. Etwa ab 720 war sie die erste Äbtissin des von ihrem Vater in Straßburg gegründeten Frauenklosters St. Stephan. Nach ihrem Tod fand Attala dort auch ihre letzte Ruhestätte.

Nachdem die Gebeine der Ordensfrau um 1175 erhoben worden waren, wurden sie in einem Steinsarg in der Krypta der Klosterkirche beigesetzt; die Gebeine gingen allerdings in der Französischen Revolution verloren. In der Magdalenenkirche in Straßburg existiert seit 1230 ein Reliquiar mit einer Handreliquie Attalas.

Darstellung: Die Abbildungen von Attala beschränken sich auf den elsässischen Raum. Als Jungfrau mit Palme ist Attala auf einem Glasfenster (13. Jh.) im Straßburger Münster zu sehen; eine Inschrift dort lautet „S. Athala". Berühmt ist der Attala-Teppich (14. Jh.) in der Kirche St. Stephan zu Straßburg; er zeigt folgende Szenen aus dem Leben Attalas: Auffindung der Leichen von Mutter und Stiefmutter; Auffindung der Leiche der Schwester; Auffindung der eigens beigesetzten Hand; Abschneiden der Hand sowie Bestattung Attalas; Gründung von Kloster und Kirche St. Stephan durch Adalbert.

Claudius, Maurus und Jason von Rom

Märtyrer
geboren: 3. Jh. in Rom, Italien
gestorben: 284 in Rom

Claudius und seine beiden Söhne Maurus und Jason erlitten unter der Schreckensherrschaft von Kaiser Numerian in Rom den Martertod. Auch Hilaria, die Ehefrau von Claudius, wurde von den Christenverfolgern des Herrschers brutal getötet. Während Claudius im Tiber ertränkt und seine Söhne Maurus und Jason enthauptet wurden, ergriffen die Häscher Hilaria, als sie am Grab der beiden Söhne betete. Papst Damasus I. (366 bis 384) verfaßte für das Grab von Maurus ein Epigramm, Papst Paschalis I. (817 bis 824) übertrug die Gebeine der Märtyrer in die Kirche S. Prassède in Rom.

Franz Xaver

Provinzial, Missionar SJ
geboren: 7. April 1506 auf Schloß Javier, Navarra, Spanien
gestorben: 3. Dezember 1552 auf Sancian (Santschao) bei Kanton, China
Patron von Indien; der Missionare und seit 1927 der Missionen des Ostens; der Seefahrer; für eine gute Sterbestunde; der katholischen Presse; gegen Sturm; gegen die Pest

„Sein Missionswerk half auch der Heimat, die Reformation zu überwinden", schrieb der Theologe Theodor Schnitzler und nannte Franz Xaver im gleichen Atemzug den „größten Missionar". In der Tat hat kaum ein anderer Glaubensbote oder Vertreter der katholischen Kirche das Missionswesen so nachhaltig beeinflußt wie dieser spanische Jesuit, der den Begriff Mission völlig neu interpretierte, ihn wieder vollkommen neu begründete.

Franz Xaver, ein Mitglied des hohen Navarra-Adels, unterrichtet an besten Schulen und Universitäten, Mitbegründer des Jesuitenordens, Vertrauter des Papstes – er stieg während seiner Missionierungsarbeit hinab in die tiefsten Slums, paßte sich den Sitten und Gebräuchen innerhalb seines Missionsfeldes an und begann sein großes Werk dann von innen heraus. Franz Xaver gilt als Begründer der Mission im Fernen Osten und der Jesuitenmission überhaupt. Der Jesuit Georg Schurhammer nannte ihn den „Bahnbrecher der neuzeitlichen Mission".

Wer den Lebensweg dieses Mannes nachvollziehen will, muß zuerst jene Stätte besuchen, wo Francisco de Yasu y Xavier am 7. April 1506 zur Welt kam: die trutzige Felsenburg in Javier in Navarra im Nordosten Spaniens. Die Ursprünge dieser beeindruckenden Festung gehen ins 11. Jh. zurück; jetzt im 20. Jh. gehört das Castillo in fast 500 Meter Höhe zu den vielbesuchten Wallfahrtsorten Spaniens. In dem Palacio nuevo, der um 1500 angebaut wurde, befindet sich das Geburtszimmer des heiligen Franz Xaver.

Von Schloß Javier aus führte der Weg des jungen Franz – er war gerade 19 Jahre alt – 1525 zum Studium nach Paris an die dortige berühmte Universität. Hier lernte der junge Spanier wenige Jahre später Ignatius von Loyola kennen. Es war eine Begegnung, die das Leben von Franz entscheidend beeinflussen sollte: Im Jahr 1534 legten Ignatius, Franz Xaver und vier weitere Gefährten in der Marienkapelle am Montmartre das Gelübde ab, Gott künftig in Armut und Keuschheit zu dienen und als Missionare zu wirken. Wieder drei Jahre später, am 24. Juni 1537, empfingen die sechs Männer in Venedig gemeinsam die Priesterweihe. Franz Xaver folgte Ignatius 1538 nach Rom und unterstützte den Gründer des Jesuitenordens bei der Abfassung der ersten Ordenskonstitution, die am 27. September 1540 von Papst Paul III. die Bestätigung erhielt.

Franz Xaver. Nach einem Gemälde, das im Jahr 1583 auf Anordnung von Visitator Pater Valignani von dem noch unversehrten Leichnam des Jesuitenprovinzials und Missionars angefertigt wurde. Das Porträt befindet sich heute in der Kirche Al Gesù in Rom.

Danach trennten sich die Wege von Franz Xaver und Ignatius. Im Auftrag von Papst Paul III. und des portugiesischen Königs brach der spanische Priester und Jesuit an seinem 35. Geburtstag, dem 7. April 1541, nach Indien auf, wo er nach dreizehnmonatiger, äußerst beschwerlicher Schiffsreise eintraf. In Goa begann das aufopferungsvolle Wirken des Missionars, das in dieser Art bis dahin einmalig war. In den ersten beiden Jahren missionierte Franz Xaver unter den armen Perlfischern an der Südostspitze Indiens; Ende des Jahres 1544 taufte er in nur einem einzigen Monat rund 10000 Fischer.

Im Jahr 1545 begab sich der Missionar wieder auf die Reise. Von Madras aus fuhr er nach Malakka, bald darauf zu den Molukken-Inseln. Überall nahm er sich der Heiden sowie der zwar schon bekehrten, aber mit ihrem neuen Glauben alleingelassenen Neuchristen an. Wo Franz Xaver hinkam, versuchte er, Missionsstationen zu gründen, die auch nach seinem Weggang funktionieren würden. Um die Gegebenheiten in den fremden Ländern und unter der Bevölkerung besser zu verstehen, studierte er zuvor regelmäßig Sprache, Sitten und ursprüngliche Religionsformen. Er zog sich heimische Helfer heran, organisierte die Missionsfelder und forderte von den Zurückbleibenden regelmäßige Berichterstattung.

Franz Xaver selbst berichtete in Briefen nach Rom über seine Erfahrungen, Erlebnisse, Erfolge und Niederlagen. Ab 1545 wurden alle seine Briefe gedruckt und im gesamten Abendland verbreitet. Durch diese Berichte löste der Missionar, obwohl in weiter Ferne weilend, in den europäischen Ländern eine wahre Missionsbegeisterung aus und wurde zum Vorbild für Tausende, die ihm nacheiferten. Noch heute umfaßt diese Franz-Xaver-Literatur rund 1500 Nummern.

Nachdem Franz Xaver 1547 nach Malakka zurückgekehrt war, erhielt er die Nachricht von der Entdeckung Japans. Bereits eineinhalb Jahre später machte er sich auf den Weg in das „neue Land". Rund ein Jahr wirkte Franz Xaver dann in Kagoshima am Südzipfel Japans. Er hatte in kürzester Zeit die japanische Sprache erlernt. Bald existierte auch hier eine christliche Gemeinde, bestehend aus rund 100 Getauften. 1550 wanderte der Jesuitenmissionar unter unermeßlichen Strapazen zu Fuß in die Hauptstadt Miyako, das heutige Kyoto, um beim Kaiser vorzusprechen. Doch man ließ ihn nicht zum Herrscher vor. Enttäuscht und völlig erschöpft, kehrte Franz Xaver auf demselben beschwerlichen Weg wieder zurück. Die Christengemeinde auf der japanischen Insel blühte jedoch trotz dieses Fehlschlages nach und nach immer mehr auf.

Im November 1551 kehrte Franz Xaver – körperlich inzwischen völlig ausgezehrt – nach Indien zurück. Hier gab es für ihn eine große Freude: Die Ordensgesellschaft der Jesuiten in Rom hatte ihn zum ersten Ordensprovinzial der neugegründeten indischen Ordensprovinz ernannt. Aber Franz Xaver hatte schon längst ein neues Ziel im Auge: China. Er war sich sicher, durch eine Christianisierung Chinas auch mehr Einfluß auf Japan gewinnen zu können.

Kurz nach seinem 46. Geburtstag nahm er im April 1552 Abschied von seinen Freunden in Goa und machte sich erneut auf die beschwerliche Reise in Richtung Osten. Ende August erreichte Franz Xaver die Insel Sancian vor Kanton, ein Treffpunkt chinesischer und portugiesischer Kaufleute. Die Bucht von Kanton war Freihafen, der Zutritt in die Stadt aber war Ausländern untersagt. Franz Xaver fand auf Sancian viele Freunde, doch keiner wagte, ihn nach Kanton überzusetzen; die drohenden Strafen waren zu hart. Dann bot sich ein Chinese gegen eine hohe Summe an, Franz Xaver in der Dunkelheit überzusetzen. Der Priester stand am Abend am Ufer bereit, doch sein Kurier erschien nicht, möglicherweise war er verhaftet worden. Es war der Abend des 19. November 1552.

Nachdem keine noch so große Strapaze den Missionar Gottes zuvor hatte in die Knie zwingen können, brach ihm nun über der Treulosigkeit der Menschen das Herz. Franz Xaver erkrankte schwer und starb zwei Wochen nach der letzten großen Enttäuschung, die er erlitten hatte. Der Todestag war der 3. Dezember 1552, Franz Xaver war 46 Jahre alt. Der Leichnam des Jesuiten wurde wenige Monate später nach Goa überführt und dort in der Kirche Bom Jesus bestattet. Der amtierende General des Jesuitenordens erreichte 1615, daß wenigstens ein Arm des großen Mitgliedes der Gesellschaft Jesu nach Rom gebracht wurde. Diese kostbare Reliquie befindet sich bis heute in der Kirche Al Gesù auf dem Franz-Xaver-Altar von Pietro da Cortona.

Mehrere Päpste würdigten in den folgenden Jahrhunderten Leben und Wirken des großen Missionars: Paul V. sprach ihn 1619 selig, Gregor XV. drei Jahre später, 1622, heilig, Benedikt XIV. ernannte Franz Xaver 1748 zum Schutzpatron Indiens, Pius X. im Jahr 1904 zum Patron zur Verbreitung des Glaubens und Pius XI. im Jahr 1927 zum Patron aller Missionen.

Darstellung: Auf fast allen Abbildungen hält Franz Xaver ein Kreuz, oft predigt oder tauft er. Als weiteres Attribut ist dem Jesuitenmissionar manchmal auch ein flammendes Herz beigegeben. Auf manchen Darstellungen ist Franz Xaver gemeinsam mit einem Inder zu sehen; ein Beispiel dafür: Auf dem Altarbild von Johann Schöpf (1736) in der Au-

Schrein mit den Gebeinen des heiligen Franz Xaver in der Klosterkirche von Bom Jesus in Goa.

kirche in Traunstein tauft er einen knienden Inder. Ebenfalls zusammen mit einem Eingeborenen ist der Jesuit in einer Skulptur von Ignaz Günther (um 1768) im Museum für Kunst und Gewerbe in Hamburg zu sehen. Ein Gemälde von Peter Paul Rubens (17. Jh.) im Kunsthistorischen Museum in Wien zeigt Franz Xaver predigend. Häufig dargestellt wurde auch der Tod des großen Missionars, so unter anderem auf dem berühmten Altargemälde von Carlo Maratta in der Kirche Al Gesù in Rom.

Modestus von Kärnten

Chorbischof, Missionar
geboren: 8. Jh. in Irland
gestorben: 3. Dezember 772 in Maria Saal, Österreich

Eine der besonderen Sehenswürdigkeiten in Österreich ist die Propstei- und Wallfahrtskirche in Maria Saal in Kärnten. Ihre Entstehung geht in die vorkarolingische Zeit zurück (um 751), und damit ist das Gotteshaus nachweisbar das älteste Kärntens. Der Gründer war Chorbischof Modestus, ein Glaubensbote, der von Irland nach Salzburg gekommen war und von dort seine Missionstätigkeit in Richtung Süden verlegte. Modestus ließ sich an der Stelle des heutigen Maria Saal nieder, begründete die erste Kirche und wirkte in den folgenden rund 20 Jahren hier. Sein Todestag war der 3. Dezember 772.

Von großem Interesse ist die Grabstätte des Modestus in der Wallfahrtskirche Maria Saal. Der Modestus-Altar befindet sich in der sogenannten Sachsenkapelle, die 1451 von Barbara Sachs gestiftet wurde. Der einfache karolingische Tischaltar, der auf sechs Säulen steht, stammt jedoch noch aus dem ersten Kirchenbau. Ursprünglich waren zwischen den Säulen Wände eingezogen, so daß der Opfertisch gleichzeitig ein Sarkophag war, in dem die Gebeine aufbewahrt wurden. Heute befinden sich die Reliquien in einem römischen Kindersarkophag unter dem Tisch.

Verehrung/Brauchtum: Im Bistum Gurk-Klagenfurt wird das Gedenken an Modestus am 24. November begangen, gemeinsam mit jenem an den Salzburger Bischof Virgil.

Darstellung: Modestus ist immer in bischöflichen Gewändern, meist mit einem Kirchenmodell als Hinweis auf die Gründung von Maria Saal abgebildet.

Sola

Priester, Einsiedler
geboren: 8. Jh. in England
gestorben: um 790 in Solnhofen, Bayern
Nebenpatron der Diözese Eichstätt

In dem wegen seiner Fossilien-Funde berühmten Ort Solnhofen im bayerischen Altmühltal findet man noch einige Überreste einer 819 errichteten Kirche. Es handelt sich dabei um Bruchstücke der 1782 zerstörten Sola-Basilika. Die Kirche und als Folge davon auch der Ort Solnhofen haben ihren Namen von Sola, einem angelsächsischen Mönch, der sich hier im Jahr 758 niedergelassen hat. Sola hatte um 750 seine Heimat verlassen und war Bonifatius gefolgt, der zu jener Zeit in Germanien missionierte.

Die Sachsenkapelle in der Wallfahrtskirche Maria Saal. Unter der Modestus-Statue vorn ist der Kindersarkophag mit den Modestus-Reliquien zu sehen.

Karl der Große schenkte dem Mönch ein Stück Land im Altmühltal, wo Sola dann seine Zelle errichtete. Zuvor hatte ihn Bonifatius in Fulda zum Priester geweiht. Sola starb um das Jahr 790 in seiner Einsiedelei und vermachte seine Zelle mit allem, was dazu gehörte, der Abtei Fulda. Diese gründete hier später die Propstei Solnhofen.

Verehrung/Brauchtum: In der Diözese Eichstätt feiern die Gläubigen den Festtag von Sola am 5. Dezember.

4. Dezember

Adelmann

Bischof von Beauvais OSB
geboren: 8. Jh.
gestorben: 846 in Beauvais, Frankreich

Adolf Kolping

Priester, Gründer
geboren: 8. Dezember 1813 in Kerpen bei Köln, Nordrhein-Westfalen
gestorben: 4. Dezember 1865 in Köln

„Nirgends ist göttliche Wahrheit überredender, gewinnender als im Munde der sich aufopfernden, hilfreichen Liebe." Der Mann, der diese seine eigenen Worte konsequent befolgte und belegte, war „Gesellenvater" Adolf Kolping. Leben und Wirken des großen Priesters und Gründers wurden am 27. Oktober 1991 vor Hunderttausenden von Gläubigen in Rom gewürdigt: Papst Johannes Paul II. sprach Adolf Kolping auf dem Petersplatz selig. Über diese Seligsprechung freuten sich nicht nur 350000 Mitglieder des Kolpingwerkes in aller Welt; Gläubige in allen Ländern der Erde, vor allem aber in Deutschland und in der Erzdiözese Köln waren überglücklich, daß der so langerwartete Tag endlich gekommen war.

Wie hatte Papst Johannes Paul II. bei seinem Deutschlandbesuch am 15. November 1980 in der Kölner Minoritenkirche am Grab von Adolf Kolping gesagt: „Solche Leitbilder wie Adolf Kolping brauchen wir für die Kirche von heute." Elf Jahre später erhob er den unvergessenen Schöpfer der Kolpingsfamilie dann zur Ehre der Altäre.

Das Geburtshaus von Adolf Kolping in Kerpen ist heute eine Museum.

Adolf Kolping, Schuhmacher, Priester, Gründer, Sozialreformer der katholischen Kirche. Geboren am 8. Dezember 1813 als viertes Kind einer einfachen Schäferfamilie, hatte Adolf nur die Grundschule besuchen können, danach erlernte er das Schusterhandwerk. Zehn Jahre arbeitete er als Schuhmacher, zog, wie es damals üblich war, als Geselle von Ort zu Ort. Schnell erkannte er, welcher Not die Handwerksgesellen ausgesetzt waren.

„Gesellenvater" Adolf Kolping.

Mit 23 Jahren begann Adolf Kolping am Kölner Marzellengymnasium eine neue Schulausbildung, machte sein Abitur nach und nahm ein Theologiestudium in München und Bonn auf. Sein Motiv für diesen ungewöhnlichen Weg: Er wollte den Arbeitnehmern seiner Zeit helfen. Am 13. April 1845 empfing Adolf Kolping in Köln die Priesterweihe, danach wurde er Kaplan in Elberfeld, im Industriegebiet Wuppertals.

„Aber was hilft das Klagen, was hilft das Seufzen bei dem Übel, wenn nicht Hand angelegt wird, es zu verhüten?" Diese Frage stellte der junge Geistliche Kolping bei einer seiner Predigten in St. Laurentius in Elberfeld; kurz darauf, 1846, wurde er Präses in dem von dem Lehrer Gregor Breuer gegründeten Junggesellenverein.

Als Adolf Kolping 1849 nach Köln versetzt wurde, sah er den Tag gekommen, ein eigenes Werk ins Leben zu rufen und zu gestalten. Gemeinsam mit sieben Gesellen gründete er noch im selben Jahr, am 6. Mai 1849, den Katholischen Gesellen-

Papst Johannes Paul II. am 15. November 1980 am Grab von Adolf Kolping in der Kölner Minoritenkirche.

verein. Schon wenige Monate später zählte der Verein 230 Mitglieder. Bald folgten weitere Gründungen in Westfalen und im Rheinland. Adolf Kolping beim Katholikentag 1851 in Mainz: „Es gibt eine Klasse Menschen, die kriegt ihr gar nicht zu sehen, aber sie lebt doch." Um die Situation der Handwerksgesellen weiter zu verbessern, rief Adolf Kolping eindringlich zur Mitarbeit auf: „Es soll in jeder Stadt ein Gesellenverein gestiftet werden."

Adolf Kolping hatte aber noch weitergehende Pläne: 1853 gründete er in Köln das erste Gesellenhaus. Damit setzte er seinen persönlichen Wunsch selbst in die Tat um: „Das beste wäre es, wenn man in den größeren Städten Hospize für die Gesellen errichtete, damit sie nicht in die liederlichen Herbergen kommen, wo der Teufel haust." In Kolpings Gesellenhäusern sollten die jungen Männer preiswert unterkommen und auch Weiterbildungsmöglichkeiten finden. Kolping nannte seine Häuser „Akademien im Volkston" und war selbst aktiv in der Erwachsenenbildung tätig.

Als der Reformer, dessen Werk bis heute auf der ganzen Welt fortlebt, am 4. Dezember 1865 starb, zählte seine Gründung bereits 200 Ortsvereine mit fast 25 000 Mitgliedern. Und bis zum heutigen Tag sind die Kolpingsfamilien fester Bestandteil des gesellschaftlichen Lebens.

Darstellung: Auf Abbildungen ist Adolf Kolping immer im Priestergewand, meist umgeben von jungen Gesellen, zu sehen.

Barbara

Märtyrerin
geboren: 3. Jh. in Nikomedien, heute Izmid, Türkei
gestorben: 306 in Nikomedien
Patronin der Türme; der Bergleute, Bauern, Architekten, Bauarbeiter, Dachdecker, Maurer, (Glocken)Gießer, Schmiede, Steinhauer, Zimmerer, Totengräber, Glöckner, Hutmacher, Köche, Metzger; der Mädchen; der Gefangenen; der Artillerie; der Festungen; der Feuerwehr; der Sterbenden und für eine gute Todesstunde; gegen Feuer; gegen Gewitter; gegen Fieber und gegen die Pest; Nothelferin

„Margareta mit dem Wurm, Barbara mit dem Turm, Katharina mit dem Radl, das sind die drei heiligen Madl." So lautet der bekannte Spruch über die sogenannten Drei heiligen Jungfrauen Margareta von Antiochien, Katharina von Alexandria und Barbara, deren Fest als letztes im Jahreslauf begangen wird. Vom 14. Jh. an gehörte Barbara zu den beliebtesten und am häufigsten dargestellten Heiligengestalten, und im 15. Jh. wurde die Märtyrerin der Gruppe der Vierzehn Nothelfer zugeordnet. Seit langen Zeiten ist Barbara auch einer der beliebtesten Mädchennamen.

Wie bei fast allen Nothelfern ist auch bei Barbara die Lebensgeschichte vollkommen von Legenden überdeckt. Diese berichten, daß das Mädchen am Ende des 3. Jh. als Tochter des wohlhabenden Dioscuros in Nikomedien, dem heutigen Izmid in der Türkei, lebte. Überall wurden Barbaras außergewöhnliche Schönheit, ihre Gelehrtheit und ihr scharfer Verstand gelobt. Die reichsten und bestaussehenden Jünglinge der Stadt warben um die schöne Tochter aus heidnischem Haus, doch sie, fühlend, daß es im Leben noch etwas geben müsse, das ihr noch nicht eröffnet war, wies jeden Mann zurück.

Immer wieder aber begab sich Barbara zu einer kleinen Gruppe von getauften Christen, die zu jener Zeit in ständiger Angst vor den kaiserlichen Christenverfolgern im Verborgenen lebten. In langen Gesprächen versuchte das junge Mädchen, den Glauben und die Lehre dieser Menschen zu verstehen, und immer mehr gelangte Barbara zu der Erkenntnis, daß ihr hier ihr weiterer Lebensweg aufgezeigt wurde.

Barbaras Vater Dioscuros, ein fanatischer Christenhasser, bemerkte die Veränderung, die in seiner Tochter vorging, und beschloß, das Mädchen von den Christen fernzuhalten. Er ließ bei seinem Haus einen Turm errichten, in den er Barbara künftig einsperren wollte. Als er von einer kurzen Reise zurückkehrte, sah er, daß Barbara die Bauarbeiter angewiesen hatte, in den Turm statt der geplanten zwei Fenster drei einmauern zu lassen.

Der wütende Dioscuros fragte seine Tochter, was dies zu bedeuten habe, und Barbara antwortete ihm, dies sei das Symbol für die Dreieinigkeit. Als sie ihm weiter erklärte, daß sie inzwischen heimlich das Taufsakrament empfangen habe, raste Dioscuros vor Zorn. Er ging auf Barbara zu, um sie zu schlagen, doch plötzlich öffnete sich im Boden ein Spalt, der das Mädchen verbarg.

Später schleppte Dioscuros seine Tochter vor den Statthalter, der zu den erbittertsten Christenverfolgern gehörte. Er ließ Barbara geißeln, doch sie bemerkte dazu nur, es sei, als ob sie von Pfauenfedern gestreichelt würde. Nachts soll ihr dann Christus erschienen sein und ihre Wunden geheilt haben. Daraufhin ließ der Statthalter Barbara mit Keulen schlagen, mit Fackeln brennen und ihr die Brüste abschneiden. Als er das Mädchen so entstellt durch die Straßen der Stadt treiben wollte, erschien plötzlich ein Engel vom Himmel und hüllte den blutenden Körper Barbaras in ein weißes Gewand. Als der Statthalter erkannte, daß er mit allen Folterungen nichts erreichen konnte, gab er den Befehl, Barbara mit dem Schwert zu töten. Es war Dioscuros, der diese Tat an seiner Tochter eigenhändig vollbrachte. Kaum hatte er das Mordwerkzeug abgelegt, wurde er selbst vom Blitz erschlagen.

Soweit erzählt eine der zahlreichen Barbara-Legenden vom Tod der Märtyrerin. Das Todesjahr Barbaras soll 306 gewesen sein. Es war die Regierungszeit von Galerius Valerius Maximinus, genannt Daia, der als einer der brutalsten Weiterführer der von Diokletian begonnenen Christenverfolgungen in die Geschichte einging.

Barbara-Reliquien sollen um das Jahr 1000 in den Markus-Dom nach Venedig und von dort später auf die Venedig vorgelagerte Insel Torcello gelangt sein.

„Martyrium der heiligen Barbara." Nach einem Holzschnitt aus dem Jahr 1488 von Anton Koberger.

Verehrung/Brauchtum: Die Verehrung für Barbara im Westen ist etwa seit dem 8. Jh. bekannt. Im Osten entwickelte sich der Kult schon früher. Im Mittelalter wurde Barbara dann in den Kreis der Vierzehn Nothelfer aufgenommen.

Um die Gestalt von Barbara entwickelten sich im Laufe der Jahrhunderte zahlreiche Volkstumsbräuche. Einer der bekanntesten ist das Schneiden der Barbara-Zweige; dabei werden am 4. Dezember frischgeschnittene Zweige von Obstbäumen in Vasen gestellt, die dann bis Weihnachten Blüten tragen.

Zur Patronin der Bergleute wurde Barbara am Ende des Mittelalters; dieses Patronat geht auf die Legende zurück, daß ein sich plötzlich öffnender Fels Barbara auf der Flucht vor ihrem Vater Schutz geboten habe. Die Bergarbeiter-Verehrung für die Nothelferin existiert besonders in Sachsen, Schlesien, Böhmen, Lothringen, Südtirol und seit dem 19. Jh. auch im Ruhrgebiet. Bei den Bergmännern gibt es auch ein Barbara gewidmetes Lied: „Sang an St. Barbara". Gegen Unglück und Tod im Bergwerk zünden die Bergleute das Barbara-Licht an.

Im Rheinland kommt Barbara große Bedeutung als Gefährtin von Nikolaus zu; an vielen Orten ist es sogar sie, die die Kinder beschert.

Auch zu dem Patronat Barbaras für eine gute Sterbestunde gibt es einen Spruch; er entstand 1435 und lautet: „Sankt Bärbel, die vermag zu stärken; denn wer in ihren Diensten steht, nie ohne Sakrament von hinnen geht."

Darstellung: Barbara ist entweder in einem langen Kleid mit Gürtel oder in vornehmem Gewand, häufig mit Kopfbedeckung dargestellt. Der Mantel, den die Nothelferin auf Abbildungen oft trägt, soll den sogenannten „Schutzmantel" symbolisieren. Zahlreiche Attribute werden Barbara auf Darstellungen beigegeben: (dreifenstriger) Turm, Kelch und Hostie, Schwert, Fackel, Kanonenrohr oder Straußenfedern (Martyrium). Auch gemeinsam mit Katharina und Margareta als die „Drei heiligen Madl" ist Barbara auf Abbildungen zu sehen.

Einige Beispiele für künstlerische Darstellungen: Hans Holbein der Ältere malte Barbara 1516 auf dem Sebastianaltar (Flügel) mit einem Kelch (Alte Pinakothek, München); mit Straußenfedern bildete Hans Baldung Grien die Märtyrerin im 16. Jh. auf einem Glasfenster ab (Kaiser-Friedrich-Museum, Berlin); mit ihrem Vater, unter ihren Füßen liegend, ist Barbara auf einem Triptychon (um 1510) im Aachener Münster zu sehen. Die wohl älteste Darstellung von Barbara befindet sich in der Kirche S. Maria Antiqua in Rom: Das dortige Fresko, das Barbara mit Heiligenschein zeigt, stammt aus der Zeit um 705. Auch aus der protestantischen Kunst gibt es Abbildungen von Barbara; ein Beispiel dafür: ein Gemälde aus der Mitte des 18. Jh. in der evangelischen Kirche in Holzkirch bei Ulm.

Christian von Preußen

Missionsbischof, Gründer OCist
geboren: um 1180
gestorben: 4. Dezember 1245 in Sulejow, Polen

Der Zisterziensermönch Christian missionierte etwa ab dem Jahr 1206 bei den heidnischen Preußen. Papst Innozenz III. weihte ihn 1215 zum Missionsbischof. Mit der von ihm 1228 gegründeten Gemeinschaft der „Ritterbrüder Christi von Dobrin" blieb Christian allerdings glücklos. Von 1233 bis 1238 erlitt der Missionar dann sogar Gefängnishaft unter den Preußen. Als der Deutsche Orden die kirchliche Ordnung in Preußen 1243 neu herstellte, fand er für Christian keine Aufgabe, woraufhin sich dieser enttäuscht und verbittert in das polnische Kloster Sulejow zurückzog.

Verschiedene Überlieferungen berichten, Christian von Preußen sei nach seinem Tod in der Elisabethkirche in Marburg beigesetzt worden.

Johannes von Damaskus

Priester, Mönch, Kirchenlehrer
geboren: um 650 in Damaskus, Syrien
gestorben: um 750 bei Jerusalem
Patron der Apotheker (in Mailand); der Ikonenmaler (in der Ostkirche); der Theologiestudenten des Ostens

„Der Gold-Fließende" wurde Johannes von Damaskus einmal von Theophanes genannt. Er erhielt diesen Namen wegen der herausragenden literarischen Werke, die er im Laufe seines Lebens verfaßt hatte. Papst Leo XIII. erhob Johannes 1890 zum Kirchenlehrer und ernannte ihn zum Patron der Theologiestudenten aus dem Osten.

Johannes kam um das Jahr 650 in Damaskus in Syrien zur Welt; sein Vater war Finanzminister. Auch Johannes, arabisch-christlich erzogen, strebte beruflich in diese Richtung. Als aber die Christen im Land gegen Ende des 7. Jh. verfolgt wurden, verließen Johannes und seine Familie die Heimat.

Einige Jahre später begann Johannes von Damaskus ein völlig neues Leben: Zusammen mit einem Bruder zog er sich in das Kloster Mar Saba nahe Jerusalem zurück. Der Patriarch Johannes V. von Jerusalem wurde schon bald aufmerksam auf den gebildeten, tiefgläubigen Mönch und erteilte ihm um das Jahr 700 die Priesterweihe. Oft holte er Johannes zu sich, um ihn um Rat in besonderen Angelegenheiten zu bitten. Als auch andere Bischöfe Johannes immer wieder um Hilfe baten, wurde dieser bald zu einer der einflußreichsten Persönlichkeiten im Land. Johannes widmete sich in all den Jahren verstärkt seinem schriftstellerischen und dichterischen Werk. Seine Schriften beschäftigten sich mit allen Bereichen der Theologie. Von seinen Gedichten und seiner Kirchenmusik ist noch heute vieles erhalten.

Johannes von Damaskus starb um das Jahr 750, etwa 100 Jahre alt. Bis ins 12. Jh. wurde im Kloster Mar Saba sein Grab gezeigt. Danach waren seine Gebeine verschwunden; möglicherweise waren sie nach Byzanz gebracht worden.

Darstellung: Johannes von Damaskus wurde meist mit einem langen, weißen Bart abgebildet, oft in orientalischer Mönchskleidung. Auf verschiedenen Darstellungen sieht man Johannes schreibend an einem Pult. Auf eine Legende geht die Abbildung von Johannes mit einer abgeschlagenen Hand zurück; danach hackte man ihm nach einer Verleumdung seiner Person die Hand ab, die danach auf wundersame Weise aber wieder am Arm anwuchs.

Osmund

Bischof von Salisbury
geboren: 11. Jh. in Séez, Frankreich
gestorben: 4. Dezember 1099 in Salisbury, England
1457 Heiligsprechung

Anno von Köln

Erzbischof
geboren: um 1010 in Schwaben
gestorben: 4. Dezember 1075 in Köln, Nordrhein-Westfalen
Patron gegen Gicht

Das kostbarste Kunstwerk in der Kirche St. Michael in Siegburg ist der Anno-Schrein. Die prachtvolle Goldschmiedearbeit aus der Schule des berühmten Nikolaus von Verdun – der auch den Dreikönigenschrein im Kölner Dom schuf – ist über eineinhalb Meter lang und reich mit Edelsteinen, Email und Filigran besetzt.

Anno hatte die Benediktinerabtei St. Michael in Siegburg während seiner Amtszeit selbst gegründet. Im

Goldschrein mit den Gebeinen von Anno, Abtei St. Michael, Siegburg.

Jahr 1056 war der um 1010 in Schwaben geborene Sohn eines Adelsgeschlechtes zum Erzbischof von Köln ernannt worden. Anno stiftete zahlreiche Klöster und Kirchen und mehrte den Ruhm und die Macht seines Bistums. Mehrere Jahre war Anno auch Reichsverweser für den noch minderjährigen Kaiser Heinrich IV.

Erzbischof Anno starb am 4. Dezember 1075, nachdem er schon jahrelang an schweren Krankheiten, unter anderem an Gicht, gelitten hatte. Er wurde in seiner Lieblingsklostergründung Siegburg beigesetzt. Papst Lucius sprach Anno im Jahr 1183 heilig.

Verehrung/Brauchtum: Welche Bedeutung Erzbischof Anno im Ansehen der Menschen hatte, zeigt ein Lied, das sogenannte Anno-Lied, das bald nach dem Tod des Erzbischofs entstand; darin wird Anno „Blüte und Licht Deutschlands" genannt. Die frühe Verehrung Annos bezeugt das im 12. Jh. entstandene Siegburger Mirakelbuch.

Darstellung: Abbildungen von Anno existieren hauptsächlich im Rheinland. Der Erzbischof ist darauf entweder im bischöflichen Ornat oder im Gewand des Erzbischofs mit Pallium dargestellt; als Attribute hält er Stab, Buch, Schwert und/oder Kirchenmodell(e). Auf einer Miniatur aus der Zeit um 1200 (heute Landesbibliothek Darmstadt) ist Anno mit fünf Kirchenmodellen zu sehen. Auf der Tumbaplatte in der Kirche St. Georg in Köln ist der Erzbischof mit Buch und Stab abgebildet.

5. Dezember

Bartholomäus Fanti

Mönch OCarm
geboren: um 1410 in Mantua, Italien
gestorben: 5. Dezember 1495 in Mantua
18. März 1909 Approbation des Kultes

Niels Stensen (Nicolaus Stenonis)

Arzt, Forscher, Bischof
geboren: 1./11. Januar 1638 in Kopenhagen, Dänemark
gestorben: 5. Dezember 1686 in Schwerin, Mecklenburg-Vorpommern

Einer der „jüngsten" Seligen der katholischen Kirche ist Niels Stensen:

Niels Stensen.

Papst Johannes Paul II. sprach den dänischen Mediziner und Bischof am 23. Oktober 1988 selig. Stensen gilt heute als einer der größten Naturforscher überhaupt und als Begründer der wissenschaftlichen Paläontologie, Geologie und Kristallographie.

Ab 1666 lebte Niels Stensen (Nicolaus Stenonis) am Hof der Medici in Florenz und gehörte zu den angesehensten Wissenschaftlern seiner Zeit. Im Jahr 1667 konvertierte der Arzt und begnadete Forscher zum katholischen Glauben, 1675 empfing er in Florenz die Priesterweihe. Danach widmete sich Stensen ganz der Seelsorge. Ab 1677 war er Apostolischer Vikar der Nordischen Missionen, kurz darauf wurde er zum Bischof geweiht. Von 1680 an war Niels Stensen in Münster als Weihbischof segensreich tätig. Kurz vor seinem Tod im Jahr 1686 gelang es dem 48jährigen noch, in Schwerin eine katholische Gemeinde zu gründen. Ein Jahr nach dem Tod von Niels Stensen wurden seine Gebeine in die Gruft der Medici in Florenz überführt; 1953 fand ihre Erhebung statt.

Verehrung/Brauchtum: In den Diözesen Hildesheim, Münster, Osnabrück und Schwerin ist der 25. November der Gedenktag.

Sabas von Mar Saba (von Jerusalem)

Abt, Einsiedler, Gründer OBas
geboren: 439 in Mutalaska, Türkei
gestorben: 5. Dezember 532 in Mar Saba bei Jerusalem

Der Basilianermönch Sabas gründete in Palästina zahlreiche Klöster, unter anderem jenes in Mar Saba, dessen Abt er wurde. Das berühmte Kloster liegt bei Jerusalem in der Kidronschlucht. Auch zahlreiche Hospize wurden von Sabas ins Leben gerufen. Sabas von Mar Saba starb am 5. Dezember 532 in seinem Hauptkloster, wo er beigesetzt wurde. Die Grabkapelle existiert bis heute. Die Reliquien des Verehrten befanden sich bis 1965 in Venedig, wurden dann aber wieder nach Mar Saba zurückgebracht.

Verehrung/Brauchtum: Der Kult um Sabas von Mar Saba verbreitete sich in Europa vor allem in Italien: in Rom, Neapel und Montecassino.

Darstellung: Die älteste Abbildung von Sabas findet sich in der Kirche S. Maria Antiqua in Rom; es handelt sich um ein Fresko aus der Zeit um 760 und zeigt Sabas mit dem berühmten Euthymios, dessen Schüler er in Jerusalem gewesen war. Sabas trägt entweder einen kurzen, abgerundeten Bart und (manchmal) einen Schnurrbart oder einen längeren, zweigeteilten Bart; seine Attribute sind Löwe, Apfel, Engel, Krone und Teufel.

6. Dezember

Nikolaus von Myra

Bischof
geboren: um 280/286 in Patras, Griechenland
gestorben: 6. Dezember um 345/351 in Myra, heute Demre, Türkei
Patron von Rußland; von Lothringen; der Ministranten; der Kinder; der Jungfrauen; der Pilger und Reisenden; der Rechtsanwälte, Richter, Notare, Kaufleute, Apotheker, Wirte, Weinhändler, Parfümfabrikanten und -händler, Schiffer, Fischer, Matrosen, Flößer, Müller, Bäcker, Korn- und Samenhändler, Metzger, Bierbrauer, Schnapsbrenner, Bauern, Weber, Spitzen- und Tuchhändler, Steinmetze, Steinbrucharbeiter, Faßbinder, Knopfmacher, Kerzenzieher; der Feuerwehr; der Gefangenen; für eine glückliche Heirat; gegen Wassergefahren und Seenot; zur Wiedererlangung gestohlener Gegenstände; gegen Diebe

Wahre Geschichte, Legende und Brauchtum verbinden sich bei der Person des Nikolaus zu einem liebenswerten Gesamtbild: Nikolaus, der

Nikolaus von Myra auf einer russischen Ikone aus dem Jahr 1294.

Heilige und Freund der Kinder, der Patron der Gefangenen, der Schutzheilige für eine gute Heirat, Bischof, Märtyrer, Bekenner und Nothelfer. Was könnte man nicht noch alles aufzählen, das diesen volkstümlichen Heiligen auszeichnet und charakterisiert.

Zwei Städte teilen sich heute den Ruhm des Nikolaus-Kultes: Demre in der Türkei, das frühere Myra, also der Sterbeort des Bischofs, und Bari in Apulien, wo in der außergewöhnlichen Basilika S. Nicola seit 1087 die Reliquien des Hochverehrten aufbewahrt werden und das Ziel vieler Pilger sind. Die Einwohner von Bari feiern „ihren" Nikolaus jedes Jahr am 8. Mai, dem Translationstag, mit einem riesigen Fest. Die Feierlichkeiten spielen sich auf dem Meer ab, die Gläubigen fahren dabei in Booten zu einer Nikolaus-Statue. Bereits am Abend vorher zieht ein farbenprächtiger historischer Umzug durch die Straßen der Großstadt, an dem sich ganz Bari beteiligt.

Dies sind die historisch belegten Daten: Nikolaus wurde als junger Mann um 300 Bischof von Myra im damaligen Lykien. Bald danach begannen hier die Christenverfolgungen unter Galerius Valerius Maximinus. Auch Nikolaus geriet um das Jahr 310 in Gefangenschaft und wurde im Kerker schwer mißhandelt. Noch gezeichnet von den erlittenen Folterungen, trat er 325 auf dem berühmten Konzil von Nicäa auf. Von dieser Versammlung gibt es noch Überlieferungen, die seine Unterschrift tragen. Mehr weiß man über Leben und Wirken von Nikolaus kaum, bekannt ist nur noch das ungefähre Sterbedatum des Bischofs. Der Todestag war ein 6. Dezember, das Jahr lag zwischen 345 und 351.

Der Nikolaus-Kult breitete sich etwa zwei Jahrhunderte nach dem Tod des Verehrten aus, griff auf die gesamte griechische Kirche, später auch auf die slawischen Länder über. Die stärkste Verehrung erfuhr Nikolaus etwa ab dem 8. Jh. in Rußland, dessen Patron er seitdem auch ist. Zaghaft breitete sich der Nikolaus-Kult in der Folgezeit dann auch in Europa aus, so ab dem 10. Jh. in Deutschland, Frankreich und England. Italienische Seefahrer oder Piraten raubten im Jahr 1087 die Gebeine von Bischof Nikolaus aus dem Sarkophag der Grabkirche in Myra und brachten sie nach Bari in Apulien, wo zu jener Zeit die Normannen regierten. Der leere Nikolaus-Steinsarkophag kann noch heute in der wiederhergestellten Unterkirche des Nikolaus-Gotteshauses in Demre/Myra an der Südwestküste der Türkei besichtigt werden. Das antike Myra allerdings ist nur noch eine Ruinenstadt.

In Bari errichtete man zur Aufbewahrung der kostbaren Reliquien auf den Trümmern des byzantinischen Gouverneurspalastes die Basilika S. Nicola. Papst Urban II. weihte 1089 die Krypta mit dem Schrein des Nikolaus. Bis heute gehört die Emporenbasilika zu den bedeutendsten romanischen Kirchenbauten in Süditalien. Ihre größten Kostbarkeiten sind neben dem Grab des Kirchenpatrons ein Zimborium aus dem 12. Jh., das einzige völlig erhaltene aus dieser Zeit in Apulien, sowie der berühmte Bischofsthron des Elia aus weißem Marmor, der aus dem 11. Jh. stammt und zu den außergewöhnlichsten Kunstwerken Apuliens zählt.

Verehrung/Brauchtum: Das Brauchtum um die Person des Nikolaus ist sehr ausgeprägt. Am Vorabend des 6. Dezember besucht der Mann mit dem weißen Bart – oft in Begleitung von Knecht Ruprecht – die Kinder und beschenkt sie oder tadelt sie

Kirche S. Nicola in Bari. In der Krypta des Gotteshauses sind die Gebeine von Nikolaus von Myra beigesetzt. Die Kirche wurde im Jahr 1087 zur Aufbewahrung der Reliquien errichtet.

wegen Unartigkeiten. Vor die Tür gestellte Stiefel sind am Nikolausmorgen mit Süßigkeiten gefüllt. In den Alpenländern treiben am Nikolaustag vermummte Gestalten, die sogenannten Klausen, ihr Unwesen. Im süddeutschen Raum, vor allem in Bayern, ersetzt Nikolaus seit dem Mittelalter oft Erasmus als Nothelfer. Im Osten ist Nikolaus nach Maria die meistverehrte Heiligengestalt.

Die Verehrung für Nikolaus in Deutschland entwickelte sich zunächst im 10. Jh. im Rheinland; gefördert wurde sie von Kaiserin Theophanu, der griechischen Ehefrau von Kaiser Otto II. Ebenfalls im 10. Jh. entstand in Deutschland dann das Brauchtum, das bis heute erhalten blieb: die Sitte, daß Nikolaus die Kinder besucht und beschert. Dies rührt von folgender Geschichte her: In den Klosterschulen gab es damals das sogenannte „Bischofsspiel"; dabei übernahm einmal im Jahr ein Schüler die Funktion des Abtes oder auch des Bischofs und „herrschte" über das Kloster und die Schule. Zunächst begab sich dieses Spiel am 28. Dezember, dem Tag der Unschuldigen Kinder; etwa im 13. Jh. wurde es auf den Nikolaustag verlegt.

Regional und national verschieden sind sowohl die Kleidung als auch der Name von Nikolaus. Die Gestalt, als die der Nikolaus heute allgemein auftritt, wurde übrigens erst vor etwa 100 Jahren von dem Maler Moritz von Schwind geschaffen: Nikolaus mit langem weißem Bart im mit Pelz verbrämten Kapuzenmantel.

Darstellung: Nikolaus ist fast immer als älterer Bischof mit kurzem bis langem Bart dargestellt. Sehr viele Abbildungen existieren bis heute im Osten, auf denen Nikolaus oft kahlköpfig ist. Auch die Darstellungen im Westen lehnen sich in zahlreichen Fällen an die östliche Kunst an. Nikolaus sind verschiedene Attribute beigegeben, von denen die drei goldenen Kugeln auf einem Buch das häufigste ist.

Diese Darstellung geht auf folgende Legende zurück: Ein Adliger schickte seine drei Töchter in ein öffentliches Haus, damit sie sich ihre Mitgift für die Heirat als Dirnen verdienen. Nikolaus aber warf den drei jungen Frauen eines Nachts je einen Beutel mit Goldstücken durch das Fenster zu, so daß sie ihr Tun beenden und heiraten konnten. Statt der drei Kugeln hat Nikolaus auch drei Geldsäckchen, drei Goldbarren, drei Geldbeutel, drei Brote, drei Steine oder drei goldene Äpfel bei sich. Mit drei Broten auf einem Buch ist Nikolaus unter anderem bei einer Statue im Straßburger Münster zu sehen.

Auch die berühmte Schülerlegende fand häufig ihren Niederschlag in der darstellenden Kunst. Nach dieser Geschichte soll Nikolaus einmal drei Schüler davor bewahrt haben, daß sie von einem verbrecherischen Gastwirt, bei dem sie eingekehrt waren, geschlachtet und eingepökelt wurden. Daher wird Nikolaus oft mit einem (Pökel)Faß dargestellt, in welchem drei Jungen sitzen.

Und noch eine Legende wurde oft wiedergegeben: Nikolaus hilft einem in Seenot geratenen Schiff, dessen Matrosen ihn angerufen hatten. Mit Anker zeigt Nikolaus daher ein Retabel-Gemälde in der Lübecker Marienkirche (15. Jh.).

Auch zahlreiche Zyklen mit Szenen aus dem Leben des Bischofs existieren in ganz Europa. Beispiele: Münster Konstanz (15. Jh.), Marienkirche Danzig (Gotik), Nikolaikirche Grimma (von Lucas Cranach).

Peter Rigler

Prior, Priester OT
geboren: 28. Juni 1796 in Sarnthein, Südtirol, Italien
gestorben: 6. Dezember 1873 in Bozen, Südtirol, Italien
Seligsprechungsprozeß seit 1986

7. Dezember

Ambrosius

Bischof, Kirchenlehrer
geboren: 339 (333/334?) in Trier(?), Rheinland-Pfalz
gestorben: 4. April 397 in Mailand, Italien
Patron von Mailand und Bologna; der Imker und Wachszieher; der Bienen; der Haustiere

Wohl jeder hat schon einmal das Bild des Heiligen mit dem Bienenkorb gesehen. Doch wie viele wissen, daß es sich dabei um den großen Kirchenlehrer Ambrosius von Mailand handelt? Und daß die Bienen die Versinnbildlichung des „Bienenfleißes"

Ambrosius. Nach einem zeitgenössischen Mosaik in der Märtyrerbasilika S. Ambrogio in Mailand.

sind, den dieser außergewöhnliche Kirchenmann Zeit seines Lebens an den Tag legte? Ambrosius gehört zu den vier großen abendländischen Kirchenvätern und wurde von Papst Bonifaz VIII. im Jahr 1295 zum Kirchenlehrer erhoben.

Kein anderer hat das kirchliche Geschehen im 4. Jh. so sehr beeinflußt wie Bischof Ambrosius, sein Leben und sein Wirken waren von beispielloser Effizienz. Ambrosius ging nicht nur als begnadeter Kirchenmann in die Geschichte ein, sondern auch als großer Hymnendichter, dessen Werke teilweise noch heute erhalten sind.

Ambrosius kam wahrscheinlich im Jahr 339 in Trier als Sohn des Präfekten von Gallien zur Welt und genoß eine ausgezeichnete Ausbildung. Nachdem sein Vater gestorben war, zog er mit seiner Familie nach Rom und schlug die politische Laufbahn ein. Schon bald ernannte man den hochgebildeten jungen Mann zum

Konsul von Mailand. Der weitere politische Aufstieg war bereits abzusehen.

Doch da kam es zur Wende im Leben von Ambrosius. Als er versuchte, nach dem Tod des Bischofs von Mailand zwischen zwei streitenden Parteien zu vermitteln, wurde er ohne sein Zutun selbst zum Nachfolger gewählt. Ambrosius war zu diesem Zeitpunkt noch Katechumene und empfing erst wenige Tage nach seiner Ernennung zum Bischof das Sakrament der Taufe. Wiederum acht Tage später, am 7. Dezember 374, wurde er zum Bischof von Mailand geweiht.

Die erste Handlung von Ambrosius in seinem Amt war, seinen gesamten Besitz unter den Armen der Stadt zu verteilen. Dann vertiefte er sich mit Leidenschaft in das Studium theologischer Texte, besonders in jene der griechischen Kirchenväter. Schon bald galt Ambrosius als einer der begnadetsten Prediger. Das Charisma, das ihn umgab, zog die Menschen in seinen Bann. Tausende kamen durch Ambrosius zum Christentum, nicht zuletzt auch Augustinus, der seinem Lehrer einmal ebenbürtig werden und große Berühmtheit erlangen sollte. Ambrosius wurde im Laufe seiner Amtszeit zu einem begehrten Berater von Herrschern und Geistlichen gleichermaßen. Obwohl er das Wort prägte: „Der Kaiser steht innerhalb der Kirche und nicht über der Kirche" und somit die jeweils Regierenden klar in ihre Schranken wies, zogen ihn drei Kaiser vertrauensvoll als Ratgeber heran.

Ein gewichtiges Wort sprach Ambrosius auch in den kulturellen Belangen seiner Zeit mit. Er dichtete, komponierte und schrieb zahlreiche Bücher. Mit seinem Werk beeinflußte er maßgeblich das Kulturleben des 4. Jh. und weit darüber hinaus. Der „Ambrosianische Gesang", der liturgische Gesang der Mailänder Kirche, wurde zu einem feststehenden Begriff. Auch war es Ambrosius, der als erster den Begriff „Messe" für die Eucharistiefeier benutzte.

Nach einem Leben, das an Einsatzkraft und Wirksamkeit kaum mit dem eines anderen Kirchenmannes jener Zeit vergleichbar ist, starb Bischof Ambrosius am 4. April 397. Als Gedenktag wird seit dem 11. Jh. jedoch der Tag der Bischofsweihe begangen, der 7. Dezember. Seine letzte Ruhestätte fand Ambrosius in der von ihm gegründeten Mailänder Märtyrerbasilika, die er den Heiligen Gervasius und Protasius geweiht hatte und die nach seiner Beisetzung nach ihm benannt wurde: S. Ambrogio. Der bekleidete Leichnam von Ambrosius ruht heute in einem Glasschrein in der Krypta, rechts und links von ihm liegen Gervasius und Protasius.

Verehrung/Brauchtum: Bis zum heutigen Tag existiert eine Wallfahrt zum Grab von Ambrosius in Mailand.

Oben: S. Ambrogio in Mailand wurde in den Jahren 379 bis 386 als Märtyrerbasilika auf einem frühchristlichen Friedhof errichtet.

Glasschrein mit den bekleideten Gebeinen von Ambrosius, die rechts und links von den Gebeinen der Märtyrer Gervasius und Protasius eingerahmt sind.

Darstellung: Die wahrscheinlich älteste Darstellung des Ambrosius und die älteste eines Kirchenvaters überhaupt befindet sich im Sacello di S. Vittore in Ciel d'Oro in der Kirche S. Ambrogio in Mailand; es handelt sich um ein Mosaik aus der Zeit um 470 auf Gold- und Blaugrund. Es gibt Historiker, die vom ersten erhaltenen Heiligenporträt überhaupt sprechen. In der Kirche S. Ambrogio gibt es eine Fülle von Ambrosius-Darstellungen, so in der Apsis mehrere Szenen (1469) am Chorgestühl und am Goldaltar ein Relief (um 840).

Als Attribute hat Ambrosius Bienenkorb, Buch, Schreibfeder, Taube, Geißel, Kind in der Wiege oder Kirchenmodell bei sich; auch einen Bienenzüchterhut trägt er manchmal. Häufig ist Ambrosius auch in der Schreibstube sitzend dargestellt, so auf einem Fresko von Niccolò Pizzolo (15. Jh.) in der Chiesa Eremitani in Padua. Mit den drei anderen lateinischen Kirchenvätern Augustinus, Gregor dem Großen und Hieronymus ist Ambrosius im Arkadengewölbe des Brixener Domkreuzganges (1417) oder am berühmten Kirchenväteraltar (um 1483) von Michael Pacher (Alte Pinakothek, München) zu sehen.

Fara (Burgundofara)

Äbtissin von Faremoutiers
geboren: 595 in Burgund, Frankreich
gestorben: 3. April 657 in Faremoutiers bei Meaux, Frankreich

Maria Josepha Rossello

Generaloberin, Gründerin OFM
geboren: 27. Mai 1811 in Albisola Marina bei Savona, Italien
gestorben: 7. Dezember 1880 in Savona

Papst Pius XII. sprach am 12. Juni 1949 die Italienerin Maria Josepha Rossello heilig; sein Vorgänger Pius XI. hatte die Franziskanerterziarin 1938 seliggesprochen. Maria Josepha Rossello hatte 1837 auf Wunsch des Bischofs von Savona mehrere junge Frauen um sich gesammelt und mit diesen zusammen in Savona zwei Schulen eröffnet. Drei Jahre später entstand daraus das Institut der „Töchter Unserer Lieben Frau von der Barmherzigkeit", das Maria Josepha Rossello vier Jahrzehnte lang bis zu ihrem Tod als Generaloberin leitete. Eines ihrer ganz besonderen Bemühen war es, afrikanische Sklavenkinder freizukaufen.

Das Institut von Maria Josepha Rossello verbreitete sich rasch in ganz Italien und auch in Amerika; in den sechziger Jahren zählte es fast 2000 Mitglieder.

8. Dezember

Constantinus von Orval

1. Abt von Orval OCist
geboren: um 1090 in Frankreich
gestorben: 8. Dezember 1145 in Orval, Belgien

Edith und Elfriede von Caestre

Märtyrerinnen
geboren: 8. Jh. in Frankreich
gestorben: 819 in Caestre bei Hazebrouck, Frankreich

Verehrung/Brauchtum: Bis heute werden die beiden Märtyrerinnen Edith und Elfriede in der Gegend um Arras in Nordfrankreich verehrt. Über Leben und Tod der beiden jungen Frauen, mit denen auch noch ihre Schwester Sabina starb, ist nichts überliefert. Angeblich sollen sie von Normannen ermordet worden sein.

Gunthildis (Cynehild) von Ohrdruf

Äbtissin von Ohrdruf OSB
geboren: 7. Jh. in England
gestorben: um 760 in Ohrdruf, Thüringen

Romarich von Remiremont

Gründerabt OSB
geboren: um 570 in Frankreich
gestorben: 8. Dezember 655 in Remiremont, Frankreich

Romarich ist der Gründer und Namensgeber der berühmten Benediktinerabtei Remiremont in den Vogesen, die die Klosterentwicklung stark beeinflußte und zahlreiche große Persönlichkeiten hervorbrachte.

Romarich war Ende des 6. Jh. Beamter bei den austrasischen Königen Theudebert II. und Chlotar II. Um das Jahr 600 entschied er sich für ein vollkommen anderes Leben und trat in das berühmte Kloster Luxeuil ein, wo er die Gelübde als Benediktinermönch ablegte. Chlotar II., der Romarich außerordentlich schätzte und ihn weiterhin als Berater zu sich rief, schenkte dem Mönch dann im Jahr 620 ein Stück Land in den Vogesen. Hier an der Mosel gründete Romarich zuerst ein Nonnenkloster, das er bald darauf zu einem Doppelkloster erweiterte. Romarich leitete das Kloster zusammen mit seinem Gefährten Amatus, der von Anfang an treu an seiner Seite gestanden hatte, und nach dessen Tod allein.

Abt Romarich starb am 8. Dezember 655. Rund 400 Jahre später, 1051, erhob Papst Leo IX. die Gebeine des Gründers von Remiremont.

Valens von Avignon

Bischof von Avignon
geboren: um 530 in Südfrankreich
gestorben: 591 bei Avignon, Frankreich

9. Dezember

Eucharius von Trier

Bischof
geboren: 2./3. Jh.
gestorben: 3. Jh. in Trier, Rheinland-Pfalz

Nach den alten Bischofslisten war Eucharius der erste Bischof der Diözese Trier und amtierte im 3. Jh. Über Leben und Wirken von Eucharius ist weiter nichts überliefert; an seiner Grabstätte in Trier wurde bereits im 4. Jh. eine Kapelle errichtet, der Vorgängerbau der heutigen Matthiaskirche, in der die Reliquien des Apostels Matthias aufbewahrt werden. Eucharius ist aber immer noch Patron der Kirche. Gregor von Tours nannte Eucharius später einmal „Beschützer der Stadt Trier vor einer Pestepidemie". Eine Legende macht Eucharius auch zu einem Schüler von Apostel Petrus.

Verehrung/Brauchtum: In der Diözese Limburg ist der 11. September der Gedenktag für Eucharius; er wird dort gleichzeitig mit Valerius und Maternus gefeiert. Valerius war der Nachfolger von Eucharius auf dem Trierer Bischofsstuhl, Maternus soll angeblich Bischof von Trier, aber auch von Köln und Tongern gewesen sein.

Darstellung: Auf Abbildungen ist Bischof Eucharius immer im bischöflichen Gewand zu sehen; oft hält er ein Modell der Trierer Kirche, was Rückschlüsse auf das hohe Alter des ersten Dombaues in Trier zuläßt. Auch im ersten Stadtsiegel von Trier (13. Jh.) wurde Eucharius abgebildet; es befindet sich heute in der Trierer Stadtbibliothek.

Gorgonia

Christin, Tochter von Gregor von Nazianz dem Älteren
geboren: um 300 in Nazianz, heute Nenisi, Türkei
gestorben: um 370 in Nazianz

Liborius Wagner

Priester, Märtyrer
geboren: Dezember 1593 in Mühlhausen, Thüringen
gestorben: 9. Dezember 1631 in Schonungen, Bayern

Papst Paul VI. nahm am 24. März 1974 einen Priester in den Kreis der Seligen auf, der erst im Alter von 30 Jahren Katholik geworden war: Liborius Wagner. Einer evangelischen Familie aus dem thüringischen Mühlhausen entstammend, hatte Wagner 1623 unter dem Einfluß der Jesuiten den großen Entschluß gefaßt, zu konvertieren und im Anschluß daran das Priestertum als Lebensziel zu erwählen. Schon 1625 empfing Liborius Wagner in Würzburg die Priesterweihe, ein Jahr später trat er eine Pfarrstelle in Altenmünster an.

Die letzten Zeilen eines Briefes von Liborius Wagner an den Geistlichen Rat von Würzburg.

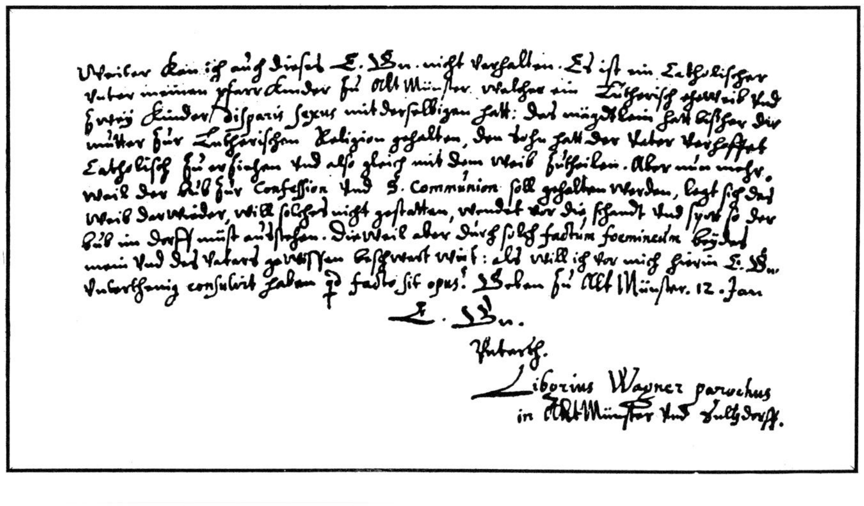
Liborius Wagner parochus
in Altmünster und Sulzdorff.

Nach fünf Jahren seelsorgerischer Tätigkeit wurde Liborius Wagner 1631 von den Schweden gefangengenommen, die ihn danach einkerkerten und furchtbaren Martern aussetzten. Trotz aller Qualen weigerte sich Wagner jedoch, der Forderung, wieder evangelisch zu werden, nachzukommen, immer wieder erklärte er: „Ich lebe, leide und sterbe päpstlich-katholisch." Am 9. Dezember 1631 schließlich ermordeten die Schweden Liborius Wagner in Schonungen und warfen seine Leiche in den Main. Die Gebeine des mutigen Priesters ruhen seit 1804 in der jetzigen Pfarrkirche von Heidenfeld, nachdem die vorherige Grabkirche im Kloster Heidenfeld säkularisiert und dann abgebrochen worden war.

Darstellung: Liborius Wagner wird als Priester dargestellt, seine Attribute sind Palme sowie Dolch oder Schwert.

Petrus Fourier

Ordensgründer CanAug
geboren: 30. November 1565 in Mirecourt, Lothringen, Frankreich
gestorben: 9. Dezember 1640 in Gray, Frankreich

Genau 300 Jahre, nachdem er eine der bedeutendsten Kongregationen gegründet hatte, wurde Petrus Fourier von Papst Leo XIII. heiliggesprochen: Das Gründungsdatum für den Lehrorden der „Chorfrauen Unserer Lieben Frau" (U.L.F.) war 1597, die Heiligsprechungsfeier in Rom fand am 7. Mai 1897 statt. Die Seligsprechung war 1730 erfolgt.

Petrus Fourier kam am 30. November 1565 in Mirecourt in Lothringen zur Welt und trat im Alter von

Petrus Fourier. Nach einem zeitgenössischen Gemälde. Das Porträt befindet sich im Schloß von Ville-sur-Illon in den Vogesen und ist im Besitz der Familie de Gonneville, Nachkommen des Bruders von Fourier.

20 Jahren als Klerikernovize in die Chorherrenabtei Chaumousey ein. 1589 empfing er in der Simeonskirche zu Trier die Priesterweihe. Danach trat Petrus Fourier in der völlig heruntergekommenen Gemeinde von Mattaincourt in die Nähe seines Heimatortes Mirecourt die Stelle des Pfarrers an. Die Menschen dort traten ihm mit äußerstem Mißtrauen entgegen, zahlreiche Irrlehren hatten im Pfarrbereich Fuß gefaßt. Doch Fourier verzagte nicht und ging die große Aufgabe, die er sich selbst auferlegt hatte, beherzt an. Schon bei seiner ersten Messe hielt er eine so leidenschaftliche Predigt, daß viele Zuhörer ergriffen waren und ihnen Tränen in den Augen standen.

Nach wenigen Jahren nur war Petrus Fouriers Gemeinde wie umgewandelt. Bei den Messen herrschte großer Andrang, Sittlichkeit und Moral waren gewachsen, die Irrlehren stark zurückgedrängt. Liebevoll kümmerte sich Petrus Fourier um das

Wohl der Jugend, die ihm sehr am Herzen lag.

Um die Voraussetzung für eine gute christliche Erziehung zu schaffen, gründete Fourier dann 1597 seinen Lehrorden, dessen Schwestern sich ausschließlich um die Ausbildung und die christliche Erziehung junger Mädchen kümmerte. Papst Paul V. bestätigte die Ordensgemeinschaft einige Jahre später, woraufhin sie sich schnell über zahlreiche Länder verbreitete. Rund 25 Jahre später reformierte Petrus Fourier dann die Kongregation der „Regulierten Chorherren von Unserem Heiland“ und bereitete damit den Boden für die Erziehung der männlichen Jugend.

Nach über 40jähriger, unermüdlicher Arbeit für seine Gemeinde und „seine“ Jugendlichen starb Petrus Fourier am 9. Dezember 1640 im Alter von 75 Jahren. Lange Zeit galt er als der „Heilige Lothringens“ und wurde in dieser Region ganz besonders verehrt. Seine letzte Ruhestätte fand der Ordensgründer in der Pfarrkirche von Mattaincourt, dort, wo er über vier Jahrzehnte auf der Kanzel gestanden hatte.

Verehrung/Brauchtum: In der Diözese Trier wird der Gedenktag von Petrus Fourier am 10. Dezember begangen.

Darstellung: Petrus Fourier ist im Gewand eines Kanonikers dargestellt, seine Attribute sind flammendes Herz und Rosenkranz, oft hält er auch ein Marienbild. Fast alle Abbildungen orientieren sich an Originalporträts von Fourier, was vor allem an der Barttracht erkennbar ist. Ein Bild, das anläßlich der Seligsprechung des Ordensgründers 1730 entstand, ist in der Kathedrale von Nancy zu sehen.

Syrus von Pavia

Bischof
geboren: 3./4. Jh. in Italien
gestorben: 4. Jh. in Pavia, Italien

In der mächtigen Kathedrale von Pavia fällt in der östlichen Seitenkapelle ein Glasschrein auf, in dem ein bekleideter Leichnam ruht. Es ist der Körper von Syrus, dem ersten Bischof der oberitalienischen Stadt. Die Kapelle trägt seinen Namen: Cappella S. Siro. Die Wirkungszeit des Bischofs lag in der Mitte des 4. Jh., denn die alten Bischofslisten erwähnen bereits ab etwa 375 den zweiten Bischof der Diözese. Über Leben und Wirken von Syrus ist so gut wie nichts bekannt, ebensowenig weiß man über seine Herkunft und sein Todesdatum. Seit dem 9. Jh. ruhen die Syrus-Gebeine im Dom von Pavia. In Italien tragen zahlreiche Kirchen und auch weltliche Einrichtungen den Namen von Syrus; so heißt beispielsweise das Fußballstadion von Mailand „Stadio San Siro“.

Glasschrein mit den bekleideten Gebeinen von Bischof Syrus im Dom zu Pavia.

Darstellung: Abbildungen von Bischof Syrus existieren hauptsächlich in und um Pavia. Syrus ist darauf fast immer in Pontifikalkleidung zu sehen, manchmal hält er ein Kreuz in der Hand. Eine der ältesten Darstellungen ist ein Fresko (10. Jh.) in der Kirche S. Giovanni Domnarum in Pavia. Zu den mittelalterlichen Abbildungen von Syrus gehört auch ein Mosaik mit seinem Bild im Markusdom in Venedig (13. Jh.). In der Kartause von Pavia (Certosa di Pavia) existiert im Atrium ein Darstellungszyklus mit mehreren Szenen aus dem Leben von Bischof Syrus; er stammt von dem italienischen Künstler Bambaja (Antonio Busti) und entstand um 1530.

Valeria von Limoges

Märtyrerin
geboren: 3. Jh.(?) in Limoges, Frankreich
gestorben: 3. Jh.(?) in Limoges

Gesicherte Überlieferungen über das Leben von Valeria existieren nicht. Nach einer Legende, die wahrscheinlich im 10. Jh. entstand, war sie von Bischof Martialis von Limoges Mitte des 3. Jh. getauft worden. Danach löste die junge Frau ihre Verlobung mit dem heidnischen Herzog Stephan, der in der Folge aus Wut ihre Enthauptung anordnete. Nach dieser Legende soll Valeria daraufhin mit ihrem abgeschlagenen Haupt in der Hand, geführt von einem Engel, zu Martialis gekommen sein, der gerade eine Messe am Altar las.

Verehrung/Brauchtum: Der Kult um Valeria von Limoges entstand, als man eines Tages neben der Grabstätte von Bischof Martialis in der Kirche St-Pierre-du-Séculpre in Limoges ein Grab fand, das einer Valeria zugeschrieben war. Später wurden dann Valeria-Reliquien von St-Martial in Limoges an andere Orte übertragen. Auch in Paris fanden sich Anzeichen für einen Valeria-Kult.

Darstellung: Valeria von Limoges ist meist als vornehme Jungfrau, manchmal mit einem schmalen Reif im Haar, dargestellt. Auf verschiedenen Abbildungen trägt die Märtyrerin ihr abgeschlagenes Haupt in Händen. Auch gemeinsam mit Bischof Martialis wurde Valeria dargestellt, so in dem berühmten Martialis-Freskenzyklus im Papstpalast in Avignon (1345).

10. Dezember

Eulalia von Mérida

Märtyrerin
geboren: 292 in Mérida, Spanien
gestorben: 10. Dezember 304 in Mérida
Patronin der Wöchnerinnen; der Reisenden; gegen Unglück; gegen die Ruhr

„Nicht Mars gewidmet, sondern Jesus Christus sowie der Jungfrau und Märtyrerin Eulalia, der dieser Tempel neu geweiht wurde.“ Diese Worte liest der Besucher am Portikus der Kirche Santa Eulalia in Mérida, der historisch bedeutenden Stadt in der spanischen Region Estremadura, unweit der Grenze zu Portugal. Was ist der Grund für diesen Hinweis?

Das heute christliche Gotteshaus war einst, wie noch auf einem von zwei korinthischen Säulen getragenen Architrav zu lesen ist, von einer Heidin namens Vetila dem Gott Mars gewidmet worden. Teile des alten Tempels aus dem 1. Jh. sind heute in der Kirche noch zu sehen. Drei Jahrhunderte später erweiterte man den Bau dann zu Ehren der spanischen Märtyrerin Eulalia und weihte ihn der bald volkstümlichsten Heiligen des Landes.

Eulalia erblickte im Jahr 292 in Mérida als Tochter einer vornehmen christlichen Familie das Licht der Welt. Schon als Kind zeigte sie eine außergewöhnliche Reife und war ständig im Gebet versunken. Als die Christenverfolgungen unter Kaiser Diokletian auch auf Spanien übergriffen, vernahm das Mädchen immer wieder voller Erstaunen, welchen Mut viele Gläubige bewiesen, die lieber in den Tod gingen, als ihrem christlichen Glauben abzuschwören. Immer öfter äußerte Eulalia in der Folge den Wunsch, ebenfalls für Christus sterben zu dürfen.

Eines Tages verließ die inzwischen zwölfjährige Eulalia den elterlichen Landsitz und begab sich in die Stadt Mérida hinein zu Statthalter Dacian, der gerade gegen mehrere Christen zu Gericht saß. „Ihr sucht Christen? Hier bin ich!“, rief das Mädchen dem Christenhasser entgegen. Eulalia ging auf ein Götzenbild zu, das im Raum hing, riß es von der Wand und zertrat es mit den Füßen. Dacian gab den hinzukommenden Soldaten den Befehl, Eulalia zu ergreifen. Brutal packten sie das Kind, schlugen und folterten es und rissen ihm mit eisernen Haken den Leib auf. Als kein einziger Klagelaut über die Lippen Eulalias kam, wurden die Männer so wütend, daß sie ihre blutenden Wunden mit brennenden Fackeln ausbrannten. Als Eulalia weiterhin keine Regung zeigte, ordnete Dacian ihren Tod durch Verbrennen an.

Nach der Überlieferung soll das Mädchen am Tag darauf in einem Backofen verbrannt worden sein. Der spanische Ausdruck für Backofen ist horno, weshalb man eine Kapelle, die noch heute vor der Kirche Santa Eulalia in Mérida steht, „Horno de Santa Eulalia“ nannte. Auch der „Ofen der heiligen Eulalia“ wird noch immer gezeigt. Der Todestag der Kind-Märtyrerin war wohl der 10. Dezember 304.

Verehrung/Brauchtum: Eulalia von Mérida ist heute die wohl meistverehrte Märtyrerin in Spanien. Aber nicht nur in Spanien, sondern auch in Frankreich und in Teilen Afrikas verbreitete sich der Eulalia-Kult.

Darstellung: Bei der Darstellung der Märtyrerin Eulalia steht das Martyrium im Vordergrund. Ein Beispiel dafür ist ein Relief von Bartolomé Ordónez (1520) an der westlichen Chorwand der Kathedrale in Barcelona; es zeigt Eulalia auf einem Feuerbett liegend, vor dem Richter. Attribute, die Eulalia auf Abbildungen häufig beigegeben wurden, sind Krone, Kreuz, Lilie, Buch, Palme, Taube und kleiner Ofen.

Miltiades (Melchiades)

Papst (311 bis 314)
geboren: 3. Jh. in Afrika(?), Rom(?)
gestorben: 11. Januar 314 in Rom, Italien

11. Dezember

Arthur Bell

Priester, Mönch, Märtyrer OFM
geboren: 13. Januar 1590 in Worcestershire, England
gestorben: 11. Dezember 1643 in Tyburn, England

Der Franziskanermönch und Priester Arthur Bell wurde am 11. Dezember 1643 wegen seines katholischen Glaubens enthauptet und gevierteilt. Bell hatte neun Jahre lang als Guardian seines Ordens in London gewirkt und außerdem tatkräftig am Aufbau der schottischen Franziskanerprovinz mitgewirkt.

Damasus I.

Papst
geboren: um 305 in Rom(?), Italien
gestorben: 11. Dezember 384 in Rom
Patron gegen Fieber

In Rom erinnern noch heute zahlreiche Gebäude oder Einrichtungen an den ersten Papst, der den Namen Damasus trug. So bewahrt unter anderem der Cortile di San Damaso im vatikanischen Palast das Andenken an den von 366 bis 384 amtierenden Papst, ein Krankenhaus ist nach ihm benannt, und die Kirche, in der Damasus I. seine letzte Ruhestätte gefunden hat, trägt ebenfalls seinen Namen: S. Lorenzo in Damaso; das Gotteshaus im Palazzo della Cancelleria am Corso Vittorio Emanuele in Rom dient als Palastkapelle und ist durch ein kleines Tor zu erreichen. Der Palast gilt als eines der Meisterwerke der Frührenaissance und wurde Ende des 15. Jh. unter Mitwirkung des großen Baumeisters Donato d'Angelo Bramante begonnen. Die heutige Kirche S. Lorenzo in Damaso errichtete man dabei über jenem Ursprungsbau, der noch von Papst Damasus I. im Jahr 380 selbst erbaut worden war. Ursprünglich war das Gotteshaus nur dem heiligen Laurentius (Lorenzo) geweiht. Als man dann den Leichnam des Papstes hierher übertrug, erhielt es auch dessen Namen.

Über die Herkunft von Damasus weiß man so gut wie nichts. Die einen Quellen sagen, er stamme aus Spanien, die anderen, wohl die richtigen, berichten von Rom als Geburtsort. Das Geburtsjahr des Papstes lag um 305. Sein Lebensweg läßt sich aber erst von da an begleiten, als er Diakon bei seinem Vorgänger Liberius war und diesen bei einer Verbannung wegen Streitigkeiten mit Arianern ins Exil begleitete. Nachdem Liberius 366 gestorben war, wählte eine Mehrheit Damasus zum neuen Papst, eine Minderheit stellte Ursinus als Gegenpapst auf. Ein jahrelanges Schisma nahm so seinen Anfang. Die beiden Parteien lieferten sich blutige Auseinandersetzungen, in denen mehr als hundert Tote zu

Papst Damasus I.

beklagen waren. Im Jahr 377 wurde Damasus I. von den Gegnern sogar fälschlicherweise des Mordes bezichtigt. Sein Freispruch erfolgte Monate später auf einer von ihm selbst einberufenen Synode.

In der Folgezeit bekämpfte Damasus I. verstärkt die Irrlehren, die aufgekommen waren, und bemühte sich um eine Hebung der Moral innerhalb des Klerus. So forderte er von den verheirateten Klerikern die vollkommene Enthaltsamkeit, da, wie er es formulierte, „ein Diener Gottes verpflichtet ist, sich stets rein zu halten". Zu den wichtigsten Entscheidungen von Papst Damasus gehörte die Auftragserteilung an Hieronymus, die Bibel zu überarbeiten und neu zu übersetzen. Diese „Vulgata", wie das Werk von Hieronymus später hieß, gewann in der Folgezeit große Bedeutung und behielt seine Gültigkeit bis ins 20. Jh. hinein.

Papst Damasus I. starb am 11. Dezember 384 in Rom und wurde zuerst an der Via Ardeatina beigesetzt. Später kamen die Gebeine dann in die Kirche S. Lorenzo in Damaso, wo sie 1645 nach langer Verschollenheit wieder aufgefunden wurden.

Darstellung: Papst Damasus I. ist meist mit dem päpstlichen Doppelkreuz, oft auch mit Buch (Aufschrift: „Vulgata") oder Kirchenmodell dargestellt. Manchmal ist ihm auch ein Diamant(ring) beigegeben, was wohl auf seinen Namen abzielt: Adamas heißt im Lateinischen Diamant. Eine bekannte Abbildung existiert in der Sixtinischen Kapelle im Vatikan; die dortigen Papstfresken werden Ghirlandaio oder Fra Diamante zugeschrieben (15. Jh.).

Daniel Stylites (von Konstantinopel)

Säulensteher
geboren: um 409 in Maratha, Syrien
gestorben: 11. Dezember 493 in Anaplus, Türkei

David von Himmerod

Mönch, Mystiker OCist
geboren: um 1100 in Florenz, Italien
gestorben: 11. Dezember 1179 in Himmerod, Rheinland-Pfalz

Der Zisterziensermönch David gehörte zu den ersten Mitgliedern der Abtei Himmerod in der Eifel, deren Platz Bernhard von Clairvaux selbst ausgesucht hatte. David besaß die Gabe der Wunder und andere große mystische Begnadungen. Nach seinem Tod setzte rasch eine Verehrung für ihn ein, die teilweise bis heute erhalten geblieben ist. Als die Klosterkirche in Himmerod 1802 säkularisiert wurde, gelangten die Gebeine Davids, die in einem Marmoralter beigesetzt waren, nach Trier, wurden aber 1930 wieder nach Himmerod zurücküberführt.

Sabinus von Piacenza

Bischof von Piacenza
geboren: 4. Jh. in Italien
gestorben: um 395 in Piacenza, Italien

Der dreifache Quellbrunn von Wessobrunn, Ursprung des Klosters.

Tassilo III. von Bayern

Herzog
geboren: um 730 in Bayern
gestorben: 11. Dezember um 800 in Lorsch, Hessen

Tassilo III., Herzog von Bayern, gehörte zu den wichtigsten Förderern der Kirche im damaligen bayerischen Raum, in Kärnten und in Südtirol. Er ging als Stifter und Erneuerer zahlreicher Klöster sowie als überlegter Organisator kirchlicher Belange in die Geschichte ein. Tassilos berühmteste Klostergründungen sind Wessobrunn südlich des Ammersees (753) und Kremsmünster in Österreich (777), wo noch heute der Kelch und der Leuchter Tassilos gezeigt werden.

Die Gründungsgeschichte des bayerischen Klosters Wessobrunn ist es wert, erzählt zu werden. Die Überlieferung berichtet, der Jäger Wezzo habe bei einer Treibjagd mit Herzog Tassilo einen dreifachen Quellbrunn entdeckt. Tassilo soll danach an dieser Stelle von einer Leiter geträumt haben, auf der Engel auf- und abstiegen. Daraufhin entschloß sich der bayerische Herzog, hier ein Kloster zu gründen und ihm den Namen Wezzo-Brunn zu geben. Daraus entwickelte sich dann der Name Wessobrunn. Die ersten Mönche des Klosters kamen wahrscheinlich aus Benediktbeuern, der erste Abt hieß Ilsung und wurde 758 gewählt.

Herzog Tassilo III. starb an einem 11. Dezember um 800 im hessischen Lorsch, nachdem ihn Karl der Große wegen Verlassens des fränkischen Heeres zu lebenslanger Klosterhaft verurteilt hatte. Noch heute steht die sogenannte Tassilo-Linde beim Kloster Wessobrunn an der Stelle, wo Tassilo einst sein Nachtlager aufgeschlagen und seinen Traum hatte.

Wilburgis (Wilberg)

Inkluse, Mystikerin
geboren: um 1230 in St. Florian bei Linz, Österreich
gestorben: 11. Dezember 1289 in St. Florian

In der Krypta der berühmten Stiftskirche Mariä Himmelfahrt im oberösterreichischen St. Florian ist Wilburgis beigesetzt, die zu den außergewöhnlichsten Heiligengestalten gehört. Wilburgis kam um das Jahr 1230 in St. Florian bei Linz zur Welt und verlor schon früh Vater und Mutter. Von Kindheit an war das Mädchen kränklich, oft hatte es schwere Schmerzen aufgrund verschiedenster Leiden zu ertragen. Doch trotz dieser Beschwerden erfüllte sich Wilburgis ihren sehnlichsten Wunsch: Unter größten Schwierigkeiten pilgerte sie, erst 17 Jahre alt, ins spanische Santiago de Compostela.

Nachdem Wilburgis 1248 wieder zurückgekehrt war, ließ sie sich neben der Stiftskirche St. Florian in eine Zelle einschließen, die sie in den folgenden 40 Jahren nicht mehr verließ. Einzig König Rudolf gelang es einmal, sie einen Augenblick herauszubitten. Im Laufe der vier Jahrzehnte wurde Wilburgis zu einer gefragten Beraterin für Reiche und Arme, jeden empfing sie in ihrer Zelle.

Wilburgis starb am 11. Dezember 1289 in ihrer Zelle und wurde unter der Anteilnahme einer riesigen Menschenmenge in St. Florian zu Grabe getragen. Später übertrug man ihre Gebeine in die Krypta der Stiftskirche. Einer ihrer Schüler, Propst Einwik von St. Florian, schrieb für die Nachwelt die Lebensgeschichte von Wilburgis nieder.

Darstellung: Wilburgis ist als Nonne mit den Attributen Lilie, Taube oder Schlange dargestellt. Auch im Schnee Rosen pflückend, ist Wilburgis auf Bildern zu sehen, ebenso, wie sie von Jesus vom Kreuz herab umarmt wird. Abbildungen sind fast ausschließlich auf St. Florian beschränkt.

12. Dezember

Bartholomäus Bompedoni

Priester
geboren: 1228 in Mucchio, Italien
gestorben: 12. Dezember 1300 in Cellole, Italien
27. April 1910 Approbation des Kultes

Ida von Nivelles (von Rameige)

Nonne, Mystikerin OCist
geboren: um 1190 in Nivelles, Belgien
gestorben: 12. Dezember 1231 in Rameige, Belgien
Patronin gegen Qualen im Fegefeuer; gegen Zahnschmerzen

Ida von Nivelles trat im Alter von 16 Jahren in das Zisterzienserinnenkloster Kerkhem bei Löwen ein, das später nach Rameige verlegt wurde. Das Leben Idas war geprägt von Visionen, auch hatte sie die Gabe der Wunder. Die Überlieferungen berichten, Ida von Nivelles habe aufgrund ihrer eigenen schweren Seelenleiden zahlreiche arme Seelen aus dem Fegefeuer erlöst (Patronat).

Darstellung: Ida von Nivelles ist auf Abbildungen meist auf dem Krankenbett liegend zu sehen; oft hält sie das Jesuskind, das ihr manchmal auch von Maria in den Arm gelegt wird.

Johanna Franziska von Chantal

Ordensgründerin, Mystikerin OVM
geboren: 28. Januar 1572 in Dijon, Frankreich
gestorben: 13. Dezember 1641 in Moulins, Frankreich
Patronin der Salesianerinnen; für eine glückliche Entbindung

Im römischen Martyrologium wird die heilige Johanna Franziska Frémyot von Chantal gerühmt wegen ihrer „Heiligkeit im Stande der Jungfrau, der Frau, der Witwe und der Ordensgründerin". Und Franz von Sales, Seelenführer und geistiger Freund Johannas, sagte einmal voller tiefer Bewunderung über seine Gefährtin: „Ich habe in Frau von Chantal das vollkommene Weib gefunden, das Salomon in Jerusalem suchte und nicht fand."

Johanna Franziska kam am 28. Januar 1572 als Tochter des burgundischen Parlamentspräsidenten Frémyot

Johanna Franziska von Chantal. Nach einem zeitgenössischen Porträt aus dem Jahr 1636. Die Mystikerin gründete 1610 zusammen mit ihrem Seelenführer und Freund Franz von Sales die Ordensgemeinschaft der Salesianerinnen, deren Mutterhaus in Annecy im Süden von Genf entstand.

zur Welt und wurde im Alter von 20 Jahren mit Baron Christopher de Chantal vermählt. In glücklicher Ehe schenkte Johanna Franziska ihrem Mann sechs Kinder, von denen zwei schon jung starben. Nach nur zehnjähriger Ehe verunglückte Baron de Chantal auf der Jagd tödlich, und die junge Witwe mußte von nun an allein für ihre vier kleinen Kinder sorgen.

Franziska gelobte, nachdem sie ihren ersten tiefen Schmerz überwunden hatte, ewige Jungfräulichkeit und wollte sich fortan nur noch um die christliche Erziehung ihrer Kinder kümmern. Um Kraft für ihre schwere Aufgabe zu erlangen, bat sie Gott in innigen Gebeten immer wieder um einen Seelenführer, an den sie sich in schweren Zeiten wenden könnte. Im Jahr 1604 hörte die inzwischen 32 Jahre alte Johanna Franziska eine Predigt des Genfer Bischofs Franz von Sales und erkannte, daß dieser begnadete Kirchenmann der für sie von Gott bestimmte Seelenführer war. Sie unterstellte sich vom Tag der Begegnung an seiner Leitung, zwischen beiden entwickelte sich eine innige geistige Freundschaft. Noch heute sind Briefe aus dieser Beziehung erhalten.

Nachdem Johanna Franziska von Chantal ihre Kinder versorgt wußte – ein Bruder von Franz von Sales hatte inzwischen ihre älteste Tochter geheiratet, der Bischof von Bourges die Erziehung ihres 14 Jahre alten Sohnes übernommen –, verwirklichte die Witwe zusammen mit Franz von Sales den Plan, der schon lange besprochen war: Im Jahr 1610 gründeten Johanna Franziska und Franz den Orden „Von der Heimsuchung Mariä", dessen Schwestern sich Salesianerinnen nannten. Diese Ordensgemeinschaft sollte jungen Mädchen und Frauen die Möglichkeit eines heiligmäßigen Lebens bieten ohne die strengen Regeln der anderen Orden, die von vielen nicht erfüllt werden konnten. Das Mutterhaus der Salesianerinnen entstand in Annecy am gleichnamigen See im Süden von Genf, und schon nach wenigen Jahren hatte sich der Orden über ganz Frankreich verbreitet.

Nachdem Franz von Sales 1621 gestorben war, oblag Johanna Franziska von Chantal allein die Sorge für den weiteren inneren und äußeren Aufbau der Ordensgemeinschaft. Immer wieder wurden ihr in diesen Jahren mystische Gnadenbeweise zuteil. Die Leiden erwuchsen Johanna Franziska in den letzten Lebensjahren zu einem Martyrium, das sie jedoch klaglos und mit immer gleichbleibender Sanftmut ertrug. Sie hatte sich und ihr ganzes Leben in die Hände Gottes gelegt und sah jeden neuen Schmerz als eine weitere Prüfung ihres Herrn an. Wunderbare Briefe von ihr offenbaren diese Einstellung zu ihren Leiden.

Nach einem schweren, aber erfüllten Leben starb Johanna Franziska Frémyot de Chantal am 13. Dezember 1641 während einer Visitationsreise im Kloster von der Heimsuchung in Moulins im Departement Allier. In ihrem Sterbekloster befindet sich heute das Lyzeum Banville. Der Leichnam der Ordensgründerin wurde nach Annecy überführt und in der dortigen Salesianerinnenkirche beigesetzt. Der Orden hatte inzwischen 86 Niederlassungen. Papst Clemens XIII. sprach Johanna Franziska von Chantal 1767 heilig, die Seligsprechung war 1751 erfolgt.

Verehrung/Brauchtum: Wegen des Festtages von Lucia am 13. Dezember wurde der Gedenktag für Johanna Franziska Chantal 1969 auf den 12. Dezember vorverlegt.

Darstellung: Von Johanna Franziska Frémyot von Chantal gibt es ein zeitgenössisches Porträt (vera effigies), das sie im Ordensgewand der Salesianerinnen zeigt. Neben diesem zu Lebzeiten der Ordensgründerin angefertigten Bildnis existieren noch weitere authentische Porträts, so beispielsweise in der Kirche der Visitantinnen in Paris. Als Attribut hat Johanna Franziska fast immer ein Herz in der Hand, manchmal hält sie auch ein Buch.

Konrad von Offida

Terziar OFM
geboren: 1237 in Offida, Italien
gestorben: 12. Dezember 1306 in Bastia bei Assisi, Italien

Einer, der einmal zu den begeistertsten und ergebensten Jüngern des „Poverello" Franz von Assisi gehören sollte, wurde rund ein Jahrzehnt nach dem Tod des Ordensgründers geboren: Konrad von Offida, genannt nach seinem Geburtsort, der wenige Kilometer westlich des bekannten Adria-Badeortes S. Benedetto del Tronto liegt. Konrad kam im Jahr 1237 zur Welt und trat bereits mit 14 Jahren als Terziar in eines der ersten Franziskanerklöster Italiens im nahegelegenen Ascoli Piceno ein.

Konrad war vom Armutsideal des neuen Ordens begeistert und entsagte für diese Lebensform Familie, Studium und Freunden. Freudig, ja enthusiastisch tat er die niedrigsten Dienste, spülte in der Klosterküche das Geschirr, wischte die Fußböden oder zog als Almosensammler durch die Straßen der Stadt. Bald schon wurde Konrad von Offida „der zweite Franziskus" genannt. Als Prediger machte er sich einen großen Namen, die Menschen waren angezogen von dem Charisma, das von Bruder Konrad ausging.

Auf den Spuren seines großen Vorbildes Franz verließ Konrad um das Jahr 1265 Ascoli Piceno und zog nach Assisi, wo er den Franziskanerbruder Leo in der Portiuncula, der Keimzelle des Franziskanerordens, besuchte. Danach begab er sich nach La Verna, wo Franz von Assisi am 14. September 1224 die Wundmale Christi empfangen hatte. In dem dort entstandenen Kloster lebte Konrad in den folgenden rund 15 Jahren.

Am 12. Dezember 1306 starb Konrad von Offida, der als einer der radikalsten Vertreter der franziskanischen Armutsidee galt, in Bastia nahe Assisi. Seine Ordensgenossen überführten seinen Leichnam in den Dom von Perugia. Papst Pius VII. bestätigte den Kult Konrads am 21. April 1817.

Vizelin

Bischof, Missionar
geboren: um 1090 in Hameln, Niedersachsen
gestorben: 12. Dezember 1154 in Neumünster, Schleswig-Holstein

Der hochgebildete Vizelin empfing von Norbert von Xanten 1126 in Magdeburg die Priesterweihe. Kurz darauf übertrug ihm Erzbischof Adalbero von Bremen die Mission bei den Wenden in Ostholstein. Vizelin war bei dieser Tätigkeit aber kein Erfolg beschieden, was ihn tief enttäuschte. Aber er gab nicht auf und gründete als Stützpunkte seiner Mission die Augustiner-Chorherrenstifte von Neumünster und Segeberg.

Im Jahr 1149 wurde Vizelin dann zum Bischof von Oldenburg gewählt. Aufgrund politischer Streitigkeiten durfte er seinen Bischofsstuhl in Oldenburg aber nicht besteigen, sondern mußte in seinem Kloster in Neumünster residieren. Dort starb der Bischof schließlich auch, aufgezehrt und gebeugt von vielen Niederlagen, nur fünf Jahre nach seiner Ernennung zum Bischof. Vizelins Reliquien wurden im 14. Jh. nach Bordesholm übertragen, gingen in der Reformation aber verloren.

13. Dezember

Autbertus von Cambrai

Bischof von Cambrai
geboren: um 600 in Frankreich
gestorben: 13. Dezember 669 in Cambrai, Frankreich
Patron der Bäcker

Darstellung: Autbertus ist oft als Bäcker oder mit dem Attribut Brot abgebildet. Dies führt auf die Legende zurück, daß der Bischof für die hungernde Bevölkerung Brot gebacken hat (Patronat). Auch einen Esel mit Brotkörben hat Autbertus manchmal bei sich, da das Tier das Brot transportiert haben soll.

Benno Koglbaur

Laienbruder OFMCap
geboren: 29. Juni 1862 in Mönichkirchen, Österreich
gestorben: 13. Dezember 1925 in Bregenz, Österreich

Der Kapuzinerlaienbruder Benno Koglbaur, auch Benno von Mönichkirchen genannt, wirkte ab 1907 nach Klosterstationen in Innsbruck und Brixen als Klosterpförtner im Kloster Bregenz. Benno galt als absolutes Vorbild an klösterlicher Tugend. Als er am 13. Dezember 1925 starb, stand er bereits im Rufe der Heiligkeit. Die Gebeine Bennos wurden 1934 in die Klosterkirche von Bregenz übertragen. Seit 1955 ist der Seligsprechungsprozeß für Benno Koglbaur in Gang.

Herulf von Langres (von Ellwangen)

Abt, Bischof OSB
geboren: um 730 in Ellwangen, Baden-Württemberg
gestorben: um 815 in Ellwangen

Herulf war vermutlich der Stifter der Benediktinerabtei Ellwangen bei Stuttgart, wo er nach der Gründung um 750 auch erster Abt wurde. Zehn Jahre später ernannte man ihn zum Bischof von Langres in Ostfrankreich; er blieb aber wahrscheinlich weiterhin auch Abt von Ellwangen. Herulf starb um 815 in Ellwangen und wurde dort in seiner Klostergründung beigesetzt.

Jodok (Jobst, Jost, Josse)

Priester, Einsiedler, Pilger
geboren: um 620 in Frankreich
gestorben: um 668 in Frankreich
Patron der Pilger; der Blinden; der Siechenhäuser; der Schiffer und Bäcker; für eine gute Ernte und gegen Getreidebrand; des Viehs; gegen Feuer und Gewitter; gegen Fieber; gegen die Pest

Jodok gehörte lange Zeit zu den meistverehrten Heiligengestalten in Deutschland und nahm hinter Jakobus dem Älteren eine bedeutende Stellung als Pilgerpatron ein. Nach den Überlieferungen war Jodok der Sohn eines bretonischen Herrschers. Um nicht Nachfolger des Vaters werden zu müssen, floh Jodok um das Jahr 640. Er empfing zunächst die Priesterweihe und wurde dann Einsiedler an den verschiedensten Orten in Frankreich. Aus einer seiner Einsiedeleien soll sich später die Benediktinerabtei St-Josse-sur-Mer bei Boulogne in Nordfrankreich entwickelt haben.

Nach einer beschwerlichen Rom-Wallfahrt ließ sich Jodok dann erneut als Eremit in Frankreich (Runiac?) nieder und starb um das Jahr 668. Die Überlieferungen berichten, die Reliquien des Einsiedlers seien zunächst nach Winchester in England gelangt, sollen von dort aber 977 nach Josse-sur-Mer zurückgebracht worden sein. Die St. Jodok-Kirche im bayerischen Landshut erklärt ebenfalls, im Besitz einer bedeutenden Jodok-Reliquie zu sein.

Verehrung/Brauchtum: Die große Verehrung für Jodok in Deutschland nahm im 9. Jh. ihren Anfang. Der Jodok-Kult wurde durch Rom-Pilger und angelsächsische Missionare sowie durch Benediktiner– und Prämonstratensermönche bis hin nach Skandinavien und in die Schweiz getragen. Neben St-Josse-sur-Mer in Frankreich ist St. Jost in Deutschland bis heute ein lebendiger Jodok-Wallfahrtsort.

Darstellung: Jodok ist auf Darstellungen als Pilger, Einsiedler oder – selten – Priester zu sehen, häufig jung an Jahren; neben sich hat er oft eine Krone liegen, die er manchmal mit dem Pilgerstab in den Boden stößt, woraufhin eine Quelle entspringt (Legende). Im Rheinland ist der Viehpatron Jodok hin und wieder mit Haustieren abgebildet. Berühmt ist der Stich von Israhel van Meckenem (15. Jh.), der Jodok als Pilger mit Stab und Krone in der rechten Hand zeigt.

Luzia (Lucia)

Märtyrerin
geboren: um 286 in Syrakus auf Sizilien, Italien
gestorben: 304 in Syrakus
Patronin der Blinden; der kranken Kinder; der reuigen Dirnen; der Bauern; der Glaser, Sattler, Schneider, Näherinnen, Weber, Messerschmiede, Kutscher, Schreiber, Notare, Polsterer, Pedelle, Türhüter; in England der Schriftsteller, Anwälte, Dienerinnen und Hausierer; gegen Augenleiden, Halsschmerzen, Infektionen, Blutfluß und die Ruhr

Die Existenz Luzias ist historisch einwandfrei belegt, vor allem, nachdem man die Luzia-Katakombe und die Grabstätte der Märtyrerin in Syrakus wiedergefunden hat. Die Lebensgeschichte selbst ist dagegen von zahlreichen Legenden überlagert, die alle jedoch diesen Kern besitzen:

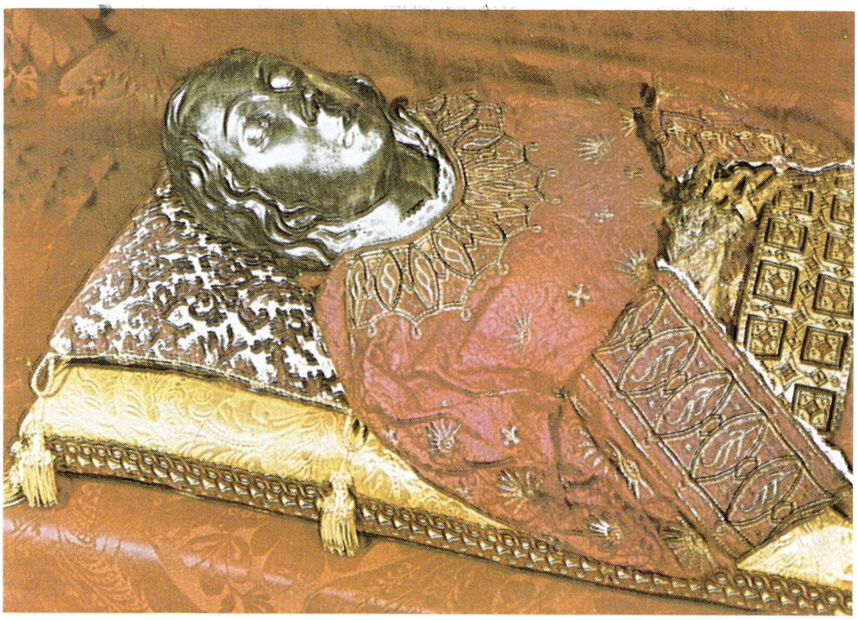

Luzia kam um 286 in Syrakus auf Sizilien zur Welt. Schon als Kind legte sie das Gelübde der ewigen Keuschheit ab, erzählte jedoch niemand etwas von diesem Entschluß. Als Luzia zu einem jungen Mädchen herangewachsen war, wollte ihre Mutter Eutychia sie mit einem vornehmen, heidnischen Jüngling verheiraten. Luzia gelang es, die Verlobungsfeier hinauszuzögern und flehte inständig zu Gott, sie vor dieser Ehe zu retten. Und Gott erhörte das Gebet der jungen Christin. Als Luzias Mutter schwer erkrankte, überredete die Tochter sie zu einer Wallfahrt zum Grab der Agatha in Catania. Tatsächlich erlangte Eutychia danach ihre Gesundheit wieder zurück. Sie empfand diese Heilung als solch großes Wunder, daß sie ihrer Tochter Luzia den einzigen Wunsch, den sie hatte, erfüllte: Sie erlaubte Luzia, künftig zurückgezogen ein jungfräuliches Leben zu führen.

Mit dieser Entscheidung war der auserwählte Bräutigam jedoch keineswegs einverstanden. Gekränkt und in seinem Stolz verletzt, zeigte der junge Mann Luzia beim Statthalter von Kaiser Diokletian, dem gefürchteten Christenverfolger, an. Das Mädchen wurde daraufhin festgenommen und im Kerker schweren Folterungen unterzogen. Als Luzia standhaft blieb und kein Laut der Klage über ihre Lippen kam, dachte sich der Statthalter eine besonders schlimme Bestrafung aus: Das Mädchen sollte in ein Freudenhaus gebracht werden und dort ihre Dienste anbieten. Die gefesselte Christin sollte auf einem Ochsenkarren zum Gespött der Bevölkerung durch die Straßen der Stadt gefahren werden. Doch da geschah wieder ein Wunder: Weder den Zugtieren, noch – so die Legende – „mehreren tausend Soldaten“ gelang es, den Karren vorwärtszu bewegen. Daraufhin ließ der vor Wut rasende Statthalter das Mädchen mit siedend heißem Öl übergießen. Doch Luzia blieb unversehrt. Da erteilte der Christenpeiniger seinen Soldaten den Befehl, die Christin mit dem Schwert zu töten. Das Todesjahr Luzias war wahrscheinlich 304.

Gegenüberliegende Seite: Die bekleideten Gebeine der Märtyrerin Luzia in der Kirche Ss. Geremia e Lucia in Venedig.

Altar mit dem Schrein der Lucia in Ss. Geremia e Lucia in Venedig.

Schon in byzantinischer Zeit errichtete man über dem Grab der Märtyrerin eine Kirche, die noch heute in mehrfach verändertem Stil erhalten ist. Das Gotteshaus S. Lucia liegt in der Neustadt von Syrakus. Von der Kirche aus gelangt man in die frühchristlichen Katakomben. Ein Gemälde von Michelangelo da Caravaggio zeigt dort die „Bestattung der heiligen Luzia“. Auch im Dom S. Maria del Piliero in der Altstadt von Syrakus gedenkt man der Stadtpatronin: Die Cappella di S. Lucia im rechten Seitenschiff wurde besonders reich ausgestattet und ist Tag für Tag das Ziel vieler Betender. In Rom wurde das Luzienfest im 6. Jh. eingeführt.

Wohin die Reliquien Luzias gelangten, darüber gibt es bis heute keine endgültige Klärung. Eine Quelle erklärt, die Gebeine befänden sich, nach mehreren anderen Stationen, in der Kirche Ss. Geremia e Lucia in Venedig, eine andere meint, sie würden im Vinzenzkloster zu Metz in Frankreich aufbewahrt. Luzia wird in Anlehnung an ihren Namen – er bedeutet „die Lichtvolle“ – unter anderem als Patronin der Blinden verehrt.

Verehrung/Brauchtum: Wer kennt es nicht, das Volkslied „Santa Luzia“? Vor allem in Italien weiß jedes Kind Text und Melodie dieser Hymne auf die vielverehrte Heilige des Landes, der an ihrem Gedenktag mit vielerlei Brauchtum gedacht wird, wie mit Lichterumzügen und Volksfesten. Aber auch im Norden Europas gibt es ein Land, in dem der Luziatag ganz besonders gefeiert wird: In Schweden tritt die „Luzienbraut“ auf, gekleidet in ein langes weißes Gewand, auf dem Kopf einen Kranz mit brennenden Kerzen. Dieser Volkstumsbrauch ist schon seit dem Jahr 1780 belegt und soll das Ende der dunklen Tage symbolisieren. Auch in östlichen Ländern wie Ungarn, Serbien und Kroatien sind mit dem Luzientag zahlreiche Bräuche verbunden.

Einen besonders schönen Luzienbrauch gibt es in der oberbayerischen Stadt Fürstenfeldbruck: das Lichterschwemmen. Von den Jungen der Stadt werden vor dem 13. Dezember kleine Nachbildungen von öffentlichen Gebäuden und Wohnhäusern angefertigt; die Fenster hinterkleben die Kinder und Jugendlichen mit farbigem Transparentpapier, damit später das Licht der Kerzchen aus dem Inneren der Häuschen herausleuchten kann. Am Nachmittag des Luzia-Tages versammeln sich die Buben und ziehen dann gemeinsam mit ihren erleuchteten Häuschen zur Magdalenenkirche, wo diese gesegnet werden. Danach setzen die Kinder die gebastelten Häuschen auf die durch Fürstenfeldbruck fließende Amper, auf der sie dann langsam in der Dunkelheit entschwinden. Dieser Brauch geht wohl auf eine Überschwemmung im 18. Jh. zurück, bei der die Häuser von Fürstenfeldbruck unter Wasser standen und die Bewohner als Opfer das jährliche Lichterschwemmen schworen.

Viele Schriftsteller und Dichter wurden von der Geschichte der Luzia zu Werken angeregt, und auch den großen Dante beeinflußte das Martyrium des Mädchens aus Sizilien.

Darstellung: Luzia ist als Jungfrau im langen Gewand abgebildet; ihre Attribute sind wechselweise Doppelkreuz, Buch, Palme, Lampe, Kerze, Fackel, Schwert (häufig im Hals steckend) oder Dolch, manchmal trägt sie auch zwei Augen auf einer Schüssel. Einige Darstellungsbeispiele aus der Kunst: Ohne Attribut ist Luzia bei der Märtyrerinnenprozession in den Mosaiken von S. Apollinare Nuovo in Ravenna zu sehen (6. Jh.). Pietro Lorenzetti malte Luzia im 14. Jh. mit einer Lampe und zwei Augen (Florenz, S. Lucia dalle Rovinate). Ein Gemälde von Tiépolo in der Kirche Santi Apostoli in Venedig (um 1748) zeigt Luzia bei der letzten Kommunion. Caravàggio malte 1608 das Begräbnis der Märtyrerin (Syrakus, S. Lucia). Mit Krone und Palme stellte Giovanni Sagittano Luzia auf einem Tafelgemälde (1456) dar, das sich in der Kirche S. Lucia in Gaëta befindet. Ein Schwert hält Luzia auf einem Triptychon (15. Jh.) im Dom zu Dresden in Händen.

Odilia (Ottilie)

Gründerin, Äbtissin CanAug
geboren: um 660 im Elsaß, Frankreich
gestorben: 720 in Niedermünster, Elsaß, Frankreich
Patronin des Elsaß; der Blinden; gegen Augenkrankheiten; gegen Ohren- und Kopfleiden

Den „heiligen Berg des Elsaß“ nennt man den Berg Sainte-Odile, wenige Kilometer südlich von Straßburg. Schon Johann Wolfgang von Goethe schloß sich dem Pilgerstrom an, der sich seit Jahrhunderten bis zum heutigen Tag hier herauf bewegt. Das Grab der Odilia ist immer noch eine der berühmtesten Wallfahrtsstätten in Frankreich. Vor allem Augenkranke und blinde Menschen versprechen sich Heilung durch die Patronin der Augen. Warum trägt Odilia dieses Patronat?

Die Überlieferung berichtet, daß Odilia um das Jahr 660 blind zur Welt kam. Ihr Vater, der elsässische

Gegenüberliegende Seite: Odilia-Statue auf dem Odilienberg.

Herzog Athich, wollte seine Tochter deshalb ermorden lassen, um seiner Familie die „Schande" zu ersparen. Der Mutter Bethsvinda gelang es, das Kind zu retten; sie übergab es einer Amme im Kloster Baume-les-Dames zur weiteren Erziehung. Nach der Legende soll das Mädchen dann später, im Augenblick der Taufe durch den Bischof, das Augenlicht erlangt haben.

Der weitere Lebensbericht Odilias beruht größtenteils auf Legenden. Danach wurde Odilia Jahre später von ihrem Bruder aus dem Kloster geholt und auf die elterliche Burg zurückgebracht. Als der Vater seine Tochter erblickte, schlug er seinen Sohn so schwer, daß dieser tot zu Boden stürzte. Odilia soll den Jungen daraufhin wieder zum Leben erweckt haben, mußte dann aber vor ihrem wütenden Vater fliehen. Auf der Flucht öffnete sich vor Odilia plötzlich ein Felsspalt, in dem sie sich verbergen konnte. Herabstürzende Felsbrocken verwundeten ihren Vater schwer.

Als Odilia den Herzog nach Jahren erneut aufsuchte, hatte der kranke Mann nur noch den Wunsch, sich mit seiner Tochter zu versöhnen. Er schenkte Odilia die Hohenburg bei Straßburg, damit sie dort ein Kloster errichten konnte. Odilia wurde die erste Äbtissin dieser Gründung aus dem Jahr 690, ihr Vater und ihre Mutter lebten beide bis an ihr Lebensende hier in Kloster Odilienberg.

Rund zehn Jahre nach der Gründung des Augustiner-Chorfrauenstiftes oben auf dem Berg gründete Odilia am Fuß des Odilienberges ein zweites Kloster, die Frauenabtei Niedermünster. Von dieser Stiftung sind heute nur noch Ruinen vorhanden, nachdem ein verheerendes Feuer die Klostergebäude und die große Abteikirche 1542 vernichtet hat. Von der Kirche stehen noch Säulen, Türme und das Portal. Noch heute fließt Wasser aus einer Quelle, der seit Odilias Zeiten Heilkraft bei Augenleiden nachgesagt wird.

Auch über den Tod Odilias gibt es eine Legende: Danach soll die Äbtissin ihren nahenden Tod gespürt und ihre Schwestern zum Gebet in die Kirche geschickt haben. Als die Nonnen zurückkehrten, lag Odilia tot auf dem Boden. Auf die innigen Gebete der Schwestern hin erwachte die Äbtissin wieder und sagte zu den weinenden Frauen: „Warum beunruhigt ihr euch? Luzia war bei mir, und ich sah und hörte, was man mit Augen nicht sehen, mit Ohren nicht hören, sondern nur mit dem Herzen wahrnehmen kann." Dann ergriff Odilia selbst einen Kelch, nahm die Heilige Kommunion und starb. Das Jahr ihres Todes war wohl 720. Der Kelch Odilias wurde noch lange auf dem Odilienberg gezeigt.

Ihre letzte Ruhestätte fand die Klostergründerin und Äbtissin in ihrer Stiftung auf dem Odilienberg. Der Ruhm ihrer beiden Klöster drang bald weit über die Grenzen des Elsaß hinaus, und Odilia wurde zu einer der meistverehrten Heiligen des Mittelalters. Papst Pius VII. ernannte Odilia 1807 zur Patronin des Elsaß.

Verehrung/Brauchtum: Die Wallfahrt auf dem Odilienberg nimmt weiterhin ständig zu. Lange Zeit gab es dort den Brauch, Pilger aus dem Kelch von Odilia trinken zu lassen; daher rührt auch das manchmal erscheinende Attribut Kelch bei Odilia. Aus Verehrung für Odilia wurden auf zahlreichen Bergen und an vielen Quellen Odilienkapellen errichtet, da man die Orte jeweils für heilkräftig hielt.

Der steinerne Sarkophag mit den Gebeinen der Odilia in der Klosterkirche auf dem Odilienberg im Elsaß.

Darstellung: Odilia ist auf den meisten Darstellungen im Zisterzienserinnenordensgewand zu sehen; manchmal trägt sie aber auch das Kleid der Benediktinerinnen oder der Augustinerinnen. Selten nur wurde Odilia in weltlicher Kleidung abgebildet, so auf einem Glasgemälde aus dem 13. Jh. im Straßburger Münster. Das häufigste Attribut von Odilia sind zwei Augen; auch mit Hahn, Kelch, Stab und Buch wurde die Äbtissin dargestellt. Im Straßburger Münster ist ein Wandteppich aus dem 14. Jh. zu sehen, der Szenen aus dem Leben Odilias zeigt. Die Szene, wie Odilia ihren Vater durch ihr Gebet aus dem Fegefeuer erlöst, zeigt ein Fresko aus dem 12. Jh. in der Galluskirche in Ladenburg.

14. Dezember

Berthold von Regensburg

Mönch, Volksprediger OFMConv
geboren: um 1210 in Regensburg(?), Bayern
gestorben: 14. (13.?) Dezember 1272 in Regensburg
Patron der Prediger

Berthold von Regensburg wird der bedeutendste deutsche Prediger des Mittelalters genannt. Studiert hatte der junge Franziskanermönch in Magdeburg, wo er zwischen 1236 und 1240 auch als Lektor tätig war. Als Prediger ist Berthold erstmals

1240 in Augsburg erwähnt, von da an läßt sich sein Weg lückenlos verfolgen.

Berthold predigte in den folgenden Jahrzehnten in Bayern, Schlesien, Böhmen, Mähren, Österreich und in der Schweiz, nach 1260 auch in Ungarn, wo er vor allem gegen die Judenverfolgung auftrat. Im Volk galt Berthold von Regensburg als überaus machtvoller und überzeugender Prediger, der riesige Menschenmengen anzog; es existieren Zahlen, die von 40000 bis 200000 Zuhörern sprechen. Da es keine ausreichenden Räumlichkeiten gab, mußte Berthold immer im Freien predigen; meist stellte er sich auf einen Baum oder auf ein Holzgerüst. Zuvor stellte er immer die Windrichtung fest und ließ seine Zuhörer sich dann so setzen, daß alle ihn gut hören konnten.

Auch Papst Urban IV. hörte in Rom von den Fähigkeiten des bayerischen Volkspredigers und forderte Berthold auf, bei der Kreuzzugspredigt mitzuwirken. In der Erfüllung dieser Aufgabe kam Berthold auch nach Paris, wo er mit Ludwig IX., dem Heiligen, zusammentraf.

Seine letzten Lebensjahre verbrachte Berthold an der Regensburger Minoritenkirche St. Salvator, wo er 1272, nur wenige Tage nach dem Tod seines treuen Gefährten David von Augsburg, starb. Die schlichte Grabplatte über seiner Beisetzungsstätte ist noch heute in der inzwischen profanierten und zum Regensburger Museum gehörenden Salvatorkirche zu sehen. Der Schrein mit Bertholds Reliquien befindet sich heute im Regensburger Domschatz. Im Jahr 1626 fand die Erhebung der Gebeine statt. Verschiedene Predigten von Berthold, so etwa die „Rusticani“, sind noch erhalten.

Verehrung/Brauchtum: Das Grab von Berthold in der Regensburger Salvatorkirche entwickelte sich schon bald nach dem Tod des Volkspredigers zu einer vielbesuchten Wallfahrtsstätte; die Gläubigen kamen bis aus Ungarn, um hier zu Berthold zu beten. Der Franziskanerprediger hatte in Ungarn einen so großen Eindruck hinterlassen, daß er dort nach seinem Tod wie ein Heiliger verehrt wurde.

Darstellung: Auf seiner Grabplatte in Regensburg ist Berthold im Franziskanerhabit mit einem Buch in der linken Hand abgebildet, die rechte Hand ist zum Segen erhoben. Verschiedene Darstellungen zeigen Berthold, wie er von der Kanzel oder von einem Baum herunter predigt.

Folkwin (Folcuinus)

Bischof von Thérouanne
geboren: 8. Jh. in Frankreich
gestorben: 14. Dezember 855 in Esquelbecq, Frankreich (auf Visitationsreise)

Darstellung: Folkwin ist als Bischof oder Priester in der Kasel dargestellt. Manchmal wurde er mit Bertin abgebildet, dessen Gebeine er vor den Normannen versteckt hatte.

Franziska Schervier. Nach einem zeitgenössischen Gemälde. Papst Paul VI. sprach die Ordensgründerin 1974 selig.

Franziska Schervier

Ordensgründerin
geboren: 3. Januar 1819 in Aachen, Nordrhein-Westfalen
gestorben: 14. Dezember 1876 in Aachen

Papst Paul VI. nahm am 28. April 1974 eine Frau in den Kreis der Seligen auf, die zu Lebzeiten als Beispiel einer Mutter schlechthin galt: Franziska Schervier, 1819 in Aachen als Tochter eines Industriellen geboren, Patenkind von Kaiser Franz von Österreich und schon in der Kindheit geprägt von innigster Frömmigkeit.

Als Franziska zur jungen Frau herangewachsen war, galt ihr einziges Streben dem Dienst für Arme und Kranke. Sie stiftete zahlreiche Armenhilfseinrichtungen und die sogenannten „Johanniskuchen“ zur Verpflegung der Bedürftigen.

Im Jahr 1845 gründete Franziska Schervier das Werk, das sie unvergessen machen sollte: den Orden der „Armen Schwestern vom heiligen Franziskus". Die Schwestern dieser Genossenschaft gaben ein Beispiel von fast übernatürlicher Liebe zu Armut, Buße und Sühne und verwirklichten mit ihrer Tätigkeit die Ideale des heiligen Franz von Assisi in Vollendung. Tag und Nacht waren die Ordensfrauen und zuallererst ihre Oberin Franziska Schervier bereit, Menschen in Not Hilfe zu leisten. In den Kriegen, die in den Jahrzehnten nach der Ordensgründung folgten, pflegten die Armen Schwestern aufopfernd die Verletzten in den Lazaretten.

Franziska Schervier starb nach einem vorbildlichen Leben der völligen Selbstaufgabe am 14. Dezember 1876 in Aachen und wurde in ihrem dortigen Mutterhaus beigesetzt. Papst Pius X. bestätigte im Jahr 1908 ihren Orden, der heute auch in den Vereinigten Staaten sehr verbreitet ist und sich hauptsächlich der Krankenpflege widmet.

Darstellung: Ordensgründerin Franziska Schervier ist im schlichten Ordenskleid dargestellt, als Attribut hat sie oft ein Kruzifix bei sich.

Heron

Kind, Märtyrer
geboren: um 240 in Alexandria, Ägypten
gestorben: um 250 in Alexandria

Der Bub Heron, der christlich erzogen wurde, fand während der Christenverfolgung unter Kaiser Decius um das Jahr 250 in Alexandria gemeinsam mit anderen Kindern den Martertod; es heißt, er sei verbrannt worden.

Johannes vom Kreuz

Prior, Mystiker, Kirchenlehrer OCarm
geboren: 24. Juni 1542 in Fontiveros, Spanien
gestorben: 14. Dezember 1591 in Ubeda, Spanien

Papst Pius XI., der ihn 1926 zum Kirchenlehrer erhob, bezeichnete den großen Mystiker Johannes vom Kreuz als einen „Lehrer der Heiligkeit und Frömmigkeit", seine Schriften als „Gesetzbuch und Schule der gläubigen Seele". Ein anderer Theologe nannte Johannes einmal „klein von Gestalt, doch voll Adel in Ausdruck und Gebärde". Der Ordenspriester gilt als wichtigster Kirchenlehrer der Mystischen Theologie, seine mystischen Schriften gehören zu den bedeutendsten Klassikern der Neuzeit.

Johannes kam am 24. Juni 1542 in dem altkastilischen Örtchen Fontiveros im Osten von Salamanca zur Welt. Sein adeliger Vater war wegen seiner Heirat mit einer Bürgerlichen aus der Familie ausgestoßen worden und mußte den Lebensunterhalt für die Familie als Weber verdienen. Sein Wunsch war es, daß auch Johannes dieses Handwerk erlernte, doch der zeigte wenig Geschick und wurde lieber Krankenpfleger im Spital von Medina del Campo. Die ihm angetragenen Arbeiten führte er mit viel Eifer und Fleiß aus, seine Milde und große Nächstenliebe machten ihn bei den Kranken besonders beliebt. Neben seiner beschwerlichen Arbeit besuchte Johannes auch noch einen philosophischen Kurs im örtlichen Jesuitenkolleg.

Im Jahr 1563 trat der inzwischen 21jährige Johannes in Medina dem Karmeliterorden bei und nahm den Namen Bruder Johannes von St. Matthias an. Nach der Profeß schickten ihn seine Oberen, die seine große Begabung erkannt hatten, zum Theologie- und Philosophiestudium nach Salamanca. Im Jahr 1568 empfing Johannes dann die Priesterweihe.

Bald danach erwog Johannes, seinen Orden zu verlassen und zu den strengeren Kartäusern überzutreten. Die von ihm mit Mißfallen beobachteten Veränderungen im Karmeliterorden, wie etwa zunehmende Ermüdungserscheinungen und fehlende Ordnung, machten ihm den Verbleib in der Genossenschaft unmöglich. Da aber lernte Johannes die Mystikerin und Karmelitin Theresia von Ávila kennen, die Jahre zuvor dieselbe Unzufriedenheit empfunden hatte wie er und 1662 mit ihrem Reformwerk innerhalb des Ordens begonnen hatte. Theresia überzeugte Johannes davon, im Karmeliterorden zu bleiben und sich ihrer Arbeit anzuschließen. Als Johannes vom Kreuz beteiligte sich der Ordensmann von nun an voller Eifer an dem Reformwerk seiner Gefährtin, aus dem im Laufe der Jahre der Zweigorden der Unbeschuhten Karmeliten, der Reformierten, entstand.

Johannes vom Kreuz. Nach einem Porträt in der Kirche des Klosters Carmelitas Descalzos in Segovia.

Als sich gegen die Reform von Seiten der nichtreformierten Karmeliter erbitterter Widerstand erhob, hielt Johannes vom Kreuz treu zu Theresia von Ávila und wurde deshalb schließlich festgenommen und schwer mißhandelt. 1578 gelang ihm die Flucht in das abgelegene Kloster Calvario. Als die Trennung der Beschuhten und Unbeschuhten Karmeliten endgültig vollzogen war, konnte Johannes zurückkehren und bekleidete in den folgenden Jahren mehrere hohe Ämter bei den Reformierten. Im Jahr 1582 starb Theresia von Ávila, und Johannes mußte das gemeinsame Werk allein fortsetzen.

Von 1588 an war Johannes vom Kreuz Prior des Hauptklosters der Unbeschuhten Karmeliten in Segovia. Als er weitere Pläne innerhalb seines Reformzweiges nicht verwirklichen durfte und erneut schwer angegriffen wurde, zog sich der Mystiker endgültig zurück. Der inzwischen schwerkranke Ordensmann begab sich in das Kloster Carmelitas Descalzos in der andalusischen Stadt Ubeda, wo er am 14. Dezember 1591 starb. Heute erhebt sich an der Stelle des Sterbezimmers von Johannes vom Kreuz ein Gedächtnisbau aus dem 17. Jh., das Oratorio de San Juan de la Cruz.

Zwei Jahre nach dem Tod von Johannes wurde sein Körper nach Segovia überführt. Die Reliquien des Heiligen werden heute im Kloster Carmelitas Descalzos aufbewahrt. Die Urne schuf im Jahr 1927 der Künstler Felice Granda. Im Konvent kann man auch noch den Schrein besichtigen, in welchem die Gebeine von Johannes ursprünglich ruhten. Papst Benedikt XIII. sprach den Ordensmann Johannes am 26. Dezember 1726 heilig.

Johannes vom Kreuz hinterließ eines der umfassendsten mystischen Werke der neueren Zeit. Die Schriften des Heiligen beruhen nicht auf theoretischen Lehrsätzen, sondern fußen alle auf eigenen Erlebnissen und Erfahrungen. Er selbst gab einmal als seine zwei Quellen, aus denen er schöpfte, Erfahrung und Wissenschaft unter Führung der Heiligen Schrift an. Die Analysen seiner mystischen Erlebnisse wurden allgemein als meisterhaft angesehen, seine Formulierungen galten als höchste klassische Literatur. Die wichtigsten Schriften unter Hunderten sind: „Aufstieg zum Berge Karmel“, „Dunkle Nacht der Seele“, „Geistlicher Gesang“ und „Lebendige Liebesflamme“. Diese Hauptwerke des Karmeliters bilden untereinander ein System der Mystik.

Verehrung/Brauchtum: Im Jahr 1738 wurde Johannes vom Kreuz in den römischen Kalender aufgenommen, sein Fest auf den 24. November gelegt. Erst seit 1969 ist der 14. Dezember der Gedenktag für den Mystiker.

Im Bistum Aachen gedenken die Gläubigen Johannes vom Kreuz am 15. Dezember.

Darstellung: Johannes vom Kreuz trägt auf Abbildungen immer das Gewand der Karmeliter, also gegürteten Rock, Mantel und Skapulier. Darstellungen kommen hauptsächlich in Spanien sowie in Frankreich und Belgien vor. Als Attribute hat Johannes vom Kreuz Buch – oft mit der Inschrift „Pati er contemni“ –, Schreibfeder oder Kreuz bei sich. Oft wurde der Mystiker auch mit dem kreuztragenden Christus dargestellt, so auf einem Fresko (1640) von Damery in der Karmeliterkirche in Paris.

In mehreren spanischen Städten, so in Granada, Segovia und Valladolid, existieren bis heute authentische Porträts von Johannes vom Kreuz, alle zu Lebzeiten entstanden.

Nikasius von Reims

Erzbischof, Märtyrer
geboren: 4. Jh. in Frankreich
gestorben: 14. Dezember 407 oder 451 in Reims, Frankreich
Patron gegen Augenkrankheiten; gegen Mäuseplagen

Die einzigartige Kathedrale Notre-Dame von Reims hat einen Vorgängerbau, der bereits zu Beginn des 5. Jh. errichtet wurde. Der Erbauer jener Marienkirche war Nikasius, der um das Jahr 400 zum Erzbischof von Reims ernannt worden war; am linken der drei Portale der heutigen Kathedrale hat unter den Heiligenfiguren auch er seinen Platz gefunden, direkt neben dem berühmten Engel, der den Namen „das Lächeln von Reims“ trägt. An anderer Stelle ist das Martyrium des Erzbischofs dargestellt, der an einem 14. Dezember, entweder 407 von den Vandalen oder 451 von den Hunnen, zusammen mit mehreren christlichen Gefährten enthauptet worden sein soll.

Nach der Legende ging Nikasius nach seiner Hinrichtung mit dem abgeschlagenen Haupt unter dem Arm, Gott preisend, weiter. Mit Nikasius starben auch seine Schwester Eutropia, der Diakon Florentinus und der Lektor Jucundus. Nikasius-Reliquien werden heute in der Kathedrale in Reims und in St-Vaast verehrt.

Verehrung/Brauchtum: Der Nikasius-Kult ist seit dem 6. Jh. in Reims nachweisbar. Auch in Spanien und dort vor allem in Aragón genießt Nikasius Verehrung.

Darstellung: Die Attribute von Nikasius auf Darstellungen sind Buch, Schwert oder abgeschlagene Schädeldecke; auch mit dem Kopf unter dem Arm (Martyrium) wurde er abgebildet. Mit der Schädeldecke und der Mitra darauf ist Nikasius auf dem Sippenaltar (um 1500) im Wallraf-Richartz-Museum in Köln zu sehen.

Figur des Märtyrers Nikasius am linken Westportal der Kathedrale von Reims.

Spyridon von Trimithon

Bischof
geboren: 3. Jh. auf Zypern
gestorben: 346(?) in Trimithon, Zypern
Patron von Korfù; der Waisen; der Seefahrt

Der verheiratete Schafhirte Spyridon wurde in der ersten Hälfte des 4. Jh. Bischof von Trimithon auf Zypern. Auch als Kirchenfürst soll er weiterhin seine Herde versorgt haben. Auf dem berühmten Konzil von Nicäa (325) kämpfte Spyridon heftig gegen den Arianismus, und auch beim Konzil von Sardica (343) soll er dabei gewesen sein. Spyridons Gebeine werden auf der griechischen Insel Korfù stehend in einem Sarg aufbewahrt.

Verehrung/Brauchtum: Spyridon gehört im griechischen Raum zu den meistverehrten Heiligengestalten; er wird dort als Thaumaturgos, als Wundertäter, angesehen. Vereine und Zünfte haben sich nach Spyridon benannt, an seinem Gedenktag findet in der griechischen Kirche und auf Zypern, wo sein Kult schon im 4. Jh. nachweisbar ist, reiches Brauchtum statt. Der Festtag ist dort der 12. Dezember. Im ägäischen Meer wird Spyridon als Schutzpatron der Seefahrer angerufen. Verehrung genießt Spyridon auch in Venedig.

Darstellung: Auf Abbildungen trägt Spyridon zum Bischofsgewand meist eine Hirtenmütze. Eine der ältesten Darstellungen befindet sich im türkischen Göreme: ein Fresko aus der Zeit um 900. Neben den zahlreichen östlichen Darstellungen finden sich Spyridon-Bilder im Westen verstärkt in Venedig, so in der dortigen Kirche S. Visitazione: Ein Gemälde von Maggiotto (17. Jh.) zeigt hier Spyridon, wie er Wasser aus einem Feuer entspringen läßt.

Venantius Fortunatus

Bischof, Dichter
geboren: 536 in Valdobbiadena bei Treviso, Italien
gestorben: 14. Dezember um 610 in Poitiers, Frankreich

Venantius Fortunatus gilt als der bedeutendste Dichter der Merowingerzeit, als letzter Vertreter der lateinischen Dichtung im fränkischen Gallien. Von ihm stammen zahlreiche wichtige Heiligenviten.

Venantius hatte zunächst in Ravenna Musik, Poesie und die Klassiker studiert. Von den Langobarden vertrieben, verließ er seine Heimat und wanderte in der Folge durch das halbe heutige Europa. Schließlich ließ er sich Ende des 6. Jh. in Poitiers nieder, wo er die Priesterweihe empfing und um 600 zum Bischof gewählt wurde. Während der Jahre in Poitiers verband Venantius Fortunatus eine enge geistliche Freundschaft mit Königin Radegundis.

Von Venantius Fortunatus sind viele Schriften erhalten, vor allem auch unzählige Gedichte, die sich formal an der Antike orientieren. Verschiedene religiöse Dichtungen gingen in die Liturgie ein. Berühmt aber wurden seine Viten des Martin von Tours (den Venantius sehr verehrte), der Radegundis, von Hilarius von Poitiers, Germanus von Paris und Severin von Bordeaux, um nur einige wenige zu nennen.

Darstellung: Auf Bildern ist Venantius Fortunatus häufig gemeinsam mit Radegundis zu sehen, so beispielsweise auf einem Fresko des berühmten Puvis de Chavanne im Rathaus von Poitiers.

15. Dezember

Christiana (Nina)

Vorbild im Glauben
geboren: 3. Jh. in Georgien
gestorben: um 330 in Georgien

Christiana war Christin. Während der Herrschaft von Kaiser Konstantin dem Großen geriet die junge Frau in ihrer Heimat Georgien in Kriegsgefangenschaft. In den Jahren der Haft war Christiana ihren Mitmenschen ein Vorbild an Gläubigkeit, Mut und Tugendhaftigkeit; darüber hinaus hatte sie die Gabe der Wunder. Durch ihr eindringliches christliches Beispiel soll Christiana schließlich im Jahr 322 die königliche Familie sowie das ganze georgische Volk zum christlichen Glauben bekehrt haben.

Verehrung/Brauchtum: Die Georgier feiern das Fest „ihrer" Christiana am 14. Januar; der Gedenktag bei den Griechen ist der 27. Oktober, die Armenier gedenken Christianas am 29. Oktober.

Johannes Discalceatus (Johannes der Barfüßer)

Priester, Mönch OFM
geboren: um 1280 in der Bretagne, Frankreich
gestorben: 15. Dezember 1349 in Quimper, Bretagne

Johannes Heinrich Karl (Carlo) Steeb

Ordensgründer
geboren: 18. Dezember 1773 in Tübingen, Baden-Württemberg
gestorben: 15. Dezember 1856 in Verona, Italien

Johannes Heinrich Karl Steeb, später Carlo Steeb genannt, kam am 18. Dezember 1773 in Tübingen zur Welt. Im Alter von 19 Jahren konvertierte er zum katholischen Glauben, 1796 empfing er in der oberitalienischen Stadt Verona die Priesterweihe. Verona sollte fortan auch zu Steebs Heimat und zu seiner Wirkungsstätte werden. Am Priesterseminar der Stadt wirkte er als Theologieprofessor, seine Hauptbeschäftigung aber war seine Seelsorgetätigkeit in den Armenvierteln Veronas. Unermüdlich kümmerte sich Steeb um die Ärmsten der Gesellschaft, besuchte die Gefangenen in den Gefängnissen und spendete den Kranken in den Spitälern Trost. Als der Krieg ausbrach, suchten Soldaten aller sich bekämpfenden Parteien Zuflucht, Rat und Hilfe bei Steeb.

Um seine seelsorgerische Arbeit noch verbessern und ausweiten zu können, rief Johannes Heinrich Karl Steeb im Jahr 1840 die Gemeinschaft der „Schwestern der Barmherzigkeit" ins Leben. Mitbegründerin und treueste Gefährtin Steebs war dabei Maria Vincenza Poloni, über deren frühen Tod 1855 Steeb tief unglücklich war. Schon ein Jahr später, am 15. Dezember 1856, starb dann auch der Seelsorger, drei Tage vor seinem 78. Geburtstag. Papst Paul VI. sprach Carlo Steeb am 6. Juli 1975 selig.

Lukas Etlin

Mönch OSB
geboren: 25. Februar 1864 in Sarnen, Schweiz
gestorben: 15. Dezember 1927 in Clyde, USA

„Größter Wohltäter seiner Zeit" nannte Papst Pius XI. den Schweizer Benediktinerpater Lukas Etlin. Seit

Lukas Etlin. Nach einem Schnappschuß einer Internatsschülerin von Clyde bei einem Picknick.

Jahren schon läuft in den USA der Seligsprechungsprozeß für den Wohltäter, der nach dem Ersten Weltkrieg eine weltweite karitative Tätigkeit entwickelte.

August Alfred Etlin, so sein Geburtsname, besuchte zunächst das Gymnasium in Engelberg in der Schweiz. Früh schon ging er dann als Novize in das von Engelberg aus gegründete Benediktinerkloster von Conception in Missouri in den Vereinigten Staaten. Später bildete er als Spiritual im Anbetungskloster Clyde, einer USA-Gründung von Maria-Rickenbach bei Engelberg, eine Elite amerikanischer Benediktinerinnen heran. Von Clyde aus organisierte Lukas Etlin nach 1918 eine weltumspannende karitative Tätigkeit, für die ihm der Münchner Kardinal Michael Faulhaber bei einem Besuch in Clyde persönlich den Dank der europäischen Bischöfe und Priester überbrachte.

Zeitlebens war für Pater Lukas Etlin die Eucharistie die Kraftquelle seines Lebens und seines Wirkens. Die Amerikaner nennen ihn noch heute „Apostle of the Eucharist". Schon bald nach Etlins Tod begannen die ersten Bemühungen um eine Seligsprechung des Benediktinerpaters aus der Schweiz.

Maria Crocifissa di Rosa

Ordensgründerin
geboren: 6. November 1813 in Brescia, Italien
gestorben: 15. Dezember 1855 in Brescia

Die religiöse Genossenschaft der „Ancelle della Carità", der Mägde der Liebe, ist die Gründung der Italienerin Maria (Paola) Crocifissa di Rosa aus Brescia. Die Schwestern der Gemeinschaft widmen sich hauptsächlich der Krankenpflege in den Krankenhäusern. Als Maria Crocifissa di Rosa 15 Jahre nach der Gründung starb, zählte diese bereits über 20 Häuser. Papst Pius XII. sprach die Ordensgründerin 1940 selig und am 12. Juni 1954 heilig.

Marinus von La Cava

Abt von La Cava OSB
geboren: 12. Jh.
gestorben: 1170/71 in La Cava bei Neapel, Italien
16. Mai 1928 Bestätigung des Kultes

Maria Crucifixa di Rosa. Nach einem Porträt von Campini im Ordensmutterhaus in Brescia.

16. Dezember

Adelheid

Kaiserin
geboren: 931 in Burgund, Frankreich
gestorben: 16. Dezember 999 in Selz, Elsaß, Frankreich

Als große Förderin des Kirchenwesens in Deutschland ging Kaiserin Adelheid in die Geschichte ein. Die Tochter von König Rudolf von Burgund war bereits im Alter von sechs Jahren mit Lothar von Italien verlobt worden, zehn Jahre später fand die Hochzeit statt. Obwohl Adelheid noch ein junges Mädchen war, wurde sie schon bald zum Vorbild für alle christlichen Ehefrauen. Sie scheute sich nicht, sich um die Geringsten der Gesellschaft zu bemühen, war besorgt um das Wohl der Armen, spendete Geld und Trost und half, wo immer sie konnte.

Schon drei Jahre nach der Hochzeit starb König Lothar. Sein Nach-

Gegenüberliegende Seite: Adelheid.

folger Berengar nahm der jungen Witwe Reich und Krone und forderte von ihr, daß sie seinen Sohn heiratete. Als Adelheid sich weigerte, ließ Berengar sie in den Kerker werfen. Ihr Kaplan konnte sie befreien und flüchtete mit ihr und Töchterchen Emma auf die Feste Canossa. Otto I. kam Adelheid zu Hilfe, besiegte Berengar bei Pavia und gab der jungen Witwe ihre Krone wieder zurück. Ein Jahr darauf, 951, heiratete die 20 Jahre alte Adelheid Otto I., 962 wurden sie in Rom von Papst Johannes XII. zu Kaiser und Kaiserin gekrönt.

Nachdem Otto I. im Jahre 973 gestorben war, entwickelten sich Spannungen zwischen Adelheid und ihrem Sohn Otto II. sowie dessen Ehefrau Theophanu. Adelheid zog sich deshalb enttäuscht zurück, gründete in der Folgezeit zahlreiche Klöster, förderte die Reform von Cluny und stattete die kirchlichen Einrichtungen ihres Landes großzügig aus. Die letzten Lebensjahre verbrachte Kaiserin Adelheid in ihrer Klosterstiftung Selz im Elsaß, wo sie am 16. Dezember 999 starb. Im Jahr 1097 wurde sie von Papst Urban II. in den Kreis der Heiligen aufgenommen.

Verehrung/Brauchtum: Am Grab von Adelheid in Selz entwickelte sich eine rege Wallfahrt, die bis zur Reformation anhielt; seither sind die Adelheid-Reliquien verschollen. Außer in Deutschland und im Elsaß wurde Adelheid auch in Einsiedeln in der Schweiz sehr verehrt; im gesamten Frankreich war ihr Kult ebenfalls weit verbreitet.

Darstellung: Adelheid ist auf Abbildungen immer in fürstliche Gewänder gekleidet, oft trägt oder hält sie die Kaiserkrone. Mit Krone auf dem Haupt ist sie auf einem Sgrafitto (um 1235) im Magdeburger Dom zu sehen. Mit einem Kirchenmodell zeigt eine Statue (1343) die Kaiserin im Dom zu Augsburg. Häufig fand auch die Szene, wie Adelheid Almosen an Arme verteilt, ihren Niederschlag in der darstellenden Kunst.

Ado von Vienne

Erzbischof von Vienne OSB
geboren: um 800 in Sens, Frankreich
gestorben: 16. Dezember 875 in Vienne, Frankreich

Sebastianus Maggi

Generalvikar, Prediger OP
geboren: 1414 in Brescia, Italien
gestorben: 16. Dezember 1496 in Genua, Italien

Der Priester und Dominikanermönch Sebastianus Maggi war einer der großen Prediger seiner Zeit in Italien. Für seinen Orden wirkte er unermüdlich, er reformierte zahlreiche Klöster und war Prior in Mailand, Bologna, Brixen und Mantua. Zweimal wurde er für mehrere Jahre zum Generalvikar der lombardischen Ordensprovinz ernannt. Ein Jahr vor seinem Tod erhielt Maggi von Papst Alexander VI. den Befehl, dem Dominikanerbruder Savonarola ein Predigtverbot auszusprechen. Der Kult von Sebastianus Maggi wurde 1760 bestätigt.

17. Dezember

Johannes von Matha

Ordensgründer OST
geboren: 23. Juni 1160 in Faucon, Frankreich
gestorben: 17. Dezember 1213 in Rom, Italien
Patron der Trinitarier

Hunderttausende von Christensklaven verdanken dem Trinitarierorden und damit auch seinem Gründer Johannes von Matha ihre Freiheit. Auch viele tausend Negersklaven, vor allem Negerkinder, die in unmenschlichen Verhältnissen dahinvegetierten, erfuhren erst durch die Trinitarier, was Leben bedeutet. Die Voraussetzung für diesen Orden hatte neben Johannes von Matha der Mitbegründer Felix von Valois geschaffen, die Regel der Kongregation von der „Allerheiligsten Dreifaltigkeit“ stammt aber von Johannes allein.

Johannes von Matha kam am 23. Juni 1160 in dem Ort Faucon in der Provence zur Welt und studierte später in Paris Theologie. Um das Jahr 1185 empfing er die Priesterweihe. Während seiner Primiz hatte er eine Vision der Dreifaltigkeit. Er sah dieses Erlebnis als ein Zeichen Gottes an, einen Orden zu gründen und im Zeichen der Dreifaltigkeit zu helfen. Johannes machte sich sofort ans Werk, verfaßte eine Ordensregel und legte sie dem Papst vor. Innozenz III. bestätigte die Konstitution am 17. Dezember 1198. Johannes von Matha gründete das erste Ordenskloster in Cerfroid im Bistum Meaux.

Die Trinitarier verbreiteten sich schnell in ganz Frankreich, in Spanien, Italien, Deutschland, Portugal und sogar in England. Jahrhunderte später faßte der Orden auch in Österreich und in Polen Fuß. Die Trinitarier verlegten ihr ganzes Wirken darauf, Gefangene in aller Welt zu befreien. Tausende von Ordensmitgliedern widmeten sich bald dieser Aufgabe. Auch wirkten die Trinitarier seelsorgerisch in Krankenhäusern und in Gefängnissen sowie auf den Kreuzzügen. Die Engel der Sklaven trugen als Ordenstracht einen weißen Habit mit einem rot-blauen Kreuz auf dem Skapulier und auf dem schwarzen Ordensmantel.

Erschöpft von der Realisierung seines großen Werkes, starb Ordensgründer Johannes von Matha am 17. Dezember 1213 in Rom, auf den Tag genau 15 Jahre, nachdem er von Papst Innozenz III. die Genehmigung für seine Gemeinschaft erhalten hatte. Die Päpste Alexander VII. und Innozenz XII. bestätigten den Kult Mathas 1665 und 1694.

Die Gebeine von Johannes von Matha wurden von spanischen Trinitariern 1665, nach der ersten Erhebung, heimlich von Rom nach Spanien gebracht und dort in der Trinitarierkirche in Madrid beigesetzt. Seit dem 19. Jh. werden die Reliquien im Madrider Trinitarierkonvent aufbewahrt.

Darstellung: Johannes von Matha ist immer im Ordensgewand der Trinitarier dargestellt: in weißer Tracht mit rot-blauem Kreuz. Häufig wurde von Künstlern auch die Szene dargestellt, wie Johannes von der Heiligen Dreifaltigkeit das weiße Skapulier mit rot-blauem Kreuz gereicht bekommt. Die wohl häufigste Darstellung ist allerdings jene, die Johannes von Matha mit Sklaven oder Gefangenen zeigt; auch hält er zerbrochene Ketten als Hinweis auf die Gefangenen- und Sklavenbefreiung durch die Trinitarier in der Hand. Oft ist Johannes von Matha mit Felix von Valois zu sehen, so unter anderem in einer Statuengruppe (1714) an der Karlsbrücke in Prag.

Jolanda von Marienthal

Priorin von Marienthal OP
geboren: um 1220 in Vianden, Luxemburg
gestorben: 17. Dezember 1283 in Marienthal, Luxemburg

Lazarus von Bethanien

Freund Jesu, Bischof(?)
geboren: um Christi Geburt in Bethanien bei Jerusalem
gestorben: 1. Jh. in Jerusalem(?), in Marseille(?), Frankreich
Patron der Metzger; der Totengräber; der Aussätzigen; der Leprosenhäuser; der Bettler

Lazarus war der Bruder von Maria und Martha und ein guter Freund von Jesus. Die Evangelien berichten von der Freundschaft Jesu mit Lazarus und seiner ganzen Familie und von Treffen aller im Haus der Geschwister in Bethanien. Lazarus war es auch, den Jesus vier Tage nach dem Tod wieder zum Leben erweckte.

Über das weitere Leben von Lazarus nach diesem berühmten Ereignis gibt es keine zuverlässigen Überlieferungen mehr. Eine Legende aus dem Mittelalter (11./12. Jh.) berichtet, Lazarus sei mit Martha und Maria in die Provence gekommen. Später soll er Bischof von Marseille geworden und in der südfranzösischen Hafenstadt gestorben sein; im 9. Jh. seien dort auch die Reliquien von Lazarus gefunden worden.

In Bethanien ist ein Lazarus-Grab seit dem 4. Jh. bezeugt; es soll die Beisetzungsstätte sein, in welcher Lazarus vier Tage lang begraben lag, bis er von Jesus auferweckt wurde.

Verehrung/Brauchtum: Das Wort Lazarett, das man in abgewandelter Form in mehreren Sprachen kennt, geht auf den Lazarus-Kult zurück.

Jeweils am Samstag vor dem Palmsonntag wird zu Ehren von Lazarus eine Prozession von Jerusalem nach Bethanien durchgeführt. Dieser Tag ist in der Ostkirche bis zum heutigen Tag auch der Gedenktag für Lazarus. In Spanien, Frankreich und Italien wurde das Lazarus-Fest ganz früher am Palmsonntag oder am fünften Fastensonntag gefeiert.

Darstellung: Wohl die bekannteste Darstellung von Lazarus ist die Auferweckungsszene. Häufig wurde Lazarus aber auch als Bischof dargestellt, so auf einem Gemälde am Hauptaltar in der Kathedrale von Marseille. Auch zusammen mit seinen Schwestern Martha und Maria ist Lazarus von Bethanien manchmal abgebildet; meist sind die drei in einem Boot zu sehen, das sie nach der Legende nach Südfrankreich gebracht haben soll.

Modestus von Jerusalem

Patriarch von Jerusalem
geboren: 6. Jh. in Jerusalem
gestorben: 17. Dezember 630 (634) in Jerusalem

Darstellung: Patriarch Modestus von Jerusalem ist als Bischof mit dem Omophorion, dem breiten, um die Schultern geschlungenen Band der ostkirchlichen Bischöfe, dargestellt. Die möglicherweise ältesten Abbildungen von Modestus (11. Jh.) sind in kappadokischen Höhlenkirchen zu finden, so in Göreme in der Türkei.

Olympias

Äbtissin, Wohltäterin
geboren: um 365 in Konstantinopel, heute Istanbul, Türkei
gestorben: um 408 in Nikomedien(?), heute Izmid, Türkei

Die Witwe Olympias gab ihr gesamtes Vermögen, um in Konstantinopel Kirchen und Klöster errichten zu lassen und Armen zu helfen. In einem von ihr gestifteten Diakonissenkloster wurde sie selbst die erste Äbtissin, nachdem sie zuvor die Diakonissenweihe empfangen hatte. Als Johannes Chrysostomus, mit dem sie eine enge geistige Freundschaft verband, aus Konstantinopel verbannt wurde, mußte auch Olympias flüchten. Sie ging wohl nach Nikomedien, wo sie um das Jahr 408 starb.

Darstellung: Darstellungen von Olympias kommen hauptsächlich in der östlichen Kunst vor. Die Witwe ist darauf meist zu sehen, wie sie Almosen an Arme verteilt; manchmal betet sie auch vor einer Hütte.

Sturmius (Sturmi, Sturm)

Abt OSB
geboren: um 715 in Bayern(?), Oberösterreich(?)
gestorben: 17. Dezember 779 in Fulda, Hessen
Patron des Bistums Fulda (Nebenpatron)

Das Kloster Fulda, im Mittelalter lange Zeit eines der bedeutendsten Klöster überhaupt, ist die Gründung von Sturmius, dem Lieblingsschüler des großen Bonifatius. Sturmius stammte aus Bayern oder aus Oberösterreich. Er kam wahrscheinlich um das Jahr 715 zur Welt. Um 735 schloß er sich Bonifatius, dem Apostel der Deutschen, an, der ihn liebte und besonders förderte. Fünf Jahre später empfing Sturmius die Priesterweihe.

Danach lebte Sturmius einige Zeit in der Einsamkeit, bis ihn Bonifatius wieder zu sich rief und ihn mit der Missionierung in Hessen betraute. Sturmius suchte im Auftrag seines Lehrmeisters immer wieder nach Örtlichkeiten zur Errichtung neuer Klöster und kam so auch in die Buchonia, eine Gegend um Werra und Rhön. Dieses Gebiet war bereits frühchristlich besiedelt gewesen und um 700 bei Sachseneinfällen völlig zerstört worden. Hier errichtete Sturmius unter Mithilfe zahlreicher Gefährten im Jahr 744 das Kloster Fulda, dessen erster Abt er wurde.

Nachdem der große Bonifatius am 6. Juni 754 in den Niederlanden ermordet worden war, überführte sein Schüler Sturmius die Leiche des deutschen Apostels in einem feierlichen Zug nach Fulda, wo Bonifatius noch heute in der Domkrypta ruht. Aus Dankbarkeit für die Rückholung des Leichnams von Bonifatius erhielt Sturmius danach viele Schenkungen für sein Kloster, das damit in der Folgezeit immer mächtiger wurde.

Nach erheblichen Schwierigkeiten mit dem Erzbischof von Mainz, der auf das Kloster Fulda Anspruch erhob und Sturmius bei Pippin dem Jüngeren schlecht machte – was Sturmius schließlich sogar zwei Jahre Verbannung einbrachte –, konnte der Abt dann endlich in Ruhe seinem Missionswerk nachgehen. Zu Beginn des Jahres 779 begleitete Sturmius Karl den Großen auf seinem Sachsenfeldzug. Bald nach der Rückkehr starb er am 17. Dezember 779 in seiner Klostergründung Fulda. Beigesetzt wurde Sturmius nahe bei seinem Vorbild und Lehrmeister Bonifatius im Dom zu Fulda; seine Heiligsprechung erfolgte 1139 durch Papst Innozenz II.

Der Schädel von Sturmius ist heute neben dem von Bonifatius im Dommuseum von Fulda zu sehen.

Sturmius. Nach einem Barockgemälde.

Verehrung/Brauchtum: In den Bistümern Fulda und München-Freising ist der 16. Dezember der Gedenktag für Sturmius.

Darstellung: Sturmius ist als Mönch oder als Abt dargestellt, seine Attribute sind Stab, Buch und/oder Kirchengrundriß. Am Sturmius-Altar im Dom zu Fulda zeigt ein barocker Relief-Zyklus 13 Szenen aus dem Leben des Abtes.

Vivina von Brüssel

Äbtissin OSB
geboren: 1109 (1103) in Oisy, Belgien
gestorben: 17. Dezember um 1176 in Bigarden bei Brüssel, Belgien
Patronin gegen Halserkrankungen, Fieber und Rippenfellentzündung; gegen Maul- und Klauenseuche

Vivina gehört in Belgien bis heute zu den besonders verehrten Heiligengestalten. Zu Beginn des 12. Jh. geboren, hatte sie zunächst einige Jahre als Einsiedlerin gelebt, bevor sie 1146 zusammen mit Herzog Gottfried dem Bärtigen das Kloster Grand-Bigard bei Brüssel gründete, das bald darauf die Benediktinerregel annahm. Vivina war erste Äbtissin des Klosters.

Nachdem die Abtei 1794 aufgehoben worden war, gelangten die Reliquien Vivinas zunächst nach Notre-Dame des Victoires bei Brüssel; seit 1812 befinden sie sich in Orbais, dem belgischen Wallfahrtsort.

Verehrung/Brauchtum: Der Kult um Vivina wird besonders im Erzbistum Mecheln-Brüssel gepflegt.

Darstellung: Vivina ist meist als Benediktiner-Äbtissin dargestellt; ihr individuelles Attribut ist eine brennende Kerze, da sie einmal auf wundersame Weise eine erloschene Kerze wieder zum Brennen gebracht haben soll. Auf allen Abbildungen hat Vivina ein Buch bei sich, manchmal sind ihr auch Krummstab, Kirchenmodell oder ein vasenförmiges Gefäß beigegeben. Darstellungen von Vivina existieren hauptsächlich in Belgien.

18. Dezember

Gatianus (Gratianus)

Bischof
geboren: 3. Jh. in Rom, Italien
gestorben: 18. Dezember 301 in Tours, Frankreich

Die meisten Frankreich-Reisenden kennen die Kathedrale Saint-Gatien in Tours, doch nur wenige sind über die Geschichte dieses Bauwerkes und die seines Namenspatrons informiert. Gatianus (Gatien) stammte wahrscheinlich aus Rom, wo er in der ersten Hälfte des 3. Jh. zur Welt gekommen war. Papst Fabian entsandte ihn um das Jahr 249 als Glaubensbote nach Gallien, und so kam Gatianus auch nach Tours, wo ihn das Volk bald zum ersten Bischof der Diözese ausrief. Gatianus erlebte noch die letzten Monate der Christenverfolgungen unter Kaiser Decius mit, konnte selbst den Häschern jedoch geschickt immer wieder entkommen. Nach dem Tod von Decius im Jahr 251 kehrte für einige Zeit Ruhe unter dem Volk ein, und die Christen konnten ihrer Glaubensausübung in Frieden nachgehen.

Bischof Gatianus wirkte ein halbes Jahrhundert in seiner Diözese und mußte in den Jahren vor seinem Tod noch miterleben, wie die grausamste aller Christenverfolgungen unter Kaiser Diokletian ausbrach. Gatianus starb am 18. Dezember 301 in Tours. Nach seinem Tod war der Bischofstuhl von Tours 36 Jahre verwaist, bis im Jahr 337 Lidorius zum Bischof gewählt wurde. Lidorius ließ dann auch den Vorgängerbau der heutigen Kathedrale von Tours errichten. In dieses Gotteshaus überführte der nächste Bischof von Tours, der berühmte Martin, um 380 die Gebeine des von ihm sehr verehrten Gatianus.

Wunibald

Abt OSB
geboren: 701 in Wessex, England
gestorben: 18. Dezember 761 in Heidenheim, Bayern
Patron der Brautleute; der Bauarbeiter

Wunibald entstammte einer berühmten Familie: Seine Eltern waren Richard und Wunna, sein Bruder war der große Willibald, seine Schwester Walburg und sein Onkel Bonifatius, der Apostel der Deutschen. Wunibald, im Jahr 701 in Wessex im Süden Englands geboren, unternahm 720 mit seinem Vater und seinem Bruder eine Pilgerreise nach Rom, danach wallfahrte er ins Heilige Land. Nach seiner Rückkehr trat er zusammen mit Wunibald als Mönch in das berühmte Benediktinerkloster Montecassino in Italien ein.

Im Jahr 738 rief Bonifatius seinen Verwandten nach Germanien, weihte ihn zum Priester und entsandte ihn in die Mission nach Thüringen und Bayern (739 bis 747). Danach wirkte Wunibald rund vier Jahre in Mainz. Im Jahr 751/52 schließlich gründete

Wunibald verteilt Speisen unter den Armen. Nach einer Darstellung von 1500.

er in Heidenheim im Bistum Eichstätt, das sein Bruder Willibald seit 741 als Bischof leitete, ein Benediktinerkloster. Er selbst stand dem Männerkloster als Abt vor, seine Schwester Walburg leitete als Äbtissin das Frauenkloster. Die Abtei entwickelte sich, nicht zuletzt durch das große Charisma, das Walburg umgab, in der Folgezeit zu einem Kultur- und Missionszentrum.

Rund ein Jahrzehnt nach der bedeutenden Klostergründung starb Abt Wunibald am 18. Dezember 761. Als Willibald den Leib seines Bruders 777 erhob, war er noch vollkommen unversehrt. Wunibalds Reliquien sind nicht mehr vorhanden, sein Hochgrab aus dem Jahr 1483 steht noch in der heute evangelischen ehemaligen Klosterkirche in Heidenheim.

Verehrung/Brauchtum: In der Diözese Eichstätt ist der 15. Dezember der Gedenktag für Wunibald, in der Diözese Fulda gedenken die Gläubigen seiner gemeinsam mit Willibald am 7. Juli.

Darstellung: Wunibald ist immer im Mönchskleid mit Abtstab dargestellt; seine weiteren Attribute sind Buch und/oder Maurerkelle, was auf die Gründung von Kloster Heidenheim zurückgeht. Häufig wurde Wunibald mit Mitgliedern seiner berühmten Familie abgebildet, oft auch mit allen zusammen, so etwa auf einem Fenster (1365) im Regensburger Dom oder auf dem Silbertragaltar aus Eichstätt (1492, heute in der Münchner Residenz). In einem weiteren Fenster im Dom zu Regensburg (1325) ist Wunibald gemeinsam mit den Regensburger Stadtpatronen zu sehen.

19. Dezember

Benjamin

Sohn Jakobs, Gestalt des Alten Testamentes

Juda

Sohn Jakobs, Gestalt des Alten Testamentes

Susanna („die keusche Susanna")

Gestalt des Alten Testamentes
Patronin der Glocken

Die Geschichte der „keuschen Susanna" fand ihren Niederschlag im Buch Daniel. Danach war sie die Ehefrau eines Juden in Babylon und von großer Schönheit. Als sie sich eines Tages während eines Bades in ihrem Garten dagegen wehrte, zwei zudringlichen Männern zu Willen zu sein, wurde sie von diesen als Rache der Unzucht mit einem jungen Mann bezichtigt. Bei dem nachfolgenden Gerichtsverfahren hieß das Urteil: Tod. Da aber erschien der Prophet Daniel und überführte die beiden Lügner, die danach selbst hingerichtet wurden. Susanna blieb am Leben.

Darstellung: Die Szene, wie Susanna in ihrem Garten ein Bad nehmen will und dabei von zwei Männern bedrängt wird, wurde von verschiedenen Künstlern dargestellt. Auch zusammen mit Daniel, vor dem Richter stehend, ist Susanna mehrfach abgebildet worden. Als Attribut hat Susanna manchmal einen Apfel bei sich.

Thea

Märtyrerin
geboren: 2./3. Jh. in Gaza, Palästina
gestorben: 3. Jh. in Gaza

Thea war praktizierende Christin und lebte im 3. Jh. in Gaza. Wegen ihres Glaubens wurde sie eines Tages gefangengenommen und von den Christenverfolgern schwer mißhandelt. An den Folgen der Folterungen starb Thea schließlich.

Urban V.

Papst OSB
geboren: um 1310 in Grisac, Frankreich
gestorben: 19. Dezember 1370 in Avignon, Frankreich

Urban V., der mit bürgerlichem Namen Guillaume Grimoard hieß, wurde einmal der „sympathischste aller Avignoner Päpste" genannt. Er bestieg den Papststuhl gegen Ende des sogenannten Avignonischen Exils und wollte sich mit dieser mißlichen Situation nicht abfinden, was ihm die Zuneigung des römischen Volkes einbrachte.

Papst Urban V. Torso der Grabplatte des Papstes. Arbeit eines unbekannten Künstlers aus dem Jahr 1372, die sich heute in Avignon befindet.

Als sich das Konklave in Avignon 1362 nach dem Tod von Innozenz VI. für den Südfranzosen Grimoard aus Grisac bei Mende als neuen Papst entschied, war der 52jährige Administrator des Bistums Avignon und Abt des Benediktinerklosters Saint-Victor in Marseille. Gegen sich selbst streng in der Lebensführung, achtete Urban V. auch bei den Geistlichen auf einen einwandfreien Leumund, ging erbittert gegen Simonie und Nepotismus vor und prangerte die Sittenlosigkeit innerhalb des Klerus scharf an. Der Dichter Petrarca, zu seiner Zeit eine geachtete Persönlichkeit, sprach dem Papst in einem Brief für diese Haltung seine Anerkennung aus.

Schon bald nach seiner Wahl äußerte Urban V. seinen Entschluß, Avignon zu verlassen und nach Rom zurückzukehren. Mehrere Gründe schienen ihn zu diesem Schritt bewogen zu haben. Unter anderem waren immer wieder Räuber in den Papstpalast in Avignon eingedrungen. Währenddessen hatte in Rom der berühmte Kardinal Albornoz Ruhe und Ordnung wiederhergestellt, und viele hohe Persönlichkeiten, wie etwa Kaiser Karl IV. und die Ordensgründerin Birgitta von Schweden, traten des öfteren mit der Bitte um eine Rückkehr nach Rom an den Papst heran.

Am 30. April 1367 war es soweit: Gegen den Widerstand des französischen Königs und der französischen Kardinäle verließ Urban V. die Stadt Avignon. Nach einem mehrmonatigen Aufenthalt im Papstpalast in Viterbo zog er am 16. Oktober 1367 unter dem Jubel der Bevölkerung in Rom ein.

Doch der Frieden hielt nicht lange. Schon bald brachen erneut Unruhen in Rom aus, die Parteien bekämpften sich wieder, das Volk wurde unruhig. Unglücklich und enttäuscht, versuchte der Papst, mit geringem Erfolg, die Ordnung zu erhalten. Als dann 1370 der Krieg zwischen Frankreich und England erneut ausbrach, kehrte Urban V. nach Avignon zurück. Schon kurz nach der Ankunft in Südfrankreich erkrankte er schwer, drei Monate später, am 19. Dezember 1370, starb er im Papstpalast zu Avignon. Vor seiner Abreise hatte ihm Birgitta, die ihn dringend zum Bleiben aufgefordert hatte, im Falle seines Wegganges seinen nahen Tod vorausgesagt.

Urban V. wurde in der Basilika Saint-Victor in Marseille beigesetzt und erhielt ein prächtiges Grabmal. Gebeine und Monument des Papstes fielen jedoch in der Französischen Revolution der allgemeinen Zerstörungswut zum Opfer. Papst Pius IX. bestätigte den Kult von Urban V. im Jahre 1870.

Verehrung/Brauchtum: Papst Urban V. wird bis heute vor allem in der Provence verehrt.

Darstellung: Urban V. wurde meist mittleren Alters und bartlos dargestellt; seine Attribute sind Palme, Kelch, Reliquien und Tiara. Bekannt aber ist vor allem die Abbildung von Urban mit den Häuptern der Apostelfürsten Petrus und Paulus (manchmal in einem Kelch), die er angeblich in der Lateranbasilika gefunden hat. Auch mit einem Bild der beiden Apostel wurde Urban manchmal dargestellt, so auf einem Fresko (14. Jh.) in der Kirche S. Domenico in Spoleto (Krypta).

Dominikus von Silos. Nach einem Gemälde von Bartolomé de Cárdenas Bermejo, das sich heute im Prado in Madrid befindet.

20. Dezember

Dominikus von Silos

Abt OSB
geboren: um 1010 in Cañas, Spanien
gestorben: 20. Dezember 1073 in Silos, Spanien
Patron der Hirten; der Gefangenen

Viele Spanien-Reisende, die auf der Autobahn von Bilbao an der Atlantikküste in Richtung Saragossa fahren, machen einen Abstecher nach Nájera bei Logrono, der einstigen Residenz der Könige von Navarra und Kastilien. Etwa acht Kilometer westlich dieser Stadt liegt das Örtchen Cañas, dessen Benediktinerkloster

Santa Maria die Erinnerung an Dominikus (Domingo) von Silos weckt. Dieser Benediktinermönch, um 1010 in Cañas geboren und in seiner Jugend Hirte der elterlichen Herden, war es, der um 1030 das völlig heruntergekommene Kloster auf Anordnung seines Abtes übernommen und zu größter Blüte gebracht hatte.

Nach vierjähriger segensreicher Tätigkeit in Cañas kehrte Dominikus in sein Stammkloster nach San Millán de la Cogolla zurück, wo er bald darauf zum Prior ernannt wurde. Dieses Kloster war von König Garcia erbaut worden, der in der Folgezeit als „Dank" immer wieder Kirchengüter beanspruchte.

Dominikus gab diesen Forderungen jedoch nicht nach und verließ San Millán, um den Auseinandersetzungen mit dem Herrscher aus dem Weg zu gehen. Er begab sich nach Kastilien, wo ihm König Ferdinand, der von dem hervorragenden Wirken des Priors gehört hatte, 1041 die ebenfalls völlig ruinierte Abtei Silos unweit von Burgos übertrug. Auch dieses Kloster führte Abt Dominikus zu großer Blüte. Der Zustrom von Mönchen nach Silos wurde von Jahr zu Jahr stärker, das Kloster entwickelte sich zu einem bedeutenden monastischen Zentrum.

Nach über 30jährigem Wirken in Silos starb Dominikus dort am 20. Dezember 1073 und wurde in seinem Kloster beigesetzt. Sofort nach seinem Tod wurde der Abt wie ein Heiliger verehrt.

Verehrung/Brauchtum: Während des ganzen Mittelalters war das Grab von Dominikus eine berühmte Wallfahrtsstätte. Noch vor seinem Tod hatte Dominikus mit dem Bau einer Klosterkirche sowie eines Kreuzganges begonnen, deren Fertigstellung er aber nicht mehr erleben durfte. Der Kreuzgang gehört heute zu den schönsten und größten Sehenswürdigkeiten von Spanien.

Darstellung: Die Darstellung des Dominikus von Silos ist fast ausschließlich auf Spanien beschränkt. Verschiedene Abbildungen existieren in Silos, in Cogolla und in Cañas. Ein berühmtes Bild des Abtes ist das Gemälde von Bartolomé de Cárdenas Bermejo im Prado zu Madrid; es zeigt Dominikus in bischöflichen Gewändern mit Mitra, in der Hand ein Buch haltend. Häufig wurde Dominikus auch mit Fesseln als Attribut abgebildet, was darauf zurückgeht, daß er sich zeitlebens für die Befreiung von Christen aus maurischer Gefangenschaft einsetzte.

Hoger von Bremen-Hamburg

Erzbischof von Bremen-Hamburg
geboren: 9. Jh.
gestorben: 20. Dezember 916 in Bremen

Vinzenz Dominikus Romano

Priester
geboren: 3. Juni 1751 in Torre del Greco, Italien
gestorben: 20. Dezember 1831 in Torre del Greco

Papst Paul VI. sprach am 17. November 1963 einen italienischen Priester selig, der fast vier Jahrzehnte unter teilweise furchtbaren Bedingungen als Seelsorger in seiner Heimat gewirkt hatte: Vinzenz Dominikus Romano aus Torre del Greco bei Neapel. Die besondere Zuneigung Romanos galt immer den Jugendlichen sowie den Arbeitern, denen er gegenüber ihren Herren, die sie oft auszunutzen versuchten, beistand. Nach dem Vesuv-Ausbruch 1805 half Romano der betroffenen Bevölkerung, wo er nur konnte; seine völlig zerstörte Pfarrkirche baute er mit eigenen Händen wieder mit auf.

Vitus von Litauen

Bischof von Litauen
geboren: um 1190
gestorben: 20. Dezember um 1260 in Krakau, Polen

21. Dezember

Dominikus Spadafora

Mönch, Priester, Prediger OP
geboren: 1450 in Randazzo auf Sizilien, Italien
gestorben: 21. Dezember 1521 in Monte Cerignone, Italien
12. Januar 1921 Approbation des Kultes

Johannes Vincentius

Erzbischof von Ravenna(?), Einsiedler
geboren: 10. Jh. in Italien
gestorben: 21. Dezember(?) um 1010(?) im Piemont, Italien

Peter Friedhofen, Gründer der „Barmherzigen Brüder von Maria Hilf".

Peter Friedhofen

Ordensgründer
geboren: 25. Februar 1819 in Weitersburg bei Vallendar, Rheinland-Pfalz
gestorben: 21. Dezember 1860 in Koblenz, Rheinland-Pfalz

Schornsteinfeger von Beruf und Ordensgründer aus Berufung, das war Peter Friedhofen, den Papst Johannes Paul II. am 23. Juni 1985 seligsprach. Die „Barmherzigen Brüder von Maria Hilf", die Friedhofen 1850 ins Leben gerufen hat, sind bis heute in Europa, Südamerika und Asien tätig, sie leiten Krankenhäuser, Alters- und Pflegeheime sowie Rehabilitationszentren. In der Schweiz werden die Ordensmitglieder Krankenbrüder genannt. In Rom haben die Barmherzigen Brüder zusätzlich eine ganz besondere Aufgabe inne: Sie betreuen die Domitilla-Katakombe und das zugehörige Hospiz.

Ab seinem 15. Lebensjahr war Peter Friedhofen aus Weitersburg bei Vallendar als Schornsteinfeger tätig. Schon früh Vollwaise, hatte er alle Nöte des täglichen Lebens kennengelernt. Als Friedhofens Bruder Jakob früh starb, übernahm Friedhofen, ohne zu zögern, die Versorgung von dessen Witwe und den elf Kindern.

Schon in jungen Jahren hatte es Peter Friedhofen immer zum Apostolat gedrängt, er wollte die Freude seines eigenen gottverbundenen Lebens an andere weitergeben. In mehreren Pfarreien gründete Friedhofen deshalb Aloysius-Bruderschaften. Während seiner Jahre als Wandergeselle lernte er Not und Verlassenheit vieler Menschen, vor allem Kranker, kennen und fühlte sich immer stärker berufen, dagegen etwas zu tun.

Um helfen zu können, wollte Peter Friedhofen gleichgesinnte Gefährten, eben barmherzige Brüder, um sich sammeln, schließlich einen neuen Orden gründen. Der Bischof von Trier zeigte sich mit diesen Plänen einverstanden, und am 21. Juni 1850 erfolgte die erste Bestätigung der neuen Brüdergemeinschaft.

Nach verschiedenen Schwierigkeiten in seinem Heimatort Weitersburg verlegte Peter Friedhofen seine noch kleine Gemeinschaft im Jahr 1851 nach Koblenz. Das Vertrauen der Bevölkerung und auch der Ärzte in den Krankenpflegeorden wuchs immer mehr, die Mitgliederzahl der Gemeinschaft nahm zu. Bald erfolgten die ersten Gründungen im Ausland.

Peter Friedhofen aber durfte den Aufschwung seiner Barmherzigen Brüder nicht mehr lange miterleben: Eine Lungentuberkulose zehrte mehr und mehr an seinen Kräften. Am 21. Dezember 1860 starb der Ordensgründer im Ordenshaus in Koblenz. Seit 1888 befindet sich das Mutterhaus der Kongregation in Trier, wo seit 1928 auch die Gebeine von Peter Friedhofen ruhen.

Das Wirken der „Barmherzigen Brüder von Maria Hilf" begleitet noch heute dieses Wort ihres Stifters: „Zu unserem Werk gehört wohl Klugheit, mehr aber Frömmigkeit und Geduld. Wenn wir zu leiden und zu schweigen verstehen, so erfahren wir auch Gottes Hilfe."

Verehrung/Brauchtum: In der Diözese Trier ist der 23. Juni der Gedenktag für Peter Friedhofen.

22. Dezember

Flavianus von Rom

Märtyrer in Rom, Vater von Bibiana
geboren: 4. Jh. in Rom, Italien
gestorben: um 362 in Rom

Franziska Xaviera Cabrini

Ordensgründerin
geboren: 15. Juli 1850 in Sant'Angelo Lodigiano, Italien
gestorben: 22. Dezember 1917 in Chicago, USA
Patronin der Auswanderer (seit 1950)

Die Kirche von Codogno, eine der Wirkungsstätten von Franziska Xaviera Cabrini.

Die erste Heilige der Vereinigten Staaten wurde am 7. Juli 1946 von Papst Pius XII. offiziell kanonisiert. Es war Franziska Xaviera Cabrini, die am 15. Juli 1850 in dem Örtchen Sant'Angelo Lodigiano in der Nähe von Mailand geboren worden war. Ihre Eltern waren einfache Bauern, die außer ihr noch zwölf weitere Geschwister zu versorgen hatten.

Im Alter von 24 Jahren erhielt Franziska, die sich schon während ihrer Jugendzeit um verwahrloste Jugendliche und Kinder gekümmert und in den Spitälern geholfen hatte, die Leitung eines Pensionates in dem Städtchen Codogno bei Mailand übertragen. Erfüllt von tiefer Frömmigkeit und Selbstlosigkeit, widmete sich Franziska in den folgenden Jahren den verschiedensten Werken der Nächstenliebe. Ihr einziger Wunsch war es, eines Tages für ihre Arbeit noch mehr Gefährtinnen zu gewinnen und einen Orden zu gründen.

Im Jahr 1880 war es schließlich soweit. Franziska gründete die Kongregation der „Missionarinnen vom Heiligsten Herzen" und wurde deren erste Oberin. Bereits ein Jahr später erteilte Papst Leo XIII. dem Orden die Bestätigung. Aus Verehrung für den Missionar Franz Xaver nahm Franziska im Orden zusätzlich den Namen Xaviera an.

Mit der Ordensgründung allein sah Franziska Xaviera ihr Werk aber noch nicht als vollendet an. Sie hatte

Franziska Xaviera Cabrini. Nach einer Fotografie.

größere Pläne. Im Jahr 1888 ging sie nach New York und gründete von dort aus in vielen Großstädten der USA bis hin nach Südamerika Spitäler, Schulen und Heime für die verschiedensten Personengruppen. Besonders herzlich nahm sie sich hier in Amerika der Einwanderer an, die mit den Verhältnissen in der neuen Heimat nicht zurechtkamen. Vor allem ihren italienischen Landsleuten war die Ordensfrau eine liebevolle Helferin. In Chicago errichtete Franziska Xaviera schließlich auch das Mutterhaus ihres Ordens.

Auch hier in Amerika hatten sich dem Orden schon in kurzer Zeit viele junge Mädchen und Frauen angeschlossen, die als „Missionarinnen vom Heiligsten Herzen" wirken wollten. Allen war die Ordensgründerin ein großes Vorbild. Franziska Xaviera Cabrini kannte für sich selbst das Wort Arbeit nicht; für sie war ihre Tätigkeit, die sie täglich bis zu 20 Stunden forderte und bei der sie größten Anstrengungen unterworfen war, ein einziger Liebesdienst für Jesus Christus, den sie in allen Hilfesuchenden sah, die zu ihr kamen.

Erschöpft und ausgezehrt, aber erfüllt von Frieden und Glück, schloß Franziska Xaviera Cabrini am 22. Dezember 1917 in ihrem Mutterhaus in Chicago für immer die Augen. Papst Pius XII. ernannte sie nach ihrer Heiligsprechung im Jahr 1950 auch noch zur Patronin der Auswanderer. Die Seligsprechung der Ordensgründerin war 1938 erfolgt.

Hungerus Frisus

Bischof von Utrecht OSB
geboren: um 800 in Friesland
gestorben: 22. Dezember 866 in Prüm, Rheinland-Pfalz

Jutta von Disibodenberg (von Spanheim)

Reklusin
geboren: um 1090 in Spanheim, Rheinland-Pfalz
gestorben: 22. Dezember 1136 auf dem Disibodenberg bei Kreuznach, Rheinland-Pfalz

Jutta aus dem Adelsgeschlecht Spanheim gründete im Jahr 1106 auf dem Disibodenberg bei Kreuznach eine Klause, in die sie sich einschließen ließ und bis zu ihrem Tod 1136 lebte. Durch den großen Ruf, den Jutta schon bald als Ratgeberin und Lehrerin genoß, erwuchs aus der Klause ein bekanntes Nonnenkloster, das Jutta leitete. Ihre Nachfolgerin als Meisterin wurde später die berühmte Hildegard von Bingen, die bei ihrer Tante Jutta Schülerin gewesen war. Hildegard berichtete in ihrer ersten, um 1180 entstandenen Vita von zahlreichen Wundern, die sich an der Grabstätte der Reklusin Jutta ereignet hatten.

Verehrung/Brauchtum: Die Grabstätte Juttas auf dem Disibodenberg war lange Zeit eine vielbesuchte Wallfahrtsstätte.

Darstellung: Jutta von Disibodenberg ist meist im Benediktinerinnengewand abgebildet (ihre Klause lag neben einem Benediktinerinnenkloster), neben ihr stehen zwei Engel, über ihr ist eine brennende Lampe zu sehen. Oft ist Jutta auf Abbildungen auch von Feuerzungen umgeben.

Angela Autsch, der „Engel von Auschwitz". Nach einer Fotografie.

23. Dezember

Angela Autsch

Nonne OST
geboren: 26. März 1900 in Röllecken, Nordrhein-Westfalen
gestorben: 23. Dezember 1944 im KZ Auschwitz, Polen

„Engel von Auschwitz" wurde Angela Autsch genannt. Sie selbst schrieb einmal in einem ihrer Gebete: „Laß mich für die Welt gestorben sein. Laß niemanden wissen von meinem Sein. So bitt' ich dich, o nimm mich mir und gib mich ganz zu eigen dir." Damit aber gerade möglichst viele Menschen von ihr, dem „Engel von Auschwitz", wissen, von ihrem heroischen Handeln erfahren, hat der Wiener Erzbischof Hans Hermann Kardinal Gröer am 8. März 1990 den Seligsprechungsprozeß für Angela Autsch eingeleitet. So soll das Wirken der Trinitarierin unvergessen bleiben.

Maria Cäcilia Autsch war am 27. September 1933 im Tiroler Mötz in die damals einzige deutschsprachige Niederlassung des Trinitarierordens eingetreten; am 28. September 1938 legte sie die Ewigen Gelübde ab und trug von da an den Namen Schwester Angela vom Heiligen Herzen Jesu. In der Folge arbeitete die Ordensfrau als Erzieherin und Erntehelferin.

Mit dem Einmarsch von Adolf Hitlers Nationalsozialisten in Österreich begann der Leidensweg von Schwester Angela Autsch. Ihr Ausspruch: „Der Hitler ist eine Geißel für ganz Europa" sollte ihr zum Verhängnis werden. Der NS-Ortsgruppenleiter von Mötz denunzierte Angela Autsch. Wegen „Führerbeleidigung und Wehrkraftzersetzung" wurde die Ordensfrau am 12. August 1940 von der Gestapo verhaftet und ins Konzentrationslager Ravensbrück abtransportiert.

Schon im Lager Ravensbrück half Angela Autsch, wo immer sie nur konnte; sie wirkte im Verborgenen, teilweise unter Lebensgefahr, nie schonte sie sich, wenn es darum ging, Mithäftlingen Erleichterungen zu verschaffen.

Nach eineinhalb Jahren wurde die Ordensschwester nach Auschwitz gebracht, in das berüchtigtste Konzentrationslager überhaupt. An ihrem 42. Geburtstag, dem 26. März 1942, traf Angela Autsch dort ein. In der Folge war sie in ihrem Revier für die Wäschekammer und die Verteilung der Essensrationen zuständig. In der Ausübung dieser Tätigkeiten tat Schwester Angela alles nur Mögliche, um den weiblichen Mithäftlingen Hilfe zukommen zu lassen. Sie besorgte ihnen unter größter Lebensgefahr warmes Wasser und Seife zum Waschen, steckte ihnen immer wieder Extraessensportionen zu, nähte heimlich zerfledderte Kleidungsstücke der Frauen, versteckte erkrankte Häftlinge in der Wäschekammer, damit sie sich dort ein wenig erholen konnten.

Angela Autsch wurde im grausamen KZ-Alltag zu einem Engel der Liebe, zum „Engel von Auschwitz". Eine inhaftierte jüdische Ärztin, die im Lager schwer erkrankt war, schrieb später über Angela Autsch: „In dieses Irrenhaus kam Angela wie ein Lächeln der Morgenröte, wie ein Strahl des Sonnenlichtes … Inmitten des fürchterlichen Elendes entstand hier eine Insel der Zärtlichkeit."

Schwester Angela Autsch starb am 23. Dezember 1944, einen Tag vor Heiligabend. Bei einem Bombenangriff alliierter Kampfflugzeuge auf Auschwitz hatte ihr Herz versagt. Die sterblichen Überreste der großen Ordensfrau wurden im Krematorium von Auschwitz verbrannt.

Dagobert II.

König, Märtyrer
geboren: um 652
gestorben: um den 23. Dezember 679 bei Verdun, Frankreich

König Dagobert II. von Austrasien wurde vom Volk nach seinem Tod als Märtyrer verehrt. Der Sohn von König Sigibert III., der im Alter von vier Jahren den Vater verloren hatte, war kurz vor Weihnachten 679 von dem im feindselig gesinnten Hausmeier Ebroin auf der Jagd im Wald von Woëvre bei Verdun ermordet worden. Seine letzte Ruhestätte fand der junge König in Stenay bei Verdun.

Nach den Überlieferungen soll Dagobert II. mehrere Klöster im Elsaß gestiftet haben; historisch bewiesen sind davon Surburg und Weißenburg.

Darstellung: Meist ist Dagobert II. auf Abbildungen mit einem Nagel oder einer Lanzenspitze zu sehen, was auf die Art seines Martyriums hinweisen soll. Ein künstlerisches Beispiel dafür: eine Steinstatue (13. Jh.) auf der Westempore der ehemaligen Abteikirche Weißenburg. Als weitere Attribute hat Dagobert Krone und Zepter bei sich.

Hartmann von Brixen

Bischof CRSA
geboren: um 1090 in Polling bei Passau, Bayern
gestorben: 23. Dezember 1164 in Brixen, Südtirol, Italien
Patron des Bistums Brixen; der Schwangeren

Neustift unweit von Brixen in Südtirol war im Mittelalter und auch noch darüber hinaus lange Zeit ein vielbesuchter Wallfahrtsort. Die Pilger strömten zum Grab von Hartmann, der von 1140 bis 1164 Bischof von Brixen gewesen war und schon zu Lebzeiten wie ein Heiliger verehrt wurde. Papst Pius VI. bestätigte den Kult Hartmanns im Jahr 1784.

Hartmann stammte aus Polling bei Passau, wo er um das Jahr 1090 zur Welt gekommen war. Seine Erziehung und Ausbildung erhielt er von den Augustiner-Chorherren in Passau, als er alt genug war, legte er dort selbst die Gelübde ab. Im Jahr 1128 wurde Hartmann Propst des Stiftes Herrenchiemsee in Oberbayern, 1133 berief ihn Markgraf Leopold III. von Österreich als Propst nach Klosterneuburg bei Wien. Überall arbeitete Hartmann erfolgreich, alle „seine Häuser" brachte er zu hoher Blüte.

Auf Betreiben vieler Kirchenvertreter, besonders auf Forderung von Erzbischof Konrad I. von Salzburg, wurde Hartmann dann 1142 zum Bischof von Brixen ernannt. Auch hier erwies er sich als konsequenter Erneuerer des religiösen Lebens, förderte Zucht und Moral innerhalb des Klerus und hob den Glaubenseifer unter der Bevölkerung. Selbst führte Hartmann ein vorbildliches Leben, war zu jedermann gütig und milde, half den Armen, wo immer es notwendig war, und unterstützte kirchliche Einrichtungen nach Kräften.

Hartmann von Brixen starb am 23. Dezember 1164. Beigesetzt wurde er im Kloster Neustift, das er 1142 selbst gegründet hatte.

Verehrung/Brauchtum: In den Diözesen Passau, Wien, Bozen-Brixen und Graz-Seckau gedenken die Gläubigen Hartmanns am 12. Dezember.

Darstellung: Hartmann von Brixen ist entweder als junger Augustiner-Chorherr oder als Bischof dargestellt. Als Augustiner mit dem Jesuskind, das über einem Kelch schwebt, ist Hartmann auf einem Stich in Klosterneuburg zu sehen. Häufig wurde der Bischof auch mit dem Lamm Gottes abgebildet, so auf einem Gemälde (18. Jh.) im Kloster Neustift. In Neustift existieren darüber hinaus noch zahlreiche weitere Darstellungen von Bischof Hartmann.

Ivo von Chartres

Bischof
geboren: um 1040 bei Beauvais, Frankreich
gestorben: 23. Dezember 1116 in Chartres, Frankreich

Nach seiner Ernennung zum Bischof von Chartres im Jahr 1090 stand Ivo ständig im Mittelpunkt des Interesses der Öffentlichkeit. Zunächst geriet er in Bedrängnis, als er die Beziehung zwischen Philipp I. und Bertrade von Anjou, die beide verheiratet waren, öffentlich verurteilte. Er wurde 1092 gefangengenommen und eingekerkert; erst nach zwei Jahren kam es zum Prozeß, in welchem Ivo freigesprochen wurde. Im herrschenden Investiturstreit stellte sich der Bischof zwar auf die Seite des Papstes, versuchte aber immer wieder, zwischen diesem und dem König zu vermitteln. Bei den römischen Legaten machte Ivo sich unbeliebt, weil er sie wegen ihrer Geldgier tadelte, die päpstlichen Hofbediensteten brachte er gegen sich auf, als er ihnen Simonie, also das Erkaufen ihrer Ämter mit Geld, vorwarf.

Große Bedeutung gewann Bischof Ivo von Chartres durch seine berühmten Schriften zum Kirchenrecht. Bis heute erhalten sind darüber hinaus zahlreiche Briefe und Texte, die wichtigen Aufschluß über die Jahre von Ivos Amtszeit geben.

Johannes von Krakau

Kanoniker, Pilger
geboren: 23. Juni 1390 in Kęty, Polen
gestorben: 24. Dezember 1473 in Krakau, Polen

Johannes von Krakau ist in Polen ein vielverehrter Heiliger. Sein Kult hat sich wieder verstärkt, seit Johannes Paul II., der frühere Bischof von Krakau, den Stuhl Petri bestiegen hat.

Johannes kam am 23. Juni 1390 in Kęty in Polen zur Welt. Von seinem Geburtsort kommt auch sein Beiname „Cantius". Im Laufe seines Lebens pilgerte Johannes, der Theologieprofessor an der Universität von Krakau und Kanoniker geworden war, viermal nach Rom und einmal nach Jerusalem. Alle Wallfahrten unternahm er zu Fuß. Zeit seines Lebens zeichnete sich Johannes von Krakau durch tiefe Religiosität und außergewöhnliche Nächstenliebe aus.

Am 24. Dezember 1473 starb der schon zu Lebzeiten wie ein Heiliger verehrte Kirchenmann in Krakau. Beigesetzt wurde er in der Universitätskirche St. Anna. Bis heute sind seine Wohnung und seine Privatkapelle auf dem ehemaligen Universitätsgelände von Krakau erhalten. Papst Clemens XIII. sprach Johannes von Krakau 1767 heilig.

Verehrung/Brauchtum: Früher wurde das Fest von Johannes am 20. Oktober begangen. Bei der Neuordnung des römischen Kalenders 1969 legte man den Gedenktag auf den 23. Dezember.

Darstellung: Auf Abbildungen ist Johannes von Krakau als Priester mit Kreuz und Monstranz, manchmal auch mit Marienerscheinung dargestellt.

Maria Margareta Dufrost de Lajemmerais

Ordensgründerin, Mystikerin
geboren: 15. Oktober 1701 in Varennes, Kanada
gestorben: 23. Dezember 1771 in Montreal, Kanada

Papst Johannes Paul II. sprach am 9. Dezember 1990 die Kanadierin Maria Margareta Dufrost de Lajemmerais heilig; sie hatte im 18. Jh. in Kanada eine wichtige Kongregation gegründet. Die Gemeinschaft der „Grauen Schwestern der Liebe" (les grises, die Grauen) entwickelte sich aus einem kleinen Hospiz, das Maria Margareta nach dem Tode ihres Mannes und der Priesterweihe ihrer beiden Söhne in ihrem eigenen Haus in Montreal eingerichtet hatte. Nach der Anerkennung der Ordensgemeinschaft gründete ihre Stifterin weitere Häuser in Kanada und in den USA. Überall nahmen sich die „Grauen Schwestern der Liebe" der Kranken, Waisen, Flüchtlinge, Gefangenen und Kriegsopfer an.

Maria Margareta Dufrost de Lajemmerais, erste Generaloberin der „Grauen" und mystisch hochbegnadet, starb einige Wochen nach ihrem 70. Geburtstag in ihrem Mutterhaus in Montreal. Seligsprechung 1959.

Servulus von Rom

Bettler
geboren: 6. Jh. in Rom, Italien
gestorben: 590 in Rom

Einer der größten unter den Kirchenpersönlichkeiten und unter den Heiligen, Papst Gregor der Große, berichtete einmal in einer Predigt von einem Bettler namens Servulus, der in Rom lebte. Servulus, von Geburt an gelähmt, saß Tag für Tag vor der Kirche S. Clemente und erbat sich Gaben von den Vorbeigehenden. Aber er behielt nur das Allernotwendigste für sich selbst und gab alles andere an noch Ärmere weiter. Servulus, so die Erzählung von Gregor dem Großen während seiner Predigt, konnte weder schreiben noch lesen, und doch kannte er die Heilige Schrift besser als viele andere, da er sie sich immer wieder von guten Menschen vorlesen ließ. Die Bibelhandschriften hatte er sich von seinem erbettelten Geld selbst gekauft und dafür lieber auf Mahlzeiten verzichtet.

Papst Gregor I. fuhr in seiner Predigt fort: „Es kam, daß Servulus, obwohl von Leiden und Armut gedrückt, dennoch Gott pries und ihn um neue Schmerzen bat. Den Tod fühlend, bat er die Fremdlinge, die er gastfreundlich in seiner ärmlichen Behausung beherbergte, mit ihm Psalmen zum seligen Ausgang aus diesem Leben zu singen. Da rief er auf einmal den Singenden und Betenden laut zu: ‚Schweigt! Hört ihr nicht die Engelsgesänge dort oben?' Und vertieft in diese Gesänge gab Servulus seinen Geist auf. Plötzlich wurde das Zimmer mit einem Wohlgeruch erfüllt, so daß die Anwesenden voller Zuversicht waren, daß der entwichene Geist in die Seligkeit eingegangen sei. Unter den Anwesenden war einer von unseren Brüdern, der jetzt noch lebt und bezeugt, daß ihn jener Wohlgeruch so lange begleitete, bis der Leichnam beerdigt war." Soweit die Predigt des großen Papstes.

Darstellung: In der Kirche S. Clemente in Rom existiert ein Fresko aus dem 18. Jh., das Servulus im Rollstuhl zeigt, während ihm Bürger Almosen geben und Psalmen vorlesen.

Theodulus von Kreta und Gefährten (Märtyrer von Kreta)

Märtyrer
geboren: 2./3. Jh. auf Kreta, Griechenland
gestorben: 250 auf Kreta

Theodulus und seine Gefährten, genannt die „Zehn Märtyrer von Kreta", waren Kleriker aus verschiedenen Orten Kretas, die in der Herrschaftszeit von Christenverfolger Decius gefangengenommen, gefoltert und schließlich enthauptet wurden. Standhaft hatten sich die Männer geweigert, den Götzen zu dienen. Die Gebeine der zehn Märtyrer gelangten später nach Konstantinopel.

Thorlak Thorhallsson

Bischof CanAug
geboren: 1133 auf Island
gestorben: 23. Dezember 1193 in Skalholt, Island
Patron von Island

Thorlak Thorhallsson, der Nationalheilige von Island, war bereits 15jährig Diakon in seiner isländischen Heimat und wurde dann, nach Studienjahren in Paris und Lincoln, Augustiner-Chorherr im Stift Thykkvibaer im Südosten von Reykjavik. Bald darauf ernannten ihn die Mönche zum Prior, dann zum Abt. Im Jahr 1178 schließlich bestieg Thorlak Thorhallsson den Bischofsstuhl von Skalholt. Das besondere Augenmerk des Bischofs galt der kirchlichen Zucht und Ordnung sowie der christlichen Ehe. Thorlak Thorhallsson genoß höchstes Ansehen im Volk und wurde sofort nach seinem Tod als Heiliger verehrt.

Verehrung/Brauchtum: Wie sehr Thorlak Thorhallsson auf Island verehrt wurde und wird, zeigt sich darin, daß ihm auf der ganzen Insel viele Kirchen geweiht sind.

Victoria von Rom

Märtyrerin
geboren: 2./3. Jh. in Rom, Italien
gestorben: 3. Jh. oder um 305 in Rom
Patronin für Regen

Die Christin Victoria aus Rom erlitt das Martyrium entweder unter Kaiser Decius Mitte des 3. Jh. oder unter Kaiser Diokletian um das Jahr 305. Die Überlieferung berichtet, daß sie von ihrem heidnischen Ehemann Eugenius als Christin angezeigt worden war und daraufhin enthauptet wurde. Eine andere Legende erzählt, Victoria sei im Amphitheater von einem Stier zerrissen worden.

Verehrung/Brauchtum: Der Kult um Victoria war in Italien schon sehr früh verbreitet; so findet sich ihr Bild bereits auf einem Mosaik aus dem 6. Jh. in der Kirche S. Apollinare Nuovo in Ravenna.

Darstellung: Victorias Attribute sind Fahne, Palme, Schwert und/oder Drachen; häufig wurde auch ihr Martyrium dargestellt. Auch gemeinsam mit der römischen Jungfrau und Märtyrerin Anatolia ist Victoria öfters abgebildet, so auf einem sehr frühen Fresko im Sacro Speco in Subiaco. Die wohl früheste Darstellung in S. Apollinare Nuovo in Ravenna (6. Jh.) zeigt Victoria in der bekannten Prozession der Jungfrauen.

Wilhelm Eberschweiler

Mönch, Mystiker SJ
geboren: 5. Dezember 1837 in Püttlingen, Saarland
gestorben: 23. Dezember 1921 in Exaten, Niederlande

Wilhelm Eberschweiler.

„Ein Apostel des inneren Lebens" wurde Pater Wilhelm Eberschweiler einmal genannt. Und ein Mitbruder sagte von Eberschweiler: „Ein Mensch findet seine Freude in Gott." Am Grab dieses bewunderten Ordensmannes in der Jesuitenkirche in Trier beten bis heute viele Gläubige. Der Trierer Erzbischof Franz Rudolf Bornewasser nahm 1951 den Seligsprechungsprozeß für Wilhelm Eberschweiler auf, nachdem immer wieder Menschen, die sich in ihren Anliegen an den Jesuitenpater gewandt hatten, Hilfe erfahren hatten.

Schon in der Oberstufe des Friedrich-Wilhelm-Gymnasiums in Trier war in Wilhelm Eberschweiler der Wunsch gewachsen, in einen Orden einzutreten, „unter der Bedingung, daß man mich einst in die Mission senden wird". Am 30. September 1858 begann dann das Ordensleben des inzwischen 20jährigen. Gemeinsam mit seinem Bruder Friedrich trat Wilhelm Eberschweiler in Münster dem Jesuitenorden bei. Auch die beiden anderen Brüder Franz und Karl sollten später in die Gesellschaft Jesu eintreten. Nach Studien, Gelübden und Priesterweihe (1868) kam Wilhelm nach Aachen, dann nach Gorheim. Als 1871 der Kulturkampf gegen die katholische Kirche begann und die Jesuiten aus Deutschland vertrieben wurden, ging Eberschweiler nach Wynandsrade in Holland, wo er zunächst Rektor, später dann Spiritual war. Von 1884 bis 1889 schließlich wirkte er als Spiritual im englischen Ditton Hall.

Ab 1894 lebte Pater Wilhelm Eberschweiler dann im holländischen Exaeten, wo er zu einem begehrten Beichtvater wurde. Vor allem in den verschiedenen umliegenden Nonnenklöstern war er ein vielgesuchter Ratgeber. Eberschweiler wirkte bescheiden, heiter, innerlich gelöst und immer liebenswürdig, auch wenn es ihm gesundheitlich häufig sehr schlecht ging. Auch seine mystische Begnadung, die er vor allen außer den Oberen verbarg, machte Pater Eberschweiler immer wieder sehr zu schaffen. Sein Wort aber lautete: „Ich will treu sein im Täglichen bis ins Kleinste; etwas anderes haben wir ja nicht zu geben. Das ist es, womit wir dem Vater zu dienen, seinen heiligen Willen zu erfüllen haben."

Nach einer Operation, von der er sich nicht mehr erholte, und einer nachfolgenden Lungenentzündung starb der große Seelenführer Wilhelm Eberschweiler am 23. Dezember 1921 in Exaeten. Am Weihnachtstag trug man ihn auf dem dortigen Klosterfriedhof zu Grabe. Im Jahr 1958 wurden seine sterblichen Überreste dann in die Jesuitenkirche in Trier übertragen. Dabei sprach einer der Zelebranten des Festgottesdienstes diese Worte: „Ein Sohn des Trierer Landes kehrt heute in seine Heimat zurück. Wir danken Gott, dem Herrn, daß er uns unseren Landsmann wiedergeschenkt hat."

24. Dezember

Adam und Eva

Stammeltern
Patrone der Schneider und Gärtner

Verehrung/Brauchtum: In der westlichen Kirche gab es nie einen besonderen Festtag für Adam und Eva. Als Patrone der Schneider werden sie verehrt, weil sie ihre körperliche Nacktheit bedeckt hielten; Gärtnerpatrone sind Adam und Eva, weil sie sich im Paradiesgarten aufhielten. Auch Brautleute bringen Adam und Eva aufgrund deren Geschichte als Paar Verehrung entgegen.

Adela (Adula) von Pfalzel

Äbtissin
geboren: 7. Jh.
gestorben: 24. Dezember um 734 in Pfalzel bei Trier, Rheinland-Pfalz

Adela war die Gründerin des Frauenklosters Pfalzel bei Trier; bis zu ihrem Tod leitete sie es als erste Äbtissin. Adelas Mutter war Irmina von Öhren (andere Quellen berichten auch, Adela sei eine Tochter von König Dagobert II. gewesen). Die Gebeine der Äbtissin wurden in der Kirche von Pfalzel beigesetzt, das Hochgrab ist allerdings seit der Säkularisation verschwunden. Eine Erhebung der Reliquien fand 1072 statt.

In ihrem Kloster hat Adela von Pfalzel auch ihren Enkel Gregor erzogen, der später von Bonifatius zum Bischof von Utrecht ernannt wurde (Gregor von Pfalzel, von Utrecht).

Charbel Makhlouf

Mönch, Priester, Einsiedler
geboren: 8. Mai 1828 in Beka'kafra, Libanon
gestorben: 24. Dezember 1898 in Annaya, Libanon

Der libanesische Mönch und Einsiedler Charbel Makhlouf wurde am 9. Oktober 1977 von Papst Paul VI. in den Kreis der Heiligen aufgenommen; Paul VI. hatte Makhlouf, der als einer der größten Wundertäter des 20. Jh. gilt, am 5. Dezember 1965 auch schon seliggesprochen.

Charbel Makhlouf war der Sohn einer armen Bauersfamilie im Libanon. Im Alter von 25 Jahren verließ er heimlich sein Elternhaus, um Mönch zu werden. Seine neue Heimat wurde das Kloster von Annaya, das er nur noch einmal während seiner Studienjahre verließ. In Annaya empfing Makhlouf 1859 auch die Priesterweihe.

Charbel Makhlouf.

Charbel Makhlouf führte ein außergewöhnlich strenges Buß- und Opferleben. Jede Nacht kniete er von Mitternacht bis zum Morgen betend vor dem Tabernakel, auch bei großer Kälte nur in einem leichten Mönchskleid. Als er 1875 auf seinen innigen Wunsch hin in eine oberhalb des Klosters liegende Einsiedelei umsiedeln durfte, setzte der Priestermönch sein asketisches Leben auch dort fort. Es heißt, Charbel Makhlouf sei das Vorbild des vollkommenen Mönches gewesen. Schon zu Lebzeiten wurde er wie ein Heiliger verehrt.

Im Dezember 1898 erlitt Charbel Makhlouf während der Heiligen Messe einen Schlaganfall und lag danach acht Tage lang bei vollem Bewußtsein unbeweglich in seiner Einsiedelei, bis er am 24. Dezember starb. Am Grab des Mönches ereigneten sich in der Folge so viele Wunder, daß es schnell zu einer vielbesuchten Wallfahrtsstätte wurde.

Erkenbert

Stifter, Propst CanAug
geboren: um 1080 in Worms, Rheinland-Pfalz
gestorben: 24. Dezember 1132 in Frankenthal, Rheinland-Pfalz

Der verheiratete Familienvater Erkenbert gründete im Jahr 1119 auf seinem Besitz Frankenthal bei Worms ein Augustiner-Chorherrenstift, in das er selbst eintrat und Propst wurde. Seine Ehefrau Richlindis stiftete ebenfalls ein Kloster: das nahegelegene Augustiner-Chorfrauenstift von Ormsheim.

Irmina von Trier (von Öhren)

Stifterin, Äbtissin OSB
geboren: 7. Jh.
gestorben: um 708 in Trier, Rheinland-Pfalz

Irmina von Trier spielte eine wichtige Rolle bei der Gründung der ersten angelsächsischen Missionszentrale außerhalb Englands. Nachdem sie nämlich Bischof Willibrord nach dem Tod ihres Mannes 698 einen Teil ihres Besitzes in Echternach, heute Luxemburg, geschenkt hatte, errichtete der Angelsachse dort ein Kloster, das zum Missionsstützpunkt auf dem Festland wurde. Willibrord war einer der bedeutendsten Missionare und wirkte hauptsächlich bei den Friesen; er starb 739 im Kloster Echternach und wurde dort auch begraben.

Irmina übernahm nach ihrer Schenkung an Willibrord als zweite Äbtissin die Leitung des von Bischof Modoald gegründeten Benediktinerinnenklosters Öhren („Zur Oeren") in Trier, wo sie um 708 starb und beigesetzt wurde. Kloster und Kirche erhielten später ihren Namen: St. Irminen. Die ehemalige Abteikirche über dem Katharinenufer heißt noch heute so. Ein großer Teil der Reliquien ging im Laufe der Jahrhunderte verloren, einige befinden sich im Kloster Weißenburg im Elsaß.

Irmina war die Mutter von Adela von Pfalzel und von Plektrudis sowie die Urgroßmutter von Gregor von Utrecht (von Pfalzel).

Verehrung/Brauchtum: In den Bistümern Trier und Luxemburg ist der 3. Januar der Gedenktag für Irmina von Trier.

Darstellung: Irmina ist entweder in fürstlicher Kleidung oder im Benediktinerinnengewand dargestellt. Ihre Attribute sind Kirchenmodell und Urkundenrolle. Auf zahlreichen Darstellungen ist Irmina zu sehen, wie sie Almosen austeilt, bei ihr sind zwei Engel und das Jesuskind.

Paula Elisabeth Cerioli

Ordensgründerin
geboren: 16. Januar 1816 in Soncino, Italien
gestorben: 24. Dezember 1865 in Comonte, Italien

Der Orden von den „Schwestern und Brüdern von der Heiligen Familie" ist die Gründung von Paula Elisabeth Cerioli. Die Ordensgenossenschaft stellt ihren Dienst ganz in die Erziehung von Waisen und Landkindern, deren Eltern nicht über die Möglichkeit verfügen, ihnen eine gute Ausbildung zu verschaffen.

Paula Cerioli kam am 16. Januar 1816 in dem Städtchen Soncino, östlich von Mailand, zur Welt. Im Alter von 20 Jahren heiratete sie einen Adligen und schenkte ihm drei Söhne, die aber alle bald nach der Geburt starben.

Als auch ihr Mann nach einer schweren Krankheit den Tod fand, verschenkte Paula Cerioli einen Teil ihres Vermögens an Bedürftige, den anderen Teil verwandte sie 1856 zur Gründung ihres schon lang ersehnten Ordens zur Erziehung von Waisenkindern. Das erste Ordenshaus stand in Comonte bei Bergamo, Paula Elisabeth Cerioli wurde zur ersten Generaloberin ernannt. Ein Schwerpunkt der Ordensgemeinschaft war die landwirtschaftliche Ausbildung der Kinder und Jugendlichen.

Ordensgründerin Paula Cerioli, die bis zuletzt unermüdlich und selbstlos für ihr Werk arbeitete, starb am 24. Dezember 1865. Die päpstliche Bestätigung ihres Ordens im Jahr 1901 durch Papst Leo XIII. durfte sie somit nicht mehr erleben. Papst Pius XII. sprach Paula Elisabeth Cerioli am 19. März 1950 zur großen Freude ihrer Schwestern selig.

Sisinnius I. von Konstantinopel

Patriarch von Konstantinopel
geboren: 4. Jh. in Konstantinopel, heute Istanbul, Türkei
gestorben: 24. Dezember 427 in Konstantinopel

Tarsilla

Jungfrau
geboren: 6. Jh. in Rom, Italien
gestorben: 6. Jh. in Rom

Tarsilla war eine heiligmäßig lebende Jungfrau im Rom des 6. Jh. Sie war die Schwester von Gordianus, dem Vater von Papst Gregor dem Großen. Ihre Schwester war Ämiliana, die ebenfalls ein jungfräuliches Leben für Gott führte.

Gregor der Große berichtete später, daß Tarsilla ihren nahenden Tod in einer Vision vorausgesehen und angekündigt hat.

25. Dezember

Albert Chmielowski

Ordensgründer
geboren: 20. August 1845 in Aigolonija, Polen
gestorben: 25. Dezember 1916 in Krakau, Polen

„Bruder Albert ist eine Gestalt, die in der Geschichte Krakaus und des polnischen Volkes wie auch in der Heilsgeschichte eine tiefe Spur zurückgelassen hat." Diese Worte von Papst Johannes Paul II. bei der Heiligsprechungsfeier für Albert Chmielowski am 12. November 1989 im Petersdom zu Rom drückten aus, was viele Gläubige in Polen empfinden: große Bewunderung für den Vater der Albertiner-Brüder und der Albertiner-Schwestern. Die Mitglieder dieser beiden Kongregationen kümmern sich bis heute um Obdachlose und Notleidende.

Die Not dieser Ärmsten hatte der junge Albert in Krakau kennengelernt, wohin er nach Studien der Malerei in Paris, Gent und München ge-

Albert Chmielowski.

kommen war. Bis er seine Ordensgemeinschaften ins Leben rief, sorgte Chmielowski zunächst für warme Räume und Essen für die Obdachlosen Krakaus, er richtete Herbergen ein und schuf sogar Werkstätten. Im Jahr 1888 legte der Seelsorger der Obdachlosen dann mit mehreren Gefährten die Gelübde der Armut und der Keuschheit ab, es war die Geburtsstunde der Ordenskongregationen der „Brüder und Schwestern im Dritten Orden des heiligen Franziskus", Albertiner-Brüder und Albertiner-Schwestern genannt.

Bei der Seligsprechung von Albert Chmielowski am 22. Juni 1983 sprach Papst Johannes Paul II.: „Bruder Albert erstieg in seinem Leben den Gipfel der Heiligkeit auf dem Weg der Liebe."

Anastasia von Sirmium

Märtyrerin, Jungfrau
geboren: 3. Jh. in Rom, Italien
gestorben: um 304 in Sirmium, heute Sremska Mitrovica, Serbien
Patronin gegen Kopfkrankheiten und Brustleiden

Anastasia gehört seit dem frühen Mittelalter zu den meistverehrten Heiligen der Kirche. Ihr Fest wird im römischen Kirchenjahr bereits seit dem 4. Jh. am 25. Dezember gefeiert, ihr Name wurde in die Allerheiligenlitanei und in den römischen Meßkanon aufgenommen. Das Grab der Märtyrerin befand sich in Konstantinopel, doch auch in der ihr geweihten Kirche S. Anastasia in Rom werden Reliquien von ihr verehrt. Die römische Kirche, die direkt am Fuß des Palatin liegt, entstand schon im 4. Jh. auf den Ruinen eines Portikus aus dem 1. Jh. Die Stifterin des Gotteshauses war wahrscheinlich eine Schwester von Kaiser Konstantin dem Großen, die ebenfalls den Namen Anastasia trug.

Anastasia, Mitte des 3. Jh. als Tochter eines Heiden und einer Christin in Rom geboren, widmete sich nach dem frühen Tod ihres brutalen Ehemannes, der ihr das Leben zur Hölle gemacht hatte, ganz der Fürsorge für die in den Gefängnissen einsitzenden Christen. Mit dem Geld aus ihrer Witwenschaft erkaufte sie sich von den Gefängniswärtern den Zutritt zu den Kerkern.

Eine tiefe geistige Beziehung verband Anastasia mit ihrem Seelenführer Chrysogonus. Als dieser von den Christenverfolgern Diokletians festgenommen und wegen seines Christenglaubens zum Tod verurteilt wurde, begleitete ihn Anastasia zur Hinrichtungsstätte in Aquileja in Oberitalien. Dort wurde die Witwe selbst ergriffen und in Sirmium, der damaligen Hauptstadt von Illyrien (heute Serbien), in den Kerker geworfen. Nach zahlreichen Martern, die sie klaglos ertrug, verurteilte sie der Richter schließlich zum Tod. Man stieß Anastasia in einem leckgeschlagenen Schiff auf das offene Meer hinaus, doch zur Verwunderung aller ging das Boot nicht unter. Daraufhin wurde die Christin zum Feuertod verurteilt, den sie in Sirmium erlitt. Das Todesjahr Anastasias lag um 304.

Verehrung/Brauchtum: Ein wichtiger Ort der Anastasia-Verehrung auf deutschem Boden ist Benediktbeuern im Bistum Augsburg. In der dortigen Benediktinerklosterkirche, die von Papst Paul VI. im Jahr 1973 zur päpstlichen Basilika erhoben wurde, werden seit 1053 Reliquienteile von Anastasia aufbewahrt. Das vergoldete und versilberte Kopfreliquiar ist vermutlich eine Arbeit von Egid Quirin Asam. Die Anastasia-Kapelle, die sich im Nordosten an den Kirchenbau anschließt, ist ein bemerkenswerter Rokokoraum mit ovalem Grundriß und gehört zu den besonderen Kleinoden der Architektur. Die

Silberbüste mit Reliquien der Anastasia aus dem Jahr 1725, heute im Kloster Benediktbeuern.

Anastasia-Wallfahrt in Benediktbeuern nahm nach der Reliquienüberführung großen Aufschwung, vor allem im Mittelalter baten viele Gläubige Anastasia bei Kopfleiden oder in Seelennöten um Hilfe.

Darstellung: Die Attribute von Anastasia auf Abbildungen sind Palme, Schwert, Schere und Salbgefäß (Vase). Auch das Martyrium wurde dargestellt: Anastasia auf dem Scheiterhaufen oder an Pfählen festgebunden. Das wahrscheinlich älteste Abbild der Märtyrerin ist in Ravenna in S. Apollinare Nuovo zu sehen: Auf dem berühmten Mosaik aus dem 6. Jh., das die Jungfrauenmärtyrerinnen zeigt, trägt Anastasia einen Schleier und hält eine Krone in der Hand. Auf der Bronzetür von S. Marco in Venedig (12. Jh.) ist Anastasia als Orantin ohne jegliches Attribut abgebildet.

Eugenia von Rom (von Alexandrien)

Märtyrerin
geboren: 3. Jh. in Alexandrien(?), Ägypten
gestorben: um 255 in Rom(?), Italien

Die Geschichte der Eugenia ist stark von Legenden überlagert. Danach war sie die Tochter des römischen Präfekten in Alexandrien und lebte im 3. Jh. In Männerkleidung soll sie als junge Frau in ein Männerkloster eingetreten und dort später Abt geworden sein. Als man den „Oberen" der Unzucht verdächtigte, gab Eugenia vor dem Richter ihr wahres Geschlecht zu erkennen und verließ das Kloster. Sie ging nach Rom und wurde dort in der Folge wegen ihres christlichen Glaubens von den Häschern des Christenverfolgers Valerian enthauptet. Mit ihr starben zahlreiche weitere Christen. Ihre letzte Ruhestätte soll Eugenia nach der Überlieferung im Cömeterium Aproniani an der Via Latina in Rom gefunden haben.

Verehrung/Brauchtum: Der Festtag Eugenias ist mit Angabe des Begräbnisortes im Martyrologium Hieronymianum vermerkt. Riesige Verehrung genoß die Märtyrerin im frühen Mittelalter in Rom, Ravenna, Neapel sowie in Griechenland.

Darstellung: In Ravenna existieren die beiden wohl ältesten Darstellungen der Eugenia von Rom: ein Mosaik aus dem 6. Jh. in der erzbischöflichen Kapelle und, ebenfalls aus dem 6. Jh., die Abbildung unter den Jungfrauen und Märtyrerinnen auf den Mosaiken in der Kirche S. Apollinare Nuovo. Meist trägt Eugenia ein langes Kleid mit einem Mantel, ihr häufigstes Attribut ist das Schwert. In der Pinakothek in Bologna zeigt ein Gemälde von Sementini (17. Jh.) das Martyrium der Eugenia. Auf einem Kapitell (12. Jh.) in der Basilika in Vézelay ist die Szene zu sehen, wie Eugenia ihr wahres Geschlecht zu erkennen gibt.

Maria Theresia von Wüllenweber

Ordensgründerin SorDS
geboren: 19. Februar 1833 auf Schloß Myllendonk bei Mönchengladbach, Nordrhein-Westfalen
gestorben: 25. Dezember 1907 in Rom, Italien

Maria Theresia von Wüllenweber, erste Generaloberin der Salvatorianerinnen. Nach einer Fotografie.

Papst Paul VI. sprach am 13. Oktober 1968 Maria Theresia von Wüllenweber selig und würdigte damit das Werk einer Ordensgründerin, die am 19. Februar 1833 auf Schloß Myllendonk nahe Mönchengladbach zur Welt gekommen war.

Von Jugend an war es Theresias größter Wunsch gewesen, in der Mission zu arbeiten. Sie bat in mehreren Ordensgemeinschaften um Aufnahme, die ihr jedoch jedes Mal verwehrt wurde. Theresia ertrug jeden neuen Fehlschlag mit großer Geduld und in unerschütterlichem Gottvertrauen. Sie sah die Enttäuschungen als eine Prüfung ihres Herrn an und setzte ihren Weg voller Hoffnung fort.

Schließlich kam Theresia von Wüllenweber nach Rom, wo sie Pater Franz vom Kreuze Jordan kennenlernte, der 1881 den Orden der Salvatorianer gegründet hatte. In ihm fand die bis dahin überall abgewiesene Frau endlich einen Menschen, der ihr Verlangen verstand. Zusammen gründeten Jordan und Theresia schließlich 1888 in Tivoli bei Rom die Genossenschaft der Salvatorianerinnen, die „Schwestern vom Göttlichen Heiland". Theresia wurde erste Generaloberin der Kongregation. Der Orden wirkte in der Folgezeit überall dort, wo Hilfe notwendig war, so in Waisenhäusern und Altersheimen.

Auch in den folgenden Jahren hatte Theresia, die im Orden den Namen Maria von den Aposteln trug, immer wieder mit Schwierigkeiten zu kämpfen, doch sie verzagte nie und ging den Weg, den sie sich ausgewählt hatte. Den Tag, an dem die Salvatorianerinnen 1911 die päpstliche Approbation erhielten, durfte Maria Theresia von Wüllenweber nicht mehr erleben: Am 25. Dezember 1907 starb die Ordensfrau aus Deutschland, die inzwischen fast erblindet war. Noch vor ihrem Tod breitete sich ihr Orden bis nach England, Asien, Südamerika und in die Vereinigten Staaten aus. Heute sind rund 1500 Schwestern in 18 Ländern auf der ganzen Welt tätig. Im süddeutschen Raum wirken Salvatorianerinnen und Salvatorianer gemeinsam in den Diözesen Augsburg, München, Stuttgart-Rottenburg, Würzburg und Passau. Auch für Ordensmitbegründer Pater Franz vom Kreuze Jordan ist der Seligsprechungsprozeß eingeleitet.

Darstellung: Auf Abbildungen ist Maria Theresia von Wüllenweber in ihrer Ordenstracht dargestellt, meist betet sie vor einem Kruzifix.

Petrus Nolaskus

Ordensgründer OdeMerc
geboren: 1182 (1189?) in Carcassonne, Frankreich
gestorben: 25. Dezember 1256 in Barcelona, Spanien
Patron der Gefangenen

Der gekreuzigte Apostel Petrus erscheint Petrus Nolaskus. Nach einem Gemälde von Franzisco Zurbarán, heute im Prado in Madrid.

Petrus Nolaskus gab dem Orden der Nolasker, öfters Mercedarier genannt, seinen Namen.

Petrus, der einem südfranzösischen Rittergeschlecht entstammte, hatte sich bereits mit 15 Jahren den Kreuzfahrern gegen die Albigenser angeschlossen und lebte danach am Hof von König Jakob I. von Aragón in Barcelona. Die Legende erzählt, daß Petrus Nolaskus dann um das Jahr 1220 eine Muttergotteserscheinung hatte und dies als Aufforderung Gottes ansah, einen Orden zu gründen.

Bald darauf rief Petrus die Kongregation der „Seligen Jungfrau Maria vom Loskauf der Gefangenen" ins Leben, deren Mitglieder sich Mercedarier oder Nolasker nannten. Mitbegründer der Ordensgemeinschaft war Raimund von Peñafort, ein Gefährte von Petrus Nolaskus, der 1222 auch die Konstitutionen verfaßte. Der Orden machte sich den Loskauf christlicher Gefangener zur Aufgabe, beitreten konnten ihm Geistliche, aber auch Laien. Papst Gregor IX. erteilte der Kongregation 1235 die Bestätigung als Orden mit der Augustinerregel und mit dem zusätzlichen vierten Gelübde der Befreiung christlicher Sklaven.

Petrus Nolaskus leitete seine Gründung bis zum Jahr 1249 und befreite während dieser Zeit selbst mehrere hundert Christen-Gefangene, mehrfach unter Einsatz seines Lebens. Über seine letzten Lebensjahre bis zu seinem Tod am 25. Dezember 1256 in Barcelona gibt es keine Überlieferungen. Papst Urban VIII. bestätigte den Kult von Petrus Nolaskus im Jahr 1628.

Darstellung: Petrus Nolaskus trägt auf Abbildungen immer die weiße Ordenstracht der Mercedarier/Nolasker, oft mit dem aragonesischen Wappen oder einem roten Kreuz auf der Brust. Zahlreiche Szenen aus dem Leben des Ordensgründers fanden ihren Niederschlag in der Kunst, so die Befreiung von Gefangenen, die Marienvision, Petrus am Kreuz erscheint Petrus Nolaskus, Suche und Auffindung des Marienbildes von El Puig, zahlreiche Visionen und viele Motive mehr. Vor allem spanische Künstler haben Petrus Nolaskus gern dargestellt; Beispiele dafür: Murillo malte den Ordensgründer zu Füßen der Muttergottes (Provinzmuseum, Sevilla); Francisco Zurbarán stellte im 17. Jh. die Szene dar, wie der gekreuzigte Apostel Petrus dem Ordensstifter Petrus Nolaskus erscheint (Prado, Madrid); Francisco Pacheco malte 1611 die „Einschiffung des Petrus Nolaskus und des Raimund Nonnatus" (Provinzmuseum, Sevilla).

Petrus Venerabilis

9. Abt von Cluny, Dichter OSB
geboren: um 1094 in Montboissier, Frankreich
gestorben: 25. Dezember 1156 in Cluny, Frankreich

26. Dezember

Richlindis

Stifterin, Äbtissin CanAug
geboren: 11. Jh.
gestorben: 26. Dezember 1150 in Ormsheim, Rheinland-Pfalz

Richlindis gründete in Ormsheim bei Worms ein Augustiner-Chorfrauenstift, nachdem ihr Ehemann Erkenbert ganz in der Nähe ein Augustiner-Chorherrenstift gestiftet hatte. Richlindis wurde Äbtissin, Erkenbert Propst.

Stephan

Erzmärtyrer
geboren: um Christi Geburt in Jerusalem(?)
gestorben: 40(?) in Jerusalem
Patron der Pferde, Pferdeknechte und Kutscher; der Maurer, Schneider, Steinhauer, Weber, Zimmerleute, Böttcher, Küfer; gegen Kopfschmerzen, Steinleiden, Seitenstechen und Besessenheit; für einen guten Tod

Stephan starb als erster Märtyrer der Christenheit und wird deshalb Erzmärtyrer genannt. Sein Fest ist etwa so alt wie das Weihnachtsfest, und doch steht es in krassem Gegensatz dazu: Hier die Freude über die Geburt des Gottessohnes, dort das grausame Martyrium eines Christen. Durch viele Jahrhunderte hindurch wurde der Stephanstag von den Gläubigen mit ausgprägtem Brauchtum begangen, von dem heute jedoch nicht mehr sehr viel existiert.

Nach der Überlieferung gehörte der ursprünglich hellenistische Jude Stephan zu den sieben Diakonen, die von den Aposteln durch Handauflegen geweiht worden waren, um die Jünger Jesu dann in ihrer Arbeit zu entlasten. Stephan erwies sich von Beginn an als hervorragender Prediger, der mit einem starken Charisma die Zuhörer in seinen Bann zog.

Während einer dieser flammenden Predigten des Stephanus bahnte sich das Unheil an: Einige Juden begannen einen Streit mit Stephan und beschuldigten ihn in der hitzig geführten Auseinandersetzung schließlich „frevelhafter Reden gegen Tempel und Gesetz", also der Gotteslästerung. Man schleppte den Diakon vor den Richter. Stephan hielt eine hervorragende Verteidigungsrede, worauf ein riesiger Tumult entstand. Der Richter sah plötzlich das Gesicht des Angeklagten wie das eines Engels strahlen und mußte sich die Augen zuhalten, da er das gleißende Licht und die scharfe Rede Stephans nicht mehr ertragen konnte. Danach verurteilte er den „Angeklagten" ohne weitere Verhandlung zum Tod durch Steinigung.

Die rasende Menschenmenge stieß Stephanus nach dem Urteil durch die Straßen Jerusalems bis vor die Stadt und steinigte ihn dort zu Tode. Nach einer Überlieferung aus dem 5. Jh. soll die Stätte des Martyriums wenige Schritte vom Damaskustor entfernt gelegen haben. Der Schriftgelehrte Gamaliel bestattete den Leichnam des Märtyrers in einem Grab auf einem seiner Äcker. Das Todesjahr Stephans war wahrscheinlich das Jahr 40. An der Steinigung des Diakons nahm auch Saulus, der spätere Apostel Paulus, teil.

Um die Reliquien des Erzmärtyrers gab es in den folgenden Jahrhunderten mehrere Ereignisse, die immer zu erneuten Feierlichkeiten führten. So soll im Jahr 415 der Priester Lucianus nach drei vorherigen Träumen das Grab von Stephanus gefunden haben. Danach kamen die Gebeine in die Sionskirche in Jerusalem, später wurden sie nach Konstantinopel überführt. Im Jahr 560 gelangten dann Reliquienteile nach Rom in die Basilika S. Lorenzo fuori le mura, die Grabeskirche des Märtyrers Laurentius. Die Legende erzählt, daß sich Laurentius zur Seite bewegt habe, als man den Sarg öffnete, um die Stephan-Gebeine mit hineinzulegen.

Verehrung/Brauchtum: Die Verehrung für den Erzmärtyrer Stephan ist im Osten bereits im 4. Jh. nachweisbar, im Westen ab dem frühen 5. Jh. An Bedeutung gewann der Kult vor allem, nachdem Stephan-Reliquien nach der Wiederauffindung der Grabstätte in Jerusalem in alle Welt gelangten; an vielen Orten entstanden Kirchen, die Stephan geweiht wurden und seinen Namen erhielten. Das Stephansfest gehörte im Volk zu den beliebtesten Festen des Jahres; auf den 26. Dezember war es gelegt worden, um die Bedeutung des Weihnachtsfestes noch stärker zu betonen.

Neben den Seefahrern, die den Kult Stephans in die Welt hinaustrugen, waren es im Hochmittelalter vor allem die deutschen Könige und Kaiser, die die Verehrung weiter förderten; die ungarischen Herrscher schlossen sich an. Etwa ab dem 14. Jh. wurde Stephan häufig mit den Märtyrern Laurentius und Vinzenz von Saragossa dargestellt; dies geht darauf zurück, daß die drei zusammen die Gruppe der sogenannten Heiligen Diakone bilden.

Um den Stephanstag entwickelte sich im Laufe der Jahrhunderte ein farbiges Brauchtum, das sich allerdings teilweise auch auf das Weihnachtsfest bezog. Große Bedeutung hatte Stephan als Pferdepatron, und noch heute werden am 26. Dezember an verschiedenen Orten in Bayern die Pferde gesegnet. In Stefling in Niederbayern reiten die Pferdebesitzer mit ihren Tieren in die örtliche Stephanskirche; dort findet ein Gottesdienst mit Pferdesegnung statt, im Anschluß daran wird die Kirche dreimal umritten. Auch Hafersegnungen finden am 26. Dezember mancherorts noch immer statt. In früheren Zeiten wechselten am Ste-

„Martyrium des heiligen Stephan." Nach einem Gemälde von Annibali Carracci (1603), heute Louvre, Paris.

phanstag die Pferdeknechte und Kutscher ihren Arbeitgeber. Mit dem geweihten Stephanswasser wurden früher Pferde und Futter besprengt, geweihtes Salz gab man den Tieren unter ihr Fressen. In vielen Gegenden wurden die Bräuche rund um das Pferd im Verlaufe der Jahrhunderte allerdings immer häufiger auf den Leonhardstag verlegt; Leonhard gewann eine immer stärkere Bedeutung als Pferdepatron.

Nicht nur um die Pferde, auch um den Menschen gab es früher manchen Stephansbrauch. So ließen Gläubige am 26. Dezember Rotwein in einem Kelch segnen, in welchen sie in Anlehnung an die Steinigung Stephans einen kleinen Stein gelegt hatten; der Wein wurde dann getrunken. Auch Salz oder Wasser, das am Stephanstag geweiht worden war, wurden von den Menschen als Heilmittel eingenommen. In Württemberg und Westfalen teilte man früher am Stephanstag Brot an die Armen aus. Und ähnlich wie beim Dreikönigssingen zogen in früheren Zeiten junge Leute singend von Haus zu Haus und erbaten sich kleine Geschenke und Gaben.

Darstellung: Der Erzmärtyrer Stephan gehört zu den besonders häufig dargestellten Heiligengestalten. Vor allem sein Martyrium kehrt in der künstlerischen Darstellung immer wieder; berühmte Beispiele dafür: das Gemälde von Tiépolo im Marienmünster in Dießen am Ammersee: „Die Steinigung des Stephanus" (1736), das Bild von Carracci im Louvre zu Paris (1604) mit demselben Titel und ein Chorfenster im Stephansdom in Wien (14. Jh.).

Stephan ist fast immer als jugendlicher Diakon abgebildet, seine Attribute sind Palme, Evangelienbuch, Steine oder Sakralgegenstände eines Diakons. Ein Beispiel für das Attribut Steine: Bei einer Figur (13. Jh.) an der Adamspforte des Bamberger Domes trägt Stephan sie in der Hand. Manchmal befinden sich die Steine auch auf Stephans Kopf, in seiner Dalmatik, im Nimbus oder auf dem Buch.

Oft wurde Stephan mit anderen Heiligen dargestellt; dies waren entweder die 70 Apostel, die sieben Diakone von Jerusalem, die beiden anderen heiligen Diakone Laurentius und Vinzenz von Saragossa oder andere Märtyrer. Besonders häufig ist Stephan zusammen mit Laurentius zu sehen, so auf Fresken (9. Jh.) in der Kirche S. Vincenzo in Volturno und in Freskenzyklen (13. und 19. Jh.) in S. Lorenzo fuori le mura in Rom. Auch mit Johannes dem Täufer stellten verschiedene Künstler den Erzmärtyrer gern dar, so auf einem Retabel (15. Jh.), heute im Museo de Catalunya in Barcelona, und an der Kanzel im Dom von Prato (15. Jh.), die Mino da Fiésole und Antonio Rosselino schmückten.

Vincentia López y Vincuña

Gründerin
geboren: 22. März 1847 in Cascante, Spanien
gestorben: 26. Dezember 1890 in Madrid, Spanien

Vincentia López y Vincuña ist die Gründerin des Instituts der „Töchter der Unbefleckten Jungfrau Maria",

Das Damaskus-Tor in Jerusalem. Nach einer Litographie von David Roberts aus dem Jahr 1839. Wenige Meter neben diesem Tor wurde Erzmärtyrer Stephanus nach der Legende gesteinigt.

das 1876 in Spanien entstand. Die Einrichtung, die sich der Hausangestellten annimmt, war aus einem von Vincentia gegründeten Heim für arbeitssuchende Mädchen hervorgegangen. Vincentia starb am 26. Dezember 1890 in einem ihrer Häuser in Madrid. Papst Pius XII. sprach die Stifterin 1950 selig, Papst Paul VI. nahm Vincentia López y Vincuña am 25. Mai 1975 in den Kreis der Heiligen auf.

Zosimus

Papst
geboren: 4. Jh. in Griechenland(?), Italien(?)
gestorben: 26. Dezember 418 in Rom, Italien

Papst Zosimus, gewählt am 18. März 417, betonte ausdrücklich die Rechte des römischen Bischofssitzes über die gesamte Kirche. Diese Haltung war erstaunlich, da Zosimus von Geburt Grieche war. Seine Aussagen zu diesem Thema führten dazu, daß sich Zosimus in den 21 Monaten seiner Regierungszeit starken Angriffen ausgesetzt sah, wozu auch noch seine schroffe Art beitrug. Heftige Proteste gegen seine Person und sein Handeln gab es vor allem aus Gallien und Afrika.

27. Dezember

Christina Ebner

Priorin, Mystikerin OP
geboren: 26. März 1277 in Nürnberg, Bayern
gestorben: 27. Dezember 1356 in Engeltal bei Nürnberg

Im Alter von zwölf Jahren trat Christina Ebner in Engeltal bei Nürnberg in das dortige Dominikanerinnenkloster ein. Im Laufe ihres Klosterlebens hatte sie unzählige Visionen, die sie niederschrieb; nachdem Christina 1345 Priorin ihres Klosters geworden war, ergänzten Mitschwestern die Schriften. Das Büchlein „Von der genaden uberlast“, das von den Engeltaler Nonnen handelt, soll von Christina stammen. Schon zu Lebzeiten wurde Christina Ebner hoch verehrt und von zahlreichen Persönlichkeiten um Rat gefragt. Als sie 1356 starb, stand sie im Rufe der Heiligkeit.

Esso von Beinwil

Gründerabt von Beinwil OSB
geboren: 11. Jh.
gestorben: 27. Dezember um 1133 in Beinwil, Schweiz

Fabiola

Wohltäterin
geboren: 4. Jh. in Rom, Italien
gestorben: Dezember 399 in Rom

Vom großen Hieronymus gibt es eine Lobrede auf die Römerin Fabiola. Die Adlige hatte nach der gesetzlichen Scheidung von ihrem ersten Mann ein zweites Mal geheiratet, was nach dem Kirchengesetz nicht möglich war. Als ihr zweiter Mann starb, leistete Fabiola im Bußkleid öffentlich Buße und wurde wieder in die Kirchengemeinschaft aufgenommen. Danach widmete sie sich ihr ganzes Leben lang nur noch Werken der Nächstenliebe; sie stiftete ihr gesamtes Vermögen für wohltätige Zwecke, unterstützte Arme, Kranke, Priester und Klöster.

Bei einem längeren Aufenthalt im Heiligen Land lernte Fabiola Hieronymus kennen und lebte zeitweise in seinem Kloster. Nach ihrer Rückkehr nach Rom 395 widmete sie sich erneut karitativen Diensten und half mit, ein Pilgerhospiz aufzubauen. Nach ihrem Tod Ende Dezember 399 verfaßte Hieronymus, der Fabiola sehr geschätzt hatte, die berühmte Lobrede auf die Wohltäterin.

Darstellung: Auf Bildern ist Fabiola im Büßerkleid, im Gebet versunken, zu sehen; manchmal sitzt sie dabei an einem Tisch.

Johannes

Apostel, Evangelist
geboren: 1. Jh. in Betsaida am See Genezaret
gestorben: um 101 in Ephesus, Türkei
Patron der Theologen; der Beamten, Notare, Bildhauer, Maler, Schreiber, Schriftsteller, Buchhändler, Buchdrucker, Buchbinder, Papierfabrikanten, Winzer, Metzger, Sattler, Glaser, Spiegelmacher, Graveure, Kerzenzieher und Korbmacher; der Freundschaft; gegen Vergiftungen, Brandwunden, Fußleiden und Epilepsie; gegen Hagel; für eine gute Ernte

Der Apostel Johannes, Verfasser des vierten Evangeliums, oft auch Johannes vor der Lateinischen Pforte genannt, überlebte alle seine Mitapostel. Er ist der einzige Apostel, der – allerdings nach mehreren vergeblichen Tötungsversuchen durch Kaiser Domitian – eines natürlichen Todes starb. Paulus nannte Johannes einmal zusammen mit Petrus und Jakobus „die Säulen der Kirche“.

Johannes war der Sohn von Zebedäus und Salome und stammte aus Betsaida am See Genezaret. Sein Bruder war Jakobus der Ältere, ebenfalls Apostel des Herrn. Vor seiner Berufung zum Apostel verdiente sich Johannes seinen Lebensunterhalt als Fischer. Er übte damit denselben Beruf aus wie Simon Petrus und Andreas. Johannes gehörte von Anfang an zu den von Jesus bevorzugten Jüngern. In den Evangelien heißt es, Johannes habe seinen Herrn zärtlich geliebt und sei von ihm ebenso geliebt worden. Auch mit Petrus verband den Fischer vom See Genezaret eine tiefe Freundschaft, die vielleicht auf ihrer ähnlichen Herkunft beruhte.

Nach der kirchlichen Überlieferung kam Johannes um das Jahr 69 nach Ephesus, von wo aus er dann alle Kirchen, die er vorher gegründet hatte, leitete. Im Jahr 95 soll der inzwischen schon hoch betagte Apostel von Kaiser Domitian, einem grausamen Christenverfolger, verhaftet worden sein. Nach anderen furchtbaren Martern ordnete Domitian an, daß Johannes in einen Kessel mit siedendem Öl geworfen werde. Nach der Legende soll sich das Öl jedoch in ein erfrischendes Bad verwandelt haben, dem der Apostel gestärkt entstieg.

Die Kunde von diesem Wunder verbreitete sich rasch, und Domitian war dadurch so von Angst erfüllt, daß er Johannes freiließ und auf die griechische Insel Patmos verbannte. Hier schrieb Johannes seine berühmte „Apokalypse“. Nachdem Domitian gestorben war, konnte der Verbannte wieder nach Ephesus zurückkehren und dort sein Evangelium, das sogenannte „Vierte Evangelium“, verfassen.

Um das Jahr 101 starb Johannes in sehr hohem Alter in Ephesus. Über eine Grabstätte oder den Verbleib seiner Reliquien ist nichts Glaubhaftes überliefert. Einige Quellen sagen, der Begräbnisort sei der Burghügel in Ephesus.

In der heutigen Zeit neigt man verstärkt zu der Annahme, daß das Evangelium nicht ausschließlich von

Johannes allein geschrieben wurde, sondern daß es möglicherweise einige seiner Schüler nach seinen Worten niedergeschrieben haben.

Verehrung/Brauchtum: Der wohl berühmteste Brauch am Johannestag ist die Weihe des Johannesweines, auch Johannesminne genannt; vor allem in verschiedenen Weinbaugebieten hat sich die Sitte bis heute erhalten. Nach der kirchlichen Segnung reicht der Priester den Gläubigen den Kelch mit dem geweihten Wein und spricht: „Trinke die Liebe des heiligen Johannes im Namen des Vaters und des Sohnes und des Heiligen Geistes." Auch im Familienkreis zu Hause wird die Johannesminne getrunken. Dieser Brauch soll vor Krankheiten an Leib und Seele bewahren und vor allem die Freundschaft und den Frieden zwischen den Menschen erhalten.

Auch als Wetterherr wird Johannes bis heute noch angerufen; vor allem in Franken hat der Johannestag im Bauernkalender Bedeutung.

Darstellung: Johannes ist entweder als Greis oder als junger Mann dargestellt; die östliche Kunst bevorzugte die Abbildung in hohem Alter, die westliche eher jene des Jünglings Johannes. Die Attribute des Apostels sind Ölkessel, Kelch mit Schlange, Schreibfeder, Buch und Adler. Der Adler ist das Symbol von Johannes, auf einigen Bildern ist der Apostel sogar selbst als Adler zu sehen, auch hat Johannes manchmal einen Adlerkopf oder Flügel.

Oft wurde das Martyrium im Ölkessel dargestellt, so auf einem Altargemälde (16. Jh.) in der Veitskapelle in Stuttgart-Mühlhausen oder auf dem berühmten Holzschnitt von Albrecht Dürer (1497/98) zur Apokalypse. Auch die Verbannung auf die Insel Patmos fand häufig ihren Niederschlag in der Kunst, vor allem in Zyklen mit verschiedenen Szenen aus dem Leben von Johannes. Einige Künstler stellten auch die legendarische Selbstbestattung des Apostels dar, so Lucas Cranach der Ältere in einem Holzschnitt (Akademie der Bildenden Künste, Wien).

Johannes (rechts), der Lieblingsjünger von Jesus, bei der Kreuzigung des Gottessohnes. Nach einem Gemälde von Rogier van der Weyden, heute Escorial, Nuevos Museos.

Auch das Kelch-Attribut kommt in der Johannes-Darstellung oft vor; es symbolisiert einen versuchten Vergiftungsversuch, den eine aus dem Kelch züngelnde Schlange Johannes anzeigt. Manchmal ist die Schlange auch ein drachenähnliches Wesen, so auf dem bekannten Gemälde von El Greco (16. Jh.) in der Kathedrale in Toledo.

Walto (Balto) von Wessobrunn

Abt OSB
geboren: um 1090
gestorben: 27. Dezember 1156/1157 in Wessobrunn, Bayern

Walto leitete zwischen 1129 und seinem Tod 1156/57 das Doppelkloster von Wessobrunn. Die berühmte Reklusin Diemut von Wessobrunn, die in ihrer Klause beim Kloster lebte, verfaßte im Auftrag Waltos über 40 Bücher für die Klosterbibliothek. Die Gebeine des Abtes wurden mehrfach erhoben, das erste Mal 1282.

28. Dezember

Julius von Rom

Kind, Märtyrer
geboren: 2./3. Jh. in Rom, Italien
gestorben: 2./3. Jh. in Rom

Julius war ein Junge, der im Alter von etwa zehn Jahren in Rom bei den Christenverfolgungen den Martertod erlitt. Der Wiener Kaiserhof erhielt die Reliquien des kleinen Märtyrers im 18. Jh. vom Papst geschenkt. Am 26. Dezember 1746 wurden die Gebeine in der Kirche Am Hof beigesetzt und am 19. Juni 1771 endgültig in die Hofpfarrkirche St. Michael in Wien übertragen.

Kaspar del Bufalo

Ordensgründer CPPS
geboren: 6. Januar 1786 in Rom, Italien
gestorben: 28. Dezember 1837 in Rom

Papst Pius XII. sprach am 12. Juni 1954 den Gründer der Weltpriestervereinigung „Missionare vom Kostbaren Blut“, Kaspar del Bufalo, heilig. Nach ihrem Stifter werden die Mitglieder der Kongregation auch Bufalini genannt, nach dem italienischen Wort sangue für Blut heißen sie auch Sanguinisten.

Liegefigur des Kaspar del Bufalo in der Kirche S. Maria in Trivio in Rom. Der Römer gründete 1815 die „Missionare vom Kostbaren Blut“ und 1834 die „Schwestern von der Anbetung des Kostbaren Blutes“.

Kaspar del Bufalo kam am 6. Januar 1786 in der Dienstbotenwohnung eines römischen Palastes zur Welt. Sein Vater war Koch beim Fürsten Altieri, seine Mutter versorgte die Familie und gab dem Sohn eine gute christliche Erziehung. Kaspar war von Kindheit an kränklich und hatte daher wenig Lust, sich an den wilden Bubenspielen in den Gassen Roms zu beteiligen. Er schlich sich lieber, wann immer er Gelegenheit fand, in eine der vielen Kirchen der Stadt und führte Zwiesprache mit den Bildern der Heiligen, die er dort vorfand. Eine ganz besondere Liebe entwickelte der Junge zu den beiden Heiligen des Jesuitenordens, Aloisius von Gonzaga und Franz Xaver. Kaspar hatte nur den einen Wunsch, diesen Heiligen nachzueifern; in seiner Umgebung nannte man ihn schon bald „den kleinen Aloisius“.

Nach der Schulzeit besuchte Kaspar del Bufalo das römische Kolleg, um sich auf jene Zukunft vorzubereiten, der sein ganzes Streben galt: Er wollte Missionar werden. Nachdem Kaspar die niederen Weihen empfangen hatte, begann er in den Pfarrkirchen und auf den Kirchplätzen zu predigen, und schon bald strömte das Volk in immer größeren Scharen zum „kleinen Aloisius“. Kaspars Predigten waren von einem solchen Feuer erfüllt, daß sich ihnen niemand entziehen konnte. Vor allem das arme Volk von Rom hatte „seinen Kaspar“ ins Herz geschlossen, seine einfachen Worte waren auch für die kleinen Leute gut zu verstehen.

Im Jahr 1808 brach über Rom das napoleonische Unglück herein. Der französische Kaiser besetzte die Stadt, der Papst wurde verbannt, von den Priestern forderten die Besetzer den Treue- und Hoheitseid. Auf diese Forderung antwortete der gerade zum Priester geweihte Kaspar del Bufalo: „Ich kann nicht, ich will nicht, ich darf nicht.“ Vier Jahre lang war Kaspar daraufhin Gefangener der Franzosen. Er saß in den Kerkern von Bologna, Imola und auf Korsika.

Das Jahr 1814 brachte die Befreiung von Napoleon. Kaspar del Bufalo, innerlich noch mehr gereift, beschloß, als Missionar den Spuren von Franz Xaver zu folgen und in ferne Länder zu ziehen. Papst Pius VII., der von der außergewöhnlichen Redefähigkeit Kaspars schon lange gehört hatte, ließ den jungen Priester aber nicht gehen. Er erteilte ihm vielmehr den Auftrag, in Italien als Volksmissionar zu wirken. Kaspar del Bufalo fügte sich diesem Wunsch, doch allein das Predigen genügte ihm nicht: Er gründete 1815 seinen Orden der „Missionare vom Kostbaren Blut“. Kostbares Blut wird das Blut Christi genannt.

Die Aufgaben der Missionare dieser Ordensgemeinschaft liegen in den Bereichen der Volksmission, der Seelsorge, des Gymnasialunterrichtes und der Exerzitien. Die Leitung der Kongregation hat ein auf Lebenszeit gewählter Generaloberer mit Sitz in Rom. Die Missionare des Kaspar del Bufalo wirkten maßgeblich an der Erneuerung des religiösen Lebens in Italien mit. Ein Kirchenmann nannte Bufalo einmal ein „geistiges Erdbeben“. Drei Jahre vor seinem Tod am 28. Dezember 1837 gründete Kaspar del Bufalo zusammen mit Maria de Mattias auch noch die Kongregation der „Schwestern von der Anbetung des Kostbaren Blutes“. Die Missionare erhielten die kirchliche Bestätigung im Jahr 1841, der weibliche Zweig wurde 1855 bestätigt.

In seiner Sterbestunde erhielt Kaspar del Bufalo Beistand von seinem Freund und Beichtvater Vinzenz Palotti. Bufalo fand seine letzte Ruhestätte in Albano bei Rom. An seinem Grab ereigneten sich in der Folgezeit zahlreiche Wunder. Gebeine werden heute auch in der Kirche S. Maria in Trivio in Rom aufbewahrt. Die Seligsprechung Bufalos erfolgte 1904 durch Papst Pius X.

Theodoros von Tabennísi

Abt
geboren: um 314 in Snê, heute Isna, Ägypten
gestorben: 368 in Tabennísi, Ägypten

Theodoros wurde im Alter von 14 Jahren Mönch und Schüler beim berühmten Abt Pachomius in Tabennísi in Oberägypten. Im Jahr 350 ernannte ihn die Mönchsgemeinschaft dann selbst zum Abt von Tabennísi und der anderen Klöster des Pachomius. Theodoros gründete weitere Klöster in Ägypten und wirkte stark reformerisch.

Verehrung/Brauchtum: Die griechische Kirche feiert Theodoros am 16. Mai, die koptische am 27. April.

Darstellung: Theodoros von Tabennisi hält auf Abbildungen meist ein großes Kreuz und hat Ketten an Händen und Füßen.

29. Dezember

David

König in Israel, Gestalt des Alten Testaments
geboren: um 1000 vor Christus
gestorben: um 950 vor Christus
Patron der Musiker, Sänger, Dichter; der Bergleute

Darstellung: David ist oft als Sänger mit den königlichen Insignien dargestellt, manchmal sind seine Attribute auch Musikinstrumente wie Harfe oder Leier. Auch Davids berühmter Kampf gegen Goliath fand seine Wiedergabe in der darstellenden Kunst.

Ebrulf von St-Évroult

Gründerabt von St-Évroult OSB
geboren: 617 in Bayeux, Frankreich
gestorben: 29. Dezember 706 in St.-Évroult, Frankreich
Patron der Hirten; gegen Epilepsie, Fieber und Wahnsinn

Isai

Vater von David, Gestalt des Alten Testamentes

Darstellung: Isai ist als schlafender Mann dargestellt, aus welchem der Stammbaum Jesu (Wurzel Jesse) hervorwächst; Jesus ist daran die letzte Blüte.

Reginbert von Seldenbüren

Einsiedler, Mönch, Gründer
geboren: um 900 in Seldenbüren,
gestorben: um 962 im heutigen St. Blasien, Baden-Württemberg

Die berühmte Abtei St. Blasien im Südschwarzwald ist in ihrem Ursprung eine Gründung des Einsiedlers Reginbert von Seldenbüren. Der Baron, der zunächst Soldat gewesen war, ging Mitte des 10. Jh. als Einsiedler in den Schwarzwald und gründete die Klause Albzell. Daraus entwickelte sich eine bedeutende Benediktinerabtei, die später St. Blasien genannt wurde, da das Kloster Reliquien des Märtyrers Blasius erhalten hatte. Bis zum heutigen Tag ruhen die sterblichen Überreste von Reginbert im alten Mönchschor in St. Blasien.

Darstellung: Die bekannteste Abbildung des Reginbert von Seldenbüren ist die Szene, wie der Einsiedler dem Bischof von Konstanz seine Gründung übergibt; ein Fresko aus der Zeit Anfang des 20. Jh. in St. Blasien zeigt dieses Ereignis. Gekleidet ist Reginbert auf Darstellungen fast immer als vornehmer Edelmann.

Thomas Becket

Erzbischof, Märtyrer
geboren: 1118 in London, England
gestorben: 29. Dezember 1170 in Canterbury, England

Thomas Becket gehört zu den beeindruckendsten Kirchenpersönlichkeiten des Mittelalters. Papst Alexander III. nannte ihn bei der Heiligsprechung einen „Märtyrer des Kirchenrechts und der Kirchenfreiheit“. Die Wallfahrt zum Grab des Heiligen erreichte früh den Umfang wie jene zum Grab des Jakobus in Santiago de Compostela.

Thomas Becket kam 1118 in London als Sohn eines Kaufmannes zur Welt und wurde nach einer hervorragenden Ausbildung und Studien in Paris, Bologna und Auxerre Archidiakon von Canterbury, ernannt von Erzbischof Theobald. Im Alter von 37 Jahren machte ihn König Heinrich II. zum Lordkanzler und zu seinem persönlichen Berater. Zwischen Heinrich und Thomas bestand eine tiefe Freundschaft. Becket unterstützte den Herrscher in allen Belangen und hatte auch maßgeblichen Einfluß auf viele politische Entscheidungen.

König Heinrich II. war es schließlich, der die Ernennung von Thomas Becket zum Erzbischof von Canterbury durchsetzte. Er erhoffte sich dadurch eine stärkere Einflußnahme auf kirchliche Belange. Thomas Becket ahnte, was auf ihn zukam und empfand keine große Freude über seine Ernennung. Aber er nahm die Wahl an und wurde im Juni 1162 geweiht.

Vom Tag der Weihe an veränderte sich Thomas Becket vollkommen. Hatte er früher die Großzügigkeit, ja sogar den Prunk geschätzt und dabei mit seinem König völlige Übereinstimmung empfunden, so verteilte er von nun an alle seine Einkünfte unter den Armen, trug ein schlichtes Benediktinergewand und führte ein streng asketisches Leben. Nachdem er sich früher für die Interessen seines Kö-

Erzbischof Thomas Becket wird in der Kathedrale von Canterbury von Heinrichs Rittern ermordet. Nach einer Miniatur aus dem 16. Jh.

nigs eingesetzt hatte, kannte er jetzt nur noch die kirchlichen Belange. Für sie kämpfte er, hier ließ er sich von niemandem, auch nicht vom König, hineinreden. Vor allem betonte Becket immer wieder die Freiheit der Kirche gegenüber dem Herrscher.

Der Konflikt zwischen Erzbischof und König war unumgänglich. Es kam zu Prozessen und Geldstrafen für Thomas Becket, bis dieser schließlich, nur zwei Jahre nach seiner Wahl, nach Frankreich flüchten mußte. Er bat Papst Alexander, den er dort traf, ihm den Rücktritt zu erlauben, doch das Kirchenoberhaupt lehnte ab. Becket weilte sechs Jahre in Frankreich und führte von dort seinen Kampf um die Freiheit der Kirche in England unbeirrt fort.

Auf einen Scheinfrieden mit dem König eingehend, kehrte der Erzbischof 1170 nach England zurück. Der Streit aber begann von neuem, und am 29. Dezember 1170 ermordeten vier Vertraute des Königs Thomas Becket vor dem Altar in der Kathedrale von Canterbury. Es konnte nie geklärt werden, ob Heinrich II. den Männern eindeutig den Auftrag zum Mord gegeben hatte, oder ob die Adligen eine wütende Äußerung des Königs zum Anlaß genommen hatten, selbst einzugreifen.

Thomas Becket wurde vom Volk sofort nach seinem Tod als Heiliger verehrt, Papst Alexander III. sprach den unbeugsamen Kirchenmann bereits am 21. Februar 1173 dann auch offiziell heilig. Ein Jahr später tat König Heinrich II. am Grab seines einstigen Freundes und späteren Widersachers öffentlich Buße. Einer seiner Nachfolger, der unberechenbare Heinrich VIII., ließ den kostbaren Schrein mit den Gebeinen Thomas Beckets im Jahr 1538 jedoch zerstören und versuchte, alle Erinnerungen an den großen Kirchenmann auszulöschen. Das Gedenken an diese herausragende Persönlichkeit blieb jedoch durch alle Jahrhunderte hindurch erhalten.

Verehrung/Brauchtum: Das Grab von Thomas Becket zog das ganze Mittelalter hindurch Pilgermassen an, es war schon kurz nach Beckets Tod die bedeutendste Wallfahrtsstätte in England überhaupt. Dies wurde noch gefördert dadurch, daß zahllose Gläubige von Wundern berichteten, die sich an der Beisetzungsstätte ereignet hatten. Bald schon dehnte sich der Kult um Thomas Becket auch auf den Kontinent aus, nach Deutschland, Frankreich, Italien, Spanien und Skandinavien, dann sogar nach Island. Die Ermordung des unbeugsamen Kirchenmannes war von größter religiöser, aber auch politischer Auswirkung.

Darstellung: Abbildungen von Thomas Becket sind in ganz Europa verbreitet. An vielen Orten existieren Zyklen mit Szenen aus dem bewegten Leben des Erzbischofs; die ältesten sind jene in einem Glasfenster in der Kathedrale von Sens (1190) und in der Kathedrale von Chartres (1206). Bemerkenswert ist auch der Zyklus im Queen-Mary-Psalter im British

Schrein mit einzelnen Reliquien von Thomas Becket. Die Limoges-Arbeit aus Email (1198) stand 1979 bei Sotheby's zum Verkauf.

Museum in London, da er das gesamte Leben Beckets umfaßt, während die meisten anderen Szenenfolgen meist erst mit der Freundschaft zwischen Thomas Becket und König Heinrich II. beginnen.

Die älteste bekannte Einzeldarstellung von Thomas Becket ist ein Mosaik aus dem Jahr 1182 im Dom zu Monreale; es zeigt den Erzbischof mit Pallium und Buch. Nur unwesentlich jünger ist ein Fresko in der Kirche S. Giovanni e Paolo in Spoleto, das die Ermordung von Becket am Altar wiedergibt (um 1190). Diese Szene war auch die wichtigste der Becket-Darstellung während des gesamten Mittelalters. Ein Beispiel dafür auf deutschem Boden: ein Fenster (14. Jh.) in St. Dionys in Esslingen. In England selbst treten Bilder von Thomas Becket verstärkt erst ab dem 13. Jh. auf.

Die Attribute Beckets sind Palme, Schwert, Kirchenmodell, Buch, Rationale und Stab.

Bis heute existieren in Europa auch noch sehr viele Reliquiare, die hauptsächlich im 13. Jh. zur Aufbewahrung von Reliquien des Erzbischofs geschaffen wurden. Auf ihnen ist fast immer die Szene der Ermordung dargestellt.

Winthir von Neuhausen

Volksprediger
geboren: 11./12./13. Jh. England(?)
gestorben: 12./13./14. Jh. in München-Neuhausen, Bayern
Patron von München-Neuhausen; gegen Viehseuchen; in allen menschlichen Nöten

Winthir ist ein Münchner Volksheiliger, der allerdings nie offiziell heilig- oder seliggesprochen wurde. Im Jahr 1932 fand aber die Erhebung seiner Gebeine statt, nachdem man die Reliquien 1931 wiedergefunden hatte.

Über die Herkunft von Winthir gibt es keine historisch belegbaren Überlieferungen. Eine der Legenden berichtet, er sei als Missionar aus England gekommen. Untersuchungen haben ergeben, daß Winthir irgendwann zwischen 1120 und 1360 im Raum München als Volksprediger wirkte; seinen Lebensunterhalt verdiente er sich als Eselstreiber (Saumtierführer). Der Hauptwirkungsort Winthirs war Neuhausen, damals ein Dorf bei München, inzwischen Stadtteil der bayerischen Landeshauptstadt.

Im Verlaufe seines segensreichen Wirkens als Missionar soll Winthir zahlreiche Wunder und Krankenheilungen vollbracht haben, was die Verehrung für ihn immer mehr anwachsen ließ. Nach seinem Tod wurde Winthir in Neuhausen beigesetzt, seine Grabstätte dort ist 1597 erstmals bezeugt. Winthir-Altäre sind seit 1704 bekannt. Über dem Grab des Volksmissionars errichtete man später eine Kirche (Maria Trost), die 1970 feierlich in Winthir-Kirche umbenannt wurde.

Verehrung/Brauchtum: Der Kult um Winthir beschränkt sich auf München und die Erzdiözese München-Freising. Bis zum heutigen Tag genießt der Volksmissionar dort große Verehrung; dies beweisen auch verschiedene Winthir-Fresken, die in Lüftlmalerei an zahlreichen Wohnhäusern in München-Neuhausen angebracht sind.

Bei den Landwirten in München und rund um München genießt Winthir bis heute als Patron Verehrung; er wird als Schutzheiliger gegen Viehseuchen, aber auch als Wetterpatron angerufen.

Darstellung: Volksprediger Winthir ist auf fast allen Darstellungen mit Bart, einem spärlichen Haarkranz und barfuß abgebildet; bekleidet ist er meist mit einer Art Bundhose und einem Überwurf. In der Hand hält er häufig ein Kreuz, manchmal auch einen Rosenkranz. Auf der Urdarstellung Winthirs von Raphael Sadeler (17. Jh.) ist der Missionar predigend vor Neuhauser Landleuten zu sehen; an diesem Bild orientierten sich die späteren Künstler. In der Wallfahrtskirche Maria Eich bei Planegg vor München zeigt ein Altarbild (1781) Winthir, wie er Kranken und Menschen in Not hilfreich zur Seite steht. Auf einem Glasgemälde (1968) in der Herz-Jesu-Kirche in München-Neuhausen sitzt Winthir predigend mit erhobenem Kreuz auf einem Esel.

30. Dezember

Didacus von Azevedo

Bischof OCist
geboren: 12. Jh. in Spanien
gestorben: 30. Dezember 1207 in Osma, Spanien

Der Zisterziensermönch Didacus von Azevedo wurde um das Jahr 1200 Bischof von Osma in Spanien. Unter den Stiftsherren war damals auch der spätere Ordensgründer Dominikus, der 1201 Subprior wurde. Durch den engen Kontakt zwischen Didacus und Dominikus hatte der Bischof maßgeblichen Einfluß bei der Planung des Dominikanerordens durch Dominikus.

Dionysius

Papst (259 bis 268)
geboren: um 200 in Griechenland
gestorben: 26. Dezember 268 in Rom, Italien

Darstellung: Auf Abbildungen ist Papst Dionysius, der im Calixtus-Cömeterium beigesetzt ist, im päpstlichen Ornat, meist mit Tiara, zu sehen; als Attribute hat er Buch oder Doppelkreuzstab in der Hand. Mit Buch sowie Tiara auf dem Haupt ist Dionysius auf einem Fresko (um 1480) von Cosimo Rosselli in der Sixtinischen Kapelle in Rom im Vatikan dargestellt.

Egwin von Worcester

Bischof von Worcester OSB
geboren: 7. Jh. in England
gestorben: 30. Dezember 717 in Evesham, England

Darstellung: Bischof Egwin von Worcester ist mit einem Fisch dargestellt, der einen Schlüssel im Maul hält.

Felix I.

Papst (269 bis 274)
geboren: um 210 in Rom(?), Italien
gestorben: 30. Dezember 274 in Rom

Darstellung: Papst Felix I., der in den Calixtuskatakomben beigesetzt ist, wurde im päpstlichen Ornat dargestellt; manchmal hält er ein Buch als Attribut in der Hand, so auf einem Fresko (15. Jh) in der Sixtinischen Kapelle in Rom.

Germar von Flay

1. Abt von Flay OSB
geboren: um 610 in Wardes, Frankreich
gestorben: 30. Dezember(?) 660 in St-Germer-de-Flay, Frankreich

Sabinus von Spoleto

Bischof(?), Märtyrer
geboren: 3. Jh. in Italien
gestorben: um 303 in Spoleto, Italien
Patron von Siena, Assisi, Spoleto und Fermo

In der Prämonstratenser-Klosterkirche Windsberg bei Straubing werden seit 1191 Reliquien eines Märtyrers aus Mittelitalien verehrt, der bereits in der Frühzeit lebte und wirkte: von Sabinus von Spoleto. Sabinus war im Altertum eine der meistverehrten Heiligengestalten überhaupt, heute aber können nur noch wenige Daten aus seinem Leben nachvollzogen werden. Nach den Überlieferungen starb Sabinus um das Jahr 303 in Spoleto während einer Christenverfolgung und wurde deshalb schon bald nach seinem gewaltsamen Tod als Märtyrer verehrt. Seine Grabstätte, die sich von Jahrhundert zu Jahrhundert zu einem wichtigeren Wallfahrtsort entwickelte, lag am zweiten Meilenstein vor der Stadt Spoleto.

Wie wenig über das Leben des Märtyrers Sabinus wirklich bekannt ist, geht daraus hervor, daß ihn verschiedene Quellen zum Bischof von Assisi, Faenza oder Spoleto machen. Diese Überlieferungen jedoch sind meist mehr romanhafter Natur und entbehren geschichtlicher Grundlagen. Sicher belegt aber ist, daß bereits im 5. Jh. vor den Stadtgrenzen von Spoleto eine Basilika stand, die den Namen von Sabinus trug; und auf einem der Mosaiken in der Basilika S. Apollinare Nuovo in Ravenna, die in den Jahren 500 bis 504 erbaut wurde, ist Sabinus ebenfalls schon dargestellt. Im 12. Jh. kamen Sabinus-Reliquien dann nach Windsberg bei Straubing, weshalb und auf welchem Weg, ist nicht bekannt.

Darstellung: Die älteste bekannte Abbildung von Sabinus ist das Mosaik in der Basilika S. Apollinare Nuovo in Ravenna; es zeigt den Märtyrer mit einer Krone in den verhüllten Händen. Ein Fresko von Andrea da Bologna in S. Francesco in Assisi (14. Jh.) stellt Sabinus als Bischof mit Mitra und Krummstab dar.

Spoleto war Wirkungsstätte von Sabinus. Fotografie aus dem Jahr 1920.

31. Dezember

Alanus de Solminihac

Bischof CanAug
geboren: 25. November 1593 in Belet, Frankreich
gestorben: 31. Dezember 1659 in Mercuès, Frankreich

Alanus de Solminihac gilt als großer Reformator des Augustiner-Chorherren-Ordens und einer der bedeutendsten Reformbischöfe in Frankreich. Papst Johannes Paul II. sprach den Ordensmann am 4. Oktober 1981 selig. Seine Worte bei der Seligsprechungsfeier auf dem Petersplatz in Rom lauteten: „Die Bischöfe Frankreichs und aller übrigen Länder sollten im Leben des seligen Alain de Solminihac den Mut finden, furchtlos die heutige Welt zu evangelisieren."

Alanus de Solminihac hatte zunächst die militärische Laufbahn ergriffen, bevor er 1616 die zeitlichen Gelübde bei den Augustiner-Chorherren ablegte und 1618 die Priesterweihe empfing. Bereits ein Jahr später wurde Solminihac zum Abt des Stiftes Chancellade ernannt, das er von einer daniederliegenden Abtei zu einem der strahlendsten Klöster Frankreichs machte. Im Jahr 1636 schließlich wurde der inzwischen berühmte Ordensmann aufgrund seiner Verdienste zum Bischof von Cahors ernannt. Sein großer Befürworter war Kardinal Richelieu.

In den folgenden 22 Jahren reformierte Alanus de Solminihac seine Diözese von Grund auf, belebte die Ordnung im Klerus und ließ Glaube und Sitte im Volk erstarken; er schuf Spitäler und Waisenhäuser, berief Priesterkonferenzen und Volksmissionen ein und visitierte sein Bistum neunmal umfassend. Solminihac selbst lebte bescheiden, demütig und in allen Lebensbelangen vorbildlich.

Apollonia Radermecher

Ordensgründerin OSE
geboren: 9. September 1571 in Aachen, Nordrhein-Westfalen
gestorben: 31. Dezember 1626 in Aachen

Apollonia Radermecher war die Gründerin der Aachener Elisabethinnen, der „Hospitalschwestern der heiligen Elisabeth vom Dritten Orden des heiligen Franziskus". Der Dienst am Nächsten ist die Lebensaufgabe der Schwestern dieser Gemeinschaft, die 1622 ins Leben gerufen wurde. Der Gründungstag war der 13. August; es war der Tag, an dem Apollonia Radermecher, die sich schon jung der Armen- und Krankenpflege zugewandt hatte, zur „Gasthausmeisterin" im Gemeindehospital von Aachen ernannt wurde. Mit ihren eigenen Ersparnissen beseitigte die engagierte Ordensfrau die Mißstände in dem 1336 eröffneten Elisabeth-Gasthaus am Aachener Radermarkt (Siechhäuser wurden früher Gasthaus genannt). In den nachfolgenden Jahren folgten zahlreiche weitere Gründungen der Elisabethinnen, bis heute sind die Schwestern außer in Deutschland in Österreich und Luxemburg sowie in Nordamerika verbreitet. Die Elisabethinnen wirken in der Kranken-, Alten- und Kinderkrankenpflege sowie bei der Betreuung von Kindergärten.

Apollonia Radermecher. Nach einem Gemälde, das sich bis zum heutigen Tag im Mutterhaus der Elisabethinnen in Aachen befindet.

Apollonia Radermecher starb schon wenige Jahre nach Gründung ihrer Schwesterngemeinschaft an einer Infektion, die sie sich bei der Pflege von Pestkranken zugezogen hatte. Im Jahr 1953 wurden die Gebeine der Ordensgründerin in der neu errichteten Krypta im Mutterhaus der Elisabethinnen in Aachen beigesetzt. Immer wieder versuchte man in der Vergangenheit, einen Seligsprechungsprozeß in Gang zu bringen.

Johannes Franz Régis

Priester, Missionar SJ
geboren: 31. Januar 1597 in Fontcouverte, Frankreich
gestorben: 31. Dezember 1640 in La Louvesc, Frankreich
Patron der Schwestern vom heiligen Franz Régis; der Spitzenklöpplerinnen; gegen die Pest

Der adlige Jesuit und Priester Johannes Franz Régis wirkte ab 1632 rund um Le Puy als Volksmissionar und begeisterte durch seine Predigten. Viele der durch verschiedene Kriege völlig verwahrlosten Menschen ließen sich durch Régis wieder auf den richtigen Weg führen. Besonders liebevoll kümmerte sich der Jesuit um die Ärmsten im Volk und um gefallene Mädchen und Frauen, für die er Zufluchtshäuser baute. Bald schon trug er den Namen „Apostel von Velay und Viverais", wie die Landschaften bei Le Puy hießen.

Franz Régis wurde 1726 selig- und 1737 heiliggesprochen.

Verehrung/Brauchtum: Das Grab von Johannes Franz Régis in La Louvesc wurde sofort nach dem Tod des

Johannes Franz Régis. Nach einem Gemälde von Guy François, heute im Besitz von Léon Cortial in Le Puy.

Jesuitenpriesters zur Wallfahrtsstätte, es ereigneten sich dort zahlreiche Wunder. Eine kleine Wallfahrt gab es auch in der Universitätskirche in Freiburg/Breisgau.

Darstellung: Die Familie Cortial in Le Puy besitzt ein authentisches Porträt von Franz Régis, das der Maler Guy François 1638 während einer Heiligen Messe, die Régis hielt, anfertigte. Alle nachfolgenden Bilder von Franz Régis nahmen dieses Originalgemälde als Vorbild. Als Szene wurde später oft dargestellt, wie Johannes Franz Régis einem Sterbenden das Kreuz reicht oder Kranke und Arme Marias Fürsorge übergibt. Auch als Pestpatron wurde Franz Régis manchmal abgebildet, so auf einem Bild von Jean Parrocel (1739, Musée des Beaux-Arts in Marseille).

Katharina Labouré

Pflegerin, Nonne, Mystikerin FdC
geboren: 2. Mai 1806 in Fain-les-Moûtiers, Frankreich
gestorben: 31. Dezember 1876 in Paris, Frankreich

In der Kirche der Vinzentinerinnen an der Rue du Bac in Paris ruht bis zum heutigen Tag der unverweste Leib der Vinzentinerin Katharina Labouré. Die Ordensfrau und aufopferungsvolle Pflegerin im Pariser Hospital d'Enghien war 1933 von Papst Pius XI. seliggesprochen worden, Papst Pius XII. sprach die Mystikerin am 27. Juli 1947 heilig.

Katharina Zoe Labouré war das neunte von 17 Kindern einer armen Bauersfamilie aus dem burgundischen Fain-les-Moûtiers. Zunächst arbeitete das Mädchen als Dienstmagd, 1830 wurde Katharina dann in Paris Ordensfrau bei den Barmherzigen Schwestern des heiligen Vinzenz von Paul. In der Folge pflegte sie über Jahrzehnte liebevoll die betagten Bewohner des Hospitals d'Enghien in Paris und wurde dabei zum Vorbild einer demütigen, regeltreuen, bescheidenen Dienerin. Mehrmals hatte Katharina Erscheinungen der Gottesmutter Maria, was zur Prägung der sogenannten „Wundertätigen Medaille" führte, die große Verbreitung fand.

Katharina Labouré auf dem Sterbebett. Nach einer Fotografie.

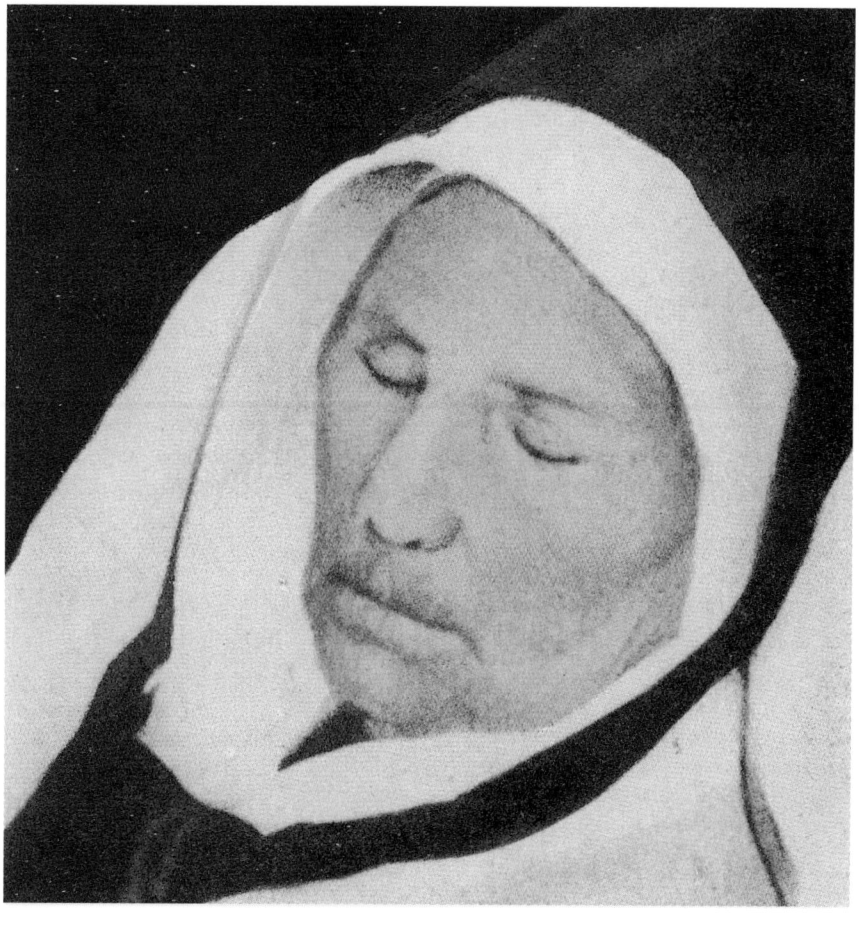

Kolumba von Sens

Märtyrerin
geboren: 3. Jh. in Sens, Frankreich (Saragossa?, Spanien)
gestorben: um 273(?) in Sens
Patronin gegen Augenleiden; für Regen

Obwohl über das Leben von Kolumba fast nur legendarische Überlieferungen vorliegen, gehörte die Märtyrerin vor allem in Frankreich im Mittelalter zu den meistverehrten Heiligengestalten. Nach der Legende war Kolumba entweder eine christliche Jungfrau, die in Sens lebte, oder eine Fürstentochter aus dem spanischen Saragossa. Da sie sich weigerte, den Sohn von Kaiser Aurelian zu heiraten, ließ sie der Herrscher um das Jahr 273 ermorden. Die Legende berichtet, daß Kolumba zuvor noch in ein Freudenhaus eingesperrt worden war, wo jedoch eine Bärin über ihre Unversehrtheit wachte.

Verehrung/Brauchtum: Der Kult um Kolumba ist schon im 6. Jh. bezeugt und zog sich durch das gesamte Mittelalter. König Chlotar III. gründete über Kolumbas Grab in Sens das Kloster Ste-Colombe-lès-Sens, das allerdings 1792 völlig zerstört wurde. Neben Sens waren auch Flandern, Rimini und St. Kolumba in Köln Zentren der Kolumba-Verehrung.

Darstellung: Kolumba ist in vornehmer Kleidung dargestellt, ihre Attribute sind Pfauenfeder und Buch. Bei sich hat Kolumba oft auch die Bärin aus der Legende. Mit einem Buch ist die Märtyrerin bei einer kleinen Statue an der Reliquienmonstranz (15. Jh.) in St. Kolumba in Köln zu sehen.

Leobard (Liebhard) von Maursmünster

Abt
geboren: 7. Jh.
gestorben: um 680 in Maursmünster, Elsaß, Frankreich

Leobard war der erste Abt und möglicherweise auch der Gründer der Abtei Maursmünster (Marmoutier) im Elsaß. Wahrscheinlich hatte Leobard aus Luxeuil die Kolumbanregel mit nach Maursmünster gebracht. Das Kloster entstand zwischen 656 und 662. Später wurde die Abtei nach Abt Maurus benannt, der die Benediktinerregel einführte. Im Jahr 1183 übernahm das Kloster die Hirsauer Reform und gelangte in der Folge zu höchster Blüte. Aufgrund der Wirren des Dreißigjährigen Krieges verfiel die Abtei Maursmünster immer mehr. Im 18. Jh. gab es noch einmal einen kurzen Aufschwung, in der Französischen Revolution wurde die Abtei dann aber aufgehoben. Heute ist die beeindruckende ehemalige Abteikirche Pfarrkirche von Maursmünster; immer noch sind hier zahlreiche Kunstwerke zu bewundern.

Leobard steht an erster Stelle der Totenliste von Kloster Maursmünster.

Luitfried von Muri

Abt von Muri OSB
geboren: 11. Jh. in Deutschland
gestorben: 31. Dezember 1096 in Muri, Schweiz

Marius von Avenches-Lausanne

Bischof von Avenches-Lausanne
geboren: um 530 bei Autun, Frankreich
gestorben: 31. Dezember 594 in Lausanne, Schweiz
1605 Bestätigung des Kultes

Darstellung: Marius ist immer in bischöflichen Gewändern dargestellt, seine Attribute sind Ackergeräte oder Goldschmiedewerkzeuge, da er sich auch als Goldschmied betätigte.

Melania (Melanie) die Jüngere und Pinianus

Wohltäterin, Klostergründerin
geboren: 383 in Rom, Italien
gestorben: 31. Dezember 439 in Jerusalem

Melania die Jüngere, die einer römischen Adelsfamilie entstammte, verschenkte ihr gesamtes ererbtes Vermögen nach und nach an Arme, Kirchen und Klöster. Gemeinsam mit ihrem Ehemann Pinianus, mit dem sie nach dem frühen Tod ihrer Kinder in enthaltsamer Ehe lebte, pilgerte Melania im Laufe der Jahre zu Paulinus von Nola, Rufinus von Aquileja, Augustinus von Hippo und Cyrillus von Alexandria sowie zu den Klostersiedlungen in Ägypten.

Im Jahr 417 ließen sich Melania und Pinianus schließlich in Jerusalem nieder und gründeten auf dem Ölberg ein Kloster. Pinianus starb dort 431, Ehefrau Melania am 31. Dezember 439.

Verehrung/Brauchtum: Vor allem in der Ostkirche war der Melania-Kult verbreitet.

Darstellung: Melania ist im Nonnen- oder Einsiedlerkleid dargestellt, oft betet sie in einer Höhle; als Attribute hat sie Kreuz, Palme, Kelch, Krug, Totenschädel, Kohlkopf oder ein anderes Gemüse bei sich. Im Westen existieren nur wenige Abbildungen von Melania.

Odilo von Cluny

Erzabt OSB
geboren: um 962 in der Auvergne, Frankreich
gestorben: 31. Dezember 1048 in Souvigny, Frankreich
Patron der Armen Seelen im Fegefeuer; gegen Gelbsucht

Wie alle Erzäbte der berühmten Benediktinerreformabtei Cluny in Frankreich gehörte auch Odilo zu den außergewöhnlichsten Persönlichkeiten seiner Zeit und wurde, wie alle seine direkten Vorgänger und einige seiner Nachfolger, in den Kreis der Heiligen aufgenommen.

Odilo kam um das Jahr 962 in der Auvergne zur Welt und trat im Jahr 991 als etwa 30jähriger in das Kloster Cluny ein. Bereits drei Jahre später wurde der hochgebildete Mönch der fünfte Erzabt der Abtei, die zu jener Zeit einer der Mittelpunkte des abendländischen Geisteslebens war.

Unter Odilos Führung wurde Cluny noch mächtiger, als es schon war; dies war in erster Linie dem außergewöhnlichen Organisationstalent des Abtes sowie seiner großen Integrität zu verdanken. Die Reform von Cluny, die in die Geschichte eingehen sollte, nahm unter Odilo einen weiteren großen Aufschwung. Die cluniazensische Reformidee gewann immer mehr an Bedeutung, nicht zuletzt dadurch, daß Abt Odilo in engem Kontakt zu Bischöfen, Päpsten und weltlichen Herrschern stand. Oft wurde später gesagt, der Höhepunkt der Reform von Cluny sei das Werk von Odilo gewesen. Die Zahl der zu Cluny zählenden Abteien stieg unter ihm von 35 auf über 60. Immer mehr Abteien schlossen sich während Odilos Amtszeit der Reformidee an.

Abt Odilo von Cluny starb am 31. Dezember 1048 nach über 50jähriger Amtszeit in Souvigny. Er ist der Patron der armen Seelen, weil er maßgeblich an der Einführung des Allerseelentages mitgewirkt hat.

Darstellung: Von Odilo gibt es drei verschiedene Darstellungen: als Abt, als Bischof und als Fürbitter der Armen Seelen im Fegefeuer. Als Bischof ist Odilo in einer Skulptur (17. Jh.) in Antwerpen in der Kirche St. Andrea zu sehen, zu seinen Füßen die Seelen im Fegefeuer. Als Fürbitter zeigt ein Tafelbild (18. Jh.) in der Augustinerkirche in Korneuburg den Erzabt; es stammt von Franz Maulbertsch.

Gegenüberliegende Seite: Die romanische Abteikirche von Cluny.

Silvester I.

Papst
geboren: 3. Jh. in Rom, Italien
gestorben: 31. Dezember 335 in Rom
Patron der Haustiere; für eine gute Futterernte; für „ein gutes neues Jahr" (Silvesternacht)

Hört man den Namen Silvester, denkt man sofort an Jahreswechsel, Feiern, Neujahr. Kaum einmal macht sich jemand die Mühe, sich näher mit jenem Heiligen zu befassen, der dem letzten Tag im Jahr den so bedeutenden Namen gab: mit Papst Silvester I., Oberhaupt der Kirche von 314 bis 335. Silvester regierte in einer für die Christenheit außerordentlich wichtigen Zeit: Man schrieb das Ende der furchtbaren Christenverfolgungen und den Beginn einer neuen Epoche für die Gläubigen. Damit war Silvester der Papst, der nach Jahrzehnten der Angst und des Grauens während der Verfolgungen einen glücklichen Neuanfang erleben durfte.

Silvester war von Geburt Römer und dürfte um die Mitte des 3. Jh. zur Welt gekommen sein. Es ist ziemlich sicher, daß er noch vor dem Beginn der Christenverfolgung unter Kaiser Diokletian im Jahr 284 die Priesterweihe empfing, da er während der Verfolgungen einige Jahre in einem Versteck auf dem Monte Soracte bei Rom lebte.

Genau 20 Tage, nachdem Papst Miltiades gestorben war, wurde Silvester am 31. Januar 314 zum Bischof von Rom und damit zum Oberhaupt der Christen gewählt (der Bischof von Rom ist seit Petrus gleichzeitig Papst). Vom Wirken des Papstes in den folgenden zwei Jahrzehnten ist kaum etwas bekannt. In seine Amtszeit fiel das Erste Allgemeine Konzil von Nicäa, das im Jahr 325 von Kaiser Konstantin wegen der arianischen Frage einberufen wurde. Papst Silvester I. entsandte zu dieser Reichssynode jedoch nur zwei Presbyter, die keine besondere Rolle spielten. Und nach Beendigung des Konzils bestätigte er die dort gefaßten Beschlüsse, die die Trinitätslehre des Arius, der die Gottheit Christi leugnete, in allen Punkten verwarf.

Konstantin der Große. Papst Silvester I. soll den Kaiser getauft haben.

Danach gibt es außer der Tatsache, daß Silvester I. über den Priscilla-Katakomben eine Kirche erbauen ließ, kaum noch eine Nachricht über das Leben des Papstes. Dafür entstanden in der Folgezeit die Legenden über die sogenannte „Konstantinische Schenkung". Danach soll Silvester Kaiser Konstantin den Großen, mit dessen Regierungsantritt das neue Zeitalter für die Christen begonnen hatte, getauft und ihn dadurch von einer Aussatzerkrankung geheilt haben. Etwa vom 8. Jh. an wurde diese Erzählung noch weiter ausgeschmückt, indem behauptet wurde, Konstantin habe dem Papst aus Dankbarkeit über die wunderbare Heilung die Stadt Rom sowie das ganze Abendland geschenkt und ihm erlaubt, die kaiserlichen Insignien zu tragen. Die „Konstantinische Schenkung" ist mit Sicherheit als unwahr erwiesen, doch hat Konstantin den Kirchenstaat nachweislich großzügig unterstützt und ausgestattet; er ging als Gründer unzähliger Kirchen in die Geschichte ein und ließ nicht zuletzt über dem Grab von Petrus die erste Peterskirche erbauen.

Um die Person von Silvester gibt es noch eine andere bekannte Legende; danach wollte Helena, Konstantins Mutter, ihren inzwischen christlichen Sohn zum Judentum führen. Daraufhin fand zwischen Silvester und zwölf Rabbinern ein Streitgespräch statt, bei dem der Christ Silvester zunächst elf bezwang. Der zwölfte tötete daraufhin einen Stier, konnte das Tier danach aber nicht mehr zum Leben erwecken, während Silvester dies sofort gelang. Beeindruckt von

Einzug von Papst Silvester in Rom. Eine der acht Fresken mit Szenen aus dem Leben des Papstes in der Silvester-Kapelle in der Kirche Santi Quattro Coronati, Rom.

dieser Tat, ließen sich Kaiserin Helena und die Rabbiner danach taufen. Heidnische Priester bekehrte Silvester nach dieser Legende, indem er einem gefährlichen Drachen das Maul zuschnürte.

Verehrung/Brauchtum: Der Kult um Silvester I. verbreitete sich in ganz Europa; sein Fest wird seit dem 5. Jh. gefeiert. Die früheste Verehrung in Deutschland ist im 11. Jh. in Bamberg nachweisbar. Als sich die Päpste aber später von der sogenannten „Konstantinischen Schenkung" distanzierten, wurde die Bedeutung Silvesters geringer.

Fest im Brauchtum verwurzelt, bildet die Silvesternacht eines der wichtigsten Ereignisse im Jahresablauf des Menschen. Jung und alt feiern diesen besonderen Tag und vor allem die Nacht, auch der nachfolgende Neujahrstag, der 1. Januar, ist ein besonderer Festtag.

In dem Schwarzwaldort Schiltach hält man das Silvester-Brauchtum bis zum heutigen Tag besonders hoch, hier gibt es noch immer den Silvesterumzug. Nach dem Jahresschlußgottesdienst in der Silvesternacht ziehen die Gläubigen mit großen und kleinen Laternen zum Marktplatz des Ortes und singen dort den Choral „Nun danket alle Gott". Danach geht der Zug zum Pfarrhaus, wo das Lied „Ehre sei jetzt und mit Freude" gesungen wird, der Pfarrer spricht einige Worte. Danach geschieht dasselbe vor dem Rathaus, aus welchem der Bürgermeister zum Jahresausklang eine Rede hält, die sich auf das kommunalpolitische Geschehen bezieht.

Auch in der Albgemeinde Westhausen existiert ein eigener Silvesterbrauch: Dort treffen sich in jedem Jahr mehrere hundert Reiter mit ihren Pferden zu einem prächtigen Silvesterumritt.

In der Ostkirche wird Silvesters Fest am 2. Januar gefeiert.

Darstellung: Papst Silvester I. ist meist im päpstlichen Ornat abgebildet, seine Attribute sind Stab, Buch, Ölbaumzweig, Muschel, Schlange, Engel, Drachen (Legende) oder Stier (Legende). Oft wurde der Papst zusammen mit Konstantin, manchmal auch mit Helena dargestellt. Mit einem Stier zu Füßen ist Silvester unter anderem in der Silvester-Kapelle in Goldbach-Überlingen zu sehen (Statue, 14. Jh.). Mit einer Schlange auf seinem Buch zeigt Silvester ein Retabelgemälde (1490) in St. Peter in Salzburg. Am Xantener Altar von Bartholomäus Bruyn (16. Jh.) ist Silvester gemeinsam mit Helena und Konstantin dargestellt.

Zoticus

Priester, Gründer
geboren: 3. Jh. in Konstantinopel, heute Istanbul, Türkei
gestorben: um 340 in Konstantinopel

Zoticus gilt als Gründer des ersten Waisenhauses von Konstantinopel. Zeit seines Lebens kümmerte sich der Priester aufopferungsvoll um die Waisenkinder der Stadt.

Erklärendes Wörterverzeichnis

Abt
Vorsteher einer Mönchsgemeinschaft, meist auf Lebenszeit gewählt. Ein Erzabt ist der Leiter einer klösterlichen Genossenschaft.

Äbtissin
Vorsteherin eines Frauenklosters, einer Abtei.

Adoptianismus
Lehre, daß Jesus ein Mensch war und erst beim Empfang des Taufsakraments von Gott adoptiert wurde; durch ein vollkommenes, reines Leben habe er sich dann zu Christus entwickelt.

Albigenser
Sekte im 12. und im 13. Jahrhundert, benannt nach der Stadt Albi. Die Albigenser vertraten die Ansicht, daß Christus nur ein Engel gewesen ist, der die Menschen belehren sollte, daß in ihrem unreinen Körper eine göttliche Seele wohnt.

Alexandrien
einstiges Gebiet des heutigen Ägypten und Teilen von Libyen; altchristliches Patriarchat.

Anachoret
Einsiedler, der sich vollkommen von jeglicher menschlichen Gemeinschaft zurückzog. Die ersten Anachoreten gab es im 3. Jahrhundert, ihr berühmtester Vertreter war Antonius der Einsiedler. Im Gegensatz zu den Anachoreten lebten die Cönobiten hinter Klostermauern in einer Einsiedlergemeinschaft.

Antiochien
einstiges Gebiet an der türkischen Süd-West-Küste; altchristliches Patriarchat.

Apokalypse des Johannes
neutestamentarisches Buch, bestehend aus etwa 250 griechischen Handschriften mit Offenbarungen Jesu Christi, die er von Gott empfangen und dem Apostel und Evangelisten Johannes in Visionen mitgeteilt hat.

Apokryphen
Schriften unbekannter Verfasser aus den ersten drei Jahrhunderten der Christenheit. Die Apokryphen – Apostelgeschichten, Evangelien und Apokalypsen – wurden von der Kirche nicht anerkannt und durften während der Gottesdienste nicht benutzt werden. Viele Apokryphen befaßten sich mit Leben und Wirken Jesu Christi, meist in legendarischer Form. Auf den Konzilen von Trient im 16. Jahrhundert wurden die Apokryphen größtenteils anerkannt.

Apostolat
Amt der Kirche, der Geistlichkeit; früher der Jünger Christi.

Approbation
Anerkennung, Bestätigung einer Person oder einer Sache, beispielsweise einer Ordensgemeinschaft oder des Kultes um einen Heiligen.

Apsis
Abschluß des Chors in einer Kirche, meist auch der Standort des Hochaltares.

Architrav
Balken aus Stein über Säulen.

Arianismus
Lehre des alexandrischen Presbyters Arius, entstanden im 4. Jahrhundert. Nach Arius war Jesus Christus ein außergewöhnliches menschliches Wesen und nicht Gottes Sohn, damit auch nicht wesensgleich mit Gottvater. Auf dem berühmten Konzil von Nicäa im Jahr 325 wurde diese These verworfen, konnte jedoch lange Zeit nicht vollständig zurückgedrängt werden, da selbst Kaiser Konstantin den Arianismus unterstützte.

Autograph
eigenhändige Niederschrift eines Autors.

Baccalaureus
akademischer Grad (Bachelor).

Baldachin
Prunkhimmel über dem Altar, auch über anderen bedeutenden Örtlichkeiten.

Benediktion
Weihe.

Bischof
kirchliches Oberhaupt einer Diözese; bevollmächtigt, Priester zu weihen. Bischöfe gibt es auch in der evangelischen Kirche.

Breve
Bezeichnung für ein päpstliches Schreiben von weniger feierlicher Form, meist auf weißem Pergament geschrieben.

Brevier
Gebetbuch (Stundengebet) der Geistlichen.

Bulle
Metallsiegel; Papsturkunde (versiegelt).

Calvinismus
Lehre des Franzosen Jean Calvin, entstanden im 16. Jahrhundert. Der Reformator Calvin behauptete, daß das Schicksal eines Menschen im Guten wie im Bösen vorbestimmt sei (Prädestinationslehre). Mit Martin Luther hatte Calvin die allgemeinen Grundsätze des Protestantismus gemein.

Caritas
Nächstenliebe, Gottesliebe; Werke der Nächstenliebe; Hilfsverband.

Charisma
übernatürliche Gnadengabe und Begabung.

Chor
Abschluß des Kirchenraumes, meist leicht erhöht und schmaler als das Kirchenschiff. Im Kirchenchor befindet sich fast immer der Hauptaltar.

Choral
liturgischer Gesang der römischen Kirche.

Chorbischof
früher Bischof eines ländlichen Gebietes, im Gegensatz zum Stadtbischof; manchmal auch Gehilfe des Bischofs.

Chorfrauen
spätmittelalterliche und neuere Bezeichnung für gottgeweihte, jungfräulich lebende Frauen, die nicht nach monastischen, sondern nach kanonischen Grundsätzen leben.

Cluny, cluniazensisch
Cluny, heute ein kleiner Ort im französischen Departement Saône-et-Loire, war eine der bedeutendsten Benediktinerabteien aller Zeiten, gegründet am 11. September 910 von Herzog Wilhelm von Aquitanien. Bereits unter den fünf ersten Äbten Odo, Aymard, Majolus, Odilo und Hugo, die alle heiligge-

sprochen wurden, wurde Cluny zum Ausgangspunkt einer einzigartigen klösterlichen Reform. Die cluniazensische Bewegung erfaßte fast alle Länder und brachte weitere große Klöster hervor. Die Basilika von Cluny, inzwischen zerstört, war nach dem Petersdom das größte Gotteshaus aller Zeiten.

Confessio
Märtyrergrab unter dem Hauptaltar; Märtyrergrabaltar in einer Krypta unter dem Hauptaltar.

Cömeterium
Grabanlage, teilweise unterirdisch.

Cönobit
Cönobiten waren Einsiedler, die ihr Leben gemeinsam in einer Klostergemeinschaft hinter hohen Mauern verbrachten. Der Begründer des Cönobitentums war Pachomius. Im Gegensatz dazu lebten die Anachoreten einzeln als Einsiedler.

Dalmatik
liturgisches Ober- oder Untergewand.

Dekan
(Dechant), kirchlicher Oberer.

Dekret
behördliche Verfügung, Synodalbeschluß.

Devotionalien
Andachtsgegenstände.

Diakon
Vorstufe zum Priesteramt; in der Urkirche war der Diakon der Helfer des ihm übergeordneten Bischofs (auch Archidiakon).

Dialektik
die Kunst des Gespräches; Gesetzmäßigkeit, richtige Anordnung der Gedanken. Auch: Widerspruch zwischen materiellen und soziologischen Faktoren.

Diözese, Bistum
territorialer Jurisdiktionsbezirk eines Bischofs.

Doge
höchstes Staatsoberhaupt in den einstigen Republiken Venedig und Genua, aus dem Senatorenkreis gewählt, mit herzoglichem Rang und mit dem Titel Durchlaucht. Beide Republiken endeten mit dem Frieden von Campo Formio im Jahr 1798, damit verschwand auch der Titel Doge.

Edikt
behördliche Verlautbarung.

Ekstase
höherer Grad der Begeisterung, in dem das Gemüt für äußere Empfindungen fast ganz unempfänglich wird.

Engelsburg
Gebäude in Rom, das Kaiser Hadrian noch zu Lebzeiten als Mausoleum errichtet hat. Den Namen Engelsburg hat der Bau von der Legende, daß einmal während einer in Rom wütenden Seuche plötzlich der Erzengel Michael erschienen sein soll und sein Schwert in die Scheide steckte; daraufhin soll die Epidemie aufgehört haben.

Enzyklika
Rundschreiben des Papstes an die Kirchenoberen.

Epiphanie
Erscheinung.

Episkopat
Bischofsamt; die Gesamtheit der Bischöfe.

Epitaph
Gedenktafel am Grab eines Verstorbenen, oft auch an einer Mauer oder an einer Säule.

Eremit
Einsiedler.

Erzabt
Präses mehrerer ihm zugeordneter Abteien, ohne die Befugnisse der einzelnen Klosteräbte zu mindern.

Eucharistie
Danksagung; heiliges Abendmahl.

Evangeliar
liturgisches Buch mit den vollständigen Texten der vier Evangelien.

Evangelium
Überlieferung über Leben, Wirken und Lehre von Jesus Christus.

Exemtion
Befreiung eines Untergebenen von nächsten kirchlichen Vorgesetzten und Unterordnung unter die Gewalt eines höheren Vorgesetzten. Beispiel: Ein Kloster untersteht nicht, wie üblich, dem Bistumsverband, sondern ist unmittelbar dem Heiligen Stuhl, also dem Papst, unterstellt.

Exerzitien
geistliche Übungen (von Ignatius von Loyola eingeführt).

Exil
Verbannung, Verbannungsort; Landesverweisung.

Exkommunikation
Ausschluß aus der Sakramentengemeinschaft, Kirchenbann.

Filialkirche
Tochterkirche; eine von der Pfarrkirche abhängige Kirche.

Fresko
eine besondere Meltechnik: Wasserfarben werden auf einen noch feuchten Kalkputz aufgetragen und verbinden sich beim Trocknungsprozeß besonders gut mit dem Untergrund. Berühmte Freskenmaler waren Giotto, Mantegna und Martini.

Guardian
Aufseher, Vorsteher eines Hauses (Konvents) der Franziskaner (Minoriten) und der Kapuziner, einem Zweigorden der Franziskaner.

Hallenkirche
Bei einer Hallenkirche sind Hauptschiff und Seitenschiffe gleich hoch, es gibt kein Querhaus.

Häresie
Abweichung von der kirchlichen Lehre. Häretiker wurden in früheren Zeiten wie Ketzer verfolgt und behandelt.

Hausmeier
auch Palastmeister, major domus; ursprünglich bei den Franken der Oberste des königlichen Geleites und der Verwalter des königlichen Einflußgebietes. Vom 6. Jahrhundert an war der Hausmeier Befehlshaber im Krieg und Aufseher über die königliche Schatzkammer. Diese Würde wurde später erblich und dadurch so mächtig, daß die Inhaber des Titels nach und nach sämtliche Regierungsgeschäfte für sich in Anspruch nahmen und die wahren Könige nur noch den Namen hatten. Zuletzt riß dann Pippin der Kurze die Macht ganz an sich und wurde Herrscher in Franken.

Homilie
Predigt, die meist den Text der Heiligen Schrift auslegt.

Hostie
Opferbrot (Oblate) bei der heiligen Messe.

Hymne
Weihelied; Festgesang.

Inkluse, Rekluse
Mensch, der sich für eine bestimmte Zeit, manchmal für sein ganzes Leben, n eine Zelle einschließt oder einmauern ließ, um fortan nur noch Gott zu dienen. Einer der berühmtesten Inklusen des Abendlandes war Simeon von Trier.

Inquisition
kirchliche Nachforschung und Untersuchung zur Auffindung und Bestrafung von Irrlehren und Ketzern.

Interdikt
Verbot; Kirchenbann.

Inthronisation
feierliche Besteigung des päpstlichen oder bischöflichen Stuhles.

Investiturstreit
Auseinandersetzung im 11. Jahrhundert zwischen Papst Gregor VII. und König Heinrich IV. wegen der Frage, wer die deutschen Bischöfe ernennen dürfe. Bis zum Ausbruch des Streites setzte der weltliche Herrscher die Oberhirten ein, Papst Gregor aber wollte das Kirchenamt von der Politik loslösen. Mit dem Wormser Konkordat wurde die Auseinandersetzung 1122 beendet.

Jansenismus
theologische Bewegung, die nach dem Niederländer Cornelius Jansen benannt ist; entstanden im 17. Jahrhundert. Die jansenistische Lehre stand Rom feindlich gegenüber und legte ihren Schwerpunkt auf Sittlichkeit und mystische Frömmigkeit.

Kanoniker
Geistlicher, Domgeistlicher, Kollegiatsgeistlicher.

Kanonisation
offizieller Akt der Heiligsprechung. Die erste förmliche Kanonisation war jene von Bischof Ulrich von Augsburg am 31. Januar 993.

Kardinal
höchster kirchlicher Würdenträger nach dem Papst und von diesem ernannt.

Kasel
glockenförmiges oberes Meßgewand.

Katakomben
altchristliche Begräbnisstätten mit ausgedehnten unterirdischen Anlagen; hauptsächlich in Rom (Calixtus-Katakomben, Domitilla-Katakomben), aber auch auf Sizilien, in Neapel und in Kleinasien

Katechet
in früherer Zeit derjenige Geistliche, der den Katechumenen die Religionslehre erklärte und sie auf die Taufe vorbereitete. Später derjenige, der Religionsunterricht erteilt.

Katechumene
Mensch, der im Glauben unterwiesen und auf den Empfang des Taufsakraments vorbereitet wird.

Katechismus
Zusammenfassung der christlichen Glaubens- und Sittenlehren, meist für Unterricht und Familien.

Katharer
christliche Sekten des Abendlandes, die den Dualismus (zwei Urwesen: das Gute und das Schlechte) lehrten. Die Katharer verwarfen unter anderem die Ehe, die Kindstaufe und den Genuß von Fleischspeisen.

Katholische Aktion
Laienapostolat; katholische Bewegung, die von Papst Pius XI. (1922–1939) zur Durchsetzung kirchlicher Grundsätze ins Leben gerufen wurde.

Klerus
Geistlichkeit.

Kodex
Band; buchförmig gebundene Handschrift.

Kongregation
klösterliche Gemeinschaft, in der im Gegensatz zum eigentlichen Orden nur einfache Gelübde (ewige oder zeitliche) abgelegt werden.

Konkordat
Vereinbarung zwischen Kirche und Staat.

Konstantinopel
heute Istanbul in der Türkei. Vor Kaiser Konstantin dem Großen Byzanz.

Konstitutionen
kirchliche Erlasse.

Kontemplation
betrachtendes Gebet; mystische Beschauung.

Konventuale
stimmberechtigtes Klostermitglied.

Konverse
Laienbruder

Konversion
Bekehrung; Übertritt von einem Religionsbekenntnis zu einem anderen.

Konzil
Zusammenkunft von hohen Würdenträgern der katholischen Kirche zur Regelung wichtiger Angelegenheiten.

Kopten
Angehörige der monophysitischen Nationalkirche von Ägypten.

Krypta
Grabesraum, meist in der Unterkirche eines Gotteshauses. Viele Kirchen sind über der Krypta mit dem Grab eines Heiligen erbaut worden.

Kukulle
schwarzes oder weißes, weitärmeliges Obergewand von Mönchen.

Kurie
päpstliche Behörde und Ämter.

Lapsi
Christen, die vom Christentum wieder abfielen, vor allem während der Zeiten der Christenverfolgungen im 3. und 4. Jahrhundert.

Lateran
Palast des Papstes in Rom.

Legat
Gesandter des Papstes.

Lektor
niederer Geistlicher, dessen Aufgabe es war, in der Kirche die Lektionen – Abschnitte aus dem Alten und dem Neuen Testament – vorzulesen.

Litanei
Wechselgebet.

Liturgie
Gottesdienstformen; Altargottesdienst.

Manichäismus
Lehre des Persers Mani, entstanden im 3. Jahrhundert. Nach Mani war die Welt in zwei Teile gespalten: in die göttliche Welt des Lichts (das Gute) und in die teuflische Welt der Finsternis (das Böse). Im Gegensatz zum Christentum lehnte Mani, der sich selbst einen Propheten nannte, das Prinzip von Schuld und Reue ab; nach seiner Lehre wurden alle jene vom „Übel des Daseins" erlöst, die das Böse in der Welt richtig verstanden und nach dem Guten lebten.

Martyrologium
liturgisches Verzeichnis der Heiligenfeste und Märtyrergedenktage.

Mausoleum
prächtig ausgestattetes Grabmonument, oft ein richtiges Bauwerk oder ein Tempel.

Mensa
Altarplatte, meist halbrund und fast immer aus Stein, über oder nahe dem Grab eines verehrten Toten. Mittelteil des Altars.

Miniatur
mittelalterliche Handschriftenmalerei; Kleinmalerei auf kleinen (Elfenbein) Tafeln.

Missale
Meßbuch.

Mitra
Bischofsmütze, Abtsmütze.

monastisch
mönchisch, klösterlich.

Monophysitismus
Ansicht, daß es nur eine, nämlich die Mensch gewordene göttliche Natur in Jesus Christus gibt.

Monsignore
Titel, den der Papst an verdiente Geistliche verleiht.

Mystiker
ein in die Mysterien (Geheimnisse) Eingeweihter. Die Mystik ist das Schauen und das Erkennen unter Vermittlung einer höheren Erleuchtung, die Erkenntnis und Offenbarung jener Dinge, die normalerweise verborgen bleiben, der göttlichen.

Nekrolog
Nachruf.

Nepotismus
Vetternwirtschaft, wie sie zu bestimmten Zeiten innerhalb der katholischen Kirche üblich war, besonders während der Regierung der Renaissance-Päpste. Unter Nichtbeachtung verdienter, intelligenter und integerer Kirchenpersönlichkeiten wurden dabei von Päpsten, Kardinälen und Bischöfen enge Verwandte in bedeutende Ämter eingesetzt.

Nimbus
Heiligenschein.

Novizenmeister(in)
Mönch oder Nonne, die Novizen während der Probezeit in das klösterliche Leben einführen.

Noviziat
vom Kirchenrecht geforderte Zeit der Prüfung, die ein Ordensbewerber (Novize) absolvieren muß. Der Kandidat prüft sich selbst, der Orden prüft den Kandidaten. In allen Ordensgenossenschaften beträgt das Noviziat ein Jahr, danach wird die Profeß, das Gelübde, abgelegt.

Oblate
entweder ein Kind, das schon in frühester Jugend von den Eltern einem Kloster geweiht wurde, oder ein Erwachsener, der sich selbst und sein gesamtes Hab und Gut einem Kloster hingab und Mönch oder Laienbruder wurde. Auch ein Mensch, der alles aufgab und am klösterlichen Leben teilnahm.

Offizium
Behörde der Kurie für Glaubens- und Sittenlehre.

Oktogon
Gebäude über einem achteckigen Grundriß.

Oratorium
kleine Kapelle, die sich oft an den Chorraum anschließt. Das Oratorium ist meist nicht öffentlich zugänglich.

Orden
ein von der Kirche, dem Papst, genehmigter besonderer Lebensstand innerhalb der kirchlichen Gemeinschaft mit einer genau bestimmten Lebensordnung. Aufgabe aller Orden ist das Streben nach sittlicher Vollendung. Allen Ordensregeln gemeinsam sind die drei Gelübde der Armut, der Keuschheit und des Gehorsams, wobei das Gehorsamkeitsgelübde das wichtigste ist. In den meisten Orden heißt der oberste Vorsteher Ordensgeneral.

Pallium
Abzeichen, Schulterschmuck des Papstes und der Erzbischöfe, manchmal auch der Bischöfe. Bei dem Pallium handelt es sich um ein weißes, aus Wolle gearbeitetes Band, das um die Schultern getragen wird und mit schwarzen Kreuzen versehen ist.

Passio
Lebensgeschichte, Überlieferung über Leben und Wirken einer Person, eines Heiligen.

Pastorale
Krummstab; Hirtenstab des katholischen Bischofs.

Patene
Hostienteller.

Patriarch
Titel einiger Erzbischöfe, beispielsweise jener von Venedig. In der Ostkirche bischöfliches Oberhaupt großer Kirchenprovinzen (Moskau, Konstantinopel).

Patrozinium
Schutzherrschaft eines Heiligen für eine Kirche.

Pelagianismus
Lehre des Iren Pelagius, entstanden Ende des 4. Jahrhunderts. Der Mönch Pelagius verneinte die Erbsünde und behauptete, daß jeder Mensch von sich heraus Gutes tun könnte.

Pietà
Darstellung von Maria, die den Leichnam von Jesus in den Armen hält.

Pluviale
offener Überwurf katholischer Priester.

Pontifikalien
bischöfliche Würdezeichen und Gewänder.

Pontifikat
Amts-, Regierungszeit eines Papstes.

Portikus
Vorbau an einem Gebäude, errichtet auf Säulen.

Postulat
Zeitraum vor der Einkleidung eines Ordenskandidaten (Probezeit).

Prädestination
Vorbestimmung des Menschen durch Gott.

Präfekt
unter den Kaisern einst der höchste Staatsbeamte einer Stadt, für deren Ruhe und Ordnung er zu sorgen hatte. Während der Christenverfolgungen in den ersten vier Jahrhunderten kam den mächtigen Präfekten große Bedeutung zu.

Presbyter
Der Ausdruck Presbyter bezeichnete in der christlichen Ur-Kirche den Vorsteher einer einzelnen Gemeinde. Im Lauf der Jahrhunderte entwickelte sich daraus das Priesteramt und der Ausdruck Priester.

Presbyterium
Der Name kommt von Presbyter und bezeichnete ursprünglich den Raum des Presbyters, also des Priesters. Heute werden damit meistens die Apsis und der Chor einer Kirche bezeichnet.

Primiz
erstes Meßopfer, das ein neugeweihter Priester nach der mit dem weihenden Bischof konzelebrierten Messe feiert (meist in der Heimatgemeinde).

Prior
in einem Kloster, das von einem Abt geleitet wird, der nächsthöchste Vorgesetzte.

Profeß
öffentliche Ablegung der Gelübde in einem Orden oder in einer religiösen Gemeinschaft.

Propst
Vorstand; Vorsteher; Stellvertreter des Abtes, Prior.

Provinzial
Oberer einer Ordensprovinz.

Psalm
geistliche (biblische) Hymne.

Rationale
Schulterkleid beim Bischofsgewand.

Refektorium
Speisezimmer in einem Kloster.

Regens
Seminarleiter.

Regionarbischof
Missions- oder Wanderbischof mit einem Missionsgebiet, aber keinem festen Bischofssitz (bis ins 10. Jahrhundert).

Regularkleriker
Priester, die im Gegensatz zu den Weltpriestern (Säkularkleriker) einem Orden oder einer Kongregation angehören.

Rekluse
siehe Inkluse.

Reliquie
Gebeine, Kleidung oder Gegenstände eines Heiligen, die zum Andenken aufbewahrt und verehrt werden. Ein Reliquiar ist ein Behälter, in dem die Reliquie aufbewahrt wird.

Retabel
schreinartiger Altaraufsatz, Aufbau über dem Altartisch.

Rochett
kurzes Chorhemd.

Sarkophag
Sarg aus Stein, oft reich verziert.

Schisma
Kirchenspaltung. Das Abendländische Schisma kam durch die Wahl von sogenannten Gegenpäpsten zustande und dauerte von 1378 bis 1417. Als Morgenländisches Schisma wird die Abtrennung der griechischen Kirche von der römischen bezeichnet, die 1054 begann.

Scholastik
Theologie des Mittelalters, die rationalistisch und mit Logik den christlichen Glauben zu erfassen und zu beweisen versuchte. Auch die Philosophie des Aristoteles wurde miteinbezogen. Die bedeutendsten Vertreter der Scholastik waren Thomas von Aquin, Anselm von Canterbury und Albertus Magnus.

Simonie
das Erkaufen von geistlichen und kirchlichen Ämtern und Positionen mit Geld.

Skapulier
Schulterkleid, das manche Ordensbrüder, so die Benediktiner und die Dominikaner, als Teil des Ordenshabits tragen.

Sodale
Mitglied einer Bruderschaft.

Stigmata
Wundmale Jesu Christi. Stigmata trugen unter anderen Franz von Assisi und Katharina von Siena.

Stundenbuch
Laiengebetbuch mit Gebeten und Psalmstellen für den Jahreslauf.

Studium generale
mittelalterliche Bezeichnung für Universität.

Suprematseid
Das englische Parlament erließ 1534 ein Gesetz, das die Oberhoheit des englischen Königs – damals Heinrich VIII. – über die katholische Kirche festlegte. Mit dieser Suprematsakte war der Bruch Englands mit Rom vollzogen, die anglikanische Kirche konstituiert. Ab 1536 wurde dann von allen geistlichen und weltlichen Beamten der sogenannte Suprematseid gefordert, bei dem die Schwörenden erklären mußten, daß der Papst in England keine Rechte besaß. Gleichzeitig forderte Heinrich VIII. mit dem Eid auch die Anerkennung seiner Ehe mit Anne Boleyn.

Synode
Versammlung von Geistlichen zur Beratung und Entscheidung kirchenpolitischer und seelsorgerischer Probleme und Fragen.

Tiara
Papstkrone; eine mit drei Kronen geschmückte Mitra.

Titelkirche
seit dem 4. Jahrhundert bezeugte Bezeichnung für die Kirchen Roms, die innerhalb der Stadtmauern liegen und den Mittelpunkt des seelsorgerischen Lebens bilden.

Tonsur
das Abschneiden der Haare in einer bestimmten Form, die einen Mönch oder einen Geistlichen auszeichnen soll.

Translation
Überführung von Reliquien/Gebeinen an einen neuen Aufbewahrungsort, z. B. in eine neuerrichtete Kirche.

Triduum
Zeitraum von drei Tagen; für Einstimmung, religiöse Übungen oder Feiern.

Trinität
Dreifaltigkeit, Dreieinigkeit; Identität von Gottvater, Sohn und Heiligem Geist.

Triptychon
Flügelaltar; mit beweglichen oder unbeweglichen Flügeln.

Tumba
Grabmal; Aufbau, Monument über einer Begräbnisstätte.

Urchristentum
(Urkirche); Bezeichnung für die älteste Kirche und ihre Geschichte, etwa von 30 bis 150.

Vulgata
Bezeichnung für die von Hieronymus überarbeitete und ergänzte lateinische Übersetzung der Bibel, die bis heute Gültigkeit besitzt.

Waldenser
mittelalterliche Bewegung, genannt nach ihrem Begründer Waldes; asketisch lebende Laienprediger, die sich die „Armen Christi" nannten. Als die Waldenser immer mehr als Sittenrichter des Klerus auftraten, wurden sie 1184 auf der Synode in Verona von Papst Lucius III. exkommuniziert. Danach verbreiteten sich die Waldenser als Sekte in der Lombardei, in Südfrankreich und in Spanien. Im 14. Jahrhundert nahm die Bewegung ab. In Piemont erlangten die Waldenser 1884 Religionsfreiheit.

Weihbischof
entlastet oder vertritt den Bischof einer Diözese in allen Handlungen innerhalb der Kirche.

Ziborium
Tabernakel; Behälter zur Aufbewahrung der Hostien; Stein-Baldachin über dem Hauptaltar.

Zölibat
Ehelosigkeit der Kleriker höherer Weihen.

Kurznamen und woher sie sich ableiten

I. Männliche Kurznamen

Abbo, Abo → Adalbert, Adalbero
Achaz, Achatz → Achatius
Achim → Joachim
Adi, Ado → Adolf
Adrian → Hadrian
Aiko → Heiko, Eike
Aimé → Amatus
Al → Albert
Aldo → Adalbrand
Alex, Alec, Alexis, Alexius → Alexander
Alf → Alfred, Adolf
Aljoscha → Alexander
Alto → Altmann
Ammo → Amalrich
Anders → Andreas
André → franz. für Andreas
Anno → Arnold, Hanno
Anzo → Anselm
Arne, Arno → Arnold
Artus → Art(h)ur
Axel → schwed. von Absalom

Baldus → Balthasar
Bardo → Bardolf
Bart(h)o, Bart(h)el → Bartholomäus
Bastian → Sebastian
Beat → Beatus
Bela → Adalbert
Ben → Benjamin
Bengt → schwed. für Benedikt
Benno → Berhard, Benedikt, Benjamin
Beppo → Joseph
Bernd → Bernhard
Bero, Berno → Bernhard
Bert, Bertel, Bertl → Berthold, Engelbert, Adalbert, Hubert
Bill → William, Wilhelm
Bob → Robert
Bosco → Burkhard
Brand → Adalbrand, Hildebrand

Carel, Karel → poln. u. dän. für Karl
Colin → Nikolaus
Conny → Konrad

Dan, Dany → Daniel
Don → Donald

Ebbo, Ebo → Eberhard
Egmont → Egmund
Egon → Eckehard
Elmo → Elmar, Erasmus
Enno → Einhard
Erik → Erich

Fred, Freddy → Alfred, Manfred, Gottfried
Fried(e)l → Fridolin
Fritz → Friedrich

Gebbo → Gebhard
Geo → Georg
Gerd, Gert → Gehard, Gerhart
Gero → Gerhard
Godo → Gotthard, Gottfried, Gottlieb
Götz → Gottfried
Grimo → Grim(w)ald, Grimo(a)ld
Grischa → Gregor

Hajo → Hugo
Hanjo → aus Hans und Joseph oder Hans und Joachim
Hans, Hannes → Johannes
Hanno → Anno, Hagen
Harm → Hermann
Harro, Haro → Hermann, Herbert
Hasso → Hartwig, Hartmann, Hartmut
Hauke → fries. für Hugo
Hayo → fries. für Hagen
Heimo, Haimo → Heimeran
Hein, Heiner, Heino, Henner → Heinrich
Heinz → Heinrich
Helmo → Wilhelm, Helmut(h)
Hennes → Johannes
Hero → fries. für Hermann
Hiesel → Matthias
Hinz → Heinrich

Ignaz → Ignatius
Ilja → Elias
Ingo → Ingbert, Ingolf, Ingmar
Iwan, Ivan → russ. für Johannes

Jan → niederdt., holl. und poln. für Johannes
Jens → fries. für Johannes
Jesco, Jesko → Jaromir (slaw.)
Jochen → Joachim
Jobst, Jost → Jodocus
Jörg → Georg
Jürg, Jürgen → Georg

Karsten → niederdt. für Christian
Kim → Joachim
Kolja → russ. für Nikolaus
Kuno → Konrad
Kunz → Konrad
Kurt → Konrad

Lars, Lasse → schwed. für Laurentius
Lutz → Ludwig

Marc, Mark → Markward, Markus

Nico, Niko → Nikolaus
Nino → ital. für Johannes (Giovanni)

Rasso → Erasmus, Rathold
Renz → Laurentius, Reinhard
Rolf, Rollo → Rudolf

Sascha → russ. für Alexander

Thilo, Til(l)o → Til(l)mann, Dietrich
Timm, Timo, Thiemo → Timotheus

Udo → Otto, Ulrich
Uhl → Ulrich
Ulf → Wulf, Wolf, Wolfgang
Utz, Uz → Ultrich
Uwe → Otberg, Otfried, Otmar

Veit → Vitus
Vico → ital. für Viktor

Wenz → Werner
Wilm, Wim → Wilhelm

II. Weibliche Kurznamen

Adeline → Adelheid
Agi → Agathe
Alea → Eulalia, Eulalie
Alessa, Alexa, Alix → Alexandra
Alena → Magdalena
Aline → slaw. für Helene
Anja → russ. für Anna
Anke → holl. und fries. für Anna
Antje → niederdt. für Anna
An(o)uschka → poln. für Anna
Asta → Anastasia, Astrid, Augusta

Bele → Berta, Elisabeth, Gabriele
Bente → Benedikta
Bess(y) → Elisabeth
Beda, Beta → Elisabeth
Birte → Birgit

Conny → Cornelia
Cora → Cordula

Dörte → Dorothea

Esta → Esther, Estella

Fanny → Franziska, Stephanie
Fee → Felicitas
Fita → Friederike, Josepha

Gela → Gertrud, Angela
Gerlis → aus Gertrud und Lieselotte
Ger(r)it → fries. für Gerharde
Gesa, Gesine, Gesche → Gertrud
Gila, Gisa → Gisela
Gitta → Brigitte, Margarete
Grit → Margarete
Heide, Heidi, Hedi → Adelheid
Heike → Henrike, Adelheid

Helma → Wilhelmine, Helmtrud, Helmine

Ilse, Ilsa → Elisabeth
Imela → Irma
Imke → Irmtraud, Irmingard, Imma
Inga, Inge → Ingeborg
Ira → Irene
Isa → Isabelle, Isolde, Luise

Jill → engl. für Juliane
Jutta → Judith

Kai → Katharina(?)
Katja → russ. für Katharina

Laura → Laurentia
Lena → Magdalena, Helena
Liane → Juliana
Lilo → Liselotte
Lisa → Elisabeth

Magda → Magdalena
Male → Amalberga, Amalie
Manon → franz. für Maria
Maren → Maria
Marga → Margarete
Marika → ungar. für Maria
Marisa → aus Maria und Luise
Marita → span. für Maria
Marlitt → aus Maria und Melitta
Meta → Margarete, Mathilde

Nadja → Nadescha, Nadjeschda (russ.)
Nana → franz. für Anna
Nel → Eleonore, Helene
Nena → Helene, Anna
Nina → Christiane, Katharina, Antonia, Anna

Ragna → skand. für Reinhild, Reingard
Rena → Verena, Irene, Renate
Resi → Theresa
Rina → Katherina, Karolina
Rita → Margarete, Marita
Romy → Rosemarie

Sandra → Alexandra
Sascha → russ. für Alexandra
Senta → Kreszentia, Vincentia
Silja → fries. für Cäcilia
Silke → niederdt. und fries. für Gisela
Sina → Rosina

Tessa → engl. für Theresa

Uli → Ulrike

Vera → Verena, Veronika

Wencke → Malwine

Zita → Felicitas

Ordensbezeichnungen

AA . . . . . . Augustiniani ab Assumptione
Assumptionisten
AD . . . . . . Ancillae Domini
Arme Dienstmägde Christi (Dernbacher Schwestern)
CanA(ug) . . Canonici Augustinianus
Regulierte Augustiner-Chorherrn
CanR(eg) . . Canonici Regulares (CR)
Regulierte Kanoniker/Chorherrn
CASH . . . . Clerici Apostolici S. Hieronymi
Jesuaten
CCF . . . . . Congregatio Charitatis Fratrum
Barmherzige Brüder
CCRRMM . Clerici Regulares Minores
Mindere Regularkleriker
CDC . . . . . Congregatio Presbyterorum Doctrinae Christianae
Doktrinarier
CFA . . . . . Congregatio Fratrum Cellitarum S. Alexianorum
Alexianer
CFC . . . . . Congregatio Fratrum a Caritate
Barmherzige Brüder
CFIC . . . . . Congregatio Fratrum Immaculatae Conceptionis
Brüder von der Unbefleckten Empfängnis
CFMI . . . . Congregatio Filiorum Mariae Immaculatae
Söhne Mariens der Unbefleckten Empfängnis
CFP . . . . . . Congregatio Fratrum Pauperum
Arme Brüder vom heiligen Franziskus
CFS . . . . . . Congregatio a Fraternitate Sacerdotali
Kongregation priesterlicher Brüderlichkeit
CFV . . . . . Congregatio Fratrum a S. Vincentio a Paulo
Brüder vom heiligen Vinzenz von Paul
CFX . . . . . Congregatio Fratrum a S. Francisco Xaverio
Brüder vom heiligen Franz Xaver

Chord (Fr) . . Chordigeri S. Francisci Assisiensis
Gürtelbruderschaft vom heiligen Franziskus

CICM . . . . . Congregatio Immaculati Cordis Mariae
Scheut (veld) er Missionare

CJ . . . . Congregatio Josephitarum
Joseph(iner)

CJM . . . . . . Congregatio Jesu et Mariae
Genossenschaft von Jesus und Maria (Eudisten)

CM . . . . . . Congregatio Missionis: Lazaristae: Vincentiani
Lazaristen, Vinzentiner, Pauliner

CMF . . . . . . Cordis Mariae Filii
Claretiner

CMM . . . . . Congregatio Missionariorum de Mariannhill
Mariannhiller Missionare

CMSF . . . . . Congregatio Missionaria S. Francisci Assisiensis
Missionsbrüder vom heiligen Franz von Assisi

COp . . . . . . Congregatio Operariorum Piorum
Calasantiner

COSJ . . . . . Congregatio Oblatorum S. Joseph
Joseph(iner) von Asti

CP . . . . Congregatio Clericorum Excalceatorum Ssmae Crucis et Passionis
Passionisten

CPPS . . . . . Congregatio Presbyterorum a Pretiosiss. Sanguine
Missionare vom Kostbaren Blut

CPS . . . . . . Congregatio Presbyterorum a Ss. Stigmatibus
Stigmatiner

CR . . . . Canonicus Regularis
Regulierte Chorherrn

CR . . . . Congregatio a Resurrectione D.N.J.C.
Resurrektionisten

CRIC . . . . . Congregatio Canonicorum Regulares Immaculatae Conceptionis
Regulierte Chorherrn von der Unbefleckten Empfängnis

CRS . . . . . . Ordo Clericorum Regularium a Somascha
Somasker

CRSA . . . . Canonici Regulares S. Augustini
Augustiner (Chorherrn)

CRSAnt . . . Canonici Regulares S. Antonii
Antoniter (Antoniusorden)

CRSP . . . . . Congregatio Clericorum Regulares S. Pauli Decollati
Barnabiten

CRST . . . . Canonici Regulares Ssmae Trinitatis
Beschuhte Trinitarier

CSA . . . . . Canonici Regulares S. Augustini
Regulierte Augustiner-Chorherren (-frauen)

CSC . . . . . Congregatio a Sancta Cruce
Kongregation vom heiligen Kreuz

CSCh . . . . . Congregatio Servorum a Caritate
Diener der Liebe

CSFN . . . . . Congregatio Sanctae Familiae a Nazareth
Kongregation der Heiligen Familie

CSilv . . . . . Congregatio Silvestrina Ordinis S. Benedicti
Silvestriner

CSP . . . . . . Societas Sacerdotum Missionariorum a S. Paulo
Paulisten

CSP . . . . . . Congregatio Missionariorum S. Patricii
Missionare vom heiligen Patricius

CSSp . . . . . Congregatio S. Spiritus sub tutela Immaculati Cordis Beatissimae Virginis Mariae
Patres vom Heiligen Geist

CSSR . . . . . Congregatio Sanctissimi Redemptoris
Redemptoristen

CVUOSB . . Congregatio Vallis Ubrosae Ordinis S. Benedicti
Vallombrosaner

DCJ . . . . . . Carmelitae a Divino Corde Jesu
Karmelitinnen vom Göttlichen Herzen Jesu

FC . . . . . . Filii Caritatis
Söhne der Liebe

FCC . . . . . Institutum Filiorum a Caritate vulgo Canossiani
Canossianer

FCr . . . . . . Filiae S. Crucis
Töchter vom Heiligen Kreuz

FDC . . . . . Fratres Doctrinae Christianae
Brüder der christlichen Lehre

FDC . . . . . . Filiae Divinae Caritatis
Töchter der Göttlichen Liebe

FdC . . . . . . Filles de la Charité de St-Vincent de Paul
Vinzentinerinnen

FdeM . . . . . Fratres de Misericordia
Barmherzige Brüder

FDP . . . . . . Filii Divinae Providentiae
Söhne der Göttlichen Vorsehung

FDS . . . . . . Filiae Divini Salvatoris
Töchter des Göttlichen Heilandes

FHIC . . . . . Fratres Hospitalarii Filii Immaculatae Concept
Konzeptionisten

FMA . . . . . Filiae Mariae Auxiliatricis
Mariahilfschwestern, Salesianerinnen Don Boscos

FMDD . . . . Filii Matris Dei Dolorosae
Doloristen

FMIC . . . . . Franciscanae Missionariae Immacul. Conceptionis
Franziskaner-Missionsschwestern von der unbefleckten Empfängnis

FMis . . . . . . Fratres de Misericordia
Barmherzige Brüder

FMM . . . . . Fratres de Misericordia de Montabaur
Barmherzige Brüder von Montabaur

FNDL . . . . . Fratres nostrae Dominae Lurdensis
Brüder Unserer Lieben Frau von Lourdes

FSC . . . . . . Institutum Fratrum Scholarum Christianarum
Schulbrüder (de La Salle)

FSCJ . . . . . . Congregatio Filiorum S. Cordis Jesu
Söhne des heiligsten Herzens Jesu

FSMI . . . . . Congregatio Filiorum S. Mariae Immaculatae
Söhne Mariens der Unbefleckten Empfängnis

FSP . . . . . . Congregatio Fratrum a S. Patricio
Brüder vom heiligen Patricius

IBMV . . . . . Institutum B. M. V.
Englische Fräulein

IC . . . . Institutum a Charitate
Rosminianer

ISB . . . . Institutum Patrum S. Basilii

Priester vom heiligen Basilius

MEP . . . . . . Pariser Missionsseminar

MFSC . . . . Congregatio Missionariorum Filiorum Ss. Cordis Jesu
Missionare Söhne vom heiligen Herzen Jesu

MI . . . . . . Ordo Clerici Regulares Ministrantium Infirmis
Kamillianer

MS . . . . . . Missionarii B. M. V. a „La Salette"
Missionare U. L. F. von „La Salette"

MSC . . . . . Missionarii Sacratissimi Cordis Jesu
Missionare (Missionsschwestern) vom heiligsten Herzen Jesu

MSF . . . . . Congregatio Missionariorum a Sancta Familia
Missionare von der Heiligen Familie

MSpS . . . . . Missionarii a Spiritu Sancto
Missionare vom Heiligen Geist

MSSCC . . . Congregatio Missionariorum a Ss. Cordibus Jesu et Mariae
Missionare von den heiligsten Herzen Jesu und Mariä

OAnnM . . . Ordo de Annuntiatione B. M. V.
Annuntiaten

OAnt . . . . . Ordo Antonianorum
Antonianer (Antoniusorden)

OBas . . . . . Ordo Basilianus
Basilianer

OblOSB . . . Oblati Ordinis S. Benedicti
Benediktineroblaten

OCarm . . . Ordo Fratrum S. Mariae Virginis de Monte Carmelo
Beschuhte Karmeliten, Beschuhte Karmelitinnen

OCart(h) . . Ordo Cart(h)usiensis
Kart(h)häuser- (innen)

OCD . . . . . Ordo Fratrum Carmelitarum Discaleceatorum
Unbeschuhte Karmeliten (-innen)

OConc . . . . Ordo de Conceptione Immaculata B. M. V.
Konzeptionistinnen

OCR . . . . . Ordo Cisterciensium Reformatorum sive Strictioris Observantiae
Reformierte Zisterzienser, Trappisten (-innen)

OdeM . . . . . Ordo B. Mariae de Mercede redemptionis captivorum
Mercedarier, Nolasker

OEDSA . . . . Ordo Fratrum Eremitarum Discalceatorum S. Augustini
Unbeschuhte Augustiner-Eremiten

OESA . . . . . Ordo Fratrum Eremitarum S. Augustini
(Beschuhte) Augustiner-Eremiten

OFM . . . . . Ordo Fratrum Minorum (FM)
Minderbrüder, Franziskaner

OFMCap . . . Ordo Fratrum Minorum Capuccinorum
Minderbrüder, Kapuziner

OFMConv . . Ordo Fratrum Minorum Conventualium
Konventualen, Schwarze Franziskaner, Minoriten

OFMDisc . . . Ordo Fratrum Minorum Discalceatorum
Discalceaten, Alkantariner

OFMObs . . . Ordo Fratrum Minorum Obervantiae
Franziskaner-Observanten

OFMRec . . . Ordo Fratrum Minorum Recollectorum
Rekollekten

OFMRef . . . Ordo Fratrum Minorum Reformatorum
Franziskaner-Reformaten

OMConvRef . Ordo Minorum Conventualium Reformatorum
Reformierte Konventualen

OMD . . . . . Ordo Clericorum Regularium a Matre Dei
Regularkleriker der Mutter Gottes

OME . . . . . Ordo Mercedariorum Excalceatorum
Unbeschuhte Mercedarier

OMel . . . . . Ordo Melitensis
Malteser, Johanniter

OMI . . . . . . Congregatio Oblatorum Missionariorum
Oblaten der Unbefleckten Jungfrau Maria B. M. V. Immaculatae

OMin . . . . Ordo Minorum
Minderbrüder (Minoriten, Konventualen; Franziskaner)

OMinClar . . Ordinis Minorum Congregatio Clarenorum
Clarener

OMinCol . . Ordinis Minorum Congregatio Coletanorum
Coletaner

OMinim . . . Ordo Minimorum
Mindeste Brüder, Minimen, Paulaner

OMV . . . . Congregatio Oblatorum Beatae Mariae Virginis
Oblaten der seligen Jungfrau Maria

OP . . . . . . Ordo Fratrum Praedicatorum
Dominikaner, Dominikanerinnen

OPraem . . . Candidus et Canonicus Ordo Praemonstratensis
Prämonstratenser, Norbertiner

Or . . . . . . Institutum Oratorii S. Philippi Nerii
Oratorianer, Philippiner

ORSA . . . . Ordo Recollectorum S. Augustini
Augustiner, Rekollekten

OSB . . . . . Ordo Sancti Benedicti
Benediktiner (-innen)

OSBCam . . Congregatio Monachorum Eremitarum Camaldulensium O. S. B.
Kamaldulenser (-innen)

OSBCoel . . O. S. B. Congregatio Coelestinensis
Cölestiner

OSBM . . . . Ordo S. Basilii Magni
Basilianer

OSBOliv . . O. S. B. Montis Oliveti
Olivetaner

OSBOtt . . . O. S. B. Congregatio Ottiliensis pro missionibus exteris
Missionsbenediktiner von St. Ottilien

OSC . . . . . Oblati S. Ambrosii: Oblati S. Caroli
Oblaten vom heiligen Karl Borromäus, Ambrosianer

OSCI . . . . . Ordo S. Clarae
Klarissen (Klarissinnen)

OSClAlc . . . Ordo S. Clarae Alcantarinarum
Alcantarinerinnen

OSClCap . . Ordo S. Clarae Capuccinarum
(Klarissen-) Kapuzinerinnen

OSCICol . . . Ordo S. Clarae reformationis a S. Coleta Coletanerinnen

OSCIObs . . . Ordo S. Clarae de Observantia Observantinnen

OSCIRec . . . Ordo S. Clarae Recollectarum Klarissen-Rekollektinnen

OSCISObs . . Ordo S. Clarae Strictioris Observantiae Klarissen von der strengen Observanz

OSCr . . . . . Ordo S. Crucis Kreuzherren

OSD . . . . . . Ordo S. Dominici Dominikanerinnen (Schwestern vom 3. Orden)

OSE . . . . . . Sorores Hospitalariae S. Elisabethae Elisabethinerinnen, Elisabethinnen

OSF . . . . . . Ordinis S. Francisci Franziskanerbrüder, Franziskanerinnen

OSFS . . . . . Institutum Oblatorum S. Francisci Salesii Oblaten des heiligen Franz von Sales

OSH . . . . . . Ordo S. Hieronymi Hieronymiten

OSJ(d)D (auch OH) . . . Ordo Hospitalarius S. Joannis de Deo Barmherzige Brüder vom heiligen Johannes von Gott

OSM . . . . . Ordo Servorum Mariae Diener Mariens, Serviten, Servitinnen

OSMM . . . . Ordo S. Mariae Magdalenae de poenitentia Magdalenerinnen

OSSalv . . . . Ordo Sanctissimi Salvatoris Erlöser- (Birgitten-) Orden, Birgittinnen

OSSp . . . . . Ordo Hospitalarius S. Spiritus Orden vom Heiligen Geist

OSsR . . . . . Ordo Ss. Redemptoris Redemptoristinnen

OST . . . . . . Ordo Sanctissimae Trinitatis Trinitarier (-innen)

OSTDisc . . . Ordo Ss. Trinitatis Discalceatorum Unbeschuhte Trinitarier

OSTRef . . . . Ordo Ss. Trinitatis Reformatorum Reformierte Trinitarier

OSU . . . . . . Ordo Sanctae Ursulae Ursulinen

OT . . . . Ordo Teutonicus S. Mariae in Jerusalem Deutscher Orden, Deutschherren, Deutschritter

OTheat . . . OrdoClericorum Regularium vulgoTheatinorum Theatiner

OVM . . . . . Ordo de Visitatione Beatae Mariae Virginis Orden von der Heimsuchung, Salesianerinnen vom heiligen Franz von Sales

PA . . . . . . Patres Albi: Missionarii Africae Missionare U. L. F. von Afrika, Weiße Väter

PFM . . . . . Institutum Parvulorum Fratrum Mariae Kleine Maristenschulbrüder

SAC . . . . . Societas Apostolatus Catholici Pallottiner (-innen)

SC . . . . Fratres a Sacratissimo Corde Jesu Herz-Jesu-Brüder

SC . . . . Sorores de Caritate Barmherzige Schwestern

SCC . . . . . Sorores de Caritate Christiana Schwestern (von) der Christlichen Liebe

SCJ . . . . . . Congregatio Sacerdotum a Sacro Corde Jesu Herz-Jesu-Priester, Dehonianer

SCJI . . . . . Congregatio Sacratissimi Cordis Jesu Infantis Gesellschaft des heiligsten Herzens vom Kinde Jesus

SDB . . . . . Societas S. Francisci Salesii (Don Bosco) Salesianer

SDP . . . . . . Sorores de Divina Providentia Schwestern von der Göttlichen Vorsehung

SDS . . . . . . Societas Divini Salvatoris Salvatorianer

SF . . . . Filii Sacrae Familiae Jesu Söhne der Heiligen Familie

SJ . . . . Societas Jesu Gesellschaft Jesu, Jesuiten

SM . . . . . . Societas Mariae Gesellschaft Mariens, Maristen

SMM . . . . . Societas Mariae Monfortana Monfortaner

SND . . . . . Sorores Nostrae Dominae Schwestern Unserer Lieben Frau

SOCist . . . . Sacer Ordo Cisterciensis Zisterzienser (-innen)

SorDS . . . . . Sorores Divini Salvatoris Salvatorianerinnen

SP . . . . Ordo Clericorum Regulares Pauperum Matris Dei Scholarum Piarum Piaristen

SS . . . . Societas Sulpitiensis Sulpizianer

SSCC . . . . . . Picpus Gesellschaft

SSD . . . . Sorores S. Dorotheae Dorotheenschwestern

SSE . . . . . . Sorores S. Elisabethae Elisabethinerinnen

SSND . . . . . Sorores Scholarum Nostrae Dominae Arme Schulschwestern von Unserer Lieben Frau

SSP . . . . . . Pia Societas a S. Paulo Apostolo Gesellschaft vom heiligen Paulus

SSPC . . . . . Sodalitas S. Petri Claver pro missionibus Africanis Sankt-Petrus-Claver-Sodalität

SSpS . . . . . . Congregatio Missionalis Servarum Spiritus Sancti Missionsgenossenschaft der Dienerinnen des Heiligen Geistes/Steyler Missionsschwestern

SSS . . . . Congregatio Presbyterorum a SS. Sacramento Eucharistiner

SVD . . . . . . Societas Verbi Divini Gesellschaft des Göttlichen Wortes/ Steyler Mission

TOF . . . . . . Tertius Ordo Franciscanus Weltlicher 3. Orden des heiligen Franziskus

TOR . . . . . Tertius Ordo Regularis Regulierter 3. Orden des heiligen Franziskus

TORCap . . . Tertius Ordo Regularis Capuccinarum Kapuzinerinnen vom regulierten 3. Orden

TOSD . . . . . Tertius Ordo S. Dominici 3. Orden vom heiligen Dominikus; Dominikanerinnen vom 3. Orden

Literatur- und Quellenverzeichnis

Albert von Lauingen 700 Jahre: Albertus Magnus, Lauingen 1980
Assmann, Dieter: Heiliger Florian bitte für uns, Innsbruck 1977
Attwater, Donald: The Penguin Dictionary of Saints, Harmondsworth 1970
Auer, Ludwig: Sie lebten für Gott, Donauwörth 1979
Aurenhammer, Hans: Lexikon der christlichen Ikonografie, Wien 1959
Bach, Hedwig: Karl Borromäus, Bonn 1984
Bader, Hermann: Alle Heiligen und Seligen der römischkatholischen Kirche, Wasserburg 1955
Bargellini, Piero: Heilige als Menschen, Regensburg 1957
Bayer F. J. (Hg.): Das Papstbuch, München 1925
Bedouelle, Guy: Dominikus, Graz 1984
Boehm, Fritz: Geburtstag und Namenstag im deutschen Volksbrauch, Berlin-Leipzig 1938
Buchberger M./Höfer J./Rahner K. (Hrsg): Lexikon für Theologie und Kirche, Freiburg 1957
Castella, Gaston: Papstgeschichte, 3 Bände, Zürich 1966
Celano, Thomas von: Leben und Wunder des heiligen Franziskus von Assisi, Werl 1980
Chiminelli, Piero (Hg.): Vom goldenen Rom zur Welt, Rom-München-Wien 1969
Christen, Bernhard: Leben des heiligen Franciscus von Assisi, Innsbruck 1899
Delpal, Jacques-Louis: Knaurs Kulturführer in Farbe, Frankreich, München-Zürich 1979
Detzel, Heinrich: Christliche Ikonographie, 2 Bände, Freiburg 1896
Die Katholische Kirche unserer Zeit und ihre Diener in Wort und Bild; Hrsg: Leo-Gesellschaft, Wien 1902
dtv-Lexikon in 20 Bänden: München 1977
Eltz, Monika: Von großen und kleinen Heiligen, München 1966
Farmer, David Hugh: The Oxford Dictionary of Saints, Oxford 1980
Fichtinger, Christian: Lexikon der Heiligen und Päpste, Wien 1980
Fink, Humbert: Die Botschafter Gottes, München 1983
Fink, Humbert: Franz von Assisi, München 1981
Flathe/Hertzberg/Justi/Pflugk-Hartung/Philippson/Prutz (Hg.): 13 Bde. Allg. Weltgeschichte, Berlin 1882
Frenken, Goswin: Wunder und Taten der Heiligen, München 1925
Fuhrmann, Horst: Von Petrus zu Johannes Paul II., München 1980
Gelmi, Josef: Die Päpste in Lebensbildern, Graz 1983
Giovannini, Mario/Sgarbossa, Luigi: Il Santo del giorno, Rom 1981
Goldmann/Stryczek: Gottes Freunde, Innsbruck 1980
Gontard, Friedrich: Die Päpste und die Konzilien, Wien-München-Basel 1963
Gugitz, Gustav: Fest- und Brauchtumskalender, Wien 1955
Guillet, Arnold: Das Grosse Gebet der Eidgenossen, Stein am Rhein 1973
Hagemeyer, Oda: Sie gaben ihr Leben dahin, Main 1981
Haidacher, Anton: Geschichte der Päpste in Bildern, Heidelberg 1965
Hansen, Susanne: Deutsche Wallfahrtsorte, Augsburg 1991
Henggeler, Rudolf: Helvetia Sancta – Heiligen Stätten des Schweizerlandes, Einsiedeln 1968
Hertlin/Kirschbaum: Die römischen Katakomben und ihre Märtyrer, Wien 1955
Histoire de Rome et des Romains, Paris 1960
Hümmeler, Hans: Helden und Heilige, Kempen 1979
Jocham, Magnus: Bavaria Sancta, 2 Bände, München 1892
Kamp, H. J.: Leben der Heiligen, Dülmen 1904
Keller, Hiltgart L.: Reclams Lexikon der Heiligen und der biblischen Gestalten, Stuttgart 1979
Kerler, Dietrich Heinrich: Die Patronate der Heiligen, Ulm 1905
Lepari, Virgilio: Das Leben des hl. Aloysius Gonzaga, Einsiedeln 1891
Liefmann, Manfred: Kunst und Heilige, Jena 1912
Manna, Peter (Hg.): Die Heiligen in ihrer Zeit, 2 Bände, Mainz 1967
Mätzler, Anton: Legende der Heiligen auf alle Tage des Jahres, München 1830
Mehling, Franz N. (Hg.): Knaurs Kulturführer in Farbe, Italien, München-Zürich 1978
Mehling, Franz N. (Hg.): Knaurs Kulturführer in Farbe, Spanien, München-Zürich 1981
Meingast, Fritz: Die alpenländischen Nothelfer, München 1982
Mertens, O.: Illustrierte Weltgeschichte, Berlin 1910
Metzler, Johannes: Petrus Canisius, Mönchen-Gladbach 1925
Minichthaler, Josef: Heilige in Österreich, Innsbruck 1935
Mittermeier/Lutz: Don Bosco München 1961
Mohr, Heinrich (Hg.): Menschen und Heilige, Freiburg 1930
Nigg, Walter: Große Heilige, Zürich 1981
Nütjes, Heinrich: Leben der Heiligen, Paderborn 1892
Onasch, Konrad: Altrussische Heiligenlegenden, Wien 1978
Ott, Georg: Legende von den lieben Heiligen Gottes, Regensburg 1858
Pfleiderer, Rudolf: Die Attribute der Heiligen, Ulm 1920
Quadflieg, Josef: Das Buch von den heiligen Namenspatronen, Düsseldorf 1979
Ranke, Leopold von: Geschichte der Päpste, Wien 1934
Rathgeber, Alphone M.: Heiligenlegende Nürnberg 1936
Räß/Weis: Leben der Heiligen Gottes, 2 Bände, Mainz 1863
Rauschen/Marx/Schmidt (Hg.): Illustrierte Kirchengeschichte, Berlin-München-Wien 1912
Roeder, Helen: Saints and their Attributes, London 1955
Sacred and legendary art, 2 Bände New York 1890
Santucci, Luigi Francesco: otto secoli di una grande avventura cristiana, Mailand 1981
Schamoni, Wilhelm: Das wahre Gesicht der Heiligen, Leipzig 1938
Schellhorn, Maurus: Der heilige Petrus und seine Nachfolger, Wien-München 1958
Schnitzler Theodor: Die Heiligen im Jahr des Herrn, Freiburg 1979
Schütte, Albert: Handbuch der deutschen Heiligen Alphabetisches Verzeichnis der deutschen Heiligen, Seligen, Ehrwürdigen und Gottseligen, Köln 1941
Seeböck, Philibert: Kleine illustrierte Heiligen-Legende für jeden Tag des Jahres, Einsiedeln 1886
Sinthern, Peter (Hg.): Roma Sacra, Wien 1925
Sintzel, Michael: Leben und Taten der Heiligen, 4 Bände, Augsburg 1839
Stadlhuber, Josef: Zeugen der Kirche Österreichs, Innsbruck 1964
Stolz, Alban: Legende oder der christliche Sternenhimmel, Freiburg 1902
Torsy, Jakob: Der große Namenstagkalender, Freiburg 1976
Torsy, Jakob: Lexikon der deutschen Heiligen, Seligen, Ehrwürdigen und Gottseligen, Köln 1959
van Bergh, Hendrik: Albertus Magnus, Stuttgart 1980
Walterscheid, Johannes: Deutsche Heilige, München 1934
Welker, Klaus: Heilige in Geschichte, Legende, Kult, Karlsruhe 1979
Wimmer, Otto: Kennzeichen und Attribute der Heiligen, Innsbruck 1979
Wimmer/Melzer:Lexikon der Namen und Heiligen, Innsbruck-Wien-München 1982

Register

Bild- und Informationsquellen

Für freundlicherweise erteilte Informationen und zur Verfügung gestelltes Bildmaterial danken die Autoren folgenden Personen, Orden und Institutionen:

Institut Notre Dame de Vie, Weißendorf. Barmherzige Schwestern, Allensbach. Vinzentinerinnen, Köln. Schwestern Unserer Lieben Frau, Grefrath. Barmherzige Schwestern, Untermarchtal. Ritaschwestern, Würzburg. Ursulinen, Bad Neuenahr-Ahrweiler. Barmherzige Schwestern, Augsburg. Anna-Schwestern, Ellwangen. Zisterzienserinnen, Seligenthal. Schwestern von der Schmerzhaften Mutter, Abenberg. Minoriten, Kaiserslautern. Salvatorianer, Köln. Schwestern vom Göttlichen Herzen Jesu, Zülpich. Pallottiner, Friedberg. Franziskanerinnen, Thuine. Sekretariat Charles de Foucauld, Lochham. Abtei Speinshart. Sekretariat Josef Kentenich, Berg Schönstatt. Steyler Missionsschwestern, Nettetal. Redemptoristen, München. Schwestern von der heiligen Elisabeth, Hofheim. Alexianer, Aachen. Maria-Hilf-Schwestern, Dernbach. Karmelitinnen, Taben-Rodt. Pater Adalbert Ludwig Balling, Köln. Spiritaner, Köln. Pater Wilhelm Schützeichel, Limburg. Theresianischer Karmel, München. Kolleg St. Josef, Salzburg. Augustiner, Würzburg. Oblaten, Mainz. Franziskaner, Aachen. Kartause Marienau, Bad Wurzach. Dominikaner, Köln. Schwestern vom Guten Hirten, München. Schwestern von der Christlichen Liebe, Paderborn. Missionsschwestern vom Kostbaren Blut, Paderborn. Augustiner Chorfrauen, Essen. Benediktinerinnen, Frauenchiemsee. Franziskanerinnen der Ewigen Anbetung, Schwäbisch Gmünd. Lazaristen, Köln. Maristenkloster, Furth. Arenberger Dominikanerinnen, Koblenz. Schwestern von der heiligen Elisabeth, Aachen. Arme Schulschwestern, München. Franziskanerinnen, Kaufbeuren. Passionisten, Schwarzenfeld. Missionsdominikanerinnen, Strahlfeld. Dienerinnen der heiligen Kindheit Jesu, Würzburg-Oberzell. Hedwigschwestern, Berlin. Bayerische Kapuziner, München. Birgitten-Kloster, Altomünster. Dominikanerinnen von Behtanien, Schwalmtal-Waldniel. Franziskanerinnen B.M.V.A., Waldbreitbach. Oberdeutsche Provinz, München. Institutum Beatae Mariae Virginis, Rom. Istituto B. Maria, Rom. Kloster Mallersdorf, Mallerdorf. Missionspriesterseminar St. Augustin, Sankt Augustin. Weiße Väter, Köln. Oblaten des heiligen Franz von Sales, Eichstätt. Karmelitinnen, Sittard; Tiroler Serviten, Innsbruck. Benediktinerinnen, Tettenweis. Karmel Regina Martyrum, Berlin. Schulbrüder, Illertissen. Comboni-Missionare, Ellwangen. Dominikaner, Bologna. Edith-Stein-Karmel, Tübingen. Jesuiten, Rom. Benediktiner und Benediktinerinnen, Salzburg. Pater Gerhard Eberts, Augsburg. Missionare von der Heiligen Familie, Augsburg. Erzabt Notker Wolf, St. Ottilien. Generalrelator Ambrosius Eßzer, Rom. Michael Kießling, Augsburg. Gabriele, Sanktjohanser, Dießen. Alte Pinakothek, München. Bayerische Staatsgemäldesammlungen, München. Bibliothèke National, Paris. Louvre, Paris. Königliche Bibliothek, Brüssel. Wallraf-Richartz-Museum, Köln. National Gallery, London. Brera, Mailand. Galleria Palatina, Florenz. Königliches Museum der Schönen Künste, Brüssel. Kunsthalle, Hamburg. Prado, Madrid. Staatsbibliothek, Lucca. Stadtbibliothek, Abbeville. Uffizien, Florenz. Museum Unterlinden, Colmar. Vatikan, Rom. Elmar Bordfeld, Essen. Weltbild Bücherdienst, Augsburg. Archiv der Autoren Hanns Michael Schindler und Vera Schauber.